KB039126

ELEMENTS OF **BANKRUPTCY**

미국파산법 개론

Douglas Baird 저 | 김관기 역

박영사

역자 서문

　미국의 파산법(도산법)은 전 세계에 영향을 미치고 있다. 지난 세기 말의 동아시아 외환위기 당시 IMF는 우리나라 정부에 파산법원의 설립을 비롯하여 파산법의 개혁을 강력히 주문한 바 있다. 그 무렵 이후 우리나라에서도 파산법은 중요해졌다. 온라인 오프라인 법률광고의 대부분이 파산, 개인회생, 회생, 개인파산, 기업회생, 신용회복 등과 같은 재무적인 파탄 상황의 해결책에 관한 것이라는 점이 바로 이것을 의미한다. 그럼에도 불구하고 파산법의 원리를 작은 분량의 책으로 서술해 놓은 책은 찾기 힘들다. 학자보다는 거리의 실무가가 앞서고 있는 상황에서 선진국의 책을 보는 것은 어쩔 수 없는 것이라고 하겠다. 이 책은 그러한 노력의 일환으로 역자가 최근 몇 년간 참고해 온 입문서의 최신판인 더글라스 지 베어드의 파산절차의 요소 제6판 Douglas G. Baird, Elements of Bankruptcy, 6th ed. (2014)을 번역한 것이다. 역자는 주로 이 책을 통하여 파산 및 구조조정 실무가들이 종종 부딪히는 문제에 대하여 유익한 통찰을 얻었기에 같은 길을 걷고 있는 전문인들과 이를 공유하고자 번역 출판을 결심하였다.

　지난 몇 년 동안 역자는 개인과 기업을 위한 파산법(도산법)의 실무에 종사하며 짧은 시간에 파산(도산)전문가 중의 1인이라는 허명(虛名)을 얻었고, 전문변호사 등록을 사실상 강제 당하는 황당함을 겪기도 하였다. 역자는 학위도 없고 가르치는 것도 본업이 아님에도 불구하고 로스쿨과 협회, 학원에서 강의하였다. 학교에는 이 영역의 실무경험이 있는 교원이 거의 없고 업계에서 이들을 대체할 만한 전문인들이 대략 대형 로펌에 들어앉아 있었기 때문이다. 나름 활발하였던 법률사무의 축소, 마감을 앞두고 새삼 출판에 나서는 것은 능력과 의지가 있는 동료, 후배들이 새로운 성취를 이루기 어려운 역자와 같은 평범한 사람을 대체할 역량을 쌓는데 약간의 도움이라도 되기를 희망하기 때문이다.

사실 이 책은 역자가 수강생들에게 파산법(도산법)을 보는 시각과 현대의 경향에 관한 약간의 지식을 늘어 놓을 수 있었던 밑천 중 하나이다. 파산(도산) 제도는 그다지 대단한 것이 아니고, 민사법 상의 권리를 집합적으로 행사하는 과정이라는 본질로 인하여 개별적 권리가 제한을 받고 변형되는 과정일 뿐이고, 이에 부수하여 피와 살이 있는 개인은 신선한 새출발을 얻고 가치 있는 기업활동은 재무적 지급불능 상황에 불구하고 지속할 수 있도록 허용하는 것이라는 저자의 시각은 강사로서 역자가 전하고자 하는 바를 요약하여 주었다.

우리가 흔히 통합도산법으로 부르는 채무자 회생 및 파산에 관한 법률은 2006년에 시행되었지만 이것은 1962년에 제정된 파산법, 화의법, 회사정리법에 2004년에 도입된 개인채무자회생법을 대략 단순히 병합한 것이고, 위 법률들은 대략 미국의 1938년 챈들러 법(Chandelr Act)에서 기원한다. 본 고장에서는 1978년에 전면적 개편을 통하여 한 단계 더 진보하였고, 2005년에 파산의 남용 방지 및 소비자 보호에 관한 법률이라는 긴 이름의 법률 제정으로 상당한 억제요소를 도입하였다고는 하여도 그 골간은 유지되고 있다. 1930년대의 법률에 기반한 실무를 행하는 처지에서 보면, 과거 우리 해군이 그랬다고 하듯이 퇴역한 미국 군함을 얻어다가 대략 고쳐서 주력 전투함으로 운용하는 것과 비슷하다. 그렇지만 이미 우리의 기업이 진보적인 파산(도산) 절차의 보호를 받는 미국 등 선진국의 기업과 전 세계적인 경쟁에 노출되어 있고 개인들도 거주국가를 선택할 수 있는 이상 법률의 국제적 경쟁에 뒤처질 수는 없는 노릇이다. 따라서 법률 그리고 법학을 이들 나라의 수준으로 올릴 실천적 필요성은 충분하다고 하겠다.

우리나라 법률의 특성이나 그 적용여건이 미국과 다르다는 핑계로 적용한지 얼마 되지도 않는 후진적 유산에 집착하는 것은 일종의 패배주의이다. 바다에 떠다니면 그만, 하늘을 날아다니면 그만이라는 핑계로 낡은 함선, 낡은 비행기에 집착하듯이, 낡은 법도 민사관계에 적용되면 그만이라는 핑계로 계속 유지하는 것에 어떠한 잘못도 없다고 생각하는 사람에게는 이 책은 절대로 필요 없을 것이다. 그러나 세계 시장의 형성으로 국제적 경쟁에 노출된 가계와 기업을 걱정하는 파산 실무가라면 읽을 가치가 있다.

   역자 혼자서 이 작업을 전적으로 감당해 내기는 힘들었다. 제3장에서 제7장 까지는 김민선 변호사, 제8장은 박찬희 변호사가 1차 번역을 하고 역자가 정리하였다. 어려운 책을 번역할 때 불가피하게 발생하는 오독과 표현의 부자연스러움은 전적으로 역자의 책임이다. 기획을 담당한 윤준석 변호사의 노력에도 감사 드린다. 독자층이 그렇게 많지 않을 책의 발간을 인수해 준 박영사도 고마움의 표시를 받을 자격이 있다. 장래에 제대로 된 책이 나올 수 있는 사전 작업이 되기를 바란다.

                                                            변호사 김관기

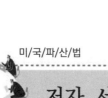

미/국/파/산/법

저자 서문

　　현대의 파산법은 뚜렷이 구분될 수 있고 일관성이 있는 학문영역이다. 이 책 '파산절차의 요소 Elements of Bankruptcy'에서 나는 파산제도의 근본적인 규칙과 원칙을 이해하기를 원하는 법률가와 다른 사람들을 이 세계로 인도하고자 한다. 현대의 파산법은 풍부하고, 흥미롭고, 접근 가능하다는 점을 증명하고자 하는 것이 나의 포부이다. 이번 판은 2014년 6월 현재 파산법의 상황을 반영한다.

　　첫 3개 장은 대략의 풍경을 그린다. 제1장은 파산법전의 실체적 조항 및 파산 사건을 지배하는 절차적 규칙을 탐험한다. 제2장은 파산절차 안에서 개인 채무자의 권리를 살펴본다. 파산법은 개인에게 신선한 새출발(fresh start)을 제공한다. 부채에 압도 당한 "정직하지만 불운한" 채무자는 파산절차의 신청을 제출함으로써 과거의 부채로부터 자유로운 미래의 소득을 누릴 권리를 가지고 걸어나갈 수 있다. 그러한 개인들이 신선한 새출발을 누릴 수 있게 보장하면서도 이와 동시에 부채를 상환할 능력이 있는 자들이 제도를 남용하지 못하도록 막는 것이 파산법의 영역에 상당한 복잡성을 도입한다.

　　제3장은 법인 회생절차의 기본 원리인 절대 우선의 원칙(absolute priority rule)을 검토한다. 법인은 개인과는 다른 이유로 파산절차로 들어온다. 법인은 주 법(state law)에 의하여 이미 유한책임을 누리고 있다. 법인이 망한다고 해도, 그 주주는 법인에 대하여 또는 그 채권자들에 대하여 책임을 지지 않는다. 파산법 제11장에 규정된 회생절차를 진행함으로써, 비록 재무상태는 부실하지만 그것만 제외하면 강한 기업은 기존의 자본구조를 변경하여 당면한 조건을 보다 잘 반영하

는 합당한 것으로 대체한다. 법인도 개인과 마찬가지로 파산절차를 통하여 오래된 부채에 대하여 면책을 받지만, 그렇게 하는 이유는 피와 살이 있는 인간을 채권자들로부터 보호하는 것과는 아무런 관계가 없다.

이와 같이 재무적으로 곤경에 처한 개인의 법적 문제와 법인의 법적 문제는 다르지만, 이들은 모두 파산법원이라는 같은 장소에서 처리되는데, 그것은 오로지 역사적인 이유 때문만은 아니고 절차진행 상의 어려움이 비슷하기 때문이기도 하다. 즉 개인이든 법인이든 어느 상황에서나, 채무자의 사무를 정리하여 재산을 수집하고, 채권을 확정하고, 잘못이 있다면 이를 시정하고, 누가 무엇을 가질 것인가를 권위적으로 확정하는 동안 채권자들을 항만에 봉쇄할 필요가 있는 것이다. 이 책에서 나머지 장은 이러한 과정이 작용하는 방식에 초점을 맞춘다.

제4장은 파산절차 외부에서 기원하는 권리가 파산절차 내부에서 어떻게 취급되는가를 살펴본다. 대부분의 경우, 파산절차 내부에서 어느 채권자의 청구권은 그 채권자가 파산절차 외부에서 가진 권리에 의존한다. 제5장은 파산절차 외부에서 채권자들에게 허용된 채무자의 재산이 파산절차 내부에서도 역시 채권자에게 허용될 수 있도록 파산법이 보장하는 방식을 보여준다. 제6장은 '미이행 쌍무계약'을 살펴봄으로써 채무자 및 그와 거래하였던 자의 기본적인 권리와 의무에 대한 검토를 마친다. 미이행 쌍무계약은 각 당사자가 상대방에 대하여 의무를 부담하는 계약이다. 그래서, 그것은 재산이기도 하고 동시에 부채이기도 하다.

지급불능인 상태에서 채무자는 합리적으로 동등한 가치를 대가로 받는 것이 아니라면 재산을 이전할 수 없고, 채권자들이 상환 받을 수 있는 능력을 저해하는 것을 주된 효과로 하는 다른 행동에 관여하여서는 안 된다. 이렇게 진술한 사해행위 규제법의 기본적 원칙은 논쟁의 여지가 없는 것이지만, 그 효과는 막대하다. 제7장의 주제는 사해행위법과 이와 관련한 쟁점들인 형평적 후순위화 및 실체적 통합이다. 제8장은 편파행위의 부인에 관한 법리를 다룬다. 파산이 임박하였을 때, 채무자는 어느 채권자에게 변제를 할 것인가를 선택함에 있어서 더 이상 자유롭지 않다. 현행 편파행위의 부인 규정은 복잡한 규칙과 기준의 혼합을 통하여 이 관념을 구현한다.

파산절차의 신청이 제출되면, 채권자들은 그들의 추심 노력을 중단하여야 하지만, 채무자는 이전과 마찬가지로 세상의 나머지 부분과 거래를 지속하여야 한다.

파산법은 자동 중지를 통하여 이 두 목적을 달성하려고 하는데, 그것이 제9장의 주제이다. 제10장은 소기업 또는 대규모 기업에 대한 제11장절차 사건의 진행과 정을 탐구한다. 대부분의 제11장절차 신청 사건은 작은 법인이 제출한다. 이들 사건에 있어서 도전과제는 진행 중인 사업을 보존하는 것에 있지 않고 그것보다 는 오히려 기업인이 한 사업에서 다른 사업으로 이행하는 것을 촉진하는데 있다. 공식적으로 신청서를 제출하는 실체는 법인이지만, 중심에 있는 것은 법인을 소 유하는 기업가이다. 이와 대조적으로 대규모의 제11장절차 사건은, 수적으로 아 주 적지만 파산절차에 있는 모든 자산 중 대부분을 차지한다. 이들 사건에 있어 서는, 기업은 그것을 경영하는 이들과 독립적인 실체를 가지고 있고, 제11장절차 를 통하여 재무적으로 곤란을 겪는 회사는 파산절차 외에서의 인수합병과 비슷한 과정으로 새로운 자본구조를 획득할 수 있다. 이 책의 마지막 두 장은 회생계획 을 창조하고 인가하는 과정을 살펴본다.

이 책의 아이디어는 내가 학생이던 시절 나를 파산법으로 이끌어 준 Thomas Jackson과의 유익한 협력으로부터 성장하였다. 초판은 내가 Sonenschein, Nath, and Rosenthal 로펌에서 1990년대 초에 일련의 세미나를 주관할 때 형성되었다. 나는 많은 훌륭한 판사와 변호사들과의 장기간에 걸친 대화로부터 배움을 지속하 였다. 이 중에는 Tom Ambro, Frank Easterbrook, Robert Gerber, Barbara Hauser, Richard Levin, Harvey Miller, Sally Neely, Chris Sontchi, Ronald Trost, Eugene Wedoff가 포함된다. 동료들 특히 Barry Adler, Donald Bernstein, Tony Casey, Edward Morrrison, Robert Rasmussen과 같이 일한 것도 이 제6판 에 도움이 되었다. Jessica Arett, Justin Mecurio, Michael Turkel은 연구 조교 역 할을 훌륭하게 해 주었고 Ashlee Garcia는 가장 유능한 교정자였다. 마지막으로 나는 John M. Olin 기금의 연구비 지원에 감사한다.

차 례

파산법 개요

제 1 장
파산법 개요

연방파산법의 구조

'파산(bankruptcy, 破産)'이라는 단어는 채권자들에게 빚을 갚지 않고 도망한 은행가 또는 상인의 벤치를 부수는 중세 이탈리아의 관습에서 비롯된다. 단어의 어근(語根)이 시사하듯이, 영국에서 제정된 초기의 파산법은 상인인 채무자를 겨냥하였고, 채무자를 악의적으로 가혹하게 처벌하는 것이었다. 실제로, 당시 영국 파산법의 그런 가혹한 성격 때문에, 1787년 필라델피아에서 열린 대륙회의에 참석한 한 의원은 연방의회에 통일된 파산법을 제정할 권한을 부여하는 것에 반대하기도 하였다. 영국법 하에서는, 비협조적인 파산자들은 교수형을 당할 위험에 처해 있었고, 위 대륙회의 의원은 후일 연방의회가 영국법을 그대로 답습할 지도 모른다고 두려워하였던 것이다. 현대의 법률가에게, 파산과 사형이 서로 어울리는 것으로 보이지 않는다는 점은, 지금의 파산법이 17세기, 18세기의 영국 파산법과 그다지 강하게 연관되어 있지 않다는 점을 시사한다. 따라서 현재 시행되는 파산법에 초점을 맞추면서, 적절한 때에 파산법의 역사를 돌아보는 것이 좋을 것이다.

연방파산법은 미합중국 법전 제11편(Title 11)에 수록되어 있다. 비록 쉽게 찾을 수 있지만, 파산법은, 법률가가 유추(analogy)에 의하여 추론하여야 하고 일반원칙을 항상 인지하고 있어야 하는, 보통법(common law)이라는 학문영역에 속한다. 파산법은 기계적으로 적용되는 것이 아니고, 파산법이 직면하는 문제의 범위도 결코 좁지 않다. 파산사건의 의뢰인은 사람이 파산절차 외부에서 만날 수 있는 모든 법적 문제에 마주칠 수 있다.

파산법은 비파산법(nonbankruptcy law, 非破産法) 위에 세워져 있다. 그 결과로서, 파산 법률가는 어떤 사안에 대하여 적용될 수 있는 비파산법이 무엇인지 및 그것을 파산법이 어떤 방식으로 변경할 수 있는지 둘 다를 이해하여야 한다. 예를 들어 당신이 컴퓨터 칩을 제조하는 공정에 관한 특허를 가지고 있는 컴퓨터 하드웨어 메이커를 대리한다고 가정해보자. 당신의 의뢰인은 경쟁 기업이 그 공정을 사용하고 있고 또 그 경쟁 기업은 파산 신청도 제출한 사실을 발견하였다. 파산 법률가로서 당신은 파산절차 외부에서 특허권을 어떤 방식으로 강제할 수 있는지를 알고 나서, 그 다음에는 특허권을 강제할 근거가 되는 권리 및 그 권리를 주장할 수 있는 방법 둘 다를 파산절차가 어떻게 변경하는지를 살펴 볼 필요가 있다.

이 과업은 보이는 것만큼 방대하지는 않다. 파산법의 목적이 비파산법의 변경을 요구할 때에만 파산법은 이를 변경한다. 피와 살을 가진 개인에게 신선한 새출발을 보장하기 위하여는 그러한 비파산법의 변경이 필요하지만, 놀랍게도, 변경을 필요로 하는 다른 사유는 거의 없다. 특별히 반대의 취지를 정한 파산법의 조항이 없는 경우, 파산절차는 비파산법 상의 권리를 현상 그대로 수용한다. 오로지 절차진행만 변경되며, 파산제도가 처리하여야 하는 것으로 설계된 특별한 문제를 해결하기 위하여서만 절차진행 방식이 변경된다. 따라서 연방파산법은 비파산법을 배경으로 하여 작동한다. 연방법전 제28편 §959에는 관리인이 그가 처한 상황에 맞는 비파산법을 준수하여 행위하여야 한다는 취지의 일반적 행위규준이 규정되어 있다. 파산법 §363 하에서 관리인은 재산을 사용할 권리가 있지만, 관리인은 상황에 해당하는 비파산법에 부합하게 행위하여야 한다. 관리인은 채무자의 화학 실험실을 코카인을 제조하기 위하여 사용할 수 없으며, 채무자의 재산 위에 유해한 폐기물을 투기하여서도 안 된다. 이것은 파산법전에 무엇인가 금지규정이 있기 때문에 그런 것이 아니다. 그저 파산절차 외부에서 이러한 행동이 불법이기 때문이다.

연방대법원은 Butner v. United States 사건에서 이 원칙을 제시하였다.

연방의회는 파산재단에 속하는 자산에 대한 재산권은 일반적으로 주 법 (state law)에 의하도록 남겨두었다. 재산권은 주 법에 의하여 창설되고 규정된다. 연방 차원에서 모종의 이해관계가 다른 규칙을 요구하지 않는 한, 단순히 이해관계인이 파산절차의 진행에 말려들었다는 사유로 재산권이 다른 방식으로 분석되어야 할 이유는 전혀 없다.[1]

Butner 원칙으로 인하여 이렇게 우리는 복잡한 법전으로부터 유일한 조직원리를 이끌어낼 수 있다. 비파산법 하에서의 결과를 알게 되면 파산절차에서의 문제를 이해하는 기나긴 길을 나아갈 수 있게 된다. 어느 재판당사자가 파산절차 외부에서 이룩할 결과와 다른 결과를 추구할 때에는, 파산법원은 연방파산법의 어느 부분이 그렇게 다른 취급을 하도록 강제하고 있는지 구체적으로 지적하라고 재판당사자에게 요구할 것이다.

우리는 연방파산법의 기본적 구조를 스케치하는 것으로부터 시작할 수 있다. 1978년의 파산개혁법은 파산법원과 파산절차를 전면적으로 개편하였다. 이 1978년 법의 실체 규정이 연방파산법으로 미합중국 법전 제11편을 구성하게 되었다. 파산법은 주기적으로 개정되어 왔다. 가장 포괄적인 변경은 2005년에 입법되었는데, 파산법에 대하여 상당한 복잡성을 추가하였지만, 그 기본적 구조와 원칙은 손상되지 않고 남아 있다. 미합중국 법전의 다른 편과 마찬가지로, 제11편은 여러 개의 장(chapter, 章)으로 나누어져 있다. 제1장, 제3장, 제5장은 모든 파산사건에 대하여 일반적으로 적용되는 규정을 담고 있다. 나머지 장들은, 각기 다른 속성을 가진 여러 파산사건에 대하여 다른 종류의 절차를 제시한다. 제15장은 국제적 도산처리를 원활하게 하기 위하여 필요한 원칙, 미국의 채무자가 다른 나라 안에 재산을 가지고 있을 때 또는 외국의 채무자가 미국 안에 재산을 가지고 있을 때 필요한 규칙을 제시한다.

연방관재인(United States Trustee)은 파산사건의 관리를 감독할 책임이 있다. 연방관재인은 사건이 파산법원에 방치되어 미루어지지 않도록 보장하여야 하는데, 이러한 방치는 사건에 걸려 있는 이해관계가 작고 어느 채권자도 혼자서는 채무자를 조사할 유인이 없을 때 드물지 않은 운명이다. 연방관재인의 직무는 일반 채권자를 보호하기 위하여 중요할 뿐만 아니라, 비행을 찾아내기 위하여도 중

---

1) Butner v. United States, 440 U.S. 48, 55(1979).

요하다. 종종 사기가 기업 파탄의 주된 원인이다. 대규모 제11장절차 사건에서도, 연방관재인은 역시 긴 그림자를 드리운다. 연방관재인은 채권자협의회의 구성원을 지명하고, 때로는 이해관계인으로서 출석한다.

연방파산법의 제1장은 용어의 정의를 제공하고(§101), 어떤 종류의 사건에 파산법의 어느 부분이 적용되는 지를 말하고(§103), 각 종류의 파산사건을 신청할 수 있는 자격 요건을 나열한다(§109). 제1장은 파산법원에 광범위한 권한을 부여한 것처럼 보이는 것을 포함하고 있다. 연혁적으로 파산제도는 형평법 법원이 관할하는 영역에서 운영되어 왔고, §105는 이 형평법적 기원을 반영한다. 이 조항은 "연방파산법의 규정을 수행하는데 필요하고 적절한 모든 명령, 절차 또는 결정을 발할 수 있는" 권한을 파산법원에 부여한다. 그러나 이 조항 그 자체로부터 법원이 독립적 권한을 가지는 것은 아니다. §105 하에서 법원이 누리는 권한은 최종적으로는 연방파산법의 다른 조항으로부터 파생되어야 한다.[2] 오로지 §105에만 의존하는 주장을 개진하는 변호사는 패소를 각오하여야 할 것이다. 연방파산법은 "형평법상의 권한을 마음대로 행사하고 돌아다닐 수 있는 위원회를 임명"하지 않는다.[3]

제정된 어느 법률이든 그 핵심은 정의조항에 있고, §101에 있는 개념 정의는 많은 분쟁에 있어서 초점이 된다. 예를 들어 '채권자(creditor)'와 '청구권(claim)'의 정의는 대규모의 집단적 불법행위 책임에 직면한 기업의 파산에 있어서 중심적인 역할을 할 것이다. 예를 들어 어느 기업이 제품을 팔았는데 그 제품이 몇 년 지나서 사람에게 건강상의 위해를 일으킨다고 가정해보자. 이 기업이 파산절차에서 그의 불법행위 책임을 처리할 수 있을지 여부는 미래의 피해자가 채권자로 간주되는지 및 그들이 §101의 의미 내에서 "청구권"을 가지고 있는지 여부에 의하여 결정된다.

§101은 또 현대의 파산 실무에서 사용하는 언어를 소개하기도 한다. 예를 들어, 파산사건의 대상이 되는 자는 '채무자(debtor)'이다. 파산절차를 진행하고 있는 개인 또는 법인은 더 이상 '파산자(bankrupt)'라고 부르지 않는다. 일반인들 사이에

---

2) 예를 들어 Law v. Siegel, 134 S.Ct 1188(2014) 참조. (§105을 근거로 한 주장을 배척하면서, 법원은 다음과 같이 설명하였다. "파산법원의 형평법상의 권한의 행사는 연방파산법이 한정한 범위 안에서 행사될 수 있고 또 그래야 한다는 입장을 우리는 오래 유지해 왔다.") (내부의 인용부호 생략).

3) United States v. Sutton, 786 F.2d 1305 (5th Cir. 1986).

서는 파산자라는 단어가 여전히 가끔은 통용되고 있지만, 파산법률가들 사이에서는
낡고 희귀하게 들린다. §101은 파산법을 통틀어 적용되는 용어의 대부분을 정의하지
만, 전부 그런 것은 아니다. 파산법상 가장 중요한 용어인 '통지와 심문(notice and
hearing)'의 정의는 파산법 해석의 규칙에 관한 §102에서 찾아 볼 수 있다.

파산법의 많은 조항은 통지와 심문 이후에만 어떤 행위가 일어나는 것을 허
용한다. 그렇다고 해도 그 모든 경우에 당사자 각자가 실제로 통지를 받아야 하
고 또 심문이 실제로 열려야 한다고 가정하면 안 된다. §102는 "특정 상황에서
그에 합당한 통지"를 제공할 필요가 있다고 말하고 있다. 더욱이, 심문을 요구하
는 당사자가 없거나 심문을 시행할 시간이 없다고 법원이 판단하는 경우에는, 실
제의 심문을 반드시 시행할 필요는 없다. 여러 해 동안, 파산절차의 각 단계에서
통지를 받을 필요가 있는 자가 누구인 지 및 통지를 받아야 마땅할 자들이 이를
받지 못한 경우 일어나는 결과를 둘러싸고 법리가 발전하여 왔다.[4] 다른 많은
맥락에 있어서와 마찬가지로, 파산절차에서의 근본적 원칙은 파산절차 외부에 있는
원칙을 답습한다. 대부분의 분석은 연방대법원이 Mullane v. Central Hanover
Bank & Trust Company 사건[5]에서 설시한 내용에서 시작한다.

어느 절차 진행에 있어서도 최종적인 정당성 판단기준으로 되어야 마땅할
적법 절차(due process)라는 기초적이고 근본적인 요건은, 모든 상황에서, 계류
된 행위를 이해관계인들에게 고지하고 그들이 반대의견을 제출할 기회를 부여
할 수 있도록, 합리적으로 계산된 것이어야 한다.

흔히 간과하기 쉬운 조문은 §104이다. 이 조문은 연방파산법의 다른 곳에 규
정되어 있는 금액 기준을 지수에 따라 조정하는 것(indexing)을 규정하고 있다.
이 금액 기준은 소비자물가지수를 반영하도록 행정명령을 통하여 3년마다 변경
된다. 예를 들어 §109 하에서, 제13장절차를 신청하려고 희망하는 개인들은 그들
에 대한 무담보채권이 특정 금액을 초과하면 안 된다. 한편, §109는 연방파산법
의 여러 장에 규정된 다양한 파산절차의 혜택을 누가 받을 수 있는지를 제시하
고 있다.

---

4) 예를 들어 Fogel v. Zell, 221 F.3d 955 (7th Cir. 2000).
5) 339 U.S. 306, 314 (1950).

§109는 다른 조문과 마찬가지로 파산법이 작동하는 방식을 볼 수 있는 좋은 곳이다. 어느 유한책임회사(limited liability company)가 제11장절차에서 채무자가 될 수 있는지를 알기 위하여는, 일단 §109(d)를 보게 된다. 이 조항은 제11장절차 하에서 채무자가 될 수 있기 위하여는 제7장절차 하에서 채무자로서의 자격을 갖추어야 한다고 진술한다. §109(b)는 일부 '인(person, 人)'을 제7장절차의 적용으로부터 배제하는데, 유한책임회사는 언급하지 않고 있다. 그러면 다음에는 §109(a)로 가게 된다. 이 조항은 채무자가 '인'인 경우에만 파산제도의 혜택을 누릴 수 있다고 말한다. 그런데 §101은 파산법에 사용되는 바 '인'이라는 단어는 법인(corporation)을 포함한다고 한다. §101은 나아가 법인을 정의한다. 이 조항은 파산법상 법인 개념을 주 법 하에서 법인이라고 부르는 업체들을 넘어 확장하고 있어, 그 문면상 유한책임회사를 포함할 수 있을 정도로 충분히 광범위하다. 따라서 유한책임회사는 파산의 신청을 할 수 있다. 그것은 '법인'이고, 법인은 '인'에 해당하며, '인'은, 달리 특별한 제외 규정이 없는 한, 파산의 신청을 제출할 수 있는 것이다.

파산을 신청하기 전에 개인이나 기업이 재정적 곤경에 처했거나 지급불능 상태일 것을 요구하는 명시적인 요건은 없다. 연방파산법 §101은 지급불능에 대하여 채무자가 부담하고 있는 채무의 공정하게 할인된 가치가 그 자산을 초과할 때 존재하는 조건이라고 정의하고 있지만, 지급불능 그 자체는 개인이나 법인에 대한 파산 절차의 필수적 요건이 아니다. 사실, §109(c)로부터 나올 수 있는 반대해석이 이것을 뒷받침한다. 이 조항은 지방정부가 제9장절차의 신청을 제출하기 위하여는 지급불능 상태여야 한다고 특히 규정하고 있다. §109의 다른 부분에 지급불능에 대한 언급이 없는 점으로부터, 다른 채무자는 파산절차를 진행할 수 있기 위하여 지급불능 상태에 있을 필요가 없다는 반대해석이 가능하게 되는 것이다.

그러한 지급불능이라는 명시적 요건을 두지 않는 것은 타당한 것이다. 어느 법인이 $100의 자산, $49의 통상 채무 및 50대50의 승패확률이 있는 소송이 있는데 여기에서 지면 법인은 추가로 $100의 채무를 더 지게 된다고 가정하여 보자. 형식적으로 보면 법인은 지급불능이 아니다. 적정하게 할인된 $99의 채무 및 $100의 자산이 있기 때문이다. 그럼에도 불구하고 그 통상의 채권자들은 그들이 지급을 제대로 받지 못할 50대50의 가능성이 있다는 점을 인식할 수 있다. 그렇게 되면, 그들은 초조하게 될 것이고, 채무자의 자산에 대한 파괴적인 경주 같은

것을 야기하게 되는데, 바로 이것이 파산절차가 방지하고자 하는 것이다.6)

더욱이, 사건이 진행되는 초기에는 지급불능이라는 것은 정확하게 측정할 수 있는 것이 아니다. 채무자가 비자발적으로 파산절차로 끌려들어갈 수 있을 지의 문제에 대하여, 연방파산법은 재무적 곤경을 측정하는 다른 방법을 사용한다. 채권자들은 채무자가 변제기에 이른 채무를 지급할 수 없을 경우에만 채무자를 비자발적 파산절차로 몰아넣을 수 있다. 이 벤치마크는 지급불능이라는 기준보다는 훨씬 적용하기에 쉽고, 실질적으로는 지급불능 상태와 겹친다. 대부분의 대출계약에는 채무자의 부채가 자산을 초과할 개연성이 크게 되는 상황 하에서는 채무자의 변제기를 앞당기는 약관을 포함하고 있다. 두 번째 조건이 존재하면, 첫 번째 조건이 따르는 경향이 있다. 예전에는 (채무가 자산을 초과하는) 첫 번째 조건을 "파산법적 의미에서의 지급불능"이라고 부르고, (변제기에 이른 채무를 변제하지 못하는) 두 번째를 "형평법상 의미에서의 지급불능"이라고 구분한 적이 있었다.

그렇지만 이들 중 어느 것도 재무적으로 건전한 상태에 있는 자가 파산법을 일부러 이용한다는 것을 시사하여서는 안 된다. 파산법은 비파산법을 답습하는 것이고, 지급능력이 있는 채무자는 그의 모든 채권자에게 100%의 채무를 변제하여야 한다. 남용의 기회가 존재할 때에는 (예를 들어, 파산절차로 인하여, 채무자가 짜증스러운 공정거래법 소송의 우호적인 타결을 강제할 수 있게 되거나, 지급능력이 충분한 채무자가 임대인에 대한 부채를 상한선 이하로만 부담할 수 있게 되는 경우), 법원은 파산절차가 악의로 신청되었다는 것을 근거로 사건을 각하할 가능성이 크다.7) 'Butner' 원칙 — 파산제도의 특수한 정책이 주장되지 않는 한 파산법은 비파산법상의 권리를 존중하여야 한다는 사상 — 이 그러한 사건의 숫자를 제한하는 것이다.

파산법 제3장은 사건의 관리에 대하여 규정한다. §301부터 §307까지의 규정은 파산사건이 어떻게 시작되는지를 말해준다. §321에서 §329까지의 규정은 파산재단을 관리하는 자들을 지배하는 규칙을 제시하고 있다. 채무자가 변호사 또는 다른 전문직업인에게 업무를 위임할 수 있기 위하여는 사전에 법원이 이것을 허가하여야 한다. §329 하에서, 소송대리인은 그들이 보수로 받을 금액이 얼마인지

---

6) In re Johns-Manville, 36 Bankr. 727 (Bankr. S.D.N.Y. 1984).

7) In re Integrated Telecom Express, Inc., 384 F.3d 108 (3d Cir. 2004); In re SGL Carbon Corp., 200 F.3d 154 (3d Cir. 1999).

및 보수를 지급할 재원이 무엇인지에 관한 진술서를 법원에 제출하여야 하며, 이것은 그들이 채무자에게 지급을 요구하지 않는 경우에도 그러하다. 나아가 연방파산규칙 2014는 변호사에 대하여, 채무자, 채권자들, 그 밖의 이해관계인들 및 그들의 회계사와의 모든 연고 관계를 개시(disclose)할 것을 요구한다. 그러한 개시는 채무자의 대리인이 사건에 대하여 이해관계가 없을 것(disinterested)을 요구하는 §327(a)를 만족하기 위하여 필요하다.

사건에 이해관계가 없어야 한다는 요건은 법인인 고객이 파산의 신청을 제출한 후에도 법인을 계속 대리할 것을 원하는 변호사가 누구이든지 그의 업무를 복잡하게 한다. 변호사가 신청 이전에 제공한 용역에 관하여 기업이 지급하지 않은 금액이 있는 경우 그 변호사는 파산절차의 진행에 있어서 기업을 대리할 수 없게 될지도 모른다. 돈을 받을 지위에 있다는 것 때문에, 변호사는 §101의 의미 안에 속하는 채권자이고, 그런 연유로 더 이상 이해관계가 없다고 할 수 없다. 이와 비슷하게, 신청서 제출로부터 90일 이전의 기간 동안에 통상의 영업 수행의 범위를 벗어나는 서비스를 제공한 것에 대한 대가의 지급을 받은 변호사도, 부인권 행사의 대상이 될 가능성을 배제할 수 없고, 이 사유도 변호사가 이해관계가 없다고 할 수 없게 배제할 수도 있다. 법인의 이사 또는 주주 중 누구라도 개인적으로 대리하고 있는 변호사는 파산절차에 있어서 법인 자신을 대리할 수 없게 될 수도 있다. 법인의 이사회에 참석하는 변호사 또는 그 파트너 변호사 역시 이해관계가 없다는 요건을 만족하지 못할지도 모른다.

변호사 자신이 채무자 또는 채권자와 사이에 이전에 특수한 관계가 전혀 없었던 경우라고 할지라도, 변호사는 고용 변호사나 파트너 변호사 중에 누구도 채무자나 채권자들을 위하여 일하지 않았다는 것을 확실하게 하여야 한다. 비록 §327(c)에서 보듯이 과거 채권자를 대리한 적이 있다는 것만으로는 변호사가 제척되지 않지만, 어떤 경우에 변호사가 제척될 것인지를 결정하는 것은 항상 쉬운 것은 아니다. 파산절차의 다른 곳에서 그러하듯이, 여기에서도 파산법 이외의 다른 법에서의 기준선에서 시작하는 것이 유용할 것이다. 그렇지만 이 경우에는 그 기준선이 어디에 있는지를 찾아내는 것조차 힘들다. 이해관계 충돌에 관한 파산법 이외의 영역에서의 규칙은 변호사가 하나의 거래 또는 진행 중인 한 소송에서의 의뢰인을 대리하는가를 기준으로 하지만, 파산절차에서는, 대부분의 업무는 협상이고, 거의 모든 당사자 중 누구의 편에서도 소송을 진행하고 있을 수도 있다.

어떠한 경우이든, 개시는 완전하여야 한다. 변호사가 이해관계 없는 것이 아니라는 것 또는 이에 적절한 개시를 이행하지 않았다는 것을 법원이 발견한 때에는, 법원은 변호사를 제척할 수 있고, 변호사 보수를 부인할 수 있고, 개시불이행으로 인하여 촉발된 조사 비용 중 어떠한 것이든 변호사가 부담하게 할 수 있다. 어느 법원은 법률사무소가 업무를 잘 수행하였다고 인정하면서도 개시 불이행을 이유로 100만 달러의 제재를 부과한 바 있다. 그 결정의 이유에서 법원은 이 법률사무소의 업무수행이 회생과정에서 결정적임을 인정하고 해당 사건에서 업무를 계속 수행하도록 희망하였음에도 그렇게 하였다.8) 극단적인 경우에는, 개시의 불이행에 대하여, 파산사건에서 고의로 사기적 방법으로 허위의 진술을 한 것을 이유로 18 U.S.C. §152(3)에 의하여 형사처벌이 부과될 수도 있다.9)

이해관계를 개시하여야 할 의무는 한 번 하고 끝나는 것이 아니고, 사건의 진행 중 계속되는 것이다. 예를 들어 당신이 변호사로서 채무자를 대리하던 도중에 채무자 회사의 이사들 중 일부가 범하였던 비위 사실을 발견하였다고 가정해 보자. 이제 당신은 사외 이사를 포함하여 회사의 이사 모두를 조사하여야 한다. 이 시점에서, 당신은 고용 변호사나 파트너 변호사 중 어느 누구라도 이 이사들의 주된 고용자를 위하여 업무를 한 적이 있는지 아닌지를 찾아내야 한다. 주요 의뢰인인 회사의 상급 임원으로 있는 자에 대한 조사를 당신이 주도하여야 한다면 당신은 잠재적인 이해관계의 충돌 상황에 처한다. 이러한 쟁점에 대한 민감성은 전국의 법원마다 다르고, 심지어는 같은 법원 안의 각 판사마다 다르다. 이 부분은 모든 변호사들, 그 중에서도 젊은 변호사들이 특별히 주의를 각별하게 기울여야 한다.

제7장절차 사건에서, §321에서 §331까지의 규정은 §701 내지 §705와 논리적으로 연관하여 읽어야 한다. 제7장절차 사건에서의 주역을 하는 자는 파산관재인이다. 관재인은 파산재단의 대표자로서 행위하고, 채무자의 재산을 관리하고 채권자 기타 이해관계인의 권리를 보호할 임무가 있다. 예를 들어 관재인은, 채무자가 파산절차 외부에서 제기할 수 있었던 조치를 취할 권한이 있다. 비슷하게, 제

---

8) In re Leslie Fay Companies, 175 Bankr. 525 (Bankr. S.D.N.Y. 1994). 법률에 대한 일반적인 논의를 위하여는, In re Gluth Bros. Constr., 459 Bankr. 351 (Bankr. N.D.Ill. 2011).

9) United States v. Gellene, 182 F.3d 578 (7th Cir. 1999) (저명한 뉴욕의 법률사무소에 근무하는 변호사가 그 법률사무소가 다른 사건에서 주요 담보채권자를 대리하고 있다는 점을 개시하지 않은 것을 이유로 하여 15개월의 징역형을 선고 받았다).

11장절차 사건에서는, §321에서 §331까지의 규정을 §1101 내지 §1109와 논리적으로 연관을 지어 읽어야 한다. 예를 들어, 제11장절차 사건에서는 보통 관재인이 없고, 그 대신에 §1107에 의하여 관재인의 역할을 하는 채무자 자신(debtor in possession, 이하 '채무자관리인' 또는 DIP)이 관재인의 의무와 책임을 떠맡는다. 관재인이 특정 행위를 할 권한을 부여하는 파산법의 조항은 채무자관리인이 동일한 권한을 가진 것으로 보게 된다. 법인의 경우에는, 채무자인 법인의 기존의 경영자들이 채무자관리인으로서 행동한다. 따라서, 통상의 영업 과정에서는 법원의 허가를 얻지 않고도 재산을 사용, 임대, 또는 매각할 권한을 §363가 관재인에게 부여할 때에는, 채무자관리인에게도 같은 조치를 시행할 권한을 주는 것이다. 공식적으로 관재인의 권한에 전속하는 행위를 채권자협의회나 다른 당사자가 요청하고 있는데 관재인이 선임되어 있지 않은 경우가 종종 있다. 채무자관리인은 그러한 행위를 추구할 인센티브를 결하고 있을 수도 있고, 특히 요구된 행위가 내부자를 상대로 하는 때에는 더욱 그러하다. 파산법은 이 문제에 명백하게 대처하고 있지 않지만, 대부분의 법원은 파산법원은 상당한 경우에는 그러한 행위를 하도록 명할 권한이 있다고 결론지었다.10)

　§341 내지 §350의 규정은 몇 가지 기본적인 절차진행에 대하여 규정하고 있다. 파산사건의 일생에 있어서 관건적인 순간 중의 하나는 §341이 요구하는 제1회 채권자집회이다. 예를 들어 제7장절차 사건에 있어서 채권자들은 §341조 집회에서 파산관재인을 선출한다. 채권자들은 또한 §705(a)에 의하여 사건의 진행을 감시할 채권자협의회를 구성할 것인지 여부를 결정한다. 파산법원의 판사가 §341 집회에 참석하는 것은 금지되어 있다. 본래 1898년의 파산법 하에서는, 파산법원이 파산사건의 관리에 밀접하게 개입하게 되었다. 많은 사람들이 이와 같은 파산법원의 개입은 당사자 사이에 일어나는 다툼에 대하여 결론을 내는데 필요한 정도의 중립성을 가지는 것을 방해한다고 생각하였다. 그렇지만 1978년 이후에는, 파산사건이 지연되는 사례가 많아지는 것에 대한 점증하는 우려로 인하여 사건의 진행을 촉진하기 위한 몇 가지 변화가 나타나게 되었고, 특히 §105가 그 중 하나이다. 예를 들어 파산법원은 사건의 신속하고 경제적인 해결을 증진하기 위하여 필요한 한 상태점검회의(status conference)를 열 수 있다. 그렇지만, 파산판사는 과

---

10) 예를 들어, In re Cybergenics, 330 F.3d 548 (3d Cir. 2003) (전원일치) 참조. 그러나 In re Fox, 305 Bankr. 912 (Bankr. App. 10th Cir. 2004) 참조.

거에 맡았던 역할로 되돌아가지 않고 있으며, 오히려 연방 지방법원에서 일상화된 사건관리실무를 채택하고 있다.

가장 단순한 파산사건일지라도 시간을 소모하기 때문에, 관재인(따라서 채무자관리인)이 행위하고 또 채권자들이 채무자의 사업을 채권자들의 수중으로 가지고 가지 못하도록 하는 규칙이 필요하다. 이들 규칙은 대강 §361 내지 §366의 영역에 속한다. 이들 조항 중 지금까지 가장 중요한 것은, 모든 채권자들에 대하여 권리실행의 자동 중지(automatic stay)를 명하는 §362이다. 자동 중지 조항은 신청이 제출된 바로 그 순간 채권자들이 모든 채권 추심 노력을 중단할 것을 요구한다. 자동 중지는 그 윤곽이 워낙 크게 확대되어 보이기 때문에 중지가 다만 추정(presumption)에 의하여 일단 중지하는 것일 뿐이라는 점을 망각하기 쉽다. 채권자가 상당한 이유가 있다는 것 또는 채권자의 이익이 불충분하게 보호되고 있다는 것을 증명하는 경우에는 언제나 법원이 자동 중지를 해제할 수 있다. 나아가, 법원은 §105조 하에서, 파산법의 다른 부분이 포용한 정책에 의하여 정당화되는 한, §362의 범위 내에 들어오지 않는 다른 행위를 중지할 권한이 있다. §363 및 §364는 관재인(제11장절차에서의 채무자관리인 포함)에게 재산을 매각, 사용 및 임대하고 금전을 차입할 권한을 부여한다. 그렇지만 이들 거래가 통상적인 영업 과정의 범주를 벗어날 때에는, 파산법에 의하면 통지와 심문이 필요하고 또 다른 요건이 필요할 수도 있다.

어떤 파산사건에 있어서든지 간에 결정적인 단계 중 하나는 채무자에 대한 청구권 및 채무자가 보유한 재산을 정확하게 확인하는 것이다. 파산법 제5장은 이것을 수행하는 방법을 우리에게 말해준다. §501 내지 §510은 파산재단에 대한 청구권에 초점을 둔다. 다른 것 중에서, 파산법의 이 부분은 채무자가 파산사건의 진행 중에 부담하는 비용은 일반 채권자가 부담하여야 한다는 관념을 채택하고 있다. §507(a)(1) 하에서, 이들 비용이 먼저 청산되고 나서, 나머지가 일반 채권자들 사이에 배당된다. 이들 비용을, '절차비용청구권'이라고 부르는데, 여기에는 파산절차 진행에 대한 직접 비용과 그 사이에 사업을 운영하는데 소요된 비용을 포함한다.

절차비용 처리방법의 근저에 있는 ― 파산제도는 일반 채권자들의 이익을 위하여 운영된다는 ― 가정은, 가끔 현행의 실무와 어긋날 때가 있다. 많은 대규모 기업이 제11장절차에 들어갈 때 담보채권자들에게 상환하기에도 부족한 자원만을 가지고 있을 수 있다. 이러한 경우 사건을 관리하는 비용은 필연적으로 담보채권자들로부터 나와야 한다. §506(c)에 의하면 관재인이 담보제공된 재산 그 자체를 팔아 비용을 만들 능력은 제한되어 있지만, 이러한 경우에는 담보물로부터 절차비용이 "깎아내지는(carved out)" 것을 담보채권자가 허용하는 경우가 더 일반적이다. 각 사건에서 얼마나 어떻게 깎아내지는 지 정확한 모습은 현금담보물(cash collateral)에 관한 명령 또는 채무자관리인 차입 약정(DIP financing agreement)의 일환으로 사건의 초기에 협상된다.[11]

§506은 담보물에 관하여 적절하게 담보권을 완성한 채권자의 권리에 대하여 규정한다. ('완성(perfection)'이라는 단어는 파산절차에서 독특한 의미를 가진다. 완성된 권리를 가지기 위하여는, 채권자는 재산권이 성립하였음을 세상에 공시하여야 한다. 전형적으로 저당권은 그 지역의 부동산등기부에 그 저당권 설정 사실을 등기하여야 한다. 동산에 대한 담보를 취득하는 채권자는 전형적으로 주의 해당 관청에 금융서류를 제출하여야 한다.) 파산절차 외부에서는, 담보물에 관하여 담보권의 설정을 적절하게 완성한 자는 담보물의 가치에 이르기까지 다른 채권자에 우선하여 변제를 받을 자격이 있다. 일반적인 문제로서, 담보권을 적절하게 완성한 담보채권자는 파산절차에 있어서도 역시 일반 채권자의 권리를 타파(또는 변호사들이 보통 즐기는 단어를 쓴다면, 우선 또는 압도(prime))한다. 그렇지만 담보채권자는 그 담보물이 가지는 '가치(value)'의 한도에 이르기까지만 우선할 권리가 있다. 담보채권자는 담보물 그 자체의 점유를 회수할 수 없을 지도 모른다. 만일 담보물의 가치가 피담보채무의 금액을 초과하는 경우에는 (즉, 채권이 담보초과 oversecured 인 경우), 채권자는 부채 금액과 동등한 담보채권을 가지는 것이 된다. 나아가, §506(b)에 의하면, 담보채권자는 파산절차의 진행 중에도 이자를 받을 수 있고 또 그에게 발생한 합리적인 비용도 상환 받을 수 있다. 그렇지만, 비용상환을 위하여는 담보설정계약에 채무자가 비용을 부담한다는 약관이 포함되어 있어야 한다.[12]

만일 담보물의 가치가 피담보채무의 금액에 미치지 못한다면(즉, 청구권이 담보부족 상태라면), 해당 청구권은 §506(a)에 의하여 두 갈래로 분할(bifurcate) 된다. 채권자는 담보물의 가치에 상당하는 담보채권과 및 차액에 상당하는 무담보채권

---

11) Richard B. Levin, Almost All You Ever Wanted to Know About Carve Out, 76 Am. Bankr. L.J. 445, 458(2002).

12) United States v. Ron Pair Enterprises, 489 U.S. 235 (1989) 참조.

을 가지게 된다. 채권자는 이들 자산에 대하여 그들이 가진 담보물권에 기하여 구체적 재산에 대한 지배권도 아울러 가진다. 단순한 제7장절차에 의한 청산에 있어서는, 담보물권 ― 우선특권(lien) ― 은 파산절차를 그저 투과(pass through)할 수 있다.

어느 은행이 채무자에게 $100을 빌려주고 채무자가 소유하는 1필의 부동산에 대하여 담보물권을 취득한다고 가정해보자. 그 후에 불황이 닥쳐 부동산의 가치가 $25로 떨어지고, 채무자는 제7장절차를 신청한다. 부채 금액이 토지의 가치를 초과하기 때문에, 관재인은 이 부동산을 보유하는 것으로부터는 일반채권자에게 이득이 가도록 해줄 수가 없다. 그러므로 관재인은 이 부동산을 채무자에게 반환할(또는 §554의 용어를 사용하면 '포기(abandon)'할) 수 있다. 파산법은 은행 및 다른 모든 채권자들에 대한 채무자의 인적 채무는 면제된다고 규정한다. 그렇지만, 은행은 부동산이 채무자의 수중에 있게 된 순간 자유롭게 토지를 경매(foreclose)할 수 있는데 그것은 우선특권이 파산절차를 견디고 살아남기(또는 투과하기) 때문이다. 선취특권 투과(lien pass-through)의 법리는 Long v. Bullard 사건[13])에서 처음 제시되었다.

§541 내지 §560은 파산재단이 어떤 재산을 가지는 지를 확립한다. 이 조항들은 파산절차는 파산절차 외부에서 존재하는 권리와 의무의 집합에서 시작하여야 한다는 중심적 관념 위에 세워져 있으며, 그 다음 비파산법적 기준선으로부터 이탈을 요구하는 파산법의 특수한 정책이 무엇인지를 확정한다. §541은 '파산재단에 속하는 재산(property of the estate)'이라는 중심적 개념을 정의한다. 관재인(또는 채무자관리인)은 채권자들의 청구권을 갚을 재원이 되는 재산을 수집할 책임 및 이를 채권자들에게 배당할 책임을 진다. 파산재단에 속하는 재산이라고 부르는 이들 재산은, 파산재단을 구성한다. §541은 개인과 법인 사이에 뚜렷한 구분선을 그린다. 개인의 장래 소득은 파산재단에 속하는 재산이 되지 않지만, 법인의 장래 소득은 파산재단에 속한다. 이렇게 구분선을 그리는 것이 개인인 채무자에 대하여 신선한 새출발을 부여하는 파산법의 결정적인 특성이며, 그것은 이 책의 다음 장에서 초점이 된다.

많은 경우에, 어떤 채무자의 채권자가 접근할 자격이 있는 재산은 제3자가

---

13) 117 U.S. 617 (1986).

청구권을 주장하는 재산이다. 이러한 경우, 관재인은 그 재산에 대한 채권자의 권리를 주장하기 위한 소송을 제기하여야 한다. 만일 채무자 자신이 청구원인을 제출할 수 있었다면, 재산은 §541 하에서 파산재단의 재산으로 간주된다. 다른 경우에는, 관재인은 이른바 부인권(avoiding power) 중 하나를 행사하여야 한다. §544(a)는 관재인의 "강제환수(strong arm)" 권한이다. 관재인은 이 권한을 사용하여 예를 들어 완성되지 않은 담보설정 행위를 무효로 할 수 있다. 담보를 취득하려는 채권자는 공적인 출원을 통하여 그 권리를 등기하지 못한 경우에는 파산절차에서는 담보권을 취득할 수 없다.

또 부인권은 관재인으로 하여금 사해행위(fraudulent conveyance)를 무효화할 수 있도록 허용한다. 이것은 파산절차 외에서는 채권자들이 일반적으로 누리는 권리이다. 이 사해행위에는, 채무자가 지급불능 상태일 때 합리적으로 동등한 가치(reasonably equivalent value) 보다 낮은 대가로 이루어진 재산의 이전 및 채무의 부담 및 채권자를 방해, 지연 또는 기망할 의도로 행한 이들 처분행위를 포함한다. §548. 그러한 거래는 노골적인 사기에 해당하는 경우뿐만 아니라 "사기의 표지(badges of fraud)," 즉 거래가 정당한 사업상의 목적이 없고 그 대신에 채권자들이 변제 받을 능력을 좌절시키는 것을 목적으로 하는 것을 시사하는 징표를 지니고 있는 거래를 포함한다. 또 하나의 조항은 관재인으로 하여금 파산절차의 신청 직전에 일부 채권자에게 행하여진 재산의 이전을 무효화할 수 있게 허용한다. §547. 편파적인 재산이전에 반대하는 이 정책은 채권자들이 파산이 임박하였음을 알았을 때 재산을 먼저 잡으려고 경주하는 것을 방지한다.

파산법 제1장, 제3장, 제5장에 있는 일반적 조항들은 완벽하게 정돈된 것이 아니다. 다른 곳에 배치되었으면 좋았을 조항들이 많이 있다. 예를 들어 §108은, 관재인에게 어떠한 행동을 제기하는데 특별한 유예기간을 부여한다. 행동을 제기하지 않은 것의 결과는 때때로 자동 중지가 관련되어 있는지 여부에 의존하기 때문에 이 조항은 §362와 연관하여 읽는 것이 가장 좋다. 미이행쌍무계약을 다루는 §365는 잘못 위치를 잡은 것이 가장 분명한 조항일 것이다. 쌍무계약은 성질상 채무자와 제3자 사이의 상호간 권리와 의무와 연관이 있다. 이것들은 재단에 대한 청구권과 재단이 가진 재산의 조합으로 보는 것이 가장 좋다. 쌍무계약으로 인하여 제3자는 채무자에 대한 권리를 취득하므로 파산재단에 대한 청구권이다. 이와 동시에 쌍무계약은 파산재단에 속하는 재산이다. 쌍무계약으로 인하여 채무자는 제3자에 대한 권리를 취득하기 때문이다. 청구권과 재산은 파산법 제5장의 영역 내부에 떨어지므로, 쌍무계약에 관한 조문은 마땅히 제5장으로 갔어야 한다. §365 조를 올바른 곳에 배치하지 못한 것이 그 조항을 어떻게 해석하여야 하는지에 원칙적으로는 영향을 주어서는 안 되지만, 결함 있는 배치가 변호사와 판사들이 그것을 적용함에 있어 직면한 어려움을 지속적으로 악화시켜 왔을지도 모른다.

제11편의 나머지 장은 파산사건의 여러 종류를 제시한다. 제9장은 지방자치단체를 위하여 유보되어 있다. §101에 의하면, '지방자치단체(municipality)'는 "주(State)의 정치적 하부 조직 또는 공공기관 또는 업무대행기관"을 의미한다. 제9장 절차에서의 채무자에는 시(city)와 읍(town) 이외에도 수도구(water district) 및 전력구(power district)가 포함될 수 있다. 제9장절차는 대공황 이래 널리 쓰여지지 않았으나, 지방자치단체가 그 소속 직원들에 대하여 막대한 연금 부담과 다른 채무를 지고 있는 점을 고려하면 2013년 디트로이트 시의 파산 신청은 새로운 시대의 전조일지도 모른다.

지방자치단체의 파산은 다른 유형의 파산과 전혀 다른 방식으로 진행된다. 제9장의 실체규정은 대략 동일하지만, 지방자치단체에 대한 채권자들의 권리는 통상의 채무자에 대한 채권자들의 권리와는 놀랄만큼 동떨어진다. 파산절차 외부에서라면, 법률은 전형적으로 시 청사나 소방차와 같이 가치를 가질 수 있는 재산을 시 자신이 소유하고 있는 것이 아니라 시민의 이익을 위하여 시가 수탁자로서 소유하는 것이라고 규정한다. 채권자는 지급을 받기 위하여 이러한 유형자산에 대하여 강제집행을 시도할 수 없고 그 대신에 시의 조세수입을 찾아 보아야 한다. 그런데 조세수입을 압류하는 것은 극단적으로 어렵다. 프랭크퍼터 대법관이 유명하게 설시하였듯이,

> 지방자치단체의 제1의 재산은 그 과세권이고, 그것은 민간 법인의 재산과 다르게, 배당가능한 것이 될 수 없다. 그러므로 지방자치단체가 발행한 무담보 증권은 지방자치단체가 그 과세권을 행사할 것이라는 선의에 기초한 채권증서에 불과하다.[14]

지방자치단체가 과세권을 행사하려는 의지와는 별개로, 과세권은 그 자체가

---

14) Faitoute Iron & Steel Co. v. City of Asbury Park, 316 U.S. 502, 509 (1942).

제한적인 것이다. 조세가 다른 지역에 비하여 너무 많이 높아지면, 시민들은 그 저 떠나 버릴 것이다. 따라서 기초적인 공공서비스를 제공하기 위하여 필요한 것 에 추가하여 부채를 상환하기 위하여 일으킬 수 있는 금액에는 자연적인 상한이 존재한다. 인구가 급격히 감소해버린 디트로이트와 같은 도시에서는 이 상한선이 특히 낮을 개연성이 크다. 채무의 부담은 차치하고서라도, 도대체 디트로이트 시 가 어떻게 그 현존하는 도시기반시설을 유지할 수 있을지 명백하지 않다. 그와 같은 제한이 제9장절차가 작동하는 배경을 제공한다.

제9장절차에서 회생계획을 인가하기 위하여는, 법원이 회생계획이 제11장절 차 하에서의 계획과 같은 기준 중 여러 개에 부합한다고 인정하여야 하지만, 비 파산법 하에서 채권자들이 지방자치단체에 대하여 가지는 권리가 다른 채무자에 대한 것과 다르기 때문에, 기준은 다른 광택을 띠게 되었다. 회생계획이 "공정하 고 형평에 맞을 것(fair and equitable)"이라는 요건은 제11장절차에서는 절대 우선 의 원칙을 준수할 것을 요구하지만, 지방자치단체의 파산이라는 맥락에서는, 공정 형평의 요건은 그 대신에 "그 상황에 있어서 [지방자치단체가] 합리적으로 지급 할 능력이 있는 모든 것을 화의계획에서 변제로 제공할 것"을 의미한다.15)

제9장의 조항들은 길지도 않고 복잡하지도 않다. §901은 파산법의 일반적 조 항 중 이 절차에 적용되는 조항을 확정하고 있다. 가장 중요한 것은, §1113은 제 9장 사건에는 적용되지 않는다는 것이다. 따라서 제9장절차를 진행하는 지방자치 단체는 제11장절차에 있는 법인보다는 단체협약을 해제할 수 있는 자유를 좀 더 누리게 된다.16) 연방파산법과 비파산법인 주법, 예를 들어 지방자치단체의 퇴직 연금채무를 규율하는 주법 사이의 상호작용은 대략 탐구되지 않은 상태로 남아 있다.

제15장은 사업의 중심이 다른 나라에 있는 기업에게 다른 나라에서의 도산 절차에 맞게 미국에서 그들의 권리관계를 정리할 길을 제공한다. 이 장은 국제 도산에 관한 모델 법(Model Law on Cross Border Insolvency)에 기반하여 입법되었 다. 이 장은 외국에서의 절차가 그 적용범위를 확장하여 자동 중지의 혜택을 취 하고 미국 내에 위치한 재산의 관리권을 획득하는 것을 허용한다. 이 장의 조항 은 거의 대부분 절차적인 것이며, 국제 도산의 실체적 결과들은 그 다수가 대략

---

15) Lorber v. Vista Irrigation, 127 F.2d 628, 639(9th Cir. 1942).
16) In re City of Vallejo, 403 Bankr. 72 (Bankr. E.D. Cal. 2009).

공인되지 않은 채 남아 있다.[17] 파산법원은 외국 대표자의 신청에 의하여 국제예양(comity)이라는 일반원칙을 고려하여 "적절한 구제조치"를 부여할 권한이 있다. §1507. 파산판사들은 외국의 도산법 중 실체 규정에 기꺼이 따르고자 한다.[18] 그렇지만 한계가 있다. 예를 들어 최근의 한 사건에서는 의심스러운 상황 하에서 멕시코 법률 하에서 인가를 받은 계획을 존중하기를 법원은 거부하였다. 여러가지 중에 특히, 회생계획을 추진한 내부자의 이익을 실현하는 방식으로 회생계획은 채무자가 아닌 제3자의 책임을 면제하였다. 그러한 계획은 미국 국내법 하에서라면 단호하게 불허되었을 것이다.[19]

통상적으로 개인과 법인은 파산법의 각 장에 규정된 여러 종류의 절차 중 하나를 자유롭게 선택하여 신청을 제출할 수 있다. 개인인 채무자는 대부분 제7장절차 또는 제13장절차를 선택할 것이다. 보통의 법인은 제7장절차의 신청 또는 제11장절차의 신청을 제기할 수 있다. 제출되는 파산신청의 종류는 신청을 제출하는 자가 추구하는 목적에 의존한다. 그렇지만 파산법원은 어느 장에 의하여 제기된 사건을 다른 장에 의하여 처리될 사건으로 변환(convert)할 수 있는 광범위한 권한을 누린다. 더욱이, §706(a)에 의하면 채무자는 채권자가 제7장절차를 신청한 사건을 제11장절차에 의하여 처리되는 것으로 변환할 수 있다.

이 책 제2장에서 알 수 있듯이, 제7장절차는 정직하지만 불운한 피와 살이 있는 채무자를, 부채를 상환할 능력이 있거나 제7장절차를 사용하는 것이 남용이라고 인정되는 자들과 구별하려고 한다. 약간의 소득만을 가지고 있고 절망적으로 빚을 지고 있는 개인은 신선한 새출발을 필요로 한다. 그는 제7장절차에 의한 파산을 신청하여 일부 비면제재산을 내 놓고 파산신청 이전의 채무를 남기고 걸어 나갈 수 있어야 한다. 반면에 채권자들에게 상당한 금액을 상환할 수 있을만큼 충분히 버는 개인은 파산절차를 사용하여 그 채무를 회피하여서는 안 된다. §707(b)는 "자력기준(means test)"을 사용하여 두 가지 유형의 채무자를 서로 구별한다. §727은 정직하지만 불운한 채무자에게 면책(discharge)을 부여한다. §541 하에서 개인이 장래에 벌어들이는 소득은 파산재단의 재산으로 되지 않기 때문에, §727

---

17) 예를 들어 In re Bear Stearns High-Grade Structured Credit Strategies Master Fund, LTD, 389 Bankr. 325 (S.D.N.Y. 2010).
18) 예를 들어, In re Sino-Forest Corporation, 501 Bankr. 655 (Bankr. S.D.N.Y. 2013), In re Metcalfe & Mansfield Alternative Investments, 421 Bankr. 685 (Bankr. S.D.N.Y. 2010) 참조.
19) 예를 들어, In re Vitro S.A.B. de C.V., 701 F.3d 1031 (5th Cir. 2012) 참조.

의 효과는 개인 채무자에게 채권자들의 청구권으로부터 자유로운 장래 소득을 누릴 권리를 부여하는 것이다.

§726은 채무자의 재산이 채권자들 사이에 배당되는 방식을 나열하고 있지만, 이 조항 및 제7장절차에서 파산재단의 관리를 다루는 다른 조항들은, 개인 채무자들의 경우에는 거의 적실성이 없다. 파산절차를 신청하는 전형적인 개인들은 담보로 제공되지 않은 유형자산이 거의 없다. 그들의 가장 큰 자산은 인적 자본 (human capital), 즉 그들이 장래 돈을 벌 수 있는 능력이다. 어느 채무자가 채권자들의 청구권으로부터 자유롭게 그들의 장래 소득을 누릴 수 있어야 하는 것인가를 결정하는 것이 가장 중요한 정책적 선택이다.

제13장절차도 개인들에게 실질적으로 신선한 새출발을 제공하지만 제7장절차와는 다른 형태를 취한다. 이 절차는 제7장절차를 신청할 자격이 되지 않는 채무자나 상당한 자산이 있는 채무자에게 유용하다. 제13장절차는 개인인 채무자가 자산을 전부 유지하는 것을 허용하지만, 그 대신에 채무자는, 최소한 채무자가 제7장절차를 신청하였을 때 채권자들이 받을 수 있었던 금액만큼을, 채무자의 장래 소득으로부터 마련하여 채권자들에게 변제하는 것을 내용으로 하는 변제계획을 수립하여야 한다.

개인과 비슷하게, 법인도 제7장절차를 신청할 수 있다. 많은 경우에, 법인은 제11장절차에 의한 회생을 시도하다가 실패하고 난 이후에 제7장절차로 들어가게 된다. §1112(b) 참조. 이들 법인 파산사건은 개인에게 신선한 새출발을 부여하는 것과는 아무런 관계가 없다. 제7장절차는 법인에게 면책을 부여하지 않는다. 법인에 대한 전형적인 제7장절차에서는 기업은 그 조업을 중단하였거나 즉각 중단할 예정이다. 담보채권자가 담보물을 회수하고 나서도 남아 있는 재산은 보통 §507(a)(8) 하에서 우선권을 인정 받는 조세를 징수하는 관서로 가게 된다. 법인이 제7장절차에 의한 파산을 신청할 수 있도록 허용하는 목적은 보통의 일반 채권자들에게 재산을 배당하려고 하는 것이라기보다는 추적할만한 가치가 있는 것이 전혀 없다는 것을 채권자들이 확인하게 하는 것이라고 할 수 있다. 제7장절차는 지속적으로 채권 추심을 받고 있는 회사의 경영진이 법인은 자산이 전혀 없고 따라서 소송을 해보았자 아무짝에도 쓸모 없을 것이라는 점을 법인의 채권자들이 인식하게 하는 가장 쉬운 방법이다. 파산절차의 진행은 채무자의 전반적인 재무적 건강성에 대한 자세한 심사를 제공하는데 이것은 달리 개별 채권자들이 진행하기에는 어려운 것이다.

　제7장절차에 의한 청산이라고 하여도 모든 재산이 나뉘어져 개별적으로 매각될 것을 요구하는 것은 아니다. 반대로, 관재인은 가능한 한 큰 덩어리로 재산을 매각할 의무가 있고, 때에 따라서는 이것은 계속기업으로서(as a going concern) 재산을 한꺼번에 매각하는 것, 즉 영업양도를 의미한다. 그렇지만, 실무에서는, 운영 중인 기업은 거의 제7장절차의 신청을 하지 않는다. 파산절차 외부에서 법인의 경영권을 가지고 있는 사람들은 보통 그 경영권을 파산절차에서도 유지하고 싶어한다. 제11장절차는 그 경영권의 유지를 허용하는 반면에, 제7장절차는 기업의 사무를 관리하기 위하여 관재인의 임명을 필요로 한다.

　대규모 법인에 대한 채권자들은 기업이 재무적 어려움에 처하게 되었을 때, 파산절차 외에서 상당한 지배권을 행사하고, 파산절차 안에서도 이 지배권의 대부분을 그대로 유지한다는 점을 유의할 필요가 있다. 실제로, 많은 경우 기존의 경영진은 채권자들에게 충분히 종속되어 있는 터인지라, 주요 채권자들은 제11장절차에서 관재인의 임명을 요구하지 않는 것이 전형이다. 이것은 기존 경영진이 사기에 연루되어 있어 채권자들이 관재인의 임명을 요구할 수 있는 분명한 권리가 있는 경우에도 마찬가지이며, 그것은 엔론(Enron)이나 월드컴(WorldCom) 사건에서 본 바와 같다.

　제11장절차는 재정적 곤란에 처한 법인을 둘러싼 문제들을 시정하기 위하여 고안된 수단이다. 법인이 계속기업으로서 지속할 수 없게 되었을 때, 제11장절차는 이것을 중단하고 일관된 방식으로 재무적 문제를 정돈하는 메커니즘을 제공한다. 단순히 재산을 매각하는 것으로 해결될 수 없는 문제가 있을 때, 녹아 내리고 있는 법인을 위하여는 제7장절차보다는 제11장절차가 적합하다. 다음 사례를 검토해보자. 담보물을 다시 회수한 담보채권자를 제외하고는, 다른 채권자라고는 국세청 밖에 없고 밀린 것은 연방보험기여금법에 의한 기여금과 원천징수세이다. 기업의 사주들(owner-managers)는 이들 조세에 대하여 개인적 (잠재적으로는 형사적) 책임을 지고 있으며, 이들도 또한 제11장절차를 신청하였다. (개인들도 제11장절차에 의한 보호를 신청할 수 있다. 다만 채무자 개인의 사정이 기업의 업무에 연관되어 있는 사건을 제외하면, 제13장절차 또는 제7장절차가 그들의 재무적 문제를 해결하는 보다 매력적인 곳이다.) 우리는 누가 무엇을 지급할 것인지 및 어떤 스케줄에 따라 지급할 것인지를 정돈하여야 한다. 그러한 상황에서는 제11장절차는 채무자들과

국세청 양쪽이 선택을 행하는 장이 되는 경우가 많다. 어느 누구도 사건이 각하되어야 한다거나 변환되어야 한다고 요구하지 않는 한, 법원을 그렇게 할 개연성이 크지 않다.

다수의 대규모 파산사건에 있어서는, 파산법정을 통하여 계속기업이 유지되는 상태로 기업을 수월하게 매각할 수 있기 때문에 파산절차의 신청이 이루어진 경우가 많이 있다. 제11장절차는 그와 같은 통 매각을 허용하고, 매수인에게 우발채무로부터 자유로운 깨끗한 소유권을 취득할 것이라는 확신을 준다. 마지막으로, 제11장절차는 손상하지 않고 유지될 기업이 새로운 자본구조를 필요로 할 경우에 공개토론장을 마련해준다. 과거의 불운으로 인하여 기업이 그 의무를 이행하지 못하게 되었을지도 모르지만, 그 기업이 보유한 재산은 최선의 용도로 사용되고 있다. 기업의 고정 채무를 감면함으로써 전체로서의 채권자들의 형편은 더 나아질 것이다.

제11장절차는 구 파산법(Bankruptcy Act)의 제X장, 제XI장, 제XII장을 대체한 것이다. (1898년 파산법의 장에 대하여는 로마 숫자를 사용하고, 1978년 법의 장에는 아라비아 숫자를 사용하는 것이 관습이다.) 제11장절차에서는 관재인이 아니라 채무자 관리인이 사업의 경영을 일상적으로 지속하는 경우가 많다. 채무자가 계속기업으로서 생존할 수 있는 가능성이 많은 실질적인 조업을 행하는 회사일 때에는 많은 재산가치가 걸려있을 수 있고, 이 경우 일반 채권자들이 적극적인 역할을 행한다. 그렇지만, 다수의 제11장절차 사건에 있어서는, 자본구조는 둘 또는 그 이상의 층위에 걸친 담보채권자들로 구성된다. 설정이 되어 있지 않아서 자유롭게 매각할 수 있는 재산(부인권 소송으로 회수할 수 있는 재산도 여기에 포함된다)이 결여된 경우에는 일반 채권자는 역할이 거의 없고, 있다고 해도 지극히 작은 부분만을 수행한다.

이론상, 연방관재인은 각 제11장절차가 개시될 때 채권자협의회를 구성하지만, 협의회는 걸려있는 것이 충분한 경우에만 활동한다. §1102(b)는 채권자협의회가 채권액 순으로 7위까지의 채권자로서 희망하는 채권자로 구성될 것을 권장하고 있다. 그렇지만 실무에서는, 연방관재인은 "대표성 있는(representative)" 채권자협의회를 구성하려고 시도하는 경우가 많고, §1102(a)(4)도 소기업을 운영하는 채권자의 채무자에 대한 채권이 그 자신의 존속을 위태롭게 하기에 충분할 정도로 다액인 경우에는 그 채권자가 채권자협의회 가입을 관철할 수 있도록 허용한다.

제11장절차에서의 채권자협의회는 신청 제출 이전에 채권자들이 조직한 위원회가 공정하게 선출되고 존재하는 다양한 종류의 청구권을 대표하는 경우에는 그 위원회의 구성원으로 채권자협의회를 구성할 수 있다. 전체로서의 일반채권자들의 다양성에 비하면, 상위 7개 채권자들은 서로 동질적인 경우가 많기 때문에, 연방관재인은 때때로 채권자협의회 구성원을 상위 7개 채권자들을 넘어 찾는다. 대형 사건에서는, 채권자협의회가 여럿 존재하기도 하고 주주협의회도 있다.

채권자협의회의 사무를 보는 것은 장점도 단점도 있다. 구성원은 절차상의 여러 행위에 가깝기 때문에 대체 무엇이 진행되는지 잘 알 수 있다. 그러나 채무자가 비밀로 간주하는 정보를 취득할 수 있고, 이 때문에 (청구권을 매각하거나 청구권을 추가적으로 매집할 수 있는 능력과 같은) 절차 내에서 채권자로서 행위할 수 있는 능력을 잃게 될 수 있다. 더욱이, 채권자협의회 사무는 시간을 소모한다. 제11장절차에서의 채권자협의회는 (제7장절차에서의 협의회와는 달리) 변호사나 회계사와 같은 전문직업인을 사용할 수 있고 그들에게 업무처리를 맡기는 비용은 §507 하에서 우선권을 누리는 절차비용에 해당한다. 그렇다고 해도 채권자 자신의 그 노력에 대하여는 보상을 받지 못한다. 게다가 위원회의 구성원으로서는, 채권자는 그 자신의 이익뿐만 아니라 다른 일반 채권자들의 이해관계도 보살펴야 할 임무가 있다. 사건에 적극적으로 참여하는 채권자들도 비록 공식적인 채권자협의회의 구성원이 아니라고 하더라도 개시의무를 부담하게 될 수 있다.[20]

§1104에 의하면 법원은 관재인의 권한을 행사할 수 있는 조사위원(examiner)을 선임할 수 있는데, 연방관재인이 조사위원을 고르고, 법원의 승인을 받는 방식으로 임명된다. 조사위원은 다양한 분파 사이에서 중재를 하게 하려는 목적만으로 선임되기도 한다. 조사위원은 채무자관리인이 (주주에 대한 부인권 행사와 같은) 권리를 행사할 수 있는 원인이 있는지 여부를 조사하기 위하여 선임될 때가 있다. 채무자관리인으로서는 이해관계 충돌 때문에 권리의 행사에 열성을 보이지 않을 가능성이 크기 때문이다. 그와 같은 조사는 막대한 비용이 들 수 있고 또 권리 행사가 이루어지는 경우에는 이미 행하여졌거나 곧 행할 작업과 중복될 위험이 있을 수 있다. 그러나 조사는 상당한 재산 회수로 이어져 채권자들을 이롭

---

20) In re Northwest Airlines Corp., 363 Bankr. 704 (Bankr. S.D.N.Y. 2007). 최근 파산규칙 2019가 개정되어 비공식적 협의회의 개시의무에 대하여 규정하고 있지만, 이 규칙이 파산법원이 요구할 수 있는 개시의 범위를 제한하는 것은 아니다.

게 할 수도 있다. 예를 들어 엔론의 파산사건에서는, 2년 가까운 기간 동안의 조사활동에 수십 명의 변호사와 다른 전문직업인들이 투입되어 비용이 거의 1억달러가 들었지만, 그 뒤 화해를 통하여 회수한 금액이 10억 달러를 초과하였다.

제11장절차에서 채무자의 가장 중요한 권리 중 하나는 신청서 제출로부터 처음 120일의 기간 동안에는 채무자만이 회생계획을 제출할 수 있는 배타적 권한을 가진다는 점이다. 법원은 이 기간을 18개월까지 연장할 수 있다. 채무자가 계획을 제출하면, §1121(c)(3)에 의하여 계획에 대한 동의를 얻기 위한 기간을 60일 더 가질 수 있다. 배타적 제출기간이 경과하면, 이해관계인 누구나 회생계획을 제출할 수 있다. 둘 이상의 계획안이 제11장에 정하여진 요건을 모두 충족할 경우, 파산법원은 §1129(c)에 의하여 "채권자들과 지분권자들의 선호를 고려하여 어떤 계획을 인가할 것인지를 결정"하게 된다. 채무자가 배타적으로 제출할 수 있는 기간이 종료하면, 청산을 목적으로 하는 회생계획이 제안되고 또 인가될 가능성이 크다. 담보채권자의 입장에서 보면, 그러한 사건에서 배타적 제출기간의 종료는 자동 중지의 해제와 동일한 효과가 있다.

기업의 영업에 대하여 자세한 정보를 수집할 수 있는 능력이 없다는 점을 인식하기 때문에, 파산법원은, 명백한 목표치를 확립한 후 채무자가 이를 충족하지 못하면 결정적인 행동을 취하는 방식으로, 채무자의 재산에 관한 합당한 결정을 할 수 있도록 노력한다. 사건이 개시될 때, 주요 채권자가 담보물을 처분할 수 있도록 자동 중지를 해제하여 달라고 신청할 수도 있다. 이에 대하여 채무자인 회사의 경영진으로서는 회사가 계속기업으로서 운영되는 상태로 다른 회사에 매각될 수 있음을 들어 중지가 지속되어야 한다고 주장할 수도 있다. 이 경우 파산법원은 담보채권자의 중지해제 신청을 기각하면서, 앞으로 6주 동안 매수인이 나타나지 않으면 중지해제를 받아들일 것이라고 결정할 수도 있다.

제11장절차의 채무자는 파산절차 개시 후에 재화와 용역 및 자본적 설비를 공급하는 자들과 협상하는데 시간을 많이 사용한다. 제11장절차는 임대차계약, 계속적 계약 및 근로계약을 다시 재협상할 수 있는 공론장을 제공한다. 때로는 그러한 협상은 파산절차 외부에서 일어나는 협상과 구분하기 어렵다. 제3자는 파산절차 외부에서라면 누렸을 권리와 가능한 한 가깝게 일치하는 권리를 가진다는 것이 원칙이다. 항공기 리스에 적용되는 §1110이 좋은 예이다. 다른 상황에서 제11장절차는 파산절차 외부에서의 기준선에 비하여 채무자의 협상력을 극적으로

증진하는 규칙을 제공한다. 그와 같은 규칙에 의하여, 채권자들은 제3자의 희생으로 파산절차 외부에서의 기준선에 비하여 이익을 얻는다. §1113 하에서 단체협약의 처리도 명확한 실례 중 하나이다. 그렇지만, 파산절차 내에서의 협상은 모두, 기업의 조업이 계속되게 한다는 점에서 동일한 효과를 가지는 경향이 있다. 제11장절차 내에서 회생되는 기업은, 그에 투입되는 노동, 자본 그리고 원자재에 대한 시장가격과 비슷한 것을 기업이 지급하는 것을 내용으로 하는, 새로운 계약들의 집합을 가지고 성공적으로 떠난다. 이러한 상황 하에서 그 기업이 효과적으로 경쟁하지 못한다면, 그 기업은 시장경제에서 생존할 수 없다.

§1122 내지 §1129는 채권자들 사이에서의 협상을 위한 구조를 확립한다. 이 조항들은 모든 선수들의 절차적 권리 및 그들이 합의에 이르지 못하였을 경우 그들의 실체적 권리에 대하여 규정한다. 이러한 다양한 권리들 중 가장 중요한 것은 §1129에 있는데, '절대 우선의 원칙(absolute priority rule)'이라고 알려진 일반 원칙을 구현하고 있다. 이 원칙은 파산절차 내의 채권자들이 그들의 파산절차 외부에서의 우선순위에 따라 변제 받을 것을 보장하고자 한다. 채무자가 절대 우선의 원칙을 만족하는 방법으로 채권자의 반대를 누르고 회생계획을 관철할 수 있는 능력을 채무자의 '강제인가(cramdown)'권이라고 한다.

§1141부터 §1146까지의 규정은 기존 청구권의 면책과 회생계획의 실행에 대하여 규정하고 있다. 개인 채무자의 면책에 관한 조항인 §727를 파산재단의 재산으로부터 개인의 소득이 §541에 의하여 제외되는 것과 연관지어 읽어야 하는 것과 마찬가지로, §1141의 면책 조항은 절대 우선의 원칙과 연관을 지어 읽어야 한다. 함께 모아서, 채무의 면책과 절대 우선의 원칙은 제11장 절차의 중심적 목표를 수행한다. 각 채권자에게는 모든 채권자의 집합적 이익 대신에 오로지 그 자신의 이익만을 추구하려는 인센티브가 있음에도 불구하고, 유지할 가치가 있는 기업활동이 지속될 수 있도록 보장하는 역할을 하는 것이다.

파산사건의 관할

연방파산법은 채무자의 복잡한 문제를 단일한 법정에서 정리할 수 있도록 하기 위하여 설계되었다. 관할의 경합으로 인하여 연방법원이 민사 사건의 관할권을 가질 때와는 달리, 파산법원은 미합중국 전역에 걸쳐 관할권을 가진다. 심지어는 민사소송을 제기할 수 있기 위하여 필요한 최소한의 연결점도 캘리포니아 주에는 없는 채권자라고 하더라도, 만일 채무자가 캘리포니아 주에서 파산의 신청을 하기로 선택하였다면, 캘리포니아의 파산법원에 채권신고를 하여야 한다.[21] 파산신청을 제출할 수 있는 관할법원에는 법인이 설립된 주도 포함된다.[22] 많은 대기업이 델라웨어 주 또는 뉴욕의 법률에 따라 법인으로 설립되었거나 그런 관계회사가 있기 때문에, 큰 파산사건은 대략 델라웨어 주나 뉴욕 주에 제기되는 경우가 많다.

단일한 법정이라는 목표가 완전히 실현되는 것을 막는 제한이 몇 가지 있다. 파산판사는 종신직이 아니기 때문에 연방헌법 제Ⅲ조는 파산판사가 할 수 있는 것의 범위를 제한한다. 제7차 수정헌법에 의하여 배심의 재판을 받을 권리는 파산절차에서 분쟁을 신속하게 해결할 수 있는 능력을 제한한다. 제11차 수정헌법에 의하여 주 정부가 누리는 주권면제(sovereign immunity)도 주가 채권자로서 그의 권리를 주장할 때에는 파산법원의 분쟁 해결 권한을 제약할지도 모른다. 이들 헌법적 제한을 각기 자세히 살펴보기로 하자.

18세기 영국에서는 대법관(Chancellor)이 감독관(commissioner)을 임명하여 파산재단을 수집하고 관리하는 직무 대부분을 하게 하였다. 감독관들은 판사가 아니었기에, 이들 감독관들이 행한 것은 사법권의 행사로 간주될 수 없었다. 현대의 파산판사들도 마찬가지로 파산재단의 관리를 감독한다. 이들은 종신직의 지명을 누리지 못하며 연방헌법 제Ⅲ조의 의미 내에서 "사법권"을 행사할 수 없다.[23] 파산판사의 조치에 불만이 있는 이해관계인은 파산사건의 관리에 중심적이 아닌 문제에 대하여도 연방지방법원이 처음부터 다시 심사하게 할 권리가 있다.

---

21) Harder v. Desert Breezes Master Association, 192 Bankr. 47 (N.D.N.Y. 1996) 참조.
22) 28 U.S.C. §1408.
23) Stern v. Marshall, 131 S.Ct. 2594 (2011); Northern Pipeline Construction Co. v. Marathon Pipe Line Co., 458 U.S. 50 (1982).

제7차 수정헌법은 보통법의 적용을 받는 소송으로서 다툼의 대상이 되는 금액이 $20를 초과하는 것에 관하여는 연방법원에서 배심재판이 보장될 것을 요구하고 있다. 파산사건에 있어서 다수의 문제들은, 특정인이 채무자에 대하여 청구권을 가지고 있는지 여부의 문제를 포함하여, 만일 파산절차 외부에서 제기된다면, 보통법상 소송의 근거가 될 것이다. 그렇지만, 그러한 모든 청구권이 배심재판을 받을 권리를 발생하게 한다고는 당연히 말하지 못한다. 파산법원은 형평법원의 하나이고, 파산절차의 진행에 있어서 중심적인 문제를 결정하기 위하여 "직권주의적 방법"을 사용할 권리가 있다.[24] 다른 행위, 예를 들어 제3자에 대한 부인권 소송 같은 것은 보통법상 권리로서의 성격을 그대로 보유하고, 따라서 양 당사자가 판사가 분쟁에 대하여 결정하도록 하는데 동의하지 않는 한 배심에 의한 재판을 받는다.[25] 28 U.S.C. §157(e)에 의하면, 배심재판을 받을 권리가 존재하는 경우에는, 파산판사는 연방지방법원 판사의 특별한 지시에 의하여서만, 또 당사자들이 파산판사의 진행에 대하여 다시 명백한 동의를 한 경우에만, 심리를 진행할 수 있다.

연방헌법은 파산절차에서의 분쟁이 심리되는 법정에 다른 방식으로도 영향을 준다. 주 정부 역시 단순히 채권자로 파산법정에 나타날 수 있다. 예를 들어, 주 정부는 채무자가 판매세를 빚고 있다고 주장할 지도 모른다. 반면에, 채무자 측에서도 연방파산법 규정, 예를 들어 §1146 같은 것으로 인하여 이미 납부한 세금의 환급을 주 정부로부터 받을 권리가 있다고 주장할 수도 있다. 주는 제11차 수정헌법에 의하여 보통 소송으로부터 면제를 누리며, 소송 당사자가 선택하는 법정으로 주를 끌어들일 능력을 통상적으로 제한한다. 그렇지만 이러한 한계는 얼핏 보는 것처럼 대단한 문제가 되는 않는다. 통일적인 파산법을 제정할 수 있는 연방의회의 권한은 그러한 주권면제의 적용범위를 상당히 제한한다.[26]

채무자의 모든 문제를 단일의 법정에서 해결하는 것이 가능하지 않을 지도 모르지만, 우리가 연구할 것의 대부분은 파산법원에서 일어나고 오로지 항고심의 심사에만 종속된다. 위에서 간략히 살펴본 한계에도 불구하고 이 절차적 원칙이 어떻게 나오는 지를 약간의 시간을 들여 살펴보는 것이 유용할 것이다.

연방지방법원은 연방법전 제11편 하에서 모든 "사건들(cases)"에 대하여 근원

---

24) Barton v. Barbour, 104 U.S. 126, 134 (1881).
25) Granfinanciera v. Nordberg, 492 U.S. 33 (1989).
26) Central Virginia Community College v. Katz, 546 U.S. 356 (2006) 참조.

적이고 배타적인 관할권을 가진다.27) 파산절차의 신청으로 야기되는 전체적인 절차진행은 "사건"으로 간주되며 따라서 연방지방법원(말하자면 주 법원에 반대되는 의미에서)에만 제기될 수 있다. §1334는 연방법전 제11편 하에서 일어나거나 제11편 사건 중에 일어나거나 그와 연관 되어 있는 모든 "민사적 절차(civil proceedings)" 전반에 대하여 근원적인 (그렇지만 배타적이지는 않은) 관할권을 연방지방법원에 부여하고 있다. 채무자의 사무를 정리하는 과정에서 일어나는 부인권 소송과 같은 법적 다툼은 위의 민사적 "절차"의 하나로 간주된다. 파산사건에 대한 관할은 분쟁이 연방 법전 제11편 하의 사건과 관련되어 있을 때에는 채권자도 아니고 채무자도 아닌 당사자에게까지 확장될 수 있다. 관련사건에 대한 관할이 미치는 범위는 아주 광범위하게 정의되어 있다. 법원은 종종 "그 절차의 결과가 파산절차에 의하여 관리되고 있는 재산에 대하여 인식할 수 있을 정도의 영향을 미칠 수 있을 것인지 아닌지"를 보고 그저 관할이 있다고 한다.28) 그렇지만, 법원은 사건에서 패소할 당사자가 채무자에 대하여 구상권을 행사할 수 있게 된다는 사유 만으로는 파산법원에 관할권이 있다고 보지 않는 것이 보통이다.29) 채권자가 보증인에 대하여 가지는 청구권은 파산재단에 대하여 아무런 충격을 줄 수 없는 것이므로 §1334에 의한 관할권의 범위 바깥에 있는 사건의 예라고 할 수 있다.

　　파산법원은 연방지방법원의 보조법원이고, 따라서 §1334는 연방 법전 제28편의 §157(a)와 연관하여 읽어야 한다. §157은 연방지방법원이 파산사건의 일부 또는 전부를 파산판사에게 "회부(refer)"할 수 있도록 허용하고 있다. 또한, 파산법 하에서 일어나거나 파산사건 진행 중 또는 파산사건과 관련하여 일어나는 일부 또는 모든 절차를 파산판사에게 회부할 수 있도록 허용하고 있다. 모든 지방법원에 있어서 이러한 관행은 확고하게 제도화 되어 있다. 실제적인 문제로서 파산의 신청부터 파산법원에 제출된다. 이와 같은 우회적 방법을 쓰는 목적은 연방헌법 제Ⅲ조의 요구를 만족하기 위한 것이다. 파산판사는 연방법원의 보조자에 불과하기 때문에 파산판사는 자율적으로 행동하는 것이 아니고 사법권을 행사하는 것이 아니다. 형평법 법원이 특별한 보조인을 둘 수 있는 것과 마찬가지로, 지방법원은

---

27) 28 U.S.C. §1334.
28) Kelly v. Nodine, 783 F.2d 626, 634 (6th Cir.1986). Lindsey v. O'Brien(In re Dow Corning Corp.), 86F. 3d482 (6th Cir. 1996). 참조.
29) In re Federal-Mogul Global, Inc., 282 Bankr. 301 (Bankr. D. Del. 2002). 참조.

파산사건을 파산판사에게 위임할 것을 선택할 수 있는 것이라는 추론이다.

연방지방법원이 파산사건과 절차에 대하여 전반적인 관할권을 가지고 있다는 관념은 전적으로 형식적인 허구는 아니고 실제로도 적용될 때가 있다. 비록 모든 것이 일상적으로 파산법원에 회부되기는 하지만, §157(d)는 상당한 이유가 있는 때에는 어느 특정 사건이나 절차에서, 그 일부나 전부에 관하여 파산법원에 회부하였던 것을 철회할 권한을 지방법원에 부여하고 있다. 지방법원은 스스로 직권으로 이 조치를 할 수 있고 당사자의 신청에 의하여도 할 수 있다. 지방법원이 파산 관련 분쟁을 심리하려고 하는 경우는 거의 없지만, 중요한 사건에서는 사건의 회부를 철회하여 직접 심판한 예가 있다.

"소송절차의 해결을 위하여는, 연방법전 제11편과, 주간통상에 영향을 미치는 조직이나 활동을 규제하는 다른 연방법률을 한꺼번에 고려하여야 하는 경우에는" 기한 내에 당사자가 신청하면 지방법원은 파산법원에 대한 사건회부를 철회하여야 한다. §157(d). 파산절차 하에 있는 수도 없이 많은 분쟁이 당연히 주간통상에 영향을 주는 연방법에 대한 고려를 수반하기 때문에, 이 조항은 좁게 해석되어 왔다. 법원은 실질적 중요성이라는 기준을 사용하여 왔다. 제기된 쟁점이 연방법의 중요한 해석을 요구할 때에만 회부의 철회가 필수적이고, 제기된 문제가 특정한 사건에 대한 연방법의 기계적 적용에 불과한 때에는 그러하지 않다는 것이다. 지방법원이 그렇게 직접 심리하는 대상은 복잡한 제정법의 적용범위에 관한 어려운 논쟁이 될 수 있지만, 그러한 경우라고 할 지라도 지방법원은 §157(c)(1)에 의하여 파산법원에 사실의 확정과 법률의 결론에 대한 파산법원의 의견을 제출하라고 사건을 환송할 수 있다.

일단 사건이 파산판사에게 회부되면, 많은 결정에 대한 불복은 지방법원의 항고심에만 전속하게 된다. §157에 의하면 파산판사는 그들에게 회부된 "파산법 하에서의 모든 사건을 심리하고 판단할 수 있고" 연방법전 제28편의 §158에 의한 항고심의 불복심사를 받는다. 여기에서 '사건(case)'이라고 함은 기술적인 의미로 사용되고, 파산신청의 제출로 개시되는 절차만을 가리킨다. 채무자가 파산절차를 겪어나가는 와중에 발생하는 분쟁은 '부수절차(proceedings)'이다. 그런데 이러한 부수절차가 사건의 관리에 중심적일 때에는(제28편의 용어를 사용하여, 그것들이 '핵심적'일 때에는), 파산판사는 다시금 항고심의 불복심사를 받게 된다. 핵심적 부수절차에는 계획의 인가, 파산재단의 관리에 관한 문제 및 재단에 대한 청구권의 시인 또는 부인에 관한 문제가 포함된다.

§157(b)(2)는 핵심적인 부수절차의 목록을 포함하고 있지만, 이 목록은 망라적인 것도 아니고 정확한 것도 아니다. 연방대법원이 Stern v. Marshall 사건에서 명백히 밝혔듯이, §157(b)(2)이 "핵심적" 부수절차라고 정의하고 있는 일부 절차는 연방헌법 제Ⅲ조가 신분을 보장하는 판사에 의한 전면적인 심리를 필요로 한다. 이들 중에는 제3자에 대한 반소가 포함되고 또 부인권 소송이 포함된다. 그와 같은 상황에서는, 파산법원은, 다른 비핵심적 문제에서 그러한 것과 마찬가지로, 사실의 인정과 법률적 결론을 일응 제시할 수 있다. 그것을 지방법원은 전면적으로 새로 심리하게 된다.30)

§157(C)(2)는 지방법원이 §158에 의한 불복심리가 보장된다는 조건 하에 당사자의 동의를 받아 절차의 진행을 파산판사에게 회부할 수 있도록 허용하고 있다. 연방법전 제28편 §158(a)에 의하면, 연방지방법원은 파산법원의 "종국 판결, 결정, 및 명령...에 대한 불복을 심리할 수 있는 권한"이 있다. 최고로 존경 받는 파산판사가 심리하는 대형 사건에서는 동의가 일상적으로 이루어진다. 이와 같은 동의가 파산판사의 "사법권"을 행사할 수 없는 단점을 치유하기에 충분한 한, Stern v. Marshall 사건과 같은 사건에서 노정된 문제점은 대략 사라진다.

§158(a)의 문면은 혼란을 야기한다. 이 조항은 지방법원 판사에게 "항고"를 심리할 "관할권"을 부여한다. 이 표현은 마치 파산판사가 고유의 관할을 보유하고 있다는 것을 묵시적으로 함축한다. 그렇지만 주석서에 나오는 법에 의하면, 당사자들의 동의에 의하여 사물관할을 창설하지 못한다. 그 결과는 당사자의 이해관계를 넘어서는 것이기 때문이다. 주 법원은 관할권을 가진 판사의 판결에 복종하여야 한다. 관할권을 가진 법원은 집행영장을 발행하여 그 명령을 강제하기 위하여 주 정부의 강압적인 수단을 동원할 수 있다. 당사자들은 중재에 동의할 수 있지만, 중재인들의 판정은 지방법원의 인정을 받아 등록되기 전에는 단순히 말일 뿐이다.

현 상태를 옹호하는 사람들은 §1334에 의하면 사물관할권이 연방지방법원에 항상 존재한다고 주장한다. 파산법원은 연방지방법원의 방패 하에 활동한다. 파산법원의 결정은 실질적으로 지방법원이 결정한 것이다. 파산법원의 사건부와 지방

---

30) Executive Benefits Insurance Agency v. Arkinson (In re Bellingham Insurance Agency, Inc.), ― U.S. ― (2014) 참조.

법원의 사건부 사이의 구분은 전적으로 형식적인 것이다. 파산법원의 사건부는 지방법원 사건부의 일부일 뿐인 것이다.

연방항소법원은 28 U.S.C. §158(d)에 의하여 최종 판결, 결정, 명령, 심판에 대한 항소를 심리할 관할권을 가진다. 28 U.S.C. §158(d)의 목적상 종국 판결이라고 결정하기는 그렇게 쉽지 않다. 예를 들어, 파산법원에서 종국 판결이 있었고, 지방법원이 항소에 대하여 심리를 행하여 파산법원에 사건을 환송하였다고 가정하자. 이에 대하여 항소법원에 항소를 할 수 있는지 여부에 관하여는 법원마다 입장을 달리한다. §158은 이 경우 파산판사의 판결이 종국적인 것만으로 충분한 것인지 아니면 지방법원의 판결도 역시 종국판결이어야 하는지 여부에 관하여 명시적으로 말하지 않고 있다. 대부분의 법원은 지방법원이 분쟁을 환송하면서 파산법원에 대하여 사실인정을 하거나 재량권을 행사하라고 요구하는 경우에는 지방법원의 결정은 일반적으로 종국판결에 해당하지 않는다고 인식하고 있다.[31] 그렇지만, 일부 법원은 파산절차에서는 일반적인 연방 민사소송절차에서보다는 종국성이라는 기준이 보다 완화될 수 있다고 판시해오고 있다.[32]

§158(d)에 있어서 종국판결의 의미가 모호하다는 점 때문에, 변호사들은 종국판결이라고 생각하여 항소를 했는데 나중에 중간판결이라고 밝혀질 개연성과 중간판결이라고 생각하여 항소를 하지 않았는데 나중에 종국판결이 있었던 것이라고 결정되어 권리를 전부 잃어버릴 가능성 사이에서 선택을 해야 하는 미묘한 처지에 처할 가능성도 있다. 그렇지만 §158(d)는 지방법원의 재판에 대한 항소에 적용되는 통상적인 규칙을 변경하지 않고, §1292(b)가 이런 문제를 어느 정도 경감한다. 이 조항은, 쟁점사항이 의견의 차이에 관하여 실질적인 근거가 있을 정도로 결정적인 법률문제에 해당하는 것이며 또 즉시 항소의 허용으로 소송의 최종적 종료 가능성을 실질적으로 증진할 수 있다고 지방법원판사가 본 경우에는, 항소법원은, 그 재량에 따라, 중간재판에 대하여 심리할 수 있다고 규정하고 있다.[33]

그렇지만 파산법원의 판결에 대한 불복 재판이 가능하다고 보는 것은 상당히 오도적이다. 불복을 심리하는데는 상당한 시간이 소요되고, 파산사건에 있어서 대부분의 — 기업이 문을 닫아야 하는지 아닌지 또는 경영진이 영업을 정상화하

---

31) 예를 들어, In re XMH Corp., 647 F.3d 690 (7th Cir. 2011). 참조.
32) Buncher Co. v. Official Committee of Unsecured Creditors, 229 F.3d 245, 250(3rd Cir. 2000). 참조.
33) Connecticut National Bank v. Germain, 503 U.S. 249 (1992).

기 위한 한 달의 기간을 더 허용 받아야 하는지 아닌지와 같이 — 중요한 재판은 그에 적합한 시간이 있는 것이고 따라서 실질적으로 불복할 이익이 없는 것이다. 행동을 취하기 전에 얼마나 기다려야 하는 것인가와 같은 문제는 항소심법원이 사건을 심리하기 전에 훨씬 전에 실익이 없게 되어 버린다. 파산법원이 계획을 인가할 때, 반대하는 당사자는 불복할 기회를 실제로는 거의 누리지 못한다. 중요한 쟁점에 관하여 의심스러운 점이 있다고 한들, 법원은 인가결정의 집행정지를 위하여는 항고인에게 보증금을 공탁하라고 요구할 수도 있다.[34] 그리고 집행정지가 내려져 있지 않으면, 인가결정 이후에 진행된 사태를 사후에 원상회복하기는 지극히 힘들다. 형식적으로는 실익이 없는 것이 아니라고 하더라도, 의미 있는 구제수단을 법원이 마련해낼 수 없기 때문에 "사실상 실익이 없는" 것으로 될 수 있다.[35]

이 모든 것의 실제적 효과는 파산판사에게 엄청난 권한이 있다는 것이다. 과거에 채무자와 거래를 하였고 앞으로 이를 지속할 것으로 기대하는 금융기관의 입장에서 보면, 파산법원의 판사가 내리는 결정들이 예측할 수 있는 경우에만 제11장절차는 유용한 법정이 된다. 여러 가지 이유 중에서 바로 이 이유 때문에, 델라웨어와 뉴욕 남부지방법원이 파산절차에서 대규모 법인들이 선택하는 관할법원이 되는 것이다.

연방파산규칙은 파산법원에서 사용되는 절차진행방법을 정하고 있다. 규칙은 파산법의 실체적 규칙을 변경하지 않지만, 쟁점이 형성되는 방식에는 확실하게 영향을 미친다. 예를 들어, 규칙은 파산판사 앞에서 일어나는 심리의 유형을 몇 가지로 구분한다. 어떤 타입의 심리는 대석적 절차(adversary proceeding)이라고 부르는데 다른 민사소송과 거의 동일한 규칙에 의하여 수행된다. 또 변론, 소의 병합, 법정외 증인신문(deposition), 석명, 그리고 의제자백판결을 규율하는 연방민사소송규칙의 많은 절은, 이 대석적 절차를 규율하는 파산규칙에 통합되어 있다. 제11장사건에 있어서 전형적인 대석적 절차는 사해행위 또는 편파행위에 대한

---

34) 예를 들어, ACC Bondholder Group v. Adelphia Communications Corp., 361 Bankr. 337 (S.D.N.Y. 2007) 참조.

35) 그렇지만, 항고심 법원은 사실상 실익이 없다는 원칙을 적용하기는 심하게 주저하는 경향이 있다. 예를 들어, Bank of New York Trust Co. v. Official Unsecured Creditors' Committee (In re Pacific Lumber Co.), 584 F.3d 229 (5th Cir. 2009); Search Market Direct, Inc. v. Jubber (InrePaige), 584 F.3d1327 (10th Cir. 2009) 참조.

부인권 행사절차이다. 제7장절차에 있는 개인에 관하여는, 대석적 절차는 보통 특정 채무가 면책의 대상이 되는지 여부에 관한 것이다.

파산법원 앞에서 실제 문제로 된 분쟁이 대석적 절차가 되지 않을 때에는, 그 분쟁은 '다툼있는 사항'이다. 가장 흔한 것 중에서는, 자동 중지를 해제하여 달라고 하는 신청이 있다. 다툼 있는 사항에 대한 절차진행은 보다 간소화되어 있고 파산규칙 9014에 규정되어 있다. 예를 들어, 다툼 있는 사항에 대하여는, 특히 파산법원이 신청에 관하여 상대방의 답변을 요구하지 않는 한, 상대방의 답변을 반드시 받을 필요는 없다. 그렇지만 법원은 상당한 이유가 있는 때에는 다툼 있는 사항에 대하여 보다 정교한 심리를 위하여 대석적 절차로 진행을 할 권한이 있다.

§105에 의하면 파산법원은 법정의 운영 및 사건부의 관리를 유지하기 위하여 제재를 할 권한이 있다.[36] 더욱이, (당사자와 대리인의 진실의무와 그 위반에 대한 제재를 정한) 소송규칙 제11조 또는 이에 상응하는 연방파산규칙 규정인 규칙 9011은 파산 관련 소송의 각 단계에서 적용될 수 있다. 여기에 추가하여, 파산법 §362(k)는 자동 중지를 위반하는 어떠한 행위를 한 자이든 이로 인하여 피해를 입은 개인에 대하여 실제 손해 및 징벌적 손해를 배상하도록 명할 권한을 파산법원에 명시적으로 부여하고 있다.[37]

$ 다른 지급불능 처리 절차

법률전문가가 아닌 많은 일반인은 파산절차를 사업실패와 동일시하기도 한다. 그렇지만 파산절차는 긴 소설의 지극히 작은 일부일 뿐이다. 매년 수십만 개의 사업체가 문을 닫는다. 어떤 경우 채권자가 전혀 없거나 이들에 대하여 갚을 것이 없다. 다른 경우에는, 채권자들이 전혀 어떠한 법적 절차도 하지 않고 방치

---

36) United States v. Mourad, 289 F.3d 174 (1st Cir. 2002); In re Volpert, 110 F.3d 494 (7th Cir. 1997) 참조.
37) 그렇지만 이 문맥에서 "개인"이라고 할 때 자연인만을 뜻하는 것인지 아닌지에 관하여는 법원마다 판례가 다르다. In re APF Co., 264 Bankr. 344 (Bankr. D. Del. 2001) 참조.

하고 떠난다. 기업이 재정적 곤경에 직면하여 법적 구제를 필요로 하는 절대 다수의 사건에서, 주의 민사법에 의한 보호로 충분한 것이 분명하다. 많은 소기업을 위하여는, 채권단에 대한 재산양도(assignment for the benefit of creditors, ABC)라고 알려진 주 법에 의한 절차가 기업이 소유한 자산을 싸고 신속하게 매각하는 수단을 제공해준다. 몇몇 주에서는, 이 ABC 절차는 법원의 감독 없이 이루어진다. 이 절차는 기업이 소규모이고 기업의 운영자가 최우선 담보권자와 효과적으로 협력할 수 있을 때에는 특히 유용하다. (사실 많은 사건에서, 최우선 담보권자가 경매에서 가장 높은 가격을 불러 재산을 취득하고 기존 관리자를 고용하여 사업을 계속한다.)

대규모 기업에 있어서도, 파산절차는 상당히 비용이 많이 들 수 있는 선택이기 때문에, 당사자들은 파산절차를 피할 수만 있다면 피하려고 하는 경향이 있다. 많은 경우에 파산절차 외부에서의 구조조정 또는 재산매각이 가능하다. 대규모의 기업이 재정적 어려움에 봉착할 때쯤이면, 이미 선수들은 부실채권의 보유에 특화한 투자자들이라고 할 수 있다. 그런 경우 그들은 몇 명 되지 않을 수 있고, 그러면 그들 사이에 거래가 가능해질 정도가 된다. 만일 그들이 협상타결에 이르지 못할 때 파산절차에서 각자를 기다리고 있는 운명이 이러한 협상이 이루어지는 배경이 된다.

많은 사건에 있어서, 타결되는 협상에는 해결하지 않고 유보해두는 부분이 충분히 있다. 그래서 타결된 사항을 파산절차에서 파산판사가 다만 확인하여 주는 것을 목적으로 하는 짜고 치는 파산신청이 많이 이루어진다. 역시 파산판사가 어떤 것은 해줄 것이고 어떤 것은 해주지 않을 것인지를 이해하는 것이 필수적이다.

법원의 파산절차에서 경험을 쌓은 많은 이들이 전혀 낯선 영역에서 일하게 되는 경우도 있다. 외국의 파산처리 시스템이 등장하는 국제적 사건이 일어나기도 한다. 국내적으로도 대규모 기업은 전혀 다른 도산처리 절차를 따르는 보험회사나 은행과 같은 자회사를 가지고 있을 수 있다. 2008년의 금융위기 동안, 파산전문인들은 리만 브라더스(Lehman Brothers)의 파산절차에서 막중한 역할을 하였고, 또 패니메이와 프레디맥뿐만 아니라 AIG의 구조조정에도 역시 관여하였다.

파산변호사가 가진 기술 중의 하나는 그와 같은 새로운 환경을 재빠르게 마스터할 수 있다는 점이다. 도드-프랭크(Dodd-Frank)법의 제2편("질서정연한 청산기구"로 알려진)은 리만 브라더스의 실패에 대한 대응으로 입법되었다. 이것은 금융규제와 제11장절차의 요소를 조합한 제정법상의 제도를 만들어내려는 노력이라고 할 것이다. 이것은 새로운 제도인지라, 이것에 마주친 변호사들은 전혀 새로운 영역에 와 있는 것을 발견하게 된다.

언뜻 보기에, 질서정연한 청산기구는 전적으로 낯선 것이다. 정부 개입의 필요성 및 파탄에 이른 은행에 대하여 사용되는 메커니즘에 적응할 필요성 때문에 새로운 용어가 도입되었고, 또 보다 중요한 것으로서, 새로운 결정권자가 도입되었다. 전통적인 파산절차는 채무자관리인, 채권자협의회, 회생을 지원하는 자금대여자 및 파산판사가 재량적인 역할을 수행하는 권력의 균형을 반영하는 것에 반하여, 이 제도는 연방예금보험공사(FDIC)라는 단일한 기구에 권력을 집중한다. 판사의 역할이라는 것이 거의 완전히 없다는 것은 특히 놀랄만하다. 이 새로운 영역에 있어서 연방예금보험공사의 권한은 대략 연방예금보험법(Federal Deposit Insurance Act, FDIA)하에서 상업은행에 관하여 예금보험공사가 오랜 기간 동안 누려온 권한을 답습한 것이다.

그럼에도 불구하고, 이 새로운 강제관리 절차진행은 기본적인 파산법의 원칙들을 수용하고 있다. 이 절차는 청산뿐만 아니라 회생도 허용하며, 채무자관리인 차입(DIP financing), 기존의 선취특권으로부터 자유로운 자산 매각, 절차 이전의 사해행위 및 편파행위의 원상회복 및 금융계약에 있어서 부인권으로부터의 제외와 같은 것들 역시 허용한다. 파산 변호사가 그 경력을 위하여 이 세계를 항해하도록 소집될 가능성도 있고, 사실 그것은 필수적이다.

개인 채무자와
신선한 새출발

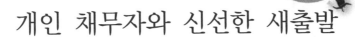

제 2 장

개인 채무자와 신선한 새출발

$ 채권자를 위한 구제수단과 채무자의 권리

우리 사회에서 신용의 제공은 매일 매일의 생활이라는 직물 속으로 짜여져 있다. 우리가 조명 스위치를 켤 때마다 우리는 전기 회사에 빚을 지게 된다. 우리는 한 잔의 커피를 사기 위하여 일상적으로 신용카드를 사용한다. 만일 쉽게 대출을 받지 못한다면 극히 소수만이 교육비를 내거나 주택을 구입할 수 있을 것이다. 그렇지만 돈을 빌리는 것은, 우리가 빚을 진 것을 상환할 능력이 없게 될 수 있다는 위험을 수반한다. 사람은 갑자기 비참한 질병에 걸릴 수도 있고 또는 급여를 잘 주는 직장을 잃었는데 지출을 줄이지 못하여 결국 채무를 감당하지 못하게 될 수도 있다. 연간 $30,000의 소득을 버는 가정은, 아무리 선의라고 하더라도, $100,000의 부채를 청산할 수 없을 것이다. 이들은 의복, 결혼반지 및 몇몇 가구 이상의 어떠한 자산도 없다. 정직하고 착한 많은 개인들이 부주의 또는 불운 때문에 도저히 상환할 수 있는 것보다 많이 채권자들에게 빚을 진 상태로 전락하는 예가 많이 있다.

1세기 이상의 기간 동안 우리의 법률은 그와 같은 개인들에게 신선한 새출발의 기회를 주어왔다. 이들은 파산절차의 신청을 제출하고, 채무를 털어내고, 다시 새 인생을 시작할 수 있다. 해마다 1백만 명 이상의 개인이 파산절차를 신청한다. 이들 사건의 압도적인 다수는 복잡하지 않고 짧은 일이다. 채무자들은 법

원에 출석하지 않으며, 어떤 채권자도 반대하지 않고, 도대체 기록을 들여다 보는
것은 오로지 법원 사무관밖에 없다. 이 시스템은 "정직하지만 불운한 채무자"[1]에
대하여 엄청난 이득을 제공하는 반면 채권자들에게는 작은 비용만을 부과한다.
어차피 어떤 방법으로든지 상환 받을 수 있는 가능성이 전혀 없다 싶을 정도라
면, 채권이 면책되도록 두는 것은 상대적으로 거의 문제가 되지 않는 것이다. 채
권자로서 당신은 채무자의 일을 관재인이 심사하도록 방임하고 그냥 걸어나가는
것이 바람직하다.

　　개인의 파산절차를 규율하는 법률은 전형적인 사건(다시 말해서 지극히 단순하
고 법원의 시간을 쓰지 않는) 때문에 복잡하게 된 것이 아니라, 제도를 남용할 자로
부터 정직하지만 불운한 채무자를 가려내기 위한 방법이 있어야 하기 때문에 그
런 것이다. 신청인의 불량한 행태가 파산판사의 주의를 끌게 되면, 이들은 조치
를 취한다. 파산법 §707(b)는 신선한 새출발을 채무자에게 부여하게 되면 파산절
차의 남용을 이루게 될 경우에는 파산판사가 채무자의 신선한 새출발을 부인할
수 있도록 허용한다. 불성실한 개인이 재산을 감추지 못하도록 보장하기 위하여,
파산법의 보호를 구하는 자는 누구든지 모든 재산이 어디 있는지를 개시(disclose)
하고 이것을 채권자들의 질문을 위하여 제출할 것을 우리는 요구한다. 이에 순응
하지 않는 채무자는, 무엇보다도, 신선한 새출발을 할 권리를 잃는다. §727 참조.
많은 채권자들은 채무자가 상환할 능력이 없다는 것을 납득하면 그때부터는 채무
자를 추적하기를 중단하며, 이것은 채무자가 파산절차에 의하여 공식적으로 면책
을 받았는지 여부와 상관이 없다. 파산법이 위치를 정한 바 절차의 진행은 채무
자가 다른 재산이 없다는 것, 그리고 어떠한 것도 감추고 있지 않다는 것을 다시
확인하게 해준다.

　　오랜 기간 동안 제7장절차는, 신선한 새출발을 이용할 수 있도록 되어 있었
던 바로 그 사람들만 이용할 수 있는 방식으로, 이를 이용하는 사람들에게 비용
을 부과하여 왔다. 신선한 새출발을 얻기 위하여는, 개인들은 의복, 결혼 반지,
및 이와 유사한 유형의 파산절차 외에서도 채권자들이 추급할 수 없는 재산들을
제외한 모든 재산을 채권자들에게 내놓아야 한다. 개인파산법의 제1차적 보호대
상으로 예정된 사람들 ― 절망적으로 채무에 빠진 중하위계층의 근로자 ― 에 있

---

1) Local Loan Co. v. Hunt, 292 U.S. 234, 244 (1934) 참조.

어서 면제재산이 아닌 재산을 내놓아야 할 의무는 상대적으로 거의 부담이 되지 않는다. 그들은 입고 있는 의복과 집에 있는 가구를 넘어 자산이라고는 거의 가지고 있지 않기 때문이다. 이와 대조적으로, 실질적인 소득이 있고 또 상당한 가치의 재산을 축적한 사람들에게는 같은 의무라고 하더라도 더욱 부담이 된다. 이들에게는, 그들이 장래 소득으로 현재의, 채무를 청산할 수 있는 경우에는 파산절차의 비용은 너무 크다.

그렇지만, 우리들 중 누구나 가지고 있는 가장 중요한 재산이 인적 자본(human capital)인 세상에서, 어느 특정 시점에 우리가 소유하고 있는 것은 우리가 채권자들에게 갚을 수 있는 능력에 대하여 그렇게 많이 말해 주지 않는다. 로스쿨을 갓 졸업한 사람은 가족이 있는 보조 요리사보다 재산이 훨씬 적지만 3배를 더 벌 수 있다. 로스쿨 졸업생에게, $100,000의 빚은 이례적인 것도 아니고 과도하게 부담스러운 것도 아니다. 그러나 보조 요리사에게는 그 정도의 빚은 파멸적이다.

이와 같은 이유로 인하여, 파산법에는 누가 법률이 보호하려고 하는 정직하지만 불운한 채무자인지를 정확히 재는 명시적인 메커니즘이 있어야 한다고 어떤 이들은 주장하였다. 법률은 그들의 소득 및 그들이 빚진 것을 상환할 능력을 명시적으로 살펴보아야 한다는 것이다. 많은 논쟁 뒤에 연방의회는 2005년에 그와 같은 메커니즘을 채택하였다. 그렇지만 이 기준은 제7장절차를 이용하는 사람 중 작은 일부에만 영향을 미친다.

자력기준(means testing)을 도입했다고 해도 빚진 것을 대부분 갚을 수 있는 고소득의 채무자에게는 상대적으로 작은 효과가 있었다. 그 이전에 이미 대부분의 법원은 채무를 상환할 수 있는 능력을 가진 사람이 파산절차의 개시를 신청하는 것은 그 자체로 사건을 기각할 사유에 해당한다고 판단하여 오고 있었기 때문이다.[2] 그렇지만 자력기준에 걸리지 않는 절대 다수의 채무자들에게 상당한 비용을 확실히 부과하였다. 촛불 켜고 할 만한 가치가 없는 게임이었는지도 모른다. 소수의 나쁜 배우를 잡아내는 편익이 있다고 하여도 다른 모든 사람들이 지게 되는 비용을 정당화하지는 못한다.

---

2) 예를 들어, Zolg v. Kelly (In re Kelly), 841 F.2d 908, 914-915 (9th Cir. 1988) 참조.

$ 자력기준

§707(b)(2)는 다른 사람들 대부분이 버는 것보다 많이 벌고 채권자들에게 의미 있을 정도의 채무상환을 하기에 충분한 가처분소득(disposable income)이 있는 소비자에 대하여 신선한 새출발에 대한 접근을 차단한다.[3] 이 조항은 주로 소비자 부채와 힘겹게 투쟁하고 있는 사람들의 파산 신청 남용을 기각하기 위하여 파산판사가 누리는 재량권을 보충하는 엄중한 규칙을 제공하고 있다. 채무자의 "경상적 월별 소득(current monthly income)"을 취하여 이것에 12를 곱하여 그것을 해당 주에 거주하는 다른 사람들의 "중위수 가족 소득(median family income)"과 비교함으로써 어떤 사람이 자력기준에 해당하기에 충분할 만큼 많이 버는 지 여부를 파산판사는 결정한다. 이 두 용어는 모두 §101에 정의되어 있다. "경상적 월별 소득"의 계산은 신청 이전 6개월 동안의 평균적인 소득으로부터 시작한다. "중위수 가족 소득"이라는 기준점은 채무자가 거주하는 주의 인구 통계 자료를 추출하여 인플레이션 조정을 거치고 가족의 구성원 수에 맞추어 조정한 것이다. 채무자가 혼자 사는 사람인 경우에는, 1인 가족에 대한 해당 주의 중위수소득을 법원은 본다. 가족이 2인, 3인, 4인으로 구성될 경우에는, 어떤 것이든 가장 높은 중위수소득을 사용한다. 가족이 5인 또는 그 이상으로 구성될 경우에도, 일단 2인, 3인, 4인가족의 중위수소득 중 가장 높은 것을 택한 후, 추가되는 가족 구성원 한 사람마다 일정한 금액을 추가하는 방식으로 상향 조정하여 중위수 가족 소득을 산출한다.

이러한 조정은 §707(b)상의 자력기준과 연관된 많은 기술성 중 그저 하나를 대표할 뿐이다. 그러나 그 조정은(다른 것과 마찬가지로) 규칙이 합당하게 작용하는데 필요한 것이다. 혼자 사는 사람은 같이 사는 사람들보다는 평균적으로 조금 덜 벌고 생활비도 덜 쓸 것이다. 혼자 사는 채무자에 대하여 2인 가족의 중위수 소득을 적용하게 되면, 그 채무자는 가족이 있는 다른 채무자에 비하여 중위수 소득의 기준을 부당하게 쉽게 통과할 수 있게 된다. 이와 대조적으로, 4인을 초과하는 가족의 중위수소득은, 평균적으로, 보다 작은 사이즈의 가족보다는 오히려

---

3) 자력기준이 어떻게 작용하는지에 대한 탁월한 설명으로는, Eugene R. Wedloff, Means Testing in the New §707(b), 79 Am. Bankr. L.J. 231 (2005) 참조.

적다. 대가족에 대하여 단순히 중위수소득을 사용하게 되면, 다른 조건이 동일하다고 할 때, 대가족일수록 자력기준에 걸리게 될 가능성이 커질 것이다. 대가족에 대하여 더 낮은 수입 표준을 강제하는 규칙을 정하는 것은 지극히 부당하고, 특히 대가족이 생활비를 더 쓰는 것을 고려하면 더욱 그러하다.

일단 채무자가 대부분의 사람보다 많이 번다는 것을 인정하더라도, 채무자가 채권자에게 무엇인가를 상환할 능력이 될 만큼 충분히 번다는 점이 인정되어야 한다. 여기에서 사용되는 기준치는 조세체납자가 얼마나 상환능력이 있는 지를 결정할 때 국세청이 사용하는 표를 근거로 만들어졌다. 예를 들어, 인정할 수 있는 생활비를 계산함에 있어서, 국세청은 혼자 사는 개인이 매월 식료품비로 $315를 사용하는 것을 허용한다. 주거에 배분되는 금액은 납세자가 사는 곳에 따라 다르다. 뉴욕시에서는, 2인 이하의 가족에 대한 주거비가 $3,524까지 될 수 있는 반면에, 필라델피아에서는 그 상한은 $884이다.

이 기준이 결정된 다음에, 파산판사는 몇 가지 조정을 행한다. 어떤 판사들은 국세청의 표에 반영되지 않는 비용을 추가로 더 허용한다. 예를 들어 스스로 생계를 유지할 수 없는 노인, 만성 질환자 또는 장애인인 가족의 부양, 개호비용이 그것이다. 그렇지만, 조세 징수라는 다른 목적을 위하여 고안된 국세청의 표를 통합하는 것은, 제정법의 해석에 관하여 도전적인 쟁점을 창조할 수 있다.[4]

이러한 산식에 따라 채무자의 합당한 월별 지출액을 결정한 다음에는, 이것을 §101에 정의되어 있는 바와 같은 채무자의 경상적 월별 소득으로부터 차감하여, 남은 금액이 채권자에게 실질적으로 상환하기에 충분한 금액인지를 살펴본다. 만일 5년간 제13장절차를 통한 계획으로 제공할 수 있는 금액이 $7,475 미만이 남았다면, 채무자는 제7장 하에서의 면책과 신선한 새출발을 구할 자격이 있다. 5년간의 변제계획으로 갚을 수 있는 금액이 $12,475 이상이라면, 경상적 월별 소득이 중위수소득을 초과하는 채무자는 신선한 새출발을 할 수 있는 자격이 없는 것으로 추정된다. 소득이 위 금액 기준 사이의 어딘가에 있다면, 그 금액이 통상

---

4) Ransom v. FIA Card Services, 131 S. Ct. 716 (2011)은 이러한 도전을 설명한다. "해당하는 (applicable)"이라는 단어에 대한 약간 절제된 해석을 통하여 연방대법원은 합당한 결과를 내는 결론에 이르렀다. 채무자들이 직접 차를 소유하고 있어 이와 관련하여 할부금을 지출하고 있지 않을 때에는 자동차 할부금 상당 금액을 생활비 항목으로 추가할 수 없다고 판단하였다. 스칼리아 대법관은 문장을 곧이 곧대로 읽으면 반대의 결과가 나올 수밖에 없다면서 (그의 특징대로) 강한 반대의견을 냈다.

의 일반 채권자에게 채권의 25%를 지급하기에 충분한지 여부를 점검한다. 이 산술에 의할 때 채무자가 그 정도의 금액을 상환할 수 있다면, 채무자는 역시 자격이 없는 것으로 추정된다. 이러한 추정을 번복하기 위하여는, 예를 들어 심각한 질병이나 부상과 같이 기대 소득과 비용에 영향을 주기 때문에 채권자에 대한 상환을 어렵게 하는 그러한 특별한 상황이 있다는 점을 입증하여야 한다.

이 자력기준은 파산절차의 남용에 대하여 규정하고 있는 조항에 구현되어 있지만, 이것은 엉터리이다. 자력기준은 오로지 채무를 상환할 수 있는 능력에만 초점을 맞추고 있다. 만일 두 채무자의 소득, 지출 및 가족의 크기가 같다면, 재무적 곤경을 야기한 상황은 무의미하다. 갑자기 의료비를 부담하게 되거나 직장을 잃은 사람이나 휴가를 많이 가서 신용카드 채무를 쌓아 올린 낭비자나 똑 같은 처우를 받는다. 이 수식에 의하여 측정되는 상환능력이 문제가 되는 전부인 것이다.

물론 자력기준을 통과하는 낭비자가 곤란에서 벗어난다고 말하는 것은 아니다. 중위수소득보다 많이 버는 채무자가 면책을 얻을 권리를 잃을 가능성이 그보다 적게 버는 채무자보다 크다는 것일 뿐이다. 중위수소득보다 많이 버는 채무자의 채권자들은 채무자의 제7장절차 이용이 다른 사유로 — 예를 들어 경업금지의 서약을 피할 수단으로 — 하는 것이므로 절차의 남용에 해당한다고 법원에 이의를 제기할 수 있다. 중위수소득보다 적게 버는 채무자들도 그들의 파산 절차 이용이 남용이라고 판사가 판단할 위험성을 배제할 수는 없지만, 이 경우에는 연방관재인 또는 판사가 조사를 개시하여야 하고, 채권자들은 그렇게 하지 못한다. 판사의 레이다 화면에 문제를 나타나게 할 수 있는 가능성은 상당한 의미를 가질 수 있다. 그렇지만, 그와 같은 분쟁은 주로 사업상의 맥락에서 일어날 가능성이 크고, §707(b)는 그와 같은 상황에는 적용될 개연성이 적다. 남용을 이유로 사건을 기각할 수 있는 권한은 주로 소비자로서 채무를 부담한 채무자에 대하여만 제한적으로 행사될 수 있기 때문이다. 특정 기준을 정하여 파산절차의 남용을 측정하는 이 접근방법이 그 목적을 달성하는지 여부는 논쟁이 많은 문제이다. 사실, 그로 인한 비용과 편익을 측정하는 것이 쉽지 않다. 그와 같은 규칙은, 성질상, 보이지 않는 곳에서 작용하는 경우가 많다. 이 규칙이 없었더라면 제7장절차를 이용하였을 어떤 사람은 이 규칙이 생기고 나서는 아예 신청 자체를 하지 않겠다고 결정할지도 모른다. 그러한 개인들이 신선한 새출발을 할 자격이 없었던 한도에서, 이 방식의 편익은 대략 관측할 수 없다. 그렇지만 비용도 똑같이 보이지 않을 수 있다. 2005년 하반기에 자력기준이 시행되기 전에 신청을 제출한 개인들 중 소수(아마도 10% 밖에 안 될 것이다)가 이러한 범주에 포함되었을 것이라고 하더라도, 자력기준을 실행하는 것은 값비싼 대가를 요구한다. 채무자들은 그들이 자력기준을 충족하는지 여부를 보이기 위하여 충분한 정보를 제공하여야 한다. 오랜 기간의 소득세 신고서와 급여명세서를 모두 제출하는 부담은 모든 제7장절차 신청의 비용을 증가시킨다. 단 하나의 사건에서 추가로 요구되는 시간과 변호사 보수는 작은 것처럼 보일지 몰라도, 매년 백만에 달하는 사건을 통하여 집적되는 신청비용은 상당한 것이다.

$ 신선한 새출발의 구조

　　연방파산법이 신선한 새출발에 대한 개인의 권리를 함축하는 규정들은 그것 말고도 동시에 여러 다른 일을 하기도 한다. §109는 신청 자격이라는 요건을 규정하고 있다. 제7장절차는 법인의 청산에 대하여도 적용되기 때문에, 제7장절차에 대한 신청자격이라는 요건은 매우 넓다. 다른 도산처리 제도의 적용을 받는 보험회사와 기타 사업체들 및 철도와 같이 파산법에 특별한 규정이 따로 있는 업체들을 제외하기만 하면 된다. 이렇게, 제7장절차는 §109(b)에 열거된 것이 아닌 다른 "인(person)"에게 적용될 수 있다. 제1장에서 논의하였듯이, §101은 "인"을 넓게 정의하여 피와 살이 있는 개인과 그렇지 않은 법인 양쪽을 모두 포함한다.

　　§301은 신청자격이 있는 개인은 그들의 주도로 사건을 개시할 수 있다고 규정한다. §541은 §301 하에서의 신청이 제출되면 채무자가 소유하는 (면제재산을 포함하는) 재산은 재단에 속하는 재산으로 변환된다고 규정하지만, §541(a)(6)은 '개인' 채무자의 장래 수입에 대하여 예외를 창설한다. 이 문면은 오로지 개인에게 적용되는 것으로 의도적으로 구성되어 있다. 법인의 장래 수입은 채권자들에게 귀속될 수 있는 재산인 것이다. §727은 면책을 규정하는데, 법인이 아니라 오로지 개인에 대한 것임을 밝히고 있다. §522는 개인이 면제재산을 계속 보유할 수 있음을 보장하고 있다.

§303은 비자발적인 사건을 개시하기 위한 절차에 대하여 규정하고 있다. 현대에 와서 비자발적인 파산절차의 신청은 드문 일이지만, 원래는 비자발적 파산이 법원에 제출될 수 있는 유일한 형태의 파산 신청이었고, 현재에도 봉사하는 목적을 잃은 것은 아니다. 비자발적 파산절차는 채무자의 재산을 한 곳에 집중하고 채무자의 재무적 및 다른 기록을 자세히 검사할 수 있는 단일한 법정을 채권자들에게 제공한다. 또한 비파산법에서는 허용될 수 있지만 채권액에 비례하는 배당이라는 파산법의 규범에 어긋나는, 예를 들어 일부 채권자에게만 많은 금액을 변제하는 행위와 같은, 그런 재산의 이전을 원상회복할 수 있도록 하는 수단을 채권자에게 허용한다.

신청자격이라는 요건을 통과하고 나면, 그 다음 중요한 조항은 남용을 방지하기 위하여 고안된 것과 신선한 새출발을 보장하는 것 두 범주로 나누어진다. §727은 §707(b)를 보충하고, 채무자가 채권자들을 속였거나 다른 방식으로 절차를 남용한 경우에는 채무자가 면책을 얻는 것을 저지한다. 이 조항은 채무자가 중위수소득보다 낮은 금액만을 벌고 문제의 행동이 파산판사나 연방관재인의 주의를 끌 정도가 되지 않을 때에도 작용할 수 있다.

§727(a)(2)는 채권자들을 속이거나 권리행사를 방해, 지연할 의도로 재산을 이전한 채무자에 대하여 면책을 부인한다. §727(a)(3)은 채무자가 재무상태의 기록을 유지하지 않거나 파기하여 채권자들이 채무자의 사정을 이해하지 못하게 한 경우 제재를 부과한다. 그렇지만, 재정적 곤경으로 마감하는 많은 채무자들은 정직한 개인이라고 할 지라도 기장을 잘 하지 않는 사람들이다. 법원은 그러한 사람들에게까지 신선한 새출발을 부인할 정도로 재무기록의 부실을 타박하지 않는 것이 일반적이다.

면책에 대한 예외를 규정하는 §727에 역사는 많은 자국을 남겼다. 연혁적으로 면책은 채무자의 협조를 확보하기 위하여 파산법에 도입되었다. 그 원래 의도는 채무자에게 신선한 새출발을 부여하기 위한 것이 아니었고, 채무자가 채권자들에게 협조를 하여 채권자들이 채무자의 재산을 수집할 수 있게 돕도록 유인하기 위한 것이었다.[5] 이것은 살인죄로 유죄판결을 받은 자가 면책을 얻을 수 있지만 재산을 빼돌린 사해행위를 저지른 채무자가 면책을 얻을 수 없는 이유를

---

5) The Statue of Anne ch. 17 (1705)는, 파산절차에서의 면책을 도입하였는데, 실제로 "파산자들이 자주 저지르는 사기를 방지하기 위한 법률"이라고 불렸다.

설명한다. (그렇지만, 피해자의 상속인이 가질 수 있는 민사상의 손해배상청구권에 대하여 살인자가 면책을 얻을 수 있는지 여부는 별개의 문제로서 후술한다.) 나아가, §727(a)(8)은 채무자가 신선한 새출발을 얻고 다시 이를 얻을 때까지는 8년을 기다릴 것을 요구한다. 신선한 새출발을 얻을 권리에 대하여 이렇게 기간 제한을 두는 것은 고의적으로 잘못을 범하는 자들이 권리를 남용하는 것을 막기 위한 것이다. 이 조항은 채무자가 새로 돈을 빌리는 것을 용이하게 해주기 때문에 채무자의 이익을 위하여도 작용한다. 방금 파산절차로부터 벗어난 누군가에게 돈을 빌려주는 채권자들이 있는데, 이들은 그들이 상환을 받을 수 있는 시간을 충분히 가지기 전에는 채무자가 파산절차의 신청을 제출할 수 없다는 것을 잘 알기 때문이다. §727은 §109가 요구하는 신용상담 과정을 개인 채무자가 마칠 것을 면책의 전제조건으로 요구하고 있다.

다른 조항들은 개인들이 파산절차를 지연 전술로 이용하지 못하도록 보장하려고 한다. 신청서를 제출한 후 45일 이내에 자력기준이 적용되는지 여부를 결정하기 위하여 필요한 정보를 채무자가 제출하지 않는 경우에는, 사건은 자동적으로 기각된다. §521(i). 그렇지만 사법적 재량권을 제한함으로써 남용을 억제하기 위한 목적으로 고안된 규칙이 그 의도한 대로 작동하는 것만은 아니다. §521(i)을 기초한 자들은 어떤 경우에는 채권자들이 아니라 채무자가 파산절차로부터 벗어나기를 희망한다는 점을 깨닫지 못하고 있었을지도 모른다. 채권자들의 반대에도 불구하고 파산절차를 종료하기를 채무자가 희망하는 경우에는, 채무자는 정보 제공을 이행하지 않음으로써 자동 기각의 근거가 있다는 점을 지적할 수 있다. 이러한 경우 파산판사도 파산사건을 기각하여야 한다고 판단할지도 모른다.[6]

자동 중지의 담보채권자들과 임대인들에 대한 효력은 개인인 채무자에 관한 사건에 있어서는 심하게 축소된다. 예를 들어 주택의 임대인이 파산절차의 신청 이전에 명도 판결을 획득한 경우에는 주택의 명도와 관련하여서는 자동 중지가 적용되지 않는다. §362(b)(22). 오로지 자동 중지가 주는 이익만을 얻기 위한 목적으로 파산의 신청을 반복적으로 제기하는 사람들을 겨냥한 조항들도 다수 있

---

6) 예를 들어, In re Bonner, 374 Bankr. 62 (Bankr. W.D.N.Y. 2007). 일부 항소법원은 이와 같은 상황 하에서 파산판사에게 자동 기각을 방지할 수 있는 권한을 주는 방식으로 해석론을 전개하였다. Wirum v. Warren, 568 F.3d 1113 (9th Cir. 2009); Segarra-Miranda v. Acosta-Rivera, 557 F.3d 8 (1st Cir. 2009) 참조.

다. 직전의 연도에 채무자가 2 이상의 파산절차 신청을 제기한 경우에는, 자동 중지는 아예 처음부터 효력을 발생하지 않는다. §362(c)(3).

개인이 제도를 남용하는 것을 막는 조항들에 대한 균형으로서, 자격이 되는 채무자들이 신선한 새출발을 실제로 얻을 수 있도록 확보해주는 조항들도 존재한다. 이 방향으로 작용하는 주요 조항은 우리가 이미 언급한 바 있는 §541과 §522의 두 조항이다. 각자를 순서대로 살펴보기로 한다.

§541 하에서, 채무자는 파산재단의 재산으로 되지 않는 재산을 유지할 수 있다. 이들 재산 중에서 가장 중요한 것은, 장래의 용역 제공으로부터 얻는 소득(§541(a)(6)) 및 비파산법 하에서 채무자도 처분할 수 없는 신탁재산에 들어가 있는 재산(§541(c)(2))이다. 장래 소득에 해당하는지 여부를 결정하는 것이 얼마나 어려울 수 있는지를 이해하기 위하여는, 채무자가 로펌의 파트너로서 그의 변호사 활동으로 상당히 많은 소득을 올리는 상황을 상정해보자.[7] 로펌 파트너의 변호사 활동으로 인한 장래의 소득은 그 파트너 자신의 장래 작업으로부터만 파생하는 것이 아니다. 변호사 활동으로 인한 장래 수입은 부분적으로는 현존하는 재산으로부터 창출된다. 예를 들어 로펌의 고용 변호사들과의 고용계약과 같은 것도 그러한 재산의 한 예이다. 또 파트너가 과거에 기울였던 노력으로부터도 수입이 발생한다. 과거 장기간에 걸쳐 이룩한 외상매출금 채권이 있고 고객 기반이 있게 마련이다. 또 로펌에서의 파트너의 역할은 대략 사건유치활동으로 구성되어 있을지도 모른다. 일단 고객이 로펌을 선임하면, 고용 변호사가 그 이후의 법률 작업 대부분을 수행할 수 있는 것이다. 그렇지만 §541(a)(6)의 의미 내에서는 신청 이전의 고객으로부터 얻는 소득으로서 파트너의 장래 소득에 해당하는 것은 거의 없을 것이다. 법원은 기업으로부터 흘러나오는 수입을 신청 이후 채무자의 서비스로부터 흘러나오는 수입으로부터 구분하여야 한다.

어떤 법원은 채무자가 법률사무소를 매각하였던 경우라면 얼마나 실현하였을 것인가를 조사함으로써 법률사무소의 가치를 평가하였다.[8] 그러나 적실성 있는 지표를 제공하는 비파산적 매각의 종류가 무엇인지를 확정하여야 한다. (현실적으로 매각하는 것은 추정을 할 필요를 제거할 것이지만, 그 개인이 제11장절차를 신청하고 사업을 계속하기를 계획하는 경우에는, 실제의 매각은 고려할 만한 선택에 포함되지 않는

---

7) FitzSimmons v. Walsh, 725 F.2d 1208 (9th Cir. 1984) 참조.
8) 예를 들어, In re Prince, 85 F.3d 314, 323 n.5 (7th Cir. 1996) 참조.

다.) 사무소나 병원을 매각하는 변호사나 의사는 보통, 매매조건의 일부로서, 매수인에 대한 진실서약을 제공하고, 그에게 의뢰인이나 환자를 소개하여주며, 아마도 이행기간 동안에는 매수인과 같이 일을 해준다. 게다가, 매수인은 경쟁을 하지 않겠다는 서약을 관철하는 것이 보통이다. 그렇게 보면, 협조적인 채무자가 파산절차 외에서 사업을 매각하여 받을 수 있는 금액은 위와 같은 요소로 인하여 부풀어져 있을 것이므로 적절한 지표가 되기 힘들다. 어쩌면, 채무자가 기존의 사무소나 병원과 관련된 모든 관련을 끊고 또 팔고 나서도 새로이 똑같은 사업을 자유롭게 시작할 수 있는 조건 하에 사무소나 병원을 팔았을 때 받을 수 있는 금액이 보다 나은 추정일 것이다.[9]

채무자의 재산에 대하여 제3자가 가진 우선특권과 기타 권리에 대하여 면책이 가지는 효과와 관련하여 역시 문제가 발생한다. 어느 은행이 $100,000을 대출해주고 채무자의 $150,000짜리 주택에 대하여 채무자로부터 저당권을 설정 받았다고 가정해보자. 채무자가 면책 되면 은행은 채무자에 대한 청구권을 더 이상 행사하지 못하게 되지만, 면책으로 인하여 채무자의 재산 위에 성립한 은행의 우선특권이 제거되지는 않는다. 제7장절차가 종결된 후에는, 채무자가 담보대출을 갚지 않는 경우 은행은 여전히 재산을 회수할 수 있다. 이전에 제1장에서 지적한 바처럼, 우선특권은 파산절차를 투과한다.

그렇지만 채무자가 신선한 새출발을 누리는 것을 보장하기 위하여 파산법은 이러한 우선특권 잔존의 원칙에 몇 가지 예외를 넣어 두었다. 예를 들어, §722 하에서의 강제상환 규정에 의하면, 개인, 가족 또는 가정이 사용하기 위한 재산에 대한 우선특권이 그것이 면책 가능한 소비자 채무를 담보하는 것일 경우에는 채무자가 우선특권을 소멸시킬 수 있도록 허용하고 있다. (물론 채무자는 담보채권자에게 재산의 가치에 상당하는 금액을 지급하여야 한다.) 게다가, 채무자의 가정용품과 생업의 도구와 같이 §522(f) 하에서 면제재산이 되는 재산으로서 채무자가 계속 점유하는 것 위에 성립된 금전 채권 담보권(구입대금담보를 제외한다) 및 면제재산에 대한 사법적 우선특권을 부인할 권리가 있다. 마지막으로, 가장 중요한 것으로서, 채무자의 장래 소득에 대하여 설정되는 우선특권은 파산절차를 투과하지 못하고 소멸한다. 연방대법원은 이 원칙을 Local Loan Company v. Hunt 사

---

9) Ackerman v. Schultz, 250 Bankr. 22 (Bankr. E.D.N.Y. 2000) 참조.

건에서 확립하였던 바, 이 판결은 임금의 양도는 면책에도 불구하고 존속하지는 않는다고 판시하였던 것이다.10)

빅터 오르티즈(Victor Ortiz)의 파산은 Local Loan Company 사건에서와 동일한 문제를 다른 모습으로 제기하였다.11) 권투선수인 오르티즈는 프로모터와 맺어진 장기 계약으로부터 벗어나기를 원하였다. 법원은 파산절차가 불리한 조건의 계약으로부터 그를 해방하였는지 여부를 심판하여야 했다. 만일 오르티즈가 어리석게도 그의 프로모터로부터 돈을 많이 빌려서 그것을 전부 잃어버렸다면, 그는 파산절차의 신청을 제출할 수 있었을 것이고, 그 후에 그가 어떠한 직업을 가지거나 상관 없이 그가 벌어들이는 돈은 오르티즈 자신의 것으로 할 수 있을 것이다. 유사하게, 만일 오르티즈의 채권자 중 한 사람이 그가 받을 급여를 압류하였다면, 그 압류는 파산절차를 살아남지 못할 것이다. 개념적으로, 다른 프로모터를 위하여 권투를 하지 않겠다는 오르티즈의 약속이나 경쟁하지 않겠다는 어떠한 서약은 실질적으로는 동일한 것이다. 오르티즈의 장래 소득 흐름에 대한 소유자로서의 이익에 해당하는 것을 프로모터는 가지는 것이다. Local Loan Company 사건에 의하면 그러한 이익은 파산절차에도 불구하고 살아남을 수는 없는 것이다.

확실히, 파산절차에서 경업금지약정으로부터 면책을 얻을 수 있다면 오르티즈와 같은 권투선수들이 처음부터 프로모터를 발견하기는 어려워질 것이다. 프로모터들은 새로운 권투선수들을 묶어둘 수 없다면 이들을 영입하여 인수하는 것에 덜 적극적일 것이다. 그렇지만 이것이 Ortiz 사건을 Local Loan Company 사건을 구별할 사유는 되지 못한다. 우선특권 잔존의 원칙에 대하여 가해지는 모든 제한은 채무자가 그들을 강하게 구속하는 서약을 할 능력을 감소시키게 마련이고 다른 사람이 그들과의 사이에 그러한 계약을 맺는 것을 덜 매력적으로 만든다.

오르티즈 사건에서 및 비슷한 사건에서, 파산법의 구조는 그러한 문제의 돌출에 대처하는 것을 힘들게 한다. 오르티즈가 프로모터와 맺은 계약은 §365에 정하여진 미이행쌍무계약의 정의 범위 내에 들어가지만, 파산법은 이 문제를 불완전하게 다루고 있다. 우리는 제6장에서 미이행쌍무계약을 논의할 때 이 문제로 돌아갈 것이다.

§541(c)(2)는, 장래의 소득이 아니라, 신청이 제출되는 시점에 채무자도, 채권

---

10) 292 U.S. 234 (1934).
11) Top Rank, Inc. v. Ortiz, 400 Bankr. 755 (C.D. Cal. 2009).

자도 접근할 수 없는 신탁에 제공된 재산을 본다. 그 전형은 낭비자 신탁 (spendthrift trust)이다. 부모는 강박적인 금전 지출에 취약한 자녀를 위하여 신탁 을 설정하고, 금일 일정 금액을 출연하였던 것을 대가로, 자녀가 신탁재산으로부 터의 소득을 장래 다른 곳에 양도할 수 없도록 규정할 수 있다. 비파산법은 그와 같은 조항을 존중한다. §541(c)(2)는 파산법도 그러한 조항을 역시 존중한다고 말 한다. 채무자의 신탁으로부터 이익을 받을 실질적 이해관계에 대한 양도 제한이 파산절차 외부에서 법적으로 강제할 수 있는 것이라면, 파산절차 내부에서도 그 제한은 통용된다.

파산법은 §541(c)(2)의 적용범위를 낭비자 신탁이라고 명명된 신탁에만 제한 하고 있지 않다. 채무자 또는 그 채무자에 대한 채권자들이 접근할 수 없다는 결 정적인 속성을 가지고 있는 신탁에서 실질적인 이익을 받을 지위 어느 것에도 위 조항은 똑같이 적용된다.[12] 더욱이, §541(b)(7)은 ERISA나 그 밖의 연방법 하 에서 인정된 여러 가지 퇴직급여 및 혜택 프로그램에 채무자가 납부한 기여금을 파산재단의 재산으로부터 제외하고 있다. 나아가 §522의 규정은 면세계좌에 예치 되어 있는 퇴직급여기금은 비슷하게 채권자들의 권리행사로부터 자유롭다는 것을 보장하고 있다.

면책 이후에 채무자는, 파산재단의 재산으로 귀속된 것을 제외하고 파산절차 가 없었더라면 일상적으로 누릴 수 있었던 모든 것을, 채권자들의 청구권으로부 터 자유롭게, 누릴 수 있다. 장래의 소득은 가장 현저한 예이지만, 다른 것들도 있다. 유언에 의하여 유증된 재산만이 아니라 법률에 의하여 피상속인의 재산 전 체에서 일정 비율을 받을 수 있는 배우자의 권리를 상정해보자. 배우자는 비파산 법 하에서 이 권리를 가지고 있고, 이 권리는 파산재단에 속하는 권리가 아니므 로, 배우자는 파산절차에도 불구하고 이 권리를 그대로 가진다.[13]

이제 우리는 §522로 이행한다. 파산재단에 속하지 않는 모든 것을 그대로 유 지하는 것 및 Local Loan Company 사건 하에서의 장래 소득에 대한 우선특권 의 취소에 추가하여, 채무자는 면제재산을 계속 보유할 수 있다. 파산법은 면제

---

12) Patterson v. Shumate, 504 U.S. 753 (1992). 궤를 같이하는 사건의 예로는, In re Hilsen, 405 Bankr. 49 (Bankr. E.D.N.Y. 2009) 참조.
13) In re Brand, 251 Bankr. 912 (Bankr. S.D. Fla. 2000); In re McCourt, 12 Bankr. 587 (Bankr. S.D.N.Y. 1981) 참조.

재산의 목록을 제공하고 있고 채무자는 그들의 신선한 새출발의 일환으로 그것을 그대로 보유할 수 있다. 그렇지만, 각 주는 채무자의 재산 중 어떤 것을 파산절차에서 및 그 외부에서 채권자들의 추급이 미치지 않도록 할 것인지를 그 주 스스로 결정할 수 있고, 대부분의 주가 그렇게 한다. 연방헌법은 파산절차라는 주제에 대하여만 통일적 법률을 제정할 권한을 의회에 부여하였다. 그렇지만 면제재산에 관한 법률을 각 주의 입법에 유보한다고 하더라도 파산법의 통일성이 방해 받는 것은 아니다.[14]

각 주의 면제재산 규정은 상세에 있어서는 주에 따라 많이 다르다. 몇몇 주는 19세기의 전통에 굳건히 뿌리박고 있고, 가족주택 및 부수농지(homestead), 교회의 지정석 및 가족의 성경 책 같은 것들을 포함하고 있다. 이들 제정법은 최근 들어 몇 년간 대부분 전면적으로 개정되었다. 현대의 면제재산 법률은 연금과 보험계약을 포함하고 있다. §522(b)(2)의 목적상 면제재산에 해당하는 재산은 각 주가 명시적으로 "면제재산"이라고 선언한 것을 넘어 확장될 수 있다. 예를 들어, 어느 주가 채무자의 채권자들의 손아귀를 넘어 배치한 것으로서, 그 주가(또는 연방의 실체법이) 어떠한 명칭을 적용하든 간에 달리 면제재산으로서의 속성을 가진 모든 재산에 대하여서까지 면제재산은 확장될 수 있다.

주는 파산절차 이외의 면제재산 인정만이 가능하도록 선택할 수 있다. 그렇게 하지 않는 경우에는, §522(b)는 파산법 외에서의 면제재산 규정의 혜택을 누릴 것인지 아니면 §522(d)에 열거된 재산을 계속 보유할 것인지를 채무자가 선택하도록 허용한다.[15] §522(d)에 있는 가장 큰 면제재산은, 면세혜택을 받는 퇴직연금계좌를 제외하고는, 가족 주택 및 부수 농지이다. 그것은 채무자가 그 주거에 쌓아 올린 소유자지분(equity) 중 약 $20,000까지의 금액을 보호해준다(그리고 이 금액은 인플레이션에 대처하기 위하여 매 3년마다 조정된다).

§522(d)(3)은 가정의 물건을 채무자가 지키는 것을 허용하는데, 전체적인 상한이 있고(현재 약 $12,000을 약간 상회함), 또 개별 품목별로 상한이 있다(약 $500 정도임). 다시 한번, 정확한 금액은 세월이 지남에 따라 변한다. 다른 §522(d) 면제재산으로는, 가정 물품, 간병인의 도움, 생업의 도구 및 자동차에 대한 채무자

---

14) Hanover National Bankr v. Moyses, 186 U.S. 181 (1902) 참조.
15) 우리가 다른 곳에서(예를 들어 §109에서) 이미 보았듯이, 달러로 표시된 금액은 매 3년마다 행정명령으로 조정된다.

의 지분이 있고, 별거수당, 부양료, 생명보험금, 퇴역군인연금, 불법행위피해자의 손해배상을 받을 권리도 면제재산에 해당한다. 어떤 면제재산은 그 범위나 금액에 있어서 제한이 있고, 어떤 권리는 무제한적으로 전부가 면제재산이다.

면제재산의 범위를 정하는 것에서 한 걸음 더 나아가서, §522는 채무자가 그와 같은 재산 위에 특정 우선특권이 "부착한 것을 부인할" 수 있도록 허용한다. 이 권한은 채무자가 파산법에 의한 면제재산 규정을 사용하거나 주 법 또는 연방 법에 의한 파산절차 외의 면제 규정을 사용하거나 상관 없이 존재한다. 보다 더 정확히 말하면, §522(f)(1)(a)는 채무자가 거의 모든 종류의 사법적 우선특권으로부터 면제재산을 해방할 수 있도록 허용하며 여기에는 일반 채권자를 위한 압류로 인한 우선특권이 포함된다. 여기에 포함되지 않는 것은 별거 수당 또는 자녀양육비 지급의무를 확보하기 위하여 창설된 우선특권이다. 더욱이, §522(f)(1)(b)는 특정한 재산에 대하여 붙은 채권자의 점유를 수반하지 않고 또 구입대금을 담보한 것도 아닌 담보권을 채무자가 부인하는 것을 허용한다.

앞에서 보았듯이, 대부분의 주는 자신들만의 면제재산 법률을 가지고 있고 이들은 (예를 들어 ERISA 계획, 면세 퇴직계좌 및 사회보장급여에 관한 것으로서 여기에서 논의한 규정들 같은) 연방의 면제재산 법률에서도 그대로 작용한다. 그런데 어떤 주 법은 채권자들의 권리실행으로부터 자유로울 수 있는 재산에 대하여 상한 금액을 전혀 정하지 않고 있다. 예를 들어 텍사스 주에서는, 채무자가 거주하는 주택과 부속 농지는 채권자들의 압류로부터 자유롭다. 텍사스 주는 면제재산이 되는 주택과 부속 농지의 크기를 (1에이커로) 제한하지만 그 가치에 대하여는 제한을 두고 있지 않다.[16] 그들이 주택에 대하여 가지고 있는 소유자로서의 잔여지분 (equity)의 금액을 고려하면 채무자가 큰 희생 없이 채무를 전부 갚을 수 있는 경우라고 할지라도, 채무자들은 파산절차를 사용하여 채무를 면하면서도 집을 지킬 수 있다. 이러한 상황에 대하여는, 큰 집을 팔아서 보다 작은 집으로 이사함으로써 채권자들에게 지급할 수 있는 채무자는 제7장절차의 혜택을 받을 수 없어야 한다는 주장도 가능할지도 모른다. 그렇지만, 대출이 실행된 시점에 채무자가 이와 같은 큰 규모의 면제재산이 인정되는 주에 살았던 한, 채권자는 이러한 위험을 계산에 넣어 고려할 수 있었을 것이다. 그렇지만, 만일 채무자가 채무를 부담

---

16) Tex. Stat. Ann. §41.001.

한 이후에 이와 같은 주택과 부속토지의 면제재산 규정의 혜택을 누리기 위하여 다른 주로 이사한 경우에는, 채권자가 위험에 처한 것이라고 할 수 있다. §522(p) 는 채무자가 파산 신청으로부터 1,215일 이전의 기간 동안에 그러한 주에 주택과 부속토지를 취득한 경우에는, 채무자가 계속 보유할 수 있는 면제재산의 금액에 대하여 상한을 정함으로써 채권자를 보호한다.

면책의 정의와 면책되지 않는 채권

파산절차의 신청을 제출하는 채무자는 신청 이전의 청구권으로부터 면책을 받게 된다. 신청의 제출 이후에 부담한 의무로부터는 채무자는 자유롭지 않다. 더욱이, 신청 이전에 발생한 어떤 부담은 파산법에 정의된 바 "청구권"이 아니기 때문에 면책에도 불구하고 잔존한다. 예를 들어, 징역형과 같은 형사적 제재를 받을 부담은 파산절차에도 불구하고 면제되지 않는다. 중죄를 범한 자라도 면책을 누릴 수는 있지만, 그 면책은 감옥으로부터의 해방을 확보해주지 않는다. 정부가 누군가를 구금할 권리는 파산법상의 청구권이 아니기 때문이다. 마찬가지로 채무자는 자녀양육명령을 회피하기 위하여 파산절차의 신청을 이용할 수 없다.

채무로부터 면책된다는 것이 과연 무엇을 의미하는 것인지 정확히 이해하는 것이 중요하다. 최소한으로, 면책은 절차신청 이전의 청구권에 기반한 소송에 대하여 적극적인 항변권을 채무자에게 부여한다. 그렇지만, 면책의 효과는 훨씬 넓다. §524는 일단 신청서가 제출되면 채권자가 채무자로부터 금전의 지급을 받으려는 노력을 하지 못하도록 금지한다. 그러나 면책이 채무자와 채권자 사이의 장래 상호 작용에 어떻게 영향을 주는 지는 명백하지 않다.

채무자는 파산절차 종료 이후에 채권자와 거래를 할 필요가 있을지도 모른다. 예를 들어, 채무자는 다녔던 학교로부터 성적증명서를 발급 받으려고 할 수도 있다. 그런데 그 학교에서 채무자에게 이전에 학자금을 대여하였고 그것은 파산절차에서 면책되었다. 이 때 학교와 채무자는 학교가 채무자에게 성적증명서를 주기를 거부할 권리가 있는지 여부에 관하여 다툼이 생길 수 있다. 학교는 채무자와의 사이에 더 이상 거래를 지속할 의무는 없지만, 채무자가 채무 이행을 하지 않았고

그 채무가 면책되었다는 사유 만으로는 성적증명서 교부를 거절할 수 없다.[17]

면책은 오로지 채무자에 대하여만 적용된다. §524(e)는 채권은 부채에 대한 제3자의 의무를 면하게 하지 않는다고 규정한다. 전형적인 사례는 보증인으로서 채권자는 보증인에게 직접 소송을 할 수 있다.[18] 그렇지만 채무자가 보험에 가입하였고 사고의 피해자가 보험계약에 의하여 소송을 할 필요가 있을 때 약간의 복잡함이 발생한다. 문제는, §524가 비록 피해자가 오로지 보험회사로부터 배상을 받기를 추구하는 경우에도 피해자가 채무자를 상대로 하여 소송하는 것을 차단하는지 여부이다. 대부분의 법원은 §524는 피해자들이 그러한 사건에서 피해를 회복하는 것을 방해하지 않는다는 태도를 취하였다. 이들 법원은 채무자가 개인적으로 책임이 있는 것이 아니기 때문에, 그와 같은 채무자를 상대로 한 소송은 신선한 새출발을 방해하지 않는다고 추론한다.[19]

§525는 두 당사자 즉 채무자의 고용자와 정부의 능력을 제한한다. 이들은 이전에 파산절차를 신청한 적이 있는 사람들을 차별하여서는 안 된다. 그것은 비록 이들이 채무자에 대하여 채권자가 되었던 적이 없었던 경우라도 그러하다. 채무자에 대한 주 정부의 차별은 예를 들어 다음과 같은 형태를 취할 수 있다. 파산절차의 신청을 제출하기 전에, 채무자는 교통사고에서 다른 사람에게 상해를 가하고 이어지는 불법행위 배상 청구 소송에서 확정된 금액을 지급하지 못한다. 주 정부는 채무자의 자동차 운전면허를 정지하고, 채무자는 파산을 신청한다. 불법행위 채무는 면책되었지만, 주 정부는 채무자의 운전면허를 갱신하여 주기를 거부한다. Perez v. Campbell 사건에서, 연방대법원은 이와 같은 사건에 직면하였던 바, 관련 법령에 의하면, 파산절차에 의한 면책에도 불구하고 주 정부는 판결이 만족될 때까지 채무자의 운전면허를 다시 내주지 않게 되어 있었다.[20] 연방대법원은, 불법행위에 대한 배상판결이 만족될 것을 보장하기 위하여 고안된 주의 법률은 파산절차가 추구하는 신선한 새출발 정책에 위반된다고 판결하였다.

Perez 사건의 원칙은 §525로 입법되었던 바, "정부기관"이 오로지 어떤 사람이 파산절차 내에 있다거나 파산절차에서 면책된 채무를 갚지 않았다는 이유로

---

17) In re Kuehn, 563 F.3d 289 (7th Cir. 2009).

18) Terwilliger v. Terwilleger, 206 F.3d 240 (2nd Cir. 2000).

19) 예를 들어 Houston v Edgeworth, 993 F.2d 51 (5th Cir. 1993). 이러한 사건들은 피해자가 (파산재단이 아니라) 보험증권 하의 보험금을 받을 권리가 있을 때에만 일어난다.

20) 402 U.S. 637 (1971)

그에게 허가를 주지 않거나 다른 방식으로 차별하는 것을 금지한다. 그렇지만 Perez의 법리를 너무 확장해석 하여서는 안 된다. 예를 들어 어떤 주가 관련 법으로, 채무자가 불법행위 배상 채무를 이행하였는지 여부와는 상관 없이, 채무자가 재정적 책임의 이행가능성에 대한 증거를 제출할 때까지 운전면허를 재발급하지 않을 것이라고 한다면 Perez 법리는 적용되지 않는다.21) 이 요건은, Perez 사건에서의 그것과는 다르게, 이미 면책된 채무를 갚으라고 채무자에게 압박을 가하는 효과를 가지지 않는다.

　　Perez 법리의 적용한도는 다른 이유로도 제한적일 수 있다. 채무자의 운전면허를 받을 수 있는 권리에 채무의 상환이라는 조건을 부가하는 것은 채무자가 가진 무엇인가 가치 있는 자산에 대한 우선특권을 채권자에게 부여한 것과 결국 다르지 않다. 우리는 Long v. Bullard 사건의 법리로부터 그러한 우선특권은 채무자의 장래 소득을 장악하는 것이 아닌 이상 파산절차에도 불구하고 살아남는다는 것을 알고 있다. 다시 말하면, Long v. Bullard 법리의 적용범위를 줄이지 않고서는 Perez의 적용범위를 확장할 수 없다는 것이다.

　　비록 파산법이 청구권을 광범위하게 규정하고 또 면책은 채권자가 아닌 자들에게도 영향을 주지만, 면책의 범위에는 한계가 있다. 채무자는 §727 하에서 면책을 받을 자격이 있다고 하더라도, 어떤 채무는 면책이 될 수 없다. §523(a)는 비면책채권의 목록을 열거하고 있다. 교육을 위하여 학자금을 대출 받아야 하는 사람들은 다른 재산이라고는 전혀 없을 수 있다. 그들이 대부자들에게 제공할 수 있는 유일한 자산은 장래 소득에 대한 이해관계 뿐이다. 그렇지만, 그와 같은 채무가 면책될 수 없는 경우에만, 그들은 그렇게 할 수 있다. §523(a)(8)은 학자금 대출의 비면책을 위한 조항이다. 물론 그러한 조항은 왜 자력기준이 지극히 소수의 채무자에게만 영향을 미칠 것인지 이유를 잘 설명한다. 다른 몇 가지 규칙도 실제로 채권자에게 상환할 수 있는 사람들에게 파산절차가 별로 매력적이지 않게 만드는 방식으로 작용한다.

　　채권자들은 파산절차에 참여할 기회를 필요로 한다. 이런 이유로, 채무자가 법원에 제출하여야 하는 목록에 채권을 포함하지 않는 한 그 포함되지 않은 청구권에 대하여는 면책이 되어서는 안 된다. 채무자는 각 채권자가 파산절차가 개

---

21) Duffey v. Dollison, 734 F.2d 265 (6th Cir. 1984) 참조.

시된 사실을 통지 받고 채권신고서를 적시에 제출할 기회를 가질 수 있도록 절차를 지켜야 한다. §523(a)(3). 채권자가 파산절차가 진행되는 사실을 모르고, 재산을 배당받을 기회를 갖지 못했을 때에는, 채권자는 파산절차 종료 후에도 채무자를 추급할 수 있다. 그렇지만 다수의 사건에서는, 채무자는 전혀 자산이 없다. 즉 채권신고를 하는 것은 무의미한 체조이고, 파산관재인은 채권자들에게 장차 자산이 발견되면 통지를 할 것이라고 말하면서 파산절차에 대하여 신경 쓰지 말라고 조언한다. 그러한 경우에는, 누락된 채권자는 어떠한 권리도 잃은 것이 아니다. 그렇다면 목록에 포함된 어떤 다른 채권자도 채권신고의 마감일을 통지 받은 것도 아니므로, 채권자의 채권신고를 기한을 지키지 못한 것으로 만들게 하는 특정 시점도 존재하지 않는다. 따라서 그렇게 누락된 채권도 목록에 기재된 다른 채권과 마찬가지로 면책된 것이라고 주장할 수 있게 되는 것이다.[22]

§523에 있는 다른 비면책채권은 두 가지 범주로(또는 그 혼합적 성격의 것으로) 구분된다. 채무가 고의의 불법행위처럼 나쁜 행위로 인하여 발생하였거나, 또는 문제된 채무가 특별히 중요한 것으로 생각되는 것이다. 후자의 종류에 속하는 채무는 자녀양육비, 배우자 별거수당 및 여러 가지 조세채무이다. 스스로 사업을 경영하였던 사람들은 사업이 내리막길을 걷고 있을 때 원천징수세를 체납하였던 관계로 많은 금액의 비면책채권이 있는 경우가 많다. 세무서로 납부되었어야 할 돈이 몇 주 동안 조업을 계속하기 위하여 납품업자나 근로자에게 지급하는데 사용된 것이다. 이 경우 기업의 관리책임이 있는 경영자는 개인적으로 이러한 조세를 납부할 의무가 있고, 이것은 그 기업체가 개인사업체인 경우뿐 아니라 법인인 경우에도 마찬가지이다. 이러한 납세의무는 (언제 부과되었는지에 따라 다르지만) 보통은 비면책채권이다. 이와 같은 이유로, 다른 많은 사항과 마찬가지로, 채무자의 조세상 지위를 자세히 조사, 평가하고 또 적절한 경고를 해주는 것이 재무적 어려움을 겪고 있는 채무자에 대한 조언 중 불가결한 것이다.

§523(a)의 "나쁜 행위"를 이유로 한 비면책은 부분적으로 파산 제도의 남용을 차단하기 위한 것이다. §523(a)(2)는 허위 진술 또는 허위의 재무제표를 사용하여 일으킨 채무는 면책되지 않는다고 규정하며, 마찬가지로 §523(a)(2)(c)는 파산이 임박하여 채무자의 선의가 의심스러울 때에 채무자가 차입하여 소비할 수

---

22) 예를 들어, Judd v. Wolfe, 78 F.3d 110 (3rd Cir. 1996). 그러나 모든 법원이 동의하는 것은 아니다. 예를 들어, Colonial Surety Co. v. Weizman, 564 F.3d 526 (1st Cir. 2009).

있는 능력을 제한한다. '신선한 새출발의 원칙'은 §523(a)(2) 하에서의 소송에서 계속 반복되는 쟁점이다. 예를 들어 어느 채무자가 은행으로부터 대출을 받았다고 가정해보자. 채무자는 그 후 재무적 어려움을 겪고 다시 은행에 들어가서 추가 대출을 신청하는데, 이번에는 허위의 재무제표를 제출하여 대출을 승인 받는다. 면책 여부를 다투는 절차에서 은행은, 두 번째 대출이 첫 번째 대출과 통합되면 오로지 하나의 채무만이 있을 뿐이고, 따라서 §523(a)(2)에 의하여 전체 대출이 비면책채권에 해당하게 된다고 주장할 것이다. 전체 대출이 비면책인지, 아니면 새로 실행된 부분 즉 허위의 재무제표를 제출하고 받은 대출만이 비면책채권인지에 관하여 법원마다 판례가 다르다. §524(a)(4)는 타인의 사무를 처리하는 자의 지위(fiduciary capacity)에서 행동하는 동안 범한 비행의 과실을 채무자가 누리는 것을 막는다. 여기에서 어려움은 무엇이 타인의 사무를 처리하는 과정에서 한 것이고 무엇이 그런 것이 아닌 지를 결정하는 것이다. 확립되지 않는 쟁점 중 하나는, 담보물을 팔아서 그 대가를 소비해버린 것에 대하여, 주 법이 채무자가 채권자를 위하여 수탁자의 지위에서 대가를 보관하여야 한다고 규정하는 경우, 이 조항이 적용되느냐이다. 다른 곳에서와 마찬가지로 여기에서도, 결정적인 요소는 주 법이 타인의 사무를 처리하는 자의 충실의무(fiduciary duty)라고 부르는 것이 아니라, 별도의 계좌로 관리하여야 할 의무와 같이, 충실의무의 속성을 가지고 있는 것이 무엇이냐라고 할 것이다. "나쁜 행위"를 이유로 한 다른 예외는 특별히 비난 가능성이 있는 행위를 증명하는 채무에 초점이 맞추어져 있다. 재산의 고의적인 횡령, 배임과 같이 고의적, 악의적 불법행위를 범한 채무자는, 제7장절차를 사용하여 이들 채무로부터 면책을 얻을 수 없다.

비면책채권의 목록은 시간이 지남에 따라 늘어나고 있는 것으로 보인다. 연방의회가 특정 종류의 채권이 비면책채권으로 규정되어야 하는가라는 좁은 문제에 직면하였을 때, 연방의회는 그래야 한다고 입법하는 경향이 있다. 그렇지만, 어떤 채무를 면책으로부터 제외하고, 다른 채무는 제외하지 않는 것은, 비록 이들이 비파산법의 영역에서는 평등한 취급을 받는다고 하더라도, 다른 채권자에 비하여 특정 채권자에게 특권을 주는 효과를 가진다. 어떤 형태의 채무에 대하여만 초점을 맞추는 것은 현명하지 못하다. 예를 들어, 음주운전으로부터 발생하는 채무는 명시적으로 면책으로부터 제외되어 있지만 다른 많은 과실로 인한 불법행위로부터 발생하는 채무는 그렇지 않다. 제13장절차는, 당초에 입법되었을 때에는, 지극히 일부의 채무만을 비면책채권으로 규정하는 초강력 면책(superdischarge)을 규정하였었다. 그렇지만, 이와 같이 의회가 점진적으로 비면책채권을 축소하는 과정을 따라서 지금은 제7장절차에서의 비면책채권이나 점점 닮아가고 있다.

채무자는 특정의 채권에 대하여는 면책 받는 것을 원하지 않을 수도 있다. 예를 들어, 어떤 채무가 면책되면, 채권자는 본래 채무의 보증인이 되었던 친구나 친척에게 채권을 추심하려고 노력할 수 있다. 또는, 채무자는 자동차판매상이 담보권을 가진 승용차를 지키고 싶어 할지도 모른다. 면책이 되면 채무자는 자동차판매상에게 돈을 내야 할 의무를 면할 수 있지만, Long v. Bullard의 원칙에 따르면, 면책이 되었다고 하더라도 파산절차가 끝나자마자 자동차판매상이 차를 회수해갈 권리에는 영향을 주지 않는다. 그런데, 채권자는 채무자가 채무를 '재승인(reaffirm)'하는 경우에 한하여 보증인에게 전화를 하는 것을 자제하거나 채무자가 차량을 계속 타도록 허용할 수 있다. 물론 채무자는 파산절차를 통하여 면책된 채무를 계속 갚는 것은 얼마든지 자유이다. 그런데 재승인의 문제는 면책된 채무를 계속 갚을 것이라는 채무자의 사전 약속이 법적으로 구속력이 있는 지에 관한 것이다.

채무의 재승인에 적용되는 규칙은 §524(c),(d) 및 (k)에 규정되어 있는데, 두 단계의 요건을 요구한다. 첫째, 재승인은 비파산법 하에서 유효하여야 한다. 둘째, 비록 그렇다고 하더라도, 재승인은 몇 가지 요건을 갖추어야 한다. 재승인이 유효하기 위하여는, 채무자가 공식적으로 면책을 부여 받기 전에 이루어져야 한다. 나아가, 개인인 경우에는, 재승인은 채무자가 면책 심리를 위한 기일에 파산법원에 출석한 이후에 해야 한다. 이 때, 채무자는 면책되는 어떠한 채무도 반드시 재승인 할 필요는 없다는 말을 듣는다. 나아가 재승인을 한 결과가 어떨 것인지에 대한 설명이 주어진다. 이 절차는 파산법에서의 미란다 경고라고 할 수 있다.

변호사가 채무자를 대리하는 경우, 채무자가 자발적으로 재승인 약정을 한 것이고 이것이 채무자에게 부당한 재정적 곤란을 부과하지 않는다는 진술서를 변호사가 제출하여야 한다. 변호사가 없는 경우에는, 법원이 재승인약정이 채무자에게 부당한 부담이 되지 않으며 채무자의 최선의 이익에 부합할 것이라고 결정하여야 한다. 일반적으로 법원은, 채무자가 고급 승용차를 유지하기 위하여 재승인을 원하는 때에는 그와 같은 재승인약정이 채무자의 이익에 부합한다고 인정하는 데 인색하다. 채무자를 위하여 보증인이 되어 준 친척이나 친구에 대한 채권자의 추심을 막기 위한 목적으로 채무자가 재승인을 하기를 원하는 경우에도 역시 회의적이다. 이와 같은 모든 요건이 충족된 경우라고 할지라도, 채무자는 60일의 숙려기간을 가지는데, 그 기간 중 어느 때나 채무자는 재승인약정을 자유롭게 취소할 수 있다.

 제13장절차에 의한 급여소득자 변제계획

제7장절차는 개인이 현존하는 재산을 포기할 것을 강요하지만 장래의 소득을 가질 수 있도록 허용한다. 제13장절차는 이런 사태를 뒤집는다. 제13장절차 사건에서, 채무자는 장래의 급여 중 일부분을 제외하고는 모든 재산을 그대로 가진다. 장래의 급여 중 채무자가 유지하지 못하는 부분이 관재인에게 인도되고 이것을 관재인이 절차개시 전의 채권자들에게 배당한다. 제13장절차의 주된 장점은 채무자가 현존 자산을 지킬 수 있다는 것과 보다 많은 채무로부터 면책을 얻을 수 있다는 점이다.

지난 십여 년에 걸쳐, 제13장절차는 재무상의 어려움에 처한 개인 채무자들, 특히 작은 기업을 하는 채무자들에게 점점 더 중요해졌다. 매년, 수십만 건의 제13장절차 신청이 제출되고 있고, 수십억 달러가 제13장절차를 통하여 변제된다. 제13장절차 신청을 제출하는 채무자들은 제7장절차의 신청을 제출하는 채무자와는 성격이 다른 문제에 부딪힐 때가 많이 있다. 제13장절차 하에서 신청을 제출하는 채무자는 어떤 경우에는 그들이 일반 채권자에 대한 그들의 의무를 정리할 필요가 있기 때문에 신청하는 것만이 아니고, 또한 주택에 대한 저당권을 가지고 있는 은행에 대한 지급을 밀리고 있기 때문에 이것을 치유하기 위하여 신청을 하기도 한다. 제13장절차를 통하여 채무자들은 자동 중지의 이점을 누릴 수 있으면서도 동시에 면제재산이 아닌 재산을 포기하지 않아도 된다. 제7장절차 대신에 제13장절차를 이용하려는 결정은 또한 파산법원이 어디냐에 따라 달라진다. 제13장절차가 얼마나 자주 이용되고 그것이 또 어떤 방식으로 실행되는가는 전국적으로 법원에 따라 엄청나게 다르다.

제7장절차와 대조적으로, 제13장절차는 모든 개인 채무자가 이용할 수 있는

자격이 있는 것이 아니다. §109 하에서, 일정한 금액 — $400,000보다 약간 작은 금액에 각기 이 금액의 3배 이내인 담보채권과 무담보채권 — 을 초과하는 채무가 있는 사람은 제13장절차에 의한 구제를 받을 수 없다. 제13장절차는 제한적인 재무적 문제만을 가지고 있는 근로계층의 개인 또는 부부를 위하여 위하여 설계되었다. 전형적으로 소비자 또는 소기업의 운영자이다. 그 이상이 문제되는 개인들은 이 절차를 이용할 수 없다.

　　제7장절차에 있어서와 마찬가지로, 모든 제13장절차에 대하여는 관재인이 선임된다. §1302. 그렇지만 절차를 진행할 책임이 있는 것은 채무자 자신이다. §1321 하에서, 채무자는 그 장래 소득이 채권자들에게 지급되기 위하여 이용되는 방식을 규정하고 있는 변제계획을 법원에 제출하여야 한다. 변제계획은, §1322(b)에 의하면 채무자의 의무를 변경하거나 감경할 수 있지만, 그 장래 소득의 전부 또는 일부로 채권자들에게 변제하도록 채무자를 구속하여야 한다. §1322(a)(1) 및 (d)에 의하면, 계획에 의한 변제는 5년으로 제한된다. 자력기준에 있어서와 같은 방식으로 계산되는 중위수소득보다 적게 버는 채무자들의 경우에는 계획에 의한 변제는 일반적으로 3년으로 제한되지만, 이 기간은 다른 이유가 있는 때에는 5년까지 연장될 수 있다.

　　또한 변제계획은 몇 가지 일련의 중요한 지급 조건을 만족하여야 한다. 첫째, 변제계획은 §507 하에서 우선권을 누리는 청구권(또는 비용수집권)의 보유자가 달리 취급되는 것에 동의하지 않는 한, 위 우선하는 청구권(및 절차비용)으로 시인된 것을 시간에 걸쳐 현금으로 나누어 지급함으로써 전부 만족시키는 것을 규정하여야 한다. §1322. 둘째, 변제계획은 채무자의 5년 동안의 가처분소득 전액을 소진하거나, 계획의 발효일 현재를 기준으로 하여 제7장절차를 통하여 채권자들이 받을 수 있는 금액 이상의 가치를 가지는 재산(약속을 포함한다)으로 모든 시인된 무담보채권을 만족시키는 것을 규정하여야 한다. §1325(a)(4). 이론상 이들 규정을 합해 보면, 채권자들의 상태가 채무자가 제7장절차를 신청하였을 경우 채권자들이 처하는 처지보다 못하지 않도록 보장하는 것이고, 우선권을 누리는 청구권은 더 받을 수도 있다.

　　제13장절차에서의 변제계획에 부과된 요건들은 또 다른 방식으로 무담보채권자들을 보호한다. §1325(b)(1) 하에서, 관재인은 (또는 전액 변제를 받지 못하는 채권자는 누구든지) 변제계획은 중위수소득보다 적게 버는 채무자들의 경우에는 3년

동안, 그보다 많이 버는 채무자들의 경우에는 5년 동안 모든 예상 가처분소득을 변제에 제공하도록 채무자에게 요구할 것을 관철할 수 있다. "가처분소득"은 채무자가 파산절차 이전의 기간 동안 중위수소득 이상을 벌었는지, 그 미만을 벌었는지에 따라 다른 방식으로 계산된다.

채무자가 중위수소득보다 적게 벌은 경우에는, 가처분소득은 "채무자와 채무자의 부양가족의 생활과 부양을 위하여 지출되는 것이 합리적으로 필요"하지 않는 소득으로 정의된다. §1325(b)(2). 그런데 채권자들은 그와 같이 가처분소득을 전부 제공하게 하는 변제계획을 고집하는 것이 반드시 자신들의 이익에 부합한다고 생각하지 않을 것이다. §1307 하에서, 채무자는 언제든지 사건을 제7장절차로 변환할 수 있고 아예 사건을 취하할 수도 있다. 채무자의 이런 권능은 채무자가 중위수소득에 미치지 못하게 버는 경우 채권자들이 가처분소득 전액을 강요하는 것을 방지해준다. 물론 예외는 발생할 수 있다. 채무자는 제13장절차에서는 면책이 될 수 있지만 제7장절차에서는 면책이 안 되는 채무를 지고 있을 수 있다. 어쩌면 채무자는 이미 제7장절차를 사용하려고 시도했지만 그의 사건이 §707(b)에 의하여 기각되었을 수도 있다. §1325(b)(2)의 "합리적 필요"라는 기준은 변제계획이 채무자의 가처분소득 전액을 변제계획에 제공하는지 여부를 결정하기 위하여 사용된다. 다른 기준이 그러하듯이, 이것은 명백한 윤곽을 결한다. 광범위한 판례법이 있기는 하지만, 이 기준이 중위수소득을 벌지 못하는 채무자뿐만 아니라 모든 채무자에게 적용될 때 발전해온 것이다.

중위수소득 이상을 버는 채무자에 관하여는, 제13장절차 하에서의 변제의무는 §707(b)에서의 자력기준에 필적하는 방식으로 산출된다. 그렇지만 제7장절차에 의한 면책의 적합성을 평가하기 위한 자력기준은 신청 이전 6개월 동안의 소득을 기준으로 한다. 이 금액은 채무자가 앞으로 나아가며 벌금액보다 많을 수도 있고 적을 수도 있다. §1325(b)(1)은 단순히 채무자의 "가처분소득"이 아니라, "예상가처분소득(projected disposable income)"을 가리킨다. 파산판사는 변제계획의 인가시점에 이미 알려져 있거나 실질적으로 명확한 소득이나 지출의 변화를 고려할 수도 있다.[23]

제13장절차에서의 변제계획에서 부과되는 또 하나의 중요한 요건은 담보된

---

23) Hamilton v. Lanning, 560, U.S. 505, 524 (2010).

청구권을 가진 자를 보호한다. 제13장절차 신청의 제출로부터 1개월 이내에, 법원이 달리 명하지 않는 경우에는, 채무자는 동산의 임대인과 담보채권자들에 대한 변제를 시작하여야 한다. §1326(a). 만일 변제계획이 채무자가 담보물을 계속 보유하는 것을 허용하는 경우에는, 해당 채권자가 덜 변제 받는 것에 동의하지 않는 이상, 담보채권의 전액 변제를 규정하여야 한다. 그렇지만, §506(a) 하에서 채권은 두 갈래로 나뉜다는 점을 상기하라. 어느 채권자의 '담보' 채권은 담보물의 가치에 제한된다. 그것을 넘는 잔액은 그 채권자의 무담보채권이 된다. 담보채권에 대한 지급은 시간에 걸쳐 일어날 수 있지만 이 경우 이자가 지급되어야 한다. 변제계획 하에서 채무자의 의무는 원래의 담보물 위에 존속하는 우선특권에 의하여 담보되어야 한다. 더욱이, 채무자는 담보채권자에게 충분한 보호를 제공하기에 충분하도록 매월 균등액을 변제계획에 의하여 지급하여야 한다. §1325(a)(5).

변제계획이 이들 요건을 충족하고 제13장의 규정 ― §1325(a)(3)에 규정된 변제계획의 선의나 §1325(a)(6)에 규정된 이행가능성 같은 ― 을 준수하는 경우, 법원은 변제계획을 인가하여야 한다. 그렇지만, 인가 이후라고 할 지라도, 파산사건은 종결되지 않고 여전히 진행된다. 채무자의 채권자들은 §362에 의하여 채권추심을 금지 당하는 상태가 지속된다(채무자의 공동채무자는 일반적으로 §1301에 의하여 보호 받는다). 절차 개시 후에 채무자가 취득한 재산과 벌어들인 소득은 §1306 하에서 파산재단에 속하는 재산이 된다.

제13장절차에 의한 변제계획의 이행을 성공적으로 완수한 채무자는 "변제계획에 규정된 모든 채권자의 모든 청구권이나 이해관계로부터 자유롭고 깨끗하게" 재산을 유지한다. §1327(c). 변제계획에 정하여진 변제가 완료된 때에는 채무자는 §1328(a)에 의하여 면책을 받게 된다.

제13장절차에 의한 면책 이후, 최소한 70% 이상을 변제한 계획에 의하여 면책었던 경우라면, 채무자는 6년 이내에 제7장절차 또는 제11장절차를 사용할 수 있다. §729(a)(9). 나아가, §1328(a) 하에서 부여되는 면책은 제7장절차에 있는 면책의 제한 모두에 종속되는 것이 아니다. 그렇지만 연방의회가 제13장절차에서 비면책채권의 숫자를 계속 확대하고 있는 관계로 두 절차 사이의 이 차이는 시간이 지남에 따라 별로 중요하지 않은 것으로 되고 있다.

계획에 의한 변제를 지키지 못하는 채무자는 §1329에 의하여 변제계획의 수정을 구할 수도 있고, 채권자들이 제7장절차에서라면 받았을 금액 이상을 이미 받은 경우에는 면책을 구할 수 있다. 법원은 변제계획을 변경하는 것이 거의 불가능하고 채무자가 그 책임질 수 없는 사유로 인하여 변제하지 못하였을 경우에만 §1328(b)에 의한 면책을 부여할 수 있다. 그런 경우에도, 면책은 제7장절차에서 면책될 수 있었던 채무에만 그 효력이 미친다. 즉, 채무자는 §523(a)에 열거된 채무는 면책되지 않는다. §1328(c).

제13장절차에서의 변제계획은 담보채권의 목적이 된 담보물을 채무자가 유지하는 것을 제안할 수 있고, 일반적으로 "담보된 채권의 보유자의 권리를 수정"할 수 있다. §1322(b). 그러나 제13장절차는 담보채권자를 더 불리하게 하는 수정으로부터 담보채권자를 보호한다. 가장 기본적인 보호는 §1325(a)(5)에서 찾을 수 있는데, 이 조항은 변제계획은 담보채권의 보유자에게 계획의 발효일 현재를 기준으로 담보채권의 금액 이상의 가치를 가지는 재산을 배당해 주어야 한다고 규정한다. 더욱이 같은 조항에 의하면, 만일 채무자가 담보물을 계속 보유하려고 하면, 계획은 새로운 의무가 전액 변제될 때까지 담보채권자가 담보물에 대한 우선특권을 계속 보유할 수 있게 하여야 한다. 평이하게 표현하면, 비록 한꺼번에 이루어질 필요는 없지만 채무자가 담보물의 가치 이상의 금액을 변제할 것을 제안하지 않는 한, 채무자는 담보물을 유지할 수 없다는 것이다. 우선특권이 지속된다는 요건은 채무자가 계획에 따른 변제를 완수하지 못하는 경우에 이와 같은 전액 변제를 지원하게 된다.

종종 주택담보대출이 제13장 사건에서 중앙의 위치로 나온다. 주택담보대출 상환금을 제 때 내지 못하게 된 채무자가 제13장절차를 신청할 가능성이 가장 큰 사람들이다. 채무자가 어려운 시기에 처할 때, 파산절차 외에서는 은행의 전체 대출금을 전부 상환하거나 은행과 협상하여 화해에 이를 때에만 경매를 피해 주택을 지킬 수 있을 것이다. 특히 주택의 가치가 떨어졌을 때, 채무자는 은행이 비협조적이라는 것을 발견할지도 모른다. 채무자는 제7장 하에서 파산절차를 신청할 수 있지만, 여기에서는 큰 구제를 얻지 못한다. 그것은 파산재단의 청산은 주택을 은행과 주 법에게로 던져 버리기 때문이다. 이런 경우 제13장절차는 채무자에게 숨 쉴 공간과 사태를 정돈할 마지막 기회를 제공한다.

그렇지만 단순히 자동 중지라는 이점을 누리기 위한 제13장절차의 신청은 부채를 재조정하는 계획을 제시하려는 노력이 없이 행하여진 경우에는 절차를 남

용하는 것으로 간주될 수 있다.[24] 제13장절차의 가장 보편적인 남용 중의 하나
는 채무자가 경매 직전에 파산의 신청을 반복적으로 하는 말하자면 연속적인 신
청(serial filing)이고, 법원은 가장 뻔뻔스러운 형태의 비행을 방지하기 위하여 여
러 가지 도구를 개발하였다.[25] 더욱이 §1328(f)는 채무자가 면책을 받고 나서 심
하게 빨리 제13장절차를 신청한 경우에는 제13장절차에 있어서 면책의 가능성을
제한한다.[26]

나아가, 제13장은 다른 담보권자에게 보다 주택담보대출을 한 채권자들에 대
하여 더 많은 보호를 제공하는 특별한 규정을 다수 포함하고 있다. 주택저당권에
영향을 미칠 수 있는 채무자의 권리에 가해지는 가장 큰 제한은 저당권의 변경
에 대한 일반적인 금지이다. §1322(b)(2). 다른 종류의 저당권에 있어서는, 변제계
획안은 담보부족 상태에 있는 통상의 채권을 §506(a)에 의하여 담보채권과 무담
보채권 두 갈래로 나누어(bifurcate) 각 부분을 별개로 취급한다. 즉 변제계획은
채권자에게 두 가지 새로운 의무 즉 하나는 담보권에 기하여 다른 하나는 담보
부족분에 기하여 변제를 제공한다. 무담보채권으로서, 담보부족분은 달러 당 불과
몇 센트에 불과한 금액만을 변제 받게 된다. 이러한 채무의 조건은 채권마다 각
자 서로 다르고 원래의 대출계약상의 조건과도 다를 수 있다. 이러한 새로운 의
무가 과거의 청구권을 대체하고, 원래의 대출계약에서의 조건이 절대로 전부 만
족되지 않았음에도 불구하고 과거의 채권은 취소될 수 있다.

그렇지만 §1322(b)(2) 하에서, 담보채권의 보유자가 가진 권리를 변경할 수
있는 채무자의 능력은 "오로지 채무자의 주된 주거인 부동산에 설정된 담보권에
의하여만 담보되는 청구권"과 관련된 권리에는 미치지 않는다. §1322(b)(2)는 변
제계획으로 원래의 대출계약의 조건 중 어떤 것이든 변경하는 것을 금지하며, 비
록 그 조건들이 엄밀히 말해서 담보채권의 일부를 이루지 않는 경우라도 마찬가
지이다. 그러한 조건의 한 예는 담보물의 가치와 부채의 금액 사이의 차이에 대
하여 채무자에 대하여 채권자가 소를 제기할 권리를 부여하는 것이다.[27]

---

24) In re Felberman, 196 Bankr. 678, 681 (Bankr. S.D.N.Y. 1995) 참조.
25) Casse v. Key Bank National Association, 198 F.3d 327 (2nd Cir. 1999) 참조.
26) 그렇지만, 채무자가 선의에서 행동하고 인가될 수 있는 계획을 제출할 수 있는 한, 비록 면
    책이 불가능하다고 하더라도 채무자는 제13장절차에 의한 구제를 구할 수 있다. Branigan v.
    Bateman, 515 F.3d 272 (4th Cir. 2008) 참조.
27) Nobelman v. American Savings Bank, 508 U.S. 324, 329 (1993).

　　그러나, 제13장은 채무자의 주택담보대출과 관련하여 채무자에게 몇 가지 구제수단을 제공한다. §1322(b)(5) 하에서, 제13장절차 채무자는 장기 주택담보대출의 연체를 치유할 수 있다. 이 치유는 합리적인 시간 내에 일어나야 하며 주택담보대출의 원래의 조건을 회복하여야 한다. 제13장절차의 변제계획 하에서의 마지막 변제 이전에 마지막 주택담보대출 상환금 납부기한이 도래하는 경우에는 예외는 적용되지 않는다. 요약하면, 제13장절차는 연체 이후에도 채무자가 주택을 지킬 방법을 부여하고, 이것은 주 법에 의하여 채권자에게 주택을 경매할 권리가 발생하는 연체인 경우에도 마찬가지이다. 그러나 제13장절차 변제계획 기간 중 또는 그 후에, 채무자는 주택담보대출의 전액 변제를 계속하여야 하고, 이것은 주택의 가치가 채무의 현존액 훨씬 아래로 떨어진 경우라도 마찬가지이다. 연체를 치유할 수 있는 능력은 채무자를 연체 이전에 그들이 있었던 상황으로 되돌릴 뿐이다. 상황에 변화가 없었던 한, 채무자는 자신이 이들 동일한 의무를 지킬 수 없다는 것을 다시 한 번 발견하게 될 것이다.

　　채권자들이 비파산법에 의한 구제수단을 추구할 때에는, 채무자들이 파산을 신청하거나 이미 발생한 연체를 치유할 수 없을 정도까지 경매절차가 진행되어 있을 수 있다. §1322(c)(1)은 한번 주택이 합당한 비파산법에 부합하는 방식으로 경매절차에서 매각된 다음에는 채무자는 연체를 치유할 권리를 잃는다고 규정하고 있다. 주택담보대출은 20년 또는 그 이상의 기간 동안 지속될 수 있다. 대부분의 사건에서, 주택담보대출의 남은 기간은 변제계획에 정한 기간보다 길고 따라서 위에서 본 채권의 변경이나 연체의 치유를 허용하는 규칙은 적용이 있다. 제13장 계획의 기간보다 짧은 잔여기간이 남은 주택담보대출의 경우에 대하여는, 변경적대조항에도 불구하고, §1322(c)(2)가 "변제계획은 §1325(a)(5)에 따라 내용이 변경된 채권에 대한 변제를 규정할 수 있다"고 규정하고 있다. 이렇게 제13장절차는 거의 끝나가는 주택담보대출에 대하여 책략을 쓸 수 있는 약간의 여지를 채무자에게 부여한다.

　　제13장절차는 많은 해석상 어려움에 포위되어 있다. 그들 중 다수는 시간에 걸쳐 파산법에 가해진 다양한 개정 때문에 일어난다. 수많은 논쟁을 일으킨 것 중 하나는 §1325(a)에 부속되어 매달린 "맨 윗줄이 돌출한 문단"이다. 이 문단은 신청일로부터 910일 이내의 기간 동안에 구입된 자동차에 대한 구매자금담보권을 채권자가 가지고 있는 경우에는 그 채권에 "§506은 적용되지 않는다"고 선언

한다. 아마도, 이 문언은 채무자가 최근에 구입한 자동차에 부착된 우선특권을 담보가치 범위 내로 하향조정(strip down)하여 채권자에게 대출에 하회하는 금액만을 변제하는 것을 방지하기 위하여 고안된 것으로 보이지만, 차량을 회수하는 채권자가 담보부족분에 대한 이행판결을 받을 자격이 있는 것인지 아닌지와 같은 의문을 야기한다. 만일 §506이 작용하지 않는다면, 파산법에 있는 어떤 것도 그 청구권을 담보채권과 무담보채권으로 두 갈래로 분리하는 것이 없다. 논란의 여지는 있으나, §506이 없다면, 담보부족분을 지급하라는 판결의 기초가 될 수 있는 무담보채권이 존재하지 않는다.[28] 많은 파산법원이 이 견해를 취하였지만, 지금까지 이 논쟁을 고려한 항소법원들은 이를 기각하여 왔다.[29]

　제13장절차가 복잡하다고 하여도, 실제 그 절차가 작동하는 방식의 두 가지 두드러진 특성을 가릴 수는 없다. 첫째, 제13장절차의 실무에 있어서는 지역적으로 광범위한 차이점이 존재한다. 항소법원 관할 구역마다, 주마다, 제13장절차가 하는 역할은 극적으로 다양하다. 켄터키 주 동부 지방법원 관내에서는 6건 중 1건 이하가 제13장절차 사건인 반면에, 테네시 주 서부 지방법원 관내에서는 3건 중 2건이 제13장이다. 둘째, 제13장절차는 그 열망에 비하여 훨씬 미치지 못하는 성과를 내는 경우가 많다. 어떤 설명에 의하면, 세 건 중 한 건만이 성공한다.

　제13장절차 외에도, 파산법 중 한 특별한 장이 소규모 농업인과 어업인을 보호한다. 제12장절차는 두 가지 상충하는 관심사를 조정한다. 첫째, 담보채권자들에게 담보물의 자산 가치 이상을 빚지고 있을 때라고 하더라도 농가가 농장을 지키고 어업인이 배를 지킬 수 있도록 시도한다. 둘째 담보권자가 재산에 대하여 가지는 권리를 존중하고 이들 채권자가 담보채권의 가치를 받을 수 있도록 보장하고자 시도한다. 이 두 목표는 서로 양립하지 않는 것처럼 보일지도 모른다. 농장이 담보채권자의 채권액보다 가치가 덜 나간다면, 담보채권자에게 농장 전체가 아닌 것을 주는 것은 보상을 충분히 하지 않는 것이다. 농장을 점유하는 농업인의 잔존가치는 무엇인가 조금은 있게 마련이다. 농업인이 계속 보유하는 것이 무엇인가 가치 있는 한도 내에서, 담보채권자는 담보된 채권의 전체적 금액보다 낮은 것을 받는 것으로 보인다. 그렇지만, 제12장절차는, 농장을 100% 부채인 상태

28) 예를 들어, In re Payne, 347 Bankr. 278 (Bankr. S.D. Ohio 2006) 참조.
29) 예를 들어, DaimlerChrysler Financial Services Americas, LLC v. Miller, 570 F.3d 633 (5th Cir. 2009) 참조.

로 남기는 회생계획도 허용될 수 있다는 관념을 전제로 한다.

농업인은 이 나라의 역사 내내 특별한 파산법적 보호를 누려왔다. 1841년 파산법의 정치적 역학관계는 그 당시 있었던 농업 위기와 연계되어 있다. 마찬가지로 프레이저−렘키 법은 1930년대에 농업인들을 보호하였다. 대부분의 농업인 구제 입법이 가지는 특성은 사실상 몇 년의 확정된 기간 동안만 효력이 있고 그 다음에 다시 제정되어야 한다는 것이었다. 오랜 기간 동안 제12장은 한시법으로 존재하였지만 연방의회는 이것을 정규적으로 갱신하여 왔다. 2005년에 제12장은 영구적으로 파산법의 일부가 되었다. 동시에 그 보호범위는 어업인에게까지 확장되었다.

제 3 장

법인의 회생과
절대 우선의 원칙

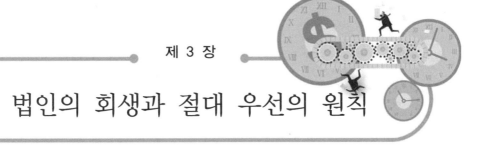

제 3 장

법인의 회생과 절대 우선의 원칙

$ 서 론

　　제2장에서 우리는 개인 채무자에 관한 한 파산법의 존재 이유가 되는 원칙
은 신선한 새출발(fresh start) 즉 과거의 채무로부터 벗어나 채권자들의 청구로부
터 자유로운 미래 수입 및 그 외의 면제재산을 누릴 권리임을 살펴 보았다. 이
장에서는 다른 성격의 원리 즉 절대 우선의 원칙(absolute priority rule)이 법인의
회생에 관한 법에 생명력을 불어 넣는다는 것을 보게 될 것이다. 절대 우선의 원
칙은 제11장절차 및 이를 둘러싼 협상의 핵심이므로, 우리는 위 원칙의 연혁과
현재의 구현 형태를 이해하는 데 이 장의 대부분을 할애하고자 한다.

　　제11장절차에 들어간 법인은, 제7장절차에서의 개인이 그러한 것처럼, 파산
절차의 마지막에는 면책(discharge)을 얻지만, 그 면책의 결과는 극단적으로 다르
다. 개인 채무자의 경우에는 면책은 파산법의 다른 부분과 함께 작용하여 신선한
새출발을 보장해준다. 과거의 채무로부터 벗어나는 것 그 자체만으로는 채권자들
이 채무자의 미래 수입에 추급하는 것을 막지 못한다. 개인 사건에서는, 단순히
§727의 규정에 의하여 면책되는 것만으로는 부족하고, §541에 따라 미래 수입이
파산재단에 속하는 재산을 구성하지 않는 것이 중요하다. 반면에 법인의 미래수
입은 재단의 재산을 확실하게 구성하고 예외가 없다. 이러한 이유로, 법인에 대
한 면책 자체가 법인의 미래 수입을 절차가 개시되기 이전에 청구권을 가지고

있던 채권자들의 손이 닿지 않는 곳으로 보내지는 못한다. §1141에 규정된 법인 자신의 채무 면제는 §727에 의한 개인 채무의 면책과는 전혀 다른 목적에 봉사하여야 한다.

유한책임을 지는 법인은 피와 살을 가진 개인이 아니고, 수 많은 사람들이 이해관계를 가지고 있는 재산의 소유자로 관념되는 법적인 존재(juridical being)이다. 우리는 주주, 채권자, 그 외 다른 사람들에게 초점을 맞추고 법인의 면책 와중에 그들의 권리에 어떤 일이 벌어질 것인가에 집중해야 한다. 제7장의 개인파산의 경우, §727에 따른 면책의 효과를 이해하기 위해서는 §541에 따라 보장되는 바 개인 채무자의 미래 수입의 파산재단으로부터의 배제를 감안해야 한다. 비슷한 논리로, 제11장의 법인회생의 경우에 있어서도, §1141에 따른 면책의 효과를 이해하기 위하여는 법인의 미래 수입에 대한 권리를 할당하는 파산법의 다른 부분을 살펴볼 필요가 있다. §1141은 회생되는 기업의 수입이 어떻게 과거의 채권자들과 주주들 사이에 배분되는지에 관하여 직접 규정하지 않는다. 그 대신에, §1129와 제11장의 다른 규정에 구현된 절대 우선의 원칙이, 과거의 법인에 대하여 청구권을 가졌던 자들이 회생된 새 법인에 대한 권리를 어떻게 향유하게 되는지를 결정한다.

절대 우선의 원칙을 살펴보기 전에, 법인 채무자를 위한 절차인 제11장의 목적을 이해하는 것이 중요하다. 개인채무자의 경우, 제7장은 실질적인 권리를 제공해주는 것을 의도하고 있다. 즉 제7장은 감당할 수 없는 채무의 부담으로부터 자유롭고 새로운 인생을 누리는 것을 개인에게 허락해주는 것을 의미한다. 법인은 이와 다르다. 우리는 법인의 근로자들, 주주들 또는 채권자들을 걱정하지만, 법인 그 자체는 그저 법적 의제(legal fiction)일 뿐이다. 법인은 감성이 있는 존재가 아니고, 그 자체만을 위해서 법인등기부를 보전할 이익은 전혀 없다.

더욱이 제11장절차는 부실한 기업 활동의 문제를 해결해줄 수 없다. 어느 기업가가 남부 캘리포니아에 있는 도심의 번화가에 새로운 식당을 열기로 결정한다고 가정해보자. 그 식당은 시카고 딤섬 전문이다. 식당 손님들은 각 나라의 고유 음식으로 구성된 코스 요리를 먹는다. 보통은 미니 브라트부르스트 소시지로부터 시작한다. 그 다음에는 딥 디시 피자, 무슈 포크, 바비큐 립의 순서대로 나오고 마지막으로 그리스 식 바클라바 파이 한 조각이다. 그런데 칼로리를 의식하는 나이 들어가는 베이비부머들은 그런 번화가에 가는 것이나 그런 종류의 미식

탐험에는 별 관심이 없다. 제11장절차는 이 식당이나 시카고 덤섬의 성공을 위하여 해 줄 것이 아무 것도 없다. 식당에 채권자가 수십 명 있든 전혀 없든 그것은 중요하지 않다. 아무도 그 식당에서 먹고 싶어 하지 않고, 파산법은 이러한 상황을 바꾸는 데 도움이 안 된다. 이런 경우 식당의 자산은 다른 용도로 사용되어야 마땅하다.

그럼에도 불구하고, 부채를 갚지 못하는 어떤 기업들은 영업활동을 지속할 만한 가치가 있다. 그 전형은 철도회사이다. (뒤에서 살펴보듯이, 19세기 후반의 철도회사의 회생이 현대의 제11장절차의 기원이었다.) 철도회사의 자산, 즉 길고 긴 땅 위에 지상권, 수백 또는 수천 마일의 레일, 수백만 개의 침목과 전국에 산재한 교량들은, 개별적으로 처분하면 회수할 수 있는 금액이 거의 없다. 바로 이러한 이유 때문에, 철도는 그 건설비용을 회수하기에 충분한 교통량을 운행하지 못하더라도 그대로 두고 운영하는 것이 나을 수 있다. 철도를 건설하는 것이 실수였을 수 있다. 그러나 한 번 건설된 이상, 그 자산의 가장 최선의 용도는 여전히 철도로서 사용되는 것이다. 안 좋은 음식을 팔고 나쁜 지역에 위치한 식당과는 다르게, 철도회사의 자산은 그보다 더 좋은 사용용도를 찾기 어려울 수 있다. 그럼에도 불구하고, 철도회사는 채권자들의 빚을 다 갚을 수는 없다는 사실을 누구나 인정해야 한다. 따라서 채권자들과 주주들의 권리를 가지런히 정리할 수 있는 장이 필요한 것이다.

채권회수를 지원하는 각 주의 법률에 호소할 권리가 철도회사의 채권자들에게 있다면, 어느 채권자이든지 각기 자신의 채권 전체를 변제 받을 수 있는 기회가 있을 것이다. 즉 민사법상의 강제집행절차를 통하여 가장 가까이에 있는 철도회사의 재산을 압류하여 조각조각 팔아 버릴 수도 있다. 그렇지만 개별 채권자가 자기 이익을 추구하는 것에 기반한 채권 해결방안은 철도망의 해체를 초래할 수 있다. 철도는 레일 한 조각만 떼어 내도 전체 철도의 가치가 떨어지는 것이다. 전체 채권자들의 입장에서는 각 철도가 하나의 시스템으로 전체적으로 연결되어 있는 것이 그들의 이익에 부합한다. 그들은 계속기업(going concern)으로서 철도회사의 가치를 현상 그대로 유지하는 방식으로 철도회사에 대한 권리를 실현할 필요가 있다. 경쟁적으로 채권을 행사하는 각 채권자의 투쟁 때문에 철도회사의 재산이 그 가장 좋은 용도 즉 기차의 운행에 사용되는 것을 막아서는 안 되는 것이다.

자산이 가장 좋은 용도로 사용되는 것을 보장하기 위해서는, 어떤 이해관계인들은 그들의 채권을 전부 변제 받지는 못할 것이고, 그렇게 변제 받지 못하는 이해관계인에 누가 해당할 것인지를 정합성 있는 파산법이 정할 것이라는 점을 수용해야 한다. 제11장절차의 기본적인 분배규칙으로 출현한 것이 절대 우선의 원칙이다. 이것은 개인에게 있어서 신선한 새출발 정책이 그 원칙인 것과 마찬가지의 비중이 있다. 절대 우선의 원칙의 배경이 되는 실체적 아이디어는 "파산의 신청을 제출하면 최후의 심판이 개시되는 것"이라고 간단하게 표현할 수 있다. 자산이 수집되고 부채가 집계된다. 선순위의 채권자들은 후순위의 채권자들에 비해 먼저 변제를 받고, 채권자들은 주주, 지분권자들 보다 먼저 변제받는다. 가끔 새로운 출발이라는 수사(修辭)가 제11장절차에 관한 논의에 들어올 때가 있지만, 법인인 채무자가 "회생한다(rehabilitation)"는 잘못된 관념에 현혹되어서는 안 된다. 잘 되지 않는 기업 활동이 법적 절차로 좋아질 수는 없다.

미국의 파산법은 파산 절차 바깥에서 즉 민사법상으로 확립된 법적 권리가 정당하게 행사될 수 있도록 해주는 것에 초점이 맞춰져 있다. 재무상태표에 표현되는 자본구조(capital structure)의 다른 부분에 위치하는 성질이 다른 투자자들 사이에 발생하는 협상과 투쟁 과정을 어떻게 조정할 것인가의 문제는 피와 살을 가진 개인의 새로운 출발이라는 관념과는 전혀 다른 것인데, 이들을 같은 차원에 놓고 함께 고려하는 것은 심각한 개념적 실수로서, 언제나 혼란스러운 사고를 유발한다. 생존성 있는 기업이 지속 가능하도록 보장하는 것은 어려운 과업이고, 따라서 그것을 가능하게 하기 위하여 필요한 절차도 그에 걸맞게 복잡하다. 이것들을 이해하기 위한 가장 쉬운 방법으로 우리가 택하는 것은 그 역사적 기원을 이해하는 것이다. 따라서, 역사 이야기를 먼저 해보자.

$ 강제관리와 제11장절차의 기원

우리는 19세기 후반의 미국에서 거대한 철도망이 구축된 사실에 주목함으로써, 제11장절차의 뿌리를 추적할 수 있다. 철도회사들은 최초의 거대기업들이었다. 그들은 미국 전 지역을 연결하였고 사람들의 생활 방식을 혁명적으로 바꾸어 놓았다. 철도 이전에는, 우유는 도시의 시장에 닿기 한참 전에 이미 썩어버렸을 터였다. 과거에는 목장주와 농장주가 고기와 농산물을 팔 수 있는 시장이 매우 작았다. 철도는 미국 전국에 걸친 시장을 창조하였다. 뉴욕 시민의 저녁 식탁은 캔자스 주의 목장에서 나온 고기와 미주리 주에서 기른 곡식으로 만든 빵을 포함하기 시작하였다.

그렇지만, 철도회사는 전례에 없이 큰 규모의 대자본을 필요로 하였다. 철로 1마일(mile)을 놓는 데 $20,000 또는 그 이상, 어떤 경우에는 그보다 훨씬 많은 비용이 들어갔다. 1860년대에 이미, 철도회사에 대한 민간투자는 10억 달러를 초과하였다. J.P.Morgan이나 August Belmont, Kidder Peabody 같은 투자은행가들은 장차 30년 이상의 긴 기간 동안 건설되어야 하는 대륙횡단철도의 재원을 마련하기 위해 유럽의 큰 상업중심지에 의존해야 했다. 이 투자은행가들은 철도회사의 이사회의 구성원이 되었고, 유럽에 있는 투자자들의 이익을 충실히 대표하고 관철하였다.[1] 이들은 유럽의 투자자들과 지속적, 반복적인 거래를 해왔기 때문에 그들을 충실하게 대리할 인센티브가 있었다.

1865년부터 1890년 사이의 기간은 철도가 엄청난 규모로 성장한 시기였다. 이 기간 중에는, 이전에 무정형적이고 예측할 수 없었던 방식으로 형성된 여러 철도노선이 정비되기도 하였다. 1880년대에만 75,000마일 이상의 철로가 놓였다. 한편 경쟁이 심해지고 정부의 규제도 늘어나는 시절이기도 했다. 다른 노선을 운행하는 철도회사 사이의 경쟁이 치열해졌고 카르텔이 형성되기도 하고, 또 분리되기도 하였다. 동시에, 1890년대 초반에는 미국 최악의 경기 침체 중 하나가 일어났다. 이러한 요인들로 인하여 1890년대 중반에는 철도회사는 거의 모두 파산 지경으로 몰렸다. 이미 건설된 노선을 운영하는 거의 모든 철도회사는 고정부채를 제 때 상환할 수 없게 되었다. 미국 철도회사의 반 이상이 이 기간 동안에 회생(reorganization)을 겪었다. 그 중 많은 기업은 두 번 이상 회생되었다.[2]

회생을 필요로 한 전형적인 R 철도회사의 예를 들어 보자. 일반의 무담보채권자(general creditors)는 별로 없었다. R 회사는 여러 조(class, 條)의 담보부사채

---

[1] Alfred D. Chandler Jr., The Visible Hand: The Managerial Revolution in American Business 146 (1977).
[2] 1890년대의 철도회사 회생의 역사에 관하여는, Stuart Daggett, Railroad Reorganization (1908) 참조.

(bond, 社債)을 발행하였는데, 각 조의 사채는 각기 다른 나라의 투자자들이 보유하였고 그들 중 다수는 유럽에 있는 자산가들이었다. 각 조의 채권에 대하여는 각기 해당하는 다른 구간의 철로가 담보물로 제공되었다. 즉, 어떤 것은 A지점과 B지점 사이의 철로, 어떤 것은 B지점과 C지점 사이의 철로, 또 다른 어떤 채권은 C지점과 D지점 사이의 철로에 의해 담보되는 식이었다. B지점부터 Y지점까지는 멀리 떨어져 있었고, A와 Z지점에 있는 철로 종점은 R 회사의 주주들이 운영하는 상환 능력이 있는 다른 철도회사의 노선에 연결되었다. 각 조의 사채권자들이 확보한 담보물인 해당 철로는 철도 노선 전체가 실현하는 부가가치의 원천을 이루었다. 그렇지만 이 가치는 담보물을 경매 처분하는 방식으로는 결코 실현될 수 없었다. 오로지 모든 당사자들이 적극적으로 참여함으로써만 철도를 구성하는 각 부분의 가치가 극대화될 수 있었다.

성공적 회생을 성취하기는 쉽지 않았다. 철도의 가치는 기술 및 법적 규제의 빠른 변화를 배경으로 하여 추정되어야 했다. 많은 종류의 담보부사채권자들의 권리 주장으로 인하여 그들이 각기 가진 담보물이 전체적인 시스템으로서 철도회사의 수익에 얼마나 많이 기여하는지에 대한 논쟁을 일으켰다. 더욱이, 많은 투자자들이 해외에 거주하였기 때문에 회생에 적극적으로 참여할 수 없었다. 그리하여 그들은 투자은행 및 그들을 대리하는 변호사들에게 의존할 수밖에 없었다. 연방의회는 파산법을 제정할 권력이 있었지만, 그 때는 그 어떤 제도도 제자리에 자리잡지 못하던 시절이었다. 철도회사의 가치가 불확실하였고 또 제정법의 가이드라인이 없는 상태에서 제각기 다른 많은 이해관계에 맞서서, 변호사들은 형평법상의 강제관리(equity receivership) 제도를 이용하여 철도회사를 회생하였다.

철도회사는 수도 없이 많은 투자자들로부터 조달한 거대한 자본의 집적을 이룬 첫 번째 실험이었기 때문에, 투자계약서의 많은 조항은 공란으로 놓아두거나 부동산 거래로부터 기계적으로 차용되었다. 그래서 강제관리에 관한 법은 빠져 있는 계약조건을 보충하고, 철도회사가 새로운 자본구조를 필요로 할 때 발생하는 고유한 문제에 대응하여야 했다. 이 과정을 통하여 마침내 제11장절차의 기본적 구조가 출현하게 되었다.

어느 철도회사가 합계 1억 달러에 이르는 수십 종류의 담보부사채를 발행하였고 이들 각각의 담보부사채는 철도회사의 각기 다른 종류의 자산에 대하여 담보권을 가지고 있는 상황을 고려해보자. 전체적으로 보면 이 담보부사채들은 철도의 모든 유형자산을 담보로 장악하고 있다. 또 철도는 100만 달러의 채무를 다양한 그룹의 일반 채권자들에게 지고 있다. 이 합계 1억 100만 달러의 채무를 철도회사는 제 때 감당할 수 없다. 이 때가 되면 담보부사채권자들은 철도회사를 회생할 때가 왔음을 깨닫는다. 그들은 자신들의 변호사와 투자은행가를 소집한다. 변호사들은 일반 채권자 한 사람을 설득하여 그가 연방 법원에 신청하여 철도회사를 위한 관리인이 선임되도록 한다. 법원이 선임하는 관리인은 예전부터 철도회사를 소유하고 운영하여 왔던 바로 그 사람들 즉 사주(manager-shareholder)들이다. 그러는 동안 변호사들과 투자은행가들은 여러 위원회를 구성하는데 이들은 다양한 주주 집단과 채권단의 이익을 각기 대표한다.

그 후 각 담보부사채권자위원회는 각 사채권자에게 이들이 각기 그 사채를 위원회에 맡기고 그들의 권리를 위원회가 회생 과정에서 전부 행사할 수 있게 해달라고 권유한다. 우리의 사례에서는 사채권자의 90%가 그들을 대표하는 각 위원회에 사채권을 위탁하였다고 가정해보자. 비슷하게, 또 다른 한 위원회는 주식의 90%를 갖고 있다고 가정한다. 그렇게 되면 다양한 위원회가 모두 모여 회생위원회(reorganization committee)라는 새로운 위원회를 구성하는데, 각 위원회의 대표가 참여하여 각 위원회를 대표하여 행동할 권한을 가지게 된다. 회생위원회는 이제 발행된 모든 종류의 증권에 대하여 90%의 통제권을 가지게 된다. 그 다음에는 회생계획을 수립하는 단계로 나아가게 된다.

계획에 의하면, 철도회사의 특정 자산을 담보로 한 $100의 청구권을 가진 사채권자로 회생절차에 참가한 사람들은 이를 포기하는 대가로 철도회사의 자산 전체를 담보로 하는 새로운 채권 $50 상당을 받게 된다. 절차에 참가하는 주주들은 이전의 철도회사 주식 전부를 포기하고 또 여기에 추가하여 100만 달러를 신규로 출자하는 것을 대가로 하여 회생된 후 철도회사의 지분을 취득할 수 있는 옵션을 취득한다. 회생위원회에 파견한 대표를 통하여, 회생에 참여하는 채권자들과 주주들 모두 이 계획에 동의한다.

그 다음에 회생위원회는 은행으로부터 일시적으로 1,000만 달러를 차입해온다. 이 시점이 되면, 위원회의 위원장(trustee)은 경매절차(foreclosure sale)를 수행하여 철도회사의 자산 모두를 최고가 응찰인에게 매각한다. 실제로 매각절차에서는 회생위원회가 유일한 응찰인이다. 회생위원회는 철도회사의 자산 전체에 대하여 1,000만 달러로 응찰하여 경락을 받은 후 위와 같이 은행에서 빌려온 현금을 낙찰대금으로 지급하고 나서 철도회사의 자산 전부를 넘겨받는다. 회생위원회로부터 납입 받은 1,000만 달러를 위원장은 사채권자들에게 배당한다. (담보가 없는 일반 채권자들에게는 아무 것도 돌아가지 않는다. 왜냐 하면 낙찰가격이 담보부 채권을 전액 변제하기에도 부족하기 때문이다.) 그런데 회생위원회는 담보부사채의 90%를 위탁받아 보유하고 있기 때문에 회생위원회가 철도회사의 자산을 사기 위하여 위원장에게 지급한 1,000만 달러 중 900만 달러를 위원장은 회생위원회에 돌려준다. 남은 100만 달러를 위원장은 회생절차에 참여하지 않았던 담보부사채권자들 즉 회생위원회에 사채권을 넘겨주지 않았던 사채권자들에게 배당한다.

이전의 법인은 이제 텅 빈 조개껍데기가 되고, 주주들은 주의 법률에 따라 그것을 청산한다. 철도회사의 주인이었던 법적 실체가 더 이상 존재하지 않으므로, 그 철도회사에 대한 채권 역시 법적으로 무가치해진다. 각기 해당 위원회에 주식을 맡기지 않았던 주주들은 권리를 모두 상실하는 불운을 맞는다. 일반 채권자들도 회생에 참여할 기회가 전혀 주어지지 않았으니 마찬가지의 불운을 겪는다. 이 시점에서, 회생위원회는 철도를 구성하는 모든 재산과 위원장으로부터 돌려 받은 900만 달러를 보유하고 있다. 회생위원회는 이제 새 법인을 설립하고 모든 자산을 현물출자, 자산인수 등 방법으로 위 법인에 이전한다. 이 새로운 법인은 회생계획에서 약속하였던 대로, 4,500만 달러의 담보부사채를 회생에 참여하였던 이전의 사채권자들에게 발행하여 준다. 이전의 주주들에게는 그들이 회생계획에서 약속하였던 100만 달러를 현금으로 들고 올 때 새 철도회사의 주식 전부를 발행하여 준다. 이 100만 달러와 위원장으로부터 받아 보유하고 있던 900만 달러를 합하여 1,000만 달러를 만들어 회생위원회는 은행으로부터 잠시 빌려 왔던 1,000만 달러의 채무를 갚는다. 이제 회생위원회는 해산한다.

전적으로 법적인 형식에만 초점을 두게 되면, 새로운 법인이 생겼고 이 법인에 대하여 새로운 지배구조가 생겼고 법인의 자산 및 부채 구조에도 변동이 생겼다. 그러나 실질적으로는, 이야기가 전혀 다르다. 이 정교한 춤판에서 여러 동작의 스텝을 하나로 뭉쳐보면, 대부분의 담보부사채권자들과 주주들이 과거 철도회사에 대하여 청구권을 철도회사가 처한 재무적 상황을 보다 잘 반영하는 새로운 청구권으로 그저 교환한 것에 불과하다. 똑같은 관리자와 똑같은 투자자가 있는 똑같은 철도회사이지만, 투자자들이 가진 청구권은 철도회사가 실제로 벌어들이는 수입과 균형이 맞도록 조정되었다.

이러한 권리의 변경을 일컬어, 파산법 제11장의 맥락 하에서는, 채권자들에 대한 철도회사의 과거의 채무가 면책되어 효력을 잃었다고 말하기도 한다. 그러나 이 장의 앞 부분에서 언급했듯이, 이러한 식의 "면책(discharge)"이라고 말할 때에는 신선한 새출발(fresh start)의 기회가 주어지는 개인의 경우에 있어서와는 전혀 다른 의미를 갖는다. 여기에서의 면책은 단지 기업이 새로운 자본구조(new capital structure)를 획득할 수 있게 해주는 메커니즘의 일부분에 불과한 것이다.

그러므로, 철도회사의 회생에 관한 다툼은 법인의 새로운 출발 내지는 기업 활동의 재생이 아니라 다른 쟁점을 둘러싸고 치열하게 이루어졌다. 그 첫째는 회생절차에 가담하지 않았던 자들의 권리의 문제였다. 이 책에서 든 예에서는, 담보부사채권자들 중 10%와 일반 채권자들 모두가 여기에 해당한다. 불참했던 담보부사채권자들은, 회생에 가담한 다른 사채권자들이 달러 당 50센트를 받을 때 자신들은 달러당 10센트 밖에 받지 못했다고 강력히 주장한다. 여기에 대한 반박으로는, 원했다면 그들 역시 회생절차에 참여해서 달러 당 50센트를 받을 수 있었는데 그렇게 하지 않았으니 어쩔 수 없다는 주장이 가능할 것이다. 그러나 이에 대하여 가담하지 않았던 사채권자들은 회생절차는 두 가지 나쁜 선택지 중 하나를 강요했을 뿐이라고 반박한다. 즉, 가상적 경매절차를 거치면서 달러 당 10센트의 현금을 받고 퇴출되거나, 회생위원회가 멋대로 명하는 조건이 무엇이든지 간에 굴종하도록 강요되거나 둘 중 하나의 선택 밖에 없었다는 것이다. 개별 사채권자 어느 누구도 회생위원회가 원하는 것을 마음대로 하지 못하도록 저지하기 위하여 필요한 노력을 할 수 있기에 충분한 만큼의 투자를 한 바 없었다. 결과적으로, 회사의 내부자(insider)들이 절차를 통제하는 지위에 남았고, 철도회사의 경영권을 그대로 유지하는 결과를 낳았다.

따라서 강제관리(및 경매)를 통한 회생은, 두 가지 위험 즉 사채권자들의 분산된 행동으로부터 내부자들이 부당한 이익을 취할 가능성과 소수의 사채권자들이 철도회사의 자본구조를 새로 형성하려는 다른 사람들의 공동노력에 무임승차하려고 하는 위험을 피해 운영할 필요가 있었다. 강제관리(및 경매)에서 종국적으로 나온 해결책에 의하면, 법원은 최저경매가격(upset price), 즉 철도회사의 자산을 취득하기 위한 경매절차에서 회생위원회가 응찰하여야 하는 최저의 가격을 준수할 것을 명하게 되었다. 최저경매가격이 충분히 높이 정해지는 것을 보장함으로써 소수자인 담보부사채권자도 그들의 민사법상 청구권의 가치에 상응하는 금액을 배당

받을 수 있을 것이다.3) 이 접근방식의 실무상 단점은, 법원이 최저경매가격을 낮게 정하는 경향이 있다는 것이었다. 그들은 최저경매가격이 높을 경우 회생위원회가 모집할 수 있는 것보다 더 많은 금액의 현금을 가지고 오라고 강요하는 것이 될 수 있어 성공적인 회생을 방해할 수 있음을 우려하였기 때문이다.

채권자의 조(class) 내부의 반대자들을 보호하는 위와 같은 방식을 현행 파산법은 바꾸었다. 이전의 계획에 사용되었던 절차를 연방의회는 1898년 파산법 하의 회사정리(corporate reorganization) 절차로 편입하였다. 1898년 파산법 하에서는, 채무자가 채권자들을 만나고, 자산과 부채의 명세를 제출하고 채무자 자신의 현황에 대한 조사를 받아야 했다. 그러고 난 후 채무자는 채권자들의 권리가 축소되는 계획이나 화의안(composition)을 제시한다. 계획에 대하여 채권자의 과반수가 동의하고 이들이 채권의 반 이상을 가진 경우 법원은 이를 승인하는데 그 전제조건으로는 특히 계획이 채권자들의 최선의 이익(the best interests of the creditors)에 부합할 것을 요구하였다.4) 법원들은 "최선의 이익"의 의미를, 그 계획에 반대한 채권자들이 적어도 채무자가 사업의 질서 있는 청산절차에서 받을 수 있는 금액만큼을 받아야 하는 것으로 해석하였다.5) 채권자의 조 내부의 반대자들을 보호하는 이 방법은, 현행의 파산법 §1129(a)(7)로 명문화되었던 바, 과거 강제관리 방식의 회생에서 사용하던 최저경매가격의 사용(및 1898년의 제10장절차에 규정된 그 후신)을 대체하였다.

현대의 제11장절차의 운영 과정에서 더 중요한 것은 회생에 참여할 기회가 전혀 없었던 일반 채권자들의 불평에 대한 답으로 출현한 절차이다. 일견 일반 채권자들이 불평할 처지는 전혀 아니라고 생각할 수도 있다. 철도회사의 가치는 담보부사채권자들의 채권 합계인 1억 달러보다 낮다. 민사법의 원칙에 의하면 철도회사의 자산이 공정한 가격(fair market value)에 현금으로 매각되었다 하더라도 일반 채권자들이 가져갈 수 있는 것은 없다. 안타까운 사업 여건으로 인하여, 그들은 어느 것도 가지고 갈 자격이 없다. 이것은 그들이 철도회사에 신용을 공여할 당시에 참작하였어야 할 위험이다.

그럼에도 불구하고, 우리는 적어도 철도회사가 진짜로 1억 달러 미만의 가치

---

3) First National Bank of Cincinnati v. Flershem, 290 U.S. 504 (1934).
4) Act of July 1, 1898, ch. 541, §12b, 30 Stat. 541, 549.
5) Fleischmann & Divine Inc. v. Saul Wolfson Dry Goods Co., 299 F. 15 (5th Cir. 1924).

만을 가지고 있음을 확인할 절차를 마련하여야 한다. 즉 선순위의 채권자들과 주주들이 다른 채권자들의 권리를 우회적으로 면탈하는 방식으로 철도회사를 회생하지 않았다는 점을 보장해야 하는 것이다. 이러한 권리의 보호를 보장하기 위해, 법원은 수십 년 간의 시행착오를 거쳐 '공정·형평의 원칙(fair and equitable principle)'으로 대략 정의되는 규칙을 마련하였다. §1129(b)은 이 원칙을 입법화한 것이다. 어떤 조의 청구권자들이 반대함에도 불구하고 이를 무시하고 계획이 인가되기 위하여는 계획은 공정하고 형평에 맞을 것을 요구한다. "공정하고 형평에 부합한다"는 것의 의미를 이해하기 위해서는, 그 원칙이 생겨난 계기가 된 일련의 사건들을 알아야 한다. 이 사건들 중 가장 중요한 것이 Northern Pacific Railway Company v. Boyd 사건이다.[6]

1886년, Spaulding이란 사람이 $25,000 상당의 자재와 역무를 Coeur D'Alene Railroad 철도회사에 공급하였는데, 그는 대금을 받지 못했다. Coeur D'Alene 철도회사의 자산은 몇 번의 구조조정 후에, 궁극적으로 Northern Pacific Railroad 철도회사의 일부가 되었다. Spaulding은 Northern Pacific Railroad에 위 대금에 대한 법적 책임을 물을 수 있을 것이라고 생각했다. 그러나 그에 대한 판결을 받기 전에, Northern Pacific Railroad는 지급불능 상태가 되어 강제관리 및 자산경매 방식에 의한 회생을 겪었고, 그 결과로서 Northern Pacific Railway라는 새로운 법인이 탄생하였다.

Spaulding의 상속인인 Boyd는 Northern Pacific Railroad의 회생절차에 참여하지 않았고, 그 대신 새로운 법인 Northern Pacific Railway를 상대로 소를 제기하여 1913년 마침내 미국연방대법원에까지 올라갔다. 법원은 우선 과거의 Northern Pacific이 Coeur D'Alene의 채무에 관하여 책임이 있다고 판단하였다. 그 다음 법원은 새로이 형성된 Northern Pacific이라는 이름의 회사가 과거의 Northern Pacific 이름을 썼던 회사의 채무에 대하여 여전히 책임이 있는지에 대하여 판단하게 되었다.

Boyd는 과거의 주주들이 새 법인의 주주로 그대로 남아 있기 때문에 법원 감독 하에 자산이 매각이라고 하더라도 그것이 그의 채권을 소멸하게 할 수는 없었다고 주장하였다. 그는 경매에 붙여진 자신의 재산을 경매에 참여하여 매수

---

6) 228 U.S. 482 (1913).

하는 지주는, 제3자가 시세로 산 경우에는 배당을 받지 못하고 권리를 잃을 수밖에 없는, 후순위 채권자에 대한 채무까지 승계한다는 취지의 사해행위 취소의 원칙에 기초한 보통법의 법리를 주장하였다. Boyd는 회생에 참여하지도 않았고 그의 채권을 포기하지도 않았다. 그래서 그는 Northern Pacific Railway로 하여금 Northern Pacific Railroad의 채무에 대하여 책임을 지라고 고집할 수 있었다.

　　Northern Pacific Railway의 변호사들은 법원 경매절차는 존중되어야 한다고 주장하였다. 그들은 이 상황을 부동산 거래에 유추하는 것은 부적절하다고 단언하였다. Railway는 Railroad와는 구별되는 새로운 법인체였다. 비록 위 두 회사의 주주들이 같다고 하더라도 그 형식적인 차이는 존중하여야 한다. 법원 경매는 형식에 있어서 정상적이었으며 사기로부터 자유로웠다. 자산은 공정한 가격에 매각되었고, 그 가격은 담보부사채권자들이 보유한 청구권의 총합계에 미치지 못하였다. Boyd가 회생절차에 참여하였더라도 그는 아무 것도 못 받았을 것이다. 이러한 경우 Boyd의 주장대로 거래의 성격을 다시 규정한다면 선량한 자에게 타격을 주는 기획소송만 장려하게 되고, 지급불능 상태인 철도회사의 회생을 실현 불가능하게 할 것이다. 하급심에서 Northern Pacific Railroad가 패소했고, 곧이어 연방대법원에 상고하였다.

　　Boyd 사건에서, 다수의견은 법원 경매에서 채무자 자신이 매수하는 것의 효력을 제한하는 보통법 상의 규칙은 기업의 회생에 관한 법에도 역시 존재한다고 판단하였다.

> 　　[매각은] 그저 형식에 불과하였으므로 채권자들의 이익이 침해되었다. 비록 과거의 Northern Pacific Railroad는 법적 명의(legal title)를 박탈당하였지만, 과거의 주주들은 여전히 같은 채무를 짊어진 같은 철도회사를 소유하였다. 경매라는 우회적인 방법을 사용한 것으로 그들의 권리를 개선하면서도 이에 동의하지 않는 채권자인 Boyd의 이익을 침해하였다. 그들은 이름을 바꾸어 버렸지만 관계는 바꾸지 않았다(They had changed the name but not the title).[7)]

　　경매된 재산의 가치가 Boyd보다 선순위인 채권자들이 가진 채권액에 미치지 못하였다는 점도 문제되지 않았다.

---

7) Id. at 506-07.

[이] 문제는 확립된 원칙에 따라 획일적으로 결정하여야 하며, 매각일 당시에 재산이 선순위의 채권을 변제하기에 부족하였다는 사정이 입증되는지 아닌지에 채권자들의 권리가 의존하도록 방임할 것이 아니다.[8]

법원은 모든 부동산의 경매에 관한 법리가 기업의 회생에 관한 법리에 기계적으로 이식되어야 한다고 할 정도로까지는 나아가지 않았다. 다만 법원은 중간 순위에 끼어 있는 채권자가 완벽하게 축출되는 상황이 허용되어서는 안 된다고 판시하였다. 사실, 법원 자신이 그 판시사항의 효력범위는 좁다고 덧붙였다.

[우리는] 불가능을 요구하는 것이 아니고, 주주들이 회생되는 기업에 대한 지분을 계속 유지하기 위한 조건으로 어느 무담보 채권자에게 현금을 지급할 것을 요건으로 강제하는 것도 아니다. 무담보 채권자의 이익은 수익증권이나 우선주를 공정한 조건으로 발행하여 주는 방식으로도 보전될 수 있다. 만일 그가 공정한 청약을 거절하는 경우에는 그는 판결을 받은 다른 어떠한 채권자와 마찬가지의 지위에서 자신을 보호하도록 방치될 것이다. 또 정당한 회생과정에 들어가기를 거절하였다면 그 후로는 그 절차의 효력을 부인하기 위하여 형평법에 호소할 수 없을 것이다.[9]

부동산의 법원 경매절차와는 대조적으로, 만일 채권자가 정당한 회생 절차에서 공정한 제안을 받았다면 회생계획은 주주들을 포함시킬 수도 있었다. 이것이 정확히 무엇을 의미하는 지에 대하여 대법원은 설명해주지 않았다. 하급심법원들은 실무에서 사용할 "확립된 원칙"의 윤곽을 스스로 그려 나가야 했고, 이 과정에서 공정하고 형평에 맞는 계획을 구성하는 관념들이 등장하였다. Boyd 판결 이후, 회생 계획은 후순위 채권자들이 동의하거나 법정에서 이의를 진술할 기회를 갖지 않은 한 이들을 배제하고 진행하지 못하게 되었다. 선순위의 채권자들과 주주들이 야합하여 사후적으로 보아 공정하다는 주장만으로는 충분하지 못하게 되었다. 그렇지만, 후순위 채권자가 법원에 출석하여 이의를 진술할 기회가 주어진 경우라고 하더라도 동의 없이 후순위 채권자들의 권리를 우회하는 것이 허용되는 것인지 및 어떤 조건 하에서 그러한 것인지의 의문은 여전히 남는다. 법원은

---

8) Id. at 507-08.
9) Id. at 508.

Case v. Los Angeles Lumber Products 사건10)에서 이 문제를 피할 수 없게 되었다. Case 사건에서, 채무자는 Los Angeles Shipbuilding & Drydock Corporation을 주요 자산으로 가진 지주회사였다. 이 회사는 제1차 세계대전 때 배를 만들어 해군에 파는 조선 사업을 했지만, 1920~1930년대에는 쇠락하였다. 회사는 1937년에 회생절차를 시도하였다. 채권자로는 1944년에 만기가 돌아오는 20년짜리 담보부사채권자들 밖에 없었다. 사채 액면금의 90% 이상을 가진 사채권자들이 회생계획에 동의하였다. 그 계획에 의하면 새로운 회사 주식의 23%를 과거의 주주에게 주는 것이었다. 이 주주들은 사업을 운영하는데 경영자 역할을 계속하기로 했지만, 새로이 현금을 출자하기로 예정되어 있지 않았다.

지방법원은 그 계획이 공정하고 형평에 부합한다고 판단하였다. 법원은 사채권자 중 두 명만이 계획에 반대하였음을 지적하면서, 실질적으로 거의 모든 사채권자들이 승인한 회생을 저지할 능력을 단 두 사람의 반대자에게 부여하기를 원하지 않았다고 판시하였다. 법원은 주주들이 회사에서 경영자로서의 책임을 맡기를 희망하고 있고 또 이들이 "회사의 운영에 대하여 잘 알고 있고 조선 사업에 경험이 있는 유일한 사람들"이라는 점을 들어 과거의 주주들이 지분을 유지하는 것을 정당화하였다. 더욱이 법원은 다음과 같이 지적하였다.

> 현재 대부분의 담보부사채권자들은 각자 조금씩의 채권을 갖고 분산 되어 있는 소액채권자들인 바, 적절한 자금조달을 지원할 수 있는 재무적 영향력과 안정성을 가진 구 주주들과 연계함으로써 그들의 지위를 개선할 수 있을 것이다.11)

그런데 회생은 현존 채권자들이 채권을 행사하여 법원 경매절차가 개시된 것이 아니라, 추가적인 자금 조달이 필요하였기 때문에 개시되었던 것으로 보인다. 이전의 워크아웃(재무구조개선)으로 인하여, 이자는 수입이 있을 때에만 지급할 의무가 있었고, 채권자들은 1944년까지는 법원 경매를 진행할 수 없었다.

Case 사건이 상고되어 대법원에 올라 갔을 때, 대법원은 Boyd 사건의 와중에서 심하게 다투어졌던 "공정, 형평"원칙에 대한 여러 다른 해석론에 대하여 결론을 내려줄 수 있게 되었다. 어떤 사람들은 회생 그 자체는 수면 아래로 가라앉

---

10) 308 U.S. 106 (1939).

11) In re Los Angeles Lumber Products Co., 24 F. Supp. 501, 513 (S.D. Cal. 1938), aff'd, 100 F.2d 963 (9th Cir.), rev'd, 308 U.S. 106 (1939).

아 버린 후순위의 청구권(주식, 지분권 등)이 모두 쓸려 나가 버리는 최후의 심판일로 간주될 필요는 없다는 견해를 취하였었다. 지급불능의 상태에 처해 있는 법인의 주식이라도 양(+)의 가격에 거래된다. 그것은 최소한 옵션으로서의 가치를 가지는 것이다. 기업이 다시 건실함을 되찾을 가능성이 주식, 지분을 조금이라도 가치 있게 만든다. 지급불능 상태인 회사의 자산은 모든 계좌가 청산되어 자산가치가 실현되는 사건이 발생할 때 가치 없는 것으로 공식화된다.

물론 수면아래에 있는 지분권의 옵션으로서의 가치가 인정되는 방식으로 새로운 자본구조를 짜는 것이 불가능한 것은 아니다.[12] 회사의 회생은 반드시 자산가치 실현의 계기로 작용하여야 할 필요는 없다. 사실 옵션으로서의 가치를 인정하는 회생은 투자자들로 하여금 그들의 개인적 지분가치만 보지 말고 전체로서의 기업가치를 파악하도록 사실상 강제하는 이점이 있다. 이러한 "상대 우선의 원칙"이 강제관리의 방식에 의한 회생방법의 일환이었던 것으로 보인다. 후순위 투자자들은 그들이 가지고 있는 회사지분이 옵션으로서의 가치만 갖고 있는 것이 명백하였다고 하더라도, 회생되는 회사의 주식을 받는 것이 이상하지 않았다. 만일 모든 미래의 가능성들이 현재가치로 축약되었더라면 그들은 한 푼도 받지 못하였을 것이다. 이러한 비금전적인 경영자로서의 이해관계의 옵션으로서의 가치를 인정한 실무는, 확립된 법적 규칙에서 나온 것이라기보다는 비공식적인 규범과 관행으로부터 출현하였다. 이러한 관점에서 보면 Boyd 사건 같은 사건은, 권리 사이의 상대적 우선권을 제거하려는 것이 목적이 아니라 투자자 모두가 투자의 옵션으로서의 가치를 누릴 수 있게 보장하려는 것을 목적으로 하는 것이었다고 말할 수 있다.

그러나 대법원은 Case 사건에서 이러한 접근을 단호하게 거부하였다. 대법원은 상대 우선보다는 절대 우선이 적절한 기본 원칙이라는 태도를 취했다. 기업의 회생절차는 자산가치 실현의 계기였다. 더욱이 이 원칙은 각 이해관계인이 주장할 수 있는 것이었다. 채권자의 90%가 계획에 동의하는 것으로 충분하다는 생각을 대법원은 거부하였다. 과거의 주주들이 계속 존속하도록 허용하는 것은 못된 장난의 근원이었다. 회생 이후 그들의 협력을 가능하게 하기보다는, 그것은 과거의 주주가 다른 투자자들을 실효적으로 봉쇄할 기회를 만들어냈다. 조선소 같은

---

12) 구체적인 제안으로서는, Anthony J. Casey, The Creditors' Bargain and Option-Preservation Priority in Chapter 11, 78 U. Chi. L. Rev. 759 (2011).

기업에서는, 주주들이 일상적인 영업을 관리하지 않는다. 전문경영인들이 그러한 일을 할 수 있도록 영입될 수 있다. 극히 제한적인 상황에서만 과거의 주주는 다른 권리자의 반대에 불구하고 계속기업에 남는 것이 허용되어야 한다.

공정 형평이라는 기준은 각 채권자들에게 계속기업으로서의 회사의 가치에 대한 "완벽한 우선권(full right of priority)"을 부여하였다. Case 사건은 이렇게 해서 변호사, 판사 그리고 의회가 승인해온 "공정, 형평"과 "절대 우선"이라는 용어 사이의 연계를 만들어냈다.

일단 대법원이 이와 같은 연관을 확립한 후, 채권자의 이의에도 불구하고 지급불능인 회사의 회생 과정에서 주주들이 주식을 전부 소각 당하지 않고 다시 경영에 참여할 수 있는 가능성은 급격히 줄어들었다. 절대 우선의 원칙은 주주들이 회생되는 채무자에 대하여 지분을 계속 유지하는 것을 주주들이 그 주식에 대하여 공정한 가격을 지급하는 경우에만 허용한다. 더욱이 주주들이 공정한 가격을 지급하였음을 보장하기 위하여는 그러한 지급의 가치가 쉽게 평가할 수 있는 것이어야 한다고 대법원은 요구하였다. 만일 한 채권자라도 지급불능인 채무자의 회생계획에 이의를 제기하는 경우에는, "모든 상황을 고려하여 주주의 출자에 합리적으로 동등하다고 인정되는 현금 또는 현금등가물의 현실적 출연에 의하여 뒷받침"되지 않는 한 구 주주에 대하여는 어떠한 가치라도 부여하는 것을 회생계획의 내용으로 포함할 수 없다.[13]

이전의 법률에 의하면, 반대하는 채권자 한 명이 계획이 공정하고 형평에 맞아야 한다고 고집할 수 있었다. 이것을 개별 채권자에게 의미 있는 저지(veto)권능을 준 것이었다. 실제로 Case 사건에서도, 반대하는 채권자 중 한 명은 오랜 기간 동안 다른 사람의 채권을 대폭 할인된 가격에 매집하고 나서 전액을 상환 받을 때까지 회생을 지연함으로써 이득을 취한 전력이 여러 번 있었다. 그러나 1978년 이후의 현행 파산법 하에서는, 대법원이 정의한 바 절대 우선의 "완전한 권리"는 전체로서의 조가 계획에 반대할 경우에만 작용할 수 있게 된다.

§1129(b)의 "공정, 형평"이라는 용어는 절대 우선의 원칙을 구체화하고 있다. 민사법 하에서 법인의 자산에 대하여 권리를 가졌던 사람들은 회생되는 회사에 대하여도 그들이 민사법에 의하여 누렸던 우선순위에 부합하는 이해관계를 가진다.

---

13) 308 U.S. at 122.

파산 이외의 법 절차에서 다른 채권자에 앞서서 변제 받을 자격이 있는 채권자 (말하자면 담보권이나 우선특권)는 파산절차에 있어서도 먼저 변제 받을 권리가 있는 것이다.

비슷한 논리로, 일반 채권자들도 주주, 지분권자들보다는 먼저 받을 권리가 있다. 달리 말하자면, 면책의 효과가, 피와 살을 가진 개인채무자의 경우에서 우리가 보았던 것과는 거의 반대이다. 개인의 경우에 면책은 (미래의 소득을 파산재단에 속하는 재산으로부터 제외하는 것과 결합하여) 개인이 채권자들의 청구에도 불구하고 장래 소득에 대한 권리를 보전할 수 있도록 허용하여 준다. 법인의 경우에는 면책은 (절대 우선의 원칙과 결합하여), 법인의 자산이 채권자들 전부를 만족시킬 만큼 충분하지 않은 경우에는 법인의 장래 수입에 대한 주주들의 권리가 소멸하도록 채권자들이 강제할 수 있게 해준다. 다음 절에서는 §1129의 작동방식에 대하여 더 자세히 살펴보기로 한다.

현행 제11장절차와 절대 우선의 원칙

파산법 §1129(b)은 회생계획에 의하여 부정적 영향을 받는 즉 청구권을 삭감당하는 채권자 및 이해관계인으로 구성된 조 모두의 가결이 이루어지지 않았을 때 즉 파산법 §1129(a)(8)의 요건을 충족하지 못하였을 때 작용하게 된다. §1129(b)은 계획을 거부하는 각 조가 "공정하고 형평에 맞는" 방식으로 처우 받을 것을 요구한다. 이 단어들은 고도로 기술적이다 못해 예술적인 용어이고 그 자체만으로도 다른 이해관계인들 사이에서의 절대적 우선순위의 준수를 요구한다. 이 조항은 절대 우선의 원칙이 존중될 것을 보장하는 구체적인 요건을 부가하고 있다. 이 요건들을 통하여, 판례가 만들어낸 공정, 형평의 원칙의 주변적 적용이 계속 진화하고 있음에도 불구하고 핵심적인 개념은 변하지 않고 고정되어 있다.

시인된 담보권의 조와 관련하여, 공정, 형평의 원칙은 다음 세가지 기준 중 하나는 충족할 것을 요구한다. 첫째, 각 담보권자는 담보물의 가치와 동등한 현재할인가치(discounted present value)를 실현하는 일련의 변제를 받을 수 있어야 한다. §1129(b)(2)(A)참조. 이 변제의 흐름은 채권자가 담보물 위에 가진 우선권으로 담보되어야 한다. 둘째, 담보물은 담보권자 자신이 응찰하여 매수할 수 있고 대금을 피담보채권과 상계할 수 있는 경매에서 팔릴 수도 있는데, 그 경매 매각 대금 청구권 위에 담보권이 존속한다. 세 번째의 가능성은, 회생계획이 담보권에 대한 명백한 등가물(indubitable equivalent)의 실현을 제공하는 것이다. 이것은 In re Murel Holding 사건[14]에서 러니드 핸드 대법관의 의견으로부터 차용한 용어이다. 이것은 전통적으로 좁게 해석되어 왔다.

명백한 등가물을 둘러싸고 흔히 벌어지는 논쟁은, 피담보채권액을 초과하는 가치의 담보물을 확보한(oversecured) 채권자에게, 채권 전액의 만족을 위하여 담보물의 일부만을 이전하는 것을 제의하는 계획이 포함된 부동산 사건에서 벌어진다.[15] 이러한 자산청산형 회생계획은 시가감정결과의 신빙성이 특별히 강력할 때에는 인가되는 경우가 자주 있지만,[16] 부동산의 가치평가라는 것이 매우 비유동적인 시장에서의 불확실한 가치평가에 의존하는 상황에서, 다수의 법원은 이러한 경우 선뜻 강제인가를 내주지 않는 경향이 있다.[17]

회생계획이 담보권자의 조가 이의를 제기함에도 불구하고 인가되기 위하여는 §1129(b)(2)(A)(i)가 정하는 추가적인 요건을 충족하여야 한다. 또 회생계획에는 담보권의 액면 금액(face value)에 상당하는 일련의 변제에 관하여 정하여야 한다. 대부분의 경우 이 요건은 불필요한 중복이다. 이자율이 양(+)인 세계에서, 어느 특정 금액에 해당하는 가치를, 시간적 여유를 두고 순차적으로 즉 후불로 지급하게 되면, 그 후불하는 금액의 단순한 합계는 액면 금액 이상일 수밖에 없다. 따라서 이 요건은, 일반적으로는 피담보채권과 담보물의 가치를 동일시하는 §506(a)의 작용에 불구하고, 피담보채권이 담보물의 가치를 초과하는 경우에만 문제된다. 부조화는 담보채권자가 이른바 §1111(b)(2) 선택을 행하였을 때 발생할 수 있다. 이 조항 하에서는, 담보권자들은 담보물의 가치가 얼마인지를 묻지 않고 채권액 전체가 담보된 것으로 취급되도록 선택할 수 있다. 그 결과로서, 회생계획에 따른 지속적 변제는 법원이 정하는 담보물의 가치 이상이어야 할 뿐만 아니라, 지속적으로 변제되는 금액의 단순합계가 피담보채권의 총액 이상이어야 한다.

---

14) 75 F.2d 941 (2d Cir. 1935).
15) 모든 담보물을 담보권자에게 넘겨 주는 경우에는 논란의 여지가 적다. In re Sandy Ridge Development Corp., 881 F.2d 1346 (5th Cir. 1989).
16) In re Bannerman Holdings, LLC, 2010 WL 4260003 (Bankr. E.D.N.C. 2010).
17) In re Legacy at Jordan Lake, LLC, 448 Bankr. 719 (Bankr. E.D.N.C. 2011).

§1129(b)(2)(B)는 회생계획에 반대하는 무담보채권자들의 조에 대한 공정, 형평의 기준을 구체적으로 규정한다. 회생계획이 이전의 주주, 지분권자(또는 후순위의 채권자)에 대하여 과거의 지분(또는 후순위채권)을 이유로 어떠한 재산적 이익을 부여하는 것을 규정한다면, 회생계획은 각 무담보채권자에게 적어도 그 무담보채권자의 청구권과 동등한 가치를 지니는 재산을 제공해야 한다. 다시 말하면, 회생계획이 무담보채권을 전액 상환하는 것을 내용으로 하지 않는다면, 만일 무담보채권자들의 조가 반대함에도 불구하고 회생계획이 강제인가되기 위하여는 그 후순위자 즉 후순위채권자 및 주주, 지분권자들은 완벽하게 축출되어야 한다. 이 조항은 일견 단순 명백한 것으로 보이지만 가끔 복합적 상황도 발생한다.

담보물인 자산의 가치가 피담보채무의 금액을 하회하고, 회생계획은 기업 전체를 해당 담보권자에게 이전하는 한편 담보권자가 일부 후순위 이해관계인들에게 기업가치를 나누어주는 것을 내용으로 할 때에는 다른 종류의 문제가 발생한다. 담보권자가 기업의 가치를 초과하는 채권을 보유하고 있다면 그 담보권자는 기업 자산 전부를 가질 자격이 있고 따라서 그것으로 하고 싶은 모든 것을 할 수 있고, 거기에는 후순위의 투자자에게 그 일부를 떼어 주는 것도 포함된다는 생각이 들 수도 있다. 그러나 선순위의 채권자가 "선물"을 줄 때에는, 그가 대가로 얻는 것이 무엇인지에 대하여 우리는 걱정할 필요가 있다. 그러한 증여가 오로지 자비심 때문에 이루어질 가능성은 크지 않다. 오히려 그것은 파산절차를 이용하여 다른 사람의 희생 하에 자신의 이익을 관철하는 것일 수 있다. 물론 보다 선의의 다른 설명도 가능할지도 모르겠다. 예를 들어 선순위채권자로서는 중요한 공급자를 확보함으로써 회생되는 회사의 가치를 증진할 수 있을지도 모른다. 그럼에도 불구하고, 이러한 재산이전은 일부 후순위자를 자의적으로 축출하려고 하는 악의에서 비롯된 것이라고 추정하는 것이 합리적이다. 제2항소법원이 설명하였듯이, "여기 있는 당사자들이 덜 신중하거나, 파산법원이 감시를 덜 감시한다면, 절대 우선의 원칙은 약화되어 선순위채권자들과 과거의 주주들 사이에서 심각한 비행이 저질러지는 것을 방임하게 된다."[18]

회사가 매각되고, 그 매매거래의 일환으로, 회사의 매수인이 과거의 채무 중 일부를 대신 갚아 주기로 동의하는 경우 비슷한 이슈가 발생한다. 채무인수액이

---

18) DISH Network Corp. v. DBSD North America, Inc., 634 F.3d 79, 100 (2d Cir. 2010).

매매 대가의 일부를 지급한 것으로 간주되지 않는 한, 법원은 이러한 채무인수의 유효성을 승인하는 경향이 있다. 그래도 주의해야 할 점이 있다. 이러한 거래들은 앞에서 본 증여와 동일한 문제를 일으킨다. 매매의 진행을 원활하도록 당사자를 매수하기 위하여 현금 지급이 이용된다는 점을 우려할 필요가 있다.

　채권자들이 전액을 상환 받지 못하고 또 그보다 가장 선순위에 있는 채권자가 기업 가치의 일부에 관하여 주주, 지분권자들에게 "증여"를 행하기를 원하는 것이 아님에도 불구하고, 주주, 지분권자들이 조직되는 기업의 주식, 지분을 보유하는 것을 내용으로 하는 회생계획을 주주, 지분권자들이 제출하기도 한다. 이들은 그들이 주주, 지분권자로 계속 남아 있는 것을 정당화하는 근거로 그들이 새로운 가치를 출연하고 있는 점을 제시한다. 그들은 새로운 자금을 출연하기 때문에 신주를 배정 받는 것이며, 그들이 예전에 주주, 지분권자였기 때문에 그런 것이 아니다. 따라서, §1129(b)의 규정에도 불구하고 "새로운 가치(new value)" 유입을 포함하는 회생계획은 무담보채권을 전액 변제하는 것으로 규정하지 않아도 된다고, 구 주주, 지분권자들은 주장한다.

　그러나 만약 주주, 지분권자들이 새로운 주주, 지분권을 배정 받을 배타적인 선택권을 누린다면, 그들은 그 자체로 재산의 한 형태인 옵션을 가진 것이라고 할 수 있다. 이 책의 마지막 장에서 우리는, 특정 조에서 회생계획에 반대할 때 신주 배정의 문제를 다시 살필 것이다. 현재로서는, 공정, 형평의 원칙이 지속적으로 진화하는 과정에서 법원은 신주가 가장 비싸게 팔리는 것을 보장하기 위하여 시장적 지표의 적용을 고집함으로써 채권자들을 추가적으로 보호해 왔다는 점을 지적해 두고자 한다.19)

　§1129(b)(2)(C)는 우선주의 조에 적용된다. 우선주는, 회사법 하에서는 지분권으로 분류되고 채권이 아니지만, 채권과 주식 사이의 복합형(hybrid)으로서, 채권보다는 후순위이지만 보통주보다는 선순위이다. 우선주에서 "우선한다" 함은, 이자와 원금에 해당하는 금액으로 미리 정하여진 배당 및 출자 환급을 우선주에 대하여 시행하기 전에는 보통주는 어떠한 배당도 출자 환급도 받지 못한다는 것을 우선주의 보유자는 관철할 수 있다는 것을 뜻한다. 공정, 형평의 원칙은 회생계획이 이러한 우선권(이를 청산우선 또는 상환가격이라고 한다)을 존중할 것을 요구

---

19) Bank of America v. 203 North LaSalle Street Partnership, 526 U.S. 434 (1999).

하며, 반드시 현금이 아니더라도 보통주에 우선하여 전액 상환된다는 규정도 포함할 것을 요구한다. 만약 회생계획이 이 요건을 충족시키지 못한다면, 더 후순위인 보통주 보유자들은 과거 지분을 보유하고 있었던 것에 근거하여서는 아무런 재산도 받지 못할 수 있다.

보통주 역시 §1129(b)(2)(C)의 공정 형평의 원칙에 의하여 보호를 받는다. 비록 최후 순위인 보통주의 지위에 걸맞는 더 제한된 방식이기는 하지만 말이다. 적어도 각 지분권 가치에 상응하는 재산을 제공해주지 않는다면, 회생계획은 보통주의 조에 관한 한 공정, 형평을 충족하지 않는다. 이것은 지급능력 있는 채무자 기업의 전체 가치를 채권자들이 포획하지 못하게 하려는 요건이다. 채권자들에게 변제할 수 있는 채무자는 보통은 파산절차로 들어오지 않기 때문에, 이는 거의 문제되지 않는다.

위와 같은 규정들을 고려함에 있어서, 공정, 형평의 원칙은 조 단위로 적용되는(class-based) 권리라는 것을 기억해야 한다. 개별 채권자 또는 지분권자는 최소한 제7장의 절차 하에서 받을 수 있었던 것을 요구할 수 있다. 그러나, 만일 한 조가 그 우선순위를 양보하는 결의를 할 때에는, 조의 찬성 결의를 반대하는 개별 권리자는 그와 같은 양보와 희생에 근거하여 회생계획을 막을 수 없다.

절대우선의 원칙에 입각하여 제11장절차의 기본적 규칙이 나오지만, 제11장 절차 신청서가 제출된 것이 가지는 효과를 망라하여 정리하여 주지는 않는다. 예를 들어, 담보권자는 파산절차 이외에서의 워크아웃 과정에서 채무자와 밀접하게 협력하여 작업을 한 경우 내부자(insider)인 것으로 간주될 수도 있고 노동법 또는 환경법의 규제대상이 될 우려도 있다.[20] 법원은 채권자에게 너무 많은 것을 요구하는 것이 위험하다는 점을 민감하게 인식한다. 어디까지나 채권자는 원칙적으로 제3자이다. 그럼에도 불구하고, 채무자의 사무에 대하여 간섭을 행사하여 채무자의 사업상 결정을 왜곡하고 있는 것으로, 또 채무자가 불건전하고 그 자신의 이익에 반하는 방식으로 행동하도록 이끌고 있는 것으로 보여질 정도에 이르면, 아무리 제3자라고 하더라도 부실 경영에 책임이 있는 내부자로 분류될 위험에 처하게 된다.[21]

---

20) United States v. Fleet Factors Corp., 901 F.2d 1550 (11th Cir. 1990).
21) Schubert v. Lucent Technologies Inc. (In re Winstar Communications, Inc.), 554 F.3d 382 (3d Cir. 2009).

파산절차 이외에서의 채무 재조정은, 파산절차에서라면 피할 수 있었던, 담보권자에게 불리한 조세효과를 일으킨다. 왜냐하면 채무면제이익은 채무자에 대하여 소득을 구성하기 때문이다. 만약 담보권자가 채무자인 기업에 대하여 지속적으로 자금을 지원하고 싶다면 제11장의 보호 아래에 있는 채무자관리인 차입(debtor-in-possession, DIP디아이피파이낸싱)을 통하는 것이 나을 것이다. 그러면 핵심적인 통제권을 계속 보유할 수 있고, 우선권도 존중될 것이며, 후순위에 있는 채권자들에 대한 지급도 정지될 것이다. 마지막으로, 담보권자는 파산절차 외에서의 워크아웃이라는 것은 불가피한 파국을 지연할 뿐일 가능성을 수용하여야 한다. 만일 담보권자가 워크아웃에서 타협한다면, 그 다음에 오는 제11장절차에서는 이전에 타협을 거부하였던 다른 채권자에 비해 불리한 지위에 처할지도 모른다. 장기대여를 행한 담보권자는 자신보다 후순위인 채권자들에게 채무자가 변제하는 것을 그저 바라만 보고 기다리는 것보다는 제11장절차에 일찍 진입하는 것으로 이득을 보는 것이 보통이다.

의뢰인이 제11장절차를 신청하는 경우 대리인인 변호사의 야망은 각 조의 채권자들이 회생계획안에 동의하도록 설득하는 것이다. 그런데 그들 조의 동의 여부는 회생계획 하에서 인정받는 권리와 그 계획에 반대하는 경우 인정 받는 권리가 무엇인 지에 따라 결정될 것이다. 절대 우선의 원칙은 기업의 회생에 관한 법이 핵심이다. 왜냐하면 그것은 회생 절차에 참여하는 각 이해관계인이 누릴 수 있는 절차적 보호 및 실체적 권리의 근원이기 때문이다. 당사자들은 파산절차 밖에서 누렸던 우선권이 파산절차 내에서도 존중받아야 한다고 주장할 수 있다. 그럼에도 불구하고, 주주를 포함한 모든 후순위의 당사자들은 그들의 청구권이 감축, 취소 되기 전에 정교한 절차를 적용할 수 있다. 절대 우선의 원칙은 선순위 당사자들이 전액 상환을 관철할 수 있게 해주지만, 모든 후순위 당사자들에게도 "정당한 회생"에 필요한 절차적 보호를 제공한다. Boyd 사건에서 시작된 '실체적 권리와 절차적 권리 간의 긴장'을 해결하는 것은 제11장 절차 하에서 발생된 어려운 문제들에 답함에 있어서 핵심이 된다.

제11장절차의 법과 실무는 협상을 위한 틀을 제공해준다. 협상의 역학관계는 주고 받을 것은 각 당사자들이 차지하는 우선순위에 의해 규정된다. 회생계획의 수립을 진행하기 전에, 우리는 채무자가 어떤 자산을 가지고 있는지를 찾아 내야 하고, 각 당사자의 상대적 지위를 알아야 한다. 다음 몇 장에서는 잠시 회생 실

무에서의 역학관계 그 자체에서는 약간 떨어져서, 당사자들이 다투고 있는 몫과 그들이 서로 다투고 있는 권리를 어떻게 확정하는지에 대하여 살펴보기로 한다. 이것들을 이해하고 나면, 회생 절차 그 자체로 다시 돌아와서 보다 자세히 탐구하기로 한다.

제 4 장

파산절차에서의 청구권

제 4 장
파산절차에서의 청구권

이제 파산법이 채무자의 부채와 자산을 확정하는 방법, 즉 채무자의 채무가 무엇이고 그 채무이행에 사용될 재산이 무엇인지에 관하여 정하는 방법에 대해 살펴보려 한다. 우리는 누가 무엇을 가져갈지(who gets what)를 정해야 한다. 가져갈 사람이 "누구(who)"인지를 정하는 것이 바로 이 장에서 살펴보게 될 청구권(claims)의 문제이다. 가지고 갈 "무엇(what)"을 정하는 것이 다음 장에서 살펴볼 재산(assets)의 문제이다. 두 주제 모두, 파산법이 아닌 민사법에서부터 시작한다. 파산절차에서 청구권이라는 주제를 살펴볼 때 가장 강력한 것은 Butner 원칙이다. 연방대법원은 확립된 원칙, 즉 "파산절차에 있어서 채권자들의 권리는 우선 채무자의 의무를 창조하는 기반이 되는 실체법으로부터 발생한다는 원칙이 확립되어 있다는 점"을 정규적으로 인용한다.[1] 연방대법원의 교의적인 파산판례 하나인 Chicago Board of Trade v. Johnson 사건[2]은 채무자의 자산을 특정하기 위하여는 파산법이 아닌 민사법상의 기준을 사용하라고 말하고 있다.

---

1) Travelers Casualty & Surety Co. v. Pacific Gas & Electric Co., 549 U.S. 443, 450 (2007).
2) 264 U.S. 1 (1924).

파산절차에서 청구권의 확정

　　채권자는 주로 파산절차를 담당하는 법원직원으로부터 안내문을 받고 나서야 채무자에 대한 파산신청이 있었음을 알게 된다. Rule 2002. 파산신청을 할 때 채무자는 그의 부채와 채권자들의 성명, 주소가 적혀 있는 목록(schedule)을 작성해야 한다. 만약 당신이 이 목록에 포함된 채권자라면, 당신은 파산안내문을 받고 당신이 가진 청구권의 정당성을 입증하기 위한 적절한 절차를 밟을 기회를 얻게 될 것이다. 당신이 거치게 될 첫 번째 절차는 채권신고서(proof of claim)라고 알려진 서류를 제출하는 것이다. 그것이 제출되고 나면, 청구권은 이의가 없을 때에 "시인된다(allowed)." 채권신고서 제출의 결과는 당신의 채무자가 개인인지 기업인지, 제7장절차를 거치고 있는지 제11장절차를 거치고 있는지, 그리고 당신이 채무자의 채권자목록에 포함되어 있는지 아닌지에 따라 결정된다.

　　제7장절차를 신청한 개인채무자가 당신의 채권을 목록에 포함시키지 않은 것을 첫 번째 사건으로 다루어 보자. 만약 당신이 파산채권 신고서를 제출하지 않는다면 자산의 분배를 못 받게 될 것이다. 그러나 만약 당신이 파산에 대해 알지 못했다면, §523(a)(3)이 채무자에 대한 당신의 청구권이 면책되는 것을 막아줄 것이다.[3] 그렇게 되면 파산절차가 끝난 뒤에도 당신은 채무자를 계속 추급할 수 있다.

　　제7장절차 안에서의 법인기업에 대한 당신의 권리는 좀 다르다. 법인기업의 삶은 파산절차 종료 후에도 계속 이어지지는 않는다. 만약 어떤 법인기업이 제7장절차를 신청한다면, 당신의 청구권이 채권자목록에 있는지 또는 당신이 파산절차에 대해 알았는지 여부와 관계없이, 채무자의 자산에서 분배를 받으려면 파산채권신고서를 제출해야 한다. 분명히 말하자면, 제7장절차에서는 그 어떤 법인기업의 채무도 면제되지 않는다.[4] 법인기업에서는 면책이라는 것이 무의미하다. 법인기업은 제7장절차 안에서 그의 모든 자산을 분배한 뒤 없어진다. 제7장절차의 마지막에는, 법인기업의 모든 자산이 사라지고 당신의 청구권을 만족시켜줄 그 어떤 것도 남아있지 않게 된다.

---

3) 제2장에서 보았듯이, 자산이 없는 경우에는 예외가 존재할 수 있다. 앞의 46-47쪽을 보라.
4) §727에 따르면, 개인채무자만이 제7장절차에서 면책을 누린다.

제11장에서는 절차적으로 다른 점이 있다. 채권자는 그의 청구권이 채권자목록에 없거나 논란의 여지가 있거나 확정되지 않았거나 금전채무를 전환되지 않은 경우에 한하여 청구권의 입증 서류를 제출해야 한다. §1111(a)및 Rule 3003(c). 그렇지만 실제의 결과는 채권자목록에 없는 청구권 혹은 미확정청구권을 가진 채권자에게 있어서도 마찬가지이다. 제11장절차에서는 법인기업이 파산절차 종료 후에도 삶이 계속 이어지지만, 그 기업의 채무는 모두 면책된다. 채권자목록에 표시되어 있지 않던 것일지라도 말이다. 채권자목록에 포함되어 있지 않은 채권자들도 채권신고서를 제출할 의무가 있고 채권자들은 그렇게 하지 않으면 배당에서 제외된다.

일반적으로, 청구권의 취급은 상당히 간단하다. 각 채권자들의 청구권의 금액은 채권자목록에 표시되어 있고, 그것에 대해서는 다툼이 없다. 다양한 권리를 주장하는 자들 사이에서, 각자 거기 있는 자산을 어떻게 나눌 것인지 생각해내야 한다. 100명의 채권자가 있고, 그들이 모두 채권자목록에 표시되어 있으며 제대로 통지를 받았다고 가정해보자. 채무자는 그들에게 $10,000의 채무를 부담하고 있다. 청구권의 평균 금액은 $100이지만, 어떤 이는 $10, 어떤 이는 $1,000 이상의 청구권을 갖고 있다. 채무자의 모든 자산은 총 $1,000에 매각되었다.[5] 그 파이를 어떻게 나눌까? 청구권의 금액에 비례한 배당(pro rata sharing) 하에서, 각 채권자는 각자가 가진 청구권 금액의 10분의 1을 받게 된다. $1,000의 청구권을 가진 자는 $100를 받는다. $50의 청구권을 가진 자는 $5를 받는다.

비례배당의 규칙은 일반 채권자들 각자의 청구권을 대략 실현하는 한 방법이다. 우리는 파산절차가 없었을 때 각 채권자들의 파산 외적인 민사법상의 권리가 정확히 어떻게 실현될 수 있었는지를 모른다. 왜냐하면 파산절차가 그들 간의 각자의 권리 실현을 위한 경주를 멈추게 하기 때문이다. 우리는 자동 중지가 없을 때, 어떤 채권자들은 전액 변제받고 어떤 채권자들은 아무것도 못 받을 것임을 안다. 그러나 누가 먼저 왔는지를 규명하는 것은 노력할 가치가 없다. 상황을 더 복잡하게 만드는 또 다른 문제들도 있다. 소액 채권자들은 청구권의 만족을 얻기 위해 많은 압력을 가하지 않아도 되기 때문에 채권 전액을 변제 받을 가능성이 더 크다. 이런 이유 때문에, 어떤 이들은 그들이 비례적 배당액보다 더 많이 받아야 한다고 다투기도 한다. 그러나 거액의 채권자들은 잃을 것이 많아서

---

5) 다르게 구성되지 않는 이상, 위 금액은 파산절차의 비용은 제외한다.

채무자를 감시하는 것에 더 많은 시간과 노력을 들일 수도 있다. 그렇기 때문에 거액의 채권자들이 그들의 비례적 배당액보다 더 많이 받아야 한다고 주장하는 사람도 있다. 결국 이런 모든 주장에 일일이 답을 해주는 것은 어려운 일이기 때문에 비례배당을 하는 것이다. 이런 사례에서 이루어질 분배 방법은 일반 채권자들에게 대략 10분의 1을 주는 것이다.

그러나 비례배당이 자산을 배분하는 유일한 방법이라고 생각하는 것은 잘못된 것이다. 탈무드에서 "옷감나누기(contested garment)"에 대한 해법으로 제시하고 있는 방식이 그 대안이 될 수 있다. 자산의 가치가 $100이고 그에 대하여 $100의 청구권을 가진 다액 채권자와 $50의 청구권을 가진 소액 채권자가 있다고 가정해보자. 비례배당을 하면 각 채권자가 1달러 당 67센트를 받을 것이다. 탈무드의 배당 규칙은 다른 전제에서 시작한다. 소액 채권자가 $50만 주장하고 있기 때문에, 그 $50만이 배당의 대상이 된다. 나머지 $50에 대해서는 다툼이 없으므로 그 부분은 전부 다액 채권자가 가져간다. 다툼이 되고 있는 절반 부분만 평등하게 배당하는 것이다. 따라서 다액 채권자는 $75를 받고 (다툼의 대상이 되지 않은 $50와 다툼의 대상이 된 $50의 배당액), 소액 채권자는 $25를 받는다. 이 배당의 방법은 논리정연하고 수많은 채권자들이 있는 경우에까지 확대 적용될 수 있다.[6] 다만, 이러한 작업을 하는 것은 우리에게 익숙해진 원칙들이 바로 그 이유만으로 유일한 방법이 아니라는 것을 기억하기 위한 경우에만 쓸모가 있다.

다시 비례배당으로 돌아와서 그것을 좀 더 구체화해보자. Rule 3010은 $5 미만의 배당액은 지급해주지 않음을 규정한다. 수표를 끊는 것만해도 그 비용이 들기 때문이다. 청구권 전액이 담보되고 있는 채권자의 채권액이 $500라고 가정해보자. 채무자가 가진 모든 자산으로부터 완전하게 담보된 권리가 있다. 이런 사례에서, 담보채권자는 1달러 당 100센트 또는 $1,000 상당의 파이에서 $500를 받는다. 나머지 $500에서 관재인이 가져가는 비용(더 중요한 것으로는 대체로 관재인의 로펌에 근무하는 변호사의 보수)을 지급한다. 그리고 나서 남는 부분을 일반 채권자들이 비례배당을 받는 것이다. 만약 남는 금액이 $150이고 일반 채권자들의 청구권 합계가 $10,000이면 1달러 당 1.5센트의 비율로 배당된다. 만약 당신이 $1,000의 청구권을 갖고 있으면 당신은 $15를 배당 받을 것이다. 만약 당신

---

6) Robert J. Aumann& Michael Maschler, Game Theoretic Analysis of a Bankruptcy Problem from the Talmud, 36 J. Econ. Theory 195 (1985) 참조.

이 $600의 청구권을 갖고 있으면 $9를 배당 받을 것이다.

　채무자를 상대로 진행 중인 소송과 같이 다툼이 있는 미확정 청구권에도 가치를 부여할 필요가 있다. 파산법이 이러한 청구권들을 어떻게 다루는지 알기 위해서는 간단한 예를 살펴보면 된다. 소프트웨어 제작자가 채무자를 상대로 불공정 경쟁을 이유로 한 소송을 제기했다고 가정해보자. 만약 그 채무자가 어떤 채무를 부담하는 것으로 판결이 난다면 그 액수는 $12,000일 것이다. 그러나 채무자는 극심한 경쟁에 살아남으려고 노력한 것밖에 없다고 주장한다. 그 법적 책임은 100%이거나 0%이다. 소프트웨어 제작자가 주 소송에서 이길 확률은 1/3이다. 재판이 끝나려면 아직도 몇 년이나 남았다.

　§101 하에서, 소프트웨어 제작자는 채무자에 대한 청구권을 보유하고 있는 채권자라고 볼 수 있다. 그러나 그 청구권에는 다툼이 있고, 금액이 확정되지 않았다. 소프트웨어 제작자가 채권신고서를 제출하고 채무자가 이에 대한 이의서류를 제출하면 파산판사는 간이한 재판 일정을 잡고 그것이 이유가 있는 지를 결정할 것이다. §502(b). 신속하게 진행되는 절차는 그럴만한 이유가 있다. 제조자가 승소한다고 해도 전액 변제 받지는 못할 것이다. 제11장절차에서 일반 채권자들이 1달러 당 20센트 이상 받으면 대체로 운이 좋은 편이다. 제작자의 청구권이 이유가 있는지를 결정함에 있어서, 파산판사는 비파산법에 있어서의 실체법적 규칙과 파산법의 절차적 규칙을 따른다. 판사는 어떠한 행위가 불공정 경쟁을 구성하는 것인지를 발견하기 위하여 주 법률 쪽을 돌아보지만, 사실에 관한 판단은 배심에 맡기기보다는 스스로 할 수도 있다. 파산법원은 청구권의 가치를 조사 확정함에 있어서 형평법원이 사용하는 방법을 적용할 권한이 있다.

　그러나 파산판사는 청구권의 가치를 '금액으로 확정'시킬 것을 요구 받지는 않는다. §502(c) 하에서 판사는 파산절차를 진행하기 위하여 가치를 평가할 수 있고, 채권자가 가치평가에 이의가 있을 경우 채권자가 법정에 다시 출석하는 것을 허용할 수 있다. 그러는 동안 채권자는 잠정적 추정치에 해당하는 의결권을 가지고 절차에 참여할 수 있다. 심지어는 일단 잠정치에 따라 배당을 시행할 수도 있고, 사건이 종결된 경우라도 (예를 들어 신주의 발행과 같은) 적당한 다른 방식으로 보충하는 방식을 사용할 수도 있다.

　제작자의 청구권의 가치를 추정하는 것은 쉽지 않다. $12,000 상당의 소송이지만, 성공확률은 1/3밖에 안 된다. 다른 일반 채권자들은 $3,000 상당의 청구권을 갖고 있고, 자산의 가치는 $1,000 상당이라고 가정해보자. 만약 우리가 현재의 성공가능성 측면에서 제작자의 청구권을 평가한다면, $4,000 상당의 가치가 있을 것이다. 제작자의 청구권은 할인된 것이지만 제작자는 가장 다액의 무담보채권자이다. 마지막에 제작자가 승소하지 못하고 채무자가 그에게 채무를 전혀 부담하지 않는 것으로 되더라도 그는 파산절차를 주도할 것이다.

따라서 현재의 성공확률에 근거하여 제작자에게 발언권을 주는 것은 그다지 좋은 방법이 아닌 것 같아 보이지만, 더 나은 대안이 없을 수도 있다. 만약 제작자가 최종적으로 승리한다면, 채무자 자산의 80%를 가질 자격을 얻고 사실상 회생계획을 지시할 수 있을지도 모른다. 그런데 제작자가 궁극적으로 이기는 경우 현재의 성공확률에 근거하여 제작자의 청구권을 평가하는 것은 과소평가일 수 있다. 같은 방법으로, 제작자가 패소하는 것으로 결론이 나면 과대평가가 된다. 현재의 성공확률로 제작자의 청구권을 할인하는 것은, 어떤 경우에는 제작자에게 너무 큰 역할을 맡기는 것이 되고 또 어떤 경우에는 너무 작은 역할을 맡기는 것이 된다.

청구권의 가치추정을 강요된 화해라고 보는 것이 유용할 수도 있다. 파산절차 바깥에서는, 대부분의 민사사건들은 화해로 종결된다. 모든 화해는 본안의 승소가능성에 대한 양 당사자의 추정을 반영한다. 평판에 미칠 영향에 대한 우려와 다른 복잡한 문제들을 고려하지 않으면, 제작자의 채무자에 대한 청구권에 대한 합당한 화해금액은 약 $4,000이다. 파산사건 판사에게는 현재의 성공확률에 근거하여 청구권을 평가하는 것이 타당할 수 있다. 이 금액이 필연적으로 소송의 결과와 다를 수밖에 없다고 하더라도, 파산절차가 없었을 때 우리가 보았을 화해에 필적할 수 있다.

그렇지만 회생계획을 세우는 데 있어서 제작자가 담당할 역할을 결정하기 위한 목적으로는 제작자가 제기한 소송으로 구하는 청구권의 가치를 영(zero)으로 추정할 합당한 이유도 있다. 파산제도 외부에서라면 가능하였을 조건보다 유리한 조건으로 제작자가 화해를 강요할 수 있도록 허용되어서는 안 된다. 결정적일 수 있는 것은, 제작자의 현재 성공확률이 50% 미만이라는 점이 아니라 그것이 100% 미만이라는 점이다. 채권자들은 어떤 면에서는 채무자와 일정한 거리를 두고 거래하며 독립된 관계를 유지하지만 파산절차에서는 지분의 보유자로 행동한다. 채권자들은 기업에 대하여 지분을 보유하는 것에 수반하는 회사지배권(governance)

이라는 압박수단을 행사하는 것이다. 그렇지만 오로지 하나의 청구원인만을 가진 자가 경영권을 가져서는 안 된다. 파산절차에 영향을 받지 않고 제작자가 소를 유지하는 것이 허용될 때에는 제작자의 청구권을 영으로 추정하는 것이 가장 타당하다. 대부분의 법원은 소송상 청구하는 금액이 크고 성공확률이 낮을 때 대략 이 방법을 취할 가능성이 크다.[7]

신체의 상해나 사망을 이유로 한 손해배상청구권이 있는 자는 파산절차에 있어서 계약상의 채권자가 갖지 못하는 절차적 권리를 갖는다. 계약상의 채권자와 달리, 불법행위 피해자는 파산절차에 있어서도 비파산법에서 가지는 배심에 의한 재판을 받을 권리와 같은 권리가 있다. 28 U.S.C. §1411. 다른 경우와 마찬가지로 파산절차에서도 이 추가적인 절차적 권리는 실질적인 결과들을 발생시킬 수 있다. 그러나 A.H. Robins와 Manville과 관련된 대량 피해를 원인으로 한 불법행위 사안들에 있어서 여러 법원은 배심에 의한 재판을 받을 권리의 범위를 제한하였다. 법원은 §502(c)를 사용하여 불법행위 피해자들에 대한 총 배상책임을 추정하였다. 그 후 이들 법원은 피해자들에 대한 유일한 보상금 원천으로 기능할, 위 법적 배상액에 상당하는 규모의 기금을 설정하도록 허용하였다. 이들 법원은 배심재판을 받을 권리의 범위를 이들 기금을 상대로 한 개별적 청구에 대한 재판이라는 한도로 제한하였다.

이러한 차이점이 있는 것을 제외하면, 불법행위로 인한 채권자는 계약상 채권자와 같은 지위를 차지한다. 불법행위 피해자들은 파산절차 밖에서 아무런 특별한 권리도 누리지 못하므로 파산절차 안에서도 그 어떤 특별한 권리도 누리지 못한다. 그들은 단지 미확정 청구권을 가진 일반 채권자들이다. 어떤 이는 비파산법의 문제에 있어서 이것은 잘못된 생각이라고 주장할 수도 있다. 불법행위법의 목적은 위험한 활동으로 인한 비용을 그 활동을 하는 기업이 내부화(internalize)하게 하는 것이다. 만약 채권자들이 대출계약상의 서약이나 다른 종류의 감시체제를 통하여 기업의 행태에 영향을 줄 수 있다면, 불법행위 피해자들에게 계약상 채권자에 대한 우선권을 주는 것은 기업이 저지르는 불법행위의 횟수를 줄이는 효과를 가질 수도 있다.

다른 채권자들은 그들은 기업으로 하여금 더 조심스럽게 행동하도록 강제할

---

7) Bittner v. Bourne Chemical Co., 691 F.2d 134 (3d Cir. 1982) 참조.

방법이 없다고 불평할 수도 있다. 그러나 다른 채권자가 그들에 대한 우선순위를 가지고 갈 위험이 있다면, 기업이 더 조심스럽게 행동하도록 그들이 압박할 수 있는 방법이 있는지 여부에 대하여 다시 한 번 생각해보게 될 것이다. 만약 트럭과 관련된 사고의 피해자가 그 트럭에 저당권을 가진 채권자보다 우선권을 갖게 된다면, 그 채권자는 트럭이 제대로 유지되고 충분한 자격을 지닌 운전자를 고용하며, 채무자가 보험에 가입하게 하도록 할 인센티브가 있을 것이다. 다른 채권자에게 밀려날지도 모른다면, 사뮤엘 존슨이라면 그렇게 말할 것이라고 예상되듯이, 마치 2주일 안에 교수형을 당할 것이라는 예상과 같이, 정신을 집중하게 한다. 그러나 현존하는 법률은 이러한 방식으로는 작동하지 않는다. 파산절차 내에서나 밖에서나, 불법행위 피해자들은 일반 채권자들이다.

어떤 채무자들은, 파산사건이 끝나고 오랜 기간이 지난 뒤에 현재는 누구인지 알지 못하는 누군가를 다치게 할 행동을, 신청서 제출 전에 이미 저질렀을지도 모른다. 기술적인 문제는 그 피해자가 §101의 목적상 파산절차개시 신청 전에 발생한 청구권를 가지고 있는지 여부이다. 비행기 제조 회사는 지금도 운행되고 있는 수천 대의 비행기를 생산했다. 그 중 몇 대는 부서질 것이고 그 제조 회사가 법적 책임을 지는 상황이 발생할 것이다. 아직 누가 피해자가 될지 모르는 이 사건에서의 피해자들은, §101의 의미 범위 내에 속하는 청구권이 발생하도록 하기에 충분할 정도로 채무자와 연관 되어 있지 않을지도 모른다.[8]

미래의 피해자가 청구권을 가진다고 인정하는 것의 효과는 해당 사건의 종류에 따라 다르다. 첫째는 법인기업이 제7장 청산절차를 거치고 있는 대량 피해 불법행위 사건의 경우이다. 만약 미래의 피해자들이 파산법의 의미 내에서의 신청 이전 청구권을 갖고 있지 않다면, 그들은 제7장절차에서 아무것도 못 받을 것이다. 그 법인기업이 비파산법의 적용 하에 소멸된다면 무엇이라도 조금 받을 수 있을 경우라도 마찬가지이다. 비파산법 하에서 법인이 소멸되는 대부분의 경우, 그 법인기업의 장부에 나타나는 모든 부채항목에 상당하는 기금이 설치되어야 한다. 회계사들이 지급의무가 있다고 인식하는 한(만일 문제가 충분히 악화된 경우 당연히 그래야 한다), 불법행위의 피해자는 기금으로부터 손해를 배상 받을 수 있고

---

8) Epstein v. Official Committee of Unsecured Creditors, 58 F.3d 1573 (11th Cir. 1995) 참조. 파산법에서 "청구권(claim)"의 정의가 어떻게 이해되어야 하는 지에 대하여는, Jeld-Wen, Inc. v. Van Brunt (In re Grossman's Inc.), 607 F.3d Cir. 2010) 참조.

그것은 피해자가 법인이 소멸한 이후에까지 상해를 입은 사실을 인식하지 못하는 경우에도 마찬가지이다.

두 번째는 법인기업이 제11장절차를 거치고 있고 파산종료 이후에도 계속 법인이 존재하는 경우이다. 이 경우 불법행위 피해자들은 절차 이전의 청구권을 갖지 않는 편이 더 낫다. 정확히 말하자면, 만약 불법행위 피해자가 절차 이전의 청구권을 갖고 있지 않은 경우 그들은 파산절차 내에서 권리를 배당 받지는 못하겠지만 파산절차 종료 이후 새 법인기업에 대해서 권리를 행사할 수 있을 것이다. §1141 하에서는 "청구권(claim)"만이 면제된다는 것을 기억해야 한다. 이러한 피해자들은 그들이 파산사건에 참여하였을 경우 받았을 양보다 더 많은 양을 회수할 수 있을지도 모른다.

Manville 사 파산사건의 와중에서, 파산법의 §524(g)는 회생된 법인기업들과 심지어는 보험사와 같은 제3자들에 대하여 차후 소송을 제기하는 것을 파산법원이 금지하는 것을 허용하는 방향으로 개정되었지만, 그러나 이 조항은 그 규정된 바에 의하면 석면과 연관된 집단적 불법행위 사건에 대하여만 적용된다. 다른 사건들에서는, 법률이 덜 확립되었다.[9] 법원은 회생의 일환으로 채무자가 아닌 자까지 법적 책임으로부터 해방시켜주는 계획에 특히 동정적이지 않다.[10] 더 나아가, 채무자가 우발채무로부터 자유롭고 깨끗하게 자산을 양도하려고 시도할 때라고 할지라도, 주 법 하에서 양수인이 질 수 있는 잠재적 책임으로부터 파산법원은 매수인을 절연해주지 못한다.[11]

우리가 각 채권자들의 청구권에 대하여 금전적 가치를 부여하려고 할 때마다 몇 가지 기술적 문제가 발생한다. 절차가 어떻게 작동되는지 이해하기 위한 가장 좋은 방법은, 파산절차의 신청은 채무자의 모든 의무에 대하여 기한의 이익을 상실하게 하는 채무불이행을 가상하는 사건이라고 상상하는 것이다.[12] 이 과정의 일환으로 우리는 두 가지 기본적 쟁점을 정리해야 한다. 첫째는 이자가 청구액 계산에 어떻게 영향을 미치는지 여부이고 둘째는 어떤 유형의 청구권에 어

---

9) 이러한 책임으로부터의 해방은 제한된 상황 하에서만 가능하다. Class Five Nevada Claimants v. Dow Corning Corp., 280 F.3d 648, 658 (6th Cir. 2002) 참조.
10) Gillman v. Continental Airlines, 203 F.3d 203 (3d Cir. 2000) 참조.
11) Western Auto Supply Co. v. Savage Arms, Inc., 43 F.3d 714 (1st Cir. 1994); Morgan Olson L.L.C. v. Frederico (In re Grumman Olson Indus.), 467 Bankr.694 (S.D.N.Y. 2012).
12) 뒤에서 보듯이 §1124는 제11장절차에서 채무자에게 연체를 치유할 권리를 부여한다.

떠한 상한이 설정되어 있는지 여부이다.

이자율이 7%였던 작년에 내가 제1은행으로부터 $100를 빌렸다고 가정해보자. 올해 나는 제2은행에서 이자율 12%에 $100를 빌렸다. 나는 그 어느 쪽에도 채무불이행 상태가 아니지만, 나는 파산신청서를 제출했다. 내 자산의 가치는 $150이다. 누가 얼마씩 받게 되는가? 두 은행이 같은 양을 받아야 하는가? 파산신청을 하지 않은 경우, 제1은행이 제2은행보다 불리한 지위에 있다. 다른 조건이 모두 같다면, 나는 이자율 7%인 $100보다는 이자율 12%인 $100를 갚겠다는 약속을 먼저 이행하게 될 것이기 때문이다. 그러나 파산법 제7장절차에서 우리는 이러한 차이들을 무시한다. §502(b)(2)는 미지급이자에 대한 청구를 허용하지 않는다. 자산의 가치가 $150이기 때문에 각 은행은 1달러 당 75센트를 받게 될 것이다. 두 대출은행을 똑같이 취급하는 것은 타당하다. 만약 채무자가 파산절차 밖에서 채무불이행 상태가 되었다면, 두 대출채무 원금을 모두 갚아야 한다는 법적 의무는 가속화되었을 것이다. 바로 이 지점에서, 두 대출청구권자는 같은 지위에 있게 되었을 것이다. 둘 모두 즉시 $100를 환수할 권리를 가졌을 것이다. 이자율 차이를 무시할 때, 파산절차가 하는 모든 것은 신청서 제출을 채무불이행으로 보는 것이다. 이는 대부분의 대출채권자가 그들의 대출계약서에 포함시켰을 만한 타당한 기존의 원칙처럼 보인다.

우리는 제7장절차에 의한 청산을 재정적 죽음이라고 생각할 수 있다. 우리는 빌려 준 돈을 회수하고, 자산을 수집하고, 최후의 심판일을 연다. 가끔은 원금과 미발생이자를 구별하는 것이 쉽지 않을 것이다. 가장 간단한 사례는 무이표채권(zero-coupon note)이 있을 경우 발생한다. 내가 $900를 빌리면서 1년 뒤 당신에게 $1,000를 갚기로 한다. 표면적으로는, 대출 원금이 $1,000이고 이자율이 0%이다. 그러나 사실 원금이 $900이고 이자율이 11%라는 것을 알 수 있다. 무이표채권의 경우는, 원금과 이미 발생한 이자의 변제기가 일찍 도래한 것이다. 만약 내가 즉시 연체한다면 당신은 $900에 대한 청구권만 갖는다. 만약 내가 6개월 후에 연체한다면 당신은 $950에 대한 청구권을 갖는다. 더 복잡한 문제가 발생한다. 이자율이 0%는 아니지만 시장이자율보다는 훨씬 낮은 경우, 채권이 현금과 교환으로 발행된 것이 아니라 다른 증권과 교환으로 발행된 경우에는 보다 더 복잡한 사례가 발생한다.[13] 그 외에도 또 명확하지 않은 사례들은 소비자가 할부로 물건을 구

---

13) Thrifty Oil Co. v. Bank of America National Trust & Savings Association, 249 Bankr. 537 (S.D. Cal. 2000); Brown v. Sayyah (In re ICH Corp.), 230 Bankr. 88 (N.D. Tex. 1999) 참조.

입하고 매번 내는 할부금 중에서 이자율의 요소를 특정하기 어려운 경우이다.

흔히 발생하는 논쟁은 "손실보상(make-whole)" 수수료와 관련이 있다. 제3자가 일정기간 동안 채무자에게 기계를 리스해 주었을 경우, 그 리스계약에는 일반적으로 채무자가 리스를 빨리 끝내고자 할 경우 지불해야 하는 금액이 정해져 있다. 만일 그 조항이 기계의 가치하락, 그리고 그 다른 사람에게 기계를 리스하기 위하여 임대인이 감수하여야 하는 비용을 계산하기 위한 노력이라면, 그것은 흔히 볼 수 있는 손해배상액의 예정 조항이다. 이것은 비파산법 하에서 유효하게 집행할 수 있고 따라서 파산절차 내에서 청구권으로 합당하게 취급된다. 고정된 기간 동안 기업에 자본을 제공하는 대출자는 간혹 일찍 변제 받기도 한다. 이런 대출자들도 마찬가지의 지위에 있게 된다. 위 경우 그 같은 기간 동안 그 자본을 사용할 다른 사람을 찾아야 하기 때문에 손실이 발생할 수도 있다. 이러한 이유 때문에, 대출계약에도 손해배상액 예정조항이 있다. 대출계약은 대출을 만기보다 이른 시기에 전액 변제하는 것에 대한 수수료 지급을 규정하고 있을 수도 있다.

만약 그 조항이 단지 그 대출기관의 손실을 보상하기 위한 것이라면 그것은 파산 외 법률 하에서 유효하게 집행 가능한 손해배상액 예정조항이다. 그러나 지나치게 높은 이자율의 대출계약을 해제하기를 꾀하는 채무자는, 지불을 요구받고 있는 "손실보상" 수수료가 손해배상액 예정이 아니고 대출이 그대로 유지될 경우 대출기관이 계속 받았을 이자에 해당하는 것이라고 다툴 것이다. 만기가 도래하지 않은 이자에 대한 청구권은 §502(b)(2) 하에서 부인되기 때문에 대출자들이 손실보상 수수료를 가장하여 이자를 수취하여서는 안 된다. 무위험 이자율이 높았던 옛 시절에는, "손실보상" 수수료라는 것이 대부분 단지 대출자에게 만기 미도래 이자를 보상하기 위한 것이었는지 여부를 판별하기 비교적 쉬웠다. 무위험 이자율이 영에 가까운 시기에는, 그것은 훨씬 힘들다. 최근 들어 대출자들은 손실보상 수수료를 손해배상액의 예정 조항으로 성격을 규정하게 만드는 것이 정착하도록 하는데 성공을 거두었지만, 개별 사건의 진행에 따라 상당히 다르다.[14]

또한 파산법은 두 가지 유형의 채권자들에게서 발생하는 손해배상책임에 대하

---

14) In re School Specialty, Inc., 2013 WL 1838513 (Bankr. D. Del. 2013); In re Trico Marine Services, Inc., 450 Bankr. 474 (Bankr. D. Del. 2011). 특히, 채권자는 손실보상약관이 대출계약의 조건 중 하나에 의하여 효력이 발생하는 것을 입증하여야 한다. U.S. Bank Trust National Association v. AMR Corp., 730 F.3d 88 (2d Cir. 213).

여도 한계를 설정한다. §502(b)(6)과 (7)은 만약 파산절차에서 채무자가 임대인 및 노무자와의 장기적 계약을 해제할 경우 임대인과 근로자가 회수할 수 있는 것을 제한한다. 당신이 채무자에게 땅을 1년에 $5씩 받는 조건으로 몇 년간 임대한다고 가정해보자. 한 두 해가 지났을 때쯤, 부동산 시장의 밑이 빠져 버린다. 토지 가격이 떨어지고 이제 당신은 연간 달랑 $1에 세를 놓을 수 있다. 채무자가 파산절차의 신청을 제출한다. 통상의 계약상 규칙에 의할 경우 당신의 손해(계약상 가격과 시장가격과의 차이)는 남은 임대기간 동안 연간 $4이다. 그러나 파산법은 당신에 대한 배상을 제한한다. 그 한계는 임대기간이 얼마나 남았느냐에 따라 달라진다. 적용되는 상한은 연간 차임($5)보다 절대 적지는 않을 것이다. 만약 앞으로 받아야 할 모든 차임의 15%가 연간 차임보다 많다면, 당신은 남은 차임의 15%를 받는다. 그렇지만 당신이 받을 금액이 3년간의 차임을 초과해서는 안 된다. 연간 차임에 변함이 없다면, 임대차 기간이 6.7년 미만 남았을 경우에는 연간 차임, 임대차 기간이 6.7년 이상 20년 이하 남았을 경우 앞으로 받아야 할 총 차임의 15%, 남은 임대차 기간이 20년을 초과하는 경우 3년간의 차임이 당신이 받을 수 있는 손해배상액의 상한이 된다.

임대인이 받을 수 있는 손해배상액에 상한을 두는 것은, 손해를 산정하기가 힘들다는 이유로 정당화되는 것이 보통이지만, 그렇게 단정적으로 말하는 것은 타당하지 않다. §502(b)(6)은 단지 상한을 설정할 뿐이다. 이 조항이 각 사건에서 손해를 측정할 필요를 면하게 해주지는 않는다. 나아가, 이 논리는 손해액이 너무 크다고 생각하는 경향이 있을 때에만 타당하고, 그 반대의 경우에는 성립하지 않는다. 손해배상액에 상한이 있다면 하한도 있어야 할 것이다. 더 타당한 정당화 근거는 임대인의 손해경감의무에서 찾을 수 있다. 파산 외의 법률 하에서 손해액의 산정은 빈 공간을 채울 다른 사람을 찾으려고 노력할 임대인의 의무를 고려해야 한다. 임대인의 다른 임차인을 찾을 능력은 배상 받을 수 있는 금액을 제한한다. 비록 각각의 사건에 고유한 사실관계에 딱 맞추어진 것은 아닐지라도, §506(b)(6)은 같은 효과가 발생하도록 작용한다.

§502(b)(7) 하에서 노무자의 경우에 있어서도 비슷한 제한이 정당화 된다. 장기적인 고용계약의 위반에 의해 가장 영향을 많이 받을 것으로 보이는 노무자들은 고액의 퇴직금을 받는 자들, 주로 내부자인 주주들(insider-shareholders)인 경우가 많다. 이 계약들이 이례적으로 노무자에게 유리하게 되어 있을 경우, 전체로

서 채권자들의 권리를 침해하는 심각한 자기거래의 기회가 발생할 수 있다. 장기계약을 맺은 노무자의 경우에 상한을 두는 것은 즉각 통제할 수 없는 비행을 감시하는 수단이 될 수 있다.

임대인과 노무자들의 손해배상청구권의 금액에 상한을 정하는 장점을 고려함에 있어서, 이 상한은 계약의 종료로부터 흘러나오는 손해에 대하여만 적용된다는 점을 명심하여야 한다. 이 상한은 임대인이나 노무자가 다른 원인으로 인해 받을 수 있는 손해액을 제한하지는 않는다. 예를 들어 채무자가 파산신청 전에 부지를 손상시킨 것으로부터 발생하는 손해 또는 정당한 사유 없이 노무자를 해고한 것으로부터 발생하는 손해에 관하여는 상한이 없다.

이 장의 첫 부분에서 언급하였듯이, 파산재단에 대한 청구권의 평가는, 누가 얼마의 청구권을 갖고 있고 누가 우선권이 있는지를 수반한다. 가장 흔한 종류의 우선권 보유자는 완성된 담보권을 가진 채권자이다. 어떤 우선권은 파산법 그 자체에 확립되어 있는데, §507(a)에 열거되어 있다. 예를 들어 근로자들은 수천 달러의 밀린 임금과 복지급여에 관하여 우선권을 누린다. 세무서도 특별한 우선권이 있다. 특별한 우선권을 부여하는 규칙들은 지도적 규칙이라고 정당화하기 힘들고 때로는 특수이해관계집단이 로비를 한 결과 생긴 것이지만, 대규모의 기업회생사건에서는 의미 있는 역할을 하지 못하는 것이 보통이다. 실제적인 문제로서, 기업이 문 연 상태를 유지하려면 근로자에게 임금을 지급하여야 할 것이고, 체납세금으로는 아주 소액이 있는 경우가 보통이기 때문이다. 전형적인 제11장절차 사건은 아주 다른 문제이다. 중소기업이 제11장절차 사건의 대부분을 차지하고 있고, 그 기업을 운영하는 사주들은 국세청으로 납부하였어야 하는 원천징수세액을 이용해 기업이 가라앉지 않고 물 위에 떠 있게 하려고 노력하는 경우가 때때로 있다. 그런 경우 흔히 연체된 납세의무가 파산재단의 가치를 초과하게 되어, 일반 채권자들에게는 아무 것도 남지 않는다. 이러한 이유로, 제11장절차를 묘사하기 위하여 자주 사용되는 — 일반 소액 채권자를 보호하고 이들에 대한 자산의 공정한 분배를 보장한다는 — 미사여구는, 최소한 전형적인 사건에 있어서는, 전적으로 허구이다.

$ 청구권과 공평한 구제수단

파산법의 기초자는 "청구권(claim)"을 폭넓게 정의했지만, 그 한계영역에 관한 의문은 여전히 일어날 수 있다. 채무자가 더 이상 소유하지 않는 재산 위에 유독성 물질을 쏟았다고 가정해보자. 주(state)의 환경법에 의하여 주의 환경보호국은 채무자에게 그 부지를 청소하도록 명할 수 있다. 만약 비파산법이 규제권자에게 그 청소비용의 납부하도록 요구할 권리를 부여하고 있다면, 파산법은 환경보호국의 채무자에 대한 권리를 파산법상의 청구권으로 취급할 수 있다. 심지어는 정부기관이 청소를 명할 권한을 갖고 있더라도, 그것은 "불이행에 대한 형평법상의 구제수단을 누릴 권리"이고 "그와 같은 불이행으로 인하여 금전의 지급을 요구할 수 있는 이상" 그 권리는 파산법상 청구권의 정의에 포함된다.15)

그러나 만약 규제권자가 특정 행위의 수행을 명할 권리만을 가지고 있다면, 법원으로서는 이것이 청구권의 범위 바깥에 놓여 있다고 결론을 내릴 수도 있다.16) 이것으로부터 두 가지 결론이 뒤따른다. 첫째, 파산재단은 청구권을 가진 자에게만 배당되는 것인 이상, 규제권자는 재단에 대하여 어떠한 몫도 가질 수 없다. 반면에, 오로지 파산상의 청구권만이 면책되기 때문에, 규제권자는 채무자의 파산 종료 후 인생에 있어서도 얼마든지 채무자를 쫓아 다닐 수 있다. 어떤 상황에서는(예를 들면 제7장절차에 의하여 청산하는 법인기업과 같은), 규제권자도 청구권을 가지는 쪽을 확실히 선호할 것이다. 제7장절차에 있는 법인기업은 미래가 없고 어떤 경우에도 면책을 받지 못한다. 또 다른 상황, 예를 들어 채무자가 개인이거나 법인기업이 제11장절차 하에서 회생되고 있는 경우라면, 규제권자는 청구권을 보유하지 않는 것, 그리하여 파산절차 종료 후에도 채무자에게 권리행사를 할 수 있는 것을 선호할 것이다. 제일의 원칙으로서, "청구권"을 광범위하게 정의하는 것은, 채무자의 모든 법적 의무가 동시에 맞부딪히는 최후의 심판일을 허용하기 때문에, 가장 합당한 의미가 있다.

통상의 재산권에 관하여, 면책의 대상이 되지 않는 공평한17) 구제수단과 면

---

15) §101(5)(B); Ohio v. Kovacs, 469 U.S.274 (1985) 참조.
16) United States v. Apex Oil Co., 579 F.3d 734 (7th Cir. 2009) 참조.
17) 여기에서 "공평한(equitable)"이라 함은 보통법(law)과 형평법(equity) 사이의 역사적인 구분

책의 대상이 되는 구제수단 사이의 구분은 이해하기 쉽다. 채무자가 다이아몬드 반지를 한 개 샀는데 그 전의 유통단계에 절도범이 있었다고 가정해보자. 비파산법 하에서, 채무자는 반지의 소유권자가 아니다. 진정한 소유자는 손해배상 소송에 대한 대안으로서 채무자에 대하여 반지를 반환하라는 명령을 법원으로부터 받을 수 있다. 진정한 소유자는 파산절차 내에서도 똑같은 권리를 갖는다. 파산절차 내의 채무자는 더 이상 그들의 것이 아니고 재산을 지킬 권리가 없고, 이것은 다른 사람도 마찬가지이다. 진정한 소유자는 손해배상소송을 할 수 있게 해주는 공평한 구제수단에 호소할 수 있지만, 그것은 "불이행을 이유로 하는" 형평법 상의 구제수단은 아니다. 그 대신에, 그것은 재산권을 관철하는 공평한 구제수단이다.

영업비밀과 같은 지적 재산권을 보호하는 형평법 상의 구제수단도 똑같은 문제를 야기한다. 프랜차이즈 업자는 가맹점주가 그로부터 영업의 비밀을 배운 뒤 프랜차이즈 계약을 취소하고 다른 이름으로 같은 사업을 다른 이름으로 다시 열어 프랜차이즈 업자에게 돈을 내지 않고도 그 영업비밀을 사용하여 이익을 취하는 것을 우려할지도 모른다. 따라서 프랜차이즈 업자는 경업회피의 서약을 관철하려고 한다. 프랜차이즈 가맹점주가 파산절차에서 이러한 조항으로부터 도피할 수 있을까? 프랜차이즈를 끝내고, 파산을 신청하여, 경업을 하지 않겠다는 서약은 면책되었다고 주장할 수 있을까? 대부분의 법원은 채무자들이 그럴 수 없다고 판단하였다. 프랜차이즈 업자가 채무자의 행위를 금지할 권리는 파산절차에서 해결될 "청구권"이 아니고, 면책의 대상이 아니다.[18] 금지를 채무자 측에서 준수하는 것은 어떠한 현금의 지출도 필요로 하지 않는다. 금지는 채무자의 작위를 목적으로 하는 것이 아니다. 형평법 상 구제수단은 영업비밀과 재산권을 보호하는 것이며 채무자의 입장에서 "불이행"에 대항 배상을 하는 것이 아니다. 따라서 이것은 §101(5)(B) 하에서의 "청구권"이 아니다.

을 의미하는 것이 아니라 구제수단의 본질을 가리키다. 여기에서 문제되는 두 가지 형태의 소송(점유회수와 횡령회복)은 다 보통법상 소송이었다.
18) Kennedy v. Medicap Pharmacies, Inc., 267 F.3d 496 (6th Cir. 2001) 참조.

$ 담보채권

　　담보부 신용은, 간단히 말하면, 재산에 대한 조건부 권리(contingent property interest)에 의하여 뒷받침되는 대출이다. 파산절차 밖에서, 대출에 대한 연체는 조건을 만족하고 채무자가 담보물로 제공한 재산을 채권자가 가지고 갈 수 있는 권리를 발효하게 한다. 그 다음 채권자는 압류매각(foreclosure sale) 절차를 진행한다. 만약 매각으로 얻은 대가가 대출금 잔액보다 많다면 채권자는 그 초과액을 내놓는다. 매각으로 인한 수익금이 대출금 잔액보다 적다면 채권자는 부족액에 대한 청구권을 그대로 보유한다. §554는 파산관재인으로 하여금 담보물을 포기하게 하고 담보채권자가 그 자산을 가져가 주(州)의 법에 따라 담보권을 실행하는 것을 허용한다. 담보채권자는 그의 담보부족액에 대한 청구권에 기반하여 파산절차에 계속 참여한다. 담보채권자가 대출계약 시점에 달리 동의하지 않은 이상, 담보채권자는 무담보채권자의 모든 권리를 가진다. 담보물은 채권자에게 권리를 추가적으로 주는 것이다. 따라서 담보물이 대출금 전액을 변제하기에 모자라는 한도에서, 그 담보채권자는 무담보채권의 보유자로서도 파산절차에 참여한다.

　　그러나 관재인은 담보물을 포기하는 것을 원하지 않을 수도 있다. 대신 그는 채무자로 하여금 회생의 일환으로 재산을 유지하게끔 하거나 채무자의 법적 책임을 수정하려고 할 수도 있다. 담보물이 재산의 일부로 남아있게 될 경우, 파산법은 압류매각에서의 재산 평가에 준하는 절차를 규정하고 있다. 파산법 §506(a)는 파산법원으로 하여금 파산재단에 속하는 재산 위에 가지는 채권자의 권리가 얼마만큼의 가치를 갖는지 평가하고, 채권자의 청구권을 "그러한 청구권자의 담보가치 범위 내에서 담보부채권"으로 지정하게 한다. 나머지 청구권은 무담보채권으로 지정된다. 똑같은 절차가 상계권(setoff right)을 누리는 자가 보유한 채권의 담보된 부분과 담보되지 않은 부분을 분리한다. 가장 흔한 사례에서, 주로 채무자는 그가 돈을 빌린 은행에 저축예금계좌를 갖고 있다. 그 은행은 그 계좌에 얼마가 들어있든지 간에, 파산 외 법률 하에서 "상계(set off)할" 권리가 있다. 파산법은 상계 대상이 되는 부분의 채권을 담보채권처럼, 나머지 잔액을 무담보채권처럼 취급한다. 예를 들어, 은행이 채무자에게 $300를 빌려주었고 그 채무자가 그 은행에 $100의 예금계좌를 가지고 있다면 파산법은 은행에 $100에 대한 담보부

채권과 $200에 대한 무담보채권을 준다.

넓게 훑어볼 때, §506(a)의 채권분할 과정은 비파산법을 흉내 낸 것이다. 담보채권자는 그의 담보물의 가치 전부를 환가해서 받고 담보물의 가치가 채권액에 미치지 못하는 한도까지 채무자의 다른 자산으로부터 비례적으로 변제 받는다. 그러나 §552는 파산신청 시점에서 명확한 선을 긋는다. 신청서 제출 후 채무자가 취득하는 재산은, 그것이 담보권의 대상이 되는 재산 그 자체로부터 나오는 수익금이 아닌 이상, 새삼 담보권의 대상이 되지 않는다. 만약 담보채권자가 한 회사의 영업권까지 포함한 모든 자산에 담보권을 갖고 있으면, 신청 후의 모든 자산에까지도 담보권을 가져야 하는 것으로 보일 수도 있다. 새로운 자산은 이미 담보권의 대상이 되는 자산에 근거하여 취득되었을 것이기 때문이다. 그러나 최근의 한 사례에서는, 신청 후에 축적된 영업권이 다른 원천으로부터 취득한 것이 아니라는 점을 증명하는데 실패하였다.[19]

그러나 담보물이 팔리지 않을 경우 법원은 담보물의 가치를 평가해야 하는데, 이것은 쉬운 작업이 아니다. 담보채권자는 높은 가치를 지닌다고(따라서 담보된 채권이 크다고) 다투는 반면, 파산관재인이 대변하는 다른 채권자들은 담보물이 낮은 가치를 지닌다고 다툴 것이기 때문이다. 파산법원 판사는 자산의 재조달가격(replacement value)이라는 객관적인 기준을 갖고 시작한다. §506(a)(2)를 보면, 채무자가 개인인 제7장절차 또는 제13장절차 하의 사건을 제외하면, 이 금액은 하향 조정되어야 한다. 대체되는 재산에 대하여 제3자의 입장에서 매길 가격은 현실적인 매매와 연관된 비용을 포함할 것이고, 이것들은 담보채권자의 권리를 결정하는데 합산되어서는 안 된다. 예를 들어, 채무자가 자산을 재조달하려고 할 때 판매자가 부과할 가격은 배송비, 보관비, 그리고 품질 보증과 관련한 비용을 포함할 것이다. 판사는 이러한 비용을 재조달가격에서 공제하여야 한다.[20]

담보채권자가 그의 청구권(claim) 덕에 채무자에 대하여 누리는 권리와 이러한 청구권자가 자산에 대한 선취특권(lien)에 기하여 특정 재산에 대하여 누리는 권리 － 부동산에 대하여 누리는 권리 － 를 구별하는 것은 매우 중요하다. 간단한 제7장절차에 의한 청산에서는, 채권자가 누리는 선취특권은 파산절차에서 아

19) Official Committee of Unsecured Creditors v. UMB Bank (In re Residential Capital, LLC), 501 Bankr. 549, 612 (Bankr. S.D.N.Y. 2013).

20) Associates Commercial Corp. v. Rash, 520 U.S. 953, 965 n.6 (1997) 참조.

무런 영향을 받지 않고 그저 통과한다. 선취특권 통과(lien pass-through)의 원칙은 Long v. Bullard 사건[21]에서 처음 제시되었다. 제1장에서의 사례를 다시 생각해보자. 은행이 채무자에게 $100를 빌려주고 채무자 소유 부동산 일부에 선취특권을 설정받는다. 경기불황이 닥치고 재산 가치가 하락하여 위 부동산은 이제 $25의 가치만 갖게 되었다. 채무자는 제7장 파산신청을 한다. 파산관재인은 그 재산을 포기하고 채무자에게 돌려준다. 파산법은 은행과 다른 채권자들에 대한 채무자의 개인적인 법적 책임은 모두 면책된다고 규정하고 있다. 선취특권은 파산절차를 통과하여 그대로 살아남기 때문에, 은행은 위 부동산이 채무자의 손에 들어온 이상 위 부동산에 대한 선취특권을 자유롭게 행사할 수 있다.

선취특권이 파산절차를 통과하는지 여부에 대한 질문은 단순명백 할지라도, 그 투과하는 한도는 논란이 있을 수 있다. 위의 예로 돌아가보자. 파산 직후, 채무자는 은행에 변제하기 위해 친구들로부터 $25를 얻어올 수 있게 되었다. 은행은 그의 청구권이 면책되었어도 그의 선취특권은 $100까지 살아있는 것이라고 주장할 수 있을까? 채무자는 파산절차를 거치면서 선취특권이 축소되었다고 다툴 것이다. 표면적으로는, 채무자의 말이 옳다고 보일 수도 있다. 파산법 §506(d)는 §506(a)에 의해 두 개로 나뉜 청구권의 선취특권 축소(lien strip-down)를 허용하고 있다. "선취특권으로 시인되지 않은 채무자에 대한 청구권을 담보하는 한도 내에서, 그러한 선취특권은 무효이다"라고 규정하고 있기 때문이다. 이 말은 은행의 선취특권은, 그 담보채권의 금액을 초과하는 한도 내에서 무효라는 것을 의미한다. 채무자는 원래 은행에 $100의 채무를 지고 있었으나 은행의 담보된 청구권은 $25에 불과했다. 따라서 그 선취특권은 $25를 초과하는 부분에 있어서는 무효이다. 채무자는 은행에 $25를 변제하고 위 부동산에 대한 선취특권을 없앨 수 있다.

그러나 은행은 §506(d)는 선취특권 축소를 목적으로 한 것이 전혀 아니라고 다툴 수 있다. 오히려, 이 조항은 피담보채무가 담보채권에 해당하지 않는다고 하여 부인된 경우 선취특권이 파산절차에도 불구하고 살아남는 것을 막기 위한 목적으로 제정된 것이다. 다음 예를 고려해보자. 변호사가 과도한 보수에 법률서비스를 제공하고 채무자의 재산에 대한 선취특권으로 이를 담보한다. 파산법의

---

21) 117 U.S. 617 (1886).

또 다른 조항은 그 변호사의 청구권을 시인하지 않지만, §506(d)만이 변호사의 선취특권을 무효로 만든다. 이러한 관점에서 보면, §506(d)의 목적은 선취특권을 감소시키려는 것이 아니라 채권자의 선취특권은 그가 가진 청구권의 효력보다 더 나을 수 없다는 것을 보장하기 위한 것이다. §506(d)는 변호사가 채무자의 자산에서 비례배당을 받는 것도, 파산종료 후 담보물을 압류하여 집행하는 것도 모두 못하게 한다. 이 특별한 남용 사례를 막기 위한 이 문면은 채권자의 유효한 선취특권을 다루는 것을 의도하지 않았고 그렇게 읽혀서도 안 된다.

파산절차에서 선취특권의 축소는 채권자들을 희생하여 채무자들에게 이익을 주는 사실상 효과를 가진다. 만약 파산법원 판사가 부동산에 지나치게 높은 가치를 매기면, 채무자는 그 부동산을 담보채권자에게 넘겨준다. 만약 파산법원 판사가 낮은 가치를 매기면, 채무자는 그 만큼을 은행에 변제하고 그 부동산을 보유할 수 있다. 다르게 말하면, 채무자들은 너무 낮고 또 너무 높은 평가에 구애되지 않는 파산법원의 가치평가를 그 이익을 위하여 체계적으로 이용한다. 선취특권 축소는 1978년의 파산법 제정 이전에 시행되던 파산절차의 관행에 어긋난다. 또, 채무자가 연체를 했을 때 법원 평가에 의해 부동산의 가치를 정하는 게 아니라 압류매각절차를 통해 정해진다는 부동산법의 관념에도 반한다.

법원은 Dewsnup v. Timm 사건[22])에서 선취특권 축소는 인정될 수 없다는 은행의 주장을 받아들였다. 다수의견은 만약 §506을 "아무런 생각 없이(on a clean slate)" 보았다면 채무자 측 의견, 즉 선취특권을 자산의 가치 상당으로 감소시키는 것에 동의하였을 것이라고 지적했다. 그러나 선취특권 축소를 인정하지 않은 역사적 관행 및 그 조항이 전혀 다른 문제에 대처하기 위하여 제정되었다는 설득력 있는 주장에 비추어, 선취특권 축소는 허용되어서는 안 된다는 결론을 다수의견은 내렸다.

제11장절차 및 제13장절차에서 특별한 취급을 받는 선취특권으로 인하여, Dewsnup 사건은 그다지 충격을 주지 못했다. 그럼에도 불구하고 그것은 제정법의 해석에 관한 주요 논쟁을 야기하였다. 강력한 반대의견으로서, 스칼리아 대법관은 §506(d)에 대한 은행의 해석을 배척했다. 은행이 주장하는 결론을 위하여는, 위 조항은 다음과 같은 방식으로 썼어야 한다고 스칼리아 대법관은 말했다. "선

---

22) 502 U.S. 410 (1992).

취특권이 채무자에 대한 청구권을 담보하는데 그 청구권이 시인된 채권이 아니라면 그 한도 내에서, 그러한 선취특권은 무효이다." 스칼리아 대법관의 관점에 의하면, 은행과 같은 채권자들의 시인된 '담보'채권을 그것이 마치 "시인된 청구권"인 것처럼 취급해서는 안 된다. 결과는 이전에 존재했던 실무와는 대조적일 수 있고, 채권자들에게는 달갑지 않을 것이고, 파산 정책상으로도 건전하지 않지만 그것만으로 법에 명시적으로 규정된 언어의 뜻, 그 자체로도 말이 되고 파산법 다른 부분에서 사용되는 언어와도 일관성이 있는 그 언어의 뜻을 부인하기에는 충분치 않다.

스칼리아 대법관의 접근방식은 제정법의 해석에 관하여 그가 취하는 방식에 그 뿌리를 두고 있다. 시인된 담보채권의 개념은 1978년 파산법에 특유한 것이고, 제정법상 또는 판례법상의 선례가 없다. 이 단어들은 세심하게 정의되었고 1978년 파산법에서 반복적이고 지속적으로 사용되었다. 법원들은 입법자들이 스스로 무엇을 의도하고 있는지 알았다고 가정해야 한다. 능숙한 입법자들이라면 법령의 구조에 있어 핵심적인 부분이며 정형화된 기술적 용어를 가지고 실수했을 리가 없다. 스칼리아 대법관이 Dewsnup 사건에서 다수의견을 장악하는 데에는 실패했지만, 그가 우려했던 바는 연방대법원의 다수의견에서도 파산법원에서도 자주 표면화되고 있다.

제 5 장

파산재단의 재산과
강제환수권

제 5 장
파산재단의 재산과 강제환수권

　채권자들이 가진 청구권이 무엇인지를 확정한 후에는, 어떤 자산이 이들 청구권을 만족시킬 수 있는지를 알아야 한다. 파산절차 외부에서, 채권자들은 채무자 스스로가 소유한 재산을 신뢰하고 이에 의존한다. 파산법은 파산절차 안에서도 채권자들이 이들 자산에 기댈 수 있도록 보장한다. §541(a)을 통하여, 채권자들은 채무자 스스로가 누릴 수 있는 자산이라면 무엇이든지 누릴 수 있고, 이 모든 자산은 파산재단의 재산이 된다. 만일 우리가 유한책임을 지는 법인을 다루고 있다면, 채권자들은 채무자가 가진 모든 것을 가질 권리가 있고 여기에는 장래의 수입이 포함된다. §541은 파산관재인으로 하여금 채무자의 장비를 팔고, 채무자가 가진 채권을 수금하고, 일반채권자들의 이익을 위하여 채무자를 대신하여 제3자를 상대로 소송을 하도록 한다. 만약 우리가 피와 살을 가진 개인 채무자를 다루고 있다면 문제들이 약간 더 복잡해진다. 새출발 정책(The fresh start policy)은 장래 소득을 파산재단의 재산에서 제외하고 또 면제재산을 채무자가 파산재단으로부터 가지고 갈 수 있도록 허용할 것을 요구한다. §541이 다른 면에서는 매우 직설적이다. 가장 큰 어려움은, 파산절차 외부에서 채무자가 누렸던 재산권을 확장하거나 축소하지 않도록 보장하는 것이다.

　파산절차 바깥에서 채권자들은 채무자가 타인에게 전체 또는 부분적으로 타인에게 이전하려고 시도한 재산을 추급할 수 있는 경우가 자주 있다. 파산법 하에서도, 파산관재인이 채권자들을 위하여 행사할 수 있는 유사한 권한이 있다. 관재인은 채무자가 채권자의 권리행사를 지연하거나, 방해하거나 채권자를 기망할 의도로 하는 재산이전 거래를 부인 — 즉 무효화 또는 원상회복 — 할 수 있다. 이와 마찬가지로, 파산관재인은 대항요건을 갖추지 못하여 담보권으로 완성되지 않은 담보권을 무효로 할 수 있다. 이러한 자산들은 파산관재인의 강제환수권(strong-arm power, 말하자면 법률행위에서 선의의 제3자임을 주장할 수 있는 권리)에 의하여 파산재단의 일부가 된다. 이러한 힘은 대항요건을 갖추지 못한 담보채권자가 채권에 대한 판결을 아직 받지 아니한 일반채권자와 똑같이 취급되는 배당원칙에 기초하고 있다. §544와 §545에서의 강제환수권의 작동방식은 아주 직선적이고 그것과 §541(a)(1)과의 관계도 마찬가지이다. 채권자가 원하는 자산이 있을 때에는 언제나, 우리는 그 자산이 채무자가 파산절차 밖에서도 누릴 수 있는 것인지 여부를 먼저 살펴본다. 만약 그렇다면, 그 자산은 §541(a)(1)에 의해 파산재단의 재산이 된다. 그렇지 않다면, 그 다음 단계로서 파산관재인은 그가 강제환수권에 의하여 그 재산을 파산재단으로 편입시킬 수 있는지 여부를 우리는 묻게 된다.

그러나 채권자가 파산절차 안에서 누리는 자산이 무엇인지 규명하기 위해 §541과 §544를 모두 사용하는 것은 부주의한 자들에게는 함정이 될 수 있다. 두 조항 중 어느 하나에 의해 파산재단에 편입되는 재산은 재단에 포함되어야 한다고 우리가 직감적으로 생각하는 양보다 적게 마련이다. 이들 조항이 제시하는 비교적 간단한 기준을 왜곡하여, 채권자들에게 귀속되어야 한다고 직감적으로 느낄 수 있는 재산에까지 추급하려고 하는 유혹에 법원은 빠지지 말아야 한다. 이러한 방식으로 기준을 재구성하는 것은 장차의 사건에서 파산법의 원활한 작동을 저해한다. 강제환수권은 어디까지나 파산재단에 속하는 재산을 보충하기 위하여 작용하는 것일 뿐이라는 점을 기억함으로써, 우리는 §541 또는 §544 어느 한 조항이 그 자체로 직감적으로 의미 있는 결과를 생산할 것이라고 기대하는 위험을 피할 수 있다.

$ 파산재단의 재산과 §541의 범위

§541(a)(1)은 법인인 채무자의 경우, 채권자들이 파산절차 밖에서 추급할 수 있었던 채무자의 재산에 대하여는 파산절차 내에서도 그대로 추급할 수 있도록 보장해준다. 만약 법인 채무자가 파산절차 밖에서 특정 권리를 누릴 수 있었다면, 관재인도 파산절차 내에서 그것을 누린다. §541이 간단한 사례들을 어떻게 다루는지를 보는 것이 유용할 것이다. 당신이 세탁소에 옷 몇 점을 가져다 주었다고 가정해보자. 그 세탁소는 중고 옷도 판매한다. 그 세탁소는 갑자기 문을 닫고 제7장절차를 신청하였다. 채권자는 수천 명에 달한다. 당신은 그 중 한 명이 아니다. 채무자는 당신의 옷을 $5에 세탁을 해주기로 하였는데, 그것은 시장가격이고 세탁이 완료되면 변제기에 이른다. 채무자는 약속을 깼지만, 만약 당신이 손해를 입은 것이 없다면, 파산 외의 법률에 의한다면 당신은 어떠한 청구권도 없다. 당신이 지금 당장 위 옷이 필요한 것이 아니고, 위 가격에 그 옷을 세탁해줄 다른 사람을 쉽게 구할 수 있다고 가정해보자. 당신은 채무자에게 가서 옷을 집어다가 다른 세탁소를 가지고 가려고 한다. 그런데 관재인이 당신이 그 옷을 회수할 수 없다고 말한다.

파산관재인이 §541를 당신에게 흔들면서 당신의 옷은 이제 세탁소 주인의 파산재단에 속하는 재산이라고 말할 수 있는가? §541(a)(1)은 "절차의 개시 당시 현존하는 재산에 대한 채무자의 모든 법적, 실질적 권리(legal or equitable interest)"를 파산관재인에게 준다. 채무자가 당신 옷에 대해 재산권이라고 할 만한 권리를 권리를 가지고 있는가? 당신의 옷과 관련한 채무자의 권리는 무엇인가? 통일상법전(Uniform Commercial Code)에 의하면, 통상의 영업 과정에서 옷을 매수한 자라면 옷의 흠 없는 소유권을 취득하게 할 수 있는 권능(비록 '권리'가 아니지만)이 채무자에게 있다. U.C.C. §2-403(2). 즉 선의취득을 일으킬 수 있다. 그러나 채무자는 당신 옷에 대해서는 아무런 권리도 없다. 이것은 §541에 대한 의문을 해결해준다.

§541(a)(1) 하에서, 우리는 채무자의 권리만 살펴보면 된다. 이 조항을 적용함에 있어서는, 우리는 당신이 옷의 소유권을 주장함에도 불구하고 이에 맞서서 옷을 그대로 가지고 있을 수 있는지 여부에 초점을 맞춘다. 만약 세탁소가 실제

로 당신 옷을 세탁하였다면, 세탁소는 옷에 대하여 유치권(mechanic's lien)을 행사할 수 있고, 그것은 옷 위에 성립한 재산권을 구성하게 된다. 유치권이 있으면 관재인은 당신이 세탁비를 낼 때까지 그 옷을 그대로 가지고 있을 수 있다. 그러나 관재인이 영업을 폐쇄하였는데 옷은 아직 세탁되지 않았고 앞으로도 세탁될 전망이 없다고 가정해보자. 이런 경우 파산절차 외에서 채무자는 당신이 그 옷을 가지고 나가는 것을 막을 수 없다. 따라서 그 옷은 §541(a)(1) 하에서 파산재단의 재산이 되지 않는다. 채무자가 옷에 대한 권리가 없기 때문에, §541(a)(1)에 의하여 채권자들도 역시 옷에 대하여 어떠한 권리도 없다. 채무자의 권리는 관재인이 §541(a)(1) 하에서 권리를 주장할 수 있는 외적 한계를 규정하는 것이다.

채무자의 권리 보유가 분명하지 않은 사례가 발생할 수도 있다. 예를 들어 보험계약을 고려해보자. 보험계약 그 자체는 채무자에게 속하고 따라서 재단의 재산이 된다. 그렇지만, 파산절차 외부에서 채무자가 보험금을 자신의 것으로 보유할 권원이 없을 수도 있다. 예를 들어 그 보험증권에는, 보험회사의 법적 책임이 채무자가 아니라 사고의 피해자에 대한 것이라고 규정되어 있을 수도 있다. 이 경우 채무자는 파산법이 아닌 다른 법률 하에서 보험금을 누릴 권리가 없을 수 있다. 이 경우 보험금은 파산재단의 재산이 아니다. 사고의 피해자가, 채무자에 대한 일반의 무담보채권자가 되는 것에 추가하여, 파산절차 진행 중 또는 그 종료 후에 보험회사에 대하여 채권을 행사할 수도 있고, 채무자에 대한 다른 채권자와 나누어 받는 것이 아니라 그 보험금 전부를 누릴 권리가 있을 수 있다.[1]

§541(a)(1)은 채무자 스스로가 파산절차 밖에서 누리던 권리만을 채권자에게 준다. 만약 어떤 채무자가 유정(oil well)에 대해 1/2 지분을 갖고 있다면, 유정 전체가 아니라 위 1/2 지분만이 재단의 재산이 된다. 이 원칙은 완전히 타당하다. 만약 두 법인기업이 하나의 유정에 대하여 각 1/2 지분씩 소유하고 있으며 두 기업 모두 파산신청을 했다고 가정해보자. 우리는 두 기업의 각 관재인들 각자가 유정 전체에 대한 권리를 누리도록 허용할 수 없다.

Chicago Board of Trade v. Johnson 사건은 이 기본 원칙을 제시한 오래

---

1) Houston v. Edgeworth, 993 F.2d 51 (5th Cir 1993) 참조; First Fidelity Bank v. McAteer, 985 F.2d 114 (3d Cir. 1993). (보험금과는 달리) 보험계약은 파산재단의 재산이기 때문에, 사고 피해자는 자동 중지의 해제를 신청하여야 한다. 피해자의 보험금에 대한 권리가 확실해지면, 자동 중지의 해제는 일상적으로 부여된다.

된 사건이다.[2] 이 사건은 시카고 거래소(Chicago Board of Trade) 회원권의 매각대가를 어떻게 분배할 것인가의 문제를 둘러싸고 진행되었다. 시카고 거래소의 회원이던 헨더슨은 많은 사람들에게 채무를 진 채 파산절차에 들어갔고, 채권자 중에는 거래소 회원들이 있었다. 당시 거래소 규칙은 회원권을 매각할 수 있는 전제조건으로서 다른 회원들에 대한 채무를 전부 정산해야 한다고 규정하고 있었다. 그런데 관재인은 그 매각대가를 전부 파산재단으로 편입하고, 나머지 회원들도 일반 채권자와 같은 줄에 서서 배당을 받아야 한다고 주장하였다. 연방대법원은 이를 거부하였다. 일반 채권자들은 그들의 권리를 채무자의 권리에서 파생적으로 취득한다. 채무자가 다른 회원들이 먼저 변제 받은 다음에야 회원권 매각대가를 취득할 수 있는 것이라면, 일반 채권자도 다른 회원들이 먼저 변제 받은 다음에 매각대가에 대하여 권리를 가진다. 일반채권자는 파산 절차 바깥에서 더 이익을 얻을 수 없었으므로, 파산절차에 들어와서도 이익을 얻어서는 안 된다.

재산의 개념을 따질 때 민사법상 "재산권" 중 하나로 간주될 것은 필요 없었다(사실 일리노이 주 대법원은 실제로 회원자격이 재산권은 아니라고 하였다). 문제로 되었던 것은 회원자격이라는 속성이었다. 파산절차 외에서, 채권자들은 헨더슨의 동료 회원들의 청구권이 먼저 만족 되기 전에는 어떠한 권리를 가지지 못하였다. 파산법 아닌 법은 특정 유형의 채권자들에 대하여 다른 채권자들에 대한 우선권을 설정하는 효과를 가지고 있고, 그러한 우선권은 그들이 파산절차 안에서건 바깥에서건 일관되게 적용되는 한 반대할 수 없다. 이 판례는 거래소 회원권의 파산절차에서의 처리에서 뿐만 아니라 그것이 포함하는 일반 원칙에 있어서도 현재도 유효하다.[3]

만약, 파산절차 밖에서, 회원권이 법인기업의 상호, 영업권, 비품, 그리고 고객 목록과 함께 묶여있을 경우에만 팔린다면, 그것은 파산절차 안에서 똑같은 제약을 받는다. 회원권은 파산재단의 재산이 되지만, 관재인이 회원권을 그것 하나만을 떼어 팔 수 없다. 비파산적인 제한은 파산절차 내에서도 승인된다. 다른 재산과 연결되어서만 매각할 수 있는 재산의 가장 흔한 예는 상표(trademark)이다. 이것은 상표와 연결되어 있는 영업권과 따로 떼어서 처분할 수 없다.[4]

---

2) 264 U.S. 1 (1924).

3) In re Drexel Burnham Lambert Group Inc., 120 Bankr.714 (Bankr. S.N.D.Y. 1990) 참조.

4) 예를 들어, Vittoria North America v. Euro-Asia Imports Inc., 278 F.3d 1076 (2001) 참조.

한 가지 가능성을 더 살펴보자. 거래소 회원권을 자유롭게 매각할 수는 있지만, 거래소 규칙은 채무자가 파산절차를 신청하는 때에는 회원권이 몰수된다고 규정하고 있다고 가정해보자. 이러한 규칙을 허용할 수 있는 것인가? 비록 우리가 일반적으로는 파산절차 밖에서 정의된 바에 따른 권리를 인정하지만, 우리는 누군가 파산절차의 적용을 받지 않기로 선택하는 것을 허용하지 않는다. 파산법이 파산절차 안과 밖 모두에서 적용되는 제한을 존중하기는 하지만, 파산절차에 들어가는 경우에만 적용되는 제한은 무시한다. 이러한 "도산해제조항무시의 원칙"(Ipso facto principle)은 법정 선취특권에 관하여는 §541(c)(1)과 §545에, 미이행쌍무계약(executory contracts)에 관하여는 §365에 반영되어 있다.[5]

'시카고 거래소'의 원칙은 상당히 넓은 영역에 적용된다. 예를 들어 이것은 채무자가 누리는 허가권에 대하여 채권자들이 누리는 권리를 이해하고자 할 때 유용하다. 법원은 주류판매허가증부터 방송허가증까지 모든 것을 파산재단의 재산에 포함시켜 왔다.[6] 시카고 거래소의 원칙은 파산절차 내의 채무자가 파산절차 밖에서 누리던 것과 똑같은 조건 하에 그 허가증을 누릴 수 있도록 보장한다. 예를 들어 사업에 실패한 항공사가 제7장의 파산절차를 신청했다고 해보자. 그 항공사는 주요 공항에 슬롯(slot, 항공편 운행허가 시간대를 배분 받을 권리)이 있고, 다른 항공사는 그것을 사용하기 위해 거액의 대가를 지급할 용의가 있다. 당연히, 항공사의 슬롯은 파산재단의 재산이다. 그러나 항공사는 당분간 영업을 중단할 필요가 있는데, 연방항공청(FAA) 규칙은 항공사가 슬롯을 사용하지 않을 경우 이를 상실한다고 규정하고 있다. 이 경우 파산법은 슬롯 상실을 방지해주기 위하여 아무 것도 해주지 못한다. 채무자의 재산에 대한 이러한 제한은, 파산절차 밖에서 적용되는 것 중 하나이고, 따라서 그것은 파산절차 내부에서도 적용된다.[7] 채무자의 재산은 파산절차라는 우연한 사태로 인하여 줄어들지도, 늘어나지도 않는다.

면허를 발급한 자가 채권자이기도 한 경우 조금 더 곤란한 사례가 발생할

---

5) 그러나 제2항소법원은 파산법에는 "도산해제조항무시"의 원칙("ipso facto" principle)이 체화되어 있지 않으며, 법원은 파산법 문언이 명백하게 이에 대한 권한을 부여한 경우에만 이를 적용해야 한다고 시사했다. U.S. Bank Trust National Association v. AMR Corp., 730 F.3d 88, 105-06 (2d Cir. 2013) 참조.

6) 예를 들어, Abboud v. The Ground Round, Inc., 335 Bankr. 253 (B.A.P. 1st Cir. 2005); Ramsey v. Dowden (In re Central Arkansas Broadcasting Co.), 68 F.3d 213(8th Cor. 1995) 참조.

7) Federal Aviation Administration v. Gull Air, Inc., 890 F.2d 1255, 1261 n.8 (1st Cir. 1989) 참조.

수 있다. 어떤 도시가 택시면허를 입찰로 매각하기로 결정했다고 가정해보자. 소규모 기업을 장려하기 위하여 시는 면허 구입금액의 대부분을 빌려 주는데 동의한다. 한 회사가 택시면허를 $11,000에 낙찰받는다. 그 기업은 보증금 $1,000를 내고 그 후 몇 년에 걸쳐 잔액을 납부하기로 약속한다. 그 기업은 중고 택시를 사기 위해 $10,000를 추가로 빌린다. 기업 소유주는 택시영업이 시와 채권자에게 변제하고도 남을 만큼의 충분한 수익을 낼 거라고 자신한다. 그러나 지역 경제가 침체되고 택시 서비스 수요가 예상보다 적다. 결국, 기업은 시와 다른 채권자들에게 부채를 제 때 상환할 수가 없게 되었고, 제11장절차를 신청하게 된다. 그 기업은 지급불능 상태이다. $20,000의 빚이 있으나 기업가치는 $15,000밖에 안 된다.

택시면허는 §541(a)에 의해 파산재단의 재산이므로 파산재단으로 들어온다. 그러나 시카고 거래소 사건의 취지에 의하면, 파산절차 밖에서 받던 제한들을 그대로 받는 채로 재단에 편입된다. 만약 회사가 파산절차 밖에서 시의 동의 없이 택시면허를 매도할 수 없다면, 파산절차 내에서도 마찬가지이다.[8] 그와 동시에 §541(c)(1)에 따르면, 시는 파산이라는 사태를 이유로 택시면허를 취소할 수 없다. 이 조항은, 파산 그 자체는 채무자의 재산권을 확대시키지도, 축소시키지도 않는다는 원칙을 다시 한 번 강력하게 보여준다.

후술하는 제9장에서 자동 중지의 적용범위를 논할 때 보겠지만, 정부가 파산 신청 후의 규제기관 지위로서 행하는 처분과 파산채권자의 지위에서 행하는 조치를 구별하기는 쉽지 않다. 위 예에서, 허가증이 파산재단의 재산이 되는 것을 막아서는 안 된다.

규제기관이 연방정부일 경우에는, 이에 관한 다툼이 아예 파산법정에 올 수도 없을 것이다. 연방행정기관에 대한 사법적 감독은 먼저 행정심판원을 통하여 이루어지고 그 다음 항소법원을 통해 이루어진다.[9] 그럼에도 불구하고, 정부는 채권자로서의 권리를 관철하기 위하여 규제권자라는 우월한 지위를 사용할 수 없다. 파산법은 정부가 면허 또는 허가에 관하여 채무자를 불리하게 차별하는 것을 금지한다. 정부기관이 채권자로서의 권리를 증진하기 위한 수단으로 면허를 주지

---

8) 시카고 거래소의 원칙(The principle of Chicago Board)는, 명시적으로 승인된 바 없는 경우라고 할지라도, 스포츠 프랜차이즈를 팔 때 새 구단주를 승인하기는 연맹의 민사법상의 권리를 법원이 참조하는 사건에서도 똑같이 적용된다. 그 예로, In re Dewey Ranch Hockey, LLC, 414 Bankr. 577 (Bankr. D Ariz. 2009) (sale of NHL franchise) 참조.

9) In re Federal Communications Commission, 217 F.3d 215 (2d Cir. 2000) 참조.

않을 권한을 활용하려고 기도한다면, 정부는 자기 자신의 투석기 위에 올라가게 될 위험을 무릅써야 한다. 그러한 행위는 차별금지 조항인 §525를 위반하는 것이기 때문이다.[10]

채무자의 권리를 그에 대한 모든 제한과 함께 그대로 관재인이 승계한다는 관념은, 채무자가 제3자에 대하여 가진 청구원인이 무엇이든지 간에 완전하게 적용된다. 만일 채무자가 파산절차 밖에서, 불법행위를 이유로 제3자에 대하여 소송을 제기할 수 있다면, 파산절차 내에서도 관재인은 이 소송을 제기할 수 있다. 이에 대하여 제3자 측에서도 파산절차 외에서 그가 주장할 수 있는 모든 항변을 제출할 수 있다.

예를 들어, 채무자의 피고용자 중 한 명이 회계감사인의 도움을 받아 사기에 가담한 경우를 가정해보자. 관재인은 감사인에 대하여 배상을 구하는 소송을 제기하려고 할 것이지만, 곧 공범자라는 항변(in pari delicto)에 마주칠 것임을 발견할 것이다. 감사인은 피고용인이 저지른 비행의 결과는 채무자에게 귀속되어야 한다고 다툴 것이다. 범법행위에 가담한 자가 그 범법행위로 인하여 발생하는 손해를 회복할 수 있어서는 안 된다. 피고용인의 범법행위가 채무자의 비행이라고 간주할 수 있다면(만약 피고용인이 채무자의 금고를 털기 위하여서가 아니라 채무자의 금고를 더 풍부하게 하려고 사기 행위를 한 경우라면 아마도 그럴 것이다), 채무자는 손해를 회복할 수 있는 길이 봉쇄되어 있음을 알게 될 것이다.

어떠한 사건에서 공범자라는 항변이 적용될 수 있는지는, 사건의 구체적 사실관계와 해당 주(州)의 민사법상 항변의 정확한 형태에 달려 있다. 만약 이 항변이 파산절차 외부에서 채무자의 청구를 방어하기 위하여 사용될 수 있다면, 파산절차 내에서도 관재인의 청구를 막기 위하여도 적용될 수 있다.[11] Butner 원칙의 취지에 의하면, 파산법은 민사법에 기초한 청구원인을 그대로 수용하는 바, 이것은 파산법이 다른 재산권을 취급하는 방식이 그러한 것과 마찬가지이다.

---

10) F.C.C. v. Next Wave Personal Communications, Inc., 537 U.S. 293 (2003) 참조
11) Peterson v. Mcgladrey & Pullen, LLP, 676 F.3d 594 (7th Cir. 2012).

§544(a)에 의한 강제환수권

파산절차 밖에서, 일반의 무담보채권자는 채무자보다 더 큰 권리를 갖고 있을 때가 있으며 채무자가 최종적인 권리를 누리지 못하는 재산을 압류할 수 있다. 가장 흔한 사례는, 채무자가 기계를 외상으로 구입하면서 매매대금의 담보를 위한 담보권을 매도인에게 설정하는 합의를 하였는데 그 금융실행진술서를 등기소에 제출하여 공시하는 방식으로 담보권을 완성하지 못한 상황에서 일어난다. 채무자가 기계 대금을 모두 지불하지 못할 경우, 채무자는 그 기계를 점유할 권리를 매도인에 대하여는 주장하지 못한다. 그렇지만, 파산법 이외의 법률 하에서, 금전 채권에 관하여 이행 판결을 받은 채권자는 그 기계를 압류할 수 있고, 매도인에 대하여 우선권을 가진다. 파산절차 외부에서와 마찬가지로 파산절차 내에서도 채권자들이 같은 재산에 대하여 추급할 수 있도록 보장하기 위하여는, 그러한 자산도 또한 파산재단의 일부가 될 수 있도록 보장하는 메커니즘을 파산법이 제공하여야 한다. §544(a)는 이 기능에 봉사한다.

§544(a)는 파산법 외의 법률 하에서 일반의 무담보채권자들이 가질 수 있었던 권리를 관재인에게 준다. 동산의 경우, 신청서가 제출되는 순간에 탄생하여 강제집행을 개시하는 가상적인 압류채권자(hypothetical lien creditor)의 권리를 파산관재인은 가진다. 부동산의 경우, 관재인은 가상적인 선의의 유상매수인(hypothetical bona fide purchaser for value)의 권리를 갖는다. §544(b)는 주(州)의 법에 따라 실제의 채권자들이 가질 수 있었던 권리들을 관재인이 주장할 수 있게 해주며, 어느 채권자가 파산신청 시에 비로소 성립하여 청구원인을 내세우기에는 너무 늦게 도착한 경우라고 하더라도 마찬가지이다. 이들 권리 중 가장 중요한 것으로는, 채무자가 지급불능 상태일 때 채무자가 한 재산이전을 무효로 할 수 있는 권리인데, 예를 들어 합리적으로 동등한 가치보다 적은 가격을 받고 한 재산 이전, 채권자들의 권리행사를 지연하고, 방해하고 또는 기망하는 재산 이전이 그 대상이다. 사해행위로 알려진 이들 권리이전은 다음 제7장에서 자세히 보게 될 것이다. 여기에서는 우선 §544의 대략적인 구조를 집중적으로 살펴보자.

§544(a)는 관재인과 이에 반하는 이해관계인 사이의 다툼에서 누가 이기는지를 결정하기 위한 측정수단을 제공해준다. 만약 §544에서 정의하고 있는 가상적

인 압류채권자(또는 선의의 제3취득자)가 반대편 이해관계인을 이기면, 관재인도 이긴다. 권리를 부인 당하는 자는 일반의 채권자의 지위로 격하된다. 재산 그 자체는 파산재단의 재산이 되고 (왕년에 재산권을 주장하였던 자를 포함하여) 모든 일반 채권자는 비례배당을 받는다. 여기서 마음에 새겨둘 두 가지 중요 쟁점이 있다. 첫째, 관재인의 권리는 제3자의 권리에 의해 측정되고, 둘째, 이 특정 제3자는 가상의 인물이라는 점이다.

동산의 경우, 관재인은 압류채권자로서의 권한을 갖는다. 일반 채권자들은 채무자의 재산뿐만 아니라, 그들의 채권에 관하여 승소판결을 받아 채무자가 점유하는 재산에 압류를 하였다면 잡을 수 있었던 재산도 잡을 수 있다. 세탁소의 예로 돌아와 보면, 당신은 당신의 옷을 되찾아올 수 있다. 왜냐하면 당신은 채무자가 그 옷에 대하여 아무 권리도 없다는 점과 그에 대한 일반 채권자들도 그 옷을 압류할 수 없다는 점을 모두 증명할 수 있기 때문이다. 만약 그 세탁소가 중고 의류 판매 영업도 하고 있었다면, 일상적인 영업과정에서 옷을 구매한 자라면 그 옷을 선의취득할 가능성도 있지만, 일반 채권자는 권리를 취득할 수 없다. 따라서 이 경우 관재인은 §541에서 뿐만 아니라 §544에 의하여도 진다. 당신은 두 장애물을 모두 치웠기 때문에 옷을 되찾아올 권리가 있다. 압류 채권자라는 기준은 사용하기에 쉽고 Butner 원칙을 관철한다. 파산절차 밖에서 세탁소에 대한 일반의 채권자들은 세탁을 위해 맡긴 옷에 추급할 방법이 없다. 따라서 파산절차 안에서도 그들이 추급할 방법을 가져서는 안 된다.

파산관재인에게 이러한 권한을 주는 것의 효과는, 대항력을 갖추지 못한 담보채권자들과 일반채권자들 간의 파산절차 바깥에서의 상대적 지위를 유지하기 위한 것이다. 통일상법전 제9조는, 만약 담보채권자가 금융실행진술서를 등기소에 제출하거나, 일반 채권자가 선취특권을 취득하기 전에 담보물을 점유하는 방식으로 이를 압류함으로써 그 담보권을 완성하였다면 즉 대항력을 갖추었다면 담보채권자는 일반 채권자에 우선한다고 규정하고 있다. 만약 일반 채권자가 파산절차 밖에서 채무자를 상대로 소송을 제기하여, 그의 청구권에 대하여 승소판결을 받고 대항력을 갖추지 못한 담보채권자가 그의 권리를 주장하기 전에 재산을 압류한다면, 담보채권자는 일반 채권자에게 지게 될 것이다. 모든 일반 채권자들은 잠재적인 압류채권자(lien creditor)이다.

통일상법전 제9조는, 대항력을 갖추지 못한 담보채권자는 제3자에게 보이지 않은 제한물권을 주장한다는 원칙을 채택하고 있다. 공시가 이루어지거나, 소유권과 점유가 분리되는 상황에서 일어나는 외관상의 소유권 문제를 치유하기 위한 다른 조치를 취하지 않는 한, 영미법은 일반적으로 제3자에게 대항할 수 있는 소유권적 권리를 승인하지 않는다. 경쟁하는 두 채권자들 사이에서, 외관상의 소유권 문제를 먼저 해결하는 자가 보통 우선권을 가진다. 일반 채권자는 재산을 압류함으로써 즉 물리적으로 점유를 취득함으로써 단번에 재산 위에 권리를 취득하고 외관상 소유권 문제를 해결한다. 따라서 파산절차 밖에서 일반 채권자는 담보채권자가 대항력을 갖추기 전에 재산을 압류하면 담보채권자에 우선하지만, 다른 방식으로는 그렇게 할 수 없다.

간단히 말해서, 파산절차 밖에서 대항력을 갖추지 못한 담보채권자와 일반채권자는 서로 경주를 하는 것이라고 할 수 있다. 이 경주의 결과는 불확실하다. 대항력을 갖추지 못한 담보채권자의 권리를 부인할 권능을 관재인에게 부여하는 것의 효과는 무승부를 선언하는 것이다. 파산절차에서, 관재인은 일반채권자 모두의 이익을 대변하고, 선취특권을 부인 당한 대항력 없는 담보채권자는 일반채권자가 된다. (당신이 담보권을 갖기 위해 노력했다가 실패한다고 해도, 그런 노력을 아예 하지 않았을 때보다 더 나쁜 상황에 처하지는 않을 것이다.) 파산관재인이 이긴다는 것은, 모든 채권자들이 동등하게 배당 받는다는 것을 의미한다. 다시 말해서, 파산법의 법리는 불확실성이 존재하는 경우 채권자들은 평등하게 나누어 가진다는 의미에서 민사법상의 원칙을 보전한다.

부동산의 경우, 파산관재인은 압류 채권자의 권리뿐만 아니라 선의의 유상취득자의 권리도 가진다. 만약 경쟁하는 재산권자(보통 저당권자)가 외관상 소유권의 문제를 치유하기 위해 할 수 있는 것을 다하지 않았다면 관재인이 항상 이겨야 한다는 관념을 전제로 이와 같이 권한을 확장한 것일 수도 있다. 몇몇 주(州)의 법 하에서는, 부동산에 관한 한, 압류 채권자는 완성되지 않은 담보권자에 우선하지 못하고 오로지 선의의 유상 취득자만이 담보권자에 우선하기 때문에 이것까지 해결하기 위한 것이다. 그렇지만, 관재인에게 이러한 권리를 주는 것은 관재인이 그저 일반 채권자들의 권리를 관철하는 것일 뿐이라는 관념과 모순된다. 비록 압류 채권자가 등기되지 않은 부동산 상의 권리에 직접적으로 우선할 수는 없다고 할 지라도, 그들은 간접적으로 그렇게 할 수 있기 때문이다. (집행관이 시행하는 경매절차에서 매수한 자는 완전한 권리를 취득하고 압류 채권자는 그 매각대가를 교부 받을 수 있기 때문이다.)

담보 대출을 실행하는 금융업자를 대리하는 변호사의 첫째 책임은 의뢰인이 그 담보권을 완성하여 대항력을 제대로 갖추게 보장하는 것이다. 통일상법전 제9조에 의하면, 이것은 주로 채무자가 거주하는 주의 주무관서에 금융실행진술서를 제출하여 등기하는 방식으로 이루어진다. 채무자가 법인일 경우, 설립된 주에 거주하는 것으로 간주된다. (2001년 이전에 개정되기 전의 제9조에 의하면, 등기를 할 장소는 담보물의 소재지에 의해 결정되었다.) 만약 이미 채무자가 거의 파산상태라면, 등기를 하기에는 너무 늦었을 수도 있으나, 그렇지 않은 경우도 많이 있다. 더 나아가, 실수는 너무나 흔히 일어나고, 금융업자의 권리는 여러 가지 이유로 완성되지 못할 수 있다. 금융업자가 채무자의 이름을 잘못 적어서 금융실행진술서를 찾을 수 없어 열람불가능한 상태일 수도 있다. 더욱이 제9장은 모든 영역을 다 커버하지 못한다. 간혹 연방법이 제9장보다 우선 적용될 때도 있다. 예를 들어, 저작권에 위에 담보권을 취득하는 채권자가 사려 깊다면 해당 주의 주무관서 및 연방 저작권등기소 두 군데 모두에 서류를 제출할 것이다.[12]

채무자가 1월 1일 금융회사에서 $100,000를 빌리고 그 회사에 담보권을 설정해주었다고 가정해보자. 금융회사는 금융실행진술서를 적절한 접수기관에 제출하지 못한다. 3월 1일, 채무자가 파산신청을 한다. 파산 외의 법률 하에서는, 만약 그들의 선취특권이 담보권의 대항력 형성 전에 발생하였다면, 압류 채권자가 담보채권자에 우선(또는, 많은 변호사들이 'prime'이라는 용어를 쓴다)한다. 담보권을 완성하기 위하여는, 금융회사는 관할 관청에 금융실행진술서를 제출해야 한다. 금융회사가 그것을 못했기 때문에, 채무자가 파산신청을 한 날짜인 3월 1일에는 압류채권자에게 질 것이다. 관리인은 압류채권자의 권능을 가지므로 금융회사는 파산절차 내에서 관재인에게 질 것이다. 그렇지만, §544의 문면에 의하면 약간의 장애가 있다. §544(a)는 담보채권자가 압류채권자가 "부인할 수 있는(voidable)" 권리를 가지고 있을 것을 요건으로 하는 것으로 보인다. 그러나, 파산 외의 법률에 의하면, 압류채권자는 담보채권자의 담보권을 "후순위로 할(subordinate)" 수

12) 아마 대부분의 경우, 미등록 저작권에 대해서는 주정부에 제출하는 것이 적절할 것이고 등록된 저작권에 대해서는 연방정부 접수가 적절할 것이다. Aerocon Engineering, Inc. v. Silicon Valley Bank (In re World Auxilary Power co.), 303 F.3d 1120 (9th Cir. 2002) 참조. 그러나 소프트웨어 프로그램과 같이 꾸준히 업그레이드 되는 저작권 보호 대상물에 대해서는 신경을 써야 한다.

있을 뿐이다.

위 사례와 달리, 위 금융회사가 너무 늦기 전에 자신의 잘못을 알아차리고, 채무자의 파산신청일보다 하루 앞서 회사의 담보권에 대한 등기서류를 제출했다고 가정해보자. 제9조에 의하면, 금융회사의 담보권은 서류가 제출된 날 대항력이 생긴다. 3월 1일, 압류채권자가 금융회사의 담보권을 이길 수 있을까? 답은 '아니다'이다. 그럴 수 없다. 압류채권자가 우선특권을 가지기 위하여는 담보권이 완성되기 전에 압류채권자로서의 지위를 취득하여야 한다. 담보권이 그 대항력을 취득한 다음에 그 목적물을 압류했다면 채권자는 담보권에 우선할 수 없기 때문에, §544(a)에 따르면 관재인 또한 이길 수 없다. 파산법의 다른 부분이 파산관재인이 금융회사의 재산권을 부인하는 것을 허용하지 않는 이상, 금융회사의 담보권은 파산절차 내에서 존중될 것이고, 그 어떤 일반 무담보채권자보다도 우선하여 변제될 것이다.

금융회사가 마지막 순간에 저렇게 한 행위가 부정행위가 아닌지 의심스럽기는 하지만, 이러한 종류의 행위는 이런 종류의 행위는 §544가 겨냥하고 있는 것이 아니다. 이것은 §541(a)(1)이 파산절차 밖에서 채무자가 누릴 수 없는 자산에 추급하는 것을 의도하고 있지 않은 것과 마찬가지이다. 앞으로 제8장에서 보듯이, 관재인은 §547에 의하여 금융회사의 담보권을 편파행위에 해당하는 것으로 보아 아마도 부인할 수 있을 것이다. 이들 조항이 누적적으로 작용하는 점을 고려하면, 이런 거래에 대한 파산법의 효과를 너무 일찍 단정지으려는 유혹에 저항하는 것이 중요하다.

채권자들의 청구권을 승계하는 파산관재인

§544(b)는 §544(a)와 전혀 다르다. §544(b)를 사용하기 위해서는, 관재인은 채권으로 시인할 수 있는 무담보채권을 가진, 실제의 살아 있는 채권자를 찾아야 한다. 이와 같이, 파산관재인은 파산절차 신청일 현재 채무자가 제3자에게 이전한 재산에 대한 권리를 주장할 수 있는 일반의 무담보채권자를 찾아야 한다. 만약 이 채권자가, 파산절차 바깥에서 위 이전에도 불구하고 그 재산에 추급할 수

있다면(또는 파산법 상의 언어를 사용해서 말하자면, 채무자의 재산 이전을 부인할 수 있다면), 관재인은 §544(b)를 이용하여 그 채권자의 구두 속으로 걸어 들어갈 수 있는 것이다. 즉 관재인은 제3자로부터 재산을 회복한다. 그렇게 했을 경우 관재인은 회복한 재산을 파산절차 밖에서라면 그 자산에 추급하였을 채권자에게 넘겨주지는 않는다. 대신에 그 재산은 일반 채권자들 모두에게 비례배당될 재산의 하나로 쌓인다. §544(b)의 이 부분은 정당화하는 것은 까다롭다. 파산절차 밖에서는 채권자 혼자 누렸던 이 권리를 왜 파산절차 안에서는 다른 채권자들과 함께 나누어야 하는지를 설명할 수 있어야 하기 때문이다.

이것을 가장 잘 정당화할 수 있는 근거는, 전적으로 실용주의적인 것이다. 관재인이 §544(b)를 이용할 때에는, 거의 모든 채권자들이 그 거래를 무효화시킬 권리를 갖는 경우가 많다. 비파산법 하에서라면 재산의 회복을 할 수 없을 채권자들을 배당에서 제외하는 것에는 상당한 절차비용이 필요할 것인 한편, 재산의 배당비율에는 극히 미미한 영향을 줄 뿐일 것이다. 예를 들어 채무자가 그의 재고를 일괄매각 하면서 통일상법전 제6조에 규정된 절차를 따르지 않았다고 상상해보자. 제6조에 의하면 일괄매각을 실행할 바로 그 당시의 채권자들만이 그 거래를 부인할 수 있다.[13] 일괄매각을 실행할 당시에는 채권자가 아니었지만 그 후 파산신청까지 권리를 취득한 채권자는 극히 소수일지도 모른다. 그럼에도 불구하고, 관재인은 §544(a)에 의해서는 그 일괄매각 거래를 무효화시킬 수 없다. 그 조항에 의하면, 파산관재인은 파산절차의 신청서 제출 당시에 비로소 생성되는 가상의 압류채권자의 권리를 주장할 수 있기 때문이다. 따라서 채권자들이 집합적으로 행동하는 것을 허용하기 위하여 §544(b)가 필요한 것이다. 일괄매각 당시에는 채권자가 아니었던 몇 안 되는 채권자를 가려내는 것이 어렵기 때문에, 회복한 재산을 이들을 포함한 모든 채권자에게 모두에게 분배하는 것은 파산절차 아닌 방식으로 이루어지는 것과 약간의 차이가 있게 된다.

§544(b)의 두 번째 특징은 더 곤란스럽다. §544(b)에 의하면 관재인은 재산 이전을 전체적으로 부인할 수 있는 권한이 있고 이것은 비록 관재인이 대위하

---

[13] 통 매각에 대한 규제가 최근 몇 년 동안 많은 주에서 폐지되었기에, 이 예는 다소 구식인 감이 있다. 다음 절에서 발견할 수 있듯이, 수정된 제6조는, 매수인에 대한 권리의 성격을 원물반환보다는 가액배상으로 규정함으로써, 통 매각 규제법을 유지해 온 몇몇 주에서, 여기에서는 무시되고 있는 복잡한 문제를 야기한다.

는 당사자라면 오직 일부만을 부인할 수 있는 경우라도 마찬가지이다. 차입매수 (leveraged buyout: LBO)를 겪고 있는 법인을 고려해보자. 만약 이 LBO로 인하여 법인이 지급불능에 빠지게 된다면, 그 매수 과정은 사해행위에 해당한다.[14] 주 (州)의 민사법에 의하면, LBO 전에 법인에 돈을 빌려주었던 채권자들만이 사해행위 취소소송을 제기할 수 있을 것이다. 그러나 채권자들 중 압도적인 다수는 LBO 실행 이후에 등장하였고, LBO에 대하여 완벽하게 잘 알면서 돈을 빌려 주었다. 그렇게 되면 주(州)의 민사법 하에서는, 이 채권자들이나 파산신청 당시 생성되는 가상의 압류 채권자나 모두 사해행위 취소의 소송을 제기할 수 없다. 오직 한 명의 채권자만이 LBO 당시에 채권을 가지고 있었고 신청 당시까지 그 상태가 지속되었다. 그 채권자는 품질 보증 하에 오븐을 산 소비자인데, 그 오븐 내부를 밝히는 전구가 나가 버리는 바람에 $1의 청구권을 가지고 있다. 이 소비자가 민사법상의 의미에서 사해행위취소 소송을 제기할 수 있는 LBO 당시 및 파산 신청 제출 당시 두 시점에 모두 채권을 가진 채권자에 해당한다.[15]

파산법이 아닌 법률 하에서, 파산신청서가 제출되었을 때 이 채권자는 사해행위 취소 소송을 제기할 수 있었다. §544(b)는 관재인이 이 단 한 명의 채권자를 대위하는 것도 허용한다. 파산법이 아닌 법률 하에서, 이 채권자는 절대 $1보다 많은 금액을 원상회복하도록 요구할 수 없다. 그렇지만 관재인은 이런 상한에 구속되지 않는다. 관재인은 이 채권자의 $1짜리 채권에 기초하여 10억 달러의 거래를 부인할 수 있다. 문제가 되는 것은 오로지 파산신청 시점에 누군가를 상대로 부인의 소송을 제기할 권한을 가진, 한 명의 "소중한 채권자(golden creditor)"가 존재하는지 여부이다. 그 채권자의 채권 금액은, 관재인의 거래를 부인할 권한의 한도에 어떠한 제한도 가하지 않는다. 이 이상한 법리는 Moore v. Bay 사건[16] 에서 처음 나왔다.

---

14) Kupetz v. Wolf, 845 F.2d 842 (9th Cir. 1988) 참조. 사해행위의 규제법이 LBO와 다른 기업 거래에 대하여 영향을 미치는 방식에 대하여는 제7장에서 더 자세히 보게 될 것이다.

15) 채권자의 채권이 만기가 되었는지 아닌지, 채권이 금전채권인지 아닌지, 확정된 것인지 조건부인지 여부, 다툼이 있는지 아닌지는 문제되지 않는다. 통일사해행위법(Uniform Fraudulent Transfer Act) §1(3) 참조.

16) 284 U.S. 4 (1931). 판결 이유 자체가 불분명하다. 파산법 하에서 이에 대한 분석에 관하여는 Lippe v. Bairnco Corp., 225 Bankr. 846 (S.N.D.Y. 1998) 참조.

$ 관재인이 가지는 부인권의 한계

　　많은 일반 채권자들이 법인에 돈을 빌려준다고 가정해보자. 그런데 그 법인의 주주들은 법인이라는 형식을 유지하고 그들의 개인 재산을 회사의 재산과 분리하는 일에 무심하다. 이 경우 파산 외 법률 하에서 일반 채권자들은 기업의 법적 책임으로부터 주주들을 보호하는 법인격을 부인(pierce the corporate veil)할 수 있다. 채권자들이 법인격을 부인할 수 있을 때, 채권자들은 주주들에 대하여 직접 소송을 제기하여 그들이 그 법인에 빌려주었던 것을 회수할 수 있다. 만약 그 법인이 파산신청을 하면, 관재인이 일반채권자들을 대신하여 법인격부인 소송을 할 수 있을까? 만약 그 법인 자체가 민사법상 주주들을 상대로 소를 제기하여 그들로부터 회수할 권한을 갖고 있다면, 그 청구원인은 §541에 따른 파산재단의 재산의 수집이 될 것이다. 파산절차 밖에서 채무자가 할 수 있는 계약상 또는 불법행위법상 청구를 하는 소송을 관재인이 할 수 있는 것과 마찬가지로, 관재인은 채권자들의 이익을 위해 법인격부인을 주장할 수 있을 것이다. 관재인이 부인권 중 하나를 이용하여 법인격부인 소송을 제기할 수 있을지 여부에 관한 문제에는 결코 이를 수 없고 법인격부인은 그저 채무자의 재산을 재단으로 수집하는 문제에 그친다.

　　그러나 만약 채무자가 스스로 그 소송을 제기할 수 없다면, 관재인도 마찬가지로 제기할 수 없다. Caplin v. Marine Midland Grace Trust Company 사건에서, 대법원은 채무자 스스로는 할 수 없었던 손해배상 소송을 관재인이 대신 제기할 능력이 있는지를 심리하였다.[17] 이 사건에서 대법원은, 구 파산법 하에서, 관재인은 사채권자들의 이익을 대변하는 직무를 가진 대리인들을[18] 상대로 하여 사채권자들의 이익을 위하여 손해배상의 청구 소송을 제기하지 못한다고 판단하였다. 사채권자들의 대리인은 그 의무로 정해진 사항인, 채무자를 지속적으로 감시하는 직무를 게을리하였을지도 모르지만, 사채권자들이 그들의 대리인에 대하여 가지고 있는 권리는 채무자에 대한 다른 채권자들과는 아무런 관계가 없었다. Caplin 사건에서 침해되었다고 주장된 충실의무(fiduciary duty)는 채무자가 아니라 사채권자들에 대한 것이었다. 어느 채무자에 대한 채권자는 제3자가 다른 채권자

---

17) 406 U.S. 416 (1972).
18) 그 대리인은 보통 '사채수탁자(indenture trustee)'라고 부른다.

에게 부담하고 있는 의무를 침해하였다고 불만을 제기할 수 없는 것이 보통이다.

§544(b)는 관재인이 채무자가 행한 재산의 이전이나 채무자가 부담한 의무만을 부인할 수 있도록 허용한다. 이 조항은 관재인이 손해배상소송을 할 권한을 주지 않는다. 그보다는 관재인은 채무자가 파산절차 밖에서 손해배상청구를 할 수 있었던 경우에만 채무자를 대신하여 손해배상소송을 제기할 수 있다. 위에서 살펴보았듯이, 이 쟁점은 채무자가 그의 법인이라는 형식을 지나치게 무시해서 그 주주들이 기업의 법적 의무에 대해 책임이 있는 경우에 흔히 문제된다. 법인격 부인 소송은 많은 점에 있어서, 관재인이 §544(a)에 따라 확실히 누릴 수 있는 부인권과 비슷하다. 관재인이 채권자들이 부인할 수 있었던 재산거래를 부인할 수는 있어야 하면서 왜 손해배상청구는 할 수 없는지를 설명하는 것은 어렵다. §544에 따른 관재인의 강제환수권의 목적은 집단으로서의 채권자의 권리를 주장하기 위한 것이다. 관재인이, 법인이 지급불능 상태에서 기업의 재산을 주주들에게 이전한 것을 이유로 관재인이 사해행위 취소 소송을 제기할 수 있는 반면에, 주주들이 처음에 기업을 시작할 때 기업에 충분하게 자본을 투자하지 않았다는 것을 이유로 하여 법인격 부인 소송을 제기할 수는 없다고 하는 이유는, 미스테리이다. 그럼에도 불구하고, §544가 일반적으로 해석되어 왔던 바와 같이, 관재인은 위와 같은 법인격 부인의 손해배상을 구하는 소송을 제기할 권리를 그 고유의 권한으로는 갖지 않는다. 파산관재인은 오로지 채무자 스스로가 손해배상소송을 제기할 수 있는 경우에만 이를 대신 해줄 수 있기 때문이다.[19]

일부 연방법원은 채무자인 법인이 그 주주들을 상대로 법인격부인 소송을 제기할 수 있고 따라서 관재인도 역시 §541을 근거로 위 소송을 제기할 수 있다고 판단하였다.[20] 그렇지만 이러한 시도에 대한 민사법상의 근거는 찾기 힘들다. 사실 법인격 부인 소송의 가장 중요한 근거 즉 법인과 주주가 일체로서 동일하다는 것은 법인이 주주들을 상대로 소송을 할 수 있다는 관념과 모순된다. 최소한 한 주의 최고 법원이 채무자 회사가 그 주주들을 상대로 하여 그러한 청구권을 보유하고 있다는 연방 항소법원의 의견 채택을 거부하였다.[21]

---

19) 예를 들어, Breeden v. Kirkpatrick & Lockhart LLP (In re The Bennett Funding Group, Inc.), 336 F.3d 94 (2d Cir. 2003) 참조.
20) 예를 들어, Steyr-Daimler-Puch of America Corp. v. Pappas, 852 F.2d 132 (4th Cir. 1988) 참조.
21) In re Rehabilitation of Centaur Insurance Co., 632 N.E.2d 1050 (Ill.1994) 참조.

채무자관리인(debtor in possession)은 관재인과 같은 권한을 갖고 있기 때문에, 관재인으로 하여금 법인격부인의 소송을 제기하도록 허용하는 것은 전형적인 제11장절차에 있어서 이해관계 충돌을 야기한다. 채무자관리인은 보통 기업을 운영하는 경영자들이고, 많은 경우 이 경영자들은 대주주이며 그들이 자신들을 상대로 소를 제기할 가능성은 별로 없다. 이러한 경우에 개인 채권자 또는 채권자협의회는 채무자관리인을 위하여 그 이름으로 소를 제기하는 것을 허가해 달라고 법원에 신청할 수 있다.[22] 소제기를 위한 허가를 얻기 위해 채권자 또는 채권자협의회는, 채무자관리인 또는 관재인이 소송제기 요구를 부당하게 거절할 것과 청구원인이 그 추구할만한 가치가 있을 것 두 가지 모두를 증명하여야 한다.[23] 그 대안으로서, 채권자 또는 채권자협의회는 소송을 제기하기 위한 조사위원의 선임을 신청할 수도 있다.

제11장절차에서 채무자관리인이 있을 때 발생하는 이해관계의 충돌 문제 외에도, 관재인이 손해배상 청구 소송을 제기할 권한을 제한하는 것을 정당화하는 근거가 또 있다. Moore v. Bay 사건의 법리를 회상해보자. 이 법리는 관재인이 부인된 거래로 회복한 것 또는 손해로 배상 받은 것을 집단으로서의 채권자들에게 인도할 것을 요구하며, 관재인은 파산 외의 법률 하에서라면 이 거래를 부인할 수 있었을 개별 채권자들에게 넘겨 주어서는 안 된다. Moore v. Bay 사건의 법리를 고려할 때, Caplin 사건의 법리는 파산 외 법률 하에서라면 몇 명의 채권자들만이 누렸을 회복된 재산에 일반 채권자들이 가담하는 것을 방지한다.

이러한 부당한 결과가 발생할 때에는 언제나, 우리는 관련 법률 역시 그 영향을 받게 될 것임을 예상해야 한다. Caplin 사건과 그 후속 판례가 구분해 낸 부인권 소송과 손해배상 사이의 뚜렷한 차이로 인하여, 통일상법전 제6조 개정조항의 기초자들은 일괄판매법을 위반한 매수인에 대하여 채권자들이 가진 권리를 손해배상 청구권에 해당하는 것으로 성격을 다시 규정하게 되었다. 구법을 이렇게 개정한 것은 Caplin 법리에 따라 파산절차 내에서 관재인의 권리를 제한하기 위한 것이다.[24]

---

22) Official Committee of Unsecured Creditors v. Chinery, 330 F.3d 548 (3d Cir. 2003) 참조.
23) In re Perkins, 902 F.2d 1254 (7th Cir. 1990) 참조.
24) U.C.C. §6-107 (1988), official Comment 2 참조.

법정 선취특권과 의제신탁

§541과 §544가 각기 행하는 역할이 차이가 있다는 점은 법정 선취특권(statutory line)과 의제신탁(constructive trust)이 연관된 사건에 직면할 때 특히 중요해진다. 먼저, 어떤 채권자들이 주의 특별한 법률로부터 이익을 보는 사례를 생각해보자. 예를 들어, 많은 주들이 주류 도매업자들과 같은 특별이익집단을 보호하는 법률을 갖고 있다. 이러한 저 법률은 이러한 특별이익을 가진 채권자들이 일반 채권자들보다 먼저 전액을 변제 받을 자격을 부여하고 있다.[25] 의제신탁의 사례는 어떤 종류의 심각한 사기 피해자들과 관련이 있다. 채무자는 그가 피해자로부터 편취한 돈이나 다른 재산을 여전히 보유하고 있고, 여기에 대하여 피해자들은 그들이 일반 채권자들에 앞서 그들이 그 돈 또는 다른 재산으로부터 먼저 변제 받을 권리가 있다고 주장한다. 피해자들은 이 돈 또는 다른 재산은 채무자가 의제신탁의 수탁자 지위에서 보유하고 있는 것이라고 주장한다.[26] 각 상황을 차례로 살펴보자.

주류 도매업자 사례가 좀 더 쉬운 사례이다. 앞에서 이미 언급하였듯이, 채무자가 파산절차를 거치고 있을 때에만 적용되는 주(州)법(또는 채무자의 재정적 상태에 따라 적용되는 주 법)은 존중되어서는 안 된다. 주는 일반적으로 적용가능한 권리의 우선순위에 대하여 정할 수 있지만, 파산에 관한 연방의 정책을 지시할 수 없다. 이는 파산법 §541(c)(1)과 §541(1)에 명백하게 나와있다. 그 다음, 우리 사례에서 주 법이 파산절차 내부와 외부 모두에서 적용된다고 가정해보자. §541(a)(1)에 따라 관재인이 수집하는 재산은 이 우선하는 청구권의 대상이 되지만, 이것만으로 조사를 끝낼 수는 없다. §541(a)(1)에 따라 파산재단의 재산이 주류 도매업자가 가진 청구권에 종속한다고 말한다고 하여 그것이 곧 주류 도매업자가 일반 채권자들에 우선한다고 말하는 것은 아니다. 관재인은, §541(a)(1)에 따라 도매업자에 맞서 채무자의 권리를 주장하는 것에 말고도, 일반채권자들의 권리도 주장한다. §545도 §544(a)와 같은 원칙을 따른다. 우리는 주류 도매업자들이 관재인이

---

25) California v. Farmers Markets, Inc., 792 F.2d 1400 (9th Cir. 1986); Max Sobel Wholesale Liquorsv. Nolden, 520 F.2d 761 (9th Cir. 1975) 참조.

26) Heymen v. Kemp (In re Teltronics, Ltd.), 649 F.2d 1236 (7th Cir. 1981) 참조.

대위하는 가상의 인물을 어떻게 상대하는지 알아볼 필요가 있다.

우리는 §544(a)에서, 담보채권자 및 다른 수익자에 맞서서, 파산 신청 시점에서 재산을 압류하였거나 매수한, 선의로 행동하는 가상의 인물이 가지는 권리를 관재인이 주장한다는 것을 보았다. §545에 의하면, 부동산에 대한 담보권을 가진 자들에게 맞설 때와 마찬가지로, 법정 선취특권을 가진 자들을 상대로 할 때에도 관재인은 선의의 유상취득자의 권리를 행사한다. 따라서, 채무자가 주류 도매업자의 청구권으로부터 자유롭게 주류를 팔 수 있었는지 여부를 따져봐야 한다. 판례법은 "법정 선취특권"과 정당성이 없는 "제정법상 우선권"사이의 구별 기준을 만들어 냈다. 그렇지만 결국, 이러한 구별은 파산법이 제시하는 두 단계의 조사에 초점을 맞춘 것은 아니다. 문제가 되는 것은, 도매업자의 우선권이 파산절차 내부와 외부에 있어서 유효한 것인지 여부 및 그 권리가 비파산법 하에서 도매업자가 선의의 유상취득자에게 우선하는 지위를 주는지 여부이다.

의제신탁 사례들도 비슷한 논리를 따라간다. 내가 당신으로부터 $100짜리 수표를 편취할 때 가장 간단한 사례가 발생한다. 내 사기가 탄로났을 때 내 주머니 속에는 $100가 여전히 들어있고 나는 파산신청을 한다. 나의 다른 채권자들은 그 수표가 비례배당 되어야 한다고 주장할 것이다. 그러나 당신은, 내가 당신의 $100를 편취할 때 나는 그것의 점유는 취득했으나 소유권은 취득하지 못했다고 반박할 수 있다. 나는 당신을 위하여 "의제신탁" 관계에서 그 돈을 보유하고 있는 것이다.27) 당신은 $100짜리 수표에 대하여 실질적인 소유권(equitable title)을 가지고 있고, 이 재산권은 채무자인 나의 파산재단에 속하지 않는다. §541(d). 내가 소유하는 자산이 아니기 때문에, §541 하에서 내 채권자들은 여기에 추급할 수 없다.

그러나 당신이 이기기 위해서는, $100짜리 수표에 대한 당신의 권리가 내 채권자들의 권리보다 우월하다는 것도 증명하여야 한다. 위에서 논의하였듯이, 파산절차 밖에서는 그 자산이 채무자 소유가 아님에도 채권자들이 추급할 수 있는 종류의 재산이 있다. 관재인의 강제환수권은 채권자들이 파산절차 내에서 이들

---

27) 이 주장이 주효하기 위하여는, 실제로 주 법상 의제신탁이 존재한다는 것을 증명하는 것이 필수적이다. 의제신탁이 있으면 우선권에 혼란이 야기되기 때문에, 파산법원은 그것을 인정하는데 인색한 경향이 있다. Ades & Berg Group Inventors v. Breeden, 550 F.3d 240 (2d Cir. 2008) 참조.

재산에 추급할 수 있도록 보장한다. §544(a)(1)은 관재인과 여러 제3자들 사이의 구체적인 갈등상황에 일일이 대처하는 방식이 아니라, 광범위하게 적용될 수 있는 원칙을 제공하는 방법으로 그 역할을 한다. 그 원칙은 채무자에 대한 무담보 채권자들은 일반 채권자들이 민사법 하에서 추급할 수 있었던 재산으로부터 비례적 배당을 누린다는 것이다. 동산의 소유권 주장과 관련하여, 우리는 제3자가 압류채권자라는 주장에 맞서 우선하는지 여부를 조사한다. 만약 제3자가 우선한다면, 그 재산은 파산재단에 속하지 않게 된다.

　　당신이 $100의 수표를 되찾을 수 있을 지를 판정하려면, 우리는 이 기준을 적용한다. 다시 말해서, §544(a)(1)은 비파산법 하에서 내가 의제신탁 관계에서 보유하고 있는 재산에 대하여 채권자가 압류를 함으로써 우선특권을 취득할 수 있는지 여부를 살펴보기를 요구한다. 만약 압류로 선취특권자가 될 수 있다면, 관재인 역시 그렇게 할 수 있고, $100 수표는 파산재단에 귀속될 것이다. 그러나 만일 채권자가 파산절차 외에서 압류를 행함으로써 선취특권을 취득하여 그 재산에 추급하지 못한다면, 관재인도 파산절차 안에서 그것에 추급하지 못한다. 늘 그렇듯이, 채무자가 의제신탁으로 보유하고 있는 재산에 대하여는 채권자가 압류를 함으로써 선취특권을 취득하지 못한다.[28] 당신은 $100 수표를 돌려받는다.

　　여기에서의 논리구조는 간단하다. 만약 주(州)입법부가 부주의로 인하여 특정 재산을 편취 당한 사람으로서의 당신의 권리가 일반 채권자들의 권리에 우선해야 한다고 결정하였다면, 파산법에서도 다른 정책을 취할 수 없다. 파산절차 외에서 일반 채권자가 채무자의 자산을 추급할 방법이 없다면, 그들은 파산절차 내에서도 그것을 추급할 수 없어야 한다.

　　541(d)와 §544(a)가 단계적으로 작용한다는 것을 이해하지 못하면 판례법은 그다지 분명하지 않을 수 있다. 채권자들이 두 가지 길 어느 하나를 이용하여 재산을 파산재단으로 귀속시킬 수 있다면 채권자들은 그 재산을 누릴 수 있다. §541(d)는 §544(a)가 적용되는 것을 막지 않고, 더 중요한 것은, §544(a)는 점유를 수반하지 않는 제3자의 재산권이 파산절차에서 존중되어야 하는지의 문제에 대한 결정적인 해답을 제공한다.

---

28) In re Mississippi Valley Livestock, Inc., 745 F.3d 299 (7th Cir. 2014) 참조; Restaurant (Third) of Restitution and Unjust Enrichment §55, Comment d; Atlas, Inc. v. United States, 459 F. Supp. 1000 (D.N.D. 1978); United Carolina Bank v. Brogan, 574 S.E.2d 112 (N.C. Ct. App. 2002).

부동산의 경우, 다른 기준 — 가상적인 선의의 유상매수인이라는 기준 — 을 사용한다. 재산을 의제신탁에 의하여 보유하고 있는 채무자는 선의의 유상매수인에 대하여 완전한 소유권을 넘겨 줄 힘(물론 그럴 권리가 있는 것은 아니지만)이 있다. 기준이 다르기 때문에 결과도 다르지만, 파산법이 아닌 민사법상의 기준을 사용한다는 기본원리는 동일하다.[29] 채무자의 소유에 속하지 않는 재산이 관재인의 강제환수권에 의하여 파산재단으로 귀속될지 여부를 판정하기 위하여는, 우리는 §544(a)가 제시하는 기준을 사용한다. 다시 말하자면, 구체적인 갈등 상황을 일일이 조사하기보다는, 파산법이 우리에게 제공하고 있는 일반적으로 적용될 수 있는 원칙을 사용한다.

§541 하에서의 파산재단에 속하는 재산과 §544에 규정된 강제환수권의 관계는 파산법 전체를 통틀어 가장 중요하면서도 그 중요성이 가장 덜 인식되는 것 중의 하나이다. 관재인은 §541 하에서 채무자의 권리를 누린다. 나아가, §544에 의하면 채권자가 파산절차 밖에서 채무자의 재산에 대하여 주장할 수 있는 권리들을 관재인은 주장할 수 있다. 변호사들은 전적으로 §541에만 집중하고 §544가 많은 일을 한다는 것을 잊어버리는 경우가 자주 있다.

이 장에서, 또 그 앞의 제4장에서, 제4, 5장에서 우리는 채무자가 가진 여러 권리와 의무를 파산법이 합당하게 번역하여 파산법정으로 이끌어가는 방법에 대하여 살펴보았다. 다음 장에서 우리는, 권리와 의무가 함께 융합된 상황을 파산법이 처리하는 방식을 살펴볼 것이다. 미이행 쌍무계약에 관한 이들 쟁점은 특별한 도전과제를 제공해준다.

---

29) Wells Fargo Funding v. Gold, 432 Bankr. 216 (E.D. Va. 2009) 참조; Belisle v. Plunkett, 877 F.2d 512 (7th Cir. 1989).

제 6 장

미이행쌍무계약

제 6 장

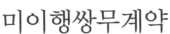

미이행쌍무계약

 미이행쌍무계약의 일반적 성질

앞서 두 장에서는 채무자의 법적 의무와 재산 ― 한편으로는 파산재단에 대한 청구권, 다른 한편으로는 파산재단에 속하는 재산 ― 을 살펴보았다. 제3자가 채무자를 상대로 제기한 불법행위소송은 청구권이고, 채무자가 누군가를 상대로 제기한 불법행위소송은 재산이다. 채무자가 제3자와 어떤 약속을 교환할 때, 그로 인해 발생되는 계약은 법적 의무인 동시에 재산이기도 하다. 채무자의 제3자에 대한 약속은 법적 의무인 반면, 제3자의 채무자에 대한 약속은 청구권이다. 파산법 §356는 이러한 사안에 적용되며, 그것들을 지배하는 원칙들을 제시한다. 이 조항은 복잡하며 어떤 경우에는 불필요하다 싶을 정도이다. 그럼에도 불구하고, 여기에서 작용하는 기본 원칙들은 건전한 것이고 단일한 사실관계에 대해서 몇 가지 다른 방식으로 설명할 수 있다.

다음 사안으로 시작해보자. 나는 '채무자 회사'이다. 나는 당신에게 $5를 지불하고 당신은 일주일 안에 나에게 한 말의 밀을 주기로 동의한다. 그 중간에 나는 파산신청서를 제출한다. 내 관재인은 이 상황을 본다. 내가 지불한 $5는 영원히 사라졌다. 그러나 관재인은 당신으로부터 밀 한 말을 가져올 권리가 있다. 당신이 인도하지 않으면 관재인은 당신을 제소할 것이다. 여기에서 관재인이 가진 것은 §541에 정해진 재산이다. 한 말의 밀을 인도하겠다는 약속이 없는 경우보다는 그런 약속이 있을 경우 모든 파산채권자들의 이익은 증진될 것이다.

이제 당신이 나에게 밀 한 말을 먼저 주었고 내가 일주일 안에 당신에게 돈을 지급하겠다고 약속한다고 가정해보자. 그 중간에, 나는 파산신청서를 제출한다. 관재인은 무엇을 발견하는가? 나로부터 5달러를 받을 당신의 권리는 수많은 종류의 청구권 중 하나이다. 당신은 많은 채권자들 중 한 명이고, 당신의 청구권은, 다른 사람들의 것과 마찬가지로, 관재인이 파산재단의 재산을 비례배당할 때 1달러 당 불과 몇 센트씩 만을 받을 것이다.

이제 위 두 사례를 결합시켜 보자. 당신과 나는 계약관계에 들어간다. 당신은 일주일 안으로 나에게 밀 한 말을 주기로 하고, 나는 그것에 대하여 $5를 지불하기로 한다. 여기에는 의무(나는 일주일 안에 당신에게 $5를 주어야 한다)와 재산(나는 당신으로부터 밀 한 말을 받을 권리가 있다) 둘 다 존재한다. 우리는 이러한 종류의 합의상태에 대하여 미이행쌍무계약(executory contract)이라는 이름을 부여한다. 여기에서는 채무자가 제3자에 대하여 법적 의무를 지고 또 제3자가 채무자에게 법적 의무를 지게 된다. 물론, 문제는 이 짐승을 어떻게 부르느냐가 아니라 어떻게 다루는가이다.

관재인은 이 계약에 대해 어떻게 느낄 것인가? 이것은 그 중간기간 동안 밀의 시장가격에 무엇이 일어났는가에 따라 다르다. 밀의 시장가격이 상승하여 이제 밀 한 말이 $10이라고 가정해보자. 이 경우, 관재인은 이익이다. 관재인은 $5를 사용하여 $10의 가치가 있는 것(밀 한 말)을 얻을 수 있다. 이것은 아주 괜찮은 거래이고 관재인이 이를 이용할 수 있어야 한다. 그러나 매도인인 당신은 흥정한 바에 구속된다. 당신은 $5를 달라고 했으므로 $5를 받을 것이다. 당신에게는 불리한 거래이겠지만, 파산신청서가 제출되지 않았어도 그것은 불리한 거래였을 것이다. 파산법이 당신을 이러한 상황으로부터 벗어나게 해주지는 못할 것이다.

관재인은 그저 새로운 관리자일 뿐이다.[1] $5와 교환으로 나에게 밀 한 말을 주어야 하는 당신의 의무를 나의 관리자가 동일하게 유지될 것을 조건으로 한 것은 우리가 이룬 거래의 어디에도 존재하지 않는다. 우리는 단순히 다음과 같이 말하는 규칙을 원한다. 만약 채무자가, 파산절차 밖에서 새로운 관리자가 누릴 수 있는 유리한 거래를 하였다면, 파산절차 안에서 관재인이 그것의 이점을 누릴

---

[1] Commodity Futures Trading Commission v. Weintraub, 471 U.S. 343 (1985).

수 있어야 한다. 우선, §365가 정확히 이 역할을 한다. 물론, 파산절차 밖의 세상에서 관재인은 그 거래의 반대 약속을 지켜야 한다. 관재인은 $5를 주지 않고서는 밀을 얻을 수 없다. 관재인이 유리한 계약의 이점을 취하는(그리고 채무자의 계약상 의무를 이행하는) 위와 같은 공식적 과정을 인수(assumption)라고 부른다. 관재인이 그 계약을 인수하고 그것을 파산재단으로 가지고 올 때, 재단은 그 계약으로부터 얻을 수 있는 모든 이익을 누리지만, 그로 인한 의무 역시 모두 부담한다.

　　그러나 밀 가격이 폭락하였을 때는 어떤 일이 벌어지는가? 이제 나는 $1에 밀을 살 수 있게 되었고, 당신은 당신이 가진 밀을 $1에 팔 수 있을 뿐이다. 위 거래는 더 이상 좋아 보이지 않는다. 나는 지금 $1의 가치밖에 없는 것을 $5나 주고 사기로 했다. 이런 식으로 맺은 계약이 나를 파산으로 몰고 왔다. 부담스러운 계약에서 벗어나는 것과 손해배상 소송에 스스로를 노출하는 것은 모두가 행사할 수 있는 권한이다. 우리는 홈즈 대법관이 제시한 세상에 살고 있다.[2] 법인의 신 경영진은, 손해에 대해 법적 책임을 지고 구 경영진이 체결한 계약을 깰 수 있다. 관재인은 신 경영진이므로, 만약 계약이 파산재단의 재산이라면 그것을 위반할 수 있다. 미이행쌍무계약을 위반할 수 있는 (그리고 제3자의 손해배상청구권을 촉발시킬 수 있는) 관재인의 능력은, 파산법의 용어로 말하면, 계약을 해제(reject)할 수 있는 권리를 의미한다. 미이행쌍무계약에 대한 해제는 파산절차 밖에서의 계약 위반과 똑같지는 않다. 불리한 미이행쌍무계약을 해제하는 것은 재산을 포기하는 것과 유사하다.[3] 그러나 구별의 실익은 별로 없다. 대부분의 경우 당신은 파산절차 내에서 미이행쌍무계약을 해제하는 것은 파산절차 밖에서 계약을 위반하는 것과 똑같은 결과를 가져온다고 생각해도 무방하다.

　　관재인에게 위반 권한을 주는 것은 비슷한 상황에 놓인 자들을 동등하게 취급하는 것을 보장한다. 그들의 법적 권리에 관한 한, 채무자와 계약을 맺은 당사자는 채무자에게 돈을 빌려준 자와 같은 상황에 놓이게 된다. 둘 모두, 채무자가 약속한 것을 이행하지 않을 경우 그 손해에 대해 소를 제기할 권리가 있다. 지급불능인 채무자는 그의 약속을 모두 지키지는 못한다. 파산의 일반 원칙은, 한 조

---

2) Oliver Wendell Holmes, The Path of the law, 10 Harv. L. Rev. 457, 462 (1897) ("보통법에서 계약을 지켜야 할 의무는 당신이 그것을 지키지 않을 경우 손해를 배상해야 한다는 예측을 의미할 뿐 그 이상도 그 이하도 아니다.").

3) Brown v. O'keefe, 300 U.S. 598 (1937); Sparhawk v. Yerkes, 142 U.S. 1 (1891).

를 다른 조보다 우선시키는 것이라기 보다, 비례배당의 원칙이다. 관재인이 채무자의 계약을 불이행하는 것을 허용하는 것은 채무자에 대한 모든 손해배상 소송들이 같은 방식으로 취급됨을 보장한다. 결국 그들은 모두 채무자에 대하여 청구권을 가지고 있고 파산재단으로부터 비례배당 받는다.

이것은, 대략적으로 살펴보았을 때, §365에서 걸려 있는 것이 무엇인지를 당신에게 말해준다. 위에서 서술한 바와 같이, 미이행쌍무계약은 재산이면서 동시에 법적 의무이다. 계약이 이행되어야 할(executory) 상태에 있다는 것은, 채무자가 상대방에게 의무가 있고, 상대방 역시 채무자에게 의무가 있다는 뜻이다. 파산법은 '미이행쌍무계약'이라는 용어를 정의하고 있지는 않다. 가장 잘 알려지고 널리 받아들여지고 있는 정의는 Vern Countryman이 내린 정의이다. 그의 관점에 의하면, 미이행쌍무계약은 "[채무자]와 계약 상대방 쌍방의 의무가 아직 이행되지 않아서, 그 중 일방이 계약을 불이행할 경우 그것을 이유로 상대방이 이행의무를 면할 수 있는 중대한 위반을 구성하게 되는 계약"이다.[4]

채무자의 의무가 상대방의 채무자에 대한 의무보다 가볍다면 미이행쌍무계약은 채무자에게 유리한 것이다. §365는 채권자들이 (관재인을 통해) 채무자에게 유리한 미이행쌍무계약의 이익을 누릴 수 있게 보장해준다. 그것은 만약 그 계약이 불리할 경우, 제3자는 파산절차 밖에서 채무자가 채무불이행 했을 경우 제3자가 갖게 될 지위와 같은 지위에 서는 것을 보장해준다. 개괄적으로 중요 요점들만 보자면, 이 조항은 타당하다. 그렇지만 §365의 특정 세부사항들은 서로 조화시키기가 어렵다. 이제 우리는 더 복잡한 사례들을 보게 될 것이다. 위 조항에서 우리가 마주치는 문제들은 크게 두 가지로 나눌 수 있다. 하나는, 계약이 나쁜 것이어서 관재인이 이를 위반하고 싶을 때 발생한다. 이것이 '해제(rejection)'의 문제이다. 다른 하나는, 계약이 매우 좋아서 관재인이 이를 계속 유지하고 싶을 때 발생한다. 이것이 '인수(assumption)'의 문제이다.

---

4) Vern Countryman, Executory Contracts in Bankruptcy (part I), 57 Minn. L. Rev. 439 (1973).

$ 해제(Rejection)

　미이행쌍무계약의 해제에 관한 판례법을 조화롭게 해석하는 것이 어려운 것은 대부분은 초창기에 많은 법원이 해제권과 그 행사로부터 파생하는 결과를 분간하지 못한 것에서 비롯되었다. 예를 들어 어떤 법원은, 미이행쌍무계약의 해제가 손해배상채권이라는 절차개시 전 채권을 발생시킬 뿐만 아니라, 계약 상대방으로부터 계약의 이익 모두를 박탈한다고 판시하기도 하였다. 그러나 만약 파산절차 밖에서 계약위반이 발생했을 때 상대방이 그러한 이익을 얻을 수 있었던 경우라면, 이러한 결론은 합당하지 않다. 미이행성(executoriness)을 특별히 우대하는 파산법 상의 정책은 존재하지 않는다.[5] §365는 파산재단의 재산을 확장시키기 위해서, 또는 파산절차 내 채권자들에게 절차 밖에서 가질 수 없었던 무엇인가를 주기 위해 설정된 부인권(avoiding power)이 아니다. 몇 가지 예가 이 점을 설명해줄 수 있다.

　한 법인이 당신에게 그 회사 로비에 걸려있는 반 고흐 그림을 100만 달러에 매도하겠다고 약속한다. 대금 지급 또는 그림의 인도 어느 것도 실행되기 전에, 그 그림의 가격이 폭등한다. 그 동안 그 기업의 사업은 부도가 나서 파산신청을 한다. 그 기업의 재산은 (반 고흐 그림과는 별개로) 100만 달러의 가치를 지닌다. 그 기업은 (당신을 제외하고) 채권자들에게 500만 달러의 빚이 있다. 기업의 경영진은 그림을 사들이는 데 너무 시간을 많이 써서 사업을 경영하는 데 충분한 시간을 투자하지 못했다.

　반 고흐 그림이 이제 200만 달러에 팔릴 수 있기 때문에, 관재인은 이 거래에서 벗어나길 원한다. 관재인은 계약을 위반하는 것이 일반채권자들에게 이익이라는 이유를 댄다. 왜냐하면 만약 그 기업이 계약을 이행하여 당신에게 반 고흐 그림을 팔면, 회사의 재산은 200만 달러가 될 것이고(반 고흐 그림 외에 존재하던 100만 달러 상당의 재산과 당신이 지불했을 100만 달러), 채권은 500만 달러가 될 것이기 때문이다. 일반채권자들은 1달러 당 40센트를 받게 될 것이다. 그러나 만약 관재인이 그 거래에서 벗어나면, 반 고흐 그림은 200만 달러에 팔릴 수 있다. 그럼 기업의 재산은 300만 달러가 될 것이다(반 고흐 그림 외에 존재하던 100만 달러

---

5) Michael Andrew, Executory Contracts in Bankruptcy : Understanding "Rejection," 59 U. Colo. L. Rev. 845 (1988) 참조.

상당의 재산과 그림을 팔아서 생긴 200만 달러). 법적 채무는 600만 달러가 될 것이다 (원래 존재하던 500만 달러 채무와 계약 위반으로 인해 당신에게 부담하는 100만 달러의 손해배상채무). 계약 위반으로 인한 손해배상액은 현재 시가와 계약 상 매매가액 간의 차액인 100만 달러이다(200만 달러에서 100만 달러를 뺀 것). 채권자들은 1달러 당 50센트를 받게 된다.

관재인이 실제로 위 계약이행을 거절하고 당신으로부터 손해배상청구권만을 부담할 것인가를 이해하기 위해서는, 기업 경영진이 파산절차 밖에서 반 고흐 그림을 넘기기를 거부했을 경우 어떤 일이 발생하게 될지를 살펴보아야 한다. 당신은 손해배상이 아니라 그림의 인도를 구하는 특정 이행(specific performance)을 구하는 소송을 제기할 수 있을 것이다. 기업과의 관계에서, 당신은 그 그림에 대한 권리가 있다. 반 고흐 그림이 유일무이하기 때문에, 당신은 단지 금전적 손해만 보는 것이 아니다. 당신은 그림을 얻는 것이다. 그러나 당신은 기업의 일반채권자들과 경쟁관계에 놓여있다. 당신은 당신이 그들의 채권에 맞서 반 고흐 그림을 가져갈 수 있을지 여부를 자문해보아야 한다.

채권자들이 §541(a)(1)에 의해 누리는 권리와 그들이 §544와 §545 규정에 의한 관재인의 강제환수권(strong-arm power)에 기하여 누리는 권리들을 살펴볼 때, 우리가 제5장에서 거쳤던 것과 같은 절차를 거쳐야 한다. 파산절차 내에서 당신의 권리를 가늠해보기 위해서는, 채무자뿐만 아니라 채권에 대해 판결을 받아 그 그림을 압류한 채권자들에게 맞서 당신이 얼마나 잘해낼 수 있을지를 걱정해야 한다. 만약 파산절차 밖에서 압류 채권자가 그 그림에 대해 당신보다 우선한다면, 당신은 위 기업이 파산절차에 들어갔을 때 그 그림을 갖겠다고 주장할 수 없을 것이다. 비파산법은 일반적으로 압류채권자에게 우선권을 준다. 통일상법전 §2-402에 의하면, 재산은 매도인이 점유를 유지하는 한 적법하게 채권자들이 압류할 수 있다. 만약 당신이 이미 대금을 지불했다면 이 상품에 대하여 매수인의 특별 우선특권이 있을지도 모르나, 현재 당신은 대금을 지불하지 않았다. 우리가 지금 갖고 있는 원칙은, 오직 당신이 공시방법을 갖추어 외형적인 소유권 (ostensible ownership)이라는 문제를 해결하였을 때에만 그림에 대한 당신의 권리가 기업의 채권자들의 권리보다 우선한다는 것이다. 이러한 이유 때문에, 만약 당신이 그 그림을 점유하지 못했다면 기업의 파산절차 안에서 당신은 오로지 손해배상청구권만 갖게 된다. §365는 이러한 결론을 제공한다.

§365는 임대차(leases)에도 적용된다. 간단한 예를 살펴보자. 내가 당신으로부터 로데오거리에 있는 상점을 임차했다고 가정해보자. 나는 월 1만 달러를 차임으로 지급하고 있고, 5년 동안 매년 당신에게 이 금액을, 즉 총 60만 달러를 지급해야 한다. 로데오거리에 있는 상점에 대한 시장이 붕괴하였다. 상점의 임대가치는 이제 훨씬 낮아졌다. 나는 파산신청을 한다. 내가 파산절차 밖에서 얼마든지 이 임대차계약을 파기할 수 있었던 것과 마찬가지로, 내 관재인은 이 임대차계약을 파기할 수 있다. 파산절차 밖에서, 당신은 내 계약 위반으로 인하여 발생한 손해를 배상 받을 권리가 있을 것이다. 파산절차 안에서도, 관재인이 위 임대차계약에 대하여 해제를 할 수 있고 당신은 손해배상의 청구에 직면한다.[6]

이 거래의 다른 면을 살펴보도록 하자. 나는 당신이 빌린 부동산을 소유하고 있다. 당신은 6년 간 월 5,000달러를 나에게 지불하기로 했다. 임대차 계약으로 인해 나는 그 건물의 냉방과 난방 의무를 부담하게 되었고, 이 비용으로 월 2,000달러가 소요된다. 계약체결 후 1년 지났을 무렵 우리는 부동산 경기 호황을 맞이하게 된다. 만약 당신이 이 부동산을 현재시점에서 빌렸다면, 당신은 나에게 월 1만 달러를 지불해야 했을 것이다. 내가 파산신청을 한다. 내 관재인은 무엇을 할 수 있는가? 더 구체적으로, 관재인이 부동산 임대가격의 극적인 인상으로부터 이익을 얻을 수 있는 방법이 없을까?

파산절차 밖에서, 나는 그 건물의 냉·난방을 끊어버릴 수 있다. 대부분의 주에서, 당신은 부동산에서 나가면서 나에게 손해배상청구를 하거나 그 부동산을 점유하면서 냉·난방비를 직접 내고 차임에서 공제하는 두 가지 방법 중 하나를 취할 수 있다. 만약 우리가 파산절차 내에서 이런 문제제기를 한다면, 우리는 대체로 같은 답을 얻게 된다. 관재인은 그 임대차 계약의 이행을 거부하고 건물 냉·난방을 중단할 수 있다. 당신은 파산절차 밖에서 할 수 있었던 것과 같이, 거래 전체를 취소하고 손해배상 청구를 할 수 있다. 또는, 당신은 내가 낼 의무가 있는 냉·난방비를 나를 대신해서 직접 내고 임대료에서 이 비용을 뺄 수도 있다. 당신의 점유를 지속하면서 냉·난방비를 공제할 권리는 §365(h)에서 명시적으로 규정되어 있다. 그렇지만 관재인은 임대차 계약에 따른 내 의무 이행을 거절한다고 하여도 당신의 부동산 점유를 박탈하지는 못한다. 당신은 그 부동산의 점유를

---

6) 그렇지만, §502(b)(6)에 따라, 임대차계약 위반으로 인한 손해배상액에는 상한선이 있다는 것을 기억하라.

유지할 권리를 갖는다. 즉 당신은 임차권(leasehold interest)을 갖는다. 이러한 재산적 이해관계는 당신에게, 그 재산에 대한 내 채권자들의 권리보다 우선하는 권리를 준다. 심지어 채무자로부터 그 부동산을 매수한 선의의 매수인조차도, 남은 임차기간 동안 그 재산을 누릴 당신의 권리에 우선하여 자유롭게 주택을 가지고 갈 수 없다. Chicago Board of Trade 사건의 일반적 법리만으로도 충분히 이러한 결론을 내리기에 충분하겠지만, §365(h)는 이 점을 분명하게 하고 있다.

파산법의 입안자들은 부동산에 대해서는 이러한 명시적인 원칙을 규정하였으나 동산에 대해서는 규정하지 않음으로써 문제를 발생시켰다. Chicago Board of Trade에도 불구하고, 동산은 다르게 취급되어야 함을 의미한다고 해석해야 할까? 내가 당신에게 큰 기계장비를 임대해 주었다고 가정해보자. 당신은 차임으로 월 5,000달러를 지불한다. 이 기계는 이제 월 1만 달러에 임대될 수 있다. 내가 파산 신청을 한다. 관재인이 이 임대계약을 해제할 수 있지만, 그것을 해제한다는 것은 무엇을 의미하는가? 파산 외 법률 하에서 나는 계약을 위반하겠다고 선언하며 그 기계를 돌려달라고 당신을 강제할 수 없다. 나는 당신에게 재산적 권리를 이전하였다. 그것은 이미 다 끝난 일이다. 당신은 이것을 점유하며 사용할 권리가 있다. 나는 "나 위반한다!"라고 내가 원하는 대로 소리지를 수 있으나 당신에게 기계를 돌려달라고 강제할 수는 없다. 파산절차 내에서, 관재인은 내가 당신에게 부담했던 서비스 제공 의무를, 당신이 내 파산재단에 대하여 갖는 일반 채권으로 변환할 수 있다. 이것은 위 부동산 사례에서의 냉난방 의무와 똑같다. 하지만 해제에 그 이상의 의미가 있는가? 즉 해제가 관재인이 기계를 돌려받을 수 있음을 의미하는가? 동산에 대해서는 §365(h)와 유사한 조항이 없다. 해제에도 불구하고 당신이 컴퓨터의 점유를 지속할 수 있다는 취지의 명시적인 규정은 없다.

우리 사안의 경우 이 규정의 부재가 의미하는 바는 내 관재인이 동산의 임대차 계약을 파기할 때 당신이 점유를 지속할 수 없다는 것이라고 추측할 수도 있겠다. 반대해석 방식에 의하면, 한 사례를 명시적으로 포함시키는 것은 다른 사례의 배제를 의미한다고 생각할 수 있다. 연방의회는 부동산의 임차인은 해제 후에도 점유를 유지할 수 있다고 명백하게 규정함으로써 동산 임차인들은 그럴 수 없다고 묵시적으로 판단한 것이라고 추측할 수도 있다. 그러나 전혀 다른 결론에 이를 수도 있다. 똑같이 설득력이 있는 이 견해는 관재인이 동산 임대차 계약을 해제하기를 원하는 사례는 거의 없다는 관찰에서 시작한다. 해제는 재산의 가치가 올라갈 때에만 매력적인 수단이 되는데, 이것은 동산의 경우에는 잘 발생하지 않는다. 의회는 §365(h)를 제정할 때, 가장 발생할 확률이 높은 사안들만 다루었다. 의회는, 법원이 부동산에 관한 사건에서 Chicago Board of Trade 원칙에 따라 해결할 것임을 신뢰하지 않기로 결정하였지만, 동산의 경우에도 이와 비슷한 사례가 발생할 수 있다는 점에 대해서는 전혀 생각해보지 않았을 수도 있다. 부동산의 경우 이 법리를 명백히 규정하였다는 것이 다른 곳에서 적용되는 일반적인 원칙을 의회가 배제하였다는 것을 필연적으로 의미하지는 않는다. 사실 그렇게 중요한 법리를 연방의회가 간접적인 방법으로 거부할 이유가 어디에 있겠는가?

여기에는 중요한 교훈이 하나 있다. 임대차 또는 미이행쌍무계약에 있어서 관재인이 해제권을 행사하여 파산재단을 장래의 의무로부터 자유롭게 하는 것은 문제의 하나일 뿐이다. 전혀 다른 또 하나의 문제는 그러한 해제의 와중에서 흘러나오는 결과가 무엇인지를 확인하는 것이다. 해제가 언제나 그 당사자들을 거래 이전에 그들이 존재하던 지위로 되돌려 놓지는 않는다. 관재인은 재산의 임대차계약을 해제할 수 있으나, 그것이 곧 임차인이 점유 사용할 권리가 소멸한다거나 파산재단이 재산 소유권의 완전한 상태를 회복함을 의미하는 것은 아니다. "해제"의 성질 중 어느 것도 관재인이 이미 완결된 재산이전에 해당하는 것을 원상회복(또는 "부인")할 수 있게 허용할 것을 필연적으로 요구하지 않는다. 기술 라이선스 계약, 경업금지약정 및 이와 비슷한 계약들의 해제를 살펴볼 때에도 우리는 이 교훈을 마음에 잘 새겨두어야 한다.

다음 문제도 살펴보자. 한 기업이 새로운 청량음료를 개발하였다. 당신의 의뢰인은 칼라마주(Kalamazoo)에서의 청량음료 독점판매권을, 1만 달러를 선불로 내고 상품 한 개가 팔릴 때마다 추가로 1달러를 지불하는 조건으로 취득하였다. (당신의 의뢰인은 그 음료의 제조방법과 제조회사를 가지고 있다. 한편 그 기업은 다양한 지역적, 국제적 광고 캠페인을 해주기로 약속하였다.) 그 청량음료는 칼라마주에서 선풍적인 인기를 끌었으나 나머지 지역에서는 전혀 인기가 없었다. 그런데 기업은 제11장절차의 보호를 청원하였다. 관재인은, 칼라마주에서 그 음료를 독점판매할 수 있는 당신의 권리를 빼앗아 가고 싶어한다. 만약 관재인이 이것을 할 수 있다면, 관재인은 그 후 당신 의뢰인과 훨씬 비싼 수수료를 조건으로 새로운 라이선스 계약을 체결하려 할 것이다. 혹은, 관재인이 칼라마주에서의 청량음료를 판매할 수 있는 권리를 다른 사람에게 팔아버릴 수도 있다. 관재인은 독점적 판매권한이 미이행쌍무계약이라고 주장한다. 더 나아가 관재인은, 그 계약이 해제되고 그 기업이 칼라마주에서의 판매권한을 다른 사람들에게 줄 능력을 갖게 되는 순간 당신 의뢰인이 그 청량음료 판매권을 잃게 될 것이라고 주장한다. 가맹계약에 따르면 쌍방은 잔존하는 교환적인 채무가 있고, 이 의무를 위반하는 경우 파산 외 법률에 의하면 상대방이 그 거래를 종료하는 것이 허용된다. 즉 기업은 마케팅 지원을 제공하고 광고 비용을 지급할 의무가 있고, 당신의 의뢰인도 상품 한 개 당 1달러의 사용료(royalty)를 지불할 의무가 있는 것이다.

　　누군가는 이러한 법적 의무들로 인해 칼라마주에서의 청량음료 제조권이 반드시 미이행쌍무계약의 일부가 되는 것은 아니라고 주장할 수도 있다. 다음 예시를 한 번 보라. 한 기업이 당신에게 기계 하나를 팔았고, 그것에 대한 서비스도 제공해주겠다고 약속하였다. 당신은 그 서비스에 대한 비용을 지불하기로 하였다. 관재인은 이것을 한 덩어리로 묶어서 미이행쌍무계약이라 칭하고 해제를 한 뒤 그 기계를 다시 가져가서 다른 사람에게 팔아버릴 수 없다.

　　이 거래도 다를 것이 없다. 당신 의뢰인이 칼라마주에서의 이 청량음료 독점 판매권을 샀다. 당신 의뢰인은 이미 이 권리를 가지고 있다. 그 기업이 파산절차에서 이 권리를 다시 빼앗아갈 수 없어야 하는 것은, 한 번 팔아 버린 기계를 회수할 수 없는 것이나 마찬가지이다. 칼라마주에서의 청량음료 판매권은 더 이상 채무자에게 속하지 않는다. 누군가는 이것이 내가 당신에게 밀을 팔기로 약속하고 당신이 그에 대한 대금을 지불하기로 약속한 전형적인 사례가 아니고, 오히려 내가 이미 밀을 팔아버린, 상당히 다른 사안이라고 주장할 수도 있다. 내가 밀을 한 번 팔아버린 이상, 그것은 더 이상 내 것이 아니다.

　　그러나 이것이 틀렸다고 한 번 가정해보자. 칼라마주 사례에서의 계약이 미이행쌍무계약이라고 가정해보자. 판매권한이 미이행쌍무계약이라고 하더라도 우리는 여전히 해제의 결과를 확인해볼 필요가 있다. 관재인은 계약에 따른 채무자의 법적 의무를 계속 이행하여 상품을 광고하기를 거부한다. 하지만 그것은 당신의 의뢰인을 그다지 곤란하게 하지 않는다. 그 청량 음료가 아주 인기가 많아서 광고가 필요 없기 때문이다. 어쨌든, 당신 의뢰인은 그 기업이 약속했던 광고 가치 상당의 채권을 갖게 되고, 이 채권은 당신 의뢰인이 지불해야 하는 사용료와 상계될 수 있다. 하지만 당신 의뢰인이 계속 음료를 팔 수 있는가? 이것은 임차인의 점유를 유지할 권리와 유사해 보인다. 파산 외 법률 하에서, 그 기업은 당신 의뢰인이 청량음료를 파는 것을 막지 못할 것이다. 그 기업이 계약을 위반한 당사자이다. 로데오 거리에 있는 부동산의 임대인이 파산신청을 하여 임대차계약 해제를 하고 임차인을 퇴거시킬 수 없듯이, 그 기업 역시 법원에 가서 당신 의뢰인을 막아달라고 할 수 없다. 당신의 의뢰인은 실효적으로 지배를 하고 있는 정당한 실시권자이다. §365에 따른 해제권이 관재인에게 당신 의뢰인의 권리를 회수할 권리를 왜 주어야 하는가?

채무자가 칼라마주에서 음료를 제조하고 팔 권리를 다른 사람에게 주고 싶다면 어떻게 할 것인가? 파산절차 밖에서, 만약 채무자가 당신과의 계약을 파기하고 다른 사람들에게 칼라마주에서의 청량음료 판매권을 주기 시작했다고 말했다면, 당신은 금지명령을 서둘러 받아낼 것이다. 여기서 더 중요한 것은, 채무자의 일반 채권자들은 관리인을 임명되게 할 수 없으며, 또한 당신의 칼라마주에서의 청량음료 판매권을 다른 이들에게 양도할 수도 없다. 이 사안은 관재인이 계약을 위반하고 당신에 대한 반 고흐 그림 인도의무를 이행하기를 거절하였을 때의 당신의 권리와는 결정적으로 다르다. 그 사안에서 당신은, 압류채권자와의 관계에 있어 그림에 대한 권리가 없었다. 이 사안에서는, 당신의 권리가 최우선순위에 있다. §544에 따른 관재인의 강제환수권을 얼마나 넓게 정의하느냐와 관계없이, 그들은 관재인이 청량음료를 판매할 당신 의뢰인의 권리를 이기도록 만들지 못할 것이다. 파산절차 밖에서, 채무자나 그의 채권자들 어느 누구도 당신 의뢰인이 청량음료 제조하는 것을 막을 능력을 갖지 못할 것이다. 더 나아가, 당신 의뢰인은 채무자에 대하여 음료 광고 금지를 명하도록 할 수 있을 것이다. 게다가, 당신 의뢰인은 채무자로부터 권리를 취득한 제3자, 예를 들면 그 기업 또는 기업의 재산을 매수한 자 등에 대하여도 금지를 명하도록 할 수 있다. 그러나 당신 의뢰인이 이겨야 한다고 결론 내리기 전에, 우리는 다른 어떤 파산 정책이 그림 속으로 들어오지 않을지 자문해보아야 한다. 주요 질문은 채무자의 면책이 당신 의뢰인의 권리에 어떤 영향을 줄지에 집중된다.

한 상점이 당신에게 컴퓨터 한 대를 품질 보증 하에 팔았고, 당신은 30일 이내에 컴퓨터 대금을 지급하기로 하였다고 가정해보자. 그 상점이 컴퓨터를 배달해 주었다. 그 후 그 상점이 파산신청을 하고, 당신과의 계약을 해제한다. 컴퓨터의 재고가 부족하여 그 상점은 당신으로부터 컴퓨터를 환수하여 다른 사람에게 팔고자 한다. 만약 관재인이 당신과의 미이행쌍무계약을 해제한다면 당신은 상점에 대하여 품질보증 의무 위반으로 인한 채권을 갖게 될 것이다. 그 상점의 면책이 당신의 채권을 소멸시킬 것이지만, 컴퓨터를 계속 가지고 있을 당신의 권리를 변경시키지는 못할 것이다.

여기에서 강제환수권은 관재인에게 별 이득을 주지 못한다. 그 상점이나 상점을 대위할 수 있는 자가 컴퓨터를 가져올 수 있을 경우에만 관재인도 강제환수권을 사용하여 그 컴퓨터를 가져올 수 있다. 명확히 하자면, 비파산법은 그 기계에 대해 당신이 갖고 있는 이해관계를 일종의 "재산적 권리(property interest)"이라고 부르지만, 문제가 되는 것은 관재인이 §544(a)를 사용하여 그것보다 더 우선하는 채권을 주장할 수 있는지 여부이고, 그 권리가 파산법이 아닌 법률에서 "재산(property)"인지는 문제되지 않는다. 비파산법 하에서 당신은 계약서에 컴퓨터가 특정되자 마자 그 기계에 대한 "재산적 권리"를 가지게 되지만, 그것에 대한 당신의 최고의 권리는 즉시 발생하지 않는다. 관재인의 강제환수권을 고려할 때, 만약 당신이 그 컴퓨터 대금을 지급하지 않았고 또 그것을 점유하고 있지 않은 경우라면, 계약서에 상품이 특정됨으로써 생기는 그 "재산적 권리"는 당신에게 아무런 도움이 되지 않는다.

면책도 당신의 권리에 영향을 미치지 못한다. 상점의 당신에 대한 채무가 면책되었다고 하더라도 당신은 여전히 컴퓨터를 점유할 수 있고 상점을 상대로 이 권리를 실현하기 위한 소를 제기할 수 있다. (파산절차로 상점이 당신의 채권으로부터 면책되었다는 이유로 상점이 컴퓨터를 압류할 수도 없고 당신의 점유회복 소송에 저항할 수도 없다.) 면책은 오직 제3자가 상점에 대하여 가진 일반 채권에만 영향을 미친다. 제3자가 누리는 다른 권리들은 파산절차를 그저 통과한다.

이와 비슷하게, 청량음료 사업에서도, 면책은 즉 파산절차 종료 후 그 기업의 재산에 추급할 수 있는 당신 의뢰인의 능력에 영향을 미친다. 면책이 되었다고 하더라도 그것은 파산절차 밖에서 추급할 수 없었던 귀중한 재산(칼라마주에서의 청량음료 판매권처럼)을 통제할 능력을 채권자들에게 주지는 않는다. 그 거래가, 전통적인 재산적 권리에 연관되어 있는지 또는 청량음료 판매권과 같은 무체재산권과 연관되어 있는지는 문제가 될 수 없다. 우리는 칼라마주에서의 청량음료 판매권과 같은 권리들을, 전통적인 재산적 권리를 취급하는 것과 같은 방식으로 다루어야 한다. 채무자 또는 채무자를 대위하는 가상의 당사자 중 한 명이 비파산법 하에서 그 권리들을 뒤엎지 못하는 이상 파산법 하에서도 그것들이 영향을

받지 않게 해야 한다.[7)]

   이 영역의 법은 전통적인 재산적 권리가 쟁점이 되었을 때에는 명확하다. 채무자가 매수인에게 토지를 팔았다고 가정해보자. 만약 채무자가 나중에 토지로 다시 이사오려고 하면서 파산신청을 하는 경우, 매수인이 가지는 방해배제권은 파산절차 상의 청구권에 해당하고 그 청구권이 면책의 대상이 된다는 것은 모두 이해할 수 있다. 또 매수인이 토지를 계속 보유할 수 있다는 점 및 채무자가 다시 이사 오고자 할 경우 미래에 방해배제권을 행사할 수 있는 매수인의 능력에도 채무자의 면책은 아무런 영향을 주지 못한다는 점도 누구나 이해할 수 있다. 채무자의 채권자들이 부인권 중 한 종류를 행사하여 토지를 파산재단으로 끌고 들어올 수 없기 때문에, 매수인은 늘 이긴다. 면책은 그 자체로 아무 관계가 없다.

   Victor Ortiz 사건[8)]으로 돌아가 보자. 이 권투 선수는 그의 경기를 주선할 수 있는 배타적인 권리를 기획사에게 주었다. 그가 파산절차에서 기획사와의 계약을 해제하면 어떤 일이 발생하는가? 그 기획사는 권투 선수가 다른 기획사로 가는 것을 막을 권리가 있는가? §365는 이 문제에 대해 침묵한다. §365(g)는 미이행쌍무계약의 해제가 계약위반을 구성한다는 것만을 규정하고 있다. 그것은 그 어떤 다른 결과도 규정하고 있지 않다. 그 조항이 채무자에 대항하여 여전히 강제력이 있는지 여부를 결정하기 위해서는, 우리는 그 권리가 파산법상 "청구권"에 해당하는 형평상 구제수단의 일종인지, 따라서 파산절차 내에서 면책가능한지 여부를 먼저 결정해야 한다. 제4장에서 살펴본 것처럼, 그렇지 않을 수 있다. 기획사가 Ortiz의 경기를 주선할 수 있는 배타적 권리는, 면책 가능한 청구권이라기보다는 Ortiz의 인적 자본 위에 성립한 "선취특권", 즉 재산적 권리에 가까울지도 모른다.

   하지만 아직 탐구는 끝나지 않았다. 제2장에서 논의하였듯이, Local Loan Company v. Hunt 사건의 법리는 개인인 채무자가 미래 수입을 누리는 것을 방해하는 장애물로부터 벗어날 권리를 채무자에게 인정한다. 이 법리는 개인 채무자가 경업금지의 서약으로부터 벗어나는 것을 허용할지도 모른다. 어쨌든 §365가 아니라 §541(a)(6) 언저리를 면밀히 검토할 필요가 있다. §365도, §101(5)(B)도, 개인 채무자의 신선한 새출발(fresh start)의 근거가 되지 못한다. 이들은 절대로 면책을 받을 수 없는 제7장절차에서의 법인에게도 똑같이 적용되기 때문이다.

---

7) In re Printronics, Inc., 189 Bankr. 995 (Bankr. N.D. Fla. 1995).
 8) Top Rank, Inc., v. Oritz, 400 Bankr. 755 (C.D. Cal. 2009).

기술 실시허가 사건에서, 허가권자가 채무자인데 그가 이미 발행하였던 허가권을 회수하려고 의도할 때, 해제로 인하여 발생할 결과에 대하여 연방의회는 해결할 필요가 있었다.[9] 주된 줄기에서, 해제 그 자체로 인하여 채무자가 이미 이전하여 버린 권리를 관재인이 회수하는 것을 허용해서는 안 된다는 관념을 수용하였다. §365(n)에서 기술 실시허가를 규제하는 구체적인 원칙은 동산에 관한 §365(h)의 구체적인 원칙과 유사하다.

§365(h)의 경우에서 그러하듯이, 어떤 이들은 반대해석에 현혹되어 §365(n)이 명시적으로 다루지 않는 상표나 프랜차이즈 계약과 같은 지적재산권은 채무자 측에서 회수할 수 있을 것이라고 추론을 하게 될 수 있다. 그렇지만 법원은 해제는 부인권이 아니며 제3자는 상표를 계속 사용할 수 있다는 견해를 취하는 경향이 있다. 반대해석은 역사적으로 근거가 없고 타당성이 거의 없는 미이행쌍무계약 해제권의 관념을 가정하기 때문에 타당하지 않다. "파산 절차 중 어떠한 것도 계약 상대방의 권리가 증발하였다는 것을 암시하지 않는다."[10]

파산법의 정책은 채무자의 회생을 지원하는 것이라는 관념에 사로잡혀, 파산 절차 밖에서는 제3자로부터 절대 가져올 수 없었던 권리들을 되찾을 권능을 관재인에게 부여하는 것을 정당화할 수 있다는 주장은 원칙적으로 부당하다. §365에 따라 미이행쌍무계약을 해제할 수 있는 관재인의 권한은, 제7장절차에서나 제11장절차에서나, 똑같다. 파산법 또는 그 이전 법률 중 어떤 요소도 관재인의 해제권이 채무자가 청산하는지, 회생하는지 여부에 의존한다는 점을 시사하지 않는다. 그렇다면 채무자의 성공적인 회생 가능성은 §365의 적용범위를 결정하는데 어떠한 역할도 해서는 안 된다. 청량음료 가맹점에 대한 지배권을 되찾기 위한 기업의 능력은, 그 기업이 사업을 계속하기 위해 돈을 필요로 하는지 여부 및 단순히 관재인이 일반채권자들에게 수익금을 분배하려고 하는 것인지 여부와는 상관이 없어야 한다.

---

9) 의회는 Lubrizol Enterprises v. Richmond Metal Finishers, 756 F.2d 1043 (4th Cir. 1985) 사건의 와중에서 입법하였다. 위 사건에서는 해제권을 너무 광범위하게 해석하였다.

10) Sunbeam products, Inc. v. Chicago American Manufacturing, LLC, 686 F.3d 372 (7th Cir. 2012). 실제로 적용되는 원칙에 대한 유익한 논의는 In re Exide Technologies, 607 F.3d 957, 964 (3d Cir. 2010)에서의 Ambro 판사의 보충의견에서 찾아볼 수 있다. 이러한 최근 항소심 법원의 의견은 Lubrizol 법리를 무시하고 있으며 다른 방향으로 갔던 이전의 파산법원 결정들, 예를 들어, In re Ron Matusalem & Matusa of Florida, Inc., 158 Bankr. 514 (Bankr. S.D. Fla. 1993)에 대하여 의심을 던진다.

단체협약의 해제

대규모 제조업체가 파산절차에 진입하였고, 지금과는 아주 다른 환경에서 확립된 단체협약을 갖고 있을 때, 채무자 회사는 그 단체협약의 재협상을 구하는 경우가 많다. 단체협약은 미이행쌍무계약의 형식을 취한다. 그러나 파산절차 밖에서 단체협약은 일반의 계약과는 충격적으로 다르다. 단체협약은 경영진과 근로자들 사이의 관계를 규정한다. 어느 쪽이든 단체협약의 조건을 위반하게 되면, 손해배상 소송을 촉발하는 것이 아니라, 그 위반 자체가 부당노동행위이다. 이러한 이유로, 채무자가 제11장절차에 있을 때에는 미이행쌍무계약에 관한 통상의 규정 대신에 단체협약을 지배하는 특별한 규정들이 적용된다.

§1113은 채무자와 노동조합 간의 협상을 의무로 규정한다. 법원은 노동조합이 "채무자의 회생을 허용하기 위하여 필요한 근로자의 복리후생과 보호 내용의 수정"을 정한 개정안을 노동조합이 거절한 이후에만 단체협약의 해제를 허용할 수 있다. "필요한" 수정이 무엇을 의미하는 지에 대하여는 법원마다 견해가 다른 것으로 보인다.[11]

§1113이 바로 해제할 능력대신에 재협상을 위하여 삽입한 절차 조차도 Butner 원칙으로부터의 부적절한 일탈로 보일지도 모른다. 파산절차 내에서 채무자 회사가 단체협약으로부터 벗어날 능력은, 파산절차 밖에서 인정되는 것보다 더 많이 인정되어서는 안 된다. 그런데 민사법상 채무자는 단체협약을 위반하고 금전으로 손해를 배상하는 선택권이 없다.

그렇지만 §1113의 효과는 과장하기 쉽다. 파산법과 철도노동법 사이의 상호작용으로 인하여 특이한 변태적 상황이 발생하기도 하는 항공사 파산의 맥락에서가 아니라면,[12] 위 조항은 기업이 극한적 곤경에 빠져 있을 때 불가피하게 일어날 수 밖에 없는 협상의 골격을 대략 형성해준다. §1113은 계약조건을 부과할 능력을 법원에 부여하지 않는다.[13] 근로자들은 그들이 동의하지 않은 조건과 상황

11) Wheeling-Pittsburgh Steel Corp. v. United Steelworkers, 791 F.2d 1074 (3d Cir. 1986)을 Truck Drivers Local 807 v. Carey Transportation, Inc., 816 F.2d 82 (2d Cir.1987)와 비교하라.
12) Northwest Airlines Corp. v. Association of Flight Attendants-CWA, 483 F.3d 160 (2d Cir. 2007).
13) 그렇지만 §1113(e)에 의하면 파산법원은 잠정적 수정안을 명할 권한이 있다.

하에서 일하도록 강제될 수 없다. 해제 후에는, 근로자들은 파업을 할 수 있고 마치 협약이 그 협약이 정한 바에 따라 실효된 경우 그런 것처럼 다른 행동을 취할 수 있다. 해제절차는 단체협약의 종료를 확실하게 앞당기지만, 그럼에도 불구하고 노동자와 경영진은 새로운 합의를 시도하여야 한다. 만약 노동조합이 단체협약 협상 당시(아마 겨우 1~2년 전일 것이다) 가지고 있던 교섭력이 그대로 남아 있고 노동조합이 여전히 그것을 활용할 의지가 있다면 이전에 체결하였던 단체협약보다 유리한 협약을 기대할 수 없을 것이다. 파산절차 내에서 도달한 새로운 협약은 그저 변화한 상황을 반영할 뿐이다. 노조 지도부는 필요하지만 극단적으로 입맛에 맞지 않는 새로운 단체협약을 수용한 책임을 파산절차에 돌릴 수 있는 기회를 환영할지도 모른다.

§1113는 §365(g)에 필적하는 조항을 포함하고 있지 않다. 단체협약의 해제가 계약위반이라는 취지를 명시적으로 규정하고 있는 것은 아무것도 없다. 이것 때문에 단체협약을 해제한 경우 손해배상청구권은 발생하지 않는다고 판시한 법원도 있다.[14] 이것은 실수인 것 같다. 반대해석을 끌어내야 할 필연성은 없고, 파산절차 밖에서 근로자들이 일반적인 계약에서의 당사자들보다 더 큰 보호를 받는 지위에 있다는 점을 고려할 때, 근로자들이 파산절차 내에서 일반적인 계약 당사자들보다 더 적게 보호 받아서는 안 된다.

그렇지만, 손해배상의 범위를 계산하는 것이 지극히 곤란하다. 임금 삭감과 근로 규정의 변경 모두를 고려하여야 한다. 파산절차 밖에서는 회사가 단체협약으로부터 마음대로 벗어나지 못하기 때문에, 파산절차 외부에서 적용되는 손해배상액 산정 기준은 사용할 수 없다. 단체협약은 많은 개별적인 근로 관계를 지도하는 상위의 협약이기 때문에 더 복잡한 문제가 발생한다. 단체협약의 불리한 변경이 특정 근로자에게 영향을 미쳤다고 연관을 짓기가 지극히 어려울지도 모른다. 예를 들어, 단체협약이 해제되고 나서 협상을 거쳐 새로운 단체협약이 성립하였는데, 이 협약에 의하면 새로 고용된 자에 대하여는 더 낮은 임금을 주도록 되어 있을 때 어떤 일이 발생할 것인지를 생각해보자. 이 변화는 집단으로서의 근로자들을 불리하게 하지만, 파산 신청 당시 이미 근로하고 있었던 누구에게도 불리한 영향을 주지 않는다. 법률상 이러한 어려움과 불확실성이 있음에도 불구

---

14) In re Blue Diamond Coal Co., 160 Bankr. 574, 577 (E.D. Tenn. 1993).

하고, §1113이 적용되는 분쟁 해결을 완수하는 협약은 어떠한 형태로든 근로자들에게 불리한 변경에 대한 보상을 포함하는 것이 보통이다.

$ 인수와 인수권한에 대한 제한

이제 미이행쌍무계약의 인수 쪽으로 넘어가서, 채무자가 이룩한 거래로서 양호한 것에 관하여 살펴본다. 우리의 기본적 문제가 무엇이었는지를 회상해보자. 채무자가 가진 것 중에는 재산과 의무가 섞여 있는 것이 있다. 나는 이 아파트에 살 권리가 있다. 좋다. 그런데 나는 차임을 내야 한다. 별로 안 좋다. 당신은 다음 주에 나에게 밀을 주기로 약속했다. 좋다. 그런데 나는 당신에게 그 대금으로 $5를 주어야 한다. 별로 달갑지 않다. 우리는 지금까지 이익보다 부담이 더 큰 사례를 다루었다. 이제 이익이 충분히 많은 사례에 관하여 살펴보자. 당신은 파산절차를 신청하였음에도 불구하고 이 좋은 거래를 유지할 수 있는가?

§541는 주의 입법은 파산절차에서의 배당을 지도할 수 없다는 점을 규정한다. 주 법이 창조하는 우선권 체계는 파산절차의 외부 및 내부에서 일반적으로 적용되는 것이어야 한다. 이러한 원칙은 채무자가 다른 이들과 체결하는 계약에도 똑같이 적용된다. 제3자는 단지 파산이라는 우연한 사정을 빌미로 채무자와의 관계를 변경할 수 있어서는 안 된다. 파산사실을 채무불이행으로 간주하는 조항(도산해제조항, an ipso facto clause)은 강제할 수 없다. §541의 경우에서와 마찬가지로, 이 금지규정은 파산사건의 개시에 연결된 계약종료 조항을 넘어 확장되어, 채무자의 지급불능 또는 특정 재무상태에 연결된 조항에도 역시 적용된다. 그 그물은 당사자들이 직접적으로 하는 것이 금지된 것들을 간접적으로 행하지 못하도록 충분히 넓게 쳐야 한다.

이렇게 무효임에도 불구하고, 도산해제조항은 서식집과 미리 인쇄된 계약서 용지에 넘쳐난다. 이 조항은 몇 가지 이유로 지속되고 있다. 현행 파산법이 1978년 입법되기 전에는 이 조항은 일반적으로 유효하였다. 무효로 된지 오래되었지만, 그렇다고 해를 끼치지도 않았다. 특히 주 법 상의 도산처리절차의 참조와 같은 여전히 유효할 수 있는 다른 용어와 관련하여 가끔 나타나듯이, 이들을 제거하려는 진화론적인 압력이 없었을 뿐이다.

당사자들이 그것들을 포함시키는 또 다른 이유가 있다. 당신의 계약 상대방이 파산절차를 신청할 때, 비록 그 당시에는 채무가 이행기에 있지 않은 경우라고 하더라도, 당신은 법원에 들어와 당신의 권리를 주장하고 싶을 것이다. 만약 당신이 장기대출을 한다면, 당신은 변제기가 지난 대출을 가진 채권자들이 가능한 재산을 모두 추급할 동안 당신이 무기력하게 방치되어 있고 싶지는 않을 것이다. 도산해제조항은 이 권리를 모호하지 않고 명백하게 해준다. 그런데 원칙적으로 그것은 불필요한 것이다. 파산절차의 개시는 계약에 그러한 규정이 있는지 여부를 불문하고 자동적으로 변제기를 앞당긴다. 즉 기한의 이익을 상실하게 한다. 10년 뒤에 만기가 도래하는 대출을 실행한 채권자도 오늘 만기가 된 어느 누구인 것처럼 취급된다. 그러나 파산신청서 제출이 의무의 이행기를 앞당기는 연체를 구성한다는 이 관념은 파산법의 구조 속에 함축되어 있을 뿐이다. 그것은 언어로 진술되어 있지 않다. 너무나 신중하게도, 변호사들은 어떤 판사들이 오해할 수 있는 기회를 누리고 싶어하지 않는다. 도산해제조항이 이것을 막는 역할을 한다. 판사가 오해할 가능성은 낮겠지만, 도산해제조항을 계약에 포함시키는 것의 비용은 훨씬 낮다.

도산해제조항 문제와는 별개로, 파산재단에 유리한 미이행쌍무계약은 무엇이든지 관재인이 인수할 수 있어야 한다. 확실히, 관재인의 미이행쌍무계약 인수권한은 그 계약이 파산신청서 제출 전에 종료되지 않았음을 요건으로 한다.[15] 만약 채무불이행이 있고 제3자가 파산 신청 전에 그 계약을 제대로 종료하였다면 관재인이 인수할 것은 아무것도 없다. 그러나 이 요건을 별개로 하면, 인수를 할 수 있는 권한은 간단명료한 것처럼 보인다.

미이행쌍무계약의 인수와 관련된 여러 쟁점들은 오히려 만약 §365가 아예 존재하지 않았다면 쉽게 해결될 수 있었을 것이다. 법원은 §541에 따라 유리한 미이행쌍무계약을 파산재단의 재산으로 다루었을 것이고 Chicago Board of trade v. Johnson 사건에서의 일반 원칙을 적용했을 것이다. 몇 가지 예를 들어보자. 당신이 뉴저지 주 캠든에서 홀리데이 인 호텔을 경영한다. 당신은 매달 일정 금액의 돈을 홀리데이 인 본사에 내야 하고 특정 방법으로 호텔을 경영할 의

---

15) Nemko, Inc. v. Motorola, Inc., 163 Bankr. 927 (bankr. E.D.N.Y. 1994).

무가 있다. 당신은 매 층마다 얼음 기계를 놓아두어야 한다. 파산절차 밖에서, 그 체인점을 유지할 수 있는지 여부는, 당신이 이 조건들을 준수하는지 여부에 달려 있다. 법원은 그렇게 하는 이유나 목적을 묻지 않을 것이다. (이것이 바람직하다. 판사들은 불쌍한 호텔주인에게 동정적이므로, 호텔 운영방법을 시대를 앞서 가는 불필요 한 요구라고 간주할 위험은 언제나 있게 마련이다. 예를 들어 홀리데이 인 호텔 체인은 휠체어가 다닐 수 있는 경사로 설치가 법적 의무가 되기 수십 년 전에 이를 관철하였다.)

홀리데이 인이라는 이름으로 호텔을 경영하는 이익은 아주 많다. 당신은 그 기업의 전산 예약 시스템의 이익을 누리고, 신용카드 수수료도 할인 받는다. (신 용카드 회사들은 이들에게 상환 받기 위하여 신용카드를 받은 자들에게 수수료를 부과한 다.) 캠든 방문 전에는 당신의 호텔에 대해 전혀 들어보지 못한 사람들이라도 당 신의 호텔의 서비스에 관하여 쉽게 알 수 있기 때문에 당신이 손님을 받을 가능 성이 커진다. 만약 당신이 홀리데이 인과 똑같은 수준의 호텔을 가지고 있었다 하더라도 그 호텔에 홀리데이 인 간판이 붙어 있지 않았다면 당신이 가진 호텔 의 가치는 훨씬 적을 것이다.

그렇지만 홀리데이 인 체인에 속한 호텔임에도 불구하고, 당신의 호텔은 완전 히 망했다고 가정하자. 캠든에서 홀리데이 인을 운영한다는 생각은 한 때는 좋았 으나, 캠든에서 하룻밤을 묵어가는 사람들은 많지 않았다. 건물을 부수고, 그 부동 산을 호텔이 아닌 주차장으로 사용하면 오히려 돈을 더 많이 벌 수 있다. 당신이 홀리데이 인 체인의 규칙을 종교적인 수준으로 준수하려고 해왔다고 가정해보자. 당신은 얼음 기계에 얼음이 다 떨어진 상태로 방치한 적이 단 한 번도 없다. 당신 이 폐업할 때, 당신은 프랜차이즈 영업권을 보다 좋은 위치에 있는 누군가에게 매 각할 수 있는가? 우리는 이 문제에 대하여 이미 논한 바 있다. 그 답은 전적으로 당신이 취득한 권리가 양도할 수 있는 것인지 여부에 달려 있다. 프랜차이즈 권리 가 양도될 수 있는지 여부는, 시카고 거래소 사건에서 회원권이 매각될 수 있는지 여부를 놓고 일어났던 문제와 마찬가지로, 파산법 이외의 해당 법에 달려 있다.

당신의 홀리데이 인과의 계약에 의하면 당신의 프랜차이즈 권리가 특정 지점 에 고정되어 있다고 가정해보자. 그렇다면 당신은 프랜차이즈 권리를 파산절차 밖 에서 팔 수는 있으나, 호텔을 계속기업을 유지한 상태에서 매각하는 경우에만 가 능하다. 이것이 파산절차 안에서는 바뀌어야 하는가? 그렇다는 다른 결론을 정당 화하는 파산법 상의 정책 목표가 있다고 한다고 해도, 이것은 당신에게 신선한 새출발을 부여해주기 위한 목적과는 관계가 없다. 당신은 호텔 사업에서 빠졌다. 호텔 자체는 주차장으로 전환된다. 당신의 일반채권자들이 다른 지역에서 호텔업을 하는 제3자에게 홀리데이 인 프랜차이즈를 팔 수 있다면, 그들의 처지는 개선될 것이고 홀리데이 인의 처지는 나빠질 것이다. 홀리데이 인이 아니라 당신의 채권자들이 프랜차이즈의 매각으로 얻은 수익금을 누리게 될 것이다. 나아가, 홀리데이 인은 새로운 장소와 업주를 선택할 능력을 잃을 것이다. (예를 들어, 새로운 소유자는, 각 체인점들을 비슷하게 만들어 손님들이 낯선 곳에서 갑자기 불편함을 겪지 않도록 하려는 홀리데이 인의 방침에 순응하지 않을 수도 있다.)

이 결론은 부당하다. 일반채권자들의 손에 돈을 쥐어주기 위해 홀리데이 인으로부터 프랜차이즈 매도 수익 또는 프랜차이즈 영업점 대한 통제권을 박탈하여야 할 것을 시사하는 파산법 상 정책목표는 존재하지 않는다. 일반채권자들에게 더 주고 제3자에게 덜 주는 것은 당연히 개인의 신선한 새출발과는 전혀 관계가 없다.

하지만 다른 사례를 고려해보자. 당신이 호텔업을 계속하고 싶다고 가정해보자. 그 아이디어는 안 좋은 것일 수도 있으나, 당신이 이미 실행한 투자 금액을 고려한다면 그래도 당신은 그 빌딩을 호텔로 사용하는 것이 더 낫다. 그 빌딩을 다 때려 부수고 그 땅을 주차장으로 사용한다면 모두가 손해를 보게 된다. 그 호텔은 꾸준히 현금을 유입하게 해주고 있고, 다른 종류의 사업으로는 더 큰 현금 흐름을 만들어내기가 어렵다. 당신은 호텔업을 계속하되, 제11장절차를 신청하여 채무를 조정하기로 결정한다. 이러한 사례에 있어서, 당신은 홀리데이 인 이름을 계속 사용할 수 있어야 한다. 파산신청은 기껏해야 경영진의 변경만을 초래하지만, 당신이 채무자관리인으로서 운영을 계속하므로, 사실 이런 변경조차도 사소한 것이다. 기업의 재무구조는 제11장절차를 거치며 변화하지만, 그 운영은 그렇지 않다. 호텔의 손님이 파산법원 근처에 얼쩡거리지 않는 이상, 그들은 어떠한 작은 변화도 알아차리지 못할 것이다. 프랜차이즈에 관한 한, 파산절차는 어떠한 변화도 만들어 내서는 안 된다. 만약 파산사건이 진행되는 동안 실질적인 변경이 발생한 경우라면, 이로 인하여 파산절차 밖에서 뒤따랐을 결과는 파산절차 내에서도 실현되어야 한다. 예를 들어, 당신이 무능한 관리자라서 채권자들이 다른 사람으로 교체하고 싶어한다고 가정해보자. 새로운 관리자의 선택에 관하여 홀리데이 인 체인이 가지게 될 통제력은 파산절차 밖에서 그들이 가질 수 있는 통제력과 차이가 없어야 한다.

만약 §365가 존재하지 않는다면 우리는 이 문제를 해결하기 위해 §541과 시카고 거래소 사건의 법리에 의존했을 것이고, 그 답은 간단명료했을 것이다. 그러나 우리는 §365의 문면과 그것이 야기하는 복잡성을 함부로 무시할 수 없다. 문제는 인수할 수 있는 계약의 종류를 제한하는 §365(c)에서부터 시작한다.

> 만일... 적용가능한 법률이 채무자가 아닌 그러한 계약의 당사자가...채무자 또는 채무자관리인이 아닌 실체에게 이행을 제공하거나 그로부터 이행을 수령하는 것을 허용하는 경우에는... 그러한 계약이 권리의 양도나 의무의 위임을 금지하거나 제한하는지 여부를 불문하고... 관재인은... 어떠한 미이행쌍무계약도... 인수할 수 없다.

이 제한은 §541(c)(1)과 모순된다. 관재인은 채무자의 재산에 대한 지배권을 관철할 수 있어야 하고 또 채권자들이 파산절차 외에서 그들이 누릴 수 있었던 재산은 무엇이든지 누릴 수 있도록 보장하여야 하기 때문이다.

제7장절차에서의 개인들에 관하여, §365는(c)는 합리적인 결과를 이끌어 낼 수 있을 것으로 보인다. 한 오페라 가수가 내년에 어떤 오페라 하우스와 노래를 부르기로 하는 계약을 체결하였다. 그 가수는 이제 전성기가 약간 지났기 때문에, 만약 지금 계약체결 여부를 결정하라고 했다면 오페라 하우스로서는 이 가수와 계약하지 않았을 것이다. 그 가수는 많은 빚을 지고 있어서 제7장절차의 보호를 청원하였다. 이러한 사건의 경우, 여기에는 채무자, 채무자의 계약상대방, 채무자의 일반채권자들이라는 세 명의 선수가 있다. 선수들은 각자 다른 관점에서 상황을 파악한다. 가수는 오페라 하우스에서 노래를 하고 약속된 보수를 받기를 원한다. 오페라 하우스는 그 계약이 취소되기를 바란다. 가수의 채권자들은 넉넉한 보수에 추급하여 채권의 일부라도 받기를 원한다.

일단 이 사례는 쉽다. 계약이 가수의 미래수입의 일부이므로 가수는 그 계약을 이용하여 신선한 새출발을 할 수 있어야 한다. 같은 이유로 채권자들은 이 보수에 추급할 수 있어서는 안 된다. 또한 Butner 원칙에 의하면 오페라 하우스는 가수의 재무상 문제라는 우연한 사건으로 인하여 자신에게 불리한 계약으로부터 빠져나올 수 있어서는 안 된다.

§365(c)는 이러한 결론에 이르는 것을 보장하기 위하여 존재하는 것으로 보

일 수도 있다. 이에 따르면, 개인채무자가 파산절차 밖에서 어느 누구에게도 위임할 수 없었던 계약을 파산관재인이 인수할 수는 없다. 그러나 오페라 가수의 계약에 §365(c)를 적용하는 것이, 그 가수가 그 계약을 유리하게 이용할 수 있음을 의미하는 것은 아니다. 오페라 하우스와 행한 가수의 거래가 §365의 범위 내에 드는 미이행쌍무계약이라고 가정하면, 그 계약을 파산관재인이 인수할 수 없다는 점은 그 계약이 해제되고 §365(g)에 의해 그 해제가 계약의 위반으로 간주된다는 것을 의미한다. 가수의 파산신청은 오페라 하우스를 불리한 계약으로부터 해방시켜 주었다. 이러한 결과를 피하기 위해 법원은 오페라 하우스와의 계약이 그 가수에게 있어서는 사적인 것이고 따라서 파산관재인의 인수 또는 해제의 대상이 아니라고 판단할 수도 있다. 그렇지만, §365(c)가 개인의 경우에는 전혀 적용되지 않는다는 입장을 취하게 되면, 당초에 그 규정이 존재한다는 것을 정당화할 유일한 근거를 제거해 버리게 된다.

§365를 §541(c)(1) 및 Butner 원칙과 조화될 수 있도록 만들기 위하여는, 근본적으로 다른 형태를 취하여야 한다. 개인채무자의 장래 서비스를 목적으로 한 계약은 아예 §365의 적용범위 바깥에 있어야 한다. 나아가 관재인은 법인인 채무자의 모든 계약을 인수할 수 있도록 허용할 필요가 있다.

여기에서의 법은 늘 유동적이다. 가장 중요한 사건들은 특허의 실시권과 연관되어 있다. 어떤 법원은, 파산 외 법률이 특허 실시권은 인수할 수 없는 것이라고 규정하고 있는 경우에까지 채무자관리인이 특허 실시권을 계속 사용할 수 있도록 허용하는 방식으로 제정법을 해석하는 방법을 찾아냈다. 다른 법원은, 파산절차에서는 제정법의 문면에 충실할 것을 강제하는 연방대법원의 의견을 들어, 그렇게 하기를 거부하였다.16)

§365(c)가 관재인의 계약 인수권한을 부적절하게 제한하는 반면, §365(f)(1)은 관재인이 인수할 수 있는 계약은 무엇이든지 간에 양도할 수 있는 관재인의 능력을 부적절하게 확대하였다. 문면상 이 조항은 관재인이 인수할 수 있는 계약이라면 양도를 할 수 있도록 허용하는 것처럼 보인다. 그러나 인수를 할 권한과 양도를 할 권한은 전혀 서로 다른 것이다. 만일 채무자 회사가 계속 기업으로서 그

---

16) Institut Pasteur v. Cambridge Biotech Corp., 104 F.3d 489 (1st Cir. 1997)을 Perlman v. Catapult Entertainment, Inc., 165 F.3d 747 (9th Cir 1999) 및 In re Adelphia Communications Corp., 359 Bankr. 65 (Bankr. S.D.N.Y. 2007)과 비교하라.

대로 유지되고, 파산절차의 효과가 단순히 채무자의 자본구조를 다시 조정하는 것뿐이라면, 관재인의 인수 권한은 어떤 방식으로도 제한되어서는 안 된다. 관재인의 선임은 성질상 한 경영자를 다른 경영자로 대체하는 것에 불과하기 때문에, 주 법에 의한 권리 이전 제한이 쟁점이 될 수 없다.

§541(c)(1)은, 일반적인 재산의 경우에, 양도의 제한은 관재인이 채무자의 권리를 관철할 수 있는 능력에 어떠한 영향도 미치지 않는다고 규정한다. 미이행쌍무계약에서, 문제되는 권리는 모종의 법적 의무와 연결되어 있지만, 이것이 다른 결과를 도출해서는 안 된다. 만약 채무자에 대한 채권자들의 수가 훨씬 적었더라면, 파산 외의 워크아웃에서 채무가 재조정되었을지도 모른다. 다수의 채권자들이 존재한다는 것과 법인이 체결한 계약이 무엇이든지 그 이점을 누릴 수 있는 법인의 능력을 변경해야 하는 이러한 문제들을 정리하기 위한 집합적 절차의 필요성 사이에는 아무 것도 없다.

그렇지만 채무자의 권리를 제3자에게 양도할 권한은 그 원칙에 있어서 인수할 권한과 전혀 다르다. 시카고 거래소 사건의 법리에 의하면, 파산절차 밖에서 계약의 양도가 가능하였을 경우에만 관재인이 그 계약을 제3자에게 양도할 수 있다. 파산 외 법률 하에서는, 양도가능성의 문제는 당사자들에게 맡겨진 문제이다. 만약 당사자들이 그들의 계약에서 '채무는 타인에게 인수시킬 수 없다'고 구체적으로 적시하였다면, 그들의 선택은 일반적으로 존중되며, 이것은 만약 명시적인 금지가 없다면 채무 성질상 자체는 타인이 인수할 수 있는 것이라고 하더라도 마찬가지이다.[17] 파산법 외에서의 규칙은, 대부분의 당사자들은 의무이행이 특별 혹은 독특한 기술을 요하는 경우라면 타인에게 인수시키는 것을 허용하지 않을 것이고 그렇지 않은 경우라면 타인의 인수를 허용할 것이라고 추정하지만,[18] 이것은 단지 추정일 뿐이다.

§365(f)는 파산절차 밖에서의 기초 선이 그저 추정에 불과할 때 뒤따르는 결과에 대하여 합당하게 규정하지 않고 있다. 어떤 환경, 예를 들어 프랜차이즈 계약과 같은 상황에서는, 그 바탕이 되는 법률적 규정이 프랜차이즈가 양도 가능하다고 규정하고 있음에도 계약 당사자들은 그것을 양도할 수 없다는 계약에 그저 습관적으로 동의한다. 대부분의 계약에 관한 법리가 그렇듯이, 양도에 관한 규칙

---

17) E.g., U.C.C. §2-210.
18) Taylor v. Palmer, 31 Cal. 240, 247-48 (1866).

도 그저 시작점일 뿐이다. 당사자들은 그들이 원하기만 하면 그것을 특별한 약정으로 달리 정할 수 있다. 입법부가 계약의 자유를 제한하는 사례가 있을 수 있지만, 그러한 사례에서 파산 외 법률은 계약의 자유라는 배경에 대비되도록 쓰여진다. 예를 들어 주의 법률은 자동차 판매 프랜차이즈를 따로 가려내서 특별한 보호를 부여한다. 프랜차이즈 계약이 무어라고 규정하든지 간에, 프랜차이즈 가맹점은 보호되고 특정 조건이 충족되기만 하면 그들은 프랜차이즈를 양도할 수 있다.

그렇지만 파산절차에서 적용될 때, 자동차 프랜차이즈를 보호하는 주 법률은 다른 의미를 띠게 된다. 일단 파산절차에 들어오면 다른 모든 프랜차이즈 가맹점은 프랜차이즈를 자유롭게 양도할 수 있다. 주 법이 그것에 대해 침묵하고 있고, 계약에 의한 제한은 무의미하게 되었기 때문이다. 자동차 프랜차이즈 가맹점들 — 파산절차 밖에서 그들의 프랜차이즈를 가장 잘 양도할 수 있었던 가맹점들 — 은 그다지 운이 좋지 못하다. 파산 외의 법률이 특정 조건이 충족될 경우 그들에게 양도 권한을 부여하였던 것이, 파산절차 안에서는, 위 조건들이 만족되지 않는 이상 그들로부터 양도할 수 있는 능력을 박탈하는 법률로 바뀌었다. 자동차 딜러들은 파산절차 밖에서는 그들의 프랜차이즈를 더 쉽게 양도할 수 있지만, 파산절차 안에서는 그보다 양도가 어려워졌다. 상대적으로 권리가 이렇게 변경되는 것은 정당화하기 어렵다. 더 중요한 것은, 파산법의 다른 부분과 달리 §365가 내적 정합성을 얼마나 결하고 있는지를 보여준다는 점이다. 파산법의 어떤 부분이 완전히 타당하지 않다고 해서 놀랄 필요는 없다. 그러나 내적 일관성의 추구가 성공적이지 못한 부분이 어디인지 아는 것은 중요하다.

$ 연체의 치유

§365(b)은, 계약을 해제할 권리를 일어나게 하는 연체가 발생한 적이 있다고 하더라도, 관재인 또는 채무자관리인은 계약을 인수할 수 있다고 규정하고 있다. 관재인은 과거의 이미 연체된 부분을 이행하여야 하고, 제3자에게 계약 위반으로 발생한 손실을 보상해야 하며, 장래의 의무이행을 위한 적절한 보장책을 제공해야 한다. 보장책이 적절한지 여부를 결정하는 데 있어서, 법원은 채무자가 앞으

로 금전적 의무이행을 잘 할 수 있는지 여부와 파산신청이 제출된 후에도 연체가 발생하였는지 여부를 특히 주의 깊게 살핀다.[19]

어떤 사례에서는, 연체는 치유될 수 없다. 프랜차이즈 계약은 프랜차이즈 가맹점이 일정 기간 동안 사업을 운영하지 않을 때에는 프랜차이즈 업자에게 계약을 해제할 권리가 있다는 규정을 둔다. 가끔은, 채무자를 제11장절차로 몰아 넣었던 것과 같은 조건들이 그 채무자로 하여금 파산 직전에 그 경영을 중단하게끔 강제하기도 한다. 채무자가 그 뒤에 다시 경영을 한다 하더라도, 지속적인 영업에 실패하면 "폐업소등조항(going-dark clause)"에 의하여, 성질상 치유할 수 없는 연체를 구성한다. §365(b)(1)은 이 문제에 대처한다. 이 조항은 부동산의 임대차와 관련하여서는 "관재인이 인수 시점 또는 그 이후에 비금전적인 의무를 이행함으로써 그러한 연체를 치유하는 것이 불가능한 경우라도" 비금전적인 연체를 치유하는 것을 용납한다. 물론 관재인은 앞으로는 그러한 조항을 준수하여야 한다.

만약 채무자가 미이행쌍무계약을 인수한다면, 계약의 전체를 그 부담까지 떠안고 인수해야만 한다. 그에게 좋은 부분만 고르고 선택할 수 없다.[20] 그렇지만, 장래의 의무 이행에 대한 충분한 보장책이라는 것은 예술적인 용어이다. In re U.L. Radio 사건에서, 법원은 TV판매 및 서비스 매장의 임차권을 $50,000의 예산을 들여 도로변 식당으로 바꾸고 싶어하는 사람에게 양도하는 것을 임대차계약상 용도의 제한이 있음에도 불구하고 허가해 주었다.[21] 법원은 충분한 보장책의 중요 포인트는 그 임대차에 따라 금전적 의무를 잘 수행할 수 있는 양수인의 능력이라는 것을 파악한 것이다. 다른 사안에서, 한 빌딩의 임대인이 다른 임차인에게 그 빌딩 내부에 또 다른 여성의류 상점이 입점하지 못하게 하겠다고 약속했음에도, 법원은 페인트와 장비 판매만을 할 수 있는 임대차 계약을 보유한 채무자에게, 그 임차권을 여성의류 판매 매장에 양도할 수 있게 허가해 주었다. 법원은 또 한번, 임대인이 금전적으로 더 나쁜 상황에 처하지 않는다는 것 및 이행불능의 법리로 인하여 파산절차 자체가 임대인을 다른 임차인에 대하여 부담하는 계약상 의무로부터 보호한다고 판시하였다.[22] $50,000가 실제로 뉴욕에서 가정용

---

19) 예를 들어, In re Texas Health Enterprises, Inc., 246 Bankr. 832 (Bankr. E.D. Tex. 2000) 참조.
20) In re Crippin, 877 F.2d 594 (7th Cir. 1989).
21) 19 Bankr. 537 (Bankr. S.D.N.Y. 1982).
22) In re Martin Paint Stores, 199 Bankr. 258 (Bankr.S.D.N.Y. 1996), aff'd, 207 Bankr. 57 (S.D.N.Y. 1997).

기구 점포를 도로변 식당으로 전환시키기에 충분한 금전인지 또는 이행불능의 법리가 제3자의 소송제기로부터 임대인을 보호할 수 있는지는 의심스러울지도 모른다. 그렇지만 더 중요한 것은, 도대체 임대차계약 상의 사용 제한을 무시하는 것을 정당화할 만한 파산법상의 정책이 무엇인지를 물어볼 필요가 있다. 그러나 법원은, 이러한 사례에서 적용할 확고한 규칙을 제시하지 않고 있다.[23]

$ 해제와 인수의 시기 및 결과

§365(d)에 의하면 관재인은 120일 이내에 비주거용 부동산의 임대차계약을 인수할지 아니면 해제할지를 결정하여야 하고, 이 기간은 1회에 한하여 90일 간 연장할 수 있다. 그 이상의 연장에는 임대인의 동의가 필요하다. 이 엄격한 의사결정 기간의 제한은 2005년에 파산법에 도입되었고, 통상 임차한 토지 위에 점포가 있는 대규모 소매상이 관련된 제11장절차 사건들의 진행 과정을 바꾸어 놓았다. 간단한 사건에 대하여는 7개월은 충분히 긴 기간이지만, 이런 임대차계약이 수백건 있는 대형 채무자에게는 심각한 도전과제를 제기한다.

관재인이 계약을 인수하면, 채무는 파산재단의 채무가 되고, 채무자는 이를 이행하여야 한다. 그 후의 불이행은 더 이상 절차 신청 이전의 불이행이 아니다. §365(g). 이 불이행으로 인한 손해배상청구권은 절차비용으로서의 우선순위를 취득하거나(만약 그것이 파산절차 내에서 발생한다면), 또는 파산절차 종료 후에 위반이 발생하였다면 손해배상에 관한 통상적 법리의 지배를 받게 될 것이다. 이와 대조적으로, 관재인이 계약을 해제하면, 이로 인하여 발생하는 손해배상 청구권은 (만일 있다면) 절차 신청 이전의 청구권으로 취급된다. 그렇지만 채무자는 인수 또는 해제의 결정을 바로 하지 않고, 대부분의 경우 채무자는 계약 또는 임대차의 이익을 당분간 계속 누린다. 만약 채무자가 최종적으로 인수를 하면 아마도, 그 때까지 발생한 모든 연체를 치유하는 것은 물론이고, 계약에서 정한 요율에 의하여 모든 채무액을 지급하여야 할 것이다. 반면에, 채무자가 최종적으로 해제하는

---

23) 예를 들어, In re Tama Beef Packing, Inc., 277 Bankr. 407 (Bankr. N.D. Iowa 2002) 참조.

경우에는, 그 결과는 덜 분명하다.

§365(d)는 비거주 부동산의 임대차 계약에 관하여는 인수 또는 해제 이전에라도 채무를 지속적으로 이행할 것을 요구하며, 동산 임대인에 대하여도 보다 제한된 보호를 제공한다. 미이행계약과 다른 임대차계약과 관련하여 판례법은, 임대차나 계약상의 조건에 따른 것이 아닌, 계약이나 임대차의 "공정하고 합리적인 가격을 측정하는 객관적인 가치 기준에 따라" 절차비용에 해당하는 우선순위를 제3자는 가진다고 암시한다.[24) 그러나 파산절차 외에서 원래 임대차계약의 조건들이 적용되는 것과 마찬가지로, 파산절차 내에서도 임대차계약상의 조건이 적용된다고 시사하는 반대 견해도 있다.[25)

만약 채무자가 받는 편익이 상대방에게 발생하는 비용에 상응한다면 이 규정은 타당한 것으로 보일 것이다. 관재인은 상황을 가늠해볼 기회를 갖게 될 것이고 제3자는 지연으로 인한 비용을 감당하지 않아도 된다. 그렇지만 현행 조항은 제3자를 완전히 보호하지 않는다. 몇몇 법원들은 재산을 사용할 권리에 내재하는 옵션 가치는 보상할 필요가 있는 편익에 포함되지 않는다고 판단하였다.[26) 받은 편익에 대하여 지급하는 금액은 파산절차의 신청과 계약의 해제 시점 사이의 기간 동안에 제3자가 부담하는 모든 비용을 보상하는 것과는 일치하지 않는다. 극명한 사례는 제3자가 보험을 제공하는 경우에 발생한다. 채무자가 파산절차 초반 6개월 동안 자신의 화재보험에 대하여 보험료를 납입하지 못하였다고 가정해 보자. 그리고 나서 그는 그 계약을 해제하기로 결정하였다. 채무자가 얻은 편익은 무엇인가? 채무자는 빌딩이 불타지 않았음을 고려하여 아무런 편익도 받지 못했다고 주장할 수 있는가? 그렇게 생각할 수는 없을 것이지만, 이 문제는 조금 더 미묘한 모습으로 일어날 수 있다. 어느 한 소프트웨어 제조자가, 채무자가 개발하는 새 컴퓨터를 위한 운영체제를 만들기로 약정하였다고 가정해보자. 운영체제의 납품 기한은 7월 1일까지이고, 그 컴퓨터는 이것 없으면 작동을 못한다. 채무자는 1월 1일에 파산신청을 한다. 프로그램 제작을 제 시간에 끝내려면 그 소프트웨어 제작자는 매달 $10,000의 비용을 지출해야 한다. 관재인은 새 컴

---

24) 예를 들어, In re Thompson, 788 F.2d 560, 563 (9th Cir. 1986); In re Patient Education Media, Inc., 221 Bankr. 97 (Bankr. S.D.N.Y. 1998) 참조.

25) In re Sturgis Iron & Metal Co., 420 Bankr. 716 (Bankr. W.D. Mich. 2009).

26) In re Enron Corp., 279 Bankr. 79 (Bankr. S.D.N.Y. 2002).

퓨터가 개발 가치가 없다고 판단한 뒤 6월 1일에 그 계약을 해제한다. 소프트웨어 제작자는 파산신청 시점과 해제 시점 사이의 기간 동안 프로그램 제작을 위해 비용을 지출함으로써 $50,000 상당의 손해배상을 청구한다. 관재인은 채무자가 그 프로그램을 사용한 적이 없기 때문에(게다가 그 프로그램은 완성되지도 않았다) 채무자는 아무 이익을 얻은 것이 없고 따라서 §503(b)에 따른 절차비용으로서의 우선순위를 가진 손해배상책임이 전혀 없다고 다툴 것이다.

　인수나 해제 이전에 제3자가 받는 보호에 대한 두 번째의 훨씬 흔한 제한이 있다. 파산절차를 진행하는 기업에는 채무자의 재산에 담보권을 가진 단 하나의 담보채권자가 있는 경우가 많다. 관재인은 유지 비용을 스스로 부담하고 이것을 담보채권자들의 청구권으로부터 차감할 권리가 있다. 그렇지만 제3자는 이러한 행위를 하지 못한다.27) 이러한 이유로, 위에서 본 소프트웨어 제조자 또는 보험 업자의 지위에 있는 자들은, 그들이 받아야 할 것을 확보하기 위해 사건의 시작 시점부터 담보채권자와 협상을 해야 한다. 그들은 즉시 관재인에게 인수 또는 해제의 종기를 부과할 것을 법원에 신청할 필요가 있다. §365(d).

　관재인에게 인수의 권한을 부여하는 §365의 결단을 반대해석 해보면, 채무자의 불이행이 파산절차 밖에서는 계약을 해제할 수 있는 전형적인 경우에 해당하더라도, 제3자는 계약을 해제할 수 없다. 제3자의 해제 시도는 단순히 아무 것도 아니다. §362는 누구든지 "파산재단의 재산에 대하여 지배권을 행사하려는 자는 … 그 어느 행동도" 하지 못하도록 금지한다. 제3자의 계약을 종료하려고 하는 시도는 단순한 위반이 아니라 채무자의 재산(제3자의 의무이행에 대한 채무자의 권리로서의 "재산")에 대한 지배권을 행사하려는 노력으로 보일 수 있다. 이것은 자동 중지를 위반하고 이로 인하여 제조자는 법원의 제재를 받을 우려가 있다.28) 의구심이 든다면, 언제나 법원에 위 행동이 자동 중지에 반하지 않는다는 점에 대한 확인명령을 신청해야 한다. 만약 자동 중지가 적용된다면 그 해제를 신청하거나, 그 대안으로서, 충분한 보호를 신청할 수 있다. §362(d).

---

27) Hartford Underwriters Insurance Co. v. Union Planters Bank, 530 U.S. 1 (2000) 참조.
28) Computer Communications v. Codex Corp., 824 F.2d 725 (9th, Cir. 1987) (해제하려는 노력이 자동 중지를 위반하는 것이라고 판단하며, 법원은 일반적 손해배상액으로 $4,750,000, 징벌적 손해배상액으로 $250,000을 명했다). 그렇지만 대부분 법원은 이 사건을 좁게 해석하였다. Benz v. DtricInsurance Co., 368 Bankr. 861 (B.A.P. 9th Cir 2007) 참조.

파산절차에서의 금융계약

파산법은 금융계약에 대하여는 피난항을 제공한다. 파산법은 정교한 정의조항을 가지고 있지만 대략 선도거래(forward contracts), 스왑(swaps), 환매조건부 매매(repurchase agreements, repos) 및 비슷한 거래에 대하여 파산법의 자동 중지와 다른 조항의 적용을 배제한다. 이 예외는 채무자가 파산법이 제공하는 창문을 악용하여 유리한 것으로 증명되는 선도거래를 취함으로써 상승 국면 전체를 누리는 반면에 불리한 거래는 해제하고 불과 몇 퍼센트의 손해배상금만을 지급하는 것을 방지하기 위한 것이다. 이 예외가 없다면, 그들 중 다수가 자신의 처한 지위에서 위험을 피하기 위하여 그러한 계약을 체결한 거래 상대방들은 막대한 위험에 노출될 것이다.

금융계약에 대한 예외조치를 이렇게 설명하는 것은 일견 너무 많이 증명하는 것으로 보인다. 모든 미이행쌍무계약은 채무자관리인에게 계약의 상대방을 이용할 기회를 준다. 당신은 올해 말에 채무자에게 특정 부품을 $100에 팔기로 약속하고 채무자는 그 부품의 시가가 $100일 동안 파산을 신청한다. 일단 그것을 받아들일지 거절할지를 결정할 시간이 주어지면 채무자는 절차를 지연할 동기가 생긴다. 만약 가격이 하락하면, 채무자는 계약을 해제할 수 있고, 당신은 매도인으로서 손해배상 청구권을 취득할 것이겠지만 그것은 그것은 1달러 당 불과 몇 페니 밖에 안 될 것이다. 만약 그 부품의 가격이 오르면 채무자(그리고 그의 모든 채권자들)는 $100 이상의 가치를 지니는 부품에 대하여 오로지 $100만을 지불하는 이익을 포획할 것이다.[29]

그렇지만 일반적인 계약에 있어서 부품 가격의 변동성은 전형적으로 그림의 한 부분에 불과하고 또 그 부분은 아주 작은 경우가 많다. 채무자는 위반을 할 것인가 또는 이행을 할 것인가의 결정을 지연하는데, 이것은 가격 변동성에 편승하기 위함이 아니라, 채무자가 그 부품이 이용되는 제품을 계속 생산할 것인지 여부 또는 더 고품질의, 더 적절한 대체물을 다른 곳에서 찾을 수 있을지 여부를

---

29) L.R.S.C. Co. v. Rickel Home Centers, Inc. (In re Rickel Home Centers, Inc.), 209 F.3d 291, 298 (3d Cir. 2000) (파산관재인과 채무자관리인은 파산재단의 가치를 극대화하기 위하여 유리한 미이행쌍무계약을 인수할 수 있는 재량권이 있다고 설시하고 있다).

결정할 시간이 필요하기 때문이다. 부품의 시장가격은 그다지 많이 바뀌지 않는다. 자동 중지가 판매자에게 부과하는 비용은 적고, 채무자에게 주는 이익은 크다.

이와 대조적으로, 금융계약의 경우에는 가격변동성이 훨씬 많이 문제된다. 사실 압도적 다수의 채무자에 대하여는, 이것은 문제되는 유일한 측면이다. 금융계약은, 거의 그 정의 그 자체로서, 당사자들이 변동성을 거래하는 계약이다. 대립하는 당사자들은 시장의 움직임이 그 기초 자산의 가격, 지수, 또는 다른 가치 측정 기준을 변화시킬 것이라는 위험의 반대편을 부담한다. 만약 이들 계약에 자동 중지가 적용될 수 있다면, 그것은 유리한 가격 변동으로부터 이익을 얻고 불리한 것으로부터 발생하는 책임은 제한할 능력을 채무자에게 부여함으로써("체리 따먹기") 거래의 조건들을 근본적으로 변화시킬 것이다.[30]

달리 표현하면, 자동 중지는 채무자에게 기초자산 가격의 변동성과 관련된 옵션 가치를 부여할 것이다. 더 나아가, 금융 계약의 취소는, 체계상 중요하지 않은 회사에 대하여는 거의 문제를 일으키지 않는다. 대부분의 경우, 금융계약은 특정 기업에 특유한 역동성을 유발하지 않는다.[31] 여기에 더 추가할 것은, 시장이 유동적인 한, 금융위기의 시기가 아닌 경우에는 그래야 하듯이, 채무자는 단순히 같은 계약을 재창조함으로써 예전 금융계약이 제공했던 편익이 무엇이든지 간에 이를 계속 누릴 수도 있다.

물론 계약을 재창조하는 것은 비용이 많이 들 수 있다. 채무자를 지급불능 상태로 만든 조건들로 인하여 채무자가 새로운 금융계약에 진입하기 위하여 직면하는 가격도 아마 상승하였을 것이다. 그렇지만 시장의 동일한 제약조건은 곤란에 처한 어떤 기업도 겪는 것이고, 이들이 건강할 때 직면하는 거래조건은 곤경을 겪을 때의 그것과는 다를 것이다.

그렇지만, 그 주요 자산에 여러 개의 커다란 금융계약 묶음들을 포함하고 있는 체계상 중요성이 있는 법인들의 경우에는 문제가 발생한다. 자동 중지의 보호 없이는, 이들 재산은 파괴될 가능성이 있다. 리만 브라더스 사를 회상해보자. 이

---

30) Edward R. Morrison & JoergRiegel, Financial Contracts and the new Bankruptcy Code: Insulating Markets from Bankrupt Debtors and Bankruptcy Judges, 13 Am. Bankr. Inst. L. Rev. 641, 642 (2005).

31) 물론 몇 가지 예외는 있다. 예를 들어, 두 당사자 간에, 채무자에게 특별한 가치가 있고 쉽게 복제될 수 없는 반대 헤지에 관하여 특성화된 것과 같이, 양 당사자 사이의 맞춤 계약이 있을 수 있다.

회사가 제11장절차를 신청하였을 때 이 회사는 8,000명 이상의 계약상대방과의 사이에 약 1,500만 개의 거래계약을 보유하고 있는 당사자였다. 만일 파산절차에서 이들 계약을 강제로 종료시키지 않았더라면, 이들은 수십억 달러의 가치가 있었을 것이다. 마침 파산을 신청한지 2주 내에 이들 거래의 80%가 청산되었다.

이것은 단순히 리만의 채권자들의 처지가 파생상품 계약 전체 팩키지가 인수될 수 있었다면 그들이 처했을 상황에 비하여 더 나빠졌다는 것만이 아니다. 리만과 같은 기관이 해체될 때에는, 시장 전체가 불안정해질 수 있다. 그 기관이 수천 명의 채권자가 있는 수백 개의 계약을 연체하면, 반대 당사자들과 채권자들도 (리저브 프라이머리 펀드가 리만의 붕괴 직후 무너졌던 것처럼) 마찬가지로 곤경과 실패를 겪을 것이다.[32] 그리고 수천 명의 계약상대방들이 경쟁적으로 담보물을 매각하고 기관의 채무불이행으로 인하여 노출된 포지션을 다시 헤지할수록, 시장가격은 크게 출렁일 것이다. 이러한 소용돌이는 우리가 리만 브라더스의 파산과 AIG의 긴급구제 후의 "안전자산선호"에서 보았던 것처럼, 투자자 신뢰를 심각하게 침식할 것이다.

이러한 배경에서는, 금융계약을 위한 일반적인 파산법 — 금융계약에는 자동중지의 적용을 면제하는 것 — 이 더 이상 매력이 없을지도 모른다. 이것은 도드—프랭크의 연방법전 제2편의 질서정연한 청산에 관한 법률의 핵심적 조항을 제정하게 된 동기가 되었던 것은 파생상품 계약 장부의 가치를 유지하는데 실패한 리만의 무능함이 노출한 어려움이었다. 위 법은 곤경을 겪는 체계적으로 중요한 기업이 다른 업체와의 사이에 가진 파생상품 번들 전체를 연방예금보험공사가 간단하게 이전할 수 있도록 해준다.

우리는 체리 따먹기를 허용하기를 원하지 않지만, 심각한 경제적 곤경에 직면한 시절에는 다시 창조하는 것이 불가능할 수도 있는 다양한 금융계약 묶음 속에 가치가 존재할 수 있다. 연방법전 제2편은 전형적인 제11장절차에서의 일반적 미이행계약과 통상의 미이행쌍무계약 사이에서 금융계약의 절충적 처리를 허용하는 제도를 창조한다. 그런 의미에서, 현행 파산법 안에 이미 내재되어 있는

---

32) 예를 들어, The Orderly Liquidation of Lehman Brothers Holdings Inc. under the Dodd-Frank Act, 5 FDIC Quarterly 31, 33 (2011) available at http://www.fdic.gov/bank/analytical/quarterly/2011_vol5_2/FDIC_Quarterly_Vol5No2_entire_v4.pdf (이하 FDIC Report) 참조. (리만 파산이 리저브 프라이머리 펀드에 가한 극단적으로 부정적인 충격을 강조한다).

두 가지 지위 사이의 타협을 이루어내는 만큼, 그것은 제11장절차로부터 일탈하지 못한다. 도드-프랭크의 제2편을 대체하는 새 장을 파산법에 추가하는 것을 지지한 사람들은 전형적으로 이와 비슷한 방식으로 작용하는 금융계약 처리 기제를 포함한다.

제 7 장

사해행위취소 및
관련 법리

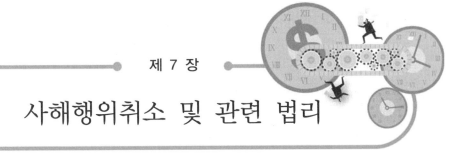

제 7 장

사해행위취소 및 관련 법리

　이 장에서 우리는 채권자들이 파산절차의 내부 및 외부에서 누리는 보호방법을 살펴볼 것이다. 사해행위취소의 법리 및 이와 관련된 법리에 체화되어 있는 이들 보호방법은, 대부분의 채권자들이 대출을 실행할 때 포함시키기를 원하는 보호방법이라고 생각하면 이해하기 쉽다.[1] 제8장에서는 부인할 수 있는 편파적 행위에 대하여 살펴본다. 파산법에만 있는 이 제도는 파산절차가 수평선에 떠 오르기 시작될 무렵 채권자들이 아무도 새치기를 시도하지 않도록 보장한다.

　사해행위취소법은 주 법의 한 측면이지만, 관재인이 §544(b)의 적용을 주장함으로써 사용할 수 있다. 대부분의 주는 통일사해행위취소법(Uniform Fraudulent Transfer Act, UFTA)을 채택하였다. 일부 주는 아직도 그 전 법인 통일사해행위취소법(Uniform Fraudulent Conveyance Act, UFCA)을 따르고 있으며, 뉴욕과 같은 아주 소수의 주들은 그들만의 버전으로 된 사해행위취소법이 있다. 파산법도 §548에 파산법만의 고유한 사해행위법 버전을 두고 있다. 거래가 여러 개의 주에 걸쳐 있을 때 관재인은 어떤 주의 사해행위취소법이 적용되는지 여부를 확인하지 않고 파산법의 사해행위취소 법리를 적용할 수 있다. 주법상의 사해행위취소법이 관련 소멸시효, 제척기간이 허용하는 한 과거의 행위에 대하여 소급할 수 있는 것에 반하여 연방파산법 §548은 오로지 과거 2년 동안만 소급한다는 면을 제외하고는, 이들 법의 적용범위는 대략 비슷하다.

---

1) Robert Charles Clark, The Duties of the Corporate Debtor to its Creditors, 90 Harv. L. Rev. 505 (1977).

사해행위취소 법리는 보통법 상 사기에 해당하는 행위도 그 범위에 포함하지만 그 적용 범위는 이보다 훨씬 넓다. 이것은 형식보다는 실질을 중시하는 유동적인 원칙이고, 그리고 채권자들의 권리를 손상시키는 방향으로 채무자가 관여하는 모든 거래로부터 채권자들을 보호하는 동시에 채무자는 사업을 계속할 수 있고 채무자와 공정한 거래를 한 제3자는 추측만으로 권리를 잃지 않도록 보장한다.

몇몇 부주의하게 쓰인 판결 이유는, 사해행위취소 법리가, 채무자가 지급불능인 상태에서 합리적으로 동등한 가치보다 낮은 가격으로 성사된 거래가 아니라, 현실적인 사기와 관련된 거래에만 적용되는 듯한 인상을 남긴다. 그러나 400년 이상의 역사는 그렇지 않다고 말하고 있다. 사해행위취소 법리는 채권자들을 속이기 위한 목적이거나 또는 일단 확실하게 효력이 발생한 안전한 것처럼 보이지만 사실은 그렇지 않은 거래를 무효화할 수 있는 광범위한 권한을 관재인에게 부여한다. 만약 어떠한 거래가 정당한 사업 목적 없이, 단지 모든 것이 실제보다 더 잘 돌아가고 있는 듯한 인상을 주기 위해 성사된 것이라면 그 거래는 본질적으로 의심스럽다.[2] 채무자 재산의 유동성을 감소시키는 거래까지도, 만약 그 목적이 채권자들의 권리행사를 저지하기 위한 것이라면 사해행위를 구성할 수 있다.[3] 형식보다는 실질을 중시함으로써, 사해행위취소의 법리는 채무자와 그 공모자들이 얕은 꾀를 쓴 결과를 감수하도록 한다.

사해행위취소의 법리는 1571년에 처음 제정법의 형태를 취하였다. 채권자들의 절차를 지연하고, 채권자들을 방해하거나 속일 의도로 성사되거나 발생한 거래와 채무는 사해행위로 간주되었고 채권자들과의 관계에서 무효였다. 이 법률은 제정된지 불과 몇 년 지나지 않아 극적인 확장을 겪었다. 1600년대 무렵, 햄프셔 지역의 농부였던 피어스는 그의 양 떼를 트와인이라는 이름의 남자에게 전부 양도하였다. 트와인은 피어스가 그 양들을 계속 점유한 상태에서 양털을 깎고, 그의 소유권 표시를 유지할 수 있도록 허용하였다. 피어스의 채권자 중 한 명이 그의 채권에 대하여 승소판결을 받았고, 비록 이미 트와인에게 팔리기는 했지만 아직 피어스가 점유하고 있던 양 떼에 대하여 집행관을 통하여 강제집행을 하였다.

분쟁이 일어났고, 그 당시 여왕의 법무대신이던 에드워드 코크(Edward Coke)

---

2) 예를 들어 Clow v. Woods, 5 Sergeant &Rawle 275 (Pa. 1819) 참조.
3) 예를 들어 Empire Lighting Fixture Co. v. Practical Lighting Fixture Co., 20 F.2d 295, 297 (2d Cir. 1927) (L. Hand, J.) 참조.

는 영국 성실청 법원(Star Chamber)에 양의 매수인인 트와인을 형사범으로 기소하였다.[4] 성실청 법원은 반역죄의 공판 및 그 밖의 국사범에 대한 재판을 전담하는 곳이었다. 엘리자베스 시대의 사해행위취소 법률에 의하면 회복된 재산의 일부는 국왕의 소유로 귀속된다고 규정되어 있었다. 국왕은 언제나 반역죄와 중범죄로 유죄판결을 받은 자들로부터 상당한 수입을 누렸으며, 사해행위취소의 법률은 반역자와 중범죄자들이 재산을 국왕의 손을 벗어난 곳으로 이전하는 것을 방지하는데 유용한 도구였다. 이러한 고려가 왜 양을 압류하려는 채권자와 관련된 사건이 이 곳에 기소되었는지를 설명하여 줄 수 있을 것이다.[5]

'트와인 사건'에서 법원은 양을 양도한 것이 무효라고 판단하였는데, 피어스가 실제 사해의 의도로 행동하였다고 증명할 수 있기 때문이 아니라, 거래는 '사기의 표지(badges of fraud)'와 밀접히 관련되어 있었기 때문이었다. 점유를 동시에 이전하지 않으면서 소유권을 양도하는 것은 본질적으로 의심스럽다. 법리가 발전되면서, 사기의 표지라는 요소는, 증명하기 어려운 사기에 대한 대용물로 사용되는 것을 넘어, 비록 사기가 아닐지도 모르지만 그럼에도 불구하고 채권자들이 반대할만한 거래에 널리 적용되기 시작하였다.[6] "현실적인 방해, 지연, 기망의 의도"는 기술적 용어로 남아 있다. 그것은, 채권자들의 권리가 의도적으로 침해되고 있음을 시사하는 충분한 표지가 존재할 때에는 언제든지 인정된다.

사해행위취소법이 진화하면서, 사기의 표지 중 두 가지가 특히 두드러지게 중요해졌다. 즉, 지급불능 상태에서 이루어진 거래 및 합리적으로 동등한 가치보다 낮게 이루어진 거래이다. 법원은 위 두 가지 특징을 가진 거래를 자주 무효화시켰다. 그들은 비행을 시사하는 다른 요소를 볼 필요성이 있다고 보지 않았다. 다수의 의심스러운 거래는 위 두 가지 표지를 공유하였고, 결백한 거래에는 거의 위 두 가지 요소가 없었다. 사해행위로 의제되는 경우는 단지, 더 이상의 조사를 할 필요가 없을 만큼 너무나 중요한 위 두 징후를 지니고 있는, 실제의 사해행위일 뿐이다. 오늘날 "의제" 사해행위라고 이름 붙여진 여러 거래는 실제의 고의적인 사해행위라고 배제될 수 있는 것들이다. 사해의 표지를 구성하는 요소들이 충

---

4) Twyne's Case, 3 Coke 80b, 76 Eng. Rep. 809 (Star Chamber 1601).
5) Garrard Glenn, Fraudulent Conveyances and Preferences §§61-61e (rev. ed. 1940) 참조.
6) Shapiro v. Wilgus, 287 U.S. 348, 354(1932)에서 Cardozo 대법관이 설명한 것처럼, "양도가 만약 양도인의 채권자를 기망할 의도로 이루어진 것이라면 그것은 불법이지만, 그것과 마찬가지로, 채권자들을 방해하거나 또는 절차를 지연할 의도로 이루어진 것 역시 똑같이 불법이다."

분히 더 있지만, 그것을 일일이 특정하여 논할 필요는 없다.

"실제 고의적인(actual intent)" 사해행위는, 옛 투자자들에게 돈을 지급하여 합법성과 수익성의 환상을 보전하기 위해 새로이 모집한 기금을 사용함으로써 그들의 발자취를 감추려고 했던 사기였던 모든 폰지 사기(Ponzi Scheme)에 필연적으로 존재한다. 채무자가 실제로 사해의사를 가지고 있었는지 여부는 별 상관이 없다. 이익이 존재하지 않음에도 그것이 존재한다는 환상을 보전하기 위한 재산이전인 한, 그 거래는 부인할 수 있다. 사기를 원인으로 한 소송과 대조적으로, 허위표시를 찾아내거나 특정할 필요가 없다. 채권자들이 다른 사기 소송이 요구하는 그들이 믿었다는 점, 즉 그 재산이전이 있었기 때문에 그들이 처분행위를 하였다는 (또는 하지 않았다는) 점도 역시 입증할 필요가 없다. 수익자들이 목적물의 가치에 상응하는 값을 지급하였고, 또 선의로 행동하였다는 점 모두를 증명하지 못하는 한, 그 재산이전은 부인할 수 있다.

사실 폰지 사기 사건에서는 기본을 이루는 사업이라는 것이 없고 사업의 모든 비용은 합법성을 계속 가장하기 위한 의도로 지출된다. 진행되고 있는 경제적 활동이 없으므로, 다른 목적으로 봉사한다. 이러한 관점에서 보면, 월별 재무제표를 우편발송 하는데 사용된 돈으로부터, 임대인에게 지급된 차임에 이르기까지, 초기의 투자자에게 지급된 돈과 다르지 않다. 이들은 사해행위라고 추정할 수 있을 것이다.

폰지 사기의 피해자는 별 어려움이 없이 선의를 입증할 수 있을 것이고 따라서 피해자가 가치를 제공한 한도 내에서는 그에 대한 재산이전의 결과를 유지할 수 있어야 한다고 보일 수도 있다. 피해자는 사해행위를 지휘하고 있는 자가 못된 짓을 꾀하고 있다는 것을 알지 못했다. 그러나 폰지 사기는 사실이라고 하기에는 너무 좋은 반대급부를 제안하는 경향이 있다. 90일 이내에 원금의 50%를 돌려받는다는 조건으로 $100를 투자한 사람은 무엇인가 심상치 않은 일이 벌어지고 있음을 눈치채야 한다. 사기꾼의 첫 번째 가르침은 정직한 사람을 속일 수 없다는 것이다. 게다가, 현금을 내주는 사람이 오히려 가장 의심할만한 이유를 가진 사람일 수 있다. 가장 순진하고 신뢰할 수 있는 사람은 대개 가방을 들고 떠나간 사람이다.

한 때 상사법은 "선의"가 아니라는 것을 증명하는데 매우 넘기 힘든 높은 기준을 설정한적이 있다. 그 규칙은 "순수한 마음과 빈 머리"라는 것이다. 당신은 당신이 원하는 만큼 멍청해질 수 있지만, 사기에 대한 실제 지식 없이 행동하는 한 당신은 선의라는 기준을 만족하였다. 가장 악명 높은 사례는 두 사기꾼이 그들의 가방을 싸서 영원히 사라지기 몇 분 전에 지급을 받은 은행원이다.[7] 그는 그들이 정확히 무슨 일을 꾸미고 있는지 몰랐지만, 그는 돈을 지급받는 한 아무런 질문도 하지 않는데 만족하였다. 그러한 주관적 선의로 충분한지 여부는 그 이후로 줄곧 다툼의 대상이 되어 왔다.

현대의 견해는 선의에 대한 보다 객관적인 판정에 의존한다. 당신 자신의 주관적 정신상태에 의하여 선의 여부가 판정되지 않는다. 만약 과연 그럴 것인가 하고 놀랄만한 거래에 대하여 별 생각 없이 관여하였다면 당신의 선의는 의심받을 수 있다. 당신이 사기에 대하여 몰랐다고 하더라도, 당신이 무엇인가가 잘못되었음을 알아채고도 더 조사해보지 않았다면 당신은 선의였음을 주장할 권리를 잃는다.

폰지 사기에 대한 서비스를 제공한 자와 관련된 사건이 이를 잘 보여준다.[8] 자신도 모르는 사이에 폰지 사기에 투자자가 된 한 사람이, 칵테일 파티에서 베어 스턴스(Bear Stearns)의 고위급 이사 중 한 명에게, 그가 투자한 특정 헤지 펀드가 20% 올랐다고 태평스럽고 행복하게 말하였다. 이 말을 들은 전무는 이상하다는 생각이 들었다. 그 헤지펀드는 베어 스턴스를 통하여 증권을 사고 팔았는데, 베어 스턴스가 다루는 그 펀드는 너무 많이 내려가서 위험 관리자가 근심거리였기 때문이다. 이사는 자기 동료들에게 돌아가 그의 의구심을 전했다. 그 후 그 후 베어 스턴스는 담당 펀드매니저에게 연락하였다. 그 펀드매니저(사기를 꾸며낸 자)는, 베어 스턴스는 펀드가 증권거래를 위하여 이용한 여러 곳의 주요증권회사 중 하나였을 뿐이고, 베어 스턴스를 통한 투자는 잘 되지 않은 반면 다른 투자들은 잘 되었다고 단언하였다.

베어 스턴스는 이 정도에서 더 나아가 파헤치지 않았다. 위 설명이 황당한 거짓말일 수도 있었지만, 완전히 그럴싸한 점이 없는 것도 아니었다. 베어 스턴스가 사기에 대하여 몰랐다는 점에 대해서는 아무도 다투지 않았다. 문제는 베어 스턴스가 "눈가리개"를 썼는지 여부였다. 칵테일 파티에서의 대화가 더 철저한 조사를 요구하는 조사의무를 촉발시켰는가? 지방법원은 베어 스턴스의 선의의 항

7) Swift v. Tyson, 41 U.S. 1 (1842) 참조.
8) In re Manhattan Investment Fund Ltd., 397 Bankr. 1 (S.D.N.Y. 2007) 참조.

변을 뒤집기에는 증거가 불충분하다고 보았고, 이 문제를 배심재판에 붙였다. 최종적으로 배심은 베어 스턴스가 선의로 행동한 것이라는 결론을 내렸다.

피해자가 선의였는지 여부를 배심 앞에서 가리라고 한 것에서 알 수 있는 불확실성 때문에, 19세기에 판사들 특히 스토리 대법관 같은 사람들은 선의의 입증을 위하여 그저 몰랐다는 것만을 요구하는 기준을 만들어 냈었다. 그렇지만 현대의 법원은 투자자로 하여금 더 높은 기준을 통과할 것을 요구하는 경향이 있다. 진짜라고 보기에는 지나치게 좋아서 믿어지지 않을 정도의 반대급부를 받는 투자자들은 그들의 선의가 의심받을 것임을 예상할 수 있어야 한다. 법원은 전형적으로 무정형의, 다원적인 기준을 적용할 것이지만, 당사자는 이런 긴 목록에 구애되지 말고 그 대신 상식을 사용할 수 있어야 한다.

어떤 특정한 시점에 이르면, 투자자는 질문을 하기 시작해야 한다. 선의 여부를 조사하는데 있어서 주된 쟁점은 ― 이것은 대개 사실관계 조사이다 ― 그랬어야 하는 시점을 찾아내는 것이다. 해당 거래에 있어서 합리적인 표준이 기준점을 제공해준다. 투자자를 모아 더 큰 펀드에 투자하는 피더 펀드(feeder fund)는 다른 전문 투자자에 적용되는 합리적 표준에 구속된다. 의심스러운 패턴(예를 들어 날이 갈수록 꾸준한 수입)을 아마추어보다 날카롭게 인지하여야 한다.

현대의 많은 폰지 사기와 관련하여 지나치게 현혹되지 않도록 모두가 조심해야 한다. 투자 사기는 본질적으로 실체가 없는 것이므로 자세히 살펴보면 탄로날 수밖에 없지만, 이 때문에 보통의 투자자들이 사기를 꿰뚫어 볼 수 있어야 함을 의미하는 것은 아니다. 지난 10여 년 동안 파생상품 거래나 단타매매와 같은 것을 통한 극단적으로 복잡한 투자전력이 드라마틱하게 성장하였는데 이들은 규제의 사각지대에 있고 외부 투자자들이 이해하기 힘든 것이었다. 펀드매니저들은 시장가보다 높은 수익률을 지속적으로 획득하는 그들 전략에 대하여 그저 일반적인 설명만을 제공한다. 전략을 더 드러내게 되면 경쟁사가 모방하게 되어 자신들이 시장보다 높은 수익률을 올릴 수 없다는 이유로 투자방식을 더 구체적으로 드러내기를 거부한다. 사기에 가담한 자들은 같은 방식의 설명으로 적어도 당분간은 다른 이들을 속일 수 있다.

물론 일이 벌어지고 난 후에는, 투자 사기는 엉터리로 보이게 마련이다. 그러나 어떤 사람이 중요한 시기에 많은 양의 자본을 축적할 수 있고 터무니없이 과장된 수익률은 아니지만 좋은 결과도 낼 수 있을 때, 그 사람은 일반적으로 더 깊이 들여다보지 않고 그저 실적을 믿기 쉽다. 특히 거래 전략이 빠르게 복잡해지고 있는 점을 감안하면, 법원이 합법적인 투자방식과 투자자들이 투자사기로 밝혀내야 할 방식을 구분해내는 것은 매우 위험한 일처럼 보인다. 만약 한 펀드가 몇 년에 걸쳐 수억 달러를 유치할 수 있다면, 일이 터진 연후에 모두가 더 잘 알아챘어야 한다고 판사가 말할지는 의심스럽다.

이러한 이유로, 선의라는 쟁점은, 투자 사기의 중심으로부터 상대적으로 멀리 있고 완전히 수동적인 투자자들에게 있어서는 발생할 수 없다. 그 대신, 다른 이들을 대신하여 투자하고 왜 누군가가 그들에게 단순 전달자들이 일반적으로 받았던 것과 부합하지 않는 수익을 주려고 하는지 절대 묻지 않았던 피더 펀드와 같이 더 가까운 접촉이 있었던 자들에게 초점을 맞출 것이라고 기대하여야 한다. 그러나 단지 이 개인들에서 멈추어서는 안 된다. 그 펀드를 위해 일했던 자들은 누구나 의구심을 품었어야 하므로 위험을 감수해야 한다. 이론상, 관재인은 더 많은 질문을 던졌어야 했던 고문, 회계사, 비서 등을 추급할 수 있다. 그들은 시장가보다 높은 수익률을 받을 필요가 없었다. 그들은 그저 시간 당 급료를 받으면 되었다. 자신들이 본 것을 더 조사해야 할 의무가 있는 이상, 그들이 본 것이 무언가 옳지 않다는 것을 인식할 만큼 충분히 알고 있었던 이상, 그들의 선의는 충분히 의심할 수 있고, 따라서 그들이 제공한 서비스의 대가로 그들이 재산을 받은 것은 사해행위를 이유로 부인할 수 있게 되는 것이다.

"의제" 사해행위

가장 흔한 사해행위취소 소송은 "의제" 사해행위에 관한 것인데, 이것은 채무자가 지급불능인 상태일 때 이루어진 거래로서, 채무자가 그 반대급부로 아무것도 받지 못하거나 너무 적게 받는 거래이다. 그 전형은 증여이다. 지급불능 상태인 채무자가 부모에게 생일 선물을 한다. 사해행위취소법에 따르면, 채권자들은 현재 부모의 수중에 있는 선물에 추급할 수 있다. 이 거래는 채권자들을 속이려는 계획의 일환일 수도 있고 아닐 수도 있지만, 이런 류의 거래를 부인할 수 있도록 하는 것은 타당하다. 첫째, 지급불능 상태인 채무자가 자신은 너무 적게 받거나 전혀 받지 못하고 무엇인가를 타인에게 주는 거래들이 사해행위인 것이 너무 많아서, 개별적으로 정밀한 조사를 시행하는 것보다는 그것 모두를 부인하는 것이 나을 수 있다. 둘째, 대부분의 거래들이 사해행위가 아니라고 하더라도 그것들 중 상당수가 채권자들의 권리를 침해하는 거래로서 이것을 모두 금지함으로써 우리 모두 상태를 개선하는 것일지도 모른다. 이러한 사해행위금지법은 개인뿐만 아니라 기업에도 적용된다. 기업의 경우, "합리적으로 동등한 가치"는 시장에서의 정상적인 거래에서라면 거의 항상 주어지지만, 내부자거래는 철저한 조사를 받는다. 지급불능 상태인 기업에서 재산을 빼내어 주주의 손에 가져다 놓는 거래는 어떤 것이든지 사해양도가 된다. 똑같은 효과를 가진 배당, 자기주식취득, 기업 구조조정(LBO를 포함한)은 기업에 대한 반대급부의 출연 없이 채권자들이 이용할 수 있는 책임재산을 감소시킨다. 따라서, 법인 기업이 지급불능 상태일 때에는 그러한 거래를 부인할 수 있다.

통일사해행위법(UFTA) §5(a) 및 파산법 §548(a)(2)는, 지급능력이 있는 채무자는 그의 재산을 가지고 그가 원하는 것을 할 수 있지만, 지급불능 상태의 채무자는 (또는 거래의 결과 지급불능 상태가 된 채무자는) 합리적으로 동등한 가치보다 적은 값에 법적 의무를 부담하거나 재산을 이전할 수 없다는 관념을 반영한다. 통일사해행위법 제4조는 합리적으로 동등한 가치 대신에 "공정한 대가(fair consideration)"라는 단어를 사용하지만 같은 방식으로 작동한다.

이 용어들이 정의되는 방식은 사해행위취소법의 적용범위를 결정한다. 한 재산을 다른 것으로 대체하는 것은 공정한 대가 또는 합리적으로 동등한 가치가 있는 교환이다. 따라서 이러한 거래는 채무자가 지급불능상태라고 해도 사해양도가 아니다. 채무자가 통제권을 갖고 있는 한, 채권자들은 채무자가 내리는 사업상의 결정에 끌려 다닌다. 더 나아가, 어떤 재산이 적당한 가격에 선의의 구매자에게 넘어갔다면, 채권자들은 그 재산에 추급할 힘이 없다.

재정적 문제에 봉착한 채무자는 종종 다른 여러 채권자들에게 변제하기 보다는 한 채권자에게만 변제하려고 한다. 그 채권자는 중요한 공급자이거나 아니면 단지 아주 난폭한 금융업자일 것이다. 그 채권자에 대한 재산이전(편파행위라고 부른다)은 다른 채권자들의 상황을 악화시키지만, 그것이 곧 사해행위임을 의미하지는 않는다. 통일사해행위취소법(UFCA), 통일사해양도취소법(UFTA) 및 파산법 §548은 기존 채무에 관하여 이루어진 재산이전은 공정한 대가 또는 합리적으로 동등한 가치를 받고 이루어진 재산이전인 것으로 추정된다고 규정함으로써 위와 같은 결과를 보장한다.

이 결과도 역시 타당하다. 파산절차 밖에서, 채권자가 변제를 받기 위해서는 오로지 스스로의 노력에만 의존해야 한다. 채무에 대한 변제를 받는 것은 단순히 집합적 절차가 아직 수평선에 떠오르기 전에 적용되는 게임의 법칙에 따른 것이다. 기존 채무에 관하여 이루어진 위와 같은 재산이전은 서로 다른 채권자들 사이에서 어떻게 재산이 분배되는지에 영향을 미치지만, 그것이 채권자들이 이용할 수 있는 책임재산에는 영향을 미치지 않는다. 집단으로서의 채권자들은 한 명이 변제를 받고 나머지가 변제 받지 못했다고 하여 형편이 더 나빠지지는 않는다. 채무자가 특정 채권자에게만 변제하였을 경우, 그 변제가 방해, 지연 또는 기망의 의도로 이루어진 것일 경우에 한하여 다른 채권자는 사해행위취소법에 따라 그 변제에 대한 이의를 제기할 수 있다. 이와 같은 사안들은 채권자가 내부자일 때 가장 자주 발생한다.[9] 채권자에 대한 변제에 이의를 제기하려면, 이의를 제기하려는 자는 그것이 편파행위임을, 즉 파산절차라는 집합적 규범에 위반하여 파산 전야에 행한 재산이전에 해당한다는 점을 증명하여야 한다. 편파행위에 대하여는 제8장에서 자세히 다룬다.

채무자가 (현금과 같이) 가치가 확실한 재산을 유출하고 가치가 불확실한 재산으로 교환할 때 채권자들의 상태는 저하한다. 새로운 기계는 비용을 회수할 정도로 충분히 수입을 증가시킬 수도 있지만 그렇지 못할 수도 있다. 채권자들은, 사업을 어떻게 경영할지에 대하여 합당한 결정을 내릴 수 있다고 그들이 생각하는 채무자를 선택하여야 한다. 금융업자는 채무자가 위험을 감수하고 투자를 할 것임을 알고 있다. 채무자가 성공하지 못할 가능성이 있지만, 채권자들은 그 위험에 대해 보상을 받는다. 사해행위취소법의 적용범위는 할 수만 있다면 대부분의 채권자들이 할 수만 있다면 금지할 것이라고 확신하는 행동에 대하여만 미친다. 예를 들면, 채권자들이 채권을 추심하고자 할 때 채무자가 재산을 숨겨서는 안 된다는 점에 대하여 모든 채권자들은 동의할 것이다. 또한 채권전액을 상환하기에는 돈이 부족한 시기에 이미 처했을 때 채무자가 돈을 낭비할 수 있어서는 안 된다.

---

9) E.g., Bullard v. Aluminum Co. of America, 468 F.2d 11 (7th Cir. 1992).

합리적으로 동등한 가치라는 개념은, 사해행위취소법이 너무 멀리까지 확대 적용되지 않도록 적절하게 해석되어야 한다. 채권자가 재산을 압류하고 그 재산이 정상적으로 진행된 경매 절차에서 팔렸다고 가정해보자. 채무자는 지급불능 상태이고 재산을 되찾을 권리가 소멸되도록 놔두었다. 채무자가 빚을 갚고 재산을 되찾아올 권리를 잃어버린 것은, 파산법 §101에 정의된 것처럼 그 자체가 재산의 이전이다. 그러나 법원은 이 구체적인 사례에 있어서 경매절차가 합리적인 가격으로 진행되었는지 여부를 조사하지 않는다. 규칙적으로 진행되고 담합이 없는 법원 경매절차는 반드시 합리적으로 동등한 가치를 구성한다.[10]

법인기업인 채무자가 특정 시점에 지급능력이 있는 상태인지 여부를 결정하는 것은 "지급능력 있는 매수인이 해당 시점에 채무자의 모든 재산과 모든 채무를 인수하기 위하여 양의 가격을 지급할 의사가 있는가?"라는 단순한 질문에 답하는 것을 요구한다.[11] 채무자인 회사가 모회사의 $10,000,000 채무에 대하여 보증을 서고 그것 외에 다른 법적 의무를 부담하고 있는 것은 없다고 가정해보자. 채무자의 재산은 $1,000,000에 해당하는 가치가 있다. 만약 당신이 지급능력이 있는 상태라면, 당신이 채무자의 재산과 채무를 인수하기 위하여 돈을 지급할지 여부는 당신이 보증이행을 요청 받을 확률이 10분의 1의 확률보다 더 많은지 아니면 더 적은지 여부에 달려있을 것이다. 만약 $1,000,000에 상당하는 재산을 취득하기 위해 $10,000,000 상당의 채무를 50%의 확률로 부담해야 한다면 아무도 위 재산 취득에 동의하지 않을 것이다. 그러나 만약 $10,000,000의 채무를 부담할 확률이 단지 20분의 1에 불과하다고 하면 매수인은 그 재산을 취득할지도 모른다. 따라서 채무자는 첫 번째 사례에서는 지급불능 상태가 되고 두 번째 사례에서는 지급능력이 있는 상태가 된다.

지급불능의 기준은 법인 기업의 재산이 채무를 초과할 때에는 잔여 재산의 청구권자가 주주라는 관념에 기초하고 있다. 그들은 법인 기업이 추가적으로 돈을 벌면 그들이 그 돈을 누리고, 법인 기업이 돈을 잃으면 그들도 똑같이 돈을 잃는다. 그들은 잔존가치의 소유자들이기 때문에, 그들은 올바른 결정의 편익과 그릇된 결정으로 인한 비용을 내부화한다. 법인이 지급불능 상태일 때에는, 만약 그 법인의 재산상태가 충분히 개선되면 주주는 기업가치상승의 일부를 누리지만,

---

10) BFP v. Resolution Trust Corp., 511 U.S. 531 (1994) 참조.
11) Covey v. Commercial National Bank, 960 F.2d 657 (7th Cir 1992) 참조.

하락의 위험은 전혀 부담하지 않는다. 지급불능이라는 요건을 추가함으로써 우리는 채권자들이, 주주가 자신들의 결정에 대한 비용을 내부화하지 않는 거래만 부인할 수 있도록 보장한다. 주주가 잘못된 결정을 내렸을 때 그 타격을 제일 먼저 받는 이들이 주주 자신이므로 채권자들은 주주의 결정을 믿는 것으로 가정된다. 만약 채권자들이 주주를 더 제약하기를 원한다면, 그들은 대출계약에 그러한 보호조항을 협상을 통하여 포함시켜야 한다.

그렇지만 지급불능이라는 요건은 그 포괄하는 범위가 작다. 법인이 지급능력이 있으면서도 주주가 채권자의 이익에 반하는 방향으로 흐르는 재산이전거래에 가담할 유인이 있을 수도 있다. 법인이 그의 채권자들에게 $10를 빚지고 있다고 가정해보자. 재산 하나는 현금 $10이고 다른 하나는 $101를 지급받을 확률이 10분의 1인 복권이다. 만약 법인이 $10를 배당하기 위하여 현금을 사용하기로 결정했다고 해도, 그 법인은 여전히 지급능력이 있을 것이다. 남은 재산 — $10보다 약간 더 가치 있는 복권 — 은 그 기업의 $10 채무보다 크다. 그러나 배당은 채권자가 변제 받을 수 있는 확률을 극적으로 바꾸어 놓을 것이다. 따라서 지급불능 이라는 기준은 채무자의 재산 및 법적 의무의 규모, 그리고 각각이 변할 가능성에 관한 대출자의 염려에는 민감하지 않다. 만약 채무자의 재산가치가 변화에 노출되어 있기 때문에 어느 한 채권자가 이의를 제기하고 싶어한다면, 채권자는 대출계약에서 협상을 통하여 그 근거를 확보해야 한다. 사해행위취소법의 획일적인 보호수단은 모든 채무자에게 세심하게 들어맞을 수 없다.

어느 특정 시점에 법인이 지급불능 상태인지 여부는 사후에 무엇을 알았는지가 아니라 행위를 하는 바로 그 당시에 무엇을 알았는지에 달려 있다. 법인의 유일한 재산이 유정을 굴착하는 벤처사업인 사례를 상정해보자. 그 기업의 유일한 채권자는 $100의 채권을 갖고 있다. 법인이 배당을 결정할 때, 10개의 유정을 파고 있었다. 그것들 중 적어도 한 개는 기름이 나올 것이라는 확률은 90%이다. 만약 위 유정 중 어느 하나라도 기름을 파내는데 성공한다면, 그 법인은 적어도 $1,000의 가치를 갖게 될 것이다. 그러나 어느 유정에서도 기름이 나오지 않을 10%의 확률 또한 존재한다. 이러한 경우에 그 기업은 전혀 가치가 없을 것이다. 1년이 지나 위 모든 유정에 기름이 없었음이 드러났다. 채권자는 그 배당 결정 당시에 기업이 지급불능 상태였음을 이유로 그 배당을 공격할 수 있는가? 아니다. 지급불능의 결정은 배당이 결정되었을 당시에 무엇을 알았는지에 의하여 결

188 미국파산법

정되어야 한다. 그 당시에는, 지급능력이 있는 매수인이 그 유정에 양의 가격을 지급하였을 것이다. 이것으로 충분하다. 효율적으로 작동하기 위해서는, 사해행위 취소법은 최초의 거래 시점에서의 당사자의 지위에 초점을 맞추어야 한다.12)

문제가 되는 거래가 주식이 공개적으로 거래되는 법인에 관련될 때에는, 종종 시장으로부터 추측을 이끌어내기도 한다. 만약 그 기업이 공개시장에서 지분 증권을 발행하여 자기 자본을 조달할 수 있고, 증식시킬 수 있고 그 기업의 사채가 액면 가격으로 거래된다면, 궁극적으로 그 생산품이 시장에서 희망 없는 실패작으로 증명된다고 하더라도, 그 기업은 지급능력이 있다고 보아야 한다.13) 그렇지만, 시장의 자료에 의존하기 위하여는, 그것이 지급능력을 증명하기 위한 것이든 합리적으로 동등한 가치가 있음을 증명하기 위한 것이든, 관계 있는 정보가 시장에 접근할 수 있어야 한다는 것이 필수적이다. 경영진은 그 기업의 재무적 상태를 숨기고, 나쁜 소식이 오기 전에 배당금을 지급하고, 그러고 나서 시장자료에 기초해 판단했을 때 기업이 지급능력이 있었다는 주장을 하지 못한다.14) 그리고 만약 그 기업의 가치 총액(market capitalization) ― 기업의 사채와 주식 가치의 총 합계 ― 이 현재의 부채수준보다 적다면, 비슷한 논리로 우리는 지급불능이라는 강력한 추정을 해야 한다.15)

제5장에서 언급하였듯이, 사해행위취소법은, §544(b) 및 Moore v. Bay 사건의 원칙과 함께 작동할 때, 한 가지 측면에서 명백한 결함이 있다. 현행 법은 현재의 채권자와 미래의 채권자들을 충분히 구별하지 못할 수 있다. 예를 들어 한 법인 기업이 막대한 규모의 배당금을 주주에게 지급하였고 그로 인해 그 기업은 지급불능 상태가 되었다고 해보자. 물론, 배당 당시 채권자였던 사람들은 누구나 주주를 상대로 사해행위취소를 구하는 소송을 할 수 있어야 한다. 그러나 배당 후에 등장하는 채권자들은 어떠한가? 그들이 그 기업의 과거 재정적 건강에 의해 호도되는 바람에 돈을 빌려준 것이 아닌 한, 그들은 시장의 역전으로 인하여 지급불능이 된 기업에 돈을 빌려준 채권자들과 다를 바가 없다. 통상적으로, 과소

12) Lippe v. Bairnco Corp., 249 F. Supp. 2d 357 (S.D.N.Y. 2003) 참조.
13) Statutory Committee of Unsecured Creditors v. Motorola, Inc. (In re Iridium Operating LLC), 373 Bankr. 283 (Bankr. S.D.N.Y. 2007).
14) 정보개시의 실패가 지급능력의 시장적 척도의 사용을 방해한 사건에 관하여는, Tronox Inc. v. Kerr McGee Corp., 503 Bankr. 239 (Bankr. S.D.N.Y. 2013), 그리고 VFB LLC v. Campbell Soup Co., 482 F.3d 624 (3d Cir. 2007) 참조.
15) In re TOUSA, Inc., 680 F.3d 1298 (11th Cir. 2012).

자본기업(thinly capitalized corporation)에게 돈을 빌려준 자들은 그 기업이 실패할 경우 그 기업의 주주에게 추급할 권한이 없다. 전형적으로 그러한 권리는 법인이라는 형식이 법인격 남용에 해당할 경우에만 존재한다. 만약 채권자들이 주주도 법인 기업의 법적 채무에 대하여 책임지기를 원한다면, 보증을 할 것을 관철하여야 한다. 실제로 많은 이들이 그렇게 하고 있다.

$ 주주와 §546(e)

채권자들의 관점에서 보면, 가치가 기업이라는 용액을 떠나 주주의 손으로 넘어갔을 때 법인 기업은 반대급부로 받는 것이 아무것도 없다. 배당금 지급이나 자기주식 취득 또는 다른 어떤 것의 형태를 취하든지 간에, 법인 기업은 주주로부터, 채권자들에게 가치가 있는 것은 아무것도 돌려 받지 못한다. 따라서 만약 그 거래로 인해 법인 기업이 지급불능 상태에 빠졌다든가 지나치게 적은 자본만이 남았다면, 그것은 사해행위에 해당한다.

간단한 두 당사자 간의 사례에 대하여 파산법은 쉽게, 그리고 분명하게 작용한다. §548(a)(1)(B)는 만약 기업이 재산이전 당시 지급불능 상태였고 배당이 파산신청 이전 2년 이내에 이루어졌다면, 관재인이 기업에서 주주에게로 이루어진 배당을 부인하는 것을 허용한다. §544(b)은 관재인이, 위 2년의 기간에 대하여 적용되는 권한을 이용하는 대신에 주의 사해행위취소법을 이용하여 주의 관련 소멸시효 기간 내에 이루어진 배당을 부인하는 것을 허용한다. §550은 거래가 부인된 경우에, 관재인이 "파산재단의 이익을 위해서, 거래의 첫 번째 양수인으로부터 양도된 재산을 회복하거나, 만약 법원이 명하는 경우 양도된 재산의 가치를 회복"하는 것을 허락한다. 주주는 "첫 번째 양수인"이고 따라서 관재인은 주주에게로 이전된 현금 또는 그 가치를 주주로부터 회복할 수 있다.

이것 중 어느 것도 어렵거나 논란거리가 많지 않다. 채권자들은 먼저 변제 받을 자격이 있고, 회사가 지급불능 상태인 시점에서 어느 주주에 대한 지급은, 받을 자격이 없는 누군가에게 재산이 흘러가게 하는 것 외에는 아무런 역할도 하지 못한다. 그러나 관재인이 주주를 상대로 사해행위 소송하는 것을 막는 몇 개의 장애가 있다. 그것들을 찾아내는 것의 어려움과는 별개로, §546(e)는 관재인이 "지급결제"에 해당하는 거래를 부인하는 것을 막는다. 차입매수의 와중에 주주를 상대로 이루어진 재산이전은 형식적으로 자기주식 취득과 "지급결제"라는 정의 안에 들어오는 다른 거래에 해당하는 경우가 많다.16) 결과적으로, 일반적인 소액주주는 차입매수에서 그들의 주식이 모두 매수되면 그들의 현금취득이 편파행위로 부인될 위험을 보통 부담하지 않는다.

그러나 중요한 선수의 주식이 차입매수에서 모두 매수되었을 경우에는 문제가 좀 더 복잡해진다. 만약 그 거래가 공개적으로 거래된 증권을 수반하지 않고, 특히 그 거래 자체가 증권분야를 규율하는 법에 부합하지 않는다면, 그 거래는 지급결제로 간주되지 않을 수도 있다.17) 설사 간주된다고 해도, 걸려 있는 이해관계가 충분히 클 경우에는 두 가지의 다른 잠재적 회복의 길이 이용가능하다.

첫째, §546(e)의 예외는 §548(a)(1)(A)에 정하여진 지연, 방해 또는 기망의 "현실적 의도"를 갖고 이루어진 거래들에까지 확장되지는 않는다. 대체로 "의제 사해행위"로 분류되던 많은 거래들은, 추가적인 사기의 징후들이 종종 쉽게 발견됨에 따라 "현실적 사해행위"로 분류될 수 있다. 다시 말해, "현실적 사해행위"는 현실적 의도가 아니라, 오로지 추가적인 징후들만을 요건으로 요구한다. 지급불능 상태와 합리적으로 동등한 가치의 부족이 분명히 나타날 때에는 대체로 다른 징후들에 대해서 생각할 필요도 없다. 회복의 일반적인 길에 §546(e)가 놓는 장애물들은 이것을 바꾼다. 둘째, 이는 잠재적으로 더 중요한데, §546(e)는 오로지 '관재인이' 사해행위 취소소송을 제기하는 것만을 막는다. 주법에서 사해행위 취소소송은 파산절차 밖에 존재하는 것이다. 파산절차가 이러한 소송을 제기할 그들의 권리를 유예시키지만, 채권자들은 파산절차가 끝나면 그들이 위 권리들을 다시 행사할 수 있다고 주장할 수 있다. §546(e)는 관재인에게만 적용되지, 채권자들에게 적용되지는 않는다. 그것은 그들이 어떤 권리를 가졌든지 간에 소멸되지 않는다. 비록 그들의 주법에 의한 소송들은 파산절차 동안 정지되지만, 그들은 그 절차가 끝난 뒤 그것을 다시 주장할 수 있다.

이러한 사해행위취소 소송을 당한 자들은 §546(e)가 채권자들의 개인적 권리들을 유예하는 것 이상의 역할을 한다고 주장한다. 그 조항은 증권시장의 정합성

---

16) Enron Creditors Recovery Corp. v. Alfa, S.A.B. de C.V., 651 F.3d 329 (2d Cir. 2011).
17) In re Grafron Partners, 321 Bankr. 527 (B.A.P. 9th Cir. 2005).

을 보호하기 위해 존재하는 것이고, 파산절차 중에 있는 관재인과 파산절차 종료 후의 채권자들이 사해행위취소법을 사용하여 거래를 불안정하게 만드는 것을 막는 경우에만 이러한 목적에 기여할 수 있다.

차입매수 사건 중 가장 크게 실패한 사건 두 개(Lyondell과 Tribune)를 겪게 된 파산법원은 채권자들이 파산절차 종료 후에 계속 소송을 진행할 수 있도록 허락하였다.[18] 결국 그 주장의 가장 중요한 부분은 채권자들이 '그들이 스스로의 권리에 기하여 소송을 제기하고 있는 것이지 파산관재인이 다른 모자를 쓰고 나타나는 것이 아니라는 주장이 성공할 수 있는 정도에 달려있다.

$ 사해행위취소의 확장

실무에서, 사해행위취소의 법리가 복잡한 이유 대부분은 여러 당사자가 관련되어 있기 때문이다. 비록 결과는 명백할 때가 대부분이지만, 법조문을 엮어 내는 것은 어렵다. 이러한 역동성을 이해하기 위해서는 §546(e)에 대한 질문을 한쪽으로 두고, 회사가 절망적으로 지급불능 상태인데다 그 가치를 주주에게 배당해 버리려고 하는 간단한 예로 돌아와 보는 것이 효과적이다.

물론 주주에 대한 배당은 부인 가능하다. 게다가, 주주는 그 채권자 중 한 명인 구 대주(舊貸主)에게 회사가 변제함으로써 사해양도로 인한 법적 의무로부터 벗어나기를 바랄 수도 없다. 그 거래 역시 §548(a)의 의미 내에서 사해행위에 해당한다. 그 회사가 가치를 주주에게 이전하든 또는 구 대주에게 이전하든, 회사는 그 반대급부로 아무것도 받지 않고 있다. 회사의 관재인은 주주를 추급할 수 있다. §550은 관재인이 "재산이전의 이익이 귀속된 업체"로부터 재산을 회복할 수 있게 허락함으로써 이를 명백하게 규정하고 있다. 구 대주와 같은 채권자가 기존 채무를 소멸시키기 위한 변제를 받으면, 그의 채무자(이 사안에서는 주주)가 "재산이전의 이익이 귀속된 업체"이다.

---

18) Weisfelner v. Fund 1 (In re Lyondell Chemical Company), 503 Bankr. 348 (Bankr. S.D.N.Y. 2014); In re Tribune Company Fraudulent Conveyance Litigation, 499 Bankr. 310 (S.D.N.Y. 2013).

법 제정 거의 마지막 순간에 추가된 "재산이전의 이익이 귀속된 업체"라는 말은 그다지 큰 입법적 역사를 갖고 있지는 않았으며, 1898년 법도 사해행위취소법의 맥락에서 이 말을 사용하지 않았다. 그럼에도 불구하고, 이 말은 이전 법의 편파행위 조항에 사용된 적이 있고, 대법원도 법령의 구속을 피하기 위해 고안된 형식적인 거래구조에도 불구하고 거래를 때려눕히기 위하여 이 단어에 의존하였었다.19) 만약 당신이 어떤 사람의 채권자에게 채권 전액을 변제한다면 당신은 재산이전의 이익을 그 사람에게 귀속시키는 것이다.20)

이러한 사실관계 하에서는, 회사의 관재인은 구 대주에 대하여도 소를 제기할 수 있다. 구 대주는 §550에 규정되어 있는 "첫 번째 양수인"이다. 이것은 구 대주가 변제를 받음으로써 주주의 채무를 소멸시켜 주는 가치를 주주에게 주었다는 것과 상관이 없다. 구 대주는 회사에게는 아무런 가치도 주지 않았다. 이 결과는 혼란스러운 것이 아니다. 구 대주는 그의 채무자가 아닌 누군가로부터 변제를 받았다. 그는 선물을 받은 자와 다를 바 없는 지위에 서게 된다. 그들의 본래 성질에 따라, 주는 사람이 지급불능 상태였다면 선물은 사해양도 행위이다. 선물이 파산상태인 누군가로부터 온 것이라면, 당신은 그 선물을 계속 간직할 수 있으리란 기대를 할 수 없다.

다음 변형 사례는 아주 약간만 더 복잡하다. 회사가 구 대주에게 직접 변제하는 대신, 주주에게 배당금을 지급한다. 그의 욕망과 법적 의무를 점검한 뒤, 주주는 구 대주에게 돈을 주기로 결정한다. 이러한 경우, 구 대주는 "첫 번째 양수인"은 아니지만, §550(a)(2)에 규정되어 있는 "위와 같은 첫 번째 양수인의 양수인"이다. §550은 첫 번째 양수인의 양수인이, "기존 채무의 만족을 포함하여, 선의로 그리고 부인된 거래의 부인가능성에 대한 인식 없이 가치를 취득"하였을 때에는 관재인이 그들로부터 재산을 회복하는 것을 금지함으로써, 첫 번째 양수인

---

19) National Bank of Newport v. National Herkimer County Bank, 225 U.S. 178, 184 (1912) ("우회적인 방법을 통하여" 본래 부인될 거래를 지키지 못할 것이라는 유명한 판단을 낸다). §550의 "그 이익을 위하여"이란 말의 훌륭한 분석을 위하여는, Larry Chek& Vernon O.Teofan, The Identity and Liability of the Entity for Whose Benefit a Transfer is Made Under Section 550(a): An Alternative to the Rorschach Test, 4 J. Bankr. L. &Prac. 145 (1995) 참조.

20) Bonded Financial Services, Inc. v. Europian American Bank, 838 F.2d 890, 895 (7th Cir. 1988) ("[기업]이 은행에 수표를 보내면서 [주주의] 대출채무를 감축시켜 달라는 안내문도 함께 보낸 경우, 그 은행이 첫 번째 양수인이 되고, [주주]가 '재산이전의 이익이 귀속된 업체'가 된다."); In re Columbia Data Products, Inc., 892 F.2d 26, 29 (4th Cir. 1989).

의 양수인에게 추급할 수 있는 관재인의 능력을 제한한다. '채무자에게' 부여된 가치에만 한정되어 있는 §548(c)의 안전항(safe harbor)과는 대조적으로, §550(b)(1)의 안전항은 구 대주가 그에 대한 양도인(이 사안의 경우 주주)에게 준 가치를 지적하여 부인을 면하는 것을 허용하고 있다. 채무자(이 사안의 경우 회사)에 도달한 가치가 전혀 없다는 점은 문제가 되지 않는다. §550(b)(1)을 생동감 있게 만드는 원칙은 상법을 통틀어 찾아볼 수 있다. 일반적인 문제로서, 선의의 유상취득자는 특별한 보호를 받는 등장인물이다. 만약 당신이 예를 들어 부도수표를 가지고 상품을 구매한 사람과 같이, 무효로 될 수 있는 소유권의 외관을 가지고 있는 누군가로부터 상품을 산다면, 당신은 당신에 대한 양도인보다 더 큰 권리들을 갖는다. 당신의 매도인은 그 상품을 갖고 있을 권리가 없지만, 당신은 선의로, 그리고 유상으로 산 이상 그 상품을 가질 권리가 있다.[21]

  선의의 매수인이라는 것이 언제나 이길 수 있는 패는 아니다. 만일 당신의 권리에까지 이르는 거래의 연쇄 중간 어디 도둑이 있다면 당신은 물건의 소유권을 취득하지 못하므로 선의의 매수인이라는 것이 당신에게 아무런 도움이 되지 않는다. 그러나 이러한 보호는 종종 적절할 때가 있고, 위 구 대주의 사례에서는 적실성이 있다. 다른 원칙들은 선의의 양수인들이 권리의 연쇄 어느 지점에선가 사해행위취소의 위험에 처하게 만든다. 채무자가 재산을 산일해 버리지 못하게 하는 것을 보장하는데 있어서는, 그 후의 선의의 매수인이 그러한 비행을 감시할 수 있는 것보다, 사해행위취소법이 보호하는 채권자들이 더 적절한 위치에 있다. 전득자는 양수인이 그들의 재산을 어떻게 취득하였는지를 알 수 있는 쉬운 방법이 없다. 이 예외의 목적은 이것의 본질적 한계도 제시한다. 어떤 사람이 의심을 일으킬 정도로 충분하게 양도인의 재산 취득에 관하여 잘 알면, 그 사람은 조사를 예고 받은 것이고 §550(b)(1)에 의한 보호를 받지 못한다.

  법원은, 구 대주가 바로 앞 양수인의 양수인으로 취급되지 못하더라도, "재산이전의 이익이 귀속된 업체"라는 이유로 관재인이 구 대주를 상대로 소를 제기할 수 있는지 여부에 대한 문제를 판단하여야 했다. 예를 들어, 배당이 오로지 구 대주가 주주에게 변제 압박을 가하였기 때문에 일어난 것이라고 가정해보자. 구 대주는 회사의 존재나 배당금이 회사에서 짜낸 것인 줄을 몰랐다. 주주는 위

---

21) U.C.C. 2-403(1).

와 같은 상황이 아니었으면 배당금을 마련하지 못했을 것이다. 어떤 이는 배당금이 구 대주를 위하여 만들어진 것이라고 주장할 수도 있다. 만약 이 주장이 받아들여진다면, 구 대주의 선의, 그리고 회사에서 주주에게로의 재산이전의 부인가능성에 대한 인식이 없음에도 불구하고 사해행위취소의 공격은 구 대주를 향하게 될 것이다.

법원은 대략 이러한 주장을 거부하여 왔다. 채권자들은 변제 받을 것을 관철할 자격이 있다. 그들의 채무자가 그들에게 변제할 자원을 어떻게 취득하였는지 조사할 것을 요구하는 것은, 파산절차 밖에서는 각 채권자가 변제 받길 원하는 경우 자신의 이익을 스스로 보살펴야 한다는 것과 모순된다. "이익이 귀속된다"는 말에 대하여 이렇게 광범위한 적용범위를 허용하는 것은 선의의 유상취득자에게 의미 있는 보호막을 제공하는 §550(b)(1)의 적용가능성을 저해할 것이다. 주주의 채권자는, 그가 선의로, 유상으로, 그리고 사해행위를 알지 못하고 거래를 행한 다른 사람과 마찬가지로, 편안하게 잠들 수 있어야 한다.

"이익이 귀속된"이라는 단어가 선의로 사해행위임을 알지 못한 채 거래한 자를 보호하는 정책을 저해하지 않도록 보장하기 위한 가장 직접적인 방법은, "이익이 귀속된"이 무엇을 의미하든지 간에, 그것이 그 전득자들에게는 적용되지 않는다고 추정하는 것이다.[22] 만약 관재인이 전득자로부터 재산을 회복하길 원한다면 그는 §551(b)(1)을 샅샅이 뒤져 전득자가 선의가 아니었다는 점 및 부인가능성을 인식하였다는 점을 입증하여야 한다. 이러한 접근이 본질적으로 틀린 것은 아니지만 그것으로 위 문제를 전부 해결할 수 있다고 생각해서는 안 된다. 특정인이 전득자인지 여부를 결정하는 것이 쉽지 않은 사례가 발생한다.

채무자인 회사가 배당금을 마련하기 위해 돈을 빌리면 또 다른 유형의 3당사자간 거래가 발생한다. 그 회사가 신 대주(新貸主)에게 담보를 제공하고 $100를 빌려서 주주에게 $100의 배당금을 주어 스스로를 희망 없는 지급불능 상태로 몰아넣었다고 가정해보자. 앞에서 보았듯이, 주주에게 배당금을 주는 것은 사해행위이다. 회사가 현금을 어떻게 취득하였는지가 기업에서 현금을 빼오는 해결책이

---

22) Bonded Financial Services 판결이 이 제안을 확립하였다. Bonded Financial Services, Inc. v. European American Bank, 838 F.2d 890, 895 (7th Cir. 1988). 다른 판례도 이를 따랐다. 예를 들어 Danning v. Miller (In re Bullion Reserve of North America), 922 F.2d 544, 548 (9th Cir. 1991).

사해행위라는 사실을 바꾸지는 못한다.

회사가 신 대주에게 담보를 주고, 신 대주로 하여금 주주에게 직접 현금을 지급해달라고 요청한다고 해도 달라지는 것은 아무것도 없다. 신 대주가 주주에게 직접 돈을 주는 것이나 신 대주가 우선 회사에게 돈을 주고 회사가 그것을 주주에게 전달하는 것이나 전혀 차이가 없다. 주주는 직접적으로든 간접적으로든 회사로부터 재산이전을 받는다. 두 경우 모두 상황이 모두 정리되면 배당금 상당의 가치가 회사로부터 없어진 것이 된다. 법원들은 주주에게 법적 책임이 있다고 판단할 때 금전이 흘러 들어간 경로를 종종 외면한다.[23] 회사로부터 주주에게로 가치가 이동했다는 것은 거래의 전후 상황 비교를 통해 충분히 알 수 있다.

법원은 실질에 주목한다.[24] 그들은 일상적으로 다양한 거래 단계를 하나로 통합하여 고찰함으로써 회사로부터 주주에게로 이루어진 거래에서 실질적으로 무슨 일이 일어났는지를 살핀다. 다양한 거래를 하나로 통합하여 고찰한다는 쟁점은 대개 차입매수(LBO) 상황에서 발생하지만,[25] 이러한 판결에 생동감을 불어넣는 원칙들은 기업에서 주주에게로 가치가 흐르도록 주주가 조작해내는 거래에 적용된다.[26]

만약 회사가 돈을 빌리는 것 대신에, 주주가 신 대주로부터 대출을 받고 회사가 이에 보증을 해주는 동시에 그 재산에서 담보까지 제공해준다면 문제가 살짝 더 복잡해진다. 이 거래를 분석하기 위한 가장 쉬운 방법은 보증과 이를 뒷받침하는 담보가 주주의 이익을 위해 신 대주에게 이전되었음을 발견하는 것이다. §550에 의하면 관재인이 주주로부터 회복할 수 있다. 그러나 회사가 직접 주주에게 보증을 해주었다는 것으로 거래의 성격을 다시 규정할 수도 있다. (이러한 종류의 방식은 회사의 주주가 신 대주에게 양도하는 유통증권의 배서인이 되는 때에 일어난다.) 여전히 이전된 것의 가치를 증명하여야 하지만, 채무자가 보증채무의 부담

---

23) Nordberg v. Sanchez (In re Chase & Sanborn Corp.), 813 F.2d 1177, 1181-82 (11th Cir. 1987) ("[법]원은 문제된 특정 거래를 넘어 거래의 전체적 환경에 주목하여야 한다.").

24) 예를 들어, Wiebolt Stores, Inc. v. Schottenstein, 94 Bankr. 488, 502 (N.D. Ill. 1988) ("[법]원은 거래의 형식적 구조가 아닌, 거래와 관련된 당사자들의 인식과 의도에 집중해야 한다.").

25) 예를 들어 Rosener v. Majestic Management Inc. (In re OODC, LLC), 321 Bankr. 128, 138 (Bankr. D. Del. 2005).

26) Boyer v. Crown Stock Distribution, Inc., 587 F.3d 787, 793 (7th Cir. 2009) ("이제 사람들이 그것을 LBO라 부르는지 아닌지 여부는 중요하지 않다. … [만]약 배당이 새로운 Crown 회사의 재산을 치명적으로 고갈시킨 거래의 중요한 일부분이었다면, 그것은 사해행위의 중요한 일부분이다.").

으로 인하여 지급불능 상태에 빠지는 한 사해행위의 존재는 확립하기 쉽다.

일단 서술적인 사실이 추출되면, 주주의 지위에 있는 자들이 책임을 지도록 보장하기 위하여 거래를 일체로 통합하여 관찰하는 것은 매우 쉽다. 이 설례에서 보다 어려운 부분은 신 대주가 사해행위로 인하여 받은 것이 있는지 여부이다. 신 대주에게 법적 책임을 지우기 위한 핵심은, 신 대주의 관점에서 보았을 때, 그 거래가 두 단계를 거쳤는지 아니면 오로지 한 단계만 거쳤는지 여부에 있다. 신 대주가 회사에게 $100를 주었고 회사가 주주에게 돈을 전달하였을 것이라고 믿을만한 근거가 없다면 신 대주를 상대로 소송을 해서는 안 된다. 모든 것은 신 대주가 그 거래의 두 단계 — 신 대주가 회사에게 대출을 해주고 그 대출금을 자원으로 회사가 주주에게 배당금을 나누어 준 것 — 가 뚜렷이 구분된다는 주장이 성공적으로 받아들여질 수 있는지 여부에 달려 있다. 그 두 단계를 명확하게 가르는 것은 불가능하지만, 극단적인 사안을 보면 쉽게 이해할 수 있다. 만약 회사가 신 대주로부터 받은 대출금을 배당금으로 사용할 것임을 신 대주가 알았다면, 이 거래는 신 대주가 돈을 주주에게 직접 준 사안과 똑같아진다. 신 대주가 회사로부터 변제 약속 및 담보물을 받았고 실질적으로 '회사에게' 반대급부로 준 것이 없기 때문에 신 대주는 사해행위 공격의 대상이 된다.

실무에서 신 대주는, 거래 전체가 충분한 "사기의 표지"를 띄고 있음을 관재인이 증명할 수 있을 때 가장 위험하다. 예를 들어, 만약 다른 채권자들 몰래 배당금 지급이 이루어지고 회사는 심각한 지급불능 상태였다면, 이것은 별로 어렵지 않다. 충분한 증거기록을 모아두는 것은 흔한 거래들 속에서는 쉽지 않아 보일 수 있다. 큰 규모의 기업 거래에 관련된 자들은 회사의 채권자들을 방해, 지연, 기망하기 위해 신 대주로부터의 대출금이 필요하다는 취지의 이메일을 쓰는 것보다는 신중해야 하지만, 사람들은 아주 놀라울 정도로 입이 가벼울 수 있다.

얼마나 어렵든지 간에 이 문제를 정리하는 것은 §550의 힘을 빌릴 필요가 없다. 신 대주의 담보가 부인되면, 관재인이 신 대주로부터 회복할 재산이 있는지는 찾아볼 필요도 없다. 그 담보권과 채무는 사라진다.

두 가지의 3당사자 사례를 결합하면 소수의 변형이 나온다. 회사가 신 대주에게 가서 회사 재산에서 담보물을 제공하며 $100를 변제하겠다는 약속을 하고, 그 교환으로, 신 대주는 $100를 주주에게 주겠다고 약속한다. 주주는 그 반대급부로 $100를 구 대주에게 준다. 구 대주의 존재는 관재인에게 입증의 부담을 추가로 부과할지도 모르지만 기본적인 법리는 똑같다. 회사의 관재인이, 주주가 구 대주에게 변제할 때 구 대주가 위 거래의 세세한 상황들을 모두 알고 있었고 또한 사실상 그 거래를 시작한 것이 구 대주였음을 증명할 수 있다고 가정해보자. 구 대주는 ① 거래가 회사가 지급불능 상태일 때 이루어졌거나 거래로 인하여 회사가 지급불능 상태가 되었다는 사실 및 ② 회사가 신 대주에게 변제약속을 하며 담보를 제공한 것의 반대급부로 아무것도 받지 못했다는 사실, 둘 다를 알고 있었다.

이러한 사실관계에 의하면, 구 대주는 법적 책임이 있을 수도 있다. 구 대주가 밀접하게 관여한 것은, 법원으로 하여금 회사의 보증약속이 §550(a)(1)에 규정되어 있는 구 대주의 이익을 위해서였다고 결론을 내릴 수 있도록 힘을 실어준다. 또는, 구 대주는 회사에서 주주에게로 전달된 돈의 전득자였고, 그 거래의 구체적 사항들에 대하여 구 대주가 알고 있었기 때문에 §550(b)(1)의 보호가 적용될 수 없다고 주장할 수도 있다.

구 대주가 전득자라고 법원이 판단할 때, 법원은 구 대주의 선의 여부 및 그 배후의 거래에 대한 인식 여부에 대하여 평가해야 한다. "선의"는 구 대주가 알았다고 단정할 수 있을만한 충분한 사실이 있었는지 및 구 대주가 충분한 조사를 시행하였는지 여부에 달려있다. 이 선의 여부에 관한 조사는 일도양단적인 것이 아니다. 그것은 구 대주의 전문성 및 거래의 규모에 달려 있다. 더 나아가, 여기에서 필요한 인식은 거래의 부인가능성에 대한 것이 아니라 그 배경이 되는 서술적인 사실이다.[27]

누구에게 "이익이 귀속된" 것이냐를 탐구하는 것은 §550(b)(1) 하에서의 탐구와 전적으로 같지는 않지만 실무에서 대체로 그것은 같은 것이나 마찬가지이다. 회사의 신 대주에 대한 약속과 담보의 제공이 구 대주에게 이익이 귀속된 것이었다고 결론짓기 위해서는, 구 대주가 거래 전반에 개입하였는지를 법원은 평가해 보아야 한다. 법원은 구 대주를 고객이 경제적으로 고통받고 있음을 알 때 고객에게 대금을 지급하도록 압박하는 세탁소 주인과 구별하는 요소를 특정해 내야 한다. 사해행위취소법의 관점에서는, 변제가 일반적인 절차에 의하지 않는 경우라 하더라도 당신의 채권을 추심하는 것에는 잘못된 것이 전혀 없다. 그러나 채무를

---

27) Brown v. Third Nat'l Bank (In re Sherman), 67 F.3d 1348 (8th Cir 1995).

변제하기 위해 회사의 재산을 사용하려는 주주의 계획에 당신이 점점 연루될수록 회사의 행위가 당신의 이익을 위해서였다고 더 쉽게 말할 수 있다.

구 대주의 선의 및 사해행위라는 인식의 부재는, 거래가 구 대주 자신의 이익을 위한 것이 아니었음을 보여주기 위한 핵심적 요소가 된다. 만약 구 대주의 지위에 있는 채권자가 거래의 사해성에 대한 인식이 없고 더 조사할 의무도 없다면 거래가 그 채권자의 이익을 위한 것이었다고 법원이 판단할 가능성은 별로 없다. 이에 상응하여, 관재인이 처음의 거래가 구 대주의 이익을 위한 것이었음을 보여주지 않고도 구 대주를 악의의 전득자라고 공격할 수 있는 가능성도 낮다.

구 대주가 §550(b)(1)의 이익을 누리는 것을 박탈할 만큼 충분한 거래의 부인가능성을 인식하고 있지만, 그 거래의 이익이 구 대주에게 귀속된 것이라고 법원이 판단할 정도로 거래의 형성에 있어서 구 대주가 충분히 결정적인 역할을 하지는 않았다고 판단되는 경우는 거의 발생하지 않는다. 새롭게 발견된 주주가 막대한 부채를 상환할 수 있는 능력의 원천을 구 대주가 알고 있었다면, 구 대주가 순진한 방관자였을 가능성은 거의 없다. 인식과 참여는 함께 간다. "이익이 귀속된다"는 말과 §550(b)(1)의 선의 및 부인가능성의 인식이라는 기준은 선의의 양수인을 보호하는 정책을 침해하지 않으면서 구 대주의 위치에 있는 자들에 대하여 감시의 부담을 지우는 정책을 구현한다.

우선, 사해행위취소법은 대물적인 구제방법이다. 본질적으로, 사해행위취소법은 압류를 하는 채권자들이 그 거래를 그것이 전혀 이루어지지 않았던 것처럼 취급할 수 있도록 허용하는 것에 불과하다.[28] 채무자 외의 다른 누군가가 자신이 양의 소유자라고 주장한다고 해도 채권자들은 자유롭게 채무자의 양을 압류할 수 있다. 재산을 회수하는 방법이 여러 가지가 있다고 해도, 관재인은 오로지 그들 중 하나에 의해서만 재산을 회복할 수 있다. §550(d)은 관재인이 하나에서만 만족을 얻도록 제한한다. 예를 들어, 관재인이 신 대주에 대한 채무와 그것을 뒷받침하던 담보를 소멸시키면 관재인의 청구원인은 끝난다.[29]

다수의 당사자들이 관련되어 있을 때의 사해행위취소법을 이해하는 것은 놀

---

[28] 13 Eliz. Ch. 5 (1570).

[29] Schnittjer v. Linn Area Credit Union (In re Sickels), 392 Bankr. 423 (Bankr. N.D. Iowa 2008) 참조. ("선취특권(lien)의 부인은 파산재단으로의 완벽한 회복을 구성한다. 부인할 수 있는 거래를 치유하기 위하여 또는 채무자들이 거래 전에 누렸던 재정상태로 파산재단을 돌려놓기 위하여 더 이상의 회복방법은 허용되지도 않고 필요하지도 않다.")

랄 만큼 탐구된 바 없다. 기본적 문제의 여러 가지 변형이 가능하다. 예를 들어 한 기업 그룹 내에 여러 층위의 관계회사가 있을 때 발생할 수 있는 문제에 대해 생각해보자. 주주가 모회사 재산의 100%를 소유하고 있다. 모회사는 심하게 지급불능 상태이다. 모회사의 유일한 재산은 자회사가 발행한 주식이고, 자회사는 채권자가 없으며 그 유일한 재산(기계)은 $100의 가치가 있다.

　　모회사의 채권자들을 회피하기 위해, 주주는 자회사에게 그 기계를 주주에게 직접 $1에 팔 것을 요구한다. 자회사는 이에 동의한다. 6개월 후, 모회사는 파산신청을 한다. 관재인은 주주로부터 위 기계를 원상회복할 수 있는가? 주주는 모회사의 채권자들은 불평할 수 없다고 주장한다. 그들의 채무자(모회사)는 위 기계를 소유한 적이 없다. 더 중요한 것은, 그 거래를 체결한 당사자(자회사)에게는 전혀 채권자가 없었다. 확실히, 그 거래는 합리적으로 동등한 가치에 이루어진 것은 아니었으나, 채권자가 없는 자들은 그들의 재산을 그들이 원하는 대로 처분할 수 있다. 그들은 증여도 할 수 있다. 그 거래는 자회사의 채권자들을 방해, 지연, 기망하기 위한 목적으로 이루어진 것도 아니었다. 자회사에는 채권자가 없었기 때문이다.

　　이러한 사안들을 대면하며 갖게 된 첫 직감은 우리가 곧 논의하게 될 주제들인 법인격 부인과 실체적인 병합이라는 법리에 대하여 생각해보는 것이다. 만약 모회사와 자회사 간의 별개인 법인격이 부인될 수 있다면 위 거래도 부인될 수 있을 것이다.[30] 그럼에도 불구하고 법인으로서의 실체가 각기 독립적이라는 점이 철저히 존중되는 사례는 발생하게 마련이다. 그러한 경우에는, 사해행위가 존재한다는 점을 입증하는 것이 이들 두 실체를 하나로 통합하여 볼 수 있는 유일한 근거가 될 수 있다. 사해행위취소법이 형식보다는 실질에 주목하는 방식에 초점을 맞출 필요가 있다. 법원은 거래가 한 단계가 아니라 두 단계로 이루어진 것으로 그 성격을 재규정할 수 있어야 한다. 자회사로부터 주주에게로의 거래는, 실질적으로 모회사에게로 기계를 이전한 자회사의 거래 및 모회사가 이를 다시 주주에게로 이전한 거래와 다를 바가 없다. 이 두 번째의 재산이전은 지급불능 상태의 채무자가 행한 배당이고 부인할 수 있다.

　　가장 어려운 사례는 영향을 받는 채권자들이 모회사 단계에 있고 거래는 전

---

30) 법원은 위와 같은 추론을 Asarco LLC v. Ams. Mining Corp., 396 Bankr. 278, 316 (S.D. Tex. 2008)에서 사용하였다.

적으로 자회사 단계에서 이루어질 때 발생한다. 주주는 모회사의 지분을 보유한다. 모회사는 심각한 지급불능 상태이다. 모회사의 유일한 재산은, 채무가 전혀 없는 자회사의 지분 100%이다. 주주는 친구에게 접근하여 모회사의 채권자들로부터 멀리 이전시킬 수 있도록 자신이 자원을 획득할 수 있게 도와달라고 요청한다. 친구는 이에 동의한다. 친구는 $100를 자회사에 대출하여 주고 그 회사 재산 전부에 대하여 담보권을 취득한다. 자회사는 $100 상당의 배당금 모회사에 지급하는데, 모회사는 이를 받아 다시 그 $100를 주주에게 배당한다. 주주는 배당받은 돈으로 비행기 표를 사서 알려지지 않은 장소로 사라져 버린다. 모회사와 자회사는 파산을 신청한다. 비록 친구의 행위가 주주가 보통법상 사기죄를 현실로 범하는 것을 방조하였다는 이유로 소송을 당할 정도에는 미치지 않더라도,[31] 만약 친구가 모회사에게 직접 대출하여 주었고 모회사가 이를 상환해야 할 의무가 있다면, 자회사가 부담한 채무는 모회사의 채권자들에 대한 "현실적으로 의도한" 사해행위가 되었을 것이다.

관재인은 친구에 대한 자회사의 채무와 담보권 설정은 부인되어야 한다고 주장한다. Tribune 사의 회생사건에서 법원은 최소한 실체적 병합의 법리를 적용하지 않는 한 채무도 담보권도 부인할 수 없다고 시사하였다.[32] 모회사로부터 주주에게로 지급된 배당은 그렇게 판단하고 싶어하듯이 분명히 사해행위에 해당하지만, 친구에게로의 담보권 설정은 전적으로 별개의 문제이다. 자회사에는 채권자가 한 명도 없었다. 친구에게로의 이전은 모회사 채권자들의 상황을 더 악화시켰다. 그것은 모회사가 자회사에 대하여 가지고 있었던 재산의 가치를 떨어뜨렸다. 그럼에도 불구하고 사해행위법은 오로지 채권자들에게 '그들의 채무자'의 재산이 이전되었을 경우에 한하여만 다툴 자격을 주었다. 그들은 모회사로부터 주주에게 간 배당에 대해서는 다툴 수 있으나, 자회사의 친구에게로의 담보권 이전에 대해서는 다툴 수 없다.

위 논리가 흠잡을 데가 없기는 하지만, 이것은 누군가가 고의로 채권자를 방해, 지연, 기망하는 것을 목적으로 하는 거래에 참여할 수 있지만 법인이라는 우

31) "현실적으로 의도한(actual intent)" 사해행위라고 할 지라도 사해행위를 방조한 것만으로는, 진정한 구식의 보통법상 사기에 해당하지 않은 한, 불법행위 책임이 발생할 수 없다. Freeman v. First Union Nat. Bank, 865 So. 2d 1272 (Fla. 2004) 참조.
32) In re Tribune Co., 464 Bankr. 126, 172 (Bankr. D. Del. 2011).

연한 구조 때문에 사해행위 소송으로부터 격리될 수 있다는 점에서 결정적으로 이상하다. 채무자가 그들의 채권자들을 좌절케 하는 방식으로 법형식을 조작해 온 것에 대처하기 위하여 법원이 여러 세기 동안 사해행위취소법을 사용하여 왔던 점을 고려한다면, 최소한 이 설례에서의 주주와 친구에 관한 사실관계와 같이 뻔뻔한 사실관계가 제시된 경우에는, 사해행위취소법을 여기에서 사용한다고 하여도 놀라서는 안 될 것이다.

 ## 형평적 차등(Equitable Subordination)

때로는 어느 한 채권자가 채무자에 대하여 대단히 많은 통제력을 획득하여 이 통제력을 다른 채권자들을 희생시키면서 스스로의 이익을 위해 사용할 가능성도 있다. 어느 순간에 이르면 이 채권자가 금도를 넘어 행동하는 바람에 (만약 담보가 있는 경우) 다른 자들에 대한 우선권을 박탈 당하기도 하고 심지어는 그들과 함께 비례배당을 받을 권리를 잃을 수도 있다. 채무자의 모든 재산이 한 명의 담보채권자에게 귀속될 경우, 일반채권자들이 조금이라도 회수할 수 있는 유일한 기회는 담보채권자의 청구권에 있는 결함을 찾아내는 것이다. 만약 담보채권자의 권리가 제대로 대항력을 갖추었고 관재인의 강제환수권에 의하여 부인될 수 없는 것이라면, 관재인은 형평적 차등(equitable subordination)을 실시해야 한다는 주장이 나올 수 있을지를 살펴보기 위하여 그 채권자의 행동을 심사할 것이다.

형평적 차등 정책의 기원은 Pepper v. Litton 사건에서 찾아볼 수 있다. 형평법의 관할권을 행사함에 있어서, 파산법원은 파산재단의 관리에 있어서 부당함 또는 불공정함이 행하여지는 것을 보지 않도록 어느 청구권이든 이를 둘러싼 상황을 걸러낼 권능이 있다.[33] Pepper v. Litton 사건에서, 법인의 지배적인 주주가 파산 전에 그 법인으로 하여금 그가 예전에 법인에 대하여 가지고 있었지만 오랫동안 행사하지 않고 있던 보수 청구권에 기한 소송상 청구를 인낙하도록 하였다. William O. Douglas 대법관은, 지배주주가 법인의 사무를 조작하여 무담

---

33) 308 U.S. 295, 307-08 (1939).

보채권자들이 아무것도 못 받게 되는 상황을 만들었다고 지적하였다. 그는 이러한 이유로 채무자의 행동은 "모든 상황 하에서 거래가 이해관계 없는 자 사이의 교환의 전형적 특성을 가지고 있는지 아닌지"라는 기준을 충족하지 못한다고 판단하였다.[34]

　법원들은 §510(c)(1)에 의하여 형평적 차등 법리를 형성할 수 있는 상당한 재량을 가지고 있지만, 연방의회가 각 종의 청구권에 대하여 부여한 우선순위를 효과적으로 변경할 정도로까지는 나아갈 수 없다.[35] 내부자가 아닌 자에 대하여는 형평적 차등의 주장이 가끔 제기된 적이 있지만 거의 성공하지 못했다. 각자의 대출계약서 상 주어진 권한의 범위 안에서 행동하는 채권자들은 안전하다.[36]

　그 청구원인은 사해행위 취소소송과 아주 비슷하다. 성공하는 몇 안 되는 경우들은 전형적으로 "사기의 표지"에 의한 공격을 가능하게 하는 행위를 겨냥한다. 그것은 채권자들의 대출이 내부자들로 하여금 위기에 처한 회사에서 재산을 빼내는 것을 가능케 한다는 것을 아는 채권자들에 대하여 제기되는 경우가 많다.[37]

　내부자들과 주주가 법인에 대하여 채권자로 되는 것에 관하여 본질적으로 잘못된 점은 없다. 사실 그들은 특히 기업이 위기에 처하였을 때 기업에 대하여 대출해줄 의사가 있는 사람들 중 하나다. 그러나 만약 그들이 채권자 혹은 담보채권자로서의 지위를 누리고 싶어한다면, 그들은 반듯하게 행동하여야 한다.[38] 내부자의 보증이라는 이익을 누리고 있는 채권자나, 채무자에 대한 통제권을 행사할 수 있는 지위에 있는 채권자도 역시 형평적 차등을 적용 받을 위험이 있다.

　법원은 종종, In re Mobile Steel Co. 사건에서 사용된 세 요건으로 시작하는 바, 차등 취급을 당할 채권자가 불공평한 행위에 관여하였을 것, 이 비행이 다른 채권자들을 해쳤거나 또는 차등 취급을 당할 채권자에게 불공정한 이득을 부여하였을 것, 그리고, 형평적 차등이 파산법의 다른 조항들과 모순되지 않을 것이 바로 그것이다.[39] 법에 있어서 다른 다중 기준이 대략 그러하듯이, 이 기준

---

34) Id. At 306-07.
35) United States v. Noland, 517 U.S. 535 (1996).
36) Smith v. Associates Commercial Corporation, 893 F.2d 693, 702 (5th Cir. 1990).
37) Official Committee of Unsecured Creditors v. American Tower Corp. (In re Verestar, Inc.), 343 Bankr. 444 (Bankr. S.D.N.Y. 2006); Credit Suisse v. Official Committee of Unsecured Creditors (In re Yellowstone Mountain Club, LLC), 2009 WL 3094930 (Bankr. D. Mont. 2009).
38) Stombos v. Kilimnik 988 F.2d 949 (9th Cir. 1993).
39) 563 F.2d 692, 700 (5th Cir 1977).

은 지극히 명확하지 않다. 중점적 역할은 판사가 "불공평"과 "불공정"이라는 단어에 부여하는 의미에 의하여 수행되는 경향이 있으며, 이들 단어를 해석함에 있어서는, 많은 연결 플레이 같은 비약이 있다. 이 판례들이 채권자들을 위하여 주는 교훈은 단순하다. 내부자의 비행을 묵인하거나 원래의 대출 약정에서 권한이 부여된 바를 초과하여 행동하는 금융업자는 위기를 자초하는 것이다.

채권자들은 너무 일찍 채무자의 사업을 중단하게 함으로써 위기에 직면하기도 하지만, 동일한 채권자가 반대의 행동을 함으로써도 위험에 직면한다. 무릇 채권자는 채무자에게 상당한 통제력을 행사하여, 사실상 채무자를 지지함으로써, 통제력을 가진 채권자가 그저 채무자의 영업을 중단하게 하였더라면 처했을 지위보다 다른 채권자들의 지위를 악화시킬 수 있게 된다. 그렇지만 법원은 이러한 행위가 단독으로 불법행위를 구성한다는 관념은 채택하지 않았다.[40] 기울어가는 기업에 대출을 실행해 주거나 연체로 발생하는 권리를 행사하지 않은 은행은 자신의 판단이 나빴다는 점을 입증할 수 있지만, 그것 하나만으로는 불법행위 소송을 일으킬만한 의무 위반을 구성하지 않는다.[41]

 실체적 병합(Substantive Consolidation)

채무자가 큰 기업 그룹의 일부를 구성할 때, 관재인은 파산재단을 증진할 수 있는 여지를 가질 지도 모른다. 관재인은 채무자의 재산 및 채무를 관련 기업의 재산 및 채무와 결합할 수 있을지도 모른다. 예를 들어 모회사가 자회사보다 더 적은 부채와 더 많은 재산을 보유하고 있을 수 있다. 두 기업의 재산과 부채가 결합되면, 자회사의 채권자들은 더 많은 양의 비례배당을 누릴 것이다. 두 개의 관련 기업의 재산과 부채를 하나로 묶는 것은 실체적 병합(substantive consolidation)이라고 알려져 있다. 실체적 병합은 사건의 병행과 구별되어야 한다. 관련 기업들

---

40) Seitz v. Detweiler, Hershey & Associates (In re CitX Corp.), 448 F.3d 672, 681 (3d Cir. 2006) (Ambro J.) 참조 (지급불능 상태를 악화시키는 것은 그것만으로는 과실에 의한 손해배상을 주장할 수 있을만한 독립적인 이론이 아님).

41) Trenwick American Litigation Trust v. Ernst & Young LLP, 906 A.2d 168 (Del. Ch. 2006) 참조.

은 동시에 파산신청을 하는 경우가 많고 서로 다르지만 관련된 파산사건이 병행 즉 함께 진행될 수 있다. 이익의 충돌이 방해가 되지 않는다는 가정을 하면, 이들 별개의 법인은 동일한 전문가 등을 고용하는 방식으로 자원을 집중할 수 있다.

실체적 병합은 이와는 상당히 다른 사안이다. 한 기업 실체의 채권자들이 실체적 병합으로 이익을 얻으면 다른 기업의 채권자들은 그에 상응하는 만큼 상황이 악화된다. 실체적 병합을 정당화하기 위해서는, 한 무리의 채권자들이 받는 이익뿐만 아니라 그 결과로 인하여 다른 무리의 채권자들이 받는 손해까지 정당화할 수 있어야 한다. 그러나 기업 그룹이 파산을 신청하는 경우에는, 실체적 병합이 문제들을 상당히 간소화한다. 채권자들은 서로 다른 업체들이 함께 묶이는 내용의 계획에 기꺼이 동의할 수도 있다. 그러나 일부 채권자들이 반대할 경우 어려운 문제들이 발생한다.

다음의 가상적 상황은 일반적인 패턴을 반영한다. Premium Paint는 중서부 지방에서 페인트 및 페인트 관련 상품들을 제조하고 유통하고 소매로 파는 가장 큰 회사 중 하나이다.[42] 그것은 여섯 개의 분리된 기업으로 구성되어 있다. Premium Paint 주식회사는 주식이 공개적으로 거래되는 델라웨어 회사이다. 이것의 유일한 기능은 다양한 자회사를 위한 지주회사 역할을 하는 것이다. 약간의 중첩은 있지만 나머지 회사들은 다음과 같이 운영된다. RetailCo는 소매 페인트 대부분과 페인트 관련 상점들을 경영한다. NewRetailCo는 나머지를 운영한다. 전에는 경쟁자가 소유하고 있었으나, Premium Paint가 몇 년 전에 NewRetailCo를 획득하였고, 장기 무담보 채권증서를 포함한 위 회사의 모든 채무를 인수하였다. 기업간의 법적 의무(상당히 여러 개다)는 잠시 제쳐두고, NewRetailCo는 자회사들 중 재무적으로 가장 건전하다.

ManufacturerCo는 페인트 및 페인트 관련 상품들을 제조한다. DistributorCo는 ManufacturerCo가 제조한 페인트를 유통하는 자회사이다. RealtyCo는 RetailCo 및 NewRetailCo가 경영하는 소매 페인트 상점을 포함하여 보유하는 부동산을 소유 또는 경영한다.

위 여섯 기업들은 상호 관련된 기능적인 전체를 만들기 위해 자회사와 모회

---

42) 이 사실관계는 대략 In re Standard Brands Paint Co., 154 Bankr. 563 (Bankr. C.D. Cal. 1993) 및 약간은 Flora Mir Corp. v. Dickson & Co., 432 F.2d 1060, 1062 (2d Cir. 1970)에도 기초하고 있다.

사가 서로가 서로에게 의지하면서, 병합된 하나의 업체인 것처럼 운영된다. 분리된 장부와 기록이 내부통제적인 목적을 위하여 유지되어 왔지만, 채무자들은 항상 연결 기준으로 SEC에 보고를 해왔다. 어느 업체에게나 대출을 해주는 기관채권자들은 일반적으로 다른 업체로부터 상호지급보증을 받는다. 각 업체로부터 온 현금은 매일 같은 계좌로 쓸려 들어간다. 회사 사이의 계정이 있지만 이들 사이에는 현금이 오가지 않고 어느 계좌도 마감되지 않는다. 컴퓨터 소프트웨어 같은 재산들은 사무실 공간이 공유되는 것처럼 공유된다. 다른 업체에 속하는 종업원들은 새 생산품을 계획하고 광고하는 작업들을 함께 한다. 간접비용은 수년 전에 세워진 공식에 따라, 다른 업체들 사이에 배분된다.

청구서는 각 업체가 별도의 법인격을 가지고 있음을 용지에 인쇄된 내용을 통해 명백하게 나타내고 있지만, 다른 통신은 덜 명확하다. 모든 업체들이 그들의 문구류, 그들의 광고, 그리고 보도자료에 Premium Paint라는 로고를 사용한다. 일반적으로 그들은 그들 자신의 상호도 포함시킨다. 예를들어 RetailCo는 레터헤드에 Premium Paint 글자 아래쪽에 "RetailCo, Premium Paint 그룹의 한 멤버"라고 쓴다. DistributorCo는 레터헤드에, 같은 로고 아래쪽에 "DistributorCo, Premium Paint의 한 사업부"라고 쓴다. 그러나 Premium Paint에서 "사업부"는 분리된 법적 실체와 정확히 대응되지는 않는다. ManufacturerCo는 (Premium Outdoor와 Premium Metallic처럼) 몇 개의 생산 라인으로 나뉘어 있고, 비록 그것들이 ManufacturerCo의 일부이지 그것과 분리된 법적 독립체가 아님에도, 가끔 위 기업 스스로를 Premium Paint의 사업부라고 밝힌다.

각 자회사의 이사회는 전부 모회사의 임원들로 구성된다. 그러나 채무자들은 회의 개최, 의사록 기록과 같은 기업의 형식상 절차에 항상 세심한 주의를 기울여왔다. 대형 유통업체가 늘 그러하듯이 여러 개의 독립된 법인격을 가진 업체와 거래한다는 것을 금융기관 채권자들은 잘 안다. Premium Paint의 10-K 공시서류 별표에는 회사법적인 구조가 공시되었고 10-K 공시서류의 본문과 회사의 재무제표에 대한 주석에는 몇몇 업체에 관한 논의가 있었다. 그럼에도 불구하고, 대부분의 상거래 판매자와 일반 대중은 그들이 별개의 법인격을 가지고 있었던 것을 몰랐다. 현장의 종업원들도 이러한 사항을 항상 완전히 알지는 못하였고, 비용 인식이나 회사간 거래를 기록할 때 구분을 철저히 지키지 않은 때도 있었다.

위와 같은 법인 그룹이 제11장절차의 보호를 신청할 때, 그 결과로 나오는 계획에 의하면, (주로 조세 때문에) 별도의 법인격 그 자체는 유지되지만, 그 각 법인에 대한 여러 청구권을 하나로 통합할 때가 많다. 권리의 배당이라는 목적으로 이렇게 병합하는 것은, 이들 법인 사이의 채권 잔액 및 다양한 채권자들이 별개의 독립 법인에 대하여 가지는 중첩된 권리를 정리할 때 발생하는 복잡함을 피할 수 있게 해준다. 절차 내에서 경쟁적을 이해관계를 내세우는 그룹들은 많은 경우 서로 합의에 도달하고 법원은 이렇게 절충적인 계획을 실용적인 이유로 인가하는 경향이 있다.

그러나 협상이 실패하면 어떤 일이 벌어지는가? 제출된 계획이 단지 "간주된" 병합, 즉 제11장절차가 종료된 후에 위 독립법인이 그들의 분리된 법인격을 유지하는 계획임에도 위 계획이 여전히 인가될 수 있는가? Premium Paint 같은 사안에서 실체적 병합을 하는 것이 적절하다고 주장하고 싶어하는 사람들은 주로 Auto-Train 사건에서부터 시작한다.[43] Auto-Train 판결 그 자체는 판결이유 안에서만 실체적 병합을 논의하고 제2항소법원에 있는 사건을 따르라고 결론을 내린다. 하급심 법원들이 그랬듯이 제2항소법원의 실체적 병합 기준과 분명하게 다른 기준을 위 사건으로부터 걸러내는 것은, 실수로 보인다.

위 판례는, 적어도 하급심 법원들이 이해하는 바에 의하면, 실체적 병합은 세 가지 요건이 필요하다고 암시한다. 첫째, 실체적 병합을 주장하는 자들은 "병합될 업체들 사이의 실체적인 동일성"을 증명하여야 한다. 연결재무제표 및 우리가 위 Premium Paint 사례에서 본 여러 업체들 사이의 이음매 없이 통합된 상호작용이라면 위 동일성을 증명하기에 충분할 것이다. 둘째, "어떠한 손해를 피하기 위해 또는 어떠한 이익을 실현하기 위해 병합이 필요하다"는 것을 증명하여야 한다. 여기서 다시, 뒤얽힌 기업간 거래를 정리해 내고, 자신이 단 하나의 기업체와 거래하고 있었다고 생각했던 절대 다수의 채권자들의 이익을 보호하는 것이 이 기준에 해당한다고 생각된다.

이 시점에서, 입증 부담은 병합에 반대하는 자들에게로 넘어가, 이들은 "자신이 법적으로 독립된 업체 중 한 업체의 별도의 신용에 의존하였고, 병합에 의해 불리한 차별을 받을 것"이라는 점을 증명하여야 한다. 우리의 사실관계에 따르면, 오로지 NewRetailCo의 양도성 채권증서 소지인들만이 자신들이 NewRetailCo라는

---

43) Drabkin v. Midland-Ross Corp. (In re Auto-Train Corp.), 810 F.2d 270, 276 (D.C. Cir. 1987).

독립된 형식에 의존하였다고 주장할 수 있을 것이다. 이 채권자들이 계획에 동의하는 한, 병합이 가능하다는 추정을 반박할 수 있는 사람이 없을 것이다. 비록 이 증서 소지인 중 몇몇이 반대한다고 하더라도, 그들은 그들에 대한 피해가 병합으로 인하여 모두가 그룹으로서 누릴 이익을 초과한다는 것을 보여주기 어려울 것이다.

NewRetailCo의 증서 소지인들은 다음 두 가지 주장도 극복하여야 할지도 모른다. 첫째, 요즘 전형적인 사건은 전통적인 의미에서의 실체적 병합을 수반하지 않는다. 각 법인은 회생 이후에도 여전히 별개의 동일성을 유지한다. (사실, 그렇지 않으면 조세채무가 발생할 것이다.) 그 대신 우리가 시행하는 것은 오로지 권리의 배당을 목적으로 하는 실체적 병합이다. 제출된 계획은 마치 다른 업체들이 병합된 한 업체인 것처럼 여러가지 청구권을 청산하지만, 그 업체들은 실제로 병합된 것이 아니다. 만약 병합 전 NewRetailCo의 증서 소지인들이 한 조로서 그 계획을 승인하면, 이에 불만을 가진, 그 조에서 청구권을 보유하고 있는 불행한 증서 소지인은 그저 운이 없는 것이다. 그 조의 다른 멤버들은 그 계획에 따른 배당을 받아들였다는 점을 고려할 때, 반대자는 제7장절차에서 받을 수 있었을 것을 받아야 한다는 주장만을 제출할 수 있는데, 그것은 얼마 되지 않거나 전혀 없을 것이다.

두 번째 방어 방법도 있고, 이것은 반대하는 증서 소지자들이 한 조로서 회생계획을 부결하였을 때에도 사용할 수 있다. NewRetailCo가 $100 상당의 재산을 갖고 있다고 가정해보자. 증서 소지인들이 그 기업의 유일한 채권자들인데, 그들이 $100 상당의 채권을 갖고 있다. 회생계획은 모두에게 1달러 당 40센트를 지불하는 것을 제안한다. 만일 NewRetailCo만이 제11장절차에 들어와 있었다면, 관계회사 사이의 채무가 없는 경우, 증서 소지인들의 처지는 이 계획으로 인하여 악화된다. 그러나 관계 회사 사이의 채무는 상당히 논점을 흐린다. NewRetailCo는 ManufacturerCo로부터 샀던 페인트에 대한 대금채무를 부담하고 있다. RetailCo에게 납부하지 않은 연체 차임도 있다. NewRetailCo는 DistributorCo에게 광고비 및 기타 유통비용에 대하여 빚지고 있다. 간접비 배분에 사용되는 공식이 여전히 타당한지 여부에 대해서도 논쟁이 있다. 다른 부문으로부터 임금을 받는 근로자들이 NewRetailCo를 위하여 일했을지도 모른다. 만약 NewRetailCo와 다른 법인체들이 기업간의 채무에 관하여 NewRetailCo는 $60 또는 그 이상의 채무가 있는 것으로 포괄적 합의를 하였다면, 반대하는 채권자들은 실체적 병합이 그들에게 해

를 끼친다는 것을 증명할 수 없을 것이다.[44]

Auto-Train 기준은, 다른 법원이 수용하였듯이, 긴 세탁소 목록으로 형태를 바꾸었다. 어떠한 경우 이러한 목록은 아무 생각 없이 모아 놓은 지저분하고 혼란스러운 사항이다. 그러나, 그러한 기준과 요건의 목록을 들고 가서, Premium Paint 같은 사건, 즉 현금을 포함한 모든 것을 중앙에서 운영하고 통제하며, 별개의 법인들이 온전한 하나로 기능하고 단지 하나의 회사법적인 우산 아래 있는 별도의 기업을 단순한 집적이 아닌 경우에는 실체적 병합이 타당하다고 할 수 있다. 실체적 동일성, 병합으로 인한 이익이 있고 회사의 독립성을 믿었다고 증명할 수 있는 자는 상대적으로 적다. 위 계획으로 인해 채권자들이 받는 피해는 신속하고 효율적인 회생으로 인한 이익보다는 상대적으로 미미할지도 모른다. 특히 기업간 거래로 인하여 각 법인이 독립적으로 제출한 회생계획의 이행가능성이 불투명하게 되는 경우에는 더욱 그러하다.

계획을 확정하고 기업이 제11장절차에서 빠르게 탈출하는 것이 목표인 경우, 관련 기업의 회사법적 형식과 연관된 법적인 세부사항을 대충 얼버무리고 넘어가는 것이 자연스러운 경향이 된다.[45] Auto-train 판결과 후속 판례는, 실체적 병합의 파산법 외에서의 사촌이라고 할 수 있는 법인격 부인의 이론 및 제2항소법원에서 오랫동안 견지되었던 법리 양쪽 모두로부터 전적으로 다른 법리로 진화해버렸다.

그러나 제2항소법원과 제3항소법원은 Augie/Restivo 사건과 Owens Corning 사건에서 각기 상당히 다른 접근방법을 제시하였다.[46] 이들 법원은 실체적 병합이 두 가지 상황에서만 적절하다고 선언했다. 그 하나는 여러 업체의 업무가 아주 밀접하게 얽혀있어서 모든 실용적 목적들에 있어서 각 업체가 분리된 존재감을 결한 경우이다. 이러한 맥락에서 실체적 병합은 기업의 법인격부인론을 파산법의 영역에 복제한 것이라고 할 수 있다. 물론 두 가지 법리는 아주 같지는 않다. 법인격 부인은 자회사의 채권자들이 모회사의 재산에 추급하는 것을 허용하지만, 이와 동시에 모회사의 채권자들이 자회사의 재산에 추급하는 것은 허용하지 않는다. 대

44) In re Genesis Health Ventures, 266 Bankr. 591 (Bankr. D. Del. 2001).
45) E.g., In re Worldcom, Inc., 2003 WL 23861928 (Bankr. S.D.N.Y. 2003).
46) Union Savings Bank v. Augie/Restivo Baking Company, Ltd., 860 F.2d 515, 518-19 (2nd Cir. 1998); In re Owens Corning, 419 F.3d 195 (3d Cir. 2005) (Ambro, J.).

조적으로, 실체적 병합은 모든 재산을 공동의 풀에 넣고, 법인격이 다른 각 업체의 각 채권자들이 그것을 비례배당의 방식으로 나누어 가진다. 그럼에도 불구하고 두 법리는 어느 것이나 채무자가 각 업체의 법인격이 분리되어 있음을 심하게 무시하여 채권자들이 이 다른 기업들을 하나의 법적인 실체로 취급하였을 때에 적용된다.[47]

두 번째 상황은, 각 법인체의 업무를 분리하여 취급하는 것이 비현실적인 경우이다. 여기서 우리는, 만약 관계회사들이 통합된 하나의 실체로 취급되었을 경우 및 관계회사들이 제각각의 실체로 취급되었을 경우, 이들 관계회사의 업무를 정리하는 비용에 대하여 주목할 필요가 있다. 기업들이 충분히 분리되어 있어서 우리가 파산절차 밖에서는 기업의 법인격을 부인하지 못한다 하더라도, 그들의 업무가 너무 얽혀 있고, 또 기업들이 가진 재산이 너무 빈약해서 엉망인 상태를 다시 정리하는 것은 이것을 시행하는데 필요한 비용만큼의 가치가 없을 수도 있다. 다양한 기업들의 채무를 정리하는 집행비용이 기업들을 분리하여 처리함으로써 어느 채권자들 집단이 얻을 수 있는 이익을 초과할 경우에는, 이들 관계회사를 병합하는 것이 모두에게 이익으로 작용한다.[48]

제2항소법원의 한 사건에서, 법원은 자회사들이 여러 개 있었는데 "분명한 사업상의 목적이 없는 다수의 기업간 거래"가 있었던 상황에 직면하였다.[49] 법원은 이것들만으로는, 특히, 우리의 예에서 NewRetailCo의 증서 소지인들과 같이, 채무자가 해당 기업 그룹의 일부가 되기 전에 채권자가 된 자들이 반대하는 경우에는, 실체적 병합을 허락하기에는 "전혀 불충분하다"고 판단하였다.

Augie/Restivo 판결과 Owens Corning 판결을 따르는 법원은, Premium Paint 의 사실관계 하에서는 실체적 병합을 허락할 것 같지 않다. 첫 번째 기준 하에서, 공통되는 경영권 행사, 통합된 재무, 및 현대적인 현금 관리만으로는, 파산절차 외에서 회사법에 의하여 법인격을 부인하고 대리인으로 의제하는 소송을 촉발하기에 충분하지 않다. Owen Corning 사건에서 법원은 "간주된" 실체적 통합이라고 하

---

47) 실체적 병합은 법인 회사의 재산을 결합하는 것에만 제한되지 않고, 또 두 법인 모두에 관하여 파산절차가 진행되고 있어야 하는 것도 아니다. 예를 들어, Alexander v. Compton (In re Bonham), 229 F.3d 750 (9th Cir. 2000) (개인 채무자의 재산과 채무자가 아닌 법인이 재산을 결합하였다).

48) In re The Leslie Fay Companies, 207 Bankr. 764 (Bankr. S.D.N.Y. 1997) 참조.

49) Flora Mir Corp. v. Dickson & Co., 432 F.2d 1060, 1062 (2d Cir. 1970).

는 것이 실제로 존재할 수 있는가 여부에 대해서 의문을 제기하였다. 업체들이 파산절차에서의 병합을 정당화할 만큼 서로 얽혀 있다는 요건을 갖춤과 동시에 파산절차 종료 후에도 이들을 계속 분리된 법인체로 방치하는 것이 가능하고 바람직할 정도로 구별가능 하다는 요건을 같이 갖추는 것은 불가능하다. 복잡한 기업간 거래들이 있는 때라 하더라도, 누가 실행하고 있는 것을 실체적 병합이라고 성격을 규정할 정도까지 나가지 않고서도, 복잡한 기업간 거래를 해결하거나 계획에서 이것을 해결하는 메커니즘을 설정하는 것이 가능한 경우가 많다.[50]

연방대법원 또는 제7항소법원 같은 상급 법원은 실체적 병합의 법리를 노골적으로 기각할지도 모른다. 법원이 실체적 병합을 명령할 권한은 제정법상 충분한 근거가 없다.[51] 실체적 병합은 연방파산법 하에서 판례의 집적을 통하여 등장한 것이다. 어떤 사람들의 견해로는, 그러한 실체적 권한은 파산법의 특정 조항으로부터 발생하는 한도까지만 파산법 하에서 유지될 수 있다. 실체적 병합은, 그 단어가 시사하고 있듯이, '실체적'인 권한이다. 법원은 §105에서는 실체적 권한을 도출해내지 못한다는 점을 반복하여 말해주었다. 존재하는 권한은 무엇이든지, 파산법 그 자체의 실체적 조항으로부터 와야 한다.

여전히, 실체적 병합 법리의 지속가능성에 대하여 의문을 가질 수 있는 다른 이유가 또 있다. Grupo Mexicano de Desarrollo v. Alliance Bomd Fund, Inc. 사건에서 연방대법원은, 명백한 의회의 수권이 없는 한 연방지방법원은 일반 채권자들의 권리를 보호하기 위해 예비적 금지명령을 발할 권한이 없다고 판시하였다.[52] Grupo Mexicano 판결의 추론은, 판결이유 그 자체를 넘어서, 연방대법원은 형평법 법원처럼 새 권한을 창조하지 못한다는 점을 시사한다. 법원은 "예전에 형평법학에 알려지지 않았던 구제수단을 창조"할 힘이 없다. 형평에 의하여 재판을 할 권한은 오랜 역사를 가진 권한에 제한되어 있다. 새로운 규칙들은 "파산, 사해행위취소 및 편파행위취소에 관한 법을 포함하여 많은 법을 통하여 수 세기 동안

---

50) In re New Century TRS Holdings, Inc., 390 Bankr. 130 (Bankr. D. Del. 2008).
51) §1123(a)(5)(C)은 회생계획이 "채무자를 하나 또는 그 이상의 인과 병합"할 것을 규정할 수 있다고 암시하지만, 이것을 권한의 부여라고 설득력 있게 읽을 수는 없다. 예를 들어, 이것은 제3자가 병합을 원하는지 아닌지와 관계 없이, 채무자가 자신이 병합을 원하는 제3자와 병합을 실행할 권한을 채무자에게 주지 못한다. 그와 같은 권한의 근원은 다른 곳에서 찾아야 한다.
52) 527 U.S. 308, 330-31 (1999). E.g., J. Maxwell Tucker, Grupo Mexicano와 Death of Substantive Consolidation, 8 Am. Bankr. Inst. L. Rev. 427 (2000).

발전되어 온 채권자와 채무자의 권리 사이의 균형을 극단적으로 변경할 수 있다."

실체적 병합의 법리는 "수 세기" 동안 발전되어 온 것이 아니다. 실체적 병합은 1960년대와 1970년대에 비로서 파산법원의 권한으로 뚜렷이 등장하였다. 이전의 사건들은, 사해행위 취소 원칙 또는 법인격 부인과 같은 파산절차 밖에서의 법리들과 연관되어 있었으나, Premium Paint와 같은 사건에서처럼 충분하지 않았다. "실체적 병합"이라는 용어가 처음 사용된 것은 Grupo Mexicano 사건에서 쟁점이 된 해결방법이 나타난 것과 같은 1975년 이후였다.[53] 실체적 병합의 법리는 1789년에 이미 존재하였던 편파행위 취소, 사해행위 취소 및 그 밖의 파산절차 상의 권한과 뚜렷이 구별된다.

그럼에도 불구하고, 실체적 병합은 이 논의가 시사하는 것보다 더 흡인력이 있을지도 모르겠다. 우리의 가상적 상황과 사실관계가 유사한 WorldCom 사건에서 법원은 Augie/Restivo 사건을 따라야 한다고 판단하였음에도 불구하고 실체적 병합을 허용하였다. 여기에서는 두 가지 요인이 결정적이었다. 첫째, 파산실무에서 종종 일어나듯이, 주요 당사자들이 서로 합의에 이르렀다. 법원은, 무엇보다도, 심하게 다투어질 수 있는 항소로 이어질 수 있는 조직적인 반대에 직면하지 않았다. 둘째, 이것은 첫째 요인보다 훨씬 중요한데, 그것은 막대한 기업간 거래의 수와 규모이다. 단 한 달 동안 600,000건의 거래가 있었다. 수백만 개의 거래가 기업간의 계정을 통하여 유출입되었고, 이것을 합하면 수 조 달러에 이르렀다. 어느 기업 그룹이 그저 단일한 전체로 기능할 때, 법원은 "실체적 동일성"이 있다고 빠르게 판단할 것이다. 그들은 채권자들이 채무자를 하나의 법적 실체라고 믿었다는 주장에 쉽게 설득될 수 있다.[54] 회생계획이 인가되면 기업이 파산절차에서 신속히 벗어날 수 있고, 채권자들이 압도적으로 그 계획에 찬성할 때, WorldCom과 같은 사건에서 그러한 추론에 저항하기는 쉽지 않다. 이러한 이유로 신중한 금융기관이라면, 모든 신용 공여의 일부분으로, 독립된 법인격의 보유를 대출계약의 한 요소로 믿었다는 점을 문서화하여야 한다.

---

53) In re Continental Vending Machine Corp., 517 F.2d 997 (2d Cir. 1975).
54) 예를 들어, In re Standard Brands Paint Co., 154 Bankr. 563, 573 (Bankr. C.D. Cal. 1993).

편파행위

제 8 장

편파행위

§547의 편파행위: 기본적 요소

　건실한 사업이 지급불능 및 그 다음의 파산에 이르는 내리막은 보통 길고 느린 과정이다. 파산법에는 파산이 수평선에 나타날 무렵 채권자들이 재산을 장악하려고 시도하는 것을 방지하는 일련의 규정이 있다. 채권자들이 채무자의 편파행위(파산법의 비례배당 원칙을 왜곡하는 파산 직전의 채권자에 대한 재산이전)를 받는 것을 방지하는 규칙은 파산법 §547에 구현되어 있다.

　채권자는, 다른 사람들과 협동함으로써 결국에는 1달러에 대하여 100센트보다 적은 것만을 얻는 것보다는, 전액을 변제 받는 쪽을 선호할 것이다. 파산이 임박하였음을 인식하였을 때 채권자들이 먼저 변제를 받는 것을 허용한다면, 파산절차는 바람직하기보다는 오히려 해롭다. 파산 절차에 대한 예상은 채무자의 재산에 대한 채권자들의 경주를 가속하고 악화하는 효과가 있을지도 모른다. 이런 예상이 현실화하는 것을 막기 위하여는, 시계를 되돌리고 파산절차가 수평선에 올라오기 전에 사람들이 있었던 바로 그 위치로 사람들을 복귀시키는 효과가 있는 파산법 상의 규칙이 필요하다.

　비록 그 규칙은 복잡하지만, 편파행위방지법의 기본적인 목적은 아주 직설적이고 사해행위방지법의 역할과는 전혀 다르다. 기존 채무의 변제를 위하여 채권자에게 재산을 이전하는 것은 전형적으로 사해행위에 해당하지 않음을 상기해보

자. 여기에서 기존 채무는 공정한 대가 또는 합리적인 등가물로 작용한다. 채권자에 대한 편파행위는, 집합적인 절차가 작동하고 있지 않는 한, 그 자체로는 반대할 수 없는 것이다. 채권자는 누구나 그 빚을 받을 때에는 "편파적 이익을 받는" 것이고, 채권자에게 변제하는 것은 상업의 통상적인 일부이다. §547는 오직 파산 전야에 이루어져 파산법의 집합적 규범에 간섭하는 편파행위만을 근절하는 것을 목적으로 고안되었다.

§547(b)는 지급불능 상태에 처한 채무자가 파산신청으로부터 소급하여 90일 이내에 특정 채권자에게 또는 그 이익을 위하여 기존 채무를 이유로 한 재산이전을 행함으로써 그 이전이 없었던 경우 채권자가 처하였을 상태보다 채권자의 상태를 개선한 경우에는 그 재산이전은 편파행위로 추정한다고 정의 내린다. 그러한 재산이전은 "마지막 순간의 포획"에 해당할 개연성이 크기 때문에 편파적인 것으로 추정된다(그래서 관재인이 부인할 수 있다). 아마도 그것은 파산법의 적용을 회피하려는 행태의 결과일 것이다. 내부자는 채무자에 대하여 더 많이 알고 있고 채무자가 파산할 것이라는 예상을 다른 사람들보다 먼저 할 수 있는 경향이 있으므로, 채무자가 지급불능인 상태에서 기존 채무에 관하여 이루어진 재산이전은 그 재산이전이 내부자의 처지를 개선하는 한 신청하기 이전 1년 동안에는 편파행위의 의심을 받는다. 내부자들은 전형적으로 회사를 적극적으로 경영하거나 그 지분을 보유하는 자들이다. 독립적인 지위에서 대출을 해준 채권자들은 내부자에 해당하지 않는다. 그렇지만 아주 많은 지배권을 행사하는 채권자는, 특히 그에게 이익이 되고 다른 이에게는 불이익이 되는 결정에 영향을 줄 정도에 이른다면, 내부자라는 판단을 받을 수도 있다.[1]

기술적인 기준을 명확히 설정하는 다른 규정처럼, §547(b)는 어떤 경우에는 적용범위가 부당하게 좁고 어떤 경우에는 너무 넓게 적용된다. 포괄적이다. 어떤 채권자들은 파산이 다가옴을 알고 90일이라는 편파행위 기간 이전에 조치를 취할 것인 반면에, 다른 채권자들은 파산 신청이 임박하였다는 것을 전혀 모른 채 그 이전의 90일 이내에 변제를 받을 것이다. §547(c)는 몇몇 재산이전을 편파행위라는 공격으로부터 절연함으로써 이 규칙의 적용범위를 좁히지만, 편파행위를 부인할 수 있는 90일의 짧은 기간 바깥에서 일어나는 교묘한 회피행동에 추급하

---

1) Schubert v. Lucent Technologies Inc. (In re Winstar Communications, Inc.), 554 F.3d 382 (3d Cir. 2009) 참조.

기 위하여는 아무것도 이루어지지 않는다. 그 결과로, §547는 조작에 취약하다. 대형 채권자는 채무자의 팔을 비틀어 채무변제를 받거나 그의 채권에 대하여 담보권을 취득한 다음에 그 다음 90일 동안 채무자를 지원해줄 수 있다. 판례법을 연구하다 보면, 주요 채권자에게 막대한 재산의 이전이 있은 후 91일 또는 92일이 지난 후에 파산신청이 제출된 수많은 사례를 찾아볼 수 있다. 이것은 우연으로 보이지 않는다.

§547(b)가 어떻게 작동하는지를 살펴보기로 한다. 가장 분명한 편파행위는 파산신청 며칠 전에 어느 채권자에게 현금을 지급한 채무자의 경우이다. 채무자가 한 일반채권자에게 파산신청 직전에 그 재산에 대하여 담보권을 설정하여 주는 경우에도 편파행위는 또한 존재한다. 비록 마지막 순간에 대항요건을 갖추어 완성된 담보권 설정에 대하여 관재인이 §544(a)의 강제환수권을 사용하여 무효로할 수는 없겠지만, 관재인은 §547를 통하여 그러한 재산이전을 부인할 수 있다. 그와 같은 담보권은 다른 일반 채권자에 대하여 우선권이 있으므로, 채무자가 지급불능이라고 가정하면, 담보권자가 된 채권자의 상태를 현저히 개선시킨다.

그러나 §547는 현금의 지급 또는 담보권의 설정 이상을 다룬다. 예를 들어 제조자가 공급자로부터 한 계절의 가치가 있는 연료 기름을 사고 그 대금을 선불한다고 가정하자. 공급자는 예정대로 연료를 배달한다. 봄이 되어 공급자는 파산신청을 한다. 공급자의 관재인은 편파행위라는 주장을 할 수 있다. 제조자는 기름값을 선불하였을 때 공급자의 채권자가 되었다. 공급자는 제조자에게 약속한 채무를 지고 있다. 이전에 연료를 배달한 것은 일부 채무를 소멸하게 한 것이고, 따라서 제조자에게 빚진 기존채무를 변제하기 위한 재산의 이전이었다. 연료를 배달할 때 공급자가 지급불능 상태에 있었던 한, 각 배달행위는 편파행위에 해당한다. §547(c)에는 §547(b)에 대한 예외가 여럿 있지만, 그 중 어느 것도 여기에는 적용되지 않는다. §547(c)(2)에는 일상적인 과정의 거래에 대한 지급이라는 예외가 있다. 그러나 여기서의 "재산이전"은 연료의 배달이고 "지급"이 아니다.

특정 채권자에 대한 또는 그 이익을 위한 재산이전이 '기존의(antecedent)' 채무를 근거로 이루어진 것이 아니라면 편파행위가 될 수 없다. 편파행위가 될 수도 있는 사례를 다룰 때마다 우리는 언제 채무가 발생하였는가 및 언제 재산이전이 이루어졌는가의 두 가지의 질문을 해야 한다. 첫째 사건이 있고 나서 둘째 사건이 이루어진 것이 아니라면, 부인할 수 있는 편파행위가 없다. 파산신청 제출 바로 직전에 대출을 실행하고 이와 동시에 채무자의 재산 위에 담보권설정계약을 하고 그것을 공시하여 담보권으로 완성한 채권자는 편파적 이득을 얻은 것이 아니다. 채권자에게 담보권을 설정하여 준 것이 그에 대한 채무 때문이기는 하지만 그것은 '기존의' 채무에 관한 것이 아니기 때문이다. 다른 예를 고려해보자. 당신은 파산을 신청하려고 한다. 당신은 변호사에게 가서 당신의 파산사건을 맡아 달라고 부탁한다. 변호사는 $10,000의 예치금을 요구한다. 파산법에는 (§329 같은) 채무자를 대리하는 변호사의 보수를 다루는 규정이 있는데, 변호사에게 이렇게 재산이전을 하는 것이 편파행위에 해당하여 부인할 수 있는 것인가? 변호사는 파산이 막 현실화될 때 채무자의 재산을 먼저 낚아채는 것 아닌가? 변호사가 먼저 낚아채는 것은 맞다. 그러나 이것은 문제되지 않는다. 변호사가 당신을 대리하겠다고 동의하기 전에는 그 변호사는 당신의 채권자가 아니다. 당신이 예치금을 지급할 때 당신은 변호사가 제공할 장래의 서비스에 대하여 지급하는 것이다. 이 거래에서 당신은 채권자이고, 채무자가 아니다. 당신은 '기존채무 때문에' 재산이전을 행한 것이 아니다. 기존채무는 편파행위의 불가결한 조건이다.

　　채무자가 모든 사람들에 대한 채무를 완전히 변제하기에 충분한 돈을 가지고 있다면, 전형적으로, 채무자의 재산을 향한 경주는 일어나지 않을 것이다. 모든 채권자들은 완전히 변제 받을 것이라고 믿는다. 그러므로 따라서 §547(b)는 채무자가 재산이전의 시점에 지급불능이었던 경우에만 적용된다. §547(f)에 의하면, 채무자는 신청서 제출 전 90일 동안은 지급불능이었던 것으로 추정된다. 나아가 대부분의 채무자들은, 위 90일의 기간 훨씬 이전에 지급불능상태가 되었음을 알 수 있을 정도로 파산 신청 당시에는 워낙 상태가 좋지 못하다. 파산신청은 너무 일찍 이루어지는 경우보다는, 너무나 늦게 이루어지는 경우가 많고, 편파행위가 문제되는 소송 사건에서 지급불능은 거의 치열한 다툼의 대상이 되지 않는다. 그렇지만, 이 90일과 내부자의 경우 허용되는 신청서 제출 이전 1년의 기간 사이에는 채무자를 지급불능으로 추정하는 규정이 없다. 이 상황에서 관재인은 채무자가 재산이전의 시점에서 지급불능 상태에 있었다는 것을 입증할 책임이 있고, 채무자가 신청서 제출 이전 1년 동안 내내 지급불능이었는지 여부가 항상 분명하지는 않을 수 있다.

　　§547(b)(5)는 재산이전으로 이를 받은 채권자가 가상적인 제7장절차에서 유리해졌을 것을 요구한다. 당신이 가치가 충분한 담보권을 가진 채권자라고 상상해

보자. 당신은 Jones에게 $1,000를 빌려 주었고 Jones의 빨간색 포르쉐 승용차 위에 저당권을 설정 등록까지 마쳤기 때문에 당신은 충분한 담보를 가지고 있는 채권자이다. 파산신청 10일 이전에 Jones는 당신에게 위 돈을 전부 갚는다. 이렇게 돈을 준 것이 부인할 수 있는 편파행위인가? Jones는 당신에게 변제할 때 지급불능이었고 그의 변제는 파산신청서 제출 전 90일 이내에 이루어졌으며, 채권자인 당신에게 진 기존채무를 이유로 한 재산이전이다. 그렇지만 그 변제는 당신의 상황을 개선하지 않았다. 이론적으로, 파산절차에서 당신은 포르쉐에 대하여 저당권을 가지고 있기 때문에 당신은 완전히 변제 받을 수 있었을 것이다. 이러한 관념에 대하여는 다음에 좀 더 자세히 살펴본다. 담보 채권자의 입장에서는, 파산절차 내에서 담보가치가 충분하다는 것을 관철하는 것보다는 보통 절차가 개시되기 전에 완전히 변제 받는 쪽을 훨씬 더 선호하는 경우가 많다. 그럼에도 불구하고, §547(b)(5)에 대한 통상적인 견해는, 충분한 담보가치를 확보한 담보 채권자에 대한 재산의 이전은 부인할 수 있는 편파행위에 해당하지 않는다는 것이다.

다른 거래에 §547(b)(5)를 적용할 수 있는 한도는 명확하지 않다. 채무자가 그 재산이전을 행하지 않았다면, 어쩌면 채권자는 달리 행동했을지도 모른다. 예를 들어 채권자는 채무자에게 또 다른 대출을 실행하기를 거절하였을지도 모르고 새로운 대출을 실행하기를 거절하였을지도 모른다. 우리는 그러한 재산이전이 발생하지 않았더라면 세상이 어떻게 되었을지에 관한 그러한 논쟁을 채권자가 어느 정도까지 내세울 수 있을지에 관하여 알지 못한다. 편파행위를 부인할 수 있는 권한에 대한 §547(c)에 규정된 여러 예외는 (변제한 것이 나중에 편파행위로 판명되었지만, 그 후 추가로 신용 제공이 있었던 경우와 같은) 가장 문제되는 사례에서 채권자를 보호한다. 하지만 법원은 이들 예외가 규정되어 있다는 점을 §547(b)(5)를 좁게 해석하는 근거로 삼을지도 모른다.

§547(b)를 되풀이해보자. 편파행위가 부인되기 위해서는 다음 6가지 요건이 필요하다. (1) 재산이전이 이루어지고, (2) 그 이전은 기존채무에 관한 것으로서, (3) 어느 채권자에게 또는 그 채권자를 위하여 (4) 채무자가 지급불능인 상태에서 (5) 신청서 제출 이전 90일 이내에 이루어진 것이고, (6) 재산이전으로 인하여, 만일 재산이전이 이루어지지 않고 채권자가 그 청구권을 제7장절차에 의한 청산에서 행사하였더라면 처했을 지위보다, 채권자의 지위가 개선되었을 것이 바로 그것이다. 재산이전이 편파적이라면 §550조에 의하여 관재인은 이전된 금액을 처

음 재산을 이전 받은 자 또는 그 재산이전으로 인한 편익을 받은 당사자로부터 회복할 수 있다.

§547조는 파산절차를 회피하려는 행동에 대한 억제장치로 작용하기에는 약하다. 관재인은 이전된 재산의 가액과 이에 대한 이자를 회복할 수 있지만, 이자는 일반적으로 관재인이 이전된 재산을 돌려 달라고 요구한 시점부터 발생하고, 재산이전의 시점부터 발생하는 것이 아니다. 수익자는 편파행위의 혜택을 받은 시점부터 관재인이 회복을 요구한 때까지 이전된 재산의 시간 가치를 누린다. 채무자가 가라앉고 있다고 하더라도, 일단 편파행위로라도 재산을 포획하는 것이 유익하다면 그렇게 하지 않을 이유가 무엇이 있겠는가? 어쩌면 채무자는 90일 동안은 생존할 수 있을 것이고, 이 경우 당신은 편파행위로부터 결백하다. 채무자가 그 정도도 생존하지 못한다고 하더라도, 관재인은 당신을 발견하지 못할 수 있다. 관재인이 당신을 발견한다고 하더라도, 당신은 오직 그 재산을 돌려주기만 하면 된다. 편파행위를 수령한 것으로 인하여 어떠한 제재도 겪지 않는다.

이런 근본 원칙들을 명심하면 대부분의 편파행위 문제들은 직설적으로 명백하다. 당신은 Jones에게 $1,000를 빌려준다. 이 대출은 상환을 요구하면 즉시 변제 받을 수 있다. 당신은 6개월 동안 출국한다. 당신은 돌아오고, Jones의 재무상태가 상당히 나빠진 것을 전혀 모른다. 당신은 변제를 요구한다. Jones는 지금 절망적으로 지급불능인 상태이지만 당신의 요구에 응한다. 일주일 후 Jones는 파산을 신청한다. 이것이 부인할 수 있는 편파행위인가? §547(b)는 그 자체로 적용되는 자족적인 규정이다. 이것은 비록 회피행동을 막으려고 하는 취지에서 제정되었지만 어느 구체적인 사례에서 회피행동이 실제로 있는지 여부를 물으라고 요구하지 않는다. 그러므로 Jones로부터 당신에게로의 재산이전은 부인할 수 있는 편파행위에 해당한다. 당신의 동기가 무엇인지 또는 당신이 Jones의 재무적인 궁핍함을 전혀 몰랐다는 것은 문제되지 않는다.

주관적인 의도를 편파행위의 요건에서 제외하였다는 점에서 현행 파산법은 이전의 법과 다르다. 1898년 법 하에서는, 재산이전은 그 이전을 받은 채권자가 채무자의 지급불능을 알았거나 알 수 있었을 때에만 편파행위에 해당하였다. 이와 같이 주관적 의도를 요건으로 한 것 때문에 수도 없이 많은 소송이 발생하였다. 현행 파산법 하에서는, 어떤 채권자들은 어떠한 회피행동도 하지 않았음에도 불구하고 부인할 수 있는 편파행위라는 공격을 어쩔 수 없이 받을 위험이 있다.

그렇지만, 재산을 먼저 남보다 앞서 포획하고 그 후 정직한 척하면서 그 사실을 부인하는 채권자들을 상대로 수많은 소송을 제기하는 것보다는, 진정으로 무고한 극소수의 채권자들을 가려내는 것이 나을지도 모른다.

위의 사실관계에 대하여 약간 변형해보자. 여행에서 돌아온 당신은 돈을 돌려달라고 요구한다. Jones는 거절한다. 당신은 소송을 내고, 승소판결을 받아 집행관이 포르쉐를 압류하게 한다. 당신은 $1,000를 회수하지만, 내내 Jones의 발길질과 아우성과 함께였다. 집행관은 파산신청 10일 전에 포르쉐를 압류하여 매각한다. 위 사례에 관하여 우리는 무엇을 할 수 있는가? 과거에는, 편파행위라는 것은 채무자가 자의적으로 그의 여러 채권자들 사이에서 선발을 하고 있는 것이므로 허용될 수 없는 것으로 생각되었으므로, 채무자가 일부 채권자들을 다른 채권자들보다 우대하는 것을 허용할 수 없었다. 이런 관점에서는, 강제집행을 통한 당신에 대한 재산이전은 부인할 수 없다. 당신은 정정당당하게 재산을 향한 경주에서 이겼을 뿐이다. 다른 채권자가 그것을 좋아하지 않았다면, 그는 경주에 참가하였어야 하고, 또는 파산절차의 신청을 하여 경주를 멈추게 할 수 있었다. 그렇지만, 현대의 편파행위법은 채권자들의 행태에 초점을 맞추며 채권자들이 임박한 파산절차의 회피행동을 시도하였는지를 확인한다. 재산이 채무자로부터 비자발적으로 이전되었다는 점은 문제로 되지 않는다. §101의 의미 내에서 재산이전이 있었던 것이다.

§547(b)의 또 다른 요건, 즉 "재산에 대한 채무자의 권리(interest)"의 이전이 있어야 한다는 요건에 집중해보자. 당신의 $1000달러 짜리 시계를 수리하기 위하여 금은방에 가지고 간다고 가정해보자. 당신은 금은방에 수리비를 선불한다. 3주 뒤에 시계를 찾아온다. 그런데 그 후 1달 뒤에 금은방은 파산을 신청한다. 금은방이 시계를 돌려 준 것이 부인할 수 있는 편파행위라고 관재인이 주장할 수 있는가? 금은방은 지급불능인 동안, 이미 전에 부담한 기존채무에 관하여 파산신청일 전 90일 이내에 시계를 당신에게 이전하였다. 그러나 그 재산이전은 시계가 §547(b)의 의미 안에서 채무자의 재산일 때만 편파행위이다. 시계는 금은방의 소유가 아니라는 점은 분명하지만, 우리는 주의할 필요가 있다. 시계를 점유하고 있는 동안 금은방은 선의의 구매자에게 일상적 영업으로서 그 소유권을 이전할 수 있는 권능을 가지고 있었다. 즉 선의취득을 가능하였다. 시계가 금은방의 것이 아니라는 주장을 배척하기 위하여는, 왜 이러한 선의취득을 일으킬 수

있는 권능이 §547 목적 상 시계를 금은방의 재산으로 만들기 부족한지를 설명할 수 있어야 한다.

해답은 궁극적으로 §541과 §544(a)에 의한 관재인의 권능에 의존한다. 우리는 금은방이 파산신청 당시 시계를 아직도 점유하고 있었다면 어떤 일이 일어났을지를 우선 물을 수 있다. 그 시계는 금은방이 당신의 청구권에 맞서서 시계를 보유할 권리를 가지고 있지 않으므로 §541(a)(1)에 따른 재산이 될 수 없을 것이다. 더욱이, 관재인은 가상적인 압류 채권자가 금은방에 있는 시계를 강제집행을 할 수 없기 때문에 그 시계를 §544(a)에 의하여 파산재단으로 환수할 수 없다. 금은방에 일상적인 매수인에게 유효한 소유권을 선의취득할 수 있는 지위에 있다는 것은 중요하지 않다. 관재인은 그 재산이전이 채권자의 손이 닿는 곳으로부터 재산을 제거할 때에만 그 재산이전을 부인할 수 있어야 한다. 채권자들도 접근할 수 없는 재산은 관재인도 권리를 주장할 수 없다.

직관적인 해답을 얻기 힘든 다른 사례들이 많이 발생하기는 하지만, 일반 원칙은 간단명료하다. 그것은 In re Bullion Reserve of North America 사건에 잘 선언되었다. "[재]산은 그것을 이전함으로써 파산재단이 채권자들의 청구권을 만족하기 위하여 사용될 수 있었던 무엇인가를 박탈한다면 §547조의 목적상 채무자에게 속하는 것이다."[2] 만일 그 문제된 항목이 채무자의 채권자들이 변제를 추구할 수 있는 예금계좌에 들어 있는 금전이라면, 그것은 채무자의 재산이다. 그 자금이 채무자가 보유하지 않고 특수관계인이 보유한 계좌에 있다는 것은 중요하지 않다.[3]

채무자가 동산을 보유하고 있는 것이 의제신탁(constructive trust)에 의한 것으로 간주된다면, 그의 채권자들은 그것에 추급할 수 없다.[4] 따라서 폰지 사기 사업에 투자하였다가 편파행위로 간주되는 기간 내에 원래의 투자를 회수한 피해자들은, 그들이 최초에 납입한 것과 동일한 자산으로 돌려 받았음을 증명하는 한, 부인권 소송의 대상이 되지 않는다. 채무자는 이들 재산을 (편취한 것이므로) 의제신탁 상태에서 보유한 것일 뿐이다. 이들 재산은 채권자의 압류 대상이 아니다. 이것을 지급한 것은 채권자가 가질 수 있는 재산의 집합을 감소시키지 않았다.

---

2) F.2d 1214, 1217 (9th Cir. 1988) 참조.

3) Southmark Corp. v. Grosz, 49 F.3d 1111 (5th Cir. 1995) 참조.

4) In re Mississippi Valley Livestock, Inc., 745 F.3d 299 (7th Cir. 2014) 참조.

연방대법원은 찰스 폰지 자신의 파산사건의 와중에 제기된 소송에서 이 문제를 정확하게 판결하였다.[5]

　"재산에 대한 채무자의 권리"의 의미에 관한 사례를 하나 더 살펴보자. 모회사가 금융기업에 채무를 지고 있다. 모회사는 지급불능이지만, 그 재산 중 하나는 자회사 주식이고 자회사는 지급능력이 충분하다. 금융기업은 모회사에 지급을 압박한다. 모회사는 자신의 돈을 사용하지 않고 자회사로 하여금 돈을 갚게 한다. 자회사는 금융기업에 대하여 아무 것도 빚을 진 것이 없었고 자회사가 금융기업에 돈을 준 것은 공정한 대가가 부족한 것이었다. 그렇지만 자회사는 지급능력이 충분하였고 자회사에 대한 채권자 모두에게 완전히 변제할 능력이 있었다. 따라서 그 자회사의 재산이전은 자회사의 채권자들에 관한 한 사해행위라고 할 수 없다. 나아가 그 재산이전은 모회사의 채권자들에 관하여도 사해행위라고 할 수 없다. 이 재산이전은 기존 채무에 관한 것이고 따라서 모회사의 관점에서는 정당한 대가에 의하여 뒷받침되는 것이다.

　그렇지만 이 재산이전은 편파행위에 해당하는 것으로 볼 수 있다. 기존 채무에 관하여, 모회사가 지급불능인 상태에서, 파산신청서 제출하기 전 90일 이내에 이루어졌고 금융회사의 처지를 훨씬 개선하는 재산이전이다. 모회사의 다른 채권자들은 더 악화된다. 그 재산이전이 이루어지지 않았다면 자회사는 더 많은 재산을 가지고 있을 것이고 모회사가 가진 자회사 주식은 훨씬 가치가 클 것이다. 그럼에도 불구하고 편파행위라고 공격하여 금융회사로부터 금전을 회복하기는 쉽지 않을 것이다. 모회사가 자회사로 하여금 재산을 이전하게 할 때 모회사가 그 자신의 재산을 이전한 것이라고 증명함으로써만, 자회사에서 금융회사로의 이전을 부인할 수 있고 모회사의 파산재단으로 회복되어야 한다고 주장할 수 있다. 형식에만 집착하면, 모회사는 어떠한 재산이전도 행한 바 없다. 모회사의 채권자들은 모회사의 재산 중 하나(자회사에 대한 주식)의 가치가 하락하였기 때문에 손해를 입었다. 그렇지만 실제로는 어떠한 재산도 모회사를 떠나지 않았다. 형식보다 본질을 본다면, 그 거래는 재산의 이전에 해당한다. 모회사가 자회사의 일부 주식을 금융회사에 주었다고 가정해보자. 주식의 이전은 §547의 의미 내에서 채무자

---

5) Cunningham v. Brown, 265 U.S. 1(1924) 참조. 추적할 수 있는 가능성이 결정적이다. 의제신탁과 압류 채권자들의 권리 사이의 상호작용에 관한 논의를 위하여는 앞의 108면 내지 111면 참조.

의 재산을 이전한 것에 해당한다. 이제 자회사가 금융회사로부터 주식을 다시 사들인다고 하더라도 아무것도 변하지 않는다. 분명히 편파행위에 해당하는 이러한 시나리오는, 비록 형식적으로는 아니지만 실질적으로는, 자회사가 금융회사에 직접으로 현금을 지급하는 것과 동일하다. 자회사가 금융회사에게 행한 재산이전은 그 거래를 그것을 경제적인 관점에서 본질적으로 동일하지만 형식에 있어서 다를 뿐인 것으로 다시 규정하여 거기에 맞게 취급할 수 있는 한도 내에서 편파행위에 해당한다.[6]

 ## 담보권자와 부인할 수 있는 편파행위

당신은 Jones에게 $1,000를 빌려준다. Jones의 재산상태는 계속 악화된다. 당신은 Jones에게 가서 그가 파산절차로 들어가기 전에 다른 누구보다 먼저 변제해줄 것을 요구한다. Jones은 돈을 가지고 있지 않아서 이 요구를 거절한다. 그런데, Jones이 당신의 요청을 받아들이고 그 후 파산절차에 들어간다면, 당신이 받은 현금은 모두 기존채무에 관한 것이고 부인할 수 있는 편파행위가 될 것이다. 그래서 Jones가 당신에게 현금 대신에 담보권을 설정해준다고 가정해보자. 당신은 그 제안을 받아들이고 나서 임박한 그의 파산에 대하여 걱정하지 않아도 되느냐?

그렇지 않다. 파산이 수평선 위로 떠오를 때 당신의 지위를 일반 채권자에서 담보 채권자로 변경하는 것은 그 자체로 파산절차를 회피하는 행태이다. 누군가는 담보권을 취득하는 것은 재산을 날로 먹는 것과 똑같은 방식으로 취급되어서는 안 된다고 다툴지도 모르겠다. 왜냐하면 담보권을 취득하는 것은 채권자들 사이에 어떻게 파이가 나누어질 것인가에 관하여만 영향을 미치기 때문이다. 그것은 재산을 포획하는 것과 같은 정도로 실제로 재산의 가치를 손상하지는 않는다. 그렇지만 현행법은 이들을 동일하게 취급한다. 파산을 예상하며 당신은 완전히 변제를 받았을 때와 같은 방식으로 (비록 같은 정도는 아니지만) 당신의 지위를 개

---

6) Harry M. Flechtner, Preferences, Postpetition Transfers, and Transactions Involving a Debtor's Downstream Affiliate, 5 Bankr. Devs. J. 1(1987) 참조.

선한다. 두 가지 경우 양쪽 다에서, 당신은 90일이라는 기간 내에, Jones가 지급불능인 상태에서, 기존채무에 관하여 재산상의 권리를 취득한다. 그 권리이전을 받음으로써 당신은 완전히 변제 받을 지위를 확보하게 되고, 당신은 줄에 서 있는 당신의 위치를 개선하려고 노력하지 않았을 때보다 훨씬 좋은 자리에 위치하게 된다. 물론 이러한 재산이전은 부인할 수 있는 편파행위다. 당신들 두 사람은 파산절차에서의 비례배당의 원칙을 우회하기 위하여 담보권의 설정이라는 방식을 사용할 수 없다.

　　Jones이 그의 개인사업체를 유지하기 위하여 돈이 더 필요하다고 가정하자. 그렇지만, Jones의 기존 채권자들은 재무 상태가 일단 악화된 이상 그들의 귀중한 돈을 더 빌려주기를 거절한다. Jones는 당신에게 찾아 온다. 당신은 Jones가 사업상 소유하는 유일한 기계에 대하여 당신에게 담보권을 설정하여 줄 경우에만 돈을 빌려주기로 동의한다. 이것이 부인할 수 있는 편파행위인가? 물론 아니다. 어떠한 새치기도 발생하지 않았다. Jones은 기계에 대한 담보권을 당신에게 이전하였지만, 그것을 '기존' 채무에 관하여 하지 않았다. Jones은 처음부터 돈을 빌리기 위하여 담보를 설정해주었다. 당신이 담보권을 얻을 때 당신은 법을 회피하는 행위를 하지 않았다. 즉, 당신은 법의 틀 안에서 적합하게 행동하였다. Jones는 무엇인가(기계에 대한 권리)를 포기했지만 반대로 그와 동시에 무엇인가(현금)를 얻었다. 이 상황에서 Jones의 채권자들은 불평을 제기할 수 없다. Jones가 너무 멀리 나가 버려서 이제는 그들이 통제해야 한다고 채권자들이 생각한다면, 그들은 Jones에 대한 파산을 신청하여야 한다. 그들이 그렇게 할 때까지는, Jones는 독립적인 관계에서의 거래로 (그렇지 않으면 그 재산은 일반 채권자들에게 돌아갔을) 재산을 담보로 제공하고 돈을 빌릴 수 있다.

　　담보 채권자는 그를 위하여 §547(e)의 의미 안에서 담보물권이 설정됨과 동시에 담보 채권자가 채무자에게 가치를 이전하였음을 증명함으로써 편파행위라는 공격을 피할 수 있다. §544(a)에 관한 논의를 기억해보자. 당신이 담보 채권자에 해당하지만 대항력을 갖추어 담보권을 완성하지 않았다면 위험하다. 당신이 이룩한 것은 법정에 갈 필요 없이 평온하게 담보물을 가지고 갈 수 있는 능력을 얻은 것뿐이다. 다른 채권자들과 맞서게 되면, 당신은 일반 채권자보다 나을 것이 없다. 그래도 당신은 아직 경주에서 앞서고 있다. 문제 되는 시점은, 당신이 채무자와의 사이에 담보설정에 관한 합의를 하는 순간이 아니고, 당신이 담보권을 완성(공적인 등록신청을 통해서)하여 다른 압류 채권자들에 대한 우선순위를 취득하는 순간이다. 다른 채권자들이 관여하는 한, 이미 담보설정의 합의는 존재하지만 파산 전야에 비로소 대항력을 갖춘 담보 채권자는, 파산 전야에 담보권 설정의 합의를 받은 무담보 채권자와 똑같은 수준의 재산을 획득한다. 결정적인 요인은, 담보권의 존재나 부존재가 아니라 우선권의 존재이다. 다른 채권자들의 권리를 배경으로 당신의 권리를 측정할 경우에는, 당신이 우선권을 취득한 시점과 재산이전의 시점을 비교하는 것이 합리적이다. 당신은 아주 오래 전에 우선권을 취득하였거나 당신이 신용을 제공함과 동시에 우선권을 취득하였을 때에만 당신의 담보권을 누릴 수 있을 것이다.

어느 날 일어나 보니 담보권의 대항력이 갖추어져 있지 않음을 발견한 담보 채권자의 곤경은 흔하게 발생한다. 은행은 돈을 빌려주고 관계자는 악수를 하며 시가를 서로 건네준다. 대출서류는 파일에 철해져서 치워지고 잊혀질 것이다. 누군가 그것을 다시 볼 때는 그 대출 거래가 악화될 때 외에는 없다. 사실 워크아웃을 다루는 변호사들이 거래에 관여하는 것은 사태가 더욱 악화된 후이다. 이때 그들이 첫 번째로 하는 일은 서류를 확인하는 것이다. 그들이 부인될 수 있는 편파행위라고 공격 당하지 않을 것을 걱정하지 않으면서 서류 상의 흠을 시정할 수 있어야 하는가? 물론 아니다. 워크아웃 변호사들은 채무자가 신속하게 가라앉고 파산이 막 시작되려 하기 때문에 소환된 것이다. 그들은 재산을 먼저 잡으려는 경주가 시작되고 그들이 이기려고 노력하기 때문에 등장한 것이다. §547가 막으려는 것은 바로 이런 종류의 법 회피 행동이다.

§547는 담보권을 완성하여 대항력을 갖추기 위한 짧은 유예기간을 허용한다. Jones가 큰 어려움에 처해 있고 당신으로부터 $1,000를 빌린다고 가정하자. Jones는 당신에게 그 기계에 대한 담보권을 설정하여 주지만 당신이 그 금융실행진술서를 제출하여 담보권을 등록하기까지는 5일이 걸린다. 당신은 법 회피행위를 시도하지 않았으며, 모든 서류작업이 제대로 이루어지는 데까지 약간의 시간이 걸렸을 뿐이다. §547(e)에서 파산법은 당신이 잠에서 깨어나 보니 담보권이 완성되어 적절히 대항력을 갖추지 못하였던 것을 발견한 사례와 정상적인 절차 진행과정에서 담보권 설정의 합의가 이루어진 후 얼마 지난 후에 대항력을 갖추기에 필요한 서류의 제출이 이루어진 사례를 구분하려 한다. §547(e)는 30일의 유예기간을 규정한다. 당신이 30일 이내에 대항력을 갖추면, 담보권의 설정은 당

사자들 사이에서 효력을 발생한 그 순간으로 소급하여 이루어지는 것으로 본다. 이 유예기간은 오직 대항력을 갖춘 때와 담보권 설정의 합의를 한 때만을 하나로 통합할 뿐이다. 채무가 언제 발생하였는지는 여전히 문제로 된다. 채무가 담보권이 설정되기 이전에 이미 발생하였다면, 그와 동시에 담보권의 대항력 구비가 이루어졌다고 하더라도, 부인할 수 있는 편파행위라고 추정된다.

Jones가 1월 1일에 당신으로부터 $1,000를 빌린다고 가정하자. 그 날 당신은 그의 기계에 대한 담보권 설정합의를 하고 Jones는 담보설정계약에 서명을 한다. 5일 후에 당신은 담보서류를 등기소에 제출한다. 6주 후에 Jones는 파산신청서를 제출한다. 이 때 부인할 수 있는 편파행위는 존재하지 않는다. 채무는 1월 1일에 발생하였다. 담보서류의 제출이 30일 이내에 이루어졌으므로 §547(e)는 Jones가 당신에게 담보를 설정하여 준 것은 바로 그 날인 1월 1일에 이루어진 것으로 본다. 만일 당신이 기다렸다가 2월 5일에 담보서류를 등기소에 제출하였다면, 그것은 부인할 수 있는 편파행위가 될 것이다. 왜냐하면 담보채권자들에 대항할 만한 재산이전을 한 행위가 30일의 유예기간이 지난 후에 이루어졌기 때문이다. 당신이 1월 1일에 돈을 빌려주고 1월 1일에 담보설정 서류를 등기소에 제출했지만 Jones가 1월 5일까지는 담보합의서에 서명하지 않은 경우에도 문제는 발생할 수 있다. 당사자 사이에서 유효하게 성립하기 전에는 §547(e)의 목적에 맞는 재산이전은 발생하지 않는다. 그리고 통일상법전 제9조에 의하면, 담보권은 채무자가 담보설정서류에 서명을 할 때까지는 당사자 사이에서 효력을 발생하지 않는다. 이 사례에서 재산의 이전은, 채무가 발생한 이후인 1월 5일에 일어났다. 편파행위라는 공격에서 살아남기 위해서는, 당신이 편파행위에 대한 관재인의 부인권이 미치는 범위의 바깥에 있다는 것을 증명하여야 한다. 그 예외는 §547(c)에 규정되어 있고, 이제 우리는 이쪽으로 가본다.

§547(c)의 안전 보호

최종 결과의 원칙

§547(c)(4)는 과거의 채무를 변제 받은 후 새로운 대부를 행한 금융업자를 보호한다. 전형적인 사례는 대환 약정이다. 당신이 Jones에게 30일 동안 $1,000을 빌려주었다고 하자. 그리고 Jones는 30일 후 당신에게 돈을 갚는다. 당신은 다시 30일 동안 빌려주고 이러한 거래는 계속된다. Jones가 파산신청을 하는 때에 당신은 신청서 제출 전 90일 동안 3번에 걸쳐 $1,000를 변제 받았다. §547(b)에 따르면 각 재산이전은 모두 편파행위가 될 수 있다. 각 변제는 과거의 채무에 대한 것이고 다른 모든 것이 똑같은 것을 전제로 당신이 변제 받지 않았을 때보다 당신의 상황을 개선하였다. 하지만, 이 경우 3회에 걸친 $1,000의 변제를 즉 $3,000를 모두 회복하게 하는 것은 부당하다. 이 대환 신용거래의 목적은 어느 시점에서 당신의 위험을 $1,000로 제한하는 것이다. 당신은 Jones가 이전의 채무를 갚았기에 그 다음 대부를 해주었다. 그 재산이전은 그것이 없었더라면 당신이 잃었을 최대한인 $1,000까지만 당신의 상황을 개선하였다.

§547(b)(5)가 있기에 당신은 두 번의 $1,000 변제가 편파행위가 아니라고 다툴 수 있다. 이 두 번의 변제는 그 변제가 없었을 때보다 당신을 개선시키지 않았다. 그 변제들이 없었다면 당신은 새로운 신용을 주지 않았을 것이다. 다른 말로 하면, §547(b)(5)로 인해 Jones가 그 이전을 하지 않았으면 결과가 어떠하였을지에 대하여 의문을 가지게 하는 것이다. 모든 다른 사례가 똑같은 그러한 모습일 필요는 없다. Jones가 과거의 채무를 갚지 않았다면 당신은 새로운 빚을 주지 않았을 것이다. 그러므로 당신이 받은 $3,000 중 $2,000는 이러한 변제가 $2,000의 새로운 신용을 주도록 유도했기 때문에 당신의 상황을 개선하지 않았다.

하지만, 당신은 추론이 어려운 §547(b)(5)에 반드시 의존할 필요가 없다. 이 사례에는 특별히 §547(c)(4)가 적용된다. 과거의 채무를 변제한 후 Jones에게 부여해준 새로운 가치를 고려하여 당신이 편파행위의 수익을 받은 한도 즉 '최종적 결과'에만 착안한다.

§547(c)(2)

§547(c)(2)는 채권자들에 대한 일상적인 거래로 인한 지급을 편파행위에서 제외한다. 이것들은 일상적인 거래과정에서 발생하거나 일상적인 거래조건에 따라 발생한 채무에 관하여 일상적으로 이루어진 지급이다. §547(c)(2)가 없다면 관재인은 많은 일상적인 재산이전을 부인할 권능을 가지게 된다. 당신은 매달 5일에 전화요금 고지서를 받고 그 달 20일에 정규적으로 그것을 지급한다. §547(c)(2)가 없으면 전화회사에 대한 편파행위가 될 것이다. 그 재산이전은 당신이 지급한 그 날에 발생한다. 하지만, 그 채무는 당신이 전화를 이용한 전월에 발생한다. 그것은 기존 채무에 관한 재산이전이지만 법을 회피하는 행태는 없다. 그것은 청구서에 대한 지급을 수행하는 일상적인 방식이다. §547(c)(2)는 관재인의 부인권으로부터 이러한 종류의 지급을 제외하는데 봉사한다. 그렇지만, §547(c)(2)는 오직 '금전의 지급(payment)'만을 다룬다. 그것은 금전이 아닌 다른 재산의 이전에는 적용되지 않는다.

§547(c)(2)에 규정된 예외는 의식적으로 법의 적용을 회피하는 행태의 결과인 법률행위에 대하여 편파행위 조항에 의한 관재인의 부인권 행사의 범위를 제한하기 위한 목적으로 설계된 것으로 최소한 추정된다. §547(c)(2)는 1898년의 파산법 하에서의 '지급불능을 알 만한 이유가 있었다'는 요건을 대체하고 있는 바, 그것은 객관적인 기준을 사용하고 수익자의 내심의 상태에 대한 탐구를 요구하지 않기 때문에 보다 잘 작동할 수 있다. 채무가 통상적인 과정에서 발생하였고 또 지급이 통상적인 방법으로 이루어졌는지 여부는 필연적으로 수많은 사실들과 관련된 문제이고, 경계선 양쪽 어디에 속하는지 쉽게 발견할 수 있는 사례가 많이 있다. 우리가 앞에 본 바와 같은, 채무자 및 같은 업종을 영위하는 다른 업자가 보통 그러한 청구서를 지급하는 바로 그 방식으로 바로 그 시기에 전화료가 지급된다면 그런 경우는 §547(c)(2)의 적용범위 안에 포함된다. 그렇지만 납부기한을 지키지 못하고 있다가, 여러 차례에 걸친 독촉 전화 이후에 채무자가 보증수표로 지급한 경우라면 그것은 통상의 과정에서 이루어진 지급이라고 할 수 없다.

그렇지만 통상의 사업과정에서 대여가 이루어졌는지 여부를 결정하는 것은 항상 그렇게 간단한 것은 아니다. 거액의 장기 운영자금을 차입한 법인을 생각해보자. 이 채무가 통상의 사업과정에서 발생했던 것인가? 우리는 단지 장기채무라는 이유만으로 편파행위를 제한하는 §547(c)(2)의 영역으로부터 제외할 수 없다는 것을 알고 있다.[7] 그럼에도 불구하고, 법인이 그 존속기간 내내 단 한 번 그러한 채무를 부담하였을 때에는 그 대출채무는 통상적인 사업과정에서 발생한 것이 아니라는 주장이 나올 수 있다. 그러한 대출을 얻는 것이 이 채무자에게 매일의 사건인지 여부에 초점을 맞추는 "통상의 과정"에 대한 이런 식의 해석은 §364에서 이 용어가 사용되는 방식과 일치한다. 이 조항은 통상의 과정에서 부담하는 것이 아닌 절차 신청 이후의 대출에 대하여 법원의 허가를 받을 것을 요구하며, 관재인이 먼저 법원의 허가를 받지 않고 그러한 대출을 받을 수 있다고는 아무도 생각하지 않는다. 그러나 §547(c)(2)를 해석하는 완전히 다른 방법이 있다. §547의 문맥 하에서 "통상의 과정"이라고 함은 (§364와는 반대로) 거래를 의심스럽게 만드는 거래의 특수한 모습이 무엇인가를 밝혀낼 것을 요구한다. 이에 따르면, 비슷한 회사가 전형적으로 그러한 대출채무가 있는 한 §547(c)(2)는 적용되어야 한다.

채무가 통상의 사업과정에서 발생했다는 것이 한 번 확정되고 나면, 지급을 받은 채권자는 지급도 통상의 과정에서 또는 통상의 사업조건에 따라 이루어졌다는 점을 증명하여야 한다. 두 번째 범주에 해당하는 것이 아마도 첫 번째 보다는 더 쉬울지도 모른다. 사업이 어려움에 처할 때에는, 통상의 과정에서 의사결정이 이루어지기는 어렵다. 예를 들어, 기업의 가장 다액이고 중요한 채권자에게 적시에 지급을 하기로 하는 결정은, 만일 다른 채권자들에게 변제하지 않기로 한 묵시적인 결정이 있다면, 특히 채무자인 기업의 대표가 법인 채무를 보증하여 채무자가 지급불능이 되면 개인의 돈으로 변제를 하는 경우라면, 더 이상 통상이라는 말을 쓸 수 없다.

새로운 가치의 동시적 교환

파산법은 §547(c)(1)에서 또 다른 유예기간을 도입한다. 당신이 공급자로부터 재화용역의 공급을 받고 수표로 지불한다고 가정하자. 당신은 물품을 받아 당신의 점포로 넣고 공급자는 같은 날 수표를 은행에 예금한다. 수표는 다음 날 결제된다. 2개월 후 당신은 파산 신청을 한다. 관재인은 당신이 공급자에게 지급한 수표

---

7) Union Bank v. Wolas, 502 U.S. 151 (1991) 참조.

금액을 다시 회수할 수 있는가? §547(b)에 따르면, 공급자는 그 은행이 당신이 발행한 수표를 인수하기 전에는 당신에게 재산을 이전한 것이 아니다.[8] 이 시점에만 재산은 다른 채권자들의 추급으로부터 벗어난다. 이 재산이전은 공급자가 며칠 전에 당신에게 상품을 인도하였을 때 발생한 채무에 관하여 이루어졌다. 그때 당신은 이미 그 공급 받은 물품을 하루 동안 사용하고 있었다. 당신이 그 상품을 받은 시간과 수표가 결제된 시점 사이의 기간 동안에 물품공급자는 당신의 채권자였다. 그렇지만 공급자는 법을 회피하는 행태를 보이지 않았다. 채무가 발생한 시점과 재산이전이 이루어진 시점 사이에 간격이 있지만 그것은 너무 짧아서 법을 회피하는 행동이라고 할 수 없다. 그리하여 우리는 본질적으로 동시에 일어나는 교환을 편파행위에 해당하므로 부인할 수 있다는 공격으로부터 제외한다.

    채무자가 담보물을 취득할 수 있게 대부를 행한 담보채권자들은 §547(c)(3)에 정하여진 그들만의 피난처(harbor)를 누린다. 그들은 또한 §547(c)(1)에 있는 동시적 교환의 예외를 이용할 수도 있다. 그것이 문제될 수도 있는 사례를 생각해보자. Jones가 지급능력이 있을 때 당신은 Jones에게 돈을 빌려주고 Jones의 기계를 담보로 잡는다. 후에 Jones는 지급불능에 빠지고, 사업을 되돌려 놓으려고 애를 쓰는 과정에서, Jones는 당신이 담보를 가지고 있는 낡은 기계를 새로운 기계로 교체하려고 당신의 허락을 구한다. 당신은 새로운 기계에 대한 담보권을 받는 것과 교환하여 오래된 기계에 대한 담보권 포기에 동의한다. 그것은 새로운 가치에 대한 실질적으로 동시적인 교환에 해당하는가? 당신은 당신의 것이었던 어떤 것을 포기하기 때문에 새로운 가치를 주고 있다. 당신의 오래된 기계에 대한 담보권은 가치 있는 것이다. 그것은 매각되어도 유지된다. 그리고 당신이 그 권리를 포기하지 않으면, 비록 그것이 새로운 구매자의 수중에 있었다고 하더라도 당신은 아직도 오래된 기계를 잡고 있을 수 있었다. 이렇게 생각해보자: Jones가 채무를 완전히 변제한다면 당신은 편파행위를 받은 것이 아니다. Jones가 기계를 팔고 당신에게 그 대금을 주었다고 가정하자. 그리고 나서 Jones은 새로운 기계를 사기 위하여 새로 빚을 달라고 요구했다. 당신은 이 기계에도 담보권을 취득하는 조건으로 빚을 준다. 그리고 Jones은 동의한다. 비록 Jones가 지급불능이고 파산 신청으로부터 몇 주 떨어져 있을지라도 이 사례에서 새로운 기계에 대한

---

8) Barnhill v. Johnson, 503 U.S. 393 (1992).

담보권을 설정하여 주는 것은 편파행위가 되지 않을 것이다. 이러한 재산이전은 부인할 수 있는 편파행위가 아니기 때문에, 담보물의 대체를 허용하지 않을 이유가 없다. 당신은 현금 대신 담보권을 포기했지만 경제적인 효과는 동일하다. 이 점에 대한 판례법은 분명하지 않다. 기계를 다른 것으로 교체하는 거래의 세세한 부분에까지 담보 채권자가 개입한 정도가 적으면 적을수록 법원은 이 예외가 적용된다고 판단할 가능성은 적을 개연성이 있다.

유동재산에 대한 담보(floating lien)

채권자는 보통 채무자의 재고자산 또는 예금에 담보권을 가지려 한다. 이것들은 끊임 없이 회전한다. 채무자가 점포에 이번 달에 가지고 있는 물품은 채무자가 다음 달에 가지게 될 물품과 같지 않다. 새로운 재고자산에 대한 담보권이 언제 §547의 목적에 맞게 담보권자에게 이전되는가? 당신은 담보권이 헤라클레이토스의 강과 같다고 주장할 수 있다. 새로운 재산이전이라는 것은 없다. 담보 채권자는 비록 재고자산 자체가 계속 변한다 하더라도 재고자산에 계속적인 권리를 가지고 있다. 그러나 조작의 가능성이 잠재해 있다. 채무자는 파산으로 가기 전에 새로운 재고자산을 취득함으로써 담보가 부족한 상태의 담보권자에게 호의를 베풀 수 있다. 파산법은 이러한 문제를 §547(c)(5)와 §547(e)(3)에서 다룬다. §547(e)(3)은 채무자가 재산을 취득할 때까지는 재산이전은 발생하는 것이 아니라고 규정하지만, §547(c)(5)는 편파행위 기간 동안 그 지위를 개선하지 않는 한 담보권자를 보호하는 데까지 간다. 우리는 두 가지 스냅사진을 찍는다. 하나는 90일 기간의 시작에서 (또는 채무가 90일의 기간 동안에 생겼다면 그 채무가 생긴 시점) 그리고 하나는 파산신청의 시점이다. 담보권자는 첫 번째와 두 번째 사진 사이에서 재고자산 또는 예금에 관하여 그 지위를 개선하지 않는 한도까지 보호받는다.

다음 문제를 생각해보자. 꽃집 주인이 도매시장에서 많은 다른 도매상으로부터 매일 꽃을 산다. 그리고 현존하거나 이후에 취득하는 재고재산에 대한 $12,000의 채무를 담보하는 담보권을 은행에 설정하여 준다. 1월 1일에 채무가 발생하고, 꽃집은 담보서류에 서명하고 은행은 등기소에 그 등록을 신청한다. 2월 1일에 재고재산의 가치는 $5,000이다. 정확히 90일 후, 꽃집 주인은 파산을 신청한다. 그 90일 동안 재고자산은 계속 회전하였고, 재고자산의 총액은 증가했다. 파산신청

시에 재고자산은 $15,000의 가치가 있고 꽃집은 아직도 은행에 $12,000의 채무가 있다. 은행의 담보권은 어느 정도까지 관재인의 공격을 벗어날 수 있는가?

§547조가 없었다면 은행은 꽃집 주인이 파산신청을 했을 때 꽃집 주인이 가지고 있었던 꽃 전부에 대한 대항력 있는 담보권을 가졌을 것이다. 통일상법전 제9조는 유동재산에 대한 담보라는 관념을 따뜻하게 포용한다. 은행은 비록 전체로서의 집합재산 안에 있는 개별 물건이 계속 바뀐다 하더라도 재산 전체에 담보권을 가질 수 있고 등록신청을 한 그 시점까지 우선권의 일자를 소급할 수 있다. 은행의 등록신청이 적절하기만 하면 세상은 은행이 꽃에 대한 담보권을 주장하고 있음을 보아야 한다. 그러나 §547 하에서는 어떤 일이 일어나는가? 우리는 기존 채무에 관한 재산이전이 있었는지 여부를 결정할 필요가 있고 §547(c)를 보기 전에 §547(b)를 검토해야 한다. 언제 채무가 발생했는가? 채무는 1월 1일에 발생했다. 꽃집 주인으로부터 은행으로의 담보권 이전은 언제 발생했느냐? 우리는 §547(e)(3)의 용어를 보아야 한다. 그것은 우리에게 꽃집 주인이 담보물에 권리를 취득할 때까지는 재산이전이 일어나지 않았다는 것을 말해준다. 언제 이것이 일어났느냐? 우리는 꽃집 주인이 어떤 특별한 꽃을 취득한 때는 모르지만 재고자산이 2월 1일과 파산신청서가 제출된 날 사이에서 완전히 변화된 사실은 안다. 필연적으로 꽃집 주인은 2월 1일 이후까지는 현재 가지고 있는 재고재산에 대해 어떤 권리도 취득하지 못했다.

그러므로, 우리는 채무가 (1월 1일에) 발생한 후에 그리고 파산신청서 제출 90일 이전의 기간 동안 이내에 발생한 재산이전을 본다. §547(b)의 다른 조건이 만족된다면 그리고 §547(c)에서 어떤 것이 그것을 배제하지 않는다면, 이것은 부인할 수 있는 편파행위이다. 90일 기간의 시점에서 꽃들은 오직 $5,000의 가치였다. 은행은 $7,000의 담보를 확보하지 못했다. 하지만 파산신청서 제출시에 은행은 안정적으로 담보를 초과 확보했다. 어떤 종류의 뒷거래가 있을 수도 있다. 재고 자산의 가치가 증가한 것은 단순히 우연이 아닐 수도 있다. 꽃집은 은행이 그렇게 하지 않으면 즉시 사업을 엎어버리겠다고 위협하였기 때문에 가게에 꽃을 채웠을 수 있다. 또는 꽃집이 어떤 정직한 이유로 많은 꽃을 가지고 있었을 수도 있다. 아마도 꽃집은 전형적으로 2월 보다는 5월에 더 많은 재고를 가질 것이다. 더 많은 사실을 알지 못한 채 우리는 은행이 회피행동과 연관되었는지 여부를 결정할 수는 없다.

하지만 파산법은 그와 같은 각각의 사례에 따른 개별적 탐구에 관심을 두지 않는다. 그 대신에 재고자산 또는 예금과 각 그 대금에 대한 유동재산 담보에 대하여 제한적인 예외를 제공한다. §547(b)는 편파행위의 기간 내에 재고재산을 새로 취득한 것의 효과를 찍어 누르는 것으로 시작하지만 §547(c)(5)는 부분적인 피난처를 규정한다. 채권자의 담보권은 채권자가 그 지위를 파산신청서를 제출하기 전 90일 동안에 개선하지 않는 한도까지만 파산절차에서 인정된다. 우리의 사례에서 은행은 편파행위 기간의 시점에서 $7,000까지는 담보를 확보하지 못했다. §547(c)(5)는 재고재산의 가치가 90일 기간 동안 우연히 증가한다 할지라도 은행이 그 한도까지는 담보채권자가 되지 못한다는 것을 말해준다. 그러므로 은행은 파산절차에서 오직 $5,000의 담보권만을 주장할 수 있을 것이다. 은행의 지위는 파산이 예상되는 때 가질 수 있는 것보다 더 개선되어서는 안 된다. 그리고 이 날자는 파산신청서 제출 전 90일로 임의적으로 고정된다(또는 만일 그 후라면 채무 자체가 발생한 시점). §547(c)(5)는 소위 '두 시점에서 순수한 개선(two-point net improvement test)'이라는 요건을 포함한다.

위 두 시점에서의 순수한 개선의 요건을 적용하기 위하여, 우리는 파산신청서 제출 전 90일 또는 채무가 발생한 그 날자 중 어느 것이든 뒤의 날짜에 은행이 얼마나 담보가 확보되지 않았는지를 본다. (법문은 채무자가 재고자산의 양을 증가시킴으로 또는 채무의 양을 축소시킴으로 회피행태를 보일 수 있기 때문에 채권자가 빌려준 액수보다는 확보되지 않은 담보의 금액 초점을 둔다.) 은행의 상태가 파산 전 90일 보다 파산신청 일자에 개선되지 않았다면 §547(c)(5)는 은행을 재고 재산 또는 예금에 대한 유동재산 담보로 보호할 것이다. 이 조문은 만일 그 개선이 "무담보 청구권을 가진 다른 채권자에게 해"를 끼치지 않는다면 은행이 지위를 개선하는 것조차 허용한다. 하지만 이 법문은 전형적으로 좁게 해석되고, 재고 재산의 증가가 채무자만이 아닌 전체 산업에 영향을 미치는 수확 주기와 같은 변화로 인한 것일 때에만 적용된다.

§547의 문제를 해결함에 있어서는 기본을 지키는 것이 중요하다. 다음 사례를 생각해보자. 자동차 판매상이 50대의 외제차를 가지고 있다. 1월 1일에 은행은 판매상에게 $500,000를 빌려주고 동시에 그 차들에 담보권을 취득한다. 은행은 적절한 UCC 제9조의 등록신청을 한다. 판매상은 오직 5대만을 판매하고 새로운 차를 취득하지 못한다. 파산 전 바로 90일에 판매상의 외제차 재고는 $450,000

의 가치가 있다. 그 후에 판매상은 새로운 차를 취득하지 않았지만 공급이 달려서 차의 가치가 예상치 않게 올라간다. 그 결과 재고재산은 파산신청 시 $500,000의 가치가 된다. 은행의 지위는 파산 전 90일 동안 $50,000가 개선되었다. 이 한도 내에서 부인할 수 있는 편파행위가 존재하는가?

우리는 어떤 편파행위의 분석이라도 두 가지 기본 질문으로 시작해야 한다. 언제 채무가 발생했느냐? 1월 1일. 언제 재산이전이 있었느냐? 문제가 된 모든 재고재산은 1월 1일에 판매상의 점유 하에 있었다. 은행의 담보권은 그 일자에 모두 붙어 있었고 대항력도 있었다. 그러므로, §547(e)(2)에 따르면 재산이전은 1월 1일에 발생했다. 채무를 이유로 한 재산이전이 있지만 '기존' 채무에 관한 재산이전은 아니다. 재산이전의 정상적인 정의에 따르면, 오직 시장의 힘에 기인한 이상 재산가치의 증가는 재산이전이 아니다. 그러한 정의는 또한 부인할 수 있는 편파행위 뒤에 존재하는 목적에도 부합한다. 결국 자산의 가치증가가 오직 시장의 힘에 따른 것이라면 어떤 회피행태가 발생할 우려는 없다. 그러므로 관재인은 §547(b)에 따라 은행의 담보권을 배제할 권한이 없다. 그러므로 은행이 §547(c)에 따른 예외를 주장할 수 있는지 여부는 상대적이다. §547(c)(5)는 오직 재고재산이 회전할 때에만 적용된다.

다음의 예가 보여주듯이 §547(c)(5)는 그 적용이 간단하지만 회피행태가 될지도 모르는 활동을 얼버무리듯 넘어갈 수 있게도 한다. 은행이 1월 1일에 $20,000를 채무자에게 빌려주고 채무자의 재고자산에 대한 담보권의 대항력까지 갖춘다고 가정하자. 그 때 재고자산의 가치는 $15,000이다. 재고자산의 가치는 비록 몇 번 돌고 돌지만 1월 동안 그 수준을 유지한다, 그러나 2월 중순에는 재고자산의 가치가 $8,000로 급락한다. 채무자는 채무 발생 후 90일인 4월 1일에 파산신청서를 제출한다. 그때 재고자산은 가치가 상승하여 $14,000가 된다. 재고자산의 회전으로 인하여 4월 1일에 재고자산에 대한 은행의 담보권은 파산신청 이전 90일 이내에 "이전"되었다. §547(e)(3)는 이러한 결론을 강제한다. 우리는 은행이 §547(c)(5)의 예외 안에 포함될지 여부를 결정하기 위해 두 시점의 요건을 살펴보기로 한다. 이 조항은 은행으로의 재산이전이 은행의 지위를 개선시켰는지 여부에 초점을 둘 것을 요구한다. 그들이 채무자에게 대한 청구권 중 담보 부족분에 해당하는 부분을 감소시켰는가? 이 사례에서 은행의 청구권 중 $5,000는 파산신청서 제출로부터 90일 전에는 무담보 상태였다. 하지만, 은행의 지위는 파산신청

시에는 더 악화된 모습이다. 채무는 파산신청 시에 $6,000 무담보 상태였다. 그런데 은행의 지위는 2월 10일과 파산 신청서 제출일인 4월 1일 사이에는 극적으로 개선되었는데 담보 부족 $12,000에서 $6,000까지였다. 그러나 2월의 재고자산의 가치는 상대적이다. 두 지점 요건에 따라 우리는 중간에 어떤 일이 발생하는지가 아니고, 끝 두 점만을 본다. 우리는 거칠지만 비용이 싼 정의를 확립한다는 원칙을 위하여, 편파행위 형의 행태를 실제로 탐구하는 것을 희생하는 것이다.

유동재산에 대한 담보는 이제는 과거의 법률 하에서 만큼은 소송으로 다투어지고 있지 않다. §547(c)(5)는 1898년 법 하에서 소송을 유발했던 몇몇 조항을 제거했다. 주의력 있는 재고자산 담보 금융업자는 채무자의 재고자산과 그 판매대금이 항상 그들이 가지는 채권 이상으로 가치가 있다는 것을 보증함으로써 편파행위라는 공격을 피할 수 있다. 게다가, 재고자산과 예금을 담보로 한 금융은 담보대출이라는 그림 속에서 과거처럼 큰 부분을 차지하지 않는다.

후에 취득한 재산에 대한 담보권에 대한 §547의 제한은, §547(c)(5)의 적용영역 바깥에 있는 장비 같은 형태의 담보물에 대하여 권리를 주장하는 자들에게 주로 문제로 된다. 채무자가 파산신청서 제출 전 90일 동안 취득하는 어떤 장비에 대하여도 담보채권자가 새로운 가치를 부여하거나 §547(c)(1) 또는 §547(c)(3)의 실질적으로 동시적인 교환 및 매수대금담보권을 이유로 한 예외 안에 들지 않는다면 편파행위라는 공격에 직면하게 된다.

$ §547의 적용 범위

사해행위의 사례에서처럼, 복잡하게 얽히고 설킨 편파행위 문제는 그림 속에 3명의 당사자가 있을 때 발생한다. 채무자는 은행과 오래된 관계를 가지고 있고, 인출할 수 있는 일련의 신용라인을 가지고 있다. 채무자가 은행에 부담하고 있는 어떤 채무도 채무자 재산 전체에 대한 권리로 담보된다. 채무자는 한 공급자로부터 원재료의 대부분을 얻는다. 1월 1일에 채무자는 공급자에게 $100,000를 빚진다. 공급자는 채무자가 파산신청을 할 것 같은 낌새를 눈치채고는 이 거래관계에서 탈출하고 싶어한다. 편파행위라는 공격에 노출될 지급을 지불을 요구하는 것보다는 공급자는 채무자를 설득하여 은행에 가서 공급자를 수혜자로 하는 보증신용장(standby letter of credit)을 발행하도록 한다. 공급자는 채무자가 부담하는 채무 한도까지 3월 1일에 그 신용장으로 인출할 수 있다. 은행은 공급자와 채무자의 관계를 전혀 모른다. 하지만 신용장 원칙에 따라 문제된 신용장이 인출될 경우 채무자는 상환에 응할 의무가 있고 이러한 의무는 채무자의 모든 다른 의무처럼 완전히 담보되어 있으므로 은행은 기꺼이 그 보증신용장을 발행한다. 3월 1일이 되면 공급자는 신용장을 인출한다. 3월 2일에 채무자는 파산신청서를 제출한다. 관재인은 그 재산이전을 발견하고 공급자로부터 $100,000를 회수하거나 같은 금액에 해당하는 은행의 담보권을 감소시킬 방안을 찾는다.

여기에서 관재인의 임무는 쉽지 않다. 공급자는 자신과 은행간의 신용장 상 법률관계는 자신과 채무자의 관계와는 별개라고 다툴 것이다. 신용장 인출로 인한 은행 돈 $100,000의 이전은 채무자의 어느 일반 채권자에게 영향을 미치지 않았다. 신용장이 발행되었을 때 채무자로부터 은행으로 신용장에 따른 은행의 조건부 의무를 지지하는 담보권의 이전이 있었지만, 이러한 이전은 채무자와 은행 사이의 관계 때문에 발생하였다. 그것은 공급자와 은행간의 관계와는 별개의 것이다.

은행의 입장에서는, 신용장에 따른 조건부 의무를 지지하는 담보권 이전이 신용장을 발행한 대가였고 공급자에게 부담한 기존채무에 대한 것이 아니라고 다툴 것이다. 간단히 말하면, 은행은 기존채무에 관한 재산이전을 받은 바 없다고 다투는데 반면에, 공급자도 채무자로부터 어떤 것도 받지 않았다고 다툰다.

그렇지만 우리는 직관적으로 여기 무엇인가 잘못되어 있다고 느낀다. 우리는 은행과 공급자가 이 재산이전을 해체하여 분리된 조각으로 나누어 취급하여 편파행위가 발생하지 않았다고 판단하도록 해서는 안 된다. 이들 재산이전을 한꺼번에 살펴보면, 공급자에 대한 기존채무에 관한 재산이전이 있어 일반 채권자들의 지위는 악화되었다.

이런 사례에 대하여 법원은 공급자에 대한 편파행위 소송을 허용하여 왔다.[9] 법원은 은행에 대한 담보권의 이전은 공급자에게 빚진 기존 채무에 관한 이전이

---

9) Kellogg v. Blue Quail Energy, Inc. (In re Compton), 831 F.2d 586 (1987), 재심리 인용됨, 835 F.2d 584 (5th Cir. 1988); American Bank v. Leasing Services Corp. (In re Air Conditioning, Inc. of Stuart), 845 F.2d 293 (11th Cir. 1988).

라는 이유를 들고 있다. 그것은 공급자로의 직접적 재산이전은 아니지만 §547(b)의 법문은 재산이전이 기존채무에 관하여 채권자에게 직접 또는 채권자의 이익을 위하여 이루어졌을 때 편파행위 소송을 허락한다. §550는 관재인이 공급자를 위하여 이루어진 재산이전의 가치를 공급자로부터 회복하도록 허용한다.

다른 형태의 간접적인 편파행위의 사례는 선순위의 완전히 담보된 채권자에 대한 변제가 담보권을 확보하지 못한 후순위의 담보채권자에게 간접적으로 혜택을 줄 때 발생한다. 은행과 대여자가 각자 채무자에게 $100를 빌려주고 $150 가치의 기계에 대한 담보권을 각 취득한다고 가정하자. 은행은 대여자에 비해 우선권을 갖는다. 만일 채무자가 파산신청 90일 이내에 $50를 은행에 변제한다면 은행에 대한 편파행위는 아니다. 그 변제는 은행을 개선시키지 않는다. 담보물의 가치는 항상 은행에 대한 피담보채무 $100보다 크다. 그러나 대여자에게는 간접적인 편파행위다. 그 재산이전 이전에는 $50까지는 무담보 상태였다. 은행에 대한 변제 이후 대여자의 채권은 완전히 담보된다. 그 기계는 $150에 팔릴 수 있고, $50는 은행으로 갈 것이며 잔액은 완전히 변제하기에 충분하다.[10]

하지만 이러한 사례들로부터 더 의문이 발생할 수 있다. 관재인은 재산이전이 편파행위가 아닐지라도 재산이전을 받은 바로 그 자로부터 회수할 수 있는가? 은행과 공급자의 예에서 은행은 기존채무에 관한 편파적 재산이전을 받지 않았지만 일차적으로 재산이전을 받은 자이고 §550는 관재인이 비록 편파행위를 받은 채권자들이 아닐지라도 이전 받은 자들로부터 회수할 수 있도록 허용한다.[11] §547(i)와 §550(c)는 일차적으로 이전 받은 자에 대한 관재인의 회수권을 제한하지만 오직 세 당사자 사례에서 한 종류에 관하여만 그러하다. 회사 채무자가 채무자의 대주주 같은 내부자로부터 보증을 받은 일반채권자에게 먼저 변제한다고 가정하자. 채무자는 90일 이상 지났으나 그 재산이전이 있은 날로부터는 1년 이내에 파산신청을 한다. 그 이전은 편파행위다. 왜냐하면 그것이 파산신청 1년 이내에 내부자의 보증책임을 줄여 주었기 때문이다. 이 세 당사자 사례에서 관재인의 유일한 상환 청구권은 내부자에 대한 것이다. 하지만, §550(a)의 분명한 법문을 잘 살펴보면, 관재인은 다른 종류의 재산이전에서는 편파행위가 아니었던 제1차적으로 재산이전을 받은 자들을 추급할 권리에 제한을 받지 않는다.

---

10) Gladstone v. Bank of America (In re Vassau), 499 Bankr. 864 (Bankr. S.D. Cal. 2013) 참조.
11) Levit v. Ingersoll Rand Financial Corp. (In re DePrizio), 874 F.2d 1186 (7th Cir. 1989) 참조.

이 예는 면밀한 거래를 단계적으로 하나로 합쳐 편파행위를 이유로 한 재산 회수를 허용함으로써 편파행위취소법이 형식에 실질이 우선하는 것을 어떻게 보장하는지를 잘 보여준다. 우리의 두 번째 질문은 그 반대의 경우도 진실인지를 묻는다. 우리는 거래가 전체적으로는 편파적이지 않을 때 편파행위라는 공격을 방지하기 위하여 거래를 단계적으로 하나로 통합하여 고찰할 수 있는가? 경우에 따라 새로운 대출로 조달한 돈은 기존의 채권자에게 직접 변제된다. 때로는 채무자가 그 대출금의 사용에 대하여 재량을 가지고 있고, 새로운 대여자로 하여금 기존의 채권자에게 직접 대출금을 지급하도록 요청하기도 한다. 다른 경우에는 새로운 대여금으로 이전의 채무를 먼저 변제하라고 주장하는 것이 새로운 대여자이다. 대여자가 내세우는 이유는 다양하다. 예를 들어 새로운 대여자는 새로운 대여자에게 채무자가 제공하겠다고 서약한 담보물에 설정되어 있는 이전 채권자의 담보권 해지를 보장해줄 것을 바랄지도 모른다. 어떤 경우이든, 새로운 대여자가 기존 채무를 직접적으로 변제한다거나 채무자가 새로운 대여로 받은 돈을 그러한 채무의 변제에 사용할 의무가 있을 때 그 새로운 대여를 목적특정대출(earmarked loan)이라고 부른다. 그 거래는 그림에서 한 대여자가 떠난 자리에 다른 대여자가 대신 서는 것이다. 그것은 마치 이전 대여자가 채무자에 대한 청구권을 새로운 대여자에게 매각하는 것과 같다.

관재인은 두 가지 거래가 함께 묶이도록 요구한 것은 아무것도 없다고 다투고 싶어한다. 신용을 공여하기로 한 새로운 대여자의 결정은 하나의 거래이다. 이전의 대여자에 대한 변제는 별개의 거래이다. 새로운 대여가 이전의 대여자를 위한 의도를 가지고 있거나 이전 대여자를 위하여 특정되었다는 것은 문제되어서는 안 된다. 비록 부인할 수 있는 편파행위의 법리에 대하여 목적특정대출이라는 예외가 법조문에 명시되지 않았지만, 법원은 목적특정법리라고 알려진 예외를 확립하였다. 이 법리는 새로운 대여 금액이 변제되는 대여 금액보다 크지 않고 우선순위도 높아지지 않을 때 적용된다. 우선, 어떤 사람은 목적특정대출금이 채무자의 재산에 속하지 않고 그러므로 §547(b)의 편파행위 법리에 따르지 않는다고 주장할 수 있다. 두 번째로, 어떤 이는 목적특정대출은 지급받지 못한 채권자들을 해하지 않는다고 주장할 수도 있다. 한 채권자가 다른 채권자로 대체되는 것에 불과할 때 전체적인 거래는 편파행위취소법이 방지하도록 의도된 마지막 순간의 포획으로 보이지 않는다. 그러므로 법원은 목적특정대출금을 받은 자로부터 편파행위라고 상환을 요구하는 것으로는 어떤 목적도 충족되지 않는다고 결론을 내린다. 그럼에도 불구하고 첫 번째 채권자가 담보권을 가진다 할지라도 그 후 두 번째 채권자가 적기에 적절한 방식으로 담보권의 대항력을 갖추지 못하면 적어도 담보권에 관한 한 담보권 설정이 편파행위라는 공격을 감수하여야 한다.[12]

그렇지만 거래가 서로 연관되는 방식이 항상 분명한 것은 아니다. 다음 사례를 생각해보자. 소매상이 외국으로부터 옷을 사오도록 공급자를 정한다. 대금의 변제를 보증하기 위해서 공급자는 소매상에게 은행으로 하여금 공급자를 위한 신용장을 발행하게 하도록 요구한다. 공급자는 불안에 대한 합리적인 이유가 있을 때에는 $1,000,000까지 신용장에 의하여 인출한 권리를 갖는다. First Bank는 신용장을 발행하고, 소매상은 First Bank에 신용장 인출 총액을 커버할 것을 신용장이 작성된 같은 날에 약속한다. 소매상은 Second Bank로부터 $1,000,000의 신용대출한도를 받았기 때문에 그러한 약속을 할 수 있다.

공급자는 소매상이 곤란에 처해 있다는 합리적 우려로 인하여 8월 1일에 신용장을 인출한다. 이 단계에서 공급자는 소매상을 위하여 어떠한 상품도 구입하지 않았고 소매상에 대한 어떤 청구권도 없다. First Bank는 8월 1일에 신용장을 존중하여 공급자에게 $1,000,000를 준다. 몇 분 안에 소매상은 Second Bank로부터 First Bank에게로 $1,000,000를 이체한다. 두 달 후, 공급자가 소매상에게 어떤 상품을 인도하기 전에 소매상은 제11장절차의 신청을 한다. 소매상은 사업을 계속한다. 그 다음 2개월 동안 공급자는 $1,000,000에 해당하는 상품을 배송한다. 물론 공급자는 신용장을 인출한 결과로 받은 $1,000,000에서 각 배송한 상품의 가격을 차감한다.

3월에, 사건은 제7장절차로 전환되고 관재인이 선임된다. 관재인은 First Bank에 8월 1일에 지급된 $1,000,000를 회복하기 위하여 편파행위취소소송을 제기한다. 관재인은 이 지급은, First Bank가 신용장에 대하여 지급을 강요 받는다면 First Bank에 상환해야 할 소매상의 의무에 관한 것이라고 주장한다. First Bank는 자신이 받은 $1,000,000의 재산이전은 바로 몇 분 전에 공급자에게 주어진 $1,000,000와 연관되어 있다고 항변할 것이다. 그 두 거래가 연계되어 있다면, 편파행위는 아니다. 신용장의 인출 전에 소매상은 Second Bank로부터 $1,000,000의 대출한도

---

12) Shapiro v. Homecoming Finacial Network (In re Davis), 319 Bankr. 532 (Bankr. E.D. Mich. 2005) 참조.

를 가지고 있었다. 5분 후에, 소매상은 공급자로부터 $1,000,000에 해당하는 상품을 받을 권리를 가지게 되었다. 소매상은 은행으로부터의 대출한도를 같은 가치의 상품을 배송할 제3자의 채무로 전환하였다. 그와 같은 거래는 채권자들의 처지를 악화시키지 않는다.

　소매상이 Second Bank로부터 받은 돈을 단순히 공급자에게 이전하였다면 편파행위가 되지는 않을 것이다. 이 거래는 논쟁이 있을 수 있지만 그것과 차이가 없다. 재산의 이전이 재산을 감소시킬 때만 편파행위가 존재한다.[13] 하지만 First Bank에게 유리하게 판단하는 것은 거래를 일체로 합쳐 관찰하려는 법원의 의지에 달려 있다. 신용장의 법리는 First Bank가 소매상에 대하여 어떤 권리를 가지고 있는가와 관계 없는 공급자의 독립적인 신용장 인출권을 관철한다.[14] 그러나 편파행위가 발생하였는지 여부를 확정하기 위하여 복수의 거래가 한꺼번에 결합되어야 하는지 여부는 파산법의 문제이고 신용장을 규율하는 법의 문제가 아니다.[15]

---

13) Kapela v. Newman, 649 F.2d 887 (1st Cir. 1981) (Breyer, J.).

14) Sabratek Corp. v. LaSalle Bank, 257 Bankr. 732 (Bankr. D. Del. 2000) 참조.

15) 이와 같은 사실관계 하에서 거래를 일체로 합쳐 관찰하기를 법원이 거부한 사례로는 P. A. Bergner & Co. v. Bank One, 140 F.3d 1111 (7th Cir. 1988) 참조.

자동 중지

제 9 장

자동 중지

$ 자동 중지의 효력 범위

완전한 세상에서는, 법인 기업의 파산 절차는 순식간에 끝날 것이다 (완벽한 세상에서도 파산이라는 것이 존재하는 것을 가정한다면 말이다). 그렇지만, 우리가 사는 세상은 그렇게 간단하지 않다. 기업 자산을 단순히 현금으로 파는 것 조차도 시간을 소모한다. 채무자를 둘러싼 업무를 가지런히 정리하는 동안 현상유지상태 (status quo)를 보존할 수 있는 메커니즘을 우리는 필요로 한다. 이것이 §362 및 자동 중지(automatic stay)의 목적이다. §362는 개별 채권자들이 회생을 하는 것을 방해하는 조치를 취하는 것을 금지하며, 동시에, 세상의 나머지 부분과 사이에 거래를 계속하는 것을 채무자에게 허한다.

지급불능인 채무자에 대한 일반의 채권자들은 모든 절차가 종료될 때까지 기다려야 한다. 그들은 민사법상 받아야 마땅한 것 중에서 한 조각만을 수령하며, 그렇게 채권자가 받는 조각이 얼마나 클지에 대하여 파산 절차가 끝날 때까지는 알 수 없다. 파산 절차 진행 중에 채권자들이 개별적 조치를 취하는 것을 허하는 것은 파산제도가 추구하는 바 비례배당의 원칙(pro rata sharing rule)을 침식한다. 그렇지만 담보 채권자에 대하여 자동 중지를 지속하는 것을 정당화하는 근거는 일반 채권자에 관한 것과는 다르다. 채무자 및 관리인 모두에 대하여 대항할 수 있는 물권적 이해관계를 가진 자는 종국적으로 그 담보물의 가치 한도

내에서는 전부 변제를 받게 되어 있다. 그렇다고 하더라도, 담보채권자의 손을 움직이지 못하게 할 필요는 여전히 있다. 비록 담보채권자가 얼마나 지급 받을 것인지를 알고 있다고 하더라도, 담보채권자가 사건의 종료 이전에 그의 권리를 행사할 수 있도록 허용하게 되면 채무자가 회생을 위하여 기울이는 노력에 간섭하게 될 가능성이 크다. 그러나 담보채권자가 어떠한 경우에도 재산을 수령할 것이고 또 그 재산이 회생을 위하여 필요하지 않은 때에는, 법원은 그 정지를 해제하는 결정을 내려줄 것이다.

자동 중지는 채권자들의 개별 행동을 금지할 뿐만 아니라 이것을 넘어 파산재단에 속하는 재산에 대하여 파산법원이 통제권을 확실히 유보할 수 있게 해준다. 예를 들어 물건을 맡긴 임치인은 채무자로부터 재산을 환취할 수 없다. 다만 이러한 경우 그 정지는 단기간에 그친다. 제5장에서 고려한, 당신이 의복을 세탁하라고 맡긴 세탁소 주인이 제7장절차를 신청한 사례로 돌아가 보자. 그러한 경우, 자동 중지는 현상유지상태를 보존하지만, 이것은 진정한 임치가 존재하는지 여부를 확인하는데 필요한 기간 동안만 유지된다. §541(a)가 규정하고 있는 바와 같이, 의복은 당신의 것이고 세탁소 주인의 것이 아니라는 점에 대하여 확신을 가질 필요가 있다. 나아가, §544(a)가 정하는 바와 같이, 일반 채권자들은 파산 절차 이외의 민사 절차에서 의복에 압류를 할 권능이 없음을 확인하여야 한다. 이들 조건을 확인하고 나면, 당신은 당신이 맡겼던 의복을 회수할 수 있어야 한다.

그렇지만 법원은 임치인이 그의 재산을 회수함에 있어 완전한 자유를 누려야 한다는 관념에 저항하기도 한다. Plastech Engineered Products 사건[1]에서, 채무자는 자동차에 사용되는 플라스틱 부품을 제조하여 완성차 업체에 납품하는 1차벤더 공급자였다. 이 회사는 연간 12억 달러를 넘는 매출을 올렸으며 주요 완성차 업체에 자동차의 구성품을 공급하였다. 이 회사는 그 제품 중 다수를 완성차 업체의 소유에 속하는 표준 도구를 사용하여 제작하였다. 완성차 업체와의 공급계약에 의하면, 완성차 업체는 공급계약을 해지하고 그들 소유의 도구를 회수할 수 있는 권리가 있었다. 그 중 한 업체는, 몇 차례의 납품 차질을 겪고 난 다음, 이 회사로부터 도구를 회수하여 구성품을 공급할 수 있는 다른 업자를 찾는

---

1) In re Plastech Engineered Products, Inc., 382 Bankr. 90 (Bankr. E.D. Mich. 2008).

것이 훨씬 낫겠다고 결정하였다. 완성차 업체는 계약을 해지하였다. 그런데 그 소유에 속하는 도구의 점유를 회수하기 전에, 공급자는 파산신청을 제출하였다. 파산의 신청 다음 날에 완성차 업체는 파산법원에 대하여 자동 중지의 해제를 신청하였다.

완성차 업체는 채권을 추심하려고 시도한 것이 아니었고, 파산신청이 제출되기 이전에 이미 계약을 해지하였다. 이론상, 채무자가 점유하고 있던 완성차 업체의 재산은 세탁소에 맡긴 당신의 의류와 다를 것이 없다. 채무자는 점유로 인한 이해관계 즉 점유권을 가지지만, 그 이상은 아니다. 그렇지만, 실무상으로는, 두 가지 상황은 차이가 있다. 도구 세트는 채무자의 영업에 있어서 불가결한 일부를 이루고 있었고 이 상황은 세탁소에 맡긴 바지와는 차이가 있다. 세탁소의 바지는 영업상 필요한 것이 아니다. 만일 채무자가 도구 세트의 점유를 지속할 수 있다면, 완성차 업체는 채무자와 사업관계를 지속하도록 강제되는 것이다. 그리고 완성차 업체가 채무자와 거래를 지속할 때에만 채무자는 계속기업으로서 생존할 수 있었다.

채무가에게 제3자에게 자신을 구조하기 위해 와달라고 요구할 권리는 없지만, 채무자가 우연히 또는 사고로 도구 세트를 점유하게 된 것과 같은 상황은 아니었다. 만일 완성차 업체가 도구를 이 공장에서 저 공장으로 옮기는 일을 반복적으로 하였고 그것을 적재한 트럭이 마침 채무자 회사의 공장에 들러 다른 물품을 배달하는 바로 그 순간에 파산의 신청서가 제출되었다면 전적으로 성질이 다른 사례가 되었을지도 모른다. 어느 경우이든, 채무자는 도구 세트에 대하여 점유를 취득하고 그 이상은 아니지만, 채무자 회사의 신청 이전의 생명과 연관되면 즉 위 도구 세트의 활용에 채무자 회사의 조업이 의존하였다면 문제를 달리 취급하여야 한다. 파산법원은 단호한 조치를 취하는 것이 기업 실체를 날려버리는 것일 경우 사건의 아주 초기에는 원칙을 빠르고 가혹하게 적용하는 것을 주저하는 경향이 있다. 그리하여 그들은 협상과 타협이 문제를 해결할 것이라는 희망으로 당분간 결정을 미루려고 할지도 모른다.

채무자가 파산을 신청한 이후에 제3자가 기존의 계속적 거래관계를 해지하려고 시도하는 경우에는 조금 더 복잡한 쟁점이 발생한다. 만일 제3의 거래처가 계약을 해지할 권리가 채무자가 파산의 신청을 제출하거나 또는 지급불능에 이른 것만을 이유로 존재하는 것이라면, 이 계약의 해지는 자동 중지를 위반하는 것이다. §367(1)은 §541, §545 및 §365 같은 파산법의 다른 규정과 마찬가지로 특정 사실 발생을 원인으로 한 기한의 이익 상실 조항(ipso facto clause)을 거부한다. 파산절차는 파산절차 바깥에서 발생한 권리는 존중하지만 파산절차를 이유로 그 안에서만 유효한 권리는 존중하지 않는다.

제3자가 계약을 해지할 일반적인 권리를 가지고 있지만 그 해지권을 오로지 파산을 신청하였다는 바로 그 사실을 동기로 하여 해지권을 행사하는 경우에는 약간 더 어려운 문제가 발생한다. 보험회사는 선납 화재보험계약을 그 재량껏 취소할 수 있는 보험증권이 있었는데 그 행사에 즈음하여 보험회사는 채무자가 파산절차를 신청한 것을 발견하였던 사례를 살펴보자.[2] 여기에서 보험회사의 해지권 행사와 파산절차의 신청은 독립적인 사건이 아닐 가능성이 크다. 보험회사는 파산의 신청이 채무자가 처한 열악한 재산관리상태 및 높아진 화재의 위험성을 경고하는 것으로 보았기 때문에 보험계약의 해지를 선택하였을지도 모른다.

법원은 많은 경우 파산절차가 제공하는 정보적 신호를 제3자가 이용하는 것을 허용하지 않는다. 채무자가 계속적 계약의 갱신을 구할 권리가 없음에도 불구하고, 오로지 파산절차의 계속을 이유로 하는 것이라면 제3자는 계약관계를 종료할 수 없을지도 모른다.[3] 그렇지만 법원은, 파산의 신청과는 별개의 합당한 사유로 해지권을 행사하는 것임을 입증할 수 있다면 관련 당사자들이 계약을 종료하는 것을 허용하는 경향이 있다.[4]

물론 이와 같은 모든 경우에 당사자들은 먼저 자동 중지의 해제를 얻어야 한다. 계약해지를 구하는 제3자는 §362(a)(3)의 의미 내에서 "재단으로부터 재산의...점유를 회복하는" 행동을 위하는 것으로 간주된다. 자동 중지는, 제3자의 해지권이 있음을 전제로 하더라도, 채무자가 그 재산에 대하여 아무런 권리를 가지고 있지 않음을 확립하기까지 충분한 기간 동안 지속될 필요가 있다. 비록 마음대로 계약을 해지할 권리가 §362(d) 하에서 자동 중지의 해제를 정당화하는 "정당한 이유(cause)"를 구성한다고 하더라도, 제3자가 일방적으로 행동한다면 제재를 받을 위험을 무릅쓰고 행동하는 것이다.

---

2) Holland American Insurance Co. v. Sportservice, Inc. (In re Cahokia Downs, Inc.), 5 Bankr. 529 (Bankr. S.D. Ill. 1980).
3) In re Ernie Haire Ford, Inc., 403 Bankr. 750 (Bankr. M.D. Fla. 2009).
4) In re M.J. & K. Co., 161 Bankr. 586 (Bankr. S.D.N.Y. 1993).

§362는 채무자가 다른 당사자들과의 계속적 관계가 영향을 받지 않고 유지되는 상태에서 절차개시 전 채권자들의 권리가 동결되도록 함에 있어서 대략적으로 유효적절한 역할을 수행한다. 파산절차가 개시된 이후에 어느 채권자가 채무자의 재산에 대하여 압류를 집행할 권리를 주장하였다는 내용이 포함되어 있는 재판례는 전혀 발견할 수 없다. 모든 이가 그러한 행동이 금지되어 있음을 이해하고 있다. 이것은 많은 쉬운 사건에서 그러한 것과 마찬가지이다. 어려운 사건을 검토하면서도, §362는 큰 논쟁거리 없이 그 대부분의 역할을 수행하고 있음을 잊어서는 안 된다.

첫 번째, 그리고 무엇보다도, §362(a)는 절차개시 전 일반 채권자가 채권을 강제로 실현하는 것을 금지한다. 자동 중지는 또한 절차개시 전 채권의 추구를 속행하는 것에 대하여도 적용된다. 비록 파산재단에 속하는 재산을 건드리지 않더라도, §362는 절차개시 전 채권에 기한 다른 법원에서의 절차도 계속 진행하는 것을 금지한다. 파산절차는 채무자의 모든 자산에 대하여 안전한 항구를 제공하기 위한 목적으로 설계되어 있다. 관리인은 사태가 어디에 무엇이 있는지를 확인하고 장악할 시간을 가져야 하는 것으로 가정된다. 더욱이 관리인(또는 보다 전형적으로 관리인 역할을 하는 채무자)은 단일한 법정에서 모든 채권자들을 상대하여 업무를 처리하는 것으로 가정되어 있다. 파산법원은 채권의 금액과 유효성을 결정할 책무가 있다. 자동 중지는 파산법원이 채권의 심리를 어느 법원에서 할 지를 결정하도록 하고 있다. 파산법원은 채권을 일반 민사법정에서 심리하도록 할 수 있고 또는 §502(b)에 의한 통지와 심사를 거치는 재판으로서나 §502(c)에 의한 채권 평가 절차의 방식으로 파산법원에서 채권에 관한 재판을 할 수도 있다. 나아가, §362(a)(4)에 의하면 파산재단에 속하는 재산에 대하여 담보권을 약정하거나 이를 이행하는 시도 역시 자동 중지를 위반하는 것임을 명백히 하고 있다.

§362는 모든 채권 추심 행위를 금지하지는 않는다. 절차개시 후 발생한 채권을 추구하는 것은 금지되지 않는다. 예를 들어, 절차개시 이후에 저지른 불법행위에 근거하여 일반 민사법원에 채무자에 대하여 제소할 수 있다. 그렇지만 자동 중지로 인하여 채무자의 재산에 대하여 실제로 압류를 집행하는 것은 금지된다. 질서를 확보하기 위하여는 파산재단에 속하는 재산에 대하여 파산법원이 통제권을 유지하고 있어야 한다. 이 구별은 §362(a)(4)와 §362(a)(6) 사이의 차이가 있는 것에 반영되어 있다. 자동 중지가 효력을 발생하더라도 절차개시 전 채권자가 제

3자에 대하여 권리를 행사하거나 그들의 자산에 대하여 처분권을 행사하는 것을 막지는 못한다. 절차개시 전 채권자들은 보증인 또는 연대채무자에게 채권을 추심할 수 있다. 일부 법원은 아주 특별한 상황에서는 자동 중지는 제3자에 대한 권리행사에 대하여도 적용된다고 보았다. 법원은 피고로 된 제3자에 대한 판결이 재단에 부정적으로 영향을 미칠 때 이런 비정상적인 조치를 취한다. 예를 들면 제3자에 대한 판결 때문에 즉각 구상채무가 발생하는 경우이다.5) 채무자와 공동 피고가 동일한 보험증권의 피보험자로 되어 있는 경우에도 비슷한 문제가 발생한다. 공동피고에 대한 권리행사는 증권상 보험자의 전체 채무를 감소하게 할 수 있기 때문이다.6) 그러한 법적 조치를 허용하게 되면 재단에 손상을 준다. 법원이 §105 하에서 채무자 회사의 임원들에 대한 법적 조치를, 그들이 채무자 회사의 업무에 집중할 필요가 있다는 이유를 들어, 정지한 사례들도 있다.7) 그러나 이 사유가 제3자에 대한 권리행사금지의 유일한 근거가 되는 사례는 희귀하다.8)

　　§362(a)에 관하여 기억하여야 할 중요한 점 하나가 더 있다. 이것은 다만 잠정적 조치(presumption)일 뿐이라는 것이다. 권리행사를 정지함에 어떠한 모호함도 없다고 하더라도, 언제든지 그것을 해제하여 달라고 법원에 신청할 수 있다. 예를 들어 정부기관이 환경법 상 청구권을 강제하기 위하여 다른 법정에서 소송을 제기하여 상당히 진행 중인 경우에는 그 법정에서 소송을 계속하는 것이 합리적일 수 있고, 이러한 경우 정부기관은 파산법원에 대하여 자동 중지의 해제를 구할 수 있다. 한편 파산법의 어느 규정에 각인되어 있는 정책으로 인하여 어떠한 법적 권리의 행사가 중지될 필요가 있을 때에는, 비록 §362(a)에 의하여 자동적으로 정지되는 권리행사라고 하더라도 법원은 §105에 의하여 중지명령을 발할 권한이 있다. §362(a)의 범위에 들어와 있지 않지만 중지되어야 마땅한 행위가 있다고 하더라도, 그것이 §362(a)가 쓰여진 방식에 어떠한 잘못이 있다는 것을 의미하는 것은 아니다. 그것보다는, 자동 중지는 법원이 구체적인 특성을 심사할 필요도 없이 자동적으로 정지할 수 있도록 통상적이고 묘사하기 쉬운 행동을 포함하는 것으로 설계된 것이라고 보아야 한다.

---

5) 예를 들어 Calpine Corp. v. Nevada Power Co., 354 Bankr. 45 (Bankr. S.D.N.Y. 2006).

6) A.H. Robins Co. v. Piccinin, 788 F.2d 994 (4th Cir. 1986).

7) 예를 들어, Lazarus Burman Associates v. National Westminster Bank, 161 Bankr. 891 (Bankr. E.D.N.Y. 1993).

8) In re Mid-Atlantic Handling Systems, LLC, 304 Bankr. 111 (Bankr. D. N.J. 2003).

정부규제와 §362(b)(4)

파산은 채무자들이 파산절차 이외의 실체법의 작용으로부터 특별한 휴가를 즐기는 계기가 아니다. 실리콘 칩을 생산하는 채무자의 예를 들어보자. 채무자의 자산은 실리콘 칩을 만드는데 쓰일 경우 200만 달러의 가치가 있다고 가정하자. 다른 말로 하면, 파산신청 이전의 채무로부터 자유로운 상태에서 자산만 인수 시킬 때 매수인은 200만 달러를 지급할 의도가 있다는 뜻이다. 그런데 특정한 가격에 자산을 사는 매수인은 그 프로젝트가 200만 달러에 대한 충분한 수익을 제공할 것이라는 결론을 내린 다음에야 그 가격을 기꺼이 지급하려고 할 것이다. 기업의 순 소득을 계산함에 있어서는, 여러 가지 비용 중에서 각종의 법적 규제가 부과하는 비용을 매수인은 고려에 넣을 것이다. 예를 들어 어느 법률은 50만 달러의 환경보호장비를 설치할 것을 요구할 수 있다. 200만 달러의 가치가 있다는 결론에 이를 때에는, 매수인은 이와 같은 비용을 이미 계산에 넣었을 것이다.

만일에 이와 같은 규제에 순응할 필요 없이 회사 자산이 실리콘 칩을 생산하는데 사용될 수 있다면 (그리고 공해의 피해자들이 달리 법적으로 회사에 대하여 법적인 조치를 취할 수 없다면), 매수인은 자산의 가치를 200만 달러보다는 250만 달러까지 평가할 것이고 그 한도에 이르기까지의 금액을 지급할 용의가 있게 될 것이다. 이렇게, 그와 같은 규제에 순응할 의무를 어느 당사자에게 면제해주게 되면, 자산의 가치는 규제가 부과하는 비용만큼 상승한다. 파산 이외의 다른 어느 국가정책도 채무자관리인이 그와 같은 면제혜택을 누릴 것을 장려하지 않는다. 과거의 채무로부터 개인을 자유롭게 할 필요 또는 기업에 대하여 새로운 자본구조를 부여할 필요가 있다고 하여도 채무자가 다른 사람에 비하여 유리한 규칙으로 게임을 하도록 허용하는 것을 정당화하지는 못한다. 같은 이념이 연방법전 제28편 §959(c)에 구현되어 있음을 볼 수 있다.

채무자관리인을 포함하여 ... 관리인은 ... 어떤 원인으로든 임명되었든지, 그가 점유하는 재산을 그 재산이 위치하여 있는 주의 유효한 법률이 요구하는 바에 맞게 ... 그 소유자 또는 점유자가 그 재산을 점유하고 있다면 지켜야 하는 바로 그 방식에 따라 ... 관리하고 운용하여야 한다.

이 원칙은 §362(b)(4)에도 포함되어 있는 바, 이에 의하면 자동 중지는 "행정 기관에 속하는 경찰권 또는 규제권을 행사하는 ... 바로 그 행정 기관의 조치 또는 절차의 개시 또는 지속"에 대하여는 적용되지 않는다. 파산절차를 진행하는 채무자는 다른 사람 각자가 적용 받는 것과 동일한 규칙에 따라 경쟁하여야 한다. 예를 들어 그들은 오염을 발생하지 말아야 한다. 채무자가 주 또는 연방의 법률을 어기면서 활동하는 경우라면, 그가 파산절차를 진행하고 있는지 여부와 상관 없이 행정관청은 중지를 명령할 수 있어야 한다. 공적인 명령에 순응하기 위하여 돈을 쓰는 것은 기업이 단순히 집합적 절차를 거치고 있다는 이유만으로 회피할 수 있는 사항 중의 하나에 해당하지 않는다. §362(b)(4)는 행정기관이 이와 같은 경찰권, 규제권을 자동 중지에도 불구하고 그대로 유지한다는 것을 보장한다. 행정기관의 이 권한은 이 조치로 인하여 채무자의 재산에 돌이킬 수 없는 결과를 가지게 될 때에도 부정되지 않는다. 예를 들어 채무자의 건물이 수용된 이후에 시청이 이것을 철거하는 것이다.9)

§362(b)(4)는 행정기관이 경찰권 또는 규제권을 행사하는 일환으로 취하는 조치와 절차개시 전 채권을 가진 일반의 채권자로서 취하는 조치와 사이에 구분선을 그릴 것을 요구한다.10) 행정기관의 조치가 채무자가 돈을 쓰도록 강제한다는 이유만으로는 규제권의 행사가 아니라고는 할 수 없다. 그렇지만 행정기관은 그가 취하는 어떤 조치에 대하여도 그것이 경찰상 또는 규제상의 목적을 증진하기 위한 것이라고 늘 주장할 수 있는 것이 현실이기에, 그 구분은 현실적으로 쉽지 않다. 예를 들어서, 파산의 신청 당시에 채무자가 소유하고 있지 않던 재산을 청소할 채무자의 의무는, 비록 금전을 관청에 납부하는 것으로 이행할 수 있는 것이라고 하더라도, 행정규제상의 목적에 봉사하는 것이라고 행정기관은 주장할 수 있다.11)

행정기관이 입찰로 매각하는 방식으로 허가를 발행하였지만 일정 요건을 갖춘 매수인에게는 구입가의 상당 부분을 대여하는 극단적인 사례를 검토해보자. 행정기관은 입찰의 목적은 누가 허가권의 가치를 가장 높게 평가하는지를 확정하기 위한 것이었고 이것은 그 대출을 완전히 회수함으로써만 행정목적이 달성될

---

9) Javens v. City of Hazel Park, 107 F.3d 359 (6th Cir. 1997).

10) In re McMullen, 386 F.3d 320 (1st Cir. 2004).

11) Torwico Electronics, Inc. v. New Jersey Department of Environmental Protection, 8 F.3d 146 (3rd Cir. 1993).

수 있다고 주장한다. 매수자 중의 하나가 행정기관에 대한 납입을 진행하던 도중에 파산을 신청한다. 채무자는, 금전의 추심이라는 목적으로 인하여, 행정기관은 규제권자라기보다는 하나의 절차개시 전 채권자라고 믿는다. 채무자는 파산절차의 진행 중에는 행정기관에 대한 납부를 중단한다. 행정기관은 허가를 취소하고 나서 그 허가권을 다른 곳에 매각할 수 있는가?[12] 답은 그럴 수 없다는 것이다. §362(b)(4)는 그저 채권자로서의 권리를 주장하는 것에 불과한 때에도 정부기관이 조치를 할 수 있도록 허용하는 것을 의도하지 않았다. 또 비록 정부기관이 채권자의 자격에서 행동하는 것이 아닐지라도, §525는 정부기관이 파산절차의 신청에 응답하여 (예를 들어 허가를 취소하는 것과 같은) 조치를 취하는 것을 금지하고 있다.[13]

규제권자가 연방정부인 경우에는 파산법원의 권한은 다른 방식으로 제한될 수 있다. 연방행정기관은 그 조치가 자동 중지를 침해하는 경우라고 할지라도, 파산법원은 연방행정기관의 조치에 대하여는 사물관할을 행사할 수 없기 때문에, 파산법원은 간섭할 수 없다고 주장할 수 있다.[14] 이에 대한 사법심사는 행정법을 다루는 판사들, 그 다음에는 항소법원을 통하여 이루어지게 된다.

행정기관이 절차개시 후의 규제권자로서 행동할 때에는, 최소한 채무자의 자산에 대한 지배권을 주장하는 것이 아닌 한, §362(a)의 자동 중지가 금하는 조치 중 어떠한 것에도 관여하는 것에 해당하지 않는다. 그렇지만, 행정기관의 조치를 위하여 만들어 둔 §362(b)라는 예외는, 단순한 행정기관이 절차개시 후 규제권자로서 취하는 조치 이상의 것이라는 주장도 가능하다. 이 견해에 의하면, §362(b)가 봉사하는 목적은 크게 보아 행정과 사법 사이의 관할권을 정하는데 있다. 분쟁이 행정기관이 경찰권 또는 규제권을 행사한 것으로 인하여 발생한 것이라면, 행정기관은 채무자와의 사이에 발생한 절차개시 전 분쟁을 파산절차라는 장에서 해결할 것을 강제 당하지 않는다. 행정기관은, 이 권한을 행사함에 있어서, 우선적으로 그 자신이 선택하는 장에서 채무자를 추급할 권능을 가지고 있다. §105에 의하여 발해지는 명령이 없는 경우에는, 행정기관은 파산법정이 아닌 다른 장에서 그 권리를 관철할 수 있다.[15]

---

12) In re Kansas Personal Communications Services, Ltd., 252 Bankr. 179 (Bankr. D. Kan. 2000) 참조.
13) F.C.C. v. NextWave Personal Communications, Inc., 537 U.S. 293 (2003).
14) In re Federal Communications Commission, 217 F.3d 125 (2d Cir. 2000).
15) United States v. Nicolet, Inc., 857 F.2d 202 (3rd Cir. 1988). 본문상의 주장은 Robert K. Rasmussen, Bankruptcy and the Administrative State, 42 Hastings L.J. 1567 (1991) 참조.

　　연방대법원은 Board of Governors v. MCorp Financial 사건16)에서 비슷한 문제에 부딪혔다. 파산보호를 신청하기 전에, MCorp 사는 그의 자회사 중 두 은행으로 하여금 관계사에 신용을 제공하도록 하였고 또한 연방은행법을 위반하는 것으로 볼 수도 있는 다른 거래에 관여하였다. 연방준비이사회는 파산절차의 개시 이전에 행정절차를 개시하였고 MCorp 사가 파산절차로 들어간 이후에 또 하나의 절차를 개시하였다. 연방준비이사회가 절차개시 전의 권리를 집행하려고 시도하는 것이고 따라서 자동 중지를 위반하는 것이라는 MCorp 사의 주장을 연방대법원은 배척하였다. 대법원의 견해에 의하면, 이사회의 조치는 362(b)(4)에 의하여 허용된 것에 해당한다. 이사회가 진행하는 절차는 28 U.S.C. 1334(d) 하의 파산재단에 속하는 재산에 대한 파산법원의 배타적 관할권과 충돌하는 최종 행정명령에까지 이르게 할 수 있지만, 그때까지는, 이사회의 조치는 자동 중지를 위반하지 않았다. "자동 중지를 정한 파산법의 조항은 진행 중인, 최종적이 아닌 행정 상의 절차에 대하여 적용될 수 있다"는 주장을 받아들이지 않았다.17)

　　MCorp 사건 및 유사한 사건들은, 행정 상 규제의 경우에 있어서는 어떤 정책목표들은 채무자에 대한 모든 권리를 단일한 법정에서 해결한다는 파산절차의 목표와 충돌한다는 것을 시사한다. §362 및 파산법이 아닌 다른 연방법 양쪽 다 채무자에 대하여 권리를 가지는 여러 이해관계자 중에서 정부에 대하여는 특권적 지위를 주고 있다고 볼 수도 있다. 예컨대, 362(b)의 한 규정은 주택, 도시개발청이 행하는 부동산경매(foreclosure) 조치를 자동 중지의 제한으로부터 면제한다.

$ 자동 중지와 담보채권자

　　파산절차는 담보채권자에게 그 담보채권의 가치만큼을 제공하지만, 채무자의 연체 시 담보채권자가 행사할 수 있는 민사법상의 권리를 행사하는 것은 허용하지 않는다. 담보채권자는 담보물을 물리적으로 장악할 수 없다. 담보권자가 담보물을 처분하기 위하여는 자동 중지의 해제를 신청하여야 한다. 그러한 자동 중지

---

16) 502 U.S. 32 (1991).
17) Id. At 41.

해제는 언제 부여되는가? 해제가 부여되지 않을 때에는, 담보채권자의 담보물을 보호하기 위하여 관리인은 무엇을 하여야 하는가? 파산절차의 다른 곳에서와 마찬가지로, 우리가 직면할 개연성이 큰 많은 사건을 해결하는 몇 가지 지표가 있다.

담보가 위험에 처했을 때에는 담보채권자는 자동 중지의 해제를 관철할 자격이 있다. 362(d)는 정당한 이유(cause)가 있는 경우에는 중지가 해제될 수 있다고 규정한다. 채무자가 담보물을 손상하거나 그에 대하여 보험을 드는 것을 중단한 경우, 채권자는 중지의 해제를 신청할 수 있다. 담보물이 손상될 위험이 있는 것이 아니라면, 담보물의 가치가 담보채권자가 받을 채권을 초과할 때에는, 담보채권자는 중지를 해제하여 달라고 할 권리가 없다. 이 경우 재산이 매각됨으로써 이익을 실현하고 손실을 감수하는 자는 채무자이다. 담보채권자는 매각을 수행하기에 적당하지 않은 자이다. 담보채권자는 그가 받을 자격이 있는 금액을 넘어 매각대금을 수령한들 얻을 것이 전혀 없다. 따라서 담보채권자가 담보물의 가치를 극대화하는 방식으로 담보물을 매각할 개연성이 별로 없을 것이다. 담보채권자가 합리적으로 행동하도록 요구하는 규칙이 이미 여러 개 있지만, 매각을 수행하는 자가 가장 좋은 가격을 얻으려고 노력할 인센티브를 가진다면 우리는 보다 나은 처지를 누릴 것이다. 파산법은 이 아이디어를 362(d)(2)에서 인정한다.

정당한 이유가 없는 경우에는, 채무자가 재산에 대하여 잔여이익(equity)이 있는 한 담보채권자는 자동 중지를 해제할 수 없다. 가끔, 한 담보채권자의 담보물의 가치가 피담보채권의 금액을 초과하지만 다른 채권자들도 같은 재산에 대하여 담보권을 가지고 있고, 이들 담보권의 금액을 모두 합산하여 재산의 가치를 초과할 수 있다. 이 경우에는 채무자가 362(d)(2)의 의미 내에서 담보물에 대한 잔여이익을 결하고 있는지 여부를 살펴보아야 한다. 대부분의 법원은 그러한 경우 채무자는 재산에 대하여 아무런 잔여이익이 없다는 결론을 내렸다.[18] 이것은 파산법의 문리에 충실한 해석처럼 보이지만, 제1의 원칙이라는 면에서는 사리에 맞지 않는다. 재산의 가치가 피담보채권의 금액보다 큰 경우에는, 담보채권자는 재산에 대하여 최선의 가격을 받으려고 할 올바른 인센티브를 가질 수 없기 때문이다.

---

18) Natucket Investors Ⅱ v. California Federal Bank (In re Indian Palms Associates, Ltd.), 61 F.3d 197 (3d Cir. 1995); Viper Mining co. v. Diversified Energy Venture, 311 Bankr. 712 (Bankr. W.D. Pa. 2004).

채무자가 재산에 대하여 잔여이익을 가지고 있지 않을 때에는, 효과적 회생을 위하여 담보물이 필요한 경우에만 담보물을 계속 점유할 수 있다. 담보채권자는 "합리적인 시간 내에 성공적인 회생을 이룰 합리적인 가능성"이 없는 경우에는 자동 중지의 해제를 구할 수 있다.19) 중지 해제 신청이 있으면 채무자는 시간표를 수립해야 한다. 법원이 중지해제신청을 기각하도록 설득하기 위하여는, 어떻게 회생을 할 것인지 및 여기에 걸리는 시간이 왜 합리적인지를 입증하여야 한다. 그렇게 되면, 법원은 채무자 자신이 제시한 시간표를 보존하였다가, 다른 정지해제신청이든, 배타적 계획제출기간의 신청이든, 사건을 제7장절차로 변환하여 달라는 신청이든, 사건의 다음 단계에서의 조치를 정당화하는 근거로 사용할 수 있다. 채무자 자신이 설정한 목표를 이행하지 못하는 것은 성공적인 회생과정을 통과할 수 있다는 주장이 의심스럽다는 것을 강력히 시사하는 것이라고 할 수 있다. 자동 중지 해제의 신청은, 기업을 계속할지 아니면 폐업해 버릴지를 결정하여야 하는 중요한 판단을 법원에 맡기게 된다. 벤처기업가에게 벤처자본가가, 제품의 시제품이 특정일자까지 완성될 경우에만 새로운 자금조달이 확보될 것이라고 말하는 것과 똑같은 방식으로, 파산법원은 기업의 전망에 대한 객관적인 지표를 제시할 것을 채무자에게 요구할 것이다.

자동 중지가 효력이 있는 동안에도, 담보채권자는 몇 가지 방식으로 보호를 받는다. 때때로 담보채권자는 한 단위의 부동산과 같은 자산뿐만 아니라 그 자산이 창출하는 수입의 흐름에 대하여도 우선적 이해관계를 주장하기도 한다. §552는 담보권자가 차임에 대하여 가지는 우선적 이해관계가 민사법에 의하여 대항요건을 갖추었다는 점을 입증할 책임을 면하게 해준다. 사후에 취득한 동산에 대한 담보권과는 달리, 주의 민사법은 때때로 차임 (및 호텔로부터 발생하는 유사한 소득의 흐름)의 자동적 대항요건구비를 인정하지 않는다. §552는 파산절차가 진행되면 그 사실이 이해관계인에게 통지되므로 민사법 상 담보의 효력발생을 위한 대항요건의 구비를 위한 통지라는 요건을 중복하여 요구할 필요는 없어진다는 판단을 반영한다.

보다 일반적으로, 우리는 담보채권자가 가진 권리의 가치가 파산절차의 진행과정 내내 충분히 보호될 것을 보장할 것을 관리인에게 요구한다. 이와 같은

---

19) United Savings Association v. Timbers of Inwood Forest Associates, 484 U.S. 365, 376 (1988).

충분한 보호(adequate protection)를 제공하지 못하는 것은 그 자체로 §362(d)(1)에 의하여 자동 중지의 해제를 요구하는 정당한 사유를 구성할 수 있다. 충분한 보호의 의미는 §361에 (비록 엄밀히 정의되지는 않았지만) 설명되어 있다. 첫째, 자동 중지가 재산에 대하여 담보채권자가 가지는 권리의 가치를 감소하도록 하는 한도 내에서, 채무자는 채권자에게 정기적으로 현금을 지급할 수 있다. 둘째, 채무자는 동일한 상황 하에 있는 우선특권을 교체 또는 추가제공할 수 있다. 셋째, 채무자는 담보채권자가 주장하는 권리에 의심할 수 없는 등가물(indubitable equivalent)이 될 (그러나 절차비용의 우선권을 부여하는 것 말고) 다른 종류의 보호를 제공할 수 있다.[20]

충분한 보호가 절차비용의 우선권이라는 형태를 취할 수 없음에도 불구하고, 담보채권자는 충분한 보호라고 제공되었던 것이 불충분하였던 것으로 나중에 판명된 경우 다른 채권자에 우선하는 절차비용채권으로서의 취급을 받을 자격이 있다. 담보채권자가 파산절차의 종료 시에 100달러를 받게 되어 있었으나 실제 그때 가서 보니 80달러밖에 가치가 없는 것으로 판명된 자산에 대한 우선특권을 받았다고 가정해보자. 담보채권자는 20달러의 부족분을 관재인보수와 법률비용 등을 포함한 다른 절차비용이 지급되기 전에 먼저 변제받을 자격이 있다. §507(b). 이러한 초우선의 절차비용 취급을 인정하는 것의 가치는 사건을 진행하는 사람들에게 주는 인센티브에 있다. 그들은 담보채권자에 대한 보호가 충분할 것을 보장하려고 한다. 왜냐하면 담보채권자의 충분한 보호를 받을 권리가 실현되고 난 이후가 아니면 그들은 보수를 받지 못하기 때문이다.

담보채권자들은 단일한 자산으로 구성된 부동산기업의 회생사건에 있어서 보다 많은 보호를 누린다. 이 사건들은 (4세대 미만의 주택을 제외한) 단일한 단위의 부동산이 채무자의 소득 중 거의 전부를 창출하고, 그 재산을 운영하는 것 이외에는 채무자가 다른 사업을 실질적으로 경영하지 않는 기업에 관한 것이다. 심지어는 거대한 사무용 건물도 이 간이화된 절차의 범주에 들어올 수 있다. §362(d)(3)은 그러한 사건의 경우에 채무자는 합리적인 시간 내에 인가 받을 수 있는 합리적인 가능성이 있는 회생계획을 90일 이내에 제출할 것을 요구한다. 채무자가 그것을 이행하지 못하면, 연체되지 않은 상태에서 적용하는 계약상의 이자율에 의

---

20) 의심할 수 없는 등가물의 아이디어는 §1129에 반복되어 있고, In re Murel Holding Corp., 75 F.2d 941 (2d. Cir. 1935), 사건에서의 Learned Hand 대법관의 의견으로부터 유래한다.

한 이자를 매월 담보채권자에게 지급하여, 부동산에 대하여 담보채권자가 가지는 이해관계의 가치에 상당하는 보호를 담보채권자에게 부여하여야 한다. 은행이 담보부족상태에 있는 경우라고 하더라도 (예를 들어 Blackacre에 대한 저당권이 100달러의 대출을 담보하지만 Blackacre의 가치는 60달러에 불과한 경우), 채무자는 은행이 가진 담보채권의 시간가치(time value)를 (말하자면 60달러의 한도 내에서) 보호하기 위하여 이자를 지급해야 한다. 단일자산 부동산기업 사건에서 채무자에게 이와 같은 의무를 부과하는 것은 합리적이다. 위기에 처한 일자리가 없고 보호되어야 할 계속기업가치도 존재하지 않기 때문이다.

다른 담보채권자들은 그들 채권의 시간가치에 관한 충분한 보호를 누릴 자격이 없다.[21] 한 은행이 100달러를 대출하였고 파산절차 신청 당시에 60달러 가치가 있는 기계에 담보권을 취득하였다고 가정해보자. 파산절차는 몇 년 걸리게 된다. 파산절차는, 예를 들어 2년 동안 명목금액으로 60달러를 받을 것을 보장하기에 충분한 보호를 위 60달러의 담보채권에 기하여 받는 것을 위 은행이 관철할 수 있게 해줄 뿐이다. 그런데 2년 동안 60달러를 받는 것은 지금 당장 60달러를 받는 것과 같지 않다. 충분한 보호를 이런식으로 해석하는 것은 은행에 대하여 파산절차가 지속하는 동안에는 은행이 무이자대출을 하도록 강제하는 것이라고 할 수 있다.

이 규칙은 여러가지 왜곡을 일으킨다. 우선 앞에서 보았듯이, 단일자산 부동산기업에 대한 담보채권자는 그 담보채권의 시간가치에 대하여도 보호를 누린다. 그 외에도 담보물이 어떻게 사용되는지에 따라서 상이한 담보채권자를 상이하게 취급하기도 한다. 채무자가 극단적으로 긴 내용연수를 가진 기계를 소유하면서 그것을 다른 곳에 임대하는 경우, 담보채권자는 §552에 의하여 기계의 차임을 취득한다. 물론 민사법 또는 약정에 의하여 그렇게 할 수 있었던 경우라야 할 것이겠지만. 그런데 채무자가 기계를 소유하고 그것을 스스로 조업에 사용하는 경우에는, 담보채권자는 채무자가 그 재산을 사용하고 있다는 것을 이유로 하여 아무것도 취득하지 못한다. 이 두 경우에 자본재가 생산하는 소득은 경제적 관찰로 보면 동일한 것임에도 그러하다.

때때로, 담보채권자가 파산절차 신청 전에 담보물을 회수하는 경우가 있다.

---

21) United Savings Association v. Timbers of Inwood Forest Association, 484 U.S. 365 (1988).

지급능력이 있는 채무자가 드릴프레스 기계를 사기 위하여 대출을 일으켰으나, 은행에 대한 할부금 지급을 지체하게 된 경우를 가정해보자. 은행은 채무자가 파산신청을 하기 전에 프레스 기계를 회수해서 매각해 버린다. 이 경우 채무자는 그저 불운할 뿐이다. 파산을 신청하려면 빨리 했어야 한다. 채무자는 은행을 상대로 편파변제로 인한 부인권을 행사할 수도 없다. 채권의 전액에 대하여 담보가치가 충분히 확보된 담보채권자가 담보물을 회수하거나 변제를 받는 것에 대하여는 부인권이 성립하지 않기 때문이다. (그와 같은 이전은 §547(b)(5)의 의미 내에서 은행의 지위를 개선하지 않는다는 점을 상기하자. 파산사건에 있어서 시간가치의 처리를 고려할 때 또 다른 왜곡이다.) 채무자는 그 재산을 제3자인 매수인으로부터 회수할 수도 없다. 매수인은 유상으로 물건을 취득한 선의의 구매자이기 때문에, 관리인은 기계를 회수할 수 없다. 채무자는 드릴프레스에 대하여 더 이상 아무런 권리를 인정 받을 수 없고, 채권자 누구도 마찬가지로 아무 권리가 없다. 이제 드릴프레스를 소유한 사람은 파산절차와는 아무런 상관이 없다.

  은행이 드릴프레스를 회수하였지만 팔지 않고 있는 동안에 채무자가 파산을 신청하면 어떻게 될 것인가? 이 경우에는 유상으로 물건을 취득한 선의의 구매자가 그림에 나오지 않는다. 먼저 이러한 상황이 민사법상 어떻게 취급되는지 살펴보자. 정상적으로, 채무자는 채무액 전액을 지급하는 것을 전제로 기계를 회수할 수 있다. 기계의 값만을 지급하는 것만으로는 부족하다. 채무자는 기계에 대하여 재산상의 이해관계를 계속 보유하지만, 그것은 기계 그 자체를 가지는 것이 아니고 채무를 이행하면 재산을 다시 찾아올 수 있는 권리를 가질 뿐이다. 이제 파산절차 내에서는 상황이 어떻게 취급되는지 검토해보자. §542는 관리인이 사용, 매각 또는 임대할 수 있는 재산을 점유하고 있는 자에게 재산의 인도를 요구하고 있다. §363 하에서 관리인은 재산에 속하는 재산을 매각, 사용 또는 임대할 수 있고, 재산은 §541에 의하면 재산에 대한 채무자의 이해관계로 정의되고 있다. 담보물 회수 이후에는 기계에 대한 채무자의 이해관계는 은행이 받을 권리가 있는 금액 전액을 내놓고 재산을 되찾을 권리일 뿐이므로, §542는 파산신청 이전에 담보채권자가 담보물을 회수한 경우에는 적용되지 않는 것처럼 보인다. 관리인은 그 상환을 하고 물건을 찾을 권리를 사용, 매각 또는 임대할 수 있고, 담보물 그 자체를 사용, 매각 또는 임대할 수는 없다. 그렇지만, 연방대법원은, United States v. Whiting Pools, Inc. 사건에서 이 문제를 보다 폭 넓게 해석한 바 있다.

　　비록 이들 법률이 파산재단의 접근권을 파산신청의 제출 당시의 "재산에 대한 채무자의 권리"로 제한하는 것으로 읽을 수 있지만, 우리는 이것을 제한이라기보다는, 무엇이 파산재단에 속하는 지에 관한 정의조항으로 보기로 한다.[22]

　　비록 이 해석은 독단적인 성격을 가지고 있지만, 제1의 원칙으로서는 상당한 이유가 있다. 기계를 파산재단으로 환수한 이후라도, 은행이 §362(d)에 의하여 자동 중지를 해제할 수 없는 경우에만 관리인은 기계를 계속 보유할 수 있다. 그래서, 이 쟁점이 중요해지는 것은, 은행이 회수한 담보물이 효과적인 회생을 위하여 필수적인 사정이 있는 사건에 있어서만 그러하다. 만일 은행이 담보물을 회수해 간 상태를 계속 유지하게 되면, 은행이 담보부족상태인 경우에도, 채무자는 채무 전액을 변제하도록 강제될 것이다. 그렇지만 파산절차에서 은행은 피담보채무 중 담보가치가 미치지 못하는 부분까지 즉시 전액을 변제 받을 자격까지는 없다. 은행이 가지는 권리의 가치가 충분히 보호된다는 것을 관리인이 보장하는 한, 은행이 회수한 담보물을 채무자가 회수해 간다고 한들 은행의 상황이 더 나빠지는 것이 아니고, 일반 채권자의 상황은 더 좋아진다. 채무자가 재산을 다시 가져가는 것을 허하는 것은, 미이행쌍무계약의 이행지체를 치유하는 것과 그렇게 다르지 않다.

$ 자동 중지와 특수목적업체

　　담보채권자에게 보호가 제공된다고 하더라도 담보채권자가 파산사건의 개시에 대하여 무관심하게 만들 정도로까지는 안심시키지 못한다. 이와 같은 이유로, 투자자들은 그들을 파산절차로부터 단절하는 여러가지 장치를 개발해왔다. 그들은 자주 특수목적업체(special purpose entity, "SPE")를 사용한다. 투자자들은 특별히 설립한 업체, 예를 들어 유한책임법인에 현금을 납입하고 그 모든 자산에 대하여 담보권을 취득한다. 법인은 이 현금을 채무자로부터 매출채권과 같은 자산을 "매수"하는데 사용한다. SPE에 대한 자산의 이전이 "진실한 매매"로 취급되는

---

22) 462 U.S. 198, 203 (1983).

한, 채무자의 파산은 SPE의 투자자들에 대하여 아무런 영향을 미치지 않는다. 토스터 제조업자의 제11장절차 신청이 그 이전에 토스터를 구매한 소비자에게 영향을 미치지 않는 것과 마찬가지로, 채무자의 파산신청은 SPE와 그 투자자에게 아무런 영향을 미치지 않는다.

단순한 사건에서는, SPE를 사용하는 구조는 투자자들이 담보채권자의 권리와 비슷한 권리를 가질 수 있는 반면에 파산절차에 참여하는데 수반하는 부담을 전혀 지지 않을 것을 보장한다. 채무자는 매출채권을 그대로 매각하고, 그것을 사는 법인은 수금한 금액이 원래 기대하였던 것보다 큰 경우에도 채무자에게 초과분을 송금할 의무가 없고 반면에 수금한 금액이 원래 기대하였던 것보다 작은 경우라도 그 부족분을 구상할 권리가 없는, 진실한 매매가 있다. 채무자가 파산절차에 들어가더라도 법인과 그의 채권자 즉 투자자들은 전혀 영향 받지 않는다.

어느 거래가 서로 독립한 두 당사자 사이에 권리이전이 완성되었다고 말하기에 부족하다고 주장하기가 쉬우면 쉬울수록, 과연 투자자들이 파산절차로부터 절연되는지 여부에 관하여 의문을 일으키기 쉽다. 예를 들어 LTV Steel 사건에서, 특수목적업체의 투자자들을 위하여 자동 중지를 긴급히 해제하여 달라는 신청을 배척하였는데, 여기에서 특수목적업체의 자산 중에는, 특히, 채무자의 공장 바닥에서 아직 가공되고 있는 용융 강철이 포함되어 있었다.[23]

진실한 매매가 이루어졌는지를 종국적으로 결정하는 것은 민사법이지만,[24] 몇몇 주의 법률은 그와 같은 매매를 쉽게 하려고 노력한다.[25] 원칙적으로, 파산법은 주의 민사법이 정하는 바에 따른다. 그러나 몇 마디 주의할 점을 부가해 두고자 한다. 먼저 파산법원은 Chicago Board of Trade v. Johnson 사건의 원칙을 적용할 것이고, 해당 주의 법원이 적용한 명칭이 아니라 거래의 속성을 살펴볼 것이다. 더욱이, 앞의 제7장에서 논의한 바와 같이, 그러한 거래는 사해행위에 관한 법률의 엄격한 심사를 통과하여야 한다. 제정법으로 매매로 인정한다고 하더라도 이것은 그 법이 제정된 주의 사해행위법만을 이길 수 있다. 그러한 법은 연방법인 파산법에 깊게 새겨 넣어진 사해행위법의 원칙을 이길 수 없고 또 다

---

23) In re LTV Steel Co., 274 Bankr. 278 (Bankr. N.D. Ohio 2001).
24) Duke Energy Royal, LLC v. Pillowtex Corp. (In re Pillowtex, Inc.), 349 F.3d 711, 716 (3d Cir. 2003).
25) 예를 들어, Delaware Asset-Backed Securities Facilitation Act, 6 Del. C. §§2701A-2703A.

른 주의 사해행위법을 이길 수 없다.

전형적인 SPE는 그 자신이 파산절차로 종결되는 것을 예정하고 있지 않다. 그렇지만 SPE를 파산절차로 끌어들여 오는 것이 채무자 (따라서 그에 대한 채권자들) 의 이익에 부합한 경우가 자주 있어 실제로는 가끔 파산절차로 들어온다. 일반적인 문제로서, 채무자는 파산의 신청을 할 권리를 포기할 수 없다. 이 법원칙은 신선한 새출발을 할 권리를 부인 당하여서는 안 될 개인채권자에게 적용될 뿐만 아니라, 법인 채무자에게도 역시 적용된다.26) 다만 파산절차 외에서의 워크아웃의 일환으로 채무자에게 파산의 신청을 할 권리를 약간 제한하는 정도의 약정이 이루어졌을 때에는 법원은 이 약정을 존중하는 경향이 있다.27) 예를 들어 워크아웃이 진행 과정에서, 파산신청이 이루어지면 자동 중지의 해제를 구하는 채권자의 신청에 대하여 채무자는 다투지 않기로 서약하는 것을 내용으로 하는 계약조항을 채무자는 받아들일 수 있다. 그러나 워크아웃이라는 배경이 없는 경우에는, 법원은 (채권자와 같은 감정을 공유하는 특정 사외이사들의 동의를 얻어야 한다는 것과 같이) 채무자가 파산을 신청하는 권능을 제한하는 채권자의 노력을 상당히 의심스럽게 보는 경향이 있다.28)

SPE를 파산법 상 파산을 신청할 자격이 없는 실체로 만들려고 노력을 할 수도 있지만, 법원은 파산을 신청할 자격이 없는 통상의 신탁으로 명명된 신탁재산을 법인의 정의에 포함되어 파산을 신청할 실체로 간주되는 "영업신탁(business trust)"으로 간주하기도 한다. 파산을 신청하지 않을 것 같은 사람들을 임명할 수도 있지만, 채무자는 그들을 교체할 수도 있다.29)

특정업체를 파산절차의 외부에 붙잡아 두는 마법의 탄환을 단 하나 가지는 것보다는, 투자자들은 채무자가 파산신청서를 제출할 인센티브를 줄이는 여러 가지 조치를 취할 수 있다. 예를 들어, 파산신청에 관한 의사결정에 있어서 통제권을 가지는 사주에게 그 업체가 파산을 신청할 경우에만 효력이 발생하는 개인적 보증을 하라고 요구하는 것이다. 이 보증계약은 그것이 발효하는 상황을 은행이 기대하기 때문에 가치가 있는 것이 아니고, 보증채무가 발생할 가능성 때문에 사

26) United States v. Royal Business Funds Corp., 724 F.2d 12 (2d Cir. 1983).
27) In re Colonial Ford, 24 Bankr. 1014 (Bankr. D. Utah 1982).
28) In re Kingston Square Associates, 214 Bankr. 713 (Bankr. S.D.N.Y. 1997).
29) In re General Growth Properties, Inc., 409 Bankr. 43 (Bankr. S.D.N.Y. 2009).

주가 업체를 파산절차로 내던지는 것을 주저할 것이기 때문에 가치가 있다. 그 작용방식은 흔히 이런 조항을 지칭하는 "문제아(bad boy) 조항"이라는 단어에 잘 포착되어 있다. 사주는 그가 "문제아"인 경우에만 보증계약에 의하여 책임을 지는 것이다.

제11장절차의 역학관계

제 10 장

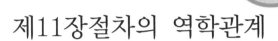

제11장절차의 역학관계

다음 장에서는 회사 회생의 작용기전으로 이행하는데 이에 앞서, 이 장에서 우리는 제11장절차를 신청하는 법인의 유형과 이들이 직면하는 문제들에 관하여 살펴볼 것이다. 미국에서는 매년 수십만 개의 기업이 문을 닫고 그 이상의 기업들이 재정적 곤경을 겪지만, 이들 중 5% 미만만이 제11장절차를 신청한다. 이 책의 대부분에서, 우리는 전형적인 채무자가 특성 및 그가 처한 상황과 상당히 유리되어 있는 파산절차의 원칙을 논의하여 왔다. 실무상 제11장절차가 어떻게 운영되는지를 이해하기 위하여는, 어떤 기업이 왜 거기로 들어가는지 감을 가지는 것이 유용하다.

대략 그렇듯이, 제11장절차는 두 가지 충격적으로 다른 세계로 구성된다. 제11장절차의 압도적 다수는 소기업이 신청한다. 이들의 사건이 대부분 파산판사의 사건부 거의 전부를 구성한다. 극소수의 제11장 사건이 대기업에 관한 것이다. 이들 대기업 사건은 델라웨어 주, 뉴욕남부지방법원에 대부분 제기되고 그 밖에 몇 개가 다른 관할에 제기된다. 대부분의 파산판사는 이런 대기업 사건을 보지도 못한다. 이들 사건은 지극히 복잡하고 자산규모가 크기 때문에, 이들 사건은 막대한 양의 법률 작업을 생산해내서 많은 파산 변호사들이 여기에 전념하느라 다른 사건을 담당하지 않는다. 우리는 각 유형을 차례로 볼 것이다.

제11장절차에서 소기업

전형적인 제11장 사건은 소규모의 법인에 관한 것이다.1) 어떤 경우 자산 규모가 10만 달러 미만이다. 기업은 소유자이자 경영자인 사주를 제외하고는 한 명 또는 두 명의 정규직 종업원만을 고용하고 있다. 컴퓨터 컨설턴트가 법인의 형태로 자신의 사업을 하고 있다. 그녀는 그 자신을 제외하고는 다른 사람을 고용하고 있지 않으며, 그녀 자신 조차도 재택근무를 하며 영업을 한다. 이러한 경우, 기업활동은 법인으로서의 형식과는 아무런 연관이 없다. 관계도 전부 개인에게 귀속된다. 고객의 입장에서 볼 때, 그녀가 작년에 컴퓨터 관련 자문을 해준 것에 대하여 당신이 만족하고 다시 그녀의 서비스를 받기를 원한다면, 법인이라는 것이 존재하는지 여부에 관하여 무관심할 것이다. 어쩌면 당신은 그녀가 법인이라는 형식을 사용하여 사업을 하고 있었다는 사실 또는 그녀가 올해 사용하는 법인의 이름이 작년도에 그녀가 사용하였던 것과는 다르다는 점을 전혀 모르고도 그녀에게 업무를 발주하였을 수도 있다. 이러한 기업의 무형자산은 컨설턴트의 숙련도에 존재한다. 채권자들은 여기에 추급할 수 있는 방법이 전혀 없다.

보험대리인, 변호사, 물리치료사, 장의사, 리무진운전사 등 여러 가지 자영업자들이 운영하는 기업이 제11장절차에 들어오는 실질적 다수를 구성한다. 이 기업들은 자동차, 책상 그리고 휴대전화 정도만 있어도 운영할 수 있다. 그 다음 눈에 띄는 그룹은 건설업자이다. 미장, 배관, 도장, 전기공들이 별도의 사무실 없이 집에서 주문을 받고 나와 일한다. 사무를 도와주는 조수를 제외하고는 그들은 상시 일하는 종업원을 두지 않는다. 그들은 사람을 고용할 때에는 특별한 일이 생겨서 일손이 부족할 때뿐이며 일이 없을 때에는 내보낸다. 그들이 일을 하기 위하여 필요로 하는 자산은 불과 수천 달러 정도면 구할 수 있다.

이러한 경우, 제11장절차는 기업 그 자체를 구하는 활동에 관한 것이라기보다는 자영업을 하는 사람이 재무적인 상황을 정리할 수 있도록 허용하는 것에 관한 것이라고 할 수 있다. 그런데 사주는 금융기관으로부터의 차입에 대하여 개인적으로 보증을 했을 수도 있고 법인이 체납한 조세에 대하여 개인적으로 납부

1) Edward R. Morrison, Bankruptcy Decisionmaking: An Empirical Study of Continuation Bias in Small Business Bankruptcies, 50 J.L. & Econ. 381 (2007) 참조.

할 책임이 있다. 이러한 의무들 때문에 기업주는 오래된 사업을 즉각 걷어 치우고 새롭게 창업을 하기가 그렇게 쉽지 않다. 제11장절차에 돈을 들임으로써 자영업자는 시간을 얻는다. 이것은 사건이 종국적으로 폐지되더라도 마찬가지이다. 자영업자는 2, 3개월을 버는데, 현상유지를 하는 그 기간 동안 그는 다른 대안이 무엇인지를 조사, 확인할 여유를 가진다. 더 중요한 것은, 제11장절차는 채권자들, 특히 국세청과 기타 과세권자들이 채권추심의 노력을 기꺼이 중단하는 환경을 창출한다는 것이다.

　채무자에게 이러한 이득을 제공하는 비용은 주로 상거래채권자들과 단기 임대인에게 얹힌다. 신청서를 제출하게 되면, 상거래채권자는 기업의 소득흐름에 접근할 수 없게 되고, 자동 중지 제도 때문에 임대인이라고 하더라도 마음대로 부동산을 회수할 수 없다. 과세권자나 금융기관과는 다르게, 이들은 사주에 대하여 개인적 책임을 물을 수도 없기에, 이들의 협상력은 지극히 약하다. 전형적인 제11장절차 사건에서, 일반 채권자들은 아무 것도 받을 것이 없는 상태에 방치된다. 담보채권자와 과세당국이 먼저 지급 받으면 채무자인 기업에 남는 자산이 전혀 없게 되기 때문이다.

　우리가 소기업에 대한 제11장 사건을 들여다 볼 때, 지속가능한 기업이 독자적인 실체로서 살아 남는 것을 허용하는 과정이라는 관습적인 전형에 맞는 것은 거의 없다. 압도적인 다수는 개인이 사업을 운영하기 위하여 만들어낸 편의치적을 위한 법인이다. 그러한 개인은 성질상 순차적인 창업자(serial entrepreneur)이다. 자영업을 운영한 기간이 길 수록, 취업을 할 가능성은 줄어든다. 사실 당신이 자영업을 한 기간이 10년 이상이라면, 당신은 다른 사람을 위하여 일하게 될 가능성이 거의 없다. 그것도 영원히. 창업하고, 폐업하고 다시 또 창업을 하는 것은 당신 인생의 일부분이며, 이것은 다른 성격의 사람이 취직하고, 사직하고 또 다른 곳에 취직하는 것이 자연스러운 것이나 마찬가지이다.

　소규모 기업의 파산에 있어서 가장 지속적이고 가장 전형적인 성격은 순차적 창업에 해당한다는 것이다. 이러한 사건에 있어서 제11장절차가 제공하는 편익은 미미한 것으로 보이지만, 한편으로는 비용도 마찬가지로 적다. 몇 달 이내에 파산판사는 성공적으로 회생될 채무자와 그렇지 않은 채무자를 골라낸다. 경험적 증거에 의하면, 성공적으로 회생을 하지 못한 채무자의 반 이상은 신청서의 제출로부터 3개월 이내에 걸러지고 퇴출되며, 4분의 3 이상은 5개월 이내에 절차가 폐지되거나 청산형 절차로 이행한다. 절망적인 상황에 처한 소규모 기업의 소유자는 제11장절차를 이용하여 그렇게 오랫동안 시간을 끌어 불가피한 파국을 지연하지 못한다. 파산법은 채무자가 신청서 제출일로부터 300일 이내에 회생계획을 내도록 요구하고 있으며 법원이 인정하는 합리적인 기간에 한하여 연장할 수 있다. §1121(e). 대략 연장신청은 받아들여지는 경우가 많다. 그러나 이 제출기한의 제한은 유능한 판사들에게는 별로 의미가 없다. 300일의 기간이 지난 후에도 살아 있는 대부분의 사건들은 채무자가 성공적으로 회생을 완수할 수 있는 가능성이 큰 것들이며, 그렇지 않은 것들은 그 이전에 대부분 폐지되어 더 이상 법원에 남아 있지 않다.

유능한 판사들은 사건을 지속하는 기준으로 다음과 같은 대략의 기준을 적용하는 것으로 보인다.

1. 13시의 규칙. 자명종 시계가 13번 울린다면, 당신은 시계가 고장 났다는 것을 알 수 있고 그 시계가 이전에 알렸던 것 모두를 의심하여야 한다는 것을 알게 된다. 채무자가 무엇이라도 허위의 자료를 제출한 경우 또는 법원의 명령, 특히 현금담보와 관련된 것을 어긴 경우에는 판사는 사건 자체를 기각하거나 청산절차로 보낼 가능성이 크다. 법원은 위반 그 자체에 반응하는 것이기도 하지만, 이런 위법이 드러난 점에 비추어 드러나지 않은 다른 비행도 있을 가능성을 고려한 것이기도 하다.

2. 현금흐름의 규칙. 법원은 현금이 얼마나 많이 기업으로 들어오고 얼마나 많이 기업으로부터 나갔는지에 관한 정기보고서를 제출하게 한다. 몇 달 이상의 기간 동안 기업의 현금흐름이 순유출이라면 존속할 가능성이 적다.

3. 투스트라잌 아웃의 규칙. 파산절차에서 채무자는 규정을 철저히 지켜야 한다. 목록을 내지 못하거나, 관계인집회 기일을 놓치거나, 수수료를 납부하지 못하면, 연방관재인은 청산절차로의 이행 또는 폐지를 신청할 것이다. 사주가 즉시 법원에 와서 충분히 사죄를 하는 경우라면 한 번의 실수는 용서하는 경향이 있다. 그러나 두 번째로 규칙을 준수하지 않는 것은 사건을 폐지할 사유가 된다.

4. 자체목표 달성의 규칙. 비공식 집회에서의 발언 및 §308 보고서에서, 채무자는 어떤 목표(예를 들어 수입의 증가 또는 새로운 투자자의 유치와 같은)를 특정한 날짜까지 달성하겠다고 공언한다. 만일 이 목표를 달성하지 못하고, 이 기한을 연장하겠다는 채무자의 노력에 주요 이해관계인이 반대한다면, 파산법원은 회

사가 효과적으로 회생과정을 진행하기에 힘들 것임을 인식하게 된다.

　5. 동반자가 누구인가의 규칙. 채무자의 대리인이 누구인가에 따라서 파산법원은 단서를 얻기도 한다. 동일한 법원에 변호사가 반복적으로 나타나게 되면, 그들은 평판을 쌓게 된다. 어떤 변호사는 잘 안 되는 사건을 주저하지 않고 맡는 경향이 있다.

　현대의 파산판사들은 전상자를 분류하는 장교라고 할 수 있다. 그들은 불가피한 파국을 지연하려고 할 뿐인 채무자를 도울 의도가 없다. 성공적으로 회생을 할 수 없는 자들은 단지 단기간 동안만 레이다 스크린 위에 나타났다가 사라진다. 채무자는 가망성이 희박한 장난스러운 신청을 제출할 수는 있지만, 이 사건은 채권자나 연방관재인이 이것을 인지하고, 신청을 제출하고, 당사자에게 적절히 통지하고 또 법원에 나타나게 하는 동안에만 시스템에 잔류할 수 있다. 그렇지 못하면 사건은 바로 퇴출된다. 특별한 비상사태가 아니라면, 이러한 퇴출과정은 몇 주가 걸리지만, 연방관재인이나 여러 채권자들이 아무것도 하지 않을 때에는 더 오래 걸릴 수도 있다. 파산판사는, 다른 판사들이 그러하듯이, 보통 직권으로 행동하지 않으며, 이해관계인이 주의를 끌 경우에만 움직인다.

💲 대규모 기업의 회생

　대부분의 자산(그리고 대부분의 변호사)은 아주 큰 사건에서 발견된다. 이제 우리는 이 세계를 묘사하는 것으로 전환한다. 대규모의 제11장절차 사건에서 일상적인 실무는 내부자에게 알려져 있고, 다른 사람들은 접근할 수 없다. 법정 외에서 이루어지는 협상과 거래로 대부분의 행동이 이루어지며, 법원의 결정이나 판결이 내려져 외부에 알려지는 일은 드물다. 흔한 예를 하나 들면, 경험 있는 변호사들은 담보부사채 수탁자의 보수에 대하여, 비록 §503(b)(5)에 의하면 사건에 대하여 "실질적으로 중요한 기여"를 하는 경우에만 지급할 수 있음에도 불구하고, 이를 따지는데 에너지를 쓰지 않는다. 이런 종류의 보수는 일상적으로 계획안에 포함되고, 담보부사채 수탁자의 기여가 실제로 "실질적으로 중요한" 것인지 여부에 관하여는 조사되지 않는다. 초년병 변호사들은 현행 파산 실무가 이러

272 미국파산법

한 신참자 괴롭히기와 같은 의례와 같은 모습을 띠고 있는 것이, 프렌치 레스토랑에서 새로운 요리 견습생더러 다른 레스토랑에 빌려준 수플레 저울을 찾아오라고 심부름 보내는[2] 의례와 비슷하다는 점을 발견한 적이 있다. 성공을 열망하는 파산 변호사는 회생계획안의 협상 과정에 출석하여, 담보부사채 수탁자의 보수를 인정할 것인가 말 것인가의 문제에 관하여 단호한 태도로 맞서라고 지시를 받지만, 막상 현장에 나가보면 변호사들은 자신들의 주장이 진지하게 받아들여지지 않음을 보고 놀라기도 한다.

많은 것들이 외부에 드러나지 않는다는 문제점을 더 복잡하게 하는 것은, 최근의 대형 제11장 사건에서의 역학관계는 불과 몇 년 전의 그것과도 다르다는 점이다. 이전과 달리, 경영진은 더 이상 경영통제권을 행사하지 못한다. 거대 기업이 재무적 곤경에 직면하게 되면, 금융을 행한 대부자들은 최고구조조정임원(Chief Restructuring Officer, CRO)이 임명되도록 조치를 취하기 시작하는 경우가 많다. 대부자인 은행과 같이 협력하여 일한 경험이 있는 CRO가 채무자 회사에 영입되면 은행은 앞으로 신규, 갱신 대출계약을 할 때 까칠하게 굴지 않고 편의를 보아 줄 것임을 은행이 시사하는 것만으로도, 노련한 이사회는 잘 알아듣고 그렇게 조치한다. (이렇게 모호한 태도로 은근히 요구함으로써, 파산절차 이외에서 대출자 책임을 지게 될 가능성 및 파산절차에서는 형평을 위한 채권 후순위화의 위험을 최소화하게 된다. Sarbanes-Oxley법 및 이사책임보험한도가 충분하지 않을 수 있다는 사실에 민감한 이사회에 대하여는 이러한 힌트만으로도 보통 충분하다.) 물론, CRO를 지명하는 자는 어디까지나 명목적으로는 이사회이고, 채권자들은 이 자리에 특정의 개인을 임명하여 달라고까지는 나아가지 못한다. 그렇지만 특정인을 지명하지 못할 뿐이다. 월드컴(WorldCom)이 파산절차를 신청하기 전에, 그 채권자들은 CRO 한 명의 임용을 파산절차 내에서의 추가적 자금조달을 위한 조건으로 삼았고 채권자들이 제공하는 명단에 올라 있는 세 사람 중에서 원하는 사람을 하나 이사회가 자유롭게 고르도록 하였다.

CRO가 회사에 나오는 것은 회사 지배구조의 골간을 변경한다. CRO는 전형적인 경영진 구성원이 아니다. 다른 회사 간부와는 달리, CRO는 이사회에 직접 보고서를 제출한다. CRO는 때때로 어떤 간부직원이 가치를 부가하는 자이고 어

---

2) 예를 들어, Jacques Pepin, The Apprentice: My Life in the Kitchen (2003). 물론, 수플레 저울 같은 것은 없다.

떤 간부가 필요 없는 자인지를 밝혀내는 역할을 하며, 그것은 최고경영자(CEO)에 관하여도 마찬가지이다. 사실, 제11장의 절차는 CRO가 파견되어 운영상의 문제를 조사하고 행동계획을 확정할 기회를 가진 연후에 비로소 진행되기도 한다. 그 행동계획은 종종 사업을 정리하여 매각하는 것일 수도 있다. 물론 많은 경우 즉각 매각은 불가능하다. 무엇보다도, 회계장부가 지저분하면 누구도 기업을 매수하려고 하지 않기 때문이다.

나아가, 회사에 대한 이해관계인들은 약 10년 전의 이해관계인들과는 성격이 다르다. 끊임없이 변동하는 수십 종류의 투자자들이 자본구조의 각 층을 점유하고 있고, 각기 그 추구하는 목표가 다르다. 어떤 투자자들은 회사에 대한 장기적인 영향력 행사를 목적으로 하는 반면에 어떤 투자자들은 수동적인 단기 투자자들이다. 또 어떤 투자자들은 복합적인 층위의 증권에 대하여 상승을 또는 하락을 기대하는 입장을 혼합하여 가지고 있기도 하고 또 다른 사업과 관련한 복합적인 위험회피적 동기를 가지고 있기도 하다.

과거에는, 당사자들 사이에 최종적으로 이르는 합의사항은 몇 가지 친숙한 패턴을 따랐다. 비록 가능한 타결방안이 많이 있었지만, 선수들은 자연스럽게 그 중 몇 가지의 타결방식으로 이끌려 갔다. 지금의 새로운 환경에서는, 다른 이해관계를 가진 다양한 선수들로 인하여, 이전의 패턴은 더 이상 적용되지 않고 있고 새로운 패턴은 아직 정착하지 못하고 있다. 더 이상 (대부자의 대표 또는 채권자협의회와 같은) 조직된 집단은 존재하지 않으며, 대신에 투자자들은 채무자인 회사와의 사이에 "일회청산적인(one-off)" 관계를 가질 뿐이다(예를 들어, 개개의 레포 또는 스왑에서의 쌍방 당사자들이 그렇다). 기관투자자들의 유형도 은행과 증권회사로부터 헤지펀드와 사적투자조합까지 다양하다. 작금의 이런 환경으로 인하여, 합의를 형성하기 위하여 필요한 셔틀 외교를 수행할 채권자들의 지도자(또는 추종자)의 역할을 어느 채권자가 할 것인지가 자연적으로 정해지지 않는다. 친숙한 벤치마크가 없으니, 계획이 어떤 형태를 취해야 하는지 인식을 공유할 수도 없다. 연합의 형성은 더욱 어렵다.

아델피아 사 회생의 경우를 살펴보자. 아델피아 사는 미국에서 5위 규모의 케이블 방송 운영자였다. 대규모 회생사건에서 흔히 그렇듯이, 채무자는 $363에 의하여 자산을 계속기업을 유지한 상태에서 매각하기로 결정하였다. 2005년 4월에, 매각대가로 176억 달러를 지급할 용의가 있는 매수희망자를 발견하였는데 그

대가는 독립기업으로 존속할 수 있는 가치를 훨씬 초과하는 것이었다. 그 영업양
도계약은 15개월 이내에 거래가 종결될 것을 요구하였는데, 어느 채권자 집단도
매매의 형식이나 매매대금에 관하여 심각한 반대를 제기하지 않았다.

전통적인 설명방식에 의하면, 이 사건을 신속하게 정리하는데 대하여 방해요
소는 거의 없었던 것으로 보인다. 채권자들로는 오로지 일정 금액을 받을 권리가
있는 기관투자자들 밖에 없었다. 자산으로는 현금이거나 또는 매수인(타임 워너
케이블 사)의 주식밖에 없었다. 그런데 사태는 그렇게 간단하지 않았다. 아델피아
사 자체가 하나의 법인이 아니라, 230개의 관계사로 이루어진 그룹이었던 것이
다. 각각의 회사에 대한 각 채권자 그룹이 각기 자신의 채권이 더 가치 있다고
주장하였다. 비록 채권자 그룹은 소수였지만, 각 채권자의 채권에 가치를 부여하
는 것이 쉽지 않았고 이에 관한 어떤 합의를 이루어낼 수 있는 명백한 결정 요
소도 없었다. 결과적으로, "한 채권자 그룹의 근심을 달래면 다른 채권자를 이간
하지 않을 수 없게 되었고... 이와 같은 사정으로 인하여 회생계획의 인가 과정에
진전이 이루어지지 않았고, 이러한 대치상태가 ... 영업양도 바로 그 자체를 점점
위협하게 되었다."[3]

$ 채권의 거래

채권의 거래가 증가한 것은 지난 20여 년의 기간 동안 이루어진 대규모 기
업의 제11장 회생 과정의 역학관계를 의미 있게 변화시켰다. 제11장절차 진행 중
인 채무자에 대한 채권을 거래할 수 있는 가능성은 1980년대에 자리 잡기 시작
하였다. 그러나 그 당시에는, 연방파산규칙상 채권 거래를 심사하고 채권의 매도
인이 완전한 정보 개시를 얻었을 것을 확인할 권한이 법원에 있다고 일부 파산
법원은 해석하였다. 그러나 1991년에 연방파산규칙위원회는 기존의 사법적 감독
이 채권의 유동성을 손상하는 것으로 밝혀졌다고 인정하여 채권의 거래에 대한
규제를 해제하기로 결정하였다. 그 효과로서 대규모 채무자에 대한 채권을 거래

3) In re Adelphia Communications Corp., 368 Bankr. 140, 159 (Bankr. S.D.N.Y. 2007).

하는 시장이 생겨나기에 이르렀다.

　채권 거래를 허용하는 기본적인 정당화 근거는 단순하다. 회사의 회생 과정을 감내할 상황이 되지 않는 채권자들에게 회생 과정으로부터 쉽게 빠져 나갈 출구를 허하는 것이다. 채권의 거래는 활발하게 이루어진다. 그것은 매도인에게도 매수인에게도 매력적이기 때문이다. 부실채권 선수들은 파산절차를 이해할 수 있는 능력으로부터 이익을 기대할 수 있다. 그들은 채무자가 채권에 대하여 종국적으로 얼마를 지급할 수 있을지에 관하여 평가할 능력이 더 좋을 수 있다. 상거래 채권자나 소수 사채권자보다는 어느 회사를 전체적으로 조사해온 헤지펀드가 기업의 전체적 가치에 대하여 훨씬 감이 좋을 것이라고 예상할 수 있다. 더욱이, 그 투자자는 채무자가 발행하였던 증권에 존재하지만 그 동안 간과되어왔던 가치를 발견할 수 있을지도 모른다. 어느 방식으로든지 간에, 채무자가 파산 절차를 신청할 당시에 채권을 들고 있던 당사자보다는 새 투자자가 회생절차에 관한 자신의 지식을 활용하여 보다 높은 수익을 창출할 수 있을지 모른다.

　이에 덧붙여, 어떤 경우에는 채권을 매집할 수 있는 능력이 있으면 전략적 투자자가 기업의 경영권을 취득할 수 있게 된다는 점을 추가하고자 한다. 채권의 거래는 파산절차 이외의 영역에서 전통적인 경영권 인수경쟁이 하는 것과 동일한 역할을 한다. 다만 다른 점은 외부인이 주식, 지분권보다는 채권을 매집한다는 것이다. 실제로도, 경영권 확보 투쟁이 중심적인 문제로 되어 있는 파산사건을 가려내기는 쉽다.

　채권의 거래를 규율하는 법은 거의 발달되어 있지 않다. 많은 기본적인 문제들이, 증권법 상의 의미에서 채권이 "증권(securities)"에 해당하는지를 포함하여, 미해결된 상태에 남아 있다.[4] 더욱이, 이것은 아직 해결되어야 할 근원적인 긴장을 표면화하였다.

　Washington Mutual 사건[5]에서 제기되었던 문제를 살펴보자. 어떤 부실채권 투자자들이 의미 있는 지위를 취득하여 채무자와의 사이에 협상을 시작하였다. 그들은 당분간 채권 거래를 중지하는데 동의하였지만, 영구히 제한 받지는 않을

---

4) Robert D. Drain & Elizabeth J. Schwartz, Are Bankruptcy Claims Subject to the Federal Securities Laws?, 10 Am. Bank. Inst. L. Rev. 569 (2002) 참조.

5) In re Washington Mutual, Inc., 461 Bankr. 200 (Bankr. D. Del. 2011), 일부 삭제되어, 2012 WL 1563880 (Bankr. D. Del. 2012).

것이라는 이해 하에 그렇게 하였다. 협상이 결렬되어 실패하면, 채무자는 협상 과정에서 개시된 비밀 정보는 무엇이든지 세상에 알리도록 되어 있었다. 흥정은 실패로 돌아갔고, 약속대로, 채무자는 협상 과정에서 넘겨주었던 정보를 개시하였다. 투자자들은 다시 채권의 매매거래를 시작하였다. 어떤 사람들은 채권을 더 매집하였고, 어떤 사람은 팔았다.

몇 달이 지났고, 결국 주요 선수들이 거래를 성사시켰다. 그러나 일부 불만을 품은 투자자들 ― 구 주주들 ― 그룹이 거래를 계속한 헤지펀드들의 채권은 "형평에 비추어 부인되어야 한다"는 주장을 제기하였다. 그 이유는, 협상에 참여하였던 자들은 전체로서의 시장이 가지지 않았던 정보를 가지게 되었고, 협상이 실패한 이후에 비로소 채무자가 정보를 개시한 것은 투자자 일반을 동등한 발판 위에 놓기에는 너무나 부족하기 때문이라는 것이었다. 협상이 진행된다는 것은 그 자체가 채무자의 회생 전망 ― 특히 분쟁을 종결하려는 타인의 잠재적 의지에 관하여 상당히 많은 것을 내비친다. 헤지펀드가 다시 거래를 위하여 시장에 돌아왔을 때, 그들은 외부의 투자자들이 알지 못한 회생 전망에 대하여 무엇인가 알고 있었다. 어떤 헤지펀드는 사고 어떤 헤지펀드는 팔았다는 것은 전혀 중요하지 않다. 문제가 된 것은 그들이 내부자 정보를 보유하는 동안에 사고 팔았다는 것이다.

이들 주장의 논리는 언뜻 보기에는 어거지처럼 보인다. 내부자가 사적인 정보를 사용하는 것은 1930년대의 개혁이 의도하였던 것의 중심에 있는 그러한 종류의 활동이다. 이것은 Pepper v. Litton 사건에서 더글라스 대법관이 관찰하였던 바와 같다.

> [투자자는] 내부자로 취득한 정보 및 그의 전략적 지위를 그 자신의 선호를 위하여 활용할 수 없다. ... 그는 그의 권능을 개인적인 그의 이익을 위하여 또 주주와 채권자를 해치는 방식으로 사용하여서는 안 되며, 이것은 그의 권능이 조건에 있어서 아무리 절대적인지 및 그가 아무리 세심하게 기술적 요건을 충족하였는지는 문제되지 않는다.[6]

현행 파산법은 채무자에 관한 정보에 대한 접근권을 가진 투자자들과 내부자들에 의한 채권의 거래에 관하여 공식적인 금지규정을 두고 있지 않고, 사실

---

6) 308 U.S. 295, 311(1939).

어느 것도 필요하지 않다. 파산판사의 형평법 상의 권한만으로 충분하다.

파산판사는 회생 과정을 지배하는 규범을 위반하는 자들의 채권을 후순위로 하거나 심지어는 부인할 권한이 있다. 예를 들어 정보가 중요한 것인지와 같은 신청이유에 나타난 사실은 비록 의심스러울지도 모르지만, 채권이 겉치레일 뿐이라는 주주들의 주장을 법원은 받아들였다. 몇 개월 뒤에, 사건 해결의 일환으로서, 판사는 판결 이유 중 이 부분을 삭제하는데 동의하였지만, 위 삭제된 의견은 Bankruptcy Reporter에 남아 있고 그 배경인 논리는 살아 있다.

Washington Mutual의 논리는 채권의 매매거래와 모든 선수들의 입장에서의 협상과정은 공존할 수 없는 것이라는 점을 시사하는 것처럼 보이지만, 현대의 대형 회생사건의 실무는 그 반대를 가정한다. 당신이 누군가와 거래 조건을 교섭할 때에는, 그 교섭하는 행위 자체가 다른 사람이 모르는 정보를 제공한다. 그러한 정보가 내부자거래의 금지를 시동하는 중대한 비공개정보를 구성할 때에는, 교섭에 동의하는 누구든지 매매거래를 할 능력을 잃게 된다. Washington Mutual 사건의 판시가 공식적으로 삭제된 마당에 모두 잊혀질 수 있다고 생각할지도 모르겠지만, 세상 일이라는 것은 사실 그렇게 쉬운 것이 아니다. 위와 같은 판시에 힘을 부여한 추론은 여전히 유효하게 남아 있으며, 그것으로 이끌어간 긴장도 결코 해결된 바 없다.

거래에 관여하는 자가 전체로서의 시장이 보유하지 않은 정보에 노출되었을 개연성이 있는 경우 매매거래를 촉진하기 위한 몇 가지 제도적 장치가 개발되었다. 현재로서는 어떤 것도 효과적이지도 않고 광범위하게 채택가능하지도 않다.

내부자 정보를 가진 자는 그들과 조직 내의 다른 사람들과의 사이에 장벽을 창설하려고 노력할 수 있다. 그런 장벽은, 제대로 설치되기만 하면, 협상에 관여하지 않은 조직 내부자들은, 다른 사람들이 사적 정보 보유를 이유로 제한되는, 매매거래를 지속할 수 있도록 허용한다. 그렇지만, 이러한 장벽은 만병통치약이 아니다. 첫째, 그 물리적 비용이 장난이 아니다. 분리된 컴퓨터 시스템, 격리된 파일 보관, 그리고 방음실도 필요하다. 매매거래를 수행하는 자가 비밀로 분류된 정보를 마주치는 일이 없다는 것을 확립하는 의전절차가 자리를 잡을 필요가 있다. 그리고 누군가 준법감시인으로 임명되어야 한다.[7]

---

7) In re Van D. Greenfield & Blue River Capital LLC, Release No. 34-52744, 86 S.E.C. Docket 1623, 2005 WL 2978438 (2005) 참조.

잘 자리 잡은 관료제를 가진 대형 금융기관의 경우, 그러한 준법 시스템을 갖추는 것은 어렵지 않지만, 전형적인 헤지펀드는 작은 모임에 불과하다. 비록 수십억 달러에 이르는 자산을 운용한다고 하여도, 그 물리적 존재는 몇 개의 매매거래 책상만으로 이루어져 있다. 거대 조직에 대한 절차를 그들에게 지우는 것은 결코 간단한 일이 아니다. 그러한 매매거래자가 존재하는지 여부를 중요하지 않다고 생각한다면 (또는 존재하지 않는다고 적극적으로 희망하였다면), 이것은 문제라고 생각되지 않을 수 있지만, 채권의 매매거래가 회생 실무에 있어서 근본적인 일부를 이루고 있고 또 그래야 한다고 믿는다면, 정보 차단을 위한 방벽을 설치함으로써 모든 문제를 해결할 수 있다고 시치미를 뗄 수 없을 것이다.

그런데 이러한 방향으로 너무 몰아 붙이는 방향으로 개혁이 이루어진다면, 현상유지 상태를 고착화하게 될 것이다. 오래된 은행들은 별로 상관하지 않을 것이고 헤지펀드는 영향을 받을 것이다. 우리는 무대에 방금 도착한 자들을 희생시켜 1세기 동안 무대 언저리에 있었던 자들에게 이익을 주는 방향으로의 규제 개혁에 대하여는 의심스럽게 생각하여야 한다.

하여튼, 전형적인 헤지펀드에 있어서 정보 차단 방벽의 문제는 물리적인 비용의 문제가 아니라, 협상 부문과 매매거래 부문을 채울 수 있도록 하는 충분한 인원 규모를 가지느냐의 문제이다. 헤지펀드는 방벽 양쪽에 매매거래자와 애널리스트 모두를 고용하고 있을 필요가 있다. 헤지펀드가 채무자를 감시할 적극적인 투자자와 잘 작동하는 시장을 제공하는 정통한 매매거래자를 필요로 한다면, 두 부문 모두에서 전문성을 필요로 한다. 거대 금융기관에 있어서는 이것은 문제가 되지 않는 반면에, 전형적인 헤지펀드는 이 정도 깊이의 전문성은 없다.

헤지펀드는 때때로 자신을 대신하여 협상을 맡아 줄 변호사를 파견함으로써 이 문제를 피하면서 운영하고자 한다. 한참 다투어지고 있는 소송의 화해와 관련된 문제라면, 변호사들은 필요한 전문기술을 가지고 있다고 볼 수 있다. 그러나 여러 가지가 가능한 사업 대안이 문제라면, 그들은 이것을 해결할 수 있는 깊이의 지식까지는 없다. 물론 어딘가에는 두 가지 다른 사업상의 거래를 비교하여 어느 쪽에 수억 달러를 투입할지 신속하게 결정할 수 있을 정도로 탁월한 변호사들이 있을지도 모르겠다. 그런데 그런 변호사가 존재한다면, 그는 직업을 잘못 선택한 것이다. 다른 종류의 사람을 파견해도 문제는 마찬가지이다. 헤지펀드는 어떤 경우 다른 매매거래인을 고용하여 파견할 수도 있겠다. 그러나 이것은 협상이 오랜 기간 지속될 때에는 역시 문제를 일으킨다. 성공적인 매매거래인의 중요한 미덕은 유동적인 상황이 변화함에 따라서 전략을 수정하는 능력이기 때문이다.

정보에 장벽을 치는 것 못지 않게, 부실채권을 매매거래하는 자들은 과거 "큰 손(Big Boy)" 각서에 의존하였다.[8] 증권 규칙 10b-5에 의한 책임이 발생하는 가장 중요한 원인은 기망이다. 소송상 청구의 핵심은 매도인이 매수인에게 의미 있는 정보를 개시하지 않았다는 점에 있다. 채권 매매거래인들은 상호간에, 상대방이 중요한 미공개정보를 가지고 있을지도 모르고 그것을 공개하지 않고 있다는 것을 수용한다는 문언에 서명하도록 요청할 수 있다. 이렇게 서명함으로써 채권의 매수인이 자신이 "큰 손"이라는 사실을 수용하면, 그는 더 이상 그가 필요 없다고 주장한 정보를 받지 않았음을 이유로 하여 증권법 위반을 이유로 매도인을 제소할 수 없다. 이러한 큰 손 각서에 서명함으로써 매매거래인은 상대방 측의 침묵에 의존하고 있지 않다는 것을 표시하는 것이다. 증권법상의 청구원인 그 자체는 미리 포기할 수 없는 것이지만, 큰 손 각서에 서명함으로써 증권법상 책임의 가장 중요한 요소 즉 요건사실의 일부를 이루는 "믿고 의존하였음 (reliance)"을 포기하는 것이다.

그러나, 증권거래위원회(SEC)는 독립적 권한으로서 증권법을 강제할 수 있고, 매매거래인들이 상호 간에 행한 의사표시에 의하여 구속되지 않는다. SEC가 여기에 개입하는 것은 잘못된 것이라고 보일 수 있다. 부실채권 매매거래의 쌍방 당사자가 큰 손 각서를 교환하고 거래하는 경우에는 증권법이 목표로 하는 악이 존재하지 않는다. 평평한 운동장이 필요한 순진한 투자자에게 부당한 해악이 끼쳐지는 일이 없다.

그렇지만 세상 일이라는 것이 그렇게 간단하지 않다. 첫째, 부실채권 매매거래의 그 다음 하부 단계에 관하여 근심이 있다. SEC는 큰 손 각서에 서명한 후에 매수하는 사람에 대하여 걱정하고 있는 것이라기보다는, 이렇게 사고 나서 다시 파는 사람에 대하여 두 번째 매수인으로 나서는 사람에 대하여 걱정이다. 큰 손 각서에 서명할 정도의 사람은 가지고 있는 증권이 겉으로 보이는 것과는 다를 수 있다는 점을 인지하고 있지만 그로부터 새로 사는 사람은 그렇지 않다는 것이다.

---

8) Edwin D. Eshmoili, Big Boy Letters: Trading on Inside Information, 94 Cornell L. Rev. 133 (2008) 참조.

둘째, 규칙 10b-5에 의한 손해배상책임이 미치는 범위가 점점 넓어져 왔다는 점이다. 거래의 기초가 되는 정보가 아님을 전제로 하여 정보를 취득하였는데 그 정보에 기초하여 매매거래를 행한 자들에게까지 위 책임은 적용된다.[9] 다른 사람에게는 알려져 있지 않은 정보에 기초하여 매매거래를 하는 것은 원칙적으로 자유로운 영역에 속하지만, 예를 들어 적대적 인수합병을 계획하는 것을 지원하는 와중에 정보를 얻게 된 변호사와 같이, 비밀스러운 관계에서 정보를 취득한 사람은 그렇지 않다. 그는 거래를 함으로써 정보를 준 사람을 배반하는 것이다. 이 경우 피해자는 변호사와 거래를 한 상대방이 아니기 때문에 거래 상대방의 권리포기는 아무런 효과가 없다.[10]

이러한 논리는, 큰 손 각서를 쓰고 거래한 사람들을 상대로 SEC가 제소하면서 의존하였는데, Washington Mutual 사건에 나타난 사실관계로는 그 요건에 맞추기 힘들다.[11] 채무자와 협상을 하고 난 다음에 매매거래를 한 헤지펀드는 정보를 횡령한 것이라고는 할 수 없다. 채무자 자신이 그들의 거래를 장려한 것이다. 헤지펀드가 취득한 어떤 정보이든지 간에, 적어도 채무자의 관점에서 보면, 헤지펀드가 사용할 자격이 있는 것이었다. 헤지펀드는 말하자면 채권자협의회의 회의 과정에서 논의된 정보에 기초하여 거래를 하는 채권자협의회 구성원과는 완전히 다른 지위에 있었다.

그러나 이 주장은 논점을 한참 빗나가 있다. 매수자 측에서 정보에의 의존이 없다고 하더라도 SEC가 법적인 강제 행동에 나서는 것을 방해할 수는 없고, 그 행동에 나서는 근거가 개념적으로 잘못된 것이라는 이유 하나만으로 SEC가 자제할 것이라는 보장은 전혀 없기 때문이다. 중요한 비공개정보를 가진 투자자가 정

---

9) United States v. O'Hagan, 521 U.S. 642, 652 (1997).

10) Ted Kamman & Roy T. Hood, With the Spotlight on the Financial Crisis, Regulatory Loopholes, and Hedge Funds, How should Hedge Funds Comply with the Insider Trading Laws?, 2009 Colum. Bus. L. Rev. 357, 435-38 (2009).

11) Washington Mutual 사건에서 구 주주들이 시도하지 않았다고 말하는 것은 아니다. 그들은 채무자가 개시한 정보의 상당 부분이 채무자가 비밀스럽게 유지하던 것이라고 주장하였다. 주주들이 주장하기로, 헤지펀드는 채무자가 이 정보를 비밀로 유지하고 있었음을 알고 있었다. 이것으로 충분하다. 아는 다른 사람으로부터 귀띔을 받은 조각 정보를 횡령하는 것은 규칙 10b-5를 위반하는 것이다. 다시 말하면, 채무자는 적대적 인수합병을 시도하는 과정에 있는 의뢰인을 배반하는 변호사와 같은 취지에 있는 것이고, 헤지펀드는 그 변호사로부터 귀띔을 받은 친구의 위치에 있다는 것이다. 무엇보다도, 채무자와 독립적인 관계에 있고 거래에 있어서 적대적 관계에 있는 것이 전형적인 헤지펀드에 대하여 "귀띔을 받은 자(tippee)"로서의 책임을 붙이는 것은 이상해 보인다.

보를 개시하지 않고 매도에 나설 때에는, 그는 모든 매수거래인이 큰 손 각서에 서명하였다고 하더라도 SEC의 강제조치를 당할 가능성이 크다.

 SEC로부터 내부자거래를 이유로 고발되는 것의 대가는 헤지펀드에게는 매우 크다. 헤지펀드는 새로운 투자자들을 필요로 하는데, 생각이 깊은 투자자들은 내부자거래를 이유로 SEC로부터 수사를 받고 있는 펀드와 연결되기를 원하지 않는다. 헤지펀드들은 안전을 보장해주는 조항을 원하고, 큰 손 각서는 증권에 관련되는 한 충분히 유효한 것으로 더 이상 생각되지 않는다. 큰 손 각서는 다른 이유로 유용할 수 있다. 채권이 증권에 해당하지 않는다면, 누구라도 SEC의 조치에 대하여 걱정할 필요가 없다. 큰 손 각서는 누구든지 개인적으로는 민사소송을 제기할 수 없도록 해주기도 하고, 더욱 중요한 것은, 여러 번 매매거래를 반복하는 선수들인 매수인이 사정이 우호적이지 않은 것으로 판명되었을 때라도 불만을 제기하지 않도록 압박감을 주기도 한다.

 효과 있을 개연성이 큰 상대적으로 새로운 장치의 하나는, 만일 받아낼 수만 있다면, 화해협상의 내용이 중요한 미공개정보가 아니라는 취지를 포함한 파산법원의 명령이다. 그런 명령이 나온 사례가 최소한 한 건은 있다.[12] 당사자들이 상호 협상하기 이전에 법원의 그러한 명백한 축복을 관철하고자 하는 것은 기묘하게 보일지도 모르겠지만, 파산 관련 전문직업인에게는 숨 쉬는 것만큼이나 자연스럽게 다가오는 것이다. 그러나 이것은 Washington Mutual 사건이 우리들에게 부과한 길이다.

 그리고 법원의 명령이 모든 것을 치유하는 것도 아니다. 화해 제안이 중요한 미공개정보를 구성하지 않는다는 법원의 결정이라고 하더라도, SEC를 포함하여, 협상의 당사자가 아니었던 자를 구속할 수는 없다. 더욱이, 많은 협상이 채무자가 파산절차 하에 들어가기 전에 일어나므로, 법원이 도와줄 여지도 없다. 마지막으로, 문제는 단순히 화해를 위한 협상보다는 훨씬 광범위하다. 파산절차는, 재판절차로서의 그 특성상, 참여하는 이해관계인들 사이에 광범위한 접촉을 내포하며 영민한 매매거래인들은 이러한 상호작용을 통하여 추정을 통하여 정보를 얻어낼 수 있다. 이들은 다른 사람들이 가지지 않은 정보를 불가피하게 가지게 되며,

---

12) 예를 들어, In re Vitro, S.A.B. de C.V., Case No. 11-33335-hdh-15, Order in Aid of Settlement Discussions (Jan. 26, 2012) ("화해의 제안은 중요한 미공개정보를 구성하지 않는다"라는 조항이 포함되어 있다).

이것은 그들이 채무자와의 사이에 비밀유지를 해야 하는 관계로 들어가지 않고 그들이 비밀 정보를 기초로 거래하지는 않을 것이라는 양해 하에 그 정보를 받은 경우라고 하더라도 마찬가지이다.

$ 새로운 채권자와 새로운 자본구조

　　파산채권의 매매거래가 아니더라도, 부실 채권을 보유하는 자의 동일성은 변화하였다. 은행들은 오랜 기간 동안 그들의 대출을 신디케이트를 형성하여 실행하여 왔지만, 그 신디케이트의 구성이 변화하였다. 신디케이트의 구성원은 더 이상 은행과 연금펀드에 제한되지 않는다. 헤지펀드도 신디케이션 단계에서 참여할 수 있다. 더욱이, 신디케이트론에서도 2차시장이 있고 이것은 빠르게 발전하고 있다.

　　과거 은행이 가졌던 것과 동일한 입장에 처해 있는 헤지펀드는 과거 은행의 방식으로 세상을 보지 않는다. 비록 그들이 동일한 도구를 보유하고 있지만, 그들은 극적으로 다른 사업 모델을 가지고 있다. 은행은 여러 번 등장하는 선수이다. 은행은 기업과의 사이에 수십 년 지속하는 관계를 맺는다. 은행은 이러한 기업에 단순히 대출을 제공하는 것을 넘은 다양하고 많은 서비스를 제공한다. 게다가 상행위의 규범과 그 평판이 특정 관계에서 은행의 행동을 제약한다. 예를 들어, 은행이 기업에 특정한 사유가 발생하였을 때 기한의 이익 상실을 시키고 즉시 변제를 요구할 수 있는 상황이 발생하였더라도, 다른 차입거래자들과의 관계에 대한 평판이 나빠질 것을 우려하여 기한의 이익 상실 약관을 즉시 적용하지 않기도 한다. 부도를 낼 수 있어도 다른 대출 고객 사이에 평이 나빠질 것을 우려하여 이것을 참을 수도 있는 것이다. 이와 대조적으로, 헤지펀드는, 한정된 기간 동안 존속한다. 그리고 서비스를 제공하지 않는다. 그래서 오랜 기간의 평판이라는 제한 하에서 행동하지 않는다.

　　더욱이, 은행원들과 헤지펀드를 위하여 일하는 사람들과는 그 재능이 다르다. 은행원들은 채무자를 감시하고 담보의 안전성을 유지하는 것에 능하다. 헤지펀드는 회사의 업무에 훨씬 적극적인 역할을 하기에 필요한 기술을 가진 전문경영인들을 고용한다. 대출약정 상의 확약사항인 목표를 채무자가 지키지 않았을 때, 은행은 보통 담보의 보충을 요구할 가능성이 크지만, 헤지펀드는 최고경영자를 교체하라고 요구할 수 있다. 마지막으로, 법 규제 상의 차이가 있다. 헤지펀드는 재무적 어려움을 겪고 있는 채무자가 회생될 경우 몇 년 동안 그 기업에 대한 주식을 매수하여 기업의 경영권에 진입하여 들어갈 수 있다. 이에 반하여 은행은 주식을 보유할 수 있는 능력에 제한이 있다. 은행이 실물 기업에 투자하는 것에는 법령상의 제한이 있는 것이다.

자본 구조에도 역시 변화가 있었다. 제1순위 담보를 취득한 채권은 기업이 차입할 수 있는 여력을 다 소진하지 못한다. 자본을 더 필요로 하는 차입자들은 후순위담보를 믿고 또는 신용으로 (물론 높은 이자율을 받는 대신에 그렇게 한다) 추가 차입을 한다. 과거에는 채무자들이 담보 제공 없이 메자닌 파이낸싱이라는 명칭으로 기업가치를 활용하여 대출을 받았다. 1980년대에, 이런 자금조달은 저축대부조합과 보험회사가 많이 취급하였다. 이들은 회사의 운영에 영향을 미칠 능력이 거의 없는 상대적으로 수동적인 투자자들이었다. 투자자가 채무자인 회사를 감시하고 있는 한도 내에서, 그 투자자는 대출 신디케이트에서 주거래 은행(lead bank)의 역할을 하였다.

지금은, 총 기업가치와 제1순위 담보권 사이의 차이에 해당하는 가치에 대하여 채무자는 제2순위 담보권을 특정 채권자에게 주고 차입을 행한다. 이 2순위의 채권자는 동일한 자산에 대하여 제1순위 담보권자와 마찬가지로 담보권을 취득한다. 대략 이 담보권으로 변제 받을 수 있는 채권은 제1순위보다 후순위는 아니다. 1순위 담보권자가 변제 받을 수 있는 것과 마찬가지로 만기를 정한다. 제1순위자가 변제 받을 수 있을 때에는 후순위채권자도 변제 받을 것을 구할 수 있다. 더욱이, 후순위채와는 다르게, 후순위채권자가 수집하는 금액을 제1순위자에게 인도할 필요가 없다. 차라리 이것은 담보물에 있어서만 후순위이다. 즉 담보가 현금으로 처분되었을 때에만 제1순위자는 후순위자에 우선한다. 이러한 제2순위 담보권 시장은 지난 몇 년간 폭발적으로 증가하였다. 제1순위 담보채권의 신디케이트론에서 그러하듯이, 제2순위 담보 채권에 관하여도 굳건한 제2차 시장이 형성되어 있다. 헤지펀드들이 이러한 제2순위 담보채권의 제1차적 구입자들이다.

제1순위 담보권자 및 제2순위 담보권자들은 그들 사이의 상대적인 권리관계의 우열을 채권자간 합의를 통하여 정돈한다. 이 합의는 두 대출자 사이의 관계를 특정한다. 이 합의에는 채무자가 파산절차를 신청할 경우에 그들의 각 권리가 어떻게 될 것인 지 구체적으로 규정된다. 예를 들어, 채권자 사이간 합의에 의하여 제1순위 채권자는 후순위 대출자의 동의 없이 담보물을 매각할 권한을 부여하는 경우가 많이 있다. 또 파산절차 개시 이후에 채무자에 대하여 운영자금을 대출해줄 권리를 제1순위 대출자에게 부여하는 경우도 많고, 이러한 식의 신규 대출을 행하면 제2순위 채권자의 채권 일반보다 먼저 대출금을 회수할 수 있는 지위를 부여하기도 한다.

현행 파산법은 지금까지 발생하여 온 문제를 극복함에 있어서 충분히 유연함을 입증하였고 판사와 변호사들은 충분히 창조적이었다. 물론 이와 같은 새로운 자본구조의 성격, 특히 파산절차 진행 중에 제2순위의 채권자들의 손발을 묶는 채권자간 합의를 법적으로 강제할 수 있는지 여부에 관하여는 의문이 있는 것도 사실이다. 법원은 대략 이러한 권리의 포기는 그 문언대로 인정할 것을 관철하고 있고 대략 후순위 권리자가 충분한 자력이 있는 경우에는 더욱 더 그러하다.13) 법원은 조사위원을 요구하고, 현금담보의 사용에 반대하고, 회생계획에 반대하는 채권자의 파산법 상 권리의 행사를 하지 않도록 규제하는 채권자간 합의의 효력을 기꺼이 인정하려고 하는 성향을 보여 왔다.14) 그러나, 동시에, 법원은 후순위 권리자들이 가만히 있어야 하는 의무를 인정하는 경우에서도 이들의 신청에 대하여 이들의 신청을 이유 없는 것으로 판단하기도 한다. 전형적인 사건에서, 법원은 당사자는 이의를 제기할 자격이 없다고 판단하면서 아울러 반대는 이유가 없다는 판단도 한다.

그런데 회생계획을 형성하고 변경, 수정하는 절차 그 자체를 침식하는 채권자간 합의를 승인하는 것에는 법원이 적극적이지 않은 것으로 보인다. 일부 당사자가 수동적으로 관망하고 있고 다른 당사자들이 행동하는 것을 따라가는 구조일 때, 채무자의 재산 중 일정한 몫을 두고 다른 두 당사자 사이의 권리관계를 정리하는 것을 넘어서서 무엇인가 진행되는 것을 우려할 수 있다. 또 한 당사자가 다

---

13) In re Boston Generating, LLC, 440 Bankr. 302, 320 (Bankr. S.D.N.Y. 2010).
14) In re Erickson Retirement Communities, LLC, 425 Bankr. 309, 316 (Bankr. N.D. Tex. 2010). (조사위원 선출권 포기 인정); Aurelius Capital Master, Ltd. v. TOUSA Inc., 2009 WL 6453077 (S.D. Fla. 2009) (현금담보 사용에 반대할 권리 포기 인정); Ion Media Networks, Inc. v. Cyrus Select Opportunities Master Fund, Ltd., 419 Bankr. 585, 597 (Bankr. S.D.N.Y. 2009) (회생계획에 반대할 권리 포기 인정).

른 당사자의 의결권을 대신하여 행사할 때에는, 회생계획의 정합성 자체가 타협의 대상이 되어 제3자의 이해관계에도 영향을 줄 수 있다.[15] 이러한 경우 채권자간 합의의 효력은 부인되는 것이다.

신용부도스왑(Credit Default Swap: CDS)은, 특히 파산절차 진행 이전에, 대규모 기업의 회생을 더욱 복잡하게 만들었다. 신용부도스왑은 두 당사자 사이의 계약으로서, 한 당사자(매도인)는 상대방(매수인)이 행한 대출의 신용위험을 취득하고 그 대가로 수수료를 받는다. 즉 보험을 파는 것이라고 할 수 있다. 대출금의 연체가 발생하거나 대출에 관하여 기타의 신용사고(예를 들어 파산 같은)가 발생하면, 매수인은 대출의 액면가에 상응하는 현금을 매도인으로부터 받는다.

신용부도스왑은 채무자 자신의 관여 없이 창조된다. 어떤 것은 채무자인 회사에 전혀 이해관계가 현재로서는 없는 투자자들이 창출해내기도 한다. 그들 중 다수는 연체 그 자체보다는 다른 부수적인 사유를 대상으로 한다. 막상 대출의 당사자들로서는 그다지 중요한 관심을 가지지 않는 "신용사고"이다. 그런데 이러한 사건이 발생하게 되면 스왑계약에 의한 청산의무가 발생한다. 그러한 경우, 신용부도스왑의 매도인은 (최소한 스왑계약의 만기까지는) 파산신청이 이루어지지 않도록 막으려고 할 것이고 이에 매수인의 입장에서는 파산의 신청을 적극적으로 장려할 것이다. 여기에 대하여는 채무자인 회사 자신과는 아무런 이해관계가 없다. 이러한 새로운 투자계약과 파산절차 사이에 상호작용에 대하여 적절히 대처하지 못하게 되면, 재무적 곤경에 대응하는 현재의 시스템에 대하여 전대미문의 긴장을 부과할 위험이 있다.

통제권이라는 관점에서, 신용부도스왑을 사는 것은 신디케이트론의 경우와 다르다. 주채권은행이 대출의 일부를 매각하는 방식으로 다른 채권자를 영입할 때, 그 대출에는 그 지분에 상당하는 채무자에 대한 통제권이 당연히 포함되어 있다. 연체가 발생한 경우 이를 유예하여 주기 위하여는 대주단 전체의 합의가 필요하다. 대주단 주간사는 자신의 추천을 따르도록 대주단을 구성하는 당사자를 설득할 수 있지만, 그러한 경우에도 결정을 행하여야 하는 것은 채권을 가진 바

---

15) In re 203 N. Lasalle Street Partnership, 246 Bankr. 325 (Bankr. N.D. Ill. 2000); In re SE Boston Hotel Venture, LLC, 460 Bankr. 38 (Bankr. D. Mass. 2011), 다른 사정으로 무효화, 2012 WL 4513869 (B.A.P. 1st Cir. 2012). 모든 법원이 이런 견해를 가지고 있지는 않다. 예를 들어, Rosenfedd v. Coastal Broadcasting System, 2013 WL 3285936 (D.N.J. 2013).

로 그 대주 자신이다. 어느 헤지펀드가 자신이 행한 대출의 일부를 2차시장에서 매각하는 경우, 그는 그 매각한 만큼 대주단이 내려야 하는 결정에 대하여 영향을 미칠 권력을 잃게 된다. 경제적 관점에서의 위험 노출과 이에 상응하는 채무자에 대한 통제권은 통합되어 엮어지며, 그것은 이 채권이 여러 차례에 걸쳐 다시 양도되더라도 마찬가지이다.

그런데, 대출을 행한 자가 신용부도스왑을 구입한 경우에는, 대출에 수반하는 채권자로서의 권능은 그대로 가지고 있게 된다. 보호를 판 자는 대출의 경제적 위험을 부담하게 되지만, 본래의 신용계약상의 권리는 보호를 산 자의 수중에 그대로 남아 있게 된다. 연체 사고에 대하여 유예가 필요한 경우, 채권자는 그가 적당하다고 생각하는 바에 따라 의결권을 행사하면 된다. 그렇지만, 그 경제적 이해관계는 바뀌어 있다.

신용부도스왑은 파산절차 외부에서의 협상의 초점을 근본적으로 이동시킨다. 스왑의 보유자는, 그 기초자산을 보유하고 있는 것 때문에 테이블에 앉을 수 있지만, 채무자인 기업의 가치를 증대시키는 것이 무엇인가에 대하여 관심을 가지기보다는 어떤 코스의 행위가 "신용사고"인지에 대하여 더 관심을 가질 수 있다. 극단적인 경우로서, 만일 대부자가 채권 그 자체의 관점에서 본 위험 이상의 신용부도스왑을 매입하였던 경우에는, 대출 그 자체가 연체 상대로 들어가는 것이 대부자의 입장에서는 이익이 된다. 회사를 날려 버리는 것이 그것을 구제하는 것보다 훨씬 큰 이익을 창출할 수 있는 것이다.

미국과 네덜란드 양쪽에 자산을 가지고 있었던 초국적 회사인 리욘델 (Lyondell) 사는 그 미국 내 사업을 제11장절차로 넣었다. 그러나, 네덜란드에서의 사업은 어떠한 파산절차에도 들어가지 않은 채 조업을 계속하였다. 이와 같은 상황은 네덜란드에 있는 계열사가 발행하였던 사채에 대하여 사채권자들이 연체라고 선언한 것을 미국의 파산법원이 무효라고 막을 수 있는지 여부에 관한 논쟁을 촉발하였다. 사채권자들의 연체선언이 적법하다고 판정되면, 네덜란드의 계열사는 네덜란드의 파산절차에 끌려들어가 대략 채권자 누구든지 더 손해를 보는 청산으로 갈 것임이 거의 분명하였다. 사채권자가 자신들의 이해관계에 반하는 일을 막을 이유가 무엇인가? 그것은 네덜란드 회사가 연체로 들어가자마자 예쁘게 지급 받을 수 있는 신용부도스왑을 사채권자가 사채와 동시에 보유하였기 때문이라는 추측을 내놓은 사람들이 있다.

신용부도스왑은 제11장절차 이전에 또 그 바로 직후에 도덕적 해이 문제를 발생시킨다. 제11장절차 사건은 그 자체로 스왑을 종결하는 '신용사고'에 해당한다. 계좌는 종결되고, 채무자에 대한 채권에 수반하는 통제권은 곧 경제적 이해관계를 가진 자의 수중으로 돌아가게 된다. 신용부도스왑은 파산절차 이전에 일어나는 워크아웃을 심각하게 방해 또는 왜곡할 수 있고, 대부분의 행위가 이루어지는 절차의 초기 단계에서도 그런 문제가 생긴다. 관리인의 신규 차입에 대한 승인에서부터 채권자협의회의 구성에 이르기까지 많은 쟁점이 1개월 이내에 행하여지는데 이러한 중요한 행위에 대하여 신용부도스왑의 매수인은 본래 관심이 없고, 매도인은 사태를 장악하기에는 너무나 짧은 기간이다.

총수익스왑(total return swap, TRS)은 신용사고의 와중에 반드시 청산될 필요는 없으므로 파산사건의 일생에 더욱 깊게 펼쳐 들어가는 문제를 일으킨다. 총수익스왑에서, 대출채권의 보유자(총수익지급인)는 대출채권과 그 가치증가로부터 나오는 소득을 전부 내주는 대신에 확정된 수익과 가치감소에 대한 손실 보상의 보장을 받는다. 채권보유자는 대출채권과 관련한 경제적 위험을 전부 털어내지만, 그럼에도 불구하고 대출채권과 이에 수반하는 통제권을 그대로 보유한다. 총수익스왑은 그 투자자(총수익수취인)로 하여금 채권에 연결된 통제 권능 없이 대출채권 상의 경제적 권리를 누릴 수 있게 허용함으로써 가치를 극대화하는 것이 아닌 다른 결정을 할 위험이 있게 된다.

이와 같은 새로운 금융증권이 야기하는 문제는 시간을 두고 자기교정적으로 해결되어야 한다. 이러한 권리의 구매자들은 부실채권 전문가들로서 사건에 적극적으로 관여할 인센티브와 전문성을 갖추고 있을 가능성이 크다. 물론 그들도 원하는 바에 따라 장부 상의 보유자들의 의지에 의존할 수밖에 없지만, 전형적인 경우라면 장부상 보유자들은 실질 보유자들의 의지에 따를 것이다. 긴장이 존재하는 한, 소유와 지배관리가 분리되어 있는 경우에는 언제나 존재하는 대리인 문제(agency problem)를 극복하기 위하여 지배관리와 형식적 소유권을 재조합하려고 당사자들은 시도할 것이다. 그러나 문제를 해결할 때까지는 시간이 걸릴 것이고, 문제가 정리되는 동안 승자와 패자가 생길 것이다.

제11장절차에서 사업의 계속

관리인(보통은 채무자 자신이 관리인의 역할을 하는 DIP)은 특정 그룹의 이익을 증진하기 보다는 파산재단의 가치를 극대화하여야 한다.[16] 제11장절차는 이런 결과를 보장하기 위하여 전적으로 관리인에게만 의존하는 것은 아니다. 채권자들은 채권자협의회를 통하여 회생절차에서 그들의 의사를 대표하게 한다. 더욱이, 법원은 변호사, 회계사 등 전문직업인이 전체로서의 파산재단의 이익을 증진시켰는지 아닌지를 질문하는 방식으로 전문직업인의 보수에 연계된 활동을 평가할 수도 있다.

현행 파산법은 경영자가 자신의 이익이 아니라 모두의 이익을 살피고 있도록 보장하기 위한 감독기제를 설정하고 있다. 이 절차는, §363에 구현되어 있는 바와 같이, 일상적인 사업상 결정은 별 다른 다툼을 발생하게 하지 않는다는 전제에서 출발한다. 관리인(따라서 그 권한을 행하는 채무자)은 파산재단에 속하는 재산을 사용하고, 매각하고 임대할 수 있는 일반적인 권한을 가지고 있다.[17] 소매업에 종사하는 자가 고객이 물건을 사러 가게로 올 때마다 법원에 들어가서 재산의 매각에 대하여 허가를 받으라고 요구한다면 제 정신이 아니라고 할 것이다. 관리인의 역할을 하는 채무자는 원재료를 구매하고 완제품을 판매할 수 있어야 한다. 기존의 경영자들이 이와 같은 최소한의 영업활동에 관하여도 신뢰를 받을 수 없다면, 제3자인 관리인이 선임되어야 한다. 통상적인 사업활동의 범주를 벗어나는 거래라면, 법원의 심사를 받아야 한다. 이해관계인에 대한 통지와 심문 절차를 거친 후에야 채무자는 거래를 할 수 있다.[18]

파산절차에서, 파산법원은 자기거래(self-dealing)의 방지와 "재단을 위하여 가장 높은 가격 또는 가능한 많은 전반적 이익을 획득"할 것으로 보이는 과정을 보장하기 위하여 유의하여야 한다.[19] 우선 다양한 이해관계인들이 집합적인 권리

---

16) In re Central Ice Cream, 836 F.2d 1068 (7th Cir. 1987). 이것은 일반민사법에서도 그러하다. 예를 들어, Production Resources Group, LLC v. NCT Group, Inc., 863 A.2d 772, 790-92(Chancery Del. 2004).

17) 관리인이 사업을 운영할 권한이 있을 경우에만 이러한 권능을 가지지만, 사업을 계속 운영할 권한은 제11장 사건에서 가정되어 있는 것이다.

18) 현행 파산법 하에서 통지와 심문을 요구한다는 것은, 심문을 필요로 한다는 것과는 다르다. §102 참조.

19) Cello Bag Co. v. Champion International Corp., 99 Bankr. 124, 130 (Bankr. N.D. Ga. 1988).

행사인 파산절차가 요구된다는 사실 자체가 이들 이해관계인들이 결정을 왜곡하지 않았을 것을 법원은 확보하여야 한다. 동시에, 파산법원은 가능할 때에는 시장 메커니즘을 이용하여야 한다.[20] 따라서 채무자 관리인의 행동이 시장의 조건에 어긋나게 이루어졌을 때에는 경영판단의 원칙(business judgment rule)과 같은 원칙을 파산법원은 거의 적용하지 않으려고 한다.[21]

선수들이 사업의 자산의 개별적 매각에 의한 기업의 청산 이외의 다른 대안을 추구하려고 하면, 다만 당분간만이라도 사업을 계속 운영할 방도를 찾아야 한다. 신청 이후에 발생하는 채무는 일반 채권자가 조금이라도 변제 받는 것에 앞서서 지급되어야 한다. 이것들은 "절차비용", 즉 "재단의 보전을 위하여 필요한 실제로 지출한 비용과 지출"이다. §507(a)(1) 하에서 이 절차비용은 채무자에 대한 무담보채권보다 먼저 변제 받는다. 더욱이, 회생계획은 절차비용의 전부 현금 상환을 정하여야 한다.

이 원칙의 배경이 되는 논리는 분명하다. 재단의 가치를 증대시키기 위하여 지출된 돈은 재단 자신이 부담하여야 한다. 이 원칙은 회생을 조화롭게 조직하는 전문직업인의 보수를 지급하기 위하여도, 사람들이 채무자 회사에 대한 거래를 끊지 않고 지속하도록 확보하기 위하여도 필요하지만, 그 적용 범위는 더 넓다. 예를 들어 절차 개시 이후에 발생한 불법행위로 인한 손해배상청구권은 절차 개시 이전에 발생한 일반 채권자에 앞서서 변제 받는다.[22] 손해배상책임을 부담하게 될 위험은 채무자의 상황을 재정비하기 위하여 시간을 가지는 것으로 인하여 발생하는 필수적 비용의 하나인 것이다. 무담보채권에 대하여 신청 이후에 발생하는 불법행위손해배상책임을 우선하게 함으로써, 파산절차로부터 이익을 보는 사람들이 이 비용을 내부화하는 것을 확보할 수 있다.

비록 고유 의미의 "절차비용"은 아니지만, 신청일로부터 20일 이내의 기간 동안에 채무자가 수령한 재화의 매도인에게는, §503(b)(9)에 의하여 절차비용으로서의 우선순위가 주어진다. 이들에게 우선적 지위를 제공하는 것에 대하여 몇 가지 이유가 주장된 바는 있었지만, 임금을 다 받지 못한 근로자(이들은 일정 금액 한도에서 우선권이 있을 뿐이다) 또는 불법행위의 피해자(파산절차에서나 바깥에서나

---

20) Bank of America v. 203 North LaSalle Street Partnership, 526 U.S. 434 (1999).

21) 예를 들어, In re Bidermann Industries U.S.A., 203 Bankr. 547 (Bankr. S.D.N.Y. 1997).

22) Reading Co. v. Brown, 391 U.S. 471 (1968).

우선권을 누리지 못한다)보다 우선권을 가져야 할만한 사유를 찾기는 힘들다. 이들 물건 공급자들에게 전액 변제하기 위하여 현금을 확보할 필요로 인하여 자금시장에서 유동성이 없을 때에는 심각한 장애가 발생할 수 있다.

채무자관리인이 영업을 계속하기 위한 새로운 자금 수요가 없을 때라도, 관리인은 공급자들이 물품대가를 지급받을 것임을 확신하게 하기 위하여 일련의 지속적 신용을 필요로 할 수 있고, 채무자가 담보로 제공되지 않은 자산을 보유하고 있지 않은 경우에는, 이러한 자금을 공급할 수 있는 자로 기존의 제1순위 담보권자 이외의 다른 자금 조달처를 찾기 힘들 수 있다. 또 최근 자본 구조의 변동, 특히 제2순위 담보권부 대출의 융성으로 인하여, 많은 사건에서 채무자의 재산이 담보가 되지 않은 채 남아 있지 않다. 따라서 절차 개시 후의 신규 자금 대출은 제1순위 담보권자만이 할 개연성이 크다.

최근 대규모 사건에서 담보채권자의 권리는 파산법원의 선택권을 아주 좁은 범위로 제약하는 경향이 있다. 제3자로부터 자본을 조달하려고 하더라도 그는 담보채권자 다음 순위로 취급되기를 원하지 않을 것인 반면에, 파산법원은 그 제3자에게 담보권에도 우선하는 "최우선 담보권(priming lien)"을 부여할 수 있는 능력이 없다. 담보권자에게 충분한 보호(adequate protection)를 줄 수 없기 때문이다.

만일 현금, 은행예금 기타 현금등가물 그 자체가 담보로 제공되어 있는 경우에는 채무자가 추가로 차입을 할 필요가 없는 때에도 문제가 있다. 사업이 계속되도록 유지하려면 이러한 "현금담보물"을 사용할 것이 필요하다. 관리인(및 그 역할을 하는 채무자)은 현금담보물을 인출하려면 법원으로 가서 현금담보물 상에 담보를 가진 당사자에 대하여 "충분한 보호"를 부여하는 것임을 입증하여야 한다. 사건의 초기에 다른 모든 것이 이전과 같이 진행하는 상황에서 그러한 입증을 하기는 힘들다. 신청 이전에 담보권자와 미리 이 점에 대하여 협의를 성립시켜 둔다면 채무자는 성공할 가능성이 크다.

현대의 많은 제11장 사건에서, 담보권자는 방 안에 있는 300kg짜리 고릴라와 비슷하다. 절대적인 영향력을 가지고 있다. 채무자인 기업이 다른 곳에서는 자금을 융통할 능력이 되지 않는다는 점은 담보채권자에게 절차의 신청에 대하여 유효적절한 비토권을 부여할 수 있다. 사실, 많은 경우에 있어서 제11장절차는 담보권자가 민사법상의 임의경매를 하여 대출금을 회수할 권리를 행사하는 것 대신에 담보물을 처분하기 위하여 파산법정을 사용하기를 원하기 때문에 개시되는 경우가 많다. 민사법 상의 절차에서는 각기 다른 법률을 가진 여러 주에 걸쳐 있는 부동산과 동산으로 담보목적물이 구성되어 있어 담보물을 일시에 처분하는 것은 사실상 불가능할 수 있기 때문이다.

　비록 현행 파산법이 일반 채권자들은 담보권의 만족을 하고 나서 남은 자산에 대한 권리자인 것이라는 전제로 하여 구축되어 있지만, 파산법의 어디에도 파산절차가 오로지 담보채권자에게만 이익을 주는 것을 방해하는 규정은 존재하지 않는다. 사실 제11장의 기원이 된 19세기의 형평법 상 강제관리의 방식을 사용한 구조조정은 자본구조에 있어서 주로 담보채권으로 구성된 채무를 진 기업을 중심으로 진화해왔다.

　최근의 사례에서, 담보채권자와 무담보채권자 사이에 있어서 보다는 같은 순위에 있는 담보채권자들 사이에 다툼이 발생하는 경우가 많이 있다. 이들은 계속기업으로서 회사를 매각할 것인지 아닌지와 같은 문제에 관하여 의견의 불일치를 보일 수 있다. 이러한 상황에 처한 파산법원은 담보권자들 사이에 체결한 합의를 조사하여 그 조건대로 시행하는 경향이 있다.[23]

　담보채권자가 제11장절차의 수익자일 때, 담보채권자는 통행세를 지급할 준비가 되어 있어야 한다. §506(c)에 의하여 관리인은 담보물을 보존하기 위하여 필요한 합리적인 비용과 지출을 그 담보물의 부담으로 부과할 수 있지만, 실무상으로 이 권한은 자주 포기된다. 대신에, 사건의 시작 무렵에 일정 한도 내에서 사건의 진행에 대한 비용을 담보권자가 부담하는 협상이 이루어지고 담보권자가 동의한다. 이러한 "깎아내기(carve out)" 약정을 통하여, 담보채권자는 담보에 대하여 가지고 있는 청구권의 일부를 포기함으로써 그것이 절차 개시 후에 발생하는 비용을 충당하도록 해준다. 더욱이, 담보를 취득한 대부자는, 현금담보의 사용에 동의하고, 또 필요하다면, 사업이 계속될 수 있도록 하는 관리인 금융을 제공하기도 한다. 그렇지만, 이와 동시에, 담보권자는 몇 가지 조건을 관철하려고 할 가능성이 크다. 그 중에서 특히, 담보권자는 그의 돈이 담보권자가 담보물에 가지는 우선특권을 무효화하기 위하여 사용되지 않기를 원한다.

　관리인인 채무자에 대한 대부가 있으면 대부자는 회생과정에 대하여 실질적으로 완벽한 지배권을 가지게 된다. 전형적인 관리인 대부계약은 많은 재무적 서

---

23) In re Metaldyne Corp., 409 Bankr. 671 (Bankr. S.D.N.Y. 2009).

약을 포함하고 있는데, 그 중 어느 하나라도 위반하게 되면 대부자는 자금조달계약을 종료할 수 있게 된다. 이 대부계약은 파산절차에서의 자동 중지 제도의 적용한도를 제한한다. Winn-Dixie 사의 파산사건에서 채무자관리인에 대한 대부자는 연체가 발생하면 5일간의 여유를 부여한 통지를 하는 한 담보물의 어느 것이나 압류하여 매각할 수 있다는 점을 관철하였었다. 채무자관리인 대부자는 채무자가 제11장절차에 남아 있는 동안에는 기업에 대하여 아주 제한적인 정도의 자유만을 허한다. 전형적인 약관 중 하나에 의하면, 대부자의 반대에도 불구하고 현금담보를 사용할 채무자의 권한을 박탈하며, 어떤 조항은 채권자의 담보 위에 그보다 선순위의 선취특권이 생길 수 없게 제한한다. 더욱이 대부약정은 채무자가 특정된 날짜까지 그 자산을 매각하도록 조치하는데 실패하는 경우에는 대부계약이 종료하는 것으로 규정할 수도 있다.

　　채무자관리인에 대한 대부자는 채무자가 회생계획안을 작성하는데 얼마나 걸리는지 및 계획이 종국적으로 취할 형태 모두에 대하여도 영향력을 행사할 수 있다. 대부계약은 일정 시한 내에 회생계획이 제출되지 않을 경우 그것은 연체사건에 해당한다고 규정하기도 한다. 그러한 조항은 채무자가 배타적으로 계획안을 제출할 수 있는 기간의 길이에 대한 결정권을 사실상 법원보다는 대부자가 장악할 수 있게 해준다. 또 회생계획을 작성할 수 있는 자유도 역시 제한된다. 심지어는 대부자가 사전에 서면으로 동의하지 않으면 회생계획안을 제출하지 않고 또 당해 사건에서 신청을 제출하지 않는다는 서약을 포함하기도 한다.

　　현금담보 사용에 관한 법원 결정 및 담보권자에 대한 충분한 보호를 둘러싼 협상과정의 일환으로서, 담보채권자는 어떤 경우 채권의 "순위상승(roll-up)"을 요구하기도 한다. 이전의 채권이 지급되고 새로운 과목의 채권이 발생하게 됨에 따라 담보권자는 그들의 오래된 신청 이전의 채권이 절차비용의 우선순위를 가지는 신청 후 발생 대출로 변환될 것을 요구하기도 한다. 절차비용의 상환청구권은 회생계획이 인가될 때에는 전액이 현금으로 상환되어야 하는 것이므로, 이와 같은 조항은 실질적으로 채무자가 채권자의 반대를 극복하고 회생계획의 인가를 강제할 수 있는 권한을 제거하는 것이다. 채무자는 이러한 요구를 물리치려고 애쓰지만, 제11장절차에서 기업에 새로이 자금을 대여할 수 있는 다른 당사자가 존재하지 않는 이상 그렇게 할 수 있는 능력은 제한적일 개연성이 크다.

　　항소심 법원들은 신청 이전의 채권을 신청 이후의 채권으로 연결하려는 대부자들의 노력에 대하여 회의적인 눈으로 보고 있고 특히 절차의 초기에 그러하다.[24] 그렇지만, 다른 파산 실무에서 그러하듯이, 상급심 법원에서 일어나는 것과 현장에서 일어나는 것 사이에는 불일치하는 점이 많이 있다. 많은 의문이 상급심에서 심리되기 이전에 묻혀진다. 각 지역마다 다른 관행이 발전하고, 어떤 경우에는 한 관할 구역 내에서도 판사마다 다르다. 특정 관할 법원 (그 선택에 대하여 담보권자가 상당히 영향력을 행사한다)에서 통용되는 규정들을 유리하게 조합함으로써, 채무자관리인 대부를 행하는 최우선 순위 채권자는 그가 반대할만한 방식으로는 어떠한 결정도 이루어지지 않는 것을 확보할 수 있다. 현금담보 대체 결정은 종종 비슷한 조항을 가지고 있다.

한 때 채권자들이 경영진을 교체하고자 원할 때에는 관리인의 임명을 요구하여야 했다. 그러나 현대의 제11장절차 하에서는, 관리인을 임명하여 달라고 법원에 신청할 이유가 전혀 없다. 왜냐하면 그들은 스스로 경영진을 교체할 수 있는 경우가 많기 때문이다. 사실, 그들은 관리인의 임명을 원하지 않는다. 그것은 경영권을 채권자가 원하지 않는 자에게 넘기는 것이기 때문이다. 관리인이 임명된다는 것은 채무자관리인 금융 약정에 있어서 연체를 일으키는 사건이 되었다.

채무자관리인 금융과 담보권자의 비용부담 결정은 사건의 초기에 이루어지는 수많은 주요 결정 중 단 두 가지에 불과하다. 사전에 주의 깊은 계획을 미리 수립하여 두지 않은 한 제11장절차는 거의 성공적이지 못하다. 그 다른 것들 중에서, 효과적인 사전계획을 하기 위하여는, 변호사들은 그들이 맞서게 될 종류의 도전과제가 무엇인지 사전에 알 필요가 있다.

흔한 문제의 하나는 절차 이전에 발생한 무담보채권자 중 일부에게 즉시 지급을 해주어야 할 필요가 있다는 점이다. 목요일에 제11장절차를 신청하였을 때, 금요일에 급여를 지급 받을 근로자들은 지급되지 않은 임금에 관한 한 일반 채권자에 불과하다. 물론 그들은 §507에 의하여 우선권을 누리기는 하지만, 사건이 종결되기 이전에는 그 지급을 보장하는 것은 아무것도 없고 때때로 회사는 어느 모로 보더라도 담보채권자의 채권액에도 못 미치는 가치를 가지고 있을 뿐이다. 그렇지만 근로자에게 임금을 주는 것은 사업을 계속 운영하는데 필수적인 것이다.

많은 경우에, 어떤 절차 개시 전 채권을 변제하는 것의 논리는 워낙 강력해서

---

24) 예를 들어, Otte v. Manufacturers Hanover Commercial Corp. (In re Texlon), 596 F.2d 1092 (2nd Cir. 1979); Shapiro v. Saybrook Manufacturing Co., 963 F.2d 1490 (11th Cir. 1992).

아무도 여기에 대하여 반대할 생각을 하기 힘들다. 예를 들어 Marvel Entertainment Group의 제11장 사건에서, 일반채권자 중 가장 큰 규모 그룹의 일반 채권자는 회사가 발행하는 만화잡지의 정기구독자들로 구성되어 있었다. 이 사람들이 선불한 구독료를 대가로 그들에게 만화책을 우송하여 줄 회사의 채무는 파산법상 의미에서 "채권"에 포함되었다. 절차의 개시로 인한 자동 중지는 다른 채권자들과 마찬가지로 그들에게도 적용되고 그들도 채권을 즉시 변제 받지 못하는 것은 법률상의 요구일 뿐이다. 그러나 수천 명의 12살짜리 아동들을 제11장절차에 의한 회생절차에 참여하게 하는 것은 그저 어리석은 일이고 또 그렇다고 그들에게 만화책의 발송을 중단하는 것은 사업의 지속에 재난을 가져올 것으로 전망되었기에 어느 누구도 이들에 대한 채무 이행에 반대하지 않았다. 항공사의 탑승 마일리지도 그것을 항공사가 이행하는데 다른 채권자 누구도 이의하지 않는 전형적인 절차 개시 이전 채권이다.

채무자는 영업의 지속에 긴요한 물품을 공급하고 절차 개시 이전의 채권이 지급되지 않으면 거래를 끊겠다고 위협하는 판매처에 대하여 지급을 해야 할 필요가 있을 수 있다. 절차 개시 이후 채무자의 생존을 복잡하게 할 수 있는 절차 개시 전 채권자에게 지급을 하는 것은 다른 모든 사람들의 지위를 개선한다. 파산법원은 이러한 경우 §363(b)에 의하여 "관건적인 매입거래처의 인정"을 발하지만, 엄격하게 심사한다. 채무자의 업무 처리에 편하다는 사유만으로는 지급허가를 거부하는 것이 보통이다. 중요한 매입거래처이므로 지급하여야 한다고 신청하는 자는 그렇게 먼저 지급함으로써 전체로서의 파산재단에 이익이 된다는 점을 입증하여야 한다.[25]

법원은 보통 (예를 들어 임금의 지급이나, 점유하는 관건적 원료를 인도하기를 거부하는 운송인에 대한 운임 지급과 같이) 사건이 개시되는 바로 그 때 이루어져야 할 지급을 채권자협의회의 구성까지 기다릴 수 있는 금전 지급과 구별하는 경향이 있다. 전자는 신청 첫날 승인하지만, 후자는 채권자협의회가 반대할 기회를 가진 다음에야 승인한다. 다른 곳에서와 마찬가지로 여기에서도, 역시 파산절차 신청 이전의 기획이 사건의 진행을 편하게 한다. 만일 채무자의 사업이 특정 매입거래처로부터의 공급에 의존한다면, 채무자는 그 공급에 대하여 계약 상의 권

25) In re Kmart, 359 F.3d 866 (7th Cir. 2004).

리를 가지고 있어야 한다. 그러한 계약을 체결하고 난 다음에 파산절차에서는 그
것의 계속적 이행을 선택함으로써, 채무자는 그 물품의 지속적 공급을 받을 수
있는 것이다.

기업활동이 점점 더 인적 자본에 의존하게 됨에 따라, 기업은 핵심적인 임직
원들(key employees)이 기업을 떠나게 되면 취약하게 된다. 기업이 재무적 곤경에
빠져 있음을 인식한 상태이지만 계속기업으로서 존속하기를 희망한다면, 가장 유
능한 경영자가 잔류할 필요가 있고 어떤 경우 새로운 경영자를 영입할 필요가
있다. 더욱이, 회사가 매각되거나 청산될 예정이라고 하더라도, 당분간이라도 현
재의 관리자들을 유지할 필요가 있는 경우가 있으며, 이것은 그들이 기업에서 아
무런 미래가 없고 배에서 뛰어 내릴 인센티브만 있는 경우라도 그러하다. 이것을
이룩하면서도 채무자를 이렇게 절망적인 상태에 이르게 한 무능한 관리자들을 보
상하지 않는 것은 파산법원에 또 다른 도전과제를 제기한다.

파산법에는 이 문제에 대한 몇 개 조문이 있다. §548(a)(1)에 의하면 통상적
인 영업 과정을 벗어나 합리적으로 등가적인 가치에 미치지 못하는 대가를 받고
내부자에 대한 자산의 이전이 이루어진 경우에는 부인권을 행사할 수 있다.
§503(c)는 여러 가지 조건이 만족되는 경우를 제외하고는 내부자가 기업에 남아
있는 것을 조건으로 하는 추가 보수(retention payment)를 금지한다. 그 조건 중에
는 그가 다른 고용자로부터 진실한 채용제안을 받고 있고, 그가 기업에 필수적인
용역을 제공하는 자라는 입증이 포함되어 있다.

기업의 가장 가치 있는 자산인 임직원들이 다른 곳으로부터 영입제안을 받
도록 낚시질을 하게 하는 것은 어리석은 것이고, 그러한 사실을 입증하도록 하게
하는 것은 사실상 어떤 경우에도 불가능하다. 이와 같이 쓸모 없는 추가 보수 조
항을 만족하려고 노력하는 대신에, 실무에서는 핵심 임직원들에 대한 인센티브
보수를 제공하는 관행이 등장하였다. 어떻게 그 구조를 만드는지도 역시 이해관
계인 사이의 협상과 법원의 심사를 받는 문제가 되었다.[26]

---

26) In re Global Home Products, LLC, 369 Bankr. 778 (Bankr. Del. 2007); In re Dana Corp., 358
Bankr. 567 (Bankr. S.D.N.Y. 2006).

영업양도(Going-Concern Sales)

　§363는 채권자들에게 통지 및 의견진술의 기회가 부여되는 것을 조건으로 하여 관리인 또는 채무자관리인이 통상의 사업 운영의 범주를 벗어나는 거래에 관여할 권한을 부여한다. 여기에서 최선의 지침을 제공할 수 있는 민사법 상의 원칙은 회사가 파산절차 외에서 기동할 때 작용하는 것들이다. Revlon 법리에 의하면, 인수합병이 불가피해지면, 이사회는 "매각에 있어서 회사의 가치를 극대화할 의무"가 있다. 즉 이사들은 가장 높은 가격을 받아낼 의무를 진 "경매진행자"가 되는 것이다.[27] Committee of Equity Security Holders v. Lionel Corporation 사건에서, 제2항소법원은 합당한 사업 상의 이유가 있는 한, 파산절차에서 영업양도를 진행할 수 있다는 관념을 확립하였다.[28]

　명확히 해결되지 않은 쟁점 중에는, 매수인이 영업을 양수하면서 어느 한도까지 기존의 이해관계인들과 잠재적 채권자들로부터 자유롭고 명확하게 보호 받을 수 있느냐의 문제가 있다. 제3항소법원은 §363(f)의 문면을 넓게 해석하여 민사법 상 영업양수인의 책임에서 발생하는 채권까지 포함하여 "모든 이해관계"로부터 자유롭고 명확한 매각이 허용된다고 보았다.[29] 이 접근방식은 처음 제시된 원칙의 의미가 있다. 일부 채권자들이 새로운 소유자의 수중에 넘어간 자산에 추급할 수 있도록 허용하게 되면 자산의 매매가격을 낮추게 되고 따라서 한 그룹의 채권자로부터 다른 그룹으로 가치를 이전하게 된다. 이러한 해석이 일반적으로 받아들여지게 될지는 아직은 지켜 보아야 한다.

　현재 논쟁이 진행 중인 쟁점은 영업양도의 적절성을 둘러싼 것이라기보다는, 그것이 어떻게 실행되느냐에 있다. 담보채권자가 사건의 진행에 있어서 결정적인 영향력을 가진 사건에 있어서는, 담보채권자가 매각 절차의 진행과정도 역시 주도하게 될 것이다. §363(k)의 규정 하에서, 담보채권자는 매각에 응하여 매각대가와 채권을 상계할 자격이 있다.[30] 이러한 "외상 응찰"을 할 능력은 개념적으로는

---

27) Revlon, Inc. v. MacAndrews & Forbes Holdings, 506 A.2d 173, 182 (Del. 1986).
28) 722 F.2d 1063 (2d Cir. 1983).
29) In re Trans World Airlines, 322 F.3d 283 (3d Cir. 2003).
30) Cohen v. KB Mezzanine Fund Ⅱ (In re SubMicron Systems Corp.), 432 F.3d 448 (3d Cir. 2006).

건전하다. 담보채권자는 그가 받을 수 있는 채권 금액의 한도까지는 매각대가를 취득할 자격이 있다. 입찰에 응하는 담보채권자가 매수인의 자격에서 경매실행인에게 납입하는 돈은 매각되는 물건에 제1순위로 손을 댈 수 있는 사람이 가져갈 수 있는 돈이기 때문이다. 이러한 외상 응찰을 허용하는 것은 담보채권자가 현금이 없는 짧은 기간 동안 대출을 받아야 하는 비용과 위험을 절약할 수 있도록 해준다.

담보채권자는 매각을 지연함으로써 얻을 것이 없고, 예상보다 상황이 악화되면 그로 인한 손실을 전담하여야 하기 때문에, 담보채권자는 신속한 매각을 강요할 인센티브가 있다. 만일 회사의 가치가 담보채권자가 받아야 할 금액을 하회한다면, 담보권자의 주도 하에 매각이 이루어지는 것과 관련하여서는 아무런 문제가 없다. 손실을 담보권자가 부담하기 때문이다. 그러나 자산이 담보권자가 받아야 할 금액 이상의 가치가 있는 경우에도 담보권자가 매각을 밀어붙이는 상황에 대하여 걱정할 필요가 있다. 이 경우 담보권자가 받아야 할 금액만을 받고 급하게 하는 것은 다른 모든 사람들을 해치기 때문이다.

담보채권자가 기업을 팔거나 외상으로 기업을 직접 취득하기를 원할 때, 파산법원은 미묘한 입장에 처하게 된다. 법원이 신속하고 간편한 매각을 승인하는 경우에만 현금담보의 사용에 담보권자가 동의할 것으로 보이고 또 담보권자 자신도 그런 입장을 표명한다. 대부분의 후순위채권자는 반대를 조직해 내기에는 시간이 부족하고 담보권자는 출석하는 사람들과는 거래를 함으로써 협력을 이끌어낼 수 있다. 급박한 일정 때문에 막상 경매 입찰에 나타날 수 있는 것은 담보권자 자신 또는 사전에 담보권자가 유치한 매수인 밖에 없을 가능성이 크다.

매각 절차는 법원의 허가를 받아야 하고, 법원은 §363(k)의 규정에 정하여진 사유로 외상 응찰을 제한할 수 있다. 법원은 경쟁 입찰이 이루어져야 한다는 이유만으로는 담보권자의 외상 응찰을 제한할 수 없다. 그러나 완고한 담보권자가 조기 매각을 압박하지만 그 담보권의 유효성이 여전히 다투어지고 있는 경우에는 외상으로 입찰할 권리를 제한할 수 있다.[31]

파산절차 이전에 매수를 원하는 자들을 충분히 물색하였고 또 절차비용이 전부 지급될 수 있다는 점을 매각을 추진하는 충분히 입증하는 경우에는 파산법

---

[31] In re Fisker Automotive Holdings, Inc., 2014 WL 210593 (Bankr. D. Del. 2014).

원도 신속한 매각을 편하게 승인하는 경향이 있다. 잠재적 매수인을 좁은 범위에서 물색하였고, 매수인에게 대항마(stalking horse)와 같은 의무를 부담하도록 요구하는 공개매각 절차를 제안하는 경우에는 망설일 가능성이 크다. 매수인이 특정의 의무를 수락하도록 강제되는 경우에는, 다른 형태의 (아마도 내부자에게 덜 유리한) 공정한 입찰은 실행되기 어려울 우려가 있다. Chrysler 사건에서, 청산 매각으로는 훨씬 낮은 대가밖에 받지 못한다는 반박할 수 없는 증언이 나온 다음에야 파산법원은 영업양도를 허가하였다. Sun Times 파산절차에서는, 청산매각까지 허용하기 위하여 매각 절차의 적용범위를 넓힐 것을 법원은 관철하였다.

어떠한 매수인이라도, 채무자의 현황을 조사하는 것과 기업을 매수하겠다고 서약하는 것에 상당한 자원을 소모하였음에도 불구하고 다른 자가 나타나서 그 조사결과의 과실을 누리고 약간 더 높은 금액으로 응찰하여 기업을 가지고 가는 상황을 원하지 않을 것이다. 파산절차 이외에서는, 최초의 응찰자는 만일 회사가 종국적으로 타인에게 매각될 때에는 일정 금액을 지급 받아야 한다고 주장하는 것이 보통이다. 그 금액은 입찰을 준비하기 위한 작업에 대한 보상이기도 하고 특정 가격에 자산을 팔 권리 즉 풋옵션에 대한 대가이기도 하다. 이러한 협상결렬수수료(breakup fee)는 입찰에 부정적 효과를 가져다 줄 수도 있지만, 다른 입찰까지 유치할 수 있는 건실한 입찰을 잠재적 매수인이 실행할 수 있도록 장려하는 효과도 있다. 일부 파산법원은 협상결렬수수료를 민사법정처럼 존중하지는 않는다.[32] 그럼에도 불구하고 대부분의 파산법원은 그 목적과 효과가 매매가격을 높이는 것인 한 협상결렬수수료 조항의 효력을 인정한다.[33]

파산법원은 시장 메커니즘의 실현 결과를 사후에 폄하하는 임무를 부여 받은 것이 아니고, 오히려 시장 메커니즘의 작동을 보장하는데 주의를 기울여야 한다. 작은 규모의 시장에서는 차이가 무엇인지를 말하기는 쉽지 않다. 잠재적 매수자는 내부자들이다. 잠재적 매수자는 협상테이블에서의 자리를 확보하기 위하여 회사에 대한 채권이나 주식을 상당히 취득하였을 수 있다. 한 사건에서 경쟁입찰을 촉진하는 메커니즘이 다른 사건에서는 방해하는 쪽으로 작용할 수 있다.

---

32) 예를 들어, Calpine Corp. v. O'Brien Environmental Energy, 181 F.3d 527, 535 (3rd Cir. 1999); AgriProcessors, Inc. v. Fokkena (In re Tama Beef Packing, Inc.), 321 Bankr. 496, 498 (B.A.P. 8th Cir. 2005) (파산절차에서 협상결렬수수료는 보통매각가격의 1% 내지 4%라는 점을 지적함).
33) Official Committee of Subordinated Bondholders v. Integrated Resources, 147 Bankr. 650 (S.D.N.Y. 1992).

다른 곳에서와 마찬가지로 여기에서도, 파산법원은 대담한 고난도의 행동을 할 책무가 있다.

　파산절차에서의 자산매각이 자주 일어나게 됨에 따라, 입찰 절차도 더욱 복잡해졌다. 관심 있는 제3자가 반드시 현금을 들고 입찰에 참여하라고 강제하는 규정은 없으며, 실제로 파산법원은 현금이 아닌 입찰 경쟁이 있었던 경우에도 자산매각을 수행하여 왔다. 그렇지만, 영업양도가 그런 형태를 띠고 어떤 채무는 매수인이 승계하고 어떤 채무는 그렇지 않은 방식으로 이루어지는 빈도가 많아질수록, 이러한 것들은 도대체 매매라고 볼 수 없는 것이고 오히려 회생계획의 인가 과정이 부여하는 모든 보호를 필요로 하는 회생계획 그 자체라는 의구심이 들게 된다. 이 절차는 다음 장에서 중점적으로 살펴보기로 한다.

회생계획의 형성

제 11 장

회생계획의 형성

 회생과정의 개요

　　이제 우리는 회생계획과 회생과정을 살펴본다. 입법자들이 상정한 이상적인 진행단계는 다음과 같다. 대출 원리금을 제 때 갚지 못하는 회사는, 그대로 유지할만한 가치가 있으므로, 제11장절차의 보호를 청원한다. 이전의 경영진이 기업을 계속 운영한다. 이들은 통상적인 범위를 벗어나는 의사결정은 채권자들에 대한 통지 및 이들의 의견제출을 거쳐 하지만, 대부분 영역에 있어서, 이전과 똑같이 사무를 집행한다. 세상의 다른 부분도 이전과 마찬가지의 방식으로 회사와 거래를 지속한다. 신청서가 제출된 후 즉시, 연방관재인은 채권자협의회를 구성한다. 이 협의회는 참여하기를 원하는 무담보 채권자 중 금액 기준 상위 7명의 채권자들 또는 파산절차 이전의 워크아웃을 시도한 협의회 멤버인 채권자들로 구성된다. 채권자 협의회는 변호사, 회계사 등 전문직업인을 고용하여 채무자의 상황을 조사하고 또 채무자와 채권자들 사이에서 협상의 수단을 제공한다.

　　공식적인 채권자 협의회와는 별도로, 채권자들은 공동의 이익을 증진하기 위하여 그들 자신의 "임시" 위원회를 구성할 수 있다. 임시 위원회는 채권자들이 협상에 있어서 보다 신뢰성 있고 성의 있게 하고, 어떤 경우에는 그들의 변호사 비용을 절차비용의 일부로 지급되게 할 수 있다. 그러나 공식적인 채권자 협의회와는 달리, 임시 위원회는 채권자 전체에 대하여 충실의무(fiduciary duty)를 부담하지는 않는다. 최근까지 이들 임시 위원회에 대하여는 감독이 거의 없었다. 현재는 §2019의 규정에 의하여 모든 임시 위원회는 그 멤버가 누구인지 및 "채권이나 지분의 가치, 취득 또는 처분에 의하여 영향을 받는" 경제적 이해관계를 개시하여야 한다. 이 규칙은 파산법원이나 회생 과정에 참여하는 다른 선수들이 누구와 거래를 행하는 지를 알 수 있도록 하기 위한 것이다.

　채무자의 영업이 지속되는 동안, 채무자는 회생계획을 수립하려고 시도한다. 하나 또는 그 이상의 이해관계인 그룹이 계획에 반대하는 경우라도, 통상의 기준을 모두 충족하는 것에 추가하여, §1129(b)에 개시된 특별한 기준을 회생계획이 충족하는 경우에는, 강제로 회생계획이 인가될 수 있게 할 수 있다. 이와 같이 특정 조의 반대에도 불구하고 회생계획의 인가를 얻어내는 과정을 강제인가(cramdown)라고 한다. 그러나 강제인가는 기업가치와 자산에 대한 외부의 평가를 필요로 하고, 이 평가는 비용이 많이 들고, 의존할만큼 신빙성도 없다. 이상적으로 당신은 각 조의 이해관계인들이 공존하는 회생계획을 원한다. 각 채권자의 조에 대하여 회생계획의 인가를 강제할 수 있는 경우라도, 그렇게 하기를 원하지 않을 것이다. 반면에 제법 돈이 있는 사람들도 무엇인가를 관철하려고 하는 것이 보통이다.

　파산법은 채무자에게 회생계획을 제출할 수 있는 기간으로 우선 120일을 부여한다. 법원은 이 기간을 연장할 수 있으나, 기업을 둘러싼 제반 사정이 제 궤도에 있고 경영자들이 자신들이 설정하였던 목표를 달성하고 있다는 점을 채무자가 입증하는 경우에만 그렇게 해주는 경향이 있다. 제11장절차에 들어온 대부분의 중소기업에게는, 120일의 기간은 그 기업이 살아남을 수 있는지 여부를 보기에 충분한 시간이다. 대기업의 경우 시간이 더 필요하다. 그럼에도 불구하고, 신청서 제출로부터 18개월 이내에 회생계획을 채무자가 제출하지 않으면, 다른 이해관계인에게 자신들의 회생계획을 제출할 기회가 주어진다. §1121(d)(2).

　회생계획은 채권자들의 청구권들을 다양한 조(組, class)로 분류하여 그 각각의 조에 해당하는 처우를 제안한다. 채무자가 회생계획을 제출한 후, 채무자는 이 계획의 동의를 받기 위하여 노력하여야 한다. 채무자는 회생계획에 관한 설명서(disclosure statement)를 작성하여 법원의 승인을 받아야 한다. 이 설명서의 목적은 의결권을 행사할 당사자들에게 계획의 내용을 설명하는 것이다. 일단 설명서를 승인 받으면, 채무자는 다양한 조로부터 회생계획에 대한 동의를 구하기 시작할 수 있다.

채무자는 다음 두 가지 중 하나의 방식으로 승인을 얻을 수 있다. 첫째, 채권이 특정 조에 속해 있는 채권자가 회생계획을 승인할 수 있다. 채권을 가진 채권자로서 결의에 참가한 자의 과반수가 회생계획에 찬성하고, 그 찬성하는 자가 가진 채권의 금액이 결의에 참가한 자들 모두가 가지는 채권액의 3분의 2 이상에 해당하는 가치를 가져야 한다. 주식과 지분권의 경우에는, 결의에 참가한 주식, 지분권 수의 3분의 2만 필요하다. 이것은 주주의 명수는 중요하지 않고 주식의 수만 문제된다는 각 주의 회사법 상 법리와 일치한다. 둘째, 어느 조가 §1124의 의미 내에서 손상을 받지 않는(unimpaired) 경우에는 그 조는 동의한 것으로 간주된다. 일반적으로 말해서, 어느 조가 오로지 회생계획이 불리하게 변경하지 않는 권리들로만 구성된 경우에는, 그 조는 손상을 받지 않는 것이다. 예를 들어, 본래의 대출계약상 조건이 그대로 회생계획에 반복되는 한(그리고 모든 채무불이행이 치유되는 한), 채권자의 권리는 손상을 받지 않은 것이다.

결의를 받은 후, 채무자는 법원에 회생계획의 인가를 신청할 수 있다. 법원은 회생계획이 제11장절차의 모든 요건을 갖추었음을 만족스럽게 확인하여야 한다. 그 요건 중 다수가 §1129(a)에 열거되어 있다. 예를 들어, 회생계획은 모든 절차비용 전액을 현금으로 청산지급하여야 한다. §1129(a)(9)(a). 자본시장에 쉽게 접근할 수 없는 기업들에게 이 요건은 매우 부담스럽다. 다른 것들 중에서, 신청일로부터 20일 이내에 물품을 선적한 매입거래처 모두에게 지급할 현금을 마련하여야 한다. 비록 이들의 채권은 비록 신청 이전에 원인관계가 발생한 것이라고 할지라도 "절차비용"으로 분류되기 때문이다. §503(b)(9). 실무는 일견 보이는 것보다 덜 엄격하게 이 요건을 해석하는 방향으로 발전해왔다. 절차비용 채권자들은 채무자와의 측면거래를 통하여 그들의 권리를 감축하거나 수정하여 줄 자유가 있다. 그들은 채무자와의 과거 또는 미래의 관계를 고려하여 기꺼이 그렇게 하기도 한다. 예를 들어, 가장 큰 절차비용 중에서 변호사비용이 있을 수 있는데, 이들은 시간을 두고 나누어 지급하는 것으로 협의가 이루어지기도 한다.

이러한 현금을 지급할 필요 때문에 어떤 경우 제11장절차에 의한 회생의 성공은 부인권을 행사할 수 있는 채무자의 능력에 의존하기도 한다. 여기에 실패하면, 새로운 현금의 유일한 원천은 이전의 주주밖에 없을 수 있다. 중소기업의 경우에는, 회생은 구 주주가 적어도 절차비용을 지급하기에 충분한 현금을 가진 경우에만 가능하다. 회생과정이 오래 끌면 끌수록, 절차비용은 커지고, 채무자가 회생계획의 인가를 받는 것은 더욱 더 힘들어진다. 이례적으로 참을성 있는 변호사와 회계사 없이는 말이다.

비슷한 방식으로, §1129(a)(9)(b)에 의하면 §507(a)(3) 내지 (7)에 의하여 우선권이 부여된 특정 절차 이전 발생 채권에 대한 현금의 지급을 계획으로 정할 것을 요구한다. 예를 들어 여기에는 근로자들에 대한 특정의 의무 및 근로자복리급여가 포함된다. 이들 채권의 조가 계획에 동의하지 않은 경우에는 이들 채권에 대하여는 즉시 전액을 지급할 것이 요구된다. 만일 이들 조가 계획에 동의하였다면, 개별 채권자는 즉시 지급을 요구할 수 없지만, 적정한 이자를 포함한 연차적으로 완전한 변제를 관철할 수 있다. 이것은 제7장의 청산절차에서 완전한 지급을 보장받을 정도로 충분히 높은 우선권까지는 없는 채권의 경우에 있어서도 그러하다.

아마도 이들 요건 중 가장 중요한 것은 §1129(a)(9)(c)에 규정된 바, §507(a)(8)에 의하여 우선권이 부여된 소득세, 판매세 및 원천징수세를 포함한 조세채무를 연차적으로 현금 변제하는 것을 규정하여야 한다는 조건일 것이다. 이 조세채무의 지급은 6년 이내에 현금으로 이루어져야 하고, 회생계획의 작성일자를 기준으로 하여, 당시의 조세채무액 전액에 해당하는 가치를 가져야 하며, 제7장의 청산절차에서라면 그 조세채무가 전부 지급될 수 있었는지 없었는지 여부를 가리지 않는다.

조세채권의 우선을 지배하는 이 규정은 그 취지가 명백하고 이에 관한 판례는 거의 보이지 않는다. 또 대형 사건에서는 별 문제로 되지 않는다. 그럼에도 불구하고, 조세채무 부담은 많은 법인 채무자의 전망을 지배할 수 있다. 파산절차로 들어온 채무자는 의미 있는 규모의 금액에 해당하는 법인세 납세의무가 생길 정도로 돈을 잘 벌지 못하였을 개연성이 크지만, 이익이 나지 않는 사업을 하는 기업일지라도 고용자로서 기업의 역할에 대하여는 소득세 원천징수의무가 부과된다. 중소기업의 경우 재무적 곤경에 처했을 때에는 그러한 의무를 이행하지 못하는 경우가 종종 있고, 여기에 대하여 기업의 경영자가 형사책임을 질 우려가 있더라도 마찬가지이다. (세법은 근로자에게 지급하는 급여로부터 공제하는 방식으로 원천징수하는 세액을 납부하지 않는 것을 기업 자신의 세금을 연체하는 것보다 훨씬 심각하게 다룬다). 이들 조세채무를 어떻게 납부할 것인가에 관한 협상이, 채무자가 작은 가족기업일 경우 제11장절차의 일차적인 초점이 되는 경우가 많다.

그렇게 다투어지지 않지만 회생계획에 영향을 줄 수 있는 다른 요건은

§1129(a)(10)이다. 회생계획이 절대 우선의 원칙을 충족하는 경우라고 할지라도, 불리한 영향을 받는 청구권 중 최소한 한 조에서 회생계획을 가결하지 않는 한, 법원은 회생계획을 인가할 수 없다. 제11장절차에 의한 회생계획은 이해관계인들 사이에서의 협상으로 이루어내는 결실일 것이 가정된다. 협상과정이 있었고 또 최소한 무엇인가 교환이 있었다는 점을 보이기 위하여는, 거부할 권리가 있는 한 조의 승인이라도 얻어내야 한다. 비록 어느 조가 동의하였는지 아닌지에 관하여 다툼이 발생하는 경우는 거의 없지만, 당초에 청구권의 분류방법을 인위적으로 조작하여 회생계획에 동의할 것이 분명한 조를 창조해낸 것인지 여부에 관하여는 많은 소송이 있었다. 채무자가 채권을 많은 조로 분류할 수 있는 능력이 크면 클수록, 적어도 한 조의 이해관계인이 회생계획에 찬성하는 방향으로 결의에 참여할 가능성이 크다.

　§1129(a)의 요건 중 몇 가지는 회생계획을 위한 협상의 초점이 된다. 예를 들어 §1129(a)(13)에 의하면 회생계획에는 §1114에 의하여 수정되는 바 퇴직자에 대한 혜택에 상응하는 금액을 연차적으로 전부 지급할 것에 관한 정함이 있어야 한다. 이들 의무는 대규모 제조기업의 제11장절차 사건에서 지배적인 쟁점이 되기도 하는데, 회사의 현 근로자에 대한 퇴직급여가 부족한 경우에 그런 것과 마찬가지이다. 제11장절차에 진입하였을 시점에, Bethlehem Steel에는 혜택을 받을 퇴직자가 120,000명이 있었고 실제 고용하고 있는 근로자는 11,500명에 불과하였다. 회사의 연금계획은 29억 달러만큼 부족하였다. 회사가 약속하였던 건강 및 보험 급여는 31억 달러에 달했지만 그 재원은 아예 조성되지 않았다. 이들 의무에 직면하지 않고서는 회생계획은 인가를 받을 수 없었고, 사실 퇴직자에 대하여 약속된 급여만으로도 회사는 지급불능에 처할 수 있었다. 달리 말하면, 다른 모든 채권자들에 대한 이행의무가 전부 없어진다고 하더라도, 이들 퇴직자에 대한 급여는 파산법의 위 규정이 요구하는 바대로 전부 지급될 수 없었다. 현대의 다른 대형 회사의 제11장절차에 의한 회생에 있어서 그러하듯이, Bethlehem Steel의 파산도 영업양도로 끝났다.

　절대 우선의 원칙을 구성하는 실질적인 요소는 §1129(b)에 의하여 체화된다. 어느 조(조 내부에서의 소수자와 반대되는 의미이다)가 결의에 반대하고 그 후순위에 있는 조가 회생계획 하에서 무엇인가 얻을 때에는, 법원은 반대하는 조가 전부 변제를 받는지를 물어보아야 한다. 아래에서 살펴보듯이, 어느 회생계획이

§1129(b)를 만족하는지를 결정하기 위해서는, 시장에서의 지표를 사용하는 엄격한 가치평가를 필요로 한다. 반면에, 개별 채권자가 반대를 제기하였을 때에는 법원은 덜 엄격한 방법을 사용한다. §1129(a)(7)에서는, 각 채권자가 회생계획에 동의하거나 또는 제7장절차에 의한 청산이 이루어졌다면 받을 것 이상을 얻는다는 점을 법원에 입증하여야 한다. 이것은 보통 채권자에게 최선의 이익을 주는 청산가치보장의 원칙(best-interests-of-creditors test)이라고 한다. 기업이 영업을 하는 실체로서 매각될 수 있다면, 제7장절차에 의한 청산으로 실현될 수 있는 가치는 제11장절차에 의하여 회생되는 기업의 가치와 같을 수 있다. 그러나 덜 엄격한 평가방법을 적용하면, §1129(a)(7)을 만족하는 것은 §1129(b)의 기준에 맞추는 것보다 훨씬 쉽다. 대략 청산가치보다는 계속기업의 가치가 크다. 그렇지만 반대의 경우가 발생할 때도 있다. 제7장절차에 적용되는 규칙이 다름으로 인하여 어느 채권자가 제11장절차에 의한 것보다 더 많이 받을 수 있는 때도 종종 있다. 이러한 경우, 청산가치보장의 원칙은 그의 협상력을 개선한다.[1]

다른 중요한 요건이 하나 더 있다. 채무자 회사가 회생절차로 다시 들어오는 결말이 발생하지 않을 것이라고 법원이 인정하여야 한다. §1129(a)(11). 이것을 보통 회생계획의 이행가능성(feasibility test)이라고 한다. 이것은 주관적인 기준이지만, 회생되는 회사의 자본구조를 같은 산업에 있는 다른 회사의 자본구조와 비교함으로써 실질적인 구별기준을 정립할 수 있다. 회생계획에도 불구하고 회사가 같은 업종의 다른 회사들에 비하여 부채 비율이 지나치게 큰 상태로 남아 있게 되면 그러한 회생계획은 파산법이 뜻하는 의미에서 이행가능성이 크지 않다고 볼 수도 있다. 그렇지만 법원은 바로 앞에 있는 기록에만 의존할 수밖에 없다. 대심적 절차에 의한 심리에 의존하는 다른 법적 절차에서 그러한 것처럼, 이 요건은 회생계획에 반대하는 당사자가 필요한 증거를 제시하는 한도 내에서만 소극적으로 작용한다.

법원이 회생계획을 인가하면, 계획은 그에 정한 바에 따라 수행되어야 한다. §1141 하에서, 계획에 의하여 (그 한도 내에서) 처리되는 채무를 제외하고는, 회생

---

1) In re Washington Muual, Inc., 461 Bankr. 200 (Bankr. D. Del. 2011), 일부 삭제, 2012 WL 1563880 (Bankr. D. Del. 2012) (지급능력이 있는 회사의 주주들은 제7장절차에 의한 청산에 있어서 보다 유리한 지위에 처한다. 왜냐하면, 제7장절차에서 채권자들은 약정한 이자율이 아니라 법정이자율에 의하여 계산한 이자만을 받을 수 있기 때문이다).

계획의 인가는 모든 (인가 이전에 발생한) 채무를 면책(discharge)한다. 문면상으로, 제11장절차는 회사의 모든 채무로부터의 면책을 허용한다. 그러나 적정절차(due process)의 요구 때문에 이해관계인에 대한 최저 수준의 통지는 필요하며 이것은 제11장절차에 있어서 면책의 범위에 대하여 최종적으로 약간의 견제를 가한다.

면책이 되었다고 하여도 회생계획의 인가 이후에 일어나는 채무를 무효화하지는 않는다. 예를 들어, 채무자가 땅을 소유하고 있고 그 위에 채무자(또는 다른 누군가)가 파산절차의 신청 이전에 유해한 폐기물을 투기한 적이 있는 상황을 회상해보자. 인가 이전에 발생한 환경피해 복구 의무는 면책된다(물론 그 의무가 "파산채권"에 실제로 해당하는 것을 전제로 한다).[2]

그러나 이 청구권들이 면책되었다고 하는 것은 채무자가 토지의 소유자로 남아 있고 그 자격에서의 의무를 부담하게 되는 한, 채무자가 오염을 제거할 의무로부터 절연하기에 충분하지 않다. 그러한 채무자는 파산절차 후의 소유권 때문에 환경법 상의 오염제거의무에 대하여 여전히 책임을 진다. 이것은 그가 타인에게 오염된 토지를 양도하였을 때 그 타인이 오염의 제거 책임을 지는 것을 고려하면 당연한 것이다.[3] 비슷한 논리로, 신청 이전에 범한 불법행위는 회생된 채무자 측에 지속적 공시의무를 발생하게 할 수 있고 이 의무는 면책으로 제거되지 않는다.

제11장절차의 몇 가지 규칙은 중소기업을 신속하고 간편한 방식으로 다루고 있다. 법률은 제11장절차가 요구하는 바를 준수하는 회생계획을 법원은 45일 이내에 인가하도록 요구하고 있다. §1129(e). 설명서는 표준적 양식에 기입하는 방식으로 작성하여 제출할 수 있으며, 법원은 조건부로 승인할 수도 있다. 설명서는 법원이 인가 여부를 결정하는 바로 그 집회에서 회생계획에 대한 결의가 이루어진 이후에야 자세한 검토를 거치게 된다. §1125(f).

제11장절차는 개인 채무자에게도 적용될 수 있다. 그 적용을 받는 채무자는 변호사일 수도 있고 의사일 수도 있다. 그들은 법인의 형태로 사업을 하는 것이 아니고, 개인 재무관리는 그 영업상 재무관리와 얽혀 있다. 따라서 절차는 사업상 채무와 개인적 채무를 같이 해결한다. 관리인이 임명되지 않으면, 사업을 계속 운영하고 회생계획을 제안하는 것은, 채무자관리인이라고 말하기보다는, 채무

---

2) United States v. Apex Oil Co., Inc., 579 F. 3d 734 (7th Cir. 2009).
3) In re CMC Heartland Partners, 966 F. 2d 1143 (7th Cir. 1992).

자 자신이다. 인가를 위하여 필요한 요건은 법인의 경우와 같다. 그러나 법인인 채무자와는 달리, 개인 채무자는 그가 소유하는 생산설비와 구분되는 독립된 실체를 유지한다. 따라서 제11장절차를 진행하는 개인 채무자는 회생계획으로 약속하는 정도까지의 장래 소득만을 제공하겠다고 약속한다. 어떤 종류의 의무에 대하여는 면책이 허용되지 않는데 자녀 양육비가 그 예이다.

채권자가 고집하면, 개인인 채무자는 (§1325(b)(2)에 의하여 결정되는 바와 같은) 가처분소득(disposable income) 전액을 5년의 기간 동안 채권자들에게 변제하겠다고 제공하여야 한다. §1129(a)(15). 채권자들은 그러나 그러한 계획을 내라고 자신들의 고집을 반드시 관철하는 것은 아니다. 그렇게 하면 채무자는 경우에 따라 제7장 청산절차로 이행하여 즉각 면책을 얻어낼 가능성이 있기 때문이다. 대부분의 채무가 소비지출보다는 사업 상의 원인으로 발생한 것인 한, 개인 채무자들은 707(b)에 정하여진 바_자력기준(means testing)을 충족할 필요가 없는데, 제11장절차를 신청하는 전문직업인들 대부분은 이 사업 상 채무자의 범주에 들어간다.

$ 우호적인 설득

연대를 형성하는 것은 법인의 회생에서 핵심에 있다. 재무적으로 곤경에 처한 기업은 새로운 자본구조를 필요로 하고, 현금흐름의 권리와 통제를 여러가지 방식으로 배분하는 것이 가능하다. 여러가지 가능한 합의 중 하나를 가지고 당사자들은 연대를 형성하여야 한다. 당사자들은 추론하고, 회유하고 어떻게든 공통된 합의를 주조해내야 하며 이것은 심지어는 그들의 이해관계가 대척적으로 다른 모든 이해관계인과 대립하는 경우에도 마찬가지이다. 그들은 주저하는 자를 연대에 가담하도록 설득하여야 하지만, 이것이 지나쳐서는 안 되고 그렇지 않으면 제재를 받을 것이다. 그들은 누구도 강압하거나 매수하여서는 안 된다. 또 그들은 어느 채권자든 절차에 참여할 권리를 부인하여서는 안 된다. 물론 문제는 우호적인 설득을 교활한 책략(sharp practice)과 구분하는 것이다. 어느 한 선수가 사건을 인가 가능한 계획으로 이끌어가는 합리적인 약정이라고 보는 것을, 다른 선수는 그를 배제하고 협상과정에서 그의 발언권을 부정하는 측면거래라고 보는 것일 수 있다.

많은 경우 회생계획을 협상하는 채권자는, 채무자가 회생계획을 지지할 것이라고 합리적으로 확신을 가질 수 있는 경우에만, 제11장절차를 이용하여 거래를 하려고 한다. 이 목적을 달성하기 위하여, 그들이 이룬 합의를 지지할 것이라는 채무자의 약속을 채권자는 추구하게 마련이다. 파산법은 당사자들이 파산법정 외에서 협상하는 것을 장려한다. 일반적으로, 당사자들이 법정 외에서 이룬 합의는 강제가능하다. 그렇지만, 채무자가 그런 "계획 찬성 약정" 또는 "회생 찬성 약정"들은 체결할 능력에는 제한이 있다.[4] 만일, 모두에게 공정한 조건에 기초한 워크아웃으로 들어가기 위한 노력을 반영하는 대신에, 약정에 참여하지 않는 당사자들을 희생시켜 약정에 참여한 당사자들의 이익을 추구하는 것일 경우에는 그러한 당사자 사이의 회생 계획에 관한 약정을 법적으로 강제하지 않으려고 할 가능성이 크다.

이 경우 법원이 의존하는 법리는 파산법에 명백히 근거가 있는 것인데, 예를 들어 회생계획은 선의로(in good faith) 제출되어야 한다는 요건이 그것이다. 그렇지만 이 법리의 배경이 되는 원칙은 민사법에 확고하게 자리잡고 있는 것이다. 회사의 이사는 그들의 충실의무를 행사할 책임을 결코 방기할 수 없다.

회생 지지 약정은 통상적으로 "충실의무 예외조항(fiduciary out)"을 포함한다. 채무자 회사의 이사회는 회생계획 찬성 약정을 계속 지키는 것이 충실의무와 상충될 때 이 회생계획 찬성 약정을 파기할 권한을 유보한다. 그렇지만 채권자들은 채무자의 약정에 대한 충성이 강할 것을 원하기 때문에, 채권자들은 충실의무 예외조항을 이사의 주의의무와 충성의무 ― 단순히 주주만이 아니라 모든 투자자의 이익을 고려하여야 할 것을 요구하는 의무[5]를 손상하지 않는 범위 내에서 가능하면 좁게 규정하도록 노력한다.

In re Bush Industries, Inc. 사건은 이러한 과정을 잘 설명한다.[6] Bush는 조립식 가구를 제조하는 기업이었다. 회사는 공격적으로 확장하여 나갔고 경기가

---

4) 회생계획 지지 약정의 개관을 위하여는, Kurt A. Mayr, Unlocking the Lockup: The Revival of Plan Support Agreements under §1125(g) of the Bankruptcy Code, 15 Norton J. Bankr. L. & Prac. 729 (2006).

5) In re Innkeepers USA Trust, 442 Bankr. 227 (Bankr. S. D. N. Y. 2010) ("채무자 회사와 그 이사회는 채무자에 대한 채권자들에 대하여 파산재단의 가치를 극대화하여야 하는 충실의무를 부담하고 있다는 것이 '파산법의 첫 조문'이라고 선언하고 있다.").

6) 315 Bankr. 292 (Bankr. W. D. N. Y. 2004).

하락하였을 때 심각한 재무상의 문제에 직면하였다. 그룹으로서, 담보권자들은 채무자 회사와 협상에 나섰다. 담보권자가 가진 채권 금액을 상당한 금액 감축하고 그 대신에 회생되는 회사의 주식을 받는 것을 내용으로 하는 회생계획을 채무자인 회사는 제안하였고 담보권자들은 이에 동의하였다. 계획에 의하면 모든 다른 채권자들의 채권은 전부 지급되고, 다만 구 주주들의 주식은 전부 소각되도록 예정되었다. 구 주주들은 계획에 반대하였다.

법원은 회사의 기업가치가 담보권자들이 가지는 채권인 1.6억 달러에 미치지 못하는 점은 납득하였다. 그러나 계획 찬성 약정이 법원을 혼란스럽게 하는 요소를 포함하고 있었다. 첫째, 회생계획에 의하면 채무자 회사의 임원들이 회사에 대하여 부담하는 책임을 전부 면제하였다. 그 책임이라는 것은 회사의 임원들과 이사들에게 회사가 빌려주었던 250만 달러였다. 임원과 이사들의 책임을 면제해 준다는 것은 특정 계획안을 지지하는 것을 대가로 하여 그들에게 현금을 나누어 주는 것과 그렇게 다르지 않았던 것이다.

더욱이 약정에 의하면 우선채권자들이 회사의 CEO에게, 그가 일을 할 것이라고 기대할 수 없음에도 불구하고, 계속 급여를 지급하는 것을 요구하였다. 사실, 그는 이미 회사를 떠나 플로리다로 이사를 한 상태였다. 법원은 이러한 "황금낙하산(golden parachute)" 그 자체에 대하여는 반대하지 않았다. 법원이 설명한 바와 같이, "담보채권자의 채권 금액이 회생되는 채무자의 가치를 초과하는 한, 회생된 채무자의 새로운 소유자들이 실질적으로 비용을 지급하는 고용계약에 대하여 반대할 수 있는 고유한 권리가 절차개시 전 채권자들에게는 없다."[7] 그러나 임원의 책임 면제와 황금낙하산 조항은 임원과 이사들이 계획 찬성 약정을 협상함에 있어서 주주들의 이익보다는 자신들의 이익을 앞세웠다는 점을 보여주었다.

담보채권자들과 이사들은 종국적으로 이사의 책임면제와 황금낙하산 조항이 제거된 회생계획에 합의하였지만, 이 "치유책(cure)"이라고 내세운 것은 충분하지 않았다. 이러한 약정의 존재 자체가 채무자가 선의로 계획을 추진한 것이 아님을 의미하였다. 이 계획에 대한 주주들의 반대는 이사의 책임 면제나 황금낙하산에 대하여 주주 자신의 권리에 기하여 이루어진 것이 아니고, 이사들이 회생 과정 자체를 왜곡한 방식에 대한 것이었다. 만일 그 절차가 참여하지 않은 투자자들에

---

7) 315 Bankr. at 305.

게 공정하지 않은 것이라면, 그것으로부터 나오는 회생계획은 인가될 수 없고, 이것은 적용 가능한 실체법상의 법리를 준수하는 방식에 따라 회생계획이 수정되었는지 여부와 상관이 없다.

Bush Industries 사건에서의 합의는 Residential Capital[8])에서의 합의와 대조적이다. 이 사건에서 절차개시 후의 계획 찬성 약정은 몇 달 동안의 협상과정을 거친 후에 도출되었으며, 부분적으로 다른 파산판사가 수행한 법원 감독 하의 조정 절차의 지원을 받았다. 채무자 측과 특수관계 없고 신세를 진 바도 없는 독립적인 CRO가 채무자를 대표하였으며, 회생계획 찬성 약정에 의하여 채무자는 다툼이 있는 채권 수십억 달러를 해결하게 될 예정이었다. 법원은 채무자가 이 계획 찬성 약정을 체결하는 것을 허가하였으며, 이 약정의 모든 당사자가 제각기 합리적으로 선의로 행위하였다는 점을 인정하였다.

Residential Capital 사건은 파산절차가 개시된 이후에 협상이 이루어진 회생계획 찬성 약정과 연관이 있다. 이것은 파산법이 그 문면에서 요구하는 것처럼 보이는 것과 다른 방식으로 현대의 파산 실무가 진화하고 있는지를 잘 설명한다. Residential Capital의 계획 찬성 약정이 신청서 제출 이후에 맺어졌기 때문에, 그것은 §1125의 취지에 위반하는 것처럼 보일 수 있다. 문리해석 상, §1125는 한번 파산절차가 개시되면 법원이 회생계획 설명서를 승인하기 전에는 당사자가 회생계획에 대하여 구속력 있게 찬부를 표시할 권능을 제한하는 것으로 보인다.

§1125는 채무자의 진정한 재무적 여건을 알기 힘든 위치에 있는 통상의 상거래채권자와 소액 투자자들을 보호하는데 그 목적이 있다. 계획에 대하여 결의를 행사하기 전에 이들이 설명서를 제공 받을 것을 요구함으로써, 파산법은 이들이 합리적인 결정을 할 수 있게 돕는다. 파산법의 문구에 의하면, 투자자들은 다른 원천으로부터 정보를 취득할 수 있는 특정 채권 또는 지분권을 보유한 전형적인 투자자의 능력을 고려하여 "충분한 정보를 제공받은 상태에서의 의사결정을 하기 위하여 합리적으로 현실적인 한도 내에서 충분히 자세한 종류의 정보"를 가져야 한다.[9])

비록 §1125의 근저에 있는 정책 그 자체는 옳은 것이지만, 이 조항은 인가를 받을 수 있는 계획의 윤곽이 형성되기 전에 서로 교섭할 필요가 있는 숙련된

8) In re Residential Capital, LLC, 2013 WL 3286198 (Bankr. S. D. N. Y. 2013).
9) 11 U. S. C. §1125(a).

당사자 앞에는 장애가 된다. 자신들이 같은 처지에 있다는 점을 발견할 때까지 공식적 결의절차 전에 상호 교섭할 기회를 가진다는 것만으로는 부족할 때가 많이 있다. 각 당사자는 다른 사람들 ― 그리고 이들로부터 채권을 양수하는 사람들 ― 도 같은 내용의 타협안을 계속 지지할 것이고 향후 입장을 바꾸지 않을 것이라는 모종의 보장을 원한다.

§1125가 내려주는 것으로 보이는 포괄적인 규칙에도 불구하고, 다수의 파산법원은, Residential Capital 사건을 맡았던 법원처럼, 절차개시 이후 당사자들 사이의 특정 회생계획에 찬성하기로 약속하는 합의는 허용되는 것이며 §1125가 금지하는 바 부적절한 찬성 유치를 구성하지 않는다고 판단하였다.[10] 이를 뒷받침하기 위한 근거로 이들 법원은, 당사자에게 충실의무에 기하여 약정을 무효화할 수 있음을 인정한 조항들이 있는 점, 약정에는 여러가지 종료 사유가 있는 점 및 당사자들은 설명서가 승인된 이후에야 실제로 결의를 행한다는 사실에 주목하였다.

이러한 실무와 이에 반하는 듯한 §1125의 문면 사이에 있는 긴장 때문에, Residential Capital 사건과 같은 종류의 사건 당사자들이 그들의 절차 개시 이후 작성된 회생계획 찬성 합의에 대하여 법원의 공식적인 승인을 미리 받고자 노력하는 것은 놀랄 만한 일이 아니다. 무엇보다도, 법원의 승인은 그러한 계약의 당사자 중 1인이 악의로 행위하였다고 나중에 법원이 판단하여 그로 인하여 그들의 의결권 행사를 무효로 지정하거나 그들의 제11장절차에서의 역할이 제한될 가능성을 제거해주는 것이다. 일부 파산법원은 어떠한 의사소통이 허용되는지 여부를 결정하는데 어려움이 있음을 한탄한다. Century Glove 사건에서 파산법원이 지적하였듯이, "협상과 장래의 동의를 유치하는 것 사이에 있는 차이에는 어떠한 원칙이나 예측가능성도 없다."[11] 그렇지만, 그러한 경계 설정의 문제는 과장되기 쉽고, 다른 곳에서 그러하듯이, 법원은 숙달된 당사자가 자신의 이익을 지키기 위하여 주의를 기울일 수 있는 능력이 있다는 점에 의존하는 경향이 있

---

10) In re Heritage Organization, LLC, 376 Bankr. 783 (Bankr. N. D. Tex. 2007); In re Indianapolis Downs, LLC, 486 Bankr. 286, 296 (Bankr. D. Del. 2013) (모든 당사자들은 "재무영역에서 숙련된 전문성을 가진 선수들로서 이들 절차가 진행되는 동안 내내 능력과 경험 있는 전문가들이 대리하였다. 채무자 회사와의 거래를 하거나 찬성하기 이전에 법원이 승인한 설명서를 검토할 기회가 주어졌어야 하므로 §1125(b)가 그들의 의결권 행사를 무효화할 것을 요구한다고 고집하는 것은 실질을 전혀 무시하고 형식을 심하게 우선하는 것이 될 것이다.").

11) Century Glove v. First American Bank, 860 F. 2d 94, 101 (3d Cir. 1988).

다. §1125에 대한 합리적인 해석 하나는 법원이 승인한 설명서를 왜곡 없이 당사자가 읽기 전에 의사소통을 행함으로써 해당 당사자의 의사결정이 효과적으로 방해를 받았는지 여부를 판정기준으로 제시한다. 교육과 성향에 의하여 작은 문자로 인쇄되어 있는 문건에 있는 작은 변화까지 감지해낼 수 변호사들에 대한 회생계획안 및 설명서를 배포하는 것과 한 번 의견이 형성되면 거의 변화하지 않을 것으로 예상되는 수만 명의 불법행위 피해자인 채권자들에게 계획안 초안을 배포하는 것은 극단적으로 다르다. 후자에 대하여는 §1125가 적용될 가능성이 큰 것이다.

설명서를 놓고 심리하는 재판기일은 중요한 사건 중 하나이고 여기에서 많은 이슈를 해결할 기회가 주어진다. 그 중에는 회생계획안을 채무자만이 제출할 수 있는 배타적 권리가 해제되어 채권자가 자신의 회생계획안을 제출할 수 있도록 허용할 것인지 여부도 포함된다. 그렇지만, 설명서 그 자체에 들어가 있는 정보는, 흔히 기대하는 바 수준으로 유용하지 않을 수도 있다. §1125(b)는 명시적으로 "법원은 채무자의 기업가치 평가 또는 채무자의 자산 감정이 없는 설명서라도 이를 승인할 수 있다"고 규정하고 있기 때문이다. 회생계획을 두고 결의를 해야 하는 채권자는 최소한 그가 청산절차에서라면 받을 수 있었던 것보다 더 나은 처우를 받는 것인지에 관하여는 알기를 원한다. 이것은 모종의 평가를 필요로 한다. 나아가, 채권자가 주식을 받는 경우에는, 채무자의 자산이 얼마나 가치가 있는지 고려하지 않은 채 회생계획에 의하여 받는 주식의 가치를 아는 것은 불가능할 수 있다.

$ 조 분류

파산법은 채무자 또는 다른 계획안 제출자가 얼마나 자유롭게 청구권이 다른 조로 분류할 수 있는지를 자세하게 규정하지 않고 있다. 다만 §1122(a)는 실질적으로 유사한 채권 또는 지분은 단일한 조에 속할 수 있다고 규정하고 있을 뿐이다. 각 종류의 담보권은 그 자체로 한 조에 속하는 전형적인 예이다. 두 채권이 다른 담보물에 의하여 담보되어 있는 경우에는 실질적으로 유사하다고 말하기 힘들고, 예를 들어, 비록 같은 담보물에 의하여 담보되어 있다고 하더라도 한 채권이 다른 채권에 대한 우선권을 누리는 경우에도 역시 실질적으로 유사성이 있다고 할 수 없다.

다른 판정은 더욱 내리기 힘들다. 예를 들어, 한 쪽에는 담보채권자가 담보 채권액이 담보물의 가치를 초과하는 부분 즉 담보부족분을 일반의 무담보채권으로 들고 있고 다른 한 편으로는 회생된 채권자와 사업을 계속 같이 할 것으로 기대하는 일반 상거래 채권자의 채권이 있다고 해보자. 이들 두 종류의 채권이 하나의 조로 통합되더라도, 이들 중 한 그룹이 절대 우선의 원칙을 주장할 수 있다고 하여 다른 그룹에 속하는 채권자 역시 비슷하게 이 원칙을 주장하려고 원할 것이라고 가정할 수 없다. 즉 이들의 이해관계와 선호는 일치하지 않으니 다르게 취급할 실질적인 필요성이 있다고 추측할 수 있다.

파산법원은 어느 회생계획안을 옹호하는 당사자가 다른 종류의 채권을 동일한 조에 포함시킬 수 있는지, 아니면 별개의 조에 나누어야 하는지, 또는 이 둘 중 어느 것이라도 할 수 있는 것인지 여부에 관하여 결정을 내려주어야 한다. §1122(a)는 실질적으로 유사한 채권을 하나의 조에 포함시킬 수 있지만 "(b)항에 규정된 바에 따르는 것은 제외한다"고 규정하고 있다. 위 예외조항에 의하면, 관리의 편의를 위하여 필요한 경우라면 회생계획에 특정된 일정 기준 금액에 미달하는 무담보채권을 별도의 조로 지정할 수 있다.[12] 따라서 반대해석으로서, §1122(a)의 "(b)항에 규정된 바에 따르는 것은 제외한다"라는 문면은, 관리의 편의를 위하여 예외가 인정되는 소액 채권을 제외하고는, 실질적으로 유사한 채권들은 반드시 동일한 조로 분류되어야 한다는 것을 시사한다. 논의의 여지가 있지만, 무담보채권은 그 본질상 실질적 유사성이 있다. 왜냐하면 민사법상의 그 법적 속성은 동일하기 때문이다.

§1122(a)를 읽는 다른 방식은 실질적으로 유사한 채권은 같은 조로 포함될 수 있지만 반드시 그럴 것이 강제되지는 않는다는 관점에서 시작한다.[13] 그러나 이렇게 해석한다고 하더라도 채권이 말 그대로 실질적으로 유사한 것인지를 결정할 필요가 제거되지는 않는다. 상거래 채권과 담보부족으로 인한 무담보채권의

---

12) §1122(b).

13) 판례법에 대한 유용한 요약으로는, In re Dow Corning Corp., 244 Bankr. 634, 644-51 (Bankr. E. D. Mich. 1999).

예로 돌아와 보면, 이들 모두 무담보채권이고 또 어느 채권도 다른 채권에 비하여 우위를 누리지 않는다는 점에 비추어 실질적으로 유사하다고 주장할 수 있을 것이다. 그렇지만 여기에는 다른 견해가 있다.

같은 조에 포함된 채권자들 사이에 이해관계를 달리하는 경우에, 전체로서 채권자 그룹이 가지는 최선의 이해관계를 반영하는 결정을 다수결로 내린다고 단정하기 힘들다. 무담보채권이 담보채권과 같은 조에 분류되었을 때 조작이 일어날 가능성은 명백하다. 담보를 가진 채권자들은 그 담보가치를 전액 변제 받고, 일반 채권자는 1달러 당 불과 몇 센트를 받아야 한다. 어느 한 종류의 채권자가 다른 종류의 채권자를 위하여 발언해야 한다는 것은 전혀 사리에 맞지 않는다.

긴장은 무담보채권자들을 같은 조에 포함시킬 것인지를 결정할 때에도 일어난다. 상거래채권자들의 채권을 채무자에게 신용대출을 행한 은행의 채권과 같은 조에 포함시킬 것인가의 문제를 고려해보자. 은행은 채권을 즉시 상각하고 손절하기를 진지하게 원할 수 있고 또 채무자와는 더 이상 장래 거래를 하지 않으려고 할 가능성이 있다. 이와 대조적으로, 상거래채권자들은 채무자인 회사와 장래의 거래를 기대할 수 있다. 이들은 채무자의 회생이 성공함으로써 얻을 것이 많이 있고, 채권자에게 조금 주고 회사의 재무구조를 보다 좋게 놓아두는 것을 내용으로 하는 회생계획에 찬성할 성향이 훨씬 크다. 은행과 상거래채권자 사이에는 극단적인 이해관계의 차이가 있고 — 무담보채권자로서 — 그들의 법적인 권리의 내용이 전혀 같다고 하더라도 마찬가지이다.

그렇지만, 어느 채권자가 다른 조로 배치되어야 한다는 점을 정당화하기에 충분하게 성질이 다른지 여부를 결정하는 손쉬운 판단기준은 존재하지 않는다. 어쩌면 은행들은 상거래채권자와 그렇게 다르지 않을 수도 있다. 더욱이, 채권의 매매거래가 통상적으로 일어나는 세계에서는, 채권의 법적 성격에만 초점을 맞추는 것이 합리적일 수도 있다. 채권의 보유자들은 채권이 발생한 원인에 관심이 있는 것이 아니고 오로지 채권에 수반하는 법적인 효과에만 관심이 있는 부실채권 투자자들일 가능성이 크다. 이 경우 일단 유용하게 삼을 수 있는 규준은 동일한 법적 지위를 가진 채권은 동일한 조로 분류되어야 한다는 것이다. 이에 따르면 상거래채권자들과 은행이 가지는 채권은 통상적으로 같은 그룹으로 통합될 것이다.

2개 이상의 조를 창설하는 것은 인가 과정을 힘들게 한다. 모든 조가 회생계획에 동의하면 강제인가는 피할 수 있다. 모든 조의 동의가 이루어질 때에는, 회생계획에는 업무추진을 쉽게 하기 위하여 삽입된 돈이 떨어진 투자자를 위한 "선물"이 포함되어 있을 수가 있다. 각 조의 크기가 작으면 작을수록, 반대하는 각각의 채권자가 가진 역할은 커진다. 채무자에게 채권자들을 다른 별개의 조로 분류하도록 강제하게 되면, 반대하는 자들이 그들이 속한 조가 회생계획을 승인하는 것을 막게 할 능력을 가질 개연성이 커진다. 이러한 조의 반대에 직면하면, 채무자는 이들에 관한 한 절대 우선의 원칙이 충족되고 있음을 보일 필요가 있다. 이러한 결과로 채무자는 다른 편의 채권자가 지배적인 영향을 행사하는 조로 불만스러운 채권자들을 편입시키기를 원하게 된다. 반대편은 반대편끼리 몰아 넣는 것이다. 그러나 자신이 영향력을 행사하는 조에 반대하는 채권자들을 편입시키기를 채무자가 원할 때도 있다. 손상을 받는 채권 중 적어도 어느 한 조라도 회생계획에 찬성하는 경우에만 법원은 회생계획을 인가할 수 있고, 반대편의 채권을 채무자 측의 편에 편입시킴으로써, 채무자인 회사의 동맹자들이 다른 편을 통제할 수 있게 되는 것이다.

　　조 분류를 둘러싼 많은 문제는 채무자의 유일한 자신이 한 단위의 부동산인 경우에 발생한다. 담보채권자는 담보채권 이외에 막대한 담보부족분 채권을 가지고 있고 다양한 소액의 상거래채권자가 병존한다. 문제는 이 담보부족분에 해당하는 채권이 별개의 조로 분류될 수 있을 것인지 여부이다.[14] 대부분의 법원은 손상을 받는 채권자의 조를 창설하여 회생계획에 찬성하는 것을 내용으로 하는 결의를 하게 하는 것을 유일한 목적으로 그러한 조 분류를 수행한 것인지의 여부를 묻는다.[15] In re Greystone III Joint Venture 사건에서 법원이 제시하였듯이, "1122에 의한 채권의 조 분류에 관한, 다른 방식으로라면 뒤죽박죽으로 되었을 판례법에서 나오는 명백한 원칙은, 회생계획에 관한 찬성 결의를 조작해내기 위하여, 선거구를 조작하는 방식으로, 유사한 채권을 다른 조로 분류하지 말라는

---

[14] 제7항소법원은 담보채권자가 민사법상 다른 책임재산에 미치지 않는 성격의 것이고 담보부족채권이 오로지 §1111에 의하여 인정되는 경우, 법적 권리가 다르므로, 그것은 반드시 별개의 조로 분류되어야 한다는 입장을 취하였다. 상거래 채권은 제7장 사건에 있어서는 다른 권리를 가지며, 이것은 따라서 §1129(a)(7) 상의 청산가치보장의 원칙 하에서 그들의 권리에 대하여 영향을 미친다. In re Woodbrook Associates, 19 F. 3d 312 (7th Cir. 1994).

[15] In re Save Our Springs Alliance, Inc., 388 Bankr. 202, 234 (Bankr. W. D. Tex. 2008) (조 편성에 대한 유일한 제한은 회생계획을 제출하는 자가 투표권 가치의 조작(gerrymander)을 위하여 그렇게 하지 말아야 한다는 것이다).

것이다.[16] 채권을 다른 조로 분류하는 것은 단일한 부동산으로 구성된 기업의 회생사건 이외의 다른 사건에서 정당화하기 쉽다.[17] 그러나 제2항소법원이 관측하였듯이, "채권에 손상을 받아 의결권이 있으면서 회생계획에 동의하는 조를 창조하기 위한 목적만으로 무담보채권을 별도로 분리하는 것은 허용되지 않으며, 유사한 채권을 별도 분리하기 위한 정당한 이유가 있다는 점에 관한 신빙성 있는 증거를 채무자는 제출하여야 한다."[18]

부동산 기업에 관한 것이 아닐 경우 무엇이 가능하고 무엇이 불가능한 것인지를 평가함에 있어서는, 파산법원이 조 분류를 규율하는 규정의 문면에 주목할 뿐만 아니라, 그 조 분류 방식이 왜곡된 협상과정을 반영하는 것은 아닌지라는 보다 큰 차원에서의 기준을 적용할 것이라고 기대할 수 있다. 채권이 실질적으로 유사한지 여부 및 심지어는 회생계획의 결의를 위한 채권의 조 편성이 자의적으로 이루어졌는지 여부가 문제로 되지만, 결정적인 것은 아닐 수 있는 것이다. 채권이 다른 조로 나뉘어 분류될 수 있는 한도에 관하여는 법원마다 결론이 다르다.[19] 형식적인 속성은, 반대하는 당사자가 "자의적 조 편성(gerrymandering)"이라는 딱지를 붙일 수 있는지 여부가 문제되는 것 보다는, 중요하지 않다.

In re Charter Communications 사건이 이런 점을 잘 설명한다.[20] 이 사건에서, 어음 소지인들이 다른 일반 채권자와 다른 별도의 조로 분류되었다는 것을 이유로 회생계획은 위법하다는 주장에 제시되었다. 법원은 이 주장을 기각하고 어음채권자들은 별도의 조로 분류될 수 있다는 입장을 취하였다. 그들은 "소송,

---

16) 995 F. 2d 1274, 1279 (5th Cir. 1991).

17) 예를 들어 In re Jersey City Med. Ctr., 817 F. 2d 1055 (3dCir. 1987) (내과의사, 의료사고 피해자, 근로자 복리후생계획 참여자 및 상거래채권자로 채권의 조를 분류하였음); In re U.S. Truck co., 800 F. 2d 581 (6th Cir. 1986) (단체협약의 단위 별로 근로자들의 채권을 조 분류함). 조 분류를 둘러싼 논쟁의 요약과 U. S. Truck 사건의 자세한 분석으로는, Scott F. Norberg, Classification of Claims under Chapter 11 of Bankruptcy Code: The Fallacy of Interest Based Classification, 69 Am. Bankr. L. J. 119 (1995).

18) In re Boston Post Road Limited Partnership, 21 F. 3d 477, 483 (2d Cir. 1994).

19) In re 18 RVC, LLC, 485 Bankr. 492 (Bankr. E. D. N. Y. 2012) (채무자에게 권한을 위임한 본인이 지급을 보증한 담보부족분 채권을 별도의 조로 분류한 것이 자의적 조 편성이라고 한 예)와 In re Loop 76, LLC, 465 Bankr. 525 (B. A. P. 9th Cir. 2012) (법원은 제3자의 보증을 인식하면서도 담보부족분에 해당하는 채권을 별도의 조로 분류하는 것을 허용한 예)를 비교하여 보자.

20) JP Morgan Chase Bank, N. A. v. Charter Communications. Operating, LLC, 419 Bankr. 221 (Bankr. S. D. N. Y. 2009).

고용 또는 영업 관계"에서 발생하는 다른 채권을 가진 채권자들과는 "공통점이 없이 다른 법적 권리와 지급에 대한 기대가능성"을 가지고 있었다는 것이다.[21] 제3자에 대한 구상권을 포함하여, 몇 가지 중요한 구별요소가 있었다. 비록 이러한 차이의 모두가 채권자들의 채무자에 대한 권리에 차이를 두게 하는 것은 아니지만, 문제로 되었던 것은, 종합하여 보면, 어음채권자들은 그들을 별도의 조로 분류하는 것을 적실하게 만드는 여러 종의 유인을 가지고 있었다. 법원은 권리의 성질이라는 전통적인 분석을 따라갔지만, 이 분석을 밀어붙인 원동력은, 오로지 회생계획을 제출한 자가 이해관계인들의 합리적인 연대를 조합해냈다는 것이다.

대규모 제11장 사건에서는, 회생되는 기업은 각기 독립된 법인인 여러 계열사로 구성된다. 이러한 법인으로서의 구조 그 자체가 회생계획의 진행경과에 영향을 미친다. 다음 두 가지 사례를 들어 보자. 첫째 사례에서는 채무자 1개 회사와 채권자로는 3개 회사가 있다. Bank사, Lender사, Bondholder사가 각기 100달러씩 채무자에게 빌려준 바 있다. 채무자인 회사는 자산이 하나 있다. 그 자산의 가치는 1년 뒤에는 225달러의 가치가 있을 예정이지만, 현재로서는 아무 현금을 창출하지 못하여 이자 지급 의무를 때에 맞추어 이행하지 못하고 있다. Bank사가 제1순위 저당권을, Lender사는 제2순위 저당권을 가지고 있다. Bondholder사의 채권은 무담보채권이다. 회생계획이 제출되는데 이에 의하면 회생되는 실체로 NewCo사를 설립하기로 되어 있다. 이에 의하면 Bank사와 Lender사는 1년 지나면 만기가 되는 어음을 받고, 이들 어음은 각기 제1순위 및 제2순위 저당권으로 담보되며, Bondholder사는 주식을 받는다. 결의에서 Bank사와 Bondholder사는 회생계획에 찬성하지만 Lender사는 반대한다. 권리를 손상 당하는 채권자의 조로서, 회생계획에 대하여 동의하는 조가 존재함으로 인하여, 법원은 Lender사의 반대에도 불구하고 회생계획을 인가할 수 있다.

ParentCo사, HoldingCo사, OperatingCo사 3개 당사자가 등장하는 다른 사례를 검토해보자. OperatingCo사는 위에서 본 바 225달러 짜리 자산을 보유한다. Bank사는 OperatingCo사에게 100달러를 대여한 바 있다. Lender사는 HoldingCo사에 100달러를 대여하였고, Bondholder사는 ParentCo사에 100달러를 대여하였다. 담보권을 설정하는 대신에, 이들 대여자들 사이에는 구조적 우선순위가 있지만,

---

21) Id. At 264.

역시 Bank사가 제일의 순위를 가지고, 그 다음은 Lender사, 그 다음은 Bondholer사의 순이다. (구조적 우선순위는 자산이 팔리게 되어 225달러가 배당이 가능한 상태가 되었다고 상상함으로써 쉽게 인식할 수 있다. 즉, 자산 소유자였던 OperatingCo의 채권자로서 Bank사가 100달러를 지급 받을 수 있다. 남은 125달러는 유일한 주주인 HoldingCo사에게 귀속될 수 있을 것이다. HoldingCo사의 유일한 채권자인 Lender사는 위 금액 중 100달러를 받을 수 있다. 남은 25달러는 HoldingCo사의 주주인 ParentCo사에게로 간다. Bondholder사는 ParentCo사의 채권자로서 위 25달러에 대한 권리를 주장할 수 있다.)

하나의 법인이 차입을 한 위의 설례에 적용되었던 것과 완전히 동일한 방식으로 Bank사, Lender사 및 Bondholder사에 대한 채무를 재조정하는 것을 내용하는 회생계획이 제출된다. Bank사와 Bondholer사는 회생계획에 찬성하고 Lender사는 반대한다. 이 회생계획이 인가될 수 있을지는 명백하지 않다. Lender사는 이와 같은 계열회사들의 경우에는 회생계획을 인가할 수 없다고 주장할만하다. 형식적으로 보면, 회생계획은 세 가지가 제출된다. ParentCo사, HoldingCo사, OperatingCo사 3개 당사자에 대하여 각기 하나의 회생계획안이다. §1129(a)(10)에 의하면, 회사마다 제출된 각 회생계획이 권리를 손상 당하는 채권자의 조로부터 동의를 얻어야 하는 것으로 보일 것이다.[22] Lender사는 HoldingCo사의 유일한 채권자이므로, 이 회생에 대하여 비토권을 행사할 수 있다. HoldingCo사의 회생계획을 강제인가하게 할 수 있는 다른 조는 존재하지 않는다.

이런 주장의 논리는 형식적으로는 나무랄 데 없는 것이다. 그러나 이 사례는 단 하나의 법인격을 수반하는 동일한 위계의 투자구조를 가진 사례와 실질적으로 다른 점이 전혀 없다. Lender사에 대하여 제시된 처우는 제11장절차의 원칙 중 어느 것도 침해하지 않는다. 이 회생계획은 절대 우선의 원칙을 가지고 어떠한 게임도 하는 것이 아니다. Lender사는 다른 당사자가 행한 측면거래로 피해를 입은 희생자가 아니다. 어느 누구도 Lender사를 버스 밑으로 던지지 않았다. 회생계획이 권리 손상을 받는 채권자들 중 하나의 조라도 찬성 결의를 받았는지 여부의 문제는 회생계획의 전체를 기반으로 하여 평가되어야 하며, 계열 회사 그룹 안의 개별 법인을 기준으로 평가될 것은 아니라는 결론에까지 나아간 법원도 있다.[23]

---

22) §1129(a)(10).

23) JP Morgan Chase Bank, N. A. v. Charter Communications. Operating, LLC, 419 Bankr. 221, 250 (Bankr. S. D. N. Y. 2009). 모든 법원이 여기에 동의하는 것은 아니다. In re Tribune Co., 464

$ 권리의 손상

§1124 및 §1126(f)는 회생과정에서 절충되지 않는 채권, 지분권의 조에 대하여는 결의에 참가할 권리를 박탈한다. 파산법의 문언을 사용하면, 그와 같은 채권은 "권리의 손상을 받은(impaired)" 것이 아니다. 어느 한 조의 채권이 회생 이전에 가지고 있었던 권리를 회생된 이후에도 같은 권리를 그대로 보유하는 것으로 된다면, 그와 같은 권리를 가진 자는 회생계획에 대하여 불평할 권리가 없다. §1124(1). 대출금에 대하여 채무자가 이전과 동일한 금액을 지급하고 또 동일한 조건을 수용하는 경우에는 그 대출금은 권리의 손상을 받지 않은 것이다. 또 대출금은 연체가 되었었더라도 §1124에 의하여 권리 손상을 받지 않은 것으로 간주될 수 있다.

§1124는 이전에 미이행쌍무계약의 맥락에서 부딪혔던 문제에 직면한다. 채무자가 다른 사람들의 이해관계를 주의 깊게 보살필 인센티브가 거의 없고 바로 그 사유 때문에 파산 절차 개시 직전에 미이행쌍무계약을 불이행하는 일이 발생하는 바로 그 식으로, 채무자는 유리한 조건의 대출을 연체할 가능성이 있다. §365와 마찬가지로, §1124는 과거의 연체가 치유되고 원래의 대출이 다시 효력을 가지도록 원상회복(reinstate)하는 것을 허함으로써 문제를 극복한다. 미이행쌍무계약의 연체상태를 치유하고 그로 인한 의무를 인수함으로써 관리인이 그 계약을 유지할 수 있는 것과 마찬가지로 관리인은 대출을 원상회복할 수 있다. 어떠한 종류의 불이행이 치유될 수 있는 것인지 아닌지에 관하여는 다툼이 생길 여지가 있고, 또 어떤 계약 약관이 법적으로 강제할 수 없는 기한의 이익 상실 조항(ipso facto clause)에 해당하는지에 관하여도 마찬가지이다.24)

어느 채권자를 권리 손상 없는 상태로 만드는 것은 강제인가를 피하는 한 방법이다. 관리인 (또는, 보통은 관리인으로 보는 채무자)은, 대출계약을 원상회복하게 되면 완전히 담보된 채권자로부터 시장금리를 밑도는 저금리의 대출의 이익을 계속 볼 수 있는 경우에는, 계약의 원상회복을 선호할 것이다. 어느 은행이 장기

Bankr. 126 (Bankr. Del. 2011).
24) JP Morgan Chase Bank v. Charter Communications Operating, LLC, 419 Bankr. 221 (Bankr. S. D. N. Y. 2009).

계약으로 100만 달러를 지금은 현저히 시세를 밑도는 이자율로 대출해 주었다고 가정해보자. 그렇지만 채무자는 지금 연체 상태이다. 채무자가 §1124가 제공하는 이익을 이용하지 않는 한, 연체로 인하여 대출의 기한이익은 상실되고 100만 달러의 원금 전액에 대하여 만기가 도래하여 채무자는 갚아야 한다. §502에 의하여, 은행은 100만 달러에 대한 채권을 가진다. 특별한 다른 규칙이 없으면, 청산 가치보장의 원칙에 따라 은행은 100만 달러의 현재가치를 가진 권리의 조합을 가질 자격이 있을 것이다.

그렇지만 §1124(a)는 은행의 채권에 대하여 발생한 기한의 이익 상실을 회복할 수 있도록 허한다. 그 계약의 조건은 원상회복되고, 은행은 권리 손상을 받지 않는 것으로 간주된다. 비록 은행이 이에 따라 지급 받을 일련의 현금흐름이 현재가치로 할인하였을 때 100만 달러에 상당히 미치지 못하는 결과가 되더라도 은행은 회생계획을 승인한 것으로 간주되고, 따라서 은행은 절대 우선의 원칙은 물론이고, 청산가치보장의 원칙조차도 주장할 수 없다. 이 사례에서 보듯이, 과거 약정하였던 장기 대출금의 이자율이 현재 시장에서 통용되는 이자율보다 낮고 담보가치가 충분한 대출인 경우에는 이 대출의 효력을 지속하는 것이 의미가 있다. 담보가치를 충분히 확보한 채권자는 §506(b)에 의하여 이자를 수취할 자격이 있고 따라서 어떠한 경우라도 전액을 변제 받는다. 이러한 대출의 유리한 조건의 혜택을 받는 것은 비용이 들지도 않는다.

권리 손상이 없는 채권자들은 회생계획에 동의한 것으로 간주되며, 그들에 대하여 의결권 행사의 권유도 요구되지 않는다. §1126(f). 회생계획은 이들 채권자들에게 영향을 주는 것이 아니며, 따라서 그들이 회생계획에 대하여 승인할지 여부를 따지는 것은 무의미하다. 비슷한 추론에 의하여, 회생계획에 의하여 아무 것도 받지 않는 조는 회생계획에 반대한 것으로 간주된다. §1126(g). 계획이 그들에게 충분히 주는 것인지 여부를 따질 필요가 없는 것이다. (물론, 반대는 절대 우선의 원칙을 작동하게 한다.)

회생계획의 인가를 위하여 채무자가 권리 손상을 받는 조로서 계획에 동의할 조를 물색할 때, 채무자는 한 조를 택하여 (예를 들어 회생계획을 작성할 때 채무자와 협력한 담보가치를 충분히 확보한 채권자인 은행) 비록 권리 손상이 없는 것으로 할 수 있음에도 불구하고 그 권리를 지엽적으로 변경하려고 할 수 있다. 이렇게 확보된 조는 당연히 회생계획을 지지할 것이고, 기술적으로는 권리 손상을 받

았기 때문에, §1129(a)(10)이 요구하는 권리손상을 받는 최소한 하나의 조의 찬성
이라는 요건을 제공한다. 어떤 법원은 이와 같은 인공적인 권리 손상을 파산법이
금지하는 선거구조작의 한 형태라고 판단하였다.25) 다른 법원은 법조문 그 자체
의 해석에 초점을 맞추어 아무리 사소한 것이라고 하더라도 계약의 개조는 권리
손상의 한 형태라고 보았다.26) 이들 법원에 있어서는, 회생계획에 반대하는 당사
자는 §1129(a)(10)의 규정에 의존할 수 없고, 그 대신에 회생계획이 선의로 제공
된 것이 아님을 입증하여야 한다. 이들 법원은 §1129(a)(3)이 요구하는 바 회생계
획이 선의에서 나온 것인지 여부를 따지는 것이 "파산법원에 타인을 해하는 권리
남용에 대처할 권한을 충분히 부여한다."27)

　　파산법의 다른 규정과 마찬가지로, §1124는 기한의 이익 상실 약관의 효력을
인정하지 않는다. 채무자는 기한의 이익 상실 약관에 의하면 파산절차의 신청을
하면 연체로 보게 되어 있는 경우라고 하더라도 대출계약을 원상회복할 자격이
있다. 이 연체가 치유될 수 없는 것이라고 하더라도, 일반적으로 기한의 이익 상
실 약관을 무시하는 것과 동일한 이유로, 파산법은 이를 무시한다.

　　한 그룹에 속하는 여러 계열사가 동시에 파산절차로 들어가는 경우 기한의
이익 상실 약관을 금지하는 효과는 항상 명확한 것은 아니다. 다음 설례를 고려
해보자. 동일한 모회사에 속하는 여러 자회사에 은행이 대출을 행한다. 각 대출
계약에는 다른 자회사 중 어느 한 회사라도 파산절차를 신청하면 은행은 대출계
약을 해지할 수 있다고 규정되어 있다. 회생계획에 은행의 대출을 원상회복하는
것이 포함된 경우, 은행은 다른 자회사의 연체는 치유될 수 있는 것이 아니므로
기한의 이익 상실 약관의 금지는 적용되지 않는다고 주장할 것이다. 각 자회사의
입장에서 보면, 기한의 이익을 상실하게 하는 계기는 다른 자회사에 대한 파산절
차의 개시일 뿐이다. 그런데 법원이 계열회사를 하나의 실체로 보는 경향이 강할
수록, 이러한 은행의 주장은 받아들여지지 않을 가능성이 크다.28) 법원은 "이 법
률에 의하여 하나의 사건이 개시되는 것"을 계기로 하는 조항을 금지하는 법문을
지적할 수도 있다. 이 문구는 기한의 이익을 상실하게 하는 사건이 반드시 대출

25) In re Windsor on the River Associates, Ltd., 7 F. 3d 127 (8th Cir. 1993).
26) In re Village at Camp Bowie, 710 F. 3d 239 (5th Cir. 2013).
27) 710 F. 3d at 248.
28) JP Morgan Chase Bank v. Charter Communications Operating, LLC, 419 Bankr. 221, 251 (Bankr. S. D. N. Y. 2009).

계약의 원상회복을 구하는 채무자에 대하여 개시된 바로 그 사건일 것을 요구하는 것은 아닌 것이다.[29]

제11장절차 하에서의 협상

제11장절차의 역학관계는 쉽게 요약하기에는 너무나 힘들다. 중요한 의문사항은 외부자들이 강압전술과 우호적인 설득 사이의 차이를 정교하게 구분할 수 있는지의 여부가 아니다. 그것보다는, 내부자들이 제11장절차를 이해하는 방식이다. 회생에 관한 법률을 밝게 보는 견해는, 한편에서는 공격적인 측면거래와 규칙의 조작을, 다른 한편에서는 정당한 회생 과정에서의 "공정한 청약"을 구성하는 것이 무엇인지에 관한 공통의 이해가 있다고 본다. 퇴출되어 버림으로써 감정을 상한 소수자들과 자신의 작은 이익을 얻기 위하여 회생계획을 저격하기를 원하는 소수 그룹의 반대자들 사이에는 차이가 있다. 어둡게 보는 견해에 의하면, "봐야 믿겠다"는 생각에 기초한 원칙은 불확실성을 많이 일으키고 회생계획을 조합해 이룩하는 것을 너무나 불확실하게 한다. 우리가 어느 전망을 취하든지 간에, 위 문제 자체가 우리가 직면한 가장 큰 도전, 즉 아주 많은 선수가 끊임 없이 교체되는 세계에서 협상에 의한 연대를 이룩해내는 것을 가리킨다. 이 작업을 함에 있어서 선수들은 파산법원이 계획을 인가할 때 사용하는 구체적인 기준을 자세히 살펴보아야 한다. 이것이 다음 장의 주제이다.

---

29) Lehman Brothers Special Financing, Inc. v. BNY Corporate Trustee Services Limited, 422 Bankr. 407 (Bankr. S. D. N. Y. 2010).

회생계획의 인가

제 12 장

회생계획의 인가

　회생계획에 대한 결의가 이루어진 후, 법원은 이것을 인가할 것인가를 결정하여야 한다. 법원은 계획이 제11장의 규정 특히 §1129의 요건을 충족하는 것인지에 대하여 확신을 가져야 한다. §1129(a)(1)은 회생계획을 심리하여 그것이 "이 법률의 해당 규정"에 부합하는지를 확인할 것을 법원에 요구하고 있다. 따라서 법원은 조 분류와 같은 사항을 직권으로 검토할 것으로 가정된다.

　회생계획이 인가되면, 모든 계정과목은 맞추어진 것으로, 또 싸우던 당사자들 사이의 모든 다툼은 일거에 해결된 것으로 가정된다. 그렇지만 그와 같은 일반적인 평화를 이룩하는 것은 결코 쉬운 일이 아니다. 확실히 문제를 해결하기 위하여, 당사자들은 모든 눈에 띄는 쟁점에 대한 결의를 희망한다. 기업활동을 위하여 새로운 출자를 행하는 구 주주로서는 회생이 완성된 후 어느 날 일어나보니 과거의 채권자들이 파산절차 전 준비기간 중의 잘못을 주장하며 구 주주를 여전히 추급하고 있음을 발견하는 사태가 발생하기를 원하지 않는다. 임원들 및 이사들도 불만스러운 이해관계인들이 임원들 및 이사들이 직무를 위반하였음을 들어 개인적으로 소송을 걸어오는 것을 원하지 않는다.

　회생계획의 일환으로, 채무자는 그가 타인에 대하여 가진 모든 권리를 포기할 수 있다. 채무자 측에서의 그러한 채무 면제는 본질적으로 소송상 화해의 성격을 가지고 있고 파산법원은 그것이 파산재단의 최선의 이익에 부합한다고 납득하는 한 규칙 9019에 의하여 허가할 수 있다.[1] 석면(asbestos) 관련 상해 사건의

---

1) 이 쟁점을 해결함에 있어서, 법원은 종종 In re Master Mortgage Investment Fund, Inc., 168

맥락을 배경으로 볼 때, 파산법에 정하여진 의미 내에서 "청구권(claims)"을 가지고 있지 않을 때에도 이해관계 당사자가 채무자를 추급하는 것을 파산법원이 금지할 수 있는지 여부는 그렇게 명확하지 않다.

파산법원이 제3자를 상대로 다른 당사자가 제기할 수 있는 조치로부터 제3자를 보호하는 것도 역시 어렵다. 대규모의 국제적인 타결에 있어서 그와 같은 제3자 보호조항을 법원이 허가한 사례가 있기는 하다.[2] 또 제11장절차 그 자체에서의 행동이나 부작위로부터 발생하는 손해배상책임으로부터 회생되는 채무자, 전문직업인 및 이해관계인을 보호하는 면책조항도 역시 허가하여 왔다.[3] 그렇지만 일반적인 문제로서, 영향을 받는 당사자가 동의하지 않는 한 법원은 제3자의 책임까지 면하게 해주는 명령을 발하는 것은 극단적으로 주저하여 왔다. 최근의 사건에서 치열한 쟁점이 된 것은 이 경우 요구되는 동의의 성격이었다.

영향 받는 당사자가 회생계획에 대한 표결과정에서 이탈할 기회가 주어졌던 경우 제3자의 책임을 면제하는 것이 모든 사실과 상황 하에서 합리적이라고 볼 수 있는 때에는 법원은 이 면제조항을 허용하는 경향을 보여 왔다. 반대할 수 있는데 반대하지 않음으로써, 그들은 제3자의 책임을 면제하는데 동의해 버린 것이다. 그 효과는 계획에 대하여 전혀 의결권을 행사하지 않은 다수를 구속하는 것이다.[4] 물론 그러한 사건에서는, 정보개시가 필수적이다. 반대하지 않는 자는 완벽하고 명백한 불장난을 하는 것이다.[5]

법원이 심사하는 보다 중요한 두 가지 항목이 있는데, 계획안의 인가를 위하

Bankr. 930, 934-37 (Bankr. W.D. Mo. 1994) 사건에서 처음 제시된 복합 요건을 가진 기준의 설시를 답습한다. 예를 들어 In re Zenith Electronics Corp., 241 Bankr. 92 (Bankr. D. Del. 1999). 그러나 이것은 개념상의 실수이다. 복합 요건의 기준은 거의 명백하지 않고, 어떠한 경우에도, Master Mortgage 사건은 채무자가 아닌 다른 당사자의 면제에 관한 것이었으므로 전혀 주체가 달랐다. 법정에 출석하여 동의를 한 당사자에게 구속력을 미치기 위한 요건은 동의를 하지 않고 심지어는 출석도 하지 않았을 수도 있는 자에게 적용할 요건과는 전혀 다르다.

2) 예를 들어, Securities & Exchange Commission v. Drexel Burnham Lambert Group, Inc., 960 F.2d 285 (2d Cir. 1992).

3) 예를 들어, In re National Heritage Foundation, Inc., 478 Bankr. 216, 233 (Bankr. E.D. Va. 2012); In re PWS Holding Corp., 228 F.3d 224, 246 (3d Cir. 2000). 그렇지만 면책조항은 중과실 또는 형사상 처벌 받을만한 비행으로 인한 손해배상책임까지 면책할 정도로까지는 보호하여 주지 않는다.

4) In re Indianapolis Downs, LLC., 486 Bankr. 286 (Bankr. Del. 2013).

5) In re Neogenix Oncology, Inc., 2014 WL 954124 (Bankr. D. Md. 2014); In re Lower Bucks Hospital, 2013 U.S. Dist. LEXIS 94 (E.D. Pa. 2013).

여 필요한 실체적인 기준인 채권자의 최선이익(청산가치보장)의 원칙 및 절대 우선의 원칙이 그것이다. 이전에 살펴 보았듯이, §1129(a)(7)에 의하면 계획이 인가를 받기 위하여는 각 조의 각 구성원이 모두 계획에 동의하였던가 계획에 반대한 각 구성원은 그가 가진 권리의 청산가치 이상을 받아야 한다. §1129(a)(7) 하에서의 권리를 주장하기 위한 비용을 고려한다면, 제7장의 청산절차에서라면 더 많이 받을 것처럼 보여, 채권자는 계획에 동의하는 편이 나을 수 있다. 더욱이, 앞에서 보았듯이, §1129(a)(7) 하에서의 평가 절차는 그다지 엄격하지 않다. §1129(a)(7)은 제11장절차가 진행 중인 법인에 대하여 제7장절차에서 파산관재인이 관리를 행사한다는 비현실적인 상황을 상정할 것을 요구하며, 제7장절차에서 일어나는 청산에서는 반드시 법인 재산을 개별적으로 매각한다고 법원은 가정하는 경향이 있다. 마지막으로, 파산법원은 §1129(b) 하에서 요구되는 것과는 다르고 보다 덜 정교한 가치평가절차를 사용할지도 모른다. 보다 편의한 방식의 가치평가는 채권자들의 이익에 반하여 작용할 수 있고, 반대하는 채권자의 주장에 맞추어 가치평가를 해 주게 되면 회사가 성공적으로 회생될 수 있는 전망을 손상할 것이라고 판사가 믿는 경우에는 더욱 그러하다.

테이블 위에 놓여진 여러 개의 회생계획이 §1129를 만족하는 경우, 파산법은 "채권자들 및 주주, 지분권자들의 선호"를 고려한 후에 파산법원이 그 중 하나의 회생계획을 선택할 수 있게 하고 있다. 그러나 이 규정은 별로 필요가 없다. 설령 그런 경우가 있다고 한다면, 이해관계인의 선호는 반대 방향으로 즉 단 하나의 회생계획도 제출되지 못하는 쪽으로 작용할 가능성이 크기 때문이다.

💲 절대 우선의 원칙의 구현

(아마도 엄격한 가치평가를 피할 수 있기 때문에) 청산가치보장의 원칙이 충족되었다고 가정한다. 어느 한 조라도 계획에 대하여 반대하는 경우, 나아가 계획은 절대 우선의 원칙을 충족하여야 한다. §1129(a)(8)에 의하면 회생계획이 §1129(b)에 열거된 기준에 합당하지 않으면 회생계획은 인가될 수 없다. §1129(b)(2)는 후순위의 권리자가 조금이라도 변제를 받으려면 그보다 선순위의 권리자는 그가 가

진 권리를 전부 받아야 한다. 형평법에 의한 강제관리의 시대에는, 절대 우선의 원칙은 각 채권자가 누리는 권리였다. 그렇지만 현행 파산법 하에서는, 그것은 반대하는 조가 집합적으로 누리는 권리이다. (즉 조가 찬성결의를 하면, 개별 채권자는 자신의 채권을 전부 변제 받아야 한다는 주장을 관철할 수 없다.)

§1129(b)(2)의 규정은 세 가지 다른 표현을 포함하고 있고, 강제인가를 당하는 이해관계인들이 보유한 권리의 성질에 따라 어느 것이 적용될지가 결정된다. §1129(b)(2)(A)는 담보권자에 관한 쟁점을 다루고, §1129(b)(2)(B)는 무담보채권자, §1129(b)(2)(C)는 지분권자에 관한 것이다. (앞에서 보았듯이 "채권"과 "지분권"의 차이는 부채와 자본의 구별에 대응한다.)기본적인 요점은 다음과 같다. 회생계획의 효력 발생일 현재 ― 현재가치를 기준으로 하여 ― 선순위의 조에 속해 있는 채권자가 그 채권금액의 전부를 받거나, 그렇지 않으면 후순위의 조는 아무 것도 받지 못한다는 것이다. 후순위의 조에 속한 권리를 가진 자가 과거의 권리를 근거로 하여 회생되는 회사로부터 무엇인가를 받을 수 있으려면, 다음 두 가지 조건 중 하나를 충족하여야 한다. (1) 조별 결의에 의하여, 선순위의 조가 후순위의 조에게 재산을 나누어주는 것을 인정하던가, (2) 선순위의 권리자가 전액을 변제 받아야 한다.

그렇지만 후순위의 조에 속한 자들도 모든 사건에 있어서 제11장절차의 진행방식에 대하여 (특히 가치평가절차와 관련하여)그들의 의견을 반영하게 할 권리가 있다. 이 권리로 인하여 후순위 당사자의 지위는 기업이 현금으로 팔릴 것으로 가정하였을 때의 그것과 다르게 극적으로 변할 수 있으며, 민사법 상의 우선순위에 일치하게 현금으로 청산되는 금액에도 변화가 일어난다. 따라서 어떤 선순위 채권자는 후순위에 있는 당사자의 동의를 유치하기 위해서라면, 자신들의 채권을 일부 양보하여 후순위자에게 조금 나누어주는 것을 내용으로 하는 회생계획을 선호하기도 한다. 회생계획에 반대한 후순위 당사자들이 자신들의 권리로 보장된 제11장절차에 있어서의 참여권을 행사함으로써 절차비용을 발생하게 하는 것보다는 이 방식이 합리적일 수 있다. 이러하게 한 조의 이해관계인이 회생계획에 동의하게 하는 한, 절대 우선의 원칙이라는 반드시 따라야 하는 관건적인 요건이 갖추어졌는지는 더 이상 문제가 되지 않는다.

§1129(b)(1)에서 나란히 작용하는 원칙은 회생계획은 불공정한 차별을 하여서는 안 된다는 것이다. "불공정한 차별"을 금지하는 요건은, 수평적으로 같은 우선 순위를 가지는 권리들은 동격으로 취급되어야 한다는 것을 뜻한다. 이것은 수

직적으로 선순위와 후순위로 권리 사이의 위계질서가 존중되어야 한다는 것과 같은 맥락이다. 같은 순위의 권리에 대하여는 원칙적으로 같은 비례적인 몫이 주어져야 한다. 일반 채권자들이 같은 조에 분류되어 있으면, 각자는 동일한 처우를 받아야 한다. 그렇지만, 충분히 정당한 이유가 있다면, 일반 채권자를 두 가지 범주로 나누고 그들에게 다른 지급방식을 적용하는 것도 가능하다.

　한 조의 일반 채권자에게는 현금을 지급하고 다른 조의 채권자에게는 장기 어음을 발행하여 준다는 사유만으로는 불공정하게 차별하는 계획이라고 단정할 수 없다. 다른 취급을 하는 것에 대하여 합리적인 이유가 있고 현금의 지급과 어음의 발행이 채무자의 자산에 대한 동일한 비례적인 몫을 제공하는 한 계획은 수긍할 수 있다. 예를 들어 외과수술을 필요로 하는 불법행위 피해자는 현금으로 지급 받고, 금융기관 채권자는 현금 지급의 절절한 필요가 없으므로 어음을 수령할 수도 있는 것이다.

　"불공정한 차별"을 금지하는 원칙이 절대 우선의 원칙만큼 엄격하게 적용되어야 한다고 할 정도까지는 법원이 나가지 않았다. 또 같은 우선 순위에 있는 조의 채권에 주어지는 가치가 모든 경우에 동일하여야 한다는 것을 관철하지도 않았다. 어떤 법원은 처우에 있어서 차이에 대한 합리적인 근거가 있는지 및 회생계획이 차별 없이 인가될 수 있는 것인지를 평가함에 있어서 법원은 광범위한 재량권을 누린다고 판단하였다.[6] 다른 법원은 같은 우선순위의 조에 속하는 채권자들에게 같은 금액을 주어야 하는 것은, 오로지 "반대하는 조에 대하여 회수율을 적게 하는 것이 파산절차 외부에서 얻어질 결과와 부합하는 것을 입증하거나, 다른 조의 회수율이 높은 것이 그 조가 회생과정에서 출연하는 바에 의하여 상계된다는 사정을 입증함으로써"만 극복할 수 있는 강력한 가정이라고 판시하였다.[7] 이들 법원은 그 처우의 차이가 특히 크거나 그러한 처우의 차이가 없더라도 회생계획이 쉽게 인가될 수 있는 경우에는 강한 입증의 부담을 부과하는 것이 보통이다.[8]

　§1129(b) 하에서의 담보채권자의 권리를 이해하기 위하여는, §1111(b) 하에서

---

6) In re Aztek Co., 107 Bankr. 585, 590 (Bankr. M.D. Tenn. 1989).
7) In re Tribune Co., 472 Bankr. 223, 241 (Bankr. D. Del. 2012). 이 기준을 처음 제시한 것은, Bruce A. Markell, A New Perspective on Unfair Discrimination in Chapter 11, 72 Am. Bankr. L.J. 227, 228 (1998).
8) In re Deming Hospitality, LLC, 2013 WL 137\97458 (Bankr. D.N.M. 2013).

담보채권자가 가진 특별한 권리를 자세히 살펴볼 필요가 있다. 이 조항에 의하면, 비소구(nonrecourse) 채권은 소구(recourse)할 수 있는 것으로 되고, 담보채권자는 그의 무담보채권을 포기하는 대신에 그 채권 전액이 담보된 것으로 취급되게 할 수 있다. §1111(b)의 적용을 선택하는 것의 결과를 많이 알 수는 없지만, 어떠한 이해관계가 있는지를 알아내는 것은 어렵지 않다. 채무자에게 100만 달러를 빌려준 은행을 가정하자. 이 대출은 Blackacre 토지로 담보되어 있다. 대출은 담보부족분에 대한 소구권이 없다. 파산절차 외에서라면, 은행은 채권의 만족을 위하여 Blackacre 토지만 바라보아야 한다. 임의경매절차에서 Blackacre 토지가 60만 달러에 팔린다면, 나머지 40만 달러에 관하여는 은행은 운이 없다. 포기해야 한다. §1111(b)가 존재하지 않는다면 어떤 일이 일어나겠는가? 파산법원은 은행의 채권에 대하여 가치를 정해야 할 것이다. 만일 법원이 담보채권의 가치가 60만 달러라고 결정한다면, 은행은 현재가치로 60만 달러를 받을 수 있는 권리 패키지를 받으면서 그 반대에도 불구하고 강제인가를 당할 수 있다. 본래 비소구성을 약정하였던 지라, 은행은 무담보채권도 없다. 40만 달러의 담보부족분 채권은 그저 사라져 버린다. 의회가 §1111(b)를 도입하였던 이유는, 은행의 담보부족분 채권을 판사가 회생계획안에 그저 인가의 서명을 하는 것으로써 아예 제거해 버릴 수 있어서는 안 된다고 생각하였기 때문이다.

　　§1111(b)로 의회가 대처하였던 문제는, 구법인 1898년 법 하에서의 판례인, Great National Life Insurance Company v. Pine Gate Associates 사건 이후로 주목을 받았다.[9] 이 사건에서, 비소구 담보채권자는 담보물을 가치평가를 받아 그 만큼 채권자가 변제 받는 것을 포함하는 회생계획에 대하여 반대하였지만 성공하지 못하였다. 담보채권자는 전액 변제 받거나 또는 그렇지 않으면 담보물을 회수하기를 원하였었다.

　　물론, 평가가 정확하게 이루어지기만 한다면야, 담보채권자는 그가 재산을 매각하였을 경우 받았을 바로 그에 상당하는 금액을 변제 받을 수 있었을 것이다. 그렇지만, 담보채권자는 담보물의 가치 평가가 제대로 이루어지지 않는 상황을 걱정하였던 것이다. 그의 채권이 담보부족분을 소구할 수 없는 것이었던 지라, 담보물 처분으로 만족하지 못하는 부분에 대하여 무담보채권이 성립할 수 없

---

9) 2 B.C.D. 1478, 1976 U.S. Dist. LEXIS 17366 (Bankr. N. D. Ga. 1976).

었고 그 부분을 기초로 회생계획의 결의에 참여할 수 없었다. §1111(b)는 모든 대출은 파산절차 외부에서 소구권이 있든 없든 불문하고 제11장절차 내에서는 담보부족분에 대한 소구권이 있다고 먼저 선언함으로써 이러한 — Pine Gate 문제라고 부르는 — 상황에 대처한다. 그리하여 위에서 본 우리의 예제에 언급된 은행은 (달리 선택하지 않는 한) 40만 달러에 해당하는 담보부족분 채권을 가지게 된다. 이 권리를 보유함으로 인하여, 은행은 다른 무담보채권자들과 함께 결의에 참여하게 된다.

아울러 §1111(b)는 담보채권자에게 '선택'을 할 권리를 부여한다. 그 선택을 하면, 담보물의 가치와 상관 없이, 채권자는 채권 전액에 대하여 담보채권을 가진 것으로 간주된다. 그리하여 위 예제에 있어서 은행은 담보가치인 60만 달러가 아니라 채권 전액인 100만 달러에 관하여 담보채권을 가진다. 그렇지만, 은행이 100만 달러에 해당하는 지급의 흐름을 수령하지는 못한다. §1129(b)(2)(A)(i)(II) 하에서, 은행은 60만 달러의 '현재가치'에 상당하는 지급의 흐름을 받을 것이다. (이 조항은 지급의 흐름이 "그 재산에 대하여 파산재단이 가지는 이해관계에 대하여 보유자가 가진 권리의 가액" 이상이어야 한다고 규정한다. 법원은 재산이 60만 달러인 것으로 평가하였다.) 이 점에서는, 은행은 선택이 행하여지지 않았던 경우인 것과 동일한 처우를 받는다. 선택을 함으로써, 은행은 그 담보부족분에 해당하는 40만 달러의 채권을 포기하여야 하므로 은행은 지위가 저하된 것처럼 보인다. 그러나, 이 선택은 은행의 지위를 개선하는 결과도 있다.

§1129(b)(2)를 만족하기 위하여는, 총 지급의 흐름은 60만 달러만 되면 충분하지만, 이들 지급의 총 액면 금액은 합계 100만 달러 이상이어야 한다. 더욱이, 위 지급의 흐름은 60만 달러가 아니라 100만 달러의 우선특권에 의하여 담보된다. Pine Gate 사건에서의 채무자와는 달리, 현재 파산법원으로부터 인위적으로 낮은 평가를 받은 채무자가 장차 담보채권자에게 그 낮게 평가된 담보가치만을 지급하고 담보채권자를 밀어낼 수 없는 것이다. 많은 경우에, 채무자는 담보채권자에게 장기 채권증서를 기꺼이 지급하려고 한다. 그 채무를 상환할 기간은 충분히 길어서 60만 달러의 현재가치를 가지면서도 장기간에 걸쳐 100만 달러를 넘는 지급의 흐름으로 구성될 수도 있다. 법원이 재산을 과소하게 평가하였고, 가까운 장래에 연체가 발생하거나 자산의 매각이 이루어져 100만 달러의 채무의 기한이 도래할 것이 예상되는 경우라면, §1129(b)를 선택하는 것이 담보채권자에

게 이익을 주는 전형적인 이유가 된다.

§1129(b)(2)(A)의 다른 부분이 어떻게 운용되는지를 살펴보는 것은 나름의 가치가 있다. 담보채권자와 관련하여 회생계획이 공정·형평에 부합하려면, 회생계획은 담보채권자에게 (1) 담보물 위에 존속하는 우선특권 및 담보채권의 가치에 상당하는 채권증서 또는 (2) 외상 입찰을 할 수 있는 매각권을 제공하거나, (3) "그 권리의 의심할 수 없는 등가물을 권리보유자가 실현할 수 있도록" 해야 한다. 조문의 문언은 단순 나열적으로 되어 있지만, 각 항은 다른 항을 배경으로 읽어야 한다. 이런 이유로, 계획안을 제출하는 자가 담보채권자에게 담보채권의 의심할 수 없는 등가물을 계획안이 제공한다고 주장할 수 있는 능력은 지극히 제한적이다. 예를 들어, 채무자는 담보채권자에게 외상으로 응찰할 수 있는 자격 없이 자산의 매각을 포함하는 계획안을 제출하면서 담보권자가 그 권리의 의심할 수 없는 등가물을 제공하는 것이라는 이유로 §1129(b)(2)(A)를 충족한다고 주장할 수는 없다. 매각할 때에는 담보권자에게 외상으로 응찰할 능력을 주어야 한다는 특수 요건은 권리의 의심할 수 없는 등가물을 담보채권자에게 제공하는 계획을 제출할 일반적 권한을 묵시적으로 제한하는 것이다.[10]

§1111(b)선택을 병행하는 것은 담보채권자에게 의심할 수 없는 등가물을 제공할 능력에 또 다른 제한을 부과한다. Debtor사가 Bank은행에 100달러를 빚지고 있고, Blackacre 토지를 소유하고 있는데 파산법원이 인정하는 토지 가치는 50달러라고 가정하자. Bank은행은 §1111(b)선택을 행하고 그에게는 Blackacre 상에 100달러 상당의 우선특권 및 50달러의 현재 할인가치를 가지는 채권증서가 주어져야 한다고 요구한다. Debtor사는 Bank은행에 대하여 그 채권에 대한 의심할 수 없는 등가물을 제공한다고 주장하는 회생계획을 제출한다. 그런데, 회생계획은 50달러의 가치가 있는 재무성증권으로 담보되는 지급의 흐름을 주겠다고 제의한다.

Bank은행에 제공되는 지급의 흐름이 실제로 파산법원이 측정하였던 담보채권의 가치에 상당하는 것임에는 의심이 없다. Blackacre토지에 의하여 담보된 채권증서와 달리, 재무성 증권에 의하여 담보된 채권증서로 담보된 채권증서는 바로 확인할 수 있는 시장가치를 가지는 것이고 그 가치는 50달러이다. 그렇다면

---

10) RadLAX Gateway Hotel LLC v. Amalgamated Bank, 132 S. Ct. 2065 (2012).

담보채권자는 50달러의 담보채권에 대하여 의심할 여지가 없는 등가물을 얻는 것이라고 채무자는 주장한다.

그렇지만, Pine Gate 사건을 의식하는 법원이라면, 그러한 회생계획에 저항할 가능성이 크다. 담보채권의 금액을 위하여 Blackacre 위에 설정되는 우선특권을 Bank은행에 부여하는 계획은 재산이 파산법원이 결정하였던 가치보다 더 비싼 가격으로 처분될 경우에 그 초과분을 Bank은행이 포획할 가능성을 Bank은행에 부여한다. 선취특권을 누릴 능력은 자산의 과소평가로 인한 위험을 완화하는 쿠션의 역할을 한다. 담보채권자가 외상으로 응찰할 능력도 마찬가지이다. 담보채권자가 회생계획 하에서 선순위의 담보채권을 부여 받을 때에는, 비록 파산법원이 그 기초가 되는 자산의 가치를 잘못 평가하는 경우라고 하더라도, 그가 받을 수 있는 것의 진정한 가치를 지급 받을 가능성이 크다.[11]

💲 절대 우선의 원칙과 새로운 자금조달을 포함하는 계획

연방대법원은 Bank of America v. 203 North LaSalle Street Partenrship 사건에서[12] 절대 우선의 원칙에 대하여 윤곽을 제시하였다. 이 사건에서 어느 투자자 그룹이 시카고 도심지의 사무실 건물 중 15개 층을 취득하였고 어느 은행으로부터 저당권부 대출을 받았다. 그 대출금의 채무는 담보물의 처분대가에만 추급하였고 개인적인 책임은 지지 않았다. 1990년대에 부동산 가치가 급락하였고, 투자자들은 제11장 절차에 의하여 은행의 저당권부 대출을 회생하기를 원하였다. 조합은 회생계획을 제출하였던 바, 조합의 견해로는 은행은 주법의 경매절차를 통하여 받을 수 있었던 금액보다 더 많이 변제를 받을 수 있었지만, 회생계획은 조합에 대한 파산절차 신청 이전의 투자자들이 소유자로 그대로 남고 상당히 큰 조세 혜택을 얻는 것을 허용하였다. 은행이 조합의 회생계획을 거절하였을 때, 파산법원은 계획이 은행의 반대에도 불구하고 강제인가 될 수 있을지를 결정해야 하였다.

11) In re River East, 669 F.3d 826 (7th Cir. 2012).
12) 526 U.S. 434 (1999).

새로운 가치가 출연되는 것을 내용으로 하는 사건은 구 조합원이 최선순위의 채권자와의 사이에 거래를 타결하지 못할 때 발생한다. 선순위의 채권자는 담보채권의 보유자라는 자격으로서는 새로운 가치가 투입되는 계획에 반대하지 못한다. 계획이 §1129(b)(2)(A)의 기준을 통과할 경우, 담보채권은 완전히 변제된다. 그 담보채권의 보유자로서는 상위의 채권자는 이에 불평할 수 없다. 그렇지만, 담보되지 않은 부족분 채권의 보유자로서는 이의를 할 수 있다.

엄밀한 법적 쟁점은 단순하게 제시될 수 있다. 담보물의 가치를 초과하여 변제 받을 수 있는 채권이 있는 한, 은행은 담보채권 이외에도 담보가치부족분에 해당하는 무담보채권이 있다. 제7항소법원은 §1111(b)의 담보부족분 채권은 그 자체로 하나의 조로 분류되어야 한다고 판결한 바 있다.[13] 따라서 은행이 계획에 대하여 반대할 때에는, 무담보채권 중 한 조는 필연적으로 계획에 반대한 것이 된다. 파산법 §1129(b)(2)는 무담보채권의 한 조가 회생계획에 대하여 반대하고, 그가 전부 변제 받지 못할 경우에는, 회생계획은 다른 요건 이외에 "[후순위]권리자가 ... 그 후순위의 ... 권리에 근거하여 계획에 의하여 어떠한 재산도 취득하거나 보유하지 않을 경우"라야 공정하고 형평에 부합한다고 규정하고 있다.

대법원 판결 이유에서 수터(Souter) 대법관은 법조문의 위 문언이 "절대 우선"을 철저하게 지킬 것을 요구하였다고 보았다. 절대 우선의 체제 하에서, 반대하는 조가 전부 변제 받지 못하는 경우에는 구 조합원은 어떠한 "재산"도 받아서는 안 된다. 구 조합원에게 새로운 주식을 취득할 배타적 권리를 주는 회생계획은 §1129(b)의 의미 내에서 재산을 조합원에게 주는 것이다. 실질적으로 그 회생계획은 구 조합원들에게 회생되는 업체의 지분에 대한 배타적 권리를 주었다. 그러한 배타적 권리는 스톡옵션으로서, 통상 재산권으로 간주되는 것이고 따라서 제정법의 의미 내에서 재산을 구성한다. 따라서, 구 조합원은 신규 출자 과정이 개방되지 않은 한 참여할 수 없다.

대법원이 설명한 바대로, "지분 취득을 위하여 지급되는 금액이 받을 수 있는 가장 좋은 것이라면, 구 조합원은 배타성이라는 보호를 필요로 하지 않는다... [만]일 그런 높은 가격이 아니라면, 구 조합원에게만 기회를 부여할 명백한 이유가 없다."[14] 대법원은 법원이 지분의 평가를 한다고 하더라도 "가장 높은 가격

---

13) In re Woodbrook Associates, 19 F.3d 312 (7th Cir. 1994).
14) 526 U.S. at 456.

(top dollar)"이 실현된다는 보장이 없고 "가치를 결정하는 가장 좋은 방법은 시장에의 노출"이라고 언급하였다. 그렇지만 대법원은 새로운 업체의 지분을 취득하여 들어가기를 원하는 채무자의 조합원이 정확히 어떠한 경로를 따라야 하는지에 관하여는 상술하지 않고 다음과 같이 유보하였다. "시장의 기준이 경쟁적인 회생계획을 여러 개 제시할 기회를 요구하는 것인지 또는 구 조합원이 추구하는 동일한 권리에 대하여 입찰에 붙일 권리만으로 만족되는 것인지는, 우리가 이 자리에서 결정하지 않는 문제이다."15)

203 North LaSalle 사건 이후 약 10년 동안, 다수의 파산법원은 배타성의 제거만으로 충분하다고 보았다. 이들 법원은 203 North LaSalle에서 회생계획에 대한 관건적인 반대는 구 지분권자가 새로운 지분을 인수할 배타적 권리를 가졌다는 점이었다고 추론하였다. 그러나 다른 이해관계인들도 회생계획을 제출할 권리가 있는 한, 구 지분권자가 제출한 계획안 하에서 그들이 누리는 배타적 권리에 대하여는 이의를 제기할 수 없는 것이다. 배타성이 제거되었을 때, 지분을 인수할 권리는 옵션으로서의 가치가 더 이상 없다. 어떠한 이해관계인도 그 자신의 회생계획을 제출함으로써 똑같은 권리를 취득할 수 있다. 따라서, 구 지분권자는 더 이상 "재산"을 받는 것이 아니다.16)

일부 다른 법원들은 이 견해를 거부하였다. 그들에게는 배타성의 소멸은 충분하지 않았다. "권리변경을 겪는 채권자로서, 내부자가 지분을 유지할 수 있게 해 주는 '모든(any)' 회생계획에 대하여 반대하는 자는 경쟁의 이점을 누릴 자격이 있다."17) 배타성이 소멸하였는지 여부는 중요하지 않다. 새로운 투자를 포함하는 회생계획은 다른 잠재적 투자자가 응찰을 하는 것을 허용하여야 한다.

선순위 채권자의 반대에도 불구하고 새로운 자금조달을 포함하는 회생계획을 강제인가하는 것이 어렵기 때문에 지분권자는 선순위에 있는 채권자와 거래를 타결하고자 노력하는 경우가 많이 있다. 그러한 거래는 이의를 제기할 수 없는 것처럼 보인다. 만일 선순위의 채권자가 구 지분권자를 포함시켜 주는 계획을 지지하고 그 자신도 전액을 변제 받지 못하는 상황이라면, 그 사이에 끼인 일반의 채권자는 한 푼도 받지 못하게 된다. 선순위의 채권자는 기업 전체를 가질 수 있는

---

15) 526 U.S. at 458.
16) In re Red Mountain Machinery, 448 Bankr. 1, 18 (Bankr. D. Ariz. 2011).
17) In re Castleton Plaza, LP, 707 F.3d 821, 824 (7th Cir. 2013) (강조는 원문에 있다).

자이다. 따라서 선순위 채권자는 기업을 그가 원하는 대로 할 수 있어야 한다고 볼 수 있다. 그렇지만, 제3장에서 논의하였듯이, 중간의 한 조를 뛰어 넘는 "선물"은 의심스럽다. 이들 사례에서 초점은 구 지분권자가 새로운 가치를 출연하느냐 아니냐가 아니다. 오히려 그 구 지분권자에 대한 선물이 제11장절차의 진행과정을 오염시켰느냐에 있다.

강제인가 허부에 관한 재판을 해야 하는 비용을 회피하기 위하여, 모든 층위의 이해관계인들에게 형식적인 지급이라도 하는 계획안을 내는 경우가 많이 있다. 일반 채권자들은 절대 우선의 원칙이라는 장애를 완전히 회피할 정도로는 넉넉한 금액을 받는다. 이들에 대한 지급은 동의를 이끌어내는 방식으로 기획된다. 예를 들어, 회생계획은 "함정(death trap)"을 포함하는 경우가 많다. 조 전체적으로 계획에 동의하면 조 전체에 대하여 약간의 지급을 하고, 조 전체가 반대하면 아무 것도 지급하지 않는 식이다. 조에 있는 각 이해관계인이 동일한 것을 받으므로(조 전체의 결정에 따라, 작은 금액의 지급이거나, 아니면 전혀 지급 받지 않거나), 이런 계획은 그 자체로 차별금지의 원칙을 위반하지 않는다. 그 작동방식은 형사절차에서 형사피고인이 공판절차를 고집하여 중형의 선고를 무릅쓰기보다는 차라리 유죄라고 자백할 수 있는 유죄답변거래(plea bargaining)에서 보는 것과 유사하다.

$ 선의와 의결권의 배제

파산법원은 사건의 진행 도중에 채권자가 비행을 저지르지 않도록 감시할 권한을 늘 보유하고 있다. 그 중 중요한 무기의 하나인 §1126(e)에 의하면, 파산법원은 악의로 의결권을 행사하는 자의 의결권을 "배제(designate)"할 수 있다. 법원은 "계획의 수용, 동의에 이르게 된 상황, 그것을 이끌어냈을 수도 있는 특별한 또는 궁극적인 동기, 그렇게 투표한 채권을 취득한 시기, 그에 대하여 지급된 대가 등등 제반 사정"을 세밀하게 조사한다.[18] 더글라스 대법관이 설명하였듯이,

---

18) Ameican United Mutual Life Ins. Co. v. Avon Park, 311 U.S. 138, 145 (1940).

그와 같은 조사 결과, 불공정한 거래, 충실의무의 위반, 신탁으로부터의 부당 이익 취득, 회생 담당자에 대한 특별한 이익 또는 소수의 내부자로부터 투자자를 보호하거나 일부 조의 침해로부터 다른 조의 투자자를 보호할 필요가 발견된 때에는, 법원은 필요에 맞는 구제책을 조율해 낼 광범위한 권한을 가지고 있다.[19]

수도 없이 많은 판례가 어떤 유형의 행위가 허용되는 것이고 어떠한 유형은 허용되지 않는 것인지를 가려내려고 노력해왔다. 이것은 Young v. Higbee Co. 사건[20]에서 블랙 대법관의 의견으로부터 시작한다. 우선주 보유자 두 사람이 계획의 인가에 대한 항고를 취하하고, 그들의 권리를 회생을 주도하고 있는 자에게 팔아 넘겼는데, 그 매매대가는 그들과 같은 조에 속한 다른 사람들이 회생계획에 의하여 받을 것으로 기대되는 것보다 훨씬 비싼 값이었는데, 블랙 대법관은 이 두 사람이 부적절한 처신을 한 것이라고 판단하였다.

Young v. Higbee는 두드러진 판례로 남아 지금도 긴 그림자를 드리우고 있다. 도전과제는 그것으로부터 무엇을 만들어내느냐의 문제이다. 한 견해에 의하면, 회생과정에서는 같은 조에 속하는 모든 이들이 같은 가격을 받을 것을 보장해야 한다. 특정 조에 속한 권리를 매수하기를 원하는 자는 모든 사람에게 같은 조건으로 매수하겠다는 청약을 해야 한다. 회생계획의 인가를 확보하기 위하여 권리를 매집하는 것은, 그 매매대금이 매수에서 제외되는 자가 회생계획에서 받을 금액보다 높은 경우에는 허용되지 않는다. 이것이 제2항소법원이 In re P-R Holding Corp. 사건[21]에서 취한 입장이다.

특정 권리에 대하여 회생계획에서 받을 금액보다 더 지급하겠다고 하는 의도는 무엇인가 장난이 진행되고 있다는 징표처럼 보인다. 비싼 값에 권리를 사는 매수인이 다른 곳에서 이득을 얻지 않는 이상, 왜 그가 취득하는 권리에 대하여 그 권리가 회생계획에 의하여 받을 것보다 더 지급하여야 하는가? 이것은 1달러 지폐를 1.01달러에 사는 것과 비슷하다. 그러나, 보다 온화한 다른 설명도 가능하다. 상당히 많은 권리를 가지고 있는 이해관계인은 회생계획이 채무자 회사를

---

19) 311 U.S. at 146.
20) 324 U.S. 204 (1945).
21) 147 F.2d 895, 897 (2d Cir. 1945) ("이러한 매집이 권리를 파는 채권자들에게 차별적인 이익을 주는 것일 때에는, '악의'가 확실히 있다.").

옳지 못한 방향으로 이끌어간다고 믿기 때문에 위 회생계획이 부결되게 하기 위하여 채권을 추가적으로 사려고 원하는 것일 수도 있다. 만일 회생계획이 기업을 효율적으로 경영할 수 없는 경쟁 기업에 매각하는 것을 포함하고 있는 것이라면, 누군가 채권을 매집하여 회생계획에 반대표를 행사하여 인가를 좌절시킴으로써 회사가 계속기업으로 존속하도록 하거나 최소한 보다 높은 가격에 청산되게 할 수도 있다. 그는 기업의 가치와 기업에 대한 그 자신이 이해관계를 지키기 위하여 채권을 매집하는 것이다.[22]

P-R Holding Corp. 사건을 포함하여 많은 경우에, 정상보다 높은 가격은 대부분 지배주식프리미엄(control premium)을 반영한다. 가장 단순한 사례를 살펴보자. 유일하게 한 조의 채권이 있고, 회생계획은 각 채권 1달러 당 회생되는 회사의 1주씩을 배정하는 것을 내용으로 하고 있다. 한 투자자가 채권 중 상당히 많은 부분을 매집하여 회생 되는 회사를 지배하는 지분을 가지게 된다. 이 경우 투자자에게 채권을 파는 지분권자들은 지배주식프리미엄의 일부를 포획하게 되므로 팔지 않고 남은 지분권자들보다 많은 것을 받게 된다. 이 현상은 파산절차 외에서 일어나는 적대적 인수합병에서도 일어난다. 통상, 지배주주는 프리미엄을 받고 매각할 수 있고 그것을 다른 주주와 나눌 의무는 없다. 달리 하는 것은 회사 지배권에 대한 시장을 망치고 집단으로서 투자자의 이익을 해친다.

공정한 처우를 요구하는 원칙의 또 다른 흐름을 인식할 필요가 있다. 그것은 In re Allegheny International, Inc. 사건[23]에 나타나 있다. 외부인이 관건적인 역할을 하는 증권(fulcrum security)에 대하여 지배적인 지분을 매집한 것에 대응하여, 법원은 그 조에 속한 모든 이해관계인에게 지배주식프리미엄이 확장될 수 있도록 하는 구제수단을 만들어 냈다. 채권의 매수인은 해당 조에 속한 모두에게 동일한 조건의 매수 청약을 하였기에 엄밀하게 어떠한 남용도 발견되지 않은 다른 사례는 많이 있다. 그러한 사실은 충분한 것은 아니지만, 최소한 이와 같은 우려를 현안에서 제거하므로 도움은 된다.

Higbee 사건과 유사한 사건에서는 "고가매수협박(greenmail)"로부터 보호하려

---

22) 예들 들어, In re Pine Hill Collieries Co., 46 F. Supp. 669 (E.D. Pa. 1942). 이 사건에서 채권자는 채무자 회사를 경영하였고 또 주요 주주였다. 기록에 의하면 채권자는 단순히 채권자로서의 그 자신의 이익을 보호하기 위한 것이 아니라 다른 사업상의 이해관계를 보호하려고 하였다고 추측할 수 있듯이, 사건이 반대 방향으로 갔을 것이라고 상상할 수 있다.

23) 118 Bankr. 282 (Bankr. W.D. Pa. 1990).

는 욕구가 작용한다. 파산절차 외에서는, 어떤 자가 의결권 있는 주식을 상당히 매집한 후, 주식을 비싼 값에 사주지 않으면 적대적 인수합병을 시도하겠다고 위협할 때 문제가 생긴다. 파산절차에서도 비슷하다. 어떤 자가 관건적인 권리의 조에서 결의를 막을 수 있는 지위를 매집한 후에 충분히 보상을 받지 않으면 회생계획에 반대하는 쪽으로 의결권을 행사할 것이라고 위협하는, 말하자면 실질적으로는 윌리엄 O. 더글라스 대법관의 표현대로 "우리의 의결권을 돈을 주고 살 수 있다"[24]라고 말하는 것이다. 다시 말하면, 이러한 장난은 권리의 매수인의 책임이 아니고 권리의 매도인이 잘못한 것이다. 이득을 얻기 위하여 오로지 타인에게 위해를 가할 목적으로 행동을 취하겠다고 위협하는 것은 불법행위를 구성한다. 이와 같은 규칙이 적용되면, 부결시키겠다고 위협하더라도 아무것도 얻을 것이 없기 때문에 우선주를 가진 자들이라고 하더라도 이득을 짜내기 위하여 비싼 불복절차를 취하겠다고 위협할 수 없게 된다.

우리는 회생절차의 진행과정의 도덕성에 대하여 우려하지 않을 수 없다. 권리의 매매거래가 공격적으로 이루어지게 되면, 절차 진행이 남용 없이 이루어지고 타인에게 속함이 마땅한 가치를 전략적 참여자들이 횡령하지 못하도록 보장하기 위하여 설계된 절차를 불안정하게 뒤흔들 수 있다. 클라크 대법관은 이 아이디어를 In re Applegate, Property, Ltd 사건[25]에서 간결하게 묘사하였다.

반대편이 제출한 계획을 좌절시킬 목적의 권리 취득을 용인하게 되면 … 면밀하게 발전되어 온 파산법의 구조(계획, 설명서, 평등한 처우, 의결권 유치의 규제, 법원의 심사 후 인가) 바깥에서 거의 행하여지는 의결권 획득을 위한 치열한 쟁탈전을 촉발할 것이고, 채권자들은 최선의 회생계획이 아니라 그들이 개별적으로 협상할 수 있는 최선의 거래를 선택하게 방치할 것이다. 물론 채권자들은 지급을 받지만, 평등한 처우를 받지 않고 또 정확한 정보에 근거한 변제를 받지도 못할 것이다. 그와 같은 거친 자유진입의 상태는 기업가적인 자본가에게는 영합할지 모르지만, 사기적이고 부패한 관행에 대하여도 화려하게 장식된 초청장을 발행하는 것이기도 하다.[26]

---

24) DISH Network Corp. v. DBSD North America, Inc., 634 F.3d 79, 103 n. 10 (2d. Cir. 2011) (구 파산법의 개정을 인용하며 : Hearing on H.R. 6439 Before the House Comm. On the Judiciary, 75th Cong. 182(1937) (윌리엄 O. 더글라스 대법관의 연설)).

25) 133 Bankr. 827 (Bankr. W.D. Tex. 1991).

26) Id. At 836.

회생계획이 인가되게 또는 기각되게 하기 위하여 권리를 매수하는 것은 지방 선거에서 투표권자를 매수하는 것과 별로 다르지 않다. 당신은 당신이 보다 더 나은 후보자라고 유권자를 설득할 수 있지만, 당신을 위하여 투표하라고 그들에게 돈을 지급할 수는 없다. 제11장절차에서도 노골적인 의결권 매수도 전혀 다르지 않다.

그러한 견해에 경도된 법원은, 무엇보다도, 보라 법(Borah Act)을 인용할 수 있는 바, 이 법은 어떤 파산사건에 있어서 행위를 하는 것 또는 행위를 하지 않는 것에 관해 고의적, 사기적으로 금전 기타 이익을 교부, 약속, 수수하거나 이들을 얻으려고 시도하는 것을 형사처벌한다.[27] 넓게 읽어 보면, 특정 회생계획에 찬성표 또는 반대표를 던지려는 목적으로 권리를 매매하는 것은 금지되어 있다. 그렇지만, 이와 같은 넓은 해석에도 불구하고, 전략적인 권리 매입이라는 일반적 의심을 자아내는 사건은 내부자와 연관이 있는 경향이 있다는 점을 주목할 가치가 있다.

내부자들은 다른 사람들에 대하여 충실의무를 지고 있기 때문에, 내부자들의 행동은 필연적으로 통상의 외부 투자자들의 행동에 비하여 더 엄격한 심사를 받게 되며, 심지어는 그 외부인사가 전략적으로 행동하는 자라고 하더라도 그러하다. 관건적 증권을 매집하여 주도권을 쥐는 외부 매수인이, 내부자나 계획을 궤도로부터 이탈하려는 목적으로 한 조의 권리를 다 사버리는 외부 매수인과 같은 문제에 부딪힐 가능성은 그렇게 크지 않다. 관건적인 조를 사는 자가 팔려고 권리를 내놓는 누구에게든 동일한 조건으로 매수할 의사가 있는 경우에는 더욱 더 이런 문제에 부딪힐 가능성이 크지 않다.

파산법은 조 별로 의결한다는 개념을 중심으로 구성되어 있다. 이 접근방법은 ― 분산된 채권자들 사이에 공통된 이해관계에 의존하는 것으로서 ― 투자자들이 불과 몇 가지의 종류로 나누어질 때 가장 정당화하기 쉽다. 그렇지만 지금은 한 선수가 다수의 소그룹으로 나누어진 통상의 권리를 결합한 복잡한 지위를 보유하는 것이 일상이 되었다. 많은 채권자들이 수많은 층으로 구성된 자본 구조 중 여러 층을 점유하는 새로운 세계에 있어서 법원은 조 별 결의를 조정해내는 복잡한 과제를 일일이 해결하지 못하였다. 불행하게도, 복수의 조에 걸쳐 권리를 보유하고 있는 채권자들의 행태를 규제하는 대부분의 판례법은, 여러 가지 모습

27) 18 U.S.C. §152.

을 취하는 동일한 투자자가 있는 대규모 회사의 진행과정과는 전적으로 다른 진행방식을 따르는 단일 자산만을 가진 부동산 기업의 파산사건에 관한 것이다.

대규모 임대아파트 단지의 소유자가 파산절차로 들어갔다고 가정해보자.[28] 수백만 달러의 채권을 가진 담보채권자가 1인 있고, 소수의 무담보채권자가 있다. 가장 큰 무담보채권은, 모든 무담보채권 금액의 1/3을 약간 넘는 것인데, 파산신청서가 제출되기 전의 토요일에 잔디를 깎은 비용 20달러를 지급 받지 못한 12세 소년이 채권자이다.

채무자는 임대아파트를 분양아파트로 점차 전환하는 것을 내용으로 하는 회생계획을 제출한다. 만일 이 계획이 성공하면, 지분권자는 엄청난 이익을 얻는다. 만일 실패하더라도, 담보채권자가 전체 손실을 부담하게 된다. 담보채권자는 몇 년 동안 일부 임대, 일부 분양 상태로 남아 버린 실패한 부동산개발 프로젝트의 잔재를 정리하느라 고생할 것이다. 채무자가 제출한 회생계획은 담보채권자에게는 담보채권의 가치에 상당한다고 채무자가 주장하는 채권증서를 주는 것을 내용으로 포함하고 있다. 회생계획에 의하면 무담보채권자는 각자의 채권액에서 1페니만큼 깎은 금액을 변제 받는다.

담보채권자는 12세 소년에게 접근하여 그의 채권을 액면가에 매입하여 회생계획에 반대하여 결의권을 행사한다. 이런 방식을 사용하여 권리손상을 겪지만 회생계획에 동의하는 조가 없게 함으로써, 회생계획은 인가할 수 없게 된다. 담보물 가치평가를 위한 고비용의 조사기일을 열 필요가 없게 된다. 물론, 담보권자가 12세 소년의 권리를 행사하는 것은 무담보채권자로서의 이해관계를 관철하는 것과는 아무런 관계가 없고 담보채권자로서의 지위를 보호하기 위한 것과 모든 관계가 있다. 담보채권자가 무담보채권의 조 중에서 1/3 이상의 채권을 매집하여 그 의결권을 회생계획을 가라앉히는데 사용하는 것은 무담보채권자 전체에 대하여 담보권자로서의 결의를 관철하는 것을 허용하는 것이다. 담보채권자의 투표가 무담보채권의 보유자로서의 그의 이해관계를 어떠한 의미로든 반영한다고 생각하는 것은 그저 터무니없는 것이다.

그런 사건에 있어서 담보채권자의 의결권을 고려에 넣는 것은 난폭한 정의이다. 담보권자가 무담보채권자를 대변하는 것을 허용하는 것은, 첫째 일반 채권

---

28) 이 가정적 설례는 Figter Ltd. v. Teachers Insurance & Annuity Association, 118 F.3d 365(9th Cir. 1997)에 대충 기반하고 있다.

자에게 발언권을 주는 것이 거의 의미가 없기 때문에 정당화 된다. 이 사건은 수백만 달러의 채권을 가진 담보채권자와 부동산 개발 시행자 사이의 전투이다. 채무자가 회생계획에 대한 충분한 지지를 모았다는 점에 대하여 회의적이기 때문에 이러한 경우 우리는 채무자의 회생계획을 좌초시키기 위한 담보채권자의 권리 매입을 허용한다. 사소한 금액의 채권만을 가진 한 줌 밖에 되지 않는 무담보채권자의 확신을 누리는 것만으로 충분하여서는 안 된다.

더 중요한 것은, 이들 사례가 주는 교훈은 전략적 투자자들이 여러 개의 모자를 쓰고 등장할 때 즉 여러 종류의 권리에 관하여 의결권을 행사할 때에는 적용되지 않는다는 점이다. 이것은 전적으로 다른 상황이다. 파산법의 현재의 구조로는 법원이 미묘한 상황에 처한다. 만일 법원이 여러 개의 모자를 쓴 채권자로 하여금 소수자를 대변하는 것을 허용하게 되면, 소수자는 투표권을 박탈 당하는 것이다. 쉬운 해결책은 없다. 만일 이해관계 충돌이 없고 모두 투표권을 행사할 수 있도록 하기 위하여, 이해관계의 충돌이 있는 채권자의 권리를 그들만의 다른 한 조를 구성하도록 하면, 여러 개의 모자를 가진 채권자는 모든 사건에 있어서 강제인가를 관철할 자격을 갖게 된다. 강제인가 신청을 원하는 채권자는 다른 조에 속한 권리를 사기만 하면 되는 것이다.

법원은 다음 세 가지 접근방법 중 하나에 끌리는 것으로 보인다. 첫째 접근방법은 Gerber 판사가 In re Adelphia Communications Corp. 사건[29]에서 취한 접근방법이다. 여러 개의 조에 걸친 지위를 가지고 있는 채권자들의 존재는 대형 사건에서는 불가피하다. 내부자가 연관되어 있지 않은 이상, 연관된 자들이라고는 모두 그저 채권자로서 그들 자신의 지위를 증진하려고 할 뿐인 이상(다른 조에 속한 채권자로서의 지위를 증진하는 경우라 해도 마찬가지), 규칙은 과거 서부에서의 칼싸움을 지배하였던 것이다. 즉 어떠한 규칙도 없는 것이다.

싸움은 성숙한 전문가들 사이에 이루어지는 것이다. 불쌍한 과부도 없고 고아도 없다. 운동장은 평평하다. 결국에는, 모든 이가 §1129의 실체적 규칙을 누리고, 인가되는 모든 회생계획은 파산법의 표준에 부합하여야 한다. 벼랑 끝에서 버티기가 발생할 수 있지만, 벼랑 끝 버티기는 다른 환경에서도 마찬가지로 존재하는 것이다. 냉정한 의견이 통용될 것이라고 희망할 수 있다. 그러나 그렇지 못

---

29) 441 Bankr. 6 (Bankr. S.D.N.Y. 2010).

할 때에는, 그들 자신의 잘못일 뿐이다.

두번째 접근방법은, Aladdin Hotel Co. v. Bloom 사건[30]에서 법원이 채택한 것으로 보이는 접근방식이다. 이것은 오래된 사건이기도 하고 전적으로 파산절차 외에서 일어난 것이기는 하지만, 현행 파산법의 입법 역사에서 논의되었었고 지금도 유용한 설명을 제공한다. Aladdin Hotel이 발행한 사채는 3분의 2의 다수결로 원금 상환 기일을 연장할 수 있도록 허용하였다. 호텔은 오랜 기간 힘들게 운영되어 왔다. 종국적으로 한 가문에 소속된 이들이 호텔의 경영권을 확보하였고 호텔을 경영하기 시작하였다. 이 시점에서, 몇 년 동안 이자가 지급되지 않았고, 또 호텔은 개량 공사를 필요로 하였다. 이 가문은 지분의 과반수와 발행된 사채의 3분의 2를 보유하였다. 이 가문은 호텔의 개량에 30만 달러를 투자하였고, 이자 지급을 시작하였으며, 제1번 저당권의 피담보채무를 상환하였으며, 매출을 3배 가깝게 늘렸다. 동시에, 원금 상환일을 10년 늘렸다. 그들은 보통주뿐만 아니라 사채권까지도 지배하였기 때문에 사채에 대하여 이러한 변경을 강행할 수 있었다.

이 변제기 수정 이후에, Josephine Bloom이 일부 사채권을 취득하고 나서 호텔에 소송을 제기하였던 바, 가문이 대주주의 지위에 있기 때문에 원금의 만기 일자를 연장하기 위한 의안에 대하여는 의결권이 없다는 것을 근거로 하였다. 항소법원은 가문이 선의로 행동하였고 Bloom은 (정확히는 그녀의 조상들) 제 때 이의를 제기하지 않음으로써 변경을 추인하였다고 판단하였다.[31]

Aladdin 사건은 여러 개의 모자를 가진 투자자의 행태는 엄격한 심사의 대상이 된다는 개념을 대변한다. 그들은 행위를 금지 당하지는 않지만, 전체로서의 기업의 이익을 염두에 두어야 한다. 가문에 속한 가족들은 지배주주였고 모든 종류의 충실의무를 부담하고 있었다. 그러나 그들은 충실의무를 위반하지 않았다. 그들은 전체로서 채무자의 가치를 극대화할 의도를 가졌고, 사채계약 그 자체의 형식적 요건을 충실하게 준수하였다.

담보부사채신탁법(Trust Indenture Act)이 아무리 사소한 것이라도 파산절차에 의하지 않은 사채계약의 조정을 더 이상 허용하지 않으므로,[32] Aladdin 사건에

---

30) 200 F.2d 627 (8th Cir. 1953).
31) 200 F.2d at 633.
32) 15 U.S.C. §77aaa.

있어서와 같은 상황은 파산절차 바깥에서는 이제 발생할 수 없게 되었다. 그렇지만 여전히, Aladdin 사건의 접근방식은 §1126(e)가 채택하는 방식이라고 주장할 수 있다. 그 자체로 금지하는 것은 아니지만, 심사 — 내부자들이나 지배권을 행사하는 자들이 분쟁에 연관되었을 때 특히 엄격하게 시행되는 심사 과정이 있다.

세 번째 접근방식은 이해관계 충돌이 있는 자들을 아예 결의에서 배제하여 버리는 것이다. 하원의 파산법 원안은 Aladdin 사건의 법리를 뒤집어 엎는 결과를 가지는 조항을 포함하고 있었다. 위 법안은 가결에 필요한 채권이나 지분권의 금액과 인원 수 산정과 관련하여 "그 조와 관련하여, 그 실체의 채권이나 지분의 배제를 정당화할 만한 성질의 것인 이해관계의 충돌을 가지고 있는 업체"의 의결권을 배제할 수 있도록 법원에 권한을 부여하였다.[33] 이 견해에 의하면, 위 가문이 두 개의 모자를 쓰도록 허용하는 것은 내재적인 문제가 있다. 가문의 지분권자로서의 이해관계는 동시에 사채권자로서 가지는 이해관계를 대변할 능력을 배제하였던 것이다.

여러 개의 모자를 쓰고 있을 때 채권자들이 어떻게 처우받아야 하는가에 관하여는 논쟁이 있지만, 표면에 나타나지 않는 응큼한 저의로 행동하는 제3자들이 그들 자신의 목적을 증진하기 위하여 회생과정이라는 지렛대를 남용할 수 없다는 기본적 원칙에 대하여는 다툼이 없다. 제3자가 권리를 취득하여 의결권을 행사할 때, 응큼한 속셈인 행동과, 허용되는 행태 사이에 금을 긋는 어려운 과제가 결국 등장하게 된다.

어떤 사건들은 쉽다. 예를 들어, 불만을 품은 과거 종업원들이 경쟁업체를 설립하였다면 이들은 이전의 고용자에게 고통을 가하기 위하여 권리를 취득하고 의결권을 행사할 수 없다.[34] 채무자가 파산법에 의한 회생 대신에 민사법 상의 경매절차를 겪을 경우에는 권리를 되찾게 되는 부동산개발업자는 회생을 저지하기 위한 목적으로 권리를 사 모을 수 없다.[35]

이 법리의 근원은 Texas Hotel Securities Corp. v. Waco Development

---

33) H.R. 8200, 95th Cong., 1st Sess. (1977), 이 조항은 §1126(e)로 삽입되었다. 입법의 연혁에 대한 더 깊은 분석을 위하여는, Mark G. Douglas, Disenfranchising Strategic Investors in Chapter 11: "Loan to Own" Acquisition Strategy May Result in Vote Designation, 6 Pratt's J. Bankr. L. 383, 387 n.31(2010).

34) In re MacLeod Co., 63 Bankr. 654 (Bankr. S.D. Ohio 1986).

35) In re Dune Deck Owners Corp., 175 Bankr. 839 (Bankr. S.D.N.Y. 1995).

Co. 사건[36]에까지 거슬러 올라간다. 이 사건은 텍사스주 웨코에 있는 루즈벨트 호텔을 둘러싼 싸움을 둘러싸고 전개되었다. 지역의 사업가들 그룹이 낡은 호텔을 인수한 후 콘래드 힐튼을 끌어들여 개조하고, 새 건물을 짓고, 운영하였다. 그것은 힐튼의 텍사스 내에 있는 세 번째 호텔이 될 터였다. 거래는 낡은 호텔을 힐튼에게 매각하는 것으로 시작하였다. 힐튼은 재산을 담보로 하여 상당한 금액을 대출받았고 광범위한 개조공사를 시행하였다. 그 다음 힐튼은 호텔재산을 지역사업가들에게 다시 팔았지만, 99년 동안 호텔재산을 임차사용 할 권리를 계속 보유하였고 다만 부동산을 담보로 한 채무를 변제할 책임을 부담하였다. 대공황 시기에 사업은 곤두박질쳤다. 힐튼은 부동산 담보채무는 계속 변제하였지만, 임대료는 밀리게 되었다. 주법원에 소송이 제기되었다. 웨코 지역의 사업가들이 이겼다. 그들은 힐튼이 임대료를 내지 않은 것을 이유로 힐튼을 밀어내고 임대차 계약을 종료할 수 있었다.

그런데 얼마 지나지 않아 지역의 사업가들은 힐튼이 처했던 것과 대략 같은 처지에 자신들이 몰려있음을 발견하였다. 그들은 임대료를 낼 필요가 없었지만, 부동산 담보채무는 제때 내야 했고, 곧 그들은 이것조차 이행하기에 어려워졌다. 이들은 파산의 신청을 제출하였다. 지역의 사업가들이 작당하여 지역의 법원을 이용하여 힐튼으로부터 호텔을 빼앗고 또 경영자인 지위도 박탈해버린 것에 대하여 매우 분개하고 있던 힐튼은, 영향받는 조 중 한 조에서 저지능력이 있는 지위에 해당하는 권리를 매수하였고, 그에 따라 회생계획에 반대표를 던졌다. 힐튼은 호텔의 경영권을 다시 취득하지 않았으나, 제5항소법원은 힐튼이 그가 가진 의결권을 행사할 권리를 지지하였다.[37] 파산법의 입법 연혁은 파산법원에 의결권을 배제할 권한을 부여한 것이 이 판례를 뒤집을 의도에서 나온 것이었음을 시사한다.

힐튼이 당초에 쫓겨났어야 하는지 (그리고 힐튼이 행한 개선공사가 지역의 사업가들에게 유용하였는지)의 문제는 한쪽으로 제껴 놓더라도, 힐튼의 동기는 의심스럽다. 회생계획에 반대한 목적은 호텔의 경영권을 다시 취득하기 위한 것이었고, 보유한 권리의 가치나 호텔 그 자체의 가치를 극대화하기 위한 것이 아니었다. 한 조의 채권 중 단 3분의 1보다 약간만 더 매집함으로써, 힐튼은 가결을 저지할 수 있는 지위를 획득하였다. 회사를 가장 좋은 용도에 사용할 것이라는 생각을

---

36) 87 F.2d 39 (5th Cir. 1936).
37) 87 F.2d at 399-400.

하는 전략적 매수인과 달리, 힐튼은 호텔의 장래 소유자로서가 아니라 장래 경영자가 된다는 그 자신의 이익을 증진하였다.

힐튼이 호텔 자체를 사기를 원했고 그 전략의 일환으로 의결권을 취득한 경우라면 사건이 달라졌을 것이다. 그렇지만 우리는 그와 같은 행동도 회의적으로 보아야 한다. 전략적인 권리매집자가 관건적 조에서의 지배적 지위 또는 저지적 지위를 사서는, 채무자의 자산을 좋은 조건으로 그에게 이전하는 것이 아닌 다른 어떠한 회생계획도 미리 차단하는 방식으로 의결권을 행사하는 것을 우려할 필요가 있다.[38] 외부자는 회생의 과정을 통제하고 회생을 그가 원하는 방향으로 밀어내기 위한 목적만으로는 권리를 취득할 수 없다.

채권자가 사건의 진행 중에 권리를 매집하였다가, 응큼한 속셈을 가지고 있다고 공격받는 경우, 채권자가 내놓는 전형적인 답변은, 비록 그가 지금은 채무자에 대한 지배적 지위를 취득하려고 노력하고 있기는 하지만, "채권자 자신의 투자를 극대화하고 그 자신의 경제적 이해관계를 증진하기 위한 목적으로 채권을 매집한 것이고, 채무자회사에 반하는 경쟁적 이해관계를 전략적으로 증진하려는 목적은 아니다"라는 것이다.[39] 물론, 자신의 경제적 이익을 증진하는 것은 타인의 이익과 충돌하는 전략적 이해관계를 증진하는 것과 일치하는 경우가 많다는 점이 문제이다.

어려운 사례는 권리의 매수인이 관건적 증권에 큰 규모의 투자를 하고 나아가 회생계획의 인가를 확보하기 위하여 추가로 권리를 취득하려고 시도할 때 발생한다. 그는 투자자로서의 모자와 권리매수인으로서의 모자 둘 다를 쓰고 있다. 파산법 이외의 법은 이러한 문제를 그와 같은 상황에 처한 주주들에게 의무를 부과함으로써 해결하려고 시도한다. 그 방법은 그러한 환경에서도 완전히 성공적으로 작용하지는 않지만, 도대체 채권자에게 부과된 의무라는 것이 일반적으로 존재하지 않는 파산법의 영역에서는, 지표가 될만한 것이 훨씬 적다.

이 문제를 이해함에 있어서는, 쉬운 답이 없는 다른 문제를 다룰 때 늘 그러하듯이, 우리는 기초적인 원칙을 돌아볼 필요가 있다. 그럼에 있어서, 우리는 파산법을 알아야 하지만 그 한계도 역시 이해하여야 한다. 법률은 법 외의 문제를 치유할 수 없다. 법률은 어리석은 자를 현명하게 만들어 줄 수 없고 불운한 자에

38) DISH Network Corp. v. DBSD North America, Inc., 634 F.3d 79 (2d. Cir. 2011).
39) In re Lichtin/Wade LLC, 2012 WL 6576416 (Bankr. E.D.N.C. 2012).

게 행운을 줄 수 없다. 법률은 잘 되지 않는 기업을, 그런 기업은 곧 망한다는 시장의 리얼리티로부터 단절해줄 수 없다. 따라서 파산법의 목적은 그렇게 대단한 것은 아니다. 정직하지만 불운한 개인은 신선한 새출발을 할 수 있게 해야 한다. 계속기업으로서의 가치가 있는 기업은 새로운 자본구조를 취득할 수 있어야 하고, 생존가능성이 없는 기업이라면 효율적으로 업무를 정리할 수 있어야 한다. 파산법은 기적을 만들어낼 수 없다. 가질 수 없는 것을 추구하면 좋은 일보다는 해악이 발생하게 마련이다. 파산제도가 작동하게 하려고 노력할 때, 우리는 작고 한 나의 동료이자 스승이던 Walter Blum이 때때로 말했듯이, 법에서는 95%는 완성(perfection)이라는 점을 되살려 볼 필요가 있다.

찾아보기

< 역자 소개 >

현 직위 : 변호사, 김박법률사무소 대표

학력 :

1985 서울대학교 법과대학(법학사)

1987 서울대학교 대학원(법학석사, 세법)

2001 미국 버지니아대학교(The University of Virginia) 법과대학원(LLM)

경력 :

1991 변호사(김장법률사무소)

1991 ~ 1997 판사(수원, 서울, 제주지방법원)

1997 변호사

2006 ~ 2007 서강대학교 법학과 교수(세법, 상법, 파산법)

2010 ~ 2011 아주대학교 로스쿨 겸임교수(도산법)

2011 ~ 2015 서강대학교 로스쿨 겸임교수(도산법)

2007 ~ (사)한국세법학회 이사

2009 ~ (사)도산법연구회 이사

2009 ~ (사)한국도산법학회 이사

2010 ~ 2011 법무부 채무자 회생 및 파산에 관한 법률 개정위원

2010 ~ 2012 국토해양부 자동차손해배상보장사업채권정리위원회 위원

2010 ~ 2012 서울중앙지방법원 조정위원

2013 ~ 2014 법무부 채무자 회생 및 파산에 관한 법률 태스크 포스 위원

2014 사법시험 면접위원

미국파산법개론

초판인쇄	2016년 2월 5일
초판발행	2016년 2월 25일
지은이	Douglas Baird
옮긴이	김관기
펴낸이	안종만
편 집	한두희
기획/마케팅	정병조
표지디자인	김문정
제 작	우인도·고철민
펴낸곳	(주) **박영사**
	서울특별시 종로구 새문안로3길 36, 1601
	등록 1959. 3. 11. 제300-1959-1호(倫)
전 화	02)733-6771
f a x	02)736-4818
e-mail	pys@pybook.co.kr
homepage	www.pybook.co.kr
ISBN	979-11-303-2821-8 93360

정 가   25,000원

Detective and Law

탐정관련법률

강동욱 · 최형보
한국탐정학회

박영사

머 리 말

이 책은 탐정학 시리즈 교재발간의 일환으로 기획된 것이다. 사회가 복잡해지고 발전하게 되면서 많은 사건, 사고가 발생하고 있으며, 기존의 국가조직이나 인력만으로는 해결하기 어렵거나 해결할 수 없는 경우가 많아지고 있다. 따라서 세계 각국에서는 현실적으로 국가의 힘이 미치지 않는 영역에서 탐정의 필요성이 강조되고 있으며, 현실적으로 상당한 기능을 하고 있다. 이러한 현실에 기초하여 탐정제도의 법제화를 통해 억울한 피해자의 구제를 비롯하여 궁극적으로는 탐정산업의 발전을 도모하고자 하는 노력이 15대 국회에서부터 현재 21대 국회에 이르기까지 끊임없이 이어지고 있지만 여전히 미래를 예측할 수 없는 사정에 있다.

그동안 탐정업이 법제화되지 않으면서 일부 불법적인 영업들이 탐정의 이름으로 행하여지고 있고, 그로 인해 여러 가지 폐해가 발생하고 있는 것도 부정할수 없지만, 이는 탐정제도 자체의 문제라기보다는 탐정업에 관한 법적 관리가 미비해서 발생한 것으로 보인다. 오히려 4차 산업혁명의 도래로 인해 탐정의 필요성이 강하게 요청되고 있고, 실제 탐정산업의 발달을 통해 국가경제에까지 매우긍정적인 영향을 끼치고 있는 외국의 사례를 볼 때 하루속히 탐정업에 관한 법제화를 통해 탐정을 정화시킴과 동시에 이용자를 보호하고, 나아가 탐정산업 전반의 활성화를 도모하는 지혜가 절실히 요구되고 있다.

주지하고 있는 것처럼 2020년 「신용정보의 이용 및 보호에 관한 법률」의 개정(2021. 8. 4. 시행)으로 인해 '탐정'이라는 명칭을 사용하여 영업활동을 할 수있으며, '특정인의 소재 및 연락처를 알아내는 행위'가 가능해짐에 따라 탐정활동의 범위가 확대되었다. 하지만 탐정활동의 대부분이 다른 현행법률들과 상당히 밀접하게 관련되어 있을 뿐만 아니라, 탐정이 사실조사 또는 정보수집을 통해 얻은 내용들은 대부분 소송 등 각종 법적 절차에서 유용한 증거로 활용될 수 있기 때문에 탐정활동이 현행법의 테두리 내에서 이루어질 것이 요구되고 있다. 특히, 2021년 「스토킹범죄의 처벌 등에 관한 법률」이 제정(2021. 10. 21. 시행)됨에 따라 일부 업무영역에 있어서는 탐정활동이 상당히 위축되고 있는 실정이다. 따라서 탐정제도의 법제화와 탐정산업의 발달을 도모하기 위해서는 현재 활동하고 있는 탐정 스스로 실정법을 준수해서 정당한 직업으로 인정받을 수 있도록 불법적인 사항의 의뢰를 받아서도 되지 않으며, 일체의 불법활동을 하지 않도록 노력하는 자세가 필요하다.

이러한 점을 고려하면 탐정이 현행법하에서 탐정활동을 효과적으로 수행하기 위해서는 무엇보다도 탐정기술의 함양 외에 탐정 관련법률들에 대한 충분한 지식을 습득할 것이 중요하다. 이에 이 책에서는 탐정활동에 관련된 법률들 중 탐정이 반드시 알아야 할 법률 10개를 선정하여 그 법률들(시행령, 시행규칙 포함)의 내용 및 판례의 태도를 살펴보고, 특히 관련법률과 관련하여 탐정으로서 유의할 점에 대해 기술함으로써 탐정활동이 법의 테두리 내에서 합법적으로 이루어지고, 그로 인해 탐정업이 효율적으로 기능할 수 있도록 하고자 하였다. 앞으로 관련법률들의 개정에 따라 그 내용과 관련 판례들을 보완해 나가면서 이 책의 수준을 높이는 작업을 게을리 하지 않을 것을 약속드리면서, 이 책에 대한 탐정(법)학 연구자들과 탐정실무자들의 많은 격려와 조언을 기대한다.

끝으로 어려운 여건 속에서도 이 책을 출간하게 해 주신 박영사 안종만 회장님과 편집부 사윤지 님과 직원 여러분들에게 큰 고마움을 전하는 바이다.

2023. 2.
목멱산 자락 연구실에서
저자 드림

차 례

제1장 신용정보의 이용 및 보호에 관한 법률

제6절 신용정보주체의 보호 77

제 3 장 통신비밀보호법

제 4 장 스토킹범죄의 처벌 등에 관한 법률

제5장 위치정보의 보호 및 이용 등에 관한 법률

제 7 장 실종아동등의 보호 및 지원에 관한 법률

제 8 장 채권의 공정한 추심에 관한 법률

제 9 장 디엔에이신원확인정보의 이용 및 보호에 관한 법률

제10장 유실물법

제11장 부정경쟁방지 및 영업비밀보호에 관한 법률

제 1 장

신용정보의 이용 및 보호에 관한 법률

제1장
신용정보의 이용 및 보호에 관한 법률

동법은 1995년 1월 5일 제정(법률 제4866호, 1995. 7. 6. 시행)된 후, 수차례의 개정을 거쳐 현재에 이르고 있다. 동법은 전문 52개조, 부칙으로 구성되어 있다 (법률 제17799호, 2020. 12. 29. 타법개정, 시행 2021. 12. 30.).

제1장	총칙		제1조 – 제3조의2
제2장	신용정보업 등의 허가 등		제4조 – 제14조
제3장	신용정보의 수집 및 처리		제15조 – 제17조의2 (제16조 삭제)
제4장	신용정보의 유통 및 관리		제18조 – 제21조
제5장	신용정보 관련 사업	제1절 신용정보업	제22조 – 제22조의7
		제2절 본인신용정보관리업	제22조의8 – 제22조의9
		제3절 공공정보의 이용·제공	제23조 – 제24조
		제4절 신용정보집중기관 및 데이터전문기관 등	제25조 – 제26조의4
		제5절 채권추심업	제27조 – 제30조 (제28조 – 제30조 삭제)
제6장	신용정보주체의 보호		제31조 – 제44조
제7장	보칙		제45조 – 제52조
부칙			제1조 – 제17조

제1절 총칙

1. 목적

이 법은 신용정보 관련 산업을 건전하게 육성하고 신용정보의 효율적 이용과 체계적 관리를 도모하며 신용정보의 오용·남용으로부터 사생활의 비밀 등을 적절히 보호함으로써 건전한 신용질서를 확립하고 국민경제의 발전에 이바지함을 목적으로 한다(제1조).

2. 용어의 정의

이 법에서 사용하는 용어의 뜻은 다음과 같다(제2조).

용 어	정 의
신용정보 (제1호)	금융거래 등 상거래에서 거래 상대방의 신용을 판단할 때 필요한 정보로서 다음 각 목의 정보를 말한다. 　가. 특정 신용정보주체를 식별할 수 있는 정보(나목부터 마목까지의 어느 하나에 해당하는 정보와 결합되는 경우만 신용정보에 해당한다) 　나. 신용정보주체의 거래내용을 판단할 수 있는 정보 　다. 신용정보주체의 신용도를 판단할 수 있는 정보 　라. 신용정보주체의 신용거래능력을 판단할 수 있는 정보 　마. 가목부터 라목까지의 정보 외에 신용정보주체의 신용을 판단할 때 필요한 정보
개인신용정보 (제2호)	기업 및 법인에 관한 정보를 제외한 살아 있는 개인에 관한 신용정보로서 다음 각 목의 어느 하나에 해당하는 정보를 말한다. 　가. 해당 정보의 성명, 주민등록번호 및 영상 등을 통하여 특정 개인을 알아볼 수 있는 정보 　나. 해당 정보만으로는 특정 개인을 알아볼 수 없더라도 다른 정보와 쉽게 결합하여 특정 개인을 알아볼 수 있는 정보
신용정보주체 (제3호)	처리된 신용정보로 알아볼 수 있는 자로서 그 신용정보의 주체가 되는 자를 말한다.
신용정보업	다음 각 목의 어느 하나에 해당하는 업(業)을 말한다.

(제4호)	가. 개인신용평가업 나. 개인사업자신용평가업 다. 기업신용조회업 라. 신용조사업
신용정보회사 (제5호)	제4호 각 목의 신용정보업에 대하여 금융위원회의 허가를 받은 자로서 다음 각 목의 어느 하나에 해당하는 자를 말한다. 가. 개인신용평가회사: 개인신용평가업 허가를 받은 자 나. 개인사업자신용평가회사: 개인사업자신용평가업 허가를 받은 자 다. 기업신용조회회사: 기업신용조회업 허가를 받은 자 라. 신용조사회사: 신용조사업 허가를 받은 자
신용정보집중기관 (제6호)	신용정보를 집중하여 관리·활용하는 자로서 제25조 제1항에 따라 금융위원회로부터 허가받은 자를 말한다.
신용정보 제공·이용자 (제7호)	고객과의 금융거래 등 상거래를 위하여 본인의 영업과 관련하여 얻거나 만들어 낸 신용정보를 타인에게 제공하거나 타인으로부터 신용정보를 제공받아 본인의 영업에 이용하는 자와 그 밖에 이에 준하는 자로서 대통령령으로 정하는 자를 말한다.
개인신용평가업 (제8호)	개인의 신용을 판단하는 데 필요한 정보를 수집하고 개인의 신용상태를 평가(이하 "개인신용평가"라 한다)하여 그 결과(개인신용평점을 포함한다)를 제3자에게 제공하는 행위를 영업으로 하는 것을 말한다.
신용조사업 (제9호)	제3자의 의뢰를 받아 신용정보를 조사하고, 그 신용정보를 그 의뢰인에게 제공하는 행위를 영업으로 하는 것을 말한다.
채권추심업 (제10호)	채권자의 위임을 받아 변제하기로 약정한 날까지 채무를 변제하지 아니한 자에 대한 재산조사, 변제의 촉구 또는 채무자로부터의 변제금 수령을 통하여 채권자를 대신하여 추심채권을 행사하는 행위를 영업으로 하는 것을 말한다.
채권추심의 대상이 되는 채권 (제11호)	「상법」에 따른 상행위로 생긴 금전채권, 판결 등에 따라 권원(權原)이 인정된 민사채권으로서 대통령령으로 정하는 채권, 특별법에 따라 설립된 조합·공제조합·금고 및 그 중앙회·연합회 등의 조합원·회원 등에 대한 대출·보증, 그 밖의 여신 및 보험 업무에 따른 금전채권 및 다른 법률에서 채권추심회사에 대한 채권추심의 위탁을 허용한 채권을 말한다.
제12호	삭제
처리 (제13호)	신용정보의 수집(조사를 포함한다. 이하 같다), 생성, 연계, 연동, 기록, 저장, 보유, 가공, 편집, 검색, 출력, 정정(訂正), 복구, 이용, 결합, 제공, 공개, 파기(破棄), 그 밖에 이와 유사한 행위를 말한다.

〈**참고**〉「신용정보의 이용 및 보호에 관한 법률」 제2조(정의) 이 법에서 사용하는 용어의 뜻은 다음과 같다

1의2. 제1호 가목의 "특정 신용정보주체를 식별할 수 있는 정보"란 다음 각 목의 정보를 말한다.

　가. 살아 있는 개인에 관한 정보로서 다음 각각의 정보

　　1) 성명, 주소, 전화번호 및 그 밖에 이와 유사한 정보로서 대통령령으로 정하는 정보

　　2) 법령에 따라 특정 개인을 고유하게 식별할 수 있도록 부여된 정보로서 대통령령으로 정하는 정보(이하 "개인식별번호"라 한다)

　　3) 개인의 신체 일부의 특징을 컴퓨터 등 정보처리장치에서 처리할 수 있도록 변환한 문자, 번호, 기호 또는 그 밖에 이와 유사한 정보로서 특정 개인을 식별할 수 있는 정보

　　4) 1)부터 3)까지와 유사한 정보로서 대통령령으로 정하는 정보

　나. 기업(사업을 경영하는 개인 및 법인과 이들의 단체를 말한다. 이하 같다) 및 법인의 정보로서 다음 각각의 정보

　　1) 상호 및 명칭

　　2) 본점·영업소 및 주된 사무소의 소재지

　　3) 업종 및 목적

　　4) 개인사업자(사업을 경영하는 개인을 말한다. 이하 같다)·대표자의 성명 및 개인식별번호

　　5) 법령에 따라 특정 기업 또는 법인을 고유하게 식별하기 위하여 부여된 번호로서 대통령령으로 정하는 정보

　　6) 1)부터 5)까지와 유사한 정보로서 대통령령으로 정하는 정보

1의3. 제1호 나목의 "신용정보주체의 거래내용을 판단할 수 있는 정보"란 다음 각 목의 정보를 말한다.

　가. 신용정보제공·이용자에게 신용위험이 따르는 거래로서 다음 각각의 거래의 종류, 기간, 금액, 금리, 한도 등에 관한 정보

　　1) 「은행법」 제2조 제7호에 따른 신용공여

　　2) 「여신전문금융업법」 제2조 제3호·제10호 및 제13호에 따른 신용카드, 시설대여 및 할부금융 거래

　　3) 「자본시장과 금융투자업에 관한 법률」 제34조 제2항, 제72조, 제77조의3 제4항 및 제342조 제1항에 따른 신용공여

　　4) 1)부터 3)까지와 유사한 거래로서 대통령령으로 정하는 거래

　나. 「금융실명거래 및 비밀보장에 관한 법률」 제2조 제3호에 따른 금융거래의 종류, 기간, 금액, 금리 등에 관한 정보

　다. 「보험업법」 제2조 제1호에 따른 보험상품의 종류, 기간, 보험료 등 보험계약에 관한 정보 및 보험금의 청구 및 지급에 관한 정보

라. 「자본시장과 금융투자업에 관한 법률」 제3조에 따른 금융투자상품의 종류, 발행·매매 명세, 수수료·보수 등에 관한 정보

마. 「상법」 제46조에 따른 상행위에 따른 상거래의 종류, 기간, 내용, 조건 등에 관한 정보

바. 가목부터 마목까지의 정보와 유사한 정보로서 대통령령으로 정하는 정보

1의4. 제1호 다목의 "신용정보주체의 신용도를 판단할 수 있는 정보"란 다음 각 목의 정보를 말한다.

가. 금융거래 등 상거래와 관련하여 발생한 채무의 불이행, 대위변제, 그 밖에 약정한 사항을 이행하지 아니한 사실과 관련된 정보

나. 금융거래 등 상거래와 관련하여 신용질서를 문란하게 하는 행위와 관련된 정보로서 다음 각각의 정보

    1) 금융거래 등 상거래에서 다른 사람의 명의를 도용한 사실에 관한 정보

    2) 보험사기, 전기통신금융사기를 비롯하여 사기 또는 부정한 방법으로 금융거래 등 상거래를 한 사실에 관한 정보

    3) 금융거래 등 상거래의 상대방에게 위조·변조하거나 허위인 자료를 제출한 사실에 관한 정보

    4) 대출금 등을 다른 목적에 유용(流用)하거나 부정한 방법으로 대출·보험계약 등을 체결한 사실에 관한 정보

    5) 1)부터 4)까지의 정보와 유사한 정보로서 대통령령으로 정하는 정보

다. 가목 또는 나목에 관한 신용정보주체가 법인인 경우 실제 법인의 경영에 참여하여 법인을 사실상 지배하는 자로서 대통령령으로 정하는 자에 관한 정보

라. 가목부터 다목까지의 정보와 유사한 정보로서 대통령령으로 정하는 정보

1의5. 제1호 라목의 "신용정보주체의 신용거래능력을 판단할 수 있는 정보"란 다음 각 목의 정보를 말한다.

가. 개인의 직업·재산·채무·소득의 총액 및 납세실적

나. 기업 및 법인의 연혁·목적·영업실태·주식 또는 지분보유 현황 등 기업 및 법인의 개황(概況), 대표자 및 임원에 관한 사항, 판매명세·수주실적 또는 경영상의 주요 계약 등 사업의 내용, 재무제표(연결재무제표를 작성하는 기업의 경우에는 연결재무제표를 포함한다) 등 재무에 관한 사항과 감사인(「주식회사 등의 외부감사에 관한 법률」 제2조 제7호에 따른 감사인을 말한다)의 감사의견 및 납세실적

다. 가목 및 나목의 정보와 유사한 정보로서 대통령령으로 정하는 정보

1의6. 제1호 마목의 "가목부터 라목까지의 정보 외에 신용정보주체의 신용을 판단할 때 필요한 정보"란 다음 각 목의 정보를 말한다.

가. 신용정보주체가 받은 법원의 재판, 행정처분 등과 관련된 정보로서 대통령령으로 정하는 정보

나. 신용정보주체의 조세, 국가채권 등과 관련된 정보로서 대통령령으로 정하는 정보

다. 신용정보주체의 채무조정에 관한 정보로서 대통령령으로 정하는 정보

라. 개인의 신용상태를 평가하기 위하여 정보를 처리함으로써 새로이 만들어지는 정보로서 기호, 숫자 등을 사용하여 점수나 등급 등으로 나타낸 정보(이하 "개인신용평점"이라 한다)

마. 기업 및 법인의 신용을 판단하기 위하여 정보를 처리함으로써 새로이 만들어지는 정보로서 기호, 숫자 등을 사용하여 점수나 등급 등으로 표시한 정보(이하 "기업신용등급"이라 한다). 다만, 「자본시장과 금융투자업에 관한 법률」 제9조 제26항에 따른 신용등급은 제외한다.

바. 기술(「기술의 이전 및 사업화 촉진에 관한 법률」 제2조 제1호에 따른 기술을 말한다. 이하 같다)에 관한 정보

사. 기업 및 법인의 신용을 판단하기 위하여 정보(기업 및 법인의 기술과 관련된 기술성·시장성·사업성 등을 대통령령으로 정하는 바에 따라 평가한 결과를 포함한다)를 처리함으로써 새로이 만들어지는 정보로서 대통령령으로 정하는 정보(이하 "기술신용정보"라 한다). 다만, 「자본시장과 금융투자업에 관한 법률」 제9조 제26항에 따른 신용등급은 제외한다.

아. 그 밖에 제1호의2부터 제1호의5까지의 규정에 따른 정보 및 가목부터 사목까지의 규정에 따른 정보와 유사한 정보로서 대통령령으로 정하는 정보

※ 법 제2조 제1호의2 가목 1)에서 "대통령령으로 정하는 정보"란 다음 각 호의 정보를 말한다(시행령 제2조 제1항).
1. 전자우편주소
2. 사회 관계망 서비스(Social Network Service) 주소
3. 그 밖에 제1호 및 제2호의 정보와 유사한 정보로서 금융위원회가 정하여 고시하는 정보

※ 법 제2조 제1호의2 가목 2)에서 "대통령령으로 정하는 정보"란 다음 각 호의 정보(이하 "개인식별번호"라 한다)를 말한다(동조 제2항).
1. 「주민등록법」 제7조의2 제1항에 따른 주민등록번호
2. 「여권법」 제7조 제1항 제1호에 따른 여권번호
3. 「도로교통법」 제80조에 따른 운전면허의 면허번호
4. 「출입국관리법」 제31조 제5항에 따른 외국인등록번호
5. 「재외동포의 출입국과 법적지위에 관한 법률」 제7조 제1항에 따른 국내거소신고번호

※ 법 제2조 제1호의2 가목 4)에서 "대통령령으로 정하는 정보"란 다음 각 호의 정보를 말한다(동조 제3항).

1. 「정보통신망 이용촉진 및 정보보호 등에 관한 법률」 제23조의3에 따른 본인확인기관이 특정 개인을 고유하게 식별할 수 있도록 부여한 정보
2. 법 제15조 제1항 전단에 따른 신용정보회사등(이하 "신용정보회사등"이라 한다)이 개인식별번호를 사용하지 않고 특정 개인을 고유하게 식별하거나 동일한 신용정보주체를 구분하기 위해 부여한 정보
3. 그 밖에 제1호 및 제2호의 정보와 유사한 정보로서 금융위원회가 정하여 고시하는 정보

※ 법 제2조 제1호의2 나목 5)에서 "대통령령으로 정하는 정보"란 다음 각 호의 정보를 말한다(동조 제4항).
1. 법인등록번호
2. 「부가가치세법 시행령」 제12조 제1항 및 제2항에 따른 등록번호 및 고유번호
3. 그 밖에 제1호 및 제2호의 정보와 유사한 정보로서 금융위원회가 정하여 고시하는 정보

※ 법 제2조 제1호의2 나목 6)에서 "대통령령으로 정하는 정보"란 다음 각 호의 정보를 말한다(동조 제5항).
1. 설립연월일
2. 팩시밀리번호
3. 그 밖에 제1호 및 제2호의 정보와 유사한 정보로서 금융위원회가 정하여 고시하는 정보

※ 법 제2조 제1호의3 가목 4)에서 "대통령령으로 정하는 거래"란 다음 각 호의 거래를 말한다(동조 제6항).
1. 「상호저축은행법」 제2조 제6호에 따른 신용공여
2. 「신용협동조합법」 제2조 제5호에 따른 대출등
3. 「새마을금고법」 제28조 제1항 제1호 나목에 따른 대출
4. 「대부업 등의 등록 및 금융이용자 보호에 관한 법률」 제6조에 따른 대부계약
5. 「보험업법」 제2조 제13호에 따른 신용공여 및 같은 법 제100조 제1항 제1호에 따른 대출등
6. 「온라인투자연계금융업 및 이용자 보호에 관한 법률」 제2조 제1호에 따른 연계대출
7. 그 밖에 제1호부터 제6호까지의 규정에 따른 거래와 유사한 거래로서 다음 각목 및 제21조 제2항 각 호의 기관이 수행하는 거래
   가. 「금융지주회사법」에 따른 금융지주회사
   나. 「기술보증기금법」에 따른 기술보증기금
   다. 「농업협동조합법」에 따른 농업협동조합
   라. 「농업협동조합법」에 따른 농업협동조합중앙회

마. 「농업협동조합법」 제161조의11에 따른 농협은행
바. 「무역보험법」에 따른 한국무역보험공사
사. 「보험업법」에 따른 보험회사
아. 「산림조합법」에 따른 산림조합
자. 「산림조합법」에 따른 산림조합중앙회
차. 「상호저축은행법」에 따른 상호저축은행
카. 「상호저축은행법」에 따른 상호저축은행중앙회
타. 「새마을금고법」에 따른 새마을금고
파. 「새마을금고법」에 따른 새마을금고중앙회
하. 「수산업협동조합법」에 따른 수산업협동조합
거. 「수산업협동조합법」에 따른 수산업협동조합중앙회
너. 「수산업협동조합법」에 따른 수협은행
더. 「신용보증기금법」에 따른 신용보증기금
러. 「신용협동조합법」에 따른 신용협동조합
머. 「신용협동조합법」에 따른 신용협동조합중앙회
버. 「여신전문금융업법」에 따른 여신전문금융회사(「여신전문금융업법」 제3조 제3항 제1호에 따라 허가를 받거나 등록을 한 자를 포함한다)
서. 「예금자보호법」에 따른 예금보험공사 및 정리금융회사
어. 「은행법」에 따라 인가를 받아 설립된 은행(같은 법 제59조에 따라 은행으로 보는 자를 포함한다)
저. 「자본시장과 금융투자업에 관한 법률」에 따른 금융투자업자·증권금융회사·종합금융회사·자금중개회사 및 명의개서대행회사
처. 「중소기업은행법」에 따른 중소기업은행
커. 「지역신용보증재단법」에 따른 신용보증재단과 그 중앙회
터. 「한국산업은행법」에 따른 한국산업은행
퍼. 「한국수출입은행법」에 따른 한국수출입은행
허. 「한국주택금융공사법」에 따른 한국주택금융공사
고. 외국에서 가목부터 버목까지 및 어목부터 허목까지의 금융기관과 유사한 금융업을 경영하는 금융기관
노. 외국 법령에 따라 설립되어 외국에서 신용정보업 또는 채권추심업을 수행하는 자

※ 법 제2조 제1호의3 바목에서 "대통령령으로 정하는 정보"란 다음 각 호의 정보를 말한다(동조 제7항).

1. 특별법에 따라 설립된 법인 또는 단체로서 다음 각 목의 어느 하나에 해당하는 자(이하 "공제조합등"이라 한다)와 구성원 상호 간에 체결한 공제계약의 종류·기간·공제료 등에 관한 정보 및 공제금의 청구·지급에 관한 정보

가. 공제조합
나. 공제회
다. 그 밖에 가목 및 나목의 법인 또는 단체와 유사한 법인 또는 단체로서 같은 직장·직종에 종사하거나 같은 지역에 거주하는 구성원의 상호부조, 복리증진 등을 목적으로 구성되어 공제사업을 하는 법인 또는 단체
2. 「우체국예금·보험에 관한 법률」에 따른 보험계약의 종류·기간·보험료 등에 관한 정보 및 보험금의 청구·지급에 관한 정보
3. 다음 각 목의 어느 하나에 해당하는 거래의 종류·기간·내용 등에 관한 정보
가. 「신용보증기금법」 제2조 제2호·제7호 및 제8호에 따른 신용보증, 재보증 및 유동화회사보증
나. 「기술보증기금법」 제2조 제4호부터 제6호까지 및 제9호에 따른 기술보증, 신용보증, 재보증 및 유동화회사보증
다. 「지역신용보증재단법」 제2조 제5호 및 제9호에 따른 신용보증 및 재보증
라. 「무역보험법」 제3조에 따른 무역보험, 같은 법 제3조의2에 따른 공동보험·재보험, 같은 법 제53조 제1항 제2호에 따른 수출신용보증 및 수출용 원자재 수입신용보증
마. 「주택도시기금법」 제26조 제1항 제2호 및 제4호에 따른 보증
바. 그 밖에 가목부터 마목까지의 규정에 따른 거래와 유사한 거래로서 금융위원회가 정하여 고시하는 거래
4. 법 제2조 제1호의3 가목 1)부터 4)까지의 규정에 따른 거래와 관련된 계약의 청약 및 승낙에 관한 정보
5. 법 제2조 제1호의3 가목 1)부터 4)까지의 규정에 따른 거래로 발생한 채권이 소멸한 사실 및 그 원인에 관한 정보
6. 법 제2조 제1호의3 각 목, 이 조 제6항 제1호부터 제7호까지의 규정 및 이 항 제3호 각 목에 따른 거래와 관련된 채무의 보증 및 담보에 관한 정보
7. 그 밖에 제1호부터 제6호까지의 규정에 따른 정보와 유사한 정보로서 금융위원회가 정하여 고시하는 정보

※ 법 제2조 제1호의4 나목 5)에서 "대통령령으로 정하는 정보"란 다음 각 호의 정보를 말한다(동조 제8항).
1. 거짓이나 그 밖의 부정한 방법으로 「채무자 회생 및 파산에 관한 법률」에 따른 회생·간이회생·개인회생·파산·면책 및 복권과 관련된 결정 또는 이와 유사한 판결을 받은 사실에 관한 정보
2. 부정한 목적으로 금융거래 등 상거래를 하려는 타인에게 자신의 개인식별정보를 제공한 사실에 관한 정보
3. 그 밖에 제1호 및 제2호의 정보와 유사한 정보로서 금융위원회가 정하여 고시하는 정보

※ 법 제2조 제1호의4 다목에서 "대통령령으로 정하는 자"란 다음 각 호의 자를 말한다(동조 제9항).

1. 「국세기본법」 제39조 제2호에 따른 과점주주(이하 이 항에서 "과점주주"라 한다) 중 최다출자자인 자로서 해당 법인의 경영에 참여하여 법인을 사실상 지배하는 자

2. 과점주주인 동시에 해당 법인의 이사 또는 감사로서 그 법인의 채무에 연대보증을 하고, 해당 법인의 경영에 참여하여 법인을 사실상 지배하는 자

3. 해당 법인의 의결권 있는 발행주식총수 또는 지분총액의 100분의 30 이상을 소유하고 있는 자로서 법인의 경영에 참여하여 법인을 사실상 지배하는 자

4. 해당 법인의 무한책임사원으로서 법인의 경영에 참여하여 법인을 사실상 지배하는 자

※ 법 제2조 제1호의4 라목에서 "대통령령으로 정하는 정보"란 다음 각 호의 정보를 말한다(동조 제10항).

1. 어음 또는 수표를 지급하기로 한 약정을 이행하지 않은 사실에 관한 정보

2. 그 밖에 금융거래 등 상거래와 관련하여 신용정보주체의 신용도를 판단할 수 있는 사실에 관한 정보로서 금융위원회가 정하여 고시하는 정보

※ 법 제2조 제1호의5 다목에서 "대통령령으로 정하는 정보"란 다음 각 호의 정보를 말한다(동조 제11항).

1. 기업(사업을 경영하는 개인 및 법인과 이들의 단체를 말한다. 이하 같다) 및 법인의 영업 관련 정보로서 정부조달 실적 또는 수출·수입액 등에 관한 정보

2. 기업 및 법인의 등록 관련 정보로서 설립, 휴업·폐업, 양도·양수, 분할·합병, 주식 또는 지분 변동 등에 관한 정보

3. 기업 및 법인 자산의 구매명세·매출처·매입처, 재고자산의 명세·입출내역 및 재고자산·매출채권의 연령에 관한 정보

※ 법 제2조 제1호의6 가목에서 "대통령령으로 정하는 정보"란 다음 각 호의 정보를 말한다(동조 제12항).

1. 「민법」에 따른 성년후견·한정후견·특정후견과 관련된 심판에 관한 정보

2. 「민법」에 따른 실종선고와 관련된 심판에 관한 정보

3. 「민사집행법」에 따른 채무불이행자명부의 등재·말소 결정에 관한 정보

4. 「민사집행법」에 따른 경매개시결정·경락허가결정 등 경매와 관련된 결정에 관한 정보

5. 「근로기준법」 제43조의2 및 제43조의3에 따른 체불사업주에 관한 정보

6. 법 또는 다른 법령에 따라 국가 또는 지방자치단체로부터 받은 행정처분 중에서 금융거래 등 상거래와 관련된 처분에 관한 정보

7. 그 밖에 제1호부터 제6호까지의 규정에 따른 정보와 유사한 정보로서 금융위원회가 정하여 고시하는 정보

※ 법 제2조 제1호의6 나목에서 "대통령령으로 정하는 정보"란 다음 각 호의 정보를 말한다(동조 제13항).
1. 국세 · 지방세 · 관세 또는 국가채권의 체납에 관한 정보
2. 벌금 · 과태료 · 과징금 또는 추징금 등의 체납에 관한 정보

※ 법 제2조 제1호의6 다목에서 "대통령령으로 정하는 정보"란 다음 각 호의 정보를 말한다(동조 제14항).
1. 「채무자 회생 및 파산에 관한 법률」에 따른 회생 · 간이회생 · 개인회생과 관련된 결정에 관한 정보
2. 「채무자 회생 및 파산에 관한 법률」에 따른 파산 · 면책 · 복권과 관련된 결정에 관한 정보
3. 「서민의 금융생활 지원에 관한 법률」에 따른 채무조정에 관한 정보
4. 「기업구조조정 촉진법」 제2조 제9호에 따른 채무조정에 관한 정보
5. 「한국자산관리공사 설립 등에 관한 법률」에 따른 한국자산관리공사(이하 "한국자산관리공사"라 한다)의 채무재조정 약정에 관한 정보
6. 그 밖에 제1호부터 제5호까지의 규정에 따른 정보와 유사한 정보로서 금융위원회가 정하여 고시하는 정보

※ 법 제2조 제18호 가목에서 "대통령령으로 정하는 특수한 관계가 있는 자"란 본인과 다음 각 호의 구분에 따른 관계가 있는 자(이하 "특수관계인"이라 한다)를 말한다(동조 제25항).
1. 본인이 개인인 경우: 다음 각 목의 어느 하나에 해당하는 자. 다만, 「독점규제 및 공정거래에 관한 법률 시행령」 제5조 제1항 제2호 가목에 따른 독립경영친족 및 같은 목에 따라 공정거래위원회가 동일인관련자의 범위로부터 분리를 인정하는 자는 제외한다.
가. 배우자(사실상의 혼인관계에 있는 사람을 포함한다. 이하 같다)
나. 6촌 이내의 혈족
다. 4촌 이내의 인척
라. 양자의 생가(生家)의 직계존속
마. 양자 및 그 배우자와 양가(養家)의 직계비속
바. 혼인 외의 출생자의 생모
사. 본인의 금전이나 그 밖의 재산으로 생계를 유지하는 사람 및 생계를 함께 하는 사람
아. 본인이 혼자서 또는 그와 가목부터 사목까지의 규정에 따른 관계에 있는 사람과 합하여 법인이나 단체에 100분의 30 이상을 출자하거나, 그 밖에 임원의 임면 등 법인이나 단체의 중요한 경영사항에 대해 사실상의 영향력을 행사하고 있는 경우에는 해당 법인 또는 단체와 그 임원(본인이 혼자서 또는 그와 가목부터 사목까지의 규정에 따른 관계에 있는 사람과 합하

여 임원의 임면 등의 방법으로 그 법인 또는 단체의 중요한 경영사항에 대해 사실상의 영향력을 행사하고 있지 않음이 본인의 확인서 등을 통해 확인되는 경우에 그 임원은 제외한다)

   자. 본인이 혼자서 또는 그와 가목부터 아목까지의 규정에 따른 관계에 있는 자와 합하여 법인이나 단체에 100분의 30 이상을 출자하거나, 그 밖에 임원의 임면 등 법인이나 단체의 중요한 경영사항에 대해 사실상의 영향력을 행사하고 있는 경우에는 해당 법인 또는 단체와 그 임원(본인이 혼자서 또는 그와 가목부터 아목까지의 규정에 따른 관계에 있는 자와 합하여 임원의 임면 등의 방법으로 그 법인 또는 단체의 중요한 경영사항에 대해 사실상의 영향력을 행사하고 있지 않음이 본인의 확인서 등을 통해 확인되는 경우에 그 임원은 제외한다)

2. 본인이 법인이나 단체인 경우: 다음 각 목의 어느 하나에 해당하는 자

   가. 임원

   나. 「독점규제 및 공정거래에 관한 법률」 제2조 제12호에 따른 계열회사(이하 "계열회사"라 한다) 및 그 임원

   다. 혼자서 또는 제1호 각 목의 관계에 있는 자와 합하여 본인에게 100분의 30 이상을 출자하거나, 그 밖에 임원의 임면 등 본인의 중요한 경영사항에 대해 사실상의 영향력을 행사하고 있는 개인(그와 제1호 각 목의 관계에 있는 자를 포함한다) 또는 법인(계열회사는 제외한다. 이하 이 호에서 같다), 단체와 그 임원

   라. 본인이 혼자서 또는 그와 가목부터 다목까지의 규정에 따른 관계에 있는 자와 합하여 다른 법인이나 단체에 100분의 30 이상을 출자하거나, 그 밖에 임원의 임면 등 다른 법인이나 단체의 중요한 경영사항에 대해 사실상의 영향력을 행사하고 있는 경우에는 해당 법인, 단체와 그 임원(본인이 혼자서 또는 그와 가목부터 다목까지의 규정에 따른 관계에 있는 자와 합하여 임원의 임면 등의 방법으로 그 법인 또는 단체의 중요한 경영사항에 대해 사실상의 영향력을 행사하고 있지 않음이 본인의 확인서 등을 통해 확인되는 경우에 그 임원은 제외한다)

※ 법 제2조 제18호 나목 2)에서 "대통령령으로 정하는 자"란 다음 각 호의 자를 말한다(동조 제26항).

1. 혼자서 또는 다른 주주와의 합의·계약 등에 따라 대표이사 또는 이사의 과반수를 선임한 주주

2. 신용정보회사, 본인신용정보관리회사 및 채권추심회사의 경영전략·조직변경 등 주요 의사결정이나 업무집행에 지배적인 영향력을 행사한다고 인정되는 자로서 금융위원회가 정하여 고시하는 주주

■ 신용정보업자 등 이외의 자의 본법 적용여부

(사안) A씨는 2008년 6월 ○○캐피탈 회사의 직원으로 근무했다. 그는 지인으로부터 소개받은 B씨에게서 대출업체 3곳의 1만 5,922명의 개인신용정보를 이메일로 제공받았다. 신용정보는 엑셀파일 형태로 이름과 주민등록번호, 휴대전화번호, 직장명, 대출내역 등이 기재돼 있었다. A씨는 개인신용정보를 이용해 텔레마케팅의 형태로 대출알선영업을 하였다.

〈판례〉 "신용정보업자 등이 아닌 자의 경우에도 개인신용정보를 신용정보법 제24조 제1항 소정의 목적 외로 사용한다면 해당 정보가 오용, 남용돼 사생활의 비밀 등이 침해될 우려가 높다"고 하고, 또 "신용정보업자 등이 아닌 자의 위반행위를 처벌대상에서 제외한다면 신용정보법의 입법목적을 달성하기 어려울 것"이라고 하면서, 이를 처벌대상에서 제외하려고 한 것은 입법자의 의도였다고 보기 어렵다고 하였다. 따라서 "이 사건 조항들의 적용대상에는 신용정보업자 등 이외의 자도 포함된다고 보는 것이 체계적이고도 논리적인 해석이라 할 것이고, 그와 같은 해석이 죄형법정주의에 위배된다고 볼 수는 없다"라고 판시하였다(대법원 2010. 4. 8. 선고 2009도13542 판결).

3. 신용정보 관련 산업의 육성

금융위원회는 신용정보 제공능력의 향상과 신용정보의 원활한 이용에 필요하다고 인정하면 신용정보 관련 산업의 육성에 관한 계획을 세울 수 있다(제3조 제1항). 또한 금융위원회는 계획을 원활하게 추진하기 위하여 필요하면 관계 행정기관의 장에게 협조를 요청할 수 있으며, 그 요청을 받은 관계 행정기관의 장은 정당한 사유가 없으면 그 요청에 따라야 한다(동조 제2항).

4. 다른 법률과의 관계

신용정보의 이용 및 보호에 관하여 다른 법률에 특별한 규정이 있는 경우를 제외하고는 이 법에서 정하는 바에 따른다(제3조의2 제1항). 또한 개인정보의 보호에 관하여 이 법에 특별한 규정이 있는 경우를 제외하고는 「개인정보 보호법」에서 정하는 바에 따른다(동조 제2항).

제 2 절 신용정보업 등의 허가 등

1. 신용정보업 등의 허가

(1) 신용정보업의 종류 및 영업의 허가

누구든지 이 법에 따른 신용정보업, 본인신용정보관리업, 채권추심업 허가를 받지 아니하고는 신용정보업, 본인신용정보관리업 또는 채권추심업을 하여서는 아니 된다(제4조 제1항).

신용정보업, 본인신용정보관리업 및 채권추심업을 하려는 자는 금융위원회로부터 허가를 받아야 한다(동조 제2항).[1][2] 이때 허가를 받으려는 자는 대통령령으로 정하는 바에 따라 금융위원회에 신청서를 제출하여야 하며(동조 제3항), 금융위원회는 허가에 조건을 붙일 수 있다(동조 제4항). 허가와 관련된 허가신청서의 작성 방법 등 허가신청에 관한 사항, 허가심사의 절차 및 기준에 관한 사항, 그 밖에 필요한 사항은 총리령으로 정한다(동조 제5항).

> 〈판례〉 동 규정에서 '법인의 업무에 관하여' 행한 것으로 보기 위해서는 객관적으로 법인의 업무를 위하여 하는 것으로 인정할 수 있는 행위가 있어야 하고, 주관적으로는 피용자 등이 법인의 업무를 위하여 한다는 의사를 가지고 행위함을 요한다 (대법원 2006. 6. 15. 선고 2004도1639 판결).

(2) 신용정보업 등의 허가를 받을 수 있는 자

개인신용평가업, 신용조사업 및 채권추심업 허가를 받을 수 있는 자는 다음

---

1) 허가 또는 인가를 받지 아니하고 각 호의 업무를 한 자는 5년 이하의 징역 또는 5천만원 이하의 벌금에 처한다(제50조 제2항 제1호). 또한 거짓이나 그 밖의 부정한 방법으로 허가 또는 인가를 받은 자는 5년 이하의 징역 또는 5천만원 이하의 벌금에 처한다(제50조 제2항 제2호).
2) 법인의 대표자나 법인 또는 개인의 대리인, 사용인, 그 밖의 종업원이 그 법인 또는 개인의 업무에 관하여 제50조의 위반행위를 하면 그 행위자를 벌하는 외에 그 법인 또는 개인에게도 해당 조문의 벌금형을 과(科)한다. 다만, 법인 또는 개인이 그 위반행위를 방지하기 위하여 해당 업무에 관하여 상당한 주의와 감독을 게을리하지 아니한 경우에는 그러하지 아니하다(제51조).

각 호의 자로 제한한다(제5조 제1항 전단).

1. 대통령령으로 정하는 금융기관 등이 100분의 50 이상을 출자한 법인
2. 「신용보증기금법」에 따른 신용보증기금
3. 「기술보증기금법」에 따른 기술보증기금
4. 「지역신용보증재단법」에 따라 설립된 신용보증재단
5. 「무역보험법」에 따라 설립된 한국무역보험공사
6. 신용정보업이나 채권추심업의 전부 또는 일부를 허가받은 자가 100분의 50 이상을 출자한 법인. 다만, 출자자가 출자를 받은 법인과 같은 종류의 업을 하는 경우는 제외한다.

다만, 대통령령으로 정하는 금융거래에 관한 개인신용정보 및 제25조 제2항 제1호에 따른 종합신용정보집중기관이 집중관리·활용하는 개인신용정보를 제외한 정보만 처리하는 개인신용평가업(이하 "전문개인신용평가업"이라 한다)에 대해서는 그러하지 아니하다(동항 후단).

※ 법 제5조 제1항 제1호에서 "대통령령으로 정하는 금융기관"이란 제2조 제6항 제7호 가목, 나목, 라목부터 사목까지, 자목, 카목, 파목, 거목부터 더목까지 및 머목부터 노목까지의 기관을 말한다(시행령 제5조 제2항).
1. 「금융지주회사법」에 따른 금융지주회사
2. 「기술보증기금법」에 따른 기술보증기금
3. 「농업협동조합법」에 따른 농업협동조합중앙회
4. 「농업협동조합법」 제161조의11에 따른 농협은행
5. 「무역보험법」에 따른 한국무역보험공사
6. 「보험업법」에 따른 보험회사
7. 「산림조합법」에 따른 산림조합중앙회
8. 「상호저축은행법」에 따른 상호저축은행중앙회
9. 「새마을금고법」에 따른 새마을금고중앙회
10. 「수산업협동조합법」에 따른 수산업협동조합중앙회
11. 「수산업협동조합법」에 따른 수협은행
12. 「신용보증기금법」에 따른 신용보증기금
13. 「신용협동조합법」에 따른 신용협동조합중앙회
14. 「여신전문금융업법」에 따른 여신전문금융회사(「여신전문금융업법」 제3조 제3항 제1호에 따라 허가를 받거나 등록을 한 자를 포함한다)

15. 「예금자보호법」에 따른 예금보험공사 및 정리금융회사
16. 「은행법」에 따라 인가를 받아 설립된 은행(같은 법 제59조에 따라 은행으로 보는 자를 포함한다)
17. 「자본시장과 금융투자업에 관한 법률」에 따른 금융투자업자·증권금융회사·종합금융회사·자금중개회사 및 명의개서대행회사
18. 「중소기업은행법」에 따른 중소기업은행
19. 「지역신용보증재단법」에 따른 신용보증재단과 그 중앙회
20. 「한국산업은행법」에 따른 한국산업은행
21. 「한국수출입은행법」에 따른 한국수출입은행
22. 「한국주택금융공사법」에 따른 한국주택금융공사
23. 외국에서 가목부터 버목까지 및 어목부터 허목까지의 금융기관과 유사한 금융업을 경영하는 금융기관
24. 외국 법령에 따라 설립되어 외국에서 신용정보업 또는 채권추심업을 수행하는 자

개인사업자신용평가업 허가를 받을 수 있는 자는 다음 각 호의 어느 하나에 해당하는 자로 한다(제5조 제2항).

1. 개인신용평가회사(전문개인신용평가회사를 제외한다)
2. 기업신용등급제공업무를 하는 기업신용조회회사
3. 「여신전문금융업법」에 따른 신용카드업자
4. 제1항 제1호에 따른 자
5. 제1항 제6호에 따른 자

기업신용조회업 허가를 받을 수 있는 자는 다음 각 호의 어느 하나에 해당하는 자로 한다. 다만, 기업신용등급제공업무 또는 기술신용평가업무를 하려는 자는 제1호·제2호 및 제4호의 자로 한정한다(동조 제3항).

1. 제1항 제1호에 따른 자
2. 제1항 제2호부터 제6호까지의 규정에 따른 자
3. 「상법」에 따라 설립된 주식회사
4. 기술신용평가업무의 특성, 법인의 설립 목적 등을 고려하여 대통령령으로 정하는 법인

다만, 위의 제3항에도 불구하고 다음 각 호의 어느 하나에 해당하는 자는 제2조 제8호의3 나목 및 다목에 따른 업무의 허가를 받을 수 없다(동조 제4항).

> 1. 「독점규제 및 공정거래에 관한 법률」 제31조 제1항에 따른 공시대상기업집단 및 상호출자제한기업집단에 속하는 회사가 100분의 10을 초과하여 출자한 법인
> 2. 「자본시장과 금융투자업에 관한 법률」 제9조 제17항 제3호의2에 따른 자(이하 이 조에서 "신용평가회사"라 한다) 또는 외국에서 신용평가회사와 유사한 업을 경영하는 회사가 100분의 10을 초과하여 출자한 법인
> 3. 제1호 또는 제2호의 회사가 최대주주인 법인

(3) 허가의 요건

신용정보업, 본인신용정보관리업 또는 채권추심업의 허가를 받으려는 자는 다음 각 호의 요건을 갖추어야 한다(제6조 제1항). 이때 허가의 세부요건에 관하여 필요한 사항은 대통령령으로 정한다(동조 제3항).

> 1. 신용정보업, 본인신용정보관리업 또는 채권추심업을 하기에 충분한 인력(본인신용정보관리업은 제외한다)과 전산설비 등 물적 시설을 갖출 것
> 1의2. 개인사업자신용평가업을 하려는 경우: 50억원 이상
> 1의3. 기업신용조회업을 하려는 경우에는 제2조 제8호의3 각 목에 따른 업무 단위별로 다음 각 목의 구분에 따른 금액 이상
>   가. 기업정보조회업무: 5억원
>   나. 기업신용등급제공업무: 20억원
>   다. 기술신용평가업무: 20억원
> 1의4. 본인신용정보관리업을 하려는 경우: 5억원 이상
> 2. 사업계획이 타당하고 건전할 것
> 3. 대주주가 충분한 출자능력, 건전한 재무상태 및 사회적 신용을 갖출 것
> 3의2. 임원이 제22조 제1항·제2항, 제22조의8 또는 제27조 제1항에 적합할 것
> 4. 신용정보업, 본인신용정보관리업 또는 채권추심업을 하기에 충분한 전문성을 갖출 것

> 〈참고〉 시행령 제6조(허가의 세부요건 등) ① 법 제6조 제1항 및 제3항에 따라 신용정보업, 본인신용정보관리업 또는 채권추심업의 허가를 받으려는 자가 갖추어야 할 인력 및 물적 시설의 세부요건은 다음 각 호의 구분에 따른다.

1. 가목부터 다목까지의 규정에 따른 업(業) 중 하나 이상의 업을 하거나 가목부터 다목까지의 규정에 따른 업 중 하나 이상의 업과 라목 또는 마목의 업을 함께 하는 경우: 제2항 제1호 각 목(마목은 제외한다)의 어느 하나에 해당하는 상시고용인력 10명 이상 및 같은 항 제2호에 따른 설비를 갖출 것

    가. 개인신용평가업(전문개인신용평가업은 제외한다)

    나. 개인사업자신용평가업

    다. 기업신용등급제공업무 또는 기술신용평가업무를 하는 기업신용조회업

    라. 전문개인신용평가업

    마. 기업정보조회업무를 하는 기업신용조회업

2. 전문개인신용평가업만 하는 경우: 제2항 제1호 다목·바목·사목의 어느 하나에 해당하는 상시고용인력 5명(법 제6조 제2항 제1호 나목에 따른 전문개인신용평가업만 하는 경우 2명) 이상 및 제2항 제2호에 따른 설비를 갖출 것

3. 기업정보조회업무를 하는 기업신용조회업을 하는 경우: 다음 각 목의 구분에 따른 상시고용인력 및 설비를 갖출 것

    가. 전문개인신용평가업을 함께 하지 않는 경우: 제2항 제1호 가목·마목·바목·사목의 어느 하나에 해당하는 상시고용인력 2명 이상 및 같은 항 제2호에 따른 설비를 갖출 것

    나. 전문개인신용평가업을 함께 하는 경우: 제2항 제1호 가목·다목·마목·바목·사목의 어느 하나에 해당하는 상시고용인력 7명(법 제6조 제2항 제1호 나목에 따른 전문개인신용평가업만 함께 하는 경우 4명) 이상 및 제2항 제2호에 따른 설비를 갖출 것

4. 신용조사업과 채권추심업을 각각 또는 함께 하는 경우: 20명 이상의 상시고용인력 및 제2항 제2호에 따른 설비를 갖출 것

5. 본인신용정보관리업을 하는 경우: 제2항 제2호에 따른 설비를 갖출 것

② 제1항 각 호(상시고용인력의 경우 같은 항 제4호는 제외한다)에 따른 상시고용인력 및 설비는 다음 각 호의 구분에 따른다.

1. 상시고용인력

    가. 공인회계사

    나. 기술사, 기술거래사 또는 변리사

    다. 3년 이상 신용정보주체에 대한 신용상태를 평가하는 업무에 종사했던 사람

    라. 3년 이상 기술에 관한 가치를 평가하는 업무에 종사했던 사람

    마. 3년 이상 기업정보조회업무에 종사했던 사람

    바. 3년 이상 신용정보 등의 분석에 관한 업무(정보분석 및 정보기획업무 등을 포함한다)에 종사했던 사람

    사. 3년 이상 신용정보집중기관에 근무한 경력이 있는 사람

2. 설비: 신용정보 등의 처리를 적정하게 수행할 수 있다고 금융위원회가 정하여 고시하는 정보처리·정보통신 설비

③ 법 제6조 제1항 제2호에 따른 사업계획은 다음 각 호의 요건에 적합해야 한다.
  1. 수입·지출 전망이 타당하고 실현 가능성이 있을 것
  2. 사업계획상의 조직구조 및 관리·운용체계가 사업계획의 추진에 적합하고 이해
     상충 및 불공정 행위 등으로 신용정보업, 본인신용정보관리업 또는 채권추심업
     을 건전하게 하는 데에 지장을 주지 않을 것
④ 법 제6조 제1항 제3호에 따른 대주주는 별표 1의2의 요건에 적합해야 한다.
⑤ 법 제6조 제2항 제1호 가목 4)에서 "대통령령으로 정하는 자"란 다음 각 호의 자
  를 말한다.
  1.「도시가스사업법」제2조 제2호에 따른 도시가스사업자
  2.「공공기관의 운영에 관한 법률」제4조에 따라 지정된 공공기관
  3. 그 밖에 제1호 및 제2호의 자와 유사한 자로서 금융위원회가 정하여 고시하는 자

또한 신용정보업, 본인신용정보관리업 또는 채권추심업의 허가를 받으려는 자
는 다음 각 호의 구분에 따른 자본금 또는 기본재산을 갖추어야 한다(동조 제2항).

1. 개인신용평가업을 하려는 경우: 50억원 이상. 다만, 전문개인신용평가업만 하려는
   경우에는 다음 각 목의 구분에 따른 금액 이상으로 한다.
   가. 다음 각각의 신용정보제공·이용자가 수집하거나 신용정보주체에 대한 상품
      또는 서비스 제공의 대가로 생성한 거래내역에 관한 개인신용정보를 처리하
      는 개인신용평가업을 하려는 경우: 20억원
      1)「전기통신사업법」에 따른 전기통신사업자
      2)「한국전력공사법」에 따른 한국전력공사
      3)「한국수자원공사법」에 따른 한국수자원공사
      4) 1)부터 3)까지와 유사한 신용정보제공·이용자로서 대통령령으로 정하는 자
   나. 가목에 따른 각 개인신용정보 외의 정보를 처리하는 개인신용평가업을 하려
      는 경우: 5억원
2. 신용조사업 및 채권추심업을 각각 또는 함께 하려는 경우에는 50억원 이내에서
   대통령령으로 정하는 금액 이상

※ 법 제6조 제2항 제2호에서 "대통령령으로 정하는 금액"이란 30억원을 말한다(시
  행령 제7조).

신용정보회사, 본인신용정보관리회사 및 채권추심회사는 해당 영업을 하는
동안에는 제1항 제1호에 따른 요건을 계속 유지하여야 한다(동조 제4항).

(4) 허가 등의 공고

금융위원회는 다음 각 호의 어느 하나에 해당하는 경우 지체 없이 그 내용을 관보에 공고하고 인터넷 홈페이지 등을 이용하여 일반인에게 알려야 한다(제7조).

---

1. 제4조 제2항에 따라 신용정보업, 본인신용정보관리업 및 채권추심업 허가를 한 경우
2. 제10조 제1항에 따라 양도·양수 등을 인가한 경우
3. 제10조 제4항에 따른 폐업신고를 수리한 경우
4. 제11조의2 제1항에 따른 부수업무의 신고를 수리한 경우
5. 제11조의2 제8항에 따라 부수업무에 대하여 제한명령 또는 시정명령을 한 경우
6. 제14조 제1항에 따라 신용정보업, 본인신용정보관리업 및 채권추심업 허가 또는 양도·양수 등의 인가를 취소한 경우
7. 제26조의4 제1항에 따라 데이터전문기관을 지정한 경우

---

(5) 신고 및 보고 사항

신용정보회사, 본인신용정보관리회사 및 채권추심회사가 허가받은 사항 중 대통령령으로 정하는 사항을 변경하려면 미리 금융위원회에 신고하여야 한다. 다만, 대통령령으로 정하는 경미한 사항을 변경하려면 그 사유가 발생한 날부터 7일 이내에 그 사실을 금융위원회에 보고하여야 한다(제8조 제1항).[3]

〈참고〉 시행령 제8조(신고 및 보고 사항) ① 법 제8조 제1항 본문에서 "대통령령으로 정하는 사항"이란 다음 각 호의 사항을 말한다.
  1. 자본금 또는 기본재산의 감소
  2. 상호 등 정관의 변경
② 법 제8조 제1항 단서에서 "대통령령으로 정하는 경미한 사항"이란 다음 각 호의 사항을 말한다.

---

3) 이를 위반한 자에게는 1천만원 이하의 과태료를 부과한다(제52조 제5항 제1호). 한편, 동 법에 따른 과태료는 대통령령으로 정하는 바에 따라 금융위원회가 부과·징수한다. 다만, 상거래기업 및 법인의 상거래정보보호규정 위반과 관련된 제2항부터 제5항까지의 규정에 따른 과태료 부과는 대통령령으로 정하는 바에 따라 보호위원회가 부과·징수한다(제52조 제6항).

1. 대표자 및 임원의 변경
2. 법령의 개정 내용을 반영하거나 법령에 따라 인가·허가받은 내용을 반영하는 사항
3. 정관의 실질적인 내용이 변경되지 아니하는 조문체계의 변경, 자구(字句) 수정 등에 관한 사항

2. 대주주의 변경승인 등

신용정보회사, 본인신용정보관리회사 및 채권추심회사가 발행한 주식을 취득·양수(실질적으로 해당 주식을 지배하는 것을 말하며, 이하 "취득등"이라 한다)하여 대주주(최대주주의 경우 최대주주의 특수관계인인 주주를 포함하며, 최대주주가 법인인 경우 그 법인의 중요한 경영사항에 대하여 사실상 영향력을 행사하고 있는 자로서 대통령령으로 정하는 자를 포함한다. 이하 이 조에서 같다)가 되고자 하는 자는 건전한 경영을 위하여「조세범 처벌법」및 금융과 관련하여 대통령령으로 정하는 법률을 위반하지 아니하는 등 대통령령으로 정하는 요건을 갖추어 미리 금융위원회의 승인을 받아야 한다. 다만, 국가 및「공공기관의 운영에 관한 법률」제4조에 따른 공공기관 등 건전한 금융질서를 저해할 우려가 없는 자로서 대통령령으로 정하는 자는 그러하지 아니하다(제9조 제1항).[4] 그리고 주식의 취득등이 기존 대주주의 사망 등 대통령령으로 정하는 사유로 인한 때에는 취득등을 한 날부터 3개월 이내에서 대통령령으로 정하는 기간 이내에 금융위원회에 승인을 신청하여야 한다(동조 제2항).

이때 금융위원회는 승인을 받지 아니하고 취득등을 한 주식과 취득등을 한 후 승인을 신청하지 아니한 주식에 대하여 6개월 이내의 기간을 정하여 처분을 명할 수 있으며(동조 제3항), 이러한 주식을 취득한 자는 취득 주식에 대하여 의결권을 행사할 수 없다(동조 제4항). 승인, 취득후의 승인신청, 처분명령의 방법 및 절차에 관하여 필요한 세부사항은 대통령령(시행령 제9조)으로 정한다(동조 제5항).

---

4) 금융위원회의 승인 없이 주식을 취득한 자 또는 승인 신청을 하지 아니한 자 그리고 명령을 위반하여 승인 없이 취득한 주식을 처분하지 아니한 자는 1년 이하의 징역 또는 1천만원 이하의 벌금에 처한다(제50조 제4항 제1호, 제1호의2, 제2호).

※ 법 제9조 제1항 본문에서 "대통령령으로 정하는 자"란 다음 각 호의 자를 말한다
  (시행령 제9조 제1항).
  1. 법 제2조 제18호 가목에 따른 최대주주(이하 "최대주주"라 한다)인 법인의 최
     대주주(최대주주인 법인의 주요 경영사항을 사실상 지배하는 자가 그 법인의
     최대주주와 명백히 다른 경우에는 그 사실상 지배하는 자를 포함한다)
  2. 최대주주인 법인의 대표자

※ 법 제9조 제1항 본문에서 "대통령령으로 정하는 요건"이란 별표 1의2에 따른 대
  주주의 요건을 말한다(동조 제3항).

※ 법 제9조 제1항 단서에서 "대통령령으로 정하는 자"란 다음 각 호의 자를 말한다
  (동조 제4항).
  1. 국가
  2. 「예금자보호법」 제3조에 따라 설립된 예금보험공사
  3. 「한국산업은행법」에 따른 한국산업은행(「금융산업의 구조개선에 관한 법률」
     제23조의2 제1항에 따라 설치된 금융안정기금의 부담으로 주식을 취득하는
     경우만 해당한다)
  4. 최대주주 또는 그의 특수관계인인 주주로서 신용정보회사, 본인신용정보관리
     회사 및 채권추심회사의 의결권 있는 발행주식 총수 또는 지분의 100분의 1
     미만을 소유하는 자. 다만, 제2조 제26항 각 호의 어느 하나에 해당하는 자는
     제외한다.
  5. 한국자산관리공사
  6. 「국민연금법」에 따른 국민연금공단(이하 "국민연금공단"이라 한다)
  7. 회사의 합병·분할에 대해 금융관계법률에 따라 금융위원회의 승인을 받은 신
     용정보회사, 본인신용정보관리회사 및 채권추심회사의 신주를 배정받아 대주
     주가 된 자

3. 최대주주의 자격심사 등

　금융위원회는 대통령령으로 정하는 개인신용평가회사 및 개인사업자신용평
가회사(이하 이 조에서 "심사대상회사"라 한다)의 최대주주 중 최다출자자 1인[5]에
대하여 대통령령으로 정하는 기간마다 제9조 제1항에 따른 요건 중 「조세범 처

───────────────────

5) 최다출자자 1인이 법인인 경우 그 법인의 최대주주 중 최다출자자 1인을 말하며, 그 최다
   출자자 1인도 법인인 경우에는 최다출자자 1인이 개인이 될 때까지 같은 방법으로 선정한
   다. 다만, 법인 간 순환출자 구조인 경우에는 최대주주 중 대통령령으로 정하는 최다출자
   자 1인으로 한다. 이하 이 조에서 "적격성 심사대상"이라 한다.

벌법」및 금융과 관련하여 대통령령으로 정하는 법률을 위반하지 아니하는 등 대통령령으로 정하는 요건(이하 "적격성 유지요건"이라 한다)에 부합하는지 여부를 심사하여야 한다(제9조의2 제1항). 심사대상회사는 해당 심사대상회사의 적격성 심사대상이 적격성 유지요건을 충족하지 못하는 사유가 발생한 사실을 인지한 경우 지체 없이 그 사실을 금융위원회에 보고하여야 한다(동조 제2항).[6] 이때 금융위원회는 심사(적격성 유지요건)를 위하여 필요한 경우에는 심사대상회사 또는 적격성 심사대상에 대하여 필요한 자료 또는 정보의 제공을 요구할 수 있다(동조 제3항).[7]

그리고 금융위원회는 심사 결과 적격성 심사대상이 적격성 유지요건을 충족하지 못하고 있다고 인정되는 경우 해당 적격성 심사대상에 대하여 6개월 이내의 기간을 정하여 해당 심사대상회사의 경영건전성을 확보하기 위해 i) 적격성 유지요건을 충족하기 위한 조치, ii) 해당 적격성 심사대상과의 거래의 제한 등 이해상충 방지를 위한 조치, iii) 그 밖에 심사대상회사의 경영건전성을 위하여 필요하다고 인정되는 조치로서 대통령령으로 정하는 조치의 전부 또는 일부를 포함한 조치를 이행할 것을 명할 수 있다(동조 제4항).

또한 금융위원회는 제1항에 따른 심사 결과 적격성 심사대상이 제1항에 규정된 법률의 위반으로 금고 1년 이상의 실형을 선고받고 그 형이 확정된 경우이거나, 그 밖에 건전한 금융질서 유지를 위하여 대통령령으로 정하는 경우로서 법령 위반 정도를 감안할 때 건전한 금융질서와 심사대상회사의 건전성이 유지되기 어렵다고 인정되는 경우 5년 이내에서 대통령령으로 정하는 기간 내에 해당 적격성 심사대상이 보유한 심사대상회사의 의결권 있는 발행주식(최다출자자 1인이 법인인 경우 그 법인이 보유한 해당 심사대상회사의 의결권 있는 발행주식을 말한다) 총수의 100분의 10 이상에 대하여는 의결권을 행사할 수 없도록 명할 수 있다(동조 제5항). 최대주주의 자격심사 등에 있어서 「조세범 처벌법」 및 금융관계법률의 위반에 따른 죄와 다른 죄의 경합범에 대하여는 「형법」 제38조(경합범과 처벌례)에도

---

[6] 제9조의2 제2항을 위반하여 보고를 하지 아니하거나 거짓으로 보고한 자에게는 1억원 이하의 과태료를 부과한다(제52조 제1항 제1호).
[7] 금융위원회의 자료 또는 정보의 제공 요구에 따르지 아니하거나 거짓 자료 또는 정보를 제공한 자에게는 1억원 이하의 과태료를 부과한다(제52조 제1항 제2호).

불구하고 이를 분리 심리하여 따로 선고하여야 한다(동조 제6항).

4. 양도·양수 등의 인가 등

신용정보회사, 본인신용정보관리회사 및 채권추심회사가 그 사업의 전부 또는 일부를 양도·양수 또는 분할하거나, 다른 법인과 합병(「상법」 제530조의2에 따른 분할합병을 포함한다. 이하 같다)하려는 경우에는 대통령령으로 정하는 바에 따라 금융위원회의 인가를 받아야 한다(제10조 제1항).[8]

신용정보회사, 본인신용정보관리회사 및 채권추심회사가 위의 인가를 받아 그 사업을 양도 또는 분할하거나 다른 법인과 합병한 경우에는 양수인, 분할 후 설립되는 법인 또는 합병 후 존속하는 법인(신용정보회사, 본인신용정보관리회사 및 채권추심회사인 법인이 신용정보회사, 본인신용정보관리회사 및 채권추심회사가 아닌 법인을 흡수합병하는 경우는 제외한다)이나 합병에 따라 설립되는 법인은 양도인, 분할 전의 법인 또는 합병 전의 법인의 신용정보회사, 본인신용정보관리회사 및 채권추심회사로서의 지위를 승계한다. 이 경우 종전의 신용정보회사, 본인신용정보관리회사 및 채권추심회사에 대한 허가는 그 효력(제1항에 따른 일부 양도 또는 분할의 경우에는 그 양도 또는 분할한 사업의 범위로 제한한다)을 잃는다(동조 제2항). 이때 양수인, 합병 후 존속하는 법인 및 분할 또는 합병에 따라 설립되는 법인에 대하여는 제5조, 제6조, 제22조, 제22조의8 및 제27조 제1항부터 제7항까지의 규정을 준용한다(동조 제3항).

또한 신용정보회사, 본인신용정보관리회사 및 채권추심회사가 영업의 전부 또는 일부를 일시적으로 중단하거나 폐업하려면 총리령으로 정하는 바에 따라 미리 금융위원회에 신고하여야 하며(동조 제4항), 금융위원회는 위의 신고를 받은 경우 그 내용을 검토하여 이 법에 적합하면 신고를 수리하여야 한다(동조 제5항).

5. 겸영업무

신용정보회사, 본인신용정보관리회사 및 채권추심회사는 총리령으로 정하는 바에 따라 금융위원회에 미리 신고하고 신용정보주체 보호 및 건전한 신용질서를

---

8) 거짓이나 그 밖의 부정한 방법으로 허가 또는 인가를 받은 자는 5년 이하의 징역 또는 5천만원 이하의 벌금에 처한다(제50조 제2항 제2호).

저해할 우려가 없는 업무(이하 "겸영업무"라 한다)를 겸영할 수 있다. 이 경우 이 법 및 다른 법률에 따라 행정관청의 인가·허가·등록 및 승인 등의 조치가 필요한 겸영업무는 해당 개별 법률에 따라 인가·허가·등록 및 승인 등을 미리 받아야 할 수 있다(제11조 제1항).[9] 그리고 금융위원회는 제1항 각 호 외의 부분 전단에 따른 신고를 받은 경우 그 내용을 검토하여 이 법에 적합하면 신고를 수리하여야 한다(동조 제8항).

(1) 개인신용평가회사의 겸영업무

개인신용평가회사의 겸영업무에는 개인신용평가업 외의 신용정보업, 채권추심업, 「정보통신망 이용촉진 및 정보보호 등에 관한 법률」 제23조의3에 따른 본인확인기관의 업무, 그 밖에 신용정보주체 보호 및 건전한 신용질서를 저해할 우려가 없는 업무로서 대통령령으로 정하는 업무가 있다(동조 제2항).

> ※ 법 제11조 제2항 제4호에서 "대통령령으로 정하는 업무"란 다음 각 호의 업무를 말한다(시행령 제11조 제1항).
> 1. 본인신용정보관리업
> 2. 전자문서중계 업무 및 「전자문서 및 전자거래 기본법」 제31조의18에 따른 공인전자문서중계자의 업무
> 3. 전문개인신용평가업의 경우 금융관계법률 외의 법률(이하 "비금융법률"이라 한다)에서 금지하지 않는 업무(비금융법률에 따라 행정관청의 인가·허가·등록 및 승인 등의 조치가 있는 경우 할 수 있는 업무로서 해당 행정관청의 인가·허가·등록 및 승인 등의 조치가 있는 경우를 포함한다)
> 4. 「클라우드컴퓨팅 발전 및 이용자 보호에 관한 법률」 제2조 제3호에 따른 클라우드컴퓨팅서비스를 제공하는 자(이하 "클라우드컴퓨팅서비스 제공자"라 한다)의 업무
> 5. 그 밖에 금융위원회가 정하여 고시하는 업무

(2) 개인사업자신용평가회사의 겸영업무

개인사업자신용평가회사의 겸영업무에는 개인사업자신용평가업 외의 신용정

---

9) 제11조 제1항을 위반하여 금융위원회에 신고하지 아니하고 겸영업무를 한 자에게는 1천만원 이하의 과태료를 부과한다(제52조 제5항 제2호).

보업, 채권추심업, 「정보통신망 이용촉진 및 정보보호 등에 관한 법률」 제23조의 3에 따른 본인확인기관의 업무, 그 밖에 신용정보주체 보호 및 건전한 신용질서를 저해할 우려가 없는 업무로서 대통령령으로 정하는 업무가 있다(동조 제3항).

※ 법 제11조 제3항 제4호에서 "대통령령으로 정하는 업무"란 다음 각 호의 업무를 말한다(시행령 제11조 제2항).
1. 「여신전문금융업법」 제2조 제15호에 따른 여신전문금융회사의 경우 같은 법 제46조 제1항 각 호에 따른 업무
2. 본인신용정보관리업
3. 클라우드컴퓨팅서비스 제공자의 업무
4. 그 밖에 금융위원회가 정하여 고시하는 업무

(3) 기업신용조회회사의 겸영업무

기업신용조회회사의 겸영업무에는 기업신용조회업 외의 신용정보업, 채권추심업, 그 밖에 신용정보주체 보호 및 건전한 신용질서를 저해할 우려가 없는 업무로서 대통령령으로 정하는 업무가 있다(동조 제4항).

※ 법 제11조 제4항 제3호에서 "대통령령으로 정하는 업무"란 다음 각 호의 업무를 말한다(시행령 제11조 제3항).
1. 「기술의 이전 및 사업화 촉진에 관한 법률」 제10조에 따른 기술거래기관의 사업(기술신용평가업무를 하는 기업신용조회회사에 한정한다),
2. 「기술의 이전 및 사업화 촉진에 관한 법률」 제12조에 따른 사업화 전문회사의 업무(기술신용평가업무를 하는 기업신용조회회사에 한정한다)
3. 「기술의 이전 및 사업화 촉진에 관한 법률」 제35조에 따른 기술평가기관의 업무(기술신용평가업무를 하는 기업신용조회회사에 한정한다)
4. 「발명진흥법」 제28조 제1항에 따른 발명의 분석 · 평가 업무
5. 「특허법」 제58조 제1항에 따른 선행기술의 조사 업무
6. 클라우드컴퓨팅서비스 제공자의 업무
7. 본인신용정보관리업
8. 기업정보조회업무만을 하는 기업신용조회업의 경우 비금융법률이 금지하지 않는 업무(비금융법률에 따라 행정관청의 인가 · 허가 · 등록 및 승인 등의 조치가 있는 경우 할 수 있는 업무로서 해당 행정관청의 인가 · 허가 · 등록 및 승인

등의 조치가 있는 경우를 포함한다)
　9. 그 밖에 금융위원회가 정하여 고시하는 업무

(4) 신용조사회사의 겸영업무

　　신용조사회사의 겸영업무에는 신용조사업 외의 신용정보업, 「자산유동화에 관한 법률」 제10조에 따른 유동화자산 관리 업무, 그 밖에 신용정보주체 보호 및 거래질서를 저해할 우려가 없는 업무로서 대통령령으로 정하는 업무가 있다(동조 제5항).

　※ 법 제11조 제5항 제3호에서 "대통령령으로 정하는 업무"란 다음 각 호의 업무를
　　말한다(시행령 제11조 제4항).
　　1. 채권추심업
　　2. 그 밖에 금융위원회가 정하여 고시하는 업무

(5) 본인신용정보관리회사의 겸영업무

　　본인신용정보과리회사의 겸영업무에는 「자본시장과 금융투자업에 관한 법률」 제6조 제1항 제4호 또는 제5호에 따른 투자자문업 또는 투자일임업(신용정보주체의 보호 및 건전한 신용질서를 저해할 우려가 없는 경우로서 대통령령으로 정하는 경우로 한정한다), 그 밖에 신용정보주체 보호 및 건전한 거래질서를 저해할 우려가 없는 업무로서 대통령령으로 정하는 업무가 있다(동조 제6항).

　※ 법 제11조 제6항 제1호에서 "대통령령으로 정하는 경우"란 「자본시장과 금융투자
　　업에 관한 법률 시행령」 제2조 제6호에 따른 전자적 투자조언장치를 활용하여
　　「자본시장과 금융투자업에 관한 법률」 제9조 제6항에 따른 일반투자자를 대상으
　　로 같은 법 제6조 제1항 제4호 또는 제5호에 따른 투자자문업 또는 투자일임업
　　을 수행하는 경우를 말한다(시행령 제11조 제5항).

　※ 법 제11조 제6항 제2호에서 "대통령령으로 정하는 업무"란 다음 각 호의 업무를
　　말한다(동조 제6항).

1. 「전자금융거래법」 제28조에 따른 전자금융업
2. 「금융소비자 보호에 관한 법률」 제2조 제4호에 따른 금융상품자문업
3. 신용정보업
4. 금융관계법률에 따라 허가·인가·등록 등을 받아 영업 중인 금융회사의 경우 해당 법령에서 허용된 고유·겸영·부대업무
5. 비금융법률이 금지하지 않는 업무(비금융법률에 따라 행정관청의 인가·허가·등록 및 승인 등의 조치가 있는 경우 할 수 있는 업무로서 해당 행정관청의 인가·허가·등록 및 승인 등의 조치가 있는 경우를 포함한다)
6. 대출의 중개 및 주선 업무(법 제2조 제1호의3 가목 1)부터 4)까지의 규정에 따른 거래의 확정 금리·한도를 비교·분석하고 판매를 중개하는 업무를 말한다)
7. 그 밖에 금융위원회가 정하여 고시하는 업무

(6) 채권추심회사의 겸영업무

채권추심회사의 겸영업무에는 신용정보업, 「자산유동화에 관한 법률」 제10조에 따른 유동화자산 관리 업무, 그 밖에 신용정보주체 보호 및 거래질서를 저해할 우려가 없는 업무로서 대통령령으로 정하는 업무가 있다(동조 제7항).

6. 부수업무

신용정보회사, 본인신용정보관리회사 및 채권추심회사는 해당 허가를 받은 영업에 부수하는 업무(이하 "부수업무"라 한다)를 할 수 있다. 이 경우 신용정보회사, 본인신용정보관리회사 및 채권추심회사는 그 부수업무를 하려는 날의 7일 전까지 이를 금융위원회에 신고하여야 한다(제11조의2 제1항).[10]

이때 금융위원회는 부수업무에 관한 신고내용이 다음 각 호의 어느 하나에 해당하는 경우 그 부수업무를 하는 것을 제한하거나 시정할 것을 명할 수 있으며 (동조 제8항),[11] 이때 제한명령 또는 시정명령은 그 내용 및 사유가 구체적으로 적힌 문서로 하여야 한다(동조 제9항).

---

10) 이를 위반하여 금융위원회에 신고하지 아니하고 부수업무를 한 자에게는 1천만원 이하의 과태료를 부과한다(제52조 제5항 제2호의2).
11) 이에 따른 금융위원회의 제한명령 또는 시정명령에 따르지 아니한 자에게는 1천만원 이하의 과태료를 부과한다(제52조 제5항 제2호의3).

> 1. 신용정보회사, 본인신용정보관리회사 및 채권추심회사의 경영건전성을 해치는 경우
> 2. 신용정보주체의 보호 및 건전한 신용질서 유지를 위하여 필요한 경우로서 대통령령으로 정하는 경우

(1) 개인신용평가회사의 부수업무

개인신용평가회사의 부수업무는 다음 각 호와 같다(제11조의2 제2항).

> 1. 새로이 만들어 낸 개인신용평점, 그 밖의 개인신용평가 결과를 신용정보주체 본인에게 제공하는 업무
> 2. 개인신용정보나 이를 가공한 정보를 본인이나 제3자에게 제공하는 업무
> 3. 가명정보나 익명처리한 정보를 이용하거나 제공하는 업무
> 4. 개인신용정보, 그 밖의 정보를 기초로 하는 데이터 분석 및 컨설팅 업무
> 5. 개인신용정보 관련 전산처리시스템, 솔루션 및 소프트웨어(개인신용평가 및 위험관리 모형을 포함한다) 개발 및 판매 업무
> 6. 그 밖에 신용정보주체 보호 및 건전한 신용질서를 저해할 우려가 없는 업무로서 대통령령으로 정하는 업무

※ 법 제11조의2 제2항 제6호에서 "대통령령으로 정하는 업무"란 다음 각 호의 업무를 말한다(시행령 제11조의2 제1항).
  1. 금융상품에 대한 광고, 홍보 및 컨설팅
  2. 신용정보업과 관련된 연수, 교육 및 출판, 행사기획 등 업무
  3. 신용정보업과 관련된 연구, 조사 등 용역업무 및 상담업무
  4. 본인인증 및 신용정보주체의 식별확인 업무
  5. 법 제2조 제8호에 따른 개인신용평가(이하 "개인신용평가"라 한다)에 활용된 신용정보 아닌 정보 또는 이를 가공한 정보를 본인 또는 제3자에게 제공하는 업무
  6. 금융회사 등의 위탁에 따른 연체사실 등의 통지 대행
  7. 그 밖에 금융위원회가 정하여 고시하는 업무

(2) 개인사업자신용평가회사의 부수업무

개인사업자신용평가회사의 부수업무는 다음 각 호와 같다(제11조의2 제3항).

1. 새로이 만들어 낸 개인사업자의 신용상태에 대한 평가의 결과를 해당 개인사업자
   에게 제공하는 업무
2. 개인사업자에 관한 신용정보나 이를 가공한 정보를 해당 개인사업자나 제3자에게
   제공하는 업무
3. 가명정보나 익명처리한 정보를 이용하거나 제공하는 업무
4. 개인사업자에 관한 신용정보, 그 밖의 정보를 기초로 하는 데이터 분석 및 컨설팅
   업무
5. 개인사업자신용정보 관련 전산처리시스템, 솔루션 및 소프트웨어(개인사업자의
   신용상태에 대한 평가 및 위험관리 모형을 포함한다) 개발 및 판매 업무

(3) 기업신용조회회사의 부수업무

기업신용조회회사의 부수업무는 다음 각 호와 같다. 다만, 제1호의 부수업무
는 기업신용등급제공업무 또는 기술신용평가업무를 하는 기업신용조회회사로 한
정한다(제11조의2 제4항).

1. 기업 및 법인에 관한 신용정보나 이를 가공한 정보를 본인이나 제3자에게 제공하
   는 업무
2. 가명정보나 익명처리한 정보를 이용하거나 제공하는 업무
3. 기업 및 법인에 관한 신용정보, 그 밖의 정보를 기초로 하는 데이터 분석 및 컨설
   팅 업무
4. 기업 및 법인에 관한 신용정보 관련 전산처리시스템, 솔루션 및 소프트웨어(기업
   신용등급 산출 및 위험관리 모형을 포함한다) 개발 및 판매 업무
5. 그 밖에 신용정보주체 보호 및 건전한 신용질서를 저해할 우려가 없는 업무로서
   대통령령으로 정하는 업무

※ 법 제11조의2 제4항 제5호에서 "대통령령으로 정하는 업무"란 다음 각 호의 업무
   를 말한다(시행령 제11조의2 제2항).
   1. 금융상품에 대한 광고, 홍보 및 컨설팅
   2. 허가받은 신용정보업과 관련된 연수, 교육 및 출판, 행사기획 등 업무
   3. 허가받은 신용정보업과 관련된 연구·조사 등 용역업무 및 상담업무
   4. 사업체 및 사업장 현황조사
   5. 기업 및 법인의 유동자산에 대한 가치평가
   6. 기업 및 법인에 관한 신용정보 관련 조사, 분석, 연구, 컨설팅, 자문, 리서치

및 통계자료의 생성

7. 공개정보 중 신용정보가 아닌 정보를 제공하거나 이 정보를 기초로 하는 데이터 분석 및 컨설팅 업무

8. 기업신용평가에 활용된 정보 또는 이를 가공한 정보를 제3자에게 제공하는 업무(기업정보조회업무를 하는 기업신용조회회사는 제외한다)

9. 법 제2조 제1호의6 라목에 따른 개인신용평점(이하 "개인신용평점"이라 한다) 및 그 밖에 개인신용평가 결과에 관한 정보를 제외한 정보로서 사업체의 실제 경영자 등에 대한 개인신용정보나 이를 가공한 정보를 본인이나 제3자에게 제공하는 업무(기업정보조회업무를 하는 기업신용조회회사는 제외한다)

10. 그 밖에 금융위원회가 정하여 고시하는 업무

(4) 신용조사회사의 부수업무

신용조사회사의 부수업무는 다음 각 호와 같다(제11조의2 제5항).

---

1. 부동산과 동산의 임대차 현황 및 가격조사 업무
2. 사업체 및 사업장의 현황조사 업무
3. 그 밖에 신용정보주체 보호 및 건전한 신용질서를 저해할 우려가 없는 업무로서 대통령령으로 정하는 업무

※ 법 제11조의2 제5항 제3호에서 "대통령령으로 정하는 업무"란 다음 각 호의 업무를 말한다(시행령 제11조의2 제3항).
  1. 허가받은 신용정보업과 관련된 연수, 교육 및 출판, 행사기획 등 업무
  2. 허가받은 신용정보업과 관련된 연구·조사 등 용역업무 및 상담업무
  3. 그 밖에 금융위원회가 정하여 고시하는 업무

(5) 본인신용정보관리회사의 부수업무

본인신용정보관리회사의 부수업무는 다음 각 호와 같다(제11조의2 제6항).

---

1. 해당 신용정보주체에게 제공된 본인의 개인신용정보를 기초로 그 본인에게 하는 데이터 분석 및 컨설팅 업무
2. 신용정보주체 본인에게 자신의 개인신용정보를 관리·사용할 수 있는 계좌를 제공

하는 업무
3. 제39조의3 제1항 각 호의 권리를 대리 행사하는 업무
4. 그 밖에 신용정보주체 보호 및 건전한 신용질서를 저해할 우려가 없는 업무로서
대통령령으로 정하는 업무

※ 법 제11조의2 제6항 제4호에서 "대통령령으로 정하는 업무"란 다음 각 호의 업무
를 말한다(시행령 제11조의2 제4항).
  1. 금융상품에 대한 광고, 홍보 및 컨설팅
  2. 본인신용정보관리업과 관련된 연수, 교육 및 출판, 행사기획 등 업무
  3. 본인신용정보관리업과 관련된 연구·조사 용역 및 상담업무
  4. 본인인증 및 신용정보주체의 식별확인 업무
  5. 그 밖에 금융위원회가 정하여 고시하는 업무

(6) 채권추심회사의 부수업무

채권추심회사의 부수업무는 다음 각 호와 같다(제11조의2 제7항).

1. 채권자 등에 대한 채권관리시스템의 구축 및 제공 업무
2. 대통령령으로 정하는 자로부터 위탁받아 「채권의 공정한 추심에 관한 법률」 제5
   조에 따른 채무확인서를 교부하는 업무
3. 그 밖에 신용정보주체 보호 및 건전한 신용질서를 저해할 우려가 없는 업무로서
   대통령령으로 정하는 업무

※ 법 제11조의2 제7항 제3호에서 "대통령령으로 정하는 업무"란 다음 각 호의 업무
를 말한다(시행령 제11조의2 제5항).
  1. 「상법」에 따라 설립된 주식회사 국민행복기금(이하 "국민행복기금"이라 한다)
     지원업무
  2. 금융회사 등의 고객 관리업무 및 서류수령 대행 등의 업무
  3. 그 밖에 금융위원회가 정하여 고시하는 업무

7. 유사명칭의 사용 금지

이 법에 따라 허가받은 신용정보회사, 본인신용정보관리회사, 채권추심회사

또는 신용정보집중기관이 아닌 자는 상호 또는 명칭 중에 신용정보·신용조사·개인신용평가·신용관리·마이데이터(MyData)·채권추심 또는 이와 비슷한 문자를 사용하지 못한다. 다만, 신용정보회사, 본인신용정보관리회사, 채권추심회사 또는 신용정보집중기관과 유사한 업무를 수행할 수 있도록 다른 법령에서 허용한 경우 등 대통령령으로 정하는 경우는 제외한다(제12조).[12]

> ※ 법 제12조 단서에서 "신용정보회사, 본인신용정보관리회사, 채권추심회사 또는 신용정보집중기관과 유사한 업무를 수행할 수 있도록 다른 법령에서 허용한 경우 등 대통령령으로 정하는 경우"란 다음 각 호의 어느 하나에 해당하는 경우를 말한다(시행령 제11조의3).
> 1. 「자본시장과 금융투자업에 관한 법률」 제335조의3에 따른 인가를 받은 신용평가회사가 상호 또는 명칭 중에 신용평가 또는 이와 비슷한 문자를 사용하는 경우
> 2. 본인신용정보관리 관련 정책을 추진하기 위하여 필요한 경우로서 기업 및 법인의 상호 또는 명칭 중에 마이데이터(MyData) 또는 이와 비슷한 문자를 사용할 수 있도록 관련 중앙행정기관의 장이 인정하는 경우
> 3. 법 제2조 제9호의2 각 목의 어느 하나에 해당하는 개인신용정보를 수집하지 않는 등 본인신용정보관리업 또는 이와 유사한 서비스를 제공하지 않는 자가 상호 또는 명칭 중에 마이데이터(MyData) 또는 이와 비슷한 문자를 사용하는 경우

8. 임원의 겸직 금지

신용정보회사, 본인신용정보관리회사 및 채권추심회사의 상임 임원은 금융위원회의 승인 없이 다른 영리법인의 상무(常務)에 종사할 수 없다(제13조).[13]

9. 허가 등의 취소와 업무의 정지

금융위원회는 신용정보회사, 본인신용정보관리회사 및 채권추심회사가 다음

---

12) 허가받은 신용정보회사가 아님에도 불구하고 상호 중에 신용정보·신용조사 또는 이와 비슷한 명칭을 사용한 자에게는 5천만원 이하의 과태료를 부과한다(제52조 제1항 제1호).
13) 이를 위반하여 금융위원회의 승인 없이 다른 영리법인의 상무에 종사한 자에게는 1천만원 이하의 과태료를 부과한다(제52조 제5항 제2호의4).

각 호의 어느 하나에 해당하는 경우에는 허가 또는 인가를 취소할 수 있다. 다만, 신용정보회사, 본인신용정보관리회사 및 채권추심회사가 다음 각 호의 어느 하나에 해당하더라도 대통령령으로 정하는 사유에 해당하면 6개월 이내의 기간을 정하여 허가 또는 인가를 취소하기 전에 시정명령을 할 수 있다(제14조 제1항).

1. 거짓이나 그 밖의 부정한 방법으로 제4조 제2항에 따른 허가를 받거나 제10조 제1항에 따른 인가를 받은 경우
2. 제5조 제1항 제1호·제2항 제4호·제3항 제1호에 따른 금융기관 등의 출자요건을 위반한 경우. 다만, 신용정보회사 및 채권추심회사의 주식이「자본시장과 금융투자업에 관한 법률」제8조의2 제4항 제1호에 따른 증권시장에 상장되어 있는 경우로서 제5조 제1항 제1호에 따른 금융기관 등이 100분의 33 이상을 출자한 경우에는 제외한다.
3. 삭제
4. 신용정보회사, 본인신용정보관리회사 및 채권추심회사[허가를 받은 날부터 3개 사업연도(개인신용평가업, 개인사업자신용평가업 및 기업신용조회업이 포함된 경우에는 5개 사업연도)가 지나지 아니한 경우는 제외한다]의 자기자본(최근 사업연도 말 현재 재무상태표상 자산총액에서 부채총액을 뺀 금액을 말한다. 이하 같다) 이 제6조 제2항에 따른 자본금 또는 기본재산의 요건에 미치지 못한 경우
5. 업무정지명령을 위반하거나 업무정지에 해당하는 행위를 한 자가 그 사유발생일 전 3년 이내에 업무정지처분을 받은 사실이 있는 경우
6. 제22조의7 제1항 제1호를 위반하여 의뢰인에게 허위 사실을 알린 경우
6의2. 제22조의7 제1항 제2호를 위반하여 신용정보에 관한 조사 의뢰를 강요한 경우
6의3. 제22조의7 제1항 제3호를 위반하여 신용정보 조사 대상자에게 조사자료의 제공과 답변을 강요한 경우
6의4. 제22조의7 제1항 제4호를 위반하여 금융거래 등 상거래관계 외의 사생활 등을 조사한 경우
7. 삭제
8.「채권의 공정한 추심에 관한 법률」제9조 각 호의 어느 하나를 위반하여 채권추심 행위를 한 경우(채권추심업만 해당한다)
9. 허가 또는 인가의 내용이나 조건을 위반한 경우
10. 정당한 사유 없이 1년 이상 계속하여 허가받은 영업을 하지 아니한 경우
11. 제41조 제1항을 위반하여 채권추심행위를 한 경우(채권추심업만 해당한다)

※ 법 제14조 제1항 단서에서 "대통령령으로 정하는 사유"란 신용정보회사, 본인신용정보관리회사 및 채권추심회사가 법 제14조 제1항 제2호, 제4호 또는 제9호에 따른 허가 또는 인가의 취소사유에 해당하는 경우를 말한다. 다만, 취소사유가 해소될 가능성이 매우 적거나 공익을 해칠 우려가 있는 등 시정명령의 실익(實益)이 없다고 인정되는 경우는 제외한다(시행령 제12조).

또한 금융위원회는 신용정보회사, 본인신용정보관리회사 및 채권추심회사가 다음 각 호의 어느 하나에 해당하는 경우에는 6개월의 범위에서 기간을 정하여 그 업무의 전부 또는 일부의 정지를 명할 수 있다(제14조 제2항).[14]

1. 제6조 제4항을 위반한 경우
2. 제11조 및 제11조의2를 위반한 경우
3. 삭제
4. 제17조 제4항 또는 제19조를 위반하여 신용정보를 분실·도난·유출·변조 또는 훼손당한 경우
5. 제22조 제1항·제2항, 제22조의8 및 제27조 제1항을 위반한 경우
5의2. 제22조의9 제3항을 위반하여 신용정보를 수집하거나 같은 조 제4항을 위반하여 개인신용정보를 전송한 경우
5의3. 제33조 제2항을 위반한 경우
6. 삭제
7. 제40조 제1항 제5호를 위반하여 정보원, 탐정, 그 밖에 이와 비슷한 명칭을 사용한 경우
8. 제42조 제1항·제3항 또는 제4항을 위반한 경우
9. 별표에 규정된 처분 사유에 해당하는 경우
10. 「채권의 공정한 추심에 관한 법률」 제12조 제2호·제5호를 위반하여 채권추심행위를 한 경우(채권추심업만 해당한다)
11. 그 밖에 법령 또는 정관을 위반하거나 경영상태가 건전하지 못하여 공익을 심각하게 해치거나 해칠 우려가 있는 경우

---

14) 이를 위반하여 업무정지 기간에 업무를 한 자는 3년 이하의 징역 또는 3천만원 이하의 벌금에 처한다(제50조 제3항 제1호).

제3절 신용정보의 수집 및 처리

1. 수집 및 처리의 원칙

신용정보회사, 본인신용정보관리회사, 채권추심회사, 신용정보집중기관 및 신용정보제공·이용자(이하 "신용정보회사등"이라 한다)는 신용정보를 수집하고 이를 처리할 수 있다. 이 경우 이 법 또는 정관으로 정한 업무 범위에서 수집 및 처리의 목적을 명확히 하여야 하며, 이 법 및 「개인정보 보호법」 제3조 제1항 및 제2항에 따라 그 목적 달성에 필요한 최소한의 범위에서 합리적이고 공정한 수단을 사용하여 신용정보를 수집 및 처리하여야 한다(제15조 제1항).

이때 신용정보회사등이 개인신용정보를 수집하는 때에는 해당 신용정보주체의 동의를 받아야 한다. 다만, 다음 각 호의 어느 하나에 해당하는 경우에는 그러하지 아니하다(동조 제2항).[15]

1. 「개인정보 보호법」 제15조 제1항 제2호부터 제6호까지의 어느 하나에 해당하는 경우
2. 다음 각 목의 어느 하나에 해당하는 정보를 수집하는 경우
   가. 법령에 따라 공시(公示)되거나 공개된 정보
   나. 출판물이나 방송매체 또는 「공공기관의 정보공개에 관한 법률」 제2조 제3호에 따른 공공기관의 인터넷 홈페이지 등의 매체를 통하여 공시 또는 공개된 정보
   다. 신용정보주체가 스스로 사회관계망서비스 등에 직접 또는 제3자를 통하여 공개한 정보. 이 경우 대통령령으로 정하는 바에 따라 해당 신용정보주체의 동의가 있었다고 객관적으로 인정되는 범위 내로 한정한다.
3. 제1호 및 제2호에 준하는 경우로서 대통령령으로 정하는 경우
4. 삭제

※ 다음 각 호의 사항을 고려하여 신용정보주체의 동의가 있었다고 객관적으로 인정되는 범위의 정보는 법 제15조 제2항 제2호 다목 후단에 따른 동의가 있는 정보로 본다(시행령 제13조).

---

[15] 이를 위반한 자에게는 1억원 이하의 과태료를 부과한다(제52조 제2항 제2호).

1. 공개된 개인정보의 성격, 공개의 형태, 대상 범위
2. 제1호로부터 추단되는 신용정보주체의 공개 의도 및 목적
3. 신용정보회사등의 개인정보 처리의 형태
4. 수집 목적이 신용정보주체의 원래의 공개 목적과 상당한 관련성이 있는지 여부
5. 정보 제공으로 인하여 공개의 대상 범위가 원래의 것과 달라졌는지 여부
6. 개인정보의 성질 및 가치와 이를 활용해야 할 사회·경제적 필요성

〈판례〉 법 제15조의 '개인신용정보'는 '금융거래 등 상거래에 있어서 거래상대방에 대한 식별·신용도·신용거래능력 등의 판단을 위하여 필요로 하는 정보로서 식별정보, 신용거래정보, 신용능력정보, 공공기록정보, 신용등급정보, 신용조회정보 등'을 말하고, '개인의 성명·주소·주민등록번호(외국인의 경우 외국인등록번호 또는 여권번호)·성별·국적 및 직업등 특정 신용정보주체를 식별할 수 있는 정보'로서의 이른바 '식별정보'는 나머지 신용정보와 결합되는 경우에 한하여 개인신용정보에 해당한다. 따라서 신용카드회사 직원이 회원을 유치하기 위하여 신용카드모집 대행업자로부터 인터넷 업체 회원들의 성명, 주민등록번호 등의 식별정보가 수록된 콤팩트디스크를 건네받은 것만으로는 개인신용정보 수집행위에 해당하지 않는다(대법원 2006. 6. 15. 선고 2004도1639 판결).

2. 처리의 위탁

신용정보회사등은 제3자에게 신용정보의 처리 업무를 위탁할 수 있다. 이 경우 개인신용정보의 처리 위탁에 대해서는 「개인정보 보호법」 제26조 제1항부터 제3항까지의 규정을 준용한다(제17조 제1항). 그리고 신용정보회사등은 신용정보의 처리를 위탁할 수 있으며 이에 따라 위탁을 받은 자(이하 "수탁자"라 한다)의 위탁받은 업무의 처리에 관하여는 제19조부터 제21조까지, 제22조의4부터 제22조의7까지, 제22조의9, 제40조, 제43조, 제43조의2, 제45조, 제45조의2 및 제45조의3(해당 조문에 대한 벌칙 및 과태료규정을 포함한다)을 준용한다(동조 제2항).

이때 신용정보의 처리를 위탁하려는 신용정보회사등으로서 대통령령(시행령 제14조 제2항 참조)으로 정하는 자는 제공하는 신용정보의 범위 등을 대통령령(시행령 제14조 제3항 참조)으로 정하는 바에 따라 금융위원회에 알려야 한다(동조 제3항).

또한 신용정보회사등은 신용정보의 처리를 위탁하기 위하여 수탁자에게 개인신용정보를 제공하는 경우 특정 신용정보주체를 식별할 수 있는 정보는 대통

령령(시행령 제14조 제4항 참조)으로 정하는 바에 따라 암호화 등의 보호 조치를 하여야 하며(동조 제4항),[16] 신용정보회사등은 수탁자에게 신용정보를 제공한 경우 신용정보를 분실·도난·유출·위조·변조 또는 훼손당하지 아니하도록 대통령령(시행령 제14조 제5항 참조)으로 정하는 바에 따라 수탁자를 교육하여야 하고 수탁자의 안전한 신용정보 처리에 관한 사항을 위탁계약에 반영하여야 한다(동조 제5항).[17]

한편, 수탁자가 개인신용정보를 이용하거나 제3자에게 제공하는 경우에는 「개인정보 보호법」 제26조 제5항에 따른다(동조 제6항).[18] 이때 수탁자는 위탁받은 업무를 제3자에게 재위탁하여서는 아니 된다. 다만, 신용정보의 보호 및 안전한 처리를 저해하지 아니하는 범위에서 금융위원회가 인정하는 경우에는 그러하지 아니하다(동조 제7항).

3. 정보집합물의 결합 등

신용정보회사등(대통령령으로 정하는 자는 제외한다. 이하 이 조 및 제40조의2에서 같다)은 자기가 보유한 정보집합물을 제3자가 보유한 정보집합물과 결합하려는 경우에는 지정된 데이터전문기관을 통하여 결합하여야 한다(제17조의2 제1항).[19] 이때 지정된 데이터전문기관이 결합된 정보집합물을 해당 신용정보회사등 또는 그 제3자에게 전달하는 경우에는 가명처리 또는 익명처리가 된 상태로 전달하여야 한다(동조 제2항).[20] 그리고 그 외에 정보집합물의 결합·제공·보관의 절차 및 방법에 대해서는 대통령령으로 정한다(동조 제3항).

---

16) 이를 위반한 자에게는 3천만원 이하의 과태료를 부과한다(제52조 제3항 제1호).
17) 이를 위반한 자에게는 1천만원 이하의 과태료를 부과한다(제52조 제5항 제4호).
18) 이를 위반한 자는 5년 이하의 징역 또는 5천만원 이하의 벌금에 처한다(제50조 제2항 제4호).
19) 이를 위반하여 정보집합물을 결합한 자는 5년 이하의 징역 또는 5천만원 이하의 벌금에 처한다(제50조 제2항 제4호의2).
20) 이를 위반하여 가명처리 또는 익명처리가 되지 아니한 상태로 전달한 자에게는 5천만원 이하의 과태료를 부과한다(제52조 제2항 제2호의2).

〈참고〉 시행령 제14조의2(정보집합물의 결합 등) ① 법 제17조의2 제1항에서 "대통령령으로 정하는 자"란 법 제45조의3에 따른 상거래기업 및 법인(이하 "상거래 기업 및 법인"이라 한다)을 말한다.

② 법 제17조의2 제1항에 따라 정보집합물을 결합하려는 신용정보회사등 및 제3자(이하 이 조에서 "결합의뢰기관"이라 한다)는 공동으로 법 제26조의4에 따른 데이터전문기관(이하 "데이터전문기관"이라 한다)에 금융위원회가 정하여 고시하는 바에 따라 정보집합물의 결합을 신청해야 한다.

③ 결합의뢰기관 및 데이터전문기관은 정보집합물을 결합·제공·보관하는 경우에는 다음 각 호의 사항을 모두 준수해야 한다.

　1. 결합의뢰기관이 정보집합물을 데이터전문기관에 제공하는 경우 다음 각 목의 조치를 하여 제공할 것

　　가. 하나의 정보집합물과 다른 정보집합물 간에 둘 이상의 정보를 연계, 연동하기 위하여 사용되는 정보는 해당 개인을 식별할 수 없으나 구별할 수 있는 정보(이하 "결합키"라 한다)로 대체할 것

　　나. 개인신용정보가 포함된 정보집합물은 가명처리할 것

　2. 결합의뢰기관이 결합키를 생성하는 절차와 방식은 금융위원회가 정하여 고시하는 바에 따라 결합의뢰기관 간 상호 협의하여 결정할 것

　3. 결합의뢰기관이 데이터전문기관에 정보집합물을 제공하거나 데이터전문기관이 결합한 정보집합물을 결합의뢰기관에 전달하는 경우에는 해당 정보집합물의 내용을 제3자가 알 수 없도록 암호화 등의 보호조치를 하여 전달할 것

　4. 데이터전문기관은 결합된 정보집합물을 결합의뢰기관에 전달하기 전 결합키를 삭제하거나 금융위원회가 정하여 고시하는 방법으로 대체할 것

　5. 데이터전문기관은 결합된 정보집합물의 가명처리 또는 익명처리의 적정성을 평가한 후 적정하지 않다고 판단되는 경우 다시 가명처리 또는 익명처리하여 전달할 것

　6. 데이터전문기관은 결합한 정보집합물을 결합의뢰기관에 전달한 후 결합한 정보집합물 및 결합 전 정보집합물을 지체 없이 삭제할 것

④ 데이터전문기관은 금융위원회가 정하여 고시하는 방법에 따라 결합 관련 사항을 기록·관리하고 매년 1회 금융위원회에 보고해야 한다.

⑤ 데이터전문기관은 데이터 결합 등에 필요한 비용을 결합의뢰기관에 청구할 수 있다.

⑥ 데이터전문기관은 결합의뢰기관이 결합된 데이터를 전달받기 전에 데이터전문기관의 전산설비 등을 활용하여 결합된 정보집합물을 분석하기를 요청하는 경우 데이터전문기관의 전산설비 등을 활용하여 가명처리 또는 익명처리가 된 상태의 정보집합물을 분석하게 할 수 있다.

⑦ 제1항부터 제6항까지의 규정에 따른 정보집합물 결합·제공·처리·보관의 절차 및 방법에 관한 세부 사항은 금융위원회가 정하여 고시한다.

⑧ 제2항, 제3항 및 제5항부터 제7항까지의 규정은 결합의뢰기관이 데이터전문기관

중 「개인정보 보호법」 제28조의3 제1항에 따른 전문기관으로도 지정된 기관에서 같은 조 제3항에 따른 결합 절차와 방법, 반출 및 승인 기준·절차 등에 따라 정보 집합물을 결합하려는 경우에는 적용하지 않는다.

제4절 신용정보의 유통 및 관리

1. 신용정보의 정확성 및 최신성의 유지

신용정보회사등은 신용정보의 정확성과 최신성이 유지될 수 있도록 대통령령으로 정하는 바에 따라 신용정보의 등록·변경 및 관리 등을 하여야 한다(제18조 제1항).[21] 또한 신용정보회사등은 신용정보주체에게 불이익을 줄 수 있는 신용정보를 그 불이익을 초래하게 된 사유가 해소된 날부터 최장 5년 이내에 등록·관리 대상에서 삭제하여야 한다. 다만, 다음 각 호의 어느 하나에 해당하는 경우에는 그러하지 아니하다(동조 제2항).[22]

1. 제25조의2 제1호의3에 따른 업무를 수행하기 위한 경우
2. 그 밖에 신용정보주체의 보호 및 건전한 신용질서를 저해할 우려가 없는 경우로서 대통령령으로 정하는 경우

이때 해당 신용정보의 구체적인 종류, 기록보존 및 활용기간 등은 대통령령으로 정한다(동조 제3항).

〈참고〉 시행령 제15조(신용정보의 정확성 및 최신성의 유지) ① 법 제18조 제1항에 따라 신용정보제공·이용자는 신용정보를 신용정보집중기관 또는 개인신용평가회사, 개인사업자신용평가회사 또는 기업신용조회회사에 제공하려는 경우에는 그 정보의 정확성을 확인하여 사실과 다른 정보를 등록해서는 안 된다.
② 신용정보집중기관과 개인신용평가회사, 개인사업자신용평가회사 또는 기업신용조회회사는 등록되는 신용정보의 정확성을 점검할 수 있는 기준 및 절차를 마련하고 이에 따라 등록되는 신용정보의 정확성을 점검·관리해야 한다.

---

21) 이를 위반한 자에게는 1천만원 이하의 과태료를 부과한다(제52조 제5항 제5호).
22) 이를 위반한 자는 1년 이하의 징역 또는 1천만원 이하의 벌금에 처한다(제50조 제4항 제4호).

③ 신용정보회사, 채권추심회사, 신용정보집중기관 및 신용정보제공·이용자는 신용정보의 정확성과 최신성이 유지될 수 있도록 금융위원회가 정하여 고시하는 기준과 절차에 따라 신용정보를 등록·변경·관리해야 한다.

④ 법 제18조 제2항에 따라 등록·관리 대상에서 삭제해야 하는 신용정보의 종류는 다음 각 호와 같다.

  1. 법 제2조 제1호의4에 따른 신용정보 중 연체, 부도, 대위변제 및 대지급과 관련된 정보
  2. 법 제2조 제1호의4에 따른 신용정보 중 신용질서 문란행위와 관련된 정보
  3. 법 제2조 제1호의6 다목에 따른 신용정보 중 법원의 파산선고·면책·복권 결정 및 회생·간이회생·개인회생의 결정과 관련된 정보
  4. 법 제2조 제1호의6 나목에 따른 체납 관련 정보
  5. 법 제2조 제1호의6 아목 및 이 영 제2조 제17항 제3호에 따른 신용정보 중 체납 관련 정보
  6. 그 밖에 제1호부터 제5호까지의 정보와 유사한 형태의 불이익정보로서 금융위원회가 정하여 고시하는 신용정보

⑤ 법 제18조 제2항 제2호에서 "대통령령으로 정하는 경우"란 다음 각 호의 어느 하나에 해당하는 경우를 말한다.

  1. 종합신용정보집중기관이 법 제25조의2 제2호에 따른 업무를 수행하기 위한 경우
  2. 신용정보제공·이용자가 종합신용정보집중기관에 소멸시효 완성, 채무 면제 등 거래 종료 사유를 등록하기 위한 경우

⑥ 제4항 각 호에 따른 신용정보의 활용기간 및 보존기간은 3년 이상 5년 이내의 범위에서 금융위원회가 정하여 고시한다. 다만, 금융위원회는 신용정보의 특성, 활용용도 및 활용빈도 등을 고려하여 그 활용기간 및 보존기간을 단축할 수 있다.

⑦ 제4항 각 호에 따른 신용정보의 삭제 방법, 기준 및 절차 등에 관하여 필요한 세부사항은 금융위원회가 정하여 고시한다.

2. 신용정보전산시스템의 안전보호

신용정보회사등은 신용정보전산시스템(제25조 제6항에 따른 신용정보공동전산망을 포함한다. 이하 같다)에 대한 제3자의 불법적인 접근, 입력된 정보의 변경·훼손 및 파괴, 그 밖의 위험에 대하여 대통령령으로 정하는 바에 따라 기술적·물리적·관리적 보안대책을 수립·시행하여야 한다(제19조 제1항).[23]

---

23) 권한 없이 신용정보전산시스템의 정보를 변경·삭제하거나 그 밖의 방법으로 이용할 수 없게 한 자 또는 권한 없이 신용정보를 검색·복제하거나 그 밖의 방법으로 이용한 자는 5년 이하의 징역 또는 5천만원 이하의 벌금에 처한다(제50조 제2항 제5호).

〈참고〉 시행령 제16조(기술적·물리적·관리적 보안대책의 수립) ① 법 제19조 제1항에 따라 신용정보회사등은 신용정보전산시스템의 안전보호를 위하여 다음 각 호의 사항이 포함된 기술적·물리적·관리적 보안대책을 세워야 한다.

1. 신용정보에 제3자가 불법적으로 접근하는 것을 차단하기 위한 침입차단시스템 등 접근통제장치의 설치·운영에 관한 사항
2. 신용정보전산시스템에 입력된 정보의 변경·훼손 및 파괴를 방지하기 위한 사항
3. 신용정보 취급·조회 권한을 직급별·업무별로 차등 부여하는 데에 관한 사항 및 신용정보 조회기록의 주기적인 점검에 관한 사항
4. 그 밖에 신용정보의 안정성 확보를 위하여 필요한 사항

② 금융위원회는 제1항 각 호에 따른 사항의 구체적인 내용을 정하여 고시할 수 있다.

또한 신용정보제공·이용자가 다른 신용정보제공·이용자 또는 개인신용평가회사, 개인사업자신용평가회사, 기업신용조회회사와 서로 이 법에 따라 신용정보를 제공하는 경우에는 금융위원회가 정하여 고시하는 바에 따라 신용정보 보안관리 대책을 포함한 계약을 체결하여야 한다(동조 제2항).[24]

3. 신용정보 관리책임의 명확화 및 업무처리기록의 보존

신용정보회사등은 신용정보의 수집·처리·이용 및 보호 등에 대하여 금융위원회가 정하는 신용정보 관리기준을 준수하여야 한다(제20조 제1항).[25] 또한 신용정보회사등은 다음 각 호의 구분에 따라 개인신용정보의 처리에 대한 기록을 3년간 보존하여야 한다(동조 제2항).[26]

1. 개인신용정보를 수집·이용한 경우
   가. 수집·이용한 날짜
   나. 수집·이용한 정보의 항목
   다. 수집·이용한 사유와 근거
2. 개인신용정보를 제공하거나 제공받은 경우
   가. 제공하거나 제공받은 날짜
   나. 제공하거나 제공받은 정보의 항목
   다. 제공하거나 제공받은 사유와 근거

---

24) 본조를 위반한 자는 5천만원 이하의 과태료를 부과한다(제52조 제1항 제3호).
25) 이를 위반한 자에게는 3천만원 이하의 과태료를 부과한다(제52조 제2항 제2호).
26) 이를 위반한 자는 1년 이하의 징역 또는 1천만원 이하의 벌금에 처한다(제50조 제4항 제5호).

3. 개인신용정보를 폐기한 경우
   가. 폐기한 날짜
   나. 폐기한 정보의 항목
   다. 폐기한 사유와 근거
4. 그 밖에 대통령령으로 정하는 사항

한편, 신용정보회사, 본인신용정보관리회사, 채권추심회사, 신용정보집중기관 및 대통령령으로 정하는 신용정보제공·이용자는 제4항에 따른 업무를 하는 신용정보관리·보호인을 1명 이상 지정하여야 한다. 다만, 총자산, 종업원 수 등을 감안하여 대통령령으로 정하는 자는 신용정보관리·보호인을 임원(신용정보의 관리·보호 등을 총괄하는 지위에 있는 사람으로서 대통령령으로 정하는 사람을 포함한다)으로 하여야 한다(동조 제3항).27) 그리고 신용정보관리·보호인은 다음 각 호의 업무를 수행한다(동조 제4항).28)

1. 개인신용정보의 경우에는 다음 각 목의 업무
   가. 「개인정보 보호법」 제31조 제2항 제1호부터 제5호까지의 업무
   나. 임직원 및 전속 모집인 등의 신용정보보호 관련 법령 및 규정 준수 여부 점검
   다. 그 밖에 신용정보의 관리 및 보호를 위하여 대통령령으로 정하는 업무
2. 기업신용정보의 경우 다음 각 목의 업무
   가. 신용정보의 수집·보유·제공·삭제 등 관리 및 보호 계획의 수립 및 시행
   나. 신용정보의 수집·보유·제공·삭제 등 관리 및 보호 실태와 관행에 대한 정기적인 조사 및 개선
   다. 신용정보 열람 및 정정청구 등 신용정보주체의 권리행사 및 피해구제
   라. 신용정보 유출 등을 방지하기 위한 내부통제시스템의 구축 및 운영
   마. 임직원 및 전속 모집인 등에 대한 신용정보보호 교육계획의 수립 및 시행
   바. 임직원 및 전속 모집인 등의 신용정보보호 관련 법령 및 규정 준수 여부 점검
   사. 그 밖에 신용정보의 관리 및 보호를 위하여 대통령령으로 정하는 업무
3.-7. 삭제

---

27) 이를 위반한 자에게는 3천만원 이하의 과태료를 부과한다(제52조 제3항 제2호); 이를 위반하여 신용정보관리·보호인을 지정하지 아니한 자는 3천만원 이하의 과태료를 부과한다(제52조 제3항 제2호의2).

28) 이를 위반하여 신용정보관리·보호인을 지정하지 아니한 자는 3천만원 이하의 과태료를 부과한다(제52조 제3항 제2호의2).

이때 신용정보관리·보호인의 업무수행에 관하여는 「개인정보 보호법」 제31조 제3항 및 제5항의 규정을 준용하며(동조 제5항), 대통령령으로 정하는 신용정보회사등의 신용정보관리·보호인은 처리하는 개인신용정보의 관리 및 보호 실태를 대통령령으로 정하는 절차와 방법에 따라 정기적으로 점검하고, 그 결과를 금융위원회에 제출하여야 한다(동조 제6항).[29)]

그리고 신용정보관리·보호인의 자격요건과 그 밖에 지정에 필요한 사항, 제출 방법에 대해서는 대통령령으로 정한다(동조 제7항). 또한 「금융지주회사법」 제48조의2 제6항에 따라 선임된 고객정보관리인이 제6항의 자격요건에 해당하면 제3항에 따라 지정된 신용정보관리·보호인으로 본다(동조 제8항).

※ 법 제20조 제3항 본문에서 "대통령령으로 정하는 신용정보제공·이용자"란 제5조 제1항 제1호부터 제21호까지 및 제21조 제2항 제1호부터 제21호까지의 규정에 해당하는 자를 말한다(시행령 제17조 제1항).

※ 법 제20조 제3항 단서에서 "총자산, 종업원 수 등을 감안하여 대통령령으로 정하는 자"란 다음 각 호의 어느 하나에 해당하는 자를 말한다(동조 제2항).
1. 법 제25조 제2항 제1호에 따른 종합신용정보집중기관(이하 "종합신용정보집중기관"이라 한다)
2. 신용조회회사
3. 신용조사회사, 채권추심회사 및 제1항에서 정하는 자로서 직전 사업연도 말 기준으로 총자산이 2조원 이상이고 상시 종업원 수가 300명 이상인 자. 이 경우 상시 종업원 수의 산정방식은 금융위원회가 정하여 고시한다.

〈참고〉 시행령 제17조(신용정보관리·보호인의 지정 등) ③ 법 제20조 제3항 본문에 따라 지정하는 신용정보관리·보호인은 다음 각 호의 어느 하나에 해당하는 사람으로 하여야 한다.
1. 사내이사
2. 집행임원(「상법」 제408조의2에 따라 집행임원을 둔 경우로 한정한다)
3. 「상법」 제401조의2 제1항 제3호에 해당하는 자로서 신용정보의 제공·활용·보호 및 관리 등에 관한 업무집행 권한이 있는 사람
4. 그 밖에 신용정보의 제공·활용·보호 및 관리 등을 총괄하는 위치에 있는 직원
④ 법 제20조 제3항 단서에 따라 지정하는 신용정보관리·보호인은 제3항 제1호부터

---

29) 이를 위반한 자에게는 5천만원 이하의 과태료를 부과한다(제52조 제2항 제4호).

제3호까지의 규정의 어느 하나에 해당하는 사람으로 하여야 한다.

⑤ 제3항 및 제4항에도 불구하고 신용정보회사등은 다른 법령에 따라 준법감시인을 두는 경우에는 그를 신용정보관리·보호인으로 지정할 수 있다. 다만, 법 제20조 제3항 단서에 해당하는 경우 신용정보관리·보호인으로 지정될 수 있는 준법감시인은 제3항 제1호부터 제3호까지의 규정의 어느 하나에 해당하는 사람으로 하여야 한다.

⑥ 제5항에 따라 준법감시인을 신용정보관리·보호인으로 지정한 경우에는 법 제20조 제4항 각 호의 업무에 관한 사항을 준법감시인 선임의 근거가 된 법령에 따른 내부통제기준에 반영하여야 한다.

4. 개인신용정보의 보유기간 등

신용정보제공·이용자는 금융거래 등 상거래관계(고용관계는 제외한다. 이하 같다)가 종료된 날부터 금융위원회가 정하여 고시하는 기한까지 해당 신용정보주체의 개인신용정보가 안전하게 보호될 수 있도록 접근권한을 강화하는 등 대통령령으로 정하는 바에 따라 관리하여야 한다(제20조의2 제1항).[30]

〈참고〉 시행령 제17조의2(개인신용정보의 관리방법 등) ① 신용정보제공·이용자는 법 제20조의2 제1항에 따라 다음 각 호의 구분에 따른 방법으로 금융거래 등 상거래관계(고용관계는 제외한다. 이하 같다)가 종료된 신용정보주체의 개인신용정보를 관리하여야 한다.
1. 금융거래 등 상거래관계의 설정 및 유지 등에 필수적인 개인신용정보의 경우: 다음 각 목의 방법
   가. 상거래관계가 종료되지 아니한 다른 신용정보주체의 정보와 별도로 분리하는 방법
   나. 금융위원회가 정하여 고시하는 절차에 따라 신용정보제공·이용자의 임직원 중에서 해당 개인신용정보에 접근할 수 있는 사람을 지정하는 방법
   다. 그 밖에 해당 신용정보주체의 개인신용정보가 안전하게 보호될 수 있는 방법으로서 금융위원회가 정하여 고시하는 방법
2. 제1호 외의 개인신용정보의 경우: 그 정보를 모두 삭제하는 방법
② 신용정보제공·이용자는 금융거래 등 상거래관계가 종료된 경우 제1항 각 호의 구분에 따른 필수적인 개인신용정보와 그 밖의 개인신용정보로 구분한 때에는 다음 각 호의 사항 등을 고려하여야 한다.

---

30) 이를 위반한 자에게는 1천만원 이하의 과태료를 부과한다(제52조 제4항 제6호).

1. 해당 개인신용정보가 없었다면 그 종료된 상거래관계가 설정·유지되지 아니하였을 것인지 여부
2. 해당 개인신용정보가 그 종료된 상거래관계에 따라 신용정보주체에게 제공된 재화 또는 서비스(신용정보주체가 그 신용정보제공·이용자에게 신청한 상거래관계에서 제공하기로 한 재화 또는 서비스를 그 신용정보제공·이용자와 별도의 계약 또는 약정 등을 체결한 제3자가 신용정보주체에게 제공한 경우를 포함한다)와 직접적으로 관련되어 있는지 여부
3. 해당 개인신용정보를 삭제하는 경우 법 또는 다른 법령에 따른 의무를 이행할 수 없는지 여부
③ 법 제20조의2 제2항 제2호의2에서 "대통령령으로 정하는 기간"이란 다음 각 호의 사항을 고려하여 가명처리한 자가 가명처리 시 정한 기간을 말한다.
 1. 추가정보 및 가명정보에 대한 관리적·물리적·기술적 보호조치 수준
 2. 가명정보의 재식별 시 정보주체에 미치는 영향
 3. 가명정보의 재식별 가능성
 4. 가명정보의 이용목적 및 그 목적 달성에 필요한 최소기간
④ 법 제20조의2 제2항 제3호에서 "대통령령으로 정하는 경우"란 다음 각 호의 어느 하나에 해당하는 경우를 말한다.
 1. 「서민의 금융생활 지원에 관한 법률」 제2조 제3호에 따른 휴면예금등의 지급을 위해 필요한 경우
 2. 대출사기, 보험사기, 거짓이나 부정한 방법으로 알아낸 타인의 신용카드 정보를 이용한 거래, 그 밖에 건전한 신용질서를 저해하는 행위를 방지하기 위하여 그 행위와 관련된 신용정보주체의 개인신용정보가 필요한 경우
 3. 위험관리체제의 구축과 신용정보주체에 대한 신용평가모형 및 위험관리모형의 개발을 위하여 필요한 경우. 이 경우 다른 법률에 따른 의무를 이행하기 위하여 불가피한 경우 등을 제외하고 개인인 신용정보주체를 식별할 수 없도록 조치해야 한다.
 4. 신용정보제공·이용자 또는 제3자의 정당한 이익을 달성하기 위하여 필요한 경우로서 명백하게 신용정보주체의 권리보다 우선하는 경우. 이 경우 신용정보제공·이용자 또는 제3자의 정당한 이익과 상당한 관련이 있고 합리적인 범위를 초과하지 아니하는 경우로 한정한다.
 5. 신용정보주체가 개인신용정보(제15조 제4항 각 호의 개인신용정보는 제외한다)의 삭제 전에 그 삭제를 원하지 아니한다는 의사를 명백히 표시한 경우
 6. 개인신용정보를 처리하는 기술의 특성상 개인신용정보 삭제 시 신용정보전산시스템의 안전성, 보안성 등을 해치는 경우로서 금융위원회가 정하여 고시하는 보호 조치를 하는 경우
⑤ 법 제20조의2 제1항 및 제2항에 따른 금융거래 등 상거래관계가 종료된 날은 신용정보제공·이용자와 신용정보주체 간의 상거래관계가 관계 법령, 약관 또는 합의

등에 따라 계약기간의 만료, 해지권·해제권·취소권의 행사, 소멸시효의 완성, 변제 등으로 인한 채권의 소멸, 그 밖의 사유로 종료된 날로 한다.

⑥ 신용정보제공·이용자는 법 제15조 제2항 각 호 외의 부분 본문 및 법 제32조 제2항 전단에 따른 동의를 받을 때 제5항에 따른 금융거래 등 상거래관계가 종료된 날을 신용정보주체에게 알려야 한다.

⑦ 신용정보제공·이용자는 제1항 제2호 및 법 제20조의2 제2항 각 호 외의 부분 본문에 따라 신용정보주체의 개인신용정보를 삭제하는 경우 그 삭제된 개인신용정보가 복구 또는 재생되지 아니하도록 조치하여야 한다.

⑧ 법 제20조의2 제3항에 따라 신용정보제공·이용자가 개인신용정보를 관리하는 경우에는 제1항 제1호 각 목의 방법에 따른다.

또한 신용정보제공·이용자는 금융거래 등 상거래관계가 종료된 날부터 최장 5년 이내(해당 기간 이전에 정보 수집·제공 등의 목적이 달성된 경우에는 그 목적이 달성된 날부터 3개월 이내)에 해당 신용정보주체의 개인신용정보를 관리대상에서 삭제하여야 한다. 다만, 다음 각 호의 경우에는 그러하지 아니하다(동조 제2항).[31] 이때 개인신용정보의 종류, 관리기간, 삭제의 방법·절차 및 금융거래 등 상거래관계가 종료된 날의 기준 등은 대통령령으로 정한다(동조 제5항).

1. 이 법 또는 다른 법률에 따른 의무를 이행하기 위하여 불가피한 경우
2. 개인의 급박한 생명·신체·재산의 이익을 위하여 필요하다고 인정되는 경우
2의2. 가명정보를 이용하는 경우로서 그 이용 목적, 가명처리의 기술적 특성, 정보의 속성 등을 고려하여 대통령령으로 정하는 기간 동안 보존하는 경우
3. 그 밖에 다음 각 목의 어느 하나에 해당하는 경우로서 대통령령으로 정하는 경우
    가. 예금·보험금의 지급을 위한 경우
    나. 보험사기자의 재가입 방지를 위한 경우
    다. 개인신용정보를 처리하는 기술의 특성 등으로 개인신용정보를 보존할 필요가 있는 경우
    라. 가목부터 다목까지와 유사한 경우로서 개인신용정보를 보존할 필요가 있는 경우

※ 법 제20조의2 제2항 제2호의2에서 "대통령령으로 정하는 기간"이란 다음 각 호의 사항을 고려하여 가명처리한 자가 가명처리 시 정한 기간을 말한다(시행령 제17조의2 제3항).

---

31) 이를 위반한 자에게는 3천만원 이하의 과태료를 부과한다(제52조 제2항 제3호).

1. 추가정보 및 가명정보에 대한 관리적·물리적·기술적 보호조치 수준
2. 가명정보의 재식별 시 정보주체에 미치는 영향
3. 가명정보의 재식별 가능성
4. 가명정보의 이용목적 및 그 목적 달성에 필요한 최소기간

※ 법 제20조의2 제2항 제3호에서 "대통령령으로 정하는 경우"란 다음 각 호의 어느 하나에 해당하는 경우를 말한다(동조 제4항).
1. 「서민의 금융생활 지원에 관한 법률」 제2조 제3호에 따른 휴면예금등의 지급을 위해 필요한 경우
2. 대출사기, 보험사기, 거짓이나 부정한 방법으로 알아낸 타인의 신용카드 정보를 이용한 거래, 그 밖에 건전한 신용질서를 저해하는 행위를 방지하기 위하여 그 행위와 관련된 신용정보주체의 개인신용정보가 필요한 경우
3. 위험관리체제의 구축과 신용정보주체에 대한 신용평가모형 및 위험관리모형의 개발을 위하여 필요한 경우. 이 경우 다른 법률에 따른 의무를 이행하기 위하여 불가피한 경우 등을 제외하고 개인인 신용정보주체를 식별할 수 없도록 조치해야 한다.
4. 신용정보제공·이용자 또는 제3자의 정당한 이익을 달성하기 위하여 필요한 경우로서 명백하게 신용정보주체의 권리보다 우선하는 경우. 이 경우 신용정보제공·이용자 또는 제3자의 정당한 이익과 상당한 관련이 있고 합리적인 범위를 초과하지 아니하는 경우로 한정한다.
5. 신용정보주체가 개인신용정보(제15조 제4항 각 호의 개인신용정보는 제외한다)의 삭제 전에 그 삭제를 원하지 아니한다는 의사를 명백히 표시한 경우
6. 개인신용정보를 처리하는 기술의 특성 상 개인신용정보 삭제 시 신용정보전산시스템의 안전성, 보안성 등을 해치는 경우로서 금융위원회가 정하여 고시하는 보호 조치를 하는 경우

※ 법 제20조의2 제1항 및 제2항에 따른 금융거래 등 상거래관계가 종료된 날은 신용정보제공·이용자와 신용정보주체 간의 상거래관계가 관계 법령, 약관 또는 합의 등에 따라 계약기간의 만료, 해지권·해제권·취소권의 행사, 소멸시효의 완성, 변제 등으로 인한 채권의 소멸, 그 밖의 사유로 종료된 날로 한다(동조 제5항).

그러나 신용정보제공·이용자가 개인신용정보를 삭제하지 아니하고 보존하는 경우에는 현재 거래 중인 신용정보주체의 개인신용정보와 분리하는 등 대통령령으로 정하는 바에 따라 관리하여야 한다(제20조의2 제3항).[32] 그리고 신용정보제공·이용자가 분리하여 보존하는 개인신용정보를 활용하는 경우에는 신용정보주

---

32) 이를 각각 위반한 자에게는 1천만원 이하의 과태료를 부과한다(제52조 제5항 제6호).

체에게 통지하여야 한다(동조 제4항).[33)

5. 폐업 시 보유정보의 처리

신용정보회사등(신용정보제공·이용자는 제외한다)이 폐업하려는 경우에는 금융위원회가 정하여 고시하는 바에 따라 보유정보를 처분하거나 폐기하여야 한다(제21조).[34)

제 5 절 신용정보 관련 산업

I. 신용정보업

1. 신용정보회사 임원의 자격요건 등

개인신용평가회사, 개인사업자신용평가회사 및 기업신용조회회사의 임원에 관하여는 「금융회사의 지배구조에 관한 법률」 제5조(임원의 자격요건)를 준용한다(제22조 제1항).

그리고 신용조사회사는 다음 각 호의 어느 하나에 해당하는 사람을 임직원으로 채용하거나 고용하여서는 아니 된다(동조 제2항).

---

1. 미성년자. 다만, 금융위원회가 정하여 고시하는 업무에 채용하거나 고용하는 경우는 제외한다.
2. 피성년후견인 또는 피한정후견인
3. 파산선고를 받고 복권되지 아니한 사람
4. 금고 이상의 실형을 선고받고 그 집행이 끝나거나(집행이 끝난 것으로 보는 경우를 포함한다) 집행이 면제된 날부터 3년이 지나지 아니한 사람
5. 금고 이상의 형의 집행유예를 선고받고 그 유예기간 중에 있는 사람
6. 이 법 또는 그 밖의 법령에 따라 해임되거나 면직된 후 5년이 지나지 아니한 사람
7. 이 법 또는 그 밖의 법령에 따라 영업의 허가·인가 등이 취소된 법인이나 회사의 임직원이었던 사람(그 취소사유의 발생에 직접 또는 이에 상응하는 책임이 있는

---

33) 이를 각각 위반한 자에게는 1천만원 이하의 과태료를 부과한다(제52조 제5항 제6호).
34) 이를 위반한 자에게는 3천만원 이하의 과태료를 부과한다(제52조 제3항 제4호).

사람으로서 대통령령으로 정하는 사람만 해당한다)으로서 그 법인 또는 회사에 대한 취소가 있은 날부터 5년이 지나지 아니한 사람

8. 재임 또는 재직 중이었더라면 이 법 또는 그 밖의 법령에 따라 해임권고(해임요구를 포함한다) 또는 면직요구의 조치를 받았을 것으로 통보된 퇴임한 임원 또는 퇴직한 직원으로서 그 통보가 있었던 날부터 5년(통보가 있었던 날부터 5년이 퇴임 또는 퇴직한 날부터 7년을 초과한 경우에는 퇴임 또는 퇴직한 날부터 7년으로 한다)이 지나지 아니한 사람

※ 법 제22조 제2항 제7호에서 "대통령령으로 정하는 사람"이란 허가·인가 등의 취소 원인이 되는 사유가 발생했을 당시의 임직원(「금융산업의 구조개선에 관한 법률」 제14조에 따라 허가·인가 등이 취소된 법인 또는 회사의 경우에는 같은 법 제10조에 따른 적기시정조치의 원인이 되는 사유 발생 당시의 임직원)으로서 다음 각 호의 어느 하나에 해당하는 사람을 말한다(시행령 제18조).

1. 감사 또는 감사위원회의 위원
2. 허가·인가 등의 취소 원인이 되는 사유의 발생과 관련하여 위법 또는 부당한 행위로 금융위원회 또는 금융감독원(「금융위원회의 설치 등에 관한 법률」에 따른 금융감독원을 말한다. 이하 같다)의 원장으로부터 주의, 경고, 문책, 직무정지, 해임요구 또는 그 밖의 조치를 받은 임원
3. 허가·인가 등의 취소 원인이 되는 사유의 발생과 관련하여 위법 또는 부당한 행위로 금융위원회 또는 금융감독원의 원장(이하 "금융감독원장"이라 한다)으로부터 정직요구 이상에 해당하는 조치를 받은 직원
4. 제2호 또는 제3호에 따른 제재 대상자로서 그 제재를 받기 전에 사임하거나 사직한 사람

2. 신용정보 등의 보고

개인신용평가회사, 개인사업자신용평가회사, 기업신용조회회사 및 본인신용정보관리회사는 신용정보의 이용범위, 이용기간, 제공 대상자를 대통령령으로 정하는 바에 따라 금융위원회에 보고하여야 한다(제22조의2).[35]

〈참고〉 시행령 제18조의2(신용정보 등의 보고) ① 개인신용평가회사, 개인사업자신용평가회사, 기업신용조회회사 및 본인신용정보관리회사는 법 제22조의2에 따라

---

[35] 이를 위반하여 금융위원회에 보고를 하지 아니한 자에게는 1천만원 이하의 과태료를 부과한다(제52조 제5항 제7호).

전년도에 수행한 다음 각 호의 업무내용을 그 다음 해 1월 31일까지 금융위원회에 보고해야 한다.
1. 신용정보의 수집·조사 대상자 및 수집·조사·처리 정보의 종류 등에 관한 사항
2. 신용정보의 제공 대상자 및 제공 범위 등에 관한 사항
3. 신용정보의 활용기간 및 보존기간 등에 관한 사항
② 금융위원회는 제1항에 따른 보고내용이 건전한 신용질서 또는 금융소비자의 권익에 반하는 것으로 판단되는 경우에는 개인신용평가회사, 개인사업자신용평가회사, 기업신용조회회사 및 본인신용정보관리회사에 해당 보고내용과 관련된 업무처리 절차 등을 개선하도록 권고할 수 있다.

3. 개인신용평가 등에 관한 원칙

개인신용평가회사 및 그 임직원은 개인신용평가에 관한 업무를 할 때 다음 각 호의 사항을 고려하여 그 업무를 수행하여야 한다(제22조의3 제1항).

1. 개인신용평가 결과가 정확하고 그 평가체계가 공정한지 여부
2. 개인신용평가 과정이 공개적으로 투명하게 이루어지는지 여부

이때 기업신용등급제공업무 또는 기술신용평가업무를 하는 기업신용조회회사 및 그 임직원은 기업신용등급이나 기술신용정보의 생성에 관한 업무를 할 때 독립적인 입장에서 공정하고 충실하게 그 업무를 수행하여야 한다(동조 제2항). 또한 개인사업자신용평가회사 및 그 임직원에 대해서는 제1항 및 제2항을 준용한다(동조 제3항).

4. 개인신용평가회사의 행위규칙

개인신용평가회사가 개인인 신용정보주체의 신용상태를 평가할 경우 그 신용정보주체에게 개인신용평가에 불이익이 발생할 수 있는 정보 외에 개인신용평가에 혜택을 줄 수 있는 정보도 함께 고려하여야 한다(제22조의4 제1항).[36] 또한 개인신용평가회사가 개인신용평가를 할 때에는 다음 각 호의 행위를 하여서는 아니 된다(동조 제2항).[37]

---

[36] 이를 위반하여 신용상태를 평가한 자에게는 3천만원 이하의 과태료를 부과한다(제52조 제3항 제4호의2).

[37] 이를 위반하여 신용상태를 평가한 자에게는 3천만원 이하의 과태료를 부과한다(제52조 제3항

1. 성별, 출신지역, 국적 등으로 합리적 이유 없이 차별하는 행위
2. 개인신용평가 모형을 만들 때 특정한 평가항목을 합리적 이유 없이 유리하게 또는 불리하게 반영하는 행위
3. 그 밖에 신용정보주체 보호 또는 건전한 신용질서를 저해할 우려가 있는 행위로서 대통령령으로 정하는 행위

※ 법 제22조의4 제2항 제3호에서 "대통령령으로 정하는 행위"란 다음 각 호의 행위를 말한다(시행령 제18조의3 제1항).
  1. 정당한 이유 없이 개인신용평가회사 또는 그 계열회사의 상품이나 서비스를 구매하거나 이용하는 것을 조건으로 개인신용평점을 유리하게 산정하는 행위
  2. 정당한 이유 없이 계열회사와 금융거래 등 상거래 관계를 맺거나 맺으려는 사람의 개인신용평점을 다른 사람의 개인신용평점에 비해 유리하게 산정하는 등 차별적으로 취급하는 행위
  3. 그 밖에 금융위원회가 정하여 고시하는 행위

그리고 전문개인신용평가업을 하는 개인신용평가회사는 계열회사(「독점규제 및 공정거래에 관한 법률」 제2조 제12호에 따른 계열회사를 말한다. 이하 같다)로부터 상품 또는 서비스를 제공받는 개인인 신용정보주체의 개인신용평점을 높이는 등 대통령령으로 정하는 불공정행위를 하여서는 아니 된다(제22조의4 제3항).[38]

※ 법 제22조의4 제3항에서 "계열회사로부터 상품 또는 서비스를 제공받는 개인인 신용정보주체의 개인신용평점을 높이는 등 대통령령으로 정하는 불공정행위"란 다음 각 호의 행위를 말한다(시행령 제18조의3 제2항).
  1. 정당한 이유 없이 전문개인신용평가회사 또는 그 계열회사의 상품이나 서비스를 구매하거나 이용하는 것을 조건으로 개인신용평점을 유리하게 산정하는 행위
  2. 정당한 이유 없이 계열회사와 금융거래 등 상거래 관계를 맺거나 맺으려는 사람의 개인신용평점을 다른 사람의 개인신용평점에 비해 유리하게 산정하는 등 차별적으로 취급하는 행위
  3. 그 밖에 금융위원회가 정하여 고시하는 행위

제4호의2).
38) 이를 위반하여 불공정행위를 한 자에게는 3천만원 이하의 과태료를 부과한다(제52조 제3항 제4호의3).

5. 개인사업자신용평가회사의 행위규칙

개인사업자신용평가회사가 개인사업자의 신용상태를 평가할 경우에는 다음 각 호의 사항을 따라야 한다(제22조의5 제1항).[39]

---

1. 해당 개인사업자에게 평가에 불이익이 발생할 수 있는 정보 외에 평가에 혜택을 줄 수 있는 정보도 함께 고려할 것
2. 개인사업자신용평가회사와 금융거래 등 상거래 관계가 있는 자와 그 외의 자를 합리적 이유 없이 차별하지 아니할 것

이때 개인사업자신용평가회사는 다음 각 호의 어느 하나에 해당하는 행위를 하여서는 아니 된다(동조 제2항).[40]

---

1. 개인사업자의 신용상태를 평가하는 과정에서 개인사업자신용평가회사 또는 그 계열회사의 상품이나 서비스를 구매하거나 이용하도록 강요하는 행위
2. 그 밖에 신용정보주체 보호 또는 건전한 신용질서를 저해할 우려가 있는 행위로서 대통령령으로 정하는 행위

※ 법 제22조의5 제2항 제2호에서 "대통령령으로 정하는 행위"란 다음 각 호의 어느 하나에 해당하는 행위를 말한다(시행령 제18조의4 제1항).
  1. 정당한 이유 없이 개인사업자신용평가회사 또는 계열회사의 상품이나 서비스를 구매하거나 이용하는 것을 조건으로 신용평가 결과를 유리하게 산정하는 행위
  2. 정당한 이유 없이 계열회사와 금융거래 등 상거래 관계를 맺거나 맺으려는 자의 신용평가결과를 그 외의 자의 신용평가결과에 비해 유리하게 산정하는 등 차별적으로 취급하는 행위
  3. 개인사업자신용평가정보 또는 그에 활용된 정보를 제공함에 있어 합리적 이유 없이 차별적으로 취급하는 행위
  4. 신용평가와 관련하여 신용평가의 요청인 및 그의 이해관계자에게 재산상 이익을 제공하거나 이들로부터 재산상 이익을 제공받는 행위

---

39) 이를 위반하여 신용상태를 평가한 자에게는 3천만원 이하의 과태료를 부과한다(제52조 제3항 제4호의4).
40) 이를 위반한 자에게는 3천만원 이하의 과태료를 부과한다(제52조 제3항 제4호의5).

5. 개인사업자신용평가업의 수행과정에서 업무상 취득한 정보를 이용하여 부당한 이익을 얻거나 타인이 부당한 이익을 얻도록 하는 행위
6. 개인사업자신용평가업무 수행을 위해 신용정보집중기관으로부터 제공받은 개인식별정보 등을 활용하여 유·무선 마케팅 등에 활용하는 행위
7. 그 밖에 금융위원회가 정하여 고시하는 행위

그리고 개인사업자신용평가회사는 그 임직원이 직무를 수행할 때 지켜야 할 적절한 기준 및 절차로서 다음 각 호의 사항을 포함하는 내부통제기준을 정하여야 한다. 다만, 개인신용평가회사가 개인사업자신용평가업을 하는 경우로서 자동화평가의 방법으로 개인사업자의 신용상태를 평가하는 경우에는 제1호를 포함하지 아니할 수 있다(제22조의5 제3항).[41]

1. 평가조직과 영업조직의 분리에 관한 사항
2. 이해상충 방지에 관한 사항
3. 불공정행위의 금지에 관한 사항
4. 개인사업자의 특성에 적합한 신용상태의 평가기준에 관한 사항
5. 그 밖에 내부통제기준에 관하여 필요한 사항으로서 대통령령으로 정하는 사항

※ 법 제22조의5 제3항 제5호에서 "대통령령으로 정하는 사항"이란 다음 각 호의 사항을 말한다(시행령 제18조의4 제2항).
1. 신용평가 관련 자료의 기록과 보관에 관한 사항
2. 신용평가의 적정성을 검토하기 위한 내부절차 마련에 관한 사항
3. 다음 각 목의 사항을 포함하여 임직원이 업무를 수행할 때 준수해야 하는 절차에 관한 사항
   가. 임직원의 내부통제기준 준수 여부를 확인하는 절차·방법
   나. 불공정행위, 금지 및 제한사항의 위반을 방지하기 위한 절차나 기준에 관한 사항
4. 이해상충의 파악·평가와 관리에 관한 사항(개인사업자신용평가업과 법 제11조 제3항에 따른 겸영업무 간 이해상충 행위 방지 및 담당 부서의 인적 분리 등에 관한 사항을 포함한다)
5. 그 밖에 금융위원회가 정하여 고시하는 사항

---

41) 이를 위반한 자에게는 3천만원 이하의 과태료를 부과한다(제52조 제3항 제4호의6).

6. 기업신용조회회사의 행위규칙

기업신용조회회사(기업정보조회업무만 하는 기업신용조회회사는 제외한다. 이하 제2
항 및 제3항에서 같다)가 기업 및 법인의 신용상태를 평가할 경우에는 해당 기업 및
법인에게 평가에 불이익이 발생할 수 있는 정보 외에 평가에 혜택을 줄 수 있는
정보도 함께 고려하여야 한다(제22조의6 제1항).[42] 이때 기업신용조회회사는 다음
각 호의 어느 하나에 해당하는 행위를 하여서는 아니 된다(동조 제2항).[43]

---

1. 기업신용조회회사와 일정한 비율 이상의 출자관계에 있는 등 특수한 관계에 있는
   자로서 대통령령으로 정하는 자와 관련된 기업신용등급 및 기술신용정보를 생성
   하는 행위
2. 기업신용등급 및 기술신용정보의 생성 과정에서 기업신용조회회사 또는 그 계열
   회사의 상품이나 서비스를 구매하거나 이용하도록 강요하는 행위
3. 그 밖에 신용정보주체 보호 또는 건전한 신용질서를 저해할 우려가 있는 행위로
   서 대통령령으로 정하는 행위

※ 법 제22조의6 제2항 제1호에서 "대통령령으로 정하는 자"란 다음 각 호의 어느
  하나에 해당하는 자를 말한다(시행령 제18조의5 제1항).
  1. 해당 기업신용조회회사에 100분의 5 이상 출자한 법인
  2. 해당 기업신용조회회사가 100분의 5 이상 출자한 법인
  3. 해당 기업신용조회회사와 계열회사의 관계에 있는 법인
  4. 해당 기업신용조회회사와 제1호부터 제3호까지의 관계에 있는 법인이 합하여
     100분의 40 이상 출자한 법인
  5. 그 밖에 신용평가업무와 관련하여 이해상충의 소지가 있는 자로서 금융위원회
     가 정하여 고시하는 자

※ 법 제22조의6 제2항 제3호에서 "대통령령으로 정하는 행위"란 다음 각 호의 어느
  하나에 해당하는 행위를 말한다(동조 제2항).
  1. 정당한 이유 없이 기업신용조회회사 또는 그 계열회사의 상품이나 서비스를
     구매하거나 이용하는 것을 조건으로 기업신용평가 결과를 유리하게 산정하는
     행위

---

42) 이를 위반하여 신용상태를 평가한 자에게는 3천만원 이하의 과태료를 부과한다(제52조 제3항
    제4호의4).
43) 이를 위반한 자에게는 3천만원 이하의 과태료를 부과한다(제52조 제3항 제4호의7).

2. 정당한 이유 없이 계열회사와 금융거래 등 상거래 관계를 맺거나 맺으려는 자의 기업신용평가결과를 그 외의 자의 기업신용평가결과에 비해 유리하게 산정하는 등 차별적으로 취급하는 행위
3. 법 제22조의6 제2항 제1호 또는 제2호에 따른 금지 또는 제한을 회피할 목적으로 기업신용조회회사와 특수한 관계에 있는 자에 대해 다른 기업신용조회회사 간에 교차하여 신용평가를 하는 행위
4. 기업신용평가정보 또는 그에 활용된 정보 및 법 제2조 제1호의6 마목 본문에 따른 기업신용등급 등을 제공함에 있어 합리적 이유 없이 차별적으로 취급하는 행위
5. 신용평가와 관련하여 신용평가의 요청인 및 그의 이해관계자에게 재산상 이익을 제공하거나 이들로부터 재산상 이익을 제공받는 행위
6. 기업신용조회업의 수행과정에서 업무상 취득한 정보를 이용하여 부당한 이익을 얻거나 타인이 부당한 이익을 얻도록 하는 행위
7. 신용평가계약의 체결 또는 특정 신용평가결과가 부여될 가능성 또는 예상되는 신용등급(신용등급의 범위를 포함한다)에 대한 정보를 요청인 또는 그의 이해관계자에게 제공하는 행위
8. 신용평가계약의 체결을 유인하기 위해 신용등급을 이용하는 행위
9. 의뢰자에 홍보자료, 유선·방문설명 등을 통해 관대한 평가결과를 암시하거나 약속하는 행위
10. 신용평가계약에 따른 대가로 사은품을 제공하는 행위
11. 은행 영업점 방문 등을 통한 기술평가자의 직접적인 영업행위
12. 기술평가자 대상 실적평가 등에 평가유치 실적 및 은행 방문 등의 영업요소를 포함하는 행위
13. 그 밖에 금융위원회가 정하여 고시하는 행위

또한 기업신용조회회사는 그 임직원이 직무를 수행할 때 지켜야 할 적절한 기준 및 절차로서 다음 각 호의 사항을 포함하는 내부통제기준을 정하여야 하며(제22조의6 제3항),[44] 기업정보조회업무를 하는 기업신용조회회사는 신용정보의 이용자 관리를 위하여 대통령령으로 정하는 바에 따라 이용자관리규정을 정하여야 한다(동조 제4항).[45]

---

44) 이를 위반한 자에게는 3천만원 이하의 과태료를 부과한다(제52조 제3항 제4호의8).
45) 이를 위반하여 이용자관리규정을 정하지 아니한 자에게는 1천만원 이하의 과태료를 부과한다(제52조 제5항 제7호의2).

1. 평가조직과 영업조직의 분리에 관한 사항
2. 이해상충 방지에 관한 사항
3. 불공정행위의 금지에 관한 사항
4. 기업 및 법인의 특성에 적합한 기업신용등급의 생성기준 또는 기술신용평가의 기준에 관한 사항
5. 그 밖에 내부통제기준에 관하여 필요한 사항으로서 대통령령으로 정하는 사항

※ 법 제22조의6 제3항 제5호에서 "대통령령으로 정하는 사항"이란 다음 각 호의 사항을 말한다(시행령 제18조의5 제3항).
  1. 신용평가 관련 자료의 기록과 보관에 관한 사항
  2. 신용평가의 적정성을 검토하기 위한 내부절차 마련에 관한 사항
  3. 다음 각 목의 사항을 포함하여 임직원이 업무를 수행할 때 준수해야 하는 절차에 관한 사항
    가. 임직원의 내부통제기준 준수 여부를 확인하는 절차·방법
    나. 불공정행위, 금지 및 제한사항의 위반을 방지하기 위한 절차나 기준에 관한 사항
  4. 이해상충의 파악·평가와 관리에 관한 사항(기업신용조회업과 법 제11조 제4항에 따른 겸영업무 간 이해상충 행위 방지 및 담당 부서의 인적 분리 등에 관한 사항을 포함한다)
  5. 그 밖에 금융위원회가 정하여 고시하는 사항

※ 법 제22조의6 제4항에 따른 이용자관리규정에는 다음 각 호의 사항을 포함해야 한다(동조 제4항).
  1. 이용자의 자격에 관한 사항
  2. 이용자의 권리와 의무에 관한 사항
  3. 그 밖에 금융위원회가 정하여 고시하는 사항

7. 신용조사회사의 행위규칙

신용조사회사는 다음 각 호의 어느 하나에 해당하는 행위를 하여서는 아니 된다(제22조의7 제1항).

1. 의뢰인에게 허위 사실을 알리는 행위[46]
2. 신용정보에 관한 조사 의뢰를 강요하는 행위[47]
3. 신용정보 조사 대상자에게 조사자료의 제공과 답변을 강요하는 행위[48]
4. 금융거래 등 상거래관계 외의 사생활 등을 조사하는 행위[49]

또한 신용조사업에 종사하는 임직원이 신용정보를 조사하는 경우에는 신용조사업에 종사하고 있음을 나타내는 증표를 지니고 이를 상대방에게 내보여야 한다(동조 제2항).

II. 본인신용정보관리업

1. 본인신용정보관리회사의 임원의 자격요건

본인신용정보관리회사의 임원에 관하여는 「금융회사의 지배구조에 관한 법률」 제5조(임원의 자격요건)를 준용한다(제22조의8).

2. 본인신용정보관리회사의 행위규칙

본인신용정보관리회사는 다음 각 호의 어느 하나에 해당하는 행위를 하여서는 아니 된다(제22조의9 제1항).[50]

1. 개인인 신용정보주체에게 개인신용정보의 전송요구를 강요하거나 부당하게 유도하는 행위
2. 그 밖에 신용정보주체 보호 또는 건전한 신용질서를 저해할 우려가 있는 행위로서 대통령령으로 정하는 행위

---

46) 이를 위반하여 의뢰인에게 허위 사실을 알린 자는 3년 이하의 징역 또는 3천만원 이하의 벌금에 처한다(제50조 제3항 제1호의2).
47) 이를 위반하여 신용정보에 관한 조사 의뢰를 강요한 자는 3년 이하의 징역 또는 3천만원 이하의 벌금에 처한다(제50조 제3항 제1호의3).
48) 이를 위반하여 신용정보 조사 대상자에게 조사자료 제공과 답변을 강요한 자는 3년 이하의 징역 또는 3천만원 이하의 벌금에 처한다(제50조 제3항 제1호의4).
49) 이를 위반하여 금융거래 등 상거래관계 외의 사생활 등을 조사한 자는 3년 이하의 징역 또는 3천만원 이하의 벌금에 처한다(제50조 제3항 제1호의5).
50) 이를 위반한 자에게는 3천만원 이하의 과태료를 부과한다(제52조 제3항 제4호의9).

※ 법 제22조의9 제1항 제2호에서 "대통령령으로 정하는 행위"란 다음 각 호의 어느 하나에 해당하는 행위를 말한다(시행령 제18조의6 제1항).

1. 본인신용정보관리회사 자신에 대해서만 전송요구를 하도록 강요하거나 부당하게 유도하는 행위

2. 본인신용정보관리회사 자신이 아닌 제3자에게 전송요구를 하지 않도록 강요·유도하거나 제3자에 대한 전송요구를 철회하도록 강요하는 행위(본인신용정보관리회사 자신에게 전송요구를 하는 방법보다 제3자에게 전송요구를 하는 방법을 어렵게 하는 행위를 포함한다)

3. 법 제39조의3 제1항의 권리에 대한 대리행사를 강요하거나 부당하게 유도하는 행위

4. 본인신용정보관리회사 자신 또는 제3자에 대한 전송요구의 변경 및 철회의 방법을 최초 전송요구에 필요한 절차보다 어렵게 하는 행위

5. 본인신용정보관리회사 자신에게 전송요구를 철회한다는 이유로 정당한 이유 없이 수수료, 위약금 등 금전적, 경제적 대가를 요구하는 행위

6. 본인신용정보관리회사의 이익을 위해 금융소비자에게 적합하지 않다고 인정되는 계약 체결을 추천 또는 권유하는 행위

7. 금융소비자에게 금융상품에 관한 중요한 사항을 이해할 수 있도록 설명하지 않는 행위

8. 개인인 신용정보주체의 요구에도 불구하고 해당 신용정보주체의 신용정보를 즉시 삭제하지 않는 행위

9. 본인신용정보관리회사 자신이 보유한 개인인 신용정보주체의 신용정보 삭제 방법을 전송요구에 필요한 절차보다 어렵게 하는 행위

10. 개인인 신용정보주체의 동의 없이 전송요구의 내용을 변경하거나 법 제22조의9 제3항 제1호에 따른 신용정보제공·이용자등(이하 "신용정보제공·이용자등"이라 한다)에게 신용정보주체 본인이 전송요구한 범위 이상의 개인신용정보를 요구하는 행위

11. 그 밖에 제1호부터 제10호까지와 유사한 행위로서 금융위원회가 정하여 고시하는 행위

또한 본인신용정보관리회사는 제11조 제6항에 따른 업무 및 제11조의2 제6항 제3호에 따른 업무를 수행하는 과정에서 개인인 신용정보주체와 본인신용정보관리회사 사이에 발생할 수 있는 이해상충을 방지하기 위한 내부관리규정을 마련하여야 하며(제22조의9 제2항),[51] 본인신용정보관리회사는 다음 각 호의 수단을 대

---

51) 이를 위반한 자에게는 3천만원 이하의 과태료를 부과한다(제52조 제3항 제4호의10).

통령령으로 정하는 방식으로 사용·보관함으로써 신용정보주체에게 교부할 신용
정보를 수집하여서는 아니 된다(동조 제3항).[52]

---

1. 대통령령으로 정하는 신용정보제공·이용자나 「개인정보 보호법」에 따른 공공기
   관으로서 대통령령으로 정하는 공공기관 또는 본인신용정보관리회사(이하 이 조
   및 제33조의2에서 "신용정보제공·이용자등"이라 한다)가 선정하여 사용·관리하
   는 신용정보주체 본인에 관한 수단으로서 「전자금융거래법」 제2조 제10호에 따른
   접근매체
2. 본인임을 확인 받는 수단으로서 본인의 신분을 나타내는 증표 제시 또는 전화, 인
   터넷 홈페이지의 이용 등 대통령령으로 정하는 방법

※ 법 제22조의9 제3항 각 호 외의 부분에서 "대통령령으로 정하는 방식"이란 같은
  항 각 호의 수단(이하 "접근수단"이라 한다)을 다음 각 호의 어느 하나에 해당하
  는 방법을 통해 위임·대리·대행, 그 밖에 이와 유사한 방식으로 신용정보주체의
  이름으로 열람하는 것을 말한다(시행령 제18조의6 제3항).
  1. 접근수단을 직접 보관하는 방법
  2. 개인인 신용정보주체의 접근수단에 접근할 수 있는 권한을 확보하는 방법
  3. 접근수단에 대한 지배권, 이용권 또는 접근권 등을 사실상 확보하는 방법
  4. 그 밖에 제1호부터 제3호까지의 규정에 따른 방법과 유사한 방법으로서 금융
     위원회가 정하여 고시하는 방법

※ 법 제22조의9 제3항 제1호에서 "대통령령으로 정하는 신용정보제공·이용자"란
  다음 각 호의 자를 말한다(동조 제4항).
  1. 제2조 제6항 제7호 가목부터 허목까지 및 제21조 제2항 각 호의 자
  2. 「전자금융거래법」 제2조 제4호에 따른 전자금융업자
  3. 「자본시장과 금융투자업에 관한 법률」에 따른 한국거래소 및 예탁결제원
  4. 신용정보회사, 본인신용정보관리회사 및 채권추심회사
  5. 「여신전문금융업법」 제2조 제16호에 따른 겸영여신업자
  6. 「전기통신사업법」 제6조에 따른 기간통신사업을 등록한 전기통신사업자
  7. 「한국전력공사법」에 따른 한국전력공사
  8. 「한국수자원공사법」에 따른 한국수자원공사
  9. 그 밖에 제1호부터 제8호까지의 규정에 따른 자와 유사한 자로서 금융위원회
     가 정하여 고시하는 자

---

52) 이를 위반하여 신용정보를 수집한 자에게는 5천만원 이하의 과태료를 부과한다(제52조 제2항
    제4호의2).

※ 법 제22조의9 제3항 제1호에서 "대통령령으로 정하는 공공기관"이란 다음 각 호의 기관을 말한다(동조 제5항).
  1. 행정안전부
  2. 보건복지부
  3. 고용노동부
  4. 국세청
  5. 관세청
  6. 조달청
  7. 「공무원연금법」 제4조에 따른 공무원연금공단
  8. 「주택도시기금법」 제16조에 따른 주택도시보증공사
  9. 「한국주택금융공사법」에 따른 한국주택금융공사
  10. 「산업재해보상보험법」 제10조에 따른 근로복지공단
  11. 「서민의 금융생활 지원에 관한 법률」 제56조에 따른 신용회복위원회(이하 "신용회복위원회"라 한다)
  12. 지방자치단체 및 지방자치단체조합
  13. 「국민건강보험법」 제13조에 따른 국민건강보험공단
  14. 국민연금공단
  15. 그 밖에 금융위원회가 정하여 고시하는 기관

※ 법 제22조의9 제3항 제2호에서 "대통령령으로 정하는 방법"이란 신용정보주체가 신용정보회사등에 본인의 신분을 나타내는 증표를 내보이거나, 전화 또는 인터넷 홈페이지 등을 이용하여 본인임을 확인받은 경우를 말한다(동조 제6항).

그리고 신용정보제공·이용자등은 개인인 신용정보주체가 본인신용정보관리회사에 본인에 관한 개인신용정보의 전송을 요구하는 경우에는 정보제공의 안전성과 신뢰성이 보장될 수 있는 방식으로서 대통령령으로 정하는 방식으로 해당 개인인 신용정보주체의 개인신용정보를 그 본인신용정보관리회사에 직접 전송하여야 한다(제22조의9 제4항).[53]

※ 법 제22조의9 제4항에서 "대통령령으로 정하는 방식"이란 제3항에 따른 방식 외의 방식으로서 다음 각 호의 요건을 모두 갖춘 방식을 말한다(시행령 제18조의6 제7항).

---

[53] 개인신용정보를 전송한 자에게는 5천만원 이하의 과태료를 부과한다(제52조 제2항 제4호의3).

1. 개인신용정보를 전송하는 자와 전송받는 자 사이에 미리 정한 방식일 것
2. 개인신용정보를 전송하는 자와 전송받는 자가 상호 식별·인증할 수 있는 방식일 것
3. 개인신용정보를 전송하는 자와 전송받는 자가 상호 확인할 수 있는 방식일 것
4. 정보 전송 시 상용 암호화 소프트웨어 또는 안전한 알고리즘을 사용하여 암호화하는 방식일 것
5. 그 밖에 금융위원회가 정하여 고시하는 요건을 갖출 것

한편, 제4항에도 불구하고 신용정보제공·이용자등의 규모, 금융거래 등 상거래의 빈도 등을 고려하여 대통령령으로 정하는 경우에 해당 신용정보제공·이용자등은 대통령령으로 정하는 중계기관을 통하여 본인신용정보관리회사에 개인신용정보를 전송할 수 있다(제22조의9 제5항).[54] 또한 신용정보제공·이용자등은 제33조의2 제4항에 따라 개인신용정보를 정기적으로 전송할 경우에는 필요한 범위에서 최소한의 비용을 본인신용정보관리회사가 부담하도록 할 수 있다(동조 제6항).

이때 개인신용정보 전송의 절차·방법, 비용의 산정기준 등에 대해서는 대통령령으로 정한다(동조 제7항).

※ 법 제22조의9 제5항에서 "대통령령으로 정하는 경우"란 신용정보제공·이용자등의 특성을 고려하여 자산 규모, 관리하고 있는 개인신용정보의 수, 시장 점유율, 외부 전산시스템 이용 여부 등 금융위원회가 정하여 고시하는 기준에 해당하는 경우를 말한다(시행령 제18조의6 제8항).

※ 법 제22조의9 제5항에서 "대통령령으로 정하는 중계기관"이란 다음 각 호의 기관을 말한다(동조 제9항).
1. 종합신용정보집중기관
2. 「민법」 제32조에 따라 금융위원회의 허가를 받아 설립된 사단법인 금융결제원
3. 「상호저축은행법」 제25조에 따른 상호저축은행중앙회, 각 협동조합의 중앙회 및 「새마을금고법」 제54조에 따른 새마을금고중앙회
4. 「온라인투자연계금융업 및 이용자 보호에 관한 법률」 제33조에 따른 중앙기

---

54) 개인신용정보를 전송한 자에게는 5천만원 이하의 과태료를 부과한다(제52조 제2항 제4호의3).

록관리기관
  5. 그 밖에 제1호부터 제4호까지의 규정에 따른 기관과 유사한 기관으로서 금융
     위원회가 지정하는 기관

※ 법 제22조의9 제7항에 따른 비용의 산정기준 등은 전송요구권 행사 대상 개인신
  용정보의 특성·처리비용 및 요청한 개인신용정보의 범위·양 등을 고려하여 금
  융위원회가 정하여 고시한다(동조 제11항).

Ⅲ. 공공정보의 이용·제공

1. 공공기관에 대한 신용정보의 제공 요청 등

  신용정보집중기관이 국가·지방자치단체 또는 대통령령으로 정하는 공공단체
(이하 "공공기관"이라 한다)의 장에게 신용정보주체의 신용도·신용거래능력 등의 판
단에 필요한 신용정보로서 대통령령으로 정하는 신용정보의 제공을 요청하면 그
요청을 받은 공공기관의 장은 다음 각 호의 법률에도 불구하고 해당 신용정보집
중기관에 정보를 제공할 수 있다. 이 경우 정보를 제공하는 기준과 절차 등은 대
통령령으로 정한다(제23조 제2항).

---

  1. 「공공기관의 정보공개에 관한 법률」
  2. 「개인정보 보호법」
  3. 「국민건강보험법」
  4. 「국민연금법」
  5. 「한국전력공사법」
  6. 「주민등록법」

※ 법 제23조 제2항 각 호 외의 부분 전단에서 "대통령령으로 정하는 공공단체"란
  다음 각 호의 기관을 말한다(시행령 제19조 제1항).
  1. 「공공기관의 운영에 관한 법률」 제4조에 따른 공공기관으로서 금융위원회가
     정하여 고시하는 기관
  2. 국가 또는 지방자치단체가 자본금·기금 또는 경비를 투자·출연 또는 보조하
     는 기관으로서 금융위원회가 정하여 고시하는 기관
  3. 특별법에 따라 설립된 특수법인으로서 금융위원회가 정하여 고시하는 기관
  4. 「어음법」 및 「수표법」에 따라 지정된 어음교환소와 「전자어음의 발행 및 유통

에 관한 법률」제3조에 따라 지정된 전자어음관리기관
5. 「초·중등교육법」, 「고등교육법」 및 그 밖의 다른 법률에 따라 설치된 각급 학교
6. 「보험업법」에 따른 보험요율산출기관
7. 신용회복위원회

※ 법 제23조 제2항 각 호 외의 부분 전단에서 "대통령령으로 정하는 신용정보"란 다음 각 호의 신용정보를 말한다(동조 제2항).
1. 고용보험, 산업재해보상보험, 국민건강보험 및 국민연금에 관한 정보로서 보험료 납부 정보
2. 전기사용에 관한 정보로서 전력사용량 및 전기요금 납부 정보
3. 정부 납품 실적 및 납품액
4. 사망자 정보, 주민등록번호 및 성명 변경 정보
5. 국외 이주신고 및 이주포기신고의 정보
6. 공공기관(국가·지방자치단체 또는 제1항에 따른 공공단체를 말한다. 이하 이 조에서 같다)이 보유하고 있는 신용정보로서 관계 법령에 따라 신용정보집중기관에 제공할 수 있는 신용정보
7. 다음 각 목의 기업 및 조합의 인증·인가·인정·지정·등록 등의 여부에 관한 정보
가. 「사회적기업 육성법」제2조 제1호에 따른 사회적기업
나. 「협동조합 기본법」제2조 제1호 및 제3호에 따른 협동조합 및 사회적협동조합
다. 「국민기초생활 보장법」제18조에 따른 자활기업
라. 「도시재생 활성화 및 지원에 관한 특별법」제2조 제1항 제9호에 따른 마을기업
마. 그 밖에 가목부터 라목까지의 기업 및 조합과 유사한 것으로서 금융위원회가 정하여 고시하는 기업 및 조합

〈참고〉시행령 제19조(공공기관에 대한 신용정보의 제공 요청 등) ③ 법 제23조 제2항에 따라 신용정보집중기관에 제공할 수 있는 신용정보의 구체적인 범위는 공공기관의 장과 신용정보집중기관이 협의하여 결정한다.
④ 법 제23조 제2항에 따라 제2항 각 호의 정보를 제공받으려는 신용정보집중기관은 공공기관의 장에게 신용정보의 제공을 문서로 요청하여야 하며, 공공기관의 장은 그 신용정보를 제공하려는 경우에는 문서 또는 주기적 파일로 제공하거나 「전자정부법」제37조 제1항에 따른 행정정보공동이용센터 등을 통하여 제공하여야 한다.
⑤ 금융위원회는 공공기관의 장이 제공하는 정보의 활용 필요성 등을 고려하여 해당 정보의 등록 및 이용기준 등을 정하여 고시하여야 한다.
⑥ 법 제23조 제3항에서 "대통령령으로 정하는 신용정보의 이용자"란 다음 각 호의

자를 말한다.
1. 제2조 제6항 제7호 가목부터 버목까지 및 어목부터 허목까지의 자
2. 제21조 제2항 각 호의 어느 하나에 해당하는 자
3. 개인신용평가회사
4. 개인사업자신용평가회사
5. 기업신용조회회사(기업정보조회업무만을 하는 기업신용조회회사는 제외한다)

이때 신용정보집중기관은 공공기관으로부터 제공받은 신용정보를 대통령령으로 정하는 신용정보의 이용자에게 제공할 수 있다(제23조 제3항). 다만, 신용정보집중기관 또는 신용정보의 이용자가 공공기관으로부터 제공받은 개인신용정보를 제공하는 경우에는 제32조 제3항에서 정하는 바에 따라 제공받으려는 자가 해당 개인으로부터 신용정보 제공·이용에 대한 동의를 받았는지를 확인하여야 한다. 다만, 제32조 제6항 각 호의 어느 하나에 해당하는 경우에는 그러하지 아니하다(동조 제4항). 그러나 개인신용정보를 제공받은 자는 그 정보를 제3자에게 제공하여서는 아니 되며(동조 제5항),[55] 신용정보의 제공을 요청하는 자는 관계 법령에 따라 열람료 또는 수수료 등을 내야 한다(동조 제6항).

한편, 신용정보회사등은 공공기관의 장이 관계 법령에서 정하는 공무상 목적으로 이용하기 위하여 신용정보의 제공을 문서로 요청한 경우에는 그 신용정보를 제공할 수 있다(동조 제7항).

2. 주민등록전산정보자료의 이용

신용정보집중기관 및 대통령령으로 정하는 신용정보제공·이용자는 다음 각 호의 어느 하나에 해당하는 경우에는 행정안전부장관에게 「주민등록법」 제30조 제1항에 따른 주민등록전산정보자료의 제공을 요청할 수 있다. 이 경우 요청을 받은 행정안전부장관은 특별한 사유가 없으면 그 요청에 따라야 한다(제24조 제1항).

1. 「상법」 제64조 등 다른 법률에 따라 소멸시효가 완성된 예금 및 보험금 등의 지급을 위한 경우로서 해당 예금 및 보험금 등의 원권리자에게 관련 사항을 알리기 위한 경우

---

55) 이를 위반한 자에게는 3천만원 이하의 과태료를 부과한다(시행령 제52조 제3항 제5호).

> 2. 금융거래계약의 만기 도래, 실효(失效), 해지 등 계약의 변경사유 발생 등 거래 상
>   대방의 권리·의무에 영향을 미치는 사항을 알리기 위한 경우

이때 주민등록전산정보자료를 요청하는 경우에는 금융위원회위원장의 심사를 받아야 하며(동조 제2항), 금융위원회위원장의 심사를 받은 경우에는 「주민등록법」 제30조 제1항에 따른 관계 중앙행정기관의 장의 심사를 거친 것으로 본다. 처리절차, 사용료 또는 수수료 등에 관한 사항은 「주민등록법」에 따른다(동조 제3항).

IV. 신용정보집중기관 및 데이터전문기관 등

1. 신용정보집중기관

신용정보를 집중하여 수집·보관함으로써 체계적·종합적으로 관리하고, 신용정보회사등 상호 간에 신용정보를 교환·활용(이하 "집중관리·활용"이라 한다)하려는 자는 금융위원회로부터 신용정보집중기관으로 허가를 받아야 한다(제25조 제1항). 그리고 신용정보집중기관은 다음 각 호의 구분에 따라 허가를 받아야 한다(동조 제2항).

> 1. 종합신용정보집중기관: 대통령령으로 정하는 금융기관 전체로부터의 신용정보를
>   집중관리·활용하는 신용정보집중기관
> 2. 개별신용정보집중기관: 제1호에 따른 금융기관 외의 같은 종류의 사업자가 설립한
>   협회 등의 협약 등에 따라 신용정보를 집중관리·활용하는 신용정보집중기관

다만, 신용정보집중기관으로 허가를 받으려는 자는 다음 각 호의 요건을 갖추어야 한다(동조 제3항).

> 1. 「민법」 제32조에 따라 설립된 비영리법인일 것
> 2. 신용정보를 집중관리·활용하는 데 있어서 대통령령으로 정하는 바에 따라 공공성
>   과 중립성을 갖출 것
> 3. 대통령령으로 정하는 시설·설비 및 인력을 갖출 것

위의 허가 및 그 취소 등에 필요한 사항과 집중관리·활용되는 신용정보의 내용·범위 및 교환 대상자는 대통령령(시행령 제21조 참조)으로 정한다. 다만, 신용정보집중기관과 개인신용평가회사, 개인사업자신용평가회사, 기업신용조회회사(기업정보조회업무만 하는 기업신용조회회사는 제외한다) 사이의 신용정보 교환 및 이용은 개인신용평가회사, 개인사업자신용평가회사, 기업신용조회회사(기업정보조회업무만 하는 기업신용조회회사는 제외한다)의 의뢰에 따라 신용정보집중기관이 개인신용평가회사, 개인사업자신용평가회사, 기업신용조회회사(기업정보조회업무만 하는 기업신용조회회사는 제외한다)에 신용정보를 제공하는 방식으로 한다(동조 제4항). 이 때 제1호에 따른 종합신용정보집중기관(이하 "종합신용정보집중기관"이라 한다)은 집중되는 신용정보의 정확성·신속성을 확보하기 위하여 제26조에 따른 신용정보집중관리위원회가 정하는 바에 따라 신용정보를 제공하는 금융기관의 신용정보 제공의무 이행 실태를 조사할 수 있다(동조 제5항).

한편, 신용정보집중기관은 대통령령으로 정하는 바에 따라 신용정보공동전산망(이하 "공동전산망"이라 한다)을 구축할 수 있으며, 공동전산망에 참여하는 자는 그 유지·관리 등에 필요한 협조를 하여야 한다. 이 경우 신용정보집중기관은 「전기통신사업법」 제2조 제1항 제1호에 따른 전기통신사업자이어야 한다(동조 제6항).56)

2. 종합신용정보집중기관의 업무

종합신용정보집중기관은 다음 각 호의 업무를 수행한다(제25조의2).

---

1. 제25조 제2항 제1호에 따른 금융기관 전체로부터의 신용정보 집중관리·활용
1의2. 제23조 제2항에 따라 공공기관으로부터 수집한 신용정보의 집중관리·활용
1의3. 제39조의2에 따라 신용정보주체에게 채권자변동정보를 교부하거나 열람하게 하는 업무
2. 공공 목적의 조사 및 분석 업무
3. 신용정보의 가공·분석 및 제공 등과 관련하여 대통령령으로 정하는 업무
3의2. 제26조의3에 따른 개인신용평가체계 검증위원회의 운영

---

56) 신용정보집중기관이 아니면서 공동전산망을 구축한 자는 3년 이하의 징역 또는 3천만원 이하의 벌금에 처한다(제50조 제3항 제2호).

4. 삭제

5. 이 법 및 다른 법률에서 종합신용정보집중기관이 할 수 있도록 정한 업무

6. 그 밖에 제1호부터 제5호까지에 준하는 업무로서 대통령령으로 정하는 업무

3. 신용정보집중관리위원회

다음 각 호의 업무를 수행하기 위하여 종합신용정보집중기관에 신용정보집중관리위원회(이하 "위원회"라 한다)를 두며(제26조 제1항), 위원회는 각 호의 사항을 결정한 경우 금융위원회가 정하는 바에 따라 금융위원회에 보고하여야 한다(동조 제3항).

1. 제25조의2 각 호의 업무로서 대통령령으로 정하는 업무와 관련한 중요 사안에 대한 심의

2. 신용정보의 집중관리·활용에 드는 경상경비, 신규사업의 투자비 등의 분담에 관한 사항

3. 제25조 제2항 제1호에 따른 금융기관의 신용정보제공의무 이행 실태에 관한 조사 및 대통령령(시행령 제22조 제2항 참조)으로 정하는 바에 따른 제재를 부과하는 사항

4. 신용정보의 업무목적 외 누설 또는 이용의 방지대책에 관한 사항

5. 그 밖에 신용정보의 집중관리·활용에 필요한 사항

※ 법 제26조 제1항 제1호에서 "대통령령으로 정하는 업무"란 다음 각 호의 업무를 말한다(시행령 제22조 제1항).

1. 법 제25조의2 제1호부터 제1호의3까지의 업무

2. 이 영 또는 다른 법령에서 법 제26조 제1항에 따른 신용정보집중관리위원회 (이하 "신용정보집중관리위원회"라 한다)의 업무로 규정된 업무

3. 그 밖에 업무의 중요성 등을 고려하여 금융위원회가 정하여 고시하는 업무

4. 신용정보집중관리위원회의 구성·운영 등

신용정보집중관리위원회는 위원장 1명을 포함한 15명 이내의 위원으로 구성하고(제26조의2 제1항), 위원회의 위원장은 종합신용정보집중기관의 장으로 하며, 위원은 공익성, 중립성, 업권별 대표성, 신용정보에 관한 전문지식 등을 고려하여

구성한다(동조 제2항). 그 밖에 위원회의 구성 및 운영 등에 필요한 사항은 대통령령(시행령 제22조의2 참조)으로 정한다(동조 제3항).

5. 개인신용평가체계 검증위원회

다음 각 호의 업무를 수행하기 위하여 종합신용정보집중기관에 개인신용평가체계 검증위원회를 두며(제26조의3 제1항), 개인신용평가체계 검증위원회는 위원장 1명을 포함한 7명 이내의 위원으로 구성한다(동조 제2항).

---

1. 개인신용평가회사 및 개인사업자신용평가회사(이하 이 조에서 "개인신용평가회사등"이라 한다)의 평가에 사용되는 기초정보에 관한 심의
2. 개인신용평가회사등의 평가모형의 예측력, 안정성 등에 관한 심의
3. 제1호 및 제2호와 유사한 것으로서 대통령령으로 정하는 사항

※ 법 제26조의3 제1항 제3호에서 "대통령령으로 정하는 사항"이란 다음 각 호의 사항을 말한다(시행령 제22조의3 제1항).
  1. 개인신용평가 및 개인사업자신용평가 관련 민원처리 분석결과 등에 관한 심의
  2. 그 밖에 금융위원회가 정하여 고시하는 사항

또한 개인신용평가체계 검증위원회는 위의 각 호의 사항을 심의하여 그 결과를 금융위원회가 정하여 고시하는 바에 따라 금융위원회에 보고하고, 해당 개인신용평가회사등에 알려야 하고(제26조의3 제3항), 금융위원회는 보고받은 심의결과를 금융위원회가 정하여 고시하는 바에 따라 인터넷 홈페이지 등을 이용하여 공개하여야 한다(동조 제4항). 이때 개인신용평가체계 검증위원회의 구성 및 운영, 심의결과의 제출 방법, 시기 및 절차 등에 관하여는 대통령령으로 정한다(동조 제5항).

6. 데이터전문기관

금융위원회는 정보집합물의 결합 및 익명처리의 적정성 평가를 전문적으로 수행하는 법인 또는 기관(이하 "데이터전문기관"이라 한다)을 지정할 수 있다(제26조의4 제1항). 데이터전문기관은 다음 각 호의 업무를 수행한다(동조 제2항).

1. 신용정보회사등이 보유하는 정보집합물과 제3자가 보유하는 정보집합물 간의 결합 및 전달
2. 신용정보회사등의 익명처리에 대한 적정성 평가
3. 제1호 및 제2호와 유사한 업무로서 대통령령으로 정하는 업무

※ 법 제26조의4 제2항 제3호에서 "대통령령으로 정하는 업무"란 다음 각 호의 업무를 말한다(시행령 제22조의4 제7항).
   1. 정보집합물 간의 결합과 가명처리 또는 익명처리에 관한 조사·연구 및 이와 유사한 업무
   2. 정보집합물 간의 결합과 가명처리 또는 익명처리의 표준화에 관한 업무
   3. 데이터전문기관 간 업무 표준화 등을 위한 상호 협력에 관한 업무
   4. 그 밖에 제1호부터 제3호까지와 유사한 업무로서 금융위원회가 정하여 고시하는 업무

데이터전문기관은 위의 제1호 및 제2호의 업무를 전문적으로 수행하기 위하여 필요하면 대통령령으로 정하는 바에 따라 적정성평가위원회를 둘 수 있으며(제26조의4 제3항), 다음 각 호의 어느 하나에 해당하는 경우에는 대통령령으로 정하는 위험관리체계를 마련하여야 한다(동조 제4항). 이때 데이터전문기관의 지정의 기준 및 취소, 적정성평가위원회의 구성·운영에 관하여 필요한 사항은 대통령령으로 정한다(동조 제5항).

1. 제2항 제1호의 업무와 같은 항 제2호의 업무를 함께 수행하는 경우
2. 제2항 각 호의 업무와 이 법 또는 다른 법령에 따른 업무를 함께 수행하는 경우

※ 법 제26조의4 제3항에 따른 적정성평가위원회(이하 "평가위원회"라 한다)의 업무는 다음 각 호와 같다(시행령 제22조의4 제8항).
   1. 데이터전문기관이 결합한 정보집합물의 가명처리 또는 익명처리에 대한 적정성 평가
   2. 신용정보회사등의 익명처리에 대한 적정성 평가
   3. 그 밖에 제1호 및 제2호와 유사한 업무로서 금융위원회가 정하여 고시하는 업무

※ 법 제26조의4 제4항 각 호 외의 부분에서 "대통령령으로 정하는 위험관리체계"란 다음 각 호의 구분에 따른 위험관리체계를 말한다(동조 제10항).
   1. 법 제26조의4 제4항 제1호의 경우: 다음 각 목의 요건을 갖춘 위험관리체계

가. 법 제26조의4 제2항 제1호의 업무를 담당하는 직원이 같은 항 제2호의 업무를 동시에 담당하지 않을 것. 다만, 대표자 및 부서장 등 업무의 집행을 지시하거나 감독하는 자는 그렇지 않다.

나. 그 밖에 금융위원회가 정하여 고시하는 기준을 갖출 것

2. 법 제26조의4 제4항 제2호의 경우: 다음 각 목의 요건을 갖춘 위험관리체계

가. 법 제26조의4 제2항 각 호의 업무(이하 "전문기관업무"라 한다)를 담당하는 직원이 「개인정보 보호법」 제28조의3 제1항에 따라 전문기관이 수행하는 업무 외에는 법 또는 다른 법령에 따른 다른 업무를 동시에 담당하지 않을 것. 다만, 대표자 및 부서장 등 업무의 집행을 지시하거나 감독하는 자는 그렇지 않다.

나. 전문기관업무를 수행하는 서버와 가목 본문에 따라 동시에 담당할 수 없는 업무를 수행하는 서버를 별도로 분리할 것

다. 그 밖에 금융위원회가 정하여 고시하는 기준을 갖출 것

〈참고〉시행령 제22조의4(데이터전문기관) ② 제1항에 따라 데이터전문기관 지정을 받으려는 자는 금융위원회가 정하여 고시하는 지정신청서에 다음 각 호의 서류(전자문서를 포함한다. 이하 같다)를 첨부하여 금융위원회에 제출해야 한다. 이 경우 금융위원회는 「전자정부법」 제36조 제1항에 따른 행정정보의 공동이용을 통하여 해당 법인의 등기사항증명서(법인인 경우에만 해당한다)를 확인해야 하며, 해당 법인이 확인에 동의하지 않는 경우에는 이를 제출하도록 해야 한다.

1. 정관 또는 이에 준하는 규정
2. 제1항에 따른 요건을 갖췄는지를 확인할 수 있는 서류
3. 그 밖에 금융위원회가 정하여 고시하는 서류

③ 금융위원회는 제2항에 따른 신청을 받아 데이터전문기관을 지정한 경우에는 금융위원회가 정하여 고시하는 서식에 따른 데이터전문기관 지정서를 발급하고, 법 제7조에 따라 해당 데이터전문기관의 명칭·주소·전화번호 및 대표자의 성명을 공고해야 한다.

④ 금융위원회는 제3항에 따라 지정된 데이터전문기관이 다음 각 호의 어느 하나에 해당하는 경우에는 데이터전문기관 지정을 취소할 수 있다. 다만, 제1호 또는 제2호에 해당하는 경우에는 데이터전문기관 지정을 취소해야 한다.

1. 거짓이나 그 밖의 부정한 방법으로 데이터전문기관 지정을 받은 경우
2. 지정된 데이터전문기관 스스로 지정 취소를 원하는 경우나 해산·폐업한 경우
3. 제1항에 따른 요건을 충족하지 못하게 된 경우
4. 고의 또는 중대한 과실로 데이터전문기관 업무를 부실하게 수행하는 등 그 업무를 적정하게 수행할 수 없다고 인정되는 경우

⑤ 금융위원회는 제4항에 따라 데이터전문기관 지정을 취소하려면 청문을 해야 한다.

V. 채권추심업

1. 채권추심업 종사자 및 위임직채권추심인 등

(1) 자격과 등록 및 업무

채권추심회사는 다음 각 호의 어느 하나에 해당하는 자를 임직원으로 채용하거나 고용하여서는 아니 되며, 위임 또는 그에 준하는 방법으로 채권추심업무를 하여서는 아니 된다(제27조 제1항).

---

1. 미성년자. 다만, 금융위원회가 정하여 고시하는 업무에 채용하거나 고용하는 경우는 제외한다.
2. 피성년후견인 또는 피한정후견인
3. 파산선고를 받고 복권되지 아니한 자
4. 금고 이상의 실형을 선고받고 그 집행이 끝나거나(집행이 끝난 것으로 보는 경우를 포함한다) 집행이 면제된 날부터 3년이 지나지 아니한 자
5. 금고 이상의 형의 집행유예를 선고받고 그 유예기간 중에 있는 자
6. 이 법 또는 그 밖의 법령에 따라 해임되거나 면직된 후 5년이 지나지 아니한 자
7. 이 법 또는 그 밖의 법령에 따라 영업의 허가·인가 등이 취소된 법인이나 회사의 임직원이었던 자(그 취소사유의 발생에 직접 또는 이에 상응하는 책임이 있는 자로서 대통령령으로 정하는 자만 해당한다)로서 그 법인 또는 회사에 대한 취소가 있은 날부터 5년이 지나지 아니한 자
8. 제2항 제2호에 따른 위임직채권추심인이었던 자로서 등록이 취소된 지 5년이 지나지 아니한 자
9. 재임 또는 재직 중이었더라면 이 법 또는 그 밖의 법령에 따라 해임권고(해임요구를 포함한다) 또는 면직요구의 조치를 받았을 것으로 통보된 퇴임한 임원 또는 퇴직한 직원으로서 그 통보가 있었던 날부터 5년(통보가 있었던 날부터 5년이 퇴임 또는 퇴직한 날부터 7년을 초과한 경우에는 퇴임 또는 퇴직한 날부터 7년으로 한다)이 지나지 아니한 사람

※ 법 제27조 제1항 제7호에서 "대통령령으로 정하는 자"란 제18조 각 호의 어느 하나에 해당하는 자를 말한다(시행령 제23조).

그리고 채권추심회사는 다음 각 호의 어느 하나에 해당하는 자를 통하여 추심업무를 하여야 하며(제27조 제2항), 그 소속 위임직채권추심인이 되려는 자를 금

융위원회에 등록하여야 한다(동조 제3항).[57] 또한 위임직채권추심인은 소속 채권추심회사 외의 자를 위하여 채권추심업무를 할 수 없다(동조 제4항).[58]

> 1. 채권추심회사의 임직원
> 2. 채권추심회사가 위임 또는 그에 준하는 방법으로 채권추심업무를 하도록 한 자(이하 "위임직채권추심인"이라 한다)

채권추심회사는 추심채권이 아닌 채권을 추심할 수 없으며 다음 각 호의 어느 하나에 해당하는 위임직채권추심인을 통하여 채권추심업무를 하여서는 아니된다(동조 제5항).[59]

> 1. 제3항에 따라 등록되지 아니한 위임직채권추심인
> 2. 다른 채권추심회사의 소속으로 등록된 위임직채권추심인
> 3. 제7항에 따라 업무정지 중에 있는 위임직채권추심인

(2) 등록 취소 등

금융위원회는 위임직채권추심인이 다음 각 호의 어느 하나에 해당하면 그 등록을 취소할 수 있다(제27조 제6항).

> 1. 거짓이나 그 밖의 부정한 방법으로 제3항에 따른 등록을 한 경우
> 2. 제7항에 따른 업무정지명령을 위반하거나 업무정지에 해당하는 행위를 한 자가 그 사유발생일 전 1년 이내에 업무정지처분을 받은 사실이 있는 경우
> 3. 삭제
> 4. 「채권의 공정한 추심에 관한 법률」 제9조 각 호의 어느 하나를 위반하여 채권추심

---

57) 위임직채권추심인으로 금융위원회에 등록하지 아니하고 채권추심업무를 한 자는 1년 이하의 징역 또는 1천만원 이하의 벌금에 처한다(제50조 제4항 제6호).
58) 이를 위반한 자는 1년 이하의 징역 또는 1천만원 이하의 벌금에 처한다(제50조 제4항 제7호).
59) 추심채권이 아닌 채권을 추심하거나 등록되지 아니한 위임직채권추심인, 다른 채권추심회사의 소속으로 등록된 위임직채권추심인 또는 업무정지 중인 위임직채권추심인을 통하여 채권추심업무를 한 자는 1년 이하의 징역 또는 1천만원 이하의 벌금에 처한다(제50조 제4항 제8호).

행위를 한 경우

5. 등록의 내용이나 조건을 위반한 경우
6. 정당한 사유 없이 1년 이상 계속하여 등록한 영업을 하지 아니한 경우

또한 금융위원회는 위임직채권추심인이 다음 각 호의 어느 하나에 해당하면 6개월의 범위에서 기간을 정하여 그 업무의 전부 또는 일부의 정지를 명할 수 있다(동조 제7항).[60]

1. 제4항을 위반한 경우
2. 삭제
3. 제40조 제1항 제5호를 위반한 경우
4. 「채권의 공정한 추심에 관한 법률」 제12조 제2호·제5호를 위반한 경우
5. 그 밖에 법령 또는 소속 채권추심회사의 정관을 위반하여 공익을 심각하게 해치거나 해칠 우려가 있는 경우

(3) 절차 등

채권추심업에 종사하는 임직원이나 위임직채권추심인이 채권추심업무를 하려는 경우에는 채권추심업에 종사함을 나타내는 증표를 지니고 이를 「채권의 공정한 추심에 관한 법률」에 따른 채무자 또는 관계인에게 내보여야 한다(제27조 제8항).[61] 채권추심회사는 그 소속 위임직채권추심인이 채권추심업무를 함에 있어 법령을 준수하고 건전한 거래질서를 해하는 일이 없도록 성실히 관리하여야 한다. 이 경우 그 소속 위임직채권추심인이 다음 각 호의 구분에 따른 위반행위를 하지 아니하도록 하여야 한다(동조 제9항).

1. 「채권의 공정한 추심에 관한 법률」 제8조의3 제1항, 제9조, 제10조 제1항, 제11조 제1호 또는 제2호를 위반하는 행위
2. 「채권의 공정한 추심에 관한 법률」 제8조의3 제2항, 제11조 제3호부터 제5호까지, 제12조, 제13조 또는 제13조의2 제2항을 위반하는 행위

---

60) 업무정지 중에 채권추심업무를 한 자는 1년 이하의 징역 또는 1천만원 이하의 벌금에 처한다(제50조 제4항 제9호).
61) 채권추심업무를 할 때 증표를 내보이지 아니한 자에게는 1천만원 이하의 과태료를 부과한다(제52조 제5항 제8호).

이때 위임직채권추심인의 자격요건 및 등록절차는 대통령령(시행령 제24조 참조)으로 정하며(동조 제10항), 위임직채권추심인이 되고자 하는 자가 등록을 신청한 때에는 총리령으로 정하는 바에 따라 수수료를 내야 한다(동조 제11항).

2. 무허가 채권추심업자에 대한 업무위탁의 금지

대통령령으로 정하는 여신금융기관, 대부업자 등 신용정보제공·이용자는 채권추심회사 외의 자에게 채권추심업무를 위탁하여서는 아니 된다(제27조의2).

※ 법 제27조의2에서 "대통령령으로 정하는 여신금융기관, 대부업자 등 신용정보제공·이용자"란 다음 각 호의 자를 말한다(시행령 제24조의2).
  1. 「농업협동조합법」에 따른 농협은행, 농업협동조합과 그 중앙회
  2. 「대부업 등의 등록 및 금융이용자 보호에 관한 법률」에 따른 대부업자
  3. 「보험업법」에 따른 보험회사
  4. 「산림조합법」에 따른 산림조합과 그 중앙회
  5. 「상호저축은행법」에 따른 상호저축은행과 그 중앙회
  6. 「새마을금고법」에 따른 새마을금고와 그 중앙회
  7. 「수산업협동조합법」에 따른 수협은행, 수산업협동조합과 그 중앙회
  8. 「신용협동조합법」에 따른 신용협동조합과 그 중앙회
  9. 「은행법」에 따른 은행(같은 법 제59조에 따라 은행으로 보는 자를 포함한다)
  10. 「여신전문금융업법」에 따른 여신전문금융회사(같은 법 제3조 제3항 제1호에 따라 허가를 받거나 등록을 한 자를 포함한다)
  11. 「자본시장과 금융투자업에 관한 법률」에 따른 금융투자업자·증권금융회사·종합금융회사
  12. 「중소기업은행법」에 따른 중소기업은행
  13. 「한국산업은행법」에 따른 한국산업은행
  14. 「한국수출입은행법」에 따른 한국수출입은행
  15. 온라인투자연계금융업자

제6절 신용정보주체의 보호

1. 신용정보활용체제의 공시

개인신용평가회사, 개인사업자신용평가회사, 기업신용조회회사, 신용정보집중기관 및 대통령령으로 정하는 신용정보제공·이용자는 다음 각 호의 사항을 대통령령으로 정하는 바에 따라 공시하여야 한다(제31조 제1항).[62] 이때 공시 사항을 변경하는 경우에는 「개인정보 보호법」 제30조 제2항에 따른 방법을 준용한다(동조 제2항).[63]

---

1. 개인신용정보 보호 및 관리에 관한 기본계획(총자산, 종업원 수 등을 고려하여 대통령령으로 정하는 자로 한정한다)
2. 관리하는 신용정보의 종류 및 이용 목적
3. 신용정보를 제공받는 자
4. 신용정보주체의 권리의 종류 및 행사 방법
5. 신용평가에 반영되는 신용정보의 종류, 반영비중 및 반영기간(개인신용평가회사, 개인사업자신용평가회사 및 기업신용등급제공업무·기술신용평가업무를 하는 기업신용조회회사로 한정한다)
6. 「개인정보 보호법」 제30조 제1항 제6호 및 제7호의 사항
7. 그 밖에 신용정보의 처리에 관한 사항으로서 대통령령으로 정하는 사항

※ 법 제31조 제1항 각 호 외의 부분에서 "대통령령으로 정하는 신용정보제공·이용자"란 제2조 제6항 제7호 가목부터 허목까지 및 제21조 제2항 제1호부터 제21호까지의 자를 말한다(시행령 제27조 제1항).

〈참고〉 시행령 제27조(신용정보활용체제의 공시) ② 법 제31조 제1항 제1호에서 "대통령령으로 정하는 자"란 다음 각 호의 요건을 모두 갖춘 자를 말한다.
1. 개인신용평가회사, 개인사업자신용평가회사, 기업신용조회회사 및 신용정보집중기관 중 어느 하나에 해당하는 기관일 것
2. 직전 사업연도 말 기준으로 총자산이 2조원 이상이고 상시 종업원 수가 300명

---

62) 이를 위반한 자에게는 1천만원 이하의 과태료를 부과한다(제52조 제5항 제9호).
63) 이를 위반한 자에게는 1천만원 이하의 과태료를 부과한다(제52조 제5항 제9호).

이상일 것. 이 경우 상시 종업원 수의 산정방식은 금융위원회가 정하여 고시한다.
③ 법 제31조 제1항 제7호에서 "대통령령으로 정하는 사항"이란 다음 각 호의 사항을 말한다.
　　1. 검증위원회의 심의 결과(법 제26조의3에 따른 개인신용평가체계 검증 대상인 자에 한정한다)
　　2. 그 밖에 금융위원회가 정하여 고시하는 사항
④ 법 제31조 제1항에 따라 같은 항 각 호의 사항을 공시하는 경우에는 다음 각 호의 어느 하나에 해당하는 방법으로 해야 한다.
　　1. 점포·사무소 안의 보기 쉬운 장소에 갖춰 두고 열람하게 하는 방법
　　2. 해당 기관의 인터넷 홈페이지를 통하여 해당 신용정보주체가 열람할 수 있게 하는 방법

2. 개인신용정보의 제공·활용에 대한 동의

신용정보제공·이용자가 개인신용정보를 타인에게 제공하려는 경우에는 대통령령으로 정하는 바에 따라 해당 신용정보주체로부터 다음 각 호의 어느 하나에 해당하는 방식으로 개인신용정보를 제공할 때마다 미리 개별적으로 동의를 받아야 한다. 다만, 기존에 동의한 목적 또는 이용 범위에서 개인신용정보의 정확성·최신성을 유지하기 위한 경우에는 그러하지 아니하다(제32조 제1항).[64] 그리고 개인신용정보를 제공한 신용정보제공·이용자는 미리 개별적 동의를 받았는지 여부 등에 대한 다툼이 있는 경우 이를 증명하여야 한다(동조 제11항).[65]

1. 서면
2. 「전자서명법」 제2조 제2호에 따른 전자서명(서명자의 실지명의를 확인할 수 있는 것을 말한다)이 있는 전자문서(「전자문서 및 전자거래 기본법」 제2조 제1호에 따른 전자문서를 말한다)
3. 개인신용정보의 제공 내용 및 제공 목적 등을 고려하여 정보 제공 동의의 안정성과 신뢰성이 확보될 수 있는 유무선 통신으로 개인비밀번호를 입력하는 방식
4. 유무선 통신으로 동의 내용을 해당 개인에게 알리고 동의를 받는 방법. 이 경우 본인 여부 및 동의 내용, 그에 대한 해당 개인의 답변을 음성녹음하는 등 증거자

---

64) 이를 위반한 자 및 그 사정을 알고 개인신용정보를 제공받거나 이용한 자는 5년 이하의 징역 또는 5천만원 이하의 벌금에 처한다(제50조 제2항 제6호).
65) 이를 위반한 자는 5년 이하의 징역 또는 5천만원 이하의 벌금에 처한다(제50조 제2항 제6호).

료를 확보·유지하여야 하며, 대통령령으로 정하는 바에 따른 사후 고지절차를 거친다.

5. 그 밖에 대통령령으로 정하는 방식

〈참고〉 시행령 제28조(개인신용정보의 제공·활용에 대한 동의) ② 신용정보제공·이용자는 법 제32조 제1항 각 호 외의 부분 본문에 따라 해당 신용정보주체로부터 동의를 받으려면 다음 각 호의 사항을 미리 알려야 한다. 다만, 동의 방식의 특성상 동의 내용을 전부 표시하거나 알리기 어려운 경우에는 해당 기관의 인터넷 홈페이지 주소나 사업장 전화번호 등 동의 내용을 확인할 수 있는 방법을 안내하고 동의를 받을 수 있다.

1. 개인신용정보를 제공받는 자
2. 개인신용정보를 제공받는 자의 이용 목적
3. 제공하는 개인신용정보의 내용
4. 개인신용정보를 제공받는 자(개인신용평가회사, 개인사업자신용평가회사, 기업신용조회회사 및 신용정보집중기관은 제외한다)의 정보 보유 기간 및 이용 기간
5. 동의를 거부할 권리가 있다는 사실 및 동의 거부에 따른 불이익이 있는 경우에는 그 불이익의 내용

③ 신용정보제공·이용자는 법 제32조 제1항 제4호에 따라 유무선 통신을 통하여 동의를 받은 경우에는 1개월 이내에 서면, 전자우편, 휴대전화 문자메시지, 그 밖에 금융위원회가 정하여 고시하는 방법으로 제2항 각 호의 사항을 고지하여야 한다.

④ 법 제32조 제1항 제5호에서 "대통령령으로 정하는 방식"이란 정보 제공 동의의 안전성과 신뢰성이 확보될 수 있는 수단을 활용함으로써 해당 신용정보주체에게 동의 내용을 알리고 동의의 의사표시를 확인하여 동의를 받는 방식을 말한다.

■ 개인동의의 필요 여부

(사안) A씨(원고)는 2009년 4월 20일 S은행(피고)에서 5천만원 대출을 받았는데, '2010년 3월 21일 이자 25만원 연체하였고, 열흘 후 3월 31일 S은행은 (구) 한국신용정보에 그 연체정보를 등록하였다. 그 후 B카드사는 한신정으로부터 A에 대한 대출 연체정보를 알게 되어 신용카드 사용을 일시 정지시켰다. 이에 원고 A는 S은행이 연체정보를 카드회사에 제공한 행위는 불법행위라고 주장, 위자료 3천만원을 청구하는 소를 제기하였다. 청구취지는 신용정보집중기관 또는 신용조회회사가 아닌 다른 금융회사에 연체정보를 제공할 때는 원고로부터 제공동의를 받았어야 했다고 주장하였다.

〈판례〉 대법원은 S은행은 카드회사가 아닌 한국신용정보에 연체정보를 제공했고, 카드회사는 S은행이 아닌 한신정으로부터 제공 받은 것일 뿐이라고 판시하였고, 신

용정보법 및 시행령에 따르면 금융회사가 타인에게 개인의 신용정보를 제공하려면 미리 해당 개인으로부터 동의를 받아야 하지만, 신용정보법 제32조 제1항에 근거하여 신용정보집중기관 또는 신용조회회사에 개인의 연체에 관한 정보를 제공하는 경우에는 해당 개인의 동의 없이 제공할 수 있다고 판시하였다(대법원 2012. 9. 27. 선고 2011다31546 판결).

개인신용평가회사, 개인사업자신용평가회사, 기업신용조회회사 또는 신용정보집중기관으로부터 개인신용정보를 제공받으려는 자는 대통령령(시행령 제28조 제6항 참조)으로 정하는 바에 따라 해당 신용정보주체로부터 위의 각 호의 어느 하나에 해당하는 방식으로 개인신용정보를 제공받을 때마다 개별적으로 동의(기존에 동의한 목적 또는 이용 범위에서 개인신용정보의 정확성·최신성을 유지하기 위한 경우는 제외한다)를 받아야 한다. 이 경우 개인신용정보를 제공받으려는 자는 개인신용정보의 조회 시 개인신용평점이 하락할 수 있는 때에는 해당 신용정보주체에게 이를 고지하여야 한다(동조 제2항).[66]

〈판례〉구 신용정보의 이용 및 보호에 관한 법률(2009. 4. 1. 법률 제9617호로 전부 개정되기 전의 것, 이하 '구 신용정보법'이라고 한다) 제23조 제1항, 개정신용정보의 이용 및 보호에 관한 법률(2009. 4. 1. 법률 제9617호로 전부 개정되어 2009. 10. 2. 시행된 것, 이하 '개정 신용정보법'이라고 한다) 제32조 제1항·제2항, 개정 신용정보법 부칙 제3조의 규정을 종합하면, 신용정보제공·이용자가 개정 신용정보법이 2009. 10. 2. 시행되기 전에 개인인 신용정보주체로부터 구 신용정보법 제23조 제1항에 따라 개인신용정보를 신용정보업자 등에게 제공하기 위한 서면 등의 방식에 의한 동의를 받아 해당 개인과 금융거래 등 상거래관계를 설정하였다면 개정 신용정보법이 시행된 이후에도 그 상거래관계의 유지·관리를 위한 목적으로 해당 신용정보주체에 관한 개인신용정보를 제공받으려는 경우에는 추가로 개정 신용정보법 제32조 제2항에 따른 동의를 받지 않아도 된다(대법원 2015. 5. 14. 선고 2015다1178 판결).

이때 개인신용평가회사, 개인사업자신용평가회사, 기업신용조회회사 또는 신용정보집중기관이 개인신용정보를 제2항에 따라 제공하는 경우에는 해당 개인신

---

66) 이를 위반한 자 및 그 사정을 알고 개인신용정보를 제공받거나 이용한 자는 5년 이하의 징역 또는 5천만원 이하의 벌금에 처한다(제50조 제2항 제6호).

용정보를 제공받으려는 자가 제2항에 따른 동의를 받았는지를 대통령령으로 정하는 바에 따라 확인하여야 한다(동조 제3항).[67] 즉, 개인신용평가회사, 개인사업자 신용평가회사, 기업신용조회회사 또는 신용정보집중기관은 개인신용정보를 제공받으려는 자가 해당 신용정보주체로부터 동의를 받았는지를 서면, 전자적 기록 등으로 확인하고, 확인한 사항의 진위 여부를 주기적으로 점검해야 한다(시행령 제28조 제7항).

그리고 신용정보회사등은 개인신용정보의 제공 및 활용과 관련하여 동의를 받을 때에는 대통령령(시행령 제28조 제8항·제9항 참조)으로 정하는 바에 따라 서비스 제공을 위하여 필수적 동의사항과 그 밖의 선택적 동의사항을 구분하여 설명한 후 각각 동의를 받아야 한다. 이 경우 필수적 동의사항은 서비스 제공과의 관련성을 설명하여야 하며, 선택적 동의사항은 정보제공에 동의하지 아니할 수 있다는 사실을 고지하여야 한다(제32조 제4항).[68] 이때 신용정보회사등은 신용정보주체가 선택적 동의사항에 동의하지 아니한다는 이유로 신용정보주체에게 서비스의 제공을 거부하여서는 아니 된다(동조 제5항).[69]

한편, 신용정보회사등(제9호의3을 적용하는 경우에는 데이터전문기관을 포함한다)이 개인신용정보를 제공하는 경우로서 다음 각 호의 어느 하나에 해당하는 경우에는 제1항부터 제5항까지를 적용하지 아니한다(동조 제6항).

1. 신용정보회사 및 채권추심회사가 다른 신용정보회사 및 채권추심회사 또는 신용정보집중기관과 서로 집중관리·활용하기 위하여 제공하는 경우
2. 제17조 제2항에 따라 신용정보의 처리를 위탁하기 위하여 제공하는 경우
3. 영업양도·분할·합병 등의 이유로 권리·의무의 전부 또는 일부를 이전하면서 그와 관련된 개인신용정보를 제공하는 경우
4. 채권추심(추심채권을 추심하는 경우만 해당한다), 인가·허가의 목적, 기업의 신용도 판단, 유가증권의 양수 등 대통령령으로 정하는 목적으로 사용하는 자에게 제공하는 경우
5. 법원의 제출명령 또는 법관이 발부한 영장에 따라 제공하는 경우

---

67) 이를 위반한 자에게는 1천만원 이하의 과태료를 부과한다(제52조 제4항 제10호).
68) 이를 위반한 자에게는 5천만원 이하의 과태료를 부과한다(제52조 제2항 제5호).
69) 이를 위반한 자(제34조에 따라 준용하는 경우를 포함한다)에게는 5천만원 이하의 과태료를 부과한다(제52조 제2항 제5호).

6. 범죄 때문에 피해자의 생명이나 신체에 심각한 위험 발생이 예상되는 등 긴급한 상황에서 제5호에 따른 법관의 영장을 발부받을 시간적 여유가 없는 경우로서 검사 또는 사법경찰관의 요구에 따라 제공하는 경우. 이 경우 개인신용정보를 제공받은 검사는 지체 없이 법관에게 영장을 청구하여야 하고, 사법경찰관은 검사에게 신청하여 검사의 청구로 영장을 청구하여야 하며, 개인신용정보를 제공받은 때부터 36시간 이내에 영장을 발부받지 못하면 지체 없이 제공받은 개인신용정보를 폐기하여야 한다.

7. 조세에 관한 법률에 따른 질문·검사 또는 조사를 위하여 관할 관서의 장이 서면으로 요구하거나 조세에 관한 법률에 따라 제출의무가 있는 과세자료의 제공을 요구함에 따라 제공하는 경우

8. 국제협약 등에 따라 외국의 금융감독기구에 금융회사가 가지고 있는 개인신용정보를 제공하는 경우

9. 제2조 제1호의4 나목 및 다목의 정보를 개인신용평가회사, 개인사업자신용평가회사, 기업신용등급제공업무·기술신용평가업무를 하는 기업신용조회회사 및 신용정보집중기관에 제공하거나 그로부터 제공받는 경우

9의2. 통계작성, 연구, 공익적 기록보존 등을 위하여 가명정보를 제공하는 경우. 이 경우 통계작성에는 시장조사 등 상업적 목적의 통계작성을 포함하며, 연구에는 산업적 연구를 포함한다.

9의3. 제17조의2 제1항에 따른 정보집합물의 결합 목적으로 데이터전문기관에 개인신용정보를 제공하는 경우

9의4. 다음 각 목의 요소를 고려하여 당초 수집한 목적과 상충되지 아니하는 목적으로 개인신용정보를 제공하는 경우
가. 양 목적 간의 관련성
나. 신용정보회사등이 신용정보주체로부터 개인신용정보를 수집한 경위
다. 해당 개인신용정보의 제공이 신용정보주체에게 미치는 영향
라. 해당 개인신용정보에 대하여 가명처리를 하는 등 신용정보의 보안대책을 적절히 시행하였는지 여부

10. 이 법 및 다른 법률에 따라 제공하는 경우

11. 제1호부터 제10호까지의 규정에 준하는 경우로서 대통령령으로 정하는 경우

이때 각 호에 따라 개인신용정보를 타인에게 제공하려는 자 또는 제공받은 자는 대통령령으로 정하는 바에 따라 개인신용정보의 제공 사실 및 이유 등을 사전에 해당 신용정보주체에게 알려야 한다. 다만, 대통령령(시행령 제28조 제12항 참조)으로 정하는 불가피한 사유가 있는 경우에는 인터넷 홈페이지 게재 또는 그 밖에 유사한 방법을 통하여 사후에 알리거나 공시할 수 있다(동조 제7항).[70] 다만,

개인신용정보를 타인에게 제공하는 신용정보제공·이용자로서 대통령령(시행령 제28조 제13항 참조)으로 정하는 자는 제공하는 신용정보의 범위 등 대통령령(시행령 제28조 제14항 참조)으로 정하는 사항에 관하여 금융위원회의 승인을 받아야 한다(동조 제8항).[71] 그리고 승인을 받아 개인신용정보를 제공받은 자는 해당 개인신용정보를 금융위원회가 정하는 바에 따라 현재 거래 중인 신용정보주체의 개인신용정보와 분리하여 관리하여야 한다(동조 제9항).[72]

또한 신용정보회사등이 개인신용정보를 제공하는 경우에는 금융위원회가 정하여 고시하는 바에 따라 개인신용정보를 제공받는 자의 신원(身元)과 이용 목적을 확인하여야 한다(동조 제10항).[73]

3. 개인신용정보의 이용

개인신용정보는 다음 각 호의 어느 하나에 해당하는 경우에만 이용하여야 한다(제33조 제1항).[74]

> 1. 해당 신용정보주체가 신청한 금융거래 등 상거래관계의 설정 및 유지 여부 등을 판단하기 위한 목적으로 이용하는 경우
> 2. 제1호의 목적 외의 다른 목적으로 이용하는 것에 대하여 신용정보주체로부터 동의를 받은 경우
> 3. 개인이 직접 제공한 개인신용정보(그 개인과의 상거래에서 생긴 신용정보를 포함한다)를 제공받은 목적으로 이용하는 경우(상품과 서비스를 소개하거나 그 구매를 권유할 목적으로 이용하는 경우는 제외한다)
> 4. 제32조 제6항 각 호의 경우
> 5. 그 밖에 제1호부터 제4호까지의 규정에 준하는 경우로서 대통령령으로 정하는 경우

---

70) 이를 위반한 자(제34조에 따라 준용하는 경우를 포함한다)에게는 1천만원 이하의 과태료를 부과한다(제52조 제4항 제10호).
71) 이를 위반한 자에게는 3천만원 이하의 과태료를 부과한다(제52조 제2항 제6호).
72) 이를 위반한 자(제34조에 따라 준용하는 경우를 포함한다)에게는 3천만원 이하의 과태료를 부과한다(제52조 제2항 제6호).
73) 이를 위반한 자(제34조에 따라 준용하는 경우를 포함한다)에게는 1천만원 이하의 과태료를 부과한다(제52조 제4항 제10호).
74) 이를 위반한 자(제34조에 따라 준용하는 경우를 포함한다)는 5년 이하의 징역 또는 5천만원 이하의 벌금에 처한다(제50조 제2항 제7호).

다만, 신용정보회사등이 개인의 질병, 상해 또는 그 밖에 이와 유사한 정보를 수집·조사하거나 제3자에게 제공하려면 미리 제32조 제1항 각 호의 방식으로 해당 개인의 동의를 받아야 하며, 대통령령으로 정하는 목적으로만 그 정보를 이용하여야 한다(동조 제2항).[75]

> ※ 법 제33조 제2항에서 "대통령령으로 정하는 목적"이란 다음 각 호의 어느 하나에 해당하는 업무를 수행하기 위해 필요한 경우 해당 각 호의 자가 개인의 질병, 상해 또는 그 밖에 이와 유사한 정보를 그 업무와 관련하여 이용하기 위한 목적을 말한다(시행령 제28조의2).
> 1. 「보험업법」 제2조 제6호에 따른 보험회사가 수행하는 같은 조 제2호에 따른 보험업 또는 같은 법 제11조의2에 따른 부수업무로서 개인의 건강 유지·증진 또는 질병의 사전예방 및 악화 방지 등의 목적으로 수행하는 업무
> 2. 「여신전문금융업법」 제2조 제2호의2에 따른 신용카드업자가 수행하는 같은 법 제46조 제1항 제7호에 따른 부수업무로서 신용카드회원으로부터 수수료를 받고 신용카드회원에게 사망 또는 질병 등 특정 사고 발생 시 신용카드회원의 채무(같은 법 제2조 제2호 나목과 관련된 채무에 한정한다)를 면제하거나 그 채무의 상환을 유예하는 업무
> 3. 「우체국예금·보험에 관한 법률」에 따라 체신관서가 수행하는 보험업무
> 4. 공제조합등이 수행하는 공제사업
> 5. 본인신용정보관리회사가 수행하는 본인신용정보관리업으로서 개인인 신용정보주체에게 본인의 질병에 관한 정보를 통합하여 제공하기 위한 업무
> 6. 법 제25조의2에 따라 종합신용정보집중기관이 수행하는 업무
> 7. 제1호부터 제6호까지에서 규정한 업무 외에 금융기관이 금융소비자에게 경제적 혜택을 제공하거나 금융소비자의 피해를 방지하기 위해 수행하는 업무로서 총리령으로 정하는 업무

4. 개인신용정보의 전송요구

개인인 신용정보주체는 신용정보제공·이용자등에 대하여 그가 보유하고 있는 본인에 관한 개인신용정보를 다음 각 호의 어느 하나에 해당하는 자에게 전송하여 줄 것을 요구할 수 있다(제33조의2 제1항).

---

75) 이를 위반한 자(제34조에 따라 준용하는 경우를 포함한다)는 5년 이하의 징역 또는 5천만 원 이하의 벌금에 처한다(제50조 제2항 제7호).

1. 해당 신용정보주체 본인
2. 본인신용정보관리회사
3. 대통령령으로 정하는 신용정보제공·이용자
4. 개인신용평가회사
5. 그 밖에 제1호부터 제4호까지의 규정에서 정한 자와 유사한 자로서 대통령령으로 정하는 자

〈참고〉 시행령 제28조의3(개인신용정보의 전송요구) ① 법 제33조의2 제1항 제3호에서 "대통령령으로 정하는 신용정보제공·이용자"란 제2조 제6항 제7호 가목부터 버목까지, 같은 호 어목부터 허목까지 및 제21조 제2항 각 호의 자를 말한다.
② 법 제33조의2 제1항 제5호에서 "대통령령으로 정하는 자"란 다음 각 호의 자를 말한다.
  1. 개인사업자신용평가회사
  2. 그 밖에 금융위원회가 정하여 고시하는 자
③ 개인인 신용정보주체는 법 제33조의2 제1항 및 제4항에 따라 개인신용정보의 전송요구권을 행사하는 경우에는 법 제32조 제1항 각 호의 어느 하나에 해당하는 방법으로 해야 한다. 다만, 개인인 신용정보주체의 요청으로 특약사항을 기재하거나 약정하여 해당 정보의 제3자 제공을 금지한 경우 또는 비대면 정보 조회를 금지한 경우에는 해당 정보에 대하여 대면으로 전송요구권을 행사해야 한다.
④ 제3항에 따라 개인신용정보의 전송요구를 받은 신용정보제공·이용자등은 전송요구를 받은 개인신용정보를 컴퓨터 처리가 가능한 방식으로 즉시 전송해야 한다. 다만, 최근 5년 내의 개인신용정보가 아닌 경우에는 신용정보제공·이용자등이 정하는 방식으로 제공할 수 있다.
⑤ 제4항에 따른 개인신용정보의 전송이 전산시스템 장애 등으로 지연되거나 불가한 경우에는 전송이 지연된 사실 및 그 사유를 개인인 신용정보주체에게 통지하고, 그 사유가 해소된 즉시 개인신용정보를 전송해야 한다.

이때 개인인 신용정보주체가 전송을 요구할 수 있는 본인에 관한 개인신용정보의 범위는 다음 각 호의 요소를 모두 고려하여 대통령령으로 정한다(동조 제2항).

1. 해당 신용정보주체(법령 등에 따라 그 신용정보주체의 신용정보를 처리하는 자를 포함한다. 이하 이 호에서 같다)와 신용정보제공·이용자등 사이에서 처리된 신용정보로서 다음 각 목의 어느 하나에 해당하는 정보일 것
  가. 신용정보제공·이용자등이 신용정보주체로부터 수집한 정보

나. 신용정보주체가 신용정보제공·이용자등에게 제공한 정보
　　다. 신용정보주체와 신용정보제공·이용자등 간의 권리·의무 관계에서 생성된 정보
2. 컴퓨터 등 정보처리장치로 처리된 신용정보일 것
3. 신용정보제공·이용자등이 개인신용정보를 기초로 별도로 생성하거나 가공한 신용정보가 아닐 것

※ 법 제33조의2 제2항에 따라 개인인 신용정보주체가 전송을 요구할 수 있는 본인에 관한 개인신용정보의 범위는 다음 각 호와 같다(시행령 제28조의3 제6항).
　1. 법 제2조 제9호의2 각 목에 따른 정보
　2. 국세, 관세 및 지방세 납부정보
　3. 고용보험, 산업재해보상보험, 국민건강보험, 국민연금 및 공적연금에 관한 정보로서 보험료 납부 정보
　4. 제18조의6 제4항 제6호에 따른 전기통신사업자에 대한 통신료 납부정보, 소액결제정보 및 이와 유사한 정보로서 신용정보주체의 거래내역을 확인할 수 있는 정보
　5. 그 밖에 제1호부터 제4호까지의 규정에 따른 정보와 유사하고 개인인 신용정보주체의 거래내역을 확인할 수 있는 정보로서 금융위원회가 정하여 고시하는 정보

　　또한 본인으로부터 개인신용정보의 전송요구를 받은 신용정보제공·이용자등은 제32조 및 다음 각 호의 어느 하나에 해당하는 법률의 관련 규정에도 불구하고 지체 없이 본인에 관한 개인신용정보를 컴퓨터 등 정보처리장치로 처리가 가능한 형태로 전송하여야 한다(제33조의2 제3항).[76]

1.「금융실명거래 및 비밀보장에 관한 법률」제4조
2.「국세기본법」제81조의13
3.「지방세기본법」제86조
4.「개인정보 보호법」제18조
5. 그 밖에 제1호부터 제4호까지의 규정에서 정한 규정과 유사한 규정으로서 대통령령(시행령 제28조의3 제7항 참조)으로 정하는 법률의 관련 규정

---

[76] 이를 위반하여 개인신용정보를 전송하지 아니한 자에게는 3천만원 이하의 과태료를 부과한다(제52조 제3항 제6호의2).

그리고 신용정보주체 본인이 개인신용정보의 전송을 요구하는 경우 신용정
보제공·이용자등에 대하여 해당 개인신용정보의 정확성 및 최신성이 유지될 수
있도록 정기적으로 같은 내역의 개인신용정보를 전송하여 줄 것을 요구할 수 있
다(동조 제4항).[77] 또한 개인인 신용정보주체가 제1항 각 호의 어느 하나에 해당하
는 자에게 전송요구를 할 때에는 다음 각 호의 사항을 모두 특정하여 전자문서나
그 밖에 안전성과 신뢰성이 확보된 방법으로 하여야 한다(동조 제5항).

1. 신용정보제공·이용자등으로서 전송요구를 받는 자
2. 전송을 요구하는 개인신용정보
3. 전송요구에 따라 개인신용정보를 제공받는 자
4. 정기적인 전송을 요구하는지 여부 및 요구하는 경우 그 주기
5. 그 밖에 제1호부터 제4호까지의 규정에서 정한 사항과 유사한 사항으로서 대통령
   령으로 정하는 사항

이때 개인신용정보를 제공한 신용정보제공·이용자등은 제32조 제7항 및 다
음 각 호의 어느 하나에 해당하는 법률의 관련 규정에도 불구하고 개인신용정보
의 전송 사실을 해당 신용정보주체 본인에게 통보하지 아니할 수 있다(동조 제6
항). 또한 본인으로부터 개인신용정보의 전송요구를 받은 신용정보제공·이용자등
은 신용정보주체의 본인 여부가 확인되지 아니하는 경우 등 대통령령으로 정하는
경우에는 전송요구를 거절하거나 전송을 정지·중단할 수 있다(동조 제8항). 다만,
전송요구를 받은 신용정보제공·이용자등이 전송요구를 거절하거나 전송을 정지·중
단한 경우에는 지체 없이 해당 사실을 개인인 신용정보주체에게 통지해야 한다
(시행령 제28조의3 제12항). 한편, 개인인 신용정보주체는 제1항에 따른 전송요구를
철회할 수 있다(제33조의2 제7항).

1. 「금융실명거래 및 비밀보장에 관한 법률」 제4조의2
2. 그 밖에 개인신용정보의 처리에 관한 규정으로서 대통령령(시행령 제28조의3 제9
   항 참조)으로 정하는 법률의 관련 규정

---

[77] 이를 위반하여 개인신용정보를 전송하지 아니한 자에게는 3천만원 이하의 과태료를 부과
한다(제52조 제3항 제6호의2).

※ 법 제33조의2 제8항에서 "대통령령으로 정하는 경우"란 다음 각 호의 어느 하나에 해당하는 경우를 말한다(시행령 제28조의3 제11항).

1. 개인인 신용정보주체 본인이 전송요구를 한 사실이 확인되지 않은 경우
2. 신용정보주체 본인이 전송요구를 했으나 제3자의 기망이나 협박 때문에 전송요구를 한 것으로 의심되는 경우
3. 법 제33조의2 제1항 각 호의 자가 아닌 자에게 전송해 줄 것을 요구한 경우
4. 법 제33조의2 제5항에서 정한 사항이 준수되지 않은 경우
5. 개인인 신용정보주체의 인증정보 탈취 등 부당한 방법으로 인한 전송요구임을 알게 된 경우
6. 그 밖에 제1호부터 제5호까지의 규정에 따른 경우와 유사한 경우로서 금융위원회가 정하여 고시하는 경우

이 경우 제1항 및 제4항에 따른 전송요구의 방법, 제3항에 따른 전송의 기한 및 방법, 제7항에 따른 전송요구 철회의 방법, 제8항에 따른 거절이나 정지·중단의 방법에 대해서는 대통령령(시행령 제28조의3 제13항 참조)으로 정한다(제33조의2 제9항).

5. 개인식별정보의 수집·이용 및 제공

신용정보회사등이 개인을 식별하기 위하여 필요로 하는 정보로서 대통령령으로 정하는 정보를 수집·이용 및 제공하는 경우에는 제15조, 제32조 및 제33조를 준용한다(제34조).

※ 법 제34조에서 "대통령령으로 정하는 정보"란 개인식별번호를 말한다(시행령 제29조).

6. 개인신용정보 등의 활용에 관한 동의의 원칙

신용정보회사등은 제15조 제2항, 제32조 제1항·제2항, 제33조 제1항 제2호, 제34조에 따라 신용정보주체로부터 동의(이하 "정보활용 동의"라 한다. 이하 이 조 및 제34조의3에서 같다)를 받는 경우 「개인정보 보호법」 제15조 제2항, 제17조 제2항 및 제18조 제3항에 따라 신용정보주체에게 해당 각 조항에서 규정한 사항(이하 이

조에서 "고지사항"이라 한다)을 알리고 정보활용 동의를 받아야 한다. 다만, 동의 방식이나 개인신용정보의 특성 등을 고려하여 대통령령으로 정하는 경우에 대해서는 그러하지 아니하다(제34조의2 제1항).[78]

> ※ 법 제34조의2 제1항 단서에서 "대통령령으로 정하는 경우"란 다음 각 호의 어느 하나에 해당하는 경우를 말한다(시행령 제29조의2 제1항).
> 1. 전화 등 동의 방식의 특성상 동의 내용을 전부 표시하거나 알리기 어려운 경우로서 신용정보회사등의 인터넷 홈페이지 주소나 사업자 전화번호 등 동의내용을 확인할 수 있는 방법을 안내하고 동의를 받는 경우
> 2. 그 밖에 제1호와 유사한 경우로서 금융위원회가 정하여 고시하는 경우

또한 대통령령으로 정하는 신용정보제공·이용자는 다음 각 호의 사항을 고려하여 개인인 신용정보주체로부터 정보활용 동의를 받아야 한다(제34조의2 제2항).

> 1. 보다 쉬운 용어나 단순하고 시청각적인 전달 수단 등을 사용하여 신용정보주체가 정보활용 동의 사항을 이해할 수 있도록 할 것
> 2. 정보활용 동의 사항과 금융거래 등 상거래관계의 설정 및 유지 등에 관한 사항이 명확하게 구분되도록 할 것
> 3. 정보를 활용하는 신용정보회사등이나 정보활용의 목적별로 정보활용 동의 사항을 구분하여 신용정보주체가 개별적으로 해당 동의를 할 수 있도록 할 것(제32조 제4항의 선택적 동의사항으로 한정한다)

> ※ 법 제34조의2 제2항 각 호 외의 부분 및 같은 조 제3항 본문에서 "대통령령으로 정하는 신용정보제공·이용자"란 각각 제17조 제7항 제2호부터 제4호까지의 자를 말한다(시행령 제29조의2 제2항).

한편, 대통령령으로 정하는 신용정보제공·이용자는 제1항에도 불구하고 고지사항 중 그 일부를 생략하거나 중요한 사항만을 발췌하여 그 신용정보주체에게

---

78) 이를 위반하여 신용정보주체에게 알려야 할 사항을 알리지 아니한 자에게는 3천만원 이하의 과태료를 부과한다(제52조 제3항 제6호의3).

알리고 정보활용 동의를 받을 수 있다. 다만, 개인인 신용정보주체가 고지사항 전부를 알려줄 것을 요청한 경우에는 그러하지 아니하다(제34조의2 제3항).[79] 이때 고지사항 중 그 일부를 생략하거나 중요한 사항만을 발췌하여 정보활용 동의를 받는 경우에는 같은 항 단서에 따라 신용정보주체에게 고지사항 전부를 별도로 요청할 수 있음을 알려야 한다(동조 제4항).[80]

이 경우 고지사항 중 그 일부에 대한 생략·발췌에 관한 사항, 같은 항 단서에 따른 요청의 방법, 제4항에 따라 알리는 방법에 대해서는 대통령령으로 정한다(동조 제5항).

※ 법 제34조의2 제3항 본문에 따라 같은 조 제1항 본문에 따른 고지사항(이하 "고지사항"이라 한다) 중 그 일부를 생략하거나 중요한 사항만을 발췌하여 그 신용정보주체에게 알리고 같은 항 본문에 따른 정보활용 동의(이하 "정보활용 동의"라 한다)를 받는 경우에는 각 호의 사항을 반드시 고지해야 한다(시행령 제29조의2 제3항).
  1. 고지사항 중 다음 각 목의 사항
     가. 「개인정보 보호법」 제15조 제2항 각 호의 사항을 범주화한 사항
     나. 「개인정보 보호법」 제17조 제2항 제1호부터 제4호까지의 사항을 범주화한 사항
     다. 「개인정보 보호법」 제18조 제3항 제1호부터 제4호까지의 사항을 범주화한 사항
  2. 법 제34조의2 제4항에 따라 고지사항 전부를 별도로 요청할 수 있다는 사실
  3. 법 제32조 제4항에 따른 선택적 동의사항에 대해 부여된 법 제34조의3 제1항에 따른 정보활용 동의등급

※ 법 제34조의2 제3항 단서에 따라 개인인 신용정보주체가 고지사항 전부를 알려줄 것을 요청한 경우에는 지체 없이 고지사항 전부를 알려주어야 한다(동조 제4항).

※ 법 제34조의2 제3항 본문에 따라 고지사항을 알리는 경우 신용정보주체에게 불이익한 조치를 취할 수 있는 사항을 축소하여 알려서는 안 된다(동조 제5항).

---

79) 본 항의 단서를 위반하여 신용정보주체가 요청하였음에도 불구하고 이에 따르지 아니한 자에게는 3천만원 이하의 과태료를 부과한다(제52조 제3항 제6호의4).
80) 이를 위반하여 별도로 요청할 수 있음을 알리지 아니한 자에게는 3천만원 이하의 과태료를 부과한다(제52조 제3항 제6호의5).

7. 정보활용 동의등급

신용정보제공·이용자는 정보활용 동의 사항에 대하여 금융위원회가 평가한 등급(이하 이 조에서 "정보활용 동의등급"이라 한다)을 신용정보주체에게 알리고 정보 활용 동의를 받아야 한다. 정보활용 동의 사항 중 대통령령으로 정하는 중요사항을 변경한 경우에도 또한 같다(제34조의3 제1항).

금융위원회는 평가를 할 때 다음 각 호의 사항을 고려하여 정보활용 동의등급을 부여하여야 한다(동조 제2항). 또한 금융위원회는 신용정보제공·이용자가 거짓이나 그 밖의 부정한 방법으로 정보활용 동의등급을 부여받은 경우, 그 밖에 대통령령으로 정하는 경우에는 부여한 정보활용 동의등급을 취소하거나 변경할 수 있다(동조 제3항).

---

1. 정보활용에 따른 사생활의 비밀과 자유를 침해할 위험에 관한 사항(활용되는 개인 신용정보가 「개인정보 보호법」 제23조에 따른 민감정보인지 여부를 포함한다)
2. 정보활용에 따라 신용정보주체가 받게 되는 이익이나 혜택
3. 제34조의2 제2항 제1호 및 제2호의 사항
4. 그 밖에 제1호부터 제3호까지의 규정에서 정한 사항과 유사한 사항으로서 대통령 령으로 정하는 사항

이 경우 정보활용 동의등급의 부여, 취소·변경의 방법·절차 등에 대해서는 대통령령으로 정한다(동조 제4항).

〈참고〉 시행령 제29조의3(정보활용 동의등급) ① 법 제34조의3 제1항 전단에서 "대 통령령으로 정하는 신용정보제공·이용자"란 제29조의2 제2항에 해당하는 자를 말 한다.
② 법 제34조의3 제1항 후단에서 "대통령령으로 정하는 중요사항"이란 다음 각 호의 사항을 말한다.
　1. 고지사항
　2. 법 제34조의3 제1항에 따른 정보활용 동의등급
　3. 그 밖에 금융위원회가 정하여 고시하는 사항
③ 법 제34조의3 제2항 제4호에서 "대통령령으로 정하는 사항"이란 다음 각 호의 사 항을 말한다.

---

1. 신용정보주체가 정보활용 동의사항을 읽기 쉽도록 글자 크기나 줄 간격을 확대하는 등의 방법으로 표기했는지 여부
2. 법 제34조의2 제3항 본문에 따라 고지사항 중 그 일부를 생략하거나 중요한 사항만을 발췌하여 그 신용정보주체에게 알린 것인지 여부
3. 그 밖에 금융위원회가 정하여 고시하는 사항

④ 법 제34조의3 제3항에서 "대통령령으로 정하는 경우"란 다음 각 호의 어느 하나에 해당하는 경우를 말한다.
1. 정보활용 동의등급 기준 변경, 고지사항의 변경 등으로 기존에 부여한 정보활용 동의등급을 유지하는 것이 신용정보주체 보호나 건전한 신용질서 유지의 측면에서 불합리한 경우
2. 해당 신용정보제공·이용자가 해산하거나 폐업한 경우
3. 부여된 정보활용 동의등급의 미표시 및 왜곡 등으로 신용정보주체가 정보활용 동의등급을 쉽게 인지하기 어렵게 된 경우
4. 그 밖에 금융위원회가 정하여 고시하는 경우

⑤ 금융위원회는 법 제34조의3 제3항에 따라 정보활용 동의등급을 취소하거나 변경하는 경우 미리 해당 신용정보제공·이용자에게 알려야 한다. 다만, 신용정보주체의 보호 및 건전한 신용질서를 유지하기 위해 급박한 경우에는 미리 알리지 않을 수 있다.

⑥ 제1항부터 제5항까지의 규정에 따른 정보활용 동의등급의 부여·취소 및 변경의 방법·절차에 관한 세부 사항은 금융위원회가 정하여 고시한다.

8. 신용정보 이용 및 제공사실의 조회

신용정보회사등은 개인신용정보를 이용하거나 제공한 경우 대통령령으로 정하는 바에 따라 다음 각 호의 구분에 따른 사항을 신용정보주체가 조회할 수 있도록 하여야 한다. 다만, 내부 경영관리의 목적으로 이용하거나 반복적인 업무위탁을 위하여 제공하는 경우 등 대통령령으로 정하는 경우에는 그러하지 아니하다 (제35조 제1항).

1. 개인신용정보를 이용한 경우: 이용 주체, 이용 목적, 이용 날짜, 이용한 신용정보의 내용, 그 밖에 대통령령으로 정하는 사항
2. 개인신용정보를 제공한 경우: 제공 주체, 제공받은 자, 제공 목적, 제공한 날짜, 제공한 신용정보의 내용, 그 밖에 대통령령으로 정하는 사항

※ 법 제35조 제1항 단서에서 "내부 경영관리의 목적으로 이용하거나 반복적인 업무 위탁을 위하여 제공하는 경우 등 대통령령으로 정하는 경우"란 다음 각 호의 목적으로 이용하거나 제공하는 경우를 말한다. 다만, 상품 및 서비스를 소개하거나 구매를 권유할 목적으로 이용하거나 제공하는 경우는 제외한다(시행령 제30조 제4항).

1. 신용위험관리 등 위험관리와 내부통제
2. 고객분석과 상품 및 서비스의 개발
3. 성과관리
4. 위탁업무의 수행
5. 업무와 재산상태에 대한 검사
5의2. 법 제33조의2 제3항에 따른 신용정보제공·이용자등의 개인신용정보 전송
6. 그 밖에 다른 법령에서 정하는 바에 따른 국가 또는 지방자치단체에 대한 자료 제공

※ 법 제35조 제1항 제1호에서 "대통령령으로 정하는 사항"이란 해당 개인신용정보의 보유기간 및 이용기간을 말한다(동조 제5항).

※ 법 제35조 제1항 제2호에서 "대통령령으로 정하는 사항"이란 해당 개인신용정보를 제공받은 자의 보유기간 및 이용기간을 말한다(동조 제6항).

〈참고〉 시행령 제30조(신용정보 이용 및 제공사실의 조회 등) ① 신용정보회사등은 법 제35조 제1항 각 호 외의 부분 본문에 따라 다음 각 호의 구분에 따른 방법으로 개인신용정보를 이용하거나 제공한 날부터 금융위원회가 정하여 고시하는 기간 이내에 신용정보주체에게 조회사항(같은 항 각 호의 구분에 따른 사항을 말한다. 이하 이 조에서 같다)을 조회할 수 있도록 해야 한다. 다만, 법 제32조 제7항 단서에 따른 불가피한 사유가 있는 경우에는 별표 2의2에 따라 알리거나 공시하는 시기에 조회할 수 있도록 해야 한다.
1. 신용정보회사등으로서 다음 각 목의 어느 하나에 해당하는 자의 경우: 신용정보주체가 조회사항을 편리하게 확인할 수 있도록 하기 위한 개인신용정보조회시스템을 구축하고, 인터넷 홈페이지 등에 그 개인신용정보조회시스템을 이용하는 방법 및 절차 등을 게시하는 방법
   가. 신용정보집중기관
   나. 개인신용평가회사
   다. 개인사업자신용평가회사
   라. 기업신용조회회사
   마. 본인신용정보관리회사
   바. 제2조 제6항 제7호 가목부터 허목까지의 기관(개인신용정보를 관리하는 전

산시스템이 없는 기관으로서 1만명 미만의 신용정보주체에 관한 개인신용
정보를 보유한 기관은 제외한다)

      사. 제21조 제2항 제1호부터 제23호까지의 규정에 따른 기관(개인신용정보를
         관리하는 전산시스템이 없는 기관으로서 1만명 미만의 신용정보주체에 관
         한 개인신용정보를 보유한 기관은 제외한다)

  2. 신용정보회사등으로서 제1호에서 정하는 자 외의 자의 경우: 제1호에서 정하는
     방법 또는 사무소·점포 등에서 신용정보주체가 조회사항을 열람하게 하는 방법

② 제1항에 따라 신용정보회사등이 신용정보주체에게 조회할 수 있도록 하여야 하는
   조회사항은 그 조회가 의뢰된 날을 기준으로 최근 3년간의 조회사항으로 한다.

③ 신용정보회사등은 제1항에 따라 조회사항을 신용정보주체가 조회할 수 있도록 하
   는 경우에는 그 조회를 요구하는 사람이 그 조회사항에 관한 신용정보주체 본인인
   지 여부를 확인하여야 한다. 이 경우 신용정보회사등은 금융거래 등 상거래관계의
   유형·특성·위험도 등을 고려하여 본인 확인의 안전성과 신뢰성이 확보될 수 있는
   수단을 채택하여 활용할 수 있다.

⑦ 신용정보회사등은 법 제35조 제2항에 따라 신용정보주체로부터 통지의 요청을 받
   으면 금융위원회가 정하여 고시하는 서식 및 방법에 따라 그 요청을 받은 때부터
   정기적으로 해당 신용정보주체에게 조회사항을 통지하여야 한다.

⑧ 신용정보회사등은 제1항에 따른 조회나 제7항에 따른 통지에 직접 드는 비용을 그
   신용정보주체에게 부담하게 할 수 있다. 다만, 제1항에 따른 개인신용정보조회시
   스템을 통하여 조회사항을 조회할 수 있도록 한 경우에는 신용정보주체가 1년에
   1회 이상 무료로 조회할 수 있도록 하여야 한다.

⑨ 신용정보회사등은 제1항에 따라 신용정보주체가 조회한 내용과 제7항에 따라 신
   용정보주체에게 통지한 내용을 3년간 보존하여야 한다.

이때 신용정보회사등은 조회를 한 신용정보주체의 요청이 있는 경우 개인신용
정보를 이용하거나 제공하는 때에 각 호의 구분에 따른 사항을 대통령령으로 정하
는 바에 따라 신용정보주체에게 통지하여야 한다(제35조 제2항). 이때 신용정보회사
등은 신용정보주체에게 통지를 요청할 수 있음을 알려주어야 한다(동조 제3항).[81]

9. 개인신용평점 하락 가능성 등에 대한 설명의무

신용정보제공·이용자는 개인인 신용정보주체와 신용위험이 따르는 금융거래
로서 대통령령으로 정하는 금융거래를 하는 경우 다음 각 호의 사항을 해당 신용
정보주체에게 설명하여야 한다(제35조의2).[82]

---

81) 동조를 위반한 자에게는 1천만원 이하의 과태료를 부과한다(제52조 제5항 제11호).

1. 해당 금융거래로 인하여 개인신용평가회사가 개인신용평점을 만들어 낼 때 해당 신용정보주체에게 불이익이 발생할 수 있다는 사실
2. 그 밖에 해당 금융거래로 인하여 해당 신용정보주체에게 영향을 미칠 수 있는 사항으로서 대통령령으로 정하는 사항

※ 법 제35조의2 각 호 외의 부분에서 "대통령령으로 정하는 신용정보제공·이용자" 란 다음 각 호의 자를 말한다(시행령 제30조의2 제1항).
  1. 「금융위원회의 설치 등에 관한 법률」제38조 각 호의 자
  2. 그 밖에 금융위원회가 정하여 고시하는 기관

※ 법 제35조의2 각 호 외의 부분에서 "대통령령으로 정하는 금융거래"란 법 제2조 제1호의3 가목에 따른 신용정보제공·이용자에게 신용위험이 따르는 거래를 말한다(동조 제2항).

※ 법 제35조의2 제2호에서 "대통령령으로 정하는 사항"이란 다음 각 호의 사항을 말한다(동조 제3항).
  1. 개인신용평점 하락 시 불이익 발생 가능성이 있는 금융거래 종류
  2. 평균적으로 연체율이 높은 금융권역의 신용공여는 은행 등 다른 금융권역의 신용공여보다 신용점수가 더 큰 폭으로 하락할 수 있다는 사실
  3. 평균적으로 연체율이 높은 형태의 신용공여는 일반적인 신용공여보다 신용점수가 더 큰 폭으로 하락할 수 있다는 사실
  4. 그 밖에 해당 금융거래로 해당 신용정보주체에게 영향을 미칠 수 있는 사항으로서 금융위원회가 정하여 고시하는 사항

10. 신용정보제공·이용자의 사전통지

신용정보제공·이용자가 제2조 제1호 다목의 정보 중 개인신용정보를 개인신용평가회사, 개인사업자신용평가회사, 기업신용조회회사 및 신용정보집중기관에 제공하여 그 업무에 이용하게 하는 경우에는 다음 각 호의 사항을 신용정보주체 본인에게 통지하여야 한다(제35조의3 제1항).[83]

---

82) 이를 위반하여 해당 신용정보주체에게 설명하지 아니한 자에게는 1천만원 이하의 과태료를 부과한다(제52조 제5항 제11호의2).
83) 이를 위반하여 통지하지 아니한 자에게는 3천만원 이하의 과태료를 부과한다(제52조 제3항 제6호의6).

> 1. 채권자
> 2. 약정한 기일까지 채무를 이행하지 아니한 사실에 관한 정보로서 다음 각 목의 정보
>   가. 금액 및 기산일
>   나. 해당 정보 등록이 예상되는 날짜
> 3. 정보 등록 시 개인신용평점 또는 기업신용등급이 하락하고 금리가 상승하는 등 불이익을 받을 수 있다는 사실(신용정보집중기관에 등록하는 경우에는 신용정보집중기관이 제3자에게 정보를 제공함으로써 신용정보주체가 불이익을 받을 수 있다는 사실)
> 4. 그 밖에 제1호부터 제3호까지의 규정에서 정한 사항과 유사한 사항으로서 대통령령으로 정하는 사항

이 경우 통지의 시기와 방법 등에 대하여 필요한 사항은 대통령령으로 정한다(동조 제2항).

※ 법 제35조의3 제1항에서 대통령령으로 정하는 "신용정보제공·이용자"란 다음 각 호의 자를 말한다(시행령 제30조의3 제1항).
  1. 제2조 제6항 제7호 각 목의 자
  2. 제21조 제2항 각 호의 자
  3. 상거래 기업 및 법인
  4. 그 밖에 금융위원회가 정하여 고시하는 자

※ 법 제35조의3 제1항 제4호에서 "대통령령으로 정하는 사항"이란 다음 각 호의 사항을 말한다(동조 제2항).
  1. 정보 등록 후 연체금을 상환하여도 신용점수가 일정기간 회복되지 않을 수 있다는 사실
  2. 정보 등록 후 연체금을 상환하여도 일정기간 그 기록이 보관된다는 사실
  3. 그 밖에 금융위원회가 정하여 고시하는 사항

> 〈참고〉 시행령 제30조의3(신용정보제공·이용자의 사전통지) ③ 법 제35조의3 제1항에 따른 통지는 개인신용정보를 제공하기 5영업일 전까지 다음 각 호의 어느 하나에 해당하는 방법으로 해야 한다.
> 1. 서면
> 2. 전화
> 3. 전자우편
> 4. 휴대전화 문자메시지

5. 그 밖에 신용정보주체에게 개인신용정보 조회 등에 관한 사항을 통지하기에 적합하다고 금융위원회가 인정하여 고시하는 방법

④ 제3항에도 불구하고 다음 각 호의 경우 법 제35조의3 제1항에 따른 통지는 해당 호에서 정한 기한까지 할 수 있다.

1. 신용정보주체가 정보제공으로 불이익을 받지 않는 경우로서 금융위원회가 정하여 고시하는 경우: 개인신용정보를 제공하기 전

2. 연체사실에 관한 정보를 제공하는 경우로서 연체 발생일부터 해당 정보의 등록이 예상되는 날까지의 기간이 5영업일 미만인 경우(제1호의 경우는 제외한다): 개인신용정보를 제공하기 1영업일 전

11. 상거래 거절 근거 신용정보의 고지 등

신용정보제공·이용자가 개인신용평가회사, 개인사업자신용평가회사, 기업신용조회회사(기업정보조회업무만 하는 기업신용조회회사는 제외한다) 및 신용정보집중기관으로부터 제공받은 개인신용정보로서 대통령령으로 정하는 정보에 근거하여 상대방과의 상거래관계 설정을 거절하거나 중지한 경우에는 해당 신용정보주체의 요구가 있으면 그 거절 또는 중지의 근거가 된 정보 등 대통령령으로 정하는 사항을 본인에게 고지하여야 한다(제36조 제1항).[84]

※ 법 제36조 제1항에서 "대통령령으로 정하는 정보"란 다음 각 호의 신용정보를 말한다(시행령 제31조 제1항).

1. 법 제2조 제1호의4에 따른 신용정보

2. 법 제2조 제1호의6 각 목의 신용정보. 다만, 같은 호 라목, 마목 및 사목의 신용정보는 제외하며, 같은 호 아목의 신용정보는 제2조 제17항 제3호(체납 관련 정보에 한정한다), 제5호 및 제6호의 정보에 한정한다.

※ 법 제36조 제1항에서 "거절 또는 중지의 근거가 된 정보 등 대통령령으로 정하는 사항"이란 다음 각 호의 사항을 말한다(동조 제2항).

1. 상거래관계 설정의 거절이나 중지의 근거가 된 신용정보

2. 제1호의 정보를 제공한 개인신용평가회사, 개인사업자신용평가회사, 기업신용조회회사 및 신용정보집중기관의 명칭·주소 및 전화번호 등

3. 개인신용평가회사, 개인사업자신용평가회사, 기업신용조회회사 및 신용정보집

---

84) 이를 위반한 자에게는 3천만원 이하의 과태료를 부과한다(제52조 제3항 제7호).

중기관이 상거래관계의 설정을 거절하거나 중지하도록 결정한 것이 아니라는 사실 및 개인신용평가회사, 개인사업자신용평가회사, 기업신용조회회사 또는 신용정보집중기관으로부터 제공받은 정보 외에 다른 정보를 함께 사용했을 경우에는 그 사실과 그 다른 정보

이때 신용정보주체는 고지받은 본인정보의 내용에 이의가 있으면 고지를 받은 날부터 60일 이내에 해당 신용정보를 수집·제공한 개인신용평가회사, 개인사업자신용평가회사, 기업신용조회회사(기업정보조회업무만 하는 기업신용조회회사는 제외한다) 및 신용정보집중기관에게 그 신용정보의 정확성을 확인하도록 요청할 수 있다(제36조 제2항). 이 확인절차 등에 관하여는 제38조를 준용한다(동조 제3항).[85]

12. 자동화평가 결과에 대한 설명 및 이의제기 등

개인인 신용정보주체는 개인신용평가회사 및 대통령령으로 정하는 신용정보제공·이용자(이하 이 조에서 "개인신용평가회사등"이라 한다)에 대하여 다음 각 호의 사항을 설명하여 줄 것을 요구할 수 있다(제36조의2 제1항).[86]

---

1. 다음 각 목의 행위에 자동화평가를 하는지 여부
   가. 개인신용평가
   나. 대통령령으로 정하는 금융거래의 설정 및 유지 여부, 내용의 결정(대통령령으로 정하는 신용정보제공·이용자에 한정한다)
   다. 그 밖에 컴퓨터 등 정보처리장치로만 처리하면 개인신용정보 보호를 저해할 우려가 있는 경우로서 대통령령으로 정하는 행위
2. 자동화평가를 하는 경우 다음 각 목의 사항
   가. 자동화평가의 결과
   나. 자동화평가의 주요 기준
   다. 자동화평가에 이용된 기초정보(이하 이 조에서 "기초정보"라 한다)의 개요
   라. 그 밖에 가목부터 다목까지의 규정에서 정한 사항과 유사한 사항으로서 대통령령으로 정하는 사항

---

85) 이를 위반한 자에게는 3천만원 이하의 과태료를 부과한다(제52조 제3항 제7호).
86) 이를 위반하여 설명을 하지 아니한 자에게는 3천만원 이하의 과태료를 부과한다(제52조 제3항 제7호의2).

※ 법 제36조의2 제1항 각 호 외의 부분에서 "대통령령으로 정하는 신용정보제공·이용자"란 「금융위원회의 설치 등에 관한 법률」 제38조 각 호의 자를 말한다(시행령 제31조의2 제1항).

※ 법 제36조의2 제1항 제1호 나목에서 "대통령령으로 정하는 금융거래"란 다음 각 호의 거래를 말한다(동조 제2항).
  1. 법 제2조 제1호의3 가목 1)부터 4)까지의 규정에 따른 거래
  2. 그 밖에 제1호와 유사한 거래로서 금융위원회가 정하여 고시하는 거래

※ 법 제36조의2 제1항 제1호 나목에서 "대통령령으로 정하는 신용정보제공·이용자"란 제1항에 따른 신용정보제공·이용자를 말한다(동조 제3항).

※ 법 제36조의2 제1항 제1호 다목에서 "대통령령으로 정하는 행위"란 제2항에 따른 거래에 관한 계약의 청약 또는 승낙 여부의 결정을 말한다(동조 제4항).

〈참고〉 시행령 제31조의2(개인신용평가 결과에 대한 설명 및 이의제기 등) ⑥ 개인인 신용정보주체는 서면, 전자우편, 인터넷 홈페이지 또는 어플리케이션 등을 통해 금융위원회가 정하여 고시하는 서식에 따라 법 제36조의2 제1항 및 제2항에 따른 권리를 행사해야 한다.
⑦ 개인신용평가회사등은 법 제36조의2 제1항 및 제2항에 따른 권리를 행사한 신용정보주체에게 설명·정정·삭제 등 필요조치를 하고 그 결과를 서면, 전자우편, 인터넷 홈페이지 또는 어플리케이션 등을 통해 금융위원회가 정하여 고시하는 서식에 따라 해당 신용정보주체에게 설명해야 한다.
⑧ 개인신용평가회사등은 개인인 신용정보주체에게 설명을 하는 경우 다음 각 호의 구분에 따라 설명해야 한다.
  1. 법 제36조의2 제1항 제2호 가목의 사항을 설명하는 경우: 개인인 신용정보주체의 별도 요청이 없으면 요구 시점에서 가장 최근에 실시한 자동화평가의 결과로서, 개인신용평가회사등이 자체적으로 정한 신용등급 또는 점수(백분율을 포함한다) 등으로 표시할 수 있다.
  2. 법 제36조의2 제1항 제2호 나목의 사항을 설명하는 경우: 자동화평가시 법 제2조 제1호에서 정하고 있는 신용정보의 종류별(신용거래 판단정보, 신용도 판단정보, 신용거래능력 판단정보 등) 반영 비중을 안내하거나 또는 각 금융권역 협회에서 마련한 양식에 따라 안내할 수 있다.
  3. 법 제36조의2 제1항 제2호다목의 사항을 설명하는 경우: 설명을 요구한 개인인 신용정보주체 본인, 종합신용정보집중기관 및 개인신용평가회사등으로부터 금융회사 등이 직접 입수한 신용정보를 안내할 수 있다. 다만, 금융회사 등이 기초정보를 자체적으로 가공하여 생성 또는 추론한 정보는 제외할 수 있다.

그리고 개인인 신용정보주체는 개인신용평가회사등에 대하여 다음 각 호의 행위를 할 수 있다(제36조의2 제2항).

---

1. 해당 신용정보주체에게 자동화평가 결과의 산출에 유리하다고 판단되는 정보의 제출
2. 자동화평가에 이용된 기초정보의 내용이 정확하지 아니하거나 최신의 정보가 아니라고 판단되는 경우 다음 각 목의 어느 하나에 해당하는 행위
   가. 기초정보를 정정하거나 삭제할 것을 요구하는 행위
   나. 자동화평가 결과를 다시 산출할 것을 요구하는 행위

한편 개인신용평가회사등은 다음 각 호의 어느 하나에 해당하는 경우에는 개인인 신용정보주체의 요구를 거절할 수 있으며(동조 제3항), 개인신용평가회사등은 개인인 신용정보주체의 요구를 거절한 경우 거절의 근거 및 사유를 서면, 전자우편, 인터넷 홈페이지 또는 어플리케이션 등을 통해 안내해야 한다(시행령 제31조의2 제9항).

---

1. 이 법 또는 다른 법률에 특별한 규정이 있거나 법령상 의무를 준수하기 위하여 불가피한 경우
2. 해당 신용정보주체의 요구에 따르게 되면 금융거래 등 상거래관계의 설정 및 유지 등이 곤란한 경우
3. 그 밖에 제1호 및 제2호에서 정한 경우와 유사한 경우로서 대통령령으로 정하는 경우

※ 법 제36조의2 제3항 제3호에서 "대통령령으로 정하는 경우"란 다음 각 호의 어느 하나에 해당하는 경우를 말한다(시행령 제31조의2 제5항).
   1. 개인인 신용정보주체가 정정 또는 삭제 요청한 내용이 사실과 다른 경우
   2. 정당한 사유 없이 동일한 금융거래 등에 대해 3회 이상 반복적으로 법 제36조의2 제1항 및 제2항에 따른 권리를 행사하는 경우

이때 개인인 신용정보주체의 요구의 절차 및 방법, 개인신용평가회사등의 거절의 통지 및 그 밖에 필요한 사항은 대통령령으로 정한다(제36조의2 제4항).

13. 개인신용정보 제공 동의 철회권 등

개인인 신용정보주체는 제32조 제1항 각 호의 방식으로 동의를 받은 신용정보제공·이용자에게 개인신용평가회사, 개인사업자신용평가회사 또는 신용정보집중기관에 제공하여 개인의 신용도 등을 평가하기 위한 목적 외의 목적으로 행한 개인신용정보 제공 동의를 대통령령으로 정하는 바에 따라 철회할 수 있다. 다만, 동의를 받은 신용정보제공·이용자 외의 신용정보제공·이용자에게 해당 개인신용정보를 제공하지 아니하면 해당 신용정보주체와 약정한 용역의 제공을 하지 못하게 되는 등 계약 이행이 어려워지거나 제33조 제1항 제1호에 따른 목적을 달성할 수 없는 경우에는 고객이 동의를 철회하려면 그 용역의 제공을 받지 아니할 의사를 명확하게 밝혀야 한다(제37조 제1항). 또한 개인인 신용정보주체는 대통령령으로 정하는 바에 따라 신용정보제공·이용자에 대하여 상품이나 용역을 소개하거나 구매를 권유할 목적으로 본인에게 연락하는 것을 중지하도록 청구할 수 있다(동조 제2항).

그리고 신용정보제공·이용자는 서면, 전자문서 또는 구두에 의한 방법으로 권리의 내용, 행사방법 등을 거래 상대방인 개인에게 고지하고, 거래 상대방이 제1항 및 제2항의 요구를 하면 즉시 이에 따라야 한다. 이때 구두에 의한 방법으로 이를 고지한 경우 대통령령으로 정하는 바에 따른 추가적인 사후 고지절차를 거쳐야 한다(동조 제3항).[87]

또한 신용정보제공·이용자는 대통령령으로 정하는 바에 따라 위의 고지의무를 이행하기 위한 절차를 갖추어야 하며(동조 제4항), 위의 개인인 신용정보주체의 청구에 따라 발생하는 전화요금 등 금전적 비용을 개인인 신용정보주체가 부담하지 아니하도록 대통령령으로 정하는 바에 따라 필요한 조치를 하여야 한다(동조 제5항).

〈참고〉 시행령 제32조(개인신용정보 제공·이용 동의 철회권 등) ① 법 제37조 제1항에 따라 개인인 신용정보주체는 동의 철회의 대상 및 내용 등을 특정하여 해당 기관의 인터넷 홈페이지, 유무선 통신, 서면, 그 밖에 금융위원회가 정하여 고시하는

---

87) 이를 위반한 자에게는 3천만원 이하의 과태료를 부과한다(제52조 제3항 제8호).

방법으로 동의를 철회할 수 있다.

② 법 제37조 제2항에 따라 개인인 신용정보주체는 상품이나 용역을 소개하거나 구매를 권유할 목적으로 연락하는 신용정보제공·이용자에 대하여 연락중지 청구의 대상 및 내용을 특정하여 제1항의 방법으로 본인에게 연락하는 것을 중지할 것을 청구할 수 있다.

③ 제1항 및 제2항에 따른 청구를 받은 신용정보제공·이용자는 청구를 받은 날부터 1개월 이내에 그에 따른 조치를 완료하여야 한다.

④ 법 제37조 제3항에 따라 신용정보제공·이용자가 거래 상대방인 개인에게 구두에 의한 방법으로 고지한 경우에는 고지한 날부터 1개월 이내에 고지 내용을 서면, 전자우편, 휴대전화 문자메시지, 인터넷 홈페이지 및 그 밖에 금융위원회가 정하는 방법으로 추가 고지하여야 한다.

⑤ 법 제37조 제4항 및 제5항에 따라 신용정보제공·이용자는 수신자 부담 전화, 수취인 부담 우편 등의 조치를 마련하여야 한다.

14. 신용정보의 열람 및 정정청구 등

신용정보주체는 신용정보회사등에 본인의 신분을 나타내는 증표를 내보이거나 전화, 인터넷 홈페이지의 이용 등 대통령령으로 정하는 방법으로 본인임을 확인받아 신용정보회사등이 가지고 있는 신용정보주체 본인에 관한 신용정보로서 대통령령으로 정하는 신용정보의 교부 또는 열람을 청구할 수 있다(제38조 제1항).

※ 법 제38조 제1항에서 "본인의 신분을 나타내는 증표를 내보이거나 전화, 인터넷 홈페이지의 이용 등 대통령령으로 정하는 방법"이란 다음 각 호의 방법을 말한다 (시행령 제33조 제1항).
  1. 본인의 신분을 나타내는 증표를 내보이는 방법
  2. 전화, 인터넷 홈페이지를 이용하는 방법
  3. 제1호 및 제2호의 방법 외의 방법으로서 본인 확인의 안전성과 신뢰성이 확보될 수 있는 수단을 활용하여 본인정보의 제공·열람을 청구하는 자가 신용정보주체 본인임을 확인하는 방법. 이 경우 신용정보회사등은 금융거래 등 상거래관계의 유형·특성·위험도 등을 고려하여 본인 확인의 안전성과 신뢰성이 확보될 수 있는 수단을 채택하여 활용할 수 있다.

※ 법 제38조 제1항에서 "대통령령으로 정하는 신용정보"란 법 제33조의2 제2항에 따른 개인신용정보 범위에 속하는 개인신용정보를 말한다(동조 제3항).

<참고> 시행령 제33조(신용정보의 열람 및 정정청구 등) ② 법 제38조 제1항에 따라 신용정보주체는 본인정보를 제공받거나 열람하는 경우 서면, 전자문서 또는 인터넷 홈페이지 등을 통하여 할 수 있다.

④ 신용정보주체가 법 제38조 제5항에 따라 시정 요청을 하려는 경우에는 처리결과의 통지를 받은 날(통지가 없는 경우에는 같은 조 제2항에 따른 정정청구를 하고 7영업일이 지난 날)부터 15일 이내에 금융위원회가 정하여 고시하는 시정요청서에 다음 각 호의 서류를 첨부하여 금융위원회에 제출해야 한다.
  1. 법 제38조 제2항에 따라 신용정보회사등에 정정청구를 한 내용을 적은 서면
  2. 신용정보회사등으로부터 법 제38조 제5항에 따른 처리결과를 통지받은 경우에는 그 통지 내용
  3. 시정 요청의 대상이 된 신용정보의 사실 여부를 확인할 수 있는 근거자료

⑤ 신용정보주체가 법 제38조 제5항 단서에 따라 「개인정보 보호법」 제7조에 따른 개인정보 보호위원회(이하 "보호위원회"라 한다)에 시정 요청을 하려는 경우에는 처리결과의 통지를 받은 날(통지가 없는 경우에는 법 제38조 제2항에 따른 정정청구를 하고 7영업일이 지난 날을 말한다)부터 15일 이내에 금융위원회가 정하여 고시하는 시정요청서에 다음 각 호의 서류를 첨부하여 보호위원회에 제출해야 한다.
  1. 법 제38조 제2항에 따라 신용정보회사등에 정정청구를 한 내용을 적은 서면
  2. 상거래 기업 및 법인으로부터 법 제38조 제5항에 따른 처리결과를 통지받은 경우에는 그 통지내용
  3. 시정 요청의 대상이 된 신용정보의 사실 여부를 확인할 수 있는 근거자료

이에 따라 정정청구를 받은 신용정보회사등은 정정청구에 정당한 사유가 있다고 인정하면 지체 없이 해당 신용정보의 제공·이용을 중단한 후 사실인지를 조사하여 사실과 다르거나 확인할 수 없는 신용정보는 삭제하거나 정정하여야 한다(제38조 제3항). 이때 신용정보를 삭제하거나 정정한 신용정보회사등은 해당 신용정보를 최근 6개월 이내에 제공받은 자와 해당 신용정보주체가 요구하는 자에게 해당 신용정보에서 삭제하거나 정정한 내용을 알려야 한다(동조 제4항).

그리고 신용정보회사등은 처리결과를 7일 이내에 해당 신용정보주체에게 알려야 하며, 해당 신용정보주체는 처리결과에 이의가 있으면 대통령령으로 정하는 바에 따라 금융위원회에 그 시정을 요청할 수 있다. 다만, 개인신용정보에 대한 제45조의3 제1항에 따른 상거래기업 및 법인의 처리에 대하여 이의가 있으면 대통령령으로 정하는 바에 따라 「개인정보 보호법」에 따른 개인정보 보호위원회(이하 "보호위원회"라 한다)에 그 시정을 요청할 수 있다(동조 제5항). 금융위원회 또는

보호위원회는 시정을 요청받으면 「금융위원회의 설치 등에 관한 법률」 제24조에 따라 설립된 금융감독원의 원장(이하 "금융감독원장"이라 한다) 또는 보호위원회가 지정한 자로 하여금 그 사실 여부를 조사하게 하고, 조사결과에 따라 신용정보회사등에 대하여 시정을 명하거나 그 밖에 필요한 조치를 할 수 있다. 다만, 필요한 경우 보호위원회는 해당 업무를 직접 수행할 수 있다(동조 제6항).

이때 조사를 하는 자는 그 권한을 표시하는 증표를 지니고 이를 관계인에게 내보여야 한다(동조 제7항). 또한 신용정보회사등이 금융위원회 또는 보호위원회의 시정명령에 따라 시정조치를 한 경우에는 그 결과를 금융위원회 또는 보호위원회에 보고하여야 한다(동조 제8항).[88]

15. 신용조회사실의 통지 요청

신용정보주체는 개인신용평가회사, 개인사업자신용평가회사에 대하여 본인의 개인신용정보가 조회되는 사실을 통지하여 줄 것을 요청할 수 있다. 이 경우 신용정보주체는 금융위원회가 정하는 방식에 따라 본인임을 확인받아야 한다(제38조의2 제1항). 이 요청을 받은 개인신용평가회사 또는 개인사업자신용평가회사는 명의도용 가능성 등 대통령령으로 정하는 사유에 해당하는 개인신용정보 조회가 발생한 때에는 해당 조회에 따른 개인신용정보의 제공을 중지하고 그 사실을 지체 없이 해당 신용정보주체에게 통지하여야 한다(동조 제2항). 이때 정보제공 중지 및 통지 방법, 통지에 따른 비용 부담 등에 필요한 사항은 대통령령으로 정한다(동조 제3항).[89]

〈참고〉 시행령 제33조의2(정보제공 중지의 요건 및 신용정보주체에 대한 통지사항 등) ① 개인신용평가회사 또는 개인사업자신용평가회사는 법 제38조의2 제2항에 따라 신용정보주체로부터 같은 조 제1항의 요청을 받은 경우로서 다음 각 호의 어느 하나에 해당하는 사실이 발생함에 따라 그 요청을 받은 것으로 인정되는 경우에 그 사실로 인하여 그 신용정보주체의 개인신용정보가 도용됨으로써 신용정보제공·이용자, 그 밖의 이용자(이하 이 조에서 "정보제공의뢰자"라 한다)로부터 개

---

88) 동조 제3항에서 제6항까지 또는 제8항을 위반한 자에게는 3천만원 이하의 과태료를 부과한다(제52조 제3항 제9호).
89) 동조를 위반한 자에게는 3천만원 이하의 과태료를 부과한다(제52조 제3항 제10호).

인신용정보의 제공을 의뢰받은 것으로 의심되면 지체 없이 해당 신용정보주체의 개인신용정보를 정보제공의뢰자에게 제공하는 행위를 중지해야 한다.

1. 해당 신용정보주체의 개인신용정보가 누설된 사실
2. 해당 신용정보주체가 신분증을 분실한 사실
3. 제1호 또는 제2호와 비슷한 사실로서 금융위원회가 정하여 고시하는 사실

② 법 제38조의2 제1항 전단 및 제2항에 따라 개인신용평가회사 또는 개인사업자신용평가회사가 신용정보주체에게 통지해야 할 사항은 다음 각 호의 구분에 따른다.

1. 정보제공의뢰자에게 해당 신용정보주체의 개인신용정보를 제공하여 법 제38조의2 제1항에 따라 통지한 경우: 개인신용정보를 제공받은 자, 제공의 목적, 제공한 내용, 제공한 날짜
2. 정보제공의뢰자에게 해당 신용정보주체의 개인신용정보를 제공하지 아니하고 법 제38조의2 제2항에 따라 통지한 경우: 정보제공의뢰자, 의뢰의 목적, 의뢰된 날짜

③ 개인신용평가회사 또는 개인사업자신용평가회사는 법 제38조의2 제3항에 따라 다음 각 호의 어느 하나에 해당하는 방법으로 해당 신용정보주체에게 제2항 각 호의 구분에 따른 사항을 통지해야 한다.

1. 서면
2. 전화
3. 전자우편
4. 휴대전화 문자메시지
5. 제1호부터 제4호까지의 규정에 따른 방법과 비슷한 방법
6. 그 밖에 신용정보주체에게 개인신용정보 조회 등에 관한 사항을 통지하기에 적합하다고 금융위원회가 인정하여 고시하는 방법

④ 개인신용평가회사 또는 개인사업자신용평가회사는 법 제38조의2 제3항에 따라 해당 신용정보주체에게 제2항 및 제3항에 따른 통지에 드는 비용을 부담하게 할 수 있다. 다만, 제1항 제1호에 해당하는 사실이 발생한 경우로서 신용정보회사등에 책임 있는 사유로 그 사실이 발생함에 따라 그 통지를 하게 된 경우에는 그 신용정보회사등에 그 비용을 부담하게 해야 한다.

16. 개인신용정보의 삭제 요구

신용정보주체는 금융거래 등 상거래관계가 종료되고 대통령령으로 정하는 기간이 경과한 경우 신용정보제공·이용자에게 본인의 개인신용정보의 삭제를 요구할 수 있다. 다만, 제20조의2 제2항 각 호의 어느 하나에 해당하는 경우에는 그러하지 아니하다(제38조의3 제1항).

※ 법 제38조의3 제1항 본문에 따른 "대통령령으로 정하는 기간"은 다음 각 호의 구분에 따른 기간으로 한다(시행령 제33조의3 제1항).
1. 제17조의2 제1항 제1호에 따른 개인신용정보의 경우: 5년
2. 제17조의2 제1항 제2호에 따른 개인신용정보의 경우: 3개월

〈참고〉 시행령 제33조의3(개인신용정보의 삭제 요구) ② 법 제38조의3 제1항 본문에 따른 삭제요구에 따라 신용정보제공·이용자가 개인신용정보를 삭제함으로써 해당 신용정보주체에게 불이익이 발생하는 경우에는 그 정보를 삭제하기 전에 그러한 불이익이 발생할 수 있다는 것을 해당 신용정보주체에게 알려야 한다.
③ 법 제38조의3 제3항에 따라 신용정보제공·이용자가 개인신용정보를 관리하는 경우에는 제17조의2 제1항 제1호 각 목의 방법에 따라 관리한다.

또한 신용정보제공·이용자가 이 요구를 받았을 때에는 지체 없이 해당 개인신용정보를 삭제하고 그 결과를 신용정보주체에게 통지하여야 한다(제38조의3 제2항). 다만, 이 요구가 제1항 단서에 해당될 때에는 다른 개인신용정보와 분리하는 등 대통령령으로 정하는 바에 따라 관리하여야 하며, 그 결과를 신용정보주체에게 통지하여야 한다(동조 제3항). 이때 통지의 방법은 금융위원회가 정하여 고시한다(동조 제4항).[90]

17. 무료 열람권

개인인 신용정보주체는 1년 이내로서 대통령령으로 정하는 일정한 기간(4개월)마다 개인신용평가회사(대통령령으로 정하는 개인신용평가회사는 제외)에 대하여 다음 각 호의 신용정보를 1회 이상 무료로 교부받거나 열람할 수 있다(제39조).[91]

1. 개인신용평점
2. 개인신용평점의 산출에 이용된 개인신용정보
3. 그 밖에 제1호 및 제2호에서 정한 정보와 유사한 정보로서 대통령령으로 정하는 신용정보

---

90) 본조를 위반한 자에게는 3천만원 이하의 과태료를 부과한다(제52조 제3항 제11호).
91) 이를 위반한 자에게는 3천만원 이하의 과태료를 부과한다(제52조 제3항 제12호).

※ 법 제39조에서 "대통령령으로 정하는 일정한 기간"이란 4개월을 말한다(시행령 제34조 제1항).

※ 법 제39조 각 호 외의 부분에서 "대통령령으로 정하는 개인신용평가회사"란 전문 개인신용평가회사를 말한다(동조 제2항).

※ 법 제39조 제3호에서 "대통령령으로 정하는 신용정보"란 다음 각 호의 정보를 말한다(동조 제3항).
　1. 법 제36조의2 제1항 제2호 다목의 정보
　2. 그 밖에 금융위원회가 정하여 고시하는 정보

18. 채권자변동정보의 열람 등

신용정보제공·이용자는 개인인 신용정보주체와의 금융거래로서 대통령령으로 정하는 금융거래로 인하여 발생한 채권을 취득하거나 제3자에게 양도하는 경우 해당 채권의 취득·양도·양수 사실에 관한 정보, 그 밖에 신용정보주체의 보호를 위하여 필요한 정보로서 대통령령으로 정하는 정보(이하 이 조에서 "채권자변동정보"라 한다)를 종합신용정보집중기관에 제공하여야 한다(제39조의2 제1항). 개인인 신용정보주체는 종합신용정보집중기관이 제공받아 보유하고 있는 신용정보주체 본인에 대한 채권자변동정보를 교부받거나 열람할 수 있다(동조 제2항).

※ 법 제39조의2 제1항에서 "신용정보제공·이용자"란 제2조 제6항 제7호 가목부터 버목까지, 같은 호 어목부터 허목까지 및 제21조 제2항 각 호의 자를 말한다(시행령 제34조의2 제1항).

※ 법 제39조의2 제1항에서 "대통령령으로 정하는 금융거래"란 다음 각 호의 거래를 말한다(동조 제2항).
　1. 법 제2조 제1호의3 가목에 따른 거래로서 개인인 신용정보주체가 채무자가 되는 거래
　2. 제1호와 유사한 거래로서 금융위원회가 정하여 고시하는 거래

※ 법 제39조의2 제1항에서 "대통령령으로 정하는 정보"란 다음 각 호의 정보를 말한다(동조 제3항).
　1. 채권의 취득·양도·양수 사실에 관한 정보로서 다음 각 목의 정보
　　가. 최초 대출일

나. 최초 대출일 이후 채권의 양도·양수 내역 및 양도·양수 기관 내역

　　다. 최종거래의 양도자, 양수자 및 거래일

　　라. 최종 양도·양수 당시 이전된 채권원금

2. 채권의 소멸시효 완성 여부(소멸시효가 완성되지 않은 경우에는 소멸시효 기
　 산일을 포함한다)

3. 기한의 이익 상실 여부 및 상실일

4. 채무 관련 가압류, 강제집행 등 법적 조치 집행 여부 및 집행일

5. 채권추심회사에 대한 채권추심의 위탁 여부 및 위탁업체의 이름

6. 신용정보주체가 연락을 취할 수 있는 신용정보제공·이용자의 연락처

　　또한 종합신용정보집중기관은 제공받은 채권자변동정보를 제25조 제1항에 따라 집중관리·활용하는 정보, 그 밖에 대통령령으로 정하는 정보와 대통령령으로 정하는 바에 따라 분리하여 보관하여야 한다(제39조의2 제3항).[92] 그리고 채권자변동정보의 제공 및 열람권 행사의 비용 등에 대해서는 대통령령으로 정한다(동조 제4항).

〈참고〉 시행령 제34조의2(채권자변동정보의 열람 등) ④ 종합신용정보집중기관은 법 제39조의2 제3항에 따라 같은 조 제1항에 따른 채권자변동정보(이하 "채권자변동정보"라 한다)를 법 제25조 제1항에 따라 집중관리·활용하는 정보(이하 이 조에서 "집중관리정보"라 한다)와 분리하여 보관하기 위해 채권자변동정보와 집중관리정보의 관리 기준, 접근 권한 및 저장 공간 등을 각각 별도로 마련하여 운영해야 한다.
⑤ 제1항에 따른 자가 종합신용정보집중기관에 채권자변동정보를 제공하거나 종합신용정보집중기관이 개인인 신용정보주체 본인에게 채권자변동정보를 교부하거나 열람하게 하는 경우 채권자변동정보의 축적 및 보관 등에 소요되는 비용 등을 고려하여 신용정보집중관리위원회가 정하는 비용을 청구할 수 있다.
⑥ 제1항부터 제5항까지의 규정에 따른 채권자변동정보의 제공·교부·열람 및 열람권 행사의 비용 부담에 관한 세부 사항은 신용정보집중관리위원회가 정한다.

---

[92] 이를 위반하여 분리하여 보관하지 아니한 자에게는 5천만원 이하의 과태료를 부과한다(제52조 제2항 제5호의2).

19. 신용정보주체의 권리행사 방법 및 절차

신용정보주체는 다음 각 호의 권리행사(이하 "열람등 요구"라 한다)를 서면 등 대통령령으로 정하는 방법·절차에 따라 대리인에게 하게 할 수 있다(제39조의3 제1항). 또한 만 14세 미만 아동의 법정대리인은 신용정보회사등에 그 아동의 개인신용정보에 대하여 열람등요구를 할 수 있다(동조 제2항)

---

1. 제33조의2 제1항에 따른 전송요구
2. 제36조 제1항에 따른 고지요구
3. 제36조의2 제1항에 따른 설명 요구 및 제2항 각 호의 어느 하나에 해당하는 행위
4. 제37조 제1항에 따른 동의 철회 및 제2항에 따른 연락중지 청구
5. 제38조 제1항 및 제2항에 따른 열람 및 정정청구
6. 제38조의2 제1항에 따른 통지 요청
7. 제39조에 따른 무료열람
8. 제39조의2 제2항에 따른 교부 또는 열람

※ 법 제39조의3 제1항 각 호 외의 부분에서 "서면 등 대통령령으로 정하는 방법·절차"란 서면, 전자문서, 인터넷 홈페이지, 어플리케이션 또는 메신저 등 안전성과 신뢰성이 확보될 수 있는 수단을 사용하여 대리의 구체적인 내용과 범위 및 기간을 포함하여 대리권을 위임하는 것을 말한다(시행령 제34조의3).

20. 개인신용정보 누설통지 등

신용정보회사등은 개인신용정보가 업무 목적 외로 누설되었음을 알게 된 때에는 지체 없이 해당 신용정보주체에게 통지하여야 한다. 이 경우 통지하여야 할 사항은 「개인정보 보호법」 제34조 제1항 각 호의 사항을 준용한다(제39조의4 제1항).93)

---

93) 신용정보주체에게 같은 항 각 호의 사실을 알리지 아니한 자에게는 3천만원 이하의 과태료를 부과한다(제52조 제3항 제13호).

〈참고〉「개인정보 보호법」제34조(개인정보 유출 통지 등) ① 개인정보처리자는 개인정보가 유출되었음을 알게 되었을 때에는 지체 없이 해당 정보주체에게 다음 각 호의 사실을 알려야 한다.
1. 유출된 개인정보의 항목
2. 유출된 시점과 그 경위
3. 유출로 인하여 발생할 수 있는 피해를 최소화하기 위하여 정보주체가 할 수 있는 방법 등에 관한 정보
4. 개인정보처리자의 대응조치 및 피해 구제절차
5. 정보주체에게 피해가 발생한 경우 신고 등을 접수할 수 있는 담당부서 및 연락처

또한 신용정보회사등은 개인신용정보가 누설된 경우 그 피해를 최소화하기 위한 대책을 마련하고 필요한 조치를 하여야 한다(동조 제2항). 신용정보회사등은 대통령령으로 정하는 규모 이상의 개인신용정보가 누설된 경우 위의 통지 및 조치결과를 지체 없이 금융위원회 또는 대통령령으로 정하는 기관(이하 이 조에서 "금융위원회등"이라 한다)에 신고하여야 한다. 이 경우 금융위원회등은 피해 확산 방지, 피해 복구 등을 위한 기술을 지원할 수 있다(동조 제3항).[94] 그럼에도 불구하고 상거래기업 및 법인은 보호위원회 또는 대통령령으로 정하는 기관(이하 이 조에서 "보호위원회등"이라 한다)에 신고하여야 한다(동조 제4항).

※ 법 제39조의4 제3항 전단에서 "대통령령으로 정하는 규모 이상의 신용정보"란 1만명 이상의 신용정보주체에 관한 개인신용정보를 말하며(시행령 제34조의4 제4항), "대통령령으로 정하는 전문기관"이란 금융감독원을 말한다(동조 제5항).

※ 법 제39조의4 제4항에서 "대통령령으로 정하는 기관"이란 「개인정보 보호법」제34조 제3항에 따른 전문기관을 말한다(동조 제8항).

한편, 금융위원회등은 위의 신고를 받은 때에는 이를 개인정보 보호위원회에 알려야 한다(제39조의4 제5항). 또한 금융위원회등 또는 보호위원회등은 제2항에 따라 신용정보회사등이 행한 조치에 대하여 조사할 수 있으며, 그 조치가 미흡하다고 판단되는 경우 금융위원회 또는 보호위원회는 시정을 요구할 수 있다(동조

---

94) 이를 위반하여 조치결과를 신고하지 아니한 자에게는 3천만원 이하의 과태료를 부과한다(제52조 제3항 제14호).

제6항). 이 통지의 시기, 방법 및 절차 등에 필요한 사항은 대통령령으로 정한다(동조 제7항).

〈참고〉 시행령 제34조의4(개인신용정보의 누설사실의 통지 등) ① 신용정보회사등이 법 제39조의4 제1항에 따라 통지하려는 경우에는 제33조의2 제3항 각 호의 어느 하나에 해당하는 방법으로 개별 신용정보주체에게 개인신용정보가 누설되었다는 사실을 통지해야 한다.

② 신용정보회사등은 법 제39조의4 제3항 전단에 해당하는 경우에는 제1항에 따른 방법 외에 다음 각 호의 어느 하나에 해당하는 방법으로 금융위원회가 정하여 고시하는 기간 동안 개인신용정보가 누설되었다는 사실을 널리 알려야 한다.
  1. 인터넷 홈페이지에 그 사실을 게시하는 방법
  2. 사무실이나 점포 등에서 해당 신용정보주체로 하여금 그 사실을 열람하게 하는 방법
  3. 주된 사무소가 있는 특별시·광역시·특별자치시·도 또는 특별자치도 이상의 지역을 보급지역으로 하는 일반일간신문, 일반주간신문 또는 인터넷신문(「신문 등의 진흥에 관한 법률」 제2조 제1호 가목·다목 또는 같은 조 제2호에 따른 일반일간신문, 일반주간신문 또는 인터넷신문을 말한다)에 그 사실을 게재하는 방법

③ 제1항에도 불구하고 개인신용정보 누설에 따른 피해가 없는 것이 명백하고 법 제39조의4 제2항에 따라 누설된 개인신용정보의 확산 및 추가 유출을 방지하기 위한 조치가 긴급히 필요하다고 인정되는 경우에는 해당 조치를 취한 후 지체 없이 신용정보주체에게 알릴 수 있다. 이 경우 그 조치의 내용을 함께 알려야 한다.

⑥ 법 제39조의4 제3항 전단에 따라 신고해야 하는 신용정보회사등(상거래 기업 및 법인은 제외한다)은 그 신용정보가 누설되었음을 알게 된 때 지체 없이 금융위원회가 정하여 고시하는 신고서를 금융위원회 또는 금융감독원에 제출해야 한다.

⑦ 제6항에도 불구하고 제3항 전단에 해당하는 경우에는 우선 금융위원회 또는 금융감독원에 그 개인신용정보가 누설된 사실을 알리고 추가 유출을 방지하기 위한 조치를 취한 후 지체 없이 제6항에 따른 신고서를 제출할 수 있다. 이 경우 그 조치의 내용을 함께 제출해야 한다.

---

21. 신용정보회사등의 금지사항

신용정보회사등은 다음 각 호의 행위를 하여서는 아니 된다(제40조 제1항). 또한 신용정보회사등이 개인신용정보 또는 개인을 식별하기 위하여 필요한 정보를

이용하여 영리목적의 광고성 정보를 전송하는 경우에 대하여는 「정보통신망 이용
촉진 및 정보보호 등에 관한 법률」 제50조(영리목적의 광고성 정보 전송 제한)를 준
용한다(동조 제2항).[95]

---

1. ‒ 3. 삭제
4. 특정인의 소재 및 연락처(이하 "소재등"이라 한다)를 알아내는 행위. 다만, 채권추
   심회사가 그 업무를 하기 위하여 특정인의 소재등을 알아내는 경우 또는 다른 법
   령에 따라 특정인의 소재등을 알아내는 것이 허용되는 경우에는 그러하지 아니하
   다.[96]
5. 정보원, 탐정, 그 밖에 이와 비슷한 명칭을 사용하는 일[97]
6. ‒ 7.

■ 사실조사자의 범죄성립 여부

(사안) 甲은 '○○○ ○○○'라는 상호의 흥신소를 운영하는 乙에게 A주식회사가 입
    찰에 참여한 건설공사의 설계심의 평가위원 등의 행적을 감시해 달라고 의뢰하고,
    이에 乙은 丙 등 위 흥신소의 종업원과 함께 위 설계심사 평가위원 등의 주거지,
    근무처를 따라 다니면서 그들의 행적을 조사·감시한 사실로 의뢰인 甲과 함께 기
    소되었다.

〈판례〉 사생활 조사 등을 업으로 한다는 것은 그러한 행위를 계속하여 반복하는 것
    을 의미하고, 이에 해당하는지 여부는 사생활 조사 등 행위의 반복·계속성 여부,
    영업성의 유무, 그 목적이나 규모, 횟수, 기간, 태양 등의 여러 사정을 종합적으로
    고려하여 사회통념에 따라 판단할 것으로 반드시 영리의 목적이 요구되는 것은 아
    니라 할 것이므로, 사생활 조사 등을 업으로 하는 행위에 그러한 행위를 의뢰하는
    대향된 행위의 존재가 반드시 필요하다거나 의뢰인의 관여행위가 당연히 예상된
    다고 볼 수 없고, 따라서 사생활 조사 등을 업으로 하는 행위와 그 의뢰행위는 대
    향범의 관계에 있다고 할 수 없다. 이는 대법원이 사생활조사를 의뢰한 자와 의뢰
    받은 자에 대하여 공범이 성립하므로 처벌할 수 있다는 논지로 볼 수 있다(대법원
    2012. 9. 13. 선고 2012도5525 판결).

---

95) 이를 위반하여 영리목적의 광고성 정보를 전송하는 행위에 이용한 자에게는 3천만원 이하
    의 과태료를 부과한다(제52조 제3항 제15호).
96) 본문을 위반하여 특정인의 소재등을 알아낸 자는 3년 이하의 징역 또는 3천만원 이하의
    벌금에 처한다(제50조 제3항 제3호).
97) 이를 위반하여 정보원, 탐정, 그 밖에 이와 비슷한 명칭을 사용한 자는 3년 이하의 징역
    또는 3천만원 이하의 벌금에 처한다(제50조 제3항 제3호의2).

■ 동법 제40조 제5호 등의 위헌성 여부

(사안) 이 사건은 청구인이 '신용정보의 이용 및 보호에 관한 법률 제40조 제4호, 제5호 등'이 신용정보업자 이외에는 미아, 가출인, 실종자, 사기꾼 등 사람 찾기를 업으로 하거나 탐정 또는 이와 유사한 명칭을 사용하지 못하게 함으로써 청구인의 직업선택의 자유와 평등권 등을 침해한다고 주장하며, 2016. 6. 13. 이 사건 헌법소원심판을 청구한 것이다.

(결정) [1] 사생활 등 조사업 금지조항은 특정인의 소재·연락처 및 사생활 등 조사의 과정에서 자행되는 불법행위를 막고 개인정보 등의 오용·남용으로부터 개인의 사생활의 비밀과 평온을 보호하기 위하여 마련되었다. 현재 국내에서 타인의 의뢰를 받아 사건, 사고에 대한 사실관계를 조사하고 누구나 접근 가능한 정보를 수집하여 그 조사결과 등을 제공하는 업체들이 자유업의 형태로 운영되고 있으나, 정확한 실태 파악은 어려운 실정이다. 최근에는 일부 업체들이 몰래카메라 또는 차량 위치추적기 등을 사용하여 불법적으로 사생활 정보를 수집·제공하다가 수사기관에 단속되어 사회문제로 대두되기도 하였다. 이러한 국내 현실을 고려할 때, 특정인의 소재·연락처 및 사생활 등의 조사업을 금지하는 것 외에 달리 위 조항의 입법목적을 동일한 정도로 실현할 수 있는 방법을 찾기 어렵다. 청구인은 탐정업의 업무영역에 속하지만 위 조항에 의해 금지되지 않는 업무를 수행하는 것이 불가능하지 않다. 예를 들어, 청구인은 현재에도 도난·분실 등으로 소재를 알 수 없는 물건 등을 찾아주는 일을 직업으로 삼을 수 있고, 개별 법률이 정한 요건을 갖추어 신용조사업, 경비업, 손해사정사 등 법이 특별히 허용하는 범위에서 탐정업 유사직역에 종사할 수 있다. 따라서 위 조항은 과잉금지원칙을 위반하여 직업선택의 자유를 침해하지 아니한다.

    [2] 탐정 등 명칭사용 금지조항은 탐정 유사 명칭을 수단으로 이용하여 개인정보 등을 취득함으로써 발생하는 사생활의 비밀 침해를 예방하고, 개별 법률에 따라 허용되는 개인정보 조사업무에 대한 신용질서를 확립하고자 마련되었다. 우리나라에서는 '특정인의 소재 및 연락처를 알아내거나 사생활 등을 조사하는 일을 업으로 하는 행위'가 금지되어 있다. 그럼에도 불구하고 탐정 유사 명칭의 사용을 허용하게 되면, 일반인들은 그 명칭 사용자가 위와 같이 금지된 행위를 적법하게 할 수 있는 권한을 보유한 사람 내지 국내법상 그러한 행위를 할 수 있는 자격요건을 갖춘 사람이라고 오인하여 특정인의 사생활 등에 관한 개인정보의 조사를 의뢰하거나 개인정보를 제공함으로써 개인의 사생활의 비밀이 침해될 우려가 크다. 외국에서 인정되는 이른바 탐정업 분야 중 일부 조사관련 업무가 이미 우리나라에도 개별 법률을 통하여 신용조사업, 경비업, 손해사정사 등 다른 명칭으로 도입되어 있으므로, 탐정 유사 명칭의 사용을 제한 없이 허용하게 되면 탐정업 유사직종 사이의 업무 범위에 혼란을 일으켜 개별 법률에 의해 허용되는 정보조사업무에 대한 신용질서를 저해할 우려도 있다.

우리 입법자는 사생활 등 조사업의 금지만으로는 탐정 등 명칭사용의 금지를 부가한 경우와 동일한 정도로 위와 같은 부작용 발생을 억제하여 입법목적을 달성할 수 있다고 보기 어렵다고 판단하여 위 조항을 별도로 마련한 것이고, 그러한 입법자의 판단이 명백히 잘못되었다고 볼 수는 없다. 탐정 등 명칭사용 금지조항에 의해 청구인이 입는 불이익은 탐정업 유사직역에 종사하면서 탐정 명칭을 사용하지 못하는 것인데, 이 경우 신용정보업자와 같이 다른 명칭을 사용하는 것이 오히려 청구인이 수행하는 업무를 더 잘 드러내면서 불필요한 혼란을 줄여주므로 탐정 등 명칭사용 금지조항이 달성하는 공익이 그로 인해 청구인이 입게 되는 불이익에 비해 작지 아니하다. 따라서 위 조항은 과잉금지원칙을 위반하여 직업수행의 자유를 침해하지 아니한다(헌법재판소 2018. 6. 28. 선고 2016헌마473 결정).[98]

22. 가명처리·익명처리에 관한 행위규칙

신용정보회사등은 가명처리에 사용한 추가정보를 대통령령으로 정하는 방법으로 분리하여 보관하거나 삭제하여야 한다(제40조의2 제1항).[99]

※ 법 제40조의2 제1항에서 "대통령령으로 정하는 방법"이란 금융위원회가 정하여 고시하는 기술적·물리적·관리적 보호조치를 통해 추가 정보에 대한 접근을 통제하는 방법을 말한다(시행령 제34조의5 제1항).

또한 신용정보회사등은 가명처리한 개인신용정보에 대하여 제3자의 불법적인 접근, 입력된 정보의 변경·훼손 및 파괴, 그 밖의 위험으로부터 가명정보를 보호하기 위하여 내부관리계획을 수립하고 접속기록을 보관하는 등 대통령령으로 정하는 바에 따라 기술적·물리적·관리적 보안대책을 수립·시행하여야 한다(제40조의2 제2항).[100] 그리고 신용정보회사등은 개인신용정보에 대한 익명처리가 적정하게

---

98) 헌법재판소의 판단은 탐정업도 입법이 마련되어 있지 않기 때문에 허용되지 않는다는 의미이므로 탐정업 자체를 부정한 것은 아니며, '탐정 등'의 명칭을 사용하기 못할 뿐 '특정인의 소재 및 연락처를 알아내거나 사생활 등을 조사하는 일을 업으로 하는 행위' 외에는 탐정업무에 속하는 사실조사활동이 현행법하에서도 폭넓게 허용되고 있음을 인정하고 있다.
99) 이를 위반하여 모집업무수탁자가 불법취득신용정보를 모집업무에 이용하였는지 등을 확인하지 아니한 자는 3년 이하의 징역 또는 3천만원 이하의 벌금에 처한다(제50조 제3항 제5호). 그리고 이를 위반하여 가명처리에 사용한 추가정보를 분리하여 보관하거나 삭제하지 아니한 자에게는 3천만원 이하의 과태료를 부과한다(제52조 제3항 제16호).
100) 이를 위반하여 가명처리한 개인신용정보에 대하여 기술적·물리적·관리적 보안대책을 수

이루어졌는지 여부에 대하여 금융위원회에 그 심사를 요청할 수 있다(동조 제3항). 이때 금융위원회가 심사 요청에 따라 심사하여 적정하게 익명처리가 이루어졌다고 인정한 경우 더 이상 해당 개인인 신용정보주체를 알아볼 수 없는 정보로 추정하며 (동조 제4항), 금융위원회는 심사 및 인정 업무에 대해서는 대통령령으로 정하는 바에 따라 제26조의4에 따른 데이터전문기관에 위탁할 수 있다(동조 제5항).

신용정보회사등은 영리 또는 부정한 목적으로 특정 개인을 알아볼 수 있게 가명정보를 처리하여서는 아니 된다(동조 제6항).[101] 만약 신용정보회사등은 가명정보를 이용하는 과정에서 특정 개인을 알아볼 수 있게 된 경우 즉시 그 가명정보를 회수하여 처리를 중지하고, 특정 개인을 알아볼 수 있게 된 정보는 즉시 삭제하여야 한다(동조 제7항).[102]

또한 신용정보회사등은 개인신용정보를 가명처리나 익명처리를 한 경우 다음 각 호의 구분에 따라 조치 기록을 3년간 보존하여야 한다(동조 제8항).[103]

---

1. 개인신용정보를 가명처리한 경우
  가. 가명처리한 날짜
  나. 가명처리한 정보의 항목
  다. 가명처리한 사유와 근거
2. 개인신용정보를 익명처리한 경우
  가. 익명처리한 날짜
  나. 익명처리한 정보의 항목
  다. 익명처리한 사유와 근거

〈참고〉 시행령 제34조의5(가명처리·익명처리에 관한 행위규칙) ② 신용정보회사등은 법 제40조의2 제2항에 따라 다음 각 호의 사항이 포함된 기술적·물리적·관리적 보안대책을 수립·시행하고 가명정보의 처리 목적, 처리·보유 기간 및 파기 등 금융위원회가 정하여 고시하는 사항을 작성하여 보관해야 한다.

립·시행하지 아니한 자에게는 3천만원 이하의 과태료를 부과한다(제52조 제3항 제17호).
101) 이를 위반하여 영리 또는 부정한 목적으로 특정 개인을 알아볼 수 있게 가명정보를 처리한 자는 5년 이하의 징역 또는 5천만원 이하의 벌금에 처한다(제50조 제2항 제7호의2).
102) 이를 위반하여 처리를 중지하거나 정보를 즉시 삭제하지 아니한 자에게는 3천만원 이하의 과태료를 부과한다(제52조 제3항 제18호).
103) 이를 위반하여 개인신용정보를 가명처리하거나 익명처리한 기록을 보존하지 아니한 자에게는 1천만원 이하의 과태료를 부과한다(제52조 제5항 제11호의3).

1. 가명정보에 제3자가 불법적으로 접근하는 것을 차단하기 위한 침입차단시스템 등 접근통제장치의 설치·운영에 관한 사항
2. 가명정보의 변경·훼손 및 파괴를 방지하기 위한 사항
3. 가명정보 취급·조회 권한을 직급별·업무별로 차등 부여하는 것에 관한 사항 및 가명정보 접근기록의 주기적인 점검에 관한 사항
4. 가명처리 전 개인신용정보와 가명정보의 분리에 관한 사항
5. 법 제32조 제6항 제9호의2에 해당하는 경우 해당 목적 외 활용 방지에 관한 사항
6. 그 밖에 가명정보의 안전성 확보를 위하여 금융위원회가 정하여 고시하는 사항
③ 금융위원회는 제2항 각 호에 따른 사항의 구체적인 내용을 정하여 고시할 수 있다.
④ 금융위원회는 법 제40조의2 제5항에 따라 데이터전문기관에 같은 조 제3항의 심사 및 같은 조 제4항의 인정 업무를 위탁하는 경우 해당 데이터전문기관이 해당 업무를 적절히 수행할 수 있는지 여부를 확인한 후 위탁해야 한다.

23. 가명정보에 대한 적용 제외

가명정보에 관하여는 제32조 제7항, 제33조의2, 제35조, 제35조의2, 제35조의3, 제36조, 제36조의2, 제37조, 제38조, 제38조의2, 제38조의3, 제39조 및 제39조의2부터 제39조의4까지의 규정을 적용하지 아니한다(제40조의3).

24. 채권추심회사의 금지 사항

채권추심회사는 자기의 명의를 빌려주어 타인으로 하여금 채권추심업을 하게 하여서는 아니 된다(제41조 제1항).[104]

또한 채권추심회사는 다른 법령에서 허용된 경우 외에는 상호 중에 "신용정보"라는 표현이 포함된 명칭 이외의 명칭을 사용하여서는 아니 된다. 다만, 채권추심회사가 신용조회업 또는 「자본시장과 금융투자업에 관한 법률」 제335조의3 제1항에 따라 신용평가업인가를 받아 신용평가업을 함께하는 경우에는 그러하지 아니하다(동조 제2항).

〈참고〉 시행령 제35조(채권추심회사 등의 금지사항) 채권추심회사 및 소속 위임직채권추심인은 채권추심행위를 하는 과정에서 「채권의 공정한 추심에 관한 법률」 제

---

104) 이를 위반한 자는 3년 이하의 징역 또는 3천만원 이하의 벌금에 처한다(제50조 제3항 제4호).

5조, 제6조 및 제8조를 준수하여야 하며, 같은 법 제9조부터 제13조까지의 규정을 위반하여 채권추심을 해서는 아니 된다.

25. 모집업무수탁자의 모집경로 확인 등

신용정보제공·이용자는 본인의 영업을 영위할 목적으로 모집업무(그 명칭과 상관없이 본인의 영업과 관련한 계약체결을 대리하거나 중개하는 업무를 말한다. 이하 같다)를 제3자에게 위탁하는 경우 그 모집업무를 위탁받은 자로서 대통령령으로 정하는 자(이하 "모집업무수탁자"라 한다)에 대하여 다음 각 호의 사항을 확인하여야 한다(제41조의2 제1항).[105]

1. 거짓이나 그 밖의 부정한 수단이나 방법으로 취득하거나 제공받은 신용정보(이하 "불법취득신용정보"라 한다)를 모집업무에 이용하였는지 여부
2. 모집업무에 이용한 개인신용정보 등을 취득한 경로
3. 그 밖에 대통령령으로 정하는 사항

이때 신용정보제공·이용자는 모집업무수탁자가 불법취득신용정보를 모집업무에 이용한 사실을 확인한 경우 해당 모집업무수탁자와의 위탁계약을 해지하여야 하며(동조 제2항),[106] 모집업무수탁자와의 위탁계약을 해지한 경우 이를 금융위원회 또는 대통령령으로 정하는 등록기관에 알려야 한다(동조 제3항).[107] 그리고 제1항에 따른 확인, 제3항의 보고의 시기·방법 등에 필요한 사항은 대통령령으로 정한다(동조 제4항).

〈참고〉 시행령 제35조의2(모집업무수탁자의 모집경로 확인 등) ① 법 제41조의2 제1항에 따른 모집업무수탁자는 다음 각 호의 어느 하나에 해당하는 자로 한다.

---

105) 이를 위반하여 모집업무수탁자가 불법취득신용정보를 모집업무에 이용하였는지 등을 확인하지 아니한 자는 3년 이하의 징역 또는 3천만원 이하의 벌금에 처한다(제50조 제3항 제5호).
106) 이를 위반하여 모집업무수탁업자와 위탁계약을 해지하지 아니한 자에게는 5천만원 이하의 과태료를 부과한다(제52조 제2항 제6호).
107) 이를 위반하여 위반하여 위탁계약 해지에 관한 사항을 알리지 아니한 자에게는 1천만원 이하의 과태료를 부과한다(제52조 제5항 제12호).

1. 「여신전문금융업법」 제14조의2 제1항 제2호 또는 제3호에 따라 신용카드회원을 모집할 수 있는 자
2. 「여신전문금융업법」에 따른 가맹점모집인
3. 「보험업법」에 따른 보험설계사
4. 「보험업법」에 따른 보험대리점
5. 「자본시장과 금융투자업에 관한 법률」 제51조 제9항에 따른 투자권유대행인
6. 「대부업 등의 등록 및 금융이용자 보호에 관한 법률」 제3조 제1항 단서에 따른 대출모집인

② 법 제41조의2 제1항 제3호에서 "대통령령으로 정하는 사항"이란 다음 각 호의 사항을 말한다.
   1. 모집업무에 이용한 개인신용정보를 안전하게 보관하고 있지 아니한지 여부 및 그 이용 목적을 달성하였거나 이용기간이 종료되었음에도 불구하고 아직 그 정보를 파기하지 아니하였는지 여부
   2. 제1호의 개인신용정보를 모집업무 목적 외에 이용하였거나 제3자에게 제공하였는지 여부

③ 법 제41조의2 제3항에서 "대통령령으로 정하는 등록기관"이란 제1항 각 호의 어느 하나에 해당하는 자가 신용정보제공·이용자로부터 위탁받은 모집업무에 관한 법령 등에 따라 등록·등재한 기관(이하 이 조에서 "등록기관"이라 한다)을 말한다.

④ 신용정보제공·이용자는 법 제41조의2 제1항 각 호의 사항을 매 분기마다 1회 이상 확인하여야 한다.

⑤ 신용정보제공·이용자는 제4항에 따라 확인한 사항을 다음 각 호의 구분에 따른 기한까지 등록기관에 알려야 한다.
   1. 모집업무수탁자가 법 제41조의2 제1항 제1호에 따른 불법취득 신용정보를 모집업무에 이용한 사실을 확인한 경우: 그 확인한 날부터 7일 이내
   2. 제1호에서 정하는 사항 외의 사항을 확인한 경우: 매 분기의 말일을 기준으로 해당 분기의 말일부터 1개월 이내

⑥ 신용정보제공·이용자는 제5항 제1호의 경우에 제4항에 따라 확인한 사실을 금융위원회에도 알려야 한다.

⑦ 등록기관은 제5항에 따라 신용정보제공·이용자가 알린 사항을 매 분기의 말일을 기준으로 해당 분기의 말일부터 2개월 이내에 금융위원회에 보고하여야 한다.

26. 업무 목적 외 누설금지 등

신용정보회사등과 제17조 제2항에 따라 신용정보의 처리를 위탁받은 자의 임직원이거나 임직원이었던 자(이하 "신용정보업관련자"라 한다)는 업무상 알게 된

타인의 신용정보 및 사생활 등 개인적 비밀(이하 "개인비밀"이라 한다)을 업무 목적 외에 누설하거나 이용하여서는 아니 된다(제42조 제1항).[108] 다만, 신용정보회사등 과 신용정보업관련자가 이 법에 따라 신용정보회사등에 신용정보를 제공하는 행위는 업무 목적 외의 누설이나 이용으로 보지 아니한다(동조 제2항). 또한 이를 위반하여 누설된 개인비밀을 취득한 자(그로부터 누설된 개인비밀을 다시 취득한 자를 포함한다)는 그 개인비밀이 이를 위반하여 누설된 것임을 알게 된 경우 그 개인비밀을 타인에게 제공하거나 이용하여서는 아니 된다(동조 제3항).[109]

또한 신용정보회사등과 신용정보업관련자로부터 개인신용정보를 제공받은 자는 그 개인신용정보를 타인에게 제공하여서는 아니 된다. 다만, 이 법 또는 다른 법률에 따라 제공이 허용되는 경우에는 그러하지 아니하다(동조 제4항).[110]

27. 과징금의 부과 등

(1) 과징금의 부과와 산정

금융위원회(제45조의3 제1항에 따른 상거래기업 및 법인이 다음 각 호의 어느 하나에 해당하는 행위를 한 경우에는 보호위원회를 말한다)는 다음 각 호의 어느 하나에 해당하는 행위가 있는 경우에는 전체 매출액의 100분의 3 이하에 해당하는 금액을 과징금으로 부과할 수 있다. 다만, 제1호에 해당하는 행위가 있는 경우에는 50억원 이하의 과징금을 부과할 수 있다(제42조의2 제1항). 이때 신용정보제공·이용자가 위탁계약을 맺고 거래하는 모집인(「여신전문금융업법」 제14조의2 제2호에 따른 모집인을 말한다) 등 대통령령으로 정하는 자가 제1항 각 호에 해당하는 경우에는 그 위반행위의 범위에서 해당 신용정보제공·이용자의 직원으로 본다. 다만, 그 신용정보제공·이용자가 그 모집인 등의 위반행위를 방지하기 위하여 상당한 주의와 감독을 다한 경우에는 그러하지 아니하다(동조 제8항).

---

108) 이를 위반한 자는 10년 이하의 징역 또는 1억원 이하의 벌금에 처한다(제50조 제1항).
109) 이를 위반한 자는 10년 이하의 징역 또는 1억원 이하의 벌금에 처한다(제50조 제1항).
110) 이를 위반한 자는 5년 이하의 징역 또는 5천만원 이하의 벌금에 처한다(제50조 제2항 제8호).

1. 제19조 제1항을 위반하여 개인신용정보를 분실·도난·누출·변조 또는 훼손당한 경우
1의2. 제32조 제6항 제9호의2에 해당하지 아니함에도 제32조 제1항 또는 제2항을 위반하여 신용정보주체의 동의를 받지 아니하고 개인신용정보를 제3자에게 제공한 경우 및 그 사정을 알면서도 영리 또는 부정한 목적으로 개인신용정보를 제공받은 경우
1의3. 제32조 제6항 제9호의2 및 제33조 제1항 제4호에 해당하지 아니함에도 제33조 제1항을 위반하여 개인신용정보를 이용한 경우
1의4. 제40조의2 제6항을 위반하여 영리 또는 부정한 목적으로 특정 개인을 알아볼 수 있게 가명정보를 처리한 경우
2. 제42조 제1항을 위반하여 개인비밀을 업무 목적 외에 누설하거나 이용한 경우
3. 제42조 제3항을 위반하여 불법 누설된 개인비밀임을 알고 있음에도 그 개인비밀을 타인에게 제공하거나 이용한 경우

그러나 과징금을 부과하는 경우 신용정보회사등이 매출액 산정자료의 제출을 거부하거나 거짓의 자료를 제출한 때에는 해당 신용정보회사등과 비슷한 규모의 신용정보회사등의 재무제표나 그 밖의 회계자료 등의 자료에 근거하여 매출액을 추정할 수 있다. 다만, 매출액이 없거나 매출액의 산정이 곤란한 경우로서 대통령령으로 정하는 경우에는 200억원 이하의 과징금을 부과할 수 있다(동조 제2항). 다만, 금융위원회는 과징금을 부과하려면 다음 각 호의 사항을 고려하여 산정하여야 하며(동조 제3항), 구체적인 산정기준과 산정절차는 대통령령으로 정한다(동조 제4항).

1. 위반행위의 내용 및 정도
2. 위반행위의 기간 및 횟수
3. 위반행위로 인하여 취득한 이익의 규모

〈참고〉 제35조의3(과징금의 산정기준 등) ① 법 제42조의2 제1항 본문에서 "대통령령으로 정하는 위반행위와 관련한 매출액"이란 해당 신용정보회사등이 위반행위와 관련된 개인신용정보를 이용한 사업부문의 직전 3개 사업연도의 연평균 매출액(이하 이 조에서 "연평균 매출액"이라 한다)을 말한다. 다만, 다음 각 호의 구분에 따른 경우에는 그 금액을 연평균 매출액으로 한다.
1. 해당 사업연도 첫날을 기준으로 사업을 개시한지 3년이 되지 아니한 경우: 그 사업개시 후 직전 사업연도 말일까지의 매출액을 연평균 매출액으로 환산한 금액

2. 해당 사업연도에 사업을 개시한 경우: 사업개시일부터 위반행위일까지의 매출액을 연평균 매출액으로 환산한 금액

② 법 제42조의2 제2항 단서에서 "대통령령으로 정하는 경우"란 다음 각 호의 어느 하나에 해당하는 경우를 말한다.

1. 영업을 개시하지 아니하거나 영업을 중단하는 등의 사유로 영업실적이 없는 경우
2. 재해 등으로 인하여 매출액 산정자료가 소멸되거나 훼손되는 등 객관적인 매출액의 산정이 곤란한 경우

③ 법 제42조의2에 따른 과징금의 산정기준은 별표 2의3과 같다.

④ 법 제42조의2 제2항 단서에 해당하는 경우에는 다음 각 호의 금액 중 가장 적은 금액을 과징금 부과의 최고한도 금액으로 한다.

1. 해당 신용정보회사등과 비슷한 규모의 신용정보회사등의 연평균 매출액의 100분의 3
2. 해당 신용정보회사등과 같은 종류의 신용정보회사등의 연평균 매출액의 100분의 3
3. 200억원

⑤ 삭제

⑥ 금융위원회는 제1항에 따른 매출액 산정을 위하여 재무제표 등 자료가 필요한 경우 20일 이내의 기간을 정하여 해당 신용정보회사등에 관련 자료의 제출을 요청할 수 있다.

⑦ 법 제42조의2 제8항에서 "대통령령으로 정하는 자"란 제35조의2 제1항 각 호의 어느 하나에 해당하는 자를 말한다.

〈참고〉 시행령 제35조의4(의견제출) ① 금융위원회는 법 제42조의2에 따른 과징금을 부과하기 전에 당사자 또는 이해관계인 등에게 의견을 제출할 기회를 주어야 한다.
② 제1항에 따른 당사자 또는 이해관계인 등은 금융위원회의 회의에 출석하여 의견을 진술하거나 필요한 자료를 제출할 수 있다.
③ 당사자 또는 이해관계인 등은 제2항에 따른 의견 진술 또는 자료 제출을 하는 경우 변호인의 도움을 받거나 그를 대리인으로 지정할 수 있다.

(2) 과징금의 징수

금융위원회 또는 보호위원회는 과징금을 내야 할 자가 납부기한까지 이를 내지 아니하면 납부기한의 다음 날부터 내지 아니한 과징금의 연 100분의 6에 해당하는 가산금을 징수한다. 이 경우 가산금을 징수하는 기간은 60개월을 초과하지 못한다(제42조의2 제5항). 이때 금융위원회 또는 보호위원회는 과징금을 내야 할

자가 납부기한까지 이를 내지 아니한 경우에는 기간을 정하여 독촉을 하고, 그 지정된 기간에 과징금과 가산금을 내지 아니하면 국세 체납처분의 예에 따라 징수한다(동조 제6항). 그러나 법원의 판결 등의 사유로 부과된 과징금을 환급하는 경우에는 과징금을 낸 날부터 환급하는 날까지 연 100분의 6에 해당하는 환급가산금을 지급하여야 한다(동조 제7항). 그 밖에 과징금의 부과·징수에 관하여 필요한 사항은 대통령령으로 정한다(동조 제9항).

〈참고〉 시행령 제35조의5(과징금의 부과 및 납부절차 등) ① 금융위원회는 법 제42조의2에 따른 과징금을 부과하려는 경우에는 위반사실, 부과금액, 이의제기 방법 및 이의제기 기간 등을 구체적으로 밝혀 과징금을 낼 것을 서면으로 통지하여야 한다.
② 제1항에 따라 통지를 받은 자는 통지받은 날부터 60일 이내에 금융위원회가 정하는 수납기관에 과징금을 내야 한다.
③ 제1항 및 제2항에서 정하는 사항 외에 과징금의 부과에 필요한 세부사항은 금융위원회가 정하여 고시한다.

---

28. 손해배상의 책임

첫째, 신용정보회사등과 그로부터 신용정보를 제공받은 자가 이 법을 위반하여 신용정보주체에게 손해를 가한 경우에는 해당 신용정보주체에 대하여 그 손해를 배상할 책임이 있다. 다만, 신용정보회사등과 그로부터 신용정보를 제공받은 자가 고의 또는 과실이 없음을 증명한 경우에는 그러하지 아니하다(제43조 제1항).

둘째, 신용정보회사등이나 그 밖의 신용정보 이용자(수탁자를 포함한다. 이하 이 조에서 같다)가 고의 또는 중대한 과실로 이 법을 위반하여 개인신용정보가 누설되거나 분실·도난·누출·변조 또는 훼손되어 신용정보주체에게 피해를 입힌 경우에는 해당 신용정보주체에 대하여 그 손해의 5배를 넘지 아니하는 범위에서 배상할 책임이 있다. 다만, 신용정보회사등이나 그 밖의 신용정보 이용자가 고의 또는 중대한 과실이 없음을 증명한 경우에는 그러하지 아니하다(동조 제2항). 이때 법원은 배상액을 정할 때에는 다음 각 호의 사항을 고려하여야 한다(동조 제3항).

1. 고의 또는 손해 발생의 우려를 인식한 정도
2. 위반행위로 인하여 입은 피해 규모
3. 위반행위로 인하여 신용정보회사등이나 그 밖의 신용정보 이용자가 취득한 경제적 이익
4. 위반행위에 따른 벌금 및 과징금
5. 위반행위의 기간·횟수 등
6. 신용정보회사등이나 그 밖의 신용정보 이용자의 재산상태
7. 신용정보회사등이나 그 밖의 신용정보 이용자의 개인신용정보 분실·도난·누출 후 해당 개인신용정보 회수 노력의 정도
8. 신용정보회사등이나 그 밖의 신용정보 이용자의 피해구제 노력의 정도

셋째, 채권추심회사 또는 위임직채권추심인이 이 법을 위반하여 「채권의 공정한 추심에 관한 법률」에 따른 채무자 또는 관계인에게 손해를 가한 경우에는 그 손해를 배상할 책임이 있다. 다만, 채권추심회사 또는 위임직채권추심인이 자신에게 고의 또는 과실이 없음을 증명한 경우에는 그러하지 아니하다(동조 제4항).

넷째, 신용정보회사가 자신에게 책임 있는 사유로 의뢰인에게 손해를 가한 경우에는 그 손해를 배상할 책임이 있다(동조 제5항).

다섯째, 제17조 제1항에 따라 신용정보의 처리를 위탁받은 자가 이 법을 위반하여 신용정보주체에게 손해를 가한 경우에는 위탁자는 수탁자와 연대하여 그 손해를 배상할 책임이 있다(동조 제6항).

여섯째, 위임직채권추심인이 이 법 또는 「채권의 공정한 추심에 관한 법률」을 위반하여 「채권의 공정한 추심에 관한 법률」에 따른 채무자 또는 관계인에게 손해를 가한 경우 채권추심회사는 위임직채권추심인과 연대하여 그 손해를 배상할 책임이 있다. 다만, 채권추심회사가 위임직채권추심인 선임 및 관리에 있어서 자신에게 고의 또는 과실이 없음을 증명한 경우에는 그러하지 아니하다(동조 제7항).

29. 법정손해배상의 청구

신용정보주체는 신용정보회사등이나 그로부터 신용정보를 제공받은 자가 이 법의 규정을 위반한 경우에는 신용정보회사등이나 그로부터 신용정보를 제공받은 자에게 제43조에 따른 손해배상을 청구하는 대신 300만원 이하의 범위에서 상당

한 금액을 손해액으로 하여 배상을 청구할 수 있다. 이 경우 해당 신용정보회사등이나 그로부터 신용정보를 제공받은 자는 고의 또는 과실이 없음을 입증하지 아니하면 책임을 면할 수 없다(제43조의2 제1항). 이때 손해배상 청구의 변경 및 법원의 손해액 인정에 관하여는 「개인정보 보호법」 제39조의2 제2항 및 제3항을 준용한다(동조 제2항).

30. 손해배상의 보장

대통령령으로 정하는 신용정보회사등은 손해배상책임(제43조)의 이행을 위하여 금융위원회가 정하는 기준에 따라 보험 또는 공제에 가입하거나 준비금을 적립하는 등 필요한 조치를 하여야 한다(제43조의3).

> ※ 법 제43조의3에서 "대통령령으로 정하는 신용정보회사등"이란 다음 각 호의 자 중에서 금융위원회가 정하여 고시하는 자를 말한다(시행령 제35조의9).
> 1. 신용정보집중기관
> 2. 신용정보회사
> 2의2. 본인신용정보관리회사
> 2의3. 채권추심회사
> 3. 제2조 제6항 제7호 가목부터 허목까지의 자
> 4. 제21조 제2항 각 호의 어느 하나에 해당하는 자

31. 신용정보협회

신용정보회사, 본인신용정보관리회사 및 채권추심회사는 신용정보 관련 산업의 건전한 발전을 도모하고 신용정보회사, 본인신용정보관리회사 및 채권추심회사 사이의 업무질서를 유지하기 위하여 신용정보협회를 설립할 수 있다(제44조 제1항). 신용정보협회는 법인으로 하며(동조 제2항), 신용정보협회는 정관으로 정하는 바에 따라 다음 각 호의 업무를 한다(동조 제3항). 이때 신용정보협회에 대하여 이 법에서 정한 것을 제외하고는 「민법」 중 사단법인에 관한 규정을 준용한다(동조 제4항).

1. 신용정보회사, 본인신용정보관리회사 및 채권추심회사 간의 건전한 업무질서를 유지하기 위한 업무
2. 신용정보 관련 산업의 발전을 위한 조사·연구 업무
3. 신용정보 관련 민원의 상담·처리
3의2. 이 법 및 다른 법령에서 신용정보협회가 할 수 있도록 허용한 업무
4. 그 밖에 대통령령으로 정하는 업무

※ 법 제44조 제3항 제4호에서 "대통령령으로 정하는 업무"란 다음 각 호의 업무를 말한다(시행령 제36조).
 1. 신용정보회사, 본인신용정보관리회사 및 채권추심회사의 경영과 관련된 정보의 수집 및 통계의 작성 업무
 2. 신용정보 관련 산업에 관한 교육(제4호에 따른 교육은 제외한다) 및 출판 업무(관련 시설의 운영을 포함한다)
 3. 법 또는 다른 법령에서 신용정보협회에 위임·위탁한 업무
 4. 신용정보 관련 산업 임직원 등에 대한 교육 및 표준 교재 제작 업무
 5. 그 밖에 금융위원회가 정하여 고시하는 업무

제 7 절 보칙

1. 감독·검사 등

금융위원회는 신용정보회사등(데이터전문기관을 포함하며, 다음 각 호에 해당하는 자 외의 자로서 대통령령으로 정하는 자는 제외한다. 이하 이 조 및 제45조의2에서 같다)에 대하여 이 법 또는 이 법에 따른 명령의 준수 여부를 감독한다(제45조 제1항).

1. 신용정보회사 및 채권추심회사
2. 본인신용정보관리회사
3. 신용정보집중기관
4. 신용정보제공·이용자로서 「금융위원회의 설치 등에 관한 법률」 제38조 각 호의 어느 하나에 해당하는 자
5. 제4호 외의 자로서 대통령령으로 정하는 금융업 또는 보험업을 하는 자

※ 법 제45조 제1항 각 호 외의 부분에서 "대통령령으로 정하는 자"란 다음 각 호의
자를 제외한 자를 말한다(시행령 제36조의2).
1. 「자산유동화에 관한 법률」에 따라 금융위원회에 자산유동화계획을 등록한 유
동화전문회사
2. 서민금융진흥원
3. 신용회복위원회
4. 국민행복기금
5. 「예금자보호법」 제36조의3 제1항에 따라 설립된 정리금융회사
6. 그 밖에 금융위원회가 정하여 고시하는 자

이때 금융위원회는 이 감독에 필요하면 신용정보회사등에 대하여 그 업무 및
재산상황에 관한 보고 등 필요한 명령을 할 수 있다(제45조 제2항). 또한 금융감독
원장은 그 소속 직원으로 하여금 이 법에 따른 신용정보회사등의 업무와 재산상
황을 검사하도록 할 수 있다(동조 제3항). 이때 금융감독원장은 이 검사에 필요하
다고 인정하면 자료의 제출, 관계자의 출석 및 의견의 진술을 신용정보회사등에
요구할 수 있다(동조 제4항).[111]

한편, 이 검사를 하는 자는 그 권한을 표시하는 증표를 지니고 이를 관계인
에게 내보여야 하며(동조 제5항), 금융감독원장은 이 검사를 마치면 그 결과를 금
융위원회가 정하는 바에 따라 금융위원회에 보고하여야 한다(동조 제6항). 이때 금
융위원회는 신용정보회사등이 이 법(채권추심회사의 경우에는 「채권의 공정한 추심에
관한 법률」을 포함한다. 이하 이 항에서 같다) 또는 이 법에 따른 명령을 위반하여 신
용정보 관련 산업의 건전한 경영과 신용정보주체의 권익을 해칠 우려가 있다고
인정하면 다음 각 호의 어느 하나에 해당하는 조치를 하거나, 금융감독원장으로
하여금 제1호부터 제3호까지의 규정에 해당하는 조치를 하게 할 수 있다(동조 제7
항). 그리고 금융위원회는 개인신용정보가 유출되는 등 신용질서의 중대한 침해가
발생하지 않도록 관리할 책임을 진다(동조 제8항).

1. 신용정보회사등에 대한 주의 또는 경고
2. 임원에 대한 주의 또는 경고

---

111) 이 명령에 따르지 아니하거나 검사 및 요구를 거부·방해 또는 기피한 자에게는 5천만원
이하의 과태료를 부과한다(제52조 제2항 제7호).

3. 직원에 대한 주의 및 정직, 감봉, 견책 등의 문책 요구
4. 임원에 대한 해임권고, 직무정지 또는 직원에 대한 면직 요구
5. 위반행위에 대한 시정명령
6. 신용정보제공의 중지

2. 금융위원회의 조치명령권

금융위원회는 신용정보주체를 보호하고 건전한 신용질서를 확립하기 위하여 신용정보회사등에 다음 각 호의 사항에 관하여 자료제출, 처리중단, 시정조치, 공시 등 필요한 조치를 명할 수 있다(제45조의2).

1. 신용정보회사등이 보유하는 신용정보에 관한 사항
2. 신용정보의 처리에 관한 사항
3. 신용정보회사등의 업무 개선에 관한 사항
4. 신용정보활용체제의 공시에 관한 사항
5. 그 밖에 신용정보주체 보호 또는 건전한 신용질서 확립을 위하여 필요한 사항으로서 대통령령으로 정하는 사항

※ 법 제45조의2 제5호에서 "대통령령으로 정하는 사항"이란 다음 각 호의 사항을 말한다(시행령 제36조의3).
   1. 법 제11조 제1항에 따른 겸영업무(이하 "겸영업무"라 한다) 및 법 제11조의2에 따른 부수업무(이하 "부수업무"라 한다)에 관한 사항
   2. 법 제22조의5 제3항에 따른 내부통제기준에 관한 사항
   3. 법 제22조의6 제3항 및 제4항에 따른 내부통제기준 및 이용자관리규정에 관한 사항
   4. 신용정보회사등의 서비스 운영에 관한 사항
   5. 신용정보회사등의 영업, 재무 및 위험에 관한 사항
   6. 업무내용의 보고에 관한 사항

3. 보호위원회의 자료제출 요구·조사 등

보호위원회는 다음 각 호의 어느 하나에 해당하는 경우에는 제45조에 따라 금융위원회의 감독을 받지 아니하는 신용정보제공·이용자(이하 "상거래기업 및 법

인"이라 한다)에게 관계 물품·서류 등 자료를 제출하게 할 수 있다(제45조의3 제1항). 또한 보호위원회는 자료의 제출 요구·조사 등을 위해 「개인정보 보호법」 제62조 제2항에 따라 지정된 전문기관에 기술적인 사항의 자문 등 필요한 지원을 요청할 수 있다(시행령 제36조의4 제2항).

---

1. 상거래기업 및 법인이 다음 각 목의 규정(이하 "상거래정보보호규정"이라 한다)을 위반하는 사항을 발견하거나 혐의가 있음을 알게 된 경우
   가. 제15조 및 제17조
   나. 제19조 및 제20조의2
   다. 제32조·제33조·제34조·제36조·제37조·제38조·제38조의3·제39조의4·제40조의2 및 제42조
2. 상거래기업 및 법인의 상거래정보보호규정 위반에 대한 신고를 받거나 민원이 접수된 경우
3. 그 밖에 개인신용정보 보호를 위하여 필요한 경우로서 대통령령으로 정하는 경우

※ 법 제45조의3 제1항 제3호에서 "대통령령으로 정하는 경우"란 개인신용정보 누설 등 신용정보주체의 개인신용정보에 관한 권리 또는 이익을 침해하는 사건·사고 등이 발생했거나 발생할 가능성이 높은 경우를 말한다(시행령 제36조의4 제1항).

이때 보호위원회는 상거래기업 및 법인이 자료를 제출하지 아니하거나 상거래정보보호규정을 위반한 사실이 있다고 인정되면 소속 공무원으로 하여금 상거래기업 및 법인 및 상거래정보보호규정 위반사실과 관련한 관계인의 사무소나 사업장에 출입하여 업무 상황, 장부 또는 서류 등을 조사하게 할 수 있다. 이 경우 검사를 하는 공무원은 그 권한을 나타내는 증표를 지니고 이를 관계인에게 내보여야 한다(제45조의3 제2항).

또한 보호위원회는 제출받거나 수집한 서류·자료 등을 이 법에 따른 경우를 제외하고는 제3자에게 제공하거나 일반에게 공개하여서는 아니 되며(동조 제3항), 정보통신망을 통하여 자료의 제출 등을 받은 경우나 수집한 자료 등을 전자화한 경우에는 개인신용정보·영업비밀 등이 유출되지 아니하도록 제도적·기술적 보안 조치를 하여야 한다(제45조의3 제4항).

4. 보호위원회의 시정조치

보호위원회는 상거래정보보호규정과 관련하여 개인신용정보가 침해되었다고 판단할 상당한 근거가 있고 이를 방치할 경우 회복하기 어려운 피해가 발생할 우려가 있다고 인정되면 상거래기업 및 법인에 대하여 다음 각 호에 해당하는 조치를 명할 수 있다(제45조의4).

---

1. 개인신용정보 침해행위의 중지
2. 개인신용정보 처리의 일시적인 정지
3. 그 밖에 개인정보의 보호 및 침해 방지를 위하여 필요한 조치

---

5. 개인신용정보 활용·관리 실태에 대한 상시평가

금융위원회는 대통령령으로 정하는 신용정보회사등이 제20조 제6항에 따라 신용정보관리·보호인을 통하여 점검한 결과를 제출받아 확인하고, 그 결과를 점수 또는 등급으로 표시할 수 있다(제45조의5 제1항). 금융위원회는 점수 또는 등급이 우수한 기관을 대상으로 개인신용정보 활용·관리 안전성 인증마크(이하 "인증마크"라 한다)를 부여할 수 있으며, 이 경우 인증마크의 부여를 위한 기준 등 세부사항은 금융위원회가 정하여 고시한다(시행령 제36조의5 제3항).

또한 금융위원회는 표시한 점수 또는 등급, 그 밖에 대통령령으로 정하는 사항을 금융감독원장에게 송부하여 제45조 제3항에 따른 검사에 활용하도록 할 수 있다(제45조의5 제2항). 이때 점검결과의 확인 및 점수·등급의 표시, 송부의 방법 및 절차 등에 대해서는 금융위원회가 정하여 고시한다(동조 제3항).

※ 법 제45조의5 제1항에서 "대통령령으로 정하는 신용정보회사등"이란 제17조 제7항 각 호의 자를 말한다(시행령 제36조의5 제1항).

※ 법 제45조의5 제2항에서 "대통령령으로 정하는 사항"이란 같은 조 제1항에 따라 금융위원회가 제출받은 점검의 결과에 대한 내용 중 금융감독원장이 요청한 사항을 말한다(동조 제2항).

6. 퇴임한 임원 등에 대한 조치 내용의 통보

금융위원회(제45조 제7항에 따라 조치를 할 수 있는 금융감독원장을 포함한다)는 신용정보회사등에서 퇴임한 임원 또는 퇴직한 직원이 재임 또는 재직 중이었더라면 제45조 제7항 제2호부터 제4호까지의 규정에 따른 조치 중 어느 하나에 해당하는 조치를 받았을 것으로 인정되는 경우에는 그 조치의 내용을 해당 신용정보회사등의 장에게 통보할 수 있다(제46조 제1항). 이때 이 통보를 받은 신용정보회사등의 장은 이를 퇴임·퇴직한 해당 임직원에게 통보하고, 그 내용을 기록·유지하여야 한다(동조 제2항).

7. 업무보고서의 제출

신용정보회사, 본인신용정보관리회사, 채권추심회사, 신용정보집중기관 및 데이터전문기관은 매 분기의 업무보고서를 매 분기 마지막 달의 다음 달 말일까지 금융감독원장이 정하는 서식에 따라 작성하여 금융감독원장에게 제출하여야 한다(제47조 제1항). 이 보고서에는 대표자, 담당 책임자 또는 그 대리인이 서명 또는 기명·날인하여야 한다(동조 제2항). 이때 업무보고서를 작성하기 위한 세부 사항과 그 밖에 필요한 사항은 금융감독원장이 정한다(동조 제3항).[112]

8. 청문

금융위원회는 다음 각 호의 어느 하나에 해당하는 처분을 하려면 청문을 하여야 한다(제48조).

---

1. 제14조 제1항에 따른 신용정보업, 본인신용정보관리업 및 채권추심업의 허가 또는 인가의 취소
2. 제27조 제6항에 따른 위임직채권추심인의 등록 취소

---

112) 본조를 위반하여 보고서를 제출하지 아니하거나 사실과 다른 내용의 보고서를 제출한 자는 5천만원 이하의 과태료를 부과한다(제52조 제2항 제8호).

9. 권한의 위임·위탁

이 법에 따른 금융위원회의 권한 중 대통령령으로 정하는 권한은 대통령령으로 정하는 바에 따라 특별시장·광역시장·특별자치시장·도지사·특별자치도지사, 금융감독원장, 종합신용정보집중기관, 데이터전문기관, 신용정보협회, 그 밖에 대통령령으로 정하는 자에게 위임하거나 위탁할 수 있다(제49조).

〈참고〉 시행령 제37조(권한의 위임 또는 위탁) ① 법 제49조에서 "대통령령으로 정하는 권한"이란 제2항부터 제6항까지의 규정에 따른 권한 및 업무를 말하며, "대통령령으로 정하는 자"란 금융보안원을 말한다.

② 금융위원회는 법 제49조에 따라 별표 3에 따른 권한을 금융감독원장에게 위탁한다.

③ 금융위원회는 법 제49조에 따라 다음 각 호의 업무를 종합신용정보집중기관에 위탁한다.
  1. 법 제26조의3 제4항에 따른 개인신용평가체계 검증위원회의 심의결과의 공개
  2. 법 제34조의3에 따른 정보활용 동의등급의 부여 및 취소·변경

④ 금융위원회는 법 제49조에 따라 다음 각 호의 업무를 데이터전문기관에 위탁한다.
  1. 법 제40조의2 제3항에 따른 익명처리의 적정성 심사 요청 접수
  2. 법 제40조의2 제4항에 따른 익명처리의 적정성 인정

⑤ 금융위원회는 법 제49조에 따라 법 제27조 제3항에 따른 위임직채권추심인의 등록업무를 신용정보협회에 위탁한다.

⑥ 금융위원회는 법 제49조에 따라 다음 각 호의 업무를 금융보안원에 위탁한다.
  1. 법 제20조 제6항에 따른 개인신용정보의 관리 및 보호 실태 점검 결과의 접수
  2. 법 제45조의5 제1항에 따른 신용정보관리·보호인의 점검 결과 제출의 확인, 그 결과의 점수 또는 등급 표시 및 같은 조 제2항에 따른 그 결과의 송부

⑦ 금융감독원장, 종합신용정보집중기관, 데이터전문기관, 신용정보협회 및 금융보안원은 제2항부터 제6항까지의 규정에 따라 위탁받은 업무의 처리 내용을 6개월마다 금융위원회에 보고해야 한다

〈참고〉 시행령 제37조의2(민감정보 및 고유식별정보의 처리) ① 금융위원회(제37조에 따라 금융위원회의 업무를 위탁받은 자를 포함한다), 금융감독원장 및 보호위원회는 다음 각 호의 사무(보호위원회는 제8호, 제8호의2, 제8호의5, 제11호 및 제12호의 사무에 한정한다)를 수행하기 위하여 불가피한 경우 「개인정보 보호법 시행령」 제18조 제2호에 따른 범죄경력자료에 해당하는 정보, 개인식별번호가 포함된 자료를 처리할 수 있다.

1. 법 제4조에 따른 신용정보업 허가 및 법 제8조에 따른 신고 또는 보고에 관한 사무
1의2. 법 제4조에 따른 본인신용정보관리업 허가에 관한 사무
2. 법 제9조에 따른 대주주 변경승인에 관한 사무
2의2. 법 제9조의2에 따른 최대주주의 자격심사에 관한 사무
3. 법 제10조에 따른 신용정보업·본인신용정보관리업 및 채권추심업의 양도·양수 등의 인가 등에 관한 사무
4. 법 제11조 제1항에 따른 겸영업무 신고 수리에 관한 사무
5. 법 제13조에 따른 임원 겸직 승인에 관한 사무
6. 법 제14조에 따른 허가 등의 취소와 업무의 정지에 관한 사무
6의2. 법 제26조의4 제1항에 따른 데이터전문기관의 지정에 관한 사무
7. 법 제27조에 따른 위임직채권추심인의 등록에 관한 사무
8. 법 제38조 제5항·제6항·제8항에 따른 시정요청 처리에 관한 사무
8의2. 법 제39조의4 제6항에 따른 시정요구 처리에 관한 사무
8의3. 법 제40조의2 제4항에 따른 익명처리의 적정성 심사 및 인정 업무에 관한 사무
8의4. 법 제41조의2 제1항에 따른 모집업무수탁자에 대한 확인에 관한 사무 및 같은 조 제3항에 따른 보고에 관한 사무
8의5. 법 제42조의2에 따른 과징금의 부과 및 징수 등에 관한 사무
9. 법 제45조에 따른 감독·검사에 관한 사무 및 이에 따른 사후조치 등에 관한 사무
10. 법 제45조의2에 따른 조치명령에 관한 사무
11. 법 제45조의3에 따른 자료제출요구·조사 등에 관한 사무
12. 법 제45조의4에 따른 시정조치에 관한 사무
13. 법 제45조의5에 따른 평가에 관한 사무
14. 법 제48조에 따른 청문에 관한 사무
② 신용정보회사, 본인신용정보관리회사 및 채권추심회사는 다음 각 호의 사무를 수행하기 위하여 불가피한 경우 「개인정보 보호법 시행령」 제18조 제2호에 따른 범죄경력자료에 해당하는 정보, 개인식별번호가 포함된 자료를 수집·처리할 수 있다. 다만, 개인식별번호를 개인으로부터 직접 수집할 경우에는 그 개인의 동의를 받아야 한다.
1. 법 제4조 제1항에 따른 신용정보업, 본인신용정보관리업 및 금융거래와 관련하여 수행하는 채권추심업에 관한 사무
2. 겸영업무 및 부수업무와 관련된 사무
3. 법 제22조 제1항·제2항, 법 제22조의8 및 제27조 제1항에 따른 임직원 채용·고용 시 결격사유 확인에 관한 사무
③ 신용정보집중기관 및 법 제25조 제4항에 따른 교환 대상자는 법 제25조 제1항 및 제25조의2 각 호에 따른 업무를 수행하기 위해 불가피한 경우 개인식별번호를 수

집·처리할 수 있다. 다만, 개인식별번호를 개인으로부터 직접 수집할 경우에는 그 개인의 동의를 받아야 한다.

④ 제21조 제2항에 따른 기관은 금융거래를 위하여 신용정보를 이용하는 사무를 수행하기 위하여 불가피한 경우 개인식별번호가 포함된 자료를 수집·처리할 수 있다. 다만, 개인식별번호를 개인으로부터 직접 수집할 경우에는 그 개인의 동의를 받아야 한다.

⑤ 본인신용정보관리회사는 개인인 신용정보주체의 신용정보를 통합하여 신용정보주체 본인에게 제공하기 위해 불가피한 경우 개인식별번호가 포함된 자료를 처리할 수 있다. 다만, 개인식별번호를 개인으로부터 직접 수집하는 경우에는 그 개인의 동의를 받아야 한다.

⑥ 신용정보제공·이용자등(본인신용정보관리회사는 제외한다)은 보유하고 있는 개인식별번호를 법 제22조의9 제4항 및 법 제33조의2 제5항에 따라 개인인 신용정보주체를 식별하여 그 개인의 신용정보를 전송하기 위해 필요한 경우 개인식별번호가 포함된 자료를 처리할 수 있다.

[탐정으로서 고려할 점]

1. 탐정이라는 용어의 사용 및 업무확대: 신용정보업의 개정으로 인해 신용정보업자 등이 아니면 '정보원, 탐정, 그 밖에 이와 비슷한 명칭'을 사용할 수 있게 되었고, '특정인의 소재 및 연락처를 알아내는 행위'를 하는 것도 가능하게 되었다. 하지만 탐정활동에 관련된 법률은 여전히 개정되지 않은 상태이므로 탐정활동, 특히 개인의 사생활조사 등에 있어서는 관련 법률들에 저촉되지 않도록 유념할 필요가 있다.

2. 신용정보업법에 따른 탐정업무의 한계: 사실조사업무가 신용정보업법위반으로 되지 않기 위해서는 신용정보업법에서 규정하고 있는 신용정보업자 등이 아니면 할 수 없는 금지행위는 물론 신용정보사업무와 탐정업무의 경계를 정확하게 이해할 필요가 있다.

3. 탐정업의 법제화에 대비한 신용정보업에 대한 올바른 이해: 탐정업이 법제화될 경우 신용정보업의 내용이 그 토대가 될 수도 있으므로 신용정보업 전반에 대하여 충분히 이해할 필요가 있다.

제 2 장

개인정보 보호법

동법은 2017년 7월 26일 제정(법률 제14839호, 2017. 7. 26. 시행)된 후, 수차례의 개정을 거쳐 현재에 이르고 있다. 동법은 전문 76개조, 부칙으로 구성되어 있다(법률 제16930호, 2020. 2. 4. 일부개정, 시행 2020. 8. 5.).

제1장	총칙		제1조 – 제6조
제2장	개인정보 보호정책의 수립 등		제7조 – 제14조
제3장	개인정보의 처리	제1절 개인정보의 수집, 이용, 제공 등	제15조 – 제22조
		제2절 개인정보의 처리 제한	제23조 – 제28조
		제3절 가명정보의 처리에 관한 특례	제28조의2 – 제28조의7
제4장	개인정보의 안전한 관리		제29조 – 제34조의2
제5장	정보주체의 권리 보장		제35조 – 제39조의2
제6장	정보통신서비스 제공자 등의 개인정보 처리 등 특례		제39조의3 – 제39조의15
제7장	개인정보 분쟁조정위원회		제40조 – 제50조
제8장	개인정보 단체소송		제51조 – 제57조
제9장	보칙		제58조 – 제69조
제10장	벌칙		제70조 – 제76조
부칙			제1조 – 제6조

제1절 총칙

1. 목적

이 법은 개인정보의 처리 및 보호에 관한 사항을 정함으로써 개인의 자유와 권리를 보호하고, 나아가 개인의 존엄과 가치를 구현함을 목적으로 한다(제1조).

2. 용어의 정의

이 법에서 사용하는 용어의 뜻은 다음과 같다(제2조).

용 어	정 의
개인정보 (제1호)	살아 있는 개인에 관한 정보로서 다음 각 목의 어느 하나에 해당하는 정보를 말한다. 가. 성명, 주민등록번호 및 영상 등을 통하여 개인을 알아볼 수 있는 정보 나. 해당 정보만으로는 특정 개인을 알아볼 수 없더라도 다른 정보와 쉽게 결합하여 알아볼 수 있는 정보. 이 경우 쉽게 결합할 수 있는지 여부는 다른 정보의 입수 가능성 등 개인을 알아보는 데 소요되는 시간, 비용, 기술 등을 합리적으로 고려하여야 한다. 다. 가목 또는 나목을 제1호의2에 따라 가명처리함으로써 원래의 상태로 복원하기 위한 추가 정보의 사용·결합 없이는 특정 개인을 알아볼 수 없는 정보(이하 "가명정보"라 한다)
가명처리 (제1호의2)	개인정보의 일부를 삭제하거나 일부 또는 전부를 대체하는 등의 방법으로 추가 정보가 없이는 특정 개인을 알아볼 수 없도록 처리하는 것을 말한다.
처리 (제2호)	개인정보의 수집, 생성, 연계, 연동, 기록, 저장, 보유, 가공, 편집, 검색, 출력, 정정(訂正), 복구, 이용, 제공, 공개, 파기(破棄), 그 밖에 이와 유사한 행위를 말한다.
정보주체 (제3호)	처리되는 정보에 의하여 알아볼 수 있는 사람으로서 그 정보의 주체가 되는 사람을 말한다.
개인정보파일 (제4호)	개인정보를 쉽게 검색할 수 있도록 일정한 규칙에 따라 체계적으로 배열하거나 구성한 개인정보의 집합물(集合物)을 말한다.
개인정보 처리자 (제5호)	업무를 목적으로 개인정보파일을 운용하기 위하여 스스로 또는 다른 사람을 통하여 개인정보를 처리하는 공공기관, 법인, 단체 및 개인 등을 말한다.

공공기관
(제6호)
	다음 각 목의 기관을 말한다.
	  가. 국회, 법원, 헌법재판소, 중앙선거관리위원회의 행정사무를 처리하는
	     기관, 중앙행정기관(대통령 소속 기관과 국무총리 소속 기관을 포함한
	     다) 및 그 소속 기관, 지방자치단체
	  나. 그 밖의 국가기관 및 공공단체 중 대통령령으로 정하는 기관

영상정보 처리기기 (제7호)	일정한 공간에 지속적으로 설치되어 사람 또는 사물의 영상 등을 촬영하거나 이를 유·무선망을 통하여 전송하는 장치로서 대통령령으로 정하는 장치를 말한다.
과학적 연구 (제8호)	기술의 개발과 실증, 기초연구, 응용연구 및 민간 투자 연구 등 과학적 방법을 적용하는 연구를 말한다.

※ 법 제2조 제6호 나목에서 "대통령령으로 정하는 기관"이란 다음 각 호의 기관을 말한다(시행령 제2조).
  1. 「국가인권위원회법」 제3조에 따른 국가인권위원회
  1의2. 「고위공직자범죄수사처 설치 및 운영에 관한 법률」 제3조 제1항에 따른 고위공직자범죄수사처
  2. 「공공기관의 운영에 관한 법률」 제4조에 따른 공공기관
  3. 「지방공기업법」에 따른 지방공사와 지방공단
  4. 특별법에 따라 설립된 특수법인
  5. 「초·중등교육법」, 「고등교육법」, 그 밖의 다른 법률에 따라 설치된 각급 학교

※ 법 제2조 제7호에서 "대통령령으로 정하는 장치"란 다음 각 호의 장치를 말한다(시행령 제3조).
  1. 폐쇄회로 텔레비전: 다음 각 목의 어느 하나에 해당하는 장치
    가. 일정한 공간에 지속적으로 설치된 카메라를 통하여 영상 등을 촬영하거나 촬영한 영상정보를 유무선 폐쇄회로 등의 전송로를 통하여 특정 장소에 전송하는 장치
    나. 가목에 따라 촬영되거나 전송된 영상정보를 녹화·기록할 수 있도록 하는 장치
  2. 네트워크 카메라: 일정한 공간에 지속적으로 설치된 기기로 촬영한 영상정보를 그 기기를 설치·관리하는 자가 유무선 인터넷을 통하여 어느 곳에서나 수집·저장 등의 처리를 할 수 있도록 하는 장치

■ 개인정보의 의미

〈판례〉 경찰공무원인 피고인 甲이 피해자 乙의 신고에 따라 피고인 丙 등의 도박 현
장을 단속한 다음 훈방 조치하였는데, 그 후 피고인 丙으로부터 신고자의 전화번
호를 알려 달라는 부탁을 받고 '乙의 휴대전화번호 뒷자리 4자'를 알려 주었다. 이
에 대하여 법원은 "휴대전화 사용이 보편화되면서 휴대전화번호 뒷자리 4자에 전
화번호 사용자의 정체성이 담기는 현상이 심화되고 있어 휴대전화번호 뒷자리 4
자만으로도 전화번호 사용자가 누구인지 식별할 수 있는 점 등을 종합할 때, <u>피고
인 甲이 피고인 丙에게 제공한 乙의 휴대전화번호 뒷자리 4자는 살아있는 개인인
乙에 관한 정보로서 乙임을 알아볼 수 있는 정보이거나, 적어도 다른 정보와 쉽게
결합하여 乙임을 알아볼 수 있는 정보여서 개인정보 보호법 제2조 제1호에 규정된
'개인정보'에 해당한다</u>"는 이유로 피고인들에게 유죄를 선고하였다(대전지방법원
2013. 8. 9. 선고 2013고단17 판결).

■ 개인정보처리자의 범위

〈판례 1〉 「개인정보 보호법」 제71조 제5호의 적용대상자로서 제59조 제2호의 의무
주체인 '개인정보를 처리하거나 처리하였던 자'는 제2조 제5호의 '개인정보처리자',
즉 업무를 목적으로 개인정보파일을 운용하기 위하여 스스로 또는 다른 사람을 통
하여 개인정보를 처리하는 공공기관, 법인, 단체 및 개인 등에 한정되지 않고, 업
무상 알게 된 제2조 제1호의 '개인정보'를 제2조 제2호의 방법으로 '처리'하거나
'처리'하였던 자를 포함한다(대법원 2016. 3. 10. 선고 2015도8766 판결).

〈판례 2〉 인터넷 신문 기자인 피고인이 뉴스 사이트에 甲에 관한 기사를 게재하면서
취재 활동 중에 알게 된 甲의 성명, 지위, 주소 등의 개인정보를 누설하였다고 하
여 「개인정보 보호법」(이하 '법'이라 한다) 제71조 제5호, 제59조 위반으로 기소된
사안에서, 법 제2조 제5호에서는 개인정보처리자에 대하여 '개인정보파일을 운영
하기 위함'이라는 요건을 부과하고 있는데, 이는 개인정보파일을 운용하기 위한
목적 없이 개인정보를 처리하는 자와 구별되어야 하는 점(법 제2조 제1호, 제2호
에서 '개인정보'와 '처리'에 대하여도 별도로 정의하고 있다), 법 제59조에서는 개
인정보처리자와 구별하여 '개인정보를 처리하거나 처리하였던 자'를 의무주체로
규정하고 있는 점, 법 제71조 제1호에서는 개인정보처리자가 정보주체의 동의를
받지 아니하고 개인정보를 제3자에게 제공한 경우를 처벌하고, 법 제71조 제2호,
제19조에서는 개인정보처리자에게서 정보를 제공받은 제3자가 이를 이용한 경우
를 처벌하는 등 개인정보처리자가 제3자에게 개인정보를 제공한 경우를 별도로
처벌하고 있는 점 등을 종합할 때 법 <u>제71조 제5호, 제59조의 '개인정보를 처리하
거나 처리하였던 자'를 법 제2조 제5호의 '개인정보처리자'라 할 수 없다</u>(서울서부지
방법원 2015. 12. 18. 선고 2015고정1144 판결).

3. 개인정보 보호 원칙

첫째, 개인정보처리자는 개인정보의 처리 목적을 명확하게 하여야 하고 그 목적에 필요한 범위에서 최소한의 개인정보만을 적법하고 정당하게 수집하여야 한다(제3조 제1항).

둘째, 개인정보처리자는 개인정보의 처리 목적에 필요한 범위에서 적합하게 개인정보를 처리하여야 하며, 그 목적 외의 용도로 활용하여서는 아니 된다(동조 제2항).

셋째, 개인정보처리자는 개인정보의 처리 목적에 필요한 범위에서 개인정보의 정확성, 완전성 및 최신성이 보장되도록 하여야 한다(동조 제3항).

넷째, 개인정보처리자는 개인정보의 처리 방법 및 종류 등에 따라 정보주체의 권리가 침해받을 가능성과 그 위험 정도를 고려하여 개인정보를 안전하게 관리하여야 한다(동조 제4항).

다섯째, 개인정보처리자는 개인정보 처리방침 등 개인정보의 처리에 관한 사항을 공개하여야 하며, 열람청구권 등 정보주체의 권리를 보장하여야 한다(동조 제5항).

여섯째, 개인정보처리자는 정보주체의 사생활 침해를 최소화하는 방법으로 개인정보를 처리하여야 한다(동조 제6항).

일곱째, 개인정보처리자는 개인정보를 익명 또는 가명으로 처리하여도 개인정보 수집목적을 달성할 수 있는 경우 익명처리가 가능한 경우에는 익명에 의하여, 익명처리로 목적을 달성할 수 없는 경우에는 가명에 의하여 처리될 수 있도록 하여야 한다(동조 제7항). 개인정보처리자는 이 법 및 관계 법령에서 규정하고 있는 책임과 의무를 준수하고 실천함으로써 정보주체의 신뢰를 얻기 위하여 노력하여야 한다(동조 제8항).

4. 정보주체의 권리

정보주체는 자신의 개인정보 처리와 관련하여 다음 각 호의 권리를 가진다(제4조).

1. 개인정보의 처리에 관한 정보를 제공받을 권리
2. 개인정보의 처리에 관한 동의 여부, 동의 범위 등을 선택하고 결정할 권리
3. 개인정보의 처리 여부를 확인하고 개인정보에 대하여 열람(사본의 발급을 포함한다. 이하 같다)을 요구할 권리
4. 개인정보의 처리 정지, 정정·삭제 및 파기를 요구할 권리
5. 개인정보의 처리로 인하여 발생한 피해를 신속하고 공정한 절차에 따라 구제받을 권리

5. 국가 등의 책무

첫째, 국가와 지방자치단체는 개인정보의 목적 외 수집, 오용·남용 및 무분별한 감시·추적 등에 따른 폐해를 방지하여 인간의 존엄과 개인의 사생활 보호를 도모하기 위한 시책을 강구하여야 한다(제5조 제1항).

둘째, 국가와 지방자치단체는 정보주체의 권리를 보호하기 위하여 법령의 개선 등 필요한 시책을 마련하여야 한다(동조 제2항).

셋째, 국가와 지방자치단체는 개인정보의 처리에 관한 불합리한 사회적 관행을 개선하기 위하여 개인정보처리자의 자율적인 개인정보 보호활동을 존중하고 촉진·지원하여야 한다(동조 제3항).

넷째, 국가와 지방자치단체는 개인정보의 처리에 관한 법령 또는 조례를 제정하거나 개정하는 경우에는 이 법의 목적에 부합되도록 하여야 한다(동조 제4항).

6. 다른 법률과의 관계

개인정보 보호에 관하여는 다른 법률에 특별한 규정이 있는 경우를 제외하고는 이 법에서 정하는 바에 따른다(제6조).

〈판례〉
(1) 구 공공기관의 정보공개에 관한 법률 제9조 제1항 제6호가 「개인정보 보호법」제6조에서 말하는 '개인정보 보호에 관하여 다른 법률에 특별한 규정이 있는 경우'에 해당하는지 여부
「공공기관의 정보공개에 관한 법률」(이하 '정보공개법'이라 한다)은 국민의 알권리를 보장하고 국정(國政)에 대한 국민의 참여와 국정 운영의 투명성을 확보하기 위하여 공공기관이 보유·관리하는 정보에 대한 국민의 공개 청구 및 공공기관의

공개 의무에 관하여 필요한 사항을 정하고 있다(제1조). 이와 달리 「개인정보 보호법」은 개인의 자유와 권리를 보호하고 개인의 존엄과 가치를 구현하는 것을 입법 목적으로 하여 개인정보의 처리 및 보호에 관한 사항을 정하는 법률로서(제1조), "개인정보 보호에 관하여는 다른 법률에 특별한 규정이 있는 경우를 제외하고는 이 법에서 정하는 바에 따른다"라고 규정하고 있다(제6조).

그런데 구 정보공개법(2020. 12. 22. 법률 제17690호로 개정되기 전의 것) 제9조 제1항 제6호는 비공개 대상 정보의 하나로 '해당 정보에 포함되어 있는 성명·주민등록번호 등 개인에 관한 사항으로서 공개될 경우 사생활의 비밀 또는 자유를 침해할 우려가 있다고 인정되는 정보'를 규정하면서, 같은 호 단서 (다)목으로 '공공기관이 작성하거나 취득한 정보로서 공개하는 것이 공익이나 개인의 권리구제를 위하여 필요하다고 인정되는 정보'는 제외된다고 규정하였다(이 사건 처분 이후 2020. 12. 22. 개정된 정보공개법 제9조 제1항 제6호는 규율 대상을 규정하고 있는 '성명·주민등록번호 등 개인에 관한 사항' 부분을 '성명·주민등록번호 등 「개인정보 보호법」 제2조 제1호에 따른 개인정보'로 구체화하여, 위 조항이 규율하는 정보가 「개인정보 보호법」상의 개인정보임이 보다 분명하게 되었다).

위와 같은 구 정보공개법과 「개인정보 보호법」의 각 입법 목적과 규정 내용, 구 정보공개법 제9조 제1항 제6호의 문언과 취지 등에 비추어 보면, 구 정보공개법 제9조 제1항 제6호는 공공기관이 보유·관리하고 있는 개인정보의 공개 과정에서의 개인정보를 보호하기 위한 규정으로서 「개인정보 보호법」 제6조에서 말하는 '개인정보 보호에 관하여 다른 법률에 특별한 규정이 있는 경우'에 해당한다. 따라서 공공기관이 보유·관리하고 있는 개인정보의 공개에 관하여는 구 정보공개법 제9조 제1항 제6호가 「개인정보 보호법」에 우선하여 적용된다(대법원 2021. 11. 11. 선고 2015두53770 판결).

(2) 공공기관이 보유·관리하고 있는 개인정보의 공개에 관하여는 구 공공기관의 정보공개에 관한 법률 제9조 제1항 제6호가 「개인정보 보호법」에 우선하여 적용되는지 여부

구 정보공개법 제9조 제1항 제6호 단서 (다)목에서 말하는 '공개하는 것이 공익을 위하여 필요하다고 인정되는 정보'에 해당하는지 여부는 비공개로 보호되는 개인의 사생활 보호 등의 이익과 공개될 경우의 국정운영 투명성 확보 등 공익을 비교·교량하여 구체적 사안에 따라 신중히 판단하여야 한다(대법원 2007. 12. 13. 선고 2005두13117 판결 등 참조).

변호사는 다른 직업군보다 더 높은 공공성을 지닐 뿐만 아니라, 변호사에게는 일반 직업인보다 더 높은 도덕성과 성실성이 요구되고(「변호사법」 제1조, 제2조 참조). 그 직무수행은 국민들의 광범위한 감시와 비판의 대상이 되므로, 변호사시험 합격 여부, 합격연도 등을 포함한 해당 변호사에 관한 정보를 공개함으로써 얻을 수 있는 법적 이익이 적지 않은 점, 「변호사법」 제76조 제1항에 따라 의뢰인에게

사건을 수임하고자 하는 변호사에 대한 정보를 제공할 의무가 있는 지방변호사회인 원고는 소속 변호사들에 대한 정확한 정보를 보유하고 있어야 하고, 변호사시험 합격자들에 관한 최소한의 인적사항인 성명이 기재된 명단을 확보하여 해당 신청자가 적법한 자격을 갖춘 변호사인지를 더 쉽게 확인할 필요성이 있는 점(변호사법 제7조 제1항, 제2항, 제3항 참조) 등에 비추어, 제3회 변호사시험 합격자 성명(이하 '이 사건 정보'라 한다)이 공개될 경우 그 합격자들의 사생활의 비밀 또는 자유를 침해할 우려가 있다고 하더라도 그 비공개로 인하여 보호되는 사생활의 비밀 등 이익보다 공개로 인하여 달성되는 공익 등 공개의 필요성이 더 크므로 이 사건 정보는 「개인정보 보호법」 제18조 제1항에 의하여 공개가 금지된 정보에 해당하지 아니하고 구 정보공개법 제9조 제1항 제6호 단서 (다)목에 따라서 공개함이 타당하다(대법원 2021. 11. 11. 선고 2015두53770 판결).

제 2 절 개인정보 보호정책의 수립 등

1. 개인정보 보호위원회

(1) 위원회의 설치

개인정보 보호에 관한 사무를 독립적으로 수행하기 위하여 국무총리 소속으로 개인정보 보호위원회(이하 "보호위원회"라 한다)를 둔다(제7조 제1항). 이때 보호위원회는 「정부조직법」 제2조에 따른 중앙행정기관으로 본다. 다만, 다음 각 호의 사항에 대하여는 「정부조직법」 제18조를 적용하지 아니한다(동조 제2항).

1. 제7조의8 제3호 및 제4호의 사무
2. 제7조의9 제1항의 심의·의결 사항 중 제1호에 해당하는 사항

(2) 위원회의 구성 및 임기

보호위원회는 상임위원 2명(위원장 1명, 부위원장 1명)을 포함한 9명의 위원으로 구성한다(제7조의2 제1항). 이 경우 보호위원회의 위원은 개인정보 보호에 관한 경력과 전문지식이 풍부한 다음 각 호의 사람 중에서 위원장과 부위원장은 국무총리의 제청으로, 그 외 위원 중 2명은 위원장의 제청으로, 2명은 대통령이 소속

되거나 소속되었던 정당의 교섭단체 추천으로, 3명은 그 외의 교섭단체 추천으로 대통령이 임명 또는 위촉한다(동조 제2항). 그리고 위원장과 부위원장은 정무직 공무원으로 임명하며(동조 제3항), 위원장, 부위원장, 제7조의13에 따른 사무처의 장은 「정부조직법」 제10조에도 불구하고 정부위원이 된다(동조 제4항).

1. 개인정보 보호 업무를 담당하는 3급 이상 공무원(고위공무원단에 속하는 공무원을 포함한다)의 직에 있거나 있었던 사람
2. 판사·검사·변호사의 직에 10년 이상 있거나 있었던 사람
3. 공공기관 또는 단체(개인정보처리자로 구성된 단체를 포함한다)에 3년 이상 임원으로 재직하였거나 이들 기관 또는 단체로부터 추천받은 사람으로서 개인정보 보호 업무를 3년 이상 담당하였던 사람
4. 개인정보 관련 분야에 전문지식이 있고 「고등교육법」 제2조 제1호에 따른 학교에서 부교수 이상으로 5년 이상 재직하고 있거나 재직하였던 사람

또한 위원의 임기는 3년으로 하되, 한 차례만 연임할 수 있다(제7조의4 제1항). 만약 위원이 궐위된 때에는 지체 없이 새로운 위원을 임명 또는 위촉하여야 하며, 이 경우 후임으로 임명 또는 위촉된 위원의 임기는 새로이 개시된다(동조 제2항).

(3) 위원장의 직무

위원장은 보호위원회를 대표하고, 보호위원회의 회의를 주재하며, 소관 사무를 총괄한다(제7조의3 제1항). 만약 위원장이 부득이한 사유로 직무를 수행할 수 없을 때에는 부위원장이 그 직무를 대행하고, 위원장·부위원장이 모두 부득이한 사유로 직무를 수행할 수 없을 때에는 위원회가 미리 정하는 위원이 위원장의 직무를 대행한다(동조 제2항).

그리고 위원장은 국회에 출석하여 보호위원회의 소관 사무에 관하여 의견을 진술할 수 있으며, 국회에서 요구하면 출석하여 보고하거나 답변하여야 한다(동조 제3항). 또한 위원장은 국무회의에 출석하여 발언할 수 있으며, 그 소관 사무에 관하여 국무총리에게 의안 제출을 건의할 수 있다(동조 제4항).

(4) 위원의 신분보장 및 겸직금지 등

위원은 다음 각 호의 어느 하나에 해당하는 경우를 제외하고는 그 의사에 반하여 면직 또는 해촉되지 아니하며(제7조의5 제1항), 법률과 양심에 따라 독립적으로 직무를 수행한다(동조 제2항).

> 1. 장기간 심신장애로 인하여 직무를 수행할 수 없게 된 경우
> 2. 제7조의7의 결격사유에 해당하는 경우
> 3. 이 법 또는 그 밖의 다른 법률에 따른 직무상의 의무를 위반한 경우

또한 위원은 재직 중 다음 각 호의 직(職)을 겸하거나 직무와 관련된 영리업무에 종사하여서는 아니 되며(제7조의6 제1항), 정치활동에 관여할 수 없다(동조 제3항). 이때 영리업무에 관한 사항은 대통령령으로 정한다(동조 제2항).

> 1. 국회의원 또는 지방의회의원
> 2. 국가공무원 또는 지방공무원
> 3. 그 밖에 대통령령으로 정하는 직

> ※ 법 제7조 제1항에 따른 개인정보 보호위원회(이하 "보호위원회"라 한다)의 위원은 법 제7조의6 제1항에 따라 영리를 목적으로 다음 각 호의 어느 하나에 해당하는 업무에 종사해서는 안 된다(시행령 제4조의2).
> 1. 법 제7조의9 제1항에 따라 보호위원회가 심의·의결하는 사항과 관련된 업무
> 2. 법 제40조 제1항에 따른 개인정보 분쟁조정위원회(이하 "분쟁조정위원회"라 한다)가 조정하는 사항과 관련된 업무

(5) 위원의 결격사유

다음 각 호의 어느 하나에 해당하는 사람은 위원이 될 수 없다(제7조의7 제1항).

> 1. 대한민국 국민이 아닌 사람
> 2. 「국가공무원법」 제33조 각 호의 어느 하나에 해당하는 사람
> 3. 「정당법」 제22조에 따른 당원

또한 위원이 위 각 호의 어느 하나에 해당하게 된 때에는 그 직에서 당연 퇴직한다. 다만, 「국가공무원법」 제33조 제2호는 파산선고를 받은 사람으로서 「채무자 회생 및 파산에 관한 법률」에 따라 신청기한 내에 면책신청을 하지 아니하였거나 면책불허가 결정 또는 면책 취소가 확정된 경우만 해당하고, 같은 법 제33조 제5호는 「형법」 제129조부터 제132조까지, 「성폭력범죄의 처벌 등에 관한 특례법」 제2조, 「아동·청소년의 성보호에 관한 법률」 제2조 제2호 및 직무와 관련하여 「형법」 제355조 또는 제356조에 규정된 죄를 범한 사람으로서 금고 이상의 형의 선고유예를 받은 경우만 해당한다(동조 제2항).

(6) 위원의 제척·기피·회피

위원은 다음 각 호의 어느 하나에 해당하는 경우에는 심의·의결에서 제척된다(제7조의11 제1항). 또한 위원에게 심의·의결의 공정을 기대하기 어려운 사정이 있는 경우 당사자는 기피 신청을 할 수 있고, 보호위원회는 의결로 이를 결정한다(동조 제2항). 그리고 위원이 제척 또는 기피의 사유가 있는 경우에는 해당 사안에 대하여 회피할 수 있다(동조 제3항).

---

1. 위원 또는 그 배우자나 배우자였던 자가 해당 사안의 당사자가 되거나 그 사건에 관하여 공동의 권리자 또는 의무자의 관계에 있는 경우
2. 위원이 해당 사안의 당사자와 친족이거나 친족이었던 경우
3. 위원이 해당 사안에 관하여 증언, 감정, 법률자문을 한 경우
4. 위원이 해당 사안에 관하여 당사자의 대리인으로서 관여하거나 관여하였던 경우
5. 위원이나 위원이 속한 공공기관·법인 또는 단체 등이 조언 등 지원을 하고 있는 자와 이해관계가 있는 경우

---

(8) 회의 및 운영

보호위원회의 회의는 위원장이 필요하다고 인정하거나 재적위원 4분의 1 이상의 요구가 있는 경우에 위원장이 소집한다(제7조의10 제1항). 그리고 위원장 또는 2명 이상의 위원은 보호위원회에 의안을 제의할 수 있으며(동조 제2항), 보호위원회의 회의는 재적위원 과반수의 출석으로 개의하고, 출석위원 과반수의 찬성으

로 의결한다(동조 제3항).

또한 보호위원회는 효율적인 업무 수행을 위하여 개인정보 침해 정도가 경미하거나 유사·반복되는 사항 등을 심의·의결할 소위원회를 둘 수 있으며(제7조의12 제1항), 소위원회는 3명의 위원으로 구성한다(동조 제2항). 소위원회가 심의·의결한 것은 보호위원회가 심의·의결한 것으로 보며(동조 제3항), 소위원회의 회의는 구성위원 전원의 출석과 출석위원 전원의 찬성으로 의결한다(동조 제4항).

한편, 보호위원회의 사무를 처리하기 위하여 보호위원회에 사무처를 두며, 이 법에 규정된 것 외에 보호위원회의 조직에 관한 사항은 대통령령으로 정하고(제7조의13), 이 법과 다른 법령에 규정된 것 외에 보호위원회의 운영 등에 필요한 사항은 보호위원회의 규칙으로 정한다(제7조의14).

2. 개인정보 보호위원회의 기능

(1) 보호위원회의 업무

보호위원회는 다음 각 호의 소관 사무를 수행한다(제7조의8).

1. 개인정보의 보호와 관련된 법령의 개선에 관한 사항
2. 개인정보 보호와 관련된 정책·제도·계획 수립·집행에 관한 사항
3. 정보주체의 권리침해에 대한 조사 및 이에 따른 처분에 관한 사항
4. 개인정보의 처리와 관련한 고충처리·권리구제 및 개인정보에 관한 분쟁의 조정
5. 개인정보 보호를 위한 국제기구 및 외국의 개인정보 보호기구와의 교류·협력
6. 개인정보 보호에 관한 법령·정책·제도·실태 등의 조사·연구, 교육 및 홍보에 관한 사항
7. 개인정보 보호에 관한 기술개발의 지원·보급 및 전문인력의 양성에 관한 사항
8. 이 법 및 다른 법령에 따라 보호위원회의 사무로 규정된 사항

또한 보호위원회는 다음 각 호의 사항을 심의·의결하며(제7조의9 제1항), 개인정보 보호와 관련된 정책, 제도 및 법령의 개선에 관한 사항의 경우에는 관계 기관에 그 개선을 권고할 수 있다(동조 제4항). 이때 보호위원회는 권고의 내용의 이행 여부를 점검할 수 있다(동조 제5항).

1. 제8조의2에 따른 개인정보 침해요인 평가에 관한 사항
2. 제9조에 따른 기본계획 및 제10조에 따른 시행계획에 관한 사항
3. 개인정보 보호와 관련된 정책, 제도 및 법령의 개선에 관한 사항
4. 개인정보의 처리에 관한 공공기관 간의 의견조정에 관한 사항
5. 개인정보 보호에 관한 법령의 해석·운용에 관한 사항
6. 제18조 제2항 제5호에 따른 개인정보의 이용·제공에 관한 사항
7. 제33조 제3항에 따른 영향평가 결과에 관한 사항
8. 제28조의6, 제34조의2, 제39조의15에 따른 과징금 부과에 관한 사항
9. 제61조에 따른 의견제시 및 개선권고에 관한 사항
10. 제64조에 따른 시정조치 등에 관한 사항
11. 제65조에 따른 고발 및 징계권고에 관한 사항
12. 제66조에 따른 처리 결과의 공표에 관한 사항
13. 제75조에 따른 과태료 부과에 관한 사항
14. 소관 법령 및 보호위원회 규칙의 제정·개정 및 폐지에 관한 사항
15. 개인정보 보호와 관련하여 보호위원회의 위원장 또는 위원 2명 이상이 회의에 부치는 사항
16. 그 밖에 이 법 또는 다른 법령에 따라 보호위원회가 심의·의결하는 사항

보호위원회는 위 각 호의 사항을 심의·의결하기 위하여 필요한 경우 다음 각 호의 조치를 할 수 있다(동조 제2항). 이때 관계 기관 등에 대한 자료제출이나 사실조회 요구를 받은 관계 기관 등은 특별한 사정이 없으면 이에 따라야 한다(동조 제3항).

1. 관계 공무원, 개인정보 보호에 관한 전문 지식이 있는 사람이나 시민사회단체 및 관련 사업자로부터의 의견 청취
2. 관계 기관 등에 대한 자료제출이나 사실조회 요구

(2) 개인정보 침해요인 평가

중앙행정기관의 장은 소관 법령의 제정 또는 개정을 통하여 개인정보 처리를 수반하는 정책이나 제도를 도입·변경하는 경우에는 보호위원회에 개인정보 침해요인 평가를 요청하여야 한다(제8조의2 제1항). 보호위원회가 이 요청을 받은 때에는 해당 법령의 개인정보 침해요인을 분석·검토하여 그 법령의 소관기관의 장에

게 그 개선을 위하여 필요한 사항을 권고할 수 있다(동조 제2항). 위의 개인정보 침해요인 평가의 절차와 방법에 관하여 필요한 사항은 대통령령(시행령 제9조의3 참조)으로 정한다(동조 제3항).

3. 기본계획의 수립

보호위원회는 개인정보의 보호와 정보주체의 권익 보장을 위하여 3년마다 개인정보 보호 기본계획(이하 "기본계획"이라 한다)을 관계 중앙행정기관의 장과 협의하여 수립한다(제9조 제1항). 이 기본계획에는 다음 각 호의 사항이 포함되어야 한다(동조 제2항).

---

1. 개인정보 보호의 기본목표와 추진방향
2. 개인정보 보호와 관련된 제도 및 법령의 개선
3. 개인정보 침해 방지를 위한 대책
4. 개인정보 보호 자율규제의 활성화
5. 개인정보 보호 교육·홍보의 활성화
6. 개인정보 보호를 위한 전문인력의 양성
7. 그 밖에 개인정보 보호를 위하여 필요한 사항

또한 국회, 법원, 헌법재판소, 중앙선거관리위원회는 해당 기관(그 소속 기관을 포함한다)의 개인정보 보호를 위한 기본계획을 수립·시행할 수 있다(동조 제3항).

4. 시행계획의 작성·시행

중앙행정기관의 장은 기본계획에 따라 매년 개인정보 보호를 위한 시행계획을 작성하여 보호위원회에 제출하고, 보호위원회의 심의·의결을 거쳐 시행하여야 한다(제10조 제1항). 시행계획의 수립·시행에 필요한 사항은 대통령령(시행령 제12조 참조)으로 정한다(동조 제2항).

5. 자료제출 요구 등

보호위원회는 기본계획을 효율적으로 수립하기 위하여 개인정보처리자, 관계 중앙행정기관의 장, 지방자치단체의 장 및 관계 기관·단체 등에 개인정보처리자의 법규 준수 현황과 개인정보 관리 실태 등에 관한 자료의 제출이나 의견의 진술 등을 요구할 수 있다(제11조 제1항). 중앙행정기관의 장도 시행계획을 효율적으로 수립·추진하기 위하여 소관 분야의 개인정보처리자에게 위 자료제출 등을 요구할 수 있다(동조 제3항). 또한 보호위원회는 개인정보 보호 정책 추진, 성과평가 등을 위하여 필요한 경우 개인정보처리자, 관계 중앙행정기관의 장, 지방자치단체의 장 및 관계 기관·단체 등을 대상으로 개인정보관리 수준 및 실태파악 등을 위한 조사를 실시할 수 있다(동조 제2항). 위의 자료제출 등을 요구받은 자는 특별한 사정이 없으면 이에 따라야 하며(동조 제4항), 자료제출 등의 범위와 방법 등 필요한 사항은 대통령령(시행령 제13조 참조)으로 정한다(동조 제5항).

6. 개인정보 보호지침의 마련

보호위원회는 개인정보의 처리에 관한 기준, 개인정보 침해의 유형 및 예방조치 등에 관한 표준 개인정보 보호지침(이하 "표준지침"이라 한다)을 정하여 개인정보처리자에게 그 준수를 권장할 수 있다(제12조 제1항). 또한 중앙행정기관의 장은 표준지침에 따라 소관 분야의 개인정보 처리와 관련한 개인정보 보호지침을 정하여 개인정보처리자에게 그 준수를 권장할 수 있다(동조 제2항). 그리고 국회, 법원, 헌법재판소 및 중앙선거관리위원회는 해당 기관(그 소속 기관을 포함한다)의 개인정보 보호지침을 정하여 시행할 수 있다(동조 제3항).

7. 자율규제의 촉진 및 지원

보호위원회는 개인정보처리자의 자율적인 개인정보 보호활동을 촉진하고 지원하기 위하여 다음 각 호의 필요한 시책을 마련하여야 한다(제13조).

---

1. 개인정보 보호에 관한 교육·홍보
2. 개인정보 보호와 관련된 기관·단체의 육성 및 지원
3. 개인정보 보호 인증마크의 도입·시행 지원
4. 개인정보처리자의 자율적인 규약의 제정·시행 지원
5. 그 밖에 개인정보처리자의 자율적 개인정보 보호활동을 지원하기 위하여 필요한 사항

---

8. 국제협력

정부는 국제적 환경에서의 개인정보 보호 수준을 향상시키기 위하여 필요한 시책을 마련하여야 한다(제14조 제1항). 또한 정부는 개인정보 국외 이전으로 인하여 정보주체의 권리가 침해되지 아니하도록 관련 시책을 마련하여야 한다(동조 제2항).

제 3 절 개인정보의 처리

1. 개인정보의 수집·이용·제공 등

(1) 개인정보의 수집·이용

개인정보처리자는 다음 각 호의 어느 하나에 해당하는 경우에는 개인정보를 수집할 수 있으며 그 수집 목적의 범위에서 이용할 수 있다(제15조 제1항).[1]

> 1. 정보주체의 동의를 받은 경우
> 2. 법률에 특별한 규정이 있거나 법령상 의무를 준수하기 위하여 불가피한 경우
> 3. 공공기관이 법령 등에서 정하는 소관 업무의 수행을 위하여 불가피한 경우
> 4. 정보주체와의 계약의 체결 및 이행을 위하여 불가피하게 필요한 경우
> 5. 정보주체 또는 그 법정대리인이 의사표시를 할 수 없는 상태에 있거나 주소불명 등으로 사전 동의를 받을 수 없는 경우로서 명백히 정보주체 또는 제3자의 급박한 생명, 신체, 재산의 이익을 위하여 필요하다고 인정되는 경우
> 6. 개인정보처리자의 정당한 이익을 달성하기 위하여 필요한 경우로서 명백하게 정보주체의 권리보다 우선하는 경우. 이 경우 개인정보처리자의 정당한 이익과 상당한 관련이 있고 합리적인 범위를 초과하지 아니하는 경우에 한한다.

---

[1] 이를 위반하여 개인정보를 수집한 자에게는 5천만원 이하의 과태료를 부과한다(제75조 제1항 제1호). 한편, 과태료는 대통령령으로 정하는 바에 따라 보호위원회와 관계 중앙행정기관의 장이 부과·징수한다. 이 경우 관계 중앙행정기관의 장은 소관 분야의 개인정보처리자에게 과태료를 부과·징수한다(제75조 제5항). 다만, 제75조의 과태료에 관한 규정을 적용할 때 제34조의2에 따라 과징금을 부과한 행위에 대하여는 과태료를 부과할 수 없다(제76조).

〈판례 1〉 정보주체가 직접 또는 제3자를 통하여 이미 공개한 개인정보는 공개 당시 정보주체가 자신의 개인정보에 대한 수집이나 제3자 제공 등의 처리에 대하여 일정한 범위 내에서 동의를 하였다고 할 것이다. 이와 같이 공개된 개인정보를 객관적으로 보아 정보주체가 동의한 범위 내에서 처리하는 것으로 평가할 수 있는 경우에도 동의의 범위가 외부에 표시되지 아니하였다는 이유만으로 또다시 정보주체의 별도의 동의를 받을 것을 요구한다면 이는 정보주체의 공개의사에도 부합하지 아니하거니와 정보주체나 개인정보처리자에게 무의미한 동의절차를 밟기 위한 비용만을 부담시키는 결과가 된다. 다른 한편「개인정보 보호법」제20조는 공개된 개인정보 등을 수집·처리하는 때에는 정보주체의 요구가 있으면 즉시 개인정보의 수집 출처, 개인정보의 처리 목적, 제37조에 따른 개인정보 처리의 정지를 요구할 권리가 있다는 사실을 정보주체에게 알리도록 규정하고 있으므로, 공개된 개인정보에 대한 정보 주체의 개인정보자기결정권은 이러한 사후통제에 의하여 보호받게 된다. 따라서 이미 공개된 개인정보를 정보주체의 동의가 있었다고 객관적으로 인정되는 범위 내에서 수집·이용·제공 등 처리를 할 때는 정보주체의 별도의 동의는 불필요하다고 보아야 하고, 별도의 동의를 받지 아니하였다고 하여「개인정보 보호법」제15조나 제17조를 위반한 것으로 볼 수 없다. 그리고 정보주체의 동의가 있었다고 인정되는 범위 내인지는 공개된 개인정보의 성격, 공개의 형태와 대상 범위, 그로부터 추단되는 정보주체의 공개 의도 내지 목적뿐만 아니라, 정보처리자의 정보제공 등 처리의 형태와 정보제공으로 공개의 대상 범위가 원래의 것과 달라졌는지, 정보제공이 정보주체의 원래의 공개 목적과 상당한 관련성이 있는지 등을 검토하여 객관적으로 판단하여야 한다.

　　따라서 법률정보 제공 사이트를 운영하는 甲 주식회사가 ○○대학교인 乙 대학교 ○○대학 법학과 교수로 재직중인 乙의 사진, 성명, 성별, 출생연도, 직업, 직장, 학력, 경력 등의 개인정보를 위 법학과 홈페이지 등을 통해 수집하여 위 사이트 내 '법조인'항목에서 유료로 제공한 사안에서, 甲 회사가 영리 목적으로 乙의 개인정보를 수집하여 제3자에게 제공하였더라도 그에 의하여 얻을 수 있는 법적 이익이 정보처리를 막음으로써 얻을 수 있는 정보주체의 인격적 법익에 비하여 우월하므로, 甲 회사의 행위를 乙의 개인정보자기결정권을 침해하는 위법한 행위로 평가할 수 없고, 甲 회사가 乙의 개인정보를 수집하여 제3자에게 제공한 행위는 乙의 동의가 있었다고 객관적으로 인정되는 범위 내이고, 甲 회사에 영리 목적이 있었다고 하여 달리 볼 수 없으므로, 甲 회사가 乙의 별도의 동의를 받지 아니하였다고 하여「개인정보 보호법」제15조나 제17조를 위반하였다고 볼 수 없다(대법원 2016. 8. 17. 선고 2014다235080 판결).

〈판례 2〉 피고인이 시(市)교육청으로부터 대학수학능력시험 감독관으로 임명(위촉)되어 고사장 감독업무를 수행하면서 수험생의 개인정보가 포함된 응시원서를 제공받고 이를 각 수험생의 수험표와 대조하는 과정에서 甲의 연락처를 알게 되자

甲을 카카오톡 친구로 추가한 후 甲에게 카카오톡으로 '맘에 든다'는 취지의 메시지를 발송함으로써 개인정보처리자로부터 제공받은 개인정보를 제공받은 목적 외 용도로 이용하였다고 하여 구 개인정보 보호법 위반으로 기소된 사안에서, 피고인은 위 시험의 감독업무 수행을 위하여 개인정보처리자인 시(市)교육청으로부터 수험생들의 전화번호 등 개인정보를 받은 것이므로 같은 법 제17조 제1항 제2호, 제15조 제1항 제3호의 '공공기관이 법령 등에서 정하는 소관 업무의 수행을 위하여 불가피한 경우'에 해당하여 같은 법 제19조의 '개인정보처리자로부터 개인정보를 제공받은 자'에 포섭된다(서울중앙지방법원 2020. 10. 15. 선고 2019노4259 판결).

한편, 개인정보처리자는 위의 동의를 받을 때에는 다음 각 호의 사항을 정보주체에게 알려야 한다. 다음 각 호의 어느 하나의 사항을 변경하는 경우에도 이를 알리고 동의를 받아야 한다(동조 제2항).[2]

1. 개인정보의 수집·이용 목적
2. 수집하려는 개인정보의 항목
3. 개인정보의 보유 및 이용 기간
4. 동의를 거부할 권리가 있다는 사실 및 동의 거부에 따른 불이익이 있는 경우에는 그 불이익의 내용

반면에 개인정보처리자는 당초 수집 목적과 합리적으로 관련된 범위에서 정보주체에게 불이익이 발생하는지 여부, 암호화 등 안전성 확보에 필요한 조치를 하였는지 여부 등을 고려하여 대통령령으로 정하는 바에 따라 정보주체의 동의 없이 개인정보를 이용할 수 있다(동조 제3항).

〈참고〉 시행령 제14조의2(개인정보의 추가적인 이용·제공의 기준 등) ① 개인정보처리자는 법 제15조 제3항 또는 제17조 제4항에 따라 정보주체의 동의 없이 개인정보를 이용 또는 제공(이하 "개인정보의 추가적인 이용 또는 제공"이라 한다)하려는 경우에는 다음 각 호의 사항을 고려해야 한다.
1. 당초 수집 목적과 관련성이 있는지 여부
2. 개인정보를 수집한 정황 또는 처리 관행에 비추어 볼 때 개인정보의 추가적인 이용 또는 제공에 대한 예측 가능성이 있는지 여부

---

2) 이를 위반하여 정보주체에게 알려야 할 사항을 알리지 아니한 자에게는 3천만원 이하의 과태료를 부과한다(제75조 제2항 제1호).

3. 정보주체의 이익을 부당하게 침해하는지 여부

4. 가명처리 또는 암호화 등 안전성 확보에 필요한 조치를 하였는지 여부

② 개인정보처리자는 제1항 각 호의 고려사항에 대한 판단 기준을 법 제30조 제1항에 따른 개인정보 처리방침에 미리 공개하고, 법 제31조 제1항에 따른 개인정보 보호책임자가 해당 기준에 따라 개인정보의 추가적인 이용 또는 제공을 하고 있는지 여부를 점검해야 한다.

(2) 개인정보의 수집 제한

개인정보처리자는 개인정보를 수집하는 경우에는 그 목적에 필요한 최소한의 개인정보를 수집하여야 한다. 이 경우 최소한의 개인정보 수집이라는 입증책임은 개인정보처리자가 부담한다(제16조 제1항). 개인정보처리자는 정보주체의 동의를 받아 개인정보를 수집하는 경우 필요한 최소한의 정보 외의 개인정보 수집에는 동의하지 아니할 수 있다는 사실을 구체적으로 알리고 개인정보를 수집하여야 한다(동조 제2항). 또한 개인정보처리자는 정보주체가 필요한 최소한의 정보 외의 개인정보 수집에 동의하지 아니한다는 이유로 정보주체에게 재화 또는 서비스의 제공을 거부하여서는 아니 된다(동조 제3항).3)

(3) 개인정보의 제공

개인정보처리자는 다음 각 호의 어느 하나에 해당되는 자에게는 정보주체의 개인정보를 제3자에게 제공(공유를 포함한다. 이하 같다)할 수 있다(제17조 제1항).4)5)

---

3) 이를 위반하여 재화 또는 서비스의 제공을 거부한 자에게는 3천만원 이하의 과태료를 부과한다(제75조 제2항 제2호).

4) 제2호에 해당하지 아니함에도 제1호를 위반하여 정보주체의 동의를 받지 아니하고 개인정보를 제3자에게 제공한 자 및 그 사정을 알고 개인정보를 제공받은 자는 5년 이하의 징역 또는 5천만원 이하의 벌금에 처한다(제71조 제1호).

5) 법인의 대표자나 법인 또는 개인의 대리인, 사용인, 그 밖의 종업원이 그 법인 또는 개인의 업무에 관하여 제71조부터 제73조까지의 어느 하나에 해당하는 위반행위를 하면 그 행위자를 벌하는 외에 그 법인 또는 개인에게도 해당 조문의 벌금형을 과(科)한다. 다만, 법인 또는 개인이 그 위반행위를 방지하기 위하여 해당 업무에 관하여 상당한 주의와 감독을 게을리 하지 아니한 경우에는 그러하지 아니하다(제74조 제2항).

> 1. 정보주체의 동의를 받은 경우
> 2. 제15조 제1항 제2호·제3호·제5호 및 제39조의3 제2항 제2호·제3호에 따라 개인
>   정보를 수집한 목적 범위에서 개인정보를 제공하는 경우

개인정보처리자는 제1항 제1호에 따른 동의를 받을 때에는 다음 각 호의 사항을 정보주체에게 알려야 한다. 다음 각 호의 어느 하나의 사항을 변경하는 경우에도 이를 알리고 동의를 받아야 한다(동조 제2항).[6]

> 1. 개인정보를 제공받는 자
> 2. 개인정보를 제공받는 자의 개인정보 이용 목적
> 3. 제공하는 개인정보의 항목
> 4. 개인정보를 제공받는 자의 개인정보 보유 및 이용 기간
> 5. 동의를 거부할 권리가 있다는 사실 및 동의 거부에 따른 불이익이 있는 자에게는
>   그 불이익의 내용

한편, 개인정보처리자가 개인정보를 국외의 제3자에게 제공할 때에는 위의 각 호에 따른 사항을 정보주체에게 알리고 동의를 받아야 하며, 이 법을 위반하는 내용으로 개인정보의 국외 이전에 관한 계약을 체결하여서는 아니 된다(동조 제3항).

> 〈판례〉「개인정보 보호법」 제17조와 정보통신망법 제24조의2에서 말하는 개인정보의 '제3자 제공'은 본래의 개인정보 수집·이용 목적의 범위를 넘어 정보를 제공받는 자의 업무처리와 이익을 위하여 개인정보가 이전되는 경우인 반면, 「개인정보 보호법」 제26조와 정보통신망법 제25조에서 말하는 개인정보의 '처리위탁'은 본래의 개인정보 수집·이용 목적과 관련된 위탁자 본인의 업무 처리와 이익을 위하여 개인정보가 이전되는 경우를 의미한다. 개인정보 처리위탁에 있어 수탁자는 위탁자로부터 위탁사무 처리에 따른 대가를 지급받는 것 외에는 개인정보 처리에 관하여 독자적인 이익을 가지지 않고, 정보제공자의 관리·감독 아래 위탁받은 범위 내에서만 개인정보를 처리하게 되므로, 「개인정보 보호법」 제17조와 정보통신망법 제24조의2에 정한 '제3자'에 해당하지 않는다.
> 　한편 어떠한 행위가 개인정보의 제공인지 아니면 처리위탁인지는 개인정보의 취득 목적과 방법, 대가 수수 여부, 수탁자에 대한 실질적인 관리·감독 여부, 정보

---

6) 정보주체에게 알려야 할 사항을 알리지 아니한 자에게는 3천만원 이하의 과태료를 부과한다(제75조 제2항 제1호).

주체 또는 이용자의 개인정보 보호 필요성에 미치는 영향 및 이러한 개인정보를 이용할 필요가 있는 자가 실질적으로 누구인지 등을 종합하여 판단하여야 한다(대법원 2017. 4. 7. 선고 2016도13263 판결).

하지만 개인정보처리자는 당초 수집 목적과 합리적으로 관련된 범위에서 정보주체에게 불이익이 발생하는지 여부, 암호화 등 안전성 확보에 필요한 조치를 하였는지 여부 등을 고려하여 대통령령으로 정하는 바에 따라 정보주체의 동의 없이 개인정보를 제공할 수 있다(동조 제4항).

(4) 개인정보의 목적 외 이용·제공 제한

개인정보처리자는 개인정보를 제15조 제1항 및 제39조의3 제1항 및 제2항에 따른 범위를 초과하여 이용하거나 제17조 제1항 및 제3항에 따른 범위를 초과하여 제3자에게 제공하여서는 아니 된다(제18조 제1항). 그러나 개인정보처리자는 다음 각 호의 어느 하나에 해당하는 경우에는 정보주체 또는 제3자의 이익을 부당하게 침해할 우려가 있을 때를 제외하고는 개인정보를 목적 외의 용도로 이용하거나 이를 제3자에게 제공할 수 있다. 다만, 이용자(「정보통신망 이용촉진 및 정보보호 등에 관한 법률」 제2조 제1항 제4호에 해당하는 자를 말한다. 이하 같다)의 개인정보를 처리하는 정보통신서비스 제공자(「정보통신망 이용촉진 및 정보보호 등에 관한 법률」 제2조 제1항 제3호에 해당하는 자를 말한다. 이하 같다)의 경우 제1호·제2호의 경우로 한정하고, 제5호부터 제9호까지의 경우는 공공기관의 경우로 한정한다(동조 제2항).7)

1. 정보주체로부터 별도의 동의를 받은 경우
2. 다른 법률에 특별한 규정이 있는 경우
3. 정보주체 또는 그 법정대리인이 의사표시를 할 수 없는 상태에 있거나 주소불명 등으로 사전 동의를 받을 수 없는 경우로서 명백히 정보주체 또는 제3자의 급박한 생명, 신체, 재산의 이익을 위하여 필요하다고 인정되는 경우
4. 삭제

---

7) 본조 제1항·제2항(제39조의14에 따라 준용되는 경우를 포함한다)을 위반하여 개인정보를 이용하거나 제3자에게 제공한 자 및 그 사정을 알고 개인정보를 제공받은 자는 5년이하의 징역 또는 5천만원 이하의 벌금에 처한다(제71조 제2호).

5. 개인정보를 목적 외의 용도로 이용하거나 이를 제3자에게 제공하지 아니하면 다른 법률에서 정하는 소관 업무를 수행할 수 없는 경우로서 보호위원회의 심의·의결을 거친 경우
6. 조약, 그 밖의 국제협정의 이행을 위하여 외국정부 또는 국제기구에 제공하기 위하여 필요한 경우
7. 범죄의 수사와 공소의 제기 및 유지를 위하여 필요한 경우
8. 법원의 재판업무 수행을 위하여 필요한 경우
9. 형(刑) 및 감호, 보호처분의 집행을 위하여 필요한 경우

또한 개인정보처리자는 위의 동의를 받을 때에는 다음 각 호의 사항을 정보주체에게 알려야 한다. 다음 각 호의 어느 하나의 사항을 변경하는 경우에도 이를 알리고 동의를 받아야 한다(동조 제3항).[8]

1. 개인정보를 제공받는 자
2. 개인정보의 이용 목적(제공 시에는 제공받는 자의 이용 목적을 말한다)
3. 이용 또는 제공하는 개인정보의 항목
4. 개인정보의 보유 및 이용 기간(제공 시에는 제공받는 자의 보유 및 이용 기간을 말한다)
5. 동의를 거부할 권리가 있다는 사실 및 동의 거부에 따른 불이익이 있는 경우에는 그 불이익의 내용

한편, 공공기관은 제2항 제2호부터 제6호까지, 제8호 및 제9호에 따라 개인정보를 목적 외의 용도로 이용하거나 이를 제3자에게 제공하는 경우에는 그 이용 또는 제공의 법적 근거, 목적 및 범위 등에 관하여 필요한 사항을 행정안전부령으로 정하는 바에 따라 관보 또는 인터넷 홈페이지 등에 게재하여야 한다(동조 제4항). 또한 개인정보처리자는 제2항의 각 호의 어느 하나의 경우에 해당하여 개인정보를 목적 외의 용도로 제3자에게 제공하는 경우에는 개인정보를 제공받는 자에게 이용 목적, 이용 방법, 그 밖에 필요한 사항에 대하여 제한을 하거나, 개인정보의 안전성 확보를 위하여 필요한 조치를 마련하도록 요청하여야 한다. 이 경우 요청을 받은 자는 개인정보의 안전성 확보를 위하여 필요한 조치를 하여야 한

---

8) 정보주체에게 알려야 할 사항을 알리지 아니한 자에게는 3천만원 이하의 과태료를 부과한다(제75조 제2항 제1호).

다(동조 제5항).

〈판례〉 구 개인정보 보호법(2020. 2. 4. 법률 제16930호로 일부 개정되기 전의 것, 이하 같다) 제18조 제2항 제7호는 개인정보처리자가 '범죄의 수사와 공소의 제기 및 유지를 위하여 필요한 경우'에는 정보주체 또는 제3자의 이익을 부당하게 침해할 우려가 있는 때를 제외하고는 개인정보를 목적 외의 용도로 이용하거나 이를 제3자에 제공할 수 있음을 규정하였으나, 이는 '개인정보처리자'가 '공공기관'인 경우에 한정될 뿐 법인·단체·개인 등의 경우에는 적용되지 아니한다(구 개인정보 보호법 제18조 제2항 단서, 제2조 제5호 및 제6호). 또한 구 개인정보 보호법 제18조 제2항 제2호에서 정한 '다른 법률에 특별한 규정이 있는 경우'란 그 문언 그대로 개별 법률에서 개인정보의 제공이 허용됨을 구체적으로 명시한 경우로 한정하여 해석하여야 하므로, 「형사소송법」제199조 제2항과 같이 수사기관이 공무소 기타 공사단체에 조회하여 필요한 사항의 보고를 요구할 수 있는 포괄적인 규정은 이에 해당하지 아니한다. 만일 「형사소송법」제199조 제2항이 구 개인정보 보호법 제18조 제2항 제2호에서 정한 '다른 법률에 특별한 규정이 있는 경우'에 포함된다면, 구 개인정보 보호법 제18조 제2항 제7호에서 수사기관으로 하여금 공공기관에 한정하여 일정한 제한 아래 개인정보를 제공받을 수 있도록 한 입법 취지·목적을 몰각시킬 뿐만 아니라 헌법상 영장주의 및 적법절차의 원칙을 잠탈할 가능성이 크기 때문이다(대법원 2022. 10. 27. 선고 2022도9510 판결).

(5) 개인정보를 제공받은 자의 이용·제공 제한

개인정보처리자로부터 개인정보를 제공받은 자는 다음 각 호의 어느 하나에 해당하는 경우를 제외하고는 개인정보를 제공받은 목적 외의 용도로 이용하거나 이를 제3자에게 제공하여서는 아니 된다(제19조).[9)]

---

1. 정보주체로부터 별도의 동의를 받은 경우
2. 다른 법률에 특별한 규정이 있는 경우

---

(6) 정보주체 이외로부터 수집한 개인정보의 수집 출처 등 고지

개인정보처리자가 정보주체 이외로부터 수집한 개인정보를 처리하는 때에는 정보주체의 요구가 있으면 즉시 다음 각 호의 모든 사항을 정보주체에게 알려야 한다(제20조 제1항).[10)]

---

1. 개인정보의 수집 출처
2. 개인정보의 처리 목적
3. 제37조에 따른 개인정보 처리의 정지를 요구할 권리가 있다는 사실

그러나 처리하는 개인정보의 종류·규모, 종업원 수 및 매출액 규모 등을 고려하여 대통령령으로 정하는 기준에 해당하는 개인정보처리자가 제17조 제1항 제1호에 따라 정보주체 이외로부터 개인정보를 수집하여 처리하는 때에는 위 각 호의 모든 사항을 정보주체에게 알려야 한다. 다만, 개인정보처리자가 수집한 정보에 연락처 등 정보주체에게 알릴 수 있는 개인정보가 포함되지 아니한 경우에는 그러하지 아니하다(동조 제2항).[11)]

※ 법 제20조 제2항 본문에서 "대통령령으로 정하는 기준에 해당하는 개인정보처리자"란 다음 각 호의 어느 하나에 해당하는 개인정보처리자를 말한다(시행령 제15조의2 제1항).

---

9) 이를 위반하여 개인정보를 이용하거나 제3자에게 제공한 자 및 그 사정을 알면서도 영리 또는 부정한 목적으로 개인정보를 제공받은 자에게는 5년이하의 징역 또는 5천만원 이하의 벌금에 처한다(제71조 제2호).
10) 이를 위반하여 정보주체에게 같은 항 각 호의 사실을 알리지 아니한 자에게는 3천만원 이하의 과태료를 부과한다(제75조 제2항 제3호).
11) 이를 위반하여 정보주체에게 같은 항 각 호의 사실을 알리지 아니한 자에게는 3천만원 이하의 과태료를 부과한다(제75조 제2항 제3호).

1. 5만명 이상의 정보주체에 관하여 법 제23조에 따른 민감정보(이하 "민감정보"라 한다) 또는 법 제24조 제1항에 따른 고유식별정보(이하 "고유식별정보"라 한다)를 처리하는 자
2. 100만명 이상의 정보주체에 관하여 개인정보를 처리하는 자

이때 정보주체에게 알리는 시기·방법 및 절차 등 필요한 사항은 대통령령으로 정한다(제20조 제3항).[12]

〈참고〉 시행령 제15조의2(개인정보 수집 출처 등 고지 대상·방법·절차) ② 제1항 각 호의 어느 하나에 해당하는 개인정보처리자는 법 제20조 제1항 각 호의 사항을 서면·전화·문자전송·전자우편 등 정보주체가 쉽게 알 수 있는 방법으로 개인정보를 제공받은 날부터 3개월 이내에 정보주체에게 알려야 한다. 다만, 법 제17조 제2항 제1호부터 제4호까지의 사항에 대하여 같은 조 제1항 제1호에 따라 정보주체의 동의를 받은 범위에서 연 2회 이상 주기적으로 개인정보를 제공받아 처리하는 경우에는 개인정보를 제공받은 날부터 3개월 이내에 정보주체에게 알리거나 그 동의를 받은 날부터 기산하여 연 1회 이상 정보주체에게 알려야 한다.
③ 제1항 각 호의 어느 하나에 해당하는 개인정보처리자는 제2항에 따라 알린 경우 다음 각 호의 사항을 법 제21조 또는 제37조 제4항에 따라 해당 개인정보를 파기할 때까지 보관·관리하여야 한다.
1. 정보주체에게 알린 사실
2. 알린 시기
3. 알린 방법

한편, 제1항과 제2항 본문은 다음 각 호의 어느 하나에 해당하는 경우에는 적용하지 아니한다. 다만, 이 법에 따른 정보주체의 권리보다 명백히 우선하는 경우에 한한다(동조 제4항).

---

1. 고지를 요구하는 대상이 되는 개인정보가 제32조 제2항 각 호의 어느 하나에 해당하는 개인정보파일에 포함되어 있는 경우
2. 고지로 인하여 다른 사람의 생명·신체를 해할 우려가 있거나 다른 사람의 재산과 그 밖의 이익을 부당하게 침해할 우려가 있는 경우

---

12) 정보주체에게 위의 각 호의 사실을 알리지 아니한 자에게는 3천만원 이하의 과태료를 부과한다(제75호 제2항 제3호).

(7) 개인정보의 파기

개인정보처리자는 보유기간의 경과, 개인정보의 처리 목적 달성 등 그 개인정보가 불필요하게 되었을 때에는 지체 없이 그 개인정보를 파기하여야 한다. 다만, 다른 법령에 따라 보존하여야 하는 경우에는 그러하지 아니하다(제21조 제1항).[13]

이때 개인정보처리자가 개인정보를 파기할 때에는 복구 또는 재생되지 아니하도록 조치하여야 한다(동조 제2항). 다만, 개인정보처리자가 개인정보를 파기하지 아니하고 보존하여야 하는 경우에는 해당 개인정보 또는 개인정보파일을 다른 개인정보와 분리하여서 저장·관리하여야 한다(동조 제3항).[14] 개인정보의 파기방법 및 절차 등에 필요한 사항은 대통령령으로 정한다(동조 제4항).

〈**참고**〉시행령 제16조(개인정보의 파기방법) ① 개인정보처리자는 법 제21조에 따라 개인정보를 파기할 때에는 다음 각 호의 구분에 따른 방법으로 해야 한다.
　1. 전자적 파일 형태인 경우: 복원이 불가능한 방법으로 영구 삭제. 다만, 기술적 특성으로 영구 삭제가 현저히 곤란한 경우에는 법 제58조의2에 해당하는 정보로 처리하여 복원이 불가능하도록 조치해야 한다.
　2. 제1호 외의 기록물, 인쇄물, 서면, 그 밖의 기록매체인 경우: 파쇄 또는 소각
② 제1항에 따른 개인정보의 안전한 파기에 관한 세부 사항은 보호위원회가 정하여 고시한다.

---

(8) 동의를 받는 방법

개인정보처리자는 이 법에 따른 개인정보의 처리에 대하여 정보주체(제6항에 따른 법정대리인을 포함한다. 이하 이 조에서 같다)의 동의를 받을 때에는 각각의 동의 사항을 구분하여 정보주체가 이를 명확하게 인지할 수 있도록 알리고 각각 동의를 받아야 한다(제22조 제1항).[15] 그리고 개인정보처리자는 만 14세 미만 아동의

---

13) 이를 위반하여 개인정보를 파기하지 아니한 정보통신서비스 제공자등을 한 자는 2년 이하의 징역 또는 2천만원 이하의 벌금에 처한다(제73조 제1호의2). 또한 이를 위반하여 개인정보를 파기하지 아니하였을 경우 3천만원 이하의 과태료를 부과한다(제75호 제2항 제4호).
14) 이를 위반하여 개인정보를 분리하여 저장 관리하지 아니한 자에게는 1천만원 이하의 과태료를 부과한다(제75호 제4항 제1호).

개인정보를 처리하기 위하여 이 법에 따른 동의를 받아야 할 때에는 그 법정대리인의 동의를 받아야 한다. 이 경우 법정대리인의 동의를 받기 위하여 필요한 최소한의 정보는 법정대리인의 동의 없이 해당 아동으로부터 직접 수집할 수 있다(동조 제6항).16)

이때 개인정보처리자는 이 동의를 서면(「전자문서 및 전자거래 기본법」 제2조 제1호에 따른 전자문서를 포함한다)으로 받을 때에는 개인정보의 수집·이용 목적, 수집·이용하려는 개인정보의 항목 등 대통령령으로 정하는 중요한 내용을 보호위원회가 고시로 정하는 방법에 따라 명확히 표시하여 알아보기 쉽게 하여야 한다 (동조 제2항).

※ 법 제22조 제2항에서 "대통령령으로 정하는 중요한 내용"이란 다음 각 호의 사항을 말한다(시행령 제17조 제2항).
  1. 개인정보의 수집·이용 목적 중 재화나 서비스의 홍보 또는 판매 권유 등을 위하여 해당 개인정보를 이용하여 정보주체에게 연락할 수 있다는 사실
  2. 처리하려는 개인정보의 항목 중 다음 각 목의 사항
    가. 제18조에 따른 민감정보
    나. 제19조 제2호부터 제4호까지의 규정에 따른 여권번호, 운전면허의 면허번호 및 외국인등록번호
  3. 개인정보의 보유 및 이용 기간(제공 시에는 제공받는 자의 보유 및 이용 기간을 말한다)
  4. 개인정보를 제공받는 자 및 개인정보를 제공받는 자의 개인정보 이용 목적

또한 개인정보처리자는 제15조 제1항 제1호, 제17조 제1항 제1호, 제23조 제1항 제1호 및 제24조 제1항 제1호에 따라 개인정보의 처리에 대하여 정보주체의 동의를 받을 때에는 정보주체와의 계약 체결 등을 위하여 정보주체의 동의 없이 처리할 수 있는 개인정보와 정보주체의 동의가 필요한 개인정보를 구분하여야 한다. 이 경우 동의 없이 처리할 수 있는 개인정보라는 입증책임은 개인정보처리자

---

15) 법정대리인의 동의를 받지 아니한 경우에는 5천만원 이하의 과태료를 부과한다(제75호 제1항 제2호).
16) 이를 위반하여 법정대리인의 동의를 받지 아니한 자에게는 5천만원 이하의 과태료를 부과한다(제75조 제1항 제2호).

가 부담한다(제22조 제3항). 한편, 개인정보처리자는 정보주체에게 재화나 서비스를 홍보하거나 판매를 권유하기 위하여 개인정보의 처리에 대한 동의를 받으려는 때에는 정보주체가 이를 명확하게 인지할 수 있도록 알리고 동의를 받아야 한다(동조 제4항).[17]

　　그러나 개인정보처리자는 정보주체가 선택적으로 동의할 수 있는 사항을 동의하지 아니하거나 제4항 및 제18조 제2항 제1호에 따른 동의를 하지 아니한다는 이유로 정보주체에게 재화 또는 서비스의 제공을 거부하여서는 아니 된다(동조 제5항).[18] 이외에 정보주체의 동의를 받는 세부적인 방법 및 제6항에 따른 최소한의 정보의 내용에 관하여 필요한 사항은 개인정보의 수집매체 등을 고려하여 대통령령으로 정한다(동조 제7항).

〈참고〉 시행령 제17조(동의를 받는 방법) ① 개인정보처리자는 법 제22조에 따라 개인정보의 처리에 대하여 다음 각 호의 어느 하나에 해당하는 방법으로 정보주체의 동의를 받아야 한다.
1. 동의 내용이 적힌 서면을 정보주체에게 직접 발급하거나 우편 또는 팩스 등의 방법으로 전달하고, 정보주체가 서명하거나 날인한 동의서를 받는 방법
2. 전화를 통하여 동의 내용을 정보주체에게 알리고 동의의 의사표시를 확인하는 방법
3. 전화를 통하여 동의 내용을 정보주체에게 알리고 정보주체에게 인터넷주소 등을 통하여 동의 사항을 확인하도록 한 후 다시 전화를 통하여 그 동의 사항에 대한 동의의 의사표시를 확인하는 방법
4. 인터넷 홈페이지 등에 동의 내용을 게재하고 정보주체가 동의 여부를 표시하도록 하는 방법
5. 동의 내용이 적힌 전자우편을 발송하여 정보주체로부터 동의의 의사표시가 적힌 전자우편을 받는 방법
6. 그 밖에 제1호부터 제5호까지의 규정에 따른 방법에 준하는 방법으로 동의 내용을 알리고 동의의 의사표시를 확인하는 방법
② 법 제22조 제2항에서 "대통령령으로 정하는 중요한 내용"이란 다음 각 호의 사항을 말한다.

---

17) 동조 제1항부터 제4항까지의 규정을 위반하여 동의를 받은 자에게 1천만원 이하의 과태료를 부과한다(제75호 제4항 제2호).
18) 이를 위반하여 재화 또는 서비스의 제공을 거부한 자에게는 3천만원 이하의 과태료를 부과한다(제75호 제2항 제2호).

1. 개인정보의 수집·이용 목적 중 재화나 서비스의 홍보 또는 판매 권유 등을 위하여 해당 개인정보를 이용하여 정보주체에게 연락할 수 있다는 사실
2. 처리하려는 개인정보의 항목 중 다음 각 목의 사항
   가. 제18조에 따른 민감정보
   나. 제19조 제2호부터 제4호까지의 규정에 따른 여권번호, 운전면허의 면허번호 및 외국인등록번호
3. 개인정보의 보유 및 이용 기간(제공 시에는 제공받는 자의 보유 및 이용 기간을 말한다)
4. 개인정보를 제공받는 자 및 개인정보를 제공받는 자의 개인정보 이용 목적
③ 개인정보처리자가 정보주체로부터 법 제18조 제2항 제1호 및 제22조 제4항에 따른 동의를 받거나 법 제22조 제3항에 따라 선택적으로 동의할 수 있는 사항에 대한 동의를 받으려는 때에는 정보주체가 동의 여부를 선택할 수 있다는 사실을 명확하게 확인할 수 있도록 선택적으로 동의할 수 있는 사항 외의 사항과 구분하여 표시하여야 한다.
④ 개인정보처리자는 법 제22조 제6항에 따라 만 14세 미만 아동의 법정대리인의 동의를 받기 위하여 해당 아동으로부터 직접 법정대리인의 성명·연락처에 관한 정보를 수집할 수 있다.
⑤ 중앙행정기관의 장은 제1항에 따른 동의방법 중 소관 분야의 개인정보처리자별 업무, 업종의 특성 및 정보주체의 수 등을 고려하여 적절한 동의방법에 관한 기준을 법 제12조 제2항에 따른 개인정보 보호지침(이하 "개인정보 보호지침"이라 한다)으로 정하여 그 기준에 따라 동의를 받도록 개인정보처리자에게 권장할 수 있다.

* 개인정보 처리 방법에 관한 고시 제4조(서면 동의 시 중요한 내용의 표시 방법) 법 제22조 제2항에서 "보호위원회가 고시로 정하는 방법"이란 다음 각 호의 방법을 말한다.
1. 글씨의 크기는 최소한 9포인트 이상으로서 다른 내용보다 20퍼센트 이상 크게 하여 알아보기 쉽게 할 것
2. 글씨의 색깔, 굵기 또는 밑줄 등을 통하여 그 내용이 명확히 표시되도록 할 것
3. 동의 사항이 많아 중요한 내용이 명확히 구분되기 어려운 경우에는 중요한 내용이 쉽게 확인될 수 있도록 그 밖의 내용과 별도로 구분하여 표시할 것

2. 개인정보의 처리 제한

(1) 민감정보의 처리 제한

개인정보처리자는 사상·신념, 노동조합·정당의 가입·탈퇴, 정치적 견해, 건

강, 성생활 등에 관한 정보, 그 밖에 정보주체의 사생활을 현저히 침해할 우려가 있는 개인정보로서 대통령령으로 정하는 정보(이하 "민감정보"라 한다)를 처리하여서는 아니 된다. 다만, 다음 각 호의 어느 하나에 해당하는 경우에는 그러하지 아니하다(제23조 제1항).[19]

1. 정보주체에게 제15조 제2항 각 호 또는 제17조 제2항 각 호의 사항을 알리고 다른 개인정보의 처리에 대한 동의와 별도로 동의를 받은 경우
2. 법령에서 민감정보의 처리를 요구하거나 허용하는 경우

※ 법 제23조 제1항 각 호 외의 부분 본문에서 "대통령령으로 정하는 정보"란 다음 각 호의 어느 하나에 해당하는 정보를 말한다. 다만, 공공기관이 법 제18조 제2항 제5호부터 제9호까지의 규정에 따라 다음 각 호의 어느 하나에 해당하는 정보를 처리하는 경우의 해당 정보는 제외한다(시행령 제18조).
  1. 유전자검사 등의 결과로 얻어진 유전정보
  2. 「형의 실효 등에 관한 법률」 제2조 제5호에 따른 범죄경력자료에 해당하는 정보
  3. 개인의 신체적, 생리적, 행동적 특징에 관한 정보로서 특정 개인을 알아볼 목적으로 일정한 기술적 수단을 통해 생성한 정보
  4. 인종이나 민족에 관한 정보

또한 개인정보처리자가 위의 각 호에 따라 민감정보를 처리하는 경우에는 그 민감정보가 분실·도난·유출·위조·변조 또는 훼손되지 아니하도록 안전성 확보에 필요한 조치를 하여야 한다(제23조 제2항).[20]

(2) 고유식별정보의 처리 제한

개인정보처리자는 다음 각 호의 경우를 제외하고는 법령에 따라 개인을 고유하게 구별하기 위하여 부여된 식별정보로서 대통령령으로 정하는 정보(이하 "고유

---

19) 이를 위반하여 민감정보를 처리한 자는 5년 이하의 징역 또는 5천만원 이하의 벌금에 처한다(제71조 제3호).
20) 안전성 확보에 필요한 조치를 하지 아니하여 개인정보를 분실·도난·유출·위조·변조 또는 훼손당한 자는 2년 이하의 징역 또는 2천만원 이하의 벌금에 처한다(제73조 제1호). 또한 이를 위반하여 안전성 확보에 필요한 조치를 하지 아니한 자에게는 3천만원 이하의 과태료를 부과한다(제75조 제2항 제6호).

식별정보"라 한다)를 처리할 수 없다(제24조 제1항).[21]

> 1. 정보주체에게 제15조 제2항 각 호 또는 제17조 제2항 각 호의 사항을 알리고 다른 개인정보의 처리에 대한 동의와 별도로 동의를 받은 경우
> 2. 법령에서 구체적으로 고유식별정보의 처리를 요구하거나 허용하는 경우

※ 법 제24조 제1항 각 호 외의 부분에서 "대통령령으로 정하는 정보"란 다음 각 호의 어느 하나에 해당하는 정보를 말한다. 다만, 공공기관이 법 제18조 제2항 제5호부터 제9호까지의 규정에 따라 다음 각 호의 어느 하나에 해당하는 정보를 처리하는 경우의 해당 정보는 제외한다(시행령 제19조).
1.「주민등록법」제7조의2 제1항에 따른 주민등록번호
2.「여권법」제7조 제1항 제1호에 따른 여권번호
3.「도로교통법」제80조에 따른 운전면허의 면허번호
4.「출입국관리법」제31조 제5항에 따른 외국인등록번호

이때 개인정보처리자가 고유식별정보를 처리하는 경우에는 그 고유식별정보가 분실·도난·유출·위조·변조 또는 훼손되지 아니하도록 대통령령(시행령 제21조 참조)으로 정하는 바에 따라 암호화 등 안전성 확보에 필요한 조치를 하여야 한다(제24조 제3항).[22]

한편, 보호위원회는 처리하는 개인정보의 종류·규모, 종업원 수 및 매출액 규모 등을 고려하여 대통령령으로 정하는 기준에 해당하는 개인정보처리자가 위의 안전성 확보에 필요한 조치를 하였는지에 관하여 대통령령(시행령 제21조 참조)으로 정하는 바(2년마다 1회 이상)에 따라 정기적으로 조사하여야 한다(동조 제4항). 이때 보호위원회는 대통령령으로 정하는 전문기관으로 하여금 제4항에 따른 조사를 수행하게 할 수 있다(동조 제5항).

---

21) 이를 위반하여 고유식별정보를 처리한 자는 5년 이하의 징역 또는 5천만원 이하의 벌금에 처한다(제71조 제4호).
22) 안전성 확보에 필요한 조치를 하지 아니하여 개인정보를 분실·도난·유출·위조·변조 또는 훼손당한 자는 2년 이하의 징역 또는 2천만원 이하의 벌금에 처한다(제73조 제1호). 또한 안전성 확보에 필요한 조치를 하지 아니한 자에게는 3천만원 이하의 과태료를 부과한다(제75조 제2항 제6호).

※ 법 제24조 제5항에서 "대통령령으로 정하는 전문기관"이란 다음 각 호의 기관을 말한다(시행령 제21조 제5항).
　1.「정보통신망 이용촉진 및 정보보호 등에 관한 법률」제52조에 따른 한국인터넷진흥원(이하 "한국인터넷진흥원"이라 한다)
　2. 법 제24조 제4항에 따른 조사를 수행할 수 있는 기술적·재정적 능력과 설비를 보유한 것으로 인정되어 보호위원회가 정하여 고시하는 법인, 단체 또는 기관

(3) 주민등록번호 처리의 제한

제24조 제1항의 개인정보처리자의 고유식별정보의 처리 제한에도 불구하고 개인정보처리자는 다음 각 호의 어느 하나에 해당하는 경우를 제외하고는 주민등록번호를 처리할 수 없다(제24조의2 제1항).[23]

1. 법률·대통령령·국회규칙·대법원규칙·헌법재판소규칙·중앙선거관리위원회규칙 및 감사원규칙에서 구체적으로 주민등록번호의 처리를 요구하거나 허용한 경우
2. 정보주체 또는 제3자의 급박한 생명, 신체, 재산의 이익을 위하여 명백히 필요하다고 인정되는 경우
3. 제1호 및 제2호에 준하여 주민등록번호 처리가 불가피한 경우로서 보호위원회가 고시로 정하는 경우

이때 개인정보처리자는 주민등록번호가 분실·도난·유출·위조·변조 또는 훼손되지 아니하도록 암호화 조치를 통하여 안전하게 보관하여야 한다. 이 경우 암호화 적용 대상 및 대상별 적용 시기 등에 관하여 필요한 사항은 개인정보의 처리 규모와 유출 시 영향 등을 고려하여 대통령령으로 정한다(동조 제2항).[24]

※ 법 제24조의2 제2항에 따라 암호화 조치를 하여야 하는 암호화 적용 대상은 주민등록번호를 전자적인 방법으로 보관하는 개인정보처리자로 한다(시행령 제21조의2 제1항). 이때 개인정보처리자에 대한 암호화 적용 시기는 다음 각 호와 같다

---

23) 이를 위반하여 주민등록번호를 처리한 자는 3천만원 이하의 과태료를 부과한다(제75조 제2항 제4호의2).
24) 이를 위반하여 암호화 조치를 하지 아니한 자는 3천만원 이하의 과태료를 부과한다(제75조 제2항 제4호의3).

(동조 제2항).

  1. 100만명 미만의 정보주체에 관한 주민등록번호를 보관하는 개인정보처리자: 2017년 1월 1일

  2. 100만명 이상의 정보주체에 관한 주민등록번호를 보관하는 개인정보처리자: 2018년 1월 1일

개인정보처리자는 위 각 호에 따라 주민등록번호를 처리하는 경우에도 정보주체가 인터넷 홈페이지를 통하여 회원으로 가입하는 단계에서는 주민등록번호를 사용하지 아니하고도 회원으로 가입할 수 있는 방법을 제공하여야 한다(제24조의2 제3항).[25] 이때 보호위원회는 개인정보처리자가 이 방법에 따른 방법을 제공할 수 있도록 관계 법령의 정비, 계획의 수립, 필요한 시설 및 시스템의 구축 등 제반 조치를 마련·지원할 수 있다(동조 제4항).

(4) 영상정보처리기기의 설치·운영 제한

누구든지 다음 각 호의 경우를 제외하고는 공개된 장소에 영상정보처리기기를 설치·운영하여서는 아니 된다(제25조 제1항).[26]

---

1. 법령에서 구체적으로 허용하고 있는 경우
2. 범죄의 예방 및 수사를 위하여 필요한 경우
3. 시설안전 및 화재 예방을 위하여 필요한 경우
4. 교통단속을 위하여 필요한 경우
5. 교통정보의 수집·분석 및 제공을 위하여 필요한 경우

또한 누구든지 불특정 다수가 이용하는 목욕실, 화장실, 발한실(發汗室), 탈의실 등 개인의 사생활을 현저히 침해할 우려가 있는 장소의 내부를 볼 수 있도록 영상정보처리기기를 설치·운영하여서는 아니 된다. 다만, 교도소, 정신보건 시설 등 법령에 근거하여 사람을 구금하거나 보호하는 시설로서 대통령령으로 정하는 시설에 대하여는 그러하지 아니하다(동조 제2항).[27]

---

25) 정보주체가 주민등록번호를 사용하지 아니할 수 있는 방법을 제공하지 않은 자는 3천만원 이하의 과태료를 부과한다(제75조 제2항 제5호).
26) 이를 위반하여 영상정보처리기기를 설치·운영한 자에게는 3천만원 이하의 과태료를 부과한다(제75조 제2항 제7호).

※ 법 제25조 제2항 단서에서 "대통령령으로 정하는 시설"이란 다음 각 호의 시설을 말한다(시행령 제22조 제1항).
  1. 「형의 집행 및 수용자의 처우에 관한 법률」 제2조 제1호에 따른 교정시설
  2. 「정신건강증진 및 정신질환자 복지서비스 지원에 관한 법률」 제3조 제5호부터 제7호까지의 규정에 따른 정신의료기관(수용시설을 갖추고 있는 것만 해당한다), 정신요양시설 및 정신재활시설

다만, 위 각 호에 따라 영상정보처리기기를 설치·운영하려는 공공기관의 장과 제2항 단서에 따라 영상정보처리기기를 설치·운영하려는 자는 공청회·설명회의 개최 등 대통령령으로 정하는 절차를 거쳐 관계 전문가 및 이해관계인의 의견을 수렴하여야 한다(제25조 제3항). 그리고 위의 각 호에 따라 영상정보처리기기를 설치·운영하는 자(이하 "영상정보처리기기운영자"라 한다)는 정보주체가 쉽게 인식할 수 있도록 다음 각 호의 사항이 포함된 안내판을 설치하는 등 필요한 조치를 하여야 한다. 다만, 「군사기지 및 군사시설 보호법」 제2조 제2호에 따른 군사시설, 「통합방위법」 제2조 제13호에 따른 국가중요시설, 그 밖에 대통령령으로 정하는 시설에 대하여는 그러하지 아니하다(동조 제4항).[28]

---

1. 설치 목적 및 장소
2. 촬영 범위 및 시간
3. 관리책임자 성명 및 연락처
4. 그 밖에 대통령령으로 정하는 사항

※ 법 제25조 제4항 각 호 외의 부분 단서에서 "대통령령으로 정하는 시설"이란 「보안업무규정」 제32조에 따른 국가보안시설을 말한다(시행령 제24조 제4항).

이때 영상정보처리기기운영자는 영상정보처리기기의 설치 목적과 다른 목적으로 영상정보처리기기를 임의로 조작하거나 다른 곳을 비춰서는 아니 되며, 녹

---

27) 이를 위반하여 영상정보처리기기를 설치·운영한 자에게는 5천만원 이하의 과태료를 부과한다(제75조 제1항 제3호).
28) 이를 위반하여 안내판 설치 등 필요한 조치를 하지 아니한 자에게는 1천만원 이하의 과태료를 부과한다(제75조 제4항 제3호).

음기능은 사용할 수 없다(제25조 제5항).29) 또한 영상정보처리기기운영자는 개인정보가 분실·도난·유출·위조·변조 또는 훼손되지 아니하도록 안전성 확보에 필요한 조치를 하여야 한다(동조 제6항).30)

한편, 영상정보처리기기운영자는 대통령령으로 정하는 바에 따라 영상정보처리기기 운영·관리 방침을 마련하여야 한다. 이 경우 제30조에 따른 개인정보 처리방침을 정하지 아니할 수 있다(동조 제7항). 그리고 영상정보처리기기운영자는 영상정보처리기기의 설치·운영에 관한 사무를 위탁할 수 있다. 다만, 공공기관이 영상정보처리기기 설치·운영에 관한 사무를 위탁하는 경우에는 대통령령으로 정하는 절차 및 요건에 따라야 한다(동조 제8항).

(5) 업무위탁에 따른 개인정보의 처리 제한

개인정보처리자가 제3자에게 개인정보의 처리 업무를 위탁하는 경우에는 다음 각 호의 내용이 포함된 문서에 의하여야 한다(제26조 제1항).31)

---

1. 위탁업무 수행 목적 외 개인정보의 처리 금지에 관한 사항
2. 개인정보의 기술적·관리적 보호조치에 관한 사항
3. 그 밖에 개인정보의 안전한 관리를 위하여 대통령령으로 정한 사항

※ 법 제26조 제1항 제3호에서 "대통령령으로 정한 사항"이란 다음 각 호의 사항을 말한다(시행령 제28조 제1항).
  1. 위탁업무의 목적 및 범위
  2. 재위탁 제한에 관한 사항
  3. 개인정보에 대한 접근 제한 등 안전성 확보 조치에 관한 사항
  4. 위탁업무와 관련하여 보유하고 있는 개인정보의 관리 현황 점검 등 감독에 관

---

29) 영상정보처리기기의 설치 목적과 다른 목적으로 영상정보처리기기를 임의로 조작하거나 다른 곳을 비추는 자 또는 녹음기능을 사용한 자는 3년 이하의 징역 또는 3천만원 이하의 벌금에 처한다(제72조 제1호).
30) 안전성 확보에 필요한 조치를 하지 아니하여 개인정보를 분실·도난·유출·위조·변조 또는 훼손당한 자에게는 2년 이하의 징역 또는 2천만원 이하의 벌금에 처한다(제73조 제1호). 또한 안전상 확보에 필요한 조치를 하지 아니한 자에게는 3천만원 이하의 과태료를 부과한다(제75조 제2항 제6호).
31) 업무 위탁 시 각 호의 내용이 포함된 문서에 의하지 아니한 경우에는 1천만원 이하의 과태료를 부과한다(제75조 제4항 제4호).

한 사항

5. 법 제26조 제2항에 따른 수탁자(이하 "수탁자"라 한다)가 준수하여야 할 의무를 위반한 경우의 손해배상 등 책임에 관한 사항

이때 개인정보의 처리 업무를 위탁하는 개인정보처리자(이하 "위탁자"라 한다)는 위탁하는 업무의 내용과 개인정보 처리 업무를 위탁받아 처리하는 자(이하 "수탁자"라 한다)를 정보주체가 언제든지 쉽게 확인할 수 있도록 대통령령으로 정하는 방법에 따라 공개하여야 한다(제26조 제2항).[32]

※ 법 제26조 제2항에서 "대통령령으로 정하는 방법"이란 개인정보 처리 업무를 위탁하는 개인정보처리자(이하 "위탁자"라 한다)가 위탁자의 인터넷 홈페이지에 위탁하는 업무의 내용과 수탁자를 지속적으로 게재하는 방법을 말한다(시행령 제28조 제2항). 다만, 제2항에 따라 인터넷 홈페이지에 게재할 수 없는 경우에는 다음 각 호의 어느 하나 이상의 방법으로 위탁하는 업무의 내용과 수탁자를 공개하여야 한다(동조 제3항).

1. 위탁자의 사업장등의 보기 쉬운 장소에 게시하는 방법
2. 관보(위탁자가 공공기관인 경우만 해당한다)나 위탁자의 사업장등이 있는 시·도 이상의 지역을 주된 보급지역으로 하는 「신문 등의 진흥에 관한 법률」 제2조 제1호 가목·다목 및 같은 조 제2호에 따른 일반일간신문, 일반주간신문 또는 인터넷신문에 싣는 방법
3. 같은 제목으로 연 2회 이상 발행하여 정보주체에게 배포하는 간행물·소식지·홍보지 또는 청구서 등에 지속적으로 싣는 방법
4. 재화나 용역을 제공하기 위하여 위탁자와 정보주체가 작성한 계약서 등에 실어 정보주체에게 발급하는 방법

또한 위탁자가 재화 또는 서비스를 홍보하거나 판매를 권유하는 업무를 위탁하는 경우에는 대통령령으로 정하는 방법에 따라 위탁하는 업무의 내용과 수탁자를 정보주체에게 알려야 한다. 위탁하는 업무의 내용이나 수탁자가 변경된 경우에도 또한 같다(제26조 제3항).[33]

---

32) 이를 위반하여 위탁하는 업무의 내용과 수탁자를 공개하지 아니한 자에게는 1천만원 이하의 과태료를 부과한다(제75조 제4항 제5호).
33) 이를 위반하여 정보주체에게 알려야 할 사항을 알리지 아니한 경우에는 3천만원 이하의 과태료를 부과한다(제75조 제2항 제1호).

※ 법 제26조 제3항 전단에서 "대통령령으로 정하는 방법"이란 서면, 전자우편, 팩스, 전화, 문자전송 또는 이에 상당하는 방법(이하 "서면등의 방법"이라 한다)을 말한다(시행령 제28조 제4항).

그리고 위탁자는 업무 위탁으로 인하여 정보주체의 개인정보가 분실·도난·유출·위조·변조 또는 훼손되지 아니하도록 수탁자를 교육하고, 처리 현황 점검 등 대통령령으로 정하는 바에 따라 수탁자가 개인정보를 안전하게 처리하는지를 감독하여야 한다(제26조 제4항).

한편, 수탁자는 개인정보처리자로부터 위탁받은 해당 업무 범위를 초과하여 개인정보를 이용하거나 제3자에게 제공하여서는 아니 된다(동조 제5항).[34] 수탁자가 위탁받은 업무와 관련하여 개인정보를 처리하는 과정에서 이 법을 위반하여 발생한 손해배상책임에 대하여는 수탁자를 개인정보처리자의 소속 직원으로 본다(동조 제6항). 이외에 수탁자에 관하여는 제15조부터 제25조까지, 제27조부터 제31조까지, 제33조부터 제38조까지 및 제59조를 준용한다(동조 제7항).

(6) 영업양도 등에 따른 개인정보의 이전 제한

개인정보처리자는 영업의 전부 또는 일부의 양도·합병 등으로 개인정보를 다른 사람에게 이전하는 경우에는 미리 다음 각 호의 사항을 대통령령으로 정하는 방법에 따라 해당 정보주체에게 알려야 한다(제27조 제1항).[35]

---

1. 개인정보를 이전하려는 사실
2. 개인정보를 이전받는 자(이하 "영업양수자등"이라 한다)의 성명(법인의 경우에는 법인의 명칭을 말한다), 주소, 전화번호 및 그 밖의 연락처
3. 정보주체가 개인정보의 이전을 원하지 아니하는 경우 조치할 수 있는 방법 및 절차

---

34) 이를 위반하여 개인정보를 이용하거나 제3자에게 제공한 자 및 그 사정을 알면서도 영리 또는 부정한 목적으로 개인정보를 제공받은 자는 5년 이하의 징역 또는 5천만원 이하의 벌금에 처한다(제71조 제2항).
35) 정보주체에게 개인정보의 이전 사실을 알리지 아니한 자에게는 1천만원 이하의 과태료를 부과한다(제75조 제4항 제6호).

※ 법 제27조 제1항 각 호 외의 부분과 같은 조 제2항 본문에서 "대통령령으로 정하는 방법"이란 서면등의 방법을 말한다(시행령 제29조 제1항). 다만, 법 제27조 제1항에 따라 개인정보를 이전하려는 자(이하 이 항에서 "영업양도자등"이라 한다)가 과실 없이 제1항에 따른 방법으로 법 제27조 제1항 각 호의 사항을 정보주체에게 알릴 수 없는 경우에는 해당 사항을 인터넷 홈페이지에 30일 이상 게재하여야 한다. 다만, 인터넷 홈페이지에 게재할 수 없는 정당한 사유가 있는 경우에는 다음 각 호의 어느 하나의 방법으로 법 제27조 제1항 각 호의 사항을 정보주체에게 알릴 수 있다(동조 제2항).
1. 영업양도자등의 사업장등의 보기 쉬운 장소에 30일 이상 게시하는 방법
2. 영업양도자등의 사업장등이 있는 시·도 이상의 지역을 주된 보급지역으로 하는 「신문 등의 진흥에 관한 법률」 제2조 제1호 가목·다목 또는 같은 조 제2호에 따른 일반일간신문·일반주간신문 또는 인터넷신문에 싣는 방법

이때 영업양수자등은 개인정보를 이전받았을 때에는 지체 없이 그 사실을 대통령령으로 정하는 방법에 따라 정보주체에게 알려야 한다. 다만, 개인정보처리자가 그 이전 사실을 이미 알린 경우에는 그러하지 아니하다(제27조 제2항).[36) 또한 영업양수자등은 영업의 양도·합병 등으로 개인정보를 이전받은 경우에는 이전 당시의 본래 목적으로만 개인정보를 이용하거나 제3자에게 제공할 수 있다. 이 경우 영업양수자등은 개인정보처리자로 본다(동조 제3항).[37)

(7) 개인정보취급자에 대한 감독

개인정보처리자는 개인정보를 처리함에 있어서 개인정보가 안전하게 관리될 수 있도록 임직원, 파견근로자, 시간제근로자 등 개인정보처리자의 지휘·감독을 받아 개인정보를 처리하는 자(이하 "개인정보취급자"라 한다)에 대하여 적절한 관리·감독을 행하여야 한다(제28조 제1항). 또한 개인정보처리자는 개인정보의 적정한 취급을 보장하기 위하여 개인정보취급자에게 정기적으로 필요한 교육을 실시하여야 한다(동조 제2항).

---

36) 정보주체에게 개인정보의 이전 사실을 알리지 아니한 자에게는 1천만원 이하의 과태료를 부과한다(제75조 제4항 제6호).
37) 이를 위반하여 개인정보를 이용하거나 제3자에게 제공한 자 및 그 사정을 알면서도 영리 또는 부정한 목적으로 개인정보를 제공받은 자는 5년 이하의 징역 또는 5천만원 이하의 벌금에 처한다(제71조 제2호).

3. 가명정보의 처리에 관한 특례

(1) 민감정보의 처리 및 결합 제한

개인정보처리자는 통계작성, 과학적 연구, 공익적 기록보존 등을 위하여 정보주체의 동의 없이 가명정보를 처리할 수 있다(제28조의2 제1항). 이때 개인정보처리자는 가명정보를 제3자에게 제공하는 경우에는 특정 개인을 알아보기 위하여 사용될 수 있는 정보를 포함해서는 아니 된다(동조 제2항).

위의 가명정보의 처리에도 불구하고 통계작성, 과학적 연구, 공익적 기록보존 등을 위한 서로 다른 개인정보처리자 간의 가명정보의 결합은 보호위원회 또는 관계 중앙행정기관의 장이 지정하는 전문기관이 수행한다(제28조의3 제1항). 또한 결합을 수행한 기관 외부로 결합된 정보를 반출하려는 개인정보처리자는 가명정보 또는 시간·비용·기술 등을 합리적으로 고려할 때 다른 정보를 사용하여도 더 이상 개인을 알아볼 수 없는 정보에 해당하는 정보로 처리한 뒤 전문기관의 장의 승인을 받아야 한다(동조 제2항). 이러한 가명정보의 결합 절차와 방법, 전문기관의 지정과 지정 취소 기준·절차, 관리·감독, 반출 및 승인 기준·절차 등 필요한 사항은 대통령령(시행령 제29조의2, 제29조의3, 제29조의4 참조)으로 정한다(동조 제3항).

(2) 가명정보에 대한 안전조치의무 등

개인정보처리자는 가명정보를 처리하는 경우에는 원래의 상태로 복원하기 위한 추가 정보를 별도로 분리하여 보관·관리하는 등 해당 정보가 분실·도난·유출·위조·변조 또는 훼손되지 않도록 대통령령으로 정하는 바에 따라 안전성 확보에 필요한 기술적·관리적 및 물리적 조치를 하여야 한다(제28조의4 제1항).[38] 또한 개인정보처리자는 가명정보를 처리하고자 하는 경우에는 가명정보의 처리 목적, 제3자 제공 시 제공받는 자 등 가명정보의 처리 내용을 관리하기 위하여

---

[38] 이를 위반하여 안전성 확보에 필요한 조치를 하지 아니하여 개인정보를 분실·도난·유출·위조·변조 또는 훼손당한 자는 2년 이하의 징역 또는 2천만원 이하의 벌금에 처한다(제73조 제1호). 또한 안전성 확보에 필요한 조치를 하지 아니한 자에게는 3천만원 이하의 과태료를 부과한다(제75조 제2항 제6호).

대통령령으로 정하는 사항에 대한 관련 기록을 작성하여 보관하여야 한다(동조 제2항).[39]

※ 법 제28조의4 제2항에서 "대통령령으로 정하는 사항"이란 다음 각 호의 사항을 말한다(시행령 제29조의5 제2항).
  1. 가명정보 처리의 목적
  2. 가명처리한 개인정보의 항목
  3. 가명정보의 이용내역
  4. 제3자 제공 시 제공받는 자
  5. 그 밖에 가명정보의 처리 내용을 관리하기 위하여 보호위원회가 필요하다고 인정하여 고시하는 사항

(3) 가명정보 처리 시 금지의무 등

누구든지 특정 개인을 알아보기 위한 목적으로 가명정보를 처리해서는 아니 되며(제28조의5 제1항),[40] 개인정보처리자는 가명정보를 처리하는 과정에서 특정

---

39) 이를 위반하여 관련 기록을 작성하여 보관하지 아니한 자에게는 1천만원 이하의 과태료를 부과한다(제75조 제4항 제6호의2).
40) 특정 개인을 알아보기 위한 목적으로 가명정보를 처리한 자는 5년 이하의 징역 또는 5천만원 이하의 벌금에 처한다(제71조 제4호의3).

개인을 알아볼 수 있는 정보가 생성된 경우에는 즉시 해당 정보의 처리를 중지하고, 지체 없이 회수·파기하여야 한다(동조 제2항).[41]

(4) 가명정보 처리에 대한 과징금 부과 등

보호위원회는 개인정보처리자가 특정 개인을 알아보기 위한 목적으로 정보를 처리한 경우 전체 매출액의 100분의 3 이하에 해당하는 금액을 과징금으로 부과할 수 있다. 다만, 매출액이 없거나 매출액의 산정이 곤란한 경우로서 대통령령으로 정하는 경우에는 4억원 또는 자본금의 100분의 3 중 큰 금액 이하로 과징금을 부과할 수 있다(제28조의6 제1항).

이때 과징금의 부과·징수 등에 필요한 사항은 제34조의2 제3항부터 제5항까지의 규정을 준용한다(동조 제2항).

(5) 적용범위

가명정보는 제20조, 제21조, 제27조, 제34조 제1항, 제35조부터 제37조까지, 제39조의3, 제39조의4, 제39조의6부터 제39조의8까지의 규정을 적용하지 아니한다(제28조의7).

제4절 개인정보의 안전한 관리

1. 안전조치의무

개인정보처리자는 개인정보가 분실·도난·유출·위조·변조 또는 훼손되지 아니하도록 내부 관리계획 수립, 접속기록 보관 등 대통령령으로 정하는 바에 따라 안전성 확보에 필요한 기술적·관리적 및 물리적 조치를 하여야 한다(제29조).[42]

---

41) 개인을 알아볼 수 있는 정보가 생성되었음에도 이용을 중지하지 아니하거나 이를 회수·파기하지 아니한 자에게는 3천만원 이하의 과태료를 부과한다(제75조 제2항 제7호의2).
42) 안전성 확보에 필요한 조치를 하지 아니하여 개인정보를 분실·도난·유출·위조·변조 또는 훼손당한 자는 2년 이하의 징역 또는 2천만원 이하의 벌금에 처한다(제73조 제1호). 또한 안전성 확보에 필요한 조치를 하지 아니한 자에게는 3천만원 이하의 과태료를 부과한다(제75조 제2항 제6호).

〈참고〉 시행령 제30조(개인정보의 안전성 확보 조치) ① 개인정보처리자는 법 제29조에 따라 다음 각 호의 안전성 확보 조치를 하여야 한다.

1. 개인정보의 안전한 처리를 위한 내부 관리계획의 수립·시행
2. 개인정보에 대한 접근 통제 및 접근 권한의 제한 조치
3. 개인정보를 안전하게 저장·전송할 수 있는 암호화 기술의 적용 또는 이에 상응하는 조치
4. 개인정보 침해사고 발생에 대응하기 위한 접속기록의 보관 및 위조·변조 방지를 위한 조치
5. 개인정보에 대한 보안프로그램의 설치 및 갱신
6. 개인정보의 안전한 보관을 위한 보관시설의 마련 또는 잠금장치의 설치 등 물리적 조치

② 보호위원회는 개인정보처리자가 제1항에 따른 안전성 확보 조치를 하도록 시스템을 구축하는 등 필요한 지원을 할 수 있다.

③ 제1항에 따른 안전성 확보 조치에 관한 세부 기준은 보호위원회가 정하여 고시한다.

〈참고〉 시행령 제48조의2(개인정보의 안전성 확보 조치에 관한 특례) ① 정보통신서비스 제공자(「정보통신망 이용촉진 및 정보보호 등에 관한 법률」 제2조 제1항 제3호에 해당하는 자를 말한다. 이하 같다)와 그로부터 이용자(같은 법 제2조 제1항 제4호에 해당하는 자를 말한다. 이하 같다)의 개인정보를 법 제17조 제1항 제1호에 따라 제공받은 자(이하 "정보통신서비스 제공자등"이라 한다)는 이용자의 개인정보를 처리하는 경우에는 제30조에도 불구하고 법 제29조에 따라 다음 각 호의 안전성 확보 조치를 해야 한다.

1. 개인정보의 안전한 처리를 위한 다음 각 목의 내용을 포함하는 내부관리계획의 수립·시행
   가. 개인정보 보호책임자의 지정 등 개인정보 보호 조직의 구성·운영에 관한 사항
   나. 정보통신서비스 제공자등의 지휘·감독을 받아 이용자의 개인정보를 처리하는 자(이하 이 조에서 "개인정보취급자"라 한다)의 교육에 관한 사항
   다. 제2호부터 제6호까지의 규정에 따른 조치를 이행하기 위하여 필요한 세부사항
2. 개인정보에 대한 불법적인 접근을 차단하기 위한 다음 각 목의 조치
   가. 개인정보를 처리할 수 있도록 체계적으로 구성한 데이터베이스시스템(이하 이 조에서 "개인정보처리시스템"이라 한다)에 대한 접근 권한의 부여·변경·말소 등에 관한 기준의 수립·시행
   나. 개인정보처리시스템에 대한 침입차단시스템 및 침입탐지시스템의 설치·운영
   다. 개인정보처리시스템에 접속하는 개인정보취급자의 컴퓨터 등에 대한 외부

인터넷망 차단[전년도 말 기준 직전 3개월간 그 개인정보가 저장·관리되고 있는 이용자 수가 일일평균 100만명 이상이거나 정보통신서비스(「정보통신망 이용촉진 및 정보보호 등에 관한 법률」 제2조 제1항 제2호에 따른 정보통신서비스를 말한다. 이하 같다) 부문 전년도(법인인 경우에는 전 사업연도를 말한다) 매출액이 100억원 이상인 정보통신서비스 제공자등만 해당한다]

　　라. 비밀번호의 생성 방법 및 변경 주기 등의 기준 설정 및 운영
　　마. 그 밖에 개인정보에 대한 접근 통제를 위하여 필요한 조치
　3. 접속기록의 위조·변조 방지를 위한 다음 각 목의 조치
　　가. 개인정보취급자가 개인정보처리시스템에 접속하여 개인정보를 처리한 경우 접속일시, 처리내역 등의 저장 및 이의 확인·감독
　　나. 개인정보처리시스템에 대한 접속기록을 별도의 저장장치에 백업 보관
　4. 개인정보가 안전하게 저장·전송될 수 있도록 하기 위한 다음 각 목의 조치
　　가. 비밀번호의 일방향 암호화 저장
　　나. 주민등록번호, 계좌정보 및 제18조 제3호에 따른 정보 등 보호위원회가 정하여 고시하는 정보의 암호화 저장
　　다. 정보통신망을 통하여 이용자의 개인정보 및 인증정보를 송신·수신하는 경우 보안서버 구축 등의 조치
　　라. 그 밖에 암호화 기술을 이용한 보안조치
　5. 개인정보처리시스템 및 개인정보취급자가 개인정보 처리에 이용하는 정보기기에 컴퓨터바이러스, 스파이웨어 등 악성프로그램의 침투 여부를 항시 점검·치료할 수 있도록 하기 위한 백신소프트웨어 설치 및 주기적 갱신·점검 조치
　6. 그 밖에 개인정보의 안전성 확보를 위하여 필요한 조치
② 보호위원회는 정보통신서비스 제공자등이 제1항에 따른 안전성 확보 조치를 하도록 시스템을 구축하는 등 필요한 지원을 할 수 있다.
③ 제1항에 따른 안전성 확보 조치에 관한 세부 기준은 보호위원회가 정하여 고시한다.

2. 개인정보 처리방침의 수립 및 공개

　개인정보처리자는 다음 각 호의 사항이 포함된 개인정보의 처리 방침(이하 "개인정보 처리방침"이라 한다)을 정하여야 한다. 이 경우 공공기관은 제32조에 따라 등록대상이 되는 개인정보파일에 대하여 개인정보 처리방침을 정한다(제30조 제1항).

1. 개인정보의 처리 목적
2. 개인정보의 처리 및 보유 기간
3. 개인정보의 제3자 제공에 관한 사항(해당되는 경우에만 정한다)

3의2. 개인정보의 파기절차 및 파기방법(제21조 제1항 단서에 따라 개인정보를 보존하여야 하는 경우에는 그 보존근거와 보존하는 개인정보 항목을 포함한다)
4. 개인정보처리의 위탁에 관한 사항(해당되는 경우에만 정한다)
5. 정보주체와 법정대리인의 권리·의무 및 그 행사방법에 관한 사항
6. 제31조에 따른 개인정보 보호책임자의 성명 또는 개인정보 보호업무 및 관련 고충사항을 처리하는 부서의 명칭과 전화번호 등 연락처
7. 인터넷 접속정보파일 등 개인정보를 자동으로 수집하는 장치의 설치·운영 및 그 거부에 관한 사항(해당하는 경우에만 정한다)
8. 그 밖에 개인정보의 처리에 관하여 대통령령으로 정한 사항

※ 법 제30조 제1항 제8호에서 "대통령령으로 정한 사항"이란 다음 각 호의 사항을 말한다(시행령 제31조 제1항).
  1. 처리하는 개인정보의 항목
  2. 삭제
  3. 제30조 또는 제48조의2에 따른 개인정보의 안전성 확보 조치에 관한 사항

또한 개인정보처리자가 개인정보 처리방침을 수립하거나 변경하는 경우에는 정보주체가 쉽게 확인할 수 있도록 대통령령으로 정하는 방법에 따라 공개하여야 한다(제30조 제2항).[43)]

※ 개인정보처리자는 법 제30조 제2항에 따라 수립하거나 변경한 개인정보 처리방침을 개인정보처리자의 인터넷 홈페이지에 지속적으로 게재하여야 한다(시행령 제31조 제2항). 다만, 인터넷 홈페이지에 게재할 수 없는 경우에는 다음 각 호의 어느 하나 이상의 방법으로 수립하거나 변경한 개인정보 처리방침을 공개하여야 한다(동조 제3항).
  1. 개인정보처리자의 사업장등의 보기 쉬운 장소에 게시하는 방법
  2. 관보(개인정보처리자가 공공기관인 경우만 해당한다)나 개인정보처리자의 사업장등이 있는 시·도 이상의 지역을 주된 보급지역으로 하는 「신문 등의 진흥에 관한 법률」 제2조 제1호 가목·다목 및 같은 조 제2호에 따른 일반일간신문, 일반주간신문 또는 인터넷신문에 싣는 방법
  3. 같은 제목으로 연 2회 이상 발행하여 정보주체에게 배포하는 간행물·소식지·홍보지 또는 청구서 등에 지속적으로 싣는 방법

---

43) 제30조 제1항 또는 본항을 위반하여 개인정보처리방침을 정하지 아니하거나 이를 공개하지 아니한 자에게는 1천만원 이하의 과태료를 부과한다(제75조 제4항 제7호).

4. 재화나 용역을 제공하기 위하여 개인정보처리자와 정보주체가 작성한 계약서 등에 실어 정보주체에게 발급하는 방법

한편, 개인정보 처리방침의 내용과 개인정보처리자와 정보주체 간에 체결한 계약의 내용이 다른 경우에는 정보주체에게 유리한 것을 적용한다(제30조 제3항). 다만, 보호위원회는 개인정보 처리방침의 작성지침을 정하여 개인정보처리자에게 그 준수를 권장할 수 있다(동조 제4항).

3. 개인정보 보호책임자

(1) 개인정보 보호책임자의 지정

개인정보처리자는 개인정보의 처리에 관한 업무를 총괄해서 책임질 개인정보 보호책임자를 지정하여야 한다(제31조 제1항).[44]

(2) 개인정보 보호책임자의 업무 등

개인정보 보호책임자는 다음 각 호의 업무를 수행한다(동조 제2항).

1. 개인정보 보호 계획의 수립 및 시행
2. 개인정보 처리 실태 및 관행의 정기적인 조사 및 개선
3. 개인정보 처리와 관련한 불만의 처리 및 피해 구제
4. 개인정보 유출 및 오용·남용 방지를 위한 내부통제시스템의 구축
5. 개인정보 보호 교육 계획의 수립 및 시행
6. 개인정보파일의 보호 및 관리·감독
7. 그 밖에 개인정보의 적절한 처리를 위하여 대통령령으로 정한 업무

※ 법 제31조 제2항 제7호에서 "대통령령으로 정한 업무"란 다음 각 호와 같다(시행령 제32조 제1항).
1. 법 제30조에 따른 개인정보 처리방침의 수립·변경 및 시행
2. 개인정보 보호 관련 자료의 관리
3. 처리 목적이 달성되거나 보유기간이 지난 개인정보의 파기

---

44) 개인정보 보호책임자를 지정하지 아니한 자에게는 1천만원 이하의 과태료를 부과한다(제75조 제3항 제8호).

이때 개인정보 보호책임자는 각 호의 업무를 수행함에 있어서 필요한 경우 개인정보의 처리 현황, 처리 체계 등에 대하여 수시로 조사하거나 관계 당사자로부터 보고를 받을 수 있다(제30조 제3항). 개인정보처리자는 개인정보 보호책임자가 각 호의 업무를 수행함에 있어서 정당한 이유 없이 불이익을 주거나 받게 하여서는 아니 된다(동조 제5항).

한편, 개인정보 보호책임자는 개인정보 보호와 관련하여 이 법 및 다른 관계 법령의 위반 사실을 알게 된 경우에는 즉시 개선조치를 하여야 하며, 필요하면 소속 기관 또는 단체의 장에게 개선조치를 보고하여야 한다(동조 제4항). 개인정보 보호책임자의 지정요건, 업무, 자격요건, 그 밖에 필요한 사항은 대통령령(시행령 제32조 참조)으로 정한다(동조 제6항).

4. 개인정보파일의 등록 및 공개

공공기관의 장이 개인정보파일을 운용하는 경우에는 다음 각 호의 사항을 행정안전부장관에게 등록하여야 한다. 등록한 사항이 변경된 경우에도 또한 같다(제32조 제1항).

---

1. 개인정보파일의 명칭
2. 개인정보파일의 운영 근거 및 목적
3. 개인정보파일에 기록되는 개인정보의 항목
4. 개인정보의 처리방법
5. 개인정보의 보유기간
6. 개인정보를 통상적 또는 반복적으로 제공하는 경우에는 그 제공받는 자
7. 그 밖에 대통령령으로 정하는 사항

※ 법 제32조 제1항 제7호에서 "대통령령으로 정하는 사항"이란 다음 각 호의 사항을 말한다(시행령 제33조).
  1. 개인정보파일을 운용하는 공공기관의 명칭
  2. 개인정보파일로 보유하고 있는 개인정보의 정보주체 수
  3. 해당 공공기관에서 개인정보 처리 관련 업무를 담당하는 부서
  4. 제41조에 따른 개인정보의 열람 요구를 접수·처리하는 부서
  5. 개인정보파일의 개인정보 중 법 제35조 제4항에 따라 열람을 제한하거나 거절할 수 있는 개인정보의 범위 및 제한 또는 거절 사유

다만, 다음 각 호의 어느 하나에 해당하는 개인정보파일에 대하여는 이를 적용하지 아니한다(제32조 제2항).

---

1. 국가 안전, 외교상 비밀, 그 밖에 국가의 중대한 이익에 관한 사항을 기록한 개인정보파일
2. 범죄의 수사, 공소의 제기 및 유지, 형 및 감호의 집행, 교정처분, 보호처분, 보안관찰처분과 출입국관리에 관한 사항을 기록한 개인정보파일
3. 「조세범처벌법」에 따른 범칙행위 조사 및 「관세법」에 따른 범칙행위 조사에 관한 사항을 기록한 개인정보파일
4. 공공기관의 내부적 업무처리만을 위하여 사용되는 개인정보파일
5. 다른 법령에 따라 비밀로 분류된 개인정보파일

이때 보호위원회는 필요하면 개인정보파일의 등록사항과 그 내용을 검토하여 해당 공공기관의 장에게 개선을 권고할 수 있으며(동조 제3항), 개인정보파일의 등록 현황을 누구든지 쉽게 열람할 수 있도록 공개하여야 한다(동조 제4항). 개인정보파일의 등록과 공개의 방법, 범위 및 절차에 관하여 필요한 사항은 대통령령(시행령 제34조 참조)으로 정한다(동조 제5항). 다만, 국회, 법원, 헌법재판소, 중앙선거관리위원회(그 소속 기관을 포함한다)의 개인정보파일 등록 및 공개에 관하여는 국회규칙, 대법원규칙, 헌법재판소규칙 및 중앙선거관리위원회규칙으로 정한다(동조 제6항).

5. 개인정보 보호 인증

보호위원회는 개인정보처리자의 개인정보 처리 및 보호와 관련한 일련의 조치가 이 법에 부합하는지 등에 관하여 인증할 수 있다(제32조의2 제1항). 이때 인증의 유효기간은 3년으로 한다(동조 제2항). 그리고 보호위원회는 다음 각 호의 어느 하나에 해당하는 경우에는 대통령령으로 정하는 바에 따라 인증을 취소할 수 있다. 다만, 제1호에 해당하는 경우에는 취소하여야 한다(동조 제3항).

---

1. 거짓이나 그 밖의 부정한 방법으로 개인정보 보호 인증을 받은 경우
2. 제4항에 따른 사후관리를 거부 또는 방해한 경우
3. 제8항에 따른 인증기준에 미달하게 된 경우
4. 개인정보 보호 관련 법령을 위반하고 그 위반사유가 중대한 경우

또한 보호위원회는 개인정보 보호 인증의 실효성 유지를 위하여 연 1회 이상 사후관리를 실시하여야 한다(동조 제4항). 이때 보호위원회는 대통령령으로 정하는 전문기관으로 하여금 위의 인증, 인증 취소, 사후관리 및 인증 심사원 관리 업무를 수행하게 할 수 있다(동조 제5항). 한편, 위의 인증을 받은 자는 대통령령으로 정하는 바에 따라 인증의 내용을 표시하거나 홍보할 수 있다(동조 제6항).[45)]

※ 법 제32조의2 제5항에서 "대통령령으로 정하는 전문기관"이란 다음 각 호의 기관을 말한다(시행령 제34조의6).
  1. 한국인터넷진흥원
  2. 다음 각 목의 요건을 모두 충족하는 법인, 단체 또는 기관 중에서 보호위원회가 지정·고시하는 법인, 단체 또는 기관
     가. 제34조의8에 따른 개인정보 보호 인증심사원 5명 이상을 보유할 것
     나. 보호위원회가 실시하는 업무수행 요건·능력 심사에서 적합하다고 인정받을 것

이외에 위의 인증을 위하여 필요한 심사를 수행할 심사원의 자격 및 자격 취소 요건 등에 관하여는 전문성과 경력 및 그 밖에 필요한 사항을 고려하여 대통령령(시행령 제34조의8 참조)으로 정한다(제32조의2 제7항). 그 밖에 개인정보 관리체계, 정보주체 권리보장, 안전성 확보조치가 이 법에 부합하는지 여부 등 제1항에 따른 인증의 기준·방법·절차 등 필요한 사항은 대통령령(시행령 제34조의2부터 제34조의7까지 참조)으로 정한다(동조 제8항).

6. 개인정보 영향평가

공공기관의 장은 대통령령으로 정하는 기준에 해당하는 개인정보파일의 운용으로 인하여 정보주체의 개인정보 침해가 우려되는 경우에는 그 위험요인의 분석과 개선 사항 도출을 위한 평가(이하 "영향평가"라 한다)를 하고 그 결과를 보호위원회에 제출하여야 한다. 이 경우 공공기관의 장은 영향평가를 보호위원회가 지정하는 기관(이하 "평가기관"이라 한다) 중에서 의뢰하여야 한다(제33조 제1항). 이

---

45) 인증을 받지 아니하였음에도 거짓으로 인증의 내용을 표시하거나 홍보한 자에게는 3천만 원 이하의 과태료를 부과한다(제75조 제2항 제7호의3).

때 평가기관의 지정기준 및 지정취소, 평가기준, 영향평가의 방법·절차 등에 관하여 필요한 사항은 대통령령(시행령 제37조─제38조 참조)으로 정한다(동조 제6항).

※ 법 제33조 제1항에서 "대통령령으로 정하는 기준에 해당하는 개인정보파일"이란 개인정보를 전자적으로 처리할 수 있는 개인정보파일로서 다음 각 호의 어느 하나에 해당하는 개인정보파일을 말한다(시행령 제35조).
  1. 구축·운용 또는 변경하려는 개인정보파일로서 5만명 이상의 정보주체에 관한 민감정보 또는 고유식별정보의 처리가 수반되는 개인정보파일
  2. 구축·운용하고 있는 개인정보파일을 해당 공공기관 내부 또는 외부에서 구축·운용하고 있는 다른 개인정보파일과 연계하려는 경우로서 연계 결과 50만명 이상의 정보주체에 관한 개인정보가 포함되는 개인정보파일
  3. 구축·운용 또는 변경하려는 개인정보파일로서 100만명 이상의 정보주체에 관한 개인정보파일
  4. 법 제33조 제1항에 따른 개인정보 영향평가(이하 "영향평가"라 한다)를 받은 후에 개인정보 검색체계 등 개인정보파일의 운용체계를 변경하려는 경우 그 개인정보파일. 이 경우 영향평가 대상은 변경된 부분으로 한정한다.

그리고 영향평가를 하는 경우에는 다음 각 호의 사항을 고려하여야 한다(제33조 제2항).

1. 처리하는 개인정보의 수
2. 개인정보의 제3자 제공 여부
3. 정보주체의 권리를 해할 가능성 및 그 위험 정도
4. 그 밖에 대통령령으로 정한 사항

※ 법 제33조 제2항 제4호에서 "대통령령으로 정한 사항"이란 다음 각 호의 사항을 말한다(시행령 제36조).
  1. 민감정보 또는 고유식별정보의 처리 여부
  2. 개인정보 보유기간

이때 보호위원회는 제출받은 영향평가 결과에 대하여 의견을 제시할 수 있고(제33조 제3항), 공공기관의 장은 영향평가를 한 개인정보파일을 제32조 제1항에 따라 등록할 때에는 영향평가 결과를 함께 첨부하여야 한다(동조 제4항). 그리고

보호위원회는 영향평가의 활성화를 위하여 관계 전문가의 육성, 영향평가 기준의 개발·보급 등 필요한 조치를 마련하여야 한다(동조 제5항). 또한 공공기관 외의 개인정보처리자는 개인정보파일 운용으로 인하여 정보주체의 개인정보 침해가 우려되는 경우에는 영향평가를 하기 위하여 적극 노력하여야 한다(동조 제8항).

한편, 국회, 법원, 헌법재판소, 중앙선거관리위원회(그 소속 기관을 포함한다)의 영향평가에 관한 사항은 국회규칙, 대법원규칙, 헌법재판소규칙 및 중앙선거관리위원회규칙으로 정하는 바에 따른다(동조 제7항).

7. 개인정보 유출 통지 등

개인정보처리자는 개인정보가 유출되었음을 알게 되었을 때에는 지체 없이 해당 정보주체에게 다음 각 호의 사실을 알려야 한다(제34조 제1항).[46] 이때 통지의 시기, 방법 및 절차 등에 관하여 필요한 사항은 대통령령(시행령 제40조 참조)으로 정한다(동조 제4항).

---

1. 유출된 개인정보의 항목
2. 유출된 시점과 그 경위
3. 유출로 인하여 발생할 수 있는 피해를 최소화하기 위하여 정보주체가 할 수 있는 방법 등에 관한 정보
4. 개인정보처리자의 대응조치 및 피해 구제절차
5. 정보주체에게 피해가 발생한 경우 신고 등을 접수할 수 있는 담당부서 및 연락처

또한 개인정보처리자는 개인정보가 유출된 경우 그 피해를 최소화하기 위한 대책을 마련하고 필요한 조치를 하여야 한다(동조 제2항). 이때 개인정보처리자는 대통령령으로 정한 규모 이상의 개인정보가 유출된 경우에는 통지 및 조치 결과를 지체 없이 보호위원회 또는 대통령령으로 정하는 전문기관에 신고하여야 한다. 이 경우 보호위원회 또는 대통령령으로 정하는 전문기관은 피해 확산방지, 피해 복구 등을 위한 기술을 지원할 수 있다(동조 제3항).[47]

---

46) 이를 위반하여 정보주체에게 같은 항 각 호의 사실을 알리지 아니한 자에게는 3천만원 이하의 과태료를 부과한다(제75조 제2항 제8호).
47) 이를 위반하여 조치 결과를 신고하지 아니한 자에게는 3천만원 이하의 과태료를 부과한다(제75조 제2항 제9호).

※ 법 제34조 제3항 전단에서 "대통령령으로 정한 규모 이상의 개인정보"란 1천명 이상의 정보주체에 관한 개인정보를 말한다(시행령 제39조 제1항).

※ 법 제34조 제3항 전단 및 후단에서 "대통령령으로 정하는 전문기관"이란 각각 한국인터넷진흥원을 말한다(동조 제2항).

8. 과징금의 부과 등

보호위원회는 개인정보처리자가 처리하는 주민등록번호가 분실·도난·유출·위조·변조 또는 훼손된 경우에는 5억원 이하의 과징금을 부과·징수할 수 있다. 다만, 주민등록번호가 분실·도난·유출·위조·변조 또는 훼손되지 아니하도록 개인정보처리자가 안전성 확보에 필요한 조치를 다한 경우에는 그러하지 아니하다(제34조의2 제1항). 이때 보호위원회는 이 과징금을 부과하는 경우에는 다음 각 호의 사항을 고려하여야 한다(동조 제2항).

---

1. 제24조 제3항에 따른 안전성 확보에 필요한 조치 이행 노력 정도
2. 분실·도난·유출·위조·변조 또는 훼손된 주민등록번호의 정도
3. 피해확산 방지를 위한 후속조치 이행 여부

또한 보호위원회는 위의 과징금을 내야 할 자가 납부기한까지 내지 아니하면 납부기한의 다음 날부터 과징금을 낸 날의 전날까지의 기간에 대하여 내지 아니한 과징금의 연 100분의 6의 범위에서 대통령령으로 정하는 가산금을 징수한다. 이 경우 가산금을 징수하는 기간은 60개월을 초과하지 못한다(동조 제3항). 그리고 보호위원회는 위의 과징금을 내야 할 자가 납부기한까지 내지 아니하면 기간을 정하여 독촉을 하고, 그 지정한 기간 내에 과징금 및 가산금을 내지 아니하면 국세 체납처분의 예에 따라 징수한다(동조 제4항). 이때 과징금의 부과·징수에 관하여 그 밖에 필요한 사항은 대통령령(시행령 제40조의2 참조)으로 정한다(동조 제5항).

제 5 절 정보주체의 권리 보장

1. 열람등 요구

(1) 개인정보의 열람

정보주체는 개인정보처리자가 처리하는 자신의 개인정보에 대한 열람을 해당 개인정보처리자에게 요구할 수 있다(제35조 제1항). 다만, 정보주체가 자신의 개인정보에 대한 열람을 공공기관에 요구하고자 할 때에는 공공기관에 직접 열람을 요구하거나 대통령령(시행령 제41조 제3항 참조)으로 정하는 바에 따라 보호위원회를 통하여 열람을 요구할 수 있다(동조 제2항). 이때 개인정보처리자는 이 열람을 요구받았을 때에는 대통령령으로 정하는 기간 내에 정보주체가 해당 개인정보를 열람할 수 있도록 하여야 한다. 이 경우 해당 기간 내에 열람할 수 없는 정당한 사유가 있을 때에는 정보주체에게 그 사유를 알리고 열람을 연기할 수 있으며, 그 사유가 소멸하면 지체 없이 열람하게 하여야 한다(동조 제3항).[48]

※ 법 제35조 제3항 전단에서 "대통령령으로 정하는 기간"이란 10일을 말한다(시행령 제41조 제4항).

그러나 개인정보처리자는 다음 각 호의 어느 하나에 해당하는 경우에는 정보주체에게 그 사유를 알리고 열람을 제한하거나 거절할 수 있다(제35조 제4항).[49]

1. 법률에 따라 열람이 금지되거나 제한되는 경우
2. 다른 사람의 생명·신체를 해할 우려가 있거나 다른 사람의 재산과 그 밖의 이익을 부당하게 침해할 우려가 있는 경우
3. 공공기관이 다음 각 목의 어느 하나에 해당하는 업무를 수행할 때 중대한 지장을

---

[48] 열람을 제한하거나 거절한 자에게는 3천만원 이하의 과태료를 부과하며(제75조 제2항 제10호), 정보주체에게 알려야 할 사항을 알리지 아니한 자에게는 1천만원 이하의 과태료를 부과한다(제75조 제4항 제9호).
[49] 정보주체에게 알려야 할 사항을 알리지 아니한 자에게는 1천만원 이하의 과태료를 부과한다(제75조 제3항 제9호).

초래하는 경우

가. 조세의 부과·징수 또는 환급에 관한 업무

나. 「초·중등교육법」 및 「고등교육법」에 따른 각급 학교, 「평생교육법」에 따른 평생교육 시설, 그 밖의 다른 법률에 따라 설치된 고등교육기관에서의 성적 평가 또는 입학자 선발에 관한 업무

다. 학력·기능 및 채용에 관한 시험, 자격 심사에 관한 업무

라. 보상금·급부금 산정 등에 대하여 진행 중인 평가 또는 판단에 관한 업무

마. 다른 법률에 따라 진행 중인 감사 및 조사에 관한 업무

위의 열람 요구, 열람 제한, 통지 등의 방법 및 절차에 관하여 필요한 사항은 대통령령(시행령 제41조, 제42조 참조)으로 정한다(동조 제5항).

(2) 개인정보의 정정·삭제

자신의 개인정보를 열람한 정보주체는 개인정보처리자에게 그 개인정보의 정정 또는 삭제를 요구할 수 있다. 다만, 다른 법령에서 그 개인정보가 수집 대상으로 명시되어 있는 경우에는 그 삭제를 요구할 수 없다(제36조 제1항). 이때 개인정보처리자는 위의 정보주체의 요구를 받았을 때에는 개인정보의 정정 또는 삭제에 관하여 다른 법령에 특별한 절차가 규정되어 있는 경우를 제외하고는 지체 없이 그 개인정보를 조사하여 정보주체의 요구에 따라 정정·삭제 등 필요한 조치를 한 후 그 결과를 정보주체에게 알려야 한다(동조 제2항).[50] 다만, 개인정보처리자는 정보주체의 요구가 위 단서에 해당될 때에는 지체 없이 그 내용을 정보주체에게 알려야 한다(동조 제4항).

또한 개인정보처리자는 위의 개인정보 조사를 할 때 필요하면 해당 정보주체에게 정정·삭제 요구사항의 확인에 필요한 증거자료를 제출하게 할 수 있으며(동

---

[50] 이를 위반하여 정정·삭제 등 필요한 조치(제38조 제2항에 따른 열람등요구에 따른 필요한 조치를 포함한다)를 하지 아니하고 개인정보를 이용하거나 이를 제3자에게 제공한 정보통신서비스 제공자등에 해당하는 자는 5년 이하의 징역 또는 5천만원 이하의 벌금에 처한다(제71조 제4호의4). 또는 이를 위반하여 정정·삭제 등 필요한 조치를 하지 아니하고 개인정보를 계속 이용하거나 이를 제3자에게 제공한 자는 2년 이하의 징역 또는 2천만원 이하의 벌금에 처한다(제73조 제2호). 그리고 이를 위반하여 정정·삭제 등 필요한 조치를 하지 아니한 자에게는 3천만원 이하의 과태료를 부과한다(제75조 제2항 제11호). 한편, 이를 위반하여 정보주체에게 알려야 할 사항을 알리지 아니한 자에게는 1천만원 이하의 과태료를 부과한다(제75조 제4항 제9호).

조 제5항), 이에 따라 개인정보를 삭제할 때에는 복구 또는 재생되지 아니하도록 조치하여야 한다(동조 제3항). 위의 개인정보의 정정 또는 삭제 요구, 통지 방법 및 절차 등에 필요한 사항은 대통령령(시행령 제43조 참조)으로 정한다(동조 제6항).

> 〈판례〉甲 등이 관할 행정청에 주민등록번호를 포함한 개인정보가 유출되었다는 이 유로 주민등록번호 변경을 요구하는 민원을 제기하였으나 변경이 어렵다는 회신 을 받은 사안에서, 주민등록법 시행령 제8조 제1항은 주민등록번호 정정을 할 수 있는 경우를 한정하여 규정하고 있고, 개인정보 보호법을 근거로 주민등록번호 변 경을 요구할 수 있는 권리가 도출된다고 보기도 어려우며, 개인정보자기결정권에 주민등록번호를 변경해 줄 권리가 포함된다고 볼 수도 없다는 등의 이유로 甲 등 에게 주민등록번호 변경에 관한법규상 또는 조리상 신청권이 있다고 볼 수 없어, 위 회신은 항고소송의 대상이 되는 처분에 해당하지 않는다고 판시하였다(서울행 정법원 2014. 11. 6. 선고 2014구합57867 판결).

(3) 개인정보의 처리정지 등

정보주체는 개인정보처리자에 대하여 자신의 개인정보 처리의 정지를 요구 할 수 있다. 이 경우 공공기관에 대하여는 등록 대상이 되는 개인정보파일 중 자 신의 개인정보에 대한 처리의 정지를 요구할 수 있다(제37조 제1항). 이때 개인정 보처리자는 이 요구를 받았을 때에는 지체 없이 정보주체의 요구에 따라 개인정 보 처리의 전부를 정지하거나 일부를 정지하여야 한다. 다만, 다음 각 호의 어느 하나에 해당하는 경우에는 정보주체의 처리정지 요구를 거절할 수 있다(동조 제2 항).51) 이때 개인정보처리자는 처리정지 요구를 거절하였을 때에는 정보주체에게 지체 없이 그 사유를 알려야 한다(동조 제3항).52)

> 1. 법률에 특별한 규정이 있거나 법령상 의무를 준수하기 위하여 불가피한 경우
> 2. 다른 사람의 생명·신체를 해할 우려가 있거나 다른 사람의 재산과 그 밖의 이익 을 부당하게 침해할 우려가 있는 경우

---

51) 개인정보의 처리를 정지하지 아니하고 계속 이용하거나 제3자에게 제공한 자는 2년 이하 의 징역 또는 2천만원 이하의 벌금에 처한다(제73조 제3호).
52) 정보주체에게 알려야 할 사항을 알리지 아니한 자에게는 1천만원 이하의 과태료를 부과한 다(제75조 제4항 제9호).

3. 공공기관이 개인정보를 처리하지 아니하면 다른 법률에서 정하는 소관 업무를 수행할 수 없는 경우
4. 개인정보를 처리하지 아니하면 정보주체와 약정한 서비스를 제공하지 못하는 등 계약의 이행이 곤란한 경우로서 정보주체가 그 계약의 해지 의사를 명확하게 밝히지 아니한 경우

한편, 개인정보처리자는 정보주체의 요구에 따라 처리가 정지된 개인정보에 대하여 지체 없이 해당 개인정보의 파기 등 필요한 조치를 하여야 한다(동조 제4항).53) 개인정보의 처리정지의 요구, 처리정지의 거절, 통지 등의 방법 및 절차에 필요한 사항은 대통령령(시행령 제44조 참조)으로 정한다(동조 제5항).

2. 권리행사의 방법 및 절차

정보주체는 열람, 정정·삭제, 처리정지, 동의 철회 등의 요구(이하 "열람등요구"라 한다)를 문서 등 대통령령으로 정하는 방법·절차에 따라 대리인에게 하게 할 수 있다(제38조 제1항). 다만, 만 14세 미만 아동의 법정대리인은 개인정보처리자에게 그 아동의 개인정보 열람등요구를 할 수 있다(동조 제2항). 이때 개인정보처리자는 열람등요구를 하는 자에게 대통령령(시행령 제47조 참조)으로 정하는 바에 따라 수수료와 우송료(사본의 우송을 청구하는 경우에 한한다)를 청구할 수 있다(동조 제3항).

※ 법 제38조에 따라 정보주체를 대리할 수 있는 자는 다음 각 호와 같다(시행령 제45조 제1항).
1. 정보주체의 법정대리인
2. 정보주체로부터 위임을 받은 자

한편, 개인정보처리자는 정보주체가 열람등 요구를 할 수 있는 구체적인 방법과 절차를 마련하고, 이를 정보주체가 알 수 있도록 공개하여야 하며(제38조 제4항), 정보주체가 열람등요구에 대한 거절 등 조치에 대하여 불복이 있는 경우 이

---

53) 처리가 정지된 개인정보에 대하여 파기 등 필요한 조치를 하지 아니한 자에게는 3천만원 이하의 과태료를 부과한다(제75조 제2항 제12호).

의를 제기할 수 있도록 필요한 절차를 마련하고 안내하여야 한다(동조 제5항).

3. 손해배상

(1) 손해배상책임

정보주체는 개인정보처리자가 이 법을 위반한 행위로 손해를 입으면 개인정보처리자에게 손해배상을 청구할 수 있다. 이 경우 그 개인정보처리자는 고의 또는 과실이 없음을 입증하지 아니하면 책임을 면할 수 없다(제39조 제1항). 개인정보처리자의 고의 또는 중대한 과실로 인하여 개인정보가 분실·도난·유출·위조·변조 또는 훼손된 경우로서 정보주체에게 손해가 발생한 때에는 법원은 그 손해액의 3배를 넘지 아니하는 범위에서 손해배상액을 정할 수 있다. 다만, 개인정보처리자가 고의 또는 중대한 과실이 없음을 증명한 경우에는 그러하지 아니하다(동조 제3항). 이때 법원은 배상액을 정할 때에는 다음 각 호의 사항을 고려하여야 한다(동조 제4항).

---

1. 고의 또는 손해 발생의 우려를 인식한 정도
2. 위반행위로 인하여 입은 피해 규모
3. 위법행위로 인하여 개인정보처리자가 취득한 경제적 이익
4. 위반행위에 따른 벌금 및 과징금
5. 위반행위의 기간·횟수 등
6. 개인정보처리자의 재산상태
7. 개인정보처리자가 정보주체의 개인정보 분실·도난·유출 후 해당 개인정보를 회수하기 위하여 노력한 정도
8. 개인정보처리자가 정보주체의 피해구제를 위하여 노력한 정도

---

(2) 법정손해배상의 청구

정보주체는 개인정보처리자의 고의 또는 과실로 인하여 개인정보가 분실·도난·유출·위조·변조 또는 훼손된 경우에는 300만원 이하의 범위에서 상당한 금액을 손해액으로 하여 배상을 청구할 수 있다. 이 경우 해당 개인정보처리자는 고의 또는 과실이 없음을 입증하지 아니하면 책임을 면할 수 없다(제39조의2 제1항). 법원은 이 청구가 있는 경우에 변론 전체의 취지와 증거조사의 결과를 고려하여

위 금액의 범위에서 상당한 손해액을 인정할 수 있다(동조 제2항). 이때 손해배상을 청구한 정보주체는 사실심(事實審)의 변론이 종결되기 전까지 그 청구를 이 청구로 변경할 수 있다(동조 제3항).

제6절 정보통신서비스 제공자 등의 개인정보 처리 등 특례

1. 개인정보의 수집·이용 동의 등에 대한 특례

정보통신서비스 제공자는 개인정보의 수집·이용 규정에도 불구하고 이용자의 개인정보를 이용하려고 수집하는 경우에는 다음 각 호의 모든 사항을 이용자에게 알리고 동의를 받아야 한다. 다음 각 호의 어느 하나의 사항을 변경하려는 경우에도 또한 같다(제39조의3 제1항).[54]

---

1. 개인정보의 수집·이용 목적
2. 수집하는 개인정보의 항목
3. 개인정보의 보유·이용 기간

또한 정보통신서비스 제공자는 다음 각 호의 어느 하나에 해당하는 경우에는 위의 동의 없이 이용자의 개인정보를 수집·이용할 수 있다(동조 제2항).

---

1. 정보통신서비스(「정보통신망 이용촉진 및 정보보호 등에 관한 법률」 제2조 제1항 제2호에 따른 정보통신서비스를 말한다. 이하 같다)의 제공에 관한 계약을 이행하기 위하여 필요한 개인정보로서 경제적·기술적인 사유로 통상적인 동의를 받는 것이 뚜렷하게 곤란한 경우
2. 정보통신서비스의 제공에 따른 요금정산을 위하여 필요한 경우
3. 다른 법률에 특별한 규정이 있는 경우

정보통신서비스 제공자는 이용자가 필요한 최소한의 개인정보 이외의 개인정보를 제공하지 아니한다는 이유로 그 서비스의 제공을 거부해서는 아니 된다.

---

54) 이용자의 동의를 받지 아니하고 개인정보를 수집한 자는 5년 이하의 징역 또는 5천만원 이하의 벌금에 처한다(제71조 제4호의5).

이 경우 필요한 최소한의 개인정보는 해당 서비스의 본질적 기능을 수행하기 위하여 반드시 필요한 정보를 말한다(동조 제3항).[55] 그리고 정보통신서비스 제공자는 만 14세 미만의 아동으로부터 개인정보 수집·이용·제공 등의 동의를 받으려면 그 법정대리인의 동의를 받아야 하고, 대통령령으로 정하는 바에 따라 법정대리인이 동의하였는지를 확인하여야 한다(동조 제4항).[56] 이때 정보통신서비스 제공자는 만 14세 미만의 아동에게 개인정보 처리와 관련한 사항의 고지 등을 하는 때에는 이해하기 쉬운 양식과 명확하고 알기 쉬운 언어를 사용하여야 한다(동조 제5항).

이 경우 보호위원회는 개인정보 처리에 따른 위험성 및 결과, 이용자의 권리 등을 명확하게 인지하지 못할 수 있는 만 14세 미만의 아동의 개인정보 보호 시책을 마련하여야 한다(동조 제6항).

〈참고〉 시행령 제48조의3(법정대리인 동의의 확인방법) ① 정보통신서비스 제공자는 법 제39조의3 제4항에 따라 다음 각 호의 어느 하나에 해당하는 방법으로 법정대리인이 동의했는지를 확인해야 한다.
1. 동의 내용을 게재한 인터넷 사이트에 법정대리인이 동의 여부를 표시하도록 하고 정보통신서비스 제공자가 그 동의 표시를 확인했음을 법정대리인의 휴대전화 문자메시지로 알리는 방법
2. 동의 내용을 게재한 인터넷 사이트에 법정대리인이 동의 여부를 표시하도록 하고 법정대리인의 신용카드·직불카드 등의 카드정보를 제공받는 방법
3. 동의 내용을 게재한 인터넷사이트에 법정대리인이 동의 여부를 표시하도록 하고 법정대리인의 휴대전화 본인인증 등을 통하여 본인 여부를 확인하는 방법
4. 동의 내용이 적힌 서면을 법정대리인에게 직접 발급하거나, 우편 또는 팩스를 통하여 전달하고 법정대리인이 동의 내용에 대하여 서명날인 후 제출하도록 하는 방법
5. 동의 내용이 적힌 전자우편을 발송하고 법정대리인으로부터 동의의 의사표시가 적힌 전자우편을 전송받는 방법
6. 전화를 통하여 동의 내용을 법정대리인에게 알리고 동의를 받거나 인터넷주소

---

55) 이를 위반하여 서비스의 제공을 거부한 자에게는 3천만원 이하의 과태료를 부과한다(제75조 제2항 제12호의2).
56) 법정대리인의 동의를 받지 아니하거나 법정대리인이 동의하였는지를 확인하지 아니하고 만 14세 미만인 아동의 개인정보를 수집한 자는 5년 이하의 징역 또는 5천만원 이하의 벌금에 처한다(제71조 제4호의6).

등 동의 내용을 확인할 수 있는 방법을 안내하고 재차 전화 통화를 통하여 동의를 받는 방법

7. 그 밖에 제1호부터 제6호까지의 규정에 따른 방법에 준하는 방법으로 법정대리인에게 동의 내용을 알리고 동의의 의사표시를 확인하는 방법

② 정보통신서비스 제공자는 개인정보 수집 매체의 특성상 동의 내용을 전부 표시하기 어려운 경우 법정대리인에게 동의 내용을 확인할 수 있는 방법(인터넷주소·사업장 전화번호 등)을 안내할 수 있다.

2. 개인정보 유출등의 통지·신고에 대한 특례

정보통신서비스 제공자와 그로부터 이용자의 개인정보를 제공받은 자(이하 "정보통신서비스 제공자등"이라 한다)는 개인정보의 분실·도난·유출(이하 "유출등"이라 한다) 사실을 안 때에는 지체 없이 다음 각 호의 사항을 해당 이용자에게 알리고 보호위원회 또는 대통령령으로 정하는 전문기관에 신고하여야 하며, 정당한 사유 없이 그 사실을 안 때부터 24시간을 경과하여 통지·신고해서는 아니 된다. 다만, 이용자의 연락처를 알 수 없는 등 정당한 사유가 있는 경우에는 대통령령으로 정하는 바에 따라 통지를 갈음하는 조치를 취할 수 있다(제39조의4 제1항).[57] 이때 신고를 받은 대통령령으로 정하는 전문기관은 지체 없이 그 사실을 보호위원회에 알려야 하며(동조 제2항), 통지 및 신고의 방법·절차 등에 필요한 사항은 대통령령으로 정한다(동조 제4항).

1. 유출등이 된 개인정보 항목
2. 유출등이 발생한 시점
3. 이용자가 취할 수 있는 조치
4. 정보통신서비스 제공자등의 대응 조치
5. 이용자가 상담 등을 접수할 수 있는 부서 및 연락처

※ 법 제39조의4 제1항 각 호 외의 부분 본문 및 제2항에서 "대통령령으로 정하는 전문기관"이란 한국인터넷진흥원을 말한다(시행령 제48조의4 제1항).

---

57) 이를 위반하여 이용자·보호위원회 및 전문기관에 통지 또는 신고하지 아니하거나 정당한 사유 없이 24시간을 경과하여 통지 또는 신고한 자에게는 3천만원 이하의 과태료를 부과한다(제75조 제2항 제12호의3).

또한 정보통신서비스 제공자등은 정당한 사유를 보호위원회에 소명하여야
한다(제39조의4 제3항).[58]

> 〈참고〉 시행령 제48조의4(개인정보 유출 등의 통지·신고에 관한 특례) ② 정보통신
> 　　서비스 제공자등은 개인정보의 분실·도난·유출의 사실을 안 때에는 지체 없이 법
> 　　제39조의4 제1항 각 호의 모든 사항을 서면등의 방법으로 이용자에게 알리고 보
> 　　호위원회 또는 한국인터넷진흥원에 신고해야 한다.
> ③ 정보통신서비스 제공자등은 제2항에 따른 통지·신고를 하려는 경우에는 법 제39
> 　　조의4 제1항 제1호 또는 제2호의 사항에 관한 구체적인 내용이 확인되지 않았으
> 　　면 그때까지 확인된 내용과 같은 항 제3호부터 제5호까지의 사항을 우선 통지·신
> 　　고한 후 추가로 확인되는 내용에 대해서는 확인되는 즉시 통지·신고해야 한다.
> ④ 정보통신서비스 제공자등은 법 제39조의4 제1항 각 호 외의 부분 단서에 따른 정
> 　　당한 사유가 있는 경우에는 법 제39조의4 제1항 각 호의 사항을 자신의 인터넷 홈
> 　　페이지에 30일 이상 게시하는 것으로 제2항의 통지를 갈음할 수 있다.
> ⑤ 천재지변이나 그 밖의 부득이한 사유로 제4항에 따른 홈페이지 게시가 곤란한 경
> 　　우에는 「신문 등의 진흥에 관한 법률」에 따른 전국을 보급지역으로 하는 둘 이상
> 　　의 일반일간신문에 1회 이상 공고하는 것으로 제4항에 따른 홈페이지 게시를 갈음
> 　　할 수 있다.
> ⑥ 정보통신서비스 제공자등은 법 제39조의4 제1항 각 호 외의 부분 본문 및 단서에
> 　　따른 정당한 사유를 지체 없이 서면으로 보호위원회에 소명해야 한다.

3. 개인정보의 보호조치에 대한 특례

정보통신서비스 제공자등은 이용자의 개인정보를 처리하는 자를 최소한으로
제한하여야 한다(제39조의5).

4. 개인정보의 파기에 대한 특례

정보통신서비스 제공자등은 정보통신서비스를 1년의 기간 동안 이용하지 아
니하는 이용자의 개인정보를 보호하기 위하여 대통령령으로 정하는 바에 따라 개
인정보의 파기 등 필요한 조치를 취하여야 한다. 다만, 그 기간에 대하여 다른 법
령 또는 이용자의 요청에 따라 달리 정한 경우에는 그에 따른다(제39조의6 제1항).

---

[58] 이를 위반하여 소명을 하지 아니하거나 거짓으로 한 자에게는 3천만원 이하의 과태료를
　　부과한다(제75조 제2항 제12호의4).

또한 정보통신서비스 제공자등은 기간 만료 30일 전까지 개인정보가 파기되는 사실, 기간 만료일 및 파기되는 개인정보의 항목 등 대통령령으로 정하는 사항을 전자우편 등 대통령령으로 정하는 방법으로 이용자에게 알려야 한다(동조 제2항).[59]

※ 법 제39조의6 제2항에서 "개인정보가 파기되는 사실, 기간 만료일 및 파기되는 개인정보의 항목 등 대통령령으로 정하는 사항"이란 다음 각 호의 사항을 말한다 (시행령 제48조의5 제3항).
　　1. 개인정보를 파기하는 경우: 개인정보가 파기되는 사실, 기간 만료일 및 파기되는 개인정보의 항목
　　2. 다른 이용자의 개인정보와 분리하여 개인정보를 저장·관리하는 경우: 개인정보가 분리되어 저장·관리되는 사실, 기간 만료일 및 분리·저장되어 관리되는 개인정보의 항목
※ 법 제39조의6 제2항에서 "전자우편 등 대통령령으로 정하는 방법"이란 서면등의 방법을 말한다(동조 제4항).

5. 이용자의 권리 등에 대한 특례

이용자는 정보통신서비스 제공자등에 대하여 언제든지 개인정보 수집·이용·제공 등의 동의를 철회할 수 있다(제39조의7 제1항). 또한 정보통신서비스 제공자등은 동의의 철회, 개인정보의 열람, 정정을 요구하는 방법을 개인정보의 수집방법보다 쉽게 하여야 하며(동조 제2항),[60] 정보통신서비스 제공자등은 이용자가 동의를 철회하면 지체 없이 수집된 개인정보를 복구·재생할 수 없도록 파기하는 등 필요한 조치를 하여야 한다(동조 제3항).[61]

---

59) 본 조를 위반하여 개인정보의 파기 등 필요한 조치를 하지 아니한 자에게는 3천만원 이하의 과태료를 부과한다(제75조 제2항 제4호).
60) 개인정보의 동의 철회·열람·정정 방법을 제공하지 아니한 자에게는 3천만원 이하의 과태료를 부과한다(제75조 제2항 제12호의5).
61) 이를 위반하여 필요한 조치를 하지 아니한 정보통신서비스 제공자등에게는 3천만원 이하의 과태료를 부과한다(제75조 제2항 제12호의6).

6. 개인정보 이용내역의 통지

정보통신서비스 제공자 등으로서 대통령령으로 정하는 기준에 해당하는 자는 제23조, 제39조의3에 따라 수집한 이용자의 개인정보의 이용내역(제17조에 따른 제공을 포함한다)을 주기적으로 이용자에게 통지하여야 한다.[62] 다만, 연락처 등 이용자에게 통지할 수 있는 개인정보를 수집하지 아니한 경우에는 그러하지 아니한다(제39조의8 제1항). 이 경우 이용자에게 통지하여야 하는 정보의 종류, 통지주기 및 방법, 그 밖에 이용내역 통지에 필요한 사항은 대통령령으로 정한다(동조 제2항).

> ※ 법 제39조의8 제1항 본문에서 "대통령령으로 정하는 기준에 해당하는 자"란 다음 각 호의 어느 하나에 해당하는 자를 말한다(시행령 제48조의6 제1항).
> 1. 정보통신서비스 부문 전년도(법인인 경우에는 전 사업연도를 말한다) 매출액이 100억원 이상인 정보통신서비스 제공자등
> 2. 전년도 말 기준 직전 3개월간 그 개인정보가 저장·관리되고 있는 이용자 수가 일일평균 100만명 이상인 정보통신서비스 제공자등
>
> ※ 법 제39조의8 제1항에 따라 이용자에게 통지해야 하는 정보의 종류는 다음 각 호와 같다(동조 제2항).
> 1. 개인정보의 수집·이용 목적 및 수집한 개인정보의 항목
> 2. 개인정보를 제공받은 자와 그 제공 목적 및 제공한 개인정보의 항목. 다만, 「통신비밀보호법」 제13조, 제13조의2, 제13조의4 및 「전기통신사업법」 제83조 제3항에 따라 제공한 정보는 제외한다.
>
> ※ 법 제39조의8 제1항에 따른 통지는 서면등의 방법으로 연 1회 이상 해야 한다(동조 제3항).

7. 손해배상의 보장

정보통신서비스 제공자등은 손해배상책임의 이행을 위하여 보험 또는 공제에 가입하거나 준비금을 적립하는 등 필요한 조치를 하여야 한다(제39조의9 제1

---

[62] 이를 위반하여 개인정보의 이용내역을 통지하지 아니한 자에게는 3천만원 이하의 과태료를 부과한다(제75조 제2항 제12호의7).

항).63) 이때 가입 대상 개인정보처리자의 범위, 기준 등에 필요한 사항은 대통령령으로 정한다(동조 제2항).

〈참고〉 시행령 제48조의7(손해배상책임의 이행을 위한 보험 등 가입 대상자의 범위 및 기준 등) ① 다음 각 호의 요건을 모두 갖춘 정보통신서비스 제공자등(이하 이 조에서 "가입 대상 개인정보처리자"라 한다)은 법 제39조의9 제1항에 따라 보험 또는 공제에 가입하거나 준비금을 적립해야 한다.
  1. 전년도(법인의 경우에는 전 사업연도를 말한다)의 매출액이 5천만원 이상일 것
  2. 전년도 말 기준 직전 3개월간 그 개인정보가 저장·관리되고 있는 이용자 수가 일일평균 1천명 이상일 것
② 가입 대상 개인정보처리자가 보험 또는 공제에 가입하거나 준비금을 적립할 경우 최저가입금액(준비금을 적립하는 경우 최소적립금액을 말한다. 이하 이 조에서 같다)의 기준은 별표 1의4와 같다. 다만, 가입 대상 개인정보처리자가 보험 또는 공제 가입과 준비금 적립을 병행하는 경우에는 보험 또는 공제 가입금액과 준비금 적립금액을 합산한 금액이 별표 1의4에서 정한 최저가입금액의 기준 이상이어야 한다.
③ 가입 대상 개인정보처리자가 다른 법률에 따라 법 제39조 및 제39조의2에 따른 손해배상책임의 이행을 보장하는 보험 또는 공제에 가입하거나 준비금을 적립한 경우에는 법 제39조의9 제1항에 따른 보험 또는 공제에 가입하거나 준비금을 적립한 것으로 본다.

---

8. 노출된 개인정보의 삭제·차단

정보통신서비스 제공자등은 주민등록번호, 계좌정보, 신용카드정보 등 이용자의 개인정보가 정보통신망을 통하여 공중에 노출되지 아니하도록 하여야 한다(제39조의10 제1항). 그럼에도 불구하고 공중에 노출된 개인정보에 대하여 보호위원회 또는 대통령령으로 지정한 전문기관(한국인터넷진흥원)의 요청이 있는 경우 정보통신서비스 제공자등은 삭제·차단 등 필요한 조치를 취하여야 한다(동조 제2항).

9. 국내대리인의 지정

국내에 주소 또는 영업소가 없는 정보통신서비스 제공자등으로서 이용자 수,

---

63) 이를 위반하여 보험 또는 공제 가입, 준비금 적립 등 필요한 조치를 하지 아니한 자에게는 2천만원 이하의 과태료를 부과한다(제75조 제3항 제1호).

매출액 등을 고려하여 대통령령으로 정하는 기준에 해당하는 자는 다음 각 호의 사항을 대리하는 자(이하 "국내대리인"이라 한다)를 서면으로 지정하여야 한다(제39조의11 제1항).[64] 이때 국내대리인은 국내에 주소 또는 영업소가 있는 자로 한다(동조 제2항).

---

1. 제31조에 따른 개인정보 보호책임자의 업무
2. 제39조의4에 따른 통지·신고
3. 제63조 제1항에 따른 관계 물품·서류 등의 제출

국내대리인이 위의 각 호와 관련하여 이 법을 위반한 경우에는 정보통신서비스 제공자등이 그 행위를 한 것으로 본다(동조 제4항). 또한 국내대리인을 지정한 때에는 다음 각 호의 사항 모두를 제30조에 따른 개인정보 처리방침에 포함하여야 한다(동조 제3항).

---

1. 국내대리인의 성명(법인의 경우에는 그 명칭 및 대표자의 성명을 말한다)
2. 국내대리인의 주소(법인의 경우에는 영업소 소재지를 말한다), 전화번호 및 전자우편 주소

---

10. 국외 이전 개인정보의 보호

정보통신서비스 제공자등은 이용자의 개인정보에 관하여 이 법을 위반하는 사항을 내용으로 하는 국제계약을 체결해서는 아니 된다(제39조의12 제1항). 또한 정보통신서비스 제공자등은 이용자의 개인정보를 국외에 제공(조회되는 경우를 포함한다)·처리위탁·보관(이하 이 조에서 "이전"이라 한다)하려면 이용자의 동의를 받아야 한다(동조 제2항 본문). 이때 정보통신서비스 제공자등은 동의를 받으려면 미리 다음 각 호의 사항 모두를 이용자에게 고지하여야 한다(동조 제3항). 그리고 정보통신서비스 제공자등은 이러한 동의를 받아 개인정보를 국외로 이전하는 경우 대통령령으로 정하는 바에 따라 보호조치를 하여야 한다(동조 제4항).[65]

---

64) 국내대리인을 지정하지 아니한 자에게는 2천만원 이하의 과태료를 부과한다(제75조 제3항 제2호).

1. 이전되는 개인정보 항목
2. 개인정보가 이전되는 국가, 이전일시 및 이전방법
3. 개인정보를 이전받는 자의 성명(법인인 경우에는 그 명칭 및 정보관리책임자의 연락처를 말한다)
4. 개인정보를 이전받는 자의 개인정보 이용목적 및 보유·이용 기간

다만, 위의 각 호의 사항 모두를 공개하거나 전자우편 등 대통령령으로 정하는 방법에 따라 이용자에게 알린 경우에는 개인정보 처리위탁·보관에 따른 동의 절차를 거치지 아니할 수 있다(동조 제2항 단서).[66]

또한 이용자의 개인정보를 이전받는 자가 해당 개인정보를 제3국으로 이전하는 경우에 관하여는 제1항부터 제4항까지의 규정을 준용한다. 이 경우 "정보통신서비스 제공자등"은 "개인정보를 이전받는 자"로, "개인정보를 이전받는 자"는 "제3국에서 개인정보를 이전받는 자"로 본다(동조 제5항).

〈참고〉 시행령 제48조의10(개인정보 국외 이전 시 보호조치) ① 정보통신서비스 제공자 등이 법 제39조의12 제2항 본문에 따라 개인정보를 국외로 이전하는 경우에 같은 조 제4항에 따라 해야 하는 보호조치는 다음 각 호와 같다.
1. 제48조의2 제1항에 따른 개인정보 보호를 위한 안전성 확보 조치
2. 개인정보 침해에 대한 고충처리 및 분쟁해결에 관한 조치
3. 그 밖에 이용자의 개인정보 보호를 위하여 필요한 조치
② 정보통신서비스 제공자등이 법 제39조의12 제2항 본문에 따라 개인정보를 국외에 이전하려는 경우에는 제1항 각 호의 사항에 관하여 이전받는 자와 미리 협의하고 이를 계약내용 등에 반영해야 한다.

※ 법 제39조의12 제2항 단서에서 "전자우편 등 대통령령으로 정하는 방법"이란 서면등의 방법을 말한다(시행령 제48조의10 제3항).

---

65) 이를 위반하여 보호조치를 하지 아니한 자에게는 3천만원 이하의 과태료를 부과한다(제75조 제2항 12호의8).
66) 이를 위반하여 제39조의12 제3항 각 호의 사항 모두를 공개하거나 이용자에게 알리지 아니하고 이용자의 개인정보를 국외에 처리위탁·보관한 자에게는 2천만원 이하의 과태료를 부과한다(제75조 제3항 제3호).

11. 상호주의

국외 이전 개인정보의 보호 규정에도 불구하고 개인정보의 국외 이전을 제한하는 국가의 정보통신서비스 제공자등에 대하여는 해당 국가의 수준에 상응하는 제한을 할 수 있다. 다만, 조약 또는 그 밖의 국제협정의 이행에 필요한 경우에는 그러하지 아니하다(제39조의13).

12. 방송사업자등에 대한 특례

「방송법」 제2조 제3호 가목부터 마목까지와 같은 조 제6호·제9호·제12호 및 제14호에 해당하는 자(이하 이 조에서 "방송사업자등"이라 한다)가 시청자의 개인정보를 처리하는 경우에는 정보통신서비스 제공자에게 적용되는 규정을 준용한다. 이 경우 "방송사업자등"은 "정보통신서비스 제공자" 또는 "정보통신서비스 제공자등"으로, "시청자"는 "이용자"로 본다(제39조의14).

13. 과징금의 부과 등에 대한 특례

보호위원회는 정보통신서비스 제공자등에게 다음 각 호의 어느 하나에 해당하는 행위가 있는 경우에는 해당 정보통신서비스 제공자등에게 위반행위와 관련한 매출액의 100분의 3 이하에 해당하는 금액을 과징금으로 부과할 수 있다(제39조의15 제1항). 또한 과징금을 부과하는 경우 정보통신서비스 제공자등이 매출액 산정자료의 제출을 거부하거나 거짓의 자료를 제출한 경우에는 해당 정보통신서비스 제공자등과 비슷한 규모의 정보통신서비스 제공자등의 재무제표 등 회계자료와 가입자 수 및 이용요금 등 영업현황 자료에 근거하여 매출액을 추정할 수 있다. 다만, 매출액이 없거나 매출액의 산정이 곤란한 경우로서 대통령령으로 정하는 경우에는 4억원 이하의 과징금을 부과할 수 있다(동조 제2항).

---

1. 제17조 제1항·제2항, 제18조 제1항·제2항 및 제19조(제39조의14에 따라 준용되는 경우를 포함한다)를 위반하여 개인정보를 이용·제공한 경우
2. 제22조 제6항(제39조의14에 따라 준용되는 경우를 포함한다)을 위반하여 법정대리인의 동의를 받지 아니하고 만 14세 미만인 아동의 개인정보를 수집한 경우
3. 제23조 제1항 제1호(제39조의14에 따라 준용되는 경우를 포함한다)를 위반하여

이용자의 동의를 받지 아니하고 민감정보를 수집한 경우

4. 제26조 제4항(제39조의14에 따라 준용되는 경우를 포함한다)에 따른 관리·감독 또는 교육을 소홀히 하여 특례 수탁자가 이 법의 규정을 위반한 경우

5. 이용자의 개인정보를 분실·도난·유출·위조·변조 또는 훼손한 경우로서 제29조의 조치(내부 관리계획 수립에 관한 사항은 제외한다)를 하지 아니한 경우(제39조의14에 따라 준용되는 경우를 포함한다)

6. 제39조의3 제1항(제39조의14에 따라 준용되는 경우를 포함한다)을 위반하여 이용자의 동의를 받지 아니하고 개인정보를 수집한 경우

7. 제39조의12 제2항 본문(같은 조 제5항에 따라 준용되는 경우를 포함한다)을 위반하여 이용자의 동의를 받지 아니하고 이용자의 개인정보를 국외에 제공한 경우

※ 법 제39조의15 제1항에 따른 매출액은 해당 정보통신서비스 제공자등의 위반행위와 관련된 정보통신서비스의 직전 3개 사업연도의 연평균 매출액으로 한다. 다만, 해당 사업연도 첫날 현재 사업을 개시한지 3년이 되지 않은 경우에는 그 사업개시일부터 직전 사업연도 말일까지의 매출액을 연평균 매출액으로 환산한 금액으로 하며, 해당 사업연도에 사업을 개시한 경우에는 사업개시일부터 위반행위일까지의 매출액을 연매출액으로 환산한 금액으로 한다(시행령 제48조의11 제1항).

※ 법 제39조의15 제2항 단서에서 "대통령령으로 정하는 경우"란 다음 각 호의 어느 하나에 해당하는 경우를 말한다(동조 제2항).
1. 영업을 개시하지 않았거나 영업을 중단하는 등의 사유로 영업실적이 없는 경우
2. 재해 등으로 인하여 매출액 산정자료가 소멸되거나 훼손되는 등 객관적인 매출액의 산정이 곤란한 경우

또한 보호위원회는 위의 과징금을 부과하려면 다음 각 호의 사항을 고려하여야 한다(제39조의15 제3항).

---

1. 위반행위의 내용 및 정도
2. 위반행위의 기간 및 횟수
3. 위반행위로 인하여 취득한 이익의 규모

그리고 과징금에 대한 구체적인 산정기준과 산정절차는 대통령령으로 정한다(동조 제4항).

보호위원회는 과징금을 내야 할 자가 납부기한까지 이를 내지 아니하면 납부

기한의 다음 날부터 내지 아니한 과징금의 연 100분의 6에 해당하는 가산금을 징수하며(동조 제5항), 보호위원회는 과징금을 내야 할 자가 납부기한까지 이를 내지 아니한 경우에는 기간을 정하여 독촉을 하고, 그 지정된 기간에 과징금과 가산금을 내지 아니하면 국세 체납처분의 예에 따라 징수한다(동조 제6항). 또한 법원의 판결 등의 사유로 부과된 과징금을 환급하는 경우에는 과징금을 낸 날부터 환급하는 날까지의 기간에 대하여 금융회사 등의 예금이자율 등을 고려하여 대통령령으로 정하는 이자율에 따라 계산한 환급가산금을 지급하여야 한다(동조 제7항). 그럼에도 불구하고 법원의 판결에 의하여 과징금 부과처분이 취소되어 그 판결이유에 따라 새로운 과징금을 부과하는 경우에는 당초 납부한 과징금에서 새로 부과하기로 결정한 과징금을 공제한 나머지 금액에 대해서만 환급가산금을 계산하여 지급한다(동조 제8항).

※ 법 제39조의15 제7항에서 "대통령령으로 정하는 이자율"이란 「국세기본법 시행령」 제43조의3 제2항 본문에 따른 이자율을 말한다(시행령 제48조의13).

제 7 절 개인정보 분쟁조정위원회

1. 분쟁조정위원회 설치 및 구성

개인정보에 관한 분쟁의 조정(調停)을 위하여 개인정보 분쟁조정위원회(이하 "분쟁조정위원회"라 한다)를 둔다(제40조 제1항).

분쟁조정위원회는 위원장 1명을 포함한 20명 이내의 위원으로 구성하며, 위원은 당연직위원과 위촉위원으로 구성한다(동조 제2항). 위촉위원은 다음 각 호의 어느 하나에 해당하는 사람 중에서 보호위원회 위원장이 위촉하고, 대통령령으로 정하는 국가기관 소속 공무원은 당연직위원이 된다(동조 제3항).

1. 개인정보 보호업무를 관장하는 중앙행정기관의 고위공무원단에 속하는 공무원으로 재직하였던 사람 또는 이에 상당하는 공공부문 및 관련 단체의 직에 재직하고 있거나 재직하였던 사람으로서 개인정보 보호업무의 경험이 있는 사람

2. 대학이나 공인된 연구기관에서 부교수 이상 또는 이에 상당하는 직에 재직하고 있거나 재직하였던 사람
3. 판사·검사 또는 변호사로 재직하고 있거나 재직하였던 사람
4. 개인정보 보호와 관련된 시민사회단체 또는 소비자단체로부터 추천을 받은 사람
5. 개인정보처리자로 구성된 사업자단체의 임원으로 재직하고 있거나 재직하였던 사람

위원장은 위원 중에서 공무원이 아닌 사람으로 보호위원회 위원장이 위촉하며(동조 제4항), 위원장과 위촉위원의 임기는 2년으로 하되, 1차에 한하여 연임할 수 있다(동조 제5항).

또한 분쟁조정위원회는 분쟁조정 업무를 효율적으로 수행하기 위하여 필요하면 대통령령으로 정하는 바에 따라 조정사건의 분야별로 5명 이내의 위원으로 구성되는 조정부를 둘 수 있다. 이 경우 조정부가 분쟁조정위원회에서 위임받아 의결한 사항은 분쟁조정위원회에서 의결한 것으로 본다(동조 제6항). 분쟁조정위원회 또는 조정부는 재적위원 과반수의 출석으로 개의하며 출석위원 과반수의 찬성으로 의결한다(동조 제7항). 한편, 보호위원회는 분쟁조정 접수, 사실 확인 등 분쟁조정에 필요한 사무를 처리할 수 있다(동조 제8항). 이 법에서 정한 사항 외에 분쟁조정위원회 운영에 필요한 사항은 대통령령(시행령 제48조의2 - 제57조 참조)으로 정한다(동조 제9항).

2. 위원의 신분보장

위원은 자격정지 이상의 형을 선고받거나 심신상의 장애로 직무를 수행할 수 없는 경우를 제외하고는 그의 의사에 반하여 면직되거나 해촉되지 아니한다(제41조).

3. 위원의 제척·기피·회피

분쟁조정위원회의 위원은 다음 각 호의 어느 하나에 해당하는 경우에는 분쟁조정위원회에 신청된 분쟁조정사건(이하 이 조에서 "사건"이라 한다)의 심의·의결에서 제척(除斥)된다(제42조 제1항).

1. 위원 또는 그 배우자나 배우자였던 자가 그 사건의 당사자가 되거나 그 사건에 관하여 공동의 권리자 또는 의무자의 관계에 있는 경우
2. 위원이 그 사건의 당사자와 친족이거나 친족이었던 경우
3. 위원이 그 사건에 관하여 증언, 감정, 법률자문을 한 경우
4. 위원이 그 사건에 관하여 당사자의 대리인으로서 관여하거나 관여하였던 경우

또한 당사자는 위원에게 공정한 심의·의결을 기대하기 어려운 사정이 있으면 위원장에게 기피신청을 할 수 있다. 이 경우 위원장은 기피신청에 대하여 분쟁조정위원회의 의결을 거치지 아니하고 결정한다(동조 제2항). 그리고 위원이 제척 또는 기피 사유에 해당하는 경우에는 스스로 그 사건의 심의·의결에서 회피할 수 있다(동조 제3항).

4. 조정절차

(1) 조정의 신청 등

개인정보와 관련한 분쟁의 조정을 원하는 자는 분쟁조정위원회에 분쟁조정을 신청할 수 있다(제43조 제1항). 또한, 분쟁조정위원회는 당사자 일방으로부터 분쟁조정 신청을 받았을 때에는 그 신청내용을 상대방에게 알려야 한다(동조 제2항). 이때 공공기관이 분쟁조정의 통지를 받은 경우에는 특별한 사유가 없으면 분쟁조정에 응하여야 한다(동조 제3항).

(2) 처리기간

분쟁조정위원회는 분쟁조정 신청을 받은 날부터 60일 이내에 이를 심사하여 조정안을 작성하여야 한다. 다만, 부득이한 사정이 있는 경우에는 분쟁조정위원회의 의결로 처리기간을 연장할 수 있다(제44조 제1항). 이때 분쟁조정위원회는 그 처리기간을 연장한 경우에는 기간연장의 사유와 그 밖의 기간연장에 관한 사항을 신청인에게 알려야 한다(동조 제2항).

(3) 자료의 요청 등

분쟁조정위원회는 분쟁조정 신청을 받았을 때에는 해당 분쟁의 조정을 위하여 필요한 자료를 분쟁당사자에게 요청할 수 있다. 이 경우 분쟁당사자는 정당한

사유가 없으면 요청에 따라야 한다(제45조 제1항). 또한 분쟁조정위원회는 필요하다고 인정하면 분쟁당사자나 참고인을 위원회에 출석하도록 하여 그 의견을 들을 수 있다(동조 제2항).

(4) 조정 전 합의 권고

분쟁조정위원회는 분쟁조정 신청을 받았을 때에는 당사자에게 그 내용을 제시하고 조정 전 합의를 권고할 수 있다(제46조 제1항).

(5) 분쟁의 조정

분쟁조정위원회는 다음 각 호의 어느 하나의 사항을 포함하여 조정안을 작성할 수 있다(제47조 제1항).

---

1. 조사 대상 침해행위의 중지
2. 원상회복, 손해배상, 그 밖에 필요한 구제조치
3. 같거나 비슷한 침해의 재발을 방지하기 위하여 필요한 조치

이때 분쟁조정위원회는 조정안을 작성하면 지체 없이 각 당사자에게 제시하여야 한다(동조 제2항). 조정안을 제시받은 당사자가 제시받은 날부터 15일 이내에 수락 여부를 알리지 아니하면 조정을 거부한 것으로 본다(동조 제3항). 그러나 당사자가 조정내용을 수락한 경우 분쟁조정위원회는 조정서를 작성하고, 분쟁조정위원회의 위원장과 각 당사자가 기명날인하여야 한다(동조 제4항). 이러한 조정의 내용은 재판상 화해와 동일한 효력을 갖는다(동조 제5항).

(6) 조정의 거부 및 중지

분쟁조정위원회는 분쟁의 성질상 분쟁조정위원회에서 조정하는 것이 적합하지 아니하다고 인정하거나 부정한 목적으로 조정이 신청되었다고 인정하는 경우에는 그 조정을 거부할 수 있다. 이 경우 조정거부의 사유 등을 신청인에게 알려야 한다(제48조 제1항). 또한 분쟁조정위원회는 신청된 조정사건에 대한 처리절차를 진행하던 중에 한 쪽 당사자가 소를 제기하면 그 조정의 처리를 중지하고 이를 당사자에게 알려야 한다(동조 제2항).

(7) 집단분쟁조정 등

1) 집단분쟁조정

국가 및 지방자치단체, 개인정보 보호단체 및 기관, 정보주체, 개인정보처리자는 정보주체의 피해 또는 권리침해가 다수의 정보주체에게 같거나 비슷한 유형으로 발생하는 경우로서 대통령령으로 정하는 사건에 대하여는 분쟁조정위원회에 일괄적인 분쟁조정(이하 "집단분쟁조정"이라 한다)을 의뢰 또는 신청할 수 있다(제49조 제1항). 이때 집단분쟁조정을 의뢰받거나 신청받은 분쟁조정위원회는 그 의결로써 집단분쟁조정의 절차를 개시할 수 있다. 이 경우 분쟁조정위원회는 대통령령으로 정하는 기간(14일 이상의 기간) 동안 그 절차의 개시를 공고하여야 한다(동조 제2항).

2) 집단분쟁조정 절차

분쟁조정위원회는 집단분쟁조정의 당사자가 아닌 정보주체 또는 개인정보처리자로부터 그 분쟁조정의 당사자에 추가로 포함될 수 있도록 하는 신청을 받을 수 있다(동조 제3항). 이때 분쟁조정위원회는 그 의결로써 집단분쟁조정의 당사자 중에서 공동의 이익을 대표하기에 가장 적합한 1인 또는 수인을 대표당사자로 선임할 수 있다(동조 제4항).

한편, 분쟁조정위원회는 개인정보처리자가 분쟁조정위원회의 집단분쟁조정의 내용을 수락한 경우에는 집단분쟁조정의 당사자가 아닌 자로서 피해를 입은 정보주체에 대한 보상계획서를 작성하여 분쟁조정위원회에 제출하도록 권고할 수 있다(동조 제5항). 또한 분쟁조정위원회는 집단분쟁조정의 당사자인 다수의 정보주체 중 일부의 정보주체가 법원에 소를 제기한 경우에는 그 절차를 중지하지 아니하고, 소를 제기한 일부의 정보주체를 그 절차에서 제외한다(동조 제6항). 집단분쟁조정의 기간은 위의 공고가 종료된 날의 다음 날부터 60일 이내로 한다. 다만, 부득이한 사정이 있는 경우에는 분쟁조정위원회의 의결로 처리기간을 연장할 수 있다(동조 제7항). 이외에 집단분쟁조정의 절차 등에 관하여 필요한 사항은 대통령령(시행령 제54조부터 제55조까지 참조)으로 정한다(동조 제8항).

(8) 기타 조정절차 등

이외에 분쟁의 조정방법, 조정절차 및 조정업무의 처리 등에 필요한 사항은 대통령령으로 정한다(제50조 제1항). 또한 분쟁조정위원회의 운영 및 분쟁조정 절차에 관하여 이 법에서 규정하지 아니한 사항에 대하여는 「민사조정법」을 준용한다(동조 제2항).

제8절 개인정보 단체소송

1. 단체소송의 대상 등

다음 각 호의 어느 하나에 해당하는 단체는 개인정보처리자가 집단분쟁조정을 거부하거나 집단분쟁조정의 결과를 수락하지 아니한 경우에는 법원에 권리침해 행위의 금지·중지를 구하는 소송(이하 "단체소송"이라 한다)을 제기할 수 있다(제51조).

---

1. 「소비자기본법」 제29조에 따라 공정거래위원회에 등록한 소비자단체로서 다음 각 목의 요건을 모두 갖춘 단체
   가. 정관에 따라 상시적으로 정보주체의 권익증진을 주된 목적으로 하는 단체일 것
   나. 단체의 정회원수가 1천명 이상일 것
   다. 「소비자기본법」 제29조에 따른 등록 후 3년이 경과하였을 것
2. 「비영리민간단체 지원법」 제2조에 따른 비영리민간단체로서 다음 각 목의 요건을 모두 갖춘 단체
   가. 법률상 또는 사실상 동일한 침해를 입은 100명 이상의 정보주체로부터 단체소송의 제기를 요청받을 것
   나. 정관에 개인정보 보호를 단체의 목적으로 명시한 후 최근 3년 이상 이를 위한 활동 실적이 있을 것
   다. 단체의 상시 구성원수가 5천명 이상일 것
   라. 중앙행정기관에 등록되어 있을 것

---

2. 전속관할

단체소송의 소는 피고의 주된 사무소 또는 영업소가 있는 곳, 주된 사무소나 영업소가 없는 경우에는 주된 업무담당자의 주소가 있는 곳의 지방법원 본원 합의부의 관할에 전속한다(제52조 제1항). 다만, 외국사업자에 적용하는 경우 대한민국에 있는 이들의 주된 사무소·영업소 또는 업무담당자의 주소에 따라 정한다(동조 제2항).

3. 소송대리인의 선임

단체소송의 원고는 변호사를 소송대리인으로 선임하여야 한다(제53조).

4. 소송허가신청

단체소송을 제기하는 단체는 소장과 함께 다음 각 호의 사항을 기재한 소송허가신청서를 법원에 제출하여야 한다(제54조 제1항).

1. 원고 및 그 소송대리인
2. 피고
3. 정보주체의 침해된 권리의 내용

이때 소송허가신청서에는 다음 각 호의 자료를 첨부하여야 한다(동조 제2항).

1. 소제기단체가 제51조 각 호의 어느 하나에 해당하는 요건을 갖추고 있음을 소명하는 자료
2. 개인정보처리자가 조정을 거부하였거나 조정결과를 수락하지 아니하였음을 증명하는 서류

5. 소송허가요건 등

법원은 다음 각 호의 요건을 모두 갖춘 경우에 한하여 결정으로 단체소송을 허가한다(제55조 제1항).

> 1. 개인정보처리자가 분쟁조정위원회의 조정을 거부하거나 조정결과를 수락하지 아니하였을 것
> 2. 제54조에 따른 소송허가신청서의 기재사항에 흠결이 없을 것

만약 법원이 단체소송을 허가하거나 불허가하는 결정에 대하여는 즉시항고할 수 있다(동조 제2항).

6. 확정판결의 효력

원고의 청구를 기각하는 판결이 확정된 경우 이와 동일한 사안에 관하여는 제51조에 따른 다른 단체는 단체소송을 제기할 수 없다. 다만, 다음 각 호의 어느 하나에 해당하는 경우에는 그러하지 아니하다(제56조).

> 1. 판결이 확정된 후 그 사안과 관련하여 국가·지방자치단체 또는 국가·지방자치단체가 설립한 기관에 의하여 새로운 증거가 나타난 경우
> 2. 기각판결이 원고의 고의로 인한 것임이 밝혀진 경우

7. 「민사소송법」의 적용 등

단체소송에 관하여 이 법에 특별한 규정이 없는 경우에는 「민사소송법」을 적용한다(제57조 제1항). 단체소송의 허가결정이 있는 경우에는 「민사집행법」 제4편에 따른 보전처분을 할 수 있다(동조 제2항). 단체소송의 절차에 관하여 필요한 사항은 대법원규칙으로 정한다(동조 제3항).

제9절 보칙

1. 법적용의 예외

다음 각 호의 어느 하나에 해당하는 개인정보에 관하여는 제3장부터 제7장까지를 적용하지 아니한다(제58조 제1항). 다만, 개인정보처리자는 각 호에 따라 개인정보를 처리하는 경우에도 그 목적을 위하여 필요한 범위에서 최소한의 기간

에 최소한의 개인정보만을 처리하여야 하며, 개인정보의 안전한 관리를 위하여 필요한 기술적·관리적 및 물리적 보호조치, 개인정보의 처리에 관한 고충처리, 그 밖에 개인정보의 적절한 처리를 위하여 필요한 조치를 마련하여야 한다(동조 제4항).

> 1. 공공기관이 처리하는 개인정보 중 「통계법」에 따라 수집되는 개인정보
> 2. 국가안전보장과 관련된 정보 분석을 목적으로 수집 또는 제공 요청되는 개인정보
> 3. 공중위생 등 공공의 안전과 안녕을 위하여 긴급히 필요한 경우로서 일시적으로 처리되는 개인정보
> 4. 언론, 종교단체, 정당이 각각 취재·보도, 선교, 선거 입후보자 추천 등 고유 목적을 달성하기 위하여 수집·이용하는 개인정보

그리고 제25조 제1항 각 호에 따라 공개된 장소에 영상정보처리기기를 설치·운영하여 처리되는 개인정보에 대하여는 제15조, 제22조, 제27조 제1항·제2항, 제34조 및 제37조를 적용하지 아니하며(동조 제2항), 개인정보처리자가 동창회, 동호회 등 친목 도모를 위한 단체를 운영하기 위하여 개인정보를 처리하는 경우에는 제15조, 제30조 및 제31조를 적용하지 아니한다(동조 제3항).

2. 적용제외

이 법은 시간·비용·기술 등을 합리적으로 고려할 때 다른 정보를 사용하여도 더 이상 개인을 알아볼 수 없는 정보에는 적용하지 아니한다(제58조의2).

3. 금지행위

개인정보를 처리하거나 처리하였던 자는 다음 각 호의 어느 하나에 해당하는 행위를 하여서는 아니 된다(제59조).[67][68]

---

67) 공공기관의 개인정보 처리업무를 방해할 목적으로 공공기관에서 처리하고 있는 개인정보를 변경하거나 말소하여 공공기관의 업무 수행의 중단·마비 등 심각한 지장을 초래한 자 또는 거짓이나 그 밖의 부정한 수단이나 방법으로 다른 사람이 처리하고 있는 개인정보를 취득한 후 이를 영리 또는 부정한 목적으로 제3자에게 제공한 자와 이를 교사·알선한 자는 10년 이하의 징역 또는 1억원 이하의 벌금에 처한다(제70조).
68) 법인의 대표자나 법인 또는 개인의 대리인, 사용인, 그 밖의 종업원이 그 법인 또는 개인의 업무에 관하여 제70조에 해당하는 위반행위를 하면 그 행위자를 벌하는 외에 그 법인

1. 거짓이나 그 밖의 부정한 수단이나 방법으로 개인정보를 취득하거나 처리에 관한 동의를 받는 행위[69]
2. 업무상 알게 된 개인정보를 누설하거나 권한 없이 다른 사람이 이용하도록 제공하는 행위[70]
3. 정당한 권한 없이 또는 허용된 권한을 초과하여 다른 사람의 개인정보를 훼손, 멸실, 변경, 위조 또는 유출하는 행위[71]

〈판례 1〉 ① 구 공공기관의 개인정보보호에 관한 법률(2011. 3. 29. 법률 제10465호로 제정된 '개인정보 보호법'에 의하여 폐지, 이하 '법'이라고 한다) 제23조 제3항은 "거짓 그 밖의 부정한 방법으로 공공기관으로부터 처리정보를 열람 또는 제공받은 자는 2년 이하의 징역 또는 700만 원 이하의 벌금에 처한다"고 규정함으로써 처리정보 보유기관 장의 처리정보의 이용 및 제공의 제한 규정(법 제10조) 또는 개인정보취급자의 누설 등 금지규정(법 제11조)위반을 전제로 처리정보를 열람 또는 제공받은 자를 처벌한다고 규정하지 아니한 점, ② 오히려 법 제10조, 제11조는 처리정보 보유기관의 장 또는 개인정보취급자에 대한 의무를 규정한 것이고, 법 제23조 제3항은 처리정보 보유기관의 장 또는 개인정보취급자에 대한 법 제10조, 제11조의 의무위반과 관계없이 '거짓 그 밖의 부정한 방법'으로 처리정보를 제공받은 경우에 이를 처벌함으로써 처리정보를 제공받고자 하는 사람에 대하여 '거짓 그 밖의 부정한 방법'을 사용하지 못할 의무를 간접적으로 부과한 규정이라고 볼 수 있는 점, ③ 처리정보 보유기관의 장이 처리정보를 이용하게 하거나 제공할 수 있는 경우(법 제10조 제3항 각 호)와 관련하여 '거짓 그 밖의 부정한 방법'을 사용한 때에만 법 제23조 제3항이 적용되는 것으로 한 정하여 해석할 경우 개인정보 보호를 목적으로 한 법의 목적을 충분히 달성하기 어려운 점 등을 고려할 때, 법 제23조 제3

또는 개인을 7천 만원 이하의 벌금에 처한다. 다만, 법인 또는 개인이 그 위반행위를 방지하기 위하여 해당 업무에 관하여 상당한 주의와 감독을 게을리 하지 아니한 경우에는 그러하지 아니하다(제74조 제1항).

또한 제70조부터 제73조까지의 어느 하나에 해당하는 죄를 지은 자가 해당 위반행위와 관련하여 취득한 금품이나 그 밖의 이익은 몰수할 수 있으며, 이를 몰수할 수 없을 때에는 그 가액을 추징할 수 있다. 이 경우 몰수 또는 추징은 다른 벌칙에 부가하여 과할 수 있다(제74조의2).

69) 거짓이나 그 밖의 부정한 수단이나 방법으로 개인정보를 취득하거나 개인정보 처리에 관한 동의를 받는 행위를 한 자 및 그 사정을 알면서도 영리 또는 부정한 목적으로 개인정보를 제공받은 자는 3년 이하의 징역 또는 3천만원 이하의 벌금에 처한다(제72조 제2호).
70) 업무상 알게 된 개인정보를 누설하거나 권한 없이 다른 사람이 이용하도록 제공한 자 및 그 사정을 알면서도 영리 또는 부정한 목적으로 개인정보를 제공받은 자는 5년 이하의 징역 또는 5천만원 이하의 벌금에 처한다(제71조 제5호).
71) 다른 사람의 개인정보를 훼손, 멸실, 변경, 위조 또는 유출한 자는 5년 이하의 징역 또는 5천만원 이하의 벌금에 처한다(제71조 제6호).

항의 "거짓 그 밖의 부정한 방법"이란 법에 따른 절차에 의해서는 처리정보 보유기관으로부터 처리정보를 열람 또는 제공받을 수 없음에도 이를 열람 또는 제공받기 위하여 행하는 위계 기타 사회통념상 부정한 방법이라고 인정되는 것으로서 처리정보 열람 또는 제공에 관한 의사결정에 영향을 미칠 수 있는 적극적 및 소극적 행위를 뜻한다고 봄이 타당하며, 따라서 법 제23조 제3항 위반죄는 처리정보 보유기관의 장이 처리정보를 이용하게 하거나 제공할 수 있는 경우(법 제10조 제3항 각 호)와 관련하여 '거짓 그 밖의 부정한 방법'을 사용하여 처리정보를 열람 또는 제공받은 때에만 성립하는 것은 아니다(대법원 2014. 2. 27. 선고 2013도10461 판결).

〈**판례 2**〉 개인정보자기결정권의 법적 성질, 「개인정보 보호법」의 입법 목적, 「개인정보 보호법」상 개인정보 보호 원칙 및 개인정보처리자가 개인정보를 처리함에 있어서 준수하여야 할 의무의 내용 등을 고려하여 볼 때, 「개인정보 보호법」 제72조 제2호에 규정된 '거짓이나 그 밖의 부정한 수단이나 방법'이란 개인정보를 취득하거나 또는 그 처리에 관한 동의를 받기 위하여 사용하는 위계 기타 사회통념상 부정한 방법이라고 인정되는 것으로서 개인정보 취득 또는 그 처리에 동의할지에 관한 정보주체의 의사결정에 영향을 미칠 수 있는 적극적 또는 소극적 행위를 뜻한다. 그리고 거짓이나 그 밖의 부정한 수단이나 방법으로 개인정보를 취득하거나 그 처리에 관한 동의를 받았는지를 판단할 때에는 개인정보처리자가 그에 관한 동의를 받는 행위 자체만을 분리하여 개별적으로 판단하여서는 안 되고, 개인정보처리자가 개인정보를 취득하거나 처리에 관한 동의를 받게 된 전 과정을 살펴보아 거기에서 드러난 개인정보 수집 등의 동기와 목적, 수집 목적과 수집 대상인 개인정보의 관련성, 수집 등을 위하여 사용한 구체적인 방법, 「개인정보 보호법」 등 관련 법령을 준수하였는지 및 취득한 개인정보의 내용과 규모, 특히 민감정보·고유식별정보 등의 포함 여부 등을 종합적으로 고려하여 사회통념에 따라 판단하여야 한다(대법원 2017. 4. 7. 선고 2016도13263 판결).

4. 비밀유지 등

다음 각 호의 업무에 종사하거나 종사하였던 자는 직무상 알게 된 비밀을 다른 사람에게 누설하거나 직무상 목적 외의 용도로 이용하여서는 아니 된다. 다만, 다른 법률에 특별한 규정이 있는 경우에는 그러하지 아니하다(제60조).[72]

---

72) 이를 위반하여 직무상 알게 된 비밀을 누설하거나 직무상 목적 외에 이용한 자는 3년 이하의 징역 또는 3천만원 이하의 벌금에 처한다(제72조 제3호).

1. 제7조의8 및 제7조의9에 따른 보호위원회의 업무
1의2. 제32조의2에 따른 개인정보 보호 인증 업무
2. 제33조에 따른 영향평가 업무
3. 제40조에 따른 분쟁조정위원회의 분쟁조정 업무

5. 의견제시 및 개선권고

첫째, 보호위원회는 개인정보 보호에 영향을 미치는 내용이 포함된 법령이나 조례에 대하여 필요하다고 인정하면 심의·의결을 거쳐 관계 기관에 의견을 제시할 수 있다(제61조 제1항).

둘째, 보호위원회는 개인정보 보호를 위하여 필요하다고 인정하면 개인정보처리자에게 개인정보 처리 실태의 개선을 권고할 수 있다. 이 경우 권고를 받은 개인정보처리자는 이를 이행하기 위하여 성실하게 노력하여야 하며, 그 조치 결과를 보호위원회에 알려야 한다(동조 제2항).

셋째, 관계 중앙행정기관의 장은 개인정보 보호를 위하여 필요하다고 인정하면 소관 법률에 따라 개인정보처리자에게 개인정보 처리 실태의 개선을 권고할 수 있다. 이 경우 권고를 받은 개인정보처리자는 이를 이행하기 위하여 성실하게 노력하여야 하며, 그 조치 결과를 관계 중앙행정기관의 장에게 알려야 한다(동조 제3항).

넷째, 중앙행정기관, 지방자치단체, 국회, 법원, 헌법재판소, 중앙선거관리위원회는 그 소속 기관 및 소관 공공기관에 대하여 개인정보 보호에 관한 의견을 제시하거나 지도·점검을 할 수 있다(동조 제4항).

6. 침해 사실의 신고 등

개인정보처리자가 개인정보를 처리할 때 개인정보에 관한 권리 또는 이익을 침해받은 사람은 보호위원회에 그 침해 사실을 신고할 수 있다(제62조 제1항). 이때 보호위원회는 신고의 접수·처리 등에 관한 업무를 효율적으로 수행하기 위하여 대통령령으로 정하는 바에 따라 전문기관을 지정할 수 있다. 이 경우 전문기관은 개인정보침해 신고센터(이하 "신고센터"라 한다)를 설치·운영하여야 한다(동조 제2항).

신고센터는 다음 각 호의 업무를 수행한다(동조 제3항).

> 1. 개인정보 처리와 관련한 신고의 접수·상담
> 2. 사실의 조사·확인 및 관계자의 의견 청취
> 3. 제1호 및 제2호에 따른 업무에 딸린 업무

이때 보호위원회는 제3항 제2호의 사실 조사·확인 등의 업무를 효율적으로 하기 위하여 필요하면 「국가공무원법」 제32조의4에 따라 소속 공무원을 제2항에 따른 전문기관에 파견할 수 있다(동조 제4항).

7. 자료제출 요구 및 검사

보호위원회는 다음 각 호의 어느 하나에 해당하는 경우에는 개인정보처리자에게 관계 물품·서류 등 자료를 제출하게 할 수 있다(제63조 제1항).[73]

> 1. 이 법을 위반하는 사항을 발견하거나 혐의가 있음을 알게 된 경우
> 2. 이 법 위반에 대한 신고를 받거나 민원이 접수된 경우
> 3. 그 밖에 정보주체의 개인정보 보호를 위하여 필요한 경우로서 대통령령으로 정하는 경우

> ※ 법 제63조 제1항 제3호에서 "대통령령으로 정하는 경우"란 개인정보 유출 등 정보주체의 개인정보에 관한 권리 또는 이익을 침해하는 사건·사고 등이 발생하였거나 발생할 가능성이 상당히 있는 경우를 말한다(시행령 제60조).

또한 보호위원회는 개인정보처리자가 위에 따른 자료를 제출하지 아니하거나 이 법을 위반한 사실이 있다고 인정되면 소속 공무원으로 하여금 개인정보처리자 및 해당 법 위반사실과 관련한 관계인의 사무소나 사업장에 출입하여 업무 상황, 장부 또는 서류 등을 검사하게 할 수 있다. 이 경우 검사를 하는 공무원은 그 권한을 나타내는 증표를 지니고 이를 관계인에게 내보여야 한다(제63조 제2항).[74]

이때 관계 중앙행정기관의 장은 소관 법률에 따라 개인정보처리자에게 위의

---

73) 이를 위반하여 관계 물품·서류 등 자료를 제출하지 아니하거나 거짓으로 제출한 자에게는 1천만원 이하의 과태료를 부과한다(제75조 제4항 제10호).
74) 이를 위반하여 출입·검사를 거부·방해 또는 기피한 자에게는 1천만원 이하의 과태료를 부과한다(제75조 제4항 제11호).

자료제출을 요구하거나 개인정보처리자 및 해당 법 위반사실과 관련한 관계인에 대하여 제2항의 검사를 할 수 있다(동조 제3항). 그리고 보호위원회는 이 법을 위반하는 사항을 발견하거나 혐의가 있음을 알게 된 경우에는 관계 중앙행정기관의 장(해당 중앙행정기관의 장의 지휘·감독을 받아 검사권한을 수행하는 법인이 있는 경우 그 법인을 말한다)에게 구체적인 범위를 정하여 개인정보처리자에 대한 검사를 요구할 수 있으며, 필요 시 보호위원회의 소속 공무원이 해당 검사에 공동으로 참여하도록 요청할 수 있다. 이 경우 그 요구를 받은 관계 중앙행정기관의 장은 특별한 사정이 없으면 이에 따라야 한다(동조 제4항).

한편, 보호위원회는 관계 중앙행정기관의 장(해당 중앙행정기관의 장의 지휘·감독을 받아 검사권한을 수행하는 법인이 있는 경우 그 법인을 말한다)에게 검사 결과와 관련하여 개인정보처리자에 대한 시정조치를 요청하거나, 처분 등에 대한 의견을 제시할 수 있다(동조 제5항). 이때의 방법과 절차 등에 관한 사항은 대통령령으로 정한다(동조 제6항).

아울러 보호위원회와 관계 중앙행정기관의 장은 정보통신망을 통하여 자료의 제출 등을 받은 경우나 수집한 자료 등을 전자화한 경우에는 개인정보·영업비밀 등이 유출되지 아니하도록 제도적·기술적 보완조치를 하여야 한다(동조 제9항). 그리고 보호위원회는 개인정보 침해사고의 예방과 효과적인 대응을 위하여 관계 중앙행정기관의 장과 합동으로 개인정보 보호실태를 점검할 수 있다(동조 제7항). 또한 보호위원회와 관계 중앙행정기관의 장은 제출받거나 수집한 서류·자료 등을 이 법에 따른 경우를 제외하고는 제3자에게 제공하거나 일반에 공개해서는 아니 된다(동조 제8항).

〈참고〉 시행령 제60조(자료제출 요구 및 검사) ② 보호위원회는 법 제63조 제1항 및 제2항에 따른 자료의 제출 요구 및 검사 등을 위하여 한국인터넷진흥원의 장에게 기술적인 사항을 자문하는 등 필요한 지원을 요청할 수 있다.
③ 보호위원회는 법 제63조 제4항 전단에 따라 관계 중앙행정기관의 장(해당 중앙행정기관의 장의 지휘·감독을 받아 검사권한을 수행하는 법인이 있는 경우 그 법인을 말한다. 이하 이 조에서 같다)에게 검사 대상 및 사유를 정하여 개인정보처리자에 대한 검사를 요구할 수 있으며, 필요 시 보호위원회의 소속 공무원을 지정하여 해당 공무원이 검사에 공동으로 참여하도록 요청할 수 있다.

④ 제3항에 따른 요구를 받은 관계 중앙행정기관의 장은 검사 일정, 검사 범위 및 방법 등을 포함한 검사 계획을 수립하여 요구를 받은 날부터 15일 이내에 보호위원회에 통보해야 한다.

⑤ 관계 중앙행정기관의 장은 제4항에 따른 검사 계획을 통보한 날부터 60일 이내에 검사를 완료하고, 검사 결과를 보호위원회에 통보해야 한다. 다만, 검사 기간은 보호위원회와 협의하여 30일 이내의 범위에서 연장할 수 있다.

⑥ 관계 중앙행정기관의 장은 법 제63조 제5항에 따라 개인정보처리자에 대한 시정조치를 요청받거나 처분 등에 대한 의견을 제시받은 경우에는 그 내용을 이행하도록 노력해야 한다.

⑦ 보호위원회는 법 제63조 제7항에 따라 개인정보 침해사고의 예방과 효과적인 대응이 필요한 경우에는 보호위원회가 정하는 바에 따라 관계 중앙행정기관의 장에게 공동대응을 요청할 수 있다.

8. 시정조치 등

보호위원회는 개인정보가 침해되었다고 판단할 상당한 근거가 있고 이를 방치할 경우 회복하기 어려운 피해가 발생할 우려가 있다고 인정되면 이 법을 위반한 자(중앙행정기관, 지방자치단체, 국회, 법원, 헌법재판소, 중앙선거관리위원회는 제외한다)에 대하여 다음 각 호에 해당하는 조치를 명할 수 있다(제64조 제1항).[75]

1. 개인정보 침해행위의 중지
2. 개인정보 처리의 일시적인 정지
3. 그 밖에 개인정보의 보호 및 침해 방지를 위하여 필요한 조치

또한 관계 중앙행정기관의 장은 개인정보가 침해되었다고 판단할 상당한 근거가 있고 이를 방치할 경우 회복하기 어려운 피해가 발생할 우려가 있다고 인정되면 소관 법률에 따라 개인정보처리자에 대하여 제1항 각 호에 해당하는 조치를 명할 수 있다(동조 제2항). 지방자치단체, 국회, 법원, 헌법재판소, 중앙선거관리위원회는 그 소속 기관 및 소관 공공기관이 이 법을 위반하였을 때에는 위의 각 호에 해당하는 조치를 명할 수 있다(동조 제3항).

---

75) 시정명령에 따르지 아니한 자는 3천만원 이하의 과태료를 부과한다(제75조 제2항 제13호).

그리고 보호위원회는 중앙행정기관, 지방자치단체, 국회, 법원, 헌법재판소, 중앙선거관리위원회가 이 법을 위반하였을 때에는 해당 기관의 장에게 제1항 각 호에 해당하는 조치를 하도록 권고할 수 있다. 이 경우 권고를 받은 기관은 특별한 사유가 없으면 이를 존중하여야 한다(동조 제4항).

9. 고발 및 징계권고

보호위원회는 개인정보처리자에게 이 법 등 개인정보 보호와 관련된 법규의 위반에 따른 범죄혐의가 있다고 인정될 만한 상당한 이유가 있을 때에는 관할 수사기관에 그 내용을 고발할 수 있다(제65조 제1항). 또한 보호위원회는 이 법 등 개인정보 보호와 관련된 법규의 위반행위가 있다고 인정될 만한 상당한 이유가 있을 때에는 책임이 있는 자(대표자 및 책임있는 임원을 포함한다)를 징계할 것을 해당 개인정보처리자에게 권고할 수 있다. 이 경우 권고를 받은 사람은 이를 존중하여야 하며 그 결과를 보호위원회에 통보하여야 한다(동조 제2항).

한편, 관계 중앙행정기관의 장은 소관 법률에 따라 개인정보처리자에 대하여 고발을 하거나 소속 기관·단체 등의 장에게 징계권고를 할 수 있다. 이 경우 징계권고를 받은 사람은 이를 존중하여야 하며 그 결과를 관계 중앙행정기관의 장에게 통보하여야 한다(동조 제3항).

10. 결과의 공표

보호위원회는 개선권고, 시정조치 명령, 고발 또는 징계권고 및 과태료 부과의 내용 및 결과에 대하여 공표할 수 있다(제66조 제1항). 이때 관계 중앙행정기관의 장은 소관 법률에 따라 이 공표를 할 수 있다(동조 제2항). 이 공표의 방법, 기준 및 절차 등은 대통령령(시행령 제61조 참조)으로 정한다(동조 제3항).

11. 연차보고

보호위원회는 관계 기관 등으로부터 필요한 자료를 제출받아 매년 개인정보 보호시책의 수립 및 시행에 관한 보고서를 작성하여 정기국회 개회 전까지 국회에 제출(정보통신망에 의한 제출을 포함한다)하여야 한다(제67조 제1항). 이 보고서에는 다음 각 호의 내용이 포함되어야 한다(동조 제2항).

12. 권한의 위임·위탁

이 법에 따른 보호위원회 또는 관계 중앙행정기관의 장의 권한은 그 일부를 대통령령으로 정하는 바에 따라 특별시장, 광역시장, 도지사, 특별자치도지사 또는 대통령령으로 정하는 전문기관에 위임하거나 위탁할 수 있다(제68조 제1항). 또한 보호위원회는 전문기관에 권한의 일부를 위임하거나 위탁하는 경우 해당 전문기관의 업무 수행을 위하여 필요한 경비를 출연할 수 있다(동조 제3항).

그리고 보호위원회 또는 관계 중앙행정기관의 장의 권한을 위임 또는 위탁받은 기관은 위임 또는 위탁받은 업무의 처리 결과를 행정안전부장관 또는 관계 중앙행정기관의 장에게 통보하여야 한다(동조 제2항).

13. 벌칙 적용 시의 공무원 의제

보호위원회의 위원 중 공무원이 아닌 위원 및 공무원이 아닌 직원은 「형법」이나 그 밖의 법률에 따른 벌칙을 적용할 때에는 공무원으로 본다(제69조 제1항). 또한 보호위원회 또는 관계 중앙행정기관의 장의 권한을 위탁한 업무에 종사하는 관계 기관의 임직원은 「형법」 제129조부터 제132조까지의 규정을 적용할 때에는 공무원으로 본다(동조 제2항).

[탐정으로서 고려할 점]

1. 개인정보 보호와 탐정활동의 한계: 탐정업무란 의뢰인이 의뢰한 사실조사와 정보수집을 주된 업무로 하므로 업무수행과정에서 「개인정보 보호법」을 침해할 우려가 크다. 따라서 「개인정보 보호법」의 개정에도 불구하고 탐정활동 관

련부분은 여전히 많은 제한을 받게 되므로 동법에 따른 보호대상인 정보와 그 제한 및 예외에 대하여 정확히 이해할 필요가 있다.

2. 탐정업무에 있어서 개인정보의 활용방안 모색:「개인정보 보호법」에서는 헌법상 보장된 개인의 사생활보호를 이유로 개인정보에 대한 침해를 방지하고 있으나, 특별한 사정이 있는 경우에는 그 예외를 인정하고 있으므로 법의 내용을 정확하게 숙지하여 법이 허용하는 범위 내에서 개인정보를 확보할 수 있는 방안을 모색할 것이 요청된다. 또한 특별한 경우가 아닌 한 이미 공개되어 있는 정보를 활용하는 것은「개인정보 보호법」에 위반되지 않을 것이므로 탐정업무를 수행함에 있어서 동법에 위반하지 않는 범위 내에서 개인정보를 적극적으로 활용할 수 있는 전문성을 갖추는 것이 필요하다.

3. 탐정업에 있어서 개인정보 활용범위의 확대 모색: 탐정의 경우에 법적 권한이 없으므로 탐정업무를 함에 있어서 개인정보수집이나 취득을 위한 법적 권한이 인정되지 않으므로 조사과정에서 필요한 개인정보에의 접근이 차단되는 경우가 많다. 따라서 탐정업의 법제화에 있어서는 공익상 필요성이 인정되는 경우나 경찰과의 협조가 이루어지는 경우 등 일정한 사유가 있는 경우에는 탐정에게 엄격한 조건하에 최소한의 범위 내에서라도 개인정보에 접근할 수 있는 권한을 부여하는 것을 모색할 필요가 있다.

제 3 장

통신비밀보호법

제 3 장
통신비밀보호법

동법은 1993년 12월 27일 제정(법률 제4650호, 1994. 6. 28. 시행)된 후, 수차례의 개정을 거쳐 현재에 이르고 있다. 동법은 전문 18개조, 부칙으로 구성되어 있다(법률 제19103호, 2022. 12. 27. 일부개정, 시행 2022. 12. 27.).

1. 목적

이 법은 통신 및 대화의 비밀과 자유에 대한 제한은 그 대상을 한정하고 엄격한 법적 절차를 거치도록 함으로써 통신 비밀을 보호하고 통신의 자유를 신장함을 목적으로 한다(제1조).

2. 용어의 정의

이 법에서 사용하는 용어의 정의는 다음과 같다(제2조).

용 어	정 의
통신 (제1호)	우편물 및 전기통신을 말한다.
우편물 (제2호)	우편법에 의한 통상우편물과 소포우편물을 말한다.
전기통신	전화·전자우편·회원제정보서비스·모사전송·무선호출 등과 같이 유선·무선·광선 및 기타의 전자적 방식에 의하여 모든 종류의 음향·문언·부

(제3호)	호 또는 영상을 송신하거나 수신하는 것을 말한다.
당사자 (제4호)	우편물의 발송인과 수취인, 전기통신의 송신인과 수신인을 말한다.
내국인 (제5호)	대한민국의 통치권이 사실상 행사되고 있는 지역에 주소 또는 거소를 두고 있는 대한민국 국민을 말한다.
검열 (제6호)	우편물에 대하여 당사자의 동의없이 이를 개봉하거나 기타의 방법으로 그 내용을 지득 또는 채록하거나 유치하는 것을 말한다.
감청 (제7호)	전기통신에 대하여 당사자의 동의없이 전자장치·기계장치 등을 사용하여 통신의 음향·문언·부호·영상을 청취·공독하여 그 내용을 지득 또는 채록하거나 전기통신의 송·수신을 방해하는 것을 말한다.
감청설비 (제8호)	대화 또는 전기통신의 감청에 사용될 수 있는 전자장치·기계장치 기타 설비를 말한다. 다만, 전기통신 기기·기구 또는 그 부품으로서 일반적으로 사용되는 것 및 청각교정을 위한 보청기 또는 이와 유사한 용도로 일반적으로 사용되는 것 중에서, 대통령령이 정하는 것은 제외한다.
불법감청설비탐지 (제8호의2)	이 법의 규정에 의하지 아니하고 행하는 감청 또는 대화의 청취에 사용되는 설비를 탐지하는 것을 말한다.
전자우편 (제9호)	컴퓨터 통신망을 통해서 메시지를 전송하는 것 또는 전송된 메시지를 말한다.
회원제정보서비스 (제10호)	특정의 회원이나 계약자에게 제공하는 정보서비스 또는 그와 같은 네트워크의 방식을 말한다.
통신사실확인자료 (제11호)	다음 각목의 어느 하나에 해당하는 전기통신사실에 관한 자료를 말한다. 가. 가입자의 전기통신일시 나. 전기통신개시·종료시간 다. 발·착신 통신번호 등 상대방의 가입자번호 라. 사용도수 마. 컴퓨터통신 또는 인터넷의 사용자가 전기통신역무를 이용한 사실에 관한 컴퓨터통신 또는 인터넷의 로그기록자료 바. 정보통신망에 접속된 정보통신기기의 위치를 확인할 수 있는 발신기지국의 위치추적자료 사. 컴퓨터통신 또는 인터넷의 사용자가 정보통신망에 접속하기 위하여 사용하는 정보통신기기의 위치를 확인할 수 있는 접속지의 추적자료
단말기기 고유번호 (제12호)	이동통신사업자와 이용계약이 체결된 개인의 이동전화 단말기기에 부여된 전자적 고유번호를 말한다.

<참고> 시행령 제3조(감청설비 제외대상) 법 제2조 제8호 단서에 따라 감청설비에서 제외되는 것은 감청목적으로 제조된 기기·기구가 아닌 것으로서 다음 각 호의 어느 하나에 해당하는 것을 말한다.

1. 「전기통신사업법」 제2조 제4호에 따른 사업용전기통신설비
2. 「전기통신사업법」 제64조에 따라 설치한 자가전기통신설비
3. 삭제
4. 「전파법」 제19조에 따라 개설한 무선국의 무선설비
5. 「전파법」 제58조의2에 따라 적합성평가를 받은 방송통신기자재등
6. 「전파법」 제49조 및 같은 법 제50조에 따른 전파감시업무에 사용되는 무선설비
7. 「전파법」 제58조에 따라 허가받은 통신용 전파응용설비
8. 「전기용품 및 생활용품 안전관리법」 제2조 제1호에 따른 전기용품 중 오디오·비디오 응용기기(직류전류를 사용하는 것을 포함한다)
9. 보청기 또는 이와 유사한 기기·기구
10. 그 밖에 전기통신 및 전파관리에 일반적으로 사용되는 기기·기구

■ 감청의 의미

<판례 1> 제3자가 전화통화 당사자 중 일방만의 동의를 받고 통화 내용을 녹음한 행위가 '전기통신의 감청'에 해당하는지 여부: 2019년 5월 31일부터 6월 11일까지 사이 5회에 걸쳐 소외인이 피고와 전화통화한 녹음파일의 녹취록을 증거로 제출하면서, 해당 녹음파일은 직접 통화한 당사자인 소외인이 녹음한 것이라고 주장하였으나, 전화통화를 녹음한 주체와 그 경위를 확인할 수 있는 아무런 자료를 제출하지 아니하였다.

위 녹취록의 대화내용을 보면, 소외인은 당시 자신의 휴대전화에 위치추적 애플리케이션이 설치된 것을 알고 휴대전화를 다른 곳에 둔 채 피고를 만나러 가겠다고 말하고, 피고에게 애정을 표시하는 등의 내용이 확인된다. 이러한 점을 종합하면, 소외인은 자신의 휴대전화에 위치추적 애플리케이션이 설치된 것은 알았던 것으로 보이나, 그 통화내용이 자동으로 녹음되고 있다는 사실까지는 알지 못하였던 것으로 보인다.

전기통신의 감청은 제3자가 전기통신의 당사자인 송신인과 수신인의 동의를 받지 아니하고 전기통신 내용을 녹음하는 등의 행위를 하는 것만을 말한다고 해석함이 타당하므로, 전기통신에 해당하는 전화통화 당사자의 일방이 상대방 모르게 통화 내용을 녹음하는 것은 여기의 감청에 해당하지 않는다. 그러나 제3자의 경우는 설령 전화통화 당사자 일방의 동의를 받고 그 통화 내용을 녹음하였다 하더라도 그 상대방의 동의가 없었던 이상, 이는 여기의 감청에 해당하여 「통신비밀보호법」 제3조 제1항 위반이 되고, 이와 같이 제3조 제1항을 위반한 불법감청에 의하여 녹음된 전화통화의 내용은 제4조에 의하여 증거능력이 없다(대법원 2021. 8. 26. 선

고 2021다236999 판결; 대법원 2022. 10. 27. 선고 2022도9877 판결).

〈판례 2〉 이미 수신이 완료된 통신내용의 지득이 감청에 해당하는지 여부: 비밀보호
법 제2조 제3호 및 제7호에 의하면 같은 법상 '감청'은 전자적 방식에 의하여 모든
종류의 음향·문언·부호 또는 영상을 송신하거나 수신하는 전기통신에 대하여 당
사자의 동의없이 전자장치·기계장치 등을 사용하여 통신의 음향·문언·부호·영
상을 청취·공독하여 그 내용을 지득 또는 채록하거나 전기통신의 송·수신을 방해
하는 것을 말한다. 그런데 해당 규정의 문언이 송신하거나 수신하는 전기통신행위
를 감청의 대상으로 규정하고 있을 뿐 송·수신이 완료되어 보관 중인 전기통신내
용은 대상으로 규정하지 않은 점, 일반적으로 감청은 다른 사람의 대화나 통신 내
용을 몰래 엿듣는 행위를 의미하는 점 등을 고려하여 보면, 「통신비밀보호법」상
'감청'이란 대상이 되는 전기통신의 송·수신과 동시에 이루어지는 경우만을 의미
하고, 이미 수신이 완료된 전기통신의 내용을 지득하는 등의 행위는 포함되지 않
는다(대법원 2012. 10. 25. 선고 2012도4644 판결).

〈판례 3〉 문자메세지의 감청대상 여부: 「통신비밀보호법」 제2조 제7호, 제3호의 각
규정을 종합하면, 위 법상 '감청'은 통신행위와 동시에 이루어지는 현재성이 요구
되므로, 송·수신이 완료된 전기통신의 내용을 지득·채록하는 것은 감청에 해당하
지 않는다. 또한 감청이란 '몰래 엿들음'을 의미한다는 사전적 정의에 비추어 살펴
보면, 「통신비밀보호법」 제2조 제7호에서 정의하고 있는 감청은 '몰래 엿듣는' 행
위를 기본관념으로 하여 엿듣는 대상은 '전기통신'으로 국한하고, 엿듣는 수단으로
는 '전자장치, 기계장치 등' 일정한 장치를 사용하는 것으로 한정하며, 엿듣는 구체
적 내용을 '통신의 음향을 청취하여 내용을 지득하는 것'으로 표현하고 있다. 이러
한 법리는 「통신비밀보호법」 제2조 제3호에서 정한 전기통신에 해당하는 '문자메
시지'에도 그대로 적용되므로, 수신하기 전의 문자메시지는 감청의 대상에 해당하
지만, 문자메시지가 이미 수신자의 휴대폰에 도달·보관되어 언제든지 열람할 수
있는 상태에 있다면 문자메시지의 송·수신이 완료된 것으로 볼 수 있으므로 현재
성이 없어 감청의 대상이 되지 않는다(서울중앙지법 2012. 4. 5. 선고 2011노3910
판결).

〈판례 4〉 무전기를 통한 감청의 해당 여부: [1] 「통신비밀보호법」 제2조 제8호 및
구 통신비밀보호법시행령(2002. 3. 25. 대통령령 제17548호로 개정 되기 전의 것)
제3조 제8호의 규정에서 감청설비제외대상으로 하고 있는 것은 수신전용 무선기
기임을 전제로 하고 있음은 명백한데, 한국도로공사 상황실과 순찰차 간에 순찰상
황 보고 등의 통신목적으로 사용된 송수신이 가능한 무전기는 당초에 수신전용 무
선기기로 제작된 것이 아니고, 비록 위 무전기가 설치될 당시 송신이 가능하지 않
도록 마이크를 떼어버렸다고 하더라도 언제든지 다시 마이크를 부착하여 송신이

가능한 이상 달리 볼 것이 아니므로 위 무전기는 수신전용 무선기기가 아니라고 할 것이어서 구 통신비밀보호법시행령 제3조 제8호에 규정된 감청설비 제외대상에 해당한다고 할 수 없다.

[2] 「통신비밀보호법」에서는 그 규율의 대상을 통신과 대화로 분류하고 그 중 통신을 다시 우편물과 전기통신으로 나눈 다음, 그 제2조 제3호로 "전기통신"이라 함은 유선·무선·광선 및 기타의 전자적 방식에 의하여 모든 종류의 음향·문언·부호 또는 영상을 송신하거나 수신하는 것을 말한다고 규정하고 있는바, 무전기와 같은 무선전화기를 이용한 통화가 위 법에서 규정하고 있는 전기통신에 해당함은 전화통화의 성질 및 위 규정 내용에 비추어 명백하므로 이를 같은 법 제3조 제1항 소정의 '타인간의 대화'에 포함된다고 할 수 없다.

[3] 렉카 회사가 무전기를 이용하여 한국도로공사의 상황실과 순찰차간의 무선전화통화를 청취한 경우 무전기를 설치함에 있어 한국도로공사의 정당한 계통을 밟은 결재가 있었던 것이 아닌 이상 전기통신의 당사자인 한국도로공사의 동의가 있었다고는 볼 수 없으므로 「통신비밀보호법」상의 감청에 해당한다(대법원 2003. 11. 13. 선고 2001도6213 판결).

3. 통신 및 대화비밀의 보호

누구든지 이 법과 형사소송법 또는 군사법원법의 규정에 의하지 아니하고는 우편물의 검열·전기통신의 감청 또는 통신사실 확인자료의 제공을 하거나 공개되지 아니한 타인간의 대화를 녹음 또는 청취하지 못한다. 다만, 다음 각 호의 경우에는 당해 법률이 정하는 바에 의한다(제3조 제1항).[1]

1. 환부우편물등의 처리: 우편법 제28조·제32조·제35조·제36조등의 규정에 의하여 폭발물등 우편금제품이 들어 있다고 의심되는 소포우편물(이와 유사한 郵便物을 포함한다)을 개피하는 경우, 수취인에게 배달할 수 없거나 수취인이 수령을 거부한 우편물을 발송인에게 환부하는 경우, 발송인의 주소·성명이 누락된 우편물로서 수취인이 수취를 거부하여 환부하는 때에 그 주소·성명을 알기 위하여 개피하는 경우 또는 유가물이 든 환부불능우편물을 처리하는 경우
2. 수출입우편물에 대한 검사: 관세법 제256조·제257조 등의 규정에 의한 신서외의

---

1) 본 규정을 위반하여 우편물의 검열 또는 전기통신의 감청을 하거나 공개되지 아니한 타인간의 대화를 녹음 또는 청취한 자와 이에 따라 알게 된 통신 또는 대화의 내용을 공개하거나 누설한 자는 1년 이상 10년 이하의 징역과 5년 이하의 자격정지에 처한다(제16조 제1항).

우편물에 대한 통관검사절차

3. 구속 또는 복역중인 사람에 대한 통신: 「형사소송법」 제91조, 「군사법원법」 제131조, 「형의 집행 및 수용자의 처우에 관한 법률」 제41조·제43조·제44조 및 「군에서의 형의 집행 및 군수용자의 처우에 관한 법률」 제42조·제44조 및 제45조에 따른 구속 또는 복역중인 사람에 대한 통신의 관리

4. 파산선고를 받은 자에 대한 통신: 「채무자 회생 및 파산에 관한 법률」 제484조의 규정에 의하여 파산선고를 받은 자에게 보내온 통신을 파산관재인이 수령하는 경우

5. 혼신제거 등을 위한 전파감시: 「전파법」 제49조 내지 제51조의 규정에 의한 혼신제거 등 전파질서유지를 위한 전파감시의 경우

■ 불법감청·녹음의 의미

〈판례 1〉 전화통화 당사자 일방의 동의를 받고 통화내용을 녹음한 경우: 전기통신의 감청은 제3자가 전기통신의 당사자인 송신인과 수신인의 동의를 받지 아니하고 전기통신 내용을 녹음하는 등의 행위를 하는 것만을 말한다고 풀이함이 상당하다고 할 것이므로, 전기통신에 해당하는 전화통화 당사자의 일방이 상대방 모르게 통화 내용을 녹음하는 것은 여기의 감청에 해당하지 아니하지만, 제3자의 경우는 설령 전화통화 당사자 일방의 동의를 받고 그 통화 내용을 녹음하였다 하더라도 그 상대방의 동의가 없었던 이상, 이는 여기의 감청에 해당하여 법 제3조 제1항 위반이 되고, 이와 같이 법 제3조 제1항에 위반한 불법감청에 의하여 녹음된 전화통화의 내용은 법 제4조에 의하여 증거능력이 없다. 그리고 사생활 및 통신의 불가침을 국민의 기본권의 하나로 선언하고 있는 헌법규정과 통신비밀의 보호와 통신의 자유 신장을 목적으로 제정된 「통신비밀보호법」의 취지에 비추어 볼 때 피고인이나 변호인이 이를 증거로 함에 동의하였다고 하더라도 달리 볼 것은 아니다(이 점은 제3자가 공개되지 아니한 타인 간의 대화를 녹음한 경우에도 마찬가지이다)(대법원 2010. 10. 14. 선고 2010도9016 판결).

〈판례 2〉 3인 간의 대화에 있어서 그 중 한 사람이 그 대화를 녹음하는 경우: 「통신비밀보호법」 제3조 제1항이 "공개되지 아니한 타인간의 대화를 녹음 또는 청취하지 못한다"라고 정한 것은, 대화에 원래부터 참여하지 않는 제3자가 그 대화를 하는 타인들 간의 발언을 녹음해서는 아니 된다는 취지이다. 3인 간의 대화에 있어서 그 중 한 사람이 그 대화를 녹음하는 경우에 다른 두 사람의 발언은 그 녹음자에 대한 관계에서 '타인 간의 대화'라고 할 수 없으므로, 이와 같은 녹음행위가 「통신비밀보호법」 제3조 제1항에 위배된다고 볼 수는 없다(대법원 2006. 10. 12. 선고 2006도4981 판결).

〈판례 3〉 타인 간의 대화내용을 녹음한 경우: 甲은 휴대폰 녹음기능을 작동시킨 상

태로 乙과 통화를 한 후 예우 차원에서 바로 전화를 끊지 않고 乙이 전화를 먼저 끊기를 기다렸는데, 乙은 실수로 통화 종료 버튼을 누르지 않고 휴대폰을 탁자에 놓아둔 채 마침 사무실에 들어온 손님들과 대화를 시작했다. 그리고 휴대폰을 통해 대화를 들은 甲은 이를 몰래 청취하면서 녹음했다. 이에 대해 대법원은 甲은 이 사건 대화에 원래부터 참여하지 아니한 제3자이므로, 甲의 행위는 구 통신비밀보호법 제3조의 위반행위로서 「통신비밀보호법」 제16조 제1항 제1호에 의하여 처벌된다고 판단하였다(대법원 2016. 5. 12. 선고 2013도15616 판결).

■ 대화의 의미

(사안) 甲이 2014년 2월 레스토랑 공동경영 문제로 乙과 갈등을 겪자, 乙을 협박하면서 손을 잡아 비틀고 손을 잡아끌어 벽에 부딪치게 하여 상해를 입힌 혐의로 기소된 사건에서, 이 사건 직전 피해자 乙과 丙은 휴대전화로 통화를 마치고 전화를 끊기 전에 甲이 몸싸움을 벌이면서 폭행을 했기 때문에 丙이 전화가 완전히 끊기기까지 1~2분가량 전화기 너머로 '우당탕'하는 소리와 "악"하는 乙의 비명 소리를 들었다. 검찰은 전화를 통해 비명과 소음을 들었다는 丙의 진술을 甲의 혐의를 입증할 증거로 제출하였다. 그러나 甲은 '우당탕'하는 소리와 B의 비명을 들었다는 丙의 진술은 「통신비밀보호법」이 보호하는 '공개되지 않은 타인 간 대화의 청취'에 해당하고, 이 같은 타인 간의 대화를 청취한 내용은 형사재판에서 증거로 사용할 수 없으므로 증거능력이 없다고 반발했다.

〈판례〉 대법원은 재판부는 "통신비밀보호법에서 보호하는 타인 간의 '대화'는 원칙적으로 현장에 있는 당사자들이 육성으로 말을 주고받는 의사소통행위를 가리킨다"며, "따라서 사람의 육성이 아닌 사물에서 발생하는 음향은 타인 간의 '대화'에 해당하지 않는다"고 밝혔다. 이어 "또한 사람의 목소리라고 하더라도 단순한 비명소리나 탄식 등은 특별한 사정이 없는 한 타인 간의 '대화'에 해당한다고 볼 수 없다"고 설명했다. "한편 이 같은 소리가 비록 「통신비밀보호법」에서 말하는 타인간의 '대화'에는 해당하지 않더라도, 형사절차에서 그러한 증거를 사용할 수 있는지는 개별적인 사안에서 형사절차상 진실발견이라는 공익과 개인의 인격적 이익 등의 보호이익을 비교 형량하여 결정해야 한다"고 하면서, "대화에 속하지 않는 사람의 목소리를 녹음하거나 청취하는 행위가 개인의 사생활의 비밀과 자유 또는 인격권을 중대하게 침해해 사회통념상 허용되는 한도를 벗어난 것이라면, 단지 형사소추에 필요한 증거라는 사정만을 들어 곧바로 형사소송에서 진실발견이라는 공익이 개인의 인격적 이익 등 보호이익보다 우월한 것으로 섣불리 단정해서는 안 되겠지만 그 같은 한도를 벗어난 것이 아니라면 이 같은 목소리를 들었다는 진술을 형사절차에서 증거로 사용할 수 있다"고 하였다. 그러면서 "丙이 들은 소리와 목소리는 막연히 몸싸움이 있었다는 것 외에 사생활에 관한 다른 정보는 제공하지 않는 점, 丙이 소리를 들은 시간이 길지 않은 점, 소리를 듣게 된 동기와 상황 등에 비춰볼 때 「통신비밀보호법」에서 보호하는 타인 간의 '대화'에 준하는 것으로 보아 증거능력을 부정할만한 특별한 사정이 있다고 보기도 어려운 점 등을 고려할 때 丙의 진술 등을 증거로 사용할 수 있다"고 판시하였다(대법원 2017. 3. 15. 선고 2016도19843 판결).

〈참고 판례〉 불법감청한 자료의 기사게재 행위의 적법성 여부: 불법 감청·녹음 등에 관여하지 아니한 언론기관이, 그 통신 또는 대화의 내용이 불법 감청·녹음 등에 의하여 수집된 것이라는 사정을 알면서도 이를 보도하여 공개하는 행위가 형법 제 20조의 정당행위로서 위법성이 조각된다고 하기 위해서는, 첫째 보도의 목적이 불법 감청·녹음 등의 범죄가 저질러졌다는 사실 자체를 고발하기 위한 것으로 그 과정에서 불가피하게 통신 또는 대화의 내용을 공개할 수밖에 없는 경우이거나, 불법 감청·녹음 등에 의하여 수집된 통신 또는 대화의 내용이 이를 공개하지 아니하면 공중의 생명·신체·재산 기타 공익에 대한 중대한 침해가 발생할 가능성이 현저한 경우 등과 같이 비상한 공적 관심의 대상이 되는 경우에 해당하여야 하고, 둘째 언론기관이 불법 감청·녹음 등의 결과물을 취득할 때 위법한 방법을 사용하거나 적극적·주도적으로 관여하여서는 아니 되며, 셋째 보도가 불법 감청·녹음 등의 사실을 고발하거나 비상한 공적 관심사항을 알리기 위한 목적을 달성하는 데 필요한 부분에 한정되는 등 통신비밀의 침해를 최소화하는 방법으로 이루어져야 하고, 넷째 언론이 그 내용을 보도함으로써 얻어지는 이익 및 가치가 통신비밀의 보호에 의하여 달성되는 이익 및 가치를 초과하여야 한다. 여기서 이익의 비교·형량은, 불법 감청·녹음된 타인 간의 통신 또는 대화가 이루어진 경위와 목적, 통신 또는 대화의 내용, 통신 또는 대화 당사자의 지위 내지 공적 인물로서의 성격, 불법 감청·녹음 등의 주체와 그러한 행위의 동기 및 경위, 언론기관이 불법 감청·녹음 등의 결과물을 취득하게 된 경위와 보도의 목적, 보도의 내용 및 보도로 인하여 침해되는 이익 등 제반 사정을 종합적으로 고려하여 정하여야 한다(대법원 2011. 3. 17. 선고 2006도8839 전원합의체 판결).

또한 우편물의 검열 또는 전기통신의 감청(이하 "통신제한조치"라 한다)은 범죄수사 또는 국가안전보장을 위하여 보충적인 수단으로 이용되어야 하며, 국민의 통신비밀에 대한 침해가 최소한에 그치도록 노력하여야 한다(동조 제2항). 그리고 누구든지 단말기기 고유번호를 제공하거나 제공받아서는 아니된다. 다만, 이동전화단말기 제조업체 또는 이동통신사업자가 단말기의 개통처리 및 수리 등 정당한 업무의 이행을 위하여 제공하거나 제공받는 경우에는 그러하지 아니하다(동조 제3항).[2]

4. 불법검열에 의한 우편물의 내용과 불법감청에 의한 전기통신내용의 증거사용 금지

불법검열에 의하여 취득한 우편물이나 그 내용 및 불법감청에 의하여 지득 또는 채록된 전기통신의 내용은 재판 또는 징계절차에서 증거로 사용할 수 없다 (제4조).

〈판례 1〉 자유심증주의를 채택하고 있는 우리 「민사소송법」 하에서 상대방 부지 중 비밀리에 상대방과의 대화를 녹음하였다는 이유만으로 그 녹음테이프나 이를 속 기사에 의하여 녹취한 녹취록이 증거능력이 없다고 단정할 수 없고, 그 채증 여부 는 사실심 법원의 재량에 속하는 것이다(대법원 2009. 9. 10. 선고 2009다37138, 37145 판결).

〈판례 2〉 피고인이 범행 후 피해자에게 전화를 걸어오자 피해자가 증거를 수집하려 고 그 전화내용을 녹음한 경우, 그 녹음테이프가 피고인 모르게 녹음된 것이라 하 여 이를 위법하게 수집된 증거라고 할 수 없다(대법원 1997. 3. 28. 선고 97도240 판결).

* 기타 불법감청 자료의 형사사건에서의 증거능력 문제는 전술 판례 참조.

5. 통신제한조치

(1) 범죄수사를 위한 통신제한조치

1) 허가요건

통신제한조치는 다음 각호의 범죄를 계획 또는 실행하고 있거나 실행하였다고 의심할 만한 충분한 이유가 있고 다른 방법으로는 그 범죄의 실행을 저지하거나 범 인의 체포 또는 증거의 수집이 어려운 경우에 한하여 허가할 수 있다(제5조 제1항).

1. 「형법」 제2편중 제1장 내란의 죄, 제2장 외환의 죄중 제92조 내지 제101조의 죄, 제4장 국교에 관한 죄중 제107조, 제108조, 제111조 내지 제113조의 죄, 제5장 공

---

2) 위 규정을 위반하여 단말기기 고유번호를 제공하거나 제공받은 자는 3년 이하의 징역 또 는 1천만원 이하의 벌금에 처한다(제17조 제2항 제1호).

안을 해하는 죄중 제114조, 제115조의 죄, 제6장 폭발물에 관한 죄, 제7장 공무원의 직무에 관한 죄중 제127조, 제129조 내지 제133조의 죄, 제9장 도주와 범인은닉의 죄, 제13장 방화와 실화의 죄중 제164조 내지 제167조·제172조 내지 제173조·제174조 및 제175조의 죄, 제17장 아편에 관한 죄, 제18장 통화에 관한 죄, 제19장 유가증권, 우표와 인지에 관한 죄중 제214조 내지 제217조, 제223조(제214조 내지 제217조의 미수범에 한한다) 및 제224조(제214조 및 제215조의 예비·음모에 한한다), 제24장 살인의 죄, 제29장 체포와 감금의 죄, 제30장 협박의 죄중 제283조 제1항, 제284조, 제285조(제283조 제1항, 제284조의 상습범에 한한다), 제286조[제283조 제1항, 제284조, 제285조(제283조 제1항, 제284조의 상습범에 한한다)의 미수범에 한한다]의 죄, 제31장 약취(略取), 유인(誘引) 및 인신매매의 죄, 제32장 강간과 추행의 죄중 제297조 내지 제301조의2, 제305조의 죄, 제34장 신용, 업무와 경매에 관한 죄중 제315조의 죄, 제37장 권리행사를 방해하는 죄중 제324조의2 내지 제324조의4·제324조의5(제324조의2 내지 제324조의4의 미수범에 한한다)의 죄, 제38장 절도와 강도의 죄중 제329조 내지 제331조, 제332조(제329조 내지 제331조의 상습범에 한한다), 제333조 내지 제341조, 제342조[제329조 내지 제331조, 제332조(제329조 내지 제331조의 상습범에 한한다), 제333조 내지 제341조의 미수범에 한한다]의 죄, 제39장 사기와 공갈의 죄 중 제350조, 제350조의2, 제351조(제350조, 제350조의2의 상습범에 한정한다), 제352조(제350조, 제350조의2의 미수범에 한정한다)의 죄, 제41장 장물에 관한 죄 중 제363조의 죄

2. 「군형법」제2편중 제1장 반란의 죄, 제2장 이적의 죄, 제3장 지휘권 남용의 죄, 제4장 지휘관의 항복과 도피의 죄, 제5장 수소이탈의 죄, 제7장 군무태만의 죄중 제42조의 죄, 제8장 항명의 죄, 제9장 폭행·협박·상해와 살인의 죄, 제11장 군용물에 관한 죄, 제12장 위령의 죄중 제78조·제80조·제81조의 죄

3. 「국가보안법」에 규정된 범죄

4. 「군사기밀보호법」에 규정된 범죄

5. 「군사기지 및 군사시설 보호법」에 규정된 범죄

6. 「마약류 관리에 관한 법률」에 규정된 범죄중 제58조 내지 제62조의 죄

7. 「폭력행위 등 처벌에 관한 법률」에 규정된 범죄중 제4조 및 제5조의 죄

8. 「총포·도검·화약류 등의 안전관리에 관한 법률」에 규정된 범죄중 제70조 및 제71조 제1호 내지 제3호의 죄

9. 「특정범죄 가중처벌 등에 관한 법률」에 규정된 범죄중 제2조 내지 제8조, 제11조, 제12조의 죄

10. 「특정경제범죄 가중처벌 등에 관한 법률」에 규정된 범죄중 제3조 내지 제9조의 죄

11. 제1호와 제2호의 죄에 대한 가중처벌을 규정하는 법률에 위반하는 범죄

12. 「국제상거래에 있어서 외국공무원에 대한 뇌물방지법」에 규정된 범죄 중 제3조 및 제4조의 죄

이때 통신제한조치는 위의 요건에 해당하는 자가 발송·수취하거나 송·수신하는 특정한 우편물이나 전기통신 또는 그 해당자가 일정한 기간에 걸쳐 발송·수취하거나 송·수신하는 우편물이나 전기통신을 대상으로 허가될 수 있다(동조 제2항).

2) 허가절차

검사(군검사를 포함한다. 이하 같다)는 통신제한조치의 요건이 구비된 경우에는 법원(軍事法院을 포함한다. 이하 같다)에 대하여 각 피의자별 또는 각 피내사자별로 통신제한조치를 허가하여 줄 것을 청구할 수 있다(제6조 제1항). 또한 사법경찰관(軍司法警察官을 포함한다. 이하 같다)은 통신제한조치의 요건이 구비된 경우에는 검사에 대하여 각 피의자별 또는 각 피내사자별로 통신제한조치에 대한 허가를 신청하고, 검사는 법원에 대하여 그 허가를 청구할 수 있다(동조 제2항). 통신제한조치 청구사건의 관할법원은 그 통신제한조치를 받을 통신당사자의 쌍방 또는 일방의 주소지·소재지, 범죄지 또는 통신당사자와 공범관계에 있는 자의 주소지·소재지를 관할하는 지방법원 또는 지원(군사법원을 포함한다)으로 한다(동조 제3항).

통신제한조치청구는 필요한 통신제한조치의 종류·그 목적·대상·범위·기간·집행장소·방법 및 당해 통신제한조치가 제5조 제1항의 허가요건을 충족하는 사유등의 청구이유를 기재한 서면(이하 "請求書"라 한다)으로 하여야 하며, 청구이유에 대한 소명자료를 첨부하여야 한다. 이 경우 동일한 범죄사실에 대하여 그 피의자 또는 피내사자에 대하여 통신제한조치의 허가를 청구하였거나 허가받은 사실이 있는 때에는 다시 통신제한조치를 청구하는 취지 및 이유를 기재하여야 한다(동조 제4항). 법원은 청구가 이유 있다고 인정하는 경우에는 각 피의자별 또는 각 피내사자별로 통신제한조치를 허가하고, 이를 증명하는 서류(이하 "허가서"라 한다)를 청구인에게 발부한다(동조 제5항). 이 허가서에는 통신제한조치의 종류·그 목적·대상·범위·기간 및 집행 장소와 방법을 특정하여 기재하여야 한다(동조 제6항). 그러나 청구가 이유 없다고 인정하는 경우에는 법원은 청구를 기각하고 이를 청구인에게 통지한다(동조 제9항).

통신제한조치의 기간은 2개월을 초과하지 못하고, 그 기간 중 통신제한조치의 목적이 달성되었을 경우에는 즉시 종료하여야 한다. 다만, 통신제한조치의 허가요건이 존속하는 경우에는 소명자료를 첨부하여 2개월의 범위에서 통신제한조치기간의 연장을 청구할 수 있다(동조 제7항).

> 〈참고〉「통신비밀보호법」(2001. 12. 29. 법률 제6546호로 개정된 것) 제6조 제7항 단
> 서 중 전기통신에 관한 '통신제한조치기간의 연장'에 관한 부분은 헌법에 합치하지
> 아니한다. 위 법률조항은 2011. 12. 31.을 시한으로 입법자가 개정할 때까지 계속
> 적용한다(헌법재판소 2010. 12. 28. 선고 2009헌가30 결정).

그리고 검사 또는 사법경찰관이 통신제한조치의 연장을 청구하는 경우에 통
신제한조치의 총 연장기간은 1년을 초과할 수 없다. 다만, 다음 각 호의 어느 하
나에 해당하는 범죄의 경우에는 통신제한조치의 총 연장기간이 3년을 초과할 수
없다(동조 제8항).

> 1. 「형법」 제2편 중 제1장 내란의 죄, 제2장 외환의 죄 중 제92조부터 제101조까지의
>   죄, 제4장 국교에 관한 죄 중 제107조, 제108조, 제111조부터 제113조까지의 죄,
>   제5장 공안을 해하는 죄 중 제114조, 제115조의 죄 및 제6장 폭발물에 관한 죄
> 2. 「군형법」 제2편 중 제1장 반란의 죄, 제2장 이적의 죄, 제11장 군용물에 관한 죄
>   및 제12장 위령의 죄 중 제78조·제80조·제81조의 죄
> 3. 「국가보안법」에 규정된 죄
> 4. 「군사기밀보호법」에 규정된 죄
> 5. 「군사기지 및 군사시설보호법」에 규정된 죄

(2) 국가안보를 위한 통신제한조치

대통령령이 정하는 정보수사기관의 장(이하 "情報搜査機關의 長"이라 한다)은 국
가안전보장에 상당한 위험이 예상되는 경우 또는 「국민보호와 공공안전을 위한
테러방지법」 제2조 제6호의 대테러활동에 필요한 경우에 한하여 그 위해를 방지
하기 위하여 이에 관한 정보수집이 특히 필요한 때에는 다음 각호의 구분에 따라
통신제한조치를 할 수 있다(제7조 제1항).

> 1. 통신의 일방 또는 쌍방당사자가 내국인인 때에는 고등법원 수석판사의 허가를 받
>   아야 한다. 다만, 군용전기통신법 제2조의 규정에 의한 군용전기통신(작전수행을
>   위한 전기통신에 한한다)에 대하여는 그러하지 아니하다.

2. 대한민국에 적대하는 국가, 반국가활동의 혐의가 있는 외국의 기관·단체와 외국인, 대한민국의 통치권이 사실상 미치지 아니하는 한반도내의 집단이나 외국에 소재하는 그 산하단체의 구성원의 통신인 때 및 제1항 제1호 단서의 경우에는 서면으로 대통령의 승인을 얻어야 한다.

※ 법 제7조 제1항에서 "대통령령이 정하는 정보수사기관"이란 「정보 및 보안업무 기획·조정 규정」 제2조 제6호에 따른 기관을 말한다(시행령 제6조 제1항).

이때의 통신제한조치의 기간은 4월을 초과하지 못하고, 그 기간중 통신제한조치의 목적이 달성되었을 경우에는 즉시 종료하여야 하되, 통신제한조치의 요건이 존속하는 경우에는 소명자료를 첨부하여 고등법원 수석판사의 허가 또는 대통령의 승인을 얻어 4월의 범위 이내에서 통신제한조치의 기간을 연장할 수 있다. 다만, 위의 제1호 단서의 규정에 의한 통신제한조치는 전시·사변 또는 이에 준하는 국가비상사태에 있어서 적과 교전상태에 있는 때에는 작전이 종료될 때까지 대통령의 승인을 얻지 아니하고 기간을 연장할 수 있다(제17조 제2항).

또한 통신제한조치의 허가에 관하여는 제6조 제2항, 제4항부터 제6항까지 및 제9항을 준용한다. 이 경우 "사법경찰관(군사법경찰관을 포함한다. 이하 같다)"은 "정보수사기관의 장"으로, "법원"은 "고등법원 수석판사"로, "제5조 제1항"은 "제7조 제1항 제1호 본문"으로, 제6조 제2항 및 제5항 중 "각 피의자별 또는 각 피내사자별로 통신제한조치"는 각각 "통신제한조치"로 본다(동조 제3항). 그리고 위의 제2호의 규정에 의한 대통령의 승인에 관한 절차등 필요한 사항은 대통령령으로 정한다(동조 제4항).

〈참고〉 시행령 제7조(국가안보를 위한 통신제한조치에 관한 법원의 허가) ① 법 제7조 제1항 제1호의 고등법원은 통신제한조치를 받을 내국인의 쌍방 또는 일방의 주소지 또는 소재지를 관할하는 고등법원으로 한다.
② 제1항에 따른 고등법원의 수석부장판사가 질병·해외여행·장기출장 등의 사유로 직무를 수행하기 어려운 경우에는 해당 고등법원장이 허가업무를 대리할 부장판사를 지명할 수 있다.
③ 정보수사기관의 장은 법 제7조 제1항 제1호에 따라 통신제한조치를 하려는 경우에는 제1항에 따른 고등법원에 대응하는 고등검찰청의 검사에게 허가의 청구를

서면으로 신청하여야 한다.

④ 제3항에 따른 신청을 받은 고등검찰청 검사가 통신제한조치의 허가를 청구하는 경우에는 제4조를 준용한다.

제8조(국가안보를 위한 통신제한조치에 관한 대통령의 승인) ① 정보수사기관의 장이 법 제7조 제1항 제2호에 따라 통신제한조치를 하려는 경우에는 그에 관한 계획서를 국정원장에게 제출하여야 한다.

② 국정원장은 제1항에 따른 정보수사기관의 장이 제출한 계획서에 대하여 그 타당성 여부에 관한 심사를 하고, 심사 결과 타당성이 없다고 판단되는 경우에는 계획의 철회를 해당 정보수사기관의 장에게 요구할 수 있다.

③ 정보수사기관의 장이 제1항에 따른 계획서를 작성하는 경우에는 법 제6조 제4항 및 이 영 제4조를 준용한다.

④ 국정원장은 제1항에 따라 정보수사기관의 장이 제출한 계획서를 종합하여 대통령에게 승인을 신청하며 그 결과를 해당 정보수사기관의 장에게 서면으로 통보한다.

(3) 긴급통신제한조치

1) 법원의 허가를 요하지 않는 통신제한조치

검사, 사법경찰관 또는 정보수사기관의 장은 국가안보를 위협하는 음모행위, 직접적인 사망이나 심각한 상해의 위험을 야기할 수 있는 범죄 또는 조직범죄 등 중대한 범죄의 계획이나 실행 등 긴박한 상황에 있고 범죄수사를 위한 통신제한조치 또는 국가안보를 위한 통신제한 조치의 요건을 구비한 자에 대하여 제6조 또는 제7조 제1항 및 제3항의 규정에 의한 절차를 거칠 수 없는 긴급한 사유가 있는 때에는 법원의 허가 없이 통신제한조치를 할 수 있다(제8조 제1항).

검사, 사법경찰관 또는 정보수사기관의 장은 제1항에 따른 통신제한조치(이하 "긴급통신제한조치"라 한다)의 집행에 착수한 후 지체 없이 제6조(제7조 제3항에서 준용하는 경우를 포함한다)에 따라 법원에 허가청구를 하여야 한다(동조 제2항). 만일 사법경찰관이 긴급통신제한조치를 할 경우에는 미리 검사의 지휘를 받아야 한다. 다만, 특히 급속을 요하여 미리 지휘를 받을 수 없는 사유가 있는 경우에는 긴급통신제한조치의 집행 착수 후 지체 없이 검사의 승인을 얻어야 한다(동조 제3항). 또한, 검사, 사법경찰관 또는 정보수사기관의 장이 긴급통신제한조치를 하고자 하는 경우에는 반드시 긴급검열서 또는 긴급감청서(이하 "긴급감청서등"이라 한다)에 의하여야 하며 소속기관에 긴급통신제한조치대장을 비치하여야 한다(동조 제4항).

한편, 검사, 사법경찰관 또는 정보수사기관의 장은 긴급통신제한조치의 집행에 착수한 때부터 36시간 이내에 법원의 허가를 받지 못한 경우에는 해당 조치를 즉시 중지하고 해당 조치로 취득한 자료를 폐기하여야 한다(동조 제5항).[3] 이때 검사, 사법경찰관 또는 정보수사기관의 장은 긴급통신제한조치로 취득한 자료를 폐기한 경우 폐기이유·폐기범위·폐기일시 등을 기재한 자료폐기결과보고서를 작성하여 폐기일부터 7일 이내에 허가청구를 한 법원에 송부하고, 그 부본(副本)을 피의자의 수사기록 또는 피내사자의 내사사건기록에 첨부하여야 한다(동조 제6항).

2) 소속장관의 승인에 의한 긴급통신제한조치

정보수사기관의 장은 국가안보를 위협하는 음모행위, 직접적인 사망이나 심각한 상해의 위험을 야기할 수 있는 범죄 또는 조직범죄등 중대한 범죄의 계획이나 실행 등 긴박한 상황에 있고 국가안보를 위한 통신제한 조치에 해당하는 자에 대하여 대통령의 승인을 얻을 시간적 여유가 없거나 통신제한조치를 긴급히 실시하지 아니하면 국가안전보장에 대한 위해를 초래할 수 있다고 판단되는 때에는 소속 장관(국가정보원장을 포함한다)의 승인을 얻어 통신제한조치를 할 수 있다(동조 제8항). 이 경우 정보수사기관의 장은 통신제한조치의 집행에 착수한 후 지체 없이 대통령의 승인을 얻어야 한다(동조 제9항). 만약 정보수사기관의 장은 통신제한조치의 집행에 착수한 때부터 36시간 이내에 대통령의 승인을 얻지 못한 경우에는 해당 조치를 즉시 중지하고 해당 조치로 취득한 자료를 폐기하여야 한다(동조 제10항).[4]

6. 통신제한조치의 집행절차

(1) 통신제한조치의 집행

통신제한조치는 이를 청구 또는 신청한 검사·사법경찰관 또는 정보수사기관의 장이 집행한다. 이 경우 체신관서 기타 관련기관 등(이하 "통신기관등"이라 한다)

---

[3] 긴급통신제한조치를 즉시 중지하지 아니한 자는 3년 이하의 징역 또는 1천만원 이하의 벌금에 처한다(제17조 제2항 제2호).

[4] 이를 위반하여 같은 조 제8항에 따른 통신제한조치를 즉시 중지하지 아니한 자는 3년 이하의 징역 또는 1천만원 이하의 벌금에 처한다(제17조 제2항 제2호의2).

에 그 집행을 위탁하거나 집행에 관한 협조를 요청할 수 있다(제9조 제1항). 이때 통신제한조치의 집행을 위탁하거나 집행에 관한 협조를 요청하는 자는 통신기관 등에 통신제한조치허가서(제7조 제1항 제2호의 경우에는 대통령의 승인서를 말한다. 이하 이 조, 제16조 제2항 제1호 및 제17조 제1항 제1호·제3호에서 같다) 또는 긴급감청서 등의 표지의 사본을 교부하여야 하며, 이를 위탁받거나 이에 관한 협조요청을 받은 자는 통신제한조치허가서 또는 긴급감청서등의 표지 사본을 대통령령이 정하는 기간 동안 보존하여야 한다(동조 제2항).[5]

〈판례 1〉「통신비밀보호법」제9조의 규정에 의한 통신제한조치의 집행으로 인하여 취득된 전기통신의 내용은 같은 법 제12조 제1호 소정의 범죄나 이와 관련되는 범죄를 수사·소추하기 위하여 사용할 수 있다(대법원 1996. 12. 23. 선고 96도 2354 판결).

〈판례 2〉「통신비밀보호법」제9조 제1항 후문 등에서 체신관서 기타 관련기관 등(이하 '통신기관 등'이라 한다)에 대한 집행 위탁이나 협조요청 및 대장 비치의무 등을 규정하고 있는 것은 우편물의 검열 또는 전기통신의 감청(이하 '통신제한조치'라 한다)의 경우해당 우편이나 전기통신의 역무를 담당하는 통신기관 등의 협조가 없이는 사실상 집행이 불가능하다는 점 등을 고려하여 검사·사법경찰관 또는 정보수사기관의 장(이하 '집행주체'라 한다)이 통신기관 등에 집행을 위탁하거나 집행에 관한 협조를 요청할 수 있음을 명확히 하는 한편 통신기관 등으로 하여금 대장을 작성하여 비치하도록 함으로써 사후 통제를 할 수 있도록 한 취지이다.

한편 '대화의 녹음·청취'에 관하여 「통신비밀보호법」제14조 제2항은 「통신비밀보호법」제9조 제1항 전문을 적용하여 집행주체가 집행한다고 규정하면서도, 통신기관 등에 대한 집행 위탁이나 협조요청에 관한 같은 법 제9조 제1항 후문을 적용하지 않고 있으나, 이는 '대화의 녹음·청취'의 경우 통신제한조치와 달리 통신기관의 업무와 관련이 적다는 점을 고려한 것일 뿐이므로, 반드시 집행주체가 '대화의 녹음·청취'를 직접 수행하여야 하는 것은 아니다. 따라서 집행주체가 제3자의 도움을 받지 않고서는 '대화의 녹음·청취'가 사실상 불가능하거나 곤란한 사정이 있는 경우에는 비례의 원칙에 위배되지 않는 한 제3자에게 집행을 위탁하거나 그

---

5) 통신제한조치허가서 또는 긴급감청서등의 표지의 사본을 교부하지 아니하고 통신제한조치의 집행을 위탁하거나 집행에 관한 협조를 요청한 자 또는 통신제한조치허가서 또는 긴급감청서등의 표지의 사본을 교부받지 아니하고 위탁받은 통신제한조치를 집행하거나 통신제한조치의 집행에 관하여 협조한 자는 10년 이하의 징역에 처한다(제16조 제2항 제1호). 또한 통신제한조치허가서 또는 긴급감청서등의 표지의 사본을 보존하지 아니한 자는 5년 이하의 징역 또는 3천만 원 이하의 벌금에 처한다(제17조 제1항 제1호).

로부터 협조를 받아 '대화의 녹음·청취'를 할 수 있다고 봄이 타당하고, 그 경우 통신기관 등이 아닌 일반 사인에게 대장을 작성하여 비치할 의무가 있다고 볼 것은 아니다(대법원 2015. 1. 22. 선고 2014도10978 전원합의체 판결).

또한 통신제한조치를 집행하는 자와 이를 위탁받거나 이에 관한 협조요청을 받은 자는 당해 통신제한조치를 청구한 목적과 그 집행 또는 협조일시 및 대상을 기재한 대장을 대통령령이 정하는 기간 동안 비치하여야 한다(동조 제3항).[6]

※ 통신제한조치허가서 또는 긴급감청서등의 표지 사본의 보존기간 및 법 제9조 제3항에 따른 대장의 비치기간은 3년으로 한다. 다만, 「보안업무규정」에 따라 비밀로 분류된 경우에는 그 보존 또는 비치기간은 그 비밀의 보호기간으로 한다(시행령 제17조 제2항).

한편 통신기관등은 통신제한조치허가서 또는 긴급감청서등에 기재된 통신제한조치 대상자의 전화번호 등이 사실과 일치하지 않을 경우에는 그 집행을 거부할 수 있으며, 어떠한 경우에도 전기통신에 사용되는 비밀번호를 누설할 수 없다(제19조 제4항).[7]

〈참고〉 시행령 제18조(통신제한조치 집행 후의 조치) ① 통신제한조치를 집행한 검사, 사법경찰관 또는 정보수사기관의 장은 그 집행의 경위 및 이로 인하여 취득한 결과의 요지를 조서로 작성하고, 그 통신제한조치의 집행으로 취득한 결과와 함께 이에 대한 비밀보호 및 훼손·조작의 방지를 위하여 봉인·열람제한 등의 적절한 보존조치를 하여야 한다.
② 사법경찰관은 통신제한조치를 집행하여 수사 또는 내사한 사건을 종결할 경우 그 결과를 검사에게 보고하여야 한다. 다만, 그 사건을 송치하는 경우에는 그러하지 아니하다.
③ 정보수사기관의 장이 법 제7조에 따른 통신제한조치를 집행하여 정보를 수집한 경우 및 사법경찰관이 「정보 및 보안업무 기획·조정 규정」 제2조 제5호에 따른 정

---

6) 위 규정(제14조 제2항의 규정에 의하여 적용하는 경우를 포함한다)에 위반하여 대장을 비치하지 아니한 자는 5년 이하의 징역 또는 3천만 원 이하의 벌금에 처한다(제17조 제1항 제2호).
7) 위 규정에 위반하여 통신제한조치허가서 또는 긴급감청서등에 기재된 통신제한조치 대상자의 전화번호 등을 확인하지 아니하거나 전기통신에 사용되는 비밀번호를 누설한 자는 5년 이하의 징역 또는 3천만 원 이하의 벌금에 처한다(제17조 제1항 제3호).

보사범 등에 대하여 통신제한조치를 집행하여 수사 또는 내사한 사건을 종결한 경우에는 그 집행의 경위 및 이로 인하여 취득한 결과의 요지를 서면으로 작성하여 국정원장에게 제출하여야 한다.

④ 제1항에 따른 보존조치를 함에 있어서의 보존기간은 범죄수사를 위한 통신제한조치로 취득한 결과의 경우에는 그와 관련된 범죄의 사건기록 보존기간과 같은 기간으로 하고, 국가안보를 위한 통신제한조치로 취득한 결과의 경우에는 「보안업무규정」에 따라 분류된 비밀의 보호기간으로 한다.

(2) 통신제한조치의 집행에 관한 통지

1) 통지대상

검사는 제6조 제1항 및 제8조 제1항에 따라 통신제한조치를 집행한 사건에 관하여 공소를 제기하거나, 공소의 제기 또는 입건을 하지 아니하는 처분(기소중지결정, 참고인중지결정을 제외한다)을 한 때에는 그 처분을 한 날부터 30일 이내에 우편물 검열의 경우에는 그 대상자에게, 감청의 경우에는 그 대상이 된 전기통신의 가입자에게 통신제한조치를 집행한 사실과 집행기관 및 그 기간 등을 서면으로 통지하여야 한다. 다만, 고위공직자범죄수사처(이하 "수사처"라 한다)검사는 「고위공직자범죄수사처 설치 및 운영에 관한 법률」 제26조 제1항에 따라 서울중앙지방검찰청 소속 검사에게 관계 서류와 증거물을 송부한 사건에 관하여 이를 처리하는 검사로부터 공소를 제기하거나 제기하지 아니하는 처분(기소중지결정, 참고인중지결정은 제외한다)의 통보를 받은 경우에도 그 통보를 받은 날부터 30일 이내에 서면으로 통지하여야 한다(제9조의2 제1항).

또한 사법경찰관은 제6조 제1항 및 제8조 제1항에 따라 통신제한조치를 집행한 사건에 관하여 검사로부터 공소를 제기하거나 제기하지 아니하는 처분(기소중지 또는 참고인중지 결정은 제외한다)의 통보를 받거나 검찰송치를 하지 아니하는 처분(수사중지 결정은 제외한다) 또는 내사사건에 관하여 입건하지 아니하는 처분을 한 때에는 그 날부터 30일 이내에 우편물 검열의 경우에는 그 대상자에게, 감청의 경우에는 그 대상이 된 전기통신의 가입자에게 통신제한조치를 집행한 사실과 집행기관 및 그 기간 등을 서면으로 통지하여야 한다(동조 제2항).

한편 정보수사기관의 장은 제7조 제1항 제1호 본문 및 제8조 제1항의 규정에

의한 통신제한조치를 종료한 날부터 30일 이내에 우편물 검열의 경우에는 그 대
상자에게, 감청의 경우에는 그 대상이 된 전기통신의 가입자에게 통신제한조치를
집행한 사실과 집행기관 및 그 기간 등을 서면으로 통지하여야 한다(동조 제3항).[8]

2) 통지의 유예

다음 각호의 1에 해당하는 사유가 있는 때에는 그 사유가 해소될 때까지 통
지를 유예할 수 있다(제9조의2 제4항).

---

1. 통신제한조치를 통지할 경우 국가의 안전보장·공공의 안녕질서를 위태롭게 할 현
   저한 우려가 있는 때
2. 통신제한조치를 통지할 경우 사람의 생명·신체에 중대한 위험을 초래할 염려가
   현저한 때

이때 검사 또는 사법경찰관은 통지를 유예하려는 경우에는 소명자료를 첨부
하여 미리 관할지방검찰청검사장의 승인을 받아야 한다. 다만, 수사처검사가 통지
를 유예하려는 경우에는 소명자료를 첨부하여 미리 수사처장의 승인을 받아야 하
고, 군검사 및 군사법경찰관이 통지를 유예하려는 경우에는 소명자료를 첨부하여
미리 관할 보통검찰부장의 승인을 받아야 한다(동조 제5항). 또한 검사, 사법경찰
관 또는 정보수사기관의 장은 위 각호의 사유가 해소된 때에는 그 사유가 해소된
날부터 30일 이내에 통지를 하여야 한다(동조 제6항).

〈참고〉 시행령 제19조(통신제한조치 집행에 관한 통지의 유예) ① 검사 또는 사법경
찰관이 법 제9조의2 제5항에 따라 통신제한조치의 집행에 관한 통지를 유예하기
위하여 관할 지방검찰청검사장(관할 보통검찰부장을 포함한다)의 승인을 얻으려
는 경우에는 집행한 통신제한조치의 종류·대상·범위·기간, 통신제한조치를 집행
한 사건의 처리일자·처리결과, 통지를 유예하려는 사유 등을 적은 서면으로 신청
하여야 한다. 이 경우 사법경찰관은 관할 지방검찰청검사장의 승인을 신청하는 서
면을 관할 지방검찰청 또는 지청(관할 보통검찰부를 포함한다)에 제출하여야 한다.
② 제1항에 따른 신청을 받은 관할 지방검찰청검사장은 통지를 유예하려는 사유 등을
심사한 후 그 결과를 검사 또는 사법경찰관에게 통지하여야 한다.

---

8) 위 규정(제14조 제2항의 규정에 의하여 적용하는 경우를 포함한다)에 위반하여 통신제한
조치의 집행에 관한 통지를 하지 아니한 자는 3년 이하의 징역 또는 1천만원 이하의 벌금
에 처한다(제17조 제2항 제3호).

(3) 압수 · 수색 · 검증의 집행에 관한 통지

검사는 송 · 수신이 완료된 전기통신에 대하여 압수 · 수색 · 검증을 집행한 경우 그 사건에 관하여 공소를 제기하거나 공소의 제기 또는 입건을 하지 아니하는 처분(기소중지결정, 참고인중지결정을 제외한다)을 한 때에는 그 처분을 한 날부터 30일 이내에 수사대상이 된 가입자에게 압수 · 수색 · 검증을 집행한 사실을 서면으로 통지하여야 한다. 다만, 수사처검사는 「고위공직자범죄수사처 설치 및 운영에 관한 법률」 제26조 제1항에 따라 서울중앙지방검찰청 소속 검사에게 관계 서류와 증거물을 송부한 사건에 관하여 이를 처리하는 검사로부터 공소를 제기하거나 제기하지 아니하는 처분(기소중지결정, 참고인중지결정은 제외한다)의 통보를 받은 경우에도 그 통보를 받은 날부터 30일 이내에 서면으로 통지하여야 한다(제9조의3 제1항).

또한 사법경찰관은 송 · 수신이 완료된 전기통신에 대하여 압수 · 수색 · 검증을 집행한 경우 그 사건에 관하여 검사로부터 공소를 제기하거나 제기하지 아니하는 처분(기소중지 또는 참고인중지 결정은 제외한다)의 통보를 받거나 검찰송치를 하지 아니하는 처분(수사중지 결정은 제외한다) 또는 내사사건에 관하여 입건하지 아니하는 처분을 한 때에는 그 날부터 30일 이내에 수사대상이 된 가입자에게 압수 · 수색 · 검증을 집행한 사실을 서면으로 통지하여야 한다(동조 제2항).

7. 감청설비

(1) 감청설비에 대한 인가기관과 인가절차

감청설비를 제조 · 수입 · 판매 · 배포 · 소지 · 사용하거나 이를 위한 광고를 하고자 하는 자는 과학기술정보통신부장관의 인가를 받아야 한다. 다만, 국가기관의 경우에는 그러하지 아니하다(제10조 제1항).9) 이때 과학기술정보통신부장관은 인가를 하는 경우에는 인가신청자, 인가연월일, 인가된 감청설비의 종류와 수량 등 필요한 사항을 대장에 기재하여 비치하여야 한다(동조 제3항). 또한 위의 인가를

---

9) 이를 위반하여 인가를 받지 아니하고 감청설비를 제조 · 수입 · 판매 · 배포 · 소지 · 사용하거나 이를 위한 광고를 한 자는 5년 이하의 징역 또는 3천만원 이하의 벌금에 처한다(제17조 제1항 제4호).

받아 감청설비를 제조·수입·판매·배포·소지 또는 사용하는 자는 인가연월일, 인가된 감청설비의 종류와 수량, 비치 장소등 필요한 사항을 대장에 기재하여 비치하여야 한다. 다만, 지방자치단체의 비품으로서 그 직무수행에 제공되는 감청설비는 해당 기관의 비품대장에 기재한다(동조 제4항).[10] 인가에 관하여 기타 필요한 사항은 대통령령(시행령 제22조 참조)으로 정한다(동조 제5항).

(2) 국가기관 감청설비의 신고

국가기관(정보수사기관은 제외한다)이 감청설비를 도입하는 때에는 매 반기별로 그 제원 및 성능 등 대통령령으로 정하는 사항을 과학기술정보통신부장관에게 신고하여야 한다(제10조의2 제1항). 또한 정보수사기관이 감청설비를 도입하는 때에는 매 반기별로 그 제원 및 성능 등 대통령령으로 정하는 사항을 국회 정보위원회에 통보하여야 한다(동조 제2항).

※ 법 제10조의2 제1항 및 제2항에서 "대통령령이 정하는 사항"이란 다음 각 호의 사항을 말한다(시행령 제27조 제1항).
  1. 감청설비의 종류 및 명칭
  2. 수량
  3. 사용전원
  4. 사용방법
  5. 감청수용능력
  6. 도입시기

(3) 불법감청설비탐지업의 등록

1) 불법감청설비탐지업의 등록 등

영리를 목적으로 불법감청설비탐지업을 하고자 하는 자는 대통령령으로 정하는 바에 의하여 과학기술정보통신부장관에게 등록을 하여야 한다(제10조의3 제1항).[11] 이때의 등록은 법인만이 할 수 있으며(동조 제2항), 이 등록을 하고자 하는

---

10) 제10조 제3항 또는 제4항의 규정에 위반하여 인가를 받지 아니하고 감청설비의 인가대장을 작성 또는 비치하지 아니한 자는 5년 이하의 징역 또는 3천만원 이하의 벌금에 처한다(제17조 제1항 제5호).

자는 대통령령(시행령 제30조 참조)으로 정하는 이용자보호계획·사업계획·기술·재정능력·탐지장비 그 밖에 필요한 사항을 갖추어야 한다(동조 제3항). 또한 이 등록의 변경요건 및 절차, 등록한 사업의 양도·양수·승계·휴업·폐업 및 그 신고, 등록업무의 위임 등에 관하여 필요한 사항은 대통령령(시행령 제31조부터 제35조까지)으로 정한다(동조 제4항).

※ 법 제10조의3 제1항에 따른 불법감청설비탐지업(이하 "불법감청설비탐지업"이라 한다)의 등록을 하려는 자는 불법감청설비탐지업등록신청서(전자문서를 포함한다)에 다음 각 호의 서류(전자문서를 포함한다)를 첨부하여 과학기술정보통신부장관에게 제출하여야 한다(시행령 제28조 제1항).
  1. 이용자보호계획서 및 사업계획서
  2. 기술인력 현황 및 해당 기술인력의 경력증명서(「국가기술자격법」에 따른 국가기술자격이 없는 기술인력인 경우에만 첨부한다)
  3. 탐지장비 보유현황

2) 불법감청설비탐지업자의 결격사유

법인의 대표자가 다음 각 호의 어느 하나에 해당하는 경우에는 불법감청설비탐지업의 등록을 할 수 없다(제10조의4).

---

1. 피성년후견인 또는 피한정후견인
2. 파산선고를 받은 자로서 복권되지 아니한 자
3. 금고 이상의 실형을 선고받고 그 집행이 종료(집행이 종료된 것으로 보는 경우를 포함한다)되거나 집행이 면제된 날부터 3년이 지나지 아니한 자
4. 금고 이상의 형의 집행유예를 선고받고 그 유예기간중에 있는 자
5. 법원의 판결 또는 다른 법률에 의하여 자격이 상실 또는 정지된 자
6. 제10조의5에 따라 등록이 취소(제10조의4 제1호 또는 제2호에 해당하여 등록이 취소된 경우는 제외한다)된 법인의 취소 당시 대표자로서 그 등록이 취소된 날부터 2년이 지나지 아니한 자

---

11) 이를 위반하여 등록을 하지 아니하거나 거짓으로 등록하여 불법감청설비탐지업을 한 자는 5년 이하의 징역 또는 3천만원 이하의 벌금에 처한다(제17조 제1항 제5호의2).

3) 등록의 취소

과학기술정보통신부장관은 불법감청설비탐지업을 등록한 자가 다음 각 호의
어느 하나에 해당하는 경우에는 그 등록을 취소하거나 6개월 이내의 기간을 정하
여 그 영업의 정지를 명할 수 있다. 다만, 제1호 또는 제2호에 해당하는 경우에는
그 등록을 취소하여야 한다(제10조의5).

---

1. 거짓이나 그 밖의 부정한 방법으로 등록 또는 변경등록을 한 경우
2. 제10조의4에 따른 결격사유에 해당하게 된 경우
3. 영업행위와 관련하여 알게된 비밀을 다른 사람에게 누설한 경우
4. 불법감청설비탐지업 등록증을 다른 사람에게 대여한 경우
5. 영업행위와 관련하여 고의 또는 중대한 과실로 다른 사람에게 중대한 손해를 입
   힌 경우
6. 다른 법률의 규정에 의하여 국가 또는 지방자치단체로부터 등록취소의 요구가 있
   는 경우

---

8. 비밀준수의 의무

통신제한조치의 허가·집행·통보 및 각종 서류작성 등에 관여한 공무원 또는
그 직에 있었던 자는 직무상 알게 된 통신제한조치에 관한 사항을 외부에 공개하
거나 누설하여서는 아니된다(제11조 제1항).[12]

〈판례〉「통신비밀보호법」의 목적이 통신 및 대화의 비밀과 자유에 대한 제한 시 대
  상을 한정하고 엄격한 법적 절차를 거치도록 함으로써 통신 비밀을 보호하고 통신
  의 자유를 신장하고자 하는 것인 점, 「통신비밀보호법」은 통신사실 확인자료 제공
  의 대상을 한정하고 통신사실 확인 자료의 사용용도를 일정한 경우로 제한하는 한
  편, 수사기관의 범죄수사를 위한 통신사실 확인자료 제공 등에 대한 통지의무 및
  통신사실 확인자료 제공에 관여한 통신기관의 직원 등의 통신사실 확인자료 제공
  사항에 대한 비밀 준수의무를 규정하는 방법으로 전기통신 이용자의 통신비밀과
  자유를 보호하고 있을 뿐, 한 걸음 더 나아가 전기통신 이용자에게 전기통신사업
  자를 상대로 통신사실 확인 자료를 제3자에게 제공한 현황 등에 대한 열람 등을

---

12) 위 규정(제14조 제2항의 규정에 의하여 적용하는 경우 및 제13조의5의 규정에 의하여 준
    용되는 경우를 포함한다)을 위반한 자는 10년 이하의 징역에 처한다(제16조 제2항 제2호).

청구할 권리를 인정하지 않는 점, 「통신비밀보호법」 제13조의3에서 규정한 통신사실 확인자료 제공의 집행사실에 관하여 수사기관이 통지를 할 무렵에는 「통신비밀보호법」 제13조의5에 의하여 준용되는 제11조 제2항에서 규정한 통신사실 확인자료 제공에 관여한 통신기관 직원 등의 통신사실 확인자료 제공 사항에 대한 비밀준수의무가 해제된다고 볼 아무런 근거도 없는 점 등을 종합하면, 전기통신사업자는 수사종료 여부와 관계없이 「통신비밀보호법」 제13조의5, 제11조 제2항에 따라 전기통신 이용자를 포함한 외부에 대하여 통신사실 확인자료 제공 사항을 공개·누설하지 말아야 할 의무를 계속하여 부담하므로, 이용자의 공개 요구에도 응할 의무가 없다(대법원 2015. 2. 12. 선고 2011다76617 판결).

또한 통신제한조치에 관여한 통신기관의 직원 또는 그 직에 있었던 자는 통신제한조치에 관한 사항을 외부에 공개하거나 누설하여서는 아니 된다(동조 제2항).[13] 이외에 누구든지 이 법에 따른 통신제한조치로 알게 된 내용을 이 법에 따라 사용하는 경우 외에는 이를 외부에 공개하거나 누설하여서는 아니된다(동조 제3항).[14]

한편, 법원에서의 통신제한조치의 허가절차·허가여부·허가내용 등의 비밀유지에 관하여 필요한 사항은 대법원규칙으로 정한다(동조 제4항).

9. 통신제한조치로 취득한 자료의 사용제한

통신제한조치의 집행으로 인하여 취득된 우편물 또는 그 내용과 전기통신의 내용은 다음 각 호의 경우 외에는 사용할 수 없다(제12조).

1. 통신제한조치의 목적이 된 제5조 제1항에 규정된 범죄나 이와 관련되는 범죄를 수사·소추하거나 그 범죄를 예방하기 위하여 사용하는 경우
2. 제1호의 범죄로 인한 징계절차에 사용하는 경우
3. 통신의 당사자가 제기하는 손해배상소송에서 사용하는 경우
4. 기타 다른 법률의 규정에 의하여 사용하는 경우

---

13) 위 규정(제13조의5의 규정에 의하여 준용되는 경우를 포함한다)을 위반한 자는 7년 이하의 징역에 처한다(제16조 제3항).
14) 위 규정(제14조 제2항의 규정에 의하여 적용하는 경우 및 제13조의5의 규정에 의하여 준용되는 경우를 포함한다)을 위반한 자는 5년 이하의 징역에 처한다(제16조 제4항).

10. 범죄수사를 위하여 인터넷 회선에 대한 통신제한조치로 취득한 자료의 관리

검사는 인터넷 회선을 통하여 송신·수신하는 전기통신을 대상으로 제6조 또는 제8조(제5조 제1항의 요건에 해당하는 사람에 대한 긴급통신제한조치에 한정한다)에 따른 통신제한조치를 집행한 경우 그 전기통신을 제12조 제1호에 따라 사용하거나 사용을 위하여 보관(이하 이 조에서 "보관등"이라 한다)하고자 하는 때에는 집행종료일부터 14일 이내에 보관등이 필요한 전기통신을 선별하여 통신제한조치를 허가한 법원에 보관등의 승인을 청구하여야 한다(제12조의2 제1항). 또한 사법경찰관은 인터넷 회선을 통하여 송신·수신하는 전기통신을 대상으로 제6조 또는 제8조(제5조 제1항의 요건에 해당하는 사람에 대한 긴급통신제한조치에 한정한다)에 따른 통신제한조치를 집행한 경우 그 전기통신의 보관등을 하고자 하는 때에는 집행종료일부터 14일 이내에 보관등이 필요한 전기통신을 선별하여 검사에게 보관등의 승인을 신청하고, 검사는 신청일부터 7일 이내에 통신제한조치를 허가한 법원에 그 승인을 청구할 수 있다(동조 제2항).

이에 따른 승인청구는 통신제한조치의 집행 경위, 취득한 결과의 요지, 보관등이 필요한 이유를 기재한 서면으로 하여야 하며, 다음 각 호의 서류를 첨부하여야 한다(동조 제3항).

---

1. 청구이유에 대한 소명자료
2. 보관등이 필요한 전기통신의 목록
3. 보관등이 필요한 전기통신. 다만, 일정 용량의 파일 단위로 분할하는 등 적절한 방법으로 정보저장매체에 저장·봉인하여 제출하여야 한다.

법원은 청구가 이유 있다고 인정하는 경우에는 보관등을 승인하고 이를 증명하는 서류(이하 이 조에서 "승인서"라 한다)를 발부하며, 청구가 이유 없다고 인정하는 경우에는 청구를 기각하고 이를 청구인에게 통지한다(동조 제4항).

검사 또는 사법경찰관은 청구나 신청을 하지 아니하는 경우에는 집행종료일부터 14일(검사가 사법경찰관의 신청을 기각한 경우에는 그 날부터 7일) 이내에 통신제한조치로 취득한 전기통신을 폐기하여야 하고, 법원에 승인청구를 한 경우(취득한 전기통신의 일부에 대해서만 청구한 경우를 포함한다)에는 법원으로부터 승인서를 발부 받거나 청구기각의 통지를 받은 날부터 7일 이내에 승인을 받지 못한 전기통신을 폐기하여야 한다(동조 제5항). 그리고 검사 또는 사법경찰관은 통신제한조치로 취득한 전기통신을 폐기한 때에는 폐기의 이유와 범위 및 일시 등을 기재한 폐기결과보고서를 작성하여 피의자의 수사기록 또는 피내사자의 내사사건기록에 첨부하고, 폐기일부터 7일 이내에 통신제한조치를 허가한 법원에 송부하여야 한다(동조 제6항).

11. 통신사실 확인자료제공

(1) 범죄수사를 위한 통신사실 확인자료제공의 절차

검사 또는 사법경찰관은 수사 또는 형의 집행을 위하여 필요한 경우 전기통신사업법에 의한 전기통신사업자(이하 "전기통신사업자"라 한다)에게 통신사실 확인자료의 열람이나 제출(이하 "통신사실 확인자료제공"이라 한다)을 요청할 수 있다(제13조 제1항). 이때 검사 또는 사법경찰관은 제1항에도 불구하고 수사를 위하여 통신사실확인자료 중 다음 각 호의 어느 하나에 해당하는 자료가 필요한 경우에는 다른 방법으로는 범죄의 실행을 저지하기 어렵거나 범인의 발견·확보 또는 증거의 수집·보전이 어려운 경우에만 전기통신사업자에게 해당 자료의 열람이나 제출을 요청할 수 있다. 다만, 제5조 제1항 각 호의 어느 하나에 해당하는 범죄 또는 전기통신을 수단으로 하는 범죄에 대한 통신사실확인자료가 필요한 경우에는 통신사실 확인 자료의 열람이나 제출을 요청할 수 있다(동조 제2항).

---

1. 제2조 제11호 바목·사목 중 실시간 추적자료
2. 특정한 기지국에 대한 통신사실확인자료

이때 통신사실 확인자료제공을 요청하는 경우에는 요청사유, 해당 가입자와의 연관성 및 필요한 자료의 범위를 기록한 서면으로 관할 지방법원(군사법원을 포함한다. 이하 같다) 또는 지원의 허가를 받아야 한다. 다만, 관할 지방법원 또는 지원의 허가를 받을 수 없는 긴급한 사유가 있는 때에는 통신사실 확인자료제공을 요청한 후 지체 없이 그 허가를 받아 전기통신사업자에게 송부하여야 한다(동조

제3항). 다만, 긴급한 사유로 통신사실확인자료를 제공받았으나 지방법원 또는 지원의 허가를 받지 못한 경우에는 지체 없이 제공받은 통신사실확인자료를 폐기하여야 한다(동조 제4항).

한편, 검사 또는 사법경찰관은 통신사실 확인자료제공을 받은 때에는 해당 통신사실 확인자료제공요청사실 등 필요한 사항을 기재한 대장과 통신사실 확인자료제공요청서 등 관련자료를 소속기관에 비치하여야 한다(동조 제5항). 또한 지방법원 또는 지원은 통신사실 확인자료제공 요청허가청구를 받은 현황, 이를 허가한 현황 및 관련된 자료를 보존하여야 한다(동조 제6항). 그리고 전기통신사업자는 검사, 사법경찰관 또는 정보수사기관의 장에게 통신사실 확인자료를 제공한 때에는 자료제공현황 등을 연 2회 과학기술정보통신부장관에게 보고하고, 해당 통신사실 확인자료 제공사실등 필요한 사항을 기재한 대장과 통신사실 확인자료제공요청서등 관련자료를 통신사실확인자료를 제공한 날부터 7년간 비치하여야 한다(동조 제7항).[15]

〈참고〉 시행령 제37조(통신사실 확인자료제공의 요청 등) ① 법 제13조 제2항 본문 및 단서에서 "관할 지방법원 또는 지원"이란 피의자 또는 피내사자의 주소지·소재지, 범죄지 또는 해당 가입자의 주소지·소재지를 관할하는 지방법원 또는 지원을 말한다.
② 동일한 범죄의 수사 또는 동일인에 대한 형의 집행을 위하여 피의자 또는 피내사자가 아닌 다수의 가입자에 대하여 통신사실 확인자료제공의 요청이 필요한 경우에는 1건의 허가청구서에 의할 수 있다.
③ 범죄수사 또는 내사를 위한 통신사실 확인자료제공 요청 및 그 통지 등에 관하여는 제11조부터 제13조까지, 제17조부터 제21조까지의 규정을 준용한다. 다만, 제17조 제2항 본문의 규정은 그러하지 아니하다.
④ 국가안보를 위한 통신사실 확인자료제공 요청 및 그 통지 등에 관하여는 제5조부터 제13조까지, 제16조부터 제18조까지, 제20조 및 제21조를 준용한다. 다만, 제17조 제2항 본문의 규정은 그러하지 아니하다.
⑤ 검사, 사법경찰관 또는 정보수사기관의 장(그 위임을 받은 소속 공무원을 포함한다)은 제3항 및 제4항에서 준용하는 제12조에 따라 전기통신사업자에게 통신사실

---

15) 통신사실확인자료제공 현황 등을 과학기술정보통신부장관에게 보고하지 아니하였거나 관련자료를 비치하지 아니한 자는 3년 이하의 징역 또는 1천만 원 이하의 벌금에 처한다(제17조 제2항 제4호).

확인자료제공 요청허가서 또는 긴급 통신사실 확인자료제공 요청서 표지의 사본을 발급하거나 신분을 표시하는 증표를 제시하는 경우에는 모사전송의 방법에 의할 수 있다.

제41조(전기통신사업자의 협조의무 등) ① 법 제15조의2에 따라 전기통신사업자는 살인·인질강도 등 개인의 생명·신체에 급박한 위험이 현존하는 경우에는 통신제한조치 또는 통신사실 확인자료제공 요청이 지체없이 이루어질 수 있도록 협조하여야 한다.
② 법 제15조의2 제2항에 따른 전기통신사업자의 통신사실확인자료 보관기간은 다음 각 호의 구분에 따른 기간 이상으로 한다.
   1. 법 제2조 제11호 가목부터 라목까지 및 바목에 따른 통신사실확인자료: 12개월. 다만, 시외·시내전화역무와 관련된 자료인 경우에는 6개월로 한다.
   2. 법 제2조 제11호 마목 및 사목에 따른 통신사실확인자료: 3개월

제42조(「형사소송법」 등의 준용) 법 및 이 영에 특별한 규정이 있는 경우를 제외하고는 범죄수사를 위한 통신제한조치 및 통신사실 확인자료제공의 요청에 대하여는 그 성질에 반하지 아니하는 범위에서 「형사소송법」 또는 「형사소송규칙」의 압수·수색에 관한 규정을 준용한다.

〈판례〉 이동전화 가입자가 자신의 통화내역을 수사기관에 제공한 전기통신사업자를 상대로 통신사실 확인자료의 제공에 관한 대장, 통신사실 확인자료 제공요청서, 관할 지방검찰청 검사장의 승인을 증명하는 서면에 관하여 열람·등사를 청구할 권리가 없다(서울중앙지법 2009. 10. 13. 선고 2009가합27655 판결).

한편, 과학기술정보통신부장관은 전기통신사업자가 보고한 내용의 사실여부 및 비치하여야 하는 대장등 관련자료의 관리실태를 점검할 수 있다(동조 제8항).

다만, 이 조에서 규정된 사항 외에 범죄수사를 위한 통신사실 확인자료제공과 관련된 사항에 관하여는 제6조(제7항 및 제8항은 제외한다)를 준용한다(동조 제9항).

〈헌재결〉 수사기관이 수사의 필요성 있는 경우 전기통신사업자에게 '위치정보 추적자료'를 제공 요청할 수 있도록 한 「통신비밀보호법」 제13조 제1항 관련 부분(이하 '요청조항')과 수사 종료 후 '위치정보 추적자료'를 제공받은 사실 등을 통지하도록 한 「통신비밀보호법」 제13조의3 제1항 관련 부분(이하 '통지조항')이 헌법에 위반되는지의 여부: (1) ① 수사기관은 위치정보 추적자료를 통해 특정 시간대 정보주체의 위치 및 이동상황에 대한 정보를 취득할 수 있으므로, 위치정보 추적자료는

충분한 보호가 필요한 민감한 정보에 해당되는 점, ② 그럼에도 요청조항은 수사기관의 광범위한 위치정보 추적자료 제공요청을 허용하여 정보주체의 기본권을 과도하게 제한하고 있는 점, ③ 위치정보 추적자료의 제공요청과 관련하여서는 실시간 위치추적 또는 불특정 다수에 대한 위치추적의 경우 보충성 요건을 추가하거나 대상범죄의 경중에 따라 보충성 요건을 차등적으로 적용함으로써 수사에 지장을 초래하지 않으면서도 정보주체의 기본권을 덜 침해하는 수단이 존재하는 점, ④ 수사기관의 위치정보 추적자료 제공요청에 대해 법원의 허가를 거치도록 규정하고 있으나 '수사의 필요성'만을 그 요건으로 하고 있어 절차적 통제마저도 제대로 이루어지기 어려운 현실인 점 등을 고려할 때, 요청조항은 침해의 최소성과 법익의 균형성이 인정되지 아니한다. 따라서 요청조항은 과잉금지원칙에 반하여 개인정보자기결정권과 통신의 자유를 침해한다. (2) 통지조항은 수사가 장기간 진행되거나 기소중지결정이 있는 경우에는 정보주체에게 위치정보 추적자료 제공사실을 통지할 의무를 규정하지 아니하고, 그 밖의 경우에 제공사실을 통지받더라도 그 제공사유가 통지되지 아니하며, 수사목적을 달성한 이후 해당 자료가 파기되었는지 여부도 확인할 수 없게 되어 있어, 정보주체로서는 위치정보 추적자료와 관련된 수사기관의 권한남용에 대해 적절한 대응을 할 수 없게 되었다. 이러한 점들을 종합할 때, 통지조항은 헌법상 적법절차원칙에 위배되어 개인정보자기결정권을 침해한다. 따라서 국회가 2020. 3. 31.까지 개선입법을 하지 않으면 위 조항은 2020. 4. 1.부터 그 효력을 상실한다(헌법재판소 2018. 6. 28. 선고 2012헌마191 결정 등).

※ '위치정보 추적자료'란 「통신비밀보호법」 제2조 제11호 바목의 '정보통신망에 접속된 정보통신기기의 위치를 확인할 수 있는 발신기지국의 위치추적자료'와 사목의 '컴퓨터통신 또는 인터넷의 사용자가 정보통신망에 접속하기 위하여 사용하는 정보통신기기의 위치를 확인할 수 있는 접속지의 추적자료'를 말한다.

〈헌재결〉 수사기관이 수사의 필요성 있는 경우 '기지국수사'를 허용한 「통신비밀보호법」 제13조 제1항 관련 부분(이하 '요청조항')이 헌법에 위반되는지의 여부: ① 이 이동전화의 이용과 관련하여 필연적으로 발생하는 통신사실 확인자료는 비록 비내용적 정보이지만, 여러 정보의 결합과 분석을 통해 정보주체에 관한 정보를 유추해낼 수 있는 민감한 정보인 점, ② 수사기관의 통신사실 확인자료 제공요청에 대해 법원의 허가를 거치도록 규정하고 있으나 '수사의 필요성'만을 그 요건으로 하고 있어 제대로 된 통제가 이루어지기 어려운 현실인 점, ③ 기지국수사의 허용과 관련하여서는 유괴·납치·성폭력범죄 등 강력범죄나 국가안보를 위협하는 각종 범죄와 같이 피의자나 피해자의 통신사실 확인자료가 반드시 필요한 범죄로 그 대상을 한정하는 방안, 위 요건에 더하여 다른 방법으로는 범죄수사가 어려운 경우(보충성)를 요건으로 추가하는 방안 등을 검토함으로써 수사에 지장을 초래하지 않으면서도 불특정 다수의 기본권을 덜 침해하는 수단이 존재하는 점을 고려할 때, 이 사건 요청조항은 침해의 최소성과 법익의 균형성이 인정되지 아니한다. 따라서 요청조항은 과잉금지원칙에 반하여 개인정보자기결정권과 통신의 자유를 침해한다. 따라서 국회가 2020. 3. 31.까지 개선입법을 하지 않으면 위 조항은 2020. 4. 1.부터 그 효력을 상실한다(헌법재판소 2018. 6. 28. 선고 2012헌마538 결정).

※ '기지국수사'란 수사기관이 전기통신사업자에게 통신비밀보호법 제2조 제11호 가목의 '가입자의 전기통신일시', 나목의 '전기통신개시·종료시간', 다목의 '발·착신 통신번호 등 상대방의 가입자번호' 그리고 라목의 '사용도수'를 요청하여 제공받는 것을 말한다.

(2) 법원에의 통신사실확인자료제공

법원은 재판상 필요한 경우에는 「민사소송법」 제294조 또는 「형사소송법」 제272조의 규정에 의하여 전기통신사업자에게 통신사실확인자료제공을 요청할 수 있다(제13조의2).

(3) 범죄수사를 위한 통신사실 확인자료제공의 통지

검사 또는 사법경찰관은 통신사실 확인자료제공을 받은 사건에 관하여 다음 각 호의 구분에 따라 정한 기간 내에 통신사실 확인자료제공을 받은 사실과 제공 요청기관 및 그 기간 등을 통신사실 확인자료제공의 대상이 된 당사자에게 서면으로 통지하여야 한다(제13조의3 제1항).

1. 공소를 제기하거나, 공소제기·검찰송치를 하지 아니하는 처분(기소중지·참고인 중지 또는 수사중지 결정은 제외한다) 또는 입건을 하지 아니하는 처분을 한 경우: 그 처분을 한 날부터 30일 이내. 다만, 다음 각 목의 어느 하나에 해당하는 경우 그 통보를 받은 날부터 30일 이내
   가. 수사처검사가 「고위공직자범죄수사처 설치 및 운영에 관한 법률」 제26조 제1항에 따라 서울중앙지방검찰청 소속 검사에게 관계 서류와 증거물을 송부한 사건에 관하여 이를 처리하는 검사로부터 공소를 제기하거나 제기하지 아니하는 처분(기소중지 또는 참고인중지 결정은 제외한다)의 통보를 받은 경우
   나. 사법경찰관이 「형사소송법」 제245조의5 제1호에 따라 검사에게 송치한 사건으로서 검사로부터 공소를 제기하거나 제기하지 아니하는 처분(기소중지 또는 참고인중지 결정은 제외한다)의 통보를 받은 경우

2. 기소중지·참고인중지 또는 수사중지 결정을 한 경우: 그 결정을 한 날부터 1년(제
6조 제8항 각 호의 어느 하나에 해당하는 범죄인 경우에는 3년)이 경과한 때부터
30일 이내. 다만, 다음 각 목의 어느 하나에 해당하는 경우 그 통보를 받은 날로
부터 1년(제6조 제8항 각 호의 어느 하나에 해당하는 범죄인 경우에는 3년)이 경
과한 때부터 30일 이내
   가. 수사처검사가 「고위공직자범죄수사처 설치 및 운영에 관한 법률」 제26조 제1
      항에 따라 서울중앙지방검찰청 소속 검사에게 관계 서류와 증거물을 송부한
      사건에 관하여 이를 처리하는 검사로부터 기소중지 또는 참고인중지 결정의
      통보를 받은 경우
   나. 사법경찰관이 「형사소송법」 제245조의5 제1호에 따라 검사에게 송치한 사건
      으로서 검사로부터 기소중지 또는 참고인중지 결정의 통보를 받은 경우
3. 수사가 진행 중인 경우: 통신사실 확인자료제공을 받은 날부터 1년(제6조 제8항
   각 호의 어느 하나에 해당하는 범죄인 경우에는 3년)이 경과한 때부터 30일 이내

다만, 다음 각 호의 어느 하나에 해당하는 사유가 있는 경우에는 그 사유가
해소될 때까지 같은 항에 따른 통지를 유예할 수 있다(동조 제2항).

1. 국가의 안전보장, 공공의 안녕질서를 위태롭게 할 우려가 있는 경우
2. 피해자 또는 그 밖의 사건관계인의 생명이나 신체의 안전을 위협할 우려가 있는
   경우
3. 증거인멸, 도주, 증인 위협 등 공정한 사법절차의 진행을 방해할 우려가 있는 경우
4. 피의자, 피해자 또는 그 밖의 사건관계인의 명예나 사생활을 침해할 우려가 있는
   경우

그리고 검사 또는 사법경찰관은 통지를 유예하려는 경우에는 소명자료를 첨
부하여 미리 관할 지방검찰청 검사장의 승인을 받아야 한다. 다만, 수사처검사가
통지를 유예하려는 경우에는 소명자료를 첨부하여 미리 수사처장의 승인을 받아
야 하며(동조 제3항), 검사 또는 사법경찰관은 제2항 각 호의 사유가 해소된 때에
는 그 날부터 30일 이내에 제1항에 따른 통지를 하여야 한다(동조 제4항).

이때 검사 또는 사법경찰관으로부터 통신사실 확인자료제공을 받은 사실 등
을 통지받은 당사자는 해당 통신사실 확인자료제공을 요청한 사유를 알려주도록
서면으로 신청할 수 있고(동조 제5항), 신청을 받은 검사 또는 사법경찰관은 제2항
각 호의 어느 하나에 해당하는 경우를 제외하고는 그 신청을 받은 날부터 30일

이내에 해당 통신사실 확인자료제공 요청의 사유를 서면으로 통지하여야 한다(동조 제6항).

이들 사항 외에 통신사실 확인자료 제공을 받은 사실 등에 관하여는 제9조의 2(제3항을 제외한다)의 규정을 준용한다(동조 제7항).

(4) 국가안보를 위한 통신사실 확인자료제공의 절차 등

정보수사기관의 장은 국가안전보장에 대한 위해를 방지하기 위하여 정보수집이 필요한 경우 전기통신사업자에게 통신사실 확인자료 제공을 요청할 수 있다(제13조의4 제1항). 이때 제7조 내지 제9조 및 제9조의2 제3항·제4항·제6항의 규정은 위의 통신사실 확인자료 제공의 절차 등에 관하여 이를 준용한다. 이 경우에는 "통신제한조치"를 "통신사실 확인자료제공 요청"으로 본다(동조 제2항). 또한 통신사실확인자료의 폐기 및 관련 자료의 비치에 관하여는 제13조 제4항 및 제5항을 준용한다(동조 제3항).

(5) 비밀준수의무 및 자료의 사용 제한

비밀준수의무 및 통신제한조치로 취득한 자료의 사용제한의 규정은 제13조의 규정에 의한 통신사실 확인자료제공 및 제13조의4의 규정에 의한 통신사실 확인자료제공에 따른 비밀준수의무 및 통신사실확인자료의 사용제한에 관하여 이를 각각 준용한다(제13조의5).

> 〈참고〉 비밀준수의무(제11조) 위반에 관한 벌칙규정(제16조 제2항 제2호, 제3항, 제4항)도 그대로 적용된다.

12. 타인의 대화비밀 침해금지

누구든지 공개되지 아니한 타인간의 대화를 녹음하거나 전자장치 또는 기계적 수단을 이용하여 청취할 수 없다(제14조 제1항). 또한 제4조 내지 제8조, 제9조 제1항 전단 및 제3항, 제9조의2, 제11조 제1항·제3항·제4항 및 제12조의 규정은 위 녹음 또는 청취에 관하여 이를 적용한다(동조 제2항).

> 〈참고〉 비밀준수의무(제11조) 위반에 관한 벌칙규정(제16조 제2항 제2호, 제4항) 및
> 통신제한조치의 집행에 관한 통지(제9조의2) 위반에 관한 벌칙규정(제17조 제2항
> 제3호)도 그대로 적용된다.

13. 국회의 통제

국회의 상임위원회와 국정감사 및 조사를 위한 위원회는 필요한 경우 특정한 통신제한조치 등에 대하여는 법원행정처장, 통신제한조치를 청구하거나 신청한 기관의 장 또는 이를 집행한 기관의 장에 대하여, 감청설비에 대한 인가 또는 신고내역에 관하여는 과학기술정보통신부장관에게 보고를 요구할 수 있다(제15조 제1항). 또한 국회의 상임위원회와 국정감사 및 조사를 위한 위원회는 그 의결로 수사관서의 감청장비보유현황, 감청집행기관 또는 감청협조기관의 교환실 등 필요한 장소에 대하여 현장검증이나 조사를 실시할 수 있다. 이 경우 현장검증이나 조사에 참여한 자는 그로 인하여 알게 된 비밀을 정당한 사유없이 누설하여서는 아니된다(동조 제2항). 이때의 현장검증이나 조사는 개인의 사생활을 침해하거나 계속 중인 재판 또는 수사중인 사건의 소추에 관여할 목적으로 행사되어서는 아니된다(동조 제3항).

한편, 통신제한조치를 집행하거나 위탁받은 기관 또는 이에 협조한 기관의 중앙행정기관의 장은 국회의 상임위원회와 국정감사 및 조사를 위한 위원회의 요구가 있는 경우에는 대통령령이 정하는 바에 따라 제5조(범죄수사를 위한 통신제한조치의 허가요건) 내지 제10조(감청설비에 대한 인가기관과 인가절차)와 관련한 통신제한조치보고서를 국회에 제출하여야 한다. 다만, 정보수사기관의 장은 국회정보위원회에 제출하여야 한다(동조 제4항).

14. 전기통신사업자의 협조의무

전기통신사업자는 검사·사법경찰관 또는 정보수사기관의 장이 이 법에 따라 집행하는 통신제한조치 및 통신사실 확인자료제공의 요청에 협조하여야 한다(제15조의2 제1항). 이때 통신제한조치의 집행을 위하여 전기통신사업자가 협조할 사항, 통신사실확인자료의 보관기간 그 밖에 전기통신사업자의 협조에 관하여 필요한 사항은 대통령령(시행령 제41조 참조)으로 정한다(동조 제2항).

〈판례〉 검사 또는 수사관서의 장이 수사를 위하여 구 전기통신사업법(2010. 3. 22. 법률 제10166호로 전부 개정되기 전의 것) 제54조 제3항, 제4항에 의하여 전기통신사업자에게 통신자료의 제공을 요청하고, 이에 전기통신사업자가 위 규정에서 정한 형식적·절차적 요건을 심사하여 검사 또는 수사관서의 장에게 이용자의 통신자료를 제공하였다면, 검사 또는 수사관서의 장이 통신자료의 제공 요청 권한을 남용하여 정보주체 또는 제3자의 이익을 부당하게 침해하는 것임이 객관적으로 명백한 경우와 같은 특별한 사정이 없는 한, 이로 인하여 이용자의 개인정보자기결정권이나 익명표현의 자유 등이 위법하게 침해된 것이라고 볼 수 없다(대법원 2016. 3. 10. 선고 2012다105482 판결).

〈주의〉 제16조 및 제17조에 규정된 죄의 미수범은 처벌한다(제18조).

[탐정으로서 고려할 점]

1. 탐정업무를 함에 있어서 감청과 감청자료의 활용방법 모색: 「통신비밀보호법」상 대화자의 동의 없는 감청은 원칙적으로 불법이므로 탐정업무를 함에 있어서 적법한 감청방법을 강구하는 것은 물론, 의뢰인으로 하여금 적법하게 통신자료를 확보할 수 있는 방법을 알려줌으로써 수집된 감청자료를 법정에서 증거자료로 활용할 수 있는 방법을 모색할 필요가 있다.

2. 감청에 관한 법과 판례의 태도의 정확한 이해를 통한 탐정업무 수행: 「통신비밀보호법」은 물론, 그 적용범위에 관한 판례의 태도를 정확하게 숙지함으로써 적법한 감청방법을 통한 사실조사 자료를 획득을 도모하고, 이를 통해 탐정업무가 적법성을 갖추게 함과 동시에 수집한 각종 증거자료를 유효하게 활용할 수 있도록 할 필요가 있다.

제4장

스토킹범죄의 처벌 등에 관한 법률

제 4 장
스토킹범죄의 처벌 등에 관한 법률

동법은 2021년 4월 20일 제정(법률 제18083호, 2021. 10. 21. 시행)되어 현재에 이르고 있다. 동법은 전문 21개조, 부칙으로 구성되어 있다.

제1장	총칙	제1조 – 제2조
제2장	스토킹범죄 등의 처리절차	제3조 – 제17조
제3장	벌칙	제18조 – 제21조
부칙		

제 1 절 총칙

1. 목적

이 법은 스토킹범죄의 처벌 및 그 절차에 관한 특례와 스토킹범죄 피해자에 대한 보호절차를 규정함으로써 피해자를 보호하고 건강한 사회질서의 확립에 이바지함을 목적으로 한다(제1조).

2. 용어의 정의

이 법에서 사용하는 용어의 뜻은 다음과 같다(제2조).

용 어	정 의
스토킹행위 (제1호)	상대방의 의사에 반(反)하여 정당한 이유 없이 상대방 또는 그의 동거인, 가족에 대하여 다음 각 목의 어느 하나에 해당하는 행위를 하여 상대방에게 불안감 또는 공포심을 일으키는 것을 말한다. 가. 접근하거나 따라다니거나 진로를 막아서는 행위 나. 주거, 직장, 학교, 그 밖에 일상적으로 생활하는 장소(이하 "주거등"이라 한다) 또는 그 부근에서 기다리거나 지켜보는 행위 다. 우편·전화·팩스 또는 「정보통신망 이용촉진 및 정보보호 등에 관한 법률」 제2조 제1항 제1호의 정보통신망을 이용하여 물건이나 글·말·부호·음향·그림·영상·화상(이하 "물건등"이라 한다)을 도달하게 하는 행위 라. 직접 또는 제3자를 통하여 물건등을 도달하게 하거나 주거등 또는 그 부근에 물건등을 두는 행위 마. 주거등 또는 그 부근에 놓여져 있는 물건등을 훼손하는 행위
스토킹범죄(제2호)	지속적 또는 반복적으로 스토킹행위를 하는 것을 말한다.
피해자(제3호)	스토킹범죄로 직접적인 피해를 입은 사람을 말한다.
피해자등(제4호)	피해자 및 스토킹행위의 상대방을 말한다.

제2절 스토킹범죄 등의 처리절차

1. 스토킹행위 신고 등에 대한 응급조치

사법경찰관리는 진행 중인 스토킹행위에 대하여 신고를 받은 경우 즉시 현장에 나가 다음 각 호의 조치를 하여야 한다(제3조).

> 1. 스토킹행위의 제지, 향후 스토킹행위의 중단 통보 및 스토킹행위를 지속적 또는 반복적으로 할 경우 처벌 경고
> 2. 스토킹행위자와 피해자등의 분리 및 범죄수사

3. 피해자등에 대한 긴급응급조치 및 잠정조치 요청의 절차 등 안내
4. 스토킹 피해 관련 상담소 또는 보호시설로의 피해자등 인도(피해자등이 동의한 경우만 해당한다)

2. 긴급응급조치의 내용

(1) 긴급응급조치

사법경찰관은 스토킹행위 신고와 관련하여 스토킹행위가 지속적 또는 반복적으로 행하여질 우려가 있고 스토킹범죄의 예방을 위하여 긴급을 요하는 경우 스토킹행위자에게 직권으로 또는 스토킹행위의 상대방이나 그 법정대리인 또는 스토킹행위를 신고한 사람의 요청에 의하여 다음 각 호에 따른 조치를 할 수 있다(제4조 제1항).

1. 스토킹행위의 상대방이나 그 주거등으로부터 100미터 이내의 접근 금지
2. 스토킹행위의 상대방에 대한 「전기통신기본법」 제2조 제1호의 전기통신을 이용한 접근 금지

또한 사법경찰관은 위의 조치(이하 "긴급응급조치"라 한다)를 하였을 때에는 즉시 스토킹행위의 요지, 긴급응급조치가 필요한 사유, 긴급응급조치의 내용 등이 포함된 긴급응급조치결정서를 작성하여야 한다(동조 제2항).

(2) 승인 신청

사법경찰관은 긴급응급조치를 하였을 때에는 지체 없이 검사에게 해당 긴급응급조치에 대한 사후승인을 지방법원 판사에게 청구하여 줄 것을 신청하여야 하며(제5조 제1항), 신청을 받은 검사는 긴급응급조치가 있었던 때부터 48시간 이내에 지방법원 판사에게 해당 긴급응급조치에 대한 사후승인을 청구한다. 이 경우 긴급응급조치결정서를 첨부하여야 한다(동조 제2항). 그리고 지방법원 판사는 스토킹행위가 지속적 또는 반복적으로 행하여지는 것을 예방하기 위하여 필요하다고 인정하는 경우에는 청구된 긴급응급조치를 승인할 수 있다(동조 제3항).

이때 사법경찰관은 검사가 긴급응급조치에 대한 사후승인을 청구하지 아니

하거나 지방법원 판사가 제2항의 청구에 대하여 사후승인을 하지 아니한 때에는 즉시 그 긴급응급조치를 취소하여야 한다(동조 제4항). 이러한 긴급응급조치기간은 1개월을 초과할 수 없다(동조 제5항).

(3) 긴급응급조치의 통지와 고지

사법경찰관은 긴급응급조치를 하는 경우에는 스토킹행위의 상대방이나 그 법정대리인에게 통지하여야 한다(제6조 제1항). 또한 사법경찰관은 긴급응급조치를 하는 경우에는 해당 긴급응급조치의 대상자(이하 "긴급응급조치대상자"라 한다)에게 조치의 내용 및 불복방법 등을 고지하여야 한다(동조 제2항).

(4) 긴급응급조치의 변경 등

긴급응급조치대상자나 그 법정대리인은 긴급응급조치의 취소 또는 그 종류의 변경을 사법경찰관에게 신청할 수 있다(제7조 제1항). 또한 스토킹행위의 상대방이나 그 법정대리인은 제4조 제1항 제1호의 긴급응급조치가 있은 후 스토킹행위의 상대방이 주거등을 옮긴 경우에는 사법경찰관에게 긴급응급조치의 변경을 신청할 수 있다(동조 제2항).

그러나 스토킹행위의 상대방이나 그 법정대리인은 긴급응급조치가 필요하지 아니한 경우에는 사법경찰관에게 해당 긴급응급조치의 취소를 신청할 수 있다(동조 제3항). 이때 사법경찰관은 정당한 이유가 있다고 인정하는 경우에는 직권으로 또는 위의 신청에 의하여 해당 긴급응급조치를 취소할 수 있고, 지방법원 판사의 승인을 받아 긴급응급조치의 종류를 변경할 수 있다(동조 제4항). 다만, 긴급응급조치(제4항에 따라 그 종류를 변경한 경우를 포함한다. 이하 이 항에서 같다)는 다음 각 호의 어느 하나에 해당하는 때에 그 효력을 상실한다(동조 제5항).

---

1. 긴급응급조치에서 정한 기간이 지난 때
2. 법원이 긴급응급조치대상자에게 다음 각 목의 결정을 한 때
   가. 제4조 제1항 제1호의 긴급응급조치에 따른 스토킹행위의 상대방과 같은 사람을 피해자로 하는 제9조 제1항 제2호에 따른 조치의 결정
   나. 제4조 제1항 제1호의 긴급응급조치에 따른 주거등과 같은 장소를 피해자(스토킹행위의 상대방과 같은 사람을 피해자로 하는 경우로 한정한다)의 주거등

으로 하는 제9조 제1항 제2호에 따른 조치의 결정

다. 제4조 제1항 제2호의 긴급응급조치에 따른 스토킹행위의 상대방과 같은 사람을 피해자로 하는 제9조 제1항 제3호에 따른 조치의 결정

3. 잠정조치의 내용

(1) 잠정조치의 청구

검사는 스토킹범죄가 재발될 우려가 있다고 인정하면 직권 또는 사법경찰관의 신청에 따라 법원에 제9조 제1항의 잠정조치를 청구할 수 있다(제8조 제1항). 이때 피해자 또는 그 법정대리인은 검사 또는 사법경찰관에게 잠정조치의 청구 또는 그 신청을 요청하거나, 이에 관하여 의견을 진술할 수 있다(동조 제2항). 사법경찰관은 신청 요청을 받고도 신청을 하지 아니하는 경우에는 검사에게 그 사유를 보고하여야 한다(동조 제3항).

(2) 스토킹행위자에 대한 잠정조치

법원은 스토킹범죄의 원활한 조사·심리 또는 피해자 보호를 위하여 필요하다고 인정하는 경우에는 결정으로 스토킹행위자에게 다음 각 호의 어느 하나에 해당하는 조치(이하 "잠정조치"라 한다)를 할 수 있으며(제9조 제1항), 각 호의 잠정조치는 병과(倂科)할 수 있다(동조 제2항).

1. 피해자에 대한 스토킹범죄 중단에 관한 서면 경고
2. 피해자나 그 주거등으로부터 100미터 이내의 접근 금지
3. 피해자에 대한 「전기통신기본법」 제2조 제1호의 전기통신을 이용한 접근 금지
4. 국가경찰관서의 유치장 또는 구치소에의 유치

그리고 위의 제2호 및 제3호에 따른 잠정조치기간은 2개월, 같은 항 제4호에 따른 잠정조치기간은 1개월을 초과할 수 없다. 다만, 법원은 피해자의 보호를 위하여 그 기간을 연장할 필요가 있다고 인정하는 경우에는 결정으로 제2호 및 제3호에 따른 잠정조치에 대하여 두 차례에 한정하여 각 2개월의 범위에서 연장할 수 있다(동조 제5항).

법원은 잠정조치를 결정한 경우에는 검사와 피해자 및 그 법정대리인에게 통지하여야 한다(동조 제3항). 또한 법원은 위의 제4호에 따른 잠정조치를 한 경우에는 스토킹행위자에게 변호인을 선임할 수 있다는 것과 제12조에 따라 항고할 수 있다는 것을 고지하고, 다음 각 호의 구분에 따른 사람에게 해당 잠정조치를 한 사실을 통지하여야 한다(동조 제4항).

---

1. 스토킹행위자에게 변호인이 있는 경우: 변호인
2. 스토킹행위자에게 변호인이 없는 경우: 법정대리인 또는 스토킹행위자가 지정하는 사람

※「전기통신기본법」제2조 제1호의 "전기통신"이라 함은 유선·무선·광선 및 기타의 전자적 방식에 의하여 부호·문언·음향 또는 영상을 송신하거나 수신하는 것을 말한다.

(3) 잠정조치의 집행 등

법원은 잠정조치 결정을 한 경우에는 법원공무원, 사법경찰관리 또는 구치소 소속 교정직공무원으로 하여금 집행하게 할 수 있다(제10조 제1항). 이때 잠정조치 결정을 집행하는 사람은 스토킹행위자에게 잠정조치의 내용, 불복방법 등을 고지하여야 한다(동조 제2항). 또한 피해자 또는 그 법정대리인은 피해자나 그 주거등으로부터 100미터 이내의 접근 금지의 잠정조치 결정이 있은 후 피해자가 주거등을 옮긴 경우에는 법원에 잠정조치 결정의 변경을 신청할 수 있다(동조 제3항).

(4) 잠정조치의 변경 등

스토킹행위자나 그 법정대리인은 잠정조치 결정의 취소 또는 그 종류의 변경을 법원에 신청할 수 있다(제11조 제1항). 또한 검사는 수사 또는 공판과정에서 잠정조치가 계속 필요하다고 인정하는 경우에는 법원에 해당 잠정조치기간의 연장 또는 그 종류의 변경을 청구할 수 있고, 잠정조치가 필요하지 아니하다고 인정하는 경우에는 법원에 해당 잠정조치의 취소를 청구할 수 있다(동조 제2항). 이때 법원은 정당한 이유가 있다고 인정하는 경우에는 직권 또는 제1항의 신청이나 제2

항의 청구에 의하여 결정으로 해당 잠정조치의 취소, 기간의 연장 또는 그 종류의 변경을 할 수 있다(동조 제3항).

잠정조치 결정(제3항에 따라 잠정조치기간을 연장하거나 그 종류를 변경하는 결정을 포함한다. 이하 제12조 및 제14조에서 같다)은 스토킹행위자에 대해 검사가 불기소처분을 한 때 또는 사법경찰관이 불송치결정을 한 때에 그 효력을 상실한다(동조 제4항).

4. 긴급응급조치 또는 잠정조치에 대한 불복방법

(1) 항고

검사, 스토킹행위자 또는 그 법정대리인은 긴급응급조치 또는 잠정조치에 대한 결정이 다음 각 호의 어느 하나에 해당하는 경우에는 항고할 수 있다(제12조 제1항). 이때 항고는 그 결정을 고지받은 날부터 7일 이내에 하여야 한다(동조 제2항).

---

1. 해당 결정에 영향을 미친 법령의 위반이 있거나 중대한 사실의 오인이 있는 경우
2. 해당 결정이 현저히 부당한 경우

---

(2) 항고장의 제출

항고를 할 때에는 원심법원에 항고장을 제출하여야 한다(제13조 제1항). 이때 항고장을 받은 법원은 3일 이내에 의견서를 첨부하여 기록을 항고법원에 보내야 한다(동조 제2항).

(3) 항고의 재판

항고법원은 항고의 절차가 법률에 위반되거나 항고가 이유 없다고 인정하는 경우에는 결정으로 항고를 기각(棄却)하여야 한다(제14조 제1항). 그러나 항고법원은 항고가 이유 있다고 인정하는 경우에는 원결정(原決定)을 취소하고 사건을 원심법원에 환송하거나 다른 관할법원에 이송하여야 한다. 다만, 환송 또는 이송하기에 급박하거나 그 밖에 필요하다고 인정할 때에는 원결정을 파기하고 스스로 적절한 잠정조치 결정을 할 수 있다(동조 제2항).

(4) 재항고

항고의 기각 결정에 대해서는 그 결정이 법령에 위반된 경우에만 대법원에 재항고를 할 수 있다(제15조 제1항). 이에 따른 재항고의 기간, 재항고장의 제출 및 재항고의 재판에 관하여는 제12조 제2항, 제13조 및 제14조를 준용한다(동조 제2항).

〈**참고**〉 시행령 제3조(민감정보 및 고유식별정보의 처리) ① 검사 또는 사법경찰관리는 다음 각 호의 사무(그 사무를 수행하기 위하여 부수적으로 필요한 사무를 포함한다)를 수행하기 위하여 불가피한 경우 「개인정보 보호법」 제23조에 따른 건강 및 성생활에 관한 정보, 같은 법 시행령 제18조 제1호에 따른 유전정보, 같은 조 제2호에 따른 범죄경력자료에 해당하는 정보 및 같은 영 제19조에 따른 주민등록번호, 여권번호, 운전면허의 면허번호 또는 외국인등록번호가 포함된 자료를 처리할 수 있다.
1. 법 제3조에 따른 응급조치에 관한 사무
2. 법 제4조에 따른 긴급응급조치에 관한 사무
3. 법 제5조에 따른 긴급응급조치의 승인 신청 및 청구에 관한 사무
4. 법 제7조에 따른 긴급응급조치의 변경에 관한 사무
5. 법 제8조에 따른 잠정조치의 신청 및 청구에 관한 사무
6. 법 제11조 제2항에 따른 잠정조치의 변경 등 청구에 관한 사무
7. 법 제12조 또는 제15조에 따른 항고 또는 재항고에 관한 사무
② 사법경찰관은 법 제6조에 따른 긴급응급조치의 통지 및 고지에 관한 사무(그 사무를 수행하기 위하여 부수적으로 필요한 사무를 포함한다)를 수행하기 위하여 불가피한 경우 「개인정보 보호법 시행령」 제19조에 따른 주민등록번호, 여권번호, 운전면허의 면허번호 또는 외국인등록번호가 포함된 자료를 처리할 수 있다.
③ 보호관찰소의 장, 교정시설의 장 또는 보호관찰관은 법 제19조에 따른 수강명령 또는 이수명령의 집행에 관한 사무(그 사무를 수행하기 위하여 부수적으로 필요한 사무를 포함한다)를 수행하기 위하여 불가피한 경우 「개인정보 보호법」 제23조에 따른 건강에 관한 정보, 같은 법 시행령 제18조 제2호에 따른 범죄경력자료에 해당하는 정보 및 같은 영 제19조에 따른 주민등록번호, 여권번호, 운전면허의 면허번호 또는 외국인등록번호가 포함된 자료를 처리할 수 있다.

---

5. 집행의 부정지

항고와 재항고는 결정의 집행을 정지하는 효력이 없다(제16조).

6. 스토킹범죄의 피해자에 대한 전담조사제

검찰총장은 각 지방검찰청 검사장에게 스토킹범죄 전담 검사를 지정하도록 하여 특별한 사정이 없으면 스토킹범죄 전담 검사가 피해자를 조사하게 하여야 한다(제17조 제1항). 반면 경찰관서의 장(국가수사본부장, 시·도경찰청장 및 경찰서장을 의미한다. 이하 같다)은 스토킹범죄 전담 사법경찰관을 지정하여 특별한 사정이 없으면 스토킹범죄 전담 사법경찰관이 피해자를 조사하게 하여야 한다(동조 제2항).

이때 검찰총장 및 경찰관서의 장은 스토킹범죄 전담 검사 및 스토킹범죄 전담 사법경찰관에게 스토킹범죄의 수사에 필요한 전문지식과 피해자 보호를 위한 수사방법 및 수사절차 등에 관한 교육을 실시하여야 한다(동조 제3항).

제 3 절 벌칙

1. 스토킹범죄

스토킹범죄를 저지른 사람은 3년 이하의 징역 또는 3천만원 이하의 벌금에 처한다(제18조 제1항). 다만, 스토킹범죄는 피해자가 구체적으로 밝힌 의사에 반하여 공소를 제기할 수 없다(동조 제3항). 또한 흉기 또는 그 밖의 위험한 물건을 휴대하거나 이용하여 스토킹범죄를 저지른 사람은 5년 이하의 징역 또는 5천만원 이하의 벌금에 처한다(동조 제2항).

〈사례 1〉A가 2022년 1월에 탐정 B에게 A의 배우자 C의 부정행위 등을 조사해 달라는 의뢰를 하였다. 탐정 B는 A의 의뢰에 따라 2022년 2월 20일부터 2월 21일까지 2일 동안 A의 배우자 C를 미행하였고, 이러한 사실행위로 인하여 탐정 B는 C를 미행한 혐의를 받았다.

이러한 사례에서 탐정 B는 부정행위에 대한 사실조사로서 「형법」 제20조 정당행위를 주장하였으나, 피해자 C를 이틀 동안 미행한 점이나 C의 영업장은 물론 주거지의 주차장 및 식당까지 미행한 점을 고려해 보았을 때 정당한 사실조사의 한계를 넘은 것으로 판단하였으며, 의뢰인 A 또한 탐정 B의 보고를 받고 피해자 C

가 불안감을 느끼는 사실을 알고 있었다는 점을 들어 탐정 B의 미행행위와 의뢰인 A의 의뢰행위는 스토킹범죄에 해당한다.

〈사례 2〉온라인 게임을 통해 알게 된 피해자 B씨와 만남을 이어오던 가해자 A씨는 교제 5개월 만에 이별을 통보받았다. 그러나 A씨는 B씨의 가족을 향해 "염산 뿌려도 괜찮은 거지?"라고 협박을 하는 등 A에게 "너 아직도 나 좋아하잖아. 아닌 척 구역질 나" 등의 내용이 담긴 메시지를 700회 이상 전송하고, 통화를 시도하였다. 그뿐만 아니라 B씨가 자신의 전화를 피하자 B씨의 주거지로 찾아가 B씨의 머리를 폭행하고 B씨의 소유 차량을 발로 차는 등의 행위를 하여 공포심과 불안감을 느끼게 한 것은 스토킹범죄에 해당하게 된다.

2. 형벌과 수강명령 등의 병과

법원은 스토킹범죄를 저지른 사람에 대하여 유죄판결(선고유예는 제외한다)을 선고하거나 약식명령을 고지하는 경우에는 200시간의 범위에서 다음 각 호의 구분에 따라 재범 예방에 필요한 수강명령(「보호관찰 등에 관한 법률」에 따른 수강명령을 말한다. 이하 같다) 또는 스토킹 치료프로그램의 이수명령을 병과할 수 있다(제19조 제1항).

1. 수강명령: 형의 집행을 유예할 경우에 그 집행유예기간 내에서 병과
2. 이수명령: 벌금형 또는 징역형의 실형을 선고하거나 약식명령을 고지할 경우에 병과

위의 수강명령 또는 이수명령의 내용은 다음 각 호와 같다(동조 제3항).

1. 스토킹 행동의 진단·상담
2. 건전한 사회질서와 인권에 관한 교육
3. 그 밖에 스토킹범죄를 저지른 사람의 재범 예방을 위하여 필요한 사항

또한 수강명령 또는 이수명령은 다음 각 호의 구분에 따라 각각 집행한다(동조 제4항).

1. 형의 집행을 유예할 경우: 그 집행유예기간 내
2. 벌금형을 선고하거나 약식명령을 고지할 경우: 형 확정일부터 6개월 이내
3. 징역형의 실형을 선고할 경우: 형기 내

법원은 스토킹범죄를 저지른 사람에 대하여 형의 집행을 유예하는 경우에는 위의 수강명령 외에 그 집행유예기간 내에서 보호관찰 또는 사회봉사 중 하나 이상의 처분을 병과할 수 있다(동조 제2항). 그리고 수강명령 또는 이수명령이 벌금형 또는 형의 집행유예와 병과된 경우에는 보호관찰소의 장이 집행하고, 징역형의 실형과 병과된 경우에는 교정시설의 장이 집행한다. 다만, 징역형의 실형과 병과된 이수명령을 모두 이행하기 전에 석방 또는 가석방되거나 미결구금일수 산입 등의 사유로 형을 집행할 수 없게 된 경우에는 보호관찰소의 장이 남은 이수명령을 집행한다(동조 제5항). 이때 형벌에 병과하는 보호관찰, 사회봉사, 수강명령 또는 이수명령에 관하여 이 법에서 규정한 사항 외에는 「보호관찰 등에 관한 법률」을 준용한다(동조 제6항).

〈판례 1〉 피고인은 2021. 2.경 대구 남구에 있는 E호텔에서 근무하게 되면서 호텔 대표인 피해자 D(남, 46세), 직장 동료인 피해자 L(여, 22세), F(여, 26세)를 알게 되었다. 피고인은 2021. 8.경까지 피해자 D, 피해자 F 등에게 돈을 빌린 것을 비롯하여 사채업자 등으로부터 많은 채무를 부담하게 되자 이를 갚지 않고 연락이 두절되었다가, 2021. 10. 초순경부터 위 호텔과 피해자들을 상대로 연락하여 돈을 달라거나 합의를 해 달라고 요구하였고, 피고인의 사채업자가 위 호텔과 피해자들의 개인 전화로 연락하여 피고인의 소재를 묻는 등으로 인해 피해자들은 피고인의 연락을 회피하고 있는 상황이었다.
　　피고인은 피해자 D에게 2021. 10. 27. 08:14경 장소를 알 수 없는 곳에서 휴대전화 어플리케이션 카카오톡을 이용하여 피해자에게 "그리고 사장님 이전 회사에도 제가 이런 실수를 해서 징역을 가게 되었는데 그때도 인사팀에서 구치소까지 와서 도장 받아갔습니다. 사장님, 염치없는 부탁인 거 압니다. 급여처리 좀 해 주실 수 있으실까요"라는 메시지를 보낸 것을 비롯하여 그때부터 2021. 11. 15. 13:20경까지 피해자의 의사에 반하여 정당한 이유 없이 92회에 걸쳐 우편·전화 또는 정보통신망을 이용하여 글·말·음향·그림·화상을 도달하게 하고, 2회에 걸쳐 피해자에게 접근하거나 피해자의 직장에서 피해자를 기다리거나 지켜보는 행위를 하는 등의 지속적이고 반복적인 행위를 통해 피해자에게 불안감 또는 공포심을 일으키게 하였다.

그리고 피해자 L에게 같은 날 09:52경 장소를 알 수 없는 곳에서 휴대전화 어플리케이션 카카오톡을 이용하여 피해자에게 "○○씨 미안한데 내가 진짜 개쓰레긴데 ○○씨한테 이자로 준 30 중에 반틈만 돌려줄 수 있겠어요? 내가 오늘 진짜 궁지에 몰려서 그래요 미안해요 다시 줄 수 있으면 줄게요 다신 연락 안 할테니 그것만 부탁해요"라는 메시지를 보낸 것을 비롯하여 그때부터 2021. 11. 12. 16:00경까지 피해자의 의사에 반하여 정당한 이유 없이 46회에 걸쳐 우편·전화 또는 정보통신망을 이용하여 물건이나 글·말·음향을 도달하게 하고, 2회에 걸쳐 피해자에게 접근하거나 피해자의 직장에서 피해자를 기다리거나 지켜보는 행위를 하는 등의 지속적이고 반복적인 행위를 통해 피해자에게 불안감 또는 공포심을 일으키게 하였다.

또한 피해자 F에게 2021. 10. 21. 13:51경 장소를 알 수 없는 곳에서 피고인이 사용하는 010-XXXX-XXXX 휴대전화를 이용하여 피해자에게 전화를 걸어 통화한 것을 비롯하여 그때부터 2022. 1. 16.경까지 피해자의 의사에 반하여 정당한 이유 없이 44회에 걸쳐 우편·전화 또는 정보통신망을 이용하여 물건이나 글·말·음향·화상을 도달하게 하고, 2회에 걸쳐 피해자에게 접근하거나 피해자의 직장에서 피해자를 기다리거나 지켜보는 행위를 하는 등의 지속적이고 반복적인 행위를 통해 피해자에게 불안감 또는 공포심을 일으키게 하였다.

이에 대해 법원은 피고인에게 80시간의 스토킹 치료프로그램 이수를 명하였다(대구지방법원 2022. 5. 26. 선고 2022고단1387 판결).

〈판례 2〉 피고인 A는 피해자 B(여, 35세)와 2022. 2.경부터 2022. 4. 14.경까지 교제하였던 전 연인관계이다. 피고인 A는 2022. 4. 28. 02:55경 피해자의 주거지에 이르러, "문 열어라. 잠깐만 앉아 있다가 갈게. 이건 아니잖아. XX 내가 무슨 짓 했나. 빨리 문 열어라"라고 큰 소리로 말하며, 피해자의 주거지 현관문을 수 회 두드린 것을 비롯하여 그때부터 2022. 5. 17. 10:30경까지 총 131회에 걸쳐 피해자의 의사에 반하여 정당한 이유 없이 피해자의 주거에서 기다리거나 지켜보는 등의 행위를 하여 피해자에게 불안감 또는 공포심을 일으켰다. 이로써 피고인은 지속적 또는 반복적으로 스토킹행위를 하여 스토킹범죄를 저질렀다. 이에 대해 피고인 A에게 40시간의 스토킹 재범예방에 필요한 상담 및 교육 등의 수강을 명하였다(대구지방법원 2022. 8. 26. 선고 2022고단1982 판결).

〈판례 3〉 도시가스 검침원을 따라 피해자의 원룸 호실로 들어가 휴대전화번호를 알아낸 뒤 여러 차례 문자메시지를 보내거나 전화를 하고, 피해자의 집을 찾아가 문을 두드려 지속적 또는 반복적으로 피해자의 의사에 반하여 피해자에게 접근하고 정보통신망을 이용하여 글과 음향을 도달하게 하여 불안감 또는 공포심을 일으키게 하는 스토킹행위를 한 사안이다.

이에 대해 법원은 피고인의 행위로 피해자가 상당한 두려움을 느꼈을 것으로 보이는 점, 누범기간 중 이 사건 범행을 한 점 등을 이유로 징역 6개월 및 40시간 스토킹 치료프로그램의 이수를 명하였다(부산지방법원 2022. 6. 23. 선고 2022노 1113 판결).

〈**판례 4**〉 피고인은 피해자 B(여, 59세)가 운영하는 인천 강화군 C 'D주점'에 손님으로 방문했다가 피해자를 알게 된 후 피해자가 피고인의 연락을 받지 않고 위 주점에서 외상을 잘 해주지 않자, 2021. 10. 21.부터 2021. 11. 2.까지 사이에 피해자의 주거지인 인천 강화군 E 부근으로 피해자를 찾아가 기다리고, 2021. 11. 4. 20:45 경 위 주점에 찾아갔으며, 2021. 10. 1.부터 2021. 11. 4.까지 총 64회에 걸쳐 피해자의 휴대전화로 전화를 걸었다. 이로써 피고인은 피해자에 대하여 접근하거나 따라다니거나 전화를 걸어 피해자에게 불안감 또는 공포심을 일으켜 지속적 또는 반복적으로 스토킹행위를 하였다.

피고인은 위와 같이 스토킹범죄를 저질러 2021. 11. 12. 인천지방법원으로부터 피해자에 대한 스토킹범죄를 중단하고, 2021. 12. 11.까지 피해자의 주거 등으로부터 100미터 이내에 접근하지 말며, 피해자의 휴대전화로 유선·무선·광선 및 기타의 전자적 방식에 의하여 부호·문언·음향 또는 영상을 송신하지 말 것을 내용으로 하는 잠정조치 결정을 받았다. 그럼에도 피고인은 2021. 11. 14. 21:00경 위 1 항 기재 피해자 운영의 'D주점'에 찾아가 잠정조치 결정을 위반한 것을 비롯하여, 그때부터 2021. 11. 23.까지 7회에 걸쳐 피해자의 주거 등에 접근하고, 7회에 걸쳐 피해자의 휴대전화로 전화를 걸어 잠정조치 결정을 위반하였다.

그 뿐만 아니라 피고인은 2021. 7.부터 2021. 8.까지 사이 피해자 운영의 'D주점'에서 피해자가 외상을 해주지 않는다는 이유로 화가 나 휴대폰으로 피해자의 머리를 때리려고 하면서, 휴지통과 플라스틱 소재의 재떨이를 피해자에게 집어던져 피해자를 폭행하였다. 그리고 피고인은 2021. 10. 19. 22:00경부터 22:24경까지 사이에 피해자 운영의 'D주점'에서 피해자가 다른 남자 손님과 이야기하는 것에 불만을 품고 오른손으로 피해자의 오른손을 때리고, 피해자로부터 "오빠 그냥 가"라는 말을 듣자 화가 나 발로 피해자의 오른쪽 무릎을 1회 걷어차 폭행하였다. 피고인은 2021. 11. 4. 20:45경 위 1항 기재 피해자 운영의 'D주점' 앞 계단에서 피해자가 외상을 해주지 않는다는 이유로 화가 나 손바닥으로 피해자의 얼굴을 1회 때려 폭행하였다.

이러한 사안에서 법원은 피고인에게 징역 1년 6월과 40시간의 스토킹 치료프로그램 이수를 명하였다(인천지방법원 2022. 4. 22. 선고 2021고합956 판결).

3. 잠정조치의 불이행죄

피해자나 그 주거등으로부터 100미터 이내의 접근 금지 또는 피해자에 대한

「전기통신기본법」제2조 제1호의 전기통신을 이용한 접근 금지의 잠정조치를 이행하지 아니한 사람은 2년 이하의 징역 또는 2천만원 이하의 벌금에 처한다.

4. 과태료

정당한 사유 없이 긴급응급조치(검사가 제5조 제2항에 따른 긴급응급조치에 대한 사후승인을 청구하지 아니하거나 지방법원 판사가 같은 조 제3항에 따른 승인을 하지 아니한 경우는 제외한다)를 이행하지 아니한 사람에게는 1천만원 이하의 과태료를 부과한다(제21조 제1항).

또한 제19조 제1항에 따라 수강명령 또는 이수명령을 부과받은 후 정당한 사유 없이 보호관찰소의 장 또는 교정시설의 장의 수강명령 또는 이수명령 이행에 관한 지시에 불응하여 「보호관찰 등에 관한 법률」 또는 「형의 집행 및 수용자의 처우에 관한 법률」에 따른 경고를 받은 후 다시 정당한 사유 없이 수강명령 또는 이수명령 이행에 관한 지시에 불응한 사람에게는 500만원 이하의 과태료를 부과한다(동조 제2항).

이때 과태료는 대통령령(시행령 제4조 참조)으로 정하는 바에 따라 관계 행정기관의 장이 부과·징수한다(동조 제3항).

[탐정으로서 고려할 점]

1. 「스토킹범죄의 처벌 등에 관한 법률」에 따른 탐정활동의 한계: 탐정의 주된 업무는 사실조사와 정보수집이고, 이를 위하여 잠복, 미행, 추적, 사진촬영 등 다양한 활동이 요구된다. 하지만 이러한 행위가 조사대상자에 대하여 지속적이고 반복적으로 이루어질 경우 스토킹처벌법(제2조)에 해당되어 형사처벌될 우려가 증가하고 있다. 따라서 탐정업무가 대인적 활동을 내용으로 할 경우 스토킹처벌법에 저촉되지 않도록 하기 위하여 스토킹처벌법상 금지되는 행위와 처벌에 대한 규정내용을 정확히 이해할 필요가 있다.

2. 탐정업무의 스토킹범죄 관련분야로 확대: 스토킹범죄의 피해자는 가해자가 누구인지 명확하게 알고 있을 경우에는 경찰 등 공적 기관의 도움을 받기가 쉽다. 하지만 스토킹범죄자가 누구인지 명확하게 알지 못하는 경우는 물론, 피해

자가 스토킹을 당하는 경우에도 증거확보 및 수집의 어려움으로 인해 경찰의 보호를 받거나 범죄자의 고소 등 형사처벌을 요구하기도 쉽지 않다. 따라서 스토킹범죄가 늘어나고 있는 현상황에서 탐정이 스토킹범죄로부터 피해자의 보호를 꾀함과 동시에 관련 증거를 수집하는 방법 등에 관한 업무의 전문성을 갖추게 되면 새로운 업무영역이 될 수도 있을 것이다.

제 5 장

위치정보의 보호 및 이용 등에 관한 법률

동법은 2005년 1월 27일 제정(법률 제7372호, 2005. 6. 28. 시행)된 후, 수차례의 개정을 거쳐 현재에 이르고 있다. 동법은 전문 43개조, 부칙으로 구성되어 있다(법률 제18517호, 2021. 10. 19. 일부개정, 시행 2022. 4. 20.).

제1장	총칙		제1조 – 제4조
제2장	위치정보사업의 허가 등		제5조 – 제14조
제3장	위치정보의 보호	제1절 통칙	제15조 – 제17조의2
		제2절 개인위치정보의 보호	제18조 – 제23조
		제3절 개인위치정보주체 등의 권리	제24조 – 제28조
제4장	긴급구조를 위한 개인위치정보 이용		제29조 – 제32조
제5장	위치정보의 이용기반 조성 등		제33조 – 제35조의2
제5장의2	보칙		제36조 – 제38조의3
제6장	벌칙		제39조 – 제43조
부칙			

제1절 총칙

1. 목적

이 법은 위치정보의 유출·오용 및 남용으로부터 사생활의 비밀 등을 보호하고 위치정보의 안전한 이용환경을 조성하여 위치정보의 이용을 활성화함으로써 국민생활의 향상과 공공복리의 증진에 이바지함을 목적으로 한다(제1조).

2. 용어의 정의

이 법에서 사용하는 용어의 정의는 다음과 같다(제2조).

용 어	정 의
위치정보 (제1호)	이동성이 있는 물건 또는 개인이 특정한 시간에 존재하거나 존재하였던 장소에 관한 정보로서 「전기통신사업법」 제2조 제2호 및 제3호에 따른 전기통신설비 및 전기통신회선설비를 이용하여 측위(測位)된 것을 말한다.
개인위치정보 (제2호)	특정 개인의 위치정보(위치정보만으로는 특정 개인의 위치를 알 수 없는 경우에도 다른 정보와 용이하게 결합하여 특정 개인의 위치를 알수 있는 것을 포함한다)를 말한다.
개인위치정보주체 (제3호)	개인위치정보에 의하여 식별되는 자를 말한다.
위치정보 수집사실 확인자료 (제4호)	위치정보의 수집요청인, 수집일시 및 수집방법에 관한 자료(위치정보는 제외한다)를 말한다.
위치정보 이용·제공사실 확인자료 (제5호)	위치정보를 제공받는 자, 취득경로, 이용·제공일시 및 이용·제공방법에 관한 자료(위치정보는 제외한다)를 말한다.
위치정보사업 (제6호)	위치정보를 수집하여 위치기반서비스사업을 하는 자에게 제공하는 것을 사업으로 영위하는 것을 말한다.
위치기반서비스사업 (제7호)	위치정보를 이용한 서비스(이하 "위치기반서비스"라 한다)를 제공하는 것을 사업으로 영위하는 것을 말한다.

위치정보시스템 (제8호)	위치정보사업 및 위치기반서비스사업을 위하여 「정보통신망 이용촉진 및 정보보호 등에 관한 법률」제2조 제1항 제1호에 따른 정보통신망을 통하여 위치정보를 수집·저장·분석·이용 및 제공할 수 있도록 서로 유기적으로 연계된 컴퓨터의 하드웨어, 소프트웨어, 데이터베이스 및 인적자원의 결합체를 말한다.

3. 위치정보의 보호 및 이용 등을 위한 시책의 강구

방송통신위원회는 관계중앙행정기관의 장과 협의를 거쳐 위치정보의 안전한 보호와 건전한 이용 등을 위하여 다음 각호의 사항이 포함되는 시책을 마련하여야 한다(제3조).

1. 위치정보의 보호 및 이용 등을 위한 시책의 기본방향
2. 위치정보의 보호에 관한 사항(위치정보 처리에 따른 위험성 및 결과, 개인위치정보주체의 권리 등을 명확하게 인지하지 못할 수 있는 14세 미만의 아동의 위치정보 보호에 관한 사항을 포함한다)
3. 공공목적을 위한 위치정보의 이용에 관한 사항
4. 위치정보사업 및 위치기반서비스사업과 관련된 기술개발 및 표준화에 관한 사항
5. 위치정보사업 및 위치기반서비스사업의 안전성 및 신뢰성 향상에 관한 사항
6. 위치정보사업 및 위치기반서비스사업의 품질개선 및 품질평가 등에 관한 사항
7. 그 밖에 위치정보의 보호 및 이용 등을 위하여 필요한 사항

4. 다른 법률과의 관계

위치정보의 수집, 저장, 보호 및 이용 등에 관하여 다른 법률에 특별한 규정이 있는 경우를 제외하고는 이 법에서 정하는 바에 의한다(제4조).

제 2 절 위치정보사업의 등록 등

1. 위치정보사업의 등록 등

(1) 개인위치정보를 대상으로 하는 위치정보사업의 등록 등

개인위치정보를 대상으로 하는 위치정보사업을 하려는 자는 상호, 주된 사무

소의 소재지, 위치정보사업의 종류 및 내용, 위치정보시스템을 포함한 사업용 주요 설비 등에 대하여 다음 각 호의 사항을 갖추어 방송통신위원회에 등록하여야 한다(제5조 제1항).[1][2]

---

1. 법인일 것
2. 사업목적을 달성하기에 필요한 물적 시설을 갖출 것
3. 개인위치정보의 보호와 개인위치정보주체 및 제26조 제1항 각 호의 어느 하나에 해당하는 자의 권리 보호를 위한 기술적·관리적 조치를 할 것
4. 다음 각 목의 어느 하나에 해당하지 아니할 것
   가. 등록을 신청한 법인의 임원이 제6조 제1항 각 호의 어느 하나에 해당하는 경우
   나. 등록을 신청한 법인이 제13조 제1항에 따른 등록 취소처분을 받은 후 3년이 지나지 아니한 경우

위치정보사업의 등록을 한 자(이하 "개인위치정보사업자"라 한다)가 등록한 사항 중 위치정보시스템에 관한 사항을 변경하려는 경우에는 방송통신위원회에 변경등록을 하여야 하고, 상호 또는 주된 사무소의 소재지를 변경하려는 경우에는 방송통신위원회에 변경신고를 하여야 한다(동조 제2항).[3] 이때 방송통신위원회는 위의 등록 또는 변경등록의 신청을 받은 경우에는 등록요건을 충족하는지를 심사하여 신청내용이 적합하다고 인정되면 등록증을 교부하여야 한다(동조 제3항). 다만, 방송통신위원회는 심사를 위하여 필요한 자료의 제출을 요청할 수 있고(동조 제4항), 등록을 받는 경우에는 대통령령으로 정하는 바에 따라 위치정보의 정확성·신뢰성 제고, 공정경쟁 또는 개인위치정보의 보호를 위한 연구·개발을 위하여 필요한

---

1) 허가를 받지 아니하고 위치정보사업을 하는 자 또는 거짓이나 그 밖의 부정한 방법으로 허가를 받은 자는 5년 이하의 징역 또는 5천만원 이하의 벌금에 처한다(제39조 제1호).
2) 법인의 대표자나 법인 또는 개인의 대리인, 사용인, 그 밖의 종업원이 그 법인 또는 개인의 업무에 관하여 제39조부터 제41조까지의 어느 하나에 해당하는 위반행위를 하면 그 행위자를 벌하는 외에 그 법인 또는 개인에게도 해당 조문의 벌금형을 과(科)한다. 다만, 법인 또는 개인이 그 위반행위를 방지하기 위하여 해당 업무에 관하여 상당한 주의와 감독을 게을리하지 아니한 경우에는 그러하지 아니하다(제42조).
3) 변경등록을 하지 아니하고 위치정보사업을 하는 자 또는 거짓이나 그 밖의 부정한 방법으로 변경등록을 한 자는 3년 이하의 징역 또는 3천만원 이하의 벌금에 처한다(제40조 제1호). 또는 변경신고를 하지 아니하고 상호나 주된 사무소의 소재지를 변경한 자 또는 거짓이나 그 밖의 부정한 방법으로 상호나 주된 사무소의 소재지의 변경신고를 한 자에게는 500만원 이하의 과태료를 부과한다(제43조 제3항 제1호).

조건을 붙일 수 있다(동조 제5항).

이 허가의 신청요령·절차 등에 관한 사항 및 심사사항별 세부심사기준은 대통령령(시행령 제2조부터 제5조까지 참조)으로 정한다(동조 제6항).

〈참고〉시행령 제2조(개인위치정보사업의 등록신청) ① 「위치정보의 보호 및 이용 등에 관한 법률」(이하 "법"이라 한다) 제5조 제1항에 따라 개인위치정보를 대상으로 하는 위치정보사업(이하 "개인위치정보사업"이라 한다)의 등록을 하려는 자는 법인의 대표자 또는 설립하려는 법인의 주주 등의 대표자의 명의로 신청할 수 있다.
② 개인위치정보사업의 등록을 하려는 자는 개인위치정보사업등록신청서(전자문서로 된 신청서를 포함한다)에 다음 각 호의 서류(전자문서를 포함한다)를 첨부하여 방송통신위원회에 제출해야 한다.
1. 별표 1에 따른 기재사항이 포함된 사업계획서
2. 법인의 주주명부(설립예정법인의 경우에만 제출한다)
③ 제2항에 따라 등록신청을 받은 방송통신위원회는 「전자정부법」 제36조 제1항에 따른 행정정보의 공동이용을 통하여 법인 등기사항증명서를 확인해야 한다.
④ 방송통신위원회는 제2항에 따라 제출된 서류의 내용이 불분명하거나 첨부서류가 미비되어 있는 등의 흠이 있는 경우에는 그 보완을 요구할 수 있다. 이 경우 서류의 보완에 필요한 기간은 제5항에 따른 기간에 포함하지 않는다.
⑤ 방송통신위원회는 제2항에 따라 개인위치정보사업등록신청서를 제출받은 경우에는 제출받은 날부터 2개월 이내에 등록 여부를 신청인에게 통보해야 한다. 다만, 부득이한 사정으로 그 기간 내에 통보할 수 없는 경우에는 2개월의 범위에서 1회에 한하여 그 기간을 연장할 수 있다.
⑥ 방송통신위원회는 제5항 단서에 따라 기간을 연장하는 경우에는 연장된 사실과 그 사유를 신청인에게 지체 없이 서면으로 통지하여야 한다.
⑦ 방송통신위원회가 법 제5조 제5항에 따라 등록에 조건을 붙이려는 경우에는 신청인의 의견을 들을 수 있다.

2. 개인위치정보를 대상으로 하지 아니하는 위치정보사업의 신고

개인위치정보를 대상으로 하지 아니하는 위치정보사업만을 하려는 자는 다음 각 호의 사항을 대통령령으로 정하는 바에 따라 방송통신위원회에 신고하여야 한다(제5조의2 제1항).[4] 개인위치정보사업자가 등록을 신청한 때 개인위치정보를

---

4) 신고를 하지 아니하고 개인위치정보를 대상으로 하지 아니하는 위치정보사업을 하는 자 또는 거짓이나 그 밖의 부정한 방법으로 신고한 자는 3년 이하의 징역 또는 3천만원 이하

대상으로 하지 아니하는 위치정보사업의 신고에 필요한 서류를 첨부한 경우에는 신고를 한 것으로 본다(동조 제5항).

---

1. 상호
2. 주된 사무소의 소재지
3. 위치정보사업의 종류 및 내용
4. 위치정보시스템을 포함한 사업용 주요 설비

다만, 제13조 제1항에 따른 사업의 폐지명령을 받은 후 1년이 경과하지 아니한 자(법인인 경우에는 그 대표자를 포함한다)는 위치정보사업의 신고를 할 수 없다(동조 제2항).

한편, 위치정보사업의 신고를 한 자(이하 "사물위치정보사업자"라 한다)는 신고한 사항 중 다음 각 호의 어느 하나에 해당하는 사항을 변경하려는 경우 대통령령(시행령 제5조의2 참조)으로 정하는 바에 따라 방송통신위원회에 변경신고를 하여야 한다(동조 제3항).[5]

---

1. 상호
2. 주된 사무소의 소재지
3. 위치정보시스템(변경으로 인하여 위치정보 보호를 위한 기술적 수준이 신고한 때
   보다 저하되는 경우로 한정한다)

이때 방송통신위원회는 위의 신고 또는 위의 제3호에 해당하는 사항에 대한 변경신고를 받은 경우 그 내용을 검토하여 이 법에 적합하면 신고를 수리하여야 한다(동조 제4항).

의 벌금에 처한다(제40조 제1의2호).
5) 변경신고를 하지 아니하고 상호나 주된 사무소의 소재지를 변경한 자 또는 거짓이나 그 밖의 부정한 방법으로 상호나 주된 사무소의 소재지의 변경신고를 한 자에게는 5백만원 이하의 과태료를 부과한다(제43조 제3항 제1호). 또한 변경신고를 하지 아니하고 위치정보시스템을 변경한 자 또는 거짓이나 그 밖의 부정한 방법으로 위치정보시스템의 변경신고를 한 자는 1년 이하의 징역 또는 2천만원 이하의 벌금에 처한다(제41조 제1호).

3. 임원 또는 종업원의 결격 사유

다음 각 호의 어느 하나에 해당하는 사람은 개인위치정보사업자 또는 사물위치정보사업자(이하 "위치정보사업자"라 한다)의 임원이 될 수 없고, 다음 각 호의 어느 하나에 해당하는 종업원은 제16조 제1항에 따른 위치정보 접근권한자(이하 이조에서 "접근권한자"라 한다)로 지정될 수 없다(제6조 제1항).

1. 미성년자 또는 피성년후견인
2. 파산자로서 복권되지 아니한 사람
3. 이 법, 「정보통신망 이용촉진 및 정보보호 등에 관한 법률」, 「전기통신기본법」, 「전기통신사업법」 또는 「전파법」을 위반하여 금고 이상의 실형을 선고받고 그 집행이 종료(집행이 종료된 것으로 보는 경우를 포함한다)되거나 집행이 면제된 날부터 3년이 지나지 아니한 사람
4. 이 법, 「정보통신망 이용촉진 및 정보보호 등에 관한 법률」, 「전기통신기본법」, 「전기통신사업법」 또는 「전파법」을 위반하여 금고 이상의 형의 집행유예를 선고받고 그 유예기간 중에 있는 사람
5. 이 법, 「정보통신망 이용촉진 및 정보보호 등에 관한 법률」, 「전기통신기본법」, 「전기통신사업법」 또는 「전파법」을 위반하여 벌금형을 선고받고 3년이 지나지 아니한 사람
6. 제13조 제1항에 따른 등록의 취소처분 또는 사업의 폐지명령을 받은 후 3년이 지나지 아니한 자. 이 경우 법인인 때에는 등록취소 또는 사업폐지명령의 원인이 된 행위를 한 사람과 그 대표자를 말한다.

또한 임원이 위의 각 호의 어느 하나에 해당하게 되거나 선임 당시 그에 해당하는 사람임이 밝혀진 때에는 당연히 퇴직하고, 접근권한자가 위의 각 호의 어느 하나에 해당하게 되거나 선임 당시 그에 해당하는 사람임이 밝혀진 때에는 접근권한자의 지정은 효력을 잃는다(동조 제2항). 그러나 이때 퇴직한 임원이 퇴직 전에 관여한 행위 또는 접근권한자 지정의 효력이 상실된 종업원이 상실 전에 관여한 행위는 그 효력을 잃지 아니한다(동조 제3항).

4. 위치정보사업의 양수 및 법인의 합병 등

개인위치정보사업자의 사업의 전부 또는 일부를 양수하거나 개인위치정보사

업자인 법인의 합병·분할(분할합병을 포함한다. 이하 같다)을 하려는 자는 대통령령 (시행령 제6조 참조)으로 정하는 바에 따라 방송통신위원회의 인가를 받아야 한다 (제7조 제1항).6) 이때 방송통신위원회는 이 인가를 하는 경우에는 다음 각 호의 사항을 종합적으로 심사하여야 한다(동조 제2항).

---

1. 재정 및 기술적 능력과 사업운용 능력의 적정성
2. 개인위치정보주체 또는 위치기반서비스사업자의 보호에 미치는 영향
3. 긴급구조를 위한 개인위치정보의 이용, 개인위치정보 보호를 위한 연구·개발의 효율성 등 공익에 미치는 영향

다만, 방송통신위원회는 인가의 신청이 다음 각 호의 어느 하나에 해당하는 경우를 제외하고는 인가를 하여야 한다(동조 제3항).

---

1. 제2항에 따른 심사사항에 부적합한 경우
2. 신청한 자가 법인이 아닌 경우
3. 신청한 법인의 임원이 제6조 제1항 각 호의 어느 하나에 해당하는 경우
4. 신청한 법인이 제13조 제1항에 따른 등록의 취소처분이나 사업의 폐지명령을 받은 후 3년이 지나지 아니한 경우
5. 그 밖에 이 법 또는 다른 법률에 따른 제한에 위반되는 경우

또한 사물위치정보사업자의 사업의 전부 또는 일부의 양수, 상속 또는 사물위치정보사업자인 법인의 합병·분할이 있는 경우에는 그 사업의 양수인, 상속인 또는 합병·분할에 의하여 설립되거나 합병·분할 후 존속하는 법인은 대통령령 (시행령 제6조의3 참조)으로 정하는 바에 따라 방송통신위원회에 신고하여야 한다 (동조 제4항).7) 이때 방송통신위원회는 신고를 받은 경우 그 내용을 검토하여 이 법에 적합하면 신고를 수리하여야 한다(동조 제5항).

그리고 인가를 받거나 신고를 한 양수인, 상속인 또는 합병·분할에 의하여

---

6) 인가를 받지 아니하고 사업을 양수하거나 합병·분할한 자에게는 2천만원 이하의 과태료를 부과한다(제43조 제1항 제2호).
7) 사업의 양수, 상속 또는 합병·분할의 신고를 하지 아니한 자 또는 거짓이나 그 밖의 부정한 방법으로 사업의 양수, 상속 또는 합병·분할의 신고를 한 자에게는 1천만원 이하의 과태료를 부과한다(제43조 제2항 제1호).

설립되거나 합병·분할 후 존속하는 법인은 양도인, 피상속인 또는 합병·분할 전의 법인의 위치정보사업자로서의 지위를 각각 승계한다(동조 제6항). 이 인가 신청의 방법 및 절차 등에 관한 사항 및 제2항에 따른 심사사항별 세부심사기준은 대통령령(시행령 제6조의2 참조)으로 정한다(동조 제7항).[8)]

5. 위치정보사업의 휴업·폐업 등

위치정보사업자가 위치정보사업의 전부 또는 일부를 휴업하려는 경우에는 개인위치정보주체에 대한 휴업기간 및 휴업 사실의 통보계획을 정하여(개인위치정보사업자만 해당한다) 다음 각 호의 구분에 따라 방송통신위원회의 승인을 받거나 방송통신위원회에 신고하여야 한다. 이 경우 휴업기간은 1년을 초과할 수 없다(제8조 제1항).

---

1. 개인위치정보사업자: 승인
2. 사물위치정보사업자: 신고

또한 위치정보사업자가 위치정보사업의 전부 또는 일부를 폐업하려는 경우에는 개인위치정보주체에 대한 폐업 사실의 통보계획을 정하여(개인위치정보사업자만 해당한다) 다음 각 호의 구분에 따라 방송통신위원회의 승인을 받거나 방송통신위원회에 신고하여야 한다(동조 제2항).[9)]

---

1. 개인위치정보사업자: 승인
2. 사물위치정보사업자: 신고

이때 승인을 받은 개인위치정보사업자는 휴업하려는 날 또는 폐업하려는 날의 30일 전까지 다음 각 호의 구분에 따른 사항을 개인위치정보주체에게 통보하

---

8) 세부심사기준에 대하여는 「위치정보사업 양수 및 법인의 합병 등의 인가 세부심사기준별 평가방법(방송통신위원회고시 제2015-26호, 2015. 12. 23. 제정, 시행 2015. 12. 23.) 참조.
9) 제1항 또는 제2항을 위반하여 승인을 받지 아니하고 사업의 전부 또는 일부를 휴업하거나 폐업한 자에게는 2천만원 이하의 과태료를 부과한다(제43조 제1항 제3호). 또한 제1항·제2항을 위반하여 사업의 전부 또는 일부의 휴업·폐업을 신고하지 아니한 자에게는 1천만원 이하의 과태료를 부과한다(제43조 제2항 제2호).

여야 한다(동조 제3항).

---

1. 제1항 제1호에 따른 휴업승인: 휴업하는 위치정보사업의 범위 및 휴업기간
2. 제2항 제1호에 따른 폐업승인: 폐업하는 위치정보사업의 범위 및 폐업일자

또한 승인을 받아 위치정보사업의 전부 또는 일부를 휴업하는 개인위치정보
사업자와 위치정보사업의 전부 또는 일부를 폐업하는 위치정보사업자는 휴업 또
는 폐업과 동시에 다음 각 호의 구분에 따라 개인위치정보 및 위치정보 수집사실
확인자료를 파기하여야 한다(동조 제4항).[10]

---

1. 제1항 제1호에 따른 휴업승인: 개인위치정보(사업의 일부를 휴업하는 경우에는 휴
   업하는 사업의 개인위치정보로 한정한다)
2. 제2항 제1호에 따른 폐업승인: 개인위치정보 및 위치정보 수집사실 확인자료(사업
   의 일부를 폐업하는 경우에는 폐업하는 사업의 개인위치정보 및 위치정보 수집사
   실 확인자료로 한정한다)
3. 제2항 제2호에 따른 폐업신고: 위치정보 수집사실 확인자료(사업의 일부를 폐업하
   는 경우에는 폐업하는 사업의 위치정보 수집사실 확인자료로 한정한다)

이때 방송통신위원회는 위의 승인 신청을 받은 경우 개인위치정보주체에 대
한 휴업·폐업 사실의 통보계획이 적정하지 못한 경우를 제외하고는 승인하여야
하며(동조 제5항), 위의 신고를 받은 경우 그 내용을 검토하여 이 법에 적합하면
신고를 수리하여야 한다(동조 제6항). 이외에 위치정보사업의 휴업 및 폐업에 필요
한 사항은 대통령령(시행령 제7조부터 제8조의2까지 참조)으로 정한다(동조 제7항).

6. 위치기반서비스사업의 신고

(1) 위치기반서비스사업의 신고

위치기반서비스사업(개인위치정보를 대상으로 하지 아니하는 위치기반서비스사업은
제외한다. 이하 이 조, 제9조의2, 제10조 및 제11조에서 같다)을 하려는 자는 상호, 주된

---

10) 위치정보를 파기하지 아니한 자는 1년 이하의 징역 또는 2천만원 이하의 벌금에 처한다
(제41조 제2호).

사무소의 소재지, 사업의 종류, 위치정보시스템을 포함한 사업용 주요 설비 등에 대하여 대통령령(시행령 제9조 참조)으로 정하는 바에 따라 방송통신위원회에 신고하여야 한다(제9조 제1항).11) 다만, 사업의 폐지명령을 받은 후 1년이 지나지 아니한 자(법인인 경우에는 그 대표자를 포함한다)는 위치기반서비스사업의 신고를 할 수 없다(동조 제2항). 개인위치정보사업자가 제5조 제1항에 따른 등록을 신청한 때 위치기반서비스사업의 신고(제9조의2 제1항 본문에 따른 소상공인등인 경우에는 같은 항 단서에 따른 신고를 말한다)에 필요한 서류를 첨부한 경우에는 위치기반서비스사업의 신고(제9조의2 제1항 본문에 따른 소상공인등인 경우에는 같은 항 단서에 따른 신고를 말한다)를 한 것으로 본다(동조 제4항).

또한 위치기반서비스사업의 신고를 한 자는 다음 각 호의 어느 하나에 해당하는 사항을 변경하려는 경우 대통령령(시행령 제9조 참조)으로 정하는 바에 따라 방송통신위원회에 변경신고를 하여야 한다(동조 제3항). 12)

---

1. 상호
2. 주된 사무소의 소재지
3. 위치정보시스템13)

한편, 방송통신위원회는 위의 신고 또는 위치정보시스템에 해당하는 사항에 대한 변경신고를 받은 경우 그 내용을 검토하여 이 법에 적합하면 신고를 수리하여야 한다(동조 제5항).

---

11) 신고를 하지 아니하고 위치기반서비스사업을 하는 자 또는 거짓이나 그 밖의 부정한 방법으로 신고한 자는 3년 이하의 징역 또는 3천만원 이하의 벌금에 처한다(제40조 제2호).
12) 제1호·제2호를 위반하여 변경신고를 하지 아니하고 상호나 주된 사무소의 소재지를 변경한 자 또는 거짓이나 그 밖의 부정한 방법으로 상호나 주된 사무소의 소재지의 변경신고를 한 자에게는 500만원 이하의 과태료를 부과한다(제43조 제3항 제1호).
13) 제3호에 위반하여 변경신고를 하지 아니하고 위치정보시스템을 변경한 자 또는 거짓이나 그 밖의 부정한 방법으로 위치정보시스템의 변경신고를 한 자는 1년 이하의 징역 또는 2천만원 이하의 벌금에 처한다(제41조 제1호). 또한 변경신고를 하지 아니하고 상호나 주된 사무소의 소재지를 변경한 자 또는 거짓이나 그 밖의 부정한 방법으로 상호나 주된 사무소의 소재지의 변경신고를 한 자에게는 5백만원 이하의 과태료를 부과한다(제43조 제3항 제1호).

(2) 소상공인의 위치기반서비스사업의 신고

「소상공인기본법」 제2조에 따른 소상공인이나 「1인 창조기업 육성에 관한 법률」 제2조에 따른 1인 창조기업(이하 "소상공인등"이라 한다)으로서 위치기반서비스사업을 하려는 자는 제9조 제1항에 따른 신고를 하지 아니하고 위치기반서비스사업을 할 수 있다. 다만, 사업을 개시한 지 1개월이 지난 후에도 계속해서 위치기반서비스사업을 하려는 자는 사업을 개시한 날부터 1개월 이내에 다음 각 호의 사항을 대통령령으로 정하는 바에 따라 방송통신위원회에 신고하여야 한다(제9조의2 제1항).[14] 그러나 사업의 폐지명령을 받은 후 1년이 지나지 아니한 자(법인인 경우에는 그 대표자를 포함한다)는 위치기반서비스사업을 할 수 없다(동조 제2항).

1. 상호
2. 주된 사무소의 소재지
3. 사업의 종류 및 내용

또한 신고를 한 자는 신고한 사항 중 다음 각 호의 어느 하나에 해당하는 사항을 변경한 경우 변경한 날부터 1개월 이내에 대통령령(시행령 제10조 참조)으로 정하는 바에 따라 방송통신위원회에 변경신고를 하여야 한다(동조 제3항).[15]

1. 상호
2. 주된 사무소의 소재지

그리고 위치기반서비스사업을 개시한 자 또는 신고한 자가 소상공인등에 해당하지 아니하게 된 경우 그 사유가 발생한 날부터 1개월 이내에 대통령령으로 정하는 바에 따라 위치기반서비스사업신고에 필요한 사항을 보완하여 방송통신위

---

14) 본 항의 단서를 위반하여 신고를 하지 아니하고 위치기반서비스사업을 하는 자 또는 거짓이나 그 밖의 부정한 방법으로 신고한 자는 3년 이하의 징역 또는 3천만원 이하의 벌금에 처한다(제40조 제2호).

15) 변경신고를 하지 아니하고 상호나 주된 사무소의 소재지를 변경한 자 또는 거짓이나 그 밖의 부정한 방법으로 상호나 주된 사무소의 소재지의 변경신고를 한 자에게는 5백만원 이하의 과태료를 부과한다(제43조 제3항 제1호).

원회에 신고하여야 한다(동조 제4항).16)

7. 위치기반서비스사업의 양수 및 법인의 합병 등

위치기반서비스사업의 신고를 한 자의 사업의 전부 또는 일부의 양수, 상속 또는 제9조 제1항 또는 위치기반서비스사업의 신고를 한 자인 법인의 합병·분할이 있는 경우에는 그 사업의 양수인, 상속인 또는 합병·분할에 의하여 설립되거나 합병·분할 후 존속하는 법인은 대통령령(시행령 제11조 참조)으로 정하는 바에 따라 방송통신위원회에 신고하여야 한다(제10조 제1항).17)

방송통신위원회는 이 신고를 받은 경우 그 내용을 검토하여 이 법에 적합하면 신고를 수리하여야 한다(동조 제2항). 이때 신고한 양수인, 상속인 또는 합병·분할에 의하여 설립되거나 합병·분할 후 존속하는 법인은 양도인, 피상속인 또는 합병·분할 전의 법인의 지위를 각각 승계한다(동조 제3항).

8. 위치기반서비스사업의 휴업·폐업 등

위치기반서비스사업자가 사업의 전부 또는 일부를 휴업하고자 하는 때에는 휴업기간을 정하여 휴업하고자 하는 날의 30일 전까지 이를 개인위치정보주체에게 통보하고 방송통신위원회에 신고하여야 한다. 이 경우 휴업기간은 1년을 초과할 수 없으며, 휴업과 동시에 개인위치정보(사업의 일부를 휴업하는 경우에는 휴업하는 사업의 개인위치정보로 한정한다)를 파기하여야 한다(제11조 제1항).

또한 위치기반서비스사업자가 사업의 전부 또는 일부를 폐업하고자 하는 때에는 폐업하고자 하는 날의 30일 전까지 이를 개인위치정보주체에게 통보하고 방송통신위원회에 신고하여야 한다. 이 경우 폐업와 동시에 개인위치정보 및 위치정보 이용·제공사실 확인자료(사업의 일부를 폐업하는 경우에는 폐업하는 사업의 개인위치정보 및 위치정보 이용·제공사실 확인자료로 한정한다)를 파기하여야 한다(동조 제2항).18)

---

16) 신고를 하지 아니하고 위치기반서비스사업을 하는 자 또는 거짓이나 그 밖의 부정한 방법으로 신고한 자는 3년 이하의 징역 또는 3천만원 이하의 벌금에 처한다(제40조 제2호).
17) 사업의 양수, 상속 또는 합병·분할의 신고를 하지 아니한 자 또는 거짓이나 그 밖의 부정한 방법으로 사업의 양수, 상속 또는 합병·분할의 신고를 한 자에게는 1천만원 이하의 과태료를 부과한다(제43조 제2항 제1호).

위치기반서비스사업의 휴업 또는 폐업의 신고 및 개인위치정보 등의 파기 등에 관하여 필요한 사항은 대통령령(시행령 제12조 참조)으로 정한다(동조 제3항).

9. 이용약관의 공개 등

다음 각 호의 어느 하나에 해당하는 자는 그가 제공하려는 서비스의 내용, 위치정보의 수집·이용 및 제공에 관한 요금 및 조건 등(이하 "이용약관"이라 한다)을 해당 사업자의 인터넷 홈페이지에 게시하는 등 대통령령(시행령 제13조 참조)으로 정하는 방법에 따라 개인위치정보주체 및 위치기반서비스사업을 이용하는 자가 언제든지 쉽게 알아볼 수 있도록 공개하여야 하며, 이를 변경하려는 경우에는 그 이유 및 변경내용을 대통령령으로 정하는 방법에 따라 지체 없이 공개하고, 변경된 사항을 쉽게 알아볼 수 있도록 조치하여야 한다(제12조 제1항).[19]

---

1. 위치정보사업자
2. 제9조 제1항에 따라 위치기반서비스사업의 신고를 한 자 및 제9조의2 제1항에 따라 위치기반서비스사업을 하는 자(이하 "위치기반서비스사업자"라 한다)

또한 방송통신위원회는 위치정보사업자 등의 이용약관이 개인위치정보의 보호, 공정경쟁 또는 공공이익을 침해할 우려가 있다고 판단되는 경우에는 이용약관의 변경을 명할 수 있다(동조 제2항).[20]

10. 등록의 취소 및 사업의 폐지·정지 등

방송통신위원회는 위치정보사업자 및 위치기반서비스사업자(이하 "위치정보사업자등"이라 한다)가 다음 각 호의 어느 하나에 해당하는 때에는 등록 또는 인가의 취소, 사업의 폐지 또는 6개월 이내의 범위에서 기간을 정하여 사업의 전

---

18) 제1항과 제2항의 규정을 위반하여 위치정보를 파기하지 아니한 자는 1년 이하의 징역 또는 2천만원 이하의 벌금에 처한다(제41조 제2호). 그리고 제1항과 제2항을 위반하여 사업의 전부 또는 일부의 휴업·폐업을 신고하지 아니한 자에게는 1천만원 이하의 과태료를 부과한다(제43조 제2항 제2호).
19) 이용약관을 공개하지 아니하거나 이용약관의 변경이유 및 변경내용을 공개하지 아니한 자에게는 1천만원 이하의 과태료를 부과한다(제43조 제2항 제3호).
20) 이용약관 변경명령을 위반한 자에게는 1천만원 이하의 과태료를 부과한다(제43조 제2항 제3호의2).

부 또는 일부의 정지(이하 "사업의 정지"라 한다)를 명할 수 있다. 다만, 제1호에 해당하는 때에는 등록 또는 인가를 취소하거나 사업의 폐지를 명하여야 한다(제13조 제1항).[21] 이 행정처분의 세부적인 기준은 그 위반행위의 유형과 위반의 정도 등을 참작하여 대통령령(시행령 제14조 참조)으로 정한다(동조 제2항).

---

1. 거짓이나 그 밖의 부정한 방법으로 제5조 제1항·제2항 또는 제7조 제1항에 따른 등록·변경등록 또는 인가를 받거나 제5조의2 제1항, 제9조 제1항 또는 제9조의2 제1항 단서에 따른 신고를 한 때
1의2. 제5조 제5항에 따라 부가된 등록조건을 이행하지 아니한 때
2. 제8조 제1항 또는 제11조 제1항에 따른 휴업기간이 지난 후 정당한 사유없이 사업을 개시하지 아니한 때
3. 다음 각 목의 어느 하나에 해당하는 승인을 받지 아니하거나 신고를 하지 아니하고 6개월 이상 계속하여 사업을 하지 아니한 때
   가. 제8조 제1항 제1호 또는 같은 조 제2항 제1호에 따른 승인
   나. 제8조 제1항 제2호 또는 같은 조 제2항 제2호에 따른 신고
   다. 제11조 제1항 전단 또는 같은 조 제2항 전단에 따른 신고
4. 위치정보의 수집 관련 설비 또는 위치정보 보호 관련 기술적·관리적 조치에 중대한 변경이 발생하여 서비스를 지속적으로 제공할 수 없게 된 때
4의2. 다른 법률에 따라 관계 행정기관의 장이 등록취소 또는 사업의 정지를 요청한 때
5. 삭제
6. 삭제
7. 삭제
8. 삭제

   방송통신위원회는 위의 허가 또는 인가의 취소, 사업의 폐지 처분을 하고자 하는 경우에는 청문을 실시하여야 한다(제37조).

11. 과징금의 부과 등

   방송통신위원회는 위치정보사업자등이 다음 각 호의 어느 하나에 해당하는 행위를 하는 경우에는 해당 위치정보사업자등에게 위반행위와 관련한 매출액의

---

21) 사업의 폐지명령을 위반한 자는 3년 이하의 징역 또는 3천만원 이하의 벌금에 처하며(제40조 제3호), 사업의 정지명령을 위반한 자는 1년 이하의 징역 또는 2천만원 이하의 벌금에 처한다(제41조 제3호).

100분의 3 이하에 해당하는 금액을 과징금으로 부과할 수 있다(제14조 제1항). 또한 방송통신위원회는 사업의 정지가 개인위치정보주체의 이익을 현저히 저해할 우려가 있는 경우에는 사업의 정지명령 대신 위치정보사업 또는 위치기반서비스사업 매출액의 100분의 3 이하의 과징금을 부과할 수 있다(동조 제2항). 이때 위의 과징금을 부과하는 경우 위치정보사업자등이 매출액 산정을 위한 자료의 제출을 거부하거나 거짓의 자료를 제출한 경우에는 해당 위치정보사업자등과 비슷한 규모의 개인위치정보사업자등의 재무제표 등 회계자료와 가입자 수 및 이용요금 등 영업현황 자료에 근거하여 매출액을 추정할 수 있다. 다만, 매출액이 없거나 매출액의 산정이 곤란한 경우로서 대통령령으로 정하는 경우에는 4억원 이하의 과징금을 부과할 수 있다(동조 제3항).

---

1. 제16조 제1항에 따른 관리적 조치와 기술적 조치 또는 같은 조 제2항에 따른 위치정보 수집·이용·제공사실 확인자료(이하 "위치정보 수집·이용·제공사실 확인자료"라 한다)의 기록·보존조치를 하지 아니한 경우
2. 제18조 제1항·제2항을 위반하여 개인위치정보주체의 동의를 받지 아니하거나 동의의 범위를 넘어 개인위치정보를 수집한 경우
3. 제19조 제1항·제2항·제5항을 위반하여 개인위치정보주체의 동의를 받지 아니하거나 동의의 범위를 넘어 개인위치정보를 이용 또는 제공한 경우
4. 제21조를 위반하여 이용약관에 명시하거나 고지한 범위를 넘어 개인위치정보를 이용하거나 제3자에게 제공한 경우

그리고 방송통신위원회는 위의 과징금을 부과하려는 경우에는 다음 각 호의 사항을 고려하여야 하며(동조 제4항), 과징금의 부과기준은 대통령령(시행령 제15조 참조)으로 정한다(동조 제5항).

---

1. 위반행위의 내용 및 정도
2. 위반행위의 기간 및 횟수
3. 위반행위로 인하여 취득한 이익의 규모

방송통신위원회는 과징금을 내야 할 자가 납부기한까지 이를 내지 아니하면 납부기한의 다음 날부터 내지 아니한 과징금의 연 100분의 6에 해당하는 가

산금을 징수한다. 이 경우 가산금을 징수하는 기간은 60개월을 초과하지 못한다(동조 제6항). 만약, 방송통신위원회는 과징금을 내야 할 자가 납부기한까지 이를 내지 아니한 경우에는 기간을 정하여 독촉을 하고, 그 지정된 기간에 과징금과 가산금을 내지 아니하면 국세강제징수의 예에 따라 징수한다(동조 제7항). 이때 이 법에 따른 과징금의 환급가산금에 관하여는 「독점규제 및 공정거래에 관한 법률」 제106조를 준용한다. 이 경우 "공정거래위원회"는 "방송통신위원회"로 본다(동조 제8항).

제3절 위치정보의 보호

Ⅰ. 통칙

1. 위치정보의 수집 등의 금지

누구든지 개인위치정보주체의 동의를 받지 아니하고 해당 개인위치정보를 수집·이용 또는 제공하여서는 아니 된다. 다만, 다음 각 호의 어느 하나에 해당하는 경우에는 그러하지 아니하다(제15조 제1항).[22]

---

1. 제29조 제1항에 따른 긴급구조기관의 긴급구조요청 또는 같은 조 제7항에 따른 경보발송요청이 있는 경우
2. 제29조 제2항에 따른 경찰관서의 요청이 있는 경우
3. 다른 법률에 특별한 규정이 있는 경우

또한 누구든지 타인의 정보통신기기를 복제하거나 정보를 도용하는 등의 방법으로 개인위치정보사업자 및 위치기반서비스사업자(이하 "개인위치정보사업자등"이라 한다)를 속여 타인의 개인위치정보를 제공받아서는 아니된다(동조 제2항).[23]

---

22) 개인위치정보주체의 동의를 받지 아니하고 해당 개인위치정보를 수집·이용 또는 제공한 자는 3년 이하의 징역 또는 3천만원 이하의 벌금에 처한다(제40조 제4호).
23) 타인의 정보통신기기를 복제하거나 정보를 도용하는 등의 방법으로 개인위치정보사업자 등을 속여 타인의 개인위치정보를 제공받은 자는 3년 이하의 징역 또는 3천만원 이하의

그리고 위치정보를 수집할 수 있는 장치가 부착된 물건을 판매하거나 대여·양도하는 자는 위치정보 수집장치가 부착된 사실을 구매하거나 대여·양도받는 자에게 알려야 한다(동조 제3항).[24]

■ 개인의 위치정보의 의미

〈판례〉'개인의 위치정보'는 특정 개인이 특정한 시간에 존재하거나 존재하였던 장소에 관한 정보로서 전기통신기본법 제2조 제2호 및 제3호의 규정에 따른 전기통신설비 및 전기통신회선설비를 이용하여 수집된 것인데, 위치정보만으로는 특정 개인의 위치를 알 수 없는 경우에도 다른 정보와 용이하게 결합하여 특정 개인의 위치를 알 수 있는 것을 포함한다(위치정보의 보호 및 이용 등에 관한 법률 제2조 제1호, 제2호)(대법원 2016. 9. 28. 선고 2014다56652 판결).

■ 위치정보수집 등 행위의 의미

(사안) 피고인들이 공모하여, 피고인 甲 소유의 자동차에 지피에스(GPS)장치를 설치한 후 인터넷 중고차 판매 사이트를 통하여 乙에게 자동차를 매도한 다음, 乙이 자동차 등록을 마치기 전에 乙의 동의를 받지 않고 자동차의 위치정보를 피고인 甲의 휴대전화로 전송받아 수집하였다.

〈판례〉위치정보보호법의 입법 취지와 보호법익 및 같은 법 제15조 제1항의 문언을 종합적으로 해석하면, 개인의 위치정보를 수집·이용 또는 제공하기 위해서는 당해 개인의 동의를 얻어야 하고, 이동성 있는 물건의 위치정보를 수집하려는 경우 물건을 소지한 개인이나 물건의 소유자의 동의를 얻어야 하는데, 위 조항에서 '개인이나 소유자'의 동의를 얻도록 규정한 취지는 이동성 있는 물건을 보유한 개인이 물건의 소유자인 경우와 소유자가 아닌 경우를 포괄적으로 포섭하기 위한 것이므로, 개인이 제3자 소유의 이동성 있는 물건을 소지한 경우 물건의 소유자인 제3자가 동의하더라도 물건을 보유하고 있는 당해 개인의 동의를 얻지 아니하였다면 당해 개인 또는 이동성 있는 물건의 위치정보를 수집·이용 또는 제공하는 행위도 금지된다(서울북부지법 2016. 5. 19. 선고 2016고단1080 판결).

2. 위치정보의 보호조치 등

위치정보사업자등은 위치정보의 유출, 변조, 훼손 등을 방지하기 위하여 위

벌금에 처한다(제40조 제5호).

24) 위치정보 수집장치가 붙여진 사실을 알리지 아니한 자에게는 1천만원 이하의 과태료를 부과한다(제43조 제2항 제4호).

치정보의 취급·관리 지침을 제정하거나 접근권한자를 지정하는 등의 관리적 조치와 방화벽의 설치나 암호화 소프트웨어의 활용 등의 기술적 조치를 하여야 한다. 이 경우 관리적 조치와 기술적 조치의 구체적 내용은 대통령령으로 정한다(제16조 제1항).[25)]

※ 법 제16조 제1항에 따른 관리적 조치에는 다음 각 호의 내용이 포함되어야 한다 (시행령 제20조 제1항).
1. 위치정보관리책임자의 지정
2. 위치정보의 수집·이용·제공·파기 등 각 단계별 접근 권한자 지정 및 권한의 제한
3. 위치정보 취급자의 의무와 책임을 규정한 취급·관리 절차 및 지침 마련
4. 위치정보 제공사실 등을 기록한 취급대장의 운영·관리
5. 위치정보 보호조치에 대한 정기적인 자체 감사의 실시

※ 법 제16조 제1항에 따른 기술적 조치에는 다음 각 호의 내용이 포함되어야 한다 (동조 제2항).
1. 위치정보 및 위치정보시스템의 접근권한을 확인할 수 있는 식별 및 인증 실시
2. 위치정보시스템에의 권한 없는 접근을 차단하기 위한 방화벽 설치 등의 조치
3. 위치정보시스템에 대한 접근사실의 전자적 자동 기록·보존장치의 운영
4. 위치정보시스템의 침해사고 방지를 위한 보안프로그램 설치 및 운영
5. 위치정보를 안전하게 저장·전송할 수 있는 암호화 기술의 적용이나 이에 상응하는 조치
6. 그 밖에 방송통신위원회가 위치정보의 보호를 위하여 필요하다고 인정하는 기술적 조치

또한 위치정보사업자등은 위치정보 수집·이용·제공사실 확인자료를 위치정보시스템에 자동으로 기록되고 보존되도록 하여야 한다(제16조 제2항).[26)]

한편, 방송통신위원회는 위치정보를 보호하고 오용·남용을 방지하기 위하여 소속 공무원으로 하여금 기술적·관리적 조치의 내용과 기록의 보존실태를 대통

---

25) 이를 위하여 기술적·관리적 조치를 하지 아니한 자(제38조의3에 따라 준용되는 자를 포함한다)는 1년 이하의 징역 또는 2천만원 이하의 벌금에 처한다(제41조 제4호).
26) 이를 위반하여 위치정보 수집·이용·제공사실 확인자료가 위치정보시스템에 자동으로 기록·보존되도록 하지 아니한 자는 1년 이하의 징역 또는 2천만원 이하의 벌금에 처한다(제41조 제4호의2).

령령으로 정하는 바에 의하여 점검하게 할 수 있다(동조 제3항). 이때 기술적·관리적 조치의 내용과 기록의 보존실태를 점검하는 공무원은 그 권한을 표시하는 증표를 지니고 이를 관계인에게 내보여야 한다(동조 제4항).

3. 위치정보의 누설 등의 금지

위치정보사업자등과 그 종업원이거나 종업원이었던 사람은 직무상 알게 된 위치정보를 누설·변조·훼손 또는 공개하여서는 아니된다(제17조).[27]

4. 개인위치정보주체에 대한 위치정보 처리 고지 등

위치정보사업자등이 개인위치정보주체에게 위치정보 처리와 관련한 사항의 고지 등을 하는 때에는 이해하기 쉬운 양식과 명확하고 알기 쉬운 언어를 사용하여야 한다(제17조의2).

II. 개인위치정보의 보호

1. 개인위치정보의 수집

위치정보사업자가 개인위치정보를 수집하고자 하는 경우에는 미리 다음 각 호의 내용을 이용약관에 명시한 후 개인위치정보주체의 동의를 얻어야 한다(제18조 제1항).[28] 이때 개인위치정보주체는 동의를 하는 경우 개인위치정보의 수집의 범위 및 이용약관의 내용 중 일부에 대하여 동의를 유보할 수 있다(동조 제2항).[29]

---

27) 개인위치정보를 누설·변조·훼손 또는 공개한 자는 5년 이하의 징역 또는 5천만원 이하의 벌금에 처한다(제39조 제2호).
28) 개인위치정보주체의 동의를 얻지 아니하거나 동의의 범위를 넘어 개인위치정보를 수집·이용 또는 제공한 자 및 그 정을 알고 영리 또는 부정한 목적으로 개인위치정보를 제공받은 자는 5년 이하의 징역 또는 5천만원 이하의 벌금에 처한다(제39조 제3호). 또한 이용약관명시의무를 다하지 아니한 자에게는 1천만원 이하의 과태료를 부과한다(제43조 제2항 제5호).
29) 개인위치정보주체의 동의를 얻지 아니하거나 동의의 범위를 넘어 개인위치정보를 수집·이용 또는 제공한 자 및 그 정을 알고 영리 또는 부정한 목적으로 개인위치정보를 제공받은 자는 5년 이하의 징역 또는 5천만원 이하의 벌금에 처한다(제39조 제3호).

1. 위치정보사업자의 상호, 주소, 전화번호 그 밖의 연락처
2. 개인위치정보주체 및 법정대리인(제25조 제1항에 따라 법정대리인의 동의를 얻어야 하는 경우로 한정한다)의 권리와 그 행사방법
3. 위치정보사업자가 위치기반서비스사업자에게 제공하고자 하는 서비스의 내용
4. 위치정보 수집사실 확인자료의 보유근거 및 보유기간
4의2. 개인위치정보의 보유목적 및 보유기간
5. 그 밖에 개인위치정보의 보호를 위하여 필요한 사항으로서 대통령령으로 정하는 사항

※ 법 제18조 제1항 제5호에서 "대통령령이 정하는 사항"이란 개인위치정보의 수집 방법을 말한다(시행령 제22조).

한편, 위치정보사업자가 개인위치정보를 수집하는 경우에는 수집목적을 달성하기 위하여 필요한 최소한의 정보를 수집하여야 한다(제18조 제3항).[30]

2. 개인위치정보의 이용 또는 제공

위치기반서비스사업자가 개인위치정보를 이용하여 서비스를 제공하고자 하는 경우에는 미리 다음 각호의 내용을 이용약관에 명시한 후 개인위치정보주체의 동의를 얻어야 한다(제19조 제1항).[31]

1. 위치기반서비스사업자의 상호, 주소, 전화번호 그 밖의 연락처
2. 개인위치정보주체 및 법정대리인(제25조 제1항에 따라 법정대리인의 동의를 얻어야 하는 경우로 한정한다)의 권리와 그 행사방법
3. 위치기반서비스사업자가 제공하고자 하는 위치기반서비스의 내용
4. 위치정보 이용·제공사실 확인자료의 보유근거 및 보유기간
4의2. 개인위치정보의 보유목적 및 보유기간
5. 그 밖에 개인위치정보의 보호를 위하여 필요한 사항으로서 대통령령으로 정하는 사항

---

30) 이 규정을 위반하여 개인위치정보를 수집한 자에게는 1천만원 이하의 과태료를 부과한다(제43조 제2항 제6호).
31) 이용약관명시의무를 다하지 아니한 자에게는 1천만원 이하의 과태료를 부과한다(제43조 제2항 제5호).

※ 법 제19조 제1항 제5호에서 "대통령령이 정하는 사항"이란 법 제19조 제3항에 따른 통보에 관한 사항을 말한다(시행령 제23조).

또한 위치기반서비스사업자가 개인위치정보를 개인위치정보주체가 지정하는 제3자에게 제공하는 서비스를 하고자 하는 경우에는 제1항 각호의 내용을 이용약관에 명시한 후 제공받는 자 및 제공목적을 개인위치정보주체에게 고지하고 동의를 얻어야 한다(제19조 제2항). 이때 위치기반서비스사업자가 개인위치정보를 개인위치정보주체가 지정하는 제3자에게 제공하는 경우에는 매회 개인위치정보주체에게 제공받는 자, 제공일시 및 제공목적을 즉시 통보하여야 한다(동조 제3항). 다만, 위치기반서비스사업자는 대통령령(시행령 제24조 참조)으로 정하는 바에 따라 개인위치정보주체의 동의를 받은 경우에는 최대 30일의 범위에서 대통령령(시행령 제24조 참조)으로 정하는 횟수 또는 기간 등의 기준에 따라 모아서 통보할 수 있다(동조 제4항).

한편, 개인위치정보주체는 위의 동의를 하는 경우 개인위치정보의 이용·제공목적, 제공받는 자의 범위 및 위치기반서비스의 일부와 개인위치정보주체에 대한 통보방법에 대하여 동의를 유보할 수 있다(동조 제5항).[32]

3. 위치정보사업자의 개인위치정보 제공 등

개인위치정보주체의 동의를 얻은 위치기반서비스사업자는 제19조 제1항 또는 제2항의 이용 또는 제공목적을 달성하기 위하여 해당 개인위치정보를 수집한 위치정보사업자에게 해당 개인위치정보의 제공을 요청할 수 있다. 이 경우 위치정보사업자는 정당한 사유없이 제공을 거절하여서는 아니된다(제20조 제1항).[33] 이때 위치정보사업자가 위치기반서비스사업자에게 개인위치정보를 제공하는 절

---

32) 제19조 제1항·제2항·제5항을 위반하여 개인위치정보주체의 동의를 얻지 아니하거나 동의의 범위를 넘어 개인위치정보를 수집·이용 또는 제공한 자 및 그 정을 알고 영리 또는 부정한 목적으로 개인위치정보를 제공받은 자는 5년 이하의 징역 또는 5천만원 이하의 벌금에 처한다(제39조 제3호). 또한 제2항부터 제4항까지의 규정을 위반하여 고지 또는 통보를 하지 아니한 자에게는 1천만원 이하의 과태료를 부과한다(제43조 제2항 제7호).
33) 개인위치정보의 제공을 거절한 자에게는 2천만원 이하의 과태료를 부과한다(제43조 제1항 제4호).

차 및 방법에 대하여는 대통령령으로 정한다(동조 제2항).

4. 개인위치정보등의 이용·제공의 제한 등

위치정보사업자등은 개인위치정보주체의 동의가 있거나 다음 각 호의 어느
하나에 해당하는 경우를 제외하고는 개인위치정보 또는 위치정보 수집·이용·제
공사실 확인자료를 제18조 제1항 및 제19조 제1항·제2항에 의하여 이용약관에
명시 또는 고지한 범위를 넘어 이용하거나 제3자에게 제공하여서는 아니된다(제
21조).[34]

1. 위치정보 및 위치기반서비스 등의 제공에 따른 요금정산을 위하여 위치정보 수
   집·이용·제공사실 확인자료가 필요한 경우
2. 통계작성, 학술연구 또는 시장조사를 위하여 특정 개인을 알아볼 수 없는 형태로
   가공하여 제공하는 경우

5. 개인위치정보 처리방침의 공개

개인위치정보사업자등은 「개인정보 보호법」 제30조에 따라 개인정보 처리방
침을 수립하여 공개하는 경우 해당 개인정보 처리방침에 다음 각 호의 사항을 포
함하여야 한다(제21조의2).[35]

---

34) 이를 위반하여 이용약관에 명시하거나 고지한 범위를 넘어 개인위치정보를 이용하거나 제
   3자에게 제공한 자는 5년 이하의 징역 또는 5천만원 이하의 벌금에 처한다(제39조 제4호).

1. 개인위치정보의 처리목적 및 보유기간
2. 개인위치정보 수집·이용·제공사실 확인자료의 보유근거 및 보유기간
3. 개인위치정보의 파기 절차 및 방법
4. 개인위치정보의 제3자 제공에 관한 사항
5. 그 밖에 개인위치정보의 처리에 관하여 대통령령으로 정하는 사항

※ 법 제21조의2 제5호에서 "대통령령으로 정하는 사항"이란 다음 각 호의 사항을
   말한다(시행령 제25조의2).
   1. 법 제19조 제3항에 따른 통보에 관한 사항
   2. 법 제26조 제1항에 따른 보호의무자의 권리·의무와 그 행사방법에 관한 사항
   3. 위치정보관리책임자의 성명, 전화번호 등 연락처나 개인위치정보의 보호업무
      및 관련 고충사항을 처리하는 부서의 명칭, 전화번호 등 연락처

6. 사업의 양도 등의 통지

위치정보사업자등으로부터 사업의 전부 또는 일부의 양도·합병 또는 상속
등(이하 "양도등"이라 한다)으로 그 권리와 의무를 이전받은 자는 30일 이내에 다음
각호의 사항을 대통령령(시행령 제26조 제1항·제2항 참조)으로 정하는 바에 의하여
개인위치정보주체에게 통지하여야 한다(제22조).[36]

1. 사업의 전부 또는 일부의 양도등의 사실
2. 위치정보사업자등의 권리와 의무를 승계한 자의 성명, 주소, 전화번호 그 밖의 연
   락처
3. 그 밖에 개인위치정보 보호를 위하여 필요한 사항으로서 대통령령으로 정하는 사항

※ 법 제22조 제3호에서 "대통령령이 정하는 사항"이란 다음 각 호의 사항을 말한다
   (시행령 제26조 제3항).
   1. 개인위치정보주체의 권리 및 의무에 관한 사항
   2. 개인위치정보의 보호를 위한 관리적·기술적 조치에 관한 사항

---

35) 이를 위반하여 개인위치정보 처리방침을 정하지 아니하거나 이를 공개하지 아니한 자에게
   는 1천만원 이하의 과태료를 부과한다(제43조 제2항 제7호의2).
36) 사업의 양도등의 통지를 하지 아니한 자에게는 1천만원 이하의 과태료를 부과한다(제43조
   제2항 제8호).

7. 개인위치정보의 파기 등

위치정보사업자등은 개인위치정보의 수집, 이용 또는 제공목적을 달성한 때에는 제16조 제2항에 따라 기록·보존하여야 하는 위치정보 수집·이용·제공사실 확인자료 외의 개인위치정보는 즉시 파기하여야 한다. 다만, 다른 법률에 따라 보유하여야 하거나 대통령령(시행령 제26조의2 참조)으로 정하는 정당한 사유가 있는 경우 개인위치정보를 보유할 수 있다(제23조 제1항).[37] 이 경우 위치정보사업자등은 개인위치정보를 파기하는 때에는 복구 또는 재생을 방지하기 위한 조치 등 필요한 조치를 하여야 한다(동조 제2항).[38]

또한 방송통신위원회는 소속 공무원으로 하여금 개인위치정보의 파기실태를 대통령령(시행령 제26조의2 제4항 참조)으로 정하는 바에 따라 점검하게 할 수 있다(동조 제3항). 이때 개인위치정보등의 파기실태를 점검하는 공무원은 그 권한을 표시하는 증표를 지니고 이를 관계인에게 내보여야 한다(동조 제4항). 이러한 개인위치정보의 파기 방법 및 절차 등에 관하여 필요한 사항은 대통령령으로 정한다(동조 제5항).

III. 개인위치정보주체 등의 권리

1. 개인위치정보주체의 권리 등

개인위치정보주체는 위치정보사업자등에 대하여 언제든지 제18조 제1항 및 제19조 제1항·제2항·제4항에 따른 동의의 전부 또는 일부를 철회할 수 있다(제24조 제1항). 또한 개인위치정보주체는 위치정보사업자등에 대하여 언제든지 개인위치정보의 수집, 이용 또는 제공의 일시적인 중지를 요구할 수 있다. 이 경우 위치정보사업자등은 요구를 거절하여서는 아니되며, 이를 위한 기술적 수단을 갖추어야 한다(동조 제2항).[39]

---

37) 개인위치정보를 파기하지 아니한 자는 2년 이하의 징역 또는 2천만원 이하의 벌금에 처한다(제40조의2).
38) 개인위치정보의 파기에 필요한 조치를 하지 아니한 자에게는 1천만원 이하의 과태료를 부과한다(제43조 제2항 제8호의2).
39) 일시적인 중지 요구를 거절 또는 기술적 수단을 갖추지 아니한 자에게는 2천만원 이하의

그리고 개인위치정보주체는 위치정보사업자등에 대하여 다음 각 호의 어느 하나에 해당하는 자료 등의 열람 또는 고지를 요구할 수 있고, 해당 자료 등에 오류가 있는 경우에는 그 정정을 요구할 수 있다. 이 경우 위치정보사업자등은 정당한 사유없이 요구를 거절하여서는 아니 된다(동조 제3항).[40]

---

1. 본인에 대한 위치정보 수집·이용·제공사실 확인자료
2. 본인의 개인위치정보가 이 법 또는 다른 법률의 규정에 의하여 제3자에게 제공된 이유 및 내용

한편, 위치정보사업자등은 개인위치정보주체가 동의의 전부 또는 일부를 철회한 경우에는 지체없이 수집된 개인위치정보 및 위치정보 수집·이용·제공사실 확인자료(동의의 일부를 철회하는 경우에는 철회하는 부분의 개인위치정보 및 위치정보 이용·제공사실 확인자료로 한정한다)를 파기하여야 한다(동조 제4항).[41]

2. 법정대리인의 권리

위치정보사업자등이 14세 미만의 아동으로부터 제18조 제1항, 제19조 제1항·제2항 또는 제21조에 따라 개인위치정보를 수집·이용 또는 제공하고자 하는 경우에는 그 법정대리인의 동의를 얻어야 하고, 대통령령(시행령 제26조의3 참조)으로 정하는 바에 따라 법정대리인이 동의하였는지를 확인하여야 한다(제25조 제1항).[42] 이때 제18조 제2항·제19조 제5항 및 제24조의 규정은 제1항에 따라 법정대리인이 동의를 하는 경우에 이를 준용한다. 이 경우 "개인위치정보주체"는 "법정대리인"으로 본다(동조 제2항).

과태료를 부과한다(제43조 제1항 제5호).

40) 이를 위반하여 열람, 고지 또는 정정요구를 거절한 자에게는 1천만원 이하의 과태료를 부과한다(제43조 제2항 제9호).

41) 개인위치정보 및 위치정보 수집·이용·제공사실 확인자료를 파기하지 아니한 자에게는 1천만원 이하의 과태료를 부과한다(제43조 제2항 제8호의3).

42) 법정대리인의 동의를 얻지 아니하고 개인위치정보를 수집·이용 또는 제공한 자에게는 1천만원 이하의 과태료를 부과한다(제43조 제2항 제10호).

3. 8세 이하 아동등의 보호를 위한 위치정보 이용

다음 각 호의 어느 하나에 해당하는 사람(이하 "8세 이하의 아동등"이라 한다)의 보호의무자가 8세 이하의 아동등의 생명 또는 신체의 보호를 위하여 8세 이하의 아동등의 개인위치정보의 수집·이용 또는 제공에 동의하는 경우에는 본인의 동의가 있는 것으로 본다(제26조 제1항).

---

1. 8세 이하의 아동
2. 피성년후견인
3. 「장애인복지법」 제2조 제2항 제2호에 따른 정신적 장애를 가진 사람으로서 「장애인고용촉진 및 직업재활법」 제2조 제2호에 따른 중증장애인에 해당하는 사람(「장애인복지법」 제32조에 따라 장애인 등록을 한 사람만 해당한다)

이때 동의의 요건은 대통령령으로 정한다(동조 제3항). 제18조부터 제22조까지 및 제24조의 규정은 보호의무자가 동의를 하는 경우에 이를 준용한다. 이 경우 "개인위치정보주체"는 "보호의무자"로 본다(동조 제4항).

〈참고〉시행령 제27조(8세 이하의 아동등의 보호를 위한 위치정보 이용동의의 요건)
① 법 제26조 제1항 각 호의 어느 하나에 해당하는 자(이하 "8세 이하의 아동등"이라 한다)의 생명 또는 신체의 보호를 위하여 개인위치정보의 수집·이용 또는 제공에 동의를 하려는 자는 서면동의서에 8세 이하의 아동등의 보호의무자임을 증명하는 서면을 첨부하여 위치정보사업자등에게 제출하여야 한다.
② 제1항에 따른 서면동의서에는 다음 사항을 기재하고 그 보호의무자가 기명날인 또는 서명하여야 한다.
  1. 8세 이하의 아동등의 성명, 주소 및 생년월일
  2. 보호의무자의 성명, 주소 및 연락처
  3. 개인위치정보 수집, 이용 또는 제공의 목적이 8세 이하의 아동등의 생명 또는 신체의 보호에 한정된다는 사실
  4. 동의의 연월일

한편, 8세 이하의 아동등의 보호의무자는 8세 이하의 아동등을 사실상 보호하는 자로서 다음 각 호의 어느 하나에 해당하는 자를 말한다(동조 제2항).

1. 8세 이하의 아동의 법정대리인 또는 「보호시설에 있는 미성년자의 후견 직무에 관한 법률」 제3조에 따른 후견인
2. 피성년후견인의 법정대리인
3. 제1항 제3호의 자의 법정대리인 또는 「장애인복지법」 제58조 제1항 제1호에 따른 장애인 거주시설(국가 또는 지방자치단체가 설치·운영하는 시설에 한정한다)의 장, 「정신건강증진 및 정신질환자 복지서비스 지원에 관한 법률」 제22조에 따른 정신요양시설의 장 및 같은 법 제26조에 따른 정신재활시설(국가 또는 지방자치단체가 설치·운영하는 시설로 한정한다)의 장

4. 손해배상

개인위치정보주체는 위치정보사업자등의 제15조부터 제26조까지의 규정을 위반한 행위로 손해를 입은 경우에 그 위치정보사업자등에 대하여 손해배상을 청구할 수 있다. 이 경우 그 위치정보사업자등은 고의 또는 과실이 없음을 입증하지 아니하면 책임을 면할 수 없다(제27조).

〈판례〉[1] 정보주체의 동의를 얻지 아니하고 개인의 위치정보를 수집한 경우, 그로 인하여 손해배상책임이 인정되는지는 위치정보 수집으로 정보주체를 식별할 가능성이 발생하였는지, 정보를 수집한 자가 수집된 위치정보를 열람 등 이용하였는지, 위치정보가 수집된 기간이 장기간인지, 위치정보를 수집하게 된 경위와 그 수집한 정보를 관리해 온 실태는 어떠한지, 위치정보 수집으로 인한 피해 발생 및 확산을 방지하기 위하여 어떠한 조치가 취하여졌는지 등 여러 사정을 종합적으로 고려하여 구체적 사건에 따라 개별적으로 판단하여야 한다.
　　[2] 甲 외국법인은 휴대폰 등을 제조하여 판매하는 다국적 기업이고, 乙 유한회사는 甲 법인이 제작한 휴대폰 등을 국내에 판매하고 사후관리 등을 하는 甲 법인의 자회사인데, 甲 법인이 출시한 휴대폰 등에서 사용자가 위치서비스 기능을 "끔"으로 설정하였음에도 甲 법인이 휴대폰 등의 위치정보와 사용자의 개인위치정보를 수집하는 버그가 발생하자, 甲 법인과 乙 회사로부터 휴대폰 등을 구매한 후이를 사용하는 丙 등이 손해배상을 구한 사안에서, 휴대폰 등으로부터 전송되는 정보만으로는 해당 통신기지국 등의 식별정보나 공인 아이피(IP)만 알 수 있을 뿐, 특정 기기나 사용자가 누구인지를 알 수는 없고, 휴대폰 등의 데이터베이스에 저장된 정보는 기기의 분실·도난·해킹 등이 발생하는 경우 외에는 외부로 유출될 가능성이 없는 점, 휴대폰 등의 사용자들은 甲 법인과 乙 회사가 위치정보를 수집하여 위치서비스제공에 이용하는 것을 충분히 알 수 있었던 점, 위 버그가 甲 법

인과 乙 회사가 휴대폰 등의 위치정보나 사용자의 개인위치정보를 침해하기 위한 목적으로 이루어진 것으로 보이지 않는 점, 甲 법인은 버그가 존재한다는 사실이 알려지자 신속하게 새로운 운영체계를 개발하여 배포하는 등 그로 인한 피해 발생이나 확산을 막기 위해 노력한 점, 수집된 위치정보나 개인위치정보가 수집목적과 달리 이용되거나 제3자에게 유출된 것으로 보이지 않는 점에 비추어, 甲 법인과 乙 회사의 위치정보 또는 개인위치정보의 수집으로 인하여 丙 등에 대한 손해배상책임이 인정된다고 보기 어렵다(대법원 2018. 5. 30. 선고 2015다251539, 251546, 251553, 251560, 251577 판결).

5. 분쟁의 조정 등

위치정보사업자등은 위치정보와 관련된 분쟁에 대하여 당사자간 협의가 이루어지지 아니하거나 협의를 할 수 없는 경우에는 방송통신위원회에 재정을 신청할 수 있다(제28조 제1항).

또한 위치정보사업자등과 이용자는 위치정보와 관련된 분쟁에 대하여 당사자간 협의가 이루어지지 아니하거나 협의를 할 수 없는 경우에는 「개인정보 보호법」 제40조에 따른 개인정보분쟁조정위원회에 조정을 신청할 수 있다(동조 제2항).

제 4 절 긴급구조를 위한 개인위치정보 이용

1. 긴급구조를 위한 개인위치정보의 이용

(1) 긴급구조를 위한 요청

「재난 및 안전관리 기본법」 제3조 제7호에 따른 긴급구조기관(이하 "긴급구조기관"이라 한다)은 급박한 위험으로부터 생명·신체를 보호하기 위하여 개인위치정보주체, 개인위치정보주체의 배우자, 개인위치정보주체의 2촌 이내의 친족 또는 「민법」 제928조에 따른 미성년후견인(이하 "배우자등"이라 한다)의 긴급구조요청이 있는 경우 긴급구조 상황 여부를 판단하여 위치정보사업자에게 개인위치정보의 제공을 요청할 수 있다. 이 경우 배우자등은 긴급구조 외의 목적으로 긴급구조요청을 하여서는 아니 된다(제29조 제1항).[43]

또한 「국가경찰과 자치경찰의 조직 및 운영에 관한 법률」에 따른 경찰청·시·도경찰청·경찰서(이하 "경찰관서"라 한다)는 위치정보사업자에게 다음 각 호의 어느 하나에 해당하는 개인위치정보의 제공을 요청할 수 있다. 다만, 제1호에 따라 경찰관서가 다른 사람의 생명·신체를 보호하기 위하여 구조를 요청한 자(이하 "목격자"라 한다)의 개인위치정보를 제공받으려면 목격자의 동의를 받아야 한다(동조 제2항). 다만, 다른 사람이 경찰관서에 구조를 요청한 경우 경찰관서는 구조받을 사람의 의사를 확인하여야 한다(동조 제3항).

---

1. 생명·신체를 위협하는 급박한 위험으로부터 자신 또는 다른 사람 등 구조가 필요한 사람(이하 "구조받을 사람"이라 한다)을 보호하기 위하여 구조를 요청한 경우 구조를 요청한 자의 개인위치정보
2. 구조받을 사람이 다른 사람에게 구조를 요청한 경우 구조받을 사람의 개인위치정보
3. 「실종아동등의 보호 및 지원에 관한 법률」 제2조 제2호에 따른 실종아동등(이하 "실종아동등"이라 한다)의 생명·신체를 보호하기 위하여 같은 법 제2조 제3호에 따른 보호자(이하 "보호자"라 한다)가 실종아동등에 대한 긴급구조를 요청한 경우 실종아동등의 개인위치정보

〈참고〉시행령 제28조의2(구조받을 사람의 의사확인 방법 등) ① 법 제29조 제3항에 따라 경찰관서는 구조받을 사람의 의사를 다음 각 호의 어느 하나에 해당하는 방법으로 확인하여야 한다.
1. 구조받을 사람이 사전에 경찰관서나 위치정보사업자에게 긴급구조 상황 발생 시 자신을 대신하여 경찰관서에 신고할 수 있는 사람을 알리고, 자신의 개인위치정보의 제공에 대하여 동의한 경우에는 그 사실을 확인하는 방법
2. 구조받을 사람이 다른 사람에게 구조를 요청하는 음성 또는 문자 메시지 등을 전송한 경우에는 그 사실을 확인하는 방법
3. 제1호 및 제2호 외의 경우에는 경찰관서가 직접 구조받을 사람에게 연락하여 그 의사를 확인하는 방법
② 제1항 각 호의 방법에 따른 의사확인은 위치정보사업자에게 개인위치정보의 제공을 요청하기 전에 하여야 한다. 다만, 제1항 제3호의 방법에 따른 의사확인은 구조받을 사람의 생명·신체에 대한 뚜렷한 위험을 초래할 우려가 있는 경우 개인위치정보의 제공을 요청한 후에 할 수 있다.

---

43) 긴급구조요청을 허위로 한 자에게는 1천만원 이하의 과태료를 부과한다(제43조 제2항 제11호). 한편, 제43조 제2항 제11호에 따른 과태료는 대통령령으로 정하는 바에 따라 긴급구조기관의 장 또는 경찰관서의 장이 부과·징수한다(제43조 제8항).

③ 개인위치정보주체는 언제든지 제1항 제1호에 따른 동의를 철회할 수 있다. 이 경우 경찰관서와 위치정보사업자는 관련 정보를 지체 없이 파기하여야 한다.

④ 경찰관서는 제1항 제1호의 방법에 따른 의사확인 업무를 전자적으로 처리하기 위한 정보시스템을 구축·운영하고, 위치정보사업자와 공동으로 활용할 수 있다.

⑤ 경찰관서는 제4항에 따른 정보시스템을 구축·운영할 때에는 정보시스템에 접속할 수 있는 자를 업무수행에 필요한 최소한의 인원으로 제한하여야 하고, 개인정보의 누설, 변조, 훼손 등의 방지와 권한이 없는 자의 접근 방지를 위한 안전장치를 하여야 한다.

이때 경찰관서는 개인위치정보의 제공을 요청한 때에는 다음 각 호의 사항을 대통령령(시행령 제30조의2 참조)으로 정하는 바에 따라 보관하여야 하며, 해당 개인위치정보주체가 수집된 개인위치정보에 대한 확인, 열람, 복사 등을 요청하는 경우에는 지체 없이 그 요청에 따라야 한다(동조 제9항).

1. 요청자
2. 요청 일시 및 목적
3. 위치정보사업자로부터 제공받은 내용
4. 개인위치정보 수집에 대한 동의(제2항 단서로 한정한다)

(2) 긴급구조요청의 방법 등

위의 긴급구조요청은 공공질서의 유지와 공익증진을 위하여 부여된 대통령령으로 정하는 특수번호 전화서비스를 통한 호출로 한정한다(제29조 제4항). 이때 긴급구조기관 및 경찰관서는 위의 요청을 할 때 요청을 받은 위치정보사업자가 활용하는 각각의 측위 방식에 의하여 수집되는 개인위치정보를 전부 또는 일부 요청할 수 있고, 이 경우 요청을 받은 위치정보사업자는 해당 개인위치정보주체의 동의 없이 개인위치정보를 수집할 수 있으며, 개인위치정보주체의 동의가 없음을 이유로 긴급구조기관 또는 경찰관서의 요청을 거부하여서는 아니 된다(동조 제5항).[44]

---

44) 긴급구조기관 또는 경찰관서의 요청을 거부한 자는 1년 이하의 징역 또는 2천만원 이하의 벌금에 처한다(제41조 제5호).

※ 법 제29조 제4항에서 "대통령령으로 정하는 특수번호"란 「전기통신사업법」 제48조에 따른 전기통신번호 관리계획에 따라 부여하는 다음 각 호의 특수번호를 말한다(제29조).

1. 화재·구조·구급 등 긴급한 민원사항(제2호에 해당되는 사항은 제외한다) 신고용 특수번호: 119
2. 해양에서의 사고 등 긴급한 민원사항 신고용 특수번호: 122
3. 범죄 피해 등으로부터의 구조 등 긴급한 민원사항 신고용 특수번호: 112

또한 긴급구조기관, 경찰관서 및 위치정보사업자는 개인위치정보를 요청하거나 제공하는 경우 그 사실을 해당 개인위치정보주체에게 즉시 통보하여야 한다. 다만, 즉시 통보가 개인위치정보주체의 생명·신체에 대한 뚜렷한 위험을 초래할 우려가 있는 경우에는 그 사유가 소멸한 후 지체 없이 통보하여야 한다(제29조 제6항).[45]

그리고 긴급구조기관은 태풍, 호우, 화재, 화생방사고 등 재난 또는 재해의 위험지역에 위치한 개인위치정보주체에게 생명 또는 신체의 위험을 경보하기 위하여 대통령령(시행령 제30조 참조)으로 정하는 바에 따라 위치정보사업자에게 경보발송을 요청할 수 있으며, 요청을 받은 위치정보사업자는 위험지역에 위치한 개인위치정보주체의 동의가 없음을 이유로 경보발송을 거부하여서는 아니 된다(동조 제7항).[46] 제1항 및 제2항에 따른 긴급구조요청, 제3항에 따른 의사확인, 제7항에 따른 경보발송의 방법 및 절차에 필요한 사항은 대통령령(시행령 제28조, 제28조의2, 제30조 참조)으로 정한다(동조 제10항).

(3) 개인정보의 목적 외 사용금지 등

긴급구조기관 및 경찰관서와 긴급구조업무에 종사하거나 종사하였던 사람은 긴급구조 목적으로 제공받은 개인위치정보를 긴급구조 외의 목적에 사용하여서는 아니 된다(동조 제8항).[47]

---

45) 이를 위반하여 개인위치정보의 제공사실을 통보하지 아니한 자에게는 1천만원 이하의 과태료를 부과한다(제43조 제2항 제12호).
46) 경보발송을 거부한 자는 1년 이하의 징역 또는 2천만원 이하의 벌금에 처한다(제41조 제5호).
47) 개인위치정보를 긴급구조 외의 목적에 사용한 자는 5년 이하의 징역 또는 5천만원 이하의

또한 긴급구조기관 및 경찰관서는 위의 긴급구조를 위하여 제공받은 개인위치정보를 제3자에게 알려서는 아니 된다. 다만, 다음 각 호의 경우에는 그러하지 아니하다(동조 제11항).[48]

---

1. 개인위치정보주체의 동의가 있는 경우
2. 긴급구조 활동을 위하여 불가피한 상황에서 긴급구조기관 및 경찰관서에 제공하는 경우

---

2. 개인위치정보의 요청 및 방식 등

(1) 개인위치정보의 요청 및 방식 등

긴급구조기관 및 경찰관서는 위의 긴급구조를 위해 위치정보사업자에게 개인위치정보를 요청할 경우 위치정보시스템을 통한 방식으로 요청하여야 하며, 위치정보사업자는 긴급구조기관 및 경찰관서로부터 요청을 받아 개인위치정보를 제공하는 경우 위치정보시스템을 통한 방식으로 제공하여야 한다(제30조 제1항).

또한 긴급구조기관 및 경찰관서는 국회 행정안전위원회에, 위치정보사업자는 국회 과학기술정보방송통신위원회에 제1항 및 제29조 제11항에 따른 개인위치정보의 요청 및 제공에 관한 자료를 매 반기별로 보고하여야 한다. 다만, 제1항에 따른 요청 및 제공에 관한 자료와 제29조 제11항에 따른 요청 및 제공에 관한 자료는 구분하여 보고하여야 한다(동조 제2항). 이때 긴급구조기관 및 경찰관서의 요청과 보고에 필요한 사항은 대통령령(시행령 제30조의4 참조)으로 정한다(동조 제3항).

(2) 가족관계 등록전산정보의 이용

긴급구조기관은 제29조 제1항에 따른 긴급구조요청을 받은 경우 긴급구조요청자와 개인위치정보주체 간의 관계를 확인하기 위하여 「가족관계의 등록 등에 관한 법률」 제11조 제6항에 따른 등록전산정보자료의 제공을 법원행정처장에게

벌금에 처한다(제39조 제5호).
48) 개인위치정보주체의 동의를 받지 아니하거나 긴급구조 외의 목적으로 개인위치정보를 제공하거나 제공받은 자는 5년 이하의 징역 또는 5천만원 이하의 벌금에 처한다(제39조 제6호).

요청할 수 있다(제30조의2).

3. 비용의 감면

위치정보사업자는 경보발송을 하거나 긴급구조기관 또는 경찰관서에 개인위치정보를 제공할 경우 비용을 감면할 수 있다(제31조).

4. 통계자료의 제출 등

위치정보사업자는 제29조 제7항에 따른 경보발송 및 제30조 제1항에 따른 개인위치정보의 제공에 관한 통계자료를 매 반기별로 국회 과학기술정보방송통신위원회와 방송통신위원회에 각각 제출하여야 한다(제32조 제1항). 이때 통계자료의 제출 방법 등에 필요한 사항은 대통령령(시행령 제30조의5 참조)으로 정한다(동조 제2항).[49]

제5절 위치정보의 이용기반 조성 등

1. 기술개발의 추진 등

과학기술정보통신부장관 또는 방송통신위원회는 위치정보의 수집, 이용 또는 제공과 관련된 기술 및 기기의 개발을 효율적으로 추진하기 위하여 대통령령으로 정하는 관련 연구기관으로 하여금 연구개발, 기술협력, 기술이전 또는 기술지도 등(이하 이 조에서 "연구개발등"이라 한다)의 사업을 하게 할 수 있다. 이 경우 과학기술정보통신부장관 또는 방송통신위원회는 관계중앙행정기관의 장과 협의를 거쳐야 한다(제33조 제1항).

> 〈참고〉 시행령 제31조(연구기관의 범위 등) 과학기술정보통신부장관 또는 방송통신위원회가 법 제33조 제1항에 따라 연구개발등의 사업을 하게 할 수 있는 연구기관은 다음 각 호와 같다.

---

49) 통계자료를 제출하지 아니한 자에게는 5백만원 이하의 과태료를 부과한다(제43조 제3항 제2호).

1. 「지능정보화 기본법」 제12조에 따른 한국지능정보사회진흥원
2. 「정보통신산업 진흥법」 제26조에 따른 정보통신산업진흥원
3. 「정보통신망 이용촉진 및 정보보호 등에 관한 법률」 제52조에 따른 한국인터넷진흥원
4. 「과학기술분야 정부출연연구기관 등의 설립·운영 및 육성에 관한 법률」 제8조 제1항에 따른 한국전자통신연구원
5. 그 밖에 정보통신망에 관한 기술 및 기기의 개발을 그 설립목적으로 하여 설립된 연구기관으로서 과학기술정보통신부장관 또는 방송통신위원회가 정하여 고시하는 연구기관

또한 과학기술정보통신부장관 또는 방송통신위원회는 연구개발등의 사업을 실시하는 연구기관에 대하여 소요 비용의 전부 또는 일부를 지원할 수 있다(동조 제2항).

2. 표준화의 추진

과학기술정보통신부장관과 방송통신위원회는 관계중앙행정기관의 장과 협의를 거쳐 위치정보의 보호 및 이용을 위한 위치정보의 수집·이용 또는 제공에 관한 표준을 정하여 고시할 수 있다. 다만, 「산업표준화법」 제12조에 따른 한국산업표준이 제정되어 있는 사항에 대하여는 그 표준에 따른다(제34조 제1항). 이때 표준화의 대상은 다음 각 호와 같다(동조 제3항). 표준화의 방법 및 절차 등에 관하여 필요한 사항은 대통령령(시행령 제32조 참조)으로 정한다(동조 제4항).

1. 위치정보의 보호 및 인증 관련 기술
2. 위치정보의 수집, 저장, 관리 및 제공 관련 기술
3. 긴급구조와 그 밖의 공공서비스 관련 기술
4. 그 밖에 위치정보의 보호 및 이용 관련 기반 기술

또한 과학기술정보통신부장관과 방송통신위원회는 위치정보사업자등 또는 위치정보와 관련된 제품을 제조하거나 공급하는 자에게 제1항에 따른 표준의 준수를 권고할 수 있으며(동조 제2항), 위치정보의 수집·이용 또는 제공에 관한 표준화 활동을 지원할 수 있다(동조 제5항).

3. 위치정보의 이용촉진

방송통신위원회는 관계중앙행정기관의 장과 협의를 거쳐 위치정보의 보호 및 이용을 위하여 공공, 산업, 생활 및 복지 등 각 분야에서 관련 기술 및 응용서비스의 효율적인 활용과 보급을 촉진하기 위한 사업을 대통령령으로 정하는 바에 의하여 실시할 수 있다(제35조 제1항). 방송통신위원회는 사업에 참여하는 자에게 기술 및 재정 등에 관하여 필요한 지원을 할 수 있다(동조 제2항).

4. 한국위치정보산업협회

위치정보사업 및 위치정보기반서비스사업과 관련된 사업을 경영하는 자는 위치정보산업의 발전을 위하여 방송통신위원회의 인가를 받아 한국위치정보산업협회(이하 이 조에서 "협회"라 한다)를 설립할 수 있다(제35조의2 제1항). 이때 협회는 법인으로 한다(동조 제2항). 그리고 협회에 관하여 이 법에서 정한 것을 제외하고는 「민법」중 사단법인에 관한 규정을 준용한다(동조 제3항). 정부는 협회의 사업 수행을 위하여 예산의 범위에서 필요한 지원을 할 수 있다(동조 제4항). 이러한 협회의 인가 절차, 사업 및 감독 등에 관하여 필요한 사항은 대통령령으로 정한다(동조 제5항).

〈**참고**〉 시행령 제33조의2(한국위치정보산업협회의 설립인가 등) ① 방송통신위원회가 법 제35조의2 제1항에 따른 한국위치정보산업협회(이하 이 조에서 "한국위치정보산업협회"라 한다)의 설립을 인가한 경우에는 그 사실을 방송통신위원회의 인터넷 홈페이지에 공고해야 한다.
② 한국위치정보산업협회는 위치정보산업에 관한 다음 각 호의 사업을 수행한다.
　1. 위치정보산업에 관한 연구 및 제도 개선의 건의
　2. 위치정보 보호를 위한 자율규제에 관한 연구 및 지원
　3. 위치정보 보호를 위한 인력양성 지원
　4. 위치정보산업 관련 현황 조사 및 통계 작성
　5. 위치정보산업에 관한 기술동향 조사 및 신기술 보급 활동
　6. 위치정보산업에 관한 국제협력 및 해외진출 지원
　7. 위치정보 보호에 필요한 기술 연구
　8. 법 제30조 제1항에 따른 개인위치정보 제공의 지원
　9. 그 밖에 위치정보산업의 발전과 한국위치정보산업협회의 설립목적 달성에 필요

한 사업
③ 방송통신위원회는 한국위치정보산업협회의 지도·감독을 위하여 필요한 경우 한국
위치정보산업협회에 다음 각 호의 자료를 제출하여 줄 것을 요청할 수 있다.
　1. 사업계획서 또는 사업실적서
　2. 예산서 또는 결산보고서
　3. 제2항 각 호의 사업 수행과 관련된 자료

제 6 절　보칙

1. 자료 제출 요구 및 검사

　　방송통신위원회는 다음 각 호의 어느 하나에 해당하는 경우에는 위치정보사
업자등에게 관계 물품·서류 등 필요한 자료의 제출을 요구할 수 있다(제36조 제1
항).50)

1. 이 법에 위반되는 사항을 발견하거나 혐의가 있음을 알게 된 경우
2. 이 법 위반에 대한 신고를 받거나 민원이 접수된 경우
3. 그 밖에 위치정보의 보호를 위하여 필요한 경우로서 대통령령으로 정하는 경우

　※ 법 제36조 제1항 제3호에서 "대통령령으로 정하는 경우"란 위치정보의 유출 등
　　개인 또는 이동성이 있는 물건의 소유자의 위치정보에 대한 권리 또는 이익을 침
　　해하는 사건·사고가 발생하였거나 발생할 가능성이 높은 경우를 말한다(시행령
　　제34조).

　　또한 방송통신위원회는 위치정보사업자등이 위의 자료를 제출하지 아니하거
나 이 법을 위반한 사실이 있다고 인정되면 소속 공무원으로 하여금 위치정보사
업자등의 사업장 등에 출입하여 업무상황, 관계 물품·서류 및 시설·장비 등을 검
사하게 할 수 있다. 이 경우 제16조 제4항을 준용한다(제36조 제2항).51)

---

50) 이를 위반하여 관계 물품·서류 등을 제출하지 아니하거나 거짓으로 제출한 자(제38조의3
　　에 따라 준용되는 자를 포함한다)에게는 1천만원 이하의 과태료를 부과한다(제43조 제2항
　　제13호).
51) 검사를 정당한 사유 없이 거부·방해 또는 기피한 자(제38조의3에 따라 준용되는 자를 포

그리고 방송통신위원회는 제5조에 따른 개인위치정보를 대상으로 하는 위치정보사업의 등록 등의 사항에 대하여 대통령령으로 정하는 바에 따라 연 1회 이상 정기적으로 실태를 점검하여야 한다. 이 경우 개인위치정보사업자에게 관계 물품·서류 등 필요한 자료의 제출을 요구할 수 있다(동조 제3항).[52] 이때 방송통신위원회는 실태 정기점검을 위하여 필요하다고 인정하면 소속 공무원으로 하여금 개인위치정보사업자의 사업장 등에 출입하여 업무상황, 관계 물품·서류 및 시설·장비 등을 검사하게 할 수 있다. 이 경우 제16조 제4항을 준용한다(동조 제4항).[53]

2. 시정조치 등

방송통신위원회는 이 법을 위반한 자에게 해당 위반행위의 중지 등 위반행위의 시정에 필요한 조치를 명할 수 있으며, 시정조치의 명령을 받은 자에게 시정조치의 명령을 받은 사실을 공표할 것을 명할 수 있다. 이 경우 공표의 방법·기준 및 절차 등에 관하여 필요한 사항은 대통령령으로 정한다(제36조의2 제1항).[54] 또한 방송통신위원회는 시정조치를 명한 경우에는 시정조치를 명한 사실을 공개할 수 있다. 이 경우 공개의 방법·기준 및 절차 등에 관하여 필요한 사항은 대통령령(시행령 제37조 참조)으로 정한다(동조 제2항).

〈참고〉 시행령 제36조(시정조치의 명령을 받은 사실의 공표) ① 방송통신위원회가 법 제36조의2 제1항에 따라 시정조치의 명령을 받은 사실의 공표를 명하려는 경우에는 다음 각 호의 사항을 고려하여 공표의 내용·횟수·매체와 지면의 크기 등을 정하여 명해야 한다.
  1. 위반행위의 내용 및 정도
  2. 위반행위의 기간 및 횟수
② 방송통신위원회는 제1항에 따라 시정조치의 명령을 받은 사실의 공표를 명할 때에

함한다)에게는 1천만원 이하의 과태료를 부과한다(제43조 제2항 제14호).
52) 관계 물품·서류 등을 제출하지 아니하거나 거짓으로 제출한 자(제38조의3에 따라 준용되는 자를 포함한다)에게는 1천만원 이하의 과태료를 부과한다(제43조 제2항 제13호).
53) 검사를 정당한 사유 없이 거부·방해 또는 기피한 자(제38조의3에 따라 준용되는 자를 포함한다)에게는 1천만원 이하의 과태료를 부과한다(제43조 제2항 제14호).
54) 방송통신위원회로부터 받은 시정조치의 명령 또는 공표명령을 이행하지 아니한 자에게는 1천만원 이하의 과태료를 부과한다(제43조 제2항 제15호).

는 그 공표 대상자에게 미리 그 문안(文案) 등에 관하여 방송통신위원회와 협의하
도록 할 수 있다.

③ 제1항 및 제2항에서 규정한 사항 외에 시정조치의 명령을 받은 사실의 공표에 필
요한 세부사항은 방송통신위원회가 정하여 고시한다.

3. 권한의 위임 및 위탁

이 법에 따른 방송통신위원회의 권한은 그 일부를 대통령령으로 정하는 바에
따라 그 소속 기관의 장에게 위임할 수 있다(제38조 제1항).

또한 이 법에 따른 방송통신위원회의 다음 각 호의 업무는 그 일부를 대통령
령(시행령 제37조의2 참조)으로 정하는 바에 따라 「정보통신망 이용촉진 및 정보보
호 등에 관한 법률」 제52조에 따른 한국인터넷진흥원 또는 「방송통신발전 기본
법」 제34조에 따른 한국정보통신기술협회에 위탁할 수 있다(동조 제2항).

1. 제16조 제3항에 따른 기술적·관리적 조치의 내용 및 기록의 보존실태 점검에 관
   한 업무(기술적 지원업무로 한정한다)
2. 제23조 제3항에 따른 개인위치정보 파기실태 점검에 관한 업무
3. 제34조에 따른 표준화의 추진에 관한 업무
4. 제36조 제1항부터 제4항까지에 따른 자료제출 요구 및 검사에 관한 업무(기술적
   지원업무로 한정한다)

4. 벌칙 적용에서 공무원 의제

벌칙 적용에서 공무원 의제는 방송통신위원회가 제38조 제2항에 따라 위탁
한 업무에 종사하는 한국인터넷진흥원 또는 한국정보통신기술협회의 임직원은
「형법」 제129조부터 제132조까지의 규정에 따른 벌칙을 적용할 때에는 공무원으
로 본다(제38조의2).

[탐정으로서 검토할 점]

1. 탐정업무를 위한 위치정보의 활용 방안의 모색: 실종자 찾기 등의 탐정업무를 수행함에 있어서 효율성을 높이기 위하여 조사대상자의 위치정보의 확인은 필수적인 요소이지만 법에 근거하지 않은 위치추적장치의 설치 등은 위치정보의 보호 및 이용 등에 관한 법률위반이 되므로 동법을 위반하지 않는 범위 내에서 위치정보를 활용할 수 있는 방안을 모색할 필요가 있다. 특히, 사람을 찾기 위한 무리한 추적행위는 스토킹범죄가 성립하여 처벌될 수도 있으므로 주의를 요한다.

2. 탐정업의 활성화를 위하여 위치기반서비스의 활용 확대 방안의 탐색: 개인정보를 이용한 위치기반서비스는 날로 고도화·다양화되고 있으므로 탐정업무를 수행함에 있어서도 이러한 기술개발을 활용할 수 있는 방안을 강구할 필요가 있다.

제 6 장

변호사법

제 6 장
변호사법

동법은 1949년 11월 7일 제정(법률 제63호, 1949. 11. 7. 시행)된 후, 수차례의 개정을 거쳐 현재에 이르고 있다. 동법은 전문 117개조, 부칙으로 구성되어 있다 (법률 제17828호, 2021. 1. 5. 일부개정, 시행 2021. 1. 5.).

제1장	변호사의 사명과 직무	제1조 – 제3조
제2장	변호사의 자격	제4조 – 제6조
제3장	변호사의 등록과 개업	제7조 – 제20조
제4장	변호사의 권리와 의무	제21조 – 제39조
제5장	법무법인	제40조 – 제58조
제5장의2	법무법인(유한)	제58조의2 – 제58조의17
제5장의3	법무조합	제58조의18 – 제58조의31
제6장	삭제	제59조 – 제63조(삭제)
제7장	지방변호사회	제64조 – 제77조의2
제8장	대한변호사협회	제78조 – 제87조
제9장	법조윤리협의회 및 수임자료 제출	제88조 – 제89조의10
제10장	징계 및 업무정지	제90조 – 제108조
제11장	벌칙	제109조 – 제117조
부칙		제1조 – 제3조

제1절 변호사의 사명과 직무

1. 변호사의 사명

변호사는 기본적 인권을 옹호하고 사회정의를 실현함을 사명으로 하며, 그 사명에 따라 성실히 직무를 수행하고 사회질서 유지와 법률제도 개선에 노력하여야 한다(제1조).

2. 변호사의 지위와 직무

변호사는 공공성을 지닌 법률 전문직으로서 독립하여 자유롭게 그 직무를 수행한다(제2조).

또한 변호사는 당사자와 그 밖의 관계인의 위임이나 국가·지방자치단체와 그 밖의 공공기관(이하 "공공기관"이라 한다)의 위촉 등에 의하여 소송에 관한 행위 및 행정처분의 청구에 관한 대리행위와 일반 법률 사무를 하는 것을 그 직무로 한다(제3조).

제2절 변호사의 자격

1. 변호사의 자격

다음 각 호의 어느 하나에 해당하는 자는 변호사의 자격이 있다(제4조).

1. 사법시험에 합격하여 사법연수원의 과정을 마친 자
2. 판사나 검사의 자격이 있는 자
3. 변호사시험에 합격한 자

2. 변호사의 결격사유

다음 각 호의 어느 하나에 해당하는 자는 변호사가 될 수 없다(제5조).

1. 금고 이상의 형(刑)을 선고받고 그 집행이 끝나거나 그 집행을 받지 아니하기로 확정된 후 5년이 지나지 아니한 자
2. 금고 이상의 형의 집행유예를 선고받고 그 유예기간이 지난 후 2년이 지나지 아니한 자
3. 금고 이상의 형의 선고유예를 받고 그 유예기간 중에 있는 자
4. 탄핵이나 징계처분에 의하여 파면되거나 이 법에 따라 제명된 후 5년이 지나지 아니한 자
5. 징계처분에 의하여 해임된 후 3년이 지나지 아니한 자
6. 징계처분에 의하여 면직된 후 2년이 지나지 아니한 자
7. 공무원 재직 중 징계처분에 의하여 정직되고 그 정직기간 중에 있는 자(이 경우 정직기간 중에 퇴직하더라도 해당 징계처분에 의한 정직기간이 끝날 때까지 정직기간 중에 있는 것으로 본다)
8. 피성년후견인 또는 피한정후견인
9. 파산선고를 받고 복권되지 아니한 자
10. 이 법에 따라 영구제명된 자

제 3 절 변호사의 등록과 개업

1. 자격등록

변호사로서 개업을 하려면 대한변호사협회에 등록을 하여야 하며(제7조 제1항), 이 등록을 하려는 자는 가입하려는 지방변호사회를 거쳐 등록신청을 하여야 한다(동조 제2항).[1] 이때 지방변호사회는 이 등록신청을 받으면 해당 변호사의 자격 유무에 관한 의견서를 첨부할 수 있으며(동조 제3항), 대한변호사협회는 이 등록신청을 받으면 지체 없이 변호사 명부에 등록하고 그 사실을 신청인에게 통지하여야 한다(동조 제4항).

---

[1] 대한변호사협회에 등록을 하지 아니하고 변호사의 직무를 수행한 변호사는 3년 이하의 징역 또는 2천만원 이하의 벌금에 처한다(제112조 제4호). 또한 변호사의 자격이 없이 대한변호사협회에 그 자격에 관하여 거짓으로 신청하여 등록을 한 자는 3년 이하의 징역 또는 2천만원 이하의 벌금에 처한다(제112조 제2호).

2. 등록거부

대한변호사협회는 변호사 등록을 신청한 자가 다음 각 호의 어느 하나에 해당하면 등록심사위원회의 의결을 거쳐 등록을 거부할 수 있다. 이 경우 제4호에 해당하여 등록을 거부할 때에는 등록심사위원회의 의결을 거쳐 1년 이상 2년 이하의 등록금지기간을 정하여야 한다(제8조 제1항).

---

1. 제4조에 따른 변호사의 자격이 없는 자
2. 제5조에 따른 결격사유에 해당하는 자
3. 심신장애로 인하여 변호사의 직무를 수행하는 것이 현저히 곤란한 자
4. 공무원 재직 중의 위법행위로 인하여 형사소추(과실범으로 공소제기되는 경우는 제외한다) 또는 징계처분[파면, 해임, 면직 및 정직(해당 징계처분에 의한 정직기간이 끝나기 전인 경우에 한정한다)은 제외한다]을 받거나 그 위법행위와 관련하여 퇴직한 자로서 변호사 직무를 수행하는 것이 현저히 부적당하다고 인정되는 자
5. 제4호에 해당하여 등록이 거부되거나 제4호에 해당하여 제18조 제2항에 따라 등록이 취소된 후 등록금지기간이 지나지 아니한 자
6. 삭제

대한변호사협회는 변호사 등록을 거부한 경우 지체 없이 그 사유를 명시하여 신청인에게 통지하여야 한다(동조 제2항). 대한변호사협회가 변호사 등록신청을 받은 날부터 3개월이 지날 때까지 등록을 하지 아니하거나 등록을 거부하지 아니할 때에는 등록이 된 것으로 본다(동조 제3항). 이때 등록이 거부된 자는 위의 통지를 받은 날부터 3개월 이내에 등록거부에 관하여 부당한 이유를 소명하여 법무부장관에게 이의신청을 할 수 있다(동조 제4항). 또한 법무부장관은 이 이의신청이 이유 있다고 인정할 때에는 대한변호사협회에 그 변호사의 등록을 명하여야 한다(동조 제5항).

〈판례〉 변호사법의 변호사등록 관련 규정들의 내용과 체계에다가, 변호사등록의 '자격제도'로서의 성격, 입법자가 사회적 필요 내지 공익적 요구에 상응하여 변호사법 제8조 제1항 각호의 등록거부사유를 새롭게 추가하여 왔던 입법 연혁 등을 종합하여 보면, 변호사법 제8조 제1항 각호에서 정한 등록거부사유는 한정적 열거규정으로 봄이 타당하다(대법원 2021. 1. 28. 선고 2019다260197 판결).

---

3. 등록심사위원회

(1) 등록심사위원회의 설치

다음 각 호의 사항을 심사하기 위하여 대한변호사협회에 등록심사위원회를 둔다(제9조 제1항).

---

1. 제8조 제1항에 따른 등록거부에 관한 사항
2. 제18조 제1항·제2항에 따른 등록취소에 관한 사항

대한변호사협회의 장은 제8조 제1항, 제18조 제1항 제2호 또는 같은 조 제2항에 따라 등록거부나 등록취소를 하려면 미리 그 안건을 등록심사위원회에 회부하여야 한다(동조 제2항).

(2) 등록심사위원회의 구성

등록심사위원회는 다음 각 호의 위원으로 구성한다(제10조 제1항).

---

1. 법원행정처장이 추천하는 판사 1명
2. 법무부장관이 추천하는 검사 1명
3. 대한변호사협회 총회에서 선출하는 변호사 4명
4. 대한변호사협회의 장이 추천하는, 법학 교수 1명 및 경험과 덕망이 있는 자로서 변호사가 아닌 자 2명

등록심사위원회에 위원장 1명과 간사 1명을 두며, 위원장과 간사는 위원 중에서 호선한다(동조 제2항). 위의 위원을 추천하거나 선출할 때에는 위원의 수와 같은 수의 예비위원을 함께 추천하거나 선출하여야 한다(동조 제3항). 위원 중에 사고나 결원이 생기면 위원장이 명하는 예비위원이 그 직무를 대행하며(동조 제4항), 위원과 예비위원의 임기는 각각 2년으로 한다(동조 제5항).

(3) 등록심사위원회의 심사와 의결

등록심사위원회는 심사에 관하여 필요하다고 인정하면 당사자, 관계인 및 관

계 기관·단체 등에 대하여 사실을 조회하거나 자료 제출 또는 위원회에 출석하여 진술하거나 설명할 것을 요구할 수 있다(제11조 제1항). 이 사실 조회, 자료 제출 등을 요구받은 관계 기관·단체 등은 그 요구에 협조하여야 한다(동조 제2항). 또한 등록심사위원회는 당사자에게 위원회에 출석하여 의견을 진술하고 자료를 제출할 기회를 주어야 한다(동조 제3항).

등록심사위원회의 회의는 재적위원 과반수의 찬성으로 의결한다(제12조 제1항). 대한변호사협회는 이 등록심사위원회의 의결이 있으면 이에 따라 등록이나 등록거부 또는 등록취소를 하여야 한다(동조 제2항).

(4) 등록심사위원회의 운영규칙

등록심사위원회의 심사 절차와 운영에 관하여 필요한 사항은 대한 변호사협회가 정한다(제13조).

4. 소속 변경등록

변호사는 지방변호사회의 소속을 변경하려면 새로 가입하려는 지방변호사회를 거쳐 대한변호사협회에 소속 변경등록을 신청하여야 한다(제14조 제1항). 이때 소속이 변경된 변호사는 지체 없이 종전 소속 지방변호사회에 신고하여야 한다(동조 제2항). 이 경우 제7조 제4항(자격등록)과 제8조(등록거부)를 준용한다(동조 제3항).

5. 개업신고 등과 휴업 및 폐업

변호사가 개업하거나 법률사무소를 이전한 경우에는 지체 없이 소속 지방변호사회와 대한변호사협회에 신고하여야 한다(제15조). 또한 변호사가 일시 휴업하려면 소속 지방변호사회와 대한변호사협회에 신고하여야 하며(제16조), 변호사가 폐업하려면 소속 지방변호사회를 거쳐 대한변호사협회에 등록취소를 신청하여야 한다(제17조).

6. 등록취소 및 등록취소명령

대한변호사협회는 변호사가 다음 각 호의 어느 하나에 해당하면 변호사의 등록을 취소하여야 한다. 이 경우 지체 없이 등록취소 사유를 명시하여 등록이 취소되는 자(제1호의 경우는 제외한다)에게 통지하여야 하며, 제2호에 해당하여 변호사의 등록을 취소하려면 미리 등록심사위원회의 의결을 거쳐야 한다(제18조 제1항).

1. 사망한 경우
2. 제4조에 따른 변호사의 자격이 없거나 제5조에 따른 결격사유에 해당하는 경우
3. 제17조에 따른 등록취소의 신청이 있는 경우
4. 제19조에 따른 등록취소의 명령이 있는 경우

대한변호사협회는 변호사가 제8조 제1항 제3호·제4호에 해당하면 등록심사위원회의 의결을 거쳐 변호사의 등록을 취소할 수 있다. 이 경우 제8조 제1항 제4호에 해당하여 등록을 취소할 때에는 등록심사위원회의 의결을 거쳐 1년 이상 2년 이하의 등록금지기간을 정하여야 한다(동조 제2항). 또한 대한변호사협회는 제2항에 따라 등록을 취소하는 경우 지체 없이 그 사유를 명시하여 등록이 취소되는 자에게 통지하여야 한다(동조 제3항). 위의 등록취소의 경우에는 제8조(등록거부)제4항 및 제5항을 준용한다(동조 제4항). 지방변호사회는 소속 변호사에게 취소사유의 사유가 있다고 인정하면 지체 없이 대한변호사협회에 이를 보고하여야 한다(동조 제5항).

한편, 법무부장관은 변호사 명부에 등록된 자가 제4조에 따른 변호사의 자격이 없거나 제5조에 따른 결격사유에 해당한다고 인정하는 경우 대한변호사협회에 그 변호사의 등록취소를 명하여야 한다(제19조).

7. 보고 등

대한변호사협회는 변호사의 등록 및 등록거부, 소속 변경등록 및 그 거부, 개업, 사무소 이전, 휴업 및 등록취소에 관한 사항을 지체 없이 소속 지방변호사회에 통지하고 법무부장관에게 보고하여야 한다(제20조).

제4절 변호사의 권리와 의무

1. 법률사무소

변호사는 법률사무소를 개설할 수 있다(제21조 제1항). 변호사의 법률사무소는 소속 지방변호사회의 지역에 두어야 한다(동조 제2항). 변호사는 어떠한 명목으로도 둘 이상의 법률사무소를 둘 수 없다. 다만, 사무공간의 부족 등 부득이한 사유가 있어 대한변호사협회가 정하는 바에 따라 인접한 장소에 별도의 사무실을 두고 변호사가 주재(駐在)하는 경우에는 본래의 법률사무소와 함께 하나의 사무소로 본다(동조 제3항).[2]

2. 법률사무소 개설 요건 등

(1) 변호사시험 합격 변호사의 개설 요건

변호사시험에 합격한 변호사는 통산(通算)하여 6개월 이상 다음 각 호의 어느 하나에 해당하는 기관 등(이하 "법률사무종사기관"이라 한다)에서 법률사무에 종사하거나 연수(제6호에 한정한다)를 마치지 아니하면 단독으로 법률사무소를 개설하거나 법무법인, 법무법인(유한) 및 법무조합의 구성원이 될 수 없다. 다만, 제3호 및 제4호는 통산하여 5년 이상 「법원조직법」 제42조 제1항 각 호의 어느 하나에 해당하는 직에 있었던 자 1명 이상이 재직하는 기관 중 법무부장관이 법률사무에 종사가 가능하다고 지정한 곳에 한정한다(제21조의2 제1항).[3]

1. 국회, 법원, 헌법재판소, 검찰청
2. 「법률구조법」에 따른 대한법률구조공단, 「정부법무공단법」에 따른 정부법무공단
3. 법무법인, 법무법인(유한), 법무조합, 법률사무소, 「외국법자문사법」 제2조 제9호에 따른 합작법무법인

---

2) 변호사가 아니면서 변호사나 법률사무소를 표시 또는 기재하거나 이익을 얻을 목적으로 법률 상담이나 그 밖의 법률사무를 취급하는 뜻을 표시 또는 기재한 자는 3년 이하의 징역 또는 2천만원 이하의 벌금에 처한다(제112조 제3호).

3) 이를 위반하여 법률사무소를 개설하거나 법무법인·법무법인(유한) 또는 법무조합의 구성원이 된 자는 1년 이하의 징역 또는 1천만원 이하의 벌금에 처한다(제113조 제1호).

4. 국가기관, 지방자치단체와 그 밖의 법인, 기관 또는 단체
5. 국제기구, 국제법인, 국제기관 또는 국제단체 중에서 법무부장관이 법률사무에 종사가 가능하다고 지정한 곳
6. 대한변호사협회

대한변호사협회는 제3호에 따라 지정된 법률사무종사기관에 대하여 대한변호사협회 회칙으로 정하는 바에 따라 연수를 위탁하여 실시할 수 있다(동조 제2항). 위 변호사가 단독으로 법률사무소를 최초로 개설하거나 법무법인, 법무법인(유한) 또는 법무조합의 구성원이 되려면 법률사무종사기관에서 제1항의 요건에 해당한다는 사실을 증명하는 확인서(제6호의 연수는 제외한다)를 받아 지방변호사회를 거쳐 대한변호사협회에 제출하여야 한다(동조 제3항).[4]

한편, 대한변호사협회의 연수의 방법, 절차, 비용과 그 밖에 필요한 사항은 대한변호사협회의 회칙으로 정하고 법무부장관의 인가를 받아야 한다(동조 제9항). 법무부장관은 대통령령으로 정하는 바에 따라 대한변호사협회가 실시하는 연수과정에 대한 지원을 할 수 있다(동조 제10항).

(2) 법률사무종사기관

법률사무종사기관은 종사 또는 연수의 목적을 달성하기 위하여 종사하거나 연수를 받는 변호사의 숫자를 적정하게 하는 등 필요한 조치를 하여야 한다(제21조의2 제4항). 법무부장관은 제1항 단서에 따라 지정된 법률사무종사기관에 대하여 필요하다고 인정하면 종사 현황 등에 대한 서면조사 또는 현장조사를 실시할 수 있고, 조사 결과 원활한 법률사무 종사를 위하여 필요하다고 인정하면 개선 또는 시정을 명령할 수 있다(동조 제5항).[5] 이때 법무부장관은 이 서면조사 또는 현장조사를 대한변호사협회에 위탁하여 실시할 수 있고, 대한변호사협회의 장은 그

---

[4] 확인서를 거짓으로 작성하거나 거짓으로 작성된 확인서를 제출한 자(제31조의2 제2항에 따라 준용하는 경우를 포함한다)는 1년 이하의 징역 또는 1천만원 이하의 벌금에 처한다(제113조 제2호).

[5] 위의 개선 또는 시정 명령을 받고(제6항에 따라 위탁하여 사무를 처리하는 경우를 포함한다) 이에 따르지 아니한 자에게는 1천만원 이하의 과태료를 부과한다(제117조 제2항 제1호). 한편, 과태료는 대통령령으로 정하는 바에 따라 지방검찰청검사장이 부과·징수한다(제117조 제4항).

조사 결과를 법무부장관에게 보고하고 같은 항에 따른 개선 또는 시정을 건의할 수 있다. 이 경우 수탁 사무의 처리에 관한 사항은 대한변호사협회의 회칙으로 정하고 법무부장관의 인가를 받아야 한다(동조 제6항).

법무부장관은 제1항 단서에 따라 지정된 법률사무종사기관이 다음 각 호의 어느 하나에 해당하면 그 지정을 취소할 수 있다. 다만, 거짓이나 그 밖의 부정한 방법으로 지정받은 경우에는 취소하여야 한다(동조 제7항). 법무부장관은 이 지정을 취소하려면 청문을 실시하여야 한다(동조 제8항).

---

1. 거짓이나 그 밖의 부정한 방법으로 지정받은 경우
2. 제1항 단서의 지정 요건을 갖추지 못한 경우로서 3개월 이내에 보충하지 아니한 경우. 이 경우 제4조 제3호에 따른 변호사가 법률사무에 계속하여 종사한 경우 보충될 때까지의 기간은 법률사무종사기관에서 법률사무에 종사한 기간으로 본다.
3. 거짓으로 제3항의 확인서를 발급한 경우
4. 제5장의 개선 또는 시정 명령을 통산하여 3회 이상 받고 이에 따르지 아니한 경우

또한 제1항 단서에 따라 지정된 같은 항 제3호의 법률사무종사기관은 같은 항 대한변호사협회의 연수에 필요한 요구에 협조하여야 한다(동조 제11항). 이외에 법률사무종사기관의 지정 및 취소의 절차와 방법, 지도·감독 등 필요한 사항은 대통령령으로 정한다(동조 제12항).

3. 사무직원

변호사는 법률사무소에 사무직원을 둘 수 있다(제22조 제1항). 다만, 변호사는 다음 각 호의 어느 하나에 해당하는 자를 사무직원으로 채용할 수 없다(동조 제2항).[6]

---

1. 이 법 또는 「형법」 제129조부터 제132조까지, 「특정범죄가중처벌 등에 관한 법률」 제2조 또는 제3조, 그 밖에 대통령령으로 정하는 법률에 따라 유죄 판결을 받은 자로서 다음 각 목의 어느 하나에 해당하는 자
   가. 징역 이상의 형을 선고받고 그 집행이 끝나거나 그 집행을 받지 아니하기로 확정된 후 3년이 지나지 아니한 자

---

6) 위 제2항 제1호(제57조, 제58조의16 또는 제58조의30에 따라 준용되는 경우를 포함한다)를 위반한 자에게는 1천만원 이하의 과태료를 부과한다(제117조 제2항 제1호의2).

나. 징역형의 집행유예를 선고받고 그 유예기간이 지난 후 2년이 지나지 아니한 자
다. 징역형의 선고유예를 받고 그 유예기간 중에 있는 자
2. 공무원으로서 징계처분에 의하여 파면되거나 해임된 후 3년이 지나지 아니한 자
3. 피성년후견인 또는 피한정후견인

사무직원의 신고, 연수(研修), 그 밖에 필요한 사항은 대한변호사협회가 정한다(동조 제3항). 또한 지방변호사회의 장은 관할 지방검찰청 검사장에게 소속 변호사의 사무직원 채용과 관련하여 전과(前科) 사실의 유무에 대한 조회를 요청할 수 있으며(동조 제4항), 이 요청을 받은 지방검찰청 검사장은 전과 사실의 유무를 조회하여 그 결과를 회신할 수 있다(동조 제5항).

4. 광고

변호사·법무법인·법무법인(유한) 또는 법무조합(이하 이 조에서 "변호사등"이라 한다)은 자기 또는 그 구성원의 학력, 경력, 주요 취급 업무, 업무 실적, 그 밖에 그 업무의 홍보에 필요한 사항을 신문·잡지·방송·컴퓨터통신 등의 매체를 이용하여 광고할 수 있다(제23조 제1항). 다만, 변호사 등은 다음 각 호의 어느 하나에 해당하는 광고를 하여서는 아니 된다(동조 제2항).[7]

1. 변호사의 업무에 관하여 거짓된 내용을 표시하는 광고
2. 국제변호사를 표방하거나 그 밖에 법적 근거가 없는 자격이나 명칭을 표방하는 내용의 광고
3. 객관적 사실을 과장하거나 사실의 일부를 누락하는 등 소비자를 오도(誤導)하거나 소비자에게 오해를 불러일으킬 우려가 있는 내용의 광고
4. 소비자에게 업무수행 결과에 대하여 부당한 기대를 가지도록 하는 내용의 광고
5. 다른 변호사등을 비방하거나 자신의 입장에서 비교하는 내용의 광고
6. 부정한 방법을 제시하는 등 변호사의 품위를 훼손할 우려가 있는 광고
7. 그 밖에 광고의 방법 또는 내용이 변호사의 공공성이나 공정한 수임(受任) 질서를 해치거나 소비자에게 피해를 줄 우려가 있는 것으로서 대한변호사협회가 정하는 광고

---

7) 제1호 및 제2호를 위반하여 광고를 한 자는 1년 이하의 징역 또는 1천만원 이하의 벌금에 처한다(제113조 제3호).

변호사등의 광고에 관한 심사를 위하여 대한변호사협회와 각 지방변호사회에 광고심사위원회를 둔다(동조 제3항). 광고심사위원회의 운영과 그 밖에 광고에 관하여 필요한 사항은 대한변호사협회가 정한다(동조 제4항).

5. 변호사의 의무

(1) 품위유지의무 등

변호사는 그 품위를 손상하는 행위를 하거나(제24조 제1항), 그 직무를 수행할 때에 진실을 은폐하거나 거짓 진술을 하여서는 아니 된다(동조 제2항).

(2) 회칙준수의무 및 비밀유지의무 등

변호사는 소속 지방변호사회와 대한변호사협회의 회칙을 지켜야 한다(제25조). 또한 변호사 또는 변호사였던 자는 그 직무상 알게 된 비밀을 누설하여서는 아니 된다. 다만, 법률에 특별한 규정이 있는 경우에는 그러하지 아니하다(제26조).

(3) 공익활동 등 지정업무 처리의무

변호사는 연간 일정 시간 이상 공익활동에 종사하여야 하며(제27조 제1항), 법령에 따라 공공기관, 대한변호사협회 또는 소속 지방변호사회가 지정한 업무를 처리하여야 한다(동조 제2항). 이때 공익활동의 범위와 그 시행 방법 등에 관하여 필요한 사항은 대한변호사협회가 정한다(동조 제3항).

(4) 장부의 작성·보관의무와 수임사건의 건수 및 수임액의 보고

변호사는 수임에 관한 장부를 작성하고 보관하여야 한다(제28조 제1항). 이 장부에는 수임받은 순서에 따라 수임일, 수임액, 위임인 등의 인적사항, 수임한 법률사건이나 법률사무의 내용, 그 밖에 대통령령으로 정하는 사항을 기재하여야 한다(동조 제2항). 이 장부의 보관 방법, 보존 기간, 그 밖에 필요한 사항은 대통령령으로 정한다(동조 제3항).[8]

---

8) 장부를 작성하지 아니하거나 보관하지 아니한 자에게는 1천만원 이하의 과태료를 부과한다(제117조 제2항 제2호).

또한 변호사는 매년 1월 말까지 전년도에 처리한 수임사건의 건수와 수임액을 소속 지방변호사회에 보고하여야 한다(제28조의2).[9]

(5) 변호사선임서 등 지방변호사회 경유 및 변호인선임서 등의 미제출 변호 금지

변호사는 법률사건이나 법률사무에 관한 변호인선임서 또는 위임장 등을 공공기관에 제출할 때에는 사전에 소속 지방변호사회를 경유하여야 한다. 다만, 사전에 경유할 수 없는 급박한 사정이 있는 경우에는 변호인선임서나 위임장 등을 제출한 후 지체 없이 공공기관에 소속 지방변호사회의 경유확인서를 제출하여야 한다(제29조).[10]

그리고 변호사는 법원이나 수사기관에 변호인선임서나 위임장 등을 제출하지 아니하고는 다음 각 호의 사건에 대하여 변호하거나 대리할 수 없다(제29조의2).[11]

---

1. 재판에 계속(係屬) 중인 사건
2. 수사 중인 형사사건[내사(內査) 중인 사건을 포함한다]

---

(6) 연고 관계 등의 선전금지

변호사나 그 사무직원은 법률사건이나 법률사무의 수임을 위하여 재판이나 수사업무에 종사하는 공무원과의 연고(緣故) 등 사적인 관계를 드러내며 영향력을 미칠 수 있는 것으로 선전하여서는 아니 된다(제30조).

---

9) 이 규정(제57조, 제58조의16 또는 제58조의30에 따라 준용되는 경우를 포함한다)을 위반한 자에게는 1천만원 이하의 과태료를 부과한다(제117조 제1항 제1호의2).
10) 이 규정(제57조, 제58조의16 또는 제58조의30에 따라 준용되는 경우를 포함한다)을 위반한 자에게는 1천만원 이하의 과태료를 부과한다(제117조 제1항 제1호의2).
11) 조세를 포탈하거나 수임제한 등 관계 법령에 따른 제한을 회피하기 위하여 이 규정(제57조, 제58조의16 또는 제58조의30에 따라 준용되는 경우를 포함한다)을 위반하여 변호하거나 대리한 자는 1년 이하의 징역 또는 1천만원 이하의 벌금에 처한다(제113조 제4항).

(7) 수임제한 및 변호사시험합격자의 수임제한

변호사는 다음 각 호의 어느 하나에 해당하는 사건에 관하여는 그 직무를 수행할 수 없다. 다만, 제2호 사건의 경우 수임하고 있는 사건의 위임인이 동의한 경우에는 그러하지 아니하다(제31조 제1항).

---

1. 당사자 한쪽으로부터 상의(相議)를 받아 그 수임을 승낙한 사건의 상대방이 위임하는 사건
2. 수임하고 있는 사건의 상대방이 위임하는 다른 사건
3. 공무원·조정위원 또는 중재인으로서 직무상 취급하거나 취급하게 된 사건

위의 제1호 및 제2호를 적용할 때 법무법인·법무법인(유한)·법무조합이 아니면서도 변호사 2명 이상이 사건의 수임·처리나 그 밖의 변호사 업무 수행 시 통일된 형태를 갖추고 수익을 분배하거나 비용을 분담하는 형태로 운영되는 법률사무소는 하나의 변호사로 본다(동조 제2항).

또한 법관, 검사, 장기복무 군법무관, 그 밖의 공무원 직에 있다가 퇴직(재판연구원, 사법연수생과 병역의무를 이행하기 위하여 군인·공익법무관 등으로 근무한 자는 제외한다)하여 변호사 개업을 한 자(이하 "공직퇴임변호사"라 한다)는 퇴직 전 1년부터 퇴직한 때까지 근무한 법원, 검찰청, 군사법원, 금융위원회, 공정거래위원회, 경찰관서 등 국가기관(대법원, 고등법원, 지방법원 및 지방법원 지원과 그에 대응하여 설치된 「검찰청법」 제3조 제1항 및 제2항의 대검찰청, 고등검찰청, 지방검찰청, 지방검찰청 지청은 각각 동일한 국가기관으로 본다)이 처리하는 사건을 퇴직한 날부터 1년 동안 수임할 수 없다. 다만, 국선변호 등 공익목적의 수임과 사건당사자가 「민법」 제767조에 따른 친족인 경우의 수임은 그러하지 아니하다(동조 제3항). 이때 법원 또는 검찰청 등 국가기관의 범위, 공익목적 수임의 범위 등 필요한 사항은 대통령령(시행령 제7조의2 참조)으로 정한다(동조 제5항).

한편, 이때 수임할 수 없는 경우는 다음 각 호를 포함한다(동조 제4항).[12]

---

12) 제3호(제57조, 제58조의16 또는 제58조의30에 따라 준용되는 경우를 포함한다)에 따른 사건을 수임한 변호사는 1년 이하의 징역 또는 1천만원 이하의 벌금에 처한다(제113조 제5호).

1. 공직퇴임변호사가 법무법인, 법무법인(유한), 법무조합 또는 「외국법자문사법」 제2조 제9호에 따른 합작법무법인(이하 이 조에서 "법무법인등"이라 한다)의 담당변호사로 지정되는 경우
2. 공직퇴임변호사가 다른 변호사, 법무법인등으로부터 명의를 빌려 사건을 실질적으로 처리하는 등 사실상 수임하는 경우
3. 법무법인등의 경우 사건수임계약서, 소송서류 및 변호사의견서 등에는 공직퇴임변호사가 담당변호사로 표시되지 않았으나 실질적으로는 사건의 수임이나 수행에 관여하여 수임료를 받는 경우

또한 변호사시험 합격 변호사는 법률사무종사기관에서 통산하여 6개월 이상 법률사무에 종사하거나 연수를 마치지 아니하면 사건을 단독 또는 공동으로 수임[제50조 제1항, 제58조의16 또는 제58조의30에 따라 법무법인·법무법인(유한) 또는 법무조합의 담당변호사로 지정하는 경우나 「외국법자문사법」 제35조의20에 따라 합작법무법인의 담당변호사로 지정하는 경우를 포함한다]할 수 없다(제31조의2 제1항).[13] 변호사시험 합격 변호사가 최초로 단독 또는 공동으로 수임하는 경우에 관하여는 제21조의2 (법률사무소 개설요건 등) 제3항을 준용한다(동조 제2항).

(8) 계쟁권리의 양수 금지 및 독직행위의 금지

변호사는 계쟁권리(係爭權利)를 양수하여서는 아니 되며(제32조),[14] 수임하고 있는 사건에 관하여 상대방으로부터 이익을 받거나 이를 요구 또는 약속하여서는 아니 된다(제33조).[15]

〈용어설명〉 계쟁권리(係爭權利)란 소송 당사자들이 다루는 목적물에 대한 권리를 말한다.

---

13) 이를 위반하여 사건을 단독 또는 공동으로 수임한 자는 1년 이하의 징역 또는 1천만원 이하의 벌금에 처한다(제113조 제6호).
14) 이 규정(제57조, 제58조의16 또는 제58조의30에 따라 준용되는 경우를 포함한다)을 위반하여 계쟁권리를 양수한 자는 3년 이하의 징역 또는 2천만원 이하의 벌금에 처한다(제112조 제5호).
15) 이 규정(제57조, 제58조의16 또는 제58조의30에 따라 준용되는 경우를 포함한다)을 위반한 자는 7년 이하의 징역 또는 5천만원 이하의 벌금에 처한다. 이 경우 벌금과 징역은 병과할 수 있다(제109조 제2호).

(9) 변호사가 아닌 자와의 동업 금지 등

누구든지 법률사건이나 법률사무의 수임에 관하여 다음 각 호의 행위를 하여서는 아니 된다(제34조 제1항).

> 1. 사전에 금품·향응 또는 그 밖의 이익을 받거나 받기로 약속하고 당사자 또는 그 밖의 관계인을 특정한 변호사나 그 사무직원에게 소개·알선 또는 유인하는 행위
> 2. 당사자 또는 그 밖의 관계인을 특정한 변호사나 그 사무직원에게 소개·알선 또는 유인한 후 그 대가로 금품·향응 또는 그 밖의 이익을 받거나 요구하는 행위

변호사나 그 사무직원은 법률사건이나 법률사무의 수임에 관하여 소개·알선 또는 유인의 대가로 금품·향응 또는 그 밖의 이익을 제공하거나 제공하기로 약속하여서는 아니 된다(동조 제2항). 변호사나 그 사무직원은 제109조 제1호, 제111조 또는 제112조 제1호에 규정된 자로부터 법률사건이나 법률사무의 수임을 알선받거나 이러한 자에게 자기의 명의를 이용하게 하여서는 아니 된다(동조 제3항).16) 그리고 변호사가 아닌 자는 변호사를 고용하여 법률사무소를 개설·운영하여서는 아니 되며(동조 제4항), 변호사가 아닌 자는 변호사가 아니면 할 수 없는 업무를 통하여 보수나 그 밖의 이익을 분배받아서는 아니 된다(동조 제5항).17)

---

16) 공무원이 취급하는 사건 또는 사무에 관하여 청탁 또는 알선을 한다는 명목으로 금품·향응, 그 밖의 이익을 받거나 받을 것을 약속한 자 또는 제3자에게 이를 공여하게 하거나 공여하게 할 것을 약속한 자는 5년 이하의 징역 또는 1천만 원 이하의 벌금에 처한다. 이 경우 벌금과 징역은 병과할 수 있다(제111조 제1항). 이때 다른 법률에 따라 「형법」 제129조부터 제132조까지의 규정에 따른 벌칙을 적용할 때에 공무원으로 보는 자는 위의 공무원으로 본다(동조 제2항). 다만, 상습적으로 이 죄를 지은 자는 10년 이하의 징역에 처한다(제114조). 또한 제34조의 규정(제57조, 제58조의16 또는 제58조의30에 따라 준용되는 경우를 포함한다)을 위반한 자는 7년 이하의 징역 또는 5천만 원 이하의 벌금에 처한다. 이 경우 벌금과 징역은 병과할 수 있다(제109조 제2호). 그리고 타인의 권리를 양수하거나 양수를 가장하여 소송·조정 또는 화해, 그 밖의 방법으로 그 권리를 실행함을 업(業)으로 한 자는 3년 이하의 징역 또는 2천만 원 이하의 벌금에 처한다(제112조 제1호).
   한편, 제34조(제57조, 제58조의16 또는 제58조의30에 따라 준용되는 경우를 포함한다)를 위반하거나 제109조 제1호, 제110조, 제111조 또는 제114조의 죄를 지은 자 또는 그 사정을 아는 제3자가 받은 금품이나 그 밖의 이익은 몰수한다. 이를 몰수할 수 없을 때에는 그 가액을 추징한다(제116조).
17) 이를 위반한 자는 7년 이하의 징역 또는 5천만원 이하의 벌금에 처한다. 이 경우 벌금과 징역은 병과(倂科)할 수 있다(제109조 제2호).

■ 법률사무의 의미

〈판례 1〉 [1] 「변호사법」 제109조 제1호는 소송사건 등에 관하여 법률사무를 하는 행위에 대한 벌칙을 규정하고 있는데, 위 조문은 금지되는 법률사무의 유형으로서 감정, 대리, 중재, 화해, 청탁, 법률상담, 법률 관계 문서 작성을 나열한 다음 '그 밖의 법률사무'라는 포괄적인 문구를 두고 있다. 위 조문에서 규정한 '그 밖의 법률사무'는 법률상의 효과를 발생·변경·소멸시키는 사항의 처리와 법률상의 효과를 보전하거나 명확하게 하는 사항의 처리를 의미하는데, 직접적으로 법률상의 효과를 발생·변경·소멸·보전·명확화하는 행위는 물론이고, 위 행위와 관련된 행위도 '그 밖의 법률사무'에 해당한다.

[2] 「변호사법」 제109조 제1호는 변호사가 아닌 사람이 금품·향응 또는 그 밖의 이익을 받거나 받을 것을 약속하고 법률사무를 하는 행위에 대한 벌칙을 규정하고 있는데, 단순히 법률사무와 관련한 실비를 변상 받았을 때에는 위 조문상의 이익을 수수하였다고 볼 수 없다. 그러나 위 조문은 변호사가 아닌 사람이 유상으로 법률사무를 하는 것을 금지하는 데 입법목적이 있으므로, 법률사무의 내용, 비용의 내역과 규모, 이익 수수 경위 등 여러 사정을 종합하여 볼 때 실비변상을 빙자하여 법률사무의 대가로서 경제적 이익을 취득하였다고 볼 수 있는 경우에는, 이익 수수가 외형상 실비변상의 형식을 취하고 있더라도 그와 같이 이익을 수수하고 법률사무를 하는 행위가 변호사법 위반죄에 해당한다. 이때 일부 비용을 지출하였다고 하더라도 비용이 변호사법위반죄의 범행을 위하여 지출한 비용에 불과하다면 수수한 이익 전부를 법률사무의 대가로 보아야 하고, 이익에서 지출한 비용을 공제한 나머지 부분만을 법률사무의 대가로 볼 수는 없다(대법원 2015. 7. 9. 선고 2014도16204 판결).

〈판례 2〉 법적 분쟁에 관련되는 실체적, 절차적 사항에 관하여 조언 또는 정보를 제공하거나 그 해결에 필요한 법적, 사실상의 문제에 관하여 조언, 조력을 하는 행위는 「변호사법」 제109조 제1호의 법률상담에 해당한다. 따라서 민사소송의 당사자로부터 소송에 관한 법률적인 지원을 부탁받고 당사자를 만나 변호사선임 문제 등을 논의한 후 소송 관련 서류와 함께 착수금 명목의 금원을 교부받은 경우가 「변호사법」 제109조 제1호 위반죄에 해당한다(대법원 2005. 5. 27. 선고 2004도6676 판결).

■ 변호사 사무직원의 법률사무 취급의 적법성 여부

〈판례〉 [1] 변호사가 아니면서 금품·향응 또는 그 밖의 이익을 받거나 받을 것을 약속하고 또는 제3자에게 이를 공여하게 하거나 공여하게 할 것을 약속하고 법률사건에 관하여 감정·대리·중재·화해·청탁·법률상담 또는 법률 관계 문서 작성, 그 밖의 법률사무를 취급하거나 이러한 행위를 알선하는 「변호사법」 제109조 제1호 위반행위에서 당사자와 내용을 달리하는 법률사건에 관한 법률사무 취급은 각기 별개의 행위라고 할 것이므로, 변호사가 아닌 사람이 각기 다른 법률사건에 관한 법률사무를 취급하여 저지르는 위 변호사법위반의 각 범행은 특별한 사정이 없는 한 실체적 경합범이 되는 것이지 포괄일죄가 되는 것이 아니다.

　[2] 변호사가 자신의 명의로 개설한 법률사무소 사무직원('비변호사'를 뜻한다. 이하 같다)에게 자신의 명의를 이용하도록 함으로써 「변호사법」 제109조 제2호 위반행위를 하고, 그 사무직원이 변호사의 명의를 이용하여 법률사무를 취급함으로써 「변호사법」 제109조 제1호 위반행위를 하였는지 판단하기 위하여는, 취급한 법률사건의 최초 수임에서 최종 처리에 이르기까지의 전체적인 과정, 법률사건의 종류와 내용, 법률사무의 성격과 처리에 필요한 법률지식의 수준, 법률상담이나 법률문서 작성 등의 업무처리에 대한 변호사의 관여 여부 및 내용·방법·빈도, 사무실의 개설 과정과 사무실의 운영방식으로서 직원의 채용·관리 및 사무실의 수입금 관리의 주체·방법, 변호사와 사무직원 사이의 인적 관계, 명의 이용의 대가로 지급된 금원의 유무 등 여러 사정을 종합하여, 그 사무직원이 실질적으로 변호사의 지휘·감독을 받지 않고 자신의 책임과 계산으로 법률사무를 취급한 것으로 평가할 수 있는지를 살펴보아야 한다(대법원 2015. 1. 15. 선고 2011도14198 판결).

■ 제109조 제1항의 적용대상 여부

〈판례〉 「변호사법」 제109조 제1호와 「변호사법」 제112조 제1호의 각 규정취지와 입법 연혁, 각 문언의 내용과 형식 등을 종합하면, 변호사 아닌 자가 금품·향응 또는 그 밖의 이익을 받거나 받을 것을 약속하고 타인의 법률사건에 관한 법률사무를 처리하기 위한 방편으로 그 타인으로부터 권리를 양수한 것과 같은 외관만 갖춘 뒤 마치 자신이 권리자인 양 해당 법률사무를 취급한 경우에는 변호사법 제109조 제1호의 구성요건에 해당한다고 보아야 한다(대법원 2014. 2. 13. 선고 2013도13915 판결).

■ 알선의 의미

〈판례〉 [1] 구 변호사법(2000. 1. 28. 법률 제6207호로 전문 개정되기 전의 것) 제90조 제2호 후단에서 말하는 알선이라 함은 법률사건의 당사자와 그 사건에 관하여 대리 등의 법률사무를 취급하는 상대방 사이에서 양자 간에 법률사건이나 법률사무에 관한 위임계약 등의 체결을 중개하거나 그 편의를 도모하는 행위를 말하고, 따라서 현실적으로 위임계약 등이 성립하지 않아도 무방하며, (경찰관, 법원·검찰의 직원 등) 비변호사가 법률사건의 대리를 다른 비변호사에게 알선하는 경우는 물론 변호사에게 알선하는 경우도 이에 해당하고, 그 대가로서의 보수(이익)를 알선을 의뢰하는 자뿐만 아니라 그 상대방 또는 쌍방으로부터 받거나 받을 것을 약속한 경우도 포함하며, 이러한 보수의 지급에 관한 약속은 그 방법에 아무런 제한

이 없고 반드시 명시적임을 요하는 것도 아니다.

　　[2] 변호사인 피고인이 소개인들로부터 법률사건의 수임을 알선 받으면 그 대가를 지급하는 관행에 편승하여 사례비를 지급하고 비변호사인 소개인들로부터 법률사건의 수임을 알선 받은 경우, 소개인들과 사이에 법률사건의 알선에 대한 대가로서의 금품지급에 관한 명시적이거나 적어도 묵시적인 약속이 있었다고 봄이 상당하다(대법원 2002. 3. 15. 선고 2001도970 판결).

■ 추징대상 여부

〈판례〉구 변호사법(2000. 1. 28. 법률 제6207호로 전문 개정되기 전의 것) 제94조에 의한 필요적 추징은 같은 법 제27조의 규정 등을 위반한 사람이 그 위반행위로 인하여 취득한 부정한 이익을 보유하지 못하게 함에 그 목적이 있고, 변호사가 같은 법 제27조 제2항에 위반하여 법률사건을 수임하더라도 그 수임계약과 이에 따른 소송행위는 유효한데, 피고인이 법률사건을 수임하고 받은 수임료는 법률사건의 알선을 받은 대가가 아니고 사법상 유효한 위임계약과 그에 따른 대리행위의 대가이므로 같은 법 제27조 제2항 위반행위로 인하여 얻은 부정한 이익으로 볼 수 없고, 따라서 추징의 대상이 아니다(대법원 2001. 7. 24. 선고 2000도5069 판결).

(10) 사건 유치 목적의 출입금지 등

변호사나 그 사무직원은 법률사건이나 법률사무를 유상으로 유치할 목적으로 법원·수사기관·교정기관 및 병원에 출입하거나 다른 사람을 파견하거나 출입 또는 주재하게 하여서는 아니 된다(제35조).[18]

〈판례〉「변호사법」 제110조 제1호에서는 변호사가 "판사·검사 기타 재판·수사기관의 공무원에게 제공하거나 그 공무원과 교제한다는 명목으로 금품 기타 이익을 받거나 받기로 한 행위"를 처벌하고 있는바, 변호사는 공공성을 지닌 법률전문직으로서 독립하여 자유롭게 그 직무를 행하는 지위에 있음을 감안하면(「변호사법」 제2조), 위 처벌조항에서 '교제'라 함은 의뢰받은 사건의 해결을 위하여 접대나 향응

---

18) 이 규정(제57조, 제58조의16 또는 제58조의30에 따라 준용되는 경우를 포함한다)을 위반한 자에게는 1천만 원 이하의 과태료를 부과한다(제117조 제2항 제1호의2). 또한 변호사나 그 사무직원이 다음 각 호의 어느 하나에 해당하는 행위를 한 경우에는 5년 이하의 징역 또는 3천만 원 이하의 벌금에 처한다. 이 경우 벌금과 징역은 병과할 수 있다(제110조). 다만, 상습적으로 이 죄를 지은 자는 10년 이하의 징역에 처한다(제114조).

은 물론 사적인 연고관계나 친분관계를 이용하는 등 이른바 공공성을 지닌 법률전
문직으로서의 정상적인 활동이라고 보기 어려운 방법으로 당해 공무원과 직접·간
접으로 접촉하는 것을 뜻하는 것이라고 해석되고, 변호사가 받은 금품 등이 정당
한 변호활동에 대한 대가나 보수가 아니라 교제 명목으로 받은 것에 해당하는지
여부는 당해 금품 등의 수수 경위와 액수, 변호사선임계 제출 여부, 구체적인 활동
내역 기타 제반 사정 등을 종합하여 판단하여야 할 것이다(대법원 2015. 7. 9. 선
고 2014도16204 판결).

(11) 재판·수사기관 공무원 및 직무취급자 등의 사건 소개 금지

재판기관이나 수사기관의 소속 공무원은 대통령령으로 정하는 자기가 근무
하는 기관에서 취급 중인 법률사건이나 법률사무의 수임에 관하여 당사자 또는
그 밖의 관계인을 특정한 변호사나 그 사무직원에게 소개·알선 또는 유인하여서
는 아니 된다. 다만, 사건 당사자나 사무 당사자가 「민법」 제767조에 따른 친족인
경우에는 그러하지 아니하다(제36조).[19]

또한 재판이나 수사 업무에 종사하는 공무원은 직무상 관련이 있는 법률사
건 또는 법률사무의 수임에 관하여 당사자 또는 그 밖의 관계인을 특정한 변호
사나 그 사무직원에게 소개·알선 또는 유인하여서는 아니 된다(제37조 제1항).[20]
여기서 "직무상 관련"이란 다음 각 호의 어느 하나에 해당하는 경우를 말한다
(동조 제2항).

1. 재판이나 수사 업무에 종사하는 공무원이 직무상 취급하고 있거나 취급한 경우
2. 제1호의 공무원이 취급하고 있거나 취급한 사건에 관하여 그 공무원을 지휘·감독
   하는 경우

(12) 겸직 제한 및 감독

변호사는 보수를 받는 공무원을 겸할 수 없다. 다만, 국회의원이나 지방의회

---

19) 이 규정(제57조, 제58조의16 또는 제58조의30에 따라 준용되는 경우를 포함한다)을 위반
한 자에게는 1천만 원 이하의 과태료를 부과한다(제117조 제2항 제1호의2).
20) 이 규정(제57조, 제58조의16 또는 제58조의30에 따라 준용되는 경우를 포함한다)을 위반
한 자는 3년 이하의 징역 또는 2천만원 이하의 벌금에 처한다(제113조 제7호).

의원 또는 상시 근무가 필요 없는 공무원이 되거나 공공기관에서 위촉한 업무를 수행하는 경우에는 그러하지 아니하다(제38조 제1항). 또한 변호사는 소속 지방변호사회의 허가 없이 다음 각 호의 행위를 할 수 없다. 다만, 법무법인·법무법인(유한) 또는 법무조합의 구성원이 되거나 소속 변호사가 되는 경우에는 그러하지 아니하다(동조 제2항). 다만, 변호사가 휴업한 경우에는 이를 적용하지 아니한다(동조 제3항).

---

1. 상업이나 그 밖에 영리를 목적으로 하는 업무를 경영하거나 이를 경영하는 자의 사용인이 되는 것
2. 영리를 목적으로 하는 법인의 업무집행사원·이사 또는 사용인이 되는 것

그리고 변호사는 소속 지방변호사회, 대한변호사협회 및 법무부장관의 감독을 받는다(제39조).

[제 5 절 법무법인, 제 5 절의2 법무법인(유한), 제 5 절의3 법무조합, 제 6 절 (삭제), 제 7 절 지방변호사회, 제8절 대한변호사협회](생략)

제 9 절 법조윤리협의회 및 수임자료 제출

1. 법조윤리협의회

법조윤리를 확립하고 건전한 법조풍토를 조성하기 위하여 법조윤리협의회(이하 "윤리협의회"라 한다)를 둔다(제88조).

2. 윤리협의회의 기능 및 권한

윤리협의회는 다음 각 호의 업무를 수행한다(제89조 제1항).

1. 법조윤리의 확립을 위한 법령·제도 및 정책에 관한 협의
2. 법조윤리 실태의 분석과 법조윤리 위반행위에 대한 대책
3. 법조윤리와 관련된 법령을 위반한 자에 대한 징계개시(懲戒開始)의 신청 또는 수사 의뢰
4. 그 밖에 법조윤리의 확립을 위하여 필요한 사항에 대한 협의

윤리협의회는 제3호에 따른 징계개시의 신청 또는 수사 의뢰 등 업무수행을 위하여 필요하다고 인정하면 관계인 및 관계 기관·단체 등에 대하여 관련 사실을 조회하거나 자료 제출 또는 윤리협의회에 출석하여 진술하거나 설명할 것을 요구할 수 있으며, 관계인 및 관계 기관·단체 등이 정당한 이유 없이 이를 거부할 때에는 소속 직원으로 하여금 법무법인, 법무법인(유한), 법무조합, 법률사무소, 「외국법자문사법」 제2조 제9호에 따른 합작법무법인에 출입하여 현장조사를 실시하게 할 수 있다. 이 경우 요구를 받은 자 및 기관·단체 등은 이에 따라야 한다(동조 제2항).[21] 이때 출입·현장조사를 하는 사람은 그 권한을 표시하는 증표를 지니고 이를 관계인에게 내보여야 하며(동조 제3항), 사실조회·자료제출·출석요구 및 현장조사에 필요한 사항은 대통령령으로 정한다(동조 제4항).

3. 윤리협의회의 구성

윤리협의회는 다음 각 호의 어느 하나에 해당하는 자 중에서 법원행정처장, 법무부장관 및 대한변호사협회의 장이 각 3명씩 지명하거나 위촉하는 9명의 위원으로 구성한다. 이 경우 법원행정처장, 법무부장관 및 대한변호사협회의 장은 제4호나 제5호에 해당하는 자를 1명 이상 위원으로 위촉하여야 한다(제89조의2 제1항).

1. 경력 10년 이상의 판사
2. 경력 10년 이상의 검사
3. 경력 10년 이상의 변호사
4. 법학 교수 또는 부교수
5. 경험과 덕망이 있는 자

---

21) 윤리협의회의 요구에 정당한 이유 없이 따르지 아니하거나 같은 항에 따른 현장조사를 정당한 이유 없이 거부·방해 또는 기피한 자에게는 500만 원 이하의 과태료를 부과한다(제117조 제3항 제2호).

위원장은 대한변호사협회의 장이 지명하거나 위촉하는 위원 중에서 재적위원 과반수의 동의로 선출한다(동조 제2항). 위원장과 위원의 임기는 2년으로 하되, 연임할 수 있으며(동조 제3항), 제1호부터 제4호까지의 요건에 따라 지명되거나 위촉된 위원이 임기 중 지명 또는 위촉의 요건을 상실하면 위원의 신분을 상실한다(동조 제4항).

4. 윤리협의회의 조직·운영 및 예산

윤리협의회의 사무를 처리하기 위하여 윤리협의회에 간사 3명과 사무기구를 둔다(제89조의3 제1항). 간사는 법원행정처장이 지명하는 판사 1명, 법무부장관이 지명하는 검사 1명, 대한변호사협회의 장이 지명하는 변호사 1명으로 한다(동조 제2항). 위원장은 효율적으로 업무를 처리하기 위하여 간사 중에서 주무간사를 임명할 수 있다(동조 제3항).

또한 정부는 윤리협의회의 업무를 지원하기 위하여 예산의 범위에서 윤리협의회에 보조금을 지급할 수 있으며(동조 제4항), 윤리협의회의 조직과 운영에 관하여 필요한 사항은 대통령령(시행령 제19조부터 제20조의10까지 참조)으로 정한다(동조 제5항).

5. 공직퇴임변호사의 수임 자료 등 제출

공직퇴임변호사는 퇴직일부터 2년 동안 수임한 사건에 관한 수임 자료와 처리 결과를 대통령령(시행령 제20조의11 참조)으로 정하는 기간마다 소속 지방변호사회에 제출하여야 한다(제89조의4 제1항). 공직퇴임변호사가 제50조·제58조의16 또는 제58조의30에 따라 법무법인·법무법인(유한) 또는 법무조합의 담당변호사로 지정된 경우나 「외국법자문사법」 제35조의20에 따라 합작법무법인의 담당변호사로 지정된 경우에도 같다(동조 제2항).[22] 이때 지방변호사회는 제1항에 따라 제출받은 자료를 윤리협의회에 제출하여야 한다(동조 제3항).

윤리협의회의 위원장은 공직퇴임변호사에게 제91조에 따른 징계사유나 위법

---

22) 제1항·제2항을 위반하여 수임 자료와 처리 결과에 대한 거짓 자료를 제출한 자에게는 각각 2천만원 이하의 과태료를 부과하고(제117조 제1항), 이를 위반하여 수임 자료와 처리 결과를 제출하지 아니한 자에게는 1천만원 이하의 과태료를 부과한다(동조 제2항 제8호).

의 혐의가 있는 것을 발견하였을 때에는 대한변호사협회의 장이나 관할 수사기관의 장에게 그 변호사에 대한 징계개시를 신청하거나 수사를 의뢰할 수 있다(동조 제4항). 공직퇴임변호사가 제출하여야 하는 수임 자료와 처리 결과의 기재사항, 제출 절차 등에 관하여 필요한 사항은 대통령령으로 정한다(동조 제5항).

6. 특정변호사의 수임 자료 등 제출

지방변호사회는 대통령령으로 정하는 수 이상의 사건을 수임한 변호사[제50조, 제58조의16 및 제58조의30에 따른 법무법인·법무법인(유한) 또는 법무조합의 담당변호사나 「외국법자문사법」 제35조의20에 따른 합작법무법인의 담당변호사를 포함하며, 이하 "특정변호사"라 한다]의 성명과 사건 목록을 윤리협의회에 제출하여야 한다(제89조의5 제1항).

그리고 윤리협의회는 제30조, 제31조, 제34조 제2항·제3항 및 제35조 등 사건수임에 관한 규정의 위반 여부를 판단하기 위하여 수임 경위 등을 확인할 필요가 있다고 인정되면 특정변호사에게 제1항의 사건 목록에 기재된 사건에 관한 수임 자료와 처리 결과를 제출하도록 요구할 수 있다. 이 경우 특정변호사는 제출을 요구받은 날부터 30일 이내에 제출하여야 한다(동조 제2항).[23] 특정변호사에 대하여는 제89조의4 제4항 및 제5항을 준용한다(동조 제3항).

〈참고〉시행령 제20조의12(특정변호사의 수임자료 등 제출) ② 지방변호사회는 해당 기간마다 다음 각 호의 어느 하나에 해당하는 사람을 특정변호사로 선정하고, 그 선정의 근거를 제1항의 성명 및 사건목록과 함께 제출하여야 한다.
1. 형사사건(형사신청사건 및 내사사건을 포함한다. 이하 이 항에서 같다)의 수임 건수가 30건 이상이고 소속 회원의 형사사건 평균 수임건수의 2.5배 이상인 변호사
2. 형사사건 외의 본안사건의 수임건수가 60건 이상이고 소속 회원의 형사사건 외의 본안사건 평균 수임건수의 2.5배 이상인 변호사
3. 형사사건 외의 신청사건의 수임건수가 120건 이상이고 소속 회원의 형사사건 외의 신청사건 평균 수임건수의 2.5배 이상인 변호사

---

23) 이를 위반하여 수임 자료와 처리 결과에 대한 거짓 자료를 제출한 자에게는 각각 2천만원 이하의 과태료를 부과하고(제117조 제1항), 이를 위반하여 수임 자료와 처리 결과를 제출하지 아니한 자에게는 1천만원 이하의 과태료를 부과한다(동조 제2항 제8호).

7. 법무법인 등에서의 퇴직공직자 활동내역 등 제출

「공직자윤리법」 제3조에 따른 재산등록의무자 및 대통령령으로 정하는 일정 직급 이상의 직위에 재직했던 변호사 아닌 퇴직공직자(이하 이 조에서 "퇴직공직자" 라 한다)가 법무법인·법무법인(유한)·법무조합 또는 「외국법자문사법」 제2조 제9호에 따른 합작법무법인(이하 이 조에서 "법무법인등"이라 한다)에 취업한 때에는, 법무법인등은 지체 없이 취업한 퇴직공직자의 명단을 법무법인등의 주사무소를 관할하는 지방변호사회에 제출하여야 하고, 매년 1월 말까지 업무활동내역 등이 포함된 전년도 업무내역서를 작성하여 법무법인등의 주사무소를 관할하는 지방변호사회에 제출하여야 한다(제89조의6 제1항). 이것은 법무법인등이 아니면서도 변호사 2명 이상이 사건의 수임·처리나 그 밖의 변호사 업무 수행 시 통일된 형태를 갖추고 수익을 분배하거나 비용을 분담하는 형태로 운영되는 법률사무소에도 적용한다(동조 제3항). 여기의 취업이란 퇴직공직자가 근로 또는 서비스를 제공하고, 그 대가로 임금·봉급, 그 밖에 어떠한 명칭으로든지 금품 또는 경제적 이익을 받는 일체의 행위를 말한다(동조 제2항). 또한 이 업무내역서에는 퇴직공직자가 관여한 사건·사무 등 업무활동내역 및 그 밖에 대통령령(시행령 제20조의15 참조)으로 정하는 사항을 기재하여야 한다(동조 제6항).

한편, 지방변호사회는 제1항에 따라 제출받은 자료를 윤리협의회에 제출하여야 하며(동조 제4항), 윤리협의회의 위원장은 제4항에 따라 제출받은 자료를 검토하여 관련자들에 대한 징계사유나 위법의 혐의가 있는 것을 발견하였을 때에는 대한변호사협회의 장에게 징계개시를 신청하거나 관할 수사기관의 장에게 수사를 의뢰할 수 있다(동조 제5항).

8. 수임사건 처리 결과 등의 통지

윤리협의회는 제89조의4 제3항과 제89조의5 제2항에 따라 자료를 제출받으면 지체 없이 그 사건 목록을 관할 법원·검찰청 등 사건을 관할하는 기관의 장에게 통지하여야 한다(제89조의7 제1항). 이때 각 기관의 장은 이 통지를 받은 날부터 1개월 이내에 통지받은 사건에 대한 처리 현황이나 처리 결과를 윤리협의회에 통지하여야 한다. 다만, 사건이 종결되지 아니한 경우에는 사건이 종결된 때부터

1개월 이내에 통지하여야 한다(동조 제2항).

9. 비밀 누설 등의 금지

윤리협의회의 위원·간사·사무직원 또는 그 직에 있었던 자는 업무처리 중 알게 된 비밀을 누설하여서는 아니 된다(제89조의8).[24]

10. 국회에 대한 보고

윤리협의회는 매년 업무수행과 관련한 운영상황을 국회에 보고하여야 한다 (제89조의9 제1항). 또한 윤리협의회는 비밀 누설 금지에도 불구하고「인사청문회법」에 따른 인사청문회 또는「국정감사 및 조사에 관한 법률」에 따른 국정조사를 위하여 국회의 요구가 있을 경우에는 제89조의4 제3항 및 제89조의5 제2항에 따라 제출받은 자료 중 다음 각 호의 구분에 따른 자료를 국회에 제출하여야 한다 (동조 제2항).

---

1. 제89조의4 제3항에 따라 제출받은 자료: 공직퇴임변호사의 성명, 공직퇴임일, 퇴직 당시의 소속 기관 및 직위, 수임일자, 사건명, 수임사건의 관할 기관, 처리 결과
2. 제89조의5 제2항에 따라 제출받은 자료: 변호사의 성명, 사건목록(수임일자 및 사건명에 한한다)

---

11. 벌칙 적용에서 공무원 의제

윤리협의회의 위원·간사·사무직원으로서 공무원이 아닌 사람은 그 직무상 행위와 관련하여「형법」이나 그 밖의 법률에 따른 벌칙을 적용할 때에는 공무원으로 본다(제89조의10).

---

24) 이를 위반하여 비밀을 누설한 자는 3년 이하의 징역 또는 2천만원 이하의 벌금에 처한다 (제112조 제7호).

제10절 징계 및 업무정지

1. 징계의 종류

변호사에 대한 징계는 다음 다섯 종류로 한다(제90조).[25]

---

1. 영구제명
2. 제명
3. 3년 이하의 정직
4. 3천만원 이하의 과태료
5. 견책

---

2. 징계 사유

영구제명에 해당하는 징계 사유는 다음 각 호와 같다(제91조 제1항).

---

1. 변호사의 직무와 관련하여 2회 이상 금고 이상의 형을 선고받아(집행유예를 선고 받은 경우를 포함한다) 그 형이 확정된 경우(과실범의 경우는 제외한다)
2. 이 법에 따라 2회 이상 정직 이상의 징계처분을 받은 후 다시 제2항에 따른 징계 사유가 있는 자로서 변호사의 직무를 수행하는 것이 현저히 부적당하다고 인정되 는 경우

기타의 징계사유는 다음 각 호와 같다(동조 제2항).

---

1. 이 법을 위반한 경우
2. 소속 지방변호사회나 대한변호사협회의 회칙을 위반한 경우
3. 직무의 내외를 막론하고 변호사로서의 품위를 손상하는 행위를 한 경우

---

25) 제3호에 따른 정직 결정을 위반하여 변호사의 직무를 수행한 변호사는 3년 이하의 징역 또는 2천만원 이하의 벌금에 처한다(제112조 제4호).

3. 위원회의 설치

(1) 변호사징계위원회의 설치

변호사의 징계는 변호사징계위원회가 한다(제92조 제1항). 대한변호사협회와 법무부에 각각 변호사징계위원회를 둔다(동조 제2항).

(2) 조사위원회의 설치

변호사의 징계혐의사실에 대한 조사를 위하여 대한변호사협회에 조사위원회를 둔다(제92조의2 제1항). 조사위원회는 필요하면 관계 기관·단체 등에 자료 제출을 요청할 수 있으며, 당사자나 관계인을 면담하여 사실에 관한 의견을 들을 수 있다(동조 제2항). 조사위원회의 구성과 운영 등에 관하여 필요한 사항은 대한변호사협회가 정한다(동조 제3항).

4. 변호사징계위원회의 구성과 심의권

(1) 대한변호사협회 변호사징계위원회의 구성

대한변호사협회 변호사징계위원회(이하 "변협징계위원회"라 한다)는 다음 각 호의 위원으로 구성한다(제93조 제1항).

---

1. 법원행정처장이 추천하는, 판사 1명과 변호사가 아닌 경험과 덕망이 있는 자 1명
2. 법무부장관이 추천하는, 검사 1명과 변호사가 아닌 경험과 덕망이 있는 자 1명
3. 대한변호사협회 총회에서 선출하는 변호사 3명
4. 대한변호사협회의 장이 추천하는, 변호사가 아닌 법학 교수 및 경험과 덕망이 있는 자 각 1명

변협징계위원회에 위원장 1명과 간사 1명을 두며, 위원장과 간사는 위원 중에서 호선한다(동조 제2항). 징계위원을 추천하거나 선출할 때에는 위원의 수와 같은 수의 예비위원을 함께 추천하거나 선출하여야 한다(동조 제3항). 다만, 변호사의 자격을 취득한 날부터 10년이 지나지 아니한 자는 위원장이나 판사·검사·변호사인 위원 또는 예비위원이 될 수 없다(동조 제4항). 위원과 예비위원의 임기는

각각 2년으로 하며(동조 제5항), 변협징계위원회의 위원 및 예비위원은 제94조에 따른 법무부징계위원회의 위원 및 예비위원을 겸할 수 없다(동조 제6항).

(2) 법무부 변호사징계위원회의 구성

법무부 변호사징계위원회(이하 "법무부징계위원회"라 한다)는 위원장 1명과 위원 8명으로 구성하며, 예비위원 8명을 둔다(제94조 제1항). 위원장은 법무부장관이 되고, 위원과 예비위원은 다음 각 호의 구분에 따라 법무부장관이 임명 또는 위촉한다(동조 제2항).

---

1. 법원행정처장이 추천하는 판사 중에서 각 2명
2. 법무부차관, 검사 및 법무부의 고위공무원단에 속하는 일반직공무원 중에서 각 2명
3. 대한변호사협회의 장이 추천하는 변호사 중에서 각 1명
4. 변호사가 아닌 자로서 법학 교수 또는 경험과 덕망이 있는 자 각 3명

다만, 위원의 경우 검사 2명 중 1명은 법무부차관으로 할 수 있다(동조 제2항). 위원과 예비위원의 임기는 각각 2년으로 한다(동조 제3항).

위원장은 법무부징계위원회의 업무를 총괄하고 법무부징계위원회를 대표하며 회의를 소집하고 그 의장이 된다(동조 제4항). 위원장이 부득이한 사유로 그 직무를 수행할 수 없을 때에는 위원장이 미리 지명하는 위원이 그 직무를 대행한다(동조 제5항). 이때 법무부징계위원회의 위원 또는 예비위원으로서 공무원이 아닌 사람은 「형법」 제129조부터 제132조까지의 규정을 적용할 때에는 공무원으로 본다(동조 제7항).

다만, 법무부장관은 위원 또는 예비위원이 다음 각 호의 어느 하나에 해당하는 경우에는 해당 위원 또는 예비위원을 해임(解任)하거나 해촉(解囑)할 수 있다(동조 제6항).

---

1. 심신장애로 인하여 직무를 수행할 수 없게 된 경우
2. 직무와 관련된 비위사실이 있는 경우
3. 직무 태만, 품위 손상, 그 밖의 사유로 인하여 위원 또는 예비위원의 직을 유지하는 것이 적합하지 아니하다고 인정되는 경우

---

(3) 변협징계위원회 및 법무부징계위원회의 심의권

변협징계위원회는 제91조에 따른 징계 사유에 해당하는 징계 사건을 심의하며(제95조 제1항), 이 심의를 위하여 필요하면 조사위원회에 징계혐의사실에 대한 조사를 요청할 수 있다(동조 제2항). 또한 법무부징계위원회는 변협징계위원회의 징계 결정에 대한 이의신청 사건을 심의한다(제96조).

5. 징계절차

(1) 징계개시의 청구와 신청

대한변호사협회의 장은 변호사가 제91조에 따른 징계 사유에 해당하면 변협징계위원회에 징계개시를 청구하여야 한다(제97조). 또한 지방검찰청검사장은 범죄수사 등 검찰 업무의 수행 중 변호사에게 제91조에 따른 징계 사유가 있는 것을 발견하였을 때에는 대한변호사협회의 장에게 그 변호사에 대한 징계개시를 신청하여야 한다(제97조의2 제1항). 지방변호사회의 장이 소속 변호사에게 제91조에 따른 징계 사유가 있는 것을 발견한 경우에도 같다(동조 제2항).

(2) 징계개시의 청원 및 재청원

의뢰인이나 의뢰인의 법정대리인·배우자·직계친족 또는 형제자매는 수임변호사나 법무법인[제58조의2에 따른 법무법인(유한)과 제58조의18에 따른 법무조합을 포함한다]의 담당변호사에게 제91조에 따른 징계 사유가 있으면 소속 지방변호사회의 장에게 그 변호사에 대한 징계개시의 신청을 청원할 수 있다(제97조의3 제1항). 이때 지방변호사회의 장은 이 청원을 받으면 지체 없이 징계개시의 신청 여부를 결정하고 그 결과와 이유의 요지를 청원인에게 통지하여야 한다(동조 제2항).

한편, 청원인은 지방변호사회의 장이 제1항의 청원을 기각하거나 청원이 접수된 날부터 3개월이 지나도 징계개시의 신청 여부를 결정하지 아니하면 대한변호사협회의 장에게 재청원할 수 있다. 이 경우 재청원은 제2항에 따른 통지를 받은 날 또는 청원이 접수되어 3개월이 지난 날부터 14일 이내에 하여야 한다(동조 제3항).

(3) 대한변호사협회의 장의 결정

대한변호사협회의 장은 제89조의4 제4항(제89조의5 제3항에 따라 준용되는 경우를 포함한다) 또는 제97조의2에 따른 징계개시의 신청이 있거나 제97조의3 제3항에 따른 재청원이 있으면 지체 없이 징계개시의 청구 여부를 결정하여야 하며(제97조의4 제1항), 징계개시의 청구 여부를 결정하기 위하여 필요하면 조사위원회로 하여금 징계혐의사실에 대하여 조사하도록 할 수 있다(동조 제2항). 그리고 대한변호사협회의 장은 징계개시 결정을 하였을 때에는 지체 없이 그 사유를 징계개시 신청인(징계개시를 신청한 윤리협의회 위원장이나 지방검찰청검사장을 말한다. 이하 같다)이나 재청원인에게 통지하여야 한다(동조 제3항).

(4) 이의신청

징계개시 신청인은 대한변호사협회의 장이 징계개시의 신청을 기각하거나 징계개시의 신청이 접수된 날부터 3개월이 지나도 징계개시의 청구 여부를 결정하지 아니하면 변협징계위원회에 이의신청을 할 수 있다. 이 경우 이의신청은 제97조의4 제3항에 따른 통지를 받은 날 또는 징계개시의 신청이 접수되어 3개월이 지난 날부터 14일 이내에 하여야 한다(제97조의5 제1항). 변협징계위원회는 이 이의신청이 이유 있다고 인정하면 징계절차를 개시하여야 하며, 이유 없다고 인정하면 이의신청을 기각하여야 하며(동조 제2항), 이 결정을 하였을 때에는 지체 없이 그 결과와 이유를 이의신청인에게 통지하여야 한다(동조 제3항).

(5) 징계 결정 기간 등

변협징계위원회는 징계개시의 청구를 받거나 제97조의5 제2항에 따라 징계 절차를 개시한 날부터 6개월 이내에 징계에 관한 결정을 하여야 한다. 다만, 부득이한 사유가 있을 때에는 그 의결로 6개월의 범위에서 기간을 연장할 수 있다(제98조 제1항). 또한 법무부징계위원회는 변협징계위원회의 결정에 대한 이의신청을 받은 날부터 3개월 이내에 징계에 관한 결정을 하여야 한다. 다만, 부득이한 사유가 있는 때에는 그 의결로 3개월의 범위에서 기간을 연장할 수 있다(동조 제2항).

한편, 징계개시의 청구를 받거나 징계 절차가 개시되면 위원장은 지체 없이 징계심의 기일을 정하여 징계혐의자에게 통지하여야 한다(동조 제3항).

(6) 징계혐의자의 출석·진술권 등

변협징계위원회의 위원장은 징계심의의 기일을 정하고 징계혐의자에게 출석을 명할 수 있다(제98조의2 제1항). 이때 징계혐의자는 징계심의기일에 출석하여 구술 또는 서면으로 자기에게 유리한 사실을 진술하거나 필요한 증거를 제출할 수 있다(동조 제2항).

그리고 변협징계위원회는 징계심의기일에 심의를 개시하고 징계혐의자에 대하여 징계 청구에 대한 사실과 그 밖의 필요한 사항을 심문할 수 있다(동조 제3항). 이때 징계혐의자는 변호사 또는 학식과 경험이 있는 자를 특별변호인으로 선임하여 사건에 대한 보충 진술과 증거 제출을 하게 할 수 있다(동조 제4항). 다만, 변협징계위원회는 징계혐의자가 위원장의 출석명령을 받고 징계심의기일에 출석하지 아니하면 서면으로 심의할 수 있다(동조 제5항). 변협징계위원회의 위원장은 출석한 징계혐의자나 선임된 특별변호인에게 최종 의견을 진술할 기회를 주어야 하며(동조 제6항), 징계개시 신청인은 징계사건에 관하여 의견을 제시할 수 있다(동조 제7항).

(7) 제척 사유

위원장과 위원은 자기 또는 자기의 친족이거나 친족이었던 자에 대한 징계사건의 심의에 관여하지 못한다(제98조의3).

(8) 징계 의결 등

변협징계위원회는 사건 심의를 마치면 위원 과반수의 찬성으로써 의결한다(제98조의4 제1항). 이때 변협징계위원회는 징계의 의결 결과를 징계혐의자와 징계청구자 또는 징계개시 신청인에게 각각 통지하여야 하며(동조 제2항), 징계혐의자가 징계 결정의 통지를 받은 후 제100조 제1항에 따른 이의신청을 하지 아니하면 이의신청 기간이 끝난 날부터 변협징계위원회의 징계의 효력이 발생한다(동조 제3항).

(9) 징계의 집행

징계는 대한변호사협회의 장이 집행한다(제98조의5 제1항). 다만, 제90조 제4호의 과태료 결정은 「민사집행법」에 따른 집행력 있는 집행권원과 같은 효력이 있으며, 검사의 지휘로 집행한다(동조 제2항). 대한변호사협회의 장은 징계처분을 하면 이를 지체 없이 대한변호사협회가 운영하는 인터넷 홈페이지에 3개월 이상 게재하는 등 공개하여야 하며(동조 제3항), 변호사를 선임하려는 자가 해당 변호사의 징계처분 사실을 알기 위하여 징계정보의 열람·등사를 신청하는 경우 이를 제공하여야 한다(동조 제4항).

이때 징계처분의 공개 범위와 시행 방법, 제4항에 따른 변호사를 선임하려는 자의 해당 여부, 열람·등사의 방법 및 절차, 이에 소요되는 비용에 관하여 필요한 사항은 대통령령(시행령 제23조의2 참조)으로 정한다(동조 제5항).

(10) 징계 청구의 시효와 보고

징계의 청구는 징계 사유가 발생한 날부터 3년이 지나면 하지 못한다(제98조의6). 이때 대한변호사협회의 장은 변협징계위원회에서 징계에 관한 결정을 하면 지체 없이 그 사실을 법무부장관에게 보고하여야 한다(제99조).

(11) 징계 결정에 대한 불복

변협징계위원회의 결정에 불복하는 징계혐의자 및 징계개시 신청인은 그 통지를 받은 날부터 30일 이내에 법무부징계위원회에 이의신청을 할 수 있다(제100조 제1항). 법무부징계위원회는 이 이의신청이 이유 있다고 인정하면 변협징계위원회의 징계 결정을 취소하고 스스로 징계 결정을 하여야 하며, 이의신청이 이유 없다고 인정하면 기각하여야 한다. 이 경우 징계심의의 절차에 관하여는 제98조의2를 준용한다(동조 제2항). 이때의 결정은 위원 과반수의 찬성으로 의결한다(동조 제3항).

또한 법무부징계위원회의 결정에 불복하는 징계혐의자는 「행정소송법」으로 정하는 바에 따라 그 통지를 받은 날부터 90일 이내에 행정법원에 소(訴)를 제기할 수 있다(동조 제4항). 그러나 징계 결정이 있었던 날부터 1년이 지나면 소를 제기할 수 없다. 다만, 정당한 사유가 있는 경우에는 그러하지 아니하다(동조 제5항). 이때의 기간은 불변기간으로 한다(동조 제6항).

(12) 위임 및 「형사소송법」 등의 준용

법무부징계위원회의 운영이나 그 밖에 징계에 필요한 사항은 대통령령으로 정하며(제101조 제1항), 변협징계위원회의 운영 등에 필요한 사항은 대한변호사협회가 정한다(동조 제2항).

이외에 서류의 송달, 기일의 지정이나 변경 및 증인·감정인의 선서와 급여에 관한 사항에 대하여는 「형사소송법」과 「형사소송비용 등에 관한 법률」의 규정을 준용한다(제101조의2).

6. 업무정지명령

(1) 업무정지명령의 요건

법무부장관은 변호사가 공소제기되거나 징계 절차가 개시되어 그 재판이나 징계 결정의 결과 등록취소, 영구제명 또는 제명에 이르게 될 가능성이 매우 크고, 그대로 두면 장차 의뢰인이나 공공의 이익을 해칠 구체적인 위험성이 있는 경우에는 법무부징계위원회에 그 변호사의 업무정지에 관한 결정을 청구할 수 있다. 다만, 약식명령이 청구된 경우와 과실범으로 공소 제기된 경우에는 그러하지 아니하다(제102조 제1항).

법무부장관은 법무부징계위원회의 결정에 따라 해당 변호사에 대하여 업무정지를 명할 수 있다(동조 제2항).[26)]

(2) 업무정지 결정기간 등

법무부징계위원회는 제102조 제1항에 따라 청구를 받은 날부터 1개월 이내에 업무정지에 관한 결정을 하여야 한다. 다만, 부득이한 사유가 있는 때에는 그 의결로 1개월의 범위에서 그 기간을 연장할 수 있다(제103조 제1항). 업무정지에 관하여는 제98조 제3항 및 제98조의2 제2항부터 제6항까지의 규정을 준용한다(동

---

26) 업무정지명령을 위반하여 변호사의 직무를 수행한 변호사는 3년 이하의 징역 또는 2천만 원 이하의 벌금에 처한다(제112조 제4호).

조 제2항).

(3) 업무정지 기간과 갱신

업무정지 기간은 6개월로 한다. 다만, 법무부장관은 해당 변호사에 대한 공판 절차 또는 징계 절차가 끝나지 아니하고 업무정지 사유가 없어지지 아니한 경우에는 법무부징계위원회의 의결에 따라 업무정지 기간을 갱신할 수 있다(제104조 제1항). 이때 갱신할 수 있는 기간은 3개월로 하며(동조 제2항), 업무정지 기간은 갱신 기간을 합하여 2년을 넘을 수 없다(동조 제3항).

(4) 업무정지명령의 해제

법무부장관은 업무정지 기간 중인 변호사에 대한 공판 절차나 징계 절차의 진행 상황에 비추어 등록취소·영구제명 또는 제명에 이르게 될 가능성이 크지 아니하고, 의뢰인이나 공공의 이익을 침해할 구체적인 위험이 없어졌다고 인정할 만한 상당한 이유가 있으면 직권으로 그 명령을 해제할 수 있다(제105조 제1항).

또한 대한변호사협회의 장, 검찰총장 또는 업무정지명령을 받은 변호사는 법무부장관에게 업무정지명령의 해제를 신청할 수 있다(동조 제2항). 법무부장관은 이 신청을 받으면 직권으로 업무정지명령을 해제하거나 법무부징계위원회에 이를 심의하도록 요청하여야 하며, 법무부징계위원회에서 해제를 결정하면 지체 없이 해제하여야 한다(동조 제3항).

(5) 업무정지명령의 실효 및 업무정지 기간의 통산

업무정지명령은 그 업무정지명령을 받은 변호사에 대한 해당 형사 판결이나 징계 결정이 확정되면 그 효력을 잃는다(제106조). 이때 업무정지명령을 받은 변호사가 공소제기된 해당 형사사건과 같은 행위로 징계개시가 청구되어 정직 결정을 받으면 업무정지 기간은 그 전부 또는 일부를 정직 기간에 산입한다(제107조).

(6) 업무정지명령에 대한 불복

업무정지명령, 업무정지 기간의 갱신에 관하여는 제100조 제4항부터 제6항까지의 규정을 준용한다(제108조).

[탐정으로서 검토할 점]

1. 탐정업무와 변호사 업무의 경계 확인: 탐정이 의뢰인의 의뢰를 받고 업무 중 법률사무와 관련한 부분은 변호사법위반(제109조)으로 처벌될 수 있으므로 탐정업무를 함에 있어 '법률사무'의 범위를 명확하게 인지하여 그 경계를 지킬 필요가 있다.

2. 탐정업과 변호사업의 협조관계 모색: 변호사가 법률사무를 원활하게 처리하기 위해서는 의뢰받은 사건에 대한 충분한 증거확보가 필수적이므로 사실조사를 주된 업무로 하는 탐정과 협조관계를 유지하는 것은 변호사의 업무역량을 높이는데 크게 기여하게 될 것이다. 아울러 탐정의 경우에도 변호사의 도움을 받게 될 경우 각종 소송 등 법적으로 의뢰인이 활용할 수 있는 자료수집이 용이하게 될 것이므로 탐정업무를 효과적으로 수행하게 될 것이다. 따라서 탐정업과 변호사업 상호간에 협력관계를 구축할 것이 요구된다. 다만, 「변호사법」에서는 '변호사가 아닌 자와의 동업을 금지'(제34조 제1항)하고 있으므로 탐정이 변호사와 협력관계를 유지하는 경우에도 현행법을 위반하지 않도록 관계설정을 명확하게 하여야 한다.

3. 변호사의 지위, 윤리 및 협회 등 「변호사법」의 내용을 반영한 탐정업의 법제화 모색: 「변호사법」은 그 체제와 내용에 있어서 상당히 구체적이고 명확하게 규정되어 있으며, 변호사의 권리와 의무, 변호사협회의 구성과 운영 등 탐정업의 법제화에 있어서 참고가 될 내용을 많이 포함하고 있다. 따라서 탐정관련법도 「변호사법」에 준하는 내용으로 구성함으로써 사실상 법률사무에 관여하는 탐정의 수준을 높이는 한편, 신뢰받는 직업으로 성장할 수 있도록 노력할 필요가 있다.

제 7 장

실종아동등의 보호 및 지원에 관한 법률

동법은 2005년 5월 31일 제정(법률 제7560호, 2005. 12. 1. 시행)된 후, 수차례의 개정을 거쳐 현재에 이르고 있다. 동법은 전문 19개조, 부칙으로 구성되어 있다(법률 제17575호, 2020. 12. 8. 일부개정, 시행 2021. 6. 9.).

1. 목적

이 법은 실종아동등의 발생을 예방하고 조속한 발견과 복귀를 도모하며 복귀 후의 사회 적응을 지원함으로써 실종아동등과 가정의 복지증진에 이바지함을 목적으로 한다(제1조).

2. 용어의 정의

이법에서 사용하는 용어의 정의는 다음과 같다(제2조).

용 어		정 의
아동등 (제1호)	가. 실종 당시 18세 미만인 아동	최초 법률제정 당시 '신고 당시 만14세 미만'이었던 실종아동의 범위를 몇 차례의 개정을 통하여 '실종 당시 만18세 미만'으로 확대함
	나. 「장애인복지법」 제2조의 장애인 중 지적장애인, 자폐성장애인 또는 정신장애인	지적장애인: 정신 발육이 항구적으로 지체되어 지적능력의 발달이 불충분하거나 불완전하고 자신의 일을 처리하는 것과 사회생활에 적응하는 것이 상당히 곤란한 사람

		자폐성 장애인: 소아기 자폐증, 비전형적 자폐증에 따른 언어·신체표현·사회적응 기능 및 능력의 장애로 인하여 일상생활이나 사회생활에 상당한 제약을 받아 다른 사람의 도움이 필요한 사람
		정신장애인: 지속적인 정신분열증, 분열형 정동장애(여러 현실 상황에서 부적절한 정서 반응을 보이는 장애), 양극성 정동장애 및 반복성 우울장애에 따른 감정조절·행동·사고 기능 및 능력의 장애로 인하여 일상생활이나 사회생활에 상당한 제약을 받아 다른 사람의 도움이 필요한 사람
	다. 「치매관리법」 제2조 제2호의 치매환자	치매로 인한 임상적 특징이 나타나는 사람으로서 의사 또는 한의사로부터 치매로 진단받은 사람
실종아동등 (제2호)	약취(略取)·유인(誘引) 또는 유기(遺棄)되거나 사고를 당하거나 가출하거나 길을 잃는 등의 사유로 인하여 보호자로부터 이탈(離脫)된 아동등을 말한다.	
보호자 (제3호)	친권자, 후견인이나 그 밖에 다른 법률에 따라 아동등을 보호하거나 부양할 의무가 있는 사람을 말한다. 다만, 제4호의 보호시설의 장 또는 종사자는 제외한다.	
보호시설 (제4호)	「사회복지사업법」 제2조 제4호에 따른 사회복지시설 및 인가·신고 등이 없이 아동등을 보호하는 시설로서 사회복지시설에 준하는 시설을 말한다.	
유전자검사 (제5호)	개인 식별(識別)을 목적으로 혈액·머리카락·침 등의 검사대상물로부터 유전자를 분석하는 행위를 말한다.	
유전정보 (제6호)	유전자검사의 결과로 얻어진 정보를 말한다.	
신상정보 (제7호)	이름·나이·사진 등 특정인(特定人)임을 식별하기 위한 정보를 말한다.	

〈용어설명〉 실종(失踪)의 의미: 실종에 대한 사전적 의미로는 '종래의 주소 또는 거소를 떠나 쉽사리 돌아올 가망이 없는 부재자(不在者)가 생사불명의 상태에 있는 경우를 말한다'고 정의하고 있으며, 「민법」에서는 실종의 범위를 '부재자의 생사가 5년간 분명하지 않은 경우'에 실종선고를 하도록 규정하고 있다. 한편, 실종아동등 또는 가출인에 대한 소재의 발견·확인·기타 필요한 사항에 대한 업무를 신속·정확하게 처리하기 위하여 경찰청에서 제정한 「실종아동등·가출인업무처리규칙」에서는 실종자를 '실종아동등'과 '가출인'을 포괄하는 의미로 사용하고 있다.

3. 국가의 책무(제3조)

보건복지부장관은 실종아동등의 발생예방, 조속한 발견·복귀와 복귀 후 사회 적응을 위하여 다음 각 호의 사항을 시행하여야 한다(제3조 제1항).

1. 실종아동등을 위한 정책 수립 및 시행
2. 실종아동등과 관련한 실태조사 및 연구
3. 실종아동등의 발생예방을 위한 연구·교육 및 홍보
4. 제8조에 따른 정보연계시스템 및 데이터베이스의 구축·운영
5. 실종아동등의 가족지원
6. 실종아동등의 복귀 후 사회 적응을 위한 상담 및 치료서비스 제공
7. 그 밖에 실종아동등의 보호 및 지원에 필요한 사항

또한 경찰청장은 실종아동등의 조속한 발견과 복귀를 위하여 다음 각 호의 사항을 시행하여야 한다(동조 제2항).

1. 실종아동등에 대한 신고체계의 구축 및 운영
2. 실종아동등의 발견을 위한 수색 및 수사
3. 제11조에 따른 유전자검사대상물의 채취
4. 그 밖에 실종아동등의 발견을 위하여 필요한 사항

한편, 「아동복지법」 제10조에 따른 아동정책조정위원회는 보건복지부장관의 책무와 경찰청장의 책무 등 실종아동등과 관련한 국가의 책무수행을 종합·조정하여야 한다(동조 제3항).

4. 실종아동의 날과 실종아동주간

실종아동등에 대한 사회적 책임을 환기하고 아동의 실종을 예방하기 위하여 매년 5월 25일을 실종아동의 날로 하고, 실종아동의 날부터 1주간을 실종아동주간으로 한다(제3조의2 제1항). 국가와 지방자치단체는 실종아동의 날과 실종아동주간의 취지에 적합한 행사와 교육·홍보사업을 실시할 수 있다(동조 제2항). 또한 실종아동의 날과 실종아동주간 관련 행사·교육 및 홍보사업에 관하여 필요한 사항

은 대통령령으로 정한다(동조 제3항).

5. 법률적용순서

실종아동등에 관하여 다른 법률에 제11조부터 제15조까지의 규정과 다른 규정이 있는 경우에는 이 법의 규정에 따른다(제4조).

6. 실종아동등 관련 업무 위탁

보건복지부장관은 제3조 제1항 제2호부터 제7호까지의 업무를「아동복지법」제10조의2에 따른 아동권리보장원 및 대통령령으로 정하는 법인·단체에 위탁할 수 있다(제5조 제1항). 이때 아동권리보장원 및 법인·단체(이하 "전문기관"이라 한다)의 위탁 운영 등에 필요한 사항은 대통령령(시행령 제2조, 제3조 참조)으로 정한다(동조 제2항).

※ 법 제5조 제1항에서 "대통령령으로 정하는 법인·단체"란「치매관리법」제16조 제1항에 따른 중앙치매센터(이하 "중앙치매센터"라 한다)를 말한다(시행령 제2조 제1항).

7. 신고의무 등

다음 각 호의 어느 하나에 해당하는 사람은 그 직무를 수행하면서 실종아동 등임을 알게 되었을 때에는 경찰청장이 구축하여 운영하는 신고체계(이하 "경찰신고체계"라 한다)로 지체 없이 신고하여야 한다(제6조 제1항).[1]

1. 보호시설의 장 또는 그 종사자
2. 「아동복지법」제13조에 따른 아동복지전담공무원
3. 「청소년 보호법」제35조에 따른 청소년 보호·재활센터의 장 또는 그 종사자
4. 「사회복지사업법」제14조에 따른 사회복지전담공무원
5. 「의료법」제3조에 따른 의료기관의 장 또는 의료인
6. 업무·고용 등의 관계로 사실상 아동등을 보호·감독하는 사람

1) 이를 위반하여 신고를 하지 아니한 자는 200만원 이하의 과태료를 부과한다(제19조 제2항 제1호).

지방자치단체의 장이 관계 법률에 따라 아동등을 보호조치할 때에는 아동등의 신상을 기록한 신고접수서를 작성하여 경찰신고체계로 제출하여야 한다(동조 제2항). 또한 보호시설의 장 또는 「정신건강증진 및 정신질환자 복지서비스 지원에 관한 법률」 제3조 제5호에 따른 정신의료기관의 장이 보호자가 확인되지 아니한 아동등을 보호하게 되었을 때에는 지체 없이 아동등의 신상을 기록한 카드(이하 "신상카드"라 한다)를 작성하여 지방자치단체의 장과 전문기관의 장에게 각각 제출하여야 한다(동조 제3항).[2]

그리고 지방자치단체의 장은 출생 후 6개월이 경과된 아동의 출생신고를 접수하였을 때에는 지체 없이 해당 아동의 신상카드를 작성하여 그 사본을 경찰청장에게 보내야 하며, 경찰청장은 실종아동등인지 여부를 확인하여 그 결과를 해당 지방자치단체의 장에게 보내야 한다. 지방자치단체의 장은 경찰청장이 해당 아동을 실종아동등으로 확인한 경우 전문기관의 장에게 해당 실종아동등의 신상카드의 사본을 보내야한다(동조 제4항). 지방자치단체의 장은 위 신고의무와 신상카드 제출의무에 관한 사항을 지도·감독하여야 한다(동조 제5항).

이때 신고와 신상카드의 작성·제출 등에 필요한 사항은 보건복지부령으로 정한다(동조 제6항).

8. 미신고 보호행위의 금지

누구든지 정당한 사유 없이 실종아동등을 경찰관서의 장에게 신고하지 아니하고 보호할 수 없다(제7조).[3]

9. 실종아동등의 지문등록 등

(1) 실종아동등의 조기발견을 위한 사전신고증 발급 등

경찰청장은 실종아동등의 조속한 발견과 복귀를 위하여 아동등의 보호자가 신청하는 경우 아동등의 지문 및 얼굴 등에 관한 정보(이하 "지문등정보"라 한다)를 관련 정보시스템에 등록하고 아동등의 보호자에게 사전신고증을 발급할 수 있으

---

2) 신상카드를 보내지 아니한 자는 200만원 이하의 과태료를 부과한다(제19조 제2항 제2호).
3) 정당한 사유없이 실종아동등을 보호한 자는 5년 이하의 징역 또는 5천만원 이하의 벌금에 처한다(제17조).

며(제7조의2 제1항), 이때 경찰청장은 지문등정보를 등록한 후 해당 신청서(서면으로 신청한 경우로 한정한다)는 지체 없이 파기하여야 한다(동조 제2항). 경찰청장은 등록된 지문등정보를 데이터베이스로 구축·운영할 수 있다(동조 제3항). 지문등정보의 범위, 사전신고증 발급에 필요한 등록 방법 및 절차 등에 필요한 사항은 행정안전부령으로 정하고, 신청서의 파기 방법과 절차 및 데이터베이스 구축 등과 관련된 사항은 대통령령으로 정한다(동조 제4항).

〈참고〉시행령 제3조의2(사전 신고한 지문등정보의 데이터베이스 구축·운영 등)
① 경찰청장은 법 제7조의2에 따라 아동등의 지문 및 얼굴 등에 관한 정보(이하 "지문등정보"라 한다)를 데이터베이스로 등록·관리하기 위하여 필요한 경우 사전등록시스템을 구축·운영할 수 있다.
② 경찰청장은 법 제7조의2 제1항에 따라 지문등정보를 등록한 후에는 같은 조 제2항에 따라 해당 신청서를 지체 없이 파쇄 또는 소각하고, 행정안전부령으로 정하는 신청서 파기대장에 그 사실을 기록하여야 한다. 이 경우 파쇄 또는 소각 전에 등록을 신청한 보호자에게 신청서 파기에 관한 사항과 등록된 지문등정보의 확인 방법을 알려 주어야 한다.
③ 경찰청장은 다음 각 호의 어느 하나에 해당하는 경우에는 제1항의 아동등의 지문등정보를 지체 없이 폐기하여야 한다.
   1. 아동등의 연령이 18세에 도달한 경우. 다만, 법 제2조 제1호 나목에 해당하는 지적장애인, 자폐성장애인 또는 정신장애인과 법 제2조 제1호 다목에 따른 치매환자의 경우는 제외한다.
   2. 보호자가 아동등의 지문등정보의 폐기를 요청한 경우

---

(2) 실종아동등의 지문등정보의 등록·관리

경찰청장은 보호시설의 입소자 중 보호자가 확인되지 아니한 아동등으로부터 서면동의를 받아 아동등의 지문등정보를 등록·관리할 수 있다. 이 경우 해당 아동등이 미성년자·심신상실자 또는 심신미약자인 때에는 본인 외에 법정대리인의 동의를 받아야 한다. 다만, 심신상실·심신미약 또는 의사무능력 등의 사유로 본인의 동의를 얻을 수 없는 때에는 본인의 동의를 생략할 수 있다(제7조의3 제1항). 이때 경찰청장은 지문등정보의 등록·관리를 위하여 위의 데이터베이스를 활용할 수 있다(동조 제2항). 실종아동등의 지문등정보의 등록·관리 등에 필요한 사항은

대통령령(시행령 제3조의3 참조)으로 정한다(동조 제3항).

(3) 지문등정보의 목적 외 이용제한

누구든지 정당한 사유 없이 지문등 정보를 실종아동등을 찾기 위한 목적 외로 이용하여서는 아니 된다(제7조의4).[4]

〈참고〉 지문등 사전등록제도

○ 등록정보
  ▸ 아동등 정보(기본정보, 생체정보, 신체특징, 차림새)
  ▸ 법정대리인의 정보(성명, 생년월일, 주소, 연락처, 실종아동등과의 관계)
  ▸ 담당 경찰관의 정보(소속, 계급, 성명, 연락처)
○ 활용
  ▸ 실종아동등 발견시: 사전등록시스템의 데이터베이스와 비교 검색하는 등 등록 정보 활용 신원 확인 조치
  ▸ 실종아동등 발생시: 아동등 실종으로 당황한 보호자가 복잡한 신고 절차를 거치지 않고 등록된 정보 활용하여 신속하게 탐문 수색
  ▸ 위치추적제의 경우: 사전등록 자료를 활용, 보호자와 실종아동등과의 관계 즉시 확인
○ 사전등록 자료 관리
  ▸ 신청서 및 폐기요청서 보관: 10년
  ▸ 폐기: 아동의 연령이 18세에 도달한 때 자동 폐기, 보호자 요청 시 즉시 폐기

  * 미국이나 일본 등 선진국의 경우 최근 홍채자료 등록 또는 정맥인증 시스템 등을 도입하여 활용하고 있다. 이것은 지문보다 식별력이나 정확성이 매우 높고, 홍채의 경우 평생 불변하는 특성으로 인해 신원확인에 효과적인 방법으로서 각광 받고 있다.

  ※ 출처: 경찰청 실종 아동 및 가출인 수사 매뉴얼

---

10. 실종아동등의 발견과 관련된 시스템의 구축·운영

(1) 정보연계시스템 등의 구축·운영

보건복지부장관은 실종아동등을 신속하게 발견하기 위하여 실종아동등의 신

---

4) 지문등 정보를 실종아동등을 찾기 위한 목적 외로 이용한 자는 2년 이하의 징역 또는 2천만원 이하의 벌금에 처한다(제18조 제1호의2).

상정보를 작성, 취득, 저장, 송신·수신하는 데 이용할 수 있는 전문기관·경찰청·지 방자치단체·보호시설 등과의 협력체계 및 정보네트워크(이하 "정보연계시스템"이라 한다)를 구축·운영하여야 한다(제8조 제1항). 또한 전문기관의 장은 실종아동등을 발견하기 위하여 위의 신상카드를 활용하여 데이터베이스를 구축·운영하여야 하 며(동조 제2항), 실종아동등의 신상카드 등 필요한 자료를 경찰청장에게 제공하여 야 한다(동조 제3항).

경찰청장은 전문기관의 데이터베이스의 구축·운영을 위하여 필요한 자료를 전문기관의 장에게 제공하여야 한다(동조 제4항). 이 경우 또는 실종신고 시에 신 상카드나 그 밖의 필요한 자료를 제출·제공하여야 하는 경우 정보연계시스템을 이용하여 제출·제공할 수 있다(동조 제5항). 정보연계시스템 및 데이터베이스의 구축·운영에 필요한 사항은 대통령령으로 정한다(동조 제6항).

〈참고〉 시행령 제4조(실종아동등 관련 정보의 보호조치 및 공개·열람) ① 전문기관 의 장은 법 제8조의 규정에 의하여 신상카드를 활용한 데이터베이스를 구축·운 영함에 있어서 정보 또는 자료를 안전하게 보호하기 위하여 정보복구 체계의 구 축 및 외부침입 방지장치의 설치 등 정보 또는 자료보호에 필요한 조치를 하여야 한다.
② 전문기관의 장은 실종아동등의 발견 및 확인을 위한 목적으로 실종아동등의 성 명·사진·실종일시 및 실종정황 등을 인터넷 및 일간지 등에 공개할 수 있다. 이 경우 보호자의 공개신청이 있는 때에는 이를 공개하여야 한다.
③ 전문기관의 장은 실종아동등·보호자·친족 또는 보호시설의 장이 실종아동등 또 는 보호자의 발견 및 확인을 위한 목적으로 보건복지부령이 정하는 바에 의하여 신상카드의 열람을 요청하는 경우에는 이에 응하여야 한다.

〈표〉 경찰의 정보시스템(프로파일링시스템)과 연계가능한 자료와 시스템

연계자료명	연계시스템명	연계기관명	정보송수신 주기
치매노인 인식표 정보	중앙치매센터 홈페이지	보건복지부	실시간(1시간)
유전자 채취정보	실종아동전문기관 유전자DB	보건복지부	1회 오프라인
복지시설 무연고자 정보	사회복지시설 정보시스템	보건복지부	실시간(1시간)
무연고 보호아동정보	보호아동현황	적십자사 등	오프라인

무연고자 정보	실종아동관리시스템	보건복지부	실시간(1시간)
주민등록표 등본	행정정보공동이용망	행정자치부	전용브라우저
장애인등급 정보	행정정보공동이용망	보건복지부	실시간(조회)
치매질환자 정보	보건소통합정보 시스템	보건복지부	실시간(1시간)
선원승선 정보	선원승선·선박 입출항 관리시스템	국민안전처	실시간(조회)
선박입출항 정보	선원승선·선박 입출항 관리시스템	국민안전처	실시간(조회)
유치인/수형자 정보	형사법포털(KICS)	경찰청	실시간(조회)
운전면허증 사진 정보	교통 TCS시스템	경찰청	실시간(조회)
상담신고 정보	117상담 시스템	경찰청	실시간(10초)

※ 출처: 경찰청 실종 아동 및 가출인 수사 매뉴얼

(2) 실종아동등 신고·발견을 위한 정보시스템의 구축·운영

경찰청장은 실종아동등에 대한 신속한 신고 및 발견 체계를 갖추기 위한 정보시스템(이하 "정보시스템"이라 한다)을 구축·운영하여야 한다(제8조의2 제1항). 또한 경찰청장은 실종아동등의 조속한 발견을 위하여 구축·운영 중인 정보연계시스템을 「사회복지사업법」 제6조의2 제2항에 따라 구축·운영하는 사회복지업무 관련 정보시스템과 연계하여 해당 정보시스템이 보유한 실종아동등의 신상정보의 내용을 활용할 수 있다(동조 제2항). 정보시스템의 구축·운영에 필요한 사항과 정보시스템과 연계가 가능한 신상정보의 범위 및 신상정보 확인 방법·절차 등에 필요한 사항은 대통령령으로 정한다(동조 제3항).

〈참고〉 시행령 제4조의2(정보시스템의 구축·운영 등) ② 경찰청장이 법 제8조의2 제2항에 따라 연계하여 활용할 수 있는 「사회복지사업법」 제6조의2 제2항에 따른 사회복지업무 관련 정보시스템이 보유한 실종아동등의 신상정보의 범위는 다음 각 호와 같다.
1. 이름, 주민등록번호 등 인적사항
2. 지문 및 얼굴 사진 정보
3. 신장, 체중, 체격, 얼굴형, 머리색, 흉터 등 신체특징

4. 보호시설 입소·퇴소 및 보호시설 간 이동 기록
5. 그 밖에 실종아동등의 발견을 위해 필요한 정보로서 행정안전부령으로 정하는 사항

11. 실종아동등의 수사

(1) 수색 또는 수사의 실시 등

경찰관서의 장은 실종아동등의 발생 신고를 접수하면 지체 없이 수색 또는 수사의 실시 여부를 결정하여야 한다(제9조 제1항). 또한 경찰관서의 장은 실종아동등(범죄로 인한 경우를 제외한다. 이하 이 조에서 같다)의 조속한 발견을 위하여 필요한 때에는 다음 각 호의 어느 하나에 해당하는 자에게 실종아동등의 위치 확인에 필요한 「위치정보의 보호 및 이용 등에 관한 법률」 제2조 제2호에 따른 개인위치정보, 「인터넷주소자원에 관한 법률」 제2조 제1호에 따른 인터넷주소 및 「통신비밀보호법」 제2조 제11호 마목·사목에 따른 통신사실확인자료(이하 "개인위치정보등"이라 한다)의 제공을 요청할 수 있다. 이 경우 경찰관서의 장의 요청을 받은 자는 「통신비밀보호법」 제3조에도 불구하고 정당한 사유가 없으면 이에 따라야 한다(동조 제2항). 또한 이러한 요청을 받은 자는 그 실종아동등의 동의 없이 개인위치정보등을 수집할 수 있으며, 실종아동등의 동의가 없음을 이유로 경찰관서의 장의 요청을 거부하여서는 아니 된다(동조 제3항).[5]

1. 「위치정보의 보호 및 이용 등에 관한 법률」 제5조 제7항에 따른 개인위치정보사업자
2. 「정보통신망 이용촉진 및 정보보호 등에 관한 법률」 제2조 제1항 제3호에 따른 정보통신서비스 제공자 중에서 대통령령으로 정하는 기준을 충족하는 제공자
3. 「정보통신망 이용촉진 및 정보보호 등에 관한 법률」 제23조의3에 따른 본인확인기관
4. 「개인정보 보호법」 제24조의2에 따른 주민등록번호 대체가입수단 제공기관

---

[5] 경찰관서의 장의 요청을 거부한 자는 2년 이하의 징역 또는 2천만원 이하의 벌금에 처한다(제18조 제1호의3).

〈참고〉 시행령 제4조의3(개인위치정보등의 제공 요청 방법 및 절차) ① 경찰관서의 장은 법 제9조 제2항에 따라 같은 항 각 호의 자(이하 이 조에서 "위치정보사업자등"이라 한다)에게 같은 항 전단에 따른 실종아동등의 위치 확인에 필요한 개인위치정보등(이하 이 조에서 "개인위치정보등"이라 한다)의 제공을 요청하는 때에는 실종아동등의 보호자의 동의를 받아야 한다. 다만, 보호자와 연락이 되지 않는 등의 사유로 사전에 보호자의 동의를 받기 어려운 경우에는 개인위치정보등의 제공을 요청한 후 보호자의 동의를 받을 수 있다.

② 경찰관서의 장은 제1항에 따라 개인위치정보등의 제공을 요청하려는 경우 실종아동등의 보호자(보호자가 아닌 사람이 실종신고를 한 경우에는 그 신고자를 포함한다. 이하 이 항에서 같다)에게 다음 각 호의 사항을 확인할 수 있다.

   1. 실종아동등의 성명, 휴대전화번호, 주민등록번호(「인터넷주소자원에 관한 법률」 제2조 제1호에 따른 인터넷주소의 제공을 요청하기 위한 경우에 한정한다)
   2. 보호자의 성명, 연락처 및 실종아동등과의 관계
   3. 실종장소, 실종경위 그 밖에 개인위치정보등의 제공 요청을 하기 위하여 필요한 사항

③ 경찰관서의 장은 제1항에 따라 「위치정보의 보호 및 이용 등에 관한 법률」 제2조 제2호에 따른 개인위치정보(이하 이 항에서 "개인위치정보"라 한다)의 제공을 요청할 경우 같은 조 제8호에 따른 위치정보시스템(이하 이 항에서 "위치정보시스템"이라 한다)을 통한 방식으로 요청하여야 하며, 같은 법 제5조 제7항에 따른 위치정보사업자는 경찰관서의 장으로부터 요청을 받아 개인위치정보를 제공하는 경우 위치정보시스템을 통한 방식으로 제공하여야 한다.

④ 경찰관서의 장은 제1항에 따라 개인위치정보등의 제공을 요청하였을 때에는 요청 일시 및 위치정보사업자등으로부터 제공받은 개인위치정보등의 내용 등을 기록·보관하여야 한다.

⑤ 경찰관서의 장은 법 제9조 제2항에 따라 실종아동등을 찾기 위한 목적으로 제공받은 개인위치정보등의 이용 목적을 달성한 때에는 같은 조 제4항에 따라 다음 각 호의 구분에 따른 방법으로 지체 없이 이를 파기하고, 개인위치정보등 파기대장에 그 사실을 기록하여야 한다.

   1. 전자적 파일 형태인 경우: 복원이 불가능한 방법으로 영구 삭제
   2. 제1호 외의 기록물·인쇄물·서면, 그 밖의 기록매체인 경우: 파쇄 또는 소각

⑥ 제1항부터 제5항까지에서 규정한 사항 외에 개인위치정보등의 제공 요청·파기 방법 및 절차에 관하여 필요한 사항은 행정안전부령으로 정한다.

그러나 경찰관서와 경찰관서에 종사하거나 종사하였던 자는 실종아동등을 찾기 위한 목적으로 제공받은 개인위치정보등을 실종아동등을 찾기 위한 목적 외의 용도로 이용하여서는 아니 되며, 목적을 달성하였을 때에는 지체 없이 파기하

여야 한다(동조 제4항).[6] 수색 또는 수사 등에 필요한 사항은 행정안전부령(실종아동등의 발견 및 유전자검사 등에 관한 규칙 제7조 참조)으로 정하고, 개인위치정보등의 제공을 요청하는 방법 및 절차, 파기 방법 및 절차 등에 필요한 사항은 대통령령(시행령 제4조의3 참조)으로 정한다(동조 제5항).

〈참고〉 실종아동등의 위치정보를 요청하는 방법 및 절차(실종아동등 및 가출인 업무 처리규칙 제14조)
○ 절차
  ▶ 신고접수(경찰관서장)
    • 현장 경찰관이 위치정보 제공요청 필요 여부 판단(범죄로 인한 경우 제외)
    • 보호자 동의를 받아 요청하되, 보호자의 연락두절, 사전동의가 어려운 경우 先조치후 동의 가능
  ▶ 위치정보 요청(경찰관서장)
    • 경찰관서장은 위치정보시스템을 통해 182센터에 위치정보 요청
  ▶ 위치정보수집(경찰청 182센터)
    • 182센터에서 최종 승인 후 이동통신사에 위치정보 요청, 수집
    • 수집된 정보 즉시 전파(휴대전화번호를 입력한 담당자의 휴대전화로 위치정보 전달)
  ▶ 위치정보 활용(경찰관서)
    • 위치정보 활용, 현장 탐문 수색
○ 유의사항
  ▶ 범죄로 인한 경우는 제외되며, 이 경우는 수사절차에 의함

※ 출처: 경찰청 실종 아동 및 가출인 수사 매뉴얼

---

(2) 공개 수색·수사 체계의 구축·운영

경찰청장은 실종아동등의 조속한 발견과 복귀를 위하여 실종아동등의 공개 수색·수사 체계를 구축·운영할 수 있다(제9조의2 제1항). 또한 경찰청장은 공개 수색·수사를 위하여 필요하면 실종아동등의 보호자의 동의를 받아 다음 각 호의 조치를 요청할 수 있다. 이 경우 경찰청장은 실종아동등의 발견 및 복귀를 위하여

---

6) 개인위치정보등을 실종아동등을 찾기 위한 목적 외의 용도로 이용한 자는 5년 이하의 징역 또는 5천만원 이하의 벌금에 처한다(제17조).

필요한 최소한의 정보를 제공하여야 한다(동조 제2항).

---

1. 「전기통신사업법」 제2조 제8호에 따른 전기통신사업자 중 대통령령으로 정하는 주요 전기통신사업자에 대한 필요한 정보의 문자나 음성 등 송신
2. 「정보통신망 이용촉진 및 정보보호 등에 관한 법률」 제2조 제1항 제3호에 따른 정보통신서비스 제공자 중 대통령령으로 정하는 주요 정보통신서비스 제공자에 대한 필요한 정보의 인터넷 홈페이지 등 게시
3. 「방송법」 제2조 제3호에 따른 방송사업자에 대한 필요한 정보의 방송

또한 요청을 받은 전기통신사업자, 정보통신서비스 제공자 및 방송사업자는 정당한 사유가 없으면 요청에 따라야 한다(동조 제3항). 공개 수색·수사 체계 및 절차 등에 관하여 필요한 사항은 대통령령(시행령 제4조의5 참조)으로 정한다(동조 제4항).

〈참고〉 실종·유괴경보체제(시행령 제4조의3 – 제4조의5 등 참조)

○ 개념
　▸ 아동등 실종 및 유괴사건 발생시 대상자의 인상착의 등 관련 정보를 언론 등 다양한 매체, 전광판 등에 공개해 신고와 제보를 독려하여 대상자의 신속 발견 및 복귀를 돕기 위한 시스템으로 이를 앰버경보(Amber Alert)라고도 함(이것은 1996년 미국 텍사스 주 엘링턴에서 납치·살해된 9세 소녀 앰버 해거만(Amber Hageman)의 이름을 딴 비상경보체제로 미국의 실종사건: 방송의 비상 대응(America's Missing: Broadcast Emergency Response)의 약자이기도 함).

○ 국내 추진경과
　▸ '07. 4. 9. 국토부·서울시와 유괴아동 앰버경보시스템 협약, 제주 유괴아동 양○○ 유괴경보 1호 발령(* 양○○(女, 당시 9세) 2007. 3. 9. 실종, 약 40여 일 후 성폭행·피살되어 발견)
　▸ '07. 5. 23. 영상송출 가능한 방송, 이동통신사, 금융기관과 협약, 실종아동등까지 대상 확대
　▸ '07. 8. 27. 한국인터넷기업협회 소속 6개 인터넷 업체와 협약 체결, 온라인 영상 송출
　▸ '08. 9. 16. 신문사(조선일보 등 10개사)와 협약체결
　▸ '10. 10. 18. 한국도로공사, 교통안전공단 등 12개 공공기관과 협약 체결
　▸ '12. 10. 10. 지상파DMB 6개사(KBS 등)와 협약 체결
　▸ '15. 7. 22. 페이스북과 협약체결로 총 63개 기관과 협약체결 운영

○ 경보 발령 대상
  ▶ 경찰관서에 실종 신고 접수된 18세 미만 아동, 지적·자폐성·정신장애인, 치매
    환자
○ 경보 발령 요건
  ▶ 발령대상이 경찰관서에 실종신고로 접수된 경우
  ▶ 보호자가 경보 발령 및 관련 정보 공개에 동의할 것
  ▶ 발령 대상자가 상습적인 가출 전력이 없을 것
  ▶ 대상자가 유괴·납치되었거나, 의심이 있어야 할 것
    (유괴·납치 등 신고 또는 실종·가출 신고 후 유괴·납치 등 의심되는 경우 모
    두 해당)
○ 경보시스템의 종류(시행령 제4조의5, 이 경우 경찰청장은 범죄심리전문가의 의견
  을 들을 수 있다.)
  ▶ 실종경보: 상습적인 가출 전력이 없는 실종아동등에 관하여 경찰관서에 신고가
    접수된 경우
  ▶ 유괴경보: 유괴 또는 납치 사건으로 의심할 만한 증거나 단서가 존재하는 실종
    아동등에 관하여 경찰관서에 신고가 접수된 경우
○ 추가조치: 통신수단을 통한 다음의 정보공개 요청(시행령 제4조의5, 이 경우 경찰
  청장은 실종아동등의 발견 및 복귀를 위하여 필요한 최소한의 정보공개를 요청하
  여야 한다.)
  ▶ 실종아동등의 신상정보
  ▶ 실종·유괴의 경위
  ▶ 실종경보 또는 유괴경보 발령사실
  ▶ 국민에 대한 협조요청 그 밖에 실종아동등의 복귀에 필요한 사항

※ 출처: 경찰청 실종 아동 및 가출인 수사 매뉴얼 참조

(3) 실종아동등 조기발견 지침 등

보건복지부장관은 불특정 다수인이 이용하는 시설에서 실종아동등을 빨리
발견하기 위하여 다음 각 호의 사항을 포함한 실종아동등 발생예방 및 조기발견
을 위한 지침(이하 "실종아동등 조기발견 지침"이라 한다)을 마련하여 고시하여야 한
다(제9조의3 제1항).

1. 보호자의 신고에 관한 사항
2. 실종아동등 발생 상황 전파와 경보발령 절차
3. 출입구 감시 및 수색 절차
4. 실종아동등 미발견 시 경찰 신고 절차
5. 경찰 도착 후 경보발령 해제에 관한 사항
6. 그 밖에 실종아동등 발생예방과 찾기에 관한 사항

그리고 다음 각 호의 어느 하나에 해당하는 시설·장소 중 대통령령(시행령 제4조의6 참조)으로 정하는 규모의 시설·장소의 소유자·점유자 또는 관리자(이하 이 조에서 "관리주체"라 한다)는 실종아동등이 신고되는 경우 실종아동등 조기발견 지침에 따라 즉시 경보발령, 수색, 출입구 감시 등의 조치를 하여야 한다(동조 제 2항).[7)]

1. 「유통산업발전법」에 따른 대규모점포
2. 「관광진흥법」에 따른 유원시설
3. 「도시철도법」에 따른 도시철도의 역사(출입통로·대합실·승강장 및 환승통로와 이에 딸린 시설을 포함한다)
4. 「여객자동차 운수사업법」에 따른 여객자동차터미널
5. 「공항시설법」에 따른 공항시설 중 여객터미널
6. 「항만법」에 따른 항만시설 중 여객이용시설
7. 「철도산업발전기본법」에 따른 철도시설 중 역시설(물류시설은 제외한다)
8. 「체육시설의 설치·이용에 관한 법률」에 따른 전문체육시설
9. 「공연법」에 따른 공연이 행하여지는 공연장 등 시설 또는 장소
10. 「박물관 및 미술관 진흥법」에 따른 박물관 및 미술관
11. 지방자치단체가 문화체육관광 진흥 목적으로 주최하는 지역축제가 행하여지는 장소
12. 그 밖에 대통령령으로 정하는 시설·장소

또한 관리주체는 위의 시설·장소의 종사자에게 실종아동등 조기발견 지침에 관한 교육·훈련을 연 1회 실시하고, 그 결과를 관할 경찰관서의 장에게 보고하여

---

7) 실종아동등 조기발견 지침에 따른 조치를 하지 아니한 자에게는 500만원 이하의 과태료를 부과한다(제19조 제1항 제1호).

야 하며(동조 제3항),[8] 관할 경찰관서의 장은 실종아동등 조기발견 지침이 준수되도록 위의 조치와 교육·훈련의 실시에 관한 사항을 지도·감독하여야 한다(동조 제4항). 이외에도 관계 행정기관의 장은 위 시설·장소의 허가, 등록, 신고 또는 휴업, 폐업 등의 여부에 관한 정보를 관할 경찰관서의 장에게 통보하여야 한다. 다만, 「전자정부법」 제36조 제1항에 따른 행정정보 공동이용을 통하여 확인할 수 있는 정보는 예외로 한다(동조 제5항).

〈참고〉 실종예방지침
○ 추진 배경
  ▶ 개정된 「실종아동등의 보호 및 지원에 관한 법률」 시행으로, 다중이용시설에 '아동등'의 실종예방 및 신속한 발견의무 부과하였으며, 이는 1981년 미국백화점에서 실종 후 살해되어 발견된 '아담 월시'의 이름에서 유래한 미국의 '코드 아담'제도를 기반으로 2014. 1. 28. 법률 개정 당시 한국형 '코드 아담' 제도로 '실종예방지침'을 도입함.
○ 주요 내용
  ▶ 시행일: 2014. 7. 29.
  ▶ 대   상: 일정규모 이상 다중이용시설
    • 매장면적 1만㎡ 이상 대규모 점포,
    • 연면적 1만㎡ 이상 철도역사,
    • 연면적 5천㎡ 이상 터미널
    • 1천석 이상 공연장
    • 5천석 이상 체육시설 등(시행령에 상세 규정)
  ▶ 다중이용시설의 의무 내용
    • 자체 지침, 매뉴얼 마련
    • 개인, 부서별 임무 지정
    • 실종 발생시 이용객, 직원 전파
    • 출입구 감시 등 수색
    • 미발견시 경찰 신고
    • 경찰수색 협조
※ 출처: 경찰청 실종 아동 및 가출인 수사 매뉴얼

---

8) 교육·훈련을 실시하지 아니하거나 그 결과를 보고하지 아니한 자는 200만원 이하의 과태료를 부과한다(제19조 제2항 제3호).

(4) 출입·조사 등

경찰청장이나 지방자치단체의 장은 실종아동등의 발견을 위하여 필요하면 관계인에 대하여 필요한 보고 또는 자료제출을 명하거나 소속 공무원으로 하여금 관계 장소에 출입하여 관계인이나 아동등에 대하여 필요한 조사 또는 질문을 하게 할 수 있다(제10조 제1항).9) 또한 경찰청장이나 지방자치단체의 장은 출입·조사를 실시할 때 정당한 이유가 있는 경우 소속 공무원으로 하여금 실종아동등의 가족 등을 동반하게 할 수 있다(동조 제2항). 이때 출입·조사 또는 질문을 하려는 관계공무원은 그 권한을 표시하는 증표를 지니고 이를 관계인 등에게 내보여야 한다(동조 제3항).

(5) 유전자검사의 실시

경찰청장은 실종아동등의 발견을 위하여 다음 각 호의 어느 하나에 해당하는 자로부터 유전자검사대상물(이하 "검사대상물"이라 한다)을 채취할 수 있다(제11조 제1항). 이때 경찰청장은 검사대상물을 채취하려면 미리 검사대상자의 서면동의를 받아야 한다. 이 경우 검사대상자가 미성년자, 심신상실자 또는 심신미약자일 때에는 본인 외에 법정대리인의 동의를 받아야 한다. 다만, 심신상실, 심신미약 또는 의사무능력 등의 사유로 본인의 동의를 받을 수 없을 때에는 본인의 동의를 생략할 수 있다(동조 제4항).

---

1. 보호시설의 입소자나 「정신건강증진 및 정신질환자 복지서비스 지원에 관한 법률」 제3조 제5호에 따른 정신의료기관의 입원환자 중 보호자가 확인되지 아니한 아동등
2. 실종아동등을 찾고자 하는 가족
3. 그 밖에 보호시설의 입소자였던 무연고아동

---

9) 위계(僞計) 또는 위력(威力)을 행사하여 관계공무원의 출입 또는 조사를 거부하거나 방해한 자는 2년 이하의 징역 또는 2천만원 이하의 벌금에 처한다(제18조 제1호). 또한 위의 명령을 위반하여 보고 또는 자료제출을 하지 아니하거나, 거짓 보고 또는 거짓의 자료제출을 하거나, 정당한 사유 없이 관계 공무원의 출입 또는 조사를 기피한 자에게는 500만원 이하의 과태료를 부과한다(제19조 제1항 제2호).

또한 유전자검사를 전문으로 하는 기관으로서 대통령령으로 정하는 기관(이하 "검사기관"이라 한다)은 유전자검사를 실시하고 그 결과를 데이터베이스로 구축·운영할 수 있다(동조 제2항). 다만, 위 검사대상물의 채취와 유전자검사를 실시하려면 위의 전문기관의 장이 구축한 데이터베이스를 활용하여 실종아동등인지 여부를 확인한 후에 하여야 하며(동조 제3항), 유전정보 데이터베이스를 구축·운영하는 경우 유전정보는 검사기관의 장이, 신상정보는 전문기관의 장이 각각 구분하여 관리하여야 한다(동조 제5항).[10] 이때 검사대상물의 채취, 유전자검사의 실시, 데이터베이스 구축, 유전자검사의 동의 및 유전정보와 신상정보의 구분·관리 등에 필요한 사항은 대통령령으로 정한다(동조 제6항).

> ※ 법 제11조 제2항에서 "유전자검사를 전문으로 하는 기관으로서 대통령령이 정하는 기관"이라 함은 국립과학수사연구원을 말한다(시행령 제5조).

〈참고〉 유전자 분석
○ 법적 근거
　▸ 실종아동등의 보호 및 지원에 관한 법률 제11조 – 제15조
　▸ 실종아동등의 보호 및 지원에 관한 법률 시행령 제5조 – 제7조
○ 대상자
　▸ 보호시설 입소자 중 보호자가 확인되지 않은 아동등
　　(실종당시 18세미만 아동, 지적·자폐성·정신 장애인, 치매환자)
　▸ 실종아동등을 찾고자 하는 가족
　▸ 보호시설의 입소자였던 무연고아동
○ 방법 및 절차
　▸ 채취 전 반드시 검사대상자의 서면 동의를 받아야 하고, 검사대상자가 미성년자, 심신상실자, 심신미약자일 경우 본인 외 법정대리인의 동의서 반드시 작성 후 채취
　※ 심신상실·심신미약자 또는 의사무능역 등의 사유로 본인의 동의를 얻을 수 없는 때에는 본인의 동의를 생략할 수 있으며, 보호시설의 장이 법정대리인이 될 수 있는 경우는 「아동복지법」 등 관련 법률에 의거 후견인 자격을 취득했을 때 가능하다.
　▸ 아동등과 찾고자 하는 가족이 유전자 채취 시

---

10) 현재 DNA샘플은 경찰이 채취하고, 분석과 보관은 국립과학수사연구원, 이에 대한 관리는 보건복지부에서 하도록 하고 있다.

- 인적사항과 디엔에이 시료를 실종아동전문기관에 공문 송부
- 실종아동전문기관에서 신상정보 암호화하여 디엔에이시료 국립과학수사연구원에 송부
- 국과연에서는 유전자 분석 대조하여 유전정보 데이터베이스 구축·운영
▶ 치매환자와 찾고자 하는 가족의 유전자 채취 시
- 인적사항과 디엔에이 시료를 중앙치매센터에 공문 송부
- 중앙치매센터에서 신상정보 암호화하여 디엔에이시료 국립과학수사연구원에 송부
- 국과연에서는 유전자 분석 대조하여 유전정보 데이터베이스 구축·운영
▶ 보호자 발견 및 본인 폐기 희망 시 유전정보 폐기

※ 출처: 경찰청 실종 아동 및 가출인 수사 매뉴얼

(6) 유전정보의 목적 외 이용금지 등

누구든지 실종아동등을 발견하기 위한 목적 외의 용도로 검사대상물을 채취하거나 유전자검사를 실시하거나 유전정보를 이용할 수 없으며(제12조 제1항),[11] 검사대상물의 채취, 유전자검사 또는 유전정보관리에 종사하고 있거나 종사하였던 사람은 채취한 검사대상물 또는 유전정보를 외부로 유출하여서는 아니 된다(동조 제2항).[12]

(7) 검사대상물 및 유전정보의 폐기

검사기관의 장은 유전자검사를 끝냈을 때에는 지체 없이 검사대상물을 폐기하여야 한다(제13조 제1항). 그러나 검사기관의 장은 다음 각 호의 어느 하나에 해당할 때에는 해당 유전정보를 지체 없이 폐기하여야 한다. 다만, 제3호에도 불구하고 검사대상자 또는 법정대리인이 제3호에서 정한 기간(이하 "보존기간"이라 한다)의 연장을 요청하는 경우에는 실종아동등의 보호자를 확인할 때까지 그 기간을 연장할 수 있다(동조 제2항).

---

11) 목적 외의 용도로 검사대상물의 채취 또는 유전자검사를 실시하거나 유전정보를 이용한 자는 2년 이하의 징역 또는 2천만원 이하의 벌금에 처한다(제18조 제2호).
12) 채취한 검사대상물 또는 유전정보를 외부로 유출한 자는 2년 이하의 징역 또는 2천만원 이하의 벌금에 처한다(제18조 제3호).

1. 실종아동등이 보호자를 확인하였을 때
2. 검사대상자 또는 법정대리인이 요청할 때
3. 유전자검사일부터 10년이 경과되었을 때

이때 검사기관의 장은 검사대상물·유전정보의 폐기 및 유전정보의 보존기간 연장에 관한 사항을 기록·보관하여야 한다(동조 제3항). 그리고 검사대상물·유전정보의 폐기절차 및 방법, 유전정보의 보존기간 연장, 기록 및 보관 등에 필요한 사항은 행정안전부령(실종아동등의 발견 및 유전자검사 등에 관한 규칙 제10조 참조)으로 정한다(동조 제4항).

(8) 유전자검사 기록의 열람 등

검사기관의 장은 검사대상자 또는 법정대리인이 유전자검사 결과기록의 열람 또는 사본의 발급을 요청하면 이에 따라야 한다(제14조 제1항). 기록의 열람 또는 사본의 발급에 관한 신청절차 및 서식 등에 관하여 필요한 사항은 행정안전부령(실종아동등의 발견 및 유전자검사 등에 관한 규칙 제11조 참조)으로 정한다(동조 제2항).

12. 신상정보의 목적 외 이용금지

누구든지 정당한 사유 없이 실종아동등의 신상정보를 실종아동등을 찾기 위한 목적 외의 용도로 이용할 수 없다(제15조).[13]

13. 관계 기관의 협조

보건복지부장관이나 경찰청장은 실종아동등의 조속한 발견·복귀와 복귀 후 지원을 위하여 관계 중앙행정기관의 장 또는 지방자치단체의 장에게 필요한 협조를 요청할 수 있다. 이 경우 협조요청을 받은 기관의 장은 특별한 사유가 없으면 이에 따라야 한다(제16조).

---

13) 신상정보를 실종아동등을 찾기 위한 목적 외의 용도로 이용한 자는 2년 이하의 징역 또는 2천만원 이하의 벌금에 처한다(제18조 제4호).

〈참고〉 시행령 제8조(실종아동등의 복귀) 경찰청장·지방자치단체의 장 또는 전문기관의 장은 실종아동등의 보호자를 확인한 경우에는 신속히 실종아동등의 복귀에 필요한 조치를 취하여야 한다. 다만, 경찰청장 또는 지방자치단체의 장은 보호자가 다음 각 호의 어느 하나에 해당하는 행위자이거나 보건복지부령으로 정하는 사유가 있는 경우에는 전문기관의 장과 협의하여 복귀절차를 진행하지 아니할 수 있다.
1. 「아동복지법」에 따른 아동학대행위자
2. 「장애인복지법」에 따른 장애인학대행위자
3. 「노인복지법」에 따른 노인학대행위자
4. 「가정폭력방지 및 피해자보호 등에 관한 법률」에 따른 가정폭력행위자

[탐정으로서 검토할 점]

1. 실종아동 등의 조사·수색에 있어서 현행법의 이해와 탐정의 역할 확대: 경찰에서 행하고 있는 실종아동 등의 조사와 수색에 관한 절차에 대한 이해를 통해 탐정이 아동실종사건을 의뢰받은 경우 의뢰인에게 「실종아동등의 보호 및 지원에 관한 법률」의 내용을 설명함으로써 법에서 인정하고 있는 권한을 행사하게 하는 한편, 탐정으로서 경찰업무를 보조하거나 경찰로부터 독립하여 독자적으로 할 수 있는 업무와 역할을 정확히 파악하여 수행할 것이 요청된다.

2. 실동아동 등의 조사와 수색에 있어서 적법한 탐정업무의 방안 모색: 현행법상 탐정의 경우 법적 권한의 미비로 인해 실종아동 등의 조사·수색함에 있어서 한계가 있고, 그 업무수행 과정에서도 불법행위가 개재될 수도 있다. 따라서 탐정업무와 관련된 현행법의 내용을 정확하게 숙지하여 현행법의 테두리 내에서 활동할 것이 요청된다.

3. 성인실종자의 조사와 수색에로의 업무영역 확대: 성인실종자의 경우에는 직접 관련된 법률이 부재하여 경찰 등 공권력의 도움을 받아 해결하는 데 상당히 큰 어려움이 있다. 그러므로 성인실종자 찾기에 있어서 탐정의 역할이 절실히 요구되고 있다. 따라서 탐정이 실종자 찾기에 관한 전문성을 갖추게 된다면 실종자의 구제 및 사회안전실현이라고 하는 공익에도 기여함과 동시에 의뢰인을 실효적으로 도와줄 수 있을 것이다.

제 8 장

채권의 공정한 추심에 관한 법률

제 8 장
채권의 공정한 추심에 관한 법률

동법은 2009년 2월 6일 제정(법률 제94185호, 2009. 8. 7. 시행)된 후, 수차례의 개정을 거쳐 현재에 이르고 있다. 동법은 전문 18개조, 부칙으로 구성되어 있다 (법률 제16957호, 2020. 2. 4. 타법개정, 시행 2020. 8. 5.).

1. 목적

이 법은 채권추심자가 권리를 남용하거나 불법적인 방법으로 채권추심을 하는 것을 방지하여 공정한 채권추심 풍토를 조성하고 채권자의 정당한 권리행사를 보장하면서 채무자의 인간다운 삶과 평온한 생활을 보호함을 목적으로 한다 (제1조).

2. 용어의 정의

이 법에서 사용하는 용어의 뜻은 다음과 같다(제2조).

용 어	정 의
채권추심자 (제1호)	다음 각 목의 어느 하나에 해당하는 자를 말한다. 가. 「대부업 등의 등록 및 금융이용자 보호에 관한 법률」에 따른 대부업자, 대부중개업자, 대부업의 등록을 하지 아니하고 사실상 대부업을 영위하는 자, 여신금융기관 및 이들로부터 대부계약에 따른 채권을 양도받거나 재양도 받은 자

	나. 가목에 규정된 자 외의 금전대여 채권자 및 그로부터 채권을 양도받거나 재양도 받은 자 다. 「상법」에 따른 상행위로 생긴 금전채권을 양도받거나 재양도 받은 자 라. 금전이나 그 밖의 경제적 이익을 대가로 받거나 받기로 약속하고 타인의 채권을 추심하는 자(채권추심을 목적으로 채권의 양수를 가장한 자를 포함한다) 마. 가목부터 라목까지에 규정된 자들을 위하여 고용, 도급, 위임 등 원인을 불문하고 채권추심을 하는 자
채무자 (제2호)	채무를 변제할 의무가 있거나 채권추심자로부터 채무를 변제할 의무가 있는 것으로 주장되는 자연인(보증인을 포함한다)을 말한다.
관계인 (제3호)	채무자와 동거하거나 생계를 같이 하는 자, 채무자의 친족, 채무자가 근무하는 장소에 함께 근무하는 자를 말한다.
채권추심 (제4호)	채무자에 대한 소재파악 및 재산조사, 채권에 대한 변제 요구, 채무자로부터 변제 수령 등 채권의 만족을 얻기 위한 일체의 행위를 말한다.
개인정보 (제5호)	「개인정보 보호법」 제2조 제1호의 개인정보를 말한다.
신용정보 (제6호)	「신용정보의 이용 및 보호에 관한 법률」 제2조 제1호의 신용정보를 말한다.

〈용어해설〉 '추심'이란 어음이나 수표소지인이 거래은행에 어음과 수표의 대금 회수를 위임하고, 위임을 받은 거래은행은 어음과 수표의 발행점포 앞으로 대금의 지급을 요청하는 일련의 절차를 말한다. 추심이란 챙겨서 찾아 가지거나 받아낸다는 뜻으로 채무의 변제 장소에 관한 용어다. 수표발행인 계좌에서 돈을 인출해 어음이나 수표를 제시한 사람에게 지급해야 하는 은행을 '추심은행'이라고 한다.

〈판례〉「채권의 공정한 추심에 관한 법률」은 채권추심자가 권리를 남용하거나 불법적인 방법으로 채권추심을 하는 것을 방지하여 공정한 채권추심 풍토를 조성하고 채권자의 정당한 권리행사를 보장하면서 채무자의 인간다운 삶과 평온한 생활을 보호함을 목적으로 한다(제1조). 채권추심법에서 말하는 '채무자'란 채무를 변제할 의무가 있거나 채권추심자로부터 채무를 변제할 의무가 있는 것으로 주장되는 자연인(보증인을 포함한다)을 말한다(제2조 제2호). 이와 같이 채권추심법은 그 보호대상을 자연인 채무자로 한정하고 법인인 채무자를 제외하고 있으므로, 법인의 채무에 대해서는 채권추심법이 적용되지 않는다(대법원 2018. 1. 19.자 2017모2507 결정).

3. 국가와 지방자치단체의 책무

국가와 지방자치단체는 공정한 채권추심 풍토가 정착되도록 제도와 여건을 마련하고 이를 위한 시책을 추진하여야 한다(제3조 제1항). 또한 국가와 지방자치단체는 권리를 남용하거나 불법적인 채권추심행위를 하는 채권추심자로부터 채무자 또는 관계인을 보호하기 위하여 노력하여야 한다(동조 제2항).

4. 다른 법률과의 관계

채권추심에 관하여 다른 법률에 특별한 규정이 있는 경우를 제외하고는 이 법에서 정하는 바에 따른다(제4조).

5. 채무확인서의 교부

채권추심자(제2조 제1호 가목에 규정된 자에 한한다. 이하 이 조에서 같다)는 채무자로부터 원금, 이자, 비용, 변제기 등 채무를 증명할 수 있는 서류(이하 "채무확인서"라 한다)의 교부를 요청받은 때에는 정당한 사유가 없는 한 이에 응하여야 한다(제5조 제1항).[1] 이때 채권추심자는 채무확인서 교부에 직접 사용되는 비용 중 대통령령으로 정하는 범위에서 채무자에게 그 비용을 청구할 수 있다(동조 제2항).

> ※ 법 제5조 제2항에 따라 채권추심자는 1만원의 범위에서 채무자에게 채무확인서 교부에 직접 사용되는 비용을 청구할 수 있다(시행령 제1조의2).

6. 수임사실 통보

채권추심자(제2조 제1호 라목에 규정된 자 및 그 자를 위하여 고용, 도급, 위임 등 원인을 불문하고 채권추심을 하는 자를 말한다. 이하 이 조에서 같다)가 채권자로부터 채권추심을 위임받은 경우에는 채권추심에 착수하기 전까지 다음 각 호에 해당하는 사항을 채무자에게 서면(「전자문서 및 전자거래 기본법」 제2조 제1호의 전자문서를 포함

---

[1] 채권추심자가 이를 위반하여 채무확인서의 교부요청에 응하지 아니한 자에게는 2천만원 이하의 과태료를 부과한다(제17조 제1항 제1호).

한다)으로 통지하여야 한다. 다만, 채무자가 통지가 필요 없다고 동의한 경우에는 그러하지 아니하다(제6조 제1항).[2]

> 1. 채권추심자의 성명·명칭 또는 연락처(채권추심자가 법인인 경우에는 채권추심담당자의 성명, 연락처를 포함한다)
> 2. 채권자의 성명·명칭, 채무금액, 채무불이행 기간 등 채무에 관한 사항
> 3. 입금계좌번호, 계좌명 등 입금계좌 관련 사항

그러나 채무발생의 원인이 된 계약에 기한의 이익에 관한 규정이 있는 경우에는 채무자가 기한의 이익을 상실한 후 즉시 통지하여야 한다(동조 제2항). 또한 채무발생의 원인이 된 계약이 계속적인 서비스 공급 계약인 경우에는 서비스 이용료 납부지체 등 채무불이행으로 인하여 계약이 해지된 즉시 통지하여야 한다(동조 제3항).

7. 채권추심자에 대한 금지사항

(1) 동일 채권에 관한 복수 채권추심 위임 금지

채권추심자는 동일한 채권에 대하여 동시에 2인 이상의 자에게 채권추심을 위임하여서는 아니 된다(제7조).[3]

(2) 채무불이행정보 등록 금지

채권추심자(제2조 제1호 가목 및 라목에 규정된 자 및 그 자를 위하여 고용, 도급, 위임 등 원인을 불문하고 채권추심을 하는 자를 말한다. 이하 이 조에서 같다)는 채무자가 채무의 존재를 다투는 소를 제기하여 그 소송이 진행 중인 경우에 「신용정보의 보호 및 이용에 관한 법률」에 따른 신용정보집중기관이나 신용정보업자의 신용정보전산시스템에 해당 채무자를 채무불이행자로 등록하여서는 아니 된다. 이 경우

---

2) 채권자로부터 채권추심을 위임받은 사실을 서면(「전자문서 및 전자거래 기본법」 제2조 제1호의 전자문서를 포함한다)으로 통지하지 아니한 자는 1천만원 이하의 과태료를 부과한다(제17조 제2항 제1호).
3) 동일 채권에 대하여 2인 이상의 자에게 채권추심을 위임한 자에게는 1천만원 이하의 과태료를 부과한다(제17조 제2항 제2호). 다만 이에 해당하는 자가 사업자가 아닌 경우에는 해당 규정이 정하는 과태료를 그 다액의 2분의 1로 감경한다(동조 제4항).

채무불이행자로 이미 등록된 때에는 채권추심자는 채무의 존재를 다투는 소가 제기되어 소송이 진행 중임을 안 날부터 30일 이내에 채무불이행자 등록을 삭제하여야 한다(제8조).[4]

(3) 대리인 선임 시 채무자에 대한 연락 금지

다음 각 호를 제외한 채권추심자는 채무자가 「변호사법」에 따른 변호사·법무법인·법무법인(유한) 또는 법무조합을 채권추심에 응하기 위한 대리인으로 선임하고 이를 채권추심자에게 서면으로 통지한 경우 채무와 관련하여 채무자를 방문하거나 채무자에게 말·글·음향·영상 또는 물건을 도달하게 하여서는 아니 된다. 다만, 채무자와 대리인이 동의한 경우 또는 채권추심자가 대리인에게 연락할 수 없는 정당한 사유가 있는 경우에는 그러하지 아니하다(제8조의2).[5]

> 1. 「대부업 등의 등록 및 금융이용자 보호에 관한 법률」에 따른 여신금융기관
> 2. 「신용정보의 이용 및 보호에 관한 법률」에 따른 채권추심회사
> 3. 「자산유동화에 관한 법률」 제10조에 따른 자산관리자
> 4. 제2조 제1호 가목에 규정된 자를 제외한 일반 금전대여 채권자
> 5. 제1호부터 제4호까지에 규정된 자들을 위하여 고용되거나 같은 자들의 위임을 받아 채권추심을 하는 자(다만, 채권추심을 하는 자가 「대부업 등의 등록 및 금융이용자 보호에 관한 법률」에 따른 대부업자, 대부중개업자, 대부업의 등록을 하지 아니하고 사실상 대부업을 영위하는 자인 경우는 제외한다)

(4) 관계인에 대한 연락 금지

채권추심자는 채권추심을 위하여 채무자의 소재, 연락처 또는 소재를 알 수 있는 방법 등을 문의하는 경우를 제외하고는 채무와 관련하여 관계인을 방문하거나 관계인에게 말·글·음향·영상 또는 물건을 도달하게 하여서는 아니 된다(제8조의3 제1항).[6] 또한 채권추심자는 이때 관계인을 방문하거나 관계인에게 말·글·음

---

4) 채무의 존재를 다투는 소송이 진행 중임에도 채무불이행자로 등록하거나 소송이 진행 중임을 알면서도 30일 이내에 채무불이행자 등록을 삭제하지 아니한 자에게는 1천만원 이하의 과태료를 부과한다(제17조 제2항 제3호).
5) 이를 위반하여 채무자를 방문하거나 채무자에게 말·글·음향·영상 또는 물건을 도달하게 한 자에게는 2천만원 이하의 과태료를 부과한다(제17조 제1항 제2호).

향·영상 또는 물건을 도달하게 하는 경우 다음 각 호에 해당하는 사항을 관계인에게 밝혀야 하며, 관계인이 채무자의 채무 내용 또는 신용에 관한 사실을 알게 하여서는 아니 된다(동조 제2항).[7]

> 1. 채권추심자의 성명·명칭 및 연락처(채권추심자가 법인인 경우에는 업무담당자의 성명 및 연락처를 포함한다)
> 2. 채권자의 성명·명칭
> 3. 방문 또는 말·글·음향·영상·물건을 도달하게 하는 목적

(5) 소송행위의 금지

변호사가 아닌 채권추심자(제2조 제1호 라목에 규정된 자로서 채권추심을 업으로 하는 자 및 그 자를 위하여 고용, 도급, 위임 등 원인을 불문하고 채권추심을 하는 자로 한정한다)는 채권추심과 관련한 소송행위를 하여서는 아니 된다(제8조의4).[8]

(6) 폭행·협박 등의 금지

채권추심자는 채권추심과 관련하여 다음 각 호의 어느 하나에 해당하는 행위를 하여서는 아니 된다(제9조).[9][10]

---

6) 이를 위반한 자는 1년 이하의 징역 또는 1천만원 이하의 벌금에 처한다(제15조 제3항 제1호).

7) 이를 위반한 자에게는 1천만원 이하의 과태료를 부과한다(제17조 제2항 제4호).

8) 변호사가 아니면서 채권추심과 관련하여 소송행위를 한 자는 3년 이하의 징역 또는 3천만원 이하의 벌금에 처한다(제15조 제2항 제1호).

9) 채무자 또는 관계인을 폭행·협박·체포 또는 감금하거나 그에게 위계나 위력을 사용하여 채권추심행위를 한 자(제1호 위반)는 5년 이하의 징역 또는 5천만원 이하의 벌금에 처한다(제15조 제1항). 또한 제2호부터 제7호까지를 위반한 자는 3년 이하의 징역 또는 3천만원 이하의 벌금에 처한다(제15조 제2항 제2호).

10) 법인의 대표자나 법인 또는 개인의 대리인, 사용인, 그 밖의 종업원이 그 법인 또는 개인의 업무에 관하여 제15조의 위반행위를 하면 그 행위자를 벌하는 외에 그 법인 또는 개인에게도 해당 조문의 벌금형을 과(科)한다. 다만, 법인 또는 개인이 그 위반행위를 방지하기 위하여 해당 업무에 관하여 상당한 주의와 감독을 게을리하지 아니한 경우에는 그러하지 아니하다(제16조).

1. 채무자 또는 관계인을 폭행·협박·체포 또는 감금하거나 그에게 위계나 위력을 사용하는 행위
2. 정당한 사유 없이 반복적으로 또는 야간(오후 9시 이후부터 다음 날 오전 8시까지를 말한다. 이하 같다)에 채무자나 관계인을 방문함으로써 공포심이나 불안감을 유발하여 사생활 또는 업무의 평온을 심하게 해치는 행위
3. 정당한 사유 없이 반복적으로 또는 야간에 전화하는 등 말·글·음향·영상 또는 물건을 채무자나 관계인에게 도달하게 함으로써 공포심이나 불안감을 유발하여 사생활 또는 업무의 평온을 심하게 해치는 행위
4. 채무자 외의 사람(제2조 제2호에도 불구하고 보증인을 포함한다)에게 채무에 관한 거짓 사실을 알리는 행위
5. 채무자 또는 관계인에게 금전의 차용이나 그 밖의 이와 유사한 방법으로 채무의 변제자금을 마련할 것을 강요함으로써 공포심이나 불안감을 유발하여 사생활 또는 업무의 평온을 심하게 해치는 행위
6. 채무를 변제할 법률상 의무가 없는 채무자 외의 사람에게 채무자를 대신하여 채무를 변제할 것을 요구함으로써 공포심이나 불안감을 유발하여 사생활 또는 업무의 평온을 심하게 해치는 행위
7. 채무자의 직장이나 거주지 등 채무자의 사생활 또는 업무와 관련된 장소에서 다수인이 모여 있는 가운데 채무자 외의 사람에게 채무자의 채무금액, 채무불이행 기간 등 채무에 관한 사항을 공연히 알리는 행위

■ 채권추심 행위의 정당성 여부

(사안) 사채업자인 甲이 채무자 乙에게, 채무를 변제하지 않으면 乙이 숨기고 싶어하는 과거 행적과 사채를 쓴 사실 등을 남편과 시댁에 알리겠다는 등의 문자메시지를 발송하였다.

〈판례〉 채권자가 채권추심을 위하여 독촉 등 권리행사에 필요한 행위를 할 수 있기는 하지만, 법률상 허용되는 정당한 절차에 의한 것이어야 하며, 또한 채무자의 자발적 이행을 촉구하기 위해 필요한 범위 안에서 상당한 방법으로 그 권리가 행사되어야 한다. 그러나 甲의 행위는 피해자에게 공포심을 일으키기에 충분하다고 보아야 할 것이고, 그 밖에 甲이 고지한 해악의 구체적인 내용과 표현방법, 甲이 乙에게 위와 같은 해악을 고지하게 된 경위와 동기 등 제반 사정 등을 종합하면, 甲에게 협박의 고의가 있었음을 충분히 인정할 수 있으며, 甲이 정당한 절차와 방법을 통해 그 권리를 행사하지 아니하고 乙에게 위와 같이 해악을 고지한 것이 사회의 관습이나 윤리관념 등 사회통념에 비추어 용인할 수 있는 정도의 것이라고 볼 수는 없다(협박죄 인정)(대법원 2011. 5. 26. 선고 2011도2412 판결).

(7) 개인정보의 누설 금지 등

채권추심자는 채권발생이나 채권추심과 관련하여 알게 된 채무자 또는 관계인의 신용정보나 개인정보를 누설하거나 채권추심의 목적 외로 이용하여서는 아니 된다(제10조 제1항).11) 다만, 채권추심자가 다른 법률에 따라 신용정보나 개인정보를 제공하는 경우는 제1항에 따른 누설 또는 이용으로 보지 아니한다(동조 제2항).

(8) 거짓 표시의 금지 등

채권추심자는 채권추심과 관련하여 채무자 또는 관계인에게 다음 각 호의 어느 하나에 해당하는 행위를 하여서는 아니 된다(제11조).12)

---

1. 무효이거나 존재하지 아니한 채권을 추심하는 의사를 표시하는 행위
2. 법원, 검찰청, 그 밖의 국가기관에 의한 행위로 오인할 수 있는 말·글·음향·영상·물건, 그 밖의 표지를 사용하는 행위
3. 채권추심에 관한 법률적 권한이나 지위를 거짓으로 표시하는 행위
4. 채권추심에 관한 민사상 또는 형사상 법적인 절차가 진행되고 있지 아니함에도 그러한 절차가 진행되고 있다고 거짓으로 표시하는 행위
5. 채권추심을 위하여 다른 사람이나 단체의 명칭을 무단으로 사용하는 행위

---

(9) 불공정한 행위의 금지

채권추심자는 채권추심과 관련하여 다음 각 호의 어느 하나에 해당하는 행위를 하여서는 아니 된다(제12조).13)

---

11) 채무자 또는 관계인의 신용정보나 개인정보를 누설하거나 채권추심의 목적 외로 이용한 자는 3년 이하의 징역 또는 3천만원 이하의 벌금에 처한다(제15조 제2항 제3호).
12) 제1호를 위반하여 채권을 추심하는 의사를 표시한 자는 3년 이하의 징역 또는 3천만원 이하의 벌금에 처하며(제15조 제2항 제4호), 제2호를 위반하여 말·글·음향·영상·물건, 그 밖의 표지를 사용한 자는 1년 이하의 징역 또는 1천만원 이하의 벌금에 처한다(제15조 제3항 제2호). 또한 제3호부터 제5호까지를 위반한 자에게는 1천만원 이하의 과태료를 부과한다(제17조 제2항 제5호). 다만, 이에 해당하는 자가 사업자가 아닌 경우에는 해당 규정이 정하는 과태료를 그 다액의 2분의 1로 감경한다(제17조 제4항).
13) 제1호 및 제2호를 위반한 자에게는 2천만원 이하의 과태료를 부과한다(제17조 제1항 제3

1. 혼인, 장례 등 채무자가 채권추심에 응하기 곤란한 사정을 이용하여 채무자 또는 관계인에게 채권추심의 의사를 공개적으로 표시하는 행위
2. 채무자의 연락두절 등 소재파악이 곤란한 경우가 아님에도 채무자의 관계인에게 채무자의 소재, 연락처 또는 소재를 알 수 있는 방법 등을 문의하는 행위
3. 정당한 사유 없이 수화자부담전화료 등 통신비용을 채무자에게 발생하게 하는 행위
3의2. 「채무자 회생 및 파산에 관한 법률」 제593조 제1항 제4호 또는 제600조 제1항 제3호에 따라 개인회생채권에 대한 변제를 받거나 변제를 요구하는 일체의 행위가 중지 또는 금지되었음을 알면서 법령으로 정한 절차 외에서 반복적으로 채무변제를 요구하는 행위
4. 「채무자 회생 및 파산에 관한 법률」에 따른 회생절차, 파산절차 또는 개인회생절차에 따라 전부 또는 일부 면책되었음을 알면서 법령으로 정한 절차 외에서 반복적으로 채무변제를 요구하는 행위
5. 엽서에 의한 채무변제 요구 등 채무자 외의 자가 채무사실을 알 수 있게 하는 행위(제9조 제7호에 해당하는 행위는 제외한다)

(10) 부당한 비용 청구 금지

채권추심자는 채무자 또는 관계인에게 지급할 의무가 없거나 실제로 사용된 금액을 초과한 채권추심비용을 청구하여서는 아니 된다(제13조 제1항). 채권추심자가 채무자 또는 관계인에게 청구할 수 있는 채권추심비용의 범위 등과 관련하여 필요한 사항은 대통령령으로 정한다(동조 제2항).[14]

※ 법 제13조 제1항에 따라 채권추심자가 채무자 또는 관계인에게 청구할 수 있는 채권추심비용은 다음 각 호와 같다(시행령 제2조).
　1. 채권자와 채무자가 채무이행과 관련하여 채무자 또는 관계인이 부담하기로 변제기 전에 합의한 비용

호). 다만, 제2호를 위반한 자가 사업자가 아닌 경우에는 해당 규정이 정하는 과태료를 그 다액의 2분의 1로 감경한다(제17조 제4항). 또한 제3호·제3호의2·제4호 또는 제5호를 위반한 자에게는 500만원 이하의 과태료를 부과한다(제17조 제3항). 다만, 이에 해당하는 자가 사업자가 아닌 경우에는 해당 규정이 정하는 과태료를 그 다액의 2분의 1로 감경한다(제17조 제4항).
14) 본 조를 위반하여 채권추심비용을 청구한 자에게는 1천만원 이하의 과태료를 부과한다(제17조 제2항 제6호). 다만, 이에 해당하는 자가 사업자가 아닌 경우에는 해당 규정이 정하는 과태료를 그 다액의 2분의 1로 감경한다(제17조 제4항).

2. 법 제5조에 따른 채무확인서의 교부와 관련하여 제1조의2에서 정한 금액의 범위에서 채권추심자가 실제로 지출한 비용

3. 그 밖에 채무자가 부담하는 것이 적절하다고 인정되는 비용

8. 비용명세서의 교부

채무자 또는 관계인은 채권추심자가 사업자(제2조 제1호 가목 및 라목에 따른 자 및 그 자를 위하여 고용, 도급, 위임 등에 따라 채권추심을 하는 자를 말한다. 이하 같다)인 경우에는 그 사업자에게 채권추심비용을 항목별로 명시한 서류(이하 "비용명세서"라 한다)의 교부를 요청할 수 있다(제13조의2 제1항).[15] 이때 비용명세서의 교부를 요청받은 채권추심자는 정당한 사유가 없으면 지체 없이 이를 교부하여야 하고, 채무자 또는 관계인에게 그 교부에 따른 비용을 청구해서는 아니 된다(동조 제2항).

9. 손해배상책임

채권추심자가 이 법을 위반하여 채무자 또는 관계인에게 손해를 입힌 경우에는 그 손해를 배상하여야 한다. 다만, 채권추심자가 사업자(제2조 제1호 가목 및 라목에 규정된 자 및 그 자를 위하여 고용, 도급, 위임 등에 따라 채권추심을 하는 자를 말한다. 이하 같다)인 경우에는 사업자가 자신에게 고의 또는 과실이 없음을 입증한 때에는 그러하지 아니하다(제14조).

10. 과태료의 부과·징수 및 권한의 위임

이 법에 따른 과태료는 대통령령으로 정하는 바에 따라 과태료 대상자에 대하여 다른 법률에 따른 인가·허가·등록 등을 한 감독기관이 있는 경우에는 그 감독기관이, 그 외의 경우에는 특별시장·광역시장·도지사 또는 특별자치도지사가 부과·징수한다(제18조 제1항). 이때 감독기관은 과태료의 부과·징수에 관한 권한의 일부를 대통령령으로 정하는 바에 따라 시장·군수 또는 구청장에게 위임할 수 있다(동조 제2항).

---

15) 이를 위반하여 비용명세서를 교부하지 아니한 자에게는 1천만원 이하의 과태료를 부과한다(제17조 제2항 제7호).

〈참고〉 시행령 제4조(과태료 부과기준) ② 과태료 부과권자는 위반행위의 정도, 횟수 및 그 동기와 결과 등을 고려하여 별표에 따른 과태료 금액의 2분의 1의 범위에서 가중하거나 경감할 수 있다. 이 경우 가중하여 부과하는 때에도 다음 각 호의 구분에 따른 금액(법 제17조 제4항이 적용되는 경우에는 해당 금액을 2분의 1로 감경한 금액)을 초과할 수 없다.
1. 법 제17조 제1항의 경우: 2천만원
2. 법 제17조 제2항의 경우: 1천만원
3. 법 제17조 제3항의 경우: 500만원

[탐정으로서 고려할 점]

1. 채권추심업무에 있어서 탐정의 역할 확대: 채권추심과 관련하여 채무자의 재산상태의 조사나 채무자의 소재 파악 등 채권추심을 효과적으로 수행하는 데 탐정이 기여할 수 있다. 다만, 이 경우에 탐정이「채권의 공정한 추심에 관한 법률」의 내용을 정확하게 인지하여 조사한 자료나 정보가 채권추심에 효과적인 기능을 하도록 할 필요가 있다.

2. 채권추심업의 금지사항에 따른 탐정업무의 한계 확인: 채권추심업의 세부 업무내용 중 일부는 실질적으로 탐정업무가 될 수도 있고, 이 경우 그 금지사항은 탐정업무의 금지사항이 될 수 있으므로「채권의 공정한 추심에 관한 법률」의 내용을 충분히 숙지할 것이 요구된다.

제 9 장

디엔에이신원확인정보의
이용 및 보호에 관한 법률

제 9 장
디엔에이신원확인정보의 이용 및 보호에 관한 법률

동법은 2010년 4월 15일 제정(법률 제10258호, 2010. 4. 15. 시행)된 후, 수차례의 개정을 거쳐 현재에 이르고 있다. 동법은 전문 17개조, 부칙으로 구성되어 있다(제16866호, 2020. 1. 21. 일부개정, 시행 2020. 1. 21.).

1. 목적

이 법은 디엔에이신원확인정보의 수집·이용 및 보호에 필요한 사항을 정함으로써 범죄수사 및 범죄예방에 이바지하고 국민의 권익을 보호함을 목적으로 한다(제1조).

2. 용어의 정의

이법에서 사용하는 용어의 정의는 다음과 같다(제2조).

용 어	정 의
디엔에이 (제1호)	생물의 생명현상에 대한 정보가 포함된 화학물질인 디옥시리보 핵산(Deoxyribonucleic acid, DNA)을 말한다.
디엔에이감식시료 (제2호)	사람의 혈액, 타액, 모발, 구강점막 등 디엔에이감식의 대상이 되는 것을 말한다.
디엔에이감식 (제3호)	개인 식별을 목적으로 디엔에이 중 유전정보가 포함되어 있지 아니한 특정 염기서열 부분을 검사·분석하여 디엔에이신원확인정보를 취득하는 것을 말한다.

디엔에이신원확인정보 (제4호)	개인 식별을 목적으로 디엔에이감식을 통하여 취득한 정보로서 일 련의 숫자 또는 부호의 조합으로 표기된 것을 말한다.
디엔에이신원확인정보 데이터베이스 (제5호)	이 법에 따라 취득한 디엔에이신원확인정보를 컴퓨터 등 저장매체 에 체계적으로 수록한 집합체로서 개별적으로 그 정보에 접근하거 나 검색할 수 있도록 한 것을 말한다.

3. 국가의 책무

국가는 디엔에이감식시료를 채취하고 디엔에이 신원확인정보를 관리하며 이를 이용함에 있어 인간의 존엄성 및 개인의 사생활이 침해되지 아니하도록 필요한 시책을 마련하여야 한다(제3조 제1항). 또한 데이터베이스에 수록되는 디엔에이신원확인정보에는 개인 식별을 위하여 필요한 사항 외의 정보 또는 인적사항이 포함되어서는 아니 된다(동조 제2항).

4. 디엔에이신원확인정보의 사무관장

검찰총장은 수형인등으로부터 채취한 디엔에이감식시료로부터 취득한 디엔에이신원확인정보에 관한 사무를 총괄한다(제4조 제1항). 그리고 경찰청장은 구속피의자, 범죄현장으로부터 채취한 디엔에이감식시료로부터 취득한 디엔에이신원확인정보에 관한 사무를 총괄한다(동조 제2항). 이때 검찰총장 및 경찰청장은 데이터베이스를 서로 연계하여 운영할 수 있다(동조 제3항).

5. 디엔에이감식시료 채취

(1) 수형인등으로부터의 디엔에이감식시료 채취

검사(군검사를 포함한다. 이하 같다)는 다음 각 호의 어느 하나에 해당하는 죄 또는 이와 경합된 죄에 대하여 형의 선고, 「형법」 제59조의2에 따른 보호관찰명령, 「치료감호법」에 따른 치료감호선고, 「소년법」 제32조 제1항 제9호 또는 제10호에 해당하는 보호처분결정을 받아 확정된 사람(이하 "수형인등"이라 한다)으로부터 디엔에이감식시료를 채취할 수 있다. 다만, 제6조에 따라 디엔에이감식시료를 채취하여 디엔에이신원확인정보가 이미 수록되어 있는 경우는 제외한다(제5조 제1항).

1. 「형법」 제2편 제13장 방화와 실화의 죄 중 제164조, 제165조, 제166조 제1항, 제167조 제1항 및 제174조(제164조 제1항, 제165조, 제166조 제1항의 미수범만 해당한다)의 죄
2. 「형법」 제2편 제24장 살인의 죄 중 제250조, 제253조 및 제254조(제251조, 제252조의 미수범은 제외한다)의 죄
2의2. 「형법」 제2편 제25장 상해와 폭행의 죄 중 제258조의2, 제261조, 제264조의 죄
2의3. 「형법」 제2편 제29장 체포와 감금의 죄 중 제278조, 제279조, 제280조(제278조, 제279조의 미수범에 한정한다)의 죄
2의4. 「형법」 제2편 제30장 협박의 죄 중 제284조, 제285조, 제286조(제284조, 제285조의 미수범에 한정한다)의 죄
3. 「형법」 제2편 제31장 약취(略取), 유인(誘引) 및 인신매매의 죄 중 제287조, 제288조(결혼을 목적으로 제288조 제1항의 죄를 범한 경우는 제외한다), 제289조(결혼을 목적으로 제289조 제2항의 죄를 범한 경우는 제외한다), 제290조, 제291조, 제292조(결혼을 목적으로 한 제288조 제1항 또는 결혼을 목적으로 한 제289조 제2항의 죄로 약취, 유인 또는 매매된 사람을 수수 또는 은닉한 경우 및 결혼을 목적으로 한 제288조 제1항 또는 결혼을 목적으로 한 제289조 제2항의 죄를 범할 목적으로 사람을 모집, 운송 또는 전달한 경우는 제외한다) 및 제294조(결혼을 목적으로 제288조 제1항 또는 결혼을 목적으로 제289조 제2항의 죄를 범한 경우의 미수범, 결혼을 목적으로 한 제288조 제1항 또는 결혼을 목적으로 한 제289조 제2항의 죄로 약취, 유인 또는 매매된 사람을 수수 또는 은닉한 죄의 미수범은 제외한다)의 죄
4. 「형법」 제2편 제32장 강간과 추행의 죄 중 제297조, 제297조의2, 제298조부터 제301조까지, 제301조의2, 제302조, 제303조 및 제305조의 죄
4의2. 「형법」 제2편 제36장 주거침입의 죄 중 제320조, 제322조(제320조의 미수범에 한정한다)의 죄
4의3. 「형법」 제2편 제37장 권리행사를 방해하는 죄 중 제324조 제2항, 제324조의5(제324조 제2항의 미수범에 한정한다)의 죄
5. 「형법」 제2편 제38장 절도와 강도의 죄 중 제330조, 제331조, 제332조(제331조의2의 상습범은 제외한다)부터 제342조(제329조, 제331조의2의 미수범은 제외한다)까지의 죄
5의2. 「형법」 제2편 제39장 사기와 공갈의 죄 중 제350조의2, 제351조(제350조, 제350조의2의 상습범에 한정한다), 제352조(제350조, 제350조의2의 미수범에 한정한다)의 죄
5의3. 「형법」 제2편 제42장 손괴의 죄 중 제369조 제1항, 제371조(제369조 제1항의 미수범에 한정한다)의 죄
6. 「폭력행위 등 처벌에 관한 법률」 제2조(같은 조 제2항의 경우는 제외한다), 제3조부터 제5조까지 및 제6조(제2조 제2항의 미수범은 제외한다)의 죄

7. 「특정범죄가중처벌 등에 관한 법률」 제5조의2 제1항부터 제6항까지, 제5조의4 제
    2항 및 제5항, 제5조의5, 제5조의8, 제5조의9 및 제11조의 죄
8. 「성폭력범죄의 처벌 등에 관한 특례법」 제3조부터 제11조까지 및 제15조(제13조
    의 미수범은 제외한다)의 죄
9. 「마약류관리에 관한 법률」 제58조부터 제61조까지의 죄
10. 「아동·청소년의 성보호에 관한 법률」 제7조, 제8조 및 제12조부터 제14조까지
    (제14조 제3항의 경우는 제외한다)의 죄
11. 「군형법」 제53조 제1항, 제59조 제1항, 제66조, 제67조 및 제82조부터 제85조까
    지의 죄

또한 검사는 필요한 경우 교도소·구치소 및 그 지소, 소년원, 치료감호시설 등(이하 "수용기관"이라 한다)의 장에게 디엔에이감식시료의 채취를 위탁할 수 있다(동조 제2항).

(2) 구속피의자등으로부터의 디엔에이감식시료 채취

검사 또는 사법경찰관(군사법경찰관을 포함한다. 이하 같다)은 제5조 제1항 각 호의 어느 하나에 해당하는 죄 또는 이와 경합된 죄를 범하여 구속된 피의자 또는 「치료감호법」에 따라 보호구속된 치료감호대상자(이하 "구속피의자등"이라 한다)로부터 디엔에이감식시료를 채취할 수 있다. 다만, 제5조에 따라 디엔에이감식시료를 채취하여 디엔에이신원확인정보가 이미 수록되어 있는 경우는 제외한다(제6조).

(3) 범죄현장등으로부터의 디엔에이감식시료 채취

검사 또는 사법경찰관은 다음 각 호의 어느 하나에 해당하는 것(이하 "범죄현장등"이라 한다)에서 디엔에이감식시료를 채취할 수 있다(제7조 제1항).

1. 범죄현장에서 발견된 것
2. 범죄의 피해자 신체의 내·외부에서 발견된 것
3. 범죄의 피해자가 피해 당시 착용하거나 소지하고 있던 물건에서 발견된 것
4. 범죄의 실행과 관련된 사람의 신체나 물건의 내·외부 또는 범죄의 실행과 관련한
    장소에서 발견된 것

이때 채취한 디엔에이감식시료에서 얻은 디엔에이신원확인정보는 그 신원이 밝혀지지 아니한 것에 한정하여 데이터베이스에 수록할 수 있다(동조 제2항).

6. 디엔에이감식자료채취영장

(1) 디엔에이감식자료채취 방법

검사는 관할 지방법원 판사(군판사를 포함한다. 이하 같다)에게 청구하여 발부받은 영장에 의하여 제5조 또는 제6조에 따른 디엔에이감식시료의 채취대상자로부터 디엔에이감식시료를 채취할 수 있다(제8조 제1항). 또한 사법경찰관은 검사에게 신청하여 검사의 청구로 관할 지방법원판사가 발부한 영장에 의하여 제6조에 따른 디엔에이감식시료의 채취대상자로부터 디엔에이감식시료를 채취할 수 있다(동조 제2항). 이때 채취대상자가 동의하는 경우에는 영장 없이 디엔에이감식시료를 채취할 수 있다. 이 경우 미리 채취대상자에게 채취를 거부할 수 있음을 고지하고 서면으로 동의를 받아야 한다(동조 제3항).

(2) 채취영장의 청구방법

디엔에이감식시료를 채취하기 위한 영장(이하 "디엔에이감식시료채취영장"이라 한다)을 청구할 때에는 채취대상자의 성명, 주소, 청구이유, 채취할 시료의 종류 및 방법, 채취할 장소 등을 기재한 청구서 및 채취에 관한 채취대상자의 의견이 담긴 서면을 제출하여야 하며, 청구이유에 대한 소명자료를 첨부하여야 한다. 이 경우 채취대상자의 의견이 담긴 서면을 제출하기 곤란한 사정이 있는 때에는 그에 대한 소명자료를 함께 제출하여야 한다(동조 제4항). 관할 지방법원 판사는 디엔에이감식시료채취영장 발부여부를 심사하는 때에 채취대상자에게 서면에 의한 의견진술의 기회를 주어야 한다. 다만, 채취대상자의 의견이 담긴 서면이 제출된 때에는 의견진술의 기회를 부여한 것으로 본다(동조 제5항).

디엔에이감식시료채취영장에는 대상자의 성명, 주소, 채취할 시료의 종류 및 방법, 채취할 장소, 유효기간과 그 기간을 경과하면 집행에 착수하지 못하며 영장을 반환하여야 한다는 취지를 적고 지방법원판사가 서명날인하여야 한다(동조 제6항).

(3) 채취영장의 집행

디엔에이감식시료채취영장은 검사의 지휘에 의하여 사법경찰관리가 집행한다. 다만, 수용기관에 수용되어 있는 사람에 대한 디엔에이감식시료채취영장은 검사의 지휘에 의하여 수용기관 소속 공무원이 행할 수 있다(동조 제7항). 검사는 필요에 따라 관할구역 밖에서 디엔에이감식시료채취영장의 집행을 직접 지휘하거나 해당 관할구역의 검사에게 집행지휘를 촉탁할 수 있다(동조 제8항). 다만, 디엔에이감식시료를 채취할 때에는 채취대상자에게 미리 디엔에이감식시료의 채취 이유, 채취할 시료의 종류 및 방법을 고지하여야 한다(동조 제9항).

그리고 디엔에이감식시료채취영장에 의한 디엔에이감식시료의 채취에 관하여는 「형사소송법」 제116조, 제118조, 제124조부터 제126조까지 및 제131조를 준용한다(동조 제10항).

〈판례〉 「디엔에이신원확인정보의 이용 및 보호에 관한 법률」(이하 '법'이라 한다) 제5조 제2항에 따라 디엔에이감식시료의 채취를 위탁받은 교도소장이 당시 교도소에 복역 중이던 甲에게 디엔에이감식시료 임의채취를 위해 시료를 채취하는 이유, 종류, 방법과 시료채취를 거부할 수 있음을 고지하였으나 거부당하자 디엔에이감식시료 채취영장을 제시한 다음 甲의 디엔에이감식시료를 강제 채취한 사안에서, 법의 목적이 정당하고 이를 달성하기 위한 수단 또한 과도해 보이지는 않는 점, 교도소장이 영장을 발부받아 강제 채취하는 등 법에 정해진 절차를 준수한 것으로 보이는 점, 구강시료를 강제 채취하는 방법이 심히 모욕적이거나 인간으로서 존엄성을 지키기 어려운 정도라고 보이지 아니하는 점 등을 종합하면, 甲의 디엔에이감식시료를 강제 채취한 위 처분에 어떠한 잘못이 있다고 보이지 않는다(서울행법 2011.12.1. 선고 2011구합11686 판결).

〈헌재결〉 디엔에이감식시료채취영장 발부 과정에서 채취대상자에게 자신의 의견을 밝히거나 영장 발부 후 불복할 수 있는 절차 등에 관하여 규정하지 아니한 '디엔에이신원확인정보의 이용 및 보호에 관한 법률'(2010. 1. 25. 법률 제9944호로 제정된 것) 제8조(이하 '이 사건 영장절차 조항'이라 한다)가 헌법에 위반되는지 여부: ① 이 사건 영장절차 조항은 채취대상자인 청구인들의 재판청구권을 과도하게 제한하므로, 침해의 최소성 원칙에 위반된다. ② 이 사건 영장절차 조항에 따라 발부된 영장에 의하여 디엔에이신원확인정보를 확보할 수 있고, 이로서 장래 범죄수사 및 범죄예방 등에 기여하는 공익적 측면이 있으나, 이 사건 영장절차 조항의

불완전·불충분한 입법으로 인하여 채취대상자의 재판청구권이 형해화되고 채취대상자가 범죄수사 및 범죄예방의 객체로만 취급받게 된다는 점에서, 양자 사이에 법익의 균형성이 인정된다고 볼 수도 없다. 따라서 이 사건 영장절차 조항은 과잉금지원칙을 위반하여 청구인들의 재판청구권을 침해한다. 따라서 국회가 2019. 12. 31.까지 개선입법을 하지 않으면 위 사건 영장절차조항은 2020. 1. 1.부터 그 효력을 상실한다(헌법재판소 2018. 8. 30. 선고 2016헌마344 결정).

(4) 불복절차

디엔에이감식시료채취영장에 의하여 디엔에이감식시료가 채취된 대상자는 채취에 관한 처분에 대하여 불복이 있으면 채취가 이루어진 날부터 7일 이내에 그 직무집행지의 관할법원 또는 검사의 소속검찰청에 대응한 법원에 그 처분의 취소를 청구할 수 있다(제8조의2 제1항). 이때 청구는 서면으로 관할 법원에 제출하여야 하고(동조 제2항), 청구가 있는 경우에는 「형사소송법」 제409조, 제413조, 제414조 및 제415조의 규정을 준용한다(동조 제3항).

7. 디엔에이감식자료의 채취 방법

수형인 및 구속피의자로부터 디엔에이감식시료를 채취할 때에는 구강점막에서의 채취 등 채취대상자의 신체나 명예에 대한 침해를 최소화하는 방법을 사용하여야 한다(제9조 제1항). 이때 디엔에이감식시료의 채취 방법 및 관리에 관하여 필요한 사항은 대통령령으로 정한다(동조 제2항).

〈참고〉 시행령 제8조(디엔에이감식시료의 채취 방법 및 관리) ① 법 제5조 또는 제6조에 따른 디엔에이감식시료 채취대상자로부터 디엔에이감식시료를 채취할 때에는 다음 각 호의 어느 하나에 해당하는 방법으로 하여야 한다.
1. 구강점막에서의 채취
2. 모근을 포함한 모발의 채취
3. 그 밖에 디엔에이를 채취할 수 있는 신체부분, 분비물, 체액의 채취(제1호 또는 제2호에 따른 디엔에이감식시료의 채취가 불가능하거나 현저히 곤란한 경우에 한정한다)
② 검찰총장 및 경찰청장은 법 제5조부터 제8조까지의 규정에 따라 디엔에이감식시료를 채취하는 경우 디엔에이감식시료가 부패 또는 오염되거나 다른 디엔에이감

식시료와 바뀌지 않도록 디엔에이감식시료의 채취, 운반 및 보관에 필요한 조치를
하여야 한다.

8. 디엔에이신원확인정보의 수록 등

검찰총장 및 경찰청장은 다음 각 호의 업무를 대통령령으로 정하는 사람이
나 기관(이하 "디엔에이신원확인정보담당자"라 한다)에 위임 또는 위탁할 수 있다(제10조
제1항).

1. 제5조부터 제8조까지 및 제9조에 따라 채취된 디엔에이감식시료의 감식 및 데이
   터베이스에의 디엔에이신원확인정보의 수록
2. 데이터베이스의 관리

디엔에이신원확인정보담당자에 대한 위임 또는 위탁, 디엔에이감식업무, 디
엔에이신원확인정보의 수록 및 관리 등에 관하여 필요한 사항은 대통령령(시행령
제12조 참조)으로 정한다(동조 제2항).[1]

9. 디엔에이신원확인정보의 검색·회보

디엔에이신원확인정보담당자는 다음 각 호의 어느 하나에 해당하는 경우에
디엔에이신원확인정보를 검색하거나 그 결과를 회보할 수 있다(제11조 제1항).

1. 데이터베이스에 새로운 디엔에이신원확인정보를 수록하는 경우
2. 검사 또는 사법경찰관이 범죄수사 또는 변사자 신원확인을 위하여 요청하는 경우
3. 법원(군사법원을 포함한다. 이하 같다)이 형사재판에서 사실조회를 하는 경우
4. 데이터베이스 상호간의 대조를 위하여 필요한 경우

또한 디엔에이신원확인정보담당자는 디엔에이신원확인정보의 검색결과를 회
보하는 때에는 그 용도, 작성자, 조회자의 성명 및 작성 일시를 명시하여야 한다

---

1) 디엔에이신원확인정보를 거짓으로 작성하거나 변개(變改)한 사람은 7년 이하의 징역 또는
   2천만 원 이하의 벌금에 처한다(제17조 제1항). 또한 이 법에 따라 채취한 디엔에이감식시
   료를 인멸, 은닉 또는 손상하거나 그 밖의 방법으로 그 효용을 해친 사람은 5년 이하의
   징역 또는 700만 원 이하의 벌금에 처한다(제17조 제2항).

(동조 제2항). 이때 디엔에이신원확인정보의 검색 및 검색결과의 회보 절차에 관하여 필요한 사항은 대통령령으로 정한다(동조 제3항).[2]

〈참고〉 시행령 제15조(디엔에이신원확인정보의 검색 및 회보) ① 법 제11조 제1항에 따라 디엔에이신원확인정보의 검색결과를 회보할 디엔에이신원확인정보담당자는 다음 각 호의 구분에 따른다.

1. 법 제5조 또는 제6조에 따른 디엔에이감식시료 채취대상자로부터 채취한 디엔에이감식시료를 감식하여 취득한 디엔에이신원확인정보를 법 제7조에 따라 채취한 디엔에이감식시료를 감식하여 취득한 디엔에이신원확인정보가 수록된 데이터베이스에서 검색·대조한 결과 디엔에이신원확인정보가 일치하는 사실을 발견한 경우: 법 제5조 또는 제6조에 따른 디엔에이감식시료 채취대상자로부터 채취한 디엔에이감식시료를 감식한 디엔에이신원확인정보담당자

2. 법 제7조에 따라 채취한 디엔에이감식시료를 감식하여 취득한 디엔에이신원확인정보를 법 제5조 및 제6조에 따른 디엔에이감식시료 채취대상자로부터 채취한 디엔에이감식시료를 감식한 디엔에이신원확인정보를 수록한 데이터베이스에서 검색·대조한 결과 디엔에이신원확인정보가 일치하는 사실을 발견한 경우: 법 제5조 또는 제6조에 따른 디엔에이감식시료 채취대상자로부터 채취한 디엔에이감식시료를 감식한 디엔에이신원확인정보담당자

3. 법 제7조에 따라 채취한 디엔에이감식시료를 감식하여 취득한 디엔에이신원확인정보를 법 제7조에 따라 채취한 디엔에이감식시료를 감식하여 취득한 디엔에이신원확인정보가 수록된 데이터베이스에서 검색·대조한 경우: 해당 데이터베이스를 관리하는 디엔에이신원확인정보담당자

4. 그 밖의 경우: 디엔에이신원확인정보를 검색·대조한 디엔에이신원확인정보담당자

② 법 제11조 제1항에 따른 디엔에이신원확인정보 검색결과를 회보받을 사람은 다음 각 호의 구분에 따른다.

1. 법 제11조 제1항 제1호 및 제4호에 따른 디엔에이신원확인정보 검색결과의 회보의 경우: 해당 사건을 담당한 검사 또는 사법경찰관

2. 법 제11조 제1항 제2호 및 제3호에 따른 디엔에이신원확인정보 검색결과의 회보의 경우: 검색을 요청한 검사, 사법경찰관 또는 법원(군사법원을 포함한다. 이하 같다)

③ 제2항에 따라 디엔에이신원확인정보의 검색결과를 회보받은 사람은 검찰 디엔에이인적관리자 또는 경찰 디엔에이인적관리자에게 디엔에이신원확인정보 검색결과

---

2) 제11조에 따라 회보된 디엔에이신원확인정보를 업무목적 외에 사용하거나 타인에게 제공 또는 누설한 사람은 2년 이하의 징역 또는 500만원 이하의 벌금에 처한다(제17조 제4항 제2호).

의 회보와 관련된 인적사항등을 확인해 줄 것을 요청할 수 있다.

④ 법 제11조 제1항에 따라 디엔에이신원확인정보를 검색한 결과 다른 디엔에이신원확인정보담당자가 관리하는 데이터베이스에 수록된 디엔에이신원확인정보와 대조하려는 디엔에이신원확인정보가 일치하거나 중복한다는 사실을 발견한 디엔에이신원확인정보담당자는 지체 없이 그 데이터베이스를 관리하는 디엔에이신원확인정보담당자, 그 데이터베이스에 수록된 디엔에이신원확인정보와 관련된 인적사항등을 관리하는 디엔에이인적관리자 및 검색을 요청하거나 사건을 담당하는 검사 또는 사법경찰관에게 그 사실을 감정서 등의 서면, 유선 또는 팩스 등의 방법으로 통보해야 한다.

⑤ 제4항에 따른 통보를 받은 디엔에이인적관리자는 디엔에이신원확인정보의 검색을 요청하거나 사건을 담당하는 검사 또는 사법경찰관에게 인적사항등을 확인해 줄 수 있다.

⑥ 제1항 제1호 및 제2호에 따른 디엔에이신원확인정보담당자로부터 디엔에이신원확인정보의 검색결과를 회보받은 검사 또는 사법경찰관은 해당 디엔에이감식시료 채취대상자로부터 시료를 다시 채취하여 검색결과를 회보한 디엔에이신원확인정보담당자에게 다시 감식해 줄 것을 요청할 수 있다.

10. 디엔에이감식시료의 폐기와 삭제

(1) 디엔에이감식시료의 폐기

디엔에이신원확인정보담당자가 디엔에이신원확인정보를 데이터베이스에 수록한 때에는 제5조 및 제6조에 따라 채취된 디엔에이감식시료와 그로부터 추출한 디엔에이를 지체 없이 폐기하여야 한다(제12조 제1항). 디엔에이감식시료와 그로부터 추출한 디엔에이의 폐기 방법 및 절차에 관하여 필요한 사항은 대통령령으로 정한다(동조 제2항).[3]

〈참고〉 시행령 제16조(디엔에이감식시료의 폐기) ① 디엔에이신원확인정보담당자는 법 제12조 제1항에 따라 지정된 장소에서 소각하거나 화학적 처리 등을 통하여 디엔에이감식시료의 재분석을 불가능하게 하는 방법으로 디엔에이감식시료와 그로부터 추출한 디엔에이 및 감식과정에서 발생한 부산물을 폐기하여야 한다.

---

3) 디엔에이신원확인정보담당자가 정당한 사유 없이 본조를 위반하여 디엔에이감식시료와 추출한 디엔에이를 폐기하지 아니하거나 디엔에이신원확인정보를 삭제하지 아니한 때에는 1년 이하의 징역 또는 3년 이하의 자격정지에 처한다(제17조 제5항).

② 디엔에이신원확인정보담당자는 제1항에 따라 디엔에이감식시료와 그로부터 추출한 디엔에이 및 감식과정에서 발생한 부산물을 폐기한 경우 폐기 일시와 장소, 폐기한 디엔에이감식시료의 종류, 폐기 방법 등을 적은 자료를 보존하여야 한다. 이 경우 그 자료를 전자적 문서 또는 데이터베이스를 통하여 관리할 수 있다.

(2) 디엔에이신원확인정보의 삭제

디엔에이신원확인정보담당자는 수형인등이 재심에서 무죄, 면소, 공소기각 판결 또는 공소기각 결정이 확정된 경우에는 직권 또는 본인의 신청에 의하여 제5조에 따라 채취되어 데이터베이스에 수록된 디엔에이신원확인정보를 삭제하여야 한다(제13조 제1항). 그리고 디엔에이신원확인정보담당자는 구속피의자등이 다음 각 호의 어느 하나에 해당하는 경우에는 직권 또는 본인의 신청에 의하여 제6조에 따라 채취되어 데이터베이스에 수록된 디엔에이신원확인정보를 삭제하여야 한다(동조 제2항).

1. 검사의 혐의없음, 죄가안됨 또는 공소권없음의 처분이 있거나, 제5조 제1항 각 호의 범죄로 구속된 피의자의 죄명이 수사 또는 재판 중에 같은 항 각 호 외의 죄명으로 변경되는 경우. 다만, 죄가안됨 처분을 하면서 「치료감호법」 제7조 제1호에 따라 치료감호의 독립청구를 하는 경우는 제외한다.
2. 법원의 무죄, 면소, 공소기각 판결 또는 공소기각 결정이 확정된 경우. 다만, 무죄판결을 하면서 치료감호를 선고하는 경우는 제외한다.
3. 법원의 「치료감호법」 제7조 제1호에 따른 치료감호의 독립청구에 대한 청구기각 판결이 확정된 경우

디엔에이신원확인정보담당자는 제8조의2에 따른 수형인등 또는 구속피의자등의 불복절차에서 검사 또는 사법경찰관의 디엔에이감식시료의 채취에 관한 처분 취소결정이 확정된 경우에는 직권 또는 본인의 신청에 의하여 제5조 또는 제6조에 따라 채취되어 데이터베이스에 수록된 디엔에이신원확인정보를 삭제하여야 한다(동조 제3항). 또한 디엔에이신원확인정보담당자는 수형인등 또는 구속피의자등이 사망한 경우에는 제5조 또는 제6조에 따라 채취되어 데이터베이스에 수록된 디엔에이신원확인정보를 직권 또는 친족의 신청에 의하여 삭제하여야 한다(동조

제4항). 그리고 디엔에이신원확인정보담당자는 제7조에 따라 채취되어 데이터베이스에 수록된 디엔에이신원확인정보에 관하여 그 신원이 밝혀지는 등의 사유로 더 이상 보존·관리가 필요하지 아니한 경우에는 직권 또는 본인의 신청에 의하여 그 디엔에이신원확인정보를 삭제하여야 한다(동조 제5항).[4]

디엔에이신원확인정보담당자는 디엔에이신원확인정보를 삭제한 경우에는 30일 이내에 본인 또는 신청인에게 그 사실을 통지하여야 한다(동조 제6항). 이러한 디엔에이신원확인정보의 삭제 방법, 절차 및 통지에 관하여 필요한 사항은 대통령령으로 정한다(동조 제7항).

〈참고〉 시행령 제17조(디엔에이신원확인정보의 삭제 방법, 절차 등) ① 법 제13조에 따른 디엔에이신원확인정보의 삭제 사유가 발생한 경우 검사, 사법경찰관 또는 수용기관의 장은 다음 각 호의 구분에 따라 디엔에이인적관리자에게 그 사실을 통보하여야 한다.
  1. 법 제13조 제1항부터 제3항까지 규정에 따른 디엔에이신원확인정보의 삭제 사유가 발생한 경우(제2호의 경우는 제외한다): 검사 또는 사법경찰관이 검찰 디엔에이인적관리자 또는 경찰 디엔에이인적관리자에게 통보
  2. 수용기관에 수용되어 있던 사람에게 법 제13조 제3항의 사유가 발생한 경우: 수용기관의 장이 검찰 디엔에이인적관리자 또는 경찰 디엔에이인적관리자에게 통보
② 제1항에 따라 통보를 받은 디엔에이인적관리자는 법 제5조 또는 제6조에 따른 디엔에이감식시료 채취대상자의 디엔에이신원확인정보를 법 제13조 제1항부터 제3항까지의 규정에 따라 삭제하여야 하는지를 확인하기 위하여 인적관리시스템을 검색할 수 있다.
③ 제2항에 따른 검색 결과 디엔에이신원확인정보를 삭제하여야 하는 경우 디엔에이인적관리자는 인적관리시스템에서 인적사항등 및 식별코드를 삭제한 후 검찰 디엔에이신원확인정보담당자 또는 경찰 디엔에이신원확인정보담당자에게 삭제한 식별코드를 통보하여야 한다.
④ 디엔에이신원확인정보를 삭제한 디엔에이신원확인정보담당자는 법 제13조 제5항에 따라 디엔에이신원확인정보 삭제 사실을 서면, 전자우편, 문자전송 또는 팩스의 방법으로 통지해야 한다.

---

4) 디엔에이신원확인정보담당자가 정당한 사유 없이 본조를 위반하여 디엔에이감식시료와 추출한 디엔에이를 폐기하지 아니하거나 디엔에이신원확인정보를 삭제하지 아니한 때에는 1년 이하의 징역 또는 3년 이하의 자격정지에 처한다(제17조 제5항).

11. 디엔에이신원확인정보데이터베이스관리위원회

데이터베이스의 관리·운영에 관한 다음 각 호의 사항을 심의하기 위하여 국무총리 소속으로 디엔에이신원확인정보데이터베이스관리위원회(이하 "위원회"라 한다)를 둔다(제14조 제1항).

1. 디엔에이감식시료의 수집, 운반, 보관 및 폐기에 관한 사항
2. 디엔에이감식의 방법, 절차 및 감식기술의 표준화에 관한 사항
3. 디엔에이신원확인정보의 표기, 데이터베이스 수록 및 삭제에 관한 사항
4. 그 밖에 대통령령으로 정하는 사항

위원회는 위원장 1명을 포함한 7명 이상 9명 이하의 위원으로 구성하며(동조 제2항), 위원은 다음 각 호의 어느 하나에 해당하는 사람 중에서 국무총리가 위촉하며, 위원장은 국무총리가 위원 중에서 지명한다(동조 제3항). 그리고 위원의 임기는 3년으로 한다(동조 제4항).

1. 5급 이상 공무원(고위공무원단에 속하는 일반직공무원을 포함한다) 또는 이에 상당하는 공공기관의 직에 있거나 있었던 사람으로서 디엔에이와 관련한 업무에 종사한 경험이 있는 사람
2. 대학이나 공인된 연구기관에서 부교수급 이상 또는 이에 상당하는 직에 있거나 있었던 사람으로서 생명과학 또는 의학 분야에서 전문지식과 연구경험이 풍부한 사람
3. 그 밖에 윤리학계, 사회과학계, 법조계 또는 언론계 등 분야에서 학식과 경험이 풍부한 사람

위원회는 위 각 호 사항의 심의에 필요하다고 인정하는 때에는 검찰총장 및 경찰청장에게 관련 자료의 제출을 요청할 수 있고, 디엔에이신원확인정보담당자 등을 위원회의 회의에 참석하게 하여 의견을 들을 수 있으며(동조 제5항), 위 각 호의 사항을 심의하여 검찰총장 또는 경찰청장에게 의견을 제시할 수 있다(동조 제6항). 이외에 위원회의 구성과 운영 등에 필요한 사항은 대통령령으로 정한다(동조 제7항).

12. 업무목적 외 사용 등의 금지

디엔에이신원확인정보담당자는 업무상 취득한 디엔에이감식시료 또는 디엔에이신원확인정보를 업무목적 외에 사용하거나 타인에게 제공 또는 누설하여서는 아니 된다(제15조).5)

13. 벌칙 적용 시 공무원 의제

디엔에이신원확인정보담당자 중 공무원이 아닌 사람은 「형법」이나 그 밖의 법률에 따른 벌칙을 적용할 때에는 공무원으로 본다(제16조).

[탐정으로서 검토할 점]

1. 탐정업무에 있어서 디엔에이신원확인정보의 수집·관리에 대한 현행법의 이해: 디엔에이정보는 실종자 찾기나 가족 찾기 등 일정한 탐정업무를 수행함에 있어서 중요한 기초자료가 될 수 있으므로 디엔에이정보의 확보 및 채취방법에 대한 전문적인 기술을 갖출 필요가 있다. 다만, 디엔에이정보는 개인정보에 해당하므로 이를 남용하거나 오용하는 것은 불법이 될 수 있음을 유념할 필요가 있다.

2. 디엔에이정보의 제공을 통한 수사업무에의 기여: 탐정이 범죄자의 디엔에이정보를 합법적으로 채취한 경우에는 수사기관에 이를 제공하여 범인검거 및 사건해결에 기여할 수 있다. 또한 역으로 수사기관이 확보한 디엔에이정보를 탐정이 활용할 수 있다면 각종 사건해결에 크게 도움이 될 수 있을 것이다. 따라서 향후 탐정업을 법제화할 경우에 탐정이 국가기관이 확보한 디엔에이정보를 활용할 수 있는 방법을 모색할 필요가 있다.

---

5) 디엔에이감식시료 또는 디엔에이신원확인정보를 업무목적 외에 사용하거나 타인에게 제공 또는 누설한 사람은 3년 이하의 징역 또는 5년 이하의 자격정지에 처한다(제17조 제3항).

제10장

유실물법

제10장
유실물법

동법은 1961년 9월 18일 제정(법률 제717호, 1961. 12. 17. 시행)된 후, 수차례의 개정을 거쳐 현재에 이르고 있다. 동법은 전문 16개조, 부칙으로 구성되어 있다(법률 제12210호, 2014. 1. 7. 일부개정, 시행 2014. 1. 7.).

1. 습득물의 조치

타인이 유실한 물건을 습득한 자는 이를 신속하게 유실자 또는 소유자, 그 밖에 물건회복의 청구권을 가진 자에게 반환하거나 경찰서(지구대·파출소 등 소속 경찰관서를 포함한다. 이하 같다) 또는 제주특별자치도의 자치경찰단 사무소(이하 "자치경찰단"이라 한다)에 제출하여야 한다. 다만, 법률에 따라 소유 또는 소지가 금지되거나 범행에 사용되었다고 인정되는 물건은 신속하게 경찰서 또는 자치경찰단에 제출하여야 한다(제1조 제1항).

물건을 경찰서에 제출한 경우에는 경찰서장이, 자치경찰단에 제출한 경우에는 제주특별자치도지사가 물건을 반환받을 자에게 반환하여야 한다. 이 경우에 반환을 받을 자의 성명이나 주거를 알 수 없을 때에는 대통령령으로 정하는 바에 따라 공고하여야 한다(동조 제2항).

〈참고〉 시행령 제3조(습득공고 등) ① 동법 제1조 제1항에 따라 습득물을 제출받은 경찰서장 또는 제주특별자치도지사가 제출받은 습득물을 반환받을 자를 알 수 없어 법 제1조 제2항 후단에 따라 공고할 때에는 그 습득물을 제출받은 날부터 다음 각 호의 어느 하나에 해당하는 날까지 유실물에 관한 정보를 제공하는 인터넷 사이트에 해당 습득물에 관한 정보를 게시하여야 한다.
  1. 습득물의 유실자 또는 소유자, 그 밖에 물건회복의 청구권을 가진 자(이하 "청구권자"라 한다) 또는 습득자가 습득물을 찾아간 날
  2. 습득물이 법 제15조에 따라 국고 또는 제주특별자치도의 금고에 귀속하게 된 날
② 경찰서장 또는 제주특별자치도지사는 법 제1조 제1항에 따라 습득물을 제출받은 때에는 별지 제3호서식의 관리카드에 그 내용을 기록하여 보관하거나 전자매체에 전산으로 기록하여 관리하여야 한다.
③ 경찰서장 또는 제주특별자치도지사는 제출받은 습득물이 특히 귀중한 물건이라고 인정되는 것은 제1항의 규정에 의한 공고와 동시에 일간신문 또는 방송으로 공고하여야 한다.

〈판례 1〉 승객이 놓고 내린 지하철의 전동차 바닥이나 선반 위에 있던 물건을 가지고 간 경우, 지하철의 승무원은 유실물법상 전동차의 관수자로서 승객이 잊고 내린 유실물을 교부받을 권능을 가질 뿐 전동차 안에 있는 승객의 물건을 점유한다고 할 수 없고, 그 유실물을 현실적으로 발견하지 않는 한 이에 대한 점유를 개시하였다고 할 수도 없으므로, 그 사이에 위와 같은 유실물을 발견하고 가져간 행위는 점유이탈물횡령죄에 해당함은 별론으로 하고 절도죄에 해당하지는 않는다(대법원 1999. 11. 26. 선고 99도3963 판결).

〈판례 2〉 유실물법상의 보상금 지급의무는 법률행위가 아닌 물건의 습득 및 반환이라는 사실행위에 기하여 발생하는 것인 점, 위 법에서는 물건의 반환을 받을 자를 '유실자 또는 소유자 기타 물건회복의 청구권을 가진 자'로 규정하여 수령인을 당해 물건에 관한 물권적 권리를 가지고 있는 자로 한정하고 있지 아니하고, 위 법상 습득자는 물건을 반환한 후 1월 내에 보상금을 청구하도록 하여 그 청구기간이 극히 짧은데, 수령인과 물건의 습득·반환 외의 특별한 관계가 없는 습득자가 물건을 미리 반환하고 1월 내에 반환한 물건의 진정한 소유자 내지 권리자를 찾아 보상금을 청구하도록 하는 것은 부당한 점, 유실자로서도 분실한 물건을 다시 찾게 됨으로써 만일 유실물을 그대로 분실하였을 경우 그 물건에 관한 진정한 권리자에 대한 손해를 배상하는 등의 불이익을 면하는 이익을 얻게 되는 점에 비추어 볼 때, 유실물법상의 유실자 또는 소유자 기타 물건회복의 청구권을 가진 자라고 인정되어 습득자 또는 경찰서장 등으로부터 유실물을 실제로 수령한 자는 특별한 사정이 없는 한 위 법상의 보상금 지급의무를 부담하는 자에 해당한다(서울남부지법 2009. 7. 2. 선고 2008가합21793 판결).

2. 유실물 정보 통합관리 등 시책의 수립

국가는 유실물의 반환이 쉽게 이루어질 수 있도록 유실물 정보를 통합관리하는 등 관련 시책을 수립하여야 한다(제1조의2).

3. 보관방법

경찰서장 또는 자치경찰단을 설치한 제주특별자치도지사는 보관한 물건이 멸실되거나 훼손될 우려가 있을 때 또는 보관에 과다한 비용이나 불편이 수반될 때에는 대통령령으로 정하는 방법으로 이를 매각할 수 있다(제2조 제1항). 이때 매각에 드는 비용은 매각대금에서 충당하며(동조 제2항), 매각 비용을 공제한 매각대금의 남은 금액은 습득물로 간주하여 보관한다(동조 제3항).

> 〈참고〉 시행령 제7조(매각) 경찰서장 또는 제주특별자치도지사가 보관한 물건을 매각하고자 할 때에는「국가를 당사자로 하는 계약에 관한 법률」또는「지방자치단체를 당사자로 하는 계약에 관한 법률」의 규정에 준하여 경쟁입찰에 의하여야 한다. 다만, 급속히 매각하지 아니하면 그 가치가 현저하게 감소될 염려가 있는 물건은 수의계약에 의하여 매각할 수 있다. 또한, 매각공고는 당해 경찰서 또는 자치경찰단의 게시판에만 할 수 있다.

4. 비용 부담

습득물의 보관비, 공고비(公告費), 그 밖에 필요한 비용은 물건을 반환받는 자나 물건의 소유권을 취득하여 이를 인도(引渡)받는 자가 부담하되,「민법」제321조부터 제328조까지의 규정을 적용한다(제3조).

> 〈참고〉「민법」제321조 – 제328조
> 제321조(유치권의 불가분성) 유치권자는 채권전부의 변제를 받을 때까지 유치물전부에 대하여 그 권리를 행사할 수 있다.
> 제322조(경매, 간이변제충당) ① 유치권자는 채권의 변제를 받기 위하여 유치물을 경매할 수 있다.
> ② 정당한 이유있는 때에는 유치권자는 감정인의 평가에 의하여 유치물로 직접 변제

에 충당할 것을 법원에 청구할 수 있다. 이 경우에는 유치권자는 미리 채무자에게 통지하여야 한다.

제323조(과실수취권) ① 유치권자는 유치물의 과실을 수취하여 다른 채권보다 먼저 그 채권의 변제에 충당할 수 있다. 그러나 과실이 금전이 아닌 때에는 경매하여야 한다.

② 과실은 먼저 채권의 이자에 충당하고 그 잉여가 있으면 원본에 충당한다.

제324조(유치권자의 선관의무) ① 유치권자는 선량한 관리자의 주의로 유치물을 점유하여야 한다.

② 유치권자는 채무자의 승낙없이 유치물의 사용, 대여 또는 담보제공을 하지 못한다. 그러나 유치물의 보존에 필요한 사용은 그러하지 아니하다.

③ 유치권자가 전 2항의 규정에 위반한 때에는 채무자는 유치권의 소멸을 청구할 수 있다.

제325조(유치권자의 상환청구권) ① 유치권자가 유치물에 관하여 필요비를 지출한 때에는 소유자에게 그 상환을 청구할 수 있다.

② 유치권자가 유치물에 관하여 유익비를 지출한 때에는 그 가액의 증가가 현존한 경우에 한하여 소유자의 선택에 좇아 그 지출한 금액이나 증가액의 상환을 청구할 수 있다. 그러나 법원은 소유자의 청구에 의하여 상당한 상환기간을 허여할 수 있다.

제326조(피담보채권의 소멸시효) 유치권의 행사는 채권의 소멸시효의 진행에 영향을 미치지 아니한다.

제327조(타담보제공과 유치권소멸) 채무자는 상당한 담보를 제공하고 유치권의 소멸을 청구할 수 있다.

제328조(점유상실과 유치권소멸) 유치권은 점유의 상실로 인하여 소멸한다.

5. 보상금

물건을 반환받는 자는 물건가액(物件價額)의 100분의 5 이상 100분의 20 이하의 범위에서 보상금(報償金)을 습득자에게 지급하여야 한다. 다만, 국가·지방자치단체와 그 밖에 대통령령으로 정하는 공공기관은 보상금을 청구할 수 없다(제4조).

※ 법 제4조 단서에서 "대통령령으로 정하는 공공기관"이란 「공공기관의 운영에 관한 법률」제4조에 따른 공공기관 및 「지방공기업법」에 따라 설립된 지방공사와 지방공단을 말한다(시행령 제6조).

〈판례〉「유실물법」제4조에 따른 보상은 물건의 유실자가 습득자로부터 그 유실물을 반환받음으로써 물건의 유실로 인하여 발생하였을지도 모르는 손해, 즉 위험성을 방지할 수 있었다는 데 대한 보상이므로, 그 보상금의 액을 정하는 기준이 되는 물건가액은 유실자가 그 유실물의 반환을 받음으로써 면할 수 있었던 객관적인 위험성, 즉 유실물이 선의·무과실의 제3자의 수중에 들어감으로 인하여 유실자가 손해를 입을지도 모르는 '객관적인 위험성'의 정도를 표준으로 하여 그 가액을 결정하여야 한다(서울남부지방법원 2009. 7. 2 선고 2008가합21793 판결).

6. 매각한 물건의 가액 및 비용 및 보상금의 청구기한

매각한 물건의 가액은 매각대금을 그 물건의 가액으로 한다(제5조).

한편, 습득자에게 지급되는 습득물의 보관비, 공고비, 그 밖에 필요한 비용과 보상금은 물건을 반환한 후 1개월이 지나면 청구할 수 없다(제6조).

7. 습득자 및 유실자의 권리 포기

습득자는 미리 신고하여 습득물에 관한 모든 권리를 포기하고 의무를 지지 아니할 수 있다(제7조). 또한 물건을 반환받을 자는 그 권리를 포기하고 습득물의 보관비, 공고비, 그 밖에 필요한 비용과 보상금 지급의 의무를 지지 아니할 수 있다(제8조 제1항). 이때 물건을 반환받을 각 권리자가 그 권리를 포기한 경우에는 습득자가 그 물건의 소유권을 취득한다. 다만, 습득자는 그 취득권을 포기하고 제1항의 예에 따를 수 있다(동조 제2항). 그러나 법률에 따라 소유 또는 소지가 금지된 물건의 습득자는 소유권을 취득할 수 없다. 다만, 행정기관의 허가 또는 적법한 처분에 따라 그 소유 또는 소지가 예외적으로 허용되는 물건의 경우에는 그 습득자나 그 밖의 청구권자는 취득한 날부터 3개월 이내에 허가 또는 적법한 처분을 받아 소유하거나 소지할 수 있다(동조 제3항).

8. 습득자의 권리 상실

습득물이나 그 밖에 이 법의 규정을 준용하는 물건을 횡령함으로써 처벌을 받은 자 및 습득일부터 7일 이내에 제1조 제1항 또는 제11조 제1항의 절차를 밟지 아니한 자는 습득물의 보관비, 공고비, 그 밖에 필요한 비용과 보상금을 받을 권리 및 습득물의 소유권을 취득할 권리를 상실한다(제9조).

9. 특수한 유실물의 습득

(1) 선박, 차량, 건축물 등에서의 습득

관리자가 있는 선박, 차량, 건축물, 그 밖에 일반인의 통행을 금지한 구내에서 타인의 물건을 습득한 자는 그 물건을 관리자에게 인계하여야 한다(제10조 제1항). 이때 선박, 차량, 건축물 등의 점유자를 습득자로 한다. 자기가 관리하는 장소에서 타인의 물건을 습득한 경우에도 또한 같다(동조 제2항). 이 경우에 보상금은 위 점유자와 실제로 물건을 습득한 자가 반씩 나누어야 한다(동조 제3항). 다만,「민법」제253조에 따라 소유권을 취득하는 경우에는 동조 제2항에 따른 습득자와 동조 제1항에 따른 사실상의 습득자는 반씩 나누어 그 소유권을 취득한다. 이 경우 습득물은 동조 제2항에 따른 습득자에게 인도한다(동조 제4항).

〈참고〉「민법」제253조(유실물의 소유권취득) 유실물은 법률에 정한 바에 의하여 공고한 후 6개월 내에 그 소유자가 권리를 주장하지 아니하면 습득자가 그 소유권을 취득한다.

〈판례〉「유실물법」제10조 제1항, 제2항에는 관수자가 있는 건축물 안에서 타인의 물건을 습득한 자는 그 물건을 관수자에게 교부하여야 하며 이러한 경우에는 그 건축물의 점유자를 습득자로 한다고 규정되어 있기는 하지만, 동법 제10조 제3항에는 이와 같은 경우에 그 보상금은 건축물의 점유자와 실제로 물건을 습득한 자가 절반하여야 한다고 규정되어 있으므로 원고는 실제로 위 수표를 습득한 자로서 위 비○홀의 점유자에 대하여 위 유실물에 대한 보상금의 절반을 청구할 채권이 있으니 원고의 채무자인 위 비○홀의 점유자가 유실자인 피고에 대하여 소송으로서 위 보상금청구권을 행사하지 않고 있는 동안은 원고가 그의 채권자로서 채권자대위권을 행사하여 피고에게 그 보상금의 절반을 청구할 수 있다(서울고법 1968. 3. 8. 선고 67나1568 판결).

(2) 장물의 습득

범죄자가 놓고 간 것으로 인정되는 물건을 습득한 자는 신속히 그 물건을 경찰서에 제출하여야 한다(제11조 제1항). 이 물건에 관하여는 법률에서 정하는 바에 따라 몰수할 것을 제외하고는 이 법 및 「민법」 제253조를 준용한다. 다만, 공소권이 소멸되는 날부터 6개월간 환부(還付)받는 자가 없을 때에만 습득자가 그 소유권을 취득한다(동조 제2항). 그러나 범죄수사상 필요할 때에는 경찰서장은 공소권이 소멸되는 날까지 공고를 하지 아니할 수 있다(동조 제3항). 한편, 경찰서장은 위에서 제출된 습득물이 장물(臟物)이 아니라고 판단되는 상당한 이유가 있고, 재산적 가치가 없거나 타인이 버린 것이 분명하다고 인정될 때에는 이를 습득자에게 반환할 수 있다(동조 제4항).

(3) 준유실물

착오로 점유한 물건, 타인이 놓고 간 물건이나 일실(逸失)한 가축에 관하여는 이 법 및 「민법」 제253조를 준용한다. 다만, 착오로 점유한 물건에 대하여는 습득물의 보관비, 공고비, 그 밖에 필요한 비용과 보상금을 청구할 수 없다(제12조).

(4) 매장물

매장물(埋藏物)에 관하여는 선박, 차량, 건축물, 그 밖에 일반인의 통행을 금지한 구내에서 타인의 물건을 습득한 경우를 제외하고는 이 법을 준용한다(제13조 제1항). 그러나 매장물이 「민법」 제255조에서 정하는 물건인 경우 국가는 매장물을 발견한 자와 매장물이 발견된 토지의 소유자에게 통지하여 그 가액에 상당한 금액을 반으로 나누어 국고(國庫)에서 각자에게 지급하여야 한다. 다만, 매장물을 발견한 자와 매장물이 발견된 토지의 소유자가 같을 때에는 그 전액을 지급하여야 한다(동조 제2항). 이 금액에 불복하는 자는 그 통지를 받은 날부터 6개월 이내에 민사소송을 제기할 수 있다(동조 제3항).

〈참고〉「민법」 제255조와 제252조 및 제250조, 제251조
제255조(문화재의 국유) ① 학술, 기예 또는 고고의 중요한 재료가 되는 물건에 대하여는 제252조 제1항 및 전2조의 규정에 의하지 아니하고 국유로 한다.
② 전항의 경우에 습득자, 발견자 및 매장물이 발견된 토지 기타 물건의 소유자는 국가에 대하여 적당한 보상을 청구할 수 있다.
제252조(무주물의 귀속) ① 무주의 동산을 소유의 의사로 점유한 자는 그 소유권을 취득한다.

---

② 무주의 부동산은 국유로 한다.

③ 야생하는 동물은 무주물로 하고 사양하는 야생동물도 다시 야생상태로 돌아가면 무주물로 한다.

제250조(도품, 유실물에 대한 특례) 전조의 경우에 그 동산이 도품이나 유실물인 때에는 피해자 또는 유실자는 도난 또는 유실한 날로부터 2년내에 그 물건의 반환을 청구할 수 있다. 그러나 도품이나 유실물이 금전인 때에는 그러하지 아니하다.

제251조(도품, 유실물에 대한 특례) 양수인이 도품 또는 유실물을 경매나 공개시장에서 또는 동종류의 물건을 판매하는 상인에게서 선의로 매수한 때에는 피해자 또는 유실자는 양수인이 지급한 대가를 변상하고 그 물건의 반환을 청구할 수 있다.

(5) 수취하지 아니한 물건의 소유권 상실

이 법 및 「민법」 제253조, 제254조에 따라 물건의 소유권을 취득한 자가 그 취득한 날부터 3개월 이내에 물건을 경찰서 또는 자치경찰단으로부터 받아가지 아니할 때에는 그 소유권을 상실한다(제14조).

〈참고〉 「민법」 제254조(매장물의 소유권취득) 매장물은 법률에 정한 바에 의하여 공고한 후 1년내에 그 소유자가 권리를 주장하지 아니하면 발견자가 그 소유권을 취득한다. 그러나 타인의 토지 기타 물건으로부터 발견한 매장물은 그 토지 기타 물건의 소유자와 발견자가 절반하여 취득한다.

* 「민법」 제253조 및 제254조에 규정된 기간은 동법 제3조 제1항에 따라 인터넷 사이트에 게시한 날의 다음 날부터 기산(起算)한다(시행령 제12조).

(6) 수취인이 없는 물건의 귀속

이 법의 규정에 따라 경찰서 또는 자치경찰단이 보관한 물건으로서 교부받을 자가 없는 경우에는 그 소유권은 국고 또는 제주특별자치도의 금고에 귀속한다(제15조).

10. 인터넷을 통한 유실물 정보 제공

경찰청장은 경찰서장 및 자치경찰단장이 관리하고 있는 유실물에 관한 정보를 인터넷 홈페이지 등을 통하여 국민에게 제공하여야 한다(제16조).

[탐정으로서 검토할 점]

1. 탐정업무로서 유실물 적법한 조사방법의 강구: 탐정이 유실물 찾기를 합법적으로 수행하기 위해서는 「유실물법」을 정확히 이해하여 유실물에 관한 법적 권한 및 관련 처리절차에 대하여 숙지함으로써 탐정업무가 현행법의 범위 내에서 처리될 수 있도록 할 것이 요청되고, 아울러 유실물을 찾는 데 필요한 전문적인 기술과 방법을 습득할 필요가 있다.

2. 유실물 조사를 위한 탐정업무의 범위와 한계에 대한 이해: 탐정으로서 유실물 찾기 업무를 수행함에 있어서는 유실물에 관련된 법적 권리관계를 정확히 파악함으로써 의뢰인의 요구사항의 정당성을 파악할 수 있어야 한다. 아울러 유실물 찾기에 필요한 활동의 적법성 여부에 대해서 사전에 인지할 필요가 있다.

제11장

부정경쟁방지 및
영업비밀보호에 관한 법률

동법은 1986년 12월 31일 제정(법률 제3897호, 1987. 1. 1. 시행)된 후, 수차례의 개정을 거쳐 현재에 이르고 있다. 동법은 전문 20개조, 부칙으로 구성되어 있다(법률 제18548호, 2021. 12. 7. 일부개정, 시행 2022. 4. 20.).

제1장	총칙	제1조 – 제2조의5
제2장	부정경쟁행위의 금지 등	제3조 – 제9조
제3장	영업비밀의 보호	제9조의2 – 제14조
제4장	보칙	제14조의2 – 제20조
부칙		

제 1 절 총칙

1. 목적

이 법은 국내에 널리 알려진 타인의 상표·상호(商號) 등을 부정하게 사용하는 등의 부정경쟁행위와 타인의 영업비밀을 침해하는 행위를 방지하여 건전한 거래질서를 유지함을 목적으로 한다(제1조).

2. 용어의 정의

이법에서 사용하는 용어의 정의는 다음과 같다(제2조).

용 어	정 의
부정경쟁 행위 (제1호)[1]	다음 각 목의 어느 하나에 해당하는 행위를 말한다. 　가. 국내에 널리 인식된 타인의 성명, 상호, 상표, 상품의 용기·포장, 그 밖에 타인의 상품임을 표시한 표지(標識)와 동일하거나 유사한 것을 사용하거나 이러한 것을 사용한 상품을 판매·반포(頒布) 또는 수입·수출하여 타인의 상품과 혼동하게 하는 행위 　나. 국내에 널리 인식된 타인의 성명, 상호, 표장(標章), 그 밖에 타인의 영업임을 표시하는 표지(상품 판매·서비스 제공방법 또는 간판·외관·실내장식 등 영업제공 장소의 전체적인 외관을 포함한다)와 동일하거나 유사한 것을 사용하여 타인의 영업상의 시설 또는 활동과 혼동하게 하는 행위 　다. 가목 또는 나목의 혼동하게 하는 행위 외에 비상업적 사용 등 대통령령으로 정하는 정당한 사유 없이 국내에 널리 인식된 타인의 성명, 상호, 상표, 상품의 용기·포장, 그 밖에 타인의 상품 또는 영업임을 표시한 표지(타인의 영업임을 표시하는 표지에 관하여는 상품 판매·서비스 제공방법 또는 간판·외관·실내장식 등 영업제공 장소의 전체적인 외관을 포함한다)와 동일하거나 유사한 것을 사용하거나 이러한 것을 사용한 상품을 판매·반포 또는 수입·수출하여 타인의 표지의 식별력이나 명성을 손상하는 행위 　라. 상품이나 그 광고에 의하여 또는 공중이 알 수 있는 방법으로 거래상의 서류 또는 통신에 거짓의 원산지의 표지를 하거나 이러한 표지를 한 상품을 판매·반포 또는 수입·수출하여 원산지를 오인(誤認)하게 하는 행위 　마. 상품이나 그 광고에 의하여 또는 공중이 알 수 있는 방법으로 거래상의 서류 또는 통신에 그 상품이 생산·제조 또는 가공된 지역 외의 곳에서 생산 또는 가공된 듯이 오인하게 하는 표지를 하거나 이러한 표지를 한 상품을 판매·반포 또는 수입·수출하는 행위 　바. 타인의 상품을 사칭(詐稱)하거나 상품 또는 그 광고에 상품의 품질, 내용, 제조방법, 용도 또는 수량을 오인하게 하는 선전 또는 표지를 하거나 이러한 방법이나 표지로써 상품을 판매·반포 또는 수입·수출하는 행위 　사. 다음의 어느 하나의 나라에 등록된 상표 또는 이와 유사한 상표에 관한 권리를 가진 자의 대리인이나 대표자 또는 그 행위일 전 1년 이내에 대리인이나 대표자이었던 자가 정당한 사유 없이 해당 상표를 그

---

1) 제2조 제1호(아목, 차목, 카목 1)부터 3)까지, 타목 및 파목은 제외한다)에 따른 부정경쟁행위를 한 자는 3년 이하의 징역 또는 3천만원 이하의 벌금에 처한다(제18조 제3항 제1호).

상표의 지정상품과 동일하거나 유사한 상품에 사용하거나 그 상표를 사용한 상품을 판매·반포 또는 수입·수출하는 행위

   (1) 「공업소유권의 보호를 위한 파리협약」(이하 "파리협약"이라 한다) 당사국

   (2) 세계무역기구 회원국

   (3) 「상표법 조약」의 체약국(締約國)

아. 정당한 권원이 없는 자가 다음의 어느 하나의 목적으로 국내에 널리 인식된 타인의 성명, 상호, 상표, 그 밖의 표지와 동일하거나 유사한 도메인이름을 등록·보유·이전 또는 사용하는 행위

   (1) 상표 등 표지에 대하여 정당한 권원이 있는 자 또는 제3자에게 판매하거나 대여할 목적

   (2) 정당한 권원이 있는 자의 도메인이름의 등록 및 사용을 방해할 목적

   (3) 그 밖에 상업적 이익을 얻을 목적

자. 타인이 제작한 상품의 형태(형상·모양·색채·광택 또는 이들을 결합한 것을 말하며, 시제품 또는 상품소개서상의 형태를 포함한다. 이하 같다)를 모방한 상품을 양도·대여 또는 이를 위한 전시를 하거나 수입·수출하는 행위. 다만, 다음의 어느 하나에 해당하는 행위는 제외한다.

   (1) 상품의 시제품 제작 등 상품의 형태가 갖추어진 날부터 3년이 지난 상품의 형태를 모방한 상품을 양도·대여 또는 이를 위한 전시를 하거나 수입·수출하는 행위

   (2) 타인이 제작한 상품과 동종의 상품(동종의 상품이 없는 경우에는 그 상품과 기능 및 효용이 동일하거나 유사한 상품을 말한다)이 통상적으로 가지는 형태를 모방한 상품을 양도·대여 또는 이를 위한 전시를 하거나 수입·수출하는 행위

차. 사업제안, 입찰, 공모 등 거래교섭 또는 거래과정에서 경제적 가치를 가지는 타인의 기술적 또는 영업상의 아이디어가 포함된 정보를 그 제공목적에 위반하여 자신 또는 제3자의 영업상 이익을 위하여 부정하게 사용하거나 타인에게 제공하여 사용하게 하는 행위. 다만, 아이디어를 제공받은 자가 제공받을 당시 이미 그 아이디어를 알고 있었거나 그 아이디어가 동종 업계에서 널리 알려진 경우에는 그러하지 아니하다.

카. 데이터(「데이터 산업진흥 및 이용촉진에 관한 기본법」 제2조 제1호에 따른 데이터 중 업(業)으로서 특정인 또는 특정 다수에게 제공되는 것으로, 전자적 방법으로 상당량 축적·관리되고 있으며, 비밀로서 관리되고 있지 아니한 기술상 또는 영업상의 정보를 말한다. 이하 같다)를 부정하게 사용하는 행위로서 다음의 어느 하나에 해당하는 행위

   1) 접근권한이 없는 자가 절취·기망·부정접속 또는 그 밖의 부정한 수단으로 데이터를 취득하거나 그 취득한 데이터를 사용·공개하는 행위

   2) 데이터 보유자와의 계약관계 등에 따라 데이터에 접근권한이 있는 자가 부정한 이익을 얻거나 데이터 보유자에게 손해를 입힐 목적으로 그 데이터를 사용·공개하거나 제3자에게 제공하는 행위

	3) 1) 또는 2)가 개입된 사실을 알고 데이터를 취득하거나 그 취득한 데이터를 사용·공개하는 행위
	4) 정당한 권한 없이 데이터의 보호를 위하여 적용한 기술적 보호조치를 회피·제거 또는 변경(이하 "무력화"라 한다)하는 것을 주된 목적으로 하는 기술·서비스·장치 또는 그 장치의 부품을 제공·수입·수출·제조·양도·대여 또는 전송하거나 이를 양도·대여하기 위하여 전시하는 행위. 다만, 기술적 보호조치의 연구·개발을 위하여 기술적 보호조치를 무력화하는 장치 또는 그 부품을 제조하는 경우에는 그러하지 아니하다.
	타. 국내에 널리 인식되고 경제적 가치를 가지는 타인의 성명, 초상, 음성, 서명 등 그 타인을 식별할 수 있는 표지를 공정한 상거래 관행이나 경쟁질서에 반하는 방법으로 자신의 영업을 위하여 무단으로 사용함으로써 타인의 경제적 이익을 침해하는 행위
	파. 그 밖에 타인의 상당한 투자나 노력으로 만들어진 성과 등을 공정한 상거래 관행이나 경쟁질서에 반하는 방법으로 자신의 영업을 위하여 무단으로 사용함으로써 타인의 경제적 이익을 침해하는 행위
영업비밀 (제2호)	공공연히 알려져 있지 아니하고 독립된 경제적 가치를 가지는 것으로서, 비밀로 관리된 생산방법, 판매방법, 그 밖에 영업활동에 유용한 기술상 또는 경영상의 정보를 말한다.
영업비밀 침해행위 (제3호)	다음 각 목의 어느 하나에 해당하는 행위를 말한다. 가. 절취(竊取), 기망(欺罔), 협박, 그 밖의 부정한 수단으로 영업비밀을 취득하는 행위(이하 "부정취득행위"라 한다) 또는 그 취득한 영업비밀을 사용하거나 공개(비밀을 유지하면서 특정인에게 알리는 것을 포함한다. 이하 같다)하는 행위 나. 영업비밀에 대하여 부정취득행위가 개입된 사실을 알거나 중대한 과실로 알지 못하고 그 영업비밀을 취득하는 행위 또는 그 취득한 영업비밀을 사용하거나 공개하는 행위 다. 영업비밀을 취득한 후에 그 영업비밀에 대하여 부정취득행위가 개입된 사실을 알거나 중대한 과실로 알지 못하고 그 영업비밀을 사용하거나 공개하는 행위 라. 계약관계 등에 따라 영업비밀을 비밀로서 유지하여야 할 의무가 있는 자가 부정한 이익을 얻거나 그 영업비밀의 보유자에게 손해를 입힐 목적으로 그 영업비밀을 사용하거나 공개하는 행위 마. 영업비밀이 라목에 따라 공개된 사실 또는 그러한 공개행위가 개입된 사실을 알거나 중대한 과실로 알지 못하고 그 영업비밀을 취득하는 행위 또는 그 취득한 영업비밀을 사용하거나 공개하는 행위 바. 영업비밀을 취득한 후에 그 영업비밀이 라목에 따라 공개된 사실 또는 그러한 공개행위가 개입된 사실을 알거나 중대한 과실로 알지 못하고 그 영업비밀을 사용하거나 공개하는 행위

도메인이름 (제4호)	인터넷상의 숫자로 된 주소에 해당하는 숫자·문자·기호 또는 이들의 결합을 말한다.

※ 법 제2조 제1호 다목에서 "비상업적 사용 등 대통령령으로 정하는 정당한 사유"
란 다음 각 호의 어느 하나에 해당하는 경우를 말한다(시행령 제1조의2).
1. 비상업적으로 사용하는 경우
2. 뉴스보도 및 뉴스논평에 사용하는 경우
3. 타인의 성명, 상호, 상표, 상품의 용기·포장, 그 밖에 타인의 상품 또는 영업
   임을 표시한 표지(이하 "표지"라 한다)가 국내에 널리 인식되기 전에 그 표지
   와 동일하거나 유사한 표지를 사용해온 자(그 승계인을 포함한다)가 이를 부
   정한 목적 없이 사용하는 경우
4. 그 밖에 해당 표지의 사용이 공정한 상거래 관행에 어긋나지 아니한다고 인정
   되는 경우

〈판례 1〉 구 부정경쟁방지 및 영업비밀보호에 관한 법률(2007. 12. 21. 법률 제8767
호로 개정되기 전의 것) 제2조 제2호의 '영업비밀'이란 공연히 알려져 있지 아니하
고 독립된 경제적 가치를 가지는 것으로서 상당한 노력에 의하여 비밀로 유지된
생산방법, 판매방법 그 밖에 영업활동에 유용한 기술상 또는 경영상의 정보를 말
한다. 여기서 '공연히 알려져 있지 아니하다'는 것은 그 정보가 간행물 등의 매체
에 실리는 등 불특정 다수인에게 알려져 있지 않기 때문에 보유자를 통하지 아니
하고는 그 정보를 통상 입수할 수 없는 것을 말하고, '독립된 경제적 가치를 가진
다'는 것은 그 정보의 보유자가 그 정보의 사용을 통해 경쟁자에 대하여 경쟁상의
이익을 얻을 수 있거나 또는 그 정보의 취득이나 개발을 위해 상당한 비용이나 노
력이 필요하다는 것을 말하며, '상당한 노력에 의하여 비밀로 유지된다'는 것은 그
정보가 비밀이라고 인식될 수 있는 표시를 하거나 고지를 하고, 그 정보에 접근할
수 있는 대상자나 접근 방법을 제한하거나 그 정보에 접근한 자에게 비밀준수의무
를 부과하는 등 객관적으로 그 정보가 비밀로 유지·관리되고 있다는 사실이 인식
가능한 상태인 것을 말한다(대법원 2009. 7. 9. 선고 2006도7916 판결).

〈판례 2〉 구 부정경쟁방지 및 영업비밀보호에 관한 법률(2007. 12. 21. 법률 제8767
호로 개정되기 전의 것) 제2조 제3호 (가)목 전단에서 말하는 '부정한 수단'은 절
취·기망·협박 등 형법상 범죄를 구성하는 행위뿐만 아니라 비밀유지의무 위반 또
는 그 위반의 유인 등 건전한 거래질서의 유지 내지 공정한 경쟁의 이념에 비추어
위에 열거된 행위에 준하는 선량한 풍속 기타 사회질서에 반하는 일체의 행위나
수단을 말한다. 또한 영업비밀을 부정취득한 자는 취득한 영업비밀을 실제 사용하
였는지에 관계없이 부정취득행위 그 자체만으로 영업비밀의 경제적 가치를 손상

시킴으로써 영업비밀 보유자의 영업상 이익을 침해하여 손해를 입힌다고 보아야 한다(대법원 2011. 7. 14. 선고 2009다12528 판결).

〈**판례 3**〉 새로운 기술과 같은 기술적인 성과 이외에도 특정 영업을 구성하는 영업소 건물의 형태와 외관, 내부 디자인, 장식, 표지판 등 '영업의 종합적 이미지(드레이드 드레스)'의 경우 그 개별요소들로서는 부정경쟁방지법 제2조 제1호 (가)목 내지 (자)목을 비롯하여 디자인보호법, 상표법 등 지식재산권 관련 법률의 개별 규정에 의해서는 보호받지 못한다고 하더라도, 그 개별 요소들의 전체 혹은 결합된 이미지는 특별한 사정이 없는 한 부정경쟁방지법 제2조 제1호 (차)목이 규정하고 있는 '해당 사업자의 상당한 노력과 투자에 의하여 구축된 성과물'에 해당한다고 볼 수 있으므로, 경쟁자가 이를 공정한 상거래 관행이나 경쟁질서에 반하는 방법으로 자신의 영업을 위하여 무단으로 사용함으로써 타인의 경제적 이익을 침해하는 행위는 부정경쟁방지법 제2조 제1호 (차)목이 규정한 부정경쟁행위에 해당한다고 봄이 타당하다(대법원 2016. 9. 21. 선고 2016다229058 판결).

〈**판례 4**〉 부정경쟁방지 및 영업비밀보호에 관한 법률 제2조 제1호 (자)목은 타인이 제작한 상품의 형태를 모방한 상품을 양도·대여하는 등의 행위를 부정경쟁행위의 한 유형으로 규정하면서, 단서에서 타인이 제작한 상품과 동종의 상품(동종의 상품이 없는 경우에는 그 상품과 기능 및 효용이 동일하거나 유사한 상품을 말한다)이 통상적으로 가지는 형태를 모방한 상품을 양도·대여하는 등의 행위를 부정경쟁행위에서 제외하고 있다. 여기에서 동종의 상품이 통상적으로 가지는 형태는 동종의 상품 분야에서 일반적으로 채택되는 형태로서, 상품의 기능·효용을 달성하거나 상품 분야에서 경쟁하기 위하여 채용이 불가피한 형태 또는 동종의 상품이라면 흔히 가지는 개성이 없는 형태 등을 의미한다(대법원 2017. 1. 25. 선고 2015다216758 판결).

〈**판례 5**〉 구 부정경쟁방지 및 영업비밀보호에 관한 법률 제2조 제1호 (카)목에서 정한 부정경쟁행위에 해당하는지 판단하는 기준: 구 부정경쟁방지 및 영업비밀보호에 관한 법률(2021. 12. 7. 법률 제18548호로 개정되기 전의 것) 제2조 제1호 (카)목은 그 보호대상인 '성과 등'의 유형을 제한하고 있지 않으므로, 유형물뿐만 아니라 무형물도 이에 포함되고, 종래 지식재산권법에 따라 보호받기 어려웠던 새로운 형태의 결과물도 포함될 수 있다. '성과 등'을 판단할 때에는 위와 같은 결과물이 갖게 된 명성이나 경제적 가치, 결과물에 화체된 고객흡인력, 해당 사업 분야에서 결과물이 차지하는 비중과 경쟁력 등을 종합적으로 고려해야 한다. 이러한 성과 등이 '상당한 투자나 노력으로 만들어진' 것인지는 권리자가 투입한 투자나 노력의 내용과 정도를 그 성과 등이 속한 산업분야의 관행이나 실태에 비추어 구체적·개별적으로 판단하되, 성과 등을 무단으로 사용함으로써 침해된 경제적 이익이 누구나 자유롭게 이용할 수 있는 이른바 공공영역(public domain)에 속하지 않는다고 평가할 수 있어야 한다. 또한 위 (카)목이 정하는 '공정한 상거래 관행이나 경쟁질서에 반하는 방법으로 자신의 영업을 위하여 무단으로 사용'한 경우에 해당하기 위해서는 권리자와 침해자가 경쟁관계에 있거나 가까운 장래에 경쟁관계에 놓일 가능성이 있는지, 권리자가 주장하는 성과 등이 포함된 산업분야의 상거래 관행이나 경쟁질서의 내용과 그 내용이 공정한지, 위와 같은 성과 등이 침해자의 상품이나 서비스에 의해 시장에서 대체될 수 있는지, 수요자나 거래자에게 성과 등이 어느 정도 알려졌는지, 수요자나 거래자의 혼동가능성이 있는지 등을 종합적으로 고려해야 한다(대법원 2022. 4. 28. 선고 2021다310873 판결).

〈판례 6〉 구 부정경쟁방지법(1991. 12. 31. 법률 제4478호로 개정되기 전의 것) 제1조에서는 "이 법은 부정한 수단에 의한 상업상의 경쟁을 방지하여 건전한 상거래의 질서를 유지함을 목적으로 한다"고 규정하고 있고, 그 제2조 제5호에서는 "타인의 상품을 사칭하거나 상품 또는 그 광고에 상품의 품질, 내용, 제조방법, 용도 또는 수량의 오인을 일으키게 하는 선전 또는 표지를 하거나 이러한 방법이나 표지로써 상품을 판매, 반포 또는 수입, 수출하는 행위"를 부정경쟁행위의 한 유형으로 규정하고 있을 뿐이고, 타인의 상품 등이 널리 알려져 있음을 요한다고 규정하고 있지 아니하므로, 고소인의 상표가 국내에서 널리 알려져 있어야 함을 전제로 하지 않는다(대법원 1995. 11. 7. 선고 94도3287 판결).

3. 부정경쟁방지 등

(1) 기본계획의 수립

특허청장은 부정경쟁방지 및 영업비밀보호(이하 "부정경쟁방지등"이라 한다)를 위하여 5년마다 관계 중앙행정기관의 장과 협의를 거쳐 부정경쟁방지등에 관한 기본계획(이하 "기본계획"이라 한다)을 세워야 한다(제2조의2 제1항). 특허청장은 기본계획을 세우기 위하여 필요하다고 인정하는 경우에는 관계 중앙행정기관의 장에게 필요한 자료의 제출을 요청할 수 있다. 이 경우 자료의 제출을 요청받은 관계 중앙행정기관의 장은 특별한 사정이 없으면 요청에 따라야 한다(동조 제3항).

기본계획에는 다음 각 호의 사항이 포함되어야 하며(동조 제2항), 특허청장은 기본계획을 관계 중앙행정기관의 장과 특별시장·광역시장·특별자치시장·도지사·특별자치도지사(이하 "시·도지사"라 한다)에게 알려야 한다(동조 제4항).

1. 부정경쟁방지등을 위한 기본목표 및 추진방향
2. 이전의 부정경쟁방지등에 관한 기본계획의 분석평가
3. 부정경쟁방지등과 관련된 국내외 여건 변화 및 전망
4. 부정경쟁방지등과 관련된 분쟁현황 및 대응
5. 부정경쟁방지등과 관련된 제도 및 법령의 개선
6. 부정경쟁방지등과 관련된 국가·지방자치단체 및 민간의 협력사항
7. 부정경쟁방지등과 관련된 국제협력
8. 그 밖에 부정경쟁방지등을 위하여 필요한 사항

(2) 시행계획의 수립 등

특허청장은 기본계획을 실천하기 위한 세부계획(이하 "시행계획"이라 한다)을 매년 수립·시행하여야 한다(제2조의3 제1항). 또한 특허청장은 시행계획의 수립·시행과 관련하여 필요한 경우 국가기관, 지방자치단체, 「공공기관의 운영에 관한 법률」에 따른 공공기관, 그 밖에 법률에 따라 설립된 특수법인 등 관련 기관의 장에게 협조를 요청할 수 있다(동조 제2항).

(3) 실태조사

특허청장은 기본계획 및 시행계획의 수립·시행을 위한 기초자료를 확보하기 위하여 실태조사를 매년 실시하여야 한다. 다만, 특허청장이 필요하다고 인정하는 경우에는 수시로 실태조사를 할 수 있다(제2조의4 제1항). 이때 실태조사에서의 구체적인 자료 작성의 범위 등에 관하여는 대통령령으로 정한다(동조 제3항).

또한 특허청장은 관계 중앙행정기관의 장과 「기술의 이전 및 사업화 촉진에 관한 법률」에 따른 공공연구기관의 장에게 제1항에 따른 실태조사에 필요한 자료의 제출을 요청할 수 있다. 이 경우 자료 제출을 요청받은 기관의 장은 기업의 경영·영업상 비밀의 유지 등 대통령령으로 정하는 특별한 사유가 있는 경우를 제외하고는 이에 협조하여야 한다(동조 제2항).

※ 법 제2조의4 제1항에 따른 실태조사(이하 이 조에서 "실태조사"라 한다)의 구체적인 자료 작성의 범위는 다음 각 호와 같다(시행령 제1조의3 제2항).
1. 부정경쟁행위와 관련된 기업의 인식도 및 영업환경에 관한 사항

2. 영업비밀 보유자의 현황 및 영업비밀 취득·사용·관리에 관한 사항
3. 부정경쟁행위 및 영업비밀 침해행위의 발생유형·피해구제 현황 등 분쟁에 관한 사항
4. 그 밖에 부정경쟁방지 및 영업비밀보호를 위한 정책수립·시행과 관련하여 특허청장이 필요하다고 인정하는 사항

※ 법 제2조의4 제2항 후단에서 "기업의 경영·영업상 비밀의 유지 등 대통령령으로 정하는 특별한 사유가 있는 경우"란 다음 각 호의 어느 하나에 해당하는 경우를 말한다(동조 제1항).
1. 자료를 제출하면 기업의 경영·영업상 비밀에 관한 사항이 공개되어 기업의 정당한 이익을 현저히 해칠 우려가 있다고 인정되는 경우
2. 법령이나 계약에 따라 비밀 유지 의무가 부과되어 있는 경우

〈참고〉 시행령 제1조의3(실태조사의 범위 및 절차 등) ③ 특허청장은 실태조사를 하려는 경우에는 조사 대상자 선정기준을 정하고, 조사의 목적·내용 및 기간 등을 포함한 실태조사 계획을 작성하여 미리 조사 대상자에게 통지해야 한다.
④ 실태조사는 현장조사 또는 서면조사의 방법으로 실시하며, 효율적인 조사를 위하여 필요한 경우에는 전자우편 등 정보통신망을 활용하여 할 수 있다.
⑤ 특허청장은 실태조사 중 전문적인 검토나 조사업무를 부정경쟁방지 및 영업비밀보호 관련 연구기관·단체 또는 전문가에게 의뢰하여 실시할 수 있다.

(4) 부정경쟁방지 및 영업비밀보호사업

특허청장은 부정경쟁행위의 방지 및 영업비밀보호를 위하여 연구·교육·홍보 등 기반구축, 부정경쟁방지를 위한 정보관리시스템 구축 및 운영, 그 밖에 대통령령으로 정하는 사업을 할 수 있다(제2조의5).

제 2 절 부정경쟁행위의 금지

1. 부정경쟁행위 금지 내용

(1) 국기·국장 등의 사용 금지

파리협약 당사국, 세계무역기구 회원국 또는 「상표법 조약」 체약국의 국기·국

장(國章), 그 밖의 휘장이나 국제기구의 표지와 동일하거나 유사한 것은 상표로 사용할 수 없다. 다만, 해당 국가 또는 국제기구의 허락을 받은 경우에는 그러하지 아니하다(제3조 제1항). 또한, 파리협약 당사국, 세계무역기구 회원국 또는 「상표법 조약」 체약국 정부의 감독용 또는 증명용 표지와 동일하거나 유사한 것은 상표로 사용할 수 없다. 다만, 해당 정부의 허락을 받은 경우에는 그러하지 아니하다(동조 제2항).[2]

(2) 자유무역협정에 따라 보호하는 지리적 표시의 사용금지 등

정당한 권원이 없는 자는 대한민국이 외국과 양자간(兩者間) 또는 다자간(多者間)으로 체결하여 발효된 자유무역협정에 따라 보호하는 지리적 표시(이하 이 조에서 "지리적 표시"라 한다)에 대하여는 제2조 제1호 라목 및 마목의 부정경쟁행위 이외에도 지리적 표시에 나타난 장소를 원산지로 하지 아니하는 상품(지리적 표시를 사용하는 상품과 동일하거나 동일하다고 인식되는 상품으로 한정한다)에 관하여 다음 각 호의 행위를 할 수 없다(제3조의2 제1항).

---

1. 진정한 원산지 표시 이외에 별도로 지리적 표시를 사용하는 행위
2. 지리적 표시를 번역 또는 음역하여 사용하는 행위
3. "종류", "유형", "양식" 또는 "모조품" 등의 표현을 수반하여 지리적 표시를 사용하는 행위

다만, 위의 각 호에 해당하는 방식으로 상표를 사용하는 자로서 다음 각 호의 요건을 모두 갖춘 자는 해당 상표를 그 사용하는 상품에 계속 사용할 수 있다(동조 제3항).

---

2) 다음 각 목의 어느 하나에 해당하는 휘장 또는 표지와 동일하거나 유사한 것을 상표로 사용한 자는 3년 이하의 징역 또는 3천만원 이하의 벌금에 처한다(제18조 제3항 제2호).
  1. 파리협약 당사국, 세계무역기구 회원국 또는 「상표법 조약」 체약국의 국기·국장, 그 밖의 휘장
  2. 국제기구의 표지
  3. 파리협약 당사국, 세계무역기구 회원국 또는 「상표법 조약」 체약국 정부의 감독용·증명용 표지

> 1. 국내에서 지리적 표시의 보호개시일 이전부터 해당 상표를 사용하고 있을 것
> 2. 제1호에 따라 상표를 사용한 결과 해당 지리적 표시의 보호개시일에 국내 수요자 간에 그 상표가 특정인의 상품을 표시하는 것이라고 인식되어 있을 것

또한, 정당한 권원이 없는 자는 다음 각 호의 행위를 할 수 없다(동조 제2항).

> 1. 제1항 각 호에 해당하는 방식으로 지리적 표시를 사용한 상품을 양도·인도 또는 이를 위하여 전시하거나 수입·수출하는 행위
> 2. 제2조 제1호 라목 또는 마목으로 표시한 부정경쟁행위에 해당하는 방식으로 지리적 표시를 사용한 상품을 인도하거나 이를 위하여 전시하는 행위

2. 부정경쟁행위 등의 민사상 구제조치

(1) 부정경쟁행위 등의 금지청구권 등

부정경쟁행위나 제3조의2 제1항 또는 제2항을 위반하는 행위(이하 "부정경쟁행위등"이라 한다)로 자신의 영업상의 이익이 침해되거나 침해될 우려가 있는 자는 부정경쟁행위등을 하거나 하려는 자에 대하여 법원에 그 행위의 금지 또는 예방을 청구할 수 있다(제4조 제1항). 이 청구를 할 때에는 다음 각 호의 조치를 함께 청구할 수 있다(동조 제2항).

> 1. 부정경쟁행위등을 조성한 물건의 폐기
> 2. 부정경쟁행위등에 제공된 설비의 제거
> 3. 부정경쟁행위등의 대상이 된 도메인이름의 등록말소
> 4. 그 밖에 부정경쟁행위등의 금지 또는 예방을 위하여 필요한 조치

〈판례 1〉「부정경쟁방지 및 영업비밀보호에 관한 법률」제4조에 의한 금지청구에 있어서 같은 법 제2조 제1호 (가)목 소정의 타인의 성명·상호·상표·상품의 용기·포장 기타 타인의 상품임을 표시한 표지가 국내에 널리 인식되었는지 여부는 사실심 변론종결시를 기준으로 판단하여야 하며, 같은 법 제2조 제1호 (다)목의 경우에도 마찬가지이다(대법원 2004. 5. 14. 선고 2002다13782 판결).

〈판례 2〉「부정경쟁방지 및 영업비밀보호에 관한 법률」제2조 제1호 (나)목 및 제4

조의 규정에 의하면, 같은 법상의 금지청구권의 대상이 되는 부정경쟁행위의 성립에는 상법상의 상호권의 침해에서와 같은 '부정한 목적'이나 부정경쟁행위자의 '고의, 과실'은 요건이 아니다(서울동부지법 2007. 5. 18. 선고 2006가합15289 판결).

(2) 부정경쟁행위등에 대한 손해배상책임

고의 또는 과실에 의한 부정경쟁행위등(제2조 제1호 다목의 경우에는 고의에 의한 부정경쟁행위만을 말한다)로 타인의 영업상 이익을 침해하여 손해를 입힌 자는 그 손해를 배상할 책임을 진다(제5조).

〈판례 1〉「부정경쟁방지 및 영업비밀보호에 관한 법률」제4조에 의한 금지청구를 인정할 것인지의 판단은 사실심 변론종결 당시를 기준으로 하고, 같은 법 제5조에 의한 손해배상청구를 인정할 것인지의 판단은 침해행위 당시를 기준으로 하여야 한다(대법원 2009. 6. 25. 선고 2009다22037 판결).

〈판례 2〉「부정경쟁방지 및 영업비밀보호에 관한 법률」제5조에 의한 손해배상책임을 인정하기 위하여는 고의 또는 과실에 의한 부정경쟁행위를 할 것이 요구되지만, 여기에서의 고의는 부정경쟁행위의 의도나 타인의 영업에 대한 침해 의사까지를 포함하는 것이 아니고 위법행위에 대한 인식을 의미하는 것이다(서울동부지법 2007. 5. 18. 선고 2006가합15289 판결).

〈참고〉제14조의2(손해액의 추정 등)
① 부정경쟁행위, 제3조의2 제1항이나 제2항을 위반한 행위 또는 영업비밀 침해행위로 영업상의 이익을 침해당한 자가 제5조 또는 제11조에 따른 손해배상을 청구하는 경우 영업상의 이익을 침해한 자가 그 부정경쟁행위, 제3조의2 제1항이나 제2항을 위반한 행위 또는 영업비밀 침해행위(이하 이 항에서 "부정경쟁행위등침해행위"라 한다)를 하게 한 물건을 양도하였을 때에는 다음 각 호에 해당하는 금액의 합계액을 손해액으로 할 수 있다.
1. 그 물건의 양도수량(영업상의 이익을 침해당한 자가 그 부정경쟁행위등침해행위 외의 사유로 판매할 수 없었던 사정이 있는 경우에는 그 부정경쟁행위등침해행위 외의 사유로 판매할 수 없었던 수량을 뺀 수량) 중 영업상의 이익을 침해당한 자가 생산할 수 있었던 물건의 수량에서 실제 판매한 물건의 수량을 뺀 수량을 넘지 아니하는 수량에 영업상의 이익을 침해당한 자가 그 부정경쟁행위등침해행위가 없었다면 판매할 수 있었던 물건의 단위수량당 이익액을 곱한 금액

2. 그 물건의 양도수량 중 영업상의 이익을 침해당한 자가 생산할 수 있었던 물건의 수량에서 실제 판매한 물건의 수량을 뺀 수량을 넘는 수량 또는 그 부정경쟁행위등침해행위 외의 사유로 판매할 수 없었던 수량이 있는 경우 이들 수량에 대해서는 영업상의 이익을 침해당한 자가 부정경쟁행위등침해행위가 없었으면 합리적으로 받을 수 있는 금액

② 부정경쟁행위, 제3조의2 제1항이나 제2항을 위반한 행위 또는 영업비밀 침해행위로 영업상의 이익을 침해당한 자가 제5조 또는 제11조에 따른 손해배상을 청구하는 경우 영업상의 이익을 침해한 자가 그 침해행위에 의하여 이익을 받은 것이 있으면 그 이익액을 영업상의 이익을 침해당한 자의 손해액으로 추정한다.

③ 부정경쟁행위, 제3조의2 제1항이나 제2항을 위반한 행위 또는 영업비밀 침해행위로 영업상의 이익을 침해당한 자는 제5조 또는 제11조에 따른 손해배상을 청구하는 경우 부정경쟁행위 또는 제3조의2 제1항이나 제2항을 위반한 행위의 대상이 된 상품 등에 사용된 상표 등 표지의 사용 또는 영업비밀 침해행위의 대상이 된 영업비밀의 사용에 대하여 통상 받을 수 있는 금액에 상당하는 금액을 자기의 손해액으로 하여 손해배상을 청구할 수 있다.

④ 부정경쟁행위, 제3조의2 제1항이나 제2항을 위반한 행위 또는 영업비밀 침해행위로 인한 손해액이 제3항에 따른 금액을 초과하면 그 초과액에 대하여도 손해배상을 청구할 수 있다. 이 경우 그 영업상의 이익을 침해한 자에게 고의 또는 중대한 과실이 없으면 법원은 손해배상 금액을 산정할 때 이를 고려할 수 있다.

⑤ 법원은 부정경쟁행위, 제3조의2 제1항이나 제2항을 위반한 행위 또는 영업비밀 침해행위에 관한 소송에서 손해가 발생된 것은 인정되나 그 손해액을 입증하기 위하여 필요한 사실을 입증하는 것이 해당 사실의 성질상 극히 곤란한 경우에는 제1항부터 제4항까지의 규정에도 불구하고 변론 전체의 취지와 증거조사의 결과에 기초하여 상당한 손해액을 인정할 수 있다.

⑥ 법원은 제2조 제1호 차목의 행위 및 영업비밀 침해행위가 고의적인 것으로 인정되는 경우에는 제5조 또는 제11조에도 불구하고 제1항부터 제5항까지의 규정에 따라 손해로 인정된 금액의 3배를 넘지 아니하는 범위에서 배상액을 정할 수 있다.

⑦ 제6항에 따른 배상액을 판단할 때에는 다음 각 호의 사항을 고려하여야 한다.
1. 침해행위를 한 자의 우월적 지위 여부
2. 고의 또는 손해 발생의 우려를 인식한 정도
3. 침해행위로 인하여 영업비밀 보유자가 입은 피해규모
4. 침해행위로 인하여 침해한 자가 얻은 경제적 이익
5. 침해행위의 기간·횟수 등
6. 침해행위에 따른 벌금
7. 침해행위를 한 자의 재산상태
8. 침해행위를 한 자의 피해구제 노력의 정도

〈**판례 1**〉구 부정경쟁방지 및 영업비밀보호에 관한 법률(2007. 12. 21. 법률 제8767
호로 개정되기 전의 것) 제14조의2 제1항은 영업상의 이익을 침해당한 자(이하
'피침해자'라 한다)가 부정경쟁행위 또는 영업비밀 침해행위가 없었다면 판매할 수
있었던 물건의 수량을 영업상의 이익을 침해한 자(이하 '침해자'라 한다)가 부정경
쟁행위 또는 영업비밀 침해행위로 양도한 물건의 양도수량에 의해 추정하는 규정
으로, 피침해자에 대하여는 자신이 생산할 수 있었던 물건의 수량에서 침해행위가
있었음에도 실제 판매한 물건의 수량을 뺀 수량에 단위수량당 이익액을 곱한 금액
을 한도로 하여 부정경쟁행위 또는 영업비밀 침해행위가 없었다면 판매할 수 있었
던 물건의 수량 대신에 침해자가 양도한 물건의 양도수량을 입증하여 손해액을 청
구할 수 있도록 하는 한편 침해자에 대하여는 피침해자가 부정경쟁행위 또는 영업
비밀 침해행위 외의 사유로 판매할 수 없었던 사정이 있는 경우 당해 부정경쟁행
위 또는 영업비밀 침해행위 외의 사유로 판매할 수 없었던 수량에 따른 금액을 빼
야 한다는 항변을 제출할 수 있도록 한 것이다. 따라서 피침해자가 같은 항에 의
하여 손해액을 청구하여 그에 따라 손해액을 산정하는 경우에 침해자로서는 같은
항 단서에 따른 손해액의 감액을 주장할 수 있으나, 같은 항에 의하여 산정된 손
해액이 같은 조 제2항이나 제3항에 의하여 산정된 손해액보다 과다하다는 사정을
들어 같은 조 제2항이나 제3항에 의하여 산정된 손해액으로 감액할 것을 주장하여
다투는 것은 허용되지 아니한다(대법원 2009. 8. 20. 선고 2007다12975 판결).

〈**판례 2**〉구 부정경쟁방지 및 영업비밀보호에 관한 법률(2021. 12. 7. 법률 제18548
호로 개정되기 전의 것, 이하 '구 부정경쟁방지법'이라 한다) 제14조의2 제2항은
부정경쟁행위로 영업상의 이익을 침해한 자가 침해행위로 이익을 얻은 경우에는
그 이익액을 영업상의 이익을 침해당한 자의 손해액으로 추정한다고 정하고 있다.
'침해자가 받은 이익'이란 침해자가 침해행위로 얻게 된 것으로 그 내용에 특별한
제한이 없으므로 부정경쟁행위의 모습에 따라 여러 가지 방식으로 산정될 수 있
고, 반드시 침해품의 판매를 통해 얻은 이익에만 한정되지 않는다. 타인의 성과 등
을 무단으로 사용하여 완제품을 제조함으로써 타인의 성과 등을 적법하게 사용한
경우에 비해 완제품 제조비용을 절감한 경우에는 비용 절감으로 인한 이익을 침해
자의 이익으로 볼 수도 있다.
　　한편 부정경쟁행위로 영업상의 이익을 침해당한 자가 실제로 입은 손해가 구
부정경쟁방지법 제14조의2 제2항에 따른 추정액에 미치지 못하는 경우에는 추정
의 전부 또는 일부가 뒤집어질 수 있으나, 추정을 뒤집기 위한 사유와 그 범위에
관해서는 침해자가 주장·증명을 해야 한다(대법원 2022. 4. 28. 선고 2021다
310873 판결).

(3) 부정경쟁행위등으로 실추된 신용의 회복

법원은 고의 또는 과실에 의한 부정경쟁행위나 제3조의2 제1항 또는 제2항을 위반한 행위(제2조 제1호 다목의 경우에는 고의에 의한 부정경쟁행위만을 말한다)로 타인의 영업상의 신용을 실추시킨 자에게는 부정경쟁행위나 부정경쟁행위 등을 위반한 행위로 인하여 자신의 영업상의 이익이 침해된 자의 청구에 의하여 제5조에 따른 손해배상을 갈음하거나 손해배상과 함께 영업상의 신용을 회복하는 데에 필요한 조치를 명할 수 있다(제6조).

〈판례 1〉 상표권 또는 전용사용권의 침해행위나 구 부정경쟁방지법(2004. 1. 20. 법률 제7095호로 개정되기 전의 것) 제2조 제1호 (가)목에서 정하는 상품주체의 혼동행위가 있었다고 하여도 그것만으로 상표권자 또는 전용사용권자나 상품주체의 영업상의 신용이 당연히 침해되었다고 단언하기 어려우므로, 그와 같은 경우 상표법 제69조 또는 구 부정경쟁방지 및 영업비밀보호에 관한 법률(2007. 12. 21. 법률 제8767호로 개정되기 전의 것) 제6조에 정한 신용회복을 위해 필요한 조치를 명하기 위하여는 상표권 또는 전용사용권의 침해행위나 상품주체혼동행위가 있었다는 것 외에 그와 같은 행위에 의하여 상표권자 또는 전용사용권자나 상품주체의 영업상의 신용이 실추되었음이 인정되어야 한다(대법원 2008. 11. 13. 선고 2006다22722 판결).

〈판례 2〉 「부정경쟁방지 및 영업비밀보호에 관한 법률」(이하 '부정경쟁방지법'이라 한다) 제2조 제1호 (나)목에서 타인의 영업임을 표시한 표지가 국내에 널리 인식되었는지 여부는 그 사용기간, 방법, 태양, 사용량, 영업범위 등과 그 영업의 실정 및 사회통념상 객관적으로 널리 알려졌느냐의 여부 등이 기준이 되고(대법원 2001. 9. 14. 선고 99도691 판결, 대법원 2005. 11. 25. 선고 2005도6834 판결 등 참조), 부정경쟁방지법 제4조에 의한 금지청구를 인정할 것인지의 판단은 사실심 변론종결 당시를 기준으로 하며(대법원 2004. 3. 25. 선고 2002다9011 판결 등 참조), 부정경쟁방지법 제5조에 의한 손해배상청구를 인정할 것인지 및 같은 법 제6조에 의한 신용회복청구를 인정할 것인지의 판단은 침해행위 당시를 기준으로 하여야 한다(대법원 2008. 2. 29. 선고 2006다22043 판결).

3. 부정경쟁행위 등에 대한 행정법상 조치

(1) 부정경쟁행위 등의 조사 등

특허청장, 시·도지사 또는 시장·군수·구청장(자치구의 구청장을 말한다. 이하 같다)은 제2조 제1호(아목과 파목은 제외한다)의 부정경쟁행위나 제3조, 제3조의2 제1항 또는 제2항을 위반한 행위를 확인하기 위하여 필요한 경우로서 다른 방법으로는 그 행위 여부를 확인하기 곤란한 경우에는 관계 공무원에게 영업시설 또는 제조시설에 출입하여 관계 서류나 장부·제품 등을 조사하게 하거나 조사에 필요한 최소분량의 제품을 수거하여 검사하게 할 수 있다(제7조 제1항).[3] 이 조사를 할 때에는 「행정조사기본법」 제15조에 따라 그 조사가 중복되지 아니하도록 하여야 하며(동조 제2항), 조사 등을 하는 공무원은 그 권한을 표시하는 증표를 지니고 이를 관계인에게 내보여야 한다(동조 제5항). 또한 조사 진행 중에 조사대상자에 대하여 조사대상과 동일한 사안으로 「발명진흥법」 제43조에 따른 분쟁의 조정(이하 "분쟁조정"이라 한다)이 계속 중인 사실을 알게 된 경우, 양 당사자의 의사를 고려하여 그 조사를 중지할 수 있다(동조 제3항). 그리고 특허청장, 시·도지사 또는 시장·군수·구청장은 분쟁조정이 성립된 경우에는 그 조사를 종결할 수 있다(동조 제4항).

이 외의 부정경쟁행위 등의 조사절차 등에 관하여 필요한 사항은 대통령령(시행령 제1조의4, 제1조의5 참조)으로 정한다(동조 제6항).

〈참고〉 제17조(업무의 위탁 등) ③ 특허청장, 시·도지사 또는 시장·군수·구청장은 제7조나 제8조에 따른 업무를 수행하기 위하여 필요한 경우에 전문단체의 지원을 받을 수 있다.
④ 제3항에 따른 지원업무에 종사하는 자에 관하여는 제7조 제5항을 준용한다.
⑤ 특허청장은 예산의 범위에서 제2항에 따른 위탁업무 및 제3항에 따른 지원업무에 사용되는 비용의 전부 또는 일부를 지원할 수 있다.

---

3) 관계 공무원의 조사나 수거를 거부·방해 또는 기피한 자에게는 2천만원 이하의 과태료를 부과한다(제20조 제1항 제1호). 한편, 동법상 과태료는 대통령령(시행령 제6조 참조)으로 정하는 바에 따라 특허청장, 시·도지사 또는 시장·군수·구청장이 부과·징수한다(제20조 제2항).

〈참고〉「행정조사기본법」제15조(중복조사의 제한) ① 제7조에 따라 정기조사 또는
수시조사를 실시한 행정기관의 장은 동일한 사안에 대하여 동일한 조사대상자를
재조사 하여서는 아니 된다. 다만, 당해 행정기관이 이미 조사를 받은 조사대상자
에 대하여 위법행위가 의심되는 새로운 증거를 확보한 경우에는 그러하지 아니하다.

(2) 위반행위의 시정권고 등

특허청장, 시·도지사 또는 시장·군수·구청장은 제2조 제1호(아목과 파목은
제외한다)의 부정경쟁행위나 제3조, 부정경쟁행위 등이 있다고 인정되면 그 위반
행위를 한 자에게 30일 이내의 기간을 정하여 위반행위의 중지, 표지 등의 제거
나 수정, 향후 재발 방지, 그 밖에 시정에 필요한 권고를 할 수 있다(제8조 제1항).
또한 위의 위반행위를 한 자가 시정권고를 이행하지 아니한 때에는 위반행위의
내용 및 시정권고 사실 등을 공표할 수 있다(동조 제2항). 이에 따른 공표의 절차
및 방법 등에 관하여 필요한 사항은 대통령령으로 정한다(동조 제3항).

그리고 특허청장, 시·도지사 또는 시장·군수·구청장은 시정권고를 하기 위
하여 필요하다고 인정하면 대통령령으로 정하는 바에 따라 당사자·이해관계인
또는 참고인의 의견을 들어야 한다(제9조).

〈참고〉 시행령 제2조(시정권고의 방법 등) ① 특허청장, 시·도지사 또는 시장·군
수·구청장은 법 제8조 제2항에 따라 다음 각 호의 사항을 관보, 인터넷 홈페이지
또는 「신문 등의 진흥에 관한 법률」에 따른 전국을 보급지역으로 하는 일반일간신
문에 게재하여 공표할 수 있다.
1. 위반행위를 한 자의 성명 및 주소
2. 위반행위의 내용
3. 시정기한
4. 시정권고의 이유 및 내용
② 특허청장, 시·도지사 또는 시장·군수·구청장은 제1항 각 호의 사항을 공표하려는
경우에는 위반행위의 내용 및 정도, 위반 기간 및 횟수, 위반행위로 인하여 발생한
피해의 범위 및 결과 등을 고려해야 한다.
③ 제1항 및 제2항에서 규정한 사항 외에 공표 절차 등에 관하여 필요한 사항은 특허
청장이 정하여 고시한다.

제2조의2(공표의 방법 및 절차) ① 특허청장, 시·도지사 또는 시장·군수·구청장은 법 제8조 제2항에 따라 다음 각 호의 사항을 관보, 인터넷 홈페이지 또는 「신문 등의 진흥에 관한 법률」에 따른 전국을 보급지역으로 하는 일반일간신문에 게재하여 공표할 수 있다.

1. 위반행위를 한 자의 성명 및 주소
2. 위반행위의 내용
3. 시정기한
4. 시정권고의 이유 및 내용

② 특허청장, 시·도지사 또는 시장·군수·구청장은 제1항 각 호의 사항을 공표하려는 경우에는 위반행위의 내용 및 정도, 위반 기간 및 횟수, 위반행위로 인하여 발생한 피해의 범위 및 결과 등을 고려해야 한다.

③ 제1항 및 제2항에서 규정한 사항 외에 공표 절차 등에 관하여 필요한 사항은 특허청장이 정하여 고시한다.

제3조(의견청취의 절차) ① 특허청장, 시·도지사 또는 시장·군수·구청장은 법 제9조에 따라 의견을 들으려는 경우에는 의견청취 예정일 10일 전까지 시정권고 및 공표의 상대방, 이해관계인, 참고인 또는 그 대리인에게 서면으로 그 뜻을 통지하여 의견을 진술할 기회를 주어야 한다.

② 제1항에 따른 통지를 받은 시정권고 및 공표의 상대방, 이해관계인, 참고인 또는 그 대리인은 지정된 일시에 지정된 장소로 출석하여 의견을 진술하거나 서면으로 의견을 제출할 수 있다.

③ 제2항에 따라 시정권고 및 공표의 상대방, 이해관계인, 참고인 또는 그 대리인이 출석하여 의견을 진술했을 때에는 관계 공무원은 그 요지를 서면으로 작성한 후 의견 진술자에게 그 내용을 확인하고 서명 또는 날인하게 해야 한다.

④ 제1항에 따른 통지에는 정당한 사유 없이 이에 따르지 아니하면 의견을 진술할 기회를 포기한 것으로 본다는 뜻을 분명히 밝혀야 한다.

제3절 영업비밀의 보호

1. 영업비밀 원본 증명

영업비밀 보유자는 영업비밀이 포함된 전자문서의 원본 여부를 증명받기 위하여 영업비밀 원본증명기관에 그 전자문서로부터 추출된 고유의 식별값[이하 "전자지문"(電子指紋)이라 한다]을 등록할 수 있다(제9조의2 제1항). 이때 영업비밀 원본증명기관은 등록된 전자지문과 영업비밀 보유자가 보관하고 있는 전자문서로부터 추출된 전자지문이 같은 경우에는 그 전자문서가 전자지문으로 등록된 원본임을 증명하는 증명서(이하 "원본증명서"라 한다)를 발급할 수 있다(동조 제2항). 이에 따라 원본증명서를 발급받은 자는 위의 전자지문의 등록 당시에 해당 전자문서의 기재 내용대로 정보를 보유한 것으로 추정한다(동조 제3항).

2. 영업비밀의 원본증명기관

(1) 원본증명기관의 지정 등

특허청장은 전자지문을 이용하여 영업비밀이 포함된 전자문서의 원본 여부를 증명하는 업무(이하 "원본증명업무"라 한다)에 관하여 전문성이 있는 자를 중소기업청장과 협의하여 영업비밀 원본증명기관(이하 "원본증명기관"이라 한다)으로 지정할 수 있다(제9조의3 제1항). 이때 특허청장은 원본증명기관에 대하여 원본증명업무를 수행하는 데 필요한 비용의 전부 또는 일부를 보조할 수 있다(동조 제3항).

한편, 원본증명기관으로 지정을 받으려는 자는 대통령령(시행령 제3조의2 참조)으로 정하는 전문인력과 설비 등의 요건을 갖추어 특허청장에게 지정을 신청하여야 하며(동조 제2항), 원본증명기관은 원본증명업무의 안전성과 신뢰성을 확보하기 위하여 다음 각 호에 관하여 대통령령(시행령 제3조의4 참조)으로 정하는 사항을 지켜야 한다(동조 제4항). 원본증명기관 지정의 기준 및 절차에 필요한 사항은 대통령령(시행령 제3조의3 참조)으로 정한다(동조 제5항).

> 1. 전자지문의 추출·등록 및 보관
> 2. 영업비밀 원본 증명 및 원본증명서의 발급
> 3. 원본증명업무에 필요한 전문인력의 관리 및 설비의 보호
> 4. 그 밖에 원본증명업무의 운영·관리 등

(2) 원본증명기관에 대한 제재

1) 시정명령 및 보조금반환명령

특허청장은 원본증명기관이 다음 각 호의 어느 하나에 해당하는 경우에는 6

개월 이내의 기간을 정하여 그 시정을 명할 수 있다(제9조의4 제1항).

> 1. 원본증명기관으로 지정을 받은 후 지정 요건에 맞지 아니하게 된 경우
> 2. 원본증명기관의 안전성 및 신뢰성 확보 조치를 취하지 아니한 경우

그리고 특허청장은 원본증명기관이 보조금을 다른 목적으로 사용한 경우에는 기간을 정하여 그 반환을 명할 수 있다(동조 제2항).

2) 지정의 취소 또는 영업정지 및 기록의 인계

특허청장은 원본증명기관이 다음 각 호의 어느 하나에 해당하는 경우에는 그 지정을 취소하거나 6개월 이내의 기간을 정하여 원본증명업무의 전부 또는 일부의 정지를 명할 수 있다. 다만, 제1호 또는 제2호에 해당하는 경우에는 그 지정을 취소하여야 한다(제9조의4 제3항). 이 처분의 세부 기준 및 절차, 제4항에 따른 인계·인수에 필요한 사항은 대통령령(시행령 제3조의5 참조)으로 정한다(동조 제6항). 다만, 특허청장은 원본증명기관의 지정을 취소하거나 업무정지를 명하려면 청문을 하여야 한다(제9조의6).

> 1. 거짓이나 그 밖의 부정한 방법으로 지정을 받은 경우
> 2. 원본증명업무의 전부 또는 일부의 정지명령을 받은 자가 그 명령을 위반하여 원본증명업무를 한 경우
> 3. 정당한 이유 없이 원본증명기관으로 지정받은 날부터 6개월 이내에 원본증명업무를 시작하지 아니하거나 6개월 이상 계속하여 원본증명업무를 중단한 경우
> 4. 제1항에 따른 시정명령을 정당한 이유 없이 이행하지 아니한 경우
> 5. 제2항에 따른 보조금 반환명령을 이행하지 아니한 경우

이때 지정이 취소된 원본증명기관은 지정이 취소된 날부터 3개월 이내에 등록된 전자지문이나 그 밖에 전자지문의 등록에 관한 기록 등 원본증명업무에 관한 기록을 특허청장이 지정하는 다른 원본증명기관에 인계하여야 한다. 다만, 다른 원본증명기관이 인수를 거부하는 등 부득이한 사유로 원본증명업무에 관한 기록을 인계할 수 없는 경우에는 그 사실을 특허청장에게 지체 없이 알려야 한다(동조 제4항). 또한 특허청장은 지정이 취소된 원본증명기관이 원본증명업무에 관한

기록을 인계하지 아니하거나 그 기록을 인계할 수 없는 사실을 알리지 아니한 경우에는 6개월 이내의 기간을 정하여 그 시정을 명할 수 있다(동조 제5항).[4]

3) 과징금 부과

특허청장은 업무정지를 명하여야 하는 경우로서 그 업무정지가 원본증명기관을 이용하는 자에게 심한 불편을 주거나 공익을 해칠 우려가 있는 경우에는 업무정지명령을 갈음하여 1억원 이하의 과징금을 부과할 수 있다(제9조의5 제1항). 특허청장은 과징금 부과처분을 받은 자가 기한 내에 과징금을 납부하지 아니하는 경우에는 국세 체납처분의 예에 따라 징수한다(동조 제2항). 과징금을 부과하는 위반행위의 종류·정도 등에 따른 과징금의 금액 및 산정방법, 그 밖에 필요한 사항은 대통령령(시행령 제3조의7 참조)으로 정한다(동조 제3항).

3. 비밀유지 등

누구든지 원본증명기관에 등록된 전자지문이나 그 밖의 관련 정보를 없애거나 훼손·변경·위조 또는 유출하여서는 아니 되며(제9조의7 제1항),[5] 원본증명기관의 임직원이거나 임직원이었던 사람은 직무상 알게 된 비밀을 누설하여서는 아니 된다(동조 제2항).[6]

4. 영업비밀 침해행위의 구제

(1) 영업비밀 침해행위에 대한 금지청구권 등

영업비밀의 보유자는 영업비밀 침해행위를 하거나 하려는 자에 대하여 그 행위에 의하여 영업상의 이익이 침해되거나 침해될 우려가 있는 경우에는 법원에 그 행위의 금지 또는 예방을 청구할 수 있다(제10조 제1항). 이때 영업비밀 보유자가 금지 또는 예방 청구를 할 때에는 침해행위를 조성한 물건의 폐기, 침해행위에 제공된 설비의 제거, 그 밖에 침해행위의 금지 또는 예방을 위하여 필요한 조치를

---

4) 이를 위반하여 시정명령을 이행하지 아니한 자에게는 2천만원 이하의 과태료를 부과한다 (제20조 제1항 제2호).
5) 원본증명기관에 등록된 전자지문이나 그 밖의 관련 정보를 없애거나 훼손·변경·위조 또는 유출한 자는 1년 이하의 징역 또는 1천만원 이하의 벌금에 처한다(제18조 제4항 제1호).
6) 직무상 알게 된 비밀을 누설한 자는 1년 이하의 징역 또는 1천만원 이하의 벌금에 처한다 (제18조 제4항 제2호).

함께 청구할 수 있다(동조 제2항).

〈판례 1〉「민법」제166조 제2항의 규정에 의하면 부작위를 목적으로 하는 채권의 소
멸시효는 위반행위를 한 때로부터 진행한다는 점 및 부정경쟁방지법 제14조의 규
정내용 등에 비추어 보면, 부정경쟁방지법 제10조 제1항이 정한 영업비밀침해행위
의 금지 또는 예방을 청구할 수 있는 권리의 경우, 그 소멸시효가 진행하기 위하
여는 일단 침해행위가 개시되어야 하고, 나아가 영업비밀 보유자가 그 침해 행위
에 의하여 자기의 영업상의 이익이 침해되거나 또는 침해될 우려가 있는 사실 및
침해행위자를 알아야 한다(대법원 1996. 2. 13.자 95마594 결정).

〈판례 2〉영업비밀 침해행위를 금지시키는 목적은 침해행위자가 그러한 침해행위에
의하여 공정한 경쟁자보다 우월한 위치에서 부당하게 이익을 취하지 못하도록 하
고 영업비밀 보유자로 하여금 그러한 침해가 없었더라면 원래 있었을 위치로 되돌
아갈 수 있게 하는 데에 있다. 영업비밀 침해행위의 금지는 이러한 목적을 달성하
기 위하여 영업비밀 보호기간의 범위 내에서 이루어져야 한다. 영업비밀 보호기간
은 영업비밀인 기술정보의 내용과 난이도, 침해행위자나 다른 공정한 경쟁자가 독
자적인 개발이나 역설계와 같은 합법적인 방법으로 영업비밀을 취득할 수 있었는
지 여부, 영업비밀 보유자의 기술정보 취득에 걸린 시간, 관련 기술의 발전 속도,
침해행위자의 인적·물적 시설, 종업원이었던 자의 직업선택의 자유와 영업활동의
자유 등을 종합적으로 고려하여 정해야 한다. 이러한 영업비밀 보호기간에 관한
사실인정을 통하여 정한 영업비밀 보호기간의 범위 및 그 종기를 확정하기 위한
기산점의 설정은 그것이 형평의 원칙에 비추어 현저히 불합리하다고 인정되지 않
는 한 사실심의 전권사항에 속한다(대법원 2019. 9. 10. 선고 2017다34981 판결).

〈판례 3〉[1] 영업비밀 침해행위를 금지시키는 것은 침해행위자가 침해행위에 의하
여 공정한 경쟁자보다 유리한 출발 내지 시간절약이라는 우월한 위치에서 부당하
게 이익을 취하지 못하도록 하고, 영업비밀 보유자로 하여금 그러한 침해가 없었
더라면 원래 있었을 위치로 되돌아갈 수 있게 하는 데에 그 목적이 있으므로 영업
비밀 침해행위의 금지는 공정하고 자유로운 경쟁의 보장 및 인적 신뢰관계의 보호
등의 목적을 달성함에 필요한 시간적 범위 내로 제한되어야 하고, 그 범위를 정함
에 있어서는 영업비밀인 기술정보의 내용과 난이도, 영업비밀 보유자의 기술정보
취득에 소요된 기간과 비용, 영업비밀의 유지에 기울인 노력과 방법, 침해자들이
나 다른 공정한 경쟁자가 독자적인 개발이나 역설계와 같은 합법적인 방법에 의하
여 그 기술정보를 취득하는 데 필요한 시간, 침해자가 종업원(퇴직한 경우 포함)
인 경우에는 사용자와의 관계에서 그에 종속하여 근무하였던 기간, 담당 업무나
직책, 영업비밀에의 접근 정도, 영업비밀보호에 관한 내규나 약정, 종업원이었던

자의 생계 활동 및 직업선택의 자유와 영업활동의 자유, 지적재산권의 일종으로서 존속기간이 정해져 있는 특허권 등의 보호기간과의 비교, 기타 변론에 나타난 당사자의 인적·물적 시설 등을 고려하여 합리적으로 결정하여야 한다.

[2] 영업비밀이 보호되는 시간적 범위는 당사자 사이에 영업비밀이 비밀로서 존속하는 기간이므로 그 기간의 경과로 영업비밀은 당연히 소멸하여 더 이상 비밀이 아닌 것으로 된다고 보아야 하는바, 그 기간은 퇴직 후 부정한 목적의 영업비밀 침해행위가 없는 평온·공연한 기간만을 가리킨다거나, 그 기산점은 퇴직 후의 새로운 약정이 있는 때 또는 영업비밀 침해행위가 마지막으로 이루어진 때라거나, 나아가 영업비밀 침해금지 기간 중에 영업비밀을 침해하는 행위를 한 경우에는 침해기간만큼 금지기간이 연장되어야 한다고는 볼 수 없다(대법원 1998. 2. 13. 선고 97다24528 판결).

다만, 영업비밀 침해행위의 금지 또는 예방을 청구할 수 있는 권리는 영업비밀 침해행위가 계속되는 경우에 영업비밀 보유자가 그 침해행위에 의하여 영업상의 이익이 침해되거나 침해될 우려가 있다는 사실 및 침해행위자를 안 날부터 3년간 행사하지 아니하면 시효(時效)로 소멸한다. 그 침해행위가 시작된 날부터 10년이 지난 때에도 또한 같다(제14조).

(2) 영업비밀 침해에 대한 손해배상책임

고의 또는 과실에 의한 영업비밀 침해행위로 영업비밀 보유자의 영업상 이익을 침해하여 손해를 입힌 자는 그 손해를 배상할 책임을 진다(제11조)(손해액의 추정에 관해서는 전술 '부정행위경쟁등 손해배상책임' 참조).

〈판례〉[1] 부정경쟁방지법(1991. 12. 31. 법률 제4478호로 개정된 것. 1992. 12. 15. 시행) 부칙 제2항에 의하면 개정 부정경쟁방지법 시행 전에 영업비밀을 취득한 자가 같은 법 시행 후에 이를 사용하는 경우에는 같은 법에 저촉되지 않는 것이 명백하고, 이와 같이 부정경쟁방지법에 저촉되지 아니하는 행위가 신의칙상 영업비밀유지의무 위반이라는 등의 이유로 위법행위가 되기 위하여는 그것이 위법한 행위라고 볼 만한 특별한 사정이 있어야 한다.

[2] 일반적으로 타인의 불법행위 등에 의하여 재산권이 침해된 경우에는 그 재산적 손해의 배상에 의하여 정신적 고통도 회복된다고 보아야 할 것이므로, 영업비밀 침해행위로 인하여 영업매출액이 감소한 결과 입게 된 정신적 고통을 위자할 의무가 있다고 하기 위하여는 재산적 손해의 배상에 의하여 회복할 수 없는 정신

> 적 손해가 발생하였다는 특별한 사정이 있고 영업비밀 침해자가 그러한 사정을 알
> 았거나 알 수 있었어야 한다(대법원 1996. 11. 26. 선고 96다31574 판결).

(3) 영업비밀 보유자의 신용회복

법원은 고의 또는 과실에 의한 영업비밀 침해행위로 영업비밀 보유자의 영업
상의 신용을 실추시킨 자에게는 영업비밀 보유자의 청구에 의하여 손해배상을 갈
음하거나 손해배상과 함께 영업상의 신용을 회복하는 데에 필요한 조치를 명할
수 있다(제12조).

(4) 선의자에 관한 특례

거래에 의하여 영업비밀을 정당하게 취득한 자가 그 거래에 의하여 허용된
범위에서 그 영업비밀을 사용하거나 공개하는 행위에 대하여는 제10조부터 제12
조까지의 규정을 적용하지 아니한다(제13조 제1항). 여기서 "영업비밀을 정당하게
취득한 자"란 제2조 제3호 다목 또는 바목에서 영업비밀을 취득할 당시에 그 영
업비밀이 부정하게 공개된 사실 또는 영업비밀의 부정취득행위나 부정공개행위가
개입된 사실을 중대한 과실 없이 알지 못하고 그 영업비밀을 취득한 자를 말한다
(동조 제2항).

5. 영업비밀 침해행위에 대한 형사처벌

영업비밀을 외국에서 사용하거나 외국에서 사용될 것임을 알면서도 다음
각 호의 어느 하나에 해당하는 행위를 한 자는 15년 이하의 징역 또는 15억원 이
하의 벌금에 처한다. 다만, 벌금형에 처하는 경우 위반행위로 인한 재산상 이득액
의 10배에 해당하는 금액이 15억원을 초과하면 그 재산상 이득액의 2배 이상 10
배 이하의 벌금에 처한다(제18조 제1항).

> 1. 부정한 이익을 얻거나 영업비밀 보유자에 손해를 입힐 목적으로 한 다음 각 목의
>   어느 하나에 해당하는 행위
>   가. 영업비밀을 취득·사용하거나 제3자에게 누설하는 행위
>   나. 영업비밀을 지정된 장소 밖으로 무단으로 유출하는 행위

다. 영업비밀 보유자로부터 영업비밀을 삭제하거나 반환할 것을 요구받고도 이를
　　계속 보유하는 행위
2. 절취·기망·협박, 그 밖의 부정한 수단으로 영업비밀을 취득하는 행위
3. 제1호 또는 제2호에 해당하는 행위가 개입된 사실을 알면서도 그 영업비밀을 취
　　득하거나 사용(제13조 제1항에 따라 허용된 범위에서의 사용은 제외한다)하는 행위

또한 위의 각 호의 어느 하나에 해당하는 행위를 한 자는 10년 이하의 징역
또는 5억원 이하의 벌금에 처한다. 다만, 벌금형에 처하는 경우 위반행위로 인한
재산상 이득액의 10배에 해당하는 금액이 5억원을 초과하면 그 재산상 이득액의
2배 이상 10배 이하의 벌금에 처한다(동조 제2항). 이때 징역과 벌금은 병과(倂科)
할 수 있다(동조 제5항).

한편, 위 행위의 미수범은 처벌한다(제18조의2). 그리고 제18조 제1항의 죄를
범할 목적으로 예비 또는 음모한 자는 3년 이하의 징역 또는 3천만원 이하의 벌
금에 처하며(제18조의3 제1항), 제18조 제2항의 죄를 범할 목적으로 예비 또는 음
모한 자는 2년 이하의 징역 또는 1천만원 이하의 벌금에 처한다(동조 제2항).7)

〈판례 1〉 [1] 「부정경쟁방지 및 영업비밀보호에 관한 법률」 제18조 제2항에서 정하
고 있는 영업비밀부정사용죄에 있어서는, 행위자가 당해 영업비밀과 관계된 영업
활동에 이용 혹은 활용할 의사 아래 그 영업활동에 근접한 시기에 영업비밀을 열
람하는 행위(영업비밀이 전자파일의 형태인 경우에는 저장의 단계를 넘어서 해당
전자파일을 실행하는 행위)를 하였다면 그 실행의 착수가 있다.
　　[2] 「부정경쟁방지 및 영업비밀보호에 관한 법률」 제18조 제2항은 "부정한 이
익을 얻거나 기업에 손해를 가할 목적으로 그 기업에 유용한 영업비밀을 취득·사
용하거나 제3자에게 누설한 자"를 처벌하고 있다. 여기서 영업비밀의 '취득'은 도
면, 사진, 녹음테이프, 필름, 전산정보처리조직에 의하여 처리할 수 있는 형태로
작성된 파일 등 유체물의 점유를 취득하는 형태는 물론이고, 그 외에 유체물의 점
유를 취득함이 없이 영업비밀 자체를 직접 인식하고 기억하는 형태 또는 영업비밀
을 알고 있는 사람을 고용하는 형태로도 이루어질 수 있으나, 어느 경우에나 사회
통념상 영업비밀을 자신의 것으로 만들어 이를 사용할 수 있는 상태가 되었다면

---

7) 법인의 대표자나 법인 또는 개인의 대리인, 사용인, 그 밖의 종업원이 그 법인 또는 개인
의 업무에 관하여 제18조 제1항부터 제4항까지의 어느 하나에 해당하는 위반행위를 하면
그 행위자를 벌하는 외에 그 법인 또는 개인에게도 해당 조문의 벌금형을 과(科)한다. 다
만, 법인 또는 개인이 그 위반행위를 방지하기 위하여 해당 업무에 관하여 상당한 주의와
감독을 게을리하지 아니한 경우에는 그러하지 아니하다(제19조).

영업비밀을 취득하였다고 할 것이다. 그리고 기업의 직원으로서 영업비밀을 인지하여 이를 사용할 수 있는 사람은 이미 당해 영업비밀을 취득하였다고 보아야 하므로 그러한 사람이 당해 영업비밀을 단순히 기업의 외부로 무단 반출한 행위는, 업무상배임죄에 해당할 수 있음은 별론으로 하고, 위 조항 소정의 '영업비밀의 취득'에는 해당하지 않는다(대법원 2009. 10. 15. 선고 2008도9433 판결).

〈판례 2〉 구 부정경쟁방지 및 영업비밀보호에 관한 법률(2013. 7. 30. 법률 제11963호로 개정되기 전의 것) 제18조 제1항 위반의 죄는 고의 외에 '부정한 이익을 얻거나 기업에 손해를 가할 목적'을 범죄성립요건으로 하는 목적범이다. 그 목적이 있었는지 여부는 피고인의 직업, 경력, 행위의 동기 및 경위와 수단, 방법, 그리고 영업비밀 보유기업과 영업비밀을 취득한 제3자와의 관계 등 여러 사정을 종합하여 사회통념에 비추어 합리적으로 판단하여야 한다(대법원 2018. 7. 12. 선고 2015도464 판결).

〈판례 3〉 부정한 이익을 얻거나 기업에 손해를 가할 목적으로 그 기업에 유용한 영업비밀이 담겨 있는 타인의 재물을 절취한 후 그 영업비밀을 사용하는 경우, 영업비밀의 부정사용행위는 새로운 법익의 침해로 보아야 하므로 위와 같은 부정사용행위가 절도범행의 불가벌적 사후행위가 되는 것은 아니다. 따라서 부정한 이익을 얻을 목적으로 타인의 영업비밀이 담긴 CD를 절취하여 그 영업비밀을 부정사용한 경우 절도죄와 별도로 「부정경쟁방지 및 영업비밀보호에 관한 법률」상 영업비밀 부정사용죄가 성립한다(대법원 2008. 9. 11. 선고 2008도5364 판결).

제4절 보칙

1. 부정경쟁행위등에 대한 소송절차상 특례

(1) 자료의 제출

법원은 부정경쟁행위 등 또는 영업비밀 침해행위로 인한 영업상 이익의 침해에 관한 소송에서 당사자의 신청에 의하여 상대방 당사자에 대하여 해당 침해행위로 인한 손해액을 산정하는 데에 필요한 자료의 제출을 명할 수 있다. 다만, 그 자료의 소지자가 자료의 제출을 거절할 정당한 이유가 있는 경우에는 그러하지 아니하다(제14조의3).

(2) 비밀유지명령

1) 비밀유지명령의 요건

법원은 부정경쟁행위, 부정경쟁행위 등(제3조의2 제1항이나 제2항을 위반한 행위) 또는 영업비밀 침해행위로 인한 영업상 이익의 침해에 관한 소송에서 그 당사자가 보유한 영업비밀에 대하여 다음 각 호의 사유를 모두 소명한 경우에는 그 당사자의 신청에 따라 결정으로 다른 당사자(법인인 경우에는 그 대표자), 당사자를 위하여 소송을 대리하는 자, 그 밖에 해당 소송으로 인하여 영업비밀을 알게 된 자에게 그 영업비밀을 해당 소송의 계속적인 수행 외의 목적으로 사용하거나 그 영업비밀에 관계된 이 항에 따른 명령을 받은 자 외의 자에게 공개하지 아니할 것을 명할 수 있다. 다만, 그 신청 시점까지 다른 당사자(법인인 경우에는 그 대표자), 당사자를 위하여 소송을 대리하는 자, 그 밖에 해당 소송으로 인하여 영업비밀을 알게 된 자가 제1호에 규정된 준비서면의 열람이나 증거 조사 외의 방법으로 그 영업비밀을 이미 취득하고 있는 경우에는 그러하지 아니하다(제14조의4 제1항).[8]

1. 이미 제출하였거나 제출하여야 할 준비서면 또는 이미 조사하였거나 조사하여야 할 증거에 영업비밀이 포함되어 있다는 것
2. 위 영업비밀이 해당 소송 수행 외의 목적으로 사용되거나 공개되면 당사자의 영업에 지장을 줄 우려가 있어 이를 방지하기 위하여 영업비밀의 사용 또는 공개를 제한할 필요가 있다는 것

2) 비밀유지명령의 절차

비밀유지명령의 신청은 다음 각 호의 사항을 적은 서면으로 하여야 한다(동조 제2항).

1. 비밀유지명령을 받을 자
2. 비밀유지명령의 대상이 될 영업비밀을 특정하기에 충분한 사실
3. 전술한 비밀유지명령의 요건에 해당하는 사실

---

[8] 국내외에서 정당한 사유 없이 제14조의4 제1항에 따른 비밀유지명령을 위반한 자는 5년 이하의 징역 또는 5천만 원 이하의 벌금에 처한다(제18조의4 제1항). 다만, 이 죄는 비밀유지명령을 신청한 자의 고소가 없으면 공소를 제기할 수 없다(동조 제2항).

법원은 비밀유지명령을 한 경우에는 그 결정서를 비밀유지명령을 받은 자에게 송달하여야 하며(동조 제3항), 비밀유지명령은 위 결정서가 비밀유지명령을 받은 자에게 송달된 때부터 효력이 발생한다(동조 제4항). 그러나 비밀유지명령의 신청을 기각 또는 각하한 재판에 대하여는 즉시항고를 할 수 있다(동조 제5항).

3) 비밀유지명령의 취소

비밀유지명령을 신청한 자 또는 비밀유지명령을 받은 자는 비밀유지명령의 요건을 갖추지 못하였거나 갖추지 못하게 된 경우 소송기록을 보관하고 있는 법원(소송기록을 보관하고 있는 법원이 없는 경우에는 비밀유지명령을 내린 법원)에 비밀유지명령의 취소를 신청할 수 있다(제14조의5 제1항).

법원은 비밀유지명령의 취소 신청에 대한 재판을 한 경우에는 그 결정서를 그 신청을 한 자 및 상대방에게 송달하여야 하며(동조 제2항), 비밀유지명령을 취소하는 재판은 확정되어야 그 효력이 발생한다(동조 제4항). 한편, 비밀유지명령을 취소하는 재판을 한 법원은 비밀유지명령의 취소 신청을 한 자 또는 상대방 외에 해당 영업비밀에 관한 비밀유지명령을 받은 자가 있는 경우에는 그 자에게 즉시 비밀유지명령의 취소 재판을 한 사실을 알려야 한다(동조 제5항). 그리고 비밀유지명령의 취소 신청에 대한 재판에 대하여는 즉시항고를 할 수 있다(동조 제3항).

4) 소송기록 열람 등의 청구 통지 등

비밀유지명령이 내려진 소송(모든 비밀유지명령이 취소된 소송은 제외한다)에 관한 소송기록에 대하여 「민사소송법」 제163조 제1항의 비밀보호를 위한 열람 등의 제한 결정이 있었던 경우, 당사자가 비밀 기재 부분의 열람 등의 청구를 하였으나 그 청구절차를 해당 소송에서 비밀유지명령을 받지 아니한 자가 밟은 경우에는 법원서기관, 법원사무관, 법원주사 또는 법원주사보(이하 이 조에서 "법원사무관등"이라 한다)는 비밀보호를 위한 열람 등의 제한 신청을 한 당사자(그 열람 등의 신청을 한 자는 제외한다)에게 그 청구 직후에 그 열람 등의 신청이 있었다는 사실을 알려야 한다(제14조의6 제1항).

이때 법원사무관등은 열람 등의 신청가 있었던 날부터 2주일이 지날 때까지(그 신청절차를 행한 자에 대한 비밀유지명령신청이 그 기간 내에 행하여진 경우에는 그 신청에 대한 재판이 확정되는 시점까지) 그 신청절차를 행한 자에게 비밀 기재 부분의 열람 등을 하게 하여서는 아니 된다(동조 제2항). 다만, 열람 등의 신청을 한 자에게 비밀 기재 부분의 열람 등을 하게 하는 것에 대하여 「민사소송법」 제163조 제1항의 비밀 기재 부분의 열람 등의 제한 신청을 한 당사자 모두의 동의가 있는 경우에는 그러하지 아니하다(동조 제3항).

5) 기록의 송부 등

부정경쟁행위 등으로 인한 손해배상청구의 소가 제기된 때에는 법원은 필요한 경우 특허청에 대하여 부정경쟁행위 등의 조사기록(사건관계인, 참고인 또는 감정인에 대한 심문조서 및 속기록 기타 재판상 증거가 되는 일체의 것을 포함한다)의 송부를 요구할 수 있다(제14조의7).

2. 다른 법률과의 관계

「특허법」, 「실용신안법」, 「디자인보호법」, 「상표법」, 「농수산물 품질관리법」, 「저작권법」 또는 「개인정보 보호법」에 제2조부터 제6조까지 및 제18조 제3항과 다른 규정이 있으면 그 법에 따른다(제15조 제1항). 또한 「독점규제 및 공정거래에 관한 법률」, 「표시·광고의 공정화에 관한 법률」, 「하도급거래 공정화에 관한 법률」 또는 「형법」 중 국기·국장에 관한 규정에 제2조 제1호 라목부터 바목까지, 차목부터 파목까지, 제3조부터 제6조까지 및 제18조 제3항과 다른 규정이 있으면 그 법에 따른다(동조 제2항).

〈판례 1〉부정경쟁방지 및 영업비밀보호에 관한 법률(이하 '부정경쟁방지법'이라 한다) 제15조 제1항은 디자인보호법 등 다른 법률에 부정경쟁방지법 제2조 등과 다른 규정이 있는 경우에는 부정경쟁방지법의 규정을 적용하지 아니하고 다른 법률의 규정을 적용하도록 규정하고 있으나, 디자인보호법상 디자인은 물품의 형상·모양·색채 또는 이들을 결합한 것으로서 시각을 통하여 미감을 일으키게 하는 것이고(「디자인보호법」 제2조 제1호 참조), 「디자인보호법」의 입법 목적은 이러한 디자인의 보호 및 이용을 도모함으로써 디자인의 창작을 장려하여 산업발전에 이바지함에 있으므로(「디자인보호법」 제1조 참조), 디자인의 등록이 대상물품에 미감을 불러일으키는 자신의 디자인의 보호를 위한 것이 아니고, 국내에서 널리 인식되어 사용되고 있는 타인의 상품임을 표시한 표지와 동일 또는 유사한 디자인을 사용하여 일반 수요자로 하여금 타인의 상품과 혼동을 일으키게 하여 이익을 얻을 목적으로 형식상 디자인권을 취득하는 것이라면, 그 디자인의 등록출원 자체가 부정경쟁행위를 목적으로 하는 것으로서, 설령 권리행사의 외형을 갖추었다 하더라도 이는 「디자인보호법」을 악용하거나 남용한 것이 되어 「디자인보호법」에 의한 적법한 권리의 행사라고 인정할 수 없으니, 이러한 경우에는 「부정경쟁방지법」 제15조 제1항에 따라 같은 법 제2조의 적용이 배제된다고 할 수 없다(대법원 2013. 3. 14. 선고 2010도15512 판결).

〈판례 2〉 구 부정경쟁방지법 제9조의 규정은 그 법률이 시행되기 전의 구 부정경쟁방지법(1986. 12. 31. 법률 제3897호로 전문 개정되기 전의 것) 제7조가 상표법 등에 의하여 권리를 행사하는 행위에 대하여는 부정경쟁방지법의 규정을 적용하지 아니한다고 규정하던 것과는 달리 「상표법」, 「상법」 중 상호에 관한 규정 등에 부정경쟁방지법의 규정과 다른 규정이 있는 경우에는 그 법에 의하도록 한 것에 지나지 아니하므로, 「상표법」 등 다른 법률에 의하여 보호되는 권리일지라도 그 법에 저촉되지 아니하는 범위 안에서는 부정경쟁방지법을 적용할 수 있다(대법원 1995. 11. 7. 선고 94도3287 판결).

3. 신고포상금 지급

특허청장은 부정경쟁행위(등록상표에 관한 것으로 한정한다)를 한 자를 신고한 자에게 예산의 범위에서 신고포상금을 지급할 수 있다(제16조 제1항). 신고포상금 지급의 기준·방법 및 절차에 필요한 사항은 대통령령(시행령 제3조의8 참조)으로 정한다(동조 제2항).

4. 규제의 재검토

특허청장은 다음 각 호의 사항에 대하여 2015년 1월 1일을 기준으로 3년마다(매 3년이 되는 해의 기준일과 같은 날 전까지를 말한다) 그 타당성을 검토하여 개선 등의 조치를 하여야 한다(제17조의2).

1. 제9조의4에 따른 원본증명기관에 대한 행정처분 기준
2. 제20조에 따른 과태료 부과기준

5. 벌칙 적용에서의 공무원 의제

제17조 제3항의 업무의 위탁 등에 따른 지원업무에 종사하는 자는 「형법」

제127조 및 제129조부터 제132조까지의 규정에 따른 벌칙의 적용에서는 공무원으로 본다(제17조의3).

[탐정으로서 고려할 점]

1. 기업 등의 영업비밀침해행위 등에 관련된 탐정의 역할 확대: 국내외를 불문하고, 기업의 기술유출이나 기술탈취가 빈번하게 일어나고 있는 실정이다. 따라서 건전한 거래질서 확립을 위해 부정경쟁방지와 영업비밀침해행위를 방지하려는 현행 법제에 대한 이해를 통해 탐정업무 영역으로 포괄할 수 있는 대상과 범위에 대해 정확하게 파악하고, 지적 재산권 등 관련 분야에 대한 이론적 지식은 물론 실제 침해유형이나 방법에 대한 전문성을 갖춤으로써 기업탐정으로 발전할 수 있도록 노력할 필요가 있다.

2. 부정경쟁방지 및 영업비밀침해행위로 인한 피해구제에 있어서 탐정업무의 효율화 도모: 부정경쟁방지 및 영업비밀침해행위의 조사 및 증거수집 등을 통해 피해자가 충분히 구제받을 수 있도록 현행법에 대한 이해를 바탕으로 관련 자료의 확보 및 분석 관련 전문지식을 갖춤으로써 탐정으로서의 역량을 강화할 필요가 있다.

찾아보기

저자 약력

강 동 욱

법학박사
일본 明治大學 수학, 미국 UC, Irvine 방문교수

(전) 관동대학교 교수, 한양대학교, 국립 경찰대학 강사, 동국대학교 법과대학 학장 겸 법무대학원 원장, 서울중앙지방검찰청 형사상고심의위원회 위원

(현) 동국대학교 법과대학 교수
동국대학교 법무대학원 탐정법무전공 책임교수
(사)한양법학회 이사장
한국법정책학회, 한국아동보호학회, 한국부동산탐정협회 고문
한국탐정학회 회장
한국아동학대예방협회, 한국법무보호복지학회 부회장
대한행정사회 교육위원장
서울동부노인보호전문기관 사례판정위원회 위원장
법무부 보호위원
세계공인탐정연맹 아시아공인탐정연맹 자문위원
대한공인탐정연구협회 자문위원
대검찰청 검찰수사심의위원회, 서울고등검찰청 영장심의위원회 위원
서울동부지방검찰청 형사조정위원
사법시험, 행정고시, 입법고시 및 각종 국가공무원시험 출제, 선정 및 면접 위원

최 형 보

법학박사
동국대학교 법과대학 강사
동국대학교 법무대학원 탐정법무전공 강사
서울디지털대학교 탐정전공 외래교수
세경대학교 경찰경호과 외래교수
김포대학교 경찰행정과 강사
동국대학교 비교법문화연구원 전문연구원
법무부 보호위원
한국탐정학회 상임이사

탐정학 시리즈 7

탐정관련법률

초판 발행	2023년 3월 10일
지은이	강동욱·최형보
	한국탐정학회
펴낸이	안종만·안상준
편 집	사윤지
기획/마케팅	정연환
표지디자인	이수빈
제 작	고철민·조영환
펴낸곳	(주) **박영사**
	서울특별시 금천구 가산디지털2로 53, 210호(가산동, 한라시그마밸리)
	등록 1959. 3. 11. 제300-1959-1호(倫)
전 화	02)733-6771
f a x	02)736-4818
e-mail	pys@pybook.co.kr
homepage	www.pybook.co.kr
ISBN	979-11-303-4424-9 94360
	979-11-303-3368-7 (세트)

copyright©강동욱·최형보, 2023, Printed in Korea

정 가   30,000원